FREE CHINA

合訂本第十三集

中華民國四十五年八月十六日合訂

社址：臺北市和平東路二段十八巷一號

自由中國合訂本第十三集要目

第十四卷　第一期

第十四卷　第二期

第十四卷　第三期

第十四卷　第四期

第十四卷　第五期

第十四卷　第六期

第十四卷 第七期

第十四卷 第八期

第十四卷 第九期

第十四卷 第十期

第十四卷 第十一期

第十四卷 第十二期

定價：精裝每册七十元
平裝每册五十元

FREE CHINA

第十四卷第一期

國四十五年

新年特刊

要目

中華民國四十五年一月一日出版

社址：臺北市和平東路二段十八巷一號

社論

（一）這一年！

今年是中華民國四十五年元旦。四十五年這一年，從國內外大勢來看，我們稱它爲自由中國存亡興廢的關鍵年，似乎並不過份。這一年，是我們尚有可爲的最後時光。「最後」時光，是不會再來一次的；因此我們不得不以迫切的心情，籲請朝野人士大家把頭腦冷靜下來，面對現實，好好地想一想，想想這一年該怎麼辦？

首先，讓我們把去年回顧一下。

據去年十二月十六日中央社轉載的紐約合衆社電訊，美國、歐洲、亞洲、及南美四個地方的合衆社編輯同人分別選出了一九五五年的世界十大新聞。其中歐亞兩洲的合衆社均把「臺灣危機」作爲十大新聞之一。美國合衆社除列擧十大新聞以外，還選出其他重要新聞七件，在這七件當中，也列有「臺灣危機」。

去年臺灣的危機究在那裏呢？年初，一江山淪陷、大陳撤守、接着金馬形勢緊張。這些事件確使當時軍事緊張，但在中美協防的現勢下，我們不認爲這些事件是臺灣危機。十、十一兩月間的物價大波動，確爲改幣以來最嚴重最驚人的一次，對於經濟社會的影響是很壞的。但臺灣的經濟情形還相當穩定，這次漲風，不過是若干不當的措施所湊成的一個惡果，不久就被抑制住。所以我們也不能把這件事認爲是去年的臺灣危機。那末，究竟有沒有所謂臺灣危機存在呢？如果有的話，在那裏？

有許多事體是可以仁者見仁、智者見智的。但是，自由中國要完成反共復國的大業，必須與自由世界密切聯繫、密切合作。這個道理，當爲任何人所不爭辯。換句話說，自由中國必須在自由世界中保有地位，在自由世界中具有聲譽，不僅在形式上而且要在精神上我們確確實實是自由世界的一份子。這樣，自由世界有前途，自由中國也就有前途，否則在反共倒蘇的鬪爭中，自由世界勝利了，以臺灣爲基地的自由中國不見得就可分享勝利的果實。這番話對於一向自我陶醉的人們也許有點刺耳，但冷酷的現實，就是這樣，莫可如何的。對於這一點認識清白了，臺灣的危機就呈現在我們的眼前。危機何在呢？在於在自由世界中我們漸漸孤立起來了。這一危機不始於去年，但以去年孫立人事件發生後爲最顯著。今天我們國際的眞正朋友一天減少一天，以前同情我們的、贊助我們的，也漸漸變到冷眼旁觀了。這一事實，我們除掉從國外報刊可以看出一個大概以外，最近從國外返臺——尤其是從美國返臺的人士，都異口同聲地在私人談話中加以證實。據他們（這些人都是社會知名之士，其中也有政府大員）講，目前美國的輿論，幾乎有百分之九十以上是對我們不利的。一向同情我們、贊助我們的報刊和有力的政治人物，最近也對我們有點灰心失望了。美國輿論這一轉變，使我們在精神上乃至實際上漸陷於國際孤立狀態，這才是臺灣的嚴重危機。這一危機，已經顯著，今後能不能把它挽救過來，就要看我們今年的作爲了。

去年底，行政院兪院長在國大代表聯誼會年會中講演，列擧今後努力的四個目標，其中第一個目標，就是加强中美合作，擴大爭取與國。兪院長在今天所以特別重視中美外交者，或許已經看到了我們的危機所在。但是，從表面看，我們在國際孤立，似乎是外交上的危機，其實危機的根源是在內政。要根除這個危機，不是外交詞令所能爲力，不是隆重招待所可濟事，不是派遣特使所能收效，也不是交換條件所可達成；而是要從內政方面着手，要切切實實把內政徹頭徹尾來個大改革。改革的總目標，是要做到讓國內外人士都承認我們的政府是個民主憲政的政府，是名實相符的自由中國政府。這樣，才可以挽救危機；這樣，才是根除危機的正確途徑。

總目標確定了，如何着手來做呢？我們覺得，關於這方面的話，我們已經說得够多了。尤其最近兩年以來我們所說的原則性的話、我們所講的具體問題，實在不少。但都沒有發生過甚麼顯著的效力。因此，我們在這篇文字中，不想再列擧些改革大綱。改革大綱的擬訂並不難，難的是政府之有改革的決心。現在我們所特別着重的是後者，而不是前者。因此我們有如下的結論：

臺灣因爲地理形勢的關係，在反共的世界戰略中，是有其軍事價值的。基於軍事上的考慮，美國或不會輕易放棄臺灣。但是美國之不放棄臺灣，並不等於國際社會之仍有自由中國。這是第一個要點，我們應該認識清白。其次，我們還應知道，美國這種國家，輿論對於政治是有很大影響的。今年又是美國大選年，大選年的輿論對於新政府的政策更具影響力量。如果我們在這一年中不能從內政的表現上轉變美國的輿論，誰能保證一九四八年的中美關係不再重現呢？現在，時間已經無多了。自由中國的命運，已臨決定的關頭。我們要大聲疾呼，這一年是我們存亡興廢的關鍵年。我們政府再也不容無視當前的現實，沉醉於一相情願的幻境了。我們政府如果還想在國際社會保有自由中國的地位更進而光復大陸，就要下決心，猛回頭，走向民主憲政的正確途徑。時間是不等待人的。把握住：這一年！

社論

（二）

日本遭蘇俄否決後的出路

聯合國「整批入會案」，雖然是根據世界組織會員「普遍性」的原則，但實際上却是蘇俄與若干民主國家以及中立國家所策劃的一項不光榮的交易。「整批入會案」不僅違悖聯合國憲章，同時背棄國際正義。我國首席代表蔣廷黻博士在聯大和安理會中爲維護聯合國憲章的尊嚴和原則而獨力作戰。這種明智勇敢的精神和卓越的表現，是值得國人讚佩的。

「整批入會案」於十二月十三日在安理會中提付表決，蘇俄首先對南韓和越南行使否決權。我國否決外蒙後，蘇俄又對其他自由國家分別予以否決。因此，「整批入會案」暫告失敗。但於十四日，蘇俄終於屈服於世界輿論之壓力，突然宣佈願撤銷否決票，並建議十六國入會，但將日本和外蒙除外。於是，十六國遂獲得安理會和聯大的迅速通過。美國雖曾建議將日本列入蘇俄建議案，但爲蘇俄所否決。十五日美國復建議允許日本於明年加入聯合國，但此一提案又遭蘇俄否決。英國於廿一日向安理會建議：「日本具有爲聯合國會員的充分資格，並表示希望將於不久獲准進入聯合國」。但由於蘇俄之阻撓，將日本與外蒙相提並論，而無任何決定，被迫延期表決。

蘇俄對日本的入會已四次否決。最早的一次是一九五二年九月。這次在安理會中竟連續否決三次。蘇俄否決日本並將日本與外蒙相提並論，不僅是對日本的一種侮辱，同時也是違反國際正義和公平原則的。日本是具有國際地位的大國，而外蒙則是無獨立自主的蘇俄傀儡。蘇俄將日本與外蒙扯在一起，這一行動，顯而易見地，具有兩種主要陰謀：

（一）對日俄倫敦談判施以壓力。松本和馬立克在倫敦舉行的日蘇和平談判在於結束日俄兩國間的戰爭狀態，俾使日俄關係正常化。倫敦談判雖達數月之久，但由於蘇俄以數十萬日俘爲人質，對日本橫加要挾，致使會談毫無進展。這次蘇俄否決日本，是有其政治企圖的，它想利用日本渴望加入聯合國的心理，施以更大壓力，迫使日本在倫敦談判對蘇俄做更大讓步和犧牲。這是蘇俄一貫的敲詐作風。重光葵外相在國會中表示：「蘇俄否決日本入會是無理論根據的，而是有其政治企圖。」這句話眞是一針見血。我們希望日本人民瞭解蘇俄的「巧妙外交作戰」，勿使蘇俄詭計得逞。

（二）企圖將日本不能入會的責任諉諸中國，而挑撥分化中日的感情。這次安理會中，我國否決外蒙入會後，蘇俄一直將日本的入會問題與外蒙入會問題糾纏在一起，企圖使日本仇視中國。中國否決外蒙是有充分理由的，因爲外蒙並非獨立國家而是蘇俄的殖民地，且外蒙派兵在韓作戰與聯合國爲敵，根本無資格加入聯合國。中國否決外蒙後，日本輿論不察原委，竟一致對中國表示怨恨和憎惡。他們認爲日本之不能入會應歸咎於中國否決外蒙此一行動。但是，否決日本的不是中國，而是蘇俄。我國過去與現在一直是支持日本入會的。我們希望日本人民瞭解中國立場，認清誰是敵人，誰是朋友，勿爲蘇俄分化陰謀所逞。日本鳩山首相在內閣會議中曾經明言：「日本不能入會的責任在蘇俄，而不在中國。」這眞是明智的判斷。我們在此懇切希望日本人民三思，勿嫁怨於中國。

無論從任何角度來看，日本都是具有加入聯合國的資格的，同時也應該加入此一世界組織。但是，在目前國際情勢之下，日本却無需急切加入聯合國。日本加入聯合國僅爲一「面子」問題。現在聯合國會員國已達七十六國，即使日本加入，她在聯合國中的地位，絕不可能與昔日日本在國際聯盟的地位相比，而僅僅是會員國之一，也不可能舉足輕重。況且，日本的國際地位決不會因爲加入聯合國而提高，也不會因爲未加入聯合國而降低。人有「人格」，國有「國格」，一國的「國格」表現在政治民主，經濟繁榮，社會安定，人民生活，知識和道德水準之提高。現在日本是一個民主自由的大國，在國際上是有其重要地位的。日本在目前對加入聯合國愈表示得迫切，則愈給蘇俄以敲詐勒索的機會。反之，日本對入會問題若處之泰然，則蘇俄對日本即無法施其奸計。我們爲日本着想，奉勸日本人民深思遠慮，權衡利害，保持冷靜，勿因小而遺國家以無窮的後患。

我們已經論到日本入會問題並非日本當前所必需。然而，日本在目前的國際情勢下，應該擇取什麼方向呢？

日本是亞洲的大國。毫無疑問，日本在亞洲居於舉足輕重的地位。日本的前途繫於亞洲的前途，日本決策關係亞洲的命運。日本在亞洲有三條出路，第一條路是參加共產極權集團。日本是反共的，日本人民當然不願走這條路。第二條路是參加以印度爲首的「中立集團」。但是這條路也不是日本人民所應該走的。亞洲「中立集團」不過是以「實際政治」(Realpolitik)爲基礎的散漫結合，現在已成爲國際共產主義滲透的對象。參加這個集團的國家，各有恩怨，立場不同，他們標榜「中立」，主要的是利用國際矛盾，玩弄權術。這個集團根本沒有鞏固的基礎。

在亞洲除了這兩個集團之外，就是東南亞聯盟。這個聯盟成立於一九五四年九月九日，參加的國家包括澳大利亞、英國、法國、紐西蘭、巴基斯坦、菲律賓、泰國和美國等八個國家。東南亞聯盟是基於聯合國憲章所賦予的集體自衞權利而成立的。東南亞聯盟的主要目的是：

（一）遵照聯合國憲章維護民族平等權利和自決原則，以及促進各民族的自治與獲致國家獨立；

（二）在經濟、社會與文化方面合作，以期促進東南亞地區較高生活水準、經濟發達及社會福利；

（三）防止並以適當措施對抗任何破壞聯盟國家自由或摧毀聯盟國主權或領土完整的企圖。

東南亞聯盟是當前亞洲自由國家唯一的共同防禦組織，它的目標也正符合日本一貫的主張。雖然這個組織在目前並不如北大西洋公約組織那樣堅强，但亦具有北大西洋公約組織的雛型。日本若能加入，對聯盟而言，不僅可增强聯盟的實際力量和聲勢，且可促進亞洲國家的團結自衞，阻遏國際共產主義的伸張。對日本而言，不僅可以提高日本的國際聲望，且可促進日本的經濟繁榮，並打開貿易僵局。同時，日本在國際上可不致再處於險惡和孤零的地位。但是，日本若加入東南亞聯盟，日本自身也還得作一番努力，首先必須解決賠償問題，博取東南亞國家的好感，消除對日本仍然存在着的厭惡情緒。同時，美國也應以全力支持日本入盟。

日本當前在國際上的出路是在亞洲。日本只有參加集體防衛的東南亞聯盟，才可提高日本在亞洲的國際聲望，並促進亞洲國家的合作。這是日本今後唯一的出路，我們希望日本人民作聰明理智的抉擇！

半月大事記

十二月十日（星期六）

安理會開始辯論新會員入會案。我要求我國所提十三國入會案優先討論。

菲外長加西亞宣佈菲駐華使館升格。

高棉總理施亞努由日抵臺，明晨飛回高棉。

對蘇俄所提保證勿先使用原子武器之要求，美國予以拒絕。

巴基斯坦政府認俄酋訪問克什米爾為不友好行動。

中埃易貨協定簽字。

十二月十一日（星期日）

美陸軍部長布魯克由琉球抵臺訪問。

十二月十二日（星期一）

法內閣決定延緩阿爾及利亞選舉。

以色列敍利亞邊境發生衝突，聯合國觀察員前往調查。

英外相告下院稱，東西鬥爭已移往中東地帶。

法德兩國外長會商薩爾情勢。

十二月十三日（星期二）

美陸長布魯克離臺，行前招待記者，保證中美聯合對抗共黨。

我代表蔣廷黻在安理會演說，反對整批入會案，斥為非法與不道德。

立法院修正通過所得稅法案。

聯大政委會通過優先考慮美國提案，否決印度所提暫停核子試驗之提案。

杜勒斯飛巴黎出席北大西洋公約理事會。

西德投共之前特工首領返國自首。

艾森豪呼籲兩黨領袖支持外交國防計劃。

十二月十四日（星期三）

安理會表決入會申請，蘇俄先否決韓越入會，我國亦投票否決外蒙，嗣後蘇俄又連續否決其他十三個自由國家。

美代表洛奇對我代表在安理會表決前所提修正案，認為完全適當，盛讚蔣氏明智勇敢；並指會籍問題之失敗蘇俄應負全責。

英國政府宣佈塞島共黨非法，逮捕共黨份子百餘人。

十二月十五日（星期四）

蘇俄突提十六國入會案，即在原十八國中刪除外蒙與日本，該案在安理會表決時，八票贊成，我與美兩國棄權。聯合國大會經安理會之推薦，通過此十六國入會申請。

葉外長發表談話，對日本被摒會外，深表遺憾；並聲明我今後仍將繼續支助日本。

北大西洋理事會閉幕，杜勒斯指蘇俄正發動頑強新冷戰。該會第一次會議通過軍事報告，警告俄軍實力增強，要求設立警報制度。

十二月十六日（星期五）

美國提請安理會建議聯大，准許日本明年入會，遭俄帝第四次否決。

美國務院發言人揭俄拒日入會之詭計，旨在迫日與俄訂立和約。

葉外長發表聲明，決續支持日越韓三國爭取聯合國會籍。

美援運用委員會秘書長王蓬報告赴美洽談美援經過。

外交部宣佈，中越兩國同意互換使節，我決在西貢設立公使館，派蔣恩鎧為臨時代辦。

立法院通過營業稅法及退除役官兵就業輔導會組織條例。

聯大通過建議蘇利南及安的列斯併入荷蘭版圖。

十二月十七日（星期六）

美國務院發表聲明，痛斥共匪違背協議，指出匪區被拘美人僅五人獲釋，同時聲明從未阻撓中國人離美。

北大西洋公約理事會結束，決定加強盟國軍事合作。

杜勒斯對歐洲六國核子聯營保證提供援助。

安理會通過聯大決議，於適當時機討論修改憲章。

十二月十八日（星期日）

美報刊載蔣總統對美記者談話，我否決外蒙入會基於正義與維護憲章之立場。

美國務院對英國主張放寬禁運，表示不滿。

薩爾選舉新議會。

英外相譴責蘇俄圖在中東製造混亂。

十二月十九日（星期一）

美發言人表示，美對華政策不變，對匪禁運亦不放鬆。

薩爾議會選舉揭曉，親德政黨獲勝。

蘇俄宣佈貸款一億美元予阿富汗，俄阿並延長兩國中立條約。

十二月二十日（星期二）

約但國王下令解散國會，任命新內閣總理，以遏止暴動風潮。

十二月廿一日（星期三）

英在安理會再提日本入會案，決議暫不表決。

新任日本駐華大使堀內抵臺履新。

英內閣宣佈改組，勞艾德任外相，麥克米倫改任財相。

美國防部長威爾森宣佈美明年國防預算將為三百五十五億元。

十二月廿二日（星期四）

安理會商討以敍控案，柏恩斯報告，指以色列應負破壞停戰協定之責。

十二月廿三日（星期五）

葉外長在記者招待會中表示，我否決外蒙入會，對我在聯大席次並無影響。

敍利亞要求安理會將以色列逐出聯大。

十二月廿四日（星期六）

美議員賈克森主張在亞洲劃定明確防線，以防共黨侵略，並主張確保金馬。

寮國總選，共匪指為破壞日內瓦停戰協定。

十二月廿五日（星期日）

國大代表聯誼會舉行年會，總統出席致詞。

美海軍部長陶邁斯在香港稱，臺菲如遭襲擊，美必採取行動。

「自由中國」的宗旨

第一、我們要向全國國民宣傳自由與民主的真實價值，並且要督促政府(各級的政府)，切實改革政治經濟，努力建立自由民主的社會。

第二、我們要支持並督促政府用種種力量抵抗共產黨鐵幕之下剝奪一切自由的極權政治，不讓他擴張他的勢力範圍。

第三、我們要盡我們的努力，援助淪陷區域的同胞，幫助他們早日恢復自由。

第四、我們的最後目標是要使整個中華民國成為自由的中國。

一篇來自月球的世局分析

朱伴耘

一　標題的小註

分析任何一個問題，愈客觀愈容易得到正確的結論。對國際局勢的分析亦復如此。我用這個標題的原因，就是假定我置身月球之中（假使我在月球能生活得下去的話），地球上的世局變遷，並不影響我的利害。在這種情況下，我的態度由於沒有得失及感情的成分在內，自然更爲客觀。同時，因我置身月球，既不屬於民主集團，也不屬於共產集團，我才能看清地球上這兩大集團爲什麼會有衝突、和那一方面棋高一着。不爲現實利害朦蔽了自己的眼睛，而作自我陶醉的結論。我覺得今後的數年歲月，世局如何變化，關乎人類未來生活的方式太大，我們要冷靜地認清現實，多用頭腦來對付當前的發展。

最後還有一點要交代的，今後文字中評議雙方策略時，僅就策略本身着眼，而未含對原則有表示可否之意。

二　美蘇鬬爭的內容是什麼？

美蘇的對立，就精神上言，自不是從十年前冷戰開始就產生了的，我們可以溯自一九一七蘇俄革命成功，甚至於一八四八馬克斯共產主義宣言的公佈即已產生也不爲過。是以就蘇俄言，她之與美敵視，不僅是霸權問題，乃是所謂思想問題。爭霸權是一時的，改變人類生活的方式、貫澈共產主義的普遍實施是永久的。再簡括一點說，爭霸權是手段，改變人類生活方式是目的。因爲她有了長期的目的，是以在短期的手段方面，隨時有伸縮的餘地。也因之有了所謂能進則進，不能進則止，退一步進兩步的活動政略。而在主動與被動方面，在目的上她永遠是主動的，在手段上，有時因外在環境變遷的壓迫，不得不表現出暫時的退却。也因此之故，不論列寧也好，史太林也好，個人獨裁也好，集體領導也好，爲貫澈他們長期的目的，其志是不會因人而異的。否則不能稱爲共產主義的信徒。

在領導西方的美國方面，似乎骨子裏只着重爭霸。這個內容是不够充實的。儘管他們口中高叫以自由主義對抗共產主義，他們實際的措施，如拉攏狄托及佛朗哥之不暇，誰都看得出只着重在霸權之爭。在世人的眼光看來，美國的目的是近視，口號與實行並不一致，即令實力上壓潰了蘇俄，精神上並未擊潰馬克斯。蘇俄之有今日的强大，我們如其說這只是實力的强大，未免有點自欺。蘇俄自共產黨專政，被人包圍與孤立久矣，何以不會窒息而死？就是因爲她的敵人忽視其精神上的力量。我們常說有志者事竟成，個人如此，國家亦然。蘇俄有「國志」，志在使全世界與其走上同一的生活方式。志趣之高，自較爭一時的霸權爲高。歷史演變至今，爭霸權的都爲壽不長。今日美國僅以爭霸權爲內容，而應付蘇俄以改變人類生活方式爲內容的國策，自然棋差一着。任何反共國家，尤其領導反共集團的美國，怕談共產主義，怕聽共產主義的宣傳，精神上就早立於必敗之地。俗謂「眞金不怕火來燒」，自己的生活方式如是好的，共產主義再宣傳得天花亂墜，接受的人也不會多；反之，自己的生活方式如果眞有問題，即令沒有蘇俄的宣傳，問題亦必發生。怕與防是消極的、被動的；令敵人怕，令敵人防才是積極的、主動的。如就這一觀點來看，美蘇誰處於主動的地位，我們可以說美國始終未主動過。美國今天如不想走上孤立之途，自我苟安於一時；就得積極倡導自由的理想，正面向共產主義挑戰。美國若以爲單憑北大西洋公約及氫氣彈便可以對付共黨，而只視對蘇之爭爲霸權與武力之爭，那是十分危險的。

三　冷戰與談判

馬克斯加上共黨專政的蘇俄，就等於冷戰的發生。等到邱吉爾發明冷戰口號之時，共產帝國已經鞏固了她初度的發展了。當時西方仍以爲只是一個軍事問題，以爲有了圍堵政策，如北大西洋公約組織，蘇俄即不能再進，殊不知美國在西歐作軍事部署之時，蘇俄在亞洲的政治擴張正積極進行。再等到美國回頭對東方作軍事佈署，蘇俄已開始鞏固其政治的擴張。結果是美國與其盟邦有數不清的軍事同盟，而共產勢力却在全世界不斷的作政治的擴張。蘇俄不輕易助人，美國近十年來，外援已有專欵，結果美國花錢多，怨聲載道，蘇俄花錢少，有時來點口惠——如反對帝國主義的殖民政策，聲援弱小民族的獨立運動等，人家皆視爲救星。原因何在？美國人不肯用腦筋，只要軍事上能堵能圍，他們以爲就可高枕無憂。又以只着重軍事部署，同其他國家簽一紙防守協定，或給一點援助，就盼望人家犧牲全民族的利益來遷就她軍事上的佈署。這種現實作風，如何能交得上道義的朋友。

冷戰已有這長的歷史，讓牠再繼續下去，也可表示美蘇是在對峙，是有所爭。美國之反共反蘇當有其道理存在。不料以反共反蘇的領導者自居的美國，頻頻有意與蘇俄會談一番，試問誰會相信美國有反共反蘇的決心？僅就願與蘇俄談判一點言，美國的聲威已隨之大減：凡與美國爲友的國家，及美國行將拉攏的國家，都不會與美國誠實合作。因爲他們覺得美國目下之所以要拉攏他們，不過是爲了美國一國的利益而已，與他們本身並無多大利益，一旦美蘇談妥，誰還顧到搖旗吶喊者的獨立自由嗎？兩次大戰的教訓誰不記得？戰爭進行之際也，大西洋憲章如何動聽，戰爭行將結束也，雅爾達秘約又如何醜惡！前車可鑒，無怪乎國際第三勢力應運而生。今天世界上很多國家都有不顧與美國眞正爲友與蘇俄眞正爲敵的趨勢。其根本的原因還是由於美國沒有貫澈其政治目標，一味過分重視本國的利益而遷就現實。美國今後應該修正過去這種作風，集中全力朝着自由民主的崇高方向而奮鬬。

至於蘇俄，她是要在適當時期願與美國坐談一番的。能再有一次雅爾達固好，萬一毫無現實利益，只要美蘇會談一次，也有顯示出美蘇之爭，並不如想像中之嚴重，彼此非以原子彈相見不可的。隨時都可以談談，這種姿態一出，其用意之深，收效之大，就不下於實際原子彈。動搖追隨美國的國家的意志一點，其價值是不可以數量計的。天眞的美國居然願中其計，當然令人不可思議。在美國以爲，國際問題以談判而解決的，並非絕不可能，爲什麼不可與蘇俄談判呢？天眞的美國人，忘記了談判的對手及談判的內容。

先就談判的對手言，美國同西歐談判，產生了北大西洋公約組織，同日本、中華民國談判，有日美、中美互助協定，同南美、澳紐談判，都各有其結果。這些對手都是她們需要美國，美國也需要她們，各有所取，也各有所與，其結果是互利的，當然一談即成。今日的對手是蘇俄，蘇俄所欲的美國不能與，蘇俄所與的美國愧不敢受。反之亦然。彼此利益背道而馳，如何能談？有史以來，國際談判成功的例子不外二種：一種是對手强弱懸殊，自然會有結果，這種結果是壓力之功，而非談判之力；另一種是兩强不願以兵戎相見，各有取捨，這種結果叫做妥協。今天美國與蘇俄談，不屬於上列任何範圍，既非强弱相較，又非互讓妥協，如何會有結果？次就談判內容言，就表面看，是德國統一，軍備裁減，歐洲安全，經濟文化交流等。而眞正的內容，是未來人類生活方式的趨向問題，是世界美化與俄化的問題，是雙方基本國策的改變問題。這種嚴重問題，豈能由談判而解決？

寫到這裏，我要將這一段來個評論：談判是蘇俄所需要的，蘇俄之要談判並不如美國若干的如意想法，以爲蘇俄內部有了問題，需要喘息時間的那麼簡單，那麼樂觀。她的深意是要和跟美國走的國家說：「你們不必那麼積極反共反蘇，與我爲敵，我同你們的老闆是隨時可以『談判』的」。這是眞正的目的，美國不明此中奧妙，而欣然蒞臨，自是令人莫測高深。

四　何謂日內瓦精神

今年的日內瓦頗爲熱鬧，巨頭會議及外長會議前後，編者先生一再囑我寫點評論之類的東西，我都未能報命。原因何在，不值得寫。何以故，請參看本刊十卷八期從「柏林會議展望日內瓦會議」——（這是推測去年日內瓦會議的結果）一文。筆者曾說過「現行局勢已先天使任何會議均無法打破此僵局」。同時也提到「這種會議，是雙方力的測驗。以一方的力量而壓迫另一方而求得一個不戰而獲解決的道路，目下已非其時」。由這兩個結論，可以預測今後任何會議討論嚴重基本國策的結果，今年儘管是艾森豪布加寧握手碰杯，其命運並不能逃出上述的結論。是以不願多費筆墨再費時間。於今巨頭會議固已過去，外長會議亦已不歡而散，事實可爲去年文章的證明。

國際會議向來是買賣行爲。買賣的作成則是互利的。可是今天美蘇會商任何問題，如有結果，則是屈服與妥協，談不上互利。再看看交易對手，蘇俄在不放棄其基本國策的前提下，握有交易的武器甚多，美國如欲不放棄其基本國策的原則，手中則空空如也。在這種情形下，會議如何能產生結果？蘇俄明知美國無物可資交換，何以願來商談，她有另外的目的，在上一節中已詳細述及：就是暗示美國的伙伴們不必過於認眞與蘇爲敵。她只要三巨頭握手碰杯的像片在世界各國報刊登出，她的目的已達，連同共產帝國範圍以內的人，也得從此安心立命，不必渴望什麼「解放」。美國的目的何在？月上人實不得其解。難道是協助蘇俄完成其本身無法達到的目的嗎？

再來分析以下美國所擬商談的內容：美國希望德國統一而又能建軍加入北大西洋公約組織，美國本身也參加歐洲安全公約、保證蘇俄勢力範圍的安全。蘇俄說，上次大戰，蘇俄吃虧不小，德國要統一，必需中立，不能完全武裝。我們平心靜氣想想，美國的想法太天眞，蓋蘇俄的拒絕並無可議之處。就國際慣例言，一國欲維持其簽訂條約的尊嚴，是擇其於己有利者而遵守之，於其不利者則曲解之、破壞之。引證「情勢變遷條欵」，一切可以從頭幹起，蘇俄深明此中奧妙，豈願以一紙空頭條約而讓一强大德國看守其大門麼？假如一天德國强大向蘇俄進攻，誰能相信這些簽字國會遵守條約而援助蘇俄呢？美蘇異地而處，美國也不會如此之傻而相信國際間尚有什麼「誠實」可言吧！蘇俄當然寧可要一個中立無力的德國爲隣，才能高枕無憂。這一點並無不合人情之處。今天假定國府仍在大陸眼見美國武裝日本，當局者之心及國人之心又作何感想？

其次談到裁軍交換原子彈情報等。今天蘇俄如沒有原子彈，這在美國是交易武器之一，可是這玩意蘇俄也有，爲了避免人類的毀滅，蘇俄提出根本廢棄原子製造及原子戰爭，豈不較空中偵察更爲澈底？美國早應料到這一着。這是蘇俄很好的宣傳時機，而美國却將這個武器輕易交蘇俄利用，何以一愚至此？裁軍麼，美國的基地遍佈蘇俄的鄰近，美國的防線到了西歐、到了遠東，蘇俄當然有理由說明取消北大西洋公約組織、撤銷海外基地，是裁軍的必要前提。至於說讓東歐各國自由選舉而獨立。蘇俄說這是內政。自由嗎？選舉嗎？那個共產國家不是說他們是由選舉出來的？既云自由，你們人民既可自由歡喜你們的生活方式，爲什麼我們的人民又不能自由選擇共產主義的生活方式？你說你們的人民凡是擁護你們生活方式的都有自由，那麼在共產國家內，凡是擁護共產主義生活方式的又何嘗沒有自由？這種爭論是無止境的，而美國在這些爭辯方面，並不處於有利的地位。

綜述上列談判的內容，美國希望蘇俄接受的任何一項，就蘇俄講都是對她不利的。凡要求敵人接受於其本身不利的條件，唯一的辦法，就是使敵人深信：如不接受這一不利的條件，將有更不利的後果發生，兩害相權取其輕，敵人才不得不簽字。這是迫使敵人屈服，並非談判交易。迫使敵人屈服，是以力量作後盾，如德日不得不無條件投降是也。會談是買賣行爲，必須雙方互利，各有所失也各有所得，是一種平等買賣。美蘇在平等買賣的情況下，要蘇俄有失無得，要美國有得無失，人間交易那有這種奇蹟？

巨頭會議之後，空頭宣言一紙，於是「日內瓦精神」一詞出現了，好像世界從此平安，世局已有實質的變動。於今外長會議不歡而散，西方人士又說日內瓦精神已死，冷戰將要復活。這些文章花樣，令月上人莫名其妙？日內瓦精神在那兒？因爲美總統送了朱可夫的小姐一點結婚禮物嗎？冷戰復活了，事實上冷戰何時曾如基督一樣死過一次？世局實質絲毫未變，由幾個人說今日局勢和緩，明日局勢緊張，眞是有點神經病，與其說日內瓦精神，不如說日內瓦神經！

五　雙方對敵之道的評議

美蘇雙方彼此內心都明白對方是死敵，但就對待敵人的手法言，蘇俄是高明多了，經驗極富。

何謂對敵之道，此乃一簡單之至的常識問題。爲自己多找朋友，聯盟是也；爲敵人多樹敵人，孤立是也。凡利於敵人之事態，設法阻其發生；凡不利於敵人之事態，設法促其發生。在雙方未以武力相較以前，這是唯一的辦法。既然雙方自認爲敵人，只有儘量使出辦法來完成對敵之道，談不上什麼公理與正義的。可是這一手法，蘇俄却要得頭頭是道，美國却弄得束手無策。

先就聯盟而言，在西歐十數國有個所謂北大西洋公約組織，從一九四九到現在，兩大支柱的英法就使此組織效力極微，並未達成於敵人不利的效果。蘇俄的勢力，並未因此機構而縮小，反之仍然在繼續擴大。在東方，美國同南韓的關係，是一個最現實的例子說明美國外交的失敗。戰爭發生，北韓當有意統一全韓，以造成於美方不利的事態，美國當可乘機協助南韓統一全韓才能使共方遭受不利的環境。結果花了錢，死了人，南韓雖保，而韓人統一之願未達，韓人心理上是否領情，很成問題。甚至他們會以爲這一戰爭，美國是爲自己的利益而打，並無高貴的原則在內。今天，美國却爲美商在韓納稅一小問題，同韓國關係日趨惡劣。一個東方主要盟邦，連大使都沒有一個，美國外交可以休矣。李總統說他要單獨以武力統一北韓，美國却說你去打僅有三天軍火給你。這種作風，蘇方是非常鼓掌的——你們現在該體會到美國幫助的代價吧，她自身的利益才比你們民族的利益爲高。北韓是聽我的話才能得到我的幫助，你今天聽美國的話才能得到美國的幫助，同受主子的指揮，彼此都不能自主，爲什麼罵北韓政府是傀儡？一個友邦政府在其人民心目中的地位，輕易地就爲美國這種作風而降落。每一個此類條約，都以對手聽話爲條件而締訂，那兒顧到對方的民族利益。這是大錯，這種大錯就蘇俄的利害言，她是歡迎之不暇的。敵人的失是她的得，敵人的失敗是她的成功。當然，美國也希望蘇俄有頭痛之事發生，她希望德國統一建軍，她希望北京莫斯科反目，她希望共方內部叛亂。世界上的事如都能因希望而成功，上帝也未免太靈了。共方的長處就是不僅希望而已，而且在促成這希望的實現。所以我們說他是主動者，勝利者。

當西方正陶醉於日內瓦精神之中的時候，當四外長正在你不同意我亦拒絕的時候，北非發生問題，埃及和以色列大有動武之勢，而埃及與共方軍火買賣亦已成功。於是乎西方又大聲叫囂，謂蘇俄利用機會插足中東。其實平心靜氣一想，西方在近東有軍盟對付她，在北非有基地威脅她，就對敵之道而言，西方是對的，合乎造成於敵人不利的環境，同樣的，蘇俄今日之舉，也不必大驚小怪，談及什麼道義問題。莫洛哥人要求獨立，這是他們的民族利益，蘇俄說我願給以同情的幫助，只要你們願流血，我總給以支援。再就阿猶問題，西方早就應作以合理的解決，不料一再稽延，弄得雙方購買軍火以備戰，原來埃及曾向法方買軍火，結果簽字而不交貨，向美國買，美國說我有許多條件，先接受條件才得談買賣。她們既不知這些剛獲獨立國家的心情，同時又不從解決阿猶問題積極着手，納塞自然轉到了蘇俄一方，蘇俄乃趁機行事。可是西方爲什麼給她以可趁之機呢？西方爲什麼又不趁蘇俄之機作點令她也惶惶不安的事呢？難道蘇俄方面就絕對無機可乘嗎？於今蘇俄已指向中東，同時毫不動聲色地使法軍不得不自歐洲調往北非，以削弱北大西洋公約組織的實力。一石二鳥，輕而易舉。我們只應佩服敵人的長處，求反攻之道，而不必空叫國際道義。看看西方惶惶不安之狀，我眞不知外交天才何在。可笑的是，若干評論家，竟駡蘇俄出賣軍火爲戰爭販子行爲，無和平誠意。天老爺，假定埃及已早收到法方的訂貨，或者美國願意售出，又作何解！蘇俄如反問一聲，美國對盟邦送軍火一錢不要也可以，如今我是買賣，還收了一筆欵子回來，兩相比較誰是戰爭販子？今日的世局，月上人看來，爭辯毫無義意，蘇俄的地理形勢好，可利用的國境情況太多。你建議空中偵察，她說我們根本廢止原子戰爭；你說裁軍，她說各人把軍隊撤回本土，取消海外基地，兩相比較，當然蘇俄澈底，如作爲宣傳戰，老實講美國地位並不有利。我在前文已提到一個對敵原則，要想敵人作一件她自己不願作的事情，必令她深信如果不作必招致嚴重的後果，西方只有前半節原則的希望，而沒有後半節達到希望的手段，不亦可笑？在這兒我的結論是西方於對敵之道尚屬門外漢，而蘇俄已登堂入室，無怪冷戰至今，每戰必捷！

六　二十世紀是共產主義的世紀嗎？

在今年的蘇俄國慶前夕，副首相之一的克甘洛費其(Lazar M. Kaganovich)向其國民乃至全世界作了一篇充滿勝利之聲的演說。長篇的歷史理論，自然無法在此分析，幾點重要的警語，却不得不提出來以供大家的思考。

第一，他說革命的理想，是無疆界的。他旅行全世界不需要簽證與指印。當馬克斯恩格斯發表共產黨宣言之時，並無電話、收音機、飛機的利用，可是馬恩的不朽的理想，却穿入全世界每一角落以及世界各國工人羣衆的心靈。這種理想過去及將來都無往不利。如果十九世紀是資本主義的世紀，那麼二十世紀是社會主義及共產主義勝利的世紀。

第二點值得重視的，是他認爲共產黨的力量來自黨對原則的崇奉，黨與工人共甘苦以及黨之教育工人也自工人學習。最後的結論是蘇俄會向前行進，也將繼續前進，而且只有前進，以完成共產主義的勝利。

月上人曾說過，冷戰之發生如從發表共產黨宣言之日起也不爲過份，從他這篇宣言以及無數蘇方領袖發表文告時都提及這一宣言看來，這一打倒資本主義的活動，早已孕育於該宣言之內。蘇俄革命成功，照共產黨人看來，只是一個開端，國基鞏固之後，要向外發展，要使此一理想在全世界各地實現，是極自然的趨勢。政策是不會變的，至於政略與戰略，當隨環境而改變。也因此之故，她的擴張，精神上比實質上更爲重要。在若干地區只要種子播下，時機成熟，隨時可有收穫。軍力的充實只不過是一種保衛精神擴張的手段。西方過去對此沒有認清，是以忽視蘇俄的播種時代，今日如再不認清，只着重於軍事聯防，可是蘇俄不要簽證與指印的理想，恐早已通軍事設防地區而作敵後的再度播種工作了。誠然，共產主義的頭子並非人人長生不老，但是共產主義的思想，在沒有以民主自由的思想擊潰它以前，它是可以長生不老的。所以西方以爲蘇俄的史太林死了，基本國策就會改變，當然天眞得很；同時看見她戰略的改變，就欣然自得，實未看見問題的重心。西方要想反共反蘇的話，絕不能絲毫幻想她們會放棄世界革命的基本政策。她們是有耐心的，也是有彈性的，我們若只着重局部的軍事部署，沒有精神抵抗，誰也不能阻止共產勢力的蔓延。老實講，資本主義在二十世紀已成過去，這是沒有多大問題，二十世紀是否爲共產主義勝利的世紀，那就看她的對手應付的方法。過去的姑且不論，自邱吉爾發明「冷戰」一詞的近八年來，從西方的佈署絲毫未能阻止共產勢力的擴張一點看來，西方的辦法根本就不高明，人家的鬭爭，着重在「世紀」，其志氣其耐心是不可侮的。輕敵與怕敵均非對敵之道。

七　知己知彼

百戰百勝之道在於知己知彼，這是千古不變的眞理。西方儘管罵蘇俄宣傳是撒謊，行爲是投機，這種責罵是不公平的，也是毫無效果的。有錢能辦事，今天西方的物質條件仍比蘇俄好既云自。由，彼此當然都有宣傳的自由。蘇俄是否撒謊，問題並不嚴重，西方也有宣傳機構打入蘇俄範圍。至於所謂中立地區，雙方都有均等機會展開宣傳戰，問題的嚴重性是爲什麼蘇俄的謊言可以騙人，西方的眞理反而無人問津。技術及內容都有反省的必要。假定共產主義全是一派胡言，何以仍有人信奉，遠的不論，蘇俄的建國，許多流血的人假定沒有任何信念，是不會那麼勇敢赴難的。與其充耳不聞共產主義或怕談共產主義，不如靜下心來，研究一下何以共產主義可以打動人，即令我們承認許多共產頭子都非眞實信徒，僅假借共產主義以號召騙人，我們也得研究一番，何以這些人要假借共產主義之名以騙人而不假借旁的主義或聖經？共產集團常用民族主義的口號打擊帝國主義的殘餘勢力，在今天的情況下，何以能利用得得心應手？誰都知道，殖民地及經濟落後的地區，都是歡迎共產主義或者是易於接受共產主義的。在殖民地人民心中，他們很容易這樣想，世界上假如沒有蘇俄的存在，豈不更會受帝國主義的壓迫及永遠作殖民地嗎？假定美國沒有任何事實上的表現，證明美國也是反帝的，那麼殖民地的人民怎麼不會對她敬而遠之？也許美國以爲她本身是同情弱小民族獨立運動的，惟主張最好以談判方式來解決民族獨立問題，殊不知道獨立運動的實現對於殖民地人士該是多麼迫切的問題！他們寧願流血趁時爭取，也不願將機會失於慢條斯理的談判中。這種心情，蘇俄抓住了，美國忽視了。不僅此也，美國更因只着軍事佈署，與英法死死拉緊，更使殖民地人士懷疑美國同情弱小民族獨立的誠意！這樣的處境，美國決策當局會眞正的了解嗎？

就人情而言，一國之內經濟上軌道，對外不受人家壓迫，這種國家是很難接受共產主義的。相反的，一國之內，財富集中於少數人之手，貧富懸殊，多數人成了無產階級，在饑餓線上掙扎，當然歡迎共產。所以對抗共產主義，最有效的辦法，在經濟上當然是設法使人人都成了有產階級，他既無共人之產的必要，自然也不歡迎人家共他的產。這種自然需要大力潤斧的辦法：不均者均之，使無不平之氣；無產者有之，使有保產之心。多數人有保產之心，共產黨如何能插足？美國近來對一般經濟落後地區，給以經濟援助，原則上是很正確的。然而美國雖花錢，並未培植起友誼。原因何在？除了經援數目太小之外，主要的是施主的面孔傷害了受援國家的自尊心。在美國的哲學，是誰有錢花誰是老闆，花錢的人是買主，買主永遠是對的。這一點用之於經濟買賣不無道理，用之於感情交換則大有問題。中國人受了傳統文化的陶養，深懂此道：願意給朋友物質幫助時，總儘量使對方感到輕鬆愉快，毫無受惠而損自尊之感。這樣的友情也就特別久長而深厚。國與國間亦復如此。用了錢不必太計較當前的收穫。美國援外計劃，就有點反其道而行，花了少數的錢，就要問對美國的目下利益如何。同時經援甚至軍援，都要加上以美國利益爲前提的政治條件，在這種情況下，受惠國家很易認爲這是單純買賣行爲，談什麼友誼？而一付施主面孔，常使人拒絕受惠，加深對美國的惡感。在這兒美國忽略了經援他國，使那些國家增多有產的人，增多保產的人正對美國有極大的長期利益。他們眼光不放開一點，怎能怪人家受美國之惠而不領美國之情？世界上少一個太貧的國家，就少一個共產主義利用的機會，多一個爲了保產而反對共產主義擴張的國家，不正合於對敵之道的普通原則嗎？我們知道破壞容易建設難，同樣使人無產容易有產難，美國經援他國，提高人民生活水準，是一個長期的目的，爲什麼不以耐心去求其實現。美國的決策者如能了解被援國家，只要他們經濟情況改善，即採非共政策，已是美國的一大勝利，並不一定要他們都是反共的。今日多數國如僅採非共政策，美國也可高枕無憂了。寫到這裏，我只得問一下，美國了解環境對蘇俄之利嗎？美國能了解自身處境之難嗎？與其責斥蘇俄對有利於己的環境之利用，不如多爲自己造成有利的環境。培養於自己有利的環境，就是對敵人增加不利的環境，這是非常簡單的道理。

八　十字街頭的世界——代結論

二十世紀是否爲共產主義勝利的世紀，是人人所關切的大問題。因爲這是人類生活方式的改變問題，不單是美蘇爭霸而已。局勢演變至今，共產世界今日的成功是不必否認的，是否會完全成功，那就看應付之道如何，以及共產主義的實施是否造成眞正平等自由幸福的理想社會。如果共產主義的實現眞正造成了一個理想世界，那麽這個理想是無法反的。但從鐵幕高懸一點看來，蘇俄的社會，並不是理想的社會。以蘇俄並非理想的制度而希望世界全體奉行，自有可反之處。王陽明說：破山中賊易，破心中賊難。防止有形的擴張，幾個軍盟也許能奏效，防止無形的擴張，軍盟是絲毫無用的。共產黨靠武力奪取政權，我們不必責斥這一點。也許這正是其弱點所在。因爲丢掉政權的政府，當時並非沒有武力的，說不定這個政府掌握的武力遠比共產黨所有的武力爲强，問題在何以政府的武力抵抗不了共產黨的武力。又有人說共產黨是以武力統治其人民的。這一點也不必責斥。也許這又是其弱點。問題是一個國家在未被共產黨奪取政權以前，人民也非絕對不受武力脅迫的，共產黨及若干以被壓迫者的姿態出現，可以用暴力推翻當權的政府，今天他們成了壓迫者，那麽許多被壓迫者爲什麽又不能再來一次叛變，推翻共產黨的政府？二次大戰，德軍近迫莫斯科，那樣良好的機會，尙未有人大規模趁機而起，推翻共黨政權，大家就得靜心想想，共產黨是否絕對只做壓迫人民的事情，而不做絲毫拉攏人民的事情。必要了解敵人的長處，才可說反對他，專門夢想敵人內部的叛變只是眼前之事，而忽視敵人也在做拉攏人民的工作，那是非常危險的。

美國自身以反共領導國家自居，也得靜心檢討一下反共政策的得失。過去舊帳不談，一九四八以後，先有杜魯門氏的圍堵政策，一九五二艾氏當選，又有所謂解放政策，共產勢力的蔓延果被圍堵住了嗎？解放政策宣佈迄今，不僅寸土未解，共產勢力已轉向中東，美國就得思考一番這是否純是軍事問題。月上人以爲，凡是美國費盡心機作軍事佈署之處，都非共產黨政治上容易打入之地。試就西歐各國言，蘇俄除了用兵以外，她能很輕易要西歐人民接受共產黨的統治嗎？相反的，西歐以外環境易爲共產黨利用的地區，美國却未做絲毫政治工作，結果仍讓共產力量逐日擴張。可見美國所作的，正合敵人口味的工作，美國焉有不敗之理！

美國不反共則已，要反共自己得堅定立場，認淸爲什麽要反共。將反共的成敗寄託於軍事的佈署，至少是不够的。不錯，蘇俄並未忘記軍事的强大，但她的軍事的强大是保護其政治目標的。今日的共產黨是採用三分軍事七分政治的政策。誠然她軍事的擴張是爲美國一時堵住，可是其政治的擴張仍在無孔不入。等到一天雙方軍事達於平衡狀態，誰也怕全體毁滅，誰也不敢用兵，可是蘇俄的政治攻勢仍在繼續前進，可能達到不戰而屈人之兵的目的，那麽美國將何以對待？自由世界也者，必須堅定自由民主的思想，向世人提供自由民主的生活方式，使已爲共產黨控制的人民，覺得他們眞在地獄之中，所犧牲的代價遠比所換的生活方式爲高；未爲共產黨控制的人民，有更好的選擇而不以共產主義是他們的理想方案。如認爲共產主義全是一派胡言，那麽這一派胡言何以能有今日的成就？如謂其宣傳全是撒謊，何以自由世界不能想出一個更好的謊言？所以單靠盲目忽視敵人的長處是不够的，如認爲共產主義也不無道理，在這種情況之下要反它的話，那麽必要自己有良好的精神武器，提供比共產主義更好的方案來。若一味畏懼，在國內也怕人提及，那麽老實不客氣講，精神上已立於必敗之地，是不够負擔起反共巨任的。

其次，美國要想反共能收效，必得堅定自己立場，認淸目標，不必將改變對方的國策，寄託於毫無結果的談判上。日內瓦會議失望歸來，杜勒斯氏向國人廣播說「如果環境一切如昔，而再希冀與蘇方談判，那是很愚蠢的」。此同筆者去年「日內瓦會議展望」一文，內容完全一致。那麽今年的二次日內瓦會議環境有所改變嗎？既然情況依然，而二度開會於日內瓦，在蘇俄方面的目的，前文早已詳言，就美國而言，試問目的何在？不足以暴露本身無反共的原則嗎？更天眞的是美方去開會目的，希望以談判方式要蘇俄放棄共產主義，讓東歐人民自由及承諾於蘇俄不利的條欵等，蘇俄當然得反問一聲，我爲什麽要如此作？實行共產主義及世界共產化是我的國策，我爲什麽要放棄它？你說你的主義比我的好，證據何在？這種情況下的會議美國去出席，當然是自設討趣。如果今天美國尙不知道自己處境之艱，蘇俄處境之利，豈不太無自知之明嗎？

在十字街頭的世界，蘇俄已拿出一套人類的生活方式向每一個地區在推銷，美國方面只說這一套方式不好，可是並沒有堅定的爲自由民主生活方式作有力的宣傳。根據過去的經驗，一味說旁人的貨色不好，一味駡旁人提倡他們的貨品來，自己又不能造出更好的政治貨品，結果總是被動，總是失敗。蘇俄今天，尙在口頭勸銷時代，一旦武力成熟强迫銷售，是極爲自然的。不願接受共產主義生活方式人，必要趕緊推銷一套更好的貨品，才能在國際市場競爭。美國經濟商品的推銷，是世所馳名的，惟政治商品推銷員，無不空手而回。原因何在，人們根本不知美國的葫蘆所賣的是什麽藥？——反共與南斯拉夫爲友，反獨裁與西班牙爲盟！政策方面是雷聲大，雨點小，人們根本不知美國所賣的是什麽？怎麽能專怪蘇俄有貨可賣呢？

希望敵人改變心腸，希望敵人不利用於己不利的環境，希望敵人接受於己有利的條件，都是「白痴心理」。要敵人做或去做某一件事，必要使敵人懂得「不得不」的道理。希望永遠是希望而已。一九五六年又將降臨，今後不是說的時代，不是責駡敵人的時代，更不是畏懼敵人的時代，尤其不是防而不攻的時代。我們必要立定脚跟，堅定立場，使敵人處在被動局面而忙於應付，斯時方可提出條件要敵人簽訂城下之盟。時間是站在共產世界一邊的。今天蘇俄又在試驗氫彈了，美國決策者，尙能安然於火鷄之傍不爲未來人類生活方式的決鬪用點思想嗎？

一九五五感恩節之夜。

籌建石門水庫的好參考

——參觀日本佐久間大壩感想——

凌鴻勛

自由中國現正擬在臺北以南約四十公里之石門地方，大嵙崁溪由狹谷流出平原處，建築一高壩，即於壩後滙水成庫，發展防洪、灌溉、發電、給水等功能，為一多目標之水利工程。此項工程所築之大壩，計高出岩床地面一百二十五公尺，壩頂長三百餘公尺，壩身混凝土體積約九十三萬立方公尺，須用水泥二十餘萬噸。壩築成後，水庫面積可達九平方公里，水庫總容量約為三億一千六百萬立方公尺，可灌溉土地面積五萬四千餘公頃，使糙米每年可增產六萬九千噸，可發電十二萬瓩，可減低臺北市附近洪水位一公尺，給水方面可供三十四萬人之需要。全部工程計劃，連同設備，共需新臺幣八億數千萬餘元，又美金一千四百餘萬元，預計五年可完成。

此項偉大計劃有裨於國計民生自非淺鮮，而建設費總共需十餘億元，亦為在臺從所未有之長期鉅額投資。事之成敗得失，端視工程計劃之是否適宜，而施工之能否順利，工欵之能否不超出預算，與工期之能否按時，則施工以前一切之準備與配合佈置，實為關鍵之所在。

作者以個人興趣關係，曾趁四十四年十一月間赴日本訪問之便，特赴佐久間參觀在建築中之大壩工程。佐久間大壩之主要目標為發電，與石門水庫計劃之多目標不同。佐久間大壩為直線重力式，又與石門大壩所擬採用之拱式壩，設計上異其旨趣；但佐久間大壩工程之規模頗與石門大壩相似。佐久間開工已兩年有半，茲計尚有半年即可完工發電，全部工作時間僅為三年，則其佈置、準備、與施工方法，實有足供吾人之參考者。茲略述參觀時之所見聞，藉供籌劃石門之一助。

日本電力之使用本已甚為發達，近年因工業上的需要、與電化鐵路之推進，對於開發電源仍不遺餘力。電源開發株式會社即為日本全國發展電力事業的一個中心機構。此機構資本百分之九十九為政府所投，地方電力公司等約居百分之一。佐久間大壩工程為該會社進行中一件頗偉大的建設。

佐久間位於靜岡及愛知兩縣之間，居天龍川上游，距天龍川出口處約六十餘公里。此處河床水面寬祇八十公尺。佐久間之上游電力已有小規模的開發，茲更在佐久間建一高達一百五十公尺的大壩，較石門還高出二十五公尺，用水力發電三十五萬瓩，成為天龍川系統最大的發電所。此壩之壩頂長二百九十四公尺，較石門略短。壩為直線重力式，建於花崗石基礎上。主要壩身體積一百零六萬立方公尺，較石門計劃多出十餘萬，另壩脚建築尚有約八萬立方公尺。大壩築成後，上游三十二公里即成一蓄水庫，面積七·一五平方公里，總蓄水量三億二千六百萬立方公尺，與石門計劃中之水庫蓄水量相若。水從壩之上游，經兩座壓力水洞，每座長一、一二八公尺，直徑七公尺，導水入發電廠，用四座水輪機發電，每座九萬六千瓩，此為佐久間大致之設計。

佐久間工程係於一九五三年四月開始。先在壩址上游壩之左岸穿鑿導水洞兩座，使河水改從水洞流下，然後在壩上游建一石砌矮壩，將大壩壩址餘水抽出。兩水洞於一九五四年三月底完工通水，壩址底脚之開挖即於同年六月一日開始。大壩本身的第一桶混凝土係一九五五年一月十八日開始灌下，至作者參觀時(同年十一月中)共已灌下約六十九萬公方，計約三百天，平均每天二千三百公方，其中自有雨天或因其他故障停工者。據該壩建設所所長永田年氏稱，現在每日有效工作時間以二十二小時計，平均可灌混凝土三千五百立方公尺，每日的最高紀錄曾達到四千零五十八立方公尺。據估計尚有五個月即可完成。在此工作日臻熟練之情況下，自屬可能，如此全部製灌混凝土之時間僅十五個月。

關於大量混凝土之預防因熱而致過度膨脹，為建築大壩工程上一重要問題。佐久間所用之水泥具中型的熱性，遇水後所發生之熱約為攝氏三十度，較之一般普通水泥和水後發生攝氏四十度的熱度為低。再加以係用冰水混和，其混和時所增加之熱度祇有攝氏十四度左右。兩者合計為四十四度。再加以用冷水管通入混凝土內，故壩身初期之熱度祇有三十餘度。(如用普通水泥，在夏天混和時可達六十五度，即使用冷水管，亦祇能低下十度左右。)因此有大量冰水之需要，故特建造一冰廠，每日約可製冰六百五十噸，仍嫌不够。計由五月中起至十一月中之天氣較暖期間，均須用冰水來和混凝土。其用冰水灌入管內時期，大約自灌放混凝土起初十日至十四日為限，其時混凝土溫度正繼續上升至最高點，灌用冰水亦即暫行停止，俟混凝土放下三十天後，再灌入冷水於管內，繼續約兩個月，此水管即永遠埋於混凝土內。

為要連續使用三十七萬五千噸的水泥，搜集及壓碎一百五十萬立方公尺的骨材，製造一百幾十萬立方公尺的混凝土工程，且欲以最短時間，最經濟的人力，完成其工作，則機械的使用，為一決定的重要因素，而大壩本身與其有關工程之設計，亦即視機械工具之使用如何以為斷。佐久間於設計時即決定採用美國各種新式機械工具，一小部份之運送工具則由日本自製。所需大量水泥由鐵路以三十噸專用貨車輸送至佐久間新設專用車站內之四座水泥儲藏大圓倉，每座容一千噸，再以載重二十噸散裝水泥之卡車，運至壩址附近之水泥庫，然後輸送至混合場。至於沙石骨材係在壩址下游三公里天龍川彎曲處之砂礫堆積層用多座之挖土機挖出，經由篩選工場得大小不同之粗骨材四種，連同砂料以帶運機運至混合場，一切均使用機械。至於混凝土混和後，以載運車起運，投入連結於二十五噸空間鐵索輸送線，用容積六立方公尺之大桶裝運輸送至適當地點，放下於壩身。由於一切機械之靈活運用與善於配合，故能使每日灌製混凝土平均能達三千餘公方。

大壩之機械設備其主要部份約值美金四百餘萬元，一切係由一美國公司設計、佈置、供應並指導工作，由該公司派有四十餘人在工地負責處理。至施工部份分交間組及熊谷組兩大包商辦理。佐久間全部工程費用包括下述各準備工程、機械及電氣部份，共約為日金三百二十一億圓。（官價每美元合日金三百六十圓，市價則約為四百圓。）欵源開係來自美國剩餘農產品之售價，卽亦變相之美援。此欵全數已經撥足，由公司年付利息六厘。現計全部工程可於一九五六年五月完工發電，每年發電可達十三億度，等於每年可節省燃煤一百三十萬噸。由於蓄水庫蓄水量之大，故大壩之有效使用年齡可能甚長。

上面說過，此類工程籌備重於施工，設備重於工程。全部工作之重心固在大壩，但大壩以外之一切準備其重要更重於大壩本身。此次參觀佐久間工程，覺其準備工作中之重要者，計有十八公里之國有鐵道改線。此段改線工作，包括有兩座長隧道，其中一座長五千六百公尺，為日本國內第四長的鐵路隧道。此項改線工作耗欵五十餘億日圓，但僅費時二十一個月，已於作者參觀之前半個月全部完成通車，舊線已開始拆卸。又須新築十數公里的高線與低線聯絡公路，其中也有七八座隧道，長者亦有二三百公尺，均早已完成使用。又大壩上游須遷徙民房二百四十餘間，一切公私土地財產及附着物的調查、計算、評價、發欵、以至民房折遷，亦都辦理完畢，共費三十餘億元。此三項準備工作每極費時，且易生枝節與糾紛，如辦理或配合不適宜，則對於大壩本身工程必多妨碍。今開工才兩年半，而一切都已辦理完妥，大壩本身工程之進行，自可計日程功，此為工事順利進行的一件重要因素。至於發電方面，水輪機及發電機四座都已全部安妥，壓水洞亦已完工，祇餘小部份之襯砌，則一旦壩成放水，自可發電。

佐久間大壩以高度言，在日本為第一位。在工程上天賦之好為壩址有良好花崗石的基礎，而附近不遠又有數量足够素質甚好的骨材，加以事前準備的週到，新式機械之配合使用，與工欵之及時供應，此皆為此鉅大工程能於預定三年期內完工的關鍵條件。

石門水庫雖已初步動工，預計五年完成，但不少先決問題尙未決定，少許初步工作實與大計無關，因此目前對於觀成確期尙難估計。吾人尙缺乏建築此類高壩之經驗，此為發硎初試，亦富有教育意義。況在環境困難之下，將來用欵較預算的多，工期較預定為長，自屬意中之事，惟計劃必須整個，配合必須得宜，籌備之事愈周，則施工困難愈少。是以目前不必亟亟於局部之開工，而急於全盤之計劃，尤重在準備之周密，與組織之健全與靈活，觀於佐久間之成績，覺得有甚多值得參考之處。

美國的勞工組織

楊志希

一　勞工組織的發展

無論任何國家，生產愈發達，勞工人口（包括所有勞動者）愈多，勞工組織也愈普遍而健全。這是顯而易見的事實。何謂勞工組織？從經濟的觀點立論，乃勞動者基於本身的經濟利益，自願結成的團體，循着集體交涉 (collective bargain) 的方式，向僱主(資方)提出增加工資和改善工作條件等要求。勞工組織的形成和發展，與經濟制度的演進，密切關聯。歐洲封建時期的農奴，乃當時的基本勞動者，他們甚至沒有身體自由，遑論組織？中世紀以後，城市興起，以城市爲中心的工商業，逐漸代替了前此的封建經濟，農奴也有機會脫離土地，變成自由市民。城市時期的工業，以家庭爲生產單位，略具分工的雛形。那時的分工，係指分業而言，卽製鞋者專司製鞋，縫衣者專司縫衣；至於生產單位內部的精細分工，乃工業革命以後的事。城市家庭工業的生產方法，僅能利用簡單工具，仍屬直接生產的類型，工業史上稱之爲手工業時代 (handcraft period)。等到手工業逐漸發達，手工業者人數加多，他們便開始組織基爾特 (guild)，藉以管理產品、質量和價格等事宜。在手工業的生產單位裏，雖然存在着主人(master)和學徒(apprentice)的關係，但沒有僱主 (employer) 和僱傭 (employee) 的對立意識。而且，主人和學徒的分野，主要在表示技術程度的高低；一旦技術成熟，學徒「出師」，也有機會獨立經營，招收門徒，自己做起「主人」來。因此，手工業時代的勞工問題，並不嚴重，勞工組織也不發達。

工業革命以後，生產方式與規模大爲改觀，勞工組織隨而發生極大轉變。不僅此也，其他如政治形態，社會生活，莫不受到深遠影響。工業革命運動始于一七七〇年英國人發明紡織機器和蒸汽引擎。一八〇〇年以後，工業革命的浪潮澎湃，除掉生產方式的改變而外，交通發達使原料易於獲得，市場距離縮短。談到美國，在南北戰爭 (1861—1865) 以前，仍以農業爲主幹，工業生產，尙在家庭手工業階段，南北戰爭以後，美國的工商業才有飛躍進展，距今不到一百年。經過這段期間，美國經濟已達到高度工業化的地步。下列各項事實，代表美國近百年來工業化的特徵：

（一）自由競爭的結果，生產大量集中：在第二次大戰前夕(一九三九)，全國六%的企業僱用六〇%的勞工，生產七〇%的成品；大戰以後，此種現象繼續存在。

（二）國際貿易擴張：根據統計，自一八七〇年至一九四〇年間，美國出口貿易額增加了十倍，進口貿易額增加了七倍；戰後各國生產力慘遭破壞，美國出口益形膨脹，以致引起美元短缺。

（三）人口增加與異動：美國自開國迄今，人口增加五倍，並且由鄉村向城市集中，棄農而從事工商。一八八〇年，鄉村人口佔總人口的四分之三，在一九二〇年，鄉村與城市人口的分配，各爲二分之一。目前農業人口約一千三百萬，僅佔全美人口的百分之十三、五。

（四）機器日新，分工日密，資本日增，生產力日强，僱主與僱傭的界限也日益明顯。

以上所擧，都是直接間接由工業革命所產生的後果。其中有個共同特徵，就是生產發達，勞工人口增加，勞工問題日趨嚴重，反應着勞工組織的迫切需要。而且，勞工組織的形式，已經擺脫手工業時代的基爾特，進入民主式的工會團體。抑有進者，美國的經濟制度，仍難避免商業循環的困擾，在經濟繁榮時期，固無失業問題，但因物價上漲，勞動者的工資，也有提高的必要；一旦恐慌發生，生產萎縮，失業普遍，勞工的生活更大受威脅。欲先使勞動者的生活獲得最低保障，從而改善其經濟利益，便不能沒有完善的勞工組織，藉以發揮集體交涉的力量。

二　工資問題

上節所謂勞工的經濟利益，主要的項目便是工資。工資是勞動者提供勞務所獲得的報酬，亦卽企業收入中分給勞工的部份。在物價穩定的前提下，工資的多寡，直接代表勞工生活的好壞。因此，工資問題，構成勞工組織的重要問題之一。換言之，要憑着組織的力量，幫助勞工大衆尋求足夠而且安適的工資水準。工資如何決定，在理論方面，學者各倡其說，例如(一)李加圖的生活費用說 (subsistance theory)，謂工資要使勞工能維持最低生活，綿延子孫；(二)彌勒 (J.S. Mill) 等所倡導的工資基金說 (wage fund theory)，謂工資的總額固定，如果某部份勞工獲得較高工資，其餘勞工的收入勢必減少；勞工人口增加時，情形相同；(三)邊際生產力說 (marginal productivity theory)，此說引伸邊際效用和邊際成本的原理，認爲工資水準，取決于勞工的邊際生產力，從而技術有優劣，工資便有高低；技術程度相同的工人，生產力大者工資高；(四)討價還價說 (bargain theory)，此說將勞力視同商品，工資乃此項商品的價格，其高低取決於市場的供求關係或買賣雙方的討價還價。以上不過就其著者略陳梗概，儘管學說紛紜，言之成理，未必能夠解釋事實。事實上的工資水準，第一、就全體勞動者而言，其分享的眞實國民所得額，與資本主或薪給者比較，不可相差懸殊，而且，從長期着眼，勞工所得應有逐漸上升的可能；第二、就個別勞工而言，其所獲眞實工資，應能維持本人及其直系家屬的生活。生活程度，約可分為兩種：(一)絕對生活，即最低生活；(二)相對生活，即舒適生活。最低與舒適的標準，各國不同，甚至一國之內，各地亦有差異。美國對這兩種生活費用，會經有所估計。即以五口之家為單位，作成家庭預算，例如，在第二次大戰前數年(一九三五)，最低生活每年所得應為一、七〇〇美元；舒適生活應為二、五五〇美元。戰後物價上漲，上列數字，至少須增加八〇%。(根據統計，美國消費物價指數以一九四七—四九為基期，一九三五年為五八．七，一九五三年為一一四．四〇)最低生活的項目，大致包括衣食住行樂育及醫藥人壽保險所需，另加少額儲蓄，用以應付意外開銷；舒適生活，則除掉最低生活外，還享有自置房屋、自備汽車、洗衣機、電視器等安適品。一般言之，技術工人收入多，生活可達舒適程度，半技術及非技術工人，收入較少，祇能維持最低生活。還有一點值得注意，就是上述許多安適品，大都係以分期付欵的方式購得，欵未付清，無異債務，一旦不景氣發生，勞工被解僱(laid-off)或失業 (unemployed)，致令收入減少或中斷時，情形便非常尷尬了。半年以前，美國汽車工人工會與福特公司 達成協議，確立「常年保證工資制」(guaranteed annual wage, GAW)，其主旨在使勞工當解僱期間，亦有少許收入，最低生活不感受威脅。

工資收入不足或完全中斷，對勞動者固有切身之痛，對僱主同樣發生不良影響。何以故？因勞動者構成消費羣，如果他們的收入不足或中斷，社會購買力勢必微弱，企業家的產品，無法暢銷。從而物價下跌，損失堪虞，勢之所趨，必然停工減產，惡性循環，周而復始，實為經濟恐慌之由來。無怪工資問題，在勞工組織中，佔着非常重要的地位了。

三　美國勞工組織的歷史

我們若將勞工組織的歷史，稍加檢討，便不難發現，除手工業時代外，歷來勞工組織，莫不以爭取較高工資為中心任務，別國如此，美國尤然。茲將美國自南北戰爭以來的勞工組織簡述如下：

(一)同業工會 (Craft Unions) ——這種工會組織，在手工業時代即已開始，但規模狹小，乃地方性的勞工團體。南北戰爭發生後，新式工商業勃興，鐵路發展，刺激各種企業從事全國性的競爭，在這種情況下，地方性的工會擴展成為全國性的組織。擴張運動，始于一八六三年左右，至一八七〇年，已有國家同業工會 (National Craft Union) 卅二個，會員四十萬人；又三年，工會增至四十一個，會員五十四萬人。工會的主要目標，便在爭取較高工資和較短工時。凡事盛極必衰，一八七三年，美國發生經濟恐慌，工會組織大受挫折，以致數目銳減。這段期間，在柏爾廸摹 (Baltimore) 曾經出現了一個全國勞動工會 (National Labor Union)，成立於一八六六年，將全美各城市及地方工會納入組織，旋以其領導人思想偏激，至一八七二年即形瓦解。其生命僅及短短六年，但亦有其歷史重要性，它曾明白顯示勞工組織的目的，在促使工資穩定和職業安全。

(二)勞工武士 (Knights of Labor) ——也是美國南北戰爭以後全國性的勞工團體。一八六九年首由費城的裁縫工人發起成立，初為秘密組織，後始公開活動。會員包括各種勞工，沒有性別、行業、膚色及技術程度等差異，頗具平等精神。會員人數最多時(一八八六年)曾達七十萬，執勞工界的牛耳。可是到了一八九〇年，此組織頓形衰落，會員降至十萬人以下。考其原因，厥為：①認定僱主與僱傭的利害一致，②政策流於空想，而方法不切實際。有此二因，當然無法適應日益迫切的勞工要求了。

(三)美國勞工聯盟 (American Federation of Labor, AFL) ——勞工武士式微後，取而代之的是美國勞工聯盟(簡稱勞聯)。勞聯成立於一八八六年，乃美國全國性的勞工大組合，將各地方和各行業已有的 工會團結起來，其首任 主席為葛樸斯 (Samuel Gompers)。勞聯會員，係以各地工會為對象，不與個別勞動者發生直接關係。它是一個趨於保守性的勞工組織，主張在資本主義的制度下，徐圖改進勞工的經濟利益。至廿世紀初，勞聯的基礎已固，會員日增。加上美國經濟，受到世界大戰的刺激而益趨繁榮，生產發達，利潤優厚，於是僱主樂得對勞工作若干讓步，以換取勞工的勞力與合作，因此加强了勞工組織的地位。美國的勞工聯盟，便在這種有利的環境下發育滋長，成為規模最大的勞工團體。至第二次大戰前夕(一九四〇年)，擁有全國性的工會一〇八個，會員超過四百萬人。

(四) 產業總工會 (Congress of Industrial Orgnzaition, CIO) ——一九三五年十一月，勞聯內部因對組織非工會工人(Non-Union Workers)發生歧見，出現了產業委員會 (Committee for Industrial orgnization)，至一九三八年，產業委員會通過會章，改名為產業總工會(簡稱產總)，正式脫離勞聯而獨立，另成一體，首屆主席為煤礦工會會長劉易士 (John L. Lewis)。產總企圖組織大企業中的工人，首先以鋼鐵工人為對象。一九三六年成立鋼鐵工人組織委員會 (Steel Workers' Organizing Committee)，專司其事，結果成績卓著。例如最大的美國鋼鐵公司 (U. S. Steel Corporation)，對勞工組織，向表反對，居然在一九三七年三月，同意簽約加入工會。其他若干著名鋼鐵公司的工人，遂相繼入會。此外在汽車工業、橡膠工業中，均有同樣成就，因此產總會員人數大增，成立之初，僅有會員一百萬人，至一九四〇年，已達三百五十萬人之多。

四　美國勞工組織的現狀

上節已簡述美國勞工組織的歷史，茲擬略窺其現狀。所謂現狀，係指勞聯和產總正式分立以來的情形。如果從一九三五年十一月算起，到一九五五年十二月合併(見下)為止，由勞聯和產總分裂而形成的對立局面，恰好屆滿廿年。考其分裂原因，大概不外：①勞工領袖的私人爭權，②產總積極組織各大企業中非工會工人，引起勞聯的不滿。不過，在對立期內，勞聯的勢力，一直駕乎產總之上。現今全美勞工組織，約計兩百單位，其中百分之六十屬於勞聯，百分之廿屬于產總，另百分之廿則無所屬。勞聯內多係輕工業方面的工會，如印刷業、紡織業、建築業及交通事業等；加入產總的會員，集中在重工業(國防工業)方面的工會，如煤礦業、鋼鐵工業、汽車工業、電氣工業和碼頭工人 (longshoremen) 等。未曾加盟的勞工團體，計有鐵路工會和郵務工會等。勞聯成立迄今，已有七十年的歷史，其會員工會，多半成立于一九〇〇年以前；而產總獨立不過廿年，其會員工會均產生在一九〇〇年以後。

勞聯的組成份子，包括六種不同的工會，其中以全國工會和國際工會(指在加拿大有分會者)最爲重要。每年開會一次，由各會員工會選派代表參加(每滿五千人者選一人)，討論有關全國性的政策事項。但各會員對其本身利益，有獨立自主之權。平時首腦機關，爲行政委員會 (Executive Committee)，由委員十七人組成，包括主席一人、副主席十五人、秘書兼司庫一人。其主要任務，計爲：①協助會員工會達到提高工資的要求，②吸收新會員，③調解會員間的糾紛，④影響國會有關勞工立法，⑤輔導勞工教育及增進內部福利。勞聯現有會員超過九百萬人，現任主席爲閔尼 (George Meany) 氏，係鉛匠出身。

產總和勞聯一樣，也是每年開大會一次，平時以行政董事會 (Executive Board) 爲最高執行機關。董事會包括主席一人、副主席二人、秘書一人。產總現有會員約六百萬人，現任主席爲帶有社會主義色彩的盧瑟 (Walter Reuthers) 氏。

在勞聯和產總對立的廿年中間，美國的產業界和勞工界，當然發生很多變化。例如工業進步、農業人口的減少、和從事分配服務 (distribution service) 的人數加多。諸如此類的現象，使這兩大勞工組織感到有再團結的必要。一年以前，便醞釀着合併，直到今年(一九五五)十二月五日，二者在紐約舉行聯合大會，當場除產總方面的運輸工會表示反對外，正式決議合併。廿年來的對峙局面，從此宣告結束。合併後的勞工組織，擁有會員一千五百萬人，堪稱自由世界中的最大勞工團體。由勞聯領袖閔尼擔任主席，副主席十七名，十名屬勞聯，七名屬產總。盧瑟爲副主席之一，另有秘書兼司庫一人。

這次勞聯和產總的合併，使美國勞工組織的發展，進入嶄新階段。首先，就勞工本身而言，係表示組織勞工 (organized labor) 勢力的加强。不過，當今全美勞動人口六千五百萬，合併後的新團體，其會員不及此數四分之一，而且各會員工會仍將繼續其各自交涉的方式，故欲造成勞工獨佔的現象，殊非易事。有一點可以斷言的，就是今後對組織非工會勞動者的工作，進行必更趨積極。其次，就對美國政治的影響而言，無疑地，一千五百萬人的團體，是一支龐大的力量。共和黨認爲此次的合併，目的在支持民主黨明年競選，甚或可能另組勞工黨。但該兩勞工組織的領袖，雖承認今後將領導工人爭取政治地位，但否認與民主黨相結合。還有，合併後的新組織，勞聯的勢力大過產總一倍，今後勞聯領袖的對政治態度和主張，具有決定性的作用，似可信而不疑。

五　政府與僱主的態度和勞工立法

最後應該提及的，是美國政府和企業家對勞工組織所持的態度，以及重要的勞工立法。一般言之，美國政府和僱主對勞工的態度，以一九三三年間的新政 (New Deal) 時期爲分野。美國政府在新政以前，甚或在第一次大戰以前，雖然接受集體交涉的原則，但對勞工團體的組織，未曾加以鼓勵。不過話又說回來，美國在一九一二年成立了一個聯邦工業委員會 (Federal Industrial Committee)，調查研究勞工關係，提出對勞工有利的報告。這個機構實爲美國勞工部 (U. S. Department of Labor) 的前身。有了勞工部後，所有關於勞工政策的推行，勞工問題的解決和勞工生活費用的統計等，均屬其職掌範圍。至於僱主方面，在新政以前，多少抱着反工會的態度，尤其一九〇二年煤礦工人發生大罷工，僱主感覺勞工太囂張，更加强他們反工會的意識，法院的裁判，也往往對勞工不利，這些當然有碍勞工組織的發展。僱主們有和勞工對立的組織，如僱主協會(Employers' Association)，被法院認爲與工會的性質相同，他們又採用工廠關閉 (lockout) 的方式，停止生產，以對付工人的罷工。凡此均足以表示美國勞工組織在新政以前所遭遇的困難。新政以後，政府法院和僱主各方面與勞工的關係，均有顯著的改進，因此勞工的經濟利益，獲得比較具體而確實的保障，勞工組織的根基也日趨鞏固。茲擬列舉若干重要勞工立法，以資參證。

(一)一九三五年的國家勞工關係法案 (National Labor Relation Act) —— 又名華納法案 (Wagner Act)：此法目的在增强勞工的集體交涉力量，奠定了勞工組織的基礎，被譽爲美國勞工的大憲章。當時有許多國會議員認爲，在工業發達、生產日形集中的情勢下，應有强大的勞工組織，藉能維持勞資間的均勢。華納法案規定：①勞工有自由選擇加入工會的權利；③勞資雙方應推派代表會商集體交涉事項。不過政府對集體交涉的內容，不加干預，由勞資雙方根據自理 (self-regulation) 的原則進行。

(二)一九三六年的華西、赫里法案 (Walsh-Healey Public Contract Act) —— 此法案的目的在具體規定最低工資、最高工時和工作條件等，以公共工程爲實施對象。凡承造公共工程價值超過一萬美元者，承造廠商必須嚴守下列規定：①每日工作八小時，每週四十小時，超時工資，照原工資的一倍半計付；②不得僱用十六歲以下男工或十八歲以

(下轉第40頁)

權威與個人(五)

羅素著
汪仲譯

第五講　管制與創造力：兩者的範圍

一個健全而進步的社會，需要中央的管制和個人與團體的創造力。沒有中央的管制，便會產生無政府狀態的混亂；沒有創造力，便會造成停滯僵化。在這一講裏，我要討論一些一般性的原則，究竟哪些事情應該管制，哪些事情應該留給私人或半私人的創造力去發揚。我們在社會中所能希望發現的那些特質中，有些在本質上是靜的，另外一些在本質上是動的。簡約地說，我們希望靜態性質的事情由政府管制，動態性質的事情則由個人或團體來推進。但如想要這樣的創造力成爲可能，又要它是有利於人類而非破壞性的，就需要有合宜的研究機構(institutions)來培育它，扶植它。保護這些研究機構也將成爲政府的職責之一。很顯然地，在一個無政府的國家裏，就不可能有大學、科學研究機構、書籍的出版，以及簡單得像海濱度假日一類的事。在我們這個複雜的世界裏，沒有政府，便不會有惠及人類的創造力；但不幸的是，我們可能只有政府的管制而沒有創造力。

我以爲，政府最「基本的」目標應該有三個：安全(security)，公正(justice)保存(conservation)。對於人類的幸福，這三項目標是最重要的，也只有政府才有力量做這些事情。同時，其中沒有任何一個目標是絕對的；在某些情況下，爲了某一目標獲得更大程度的利益，另一個必須做相當程度的犧牲。我將依次加以討論。

「安全」，從保護生命與財產的意義而言，永遠被認爲是政府的主要目標之一。很多政府在保護安份守法的公民免受其他公民的侵凌時，却沒有想到保護他們不受國家的侵害也是十分必要的。只要行政機構可以下令捕人和不經法律的合法程序便予人以處罰，則儘管政府的基礎是十分鞏固，一般平民却沒有安全可言。我們更需要法官不受行政當局的影響控制。否則，只是堅持合法的審判程序還是不够。在十七和十八兩世紀時，這樣的觀念，就已經存在了。它們是在「臣民的自由」與「人權」的口號下表現出來的。不過這些被人所追求的「自由」與「權利」只能由政府來保障，只能由我們現在稱之爲「開明的」那種政府來保障。而且只有在西方國家才得到了這種「自由」和這些「權利」。

對於當今西方國家的人民，另一種更有趣味的安全是不受敵對國家攻擊的安全。它之有趣味，是因爲這種安全還沒有得到，也是因爲戰爭方法的發展，使它變得一年比一年重要。只有在一個能够壟斷主要戰爭武器的世界政府成立之後，這種安全才變爲可能。對於這一問題，我不想擴大討論的範圍，因爲它離得我討論的本題多少遠了些。我將要說明的——也是要强調的是：除非人類已經得到一個世界政府的安全，也只有到那個時候，則一切有價值的其他的東西都是不足恃的，它們可能在任何時候被戰爭摧毀。

經濟安全一直是近代英國法律的最重要的目標之一。失業、疾病、老年貧困的保險，使得薪水階級的人們對於未來生活的憂慮減少了很多。醫藥的安全也因施行許多政策而提高了，平均壽命已經延長，疾病總量也減低。整個說來，除了戰爭之外，西方國家的生活，同十八世紀比較起來，其危險要少得多了，這一改進主要是歸功於政府的各種管制。

安全無疑是好的，但可能因過度地追求而使它變成一種被盲目崇拜的偶像。一個安全的生活並不一定是幸福的生活；厭倦與單調可能使生活變得陰鬱無趣。許多人，尤其是在年青的時候，歡迎有危險性的冒險，他們甚至在戰爭中發現一種安慰，因爲戰爭能使他們逃出寡趣的安全。安全本身是由恐懼激發的一種消極的目標；令人滿意的生活必須有被希望激發的積極目的。這種冒險性的希望含有危險，因而也有恐懼。但審愼選擇的恐懼並非像由外在環境强加於一個人的恐懼那樣的壞事。因此我們不能以單獨的安全爲滿足，也不能想像它能帶來千年幸福(millennium)。

「公正」，尤其是經濟公正，在最近已成爲政府的目標了。公正已被解釋爲平等(equality)，除了特殊功績被認爲應獲得特殊但仍適度的報酬。「政治的」公正——卽民主，自從美國與法國的大革命後，卽已成爲被爭取的目標，但「經濟的」公正是個較新穎的目標，它需要較多的政府管制。社會主義者正確地(至少我覺得如此)主張：主要工業歸爲國有，對外貿易也宜予以適當的限制。反對社會主義的人們强辯說，經濟公正要付出太高的代價才能够獲得，但却沒有一個人否認：如欲獲得經濟公正，政府加强對工業及財政的管制是必要的。

經濟公正是有很多限度的，西方國家裏那些擁護經濟公正最熱心的人們也不得不承認(至少是默默地)這些限度。譬如：研討改善世界較不幸地區的地位以期達到經濟公正的目標，是當今的要務。這並不是只因大量的不幸可以解除，也是因爲驚人的不平等存在時，世界就不能穩定，也不能免於大戰的危機。但如在西方國家與東南亞間帶來經濟平等時，所採行的不是漸進的方法，其結果是把繁榮的國家往下拉，拉到較不繁榮的國家的水準上，而對後者並無足以感得到的利益。

公正，跟安全一樣，是一個受到限制的原則，而所受限制的程度甚至更大。所有的人都一樣地貧窮，正如所有的人都一樣地富有一樣，都是公正；如果不能使貧者富，而只能使富者貧，公正似乎就毫無益處。如果在追求平等時使貧者益貧，公正就更無意義。如果求公正時要引起一般教育水準的低落和有益於人類的研究的減低，則上述這種情形是很易發生的。如果在埃及與巴比倫沒有經濟不公，當時就不可能創造書法的藝術。當然，在現代生產方法中，為了使文明藝術進步不息，已沒有「必要」在工業發達的國家永遠保持着經濟不平等。只有一個危機要牢記心頭，這危機不是如過去的在技術上不可能造成。

我現在討論第三項，保存。

「保存」，也如安全與公正然，需要政府的行動。我所說的「保存」，不只是保存古物、風景區、公路與公共事業的維繫等。除了在戰時外，這些事情已經在做着了。我心裏所想到的是世界天然資源的保存。這是件十分重要的事，但却不大為人所關心。在過去一百五十年中，人類已經用盡了工業原料和農業所依的土壤，這種自然資本的浪費地消耗，正以日漸增加的速度在繼續着。與工業有關的最重要的一個例子便是石油。世界上可開採的石油儲量究竟有多少，我們不知道，但絕非取之不盡用之不竭，則是可斷言的；對於石油的需要已經達到可能因爭奪它而掀起第三次世界大戰的危機。當石油不能大量應用時，我們的生活方式便會發生很大的改變。如果我們要以原子能代替石油，結果會造成鈾與釷(thorium)供應的枯竭。像今天所存在的工業，根本上是依賴於自然資本的消耗，在目前這種毫無節度的情況中，工業不能長期繼續下去。

依許多權威學者的意見，農業方面的情形更為嚴重，渥格特(Vogt)在其「生存之路」(Road to Survival)中就有生動感人的敍述。除了很少幾個得天獨厚的區域外(西歐是其中的一個)，當今所採用的耕植土地的方法很快使土地生產力枯竭。美國境內沙土地帶(註二)的形成便是一個顯著的例子，它說明了土地破壞的過程，而這種過程正在很多地區進行着。同時，由於人口的增加，如不採取激烈的步驟，在未來五十年內糧食的嚴重缺乏是難以避免的。研究農業的人知道該採用甚麼辦法，但只有政府才能夠實行，只有政府願意而且膽敢冒着不孚衆望的危險，才能實行。這個問題很不為人所注意，人們都忽略了它。凡希望世界安定，不再有互相殘殺的戰爭的任何人，都必須正視這一問題，那些為了解決糧荒而引起的戰爭比我們所曾遭遇的一切戰爭將更有破壞力，因為在兩次世界大戰中，世界的人口還在增加。農業改革的問題是政府在最近的將來所必須面臨的最重要的問題，其重要性僅次於防止戰爭。

我曾說安全、公正、與保存，是政府職責中最主要的目標，因為只有政府的力量才能夠做到。我並無意暗示說政府不應該有其他的職責。但在其他的範圍內，政府的職責應該是鼓勵非為政府控制的個人創造力，並創造出許多機會使這創造力能向有益人羣的方面發展。有很多是無政府傾向與犯罪形式的創造力，但在文明社會中這些創造力是不能容忍的。也有些是另外其他形式的創造力，例如為人景仰的發明家的創造力，每個人都承認它是有用的。但還有為數甚多的一類介於兩者之間的改革家，我們不能事先知道他們的活動究竟有好的影響還是有壞的影響。特別是關於這一類不確定的人，必須激勵其自由實驗的希望，因為在這類人裏邊包括着人類歷史上最佳的功勳偉業。

清一色的一致性(uniformity)是政府管制的自然結果，在某些事情中一致性是必要的，但在另一些事情中却不是我們所希望的。在墨索里尼掌政前的佛羅索斯(Florence)，城區裏有一種道路的規則，在郊區的鄉間則有一種相反的規則。這種繁雜相異(diversity)是很不方便的，但在許多事情中，法西斯主義却絞殺了為人所「希冀的」的繁雜相異。就對問題的見解而論，如果不同的思想派別間能有生動的討論，實在是一件好事。在精神世界(mental world)裏，我們特別贊成生存競爭之學說，它所造成的結果同樣是適者生存。但如想精神上的競爭能夠存在，則必有辦法限制競爭時所應用的方法。勝負的抉擇不能憑藉戰爭、暗殺、或監禁持有某種見解的人、或使持不得人心的意見的人無法生存。在私人競爭盛行的地方，或在有許多小城邦的地方，如文藝復興時代的意大利和十八世紀的德意志，許多可能的保護人(註三)間的競爭能夠相當地遵守這些條件。但在國家變大而私人財富變小時，如在整個歐洲已在發生的傾向，獲取知識的花樣繁多的傳統方法便失效了。唯一可行的一個方法是：政府控制競技場，並且制定某種類似昆斯貝里鬪拳規則(註三)，以它來指導這競爭。

在目前的時代中，只有藝術家和作家能夠很幸運地做為一個「個人」而運用其有力的重要的創造力，他們不必同一個團體相結合在一起。我在加里佛尼亞州居住的時候，有兩個人著手工作，要向世界宣揚該州移民勞工的生活情況。一位是小說家，他在一部小說中處理這一主題，另一位是一個州立大學的教師，他在大學的調查研究中探討這一問題。小說家因為他的小說而賺了一筆錢；這位教師被學校當局解聘了，而且陷於迫在眉睫的生活貧困的危機中。

作家的個人創造力雖然還能殘存未滅，但也受到各種方式的迫害。如果書籍出版權掌握在政府手裏，如在俄國的情形，政府能夠決定哪些書可以出版，除非政府將其權力完全委託在一個無黨派的權威手裏，否則，除了取悅於重要政客的書籍外，恐怕別的書就不會出現。當然，報紙所面臨的情形也是如此。在這一方面，一致性會造成一種災難，但這是漫無限制的國家社會主義的可能結果。

科學家，如我在第三講中所指出的，在以前能夠孤獨地工作，跟今天的作家一樣；喀汶第適(註四)、法拉底(註五)、孟德爾(註六)根本就沒有依靠研究機關的協助，達爾文(註七)之依靠政府者，只不過是政府使他乘「獵犬(Beagle)」號的船。但這種孤立是過去的情形了。現在大多數的研究需要價格昂貴的設備；有些還需要金錢資助，以遠征難以抵達的地區。沒有政府或一個大學的輔助，很少幾個人能在現代科學中有所成就。決定誰能獲得這些輔助的條件就很重要了。如果只有那些在流行的一般爭辯中被認爲是正統的人才有資格被選，科學的進步就會停止，並且會產生像中世紀窒息科學的學術上的權威統治。

在政治方面，個人創造力同一個團體結合一起是極明顯而且是必需的。普通有兩個團體被涉及到：黨與選民。如果你希望從事某項改革，你必須首先說服你所屬的黨採行這種改革，之後再說服選民們選擇你的黨。當然，你也可能直接去影響政府，但如你的改革能引起了大衆太多興趣時，直接影響政府就不大可能了。如果直接影響政府不可能，則這種必需的創造需要花太多的精力與時間才能實現，很可能是以失敗而結束，結果大多數人寧願同意維持現狀，頂多是願意在五年一度的選擧中投票選擧某個允諾改革的候選人。

在一個有高度組織的世界裏，和一個團體結合在一起的個人創造力必定只限於少數的幾個人，除非這個團體很小。如果你是一個人數很少的委員會中的份子，你可以很合理地希望影響委員會的決定。在全國的政治中，你是兩千萬選民中的一個，除非你是個特殊的人，或是身居要職，你的影響力就是無限小。在管理別人中，你的確有兩千萬分之一的力量，但在管理你自己時，你也只有兩千萬分之一的份兒。因此你就覺得是被他人所管制而非是管制他人。在你的思想裏邊，政府就變成了一個遼遠的、懷有敵意的「他們」，而非你和與你意見相同的人們所選擇來以實現你的希望的一羣人。在這些情況下，你個人對於政治的感情就不是民主所欲產生的感情，而更近於在一個獨裁政體下所產生的感情。

如果將權力委託給規模小的團體——在這些團體中，個人不爲人數所壓服，則勇敢冒險之心與能產生被感覺重要的功績的能力感就能够恢復。如果只是爲了我們在這一講開始時所討論的理由，一個相當程度的中央管制也是不可缺少的。但是我們却應在符合這種需要的條件下，盡量把政府的權力移轉給性質不同的團體——按照職能分給各個地理的、工業的、文化的團體。這些團體所具有的權力必須能使牠們本身有興味，足以使得有能力的人們在影響這些團體中感到滿足。如果要這些團體能够達成這些目標，它們就需要相當程度的經濟自主。挫折並絞殺創造力的，莫過於一個精心設計的計劃被一個中央權威所否決，而這個權威對於這一計劃是一竅不通，對於它的目標又無同情心。在英國的中央化的管制制度下，就常常有這類的情形發生。如果要想有才能的人們不被麻痺，則更富彈性更少硬化不變的東西是必要的。任何健全制度的一個最重要的因素就是盡可能把權力交給那些人，他們對於就要做的工作有濃厚的與趣。

規限各種團體所具權力的問題將會遇到許多困難。一般性的原則應該是：凡是不阻礙最大團體完成它們之目標的一切職責，都留給較少的團體去執行。我們現在只限於討論地理的團體罷，從世界政府到鄉鎮會議應該分一個等級(hierarchy)。世界政府的責任是防止戰爭，因此，它只應握有爲達到這一目標而必需的權力。這一權力包括着武裝部隊的壟斷，批准或修改條約的權力，以及仲裁國與國間紛爭的權力。但世界政府却不應干涉會員國的內部事務，除非是出自監督遵受條約的必要。同樣地，中央政府應該盡可能留給郡議會很多權力，而郡議會對縣鎮議會也是如此。在某些方面，短時間的效率減低是在預料之中的，但如這些下級機關的職責能够變得很重要，有才幹的人們隸屬於這些機關也會感到滿足，暫時的效率減低不久就會產生更佳的效果。

地方政府現在都被認爲是供有錢人和退休官員們的消遣的閒差，因爲一般說來，只有他們才有閒暇來管這些事。因爲不能參與其事，所以很少的年青人和有才幹的男女對於本地方的事情發生興趣。如欲矯正這一弊病，地方政府也必須給工作人員以薪資，其理由正同國會議員拿薪水是一樣的。

不論一個組織是地理的或文化的或思想的，它將會有兩種關係，一是跟其會員的關係，一是跟外界的關係。一個團體同其會員的關係，一般說來，只要是不違背法律，則應留給會員們去自做抉擇。雖然一個團體對其會員的關係應由其會員決定，但還有些原則希望會員們牢記心頭，如果民主要有眞實價值的話。茲以大工業爲例。社會主義者攻擊資本主義時所涉及的只是收入問題，而不涉及到權力問題。當一個大工業由國營化而轉移到政府時，便可能發生下述的情形：在權力上的不平等跟私人資本主義時代並無不同，唯一的改變就是現在掌握權力的人是官員而非股東們了。當然，在任何大組織中應該有執行職務的官員，他們的權力比普通一般工作人員更大，這是不能避免的現象，但這種權力的不平等絕不能超過所需要的限度，而且這個組織中所有份子都能盡量獲得發展個人創造力的機會，這是絕對必要的。關於這一問題，劉易士 (John Spedan Lewis) 先生的「全體有份的公司——工業民主中一個三十四年之久的老實驗」(Partnership For All—A 34-Year Old Experiment in Industrial Democracy) 是一本很有趣味的書。這本書之所以有趣味，是因爲它根據一個人的長期的和實際的豐富經驗而寫成，他把公德心 (public spirit) 同實驗的大膽 (experimental boldness) 結合於他一身。在財政方面，他使所有的工人都成爲他的企業的股東，他們都能分享贏利，除了財政的革新外，他更盡最大努力使每一個工人有一種「在經管整個企業中我也有積極職責」的情感，雖然我尙懷疑用他這種方法是否卽能使我們走上工業的民主。他也發展了一種技術，把重要的職位交給最能勝任那一部份工作的人去負責。很有趣味的是，我們注意到他反對報酬平等的理論，他的理論不只是基於做困難工作的人應得到較好的報酬，同時也基於一個反面的理由，卽：較好的報酬是較好工作的原因。他說：「如果我們想像：能力與運用能力的意志，都是數學家所稱爲的『常數』，而所有發生變動的只限於工人偶然獲得的收入，則這種想法是愚蠢的，錯誤的。實際上不只是你要有盡力做事的意志，就是你的眞正的能力，也必得依賴於你所得報酬的刺激。人們得到很高的報酬不只是因爲他們能幹；他們能幹是因爲他們得到了很高的報酬。」

這一原則可以應用的範圍比劉易士先生自己所提出的還要廣泛，我們不僅在報酬方面應用這一原則，我們也能把它應用到光榮與地位(status)方面。我想，事實上薪水增加的主要價值寄於地位之提高，一位科學工作者——他的工作被認爲是重要的——將會從別人對他的承認中得到鼓勵，正同在其他方面工作的人因提高薪水而得到鼓勵是一樣的。事實上，最重要的是「希望」與某種的「精神愉快」，由於兩次世界大戰的結果，歐洲已經缺乏這種愉快了。企業的自由，以其舊日的「放任主義」(Laissez-faire)」的意義而言，已不再爲人所贊成，但個人創造力仍應保持自由，能幹的人能找到施展才能的機會，還是十分重要的。

然而，這只是在一個大組織中所希冀的一方面。另一件重要的事是：負管理責任的那些人不應該有控制他人的太絕對的權力。幾個世紀中，改革者反對帝王的權力，之後又開始反抗資本家的權力。如果資本家的權力只是由官員們的權力所代替，第二次爭取所獲得的勝利便毫無益處。當然有很多實際的困難，因爲官員們不能等待民主程序的遲緩結果而必須自做決定；但一方面由民主方式決定一般政策的路線，另一方面大膽批評官員們的行動而不必害怕因此受到處罰，這應該永遠是可能的。有才幹的人們歡喜權利是很自然的事，我們可以假定：在大多數的情形下，官員們都希望有比他們所應有的更多權力。因此，在每一個大組織中，正同在政治方面的情形一樣，需要有民主的監督。

一個組織同外界的關係則是另一回事。這些關係不能只以權力的基礎而決定，就是說，不能基於這個組織的討價還價的力量來決定對外關係，當它與外界友誼的協商不能解決時，應該由一個中立的力量來解決。這一個原則不應該有任何例外，除非我們論及整個世界時，因爲迄今爲止，這個世界還沒有對外的政治關係。如果許多「世界」發生了一場威爾斯(註八)幻想的戰爭，我們就需要一個星際權威(Inter-Planetary Authority)來仲裁。

國與國間的差異，只要不會導致敵視，便不必爲之深感悲嘆。在一個別的國家住些時候，我們就會理解自己國家所缺乏的美德，不管我們自己的國家是那個國家，情形都是一樣的。在一個國家中的不同地區間，以及在由不同職業所造成的相異的類型間，對於同樣的事情產生不同的見解，也是一樣。性格的一致化與文化的齊一是令人遺憾的。生物的進化便是由於個人或種族的先天的相異，文化的進化有賴於後天獲得的相異。當這些相異消逝之後，就沒有任何可供選擇的材料了。在近代世界中，這一地區與另一地區在文化方面有太過趨於相同一致的危險。減少這種惡弊的最好辦法之一就是提高不同團體的自治權。

這一個可以適用於權威與創造力兩方面的原則，如果我是對的，也可以由構成人性的各種不同的衝動來加以說明。一方面，我們有保存己之所有的衝動，也(常常)有奪取他人之所有的衝動。另一方面，我們有創造的衝動，就是要在世界上留下別人不能奪取的東西的衝動。這些衝動可能是採取極粗卑的形式，如鄉村花園，也許代表着人類成就的最高峯，如莎士比亞與牛頓的供獻。一般說來，佔有衝動(possessive impulses)的調整與以法律控制它們，是政府的主要職責，而創造的衝動，雖然政府可以鼓勵它們，卻應從個人或團體的自治中去獲得主要影響。

物質的財富是易於佔有的，但屬於精神的財富則不易佔有。一個人吃一塊食物，他可以阻止任何人再去吃它，但一個寫一首詩或欣賞一首詩的人卻不能阻止別人寫一首或欣賞一首同樣好甚或更好的詩。這就是爲甚麼關於物質財富，公正是極重要的，而關於精神財富，所需要的是機會與環境，這環境使獲得成就的希望看來是合理的。激勵能做獨創性工作的人的，並不是很大的物質報酬；很少的詩人或科學家會致富或希望致富。「權威」把蘇格拉底處死，但在最後的一刻他還保持平靜，因爲他已經把他的工作完成了。如果他當時滿載盛譽，但卻不許他做自己的工作，他會覺得他遭受到更嚴厲的懲罰。在一個由「權威」控制了一切人的發表的方法的獨裁國家(註九)裏，一個有特殊獨創力的人可能受到更惡劣的懲罰：不管他是否受到法律的處罰，他卻不可能使其思想公諸天下。這種情形在一個社會裏發生之後，這社會對於人類的集體生活就不會再貢獻任何有價值的東西。

控制貪婪與掠奪的衝動是非常必需的，因此，爲了生存，政府，甚至一個世界政府是需要的。但是只有得生免死並不會使我們感到滿足；我們希望生活得幸福，有朝氣，有創造力。爲了得到這種生活，政府能夠供給一部份必需的條件，但這得要政府在追求安全中，不把給生活以生趣和價值的那些不大受節制的衝動完全窒息。個人生活現在仍有其應有的地位，絕不能完全屈服於龐大組織的控制。在創造了近代技術的世界中，防範這一危險是很必要的。

註一：沙土地帶(Dust Bowl)。遭受長期乾旱與含塵風暴之地域，尤指美國 Great Plains 之西部邊區。

註二：保護人(patron)。以前很多有錢有勢的人栽培保護學者、文士、美術家、優伶等，他們被稱爲 patron。

註三：昆斯貝里鬪拳規則(Queensberry Rules)：一八六七年昆斯貝里侯爵第八世草擬之拳擊標準規則。

註四：喀汶第適(Cavendish, John 1731-1810)，英國化學家及物理學家；曾在劍橋大學讀書(1749-53)，後來獨身隱居，從事科學實驗，決定了氫的比重，在一七八三年前即發現水爲氫氧化物，發現氮酸之組成等等，對於化學方面的貢獻甚大。

註五：法拉底(Farady, 1791-1867)英國著名化學家及物理學家，在電學方面的供獻甚大。

註六：孟德爾(Mendel, 1822-1884)著名的奧國生物學家，遺傳定律的發現者。他是一位僧院院長，一直孤獨地以豌豆做試驗。

註七：達爾文(Darwin, 1809-1882)，他於一八三一年十二月至一八三六年十月間，乘「獵犬」號去非洲各島嶼、南美、澳大利等地做考察研究。

註八：指英國小說家 H. G. 威爾斯。

註九：原文是 Monolithic State，Monolithic 是「淸一色的，完全一致的」的意思。實際上卽是獨裁專制的國家。

巴黎通訊

法國國會的解散

齊佑之

一　法國政潮起伏的原因

根據法國現行憲法，行政權操於全民直接投票產生的國會授權而組成的政府(或稱內閣)(註一)。法國第四共和自成立以來經過一九四六年十一月十日和一九五一年六月十七日兩度大選組織國會，迄今更換了二十次內閣。近年法國報章常常論說：認為國會與內閣間的衝突，係雙方政見不能協調，致閣潮不時而生。但是事實上並不盡然，內閣在組織之初向國會下院提出組閣授權投票時須有多數黨的支持始能成立，而此多數黨的組成份子對政府表示不信任及不予支持的態度並非全係國會與政府在政治上正面發生衝突。一般言之，實因多數黨中的某些議員及一些黨派中途改變政策或不滿意政府的結果，使支持政府的多數黨票數逐漸減縮，終於使內閣垮臺；而非由國會提出另一套政策與政府者對立的結果。

自第三共和以來，法國政潮起伏動盪情事，是人所周知的事，第四共和仍犯着同一毛病。筆者僅將使法國政局不安定的原因，綜合分析如下：

(一)就理論方面言：首先應指出選舉法問題。法國自一九四六年採用「比例選舉法」(Scrutin à la proportionnel) 後，這雖抵制了一般「多數選舉法」(Scrutin majoritaire) 所產生的毛病：給極端性的左右大黨獨攬選票使中間性政黨無法興起，或由共產黨左右投票結果的弊病；但此選舉法下公民對政黨投票，與被選者不發生直接關係，結果使被選議員與選民隔離，因之時有忽略選民意見者，故在國會中亦難形成持久團結的多數黨。另一點法國制憲者為了防止立法機構專制及行政部門獨裁，在憲法中對立法與行政機關給予互相監視節制的權限。國會對內閣得行使信任投票 (Vote de confiance)，及彈劾投票 (Vote de censure)，隨時可因任一問題對內閣不予信任或提出彈劾導至內閣的辭職(註二)。政府方面則握有解散國會權，但這權利須在種種條件下始能運用，而不能使國會自動或無條件的解散(註三)。事實上解散國會並不能解決問題，且內閣壽命亦不能因之延續，在這情形下內閣則不得不時向國會屈服。

(二)在比較實際的一方面來看，法國講究自由與個人主義，這種風尚也表現在議會政治上。法國自始行着多黨政治，而一九五一年產生的國會竟有十數個黨團，較一九四六年選出的國會還要多。這些更多黨團的產生係由各政黨內因政策政見的異同分化而成，如戴高樂組織的法蘭西人民大同盟 (Rassemblment des Peuples Francaises, R. P. F.) 分裂成社會共和黨 (République Sociale) 和社會共和行動 (Action Républicaine Socialiste, A. R. S.)，使法國國會中沒有絕對大黨存在(註四)。且除共產黨外，各黨派議員缺少有紀律的一致行動的習慣。加之一些政黨內部因人事問題(馬業反對孟德斯法朗士)，更或因政治問題(如歐洲聯防問題)，派系對立(如激進社會黨)，於是欲在這個國會中形成一持久的多數黨，實非易事。更何況還有個人利益問題，需要政府不時的改組來過過癮。據統計目前在每四名國會議員中有一人曾出任過部長，而想望部長職位的却有二分之一。

二　佛爾內閣不被信任的原因

十一月二十九日晚佛爾內閣提出的信任投票案，在國會中以三一八票對二一八票(註五)被否決的原因，正如其他內閣倒臺一樣，都是源於以上所述的原則。然而在分析這次信任投票案被否決的政治因素之前，或應先將佛爾內閣九個月以來的政治，略加討論。

一般說來，佛爾內閣所行的政策是趕走孟德斯法朗士而行「孟德斯法朗士政策」，其所異於孟德斯法朗士者僅在外交方面。孟德斯法朗士的外交係建立於內政的鞏固，擬以國內財經的復興來重建法國的國際地位，故在其任職內閣總理期內，曾大聲疾呼減輕軍費開支、整理財政、復興經濟等；而佛爾則以縱橫之術及靈活的政治手腕，來重新爭取法國的國際地位。這一點，我們把去年簽訂越南停戰協定的日內瓦會議和今年召開的日內瓦四國首長會議中，法國代表的言行政策略加比較卽可覓得端倪。此外佛爾的北非政策及內政處理方面無不蕭規曹隨。關於北非問題筆者已經先後分別報導，故不擬贅述。另一方面在佛爾組閣之初，社會黨議員布立佛(Briffod)稱其為獨立共和黨 雷諾 (Paul Reynaud) 的內閣總理，費加羅報亦指其內閣為「第四共和」第二屆國會中的最右傾的內閣。但事實上不盡然，經過九個月的觀察，我們可以指出佛爾雖為激進社會黨籍，但其行政頗受人民者共和黨及溫和派的影響，而尤以前為重。或云實際閣揆並非佛爾，而係外交部長畢奈(獨立共和黨)及海外領士部長特眞(Pierre-Henri Teitgen，人民共和黨)。同時佛爾內閣雖由一些右派議員所組成，但其政策並不甚保守，實無理由指其為「最右傾的內閣」。它祇是一個在孟德斯法朗士內閣後的過渡內閣，使經孟德斯法朗士改變後的法國政治，經佛爾內閣又重新的向右轉。這是反對孟德斯法朗士最激烈的人民共和黨及溫和派在政治上的微妙運用，他們利用支持孟德斯法朗士同黨者佛爾，以「孟德斯政策」打擊孟德斯法朗士。

然而這次佛爾不被信任的理由則係：①社會共和黨反對政府的北非政策。在十月五日內閣中，五名社會共和黨籍閣員中四名(註六)，卽因摩洛哥問題不能與政府採取一致行動而辭職。②孟德斯法朗士、米特昂及其同路人等反對佛爾、畢奈的作風。③十月二十五日佛爾公佈提前大選提案，事後又因選舉法問題的爭執，使激進社會黨孟德斯派，民主社會抗敵同盟，社會共和黨團結社會黨攻擊政府。第三點是最主要的因子，且法國自十月底以來，國家政治因提前大選及選舉法問題的爭執幾乎呈停頓狀態。

首先我們討論提前大選問題。法國第四共和第二屆國會自一九五一年產生後根據憲法規定任期爲五年，本應一九五六年六月改選下屆國會，但年來因法國國會中政見過份紛歧，無法建立持久的多數黨集團。故時有修改憲法及改選國會的呼聲，希望有新的國會振奮人心，發展經濟，刷新政治，解決難題，以渡過危局。雷諾及孟德斯法朗士對此問題發表的言論較多。在孟德斯法朗士執政時亦有意提前大選，何以今日孟德斯法朗士反對佛爾建議的提前大選，而前時反對提前選舉的人民共和黨及溫和派却轉而擁護此一提議。

這一點可分作兩方面來解釋：①時機問題：自去年越戰停火協定簽訂及十月間激進社會黨馬賽年會直至今年上半年，正是孟德斯法朗士在法國政壇紅極一時的時候，其聲望地位與時俱增，而當時反對孟德斯最烈的人民共和黨等被指爲越戰處理不當，政治固步自封的負責者，到處受人指責，尤以皮杜、蘭尼爾等處境惡劣。現在則時過境遷，自四國首長會議以來及對摩洛哥問題處理的一反昔日作風，人民共和黨及溫和派等借佛爾重建信譽，且得多方打擊孟德斯派使其氣焰大減。就事實論之，目前提出大選爲有利中間派及右派政黨的唯一時機。②選舉法問題。關於選舉法問題，自佛爾提出選舉後，在國會兩院辯論凡十數次，研討及被否決的選舉法則有二十餘種，在共和國參議院(Conseil de la République，或稱上院)意見則較集中(註七)。在國民大會(L'Assemblée Nationale，習稱國會卽下院)則各黨因各自具備的競選條件不同，利益互異，對選舉法的選擇亦執己見。綜合言之，孟德斯法朗士派堅持「以人爲主的選舉區法」(Scrutin d'Arrondissement)，卽在各選舉區由各候選人競選，獲多數票者當選。此法推行的結果使政黨對候選人控制力削弱，對共產黨，人民共和黨，甚至社會黨都不利，而對激進社會黨及社會共和黨却有利。人民共和黨則贊成一九五一年採用的「可由黨派聯合的比例選舉法」(Scrutin à la proportionnel avec apparentements)。此法係由各政黨提名候選名單，選民對政黨投票；此法利於有組織的政黨，而對激進社會黨不利，對於小黨則可利用聯合競選方式(Apparentement)爭取議席。人民共和黨因歷史短暫，自第二次世界大戰後始正式成立，且黨員個人聲望較微，難以個人名義競選抵制左右派政黨的夾攻，而一再提出「比例選舉法」，由各黨按得票多寡比例分配議席。其他有支持「多數選舉法」或「多數選舉法附二次投票」(Scrutin majoritaire à deux tours) 者等。佛爾個人雖未公開對某一選舉法表示支持，或因之提出信任案以解決國會中的爭執，但對「比例選舉法」多所贊助。共產黨在選舉法上和人民共和黨利害一致，且意與社會黨聯合競選，以便形成下屆國會的「人民陣線」而獲執政之機。爲了要通過提前大選及採用「比例選舉法」，共產黨曾在十一月二日及十一月十二日對佛爾兩度提出的信任案時竟投信任票支持，二十九日共產黨雖聲稱不能同意佛爾內閣政策而投不信任票，而實際却要爲佛爾揍足反對票的法定多數(三一四票)，使能促其依法解散國會，按一九五一年選舉法進行改選，以完成自己的願望。

三　解散國會

國會以法定多數推翻佛爾內閣，這是十八個月內第二次以絕對多數對政府投不信任案，根據憲法第五十一條(見註三)解散國會的問題勢必產生(註八)。佛爾於二十九日夜召集內閣會議(Conseil de cabinet)討論此事，會議中除激進社會黨籍的內政部長布爾諾斯姆歐里，教育部長百爾段，工商部長毛利斯，負責財政閣員朱勒，負責國防閣員拉佛埃斯特及內閣總理府閣員梅德森對解散國會事表示絕對的反對，大部閣員均贊同解散國會。這使佛爾處境甚爲窘迫，雖然內閣大部閣員支持解散國會，而反對者非僅皆係其同黨閣員，且又佔激進社會黨籍閣員的絕對多數。就法律觀點來說，解散國會事係依據國會對佛爾信任案的投票結果來執行憲法所賦予的責任，國家元首雖簽署解散國會的命令，但僅是執行部長會議(Conseil des Ministres)的決定，就理論方面說他不負任何政治或道義的責任。對解散國會，在依法諮詢下院議長施耐特(人民共和黨籍)意見後，於三十日由法總統柯悌主持召開部長會議，對此事作最後決定。會中先後有特貢、傅林蘭、杜舍、畢奈分別根據憲法的解釋，國家財政的需要，政治要求及政府的團結主張解散國會；杜舍並指稱「如果以爲目前大選會使社會黨甚或一些激進社會黨員接近共產黨致產生「人民陣線」的話，則此一危機在四個月內的發展會大於四週內的進展。」諸此際象致使反對者布爾諾斯姆歐里、百爾段、毛利斯、朱勒及拉佛埃斯特趁休息時離會，並於翌晨提出辭職(註九)，而解散國會案却得順利通過，於十二月二日在政府公報(Journal Officiel)發表。旋規定一九五六年一月二日舉行大選(註十)，事後佛爾於記者招待會中說明解散國會的責任得由國會負擔。而國會反對黨及各報章因此一行動攻擊政府及其多數黨人士。十二月二日世界報載有以「玩騙局不足以爲政」爲題的西欲思(Sirius 係該報社長 Beuve-Méry 筆名)一文，指責政府解散國會。誠然這一事件在法國尚非僅見，這是「第三共和」以來第二次解散國會，第一次是一八七七年法國馬克麥洪(Mac-Mahon)總統解散國會。

國會解散使孟德斯法朗士所擁護的選舉法不能推行，孟德斯法朗士爲了報復此一事件，於十二月一日召集激進社會黨中央執行會議，通過開除佛爾黨籍。孟德斯爲了清除異己，並於九日公佈開除反對他的六名重要黨員(註十一)。

目前各黨均在作競選活動，法國今後五年的政治有待一月二日大選所選出的國會來決定，法國政治將如何擺動？一九五六年一月二日的選舉可予初步答案。

四十四、十二、十二、草竣。

註一：根據憲法第四十五條，內閣總理組閣應得總統提名，由被提名的內閣總理應向國會提出施政計劃及內閣閣員名單諮詢組閣，經國會以公開投票方式以普通多數通過信任案時始得組閣。

註二：憲法第四十九條：信任案問題須經部長會議討論，並由內閣總理出名始能提出，對信任案投票須在該問題提出後一整日始能舉行，投票係公開制，對內閣拒絕信任須有議員之絕對多數，信任案之拒絕使內閣全體辭職。

憲法第五十條：國民大會之彈劾投票可使內閣全體辭職，此投票須在彈劾案提出後一整日舉行，並須公開投票，彈劾案之通過須有國民大會議員之絕對多數之支持。

註三：憲法第五十一條：如在十八個月內兩次閣潮依第四十九條（絕對多數拒絕信任案）及第五十條（以絕對多數通過彈劾案）之規定情況下發生，則部長會議於諮詢國民大會議長意見後，可能決定解散國民大會，根據此決定由共和國總統公佈解散令……

憲法第五十二條：如遇解散國會時，內閣依舊行使職權……解散後，舉行大選最早應在解散二十日後，最遲不能逾三十日。國民大會於大選後第三個星期四召集行使職權。

註四：一九五一年國會各黨議席分配如下：

共產黨九七　進步黨四席
社會黨一〇六席　人民共和黨八八席
海外獨立黨一二席　民主社會抗敵同盟二三席
激進社會黨七六席　獨立共和黨五四席
農民獨立黨二三席　農民黨二二席
戴高樂派一一七席（今已分裂爲社會共和黨六八席及社會共和行動三二席）
無黨派　五席　共計六二七席

註五：佛爾信任投票案結果爲：

黨名	擁護	反對	棄權	未參加投票	缺席
共產黨	—	八八	—	六	—
進步黨	—	四	—	—	—
社會黨	—	九七	—	七	—
激進社會黨	三一	三四	三	五	三
民主社會抗敵同盟	六	八	二	七	—
人民共和黨	七五	一	四	五①	一
海外獨立黨	八	一	—	七	—
社會共和黨	三	五一	三	八	三
獨立共和黨	三四	一三	四	二	二
農民獨立黨	二二	四	—	二	一
農民黨	一〇	七	二	一	一
社會共和行動	二五	五	二	—	—
無黨派	五	六	—	三	一
合計	二一八	三一八	二〇	五三	一二

國會議長施耐特任大會主席未參加投票。

註六：此四名閣員爲國防部長柯尼格將軍，內閣總理府部長巴勒甫斯基，退役軍人事務部長特里布拉及負責海外領土閣員巴武。佛爾除即請畢路特將軍（Général Billotte，社會共和行動）出任國防部長外，於十月十九日改組政府由突尼斯及摩洛哥事務部長朱利接任內閣總理府部長，巴第（Vincent Badie，激進社會黨）出任退役軍人事務部長，突尼斯及摩洛哥事務部與印支協合邦事務均歸併外交部而不另設部，任沙蒙（Jean chamant）爲外交閣員負責主理，拉佛埃斯特調任負責國防閣員。

註七：十一月八日共和國參議院投票以二二七票對六十票通過「以人爲主的選舉區法。」

註八：上次信任案被國會拒絕係在今年二月五日，是時反對孟德法朗士內閣所提出的信任案有三一九票，超過法定多數，迄今尚不足十八個月，故憲法第五十一條的解散國會權可依法行使。

註九：根據憲法第五十二條內閣於下屆國會召集前仍繼續行政，故佛爾以此理由拒絕五名閣員的辭職，僅允以「因事不到部辦公」由他人代理部務。

註十：根據法國選舉法，投票日期應在星期日，但因一月一日係元旦，故推延至三日舉行，政府並因之宣佈在一月二日全國休假一日以進行選舉。

註十一：被開除黨籍者有前內閣總理馬業（René Mayer）前內政部長馬提諾得普拉（Léon Martinaud-Déplat），現任勞工部長拉飛（Bernard Lafay），達威德（Jean-Paul David），威爾彭徒（Villepontoux），激進社會黨巴黎區部主席拉法格（Georges Laffargue），陸又泰（Loyauté）七人。

中東的危機

羅馬通訊・十二月十八日

方　及

在日內瓦四外長會議的失敗聲中，從開羅傳來一片緊張情報，埃及向共產國家購買軍火，一時驚動了整個自由世界。大批的武器、噴射飛機、甚至潛水艇，都源源運到，可見並非事出偶然，而是早已在秘密中進行談判的。所謂埃及購買捷克軍火，只是一種片面的說法，實際上不僅是捷克軍火在運往埃及；根據可靠的消息，相當數量的蘇俄噴射飛機已運抵保加利亞，正在或者已經由發那港(Varna)運往埃及。

另一方面，五十餘名蘇俄專家(並非捷克人)可能已抵達埃及，從事裝配已經運到的武器。埃及的每一海港，都有數名蘇俄技術人員在準備交貨。而且此批技術人員與上述專家，彼此並不相屬。另一批東德的軍事顧問，也同時趕到。所有卸交武器的軍港或基地，都變成嚴格的禁地，因而所運到的軍火數量也成了極端的秘密。

但是，蘇俄涉足近東和中東，並不止於埃及。蘇俄的軍事專家們可能已經抵達敘利亞、沙特阿刺伯及葉門。美國有關方面對於在中東的美軍基地，表示非常地不安。蘇俄的滲透工作直接威脅着這些基地的安全。在這些基地，近來曾經遣散大批的本地僱員，其主要原因，即是破獲了一個共黨的間諜組織。

說到阿富汗，更顯得不安。美國及土爾其方面，深恐蘇俄在此地的滲透，足以破壞其苦心經營的整個中東防務。蘇俄現正以機器、汽車、及農產品供應給阿富汗。許多蘇俄專家及工人，在協同阿富汗人修築俱有戰略價值的公路及街市。多數阿富汗的高級職員及軍人，都和蘇俄駐喀爾布(Kabul)的代表有密切的關係，而且領着一筆可觀的「待遇」，蘇俄對阿富汗的影響正與日俱增。

在現階段，喀布爾已成爲蘇俄進襲中東的活動中心，在那裏訓練阿刺伯國家未來的共產煽動份子。我說「未來」，因爲現在，特別是在埃及的共產黨，已接到命令停止一切對共產主義的宣傳，而要全力支持、鼓動民族主義及中立主義，如能作到這兩點，克里木林宮在目前即非常滿意。

中東情形如此混亂，而令人興奮的却是伊朗加入了巴格達公約，略爲鞏固此一危險地區的前鋒。伊朗北部有二千四百公里和蘇俄接壤，而今土耳其、伊拉克到巴基斯坦的這一條防線的最大缺口，算是彌補起來了。雖然如此，伊朗的內政仍待努力。擁有一百三十萬人口的德黑蘭，幾乎處於使人不可相信的可憐情形之下。偌大的城市竟沒有自來水管的設備，一般居民必須從小河中去汲水。新式大厦和貧民木屋又是一個顯明的對照，生活程度的差別也極大。一般生活的貧苦與國家經濟富源之廣大適成反比例，更令人難以置信。如果略加努力和組織，則伊朗人民生活將是中東最快樂的一個。在此以前，伊朗標榜中立，在德黑蘭的街面上可以看到蘇俄和美國的電影廣告、德國的汽車，以及捷克的卡車。鐵幕國家及自由國家的使館都在活動。蘇俄大使館更直接支持着當地共黨的經費。

爲了抵抗蘇俄，伊朗在地理上是極其需要的。如果蘇俄越過伊朗的高原，直到尼羅河谷，可以通行無阻。尤其伊朗的油礦的富源，足可左右世界局勢。但是伊朗的軍隊維持治安或可勝任，爲抵抗外來的侵略則當然不足。

伊朗社會仍帶有濃厚的封建色彩，人民知識猶未開發。可喜的是他們現在的國王，青年有爲，正直無私，又誠心爲民衆謀福利，全力推行合理的土地分配。但却因此而激怒了特權階級，專門和他鬬法，於是社會的內層時常潛伏着一股暗流，可能隨時爆發。伊朗國王和他的政府並不否認這些困難，可是他們都鎮靜沉着來應付，他們手裏最有力的武器就是「外交」。僅由伊朗至今仍健在的事實，即足證明其外交權術運用之得當。試想處在外國利益衝突、强鄰威脅之下，蘇俄的追逐，國際對油田的爭奪，以及間諜橫行的場面，岌岌不可終日，又不能訴諸武力，只好運用機智，才能從這夾縫裏生活。

自從穆沙德克跨臺之後，最近數年來，伊朗曾被迫唱了一陣中立主義，因爲急須解決石油國有之後的一段嚴重問題。爲了石油收歸國有，煉油塲均停工，經濟周轉不靈，簡直成了國家的災難。所以須要使工廠繼續開工，但因缺乏技術人才，又無法進行。但是「石油國有」的原則是全國人心之所繫，亦必須維持不變。終於英伊石油問題的協議，靠了外國技術的援助，亞巴坦(Abodan)的油塲又重新工作起來。而且石油公司方面不再干涉伊朗內政，此一協議可謂相當的滿意。

解決此困難問題之後，伊朗即開始向國際舞臺活動，可是一九二一年的蘇伊條約給蘇俄以干涉伊朗的特權，不過伊朗政府已決心捨棄中立主義，參加了伊拉克及土耳其的聯防公約，蘇俄雖然反對，亦屬無效。從此中東的自由陣線的防務益趨鞏固，而伊朗亦可有暇多注意其內政的改善。在賢明的國王領導下，自會有更多的進步。

綜上情形觀察，中東現在分作兩種趨勢。土耳其、伊拉克、伊朗及巴基斯坦是與自由世界合作的；而以埃及爲首的其他回教國家，則藉口以色列之衝突與自由世界爲難，甚至不惜與共產國家來往。本來實際上回教教義和共產主義無法調協，而所以有目前的「友情」，仍是一些政客的撥弄。原來埃及是回教世界最大的國家，開羅也就是伊斯蘭的政治中心，於是頗有「盟主」的野心，自由世界也曾有意支持埃及領導回教世界，但是埃及軍人專政之後，內政並無改善，而却對國際施展其野心，以掩飾其內政的缺點，埃及納塞將軍近來的在中東的表現，和尼赫魯在亞洲的小丑行爲，如出一轍。不幸的是回教國家並不向納塞喝采，伊拉克竟挺身而出組織巴格達公約，致使以盟主自居的埃及感到無限的醋意。於是納塞更不惜聲張一番，以轉移國內外的視線，這也就是最近埃及向共產國家購買軍火的基因。事實上，納塞將軍決不是一個布爾雪維克主義者，也不是一個同情莫斯科政權的人物；在埃及的共產黨曾遭到大力的警察鎮壓。而他却以青年的樂觀主義的衝動，妄想在資本主義的內政基礎上和蘇維埃政權爲友，實爲一種過份的天眞的想法。

現在蘇埃友善正進入蜜月，開羅街頭蘇俄的電影正紅極一時，報紙上充滿了歌頌蘇俄的文字，對美國的態度，則有似冷戰期間莫斯科報紙的論調。

明年的亞非會議將在開羅舉行，萬隆未被邀請的蘇俄，今次由緬甸的斡旋，已被邀請，而布加寧還故作假態，僅答允以亞洲蘇維埃共和國代表名義接受邀請，如此則對亞非有色人種的命運將有一重大的影響，可惜自由世界對此最脆弱的中東一帶，尙拿不出一套可行的政治方針。正當美國國會縮減外援的時候，蘇俄却對中東貧弱的地帶伸出假仁假義的援手，推動所謂經濟文化的交流。如此卽不必以軍事援助，僅靠外交的深入工作，已足以貫澈其對中東的目的。所以雖有巴格達公約，自由世界仍不得奢言中東的安定。甚至有人以爲，今日蘇俄對中東的外交攻勢，實較當日對韓國的武裝侵略更爲嚴重，而一九五六又是美國的大選年，是否又要爲了爭取美國猶太後裔的選票，而失去中東回教的人心？或者又將如何二者兼顧？要看聰明而有實力的美國人如何運用其高度的智慧了！

黎明

琦君

這已經是六年前的事了，可是一切的情景都好像發生在昨天。

那是三月裏的一個大淸早，從亞字窗格子裏透進來蛋黃色的陽光，唱曉的公雞已經啼過好幾次了。我翻了個身，記起今天星期天不上學，就想再好好睡上一大覺。翠姨却搖着我的肩膀喊：「小蘭，快起來，今兒天好了。」

我揉揉眼睛，看翠姨的臉兒正照在陽光裏，紅噴噴的，我打着呵欠說：「這麼早出太陽，天還是不會好。二叔說的，起早見紅雲，大水冲山林。」

「傻瓜，那是說夏天呀！」翠姨格格地笑起來：「你聽，媽早在廚房裏忙了。」

我懶洋洋地爬下牀，順手在牀頭木桶裏抓了把炒胡豆，塞在口袋裏，仰着臉說：「吃了早飯再陪我打豆子，昨夜還沒贏着您一粒呢！」

「你就知道玩，二叔今兒要下田，我們得幫媽做事哩！」

我噘起嘴，跟她走進廚房，大鍋裏已熱騰騰地冒着蕃薯飯的香氣，一下子把我的瞌睡也趕跑了。

「小蘭，快洗把臉，幫翠姨扛簟子到晒穀場去。」媽說着，把篾罩子蓋在添好菜的飯桌上。我跪在長櫈上，把鼻子尖貼在罩上聞了幾下，沒我喜歡吃的蝦皮炒豆干，就下來跑到灶邊，踮起脚尖去開鍋蓋想拿蕃薯吃。

「別忙，先洗臉吧！」翠姨按住鍋蓋：「二叔還沒吃呢！媽不是說過的，小孩子不准吃開鍋飯，得讓二叔先吃。」

我看翠姨一對笑瞇瞇的眼睛，媚得像初三的蛾眉月，就輕聲地問她：「翠姨，您跟二叔昨兒在後院子風車邊說了那麼大半天，都說些什麼呀？」

「我在幫他扇麥子呀！」

「那時候天都黑了，還扇麥子呢！您不說，我會問二叔。」我蹦着跳着，就去晒穀場上找二叔了。

晒穀場已打掃得乾乾淨淨，望去一片開濶，太陽晒在一束束的麥桿上，閃着象牙般柔和豐盈的光澤。阿喜把麥桿分開，並排兒豎起來，像一道矮矮的圍牆。

「二叔，快去吃早飯呀！我肚子餓壞了。」我走到他身邊喊着。二叔放下掃帚，笑嘻嘻地牽起我的手一同進來。阿喜跟在後面，嘴裏啣着根麥桿子，吱呀吱呀地吹。

「阿喜，給我做個雀子，會叫的。」我回過頭去喊。

「這就是給你做的。」阿喜呶了呶嘴。

「阿喜這小鬼頭，就只會玩。」二叔笑駡着。

「我可沒忘了正經事喲，昨兒下雨還耘了田呢！」阿喜不服氣地喊。

「我也要去耘田。」我仰起頭向二叔央求着。

「都去田裏了，誰幫你媽做事呢？」

「有翠姨呢！十點鐘翠姨還要給您往田裏送點心哩！您說翠姨做的點心好吃嗎？」

「好吃，好吃得很。」二叔的手摸着我的臉，輕聲地說：「小蘭，告訴翠姨今兒別自個兒送點心了，剛下過雨，田岸路滑不好走，我餓了會讓阿喜回家取的。」

「幹嗎要我說呢？您自已說好啦！」我扭了下頸子，頑皮地說：「二叔，您和翠姨昨天在風車邊說些什麼呀？」

「他說你舅舅要接她回去呢！」

「回去！為什麼？」

「怕仗打來，還是回山上種蕃薯的好。」

「翠姨回去嗎？她沒跟我說呢！」

「她怕你告訴媽，她捨不得離開你媽。」

「還有您。」我俏皮地：「二叔，您說仗會打來嗎？阿喜說街上都在說打仗的事。四叔倒說不要緊，我們是農民，八路是保護農民的，他們來了日子會過得更好。」

「他跟你這麼說？」二叔兩道濃眉忽然縐起來。提起四叔，他總像不大高興似的，他放重了聲音說：「你別聽他的，小蘭。」

我們走進了廚房，翠姨已盛好兩碗飯和一大盤蕃薯放在桌上，阿喜拿起蕃薯，就呼啫呼啫一邊吹一邊吃起來。我坐在二叔身邊，撮一根乾菜炒肉絲放在嘴裏嚼着。二叔揀一個大蕃薯剝了皮，遞給我吃。翠姨站在桌子邊，一雙水汪汪的眼珠子望着二叔說：「快吃吧，都涼了。」

媽泡好一罐濃濃的茶，放在灶上說：「阿喜，別忘了帶到田裏去，省得小蘭再跑一趟。」

「大嫂，今兒我一個人先下田去，讓阿喜在家幫着晒菜子，菜子趕着晒乾了好榨油，今年菜油看要漲價呢！」二叔邊說邊吃着飯。

「四弟昨兒說，鄉保衞團要攤派大家捐幾擔菜油和麥子呢！」媽在二叔對面坐下：「說是時局緊了，縣政府許多事都管不了，就靠鄉長自已想辦法。」

「他有些話是不能信的。」二叔說。

「我想趕緊把麥子和去年的晚穀糶掉些，收點現欵，你大哥的坟，今年一定得做了。風水先生說今年閏七月，和你大哥的八字倒正合，我想就在閏七月裏做坟，你看怎麼樣？」

「要是時世太平，本來是閏七月做坟最好，那時早穀也收了，手頭鬆點。」二叔放下了筷子。

他們在談着家務事，我十分的覺得沒趣，就跑去幫阿喜扛簟子。他把菜子和麥子一擔擔挑到晒穀場上，翠姨拿着竹籭子一簟簟攤開來。我蹲下身子用小畚箕撥着，仰起頭來看翠姨。

翠姨穿着緊身水綠色花布衫褲。細細的腰身，高高的胸脯，白嫩的臉兒在早晨的陽光裏像紅透的水蜜桃，她把兩條還沒梳過的鬆鬆的辮子甩在背後，拿花手帕打了個結紮在一起了。這樣的打扮顯得格外好看，我不禁喊了她一聲說：「翠姨，您和二叔昨兒說什麼我已經知道了。」

「知道了什麼？」

「舅舅要接您回去呢？」

「還沒定呢！你別告訴媽。」

「我不說，翠姨。可是您別回去，您走了沒人陪我玩，媽和二叔也沒人幫忙了。還有，眞要是仗打來了，我們總要守在一塊兒才好。」

翠姨沒搭腔，却好像在想心事。我們回到厨房裏，二叔已經下田了。阿喜提了籃小菜從街上回來。

「太太，我在街上聽了好多消息，說共產黨已經打到長江邊了。」阿喜放下籃子說。

「打到長江邊了！」媽和翠姨都吃了一驚。

「不過又說在跟他們講和呢。」

「姊姊，沒有的事，共產黨是不講信義的，他們一邊講和一邊打，我們一定要上當了。」翠姨說。

「眞的，跟這些土匪講什麼和，半個江山都丟了，還和呢，拚就拚到底。」阿喜也氣呼呼地說。

遠遠地看見四叔搖着擺着走進來，大清早他就像喝醉了酒似的，歪着身子在長櫈上坐下，就拿起個蕃薯往嘴裏送，一面斜眼睛瞟着正在桌子邊梳辮子的翠姨：「翠姑娘，您這條辮子烏油油的眞漂亮。」

四叔一見翠姨就做出嬉皮笑臉的樣子，我看了眞生氣。翠姨沒理他，急忙梳好辮子，一扭身往水槽邊洗手去了。

「這些日子大家都在擔心着時局。」四叔的眼睛仍舊盯着翠姨的背影。「其實這次不像跟日本人打仗，沒有什麼了不起的。鄉裏有我照應着更可以放心。」他得意地翹起一條腿，點了支香烟狂噴起來。

阿喜看也沒朝他看就提着茶罐子走了。

翠姨厭惡地瞥了他一眼，轉身跟我說：「小蘭，我們送點心去。」她提起籃子，我們牽着手走了。

走出後門，看水田裏的秧苗，細細軟軟地像綠色的毛絨，隨着風兒微微抖動。太陽晒着潮濕的田岸，發出一陣陣泥土和野草的清香氣息。我們小心地踏着軟綿綿的泥路，走到二叔田裏。

「二叔，今兒是紅棗蒸糕，您最喜歡吃的。」我喊着。

「謝謝你，翠姑娘。」二叔凝視着翠姨，濃眉毛下黝黑清明的眼神顯得愈加深沉而又充滿了憂思。我當時不明白二叔爲什麼要那樣地看着翠姨，現在想起來却完全懂了。而且彷彿他那一對眼神似仍一直在注視着翠姨，因爲我從翠姨憂鬱的神情裏感覺得出來。

翠姨打開籃子蓋，掀起毛巾，取出紅棗蒸糕遞在二叔手裏，二叔接過來咬了一口說：「眞香，你做得太好了。」

我遠遠看見阿喜也來了，就拿了幾個送過去給他吃，他高興地幾口就吞下去了。他在圍裙裏摸出樣東西說：「你瞧，麥桿小雀子做好了。」

我在小雀子凸起的肚皮下一吹，雀子就吱呀吱呀的叫了，我高興得直拍手。回頭看二叔正在山邊採了一朵大紅山茶花遞在翠姨手裏，她把花兒插在辮子根。我慢慢兒走過去，從二叔插在腰裏的棕色胳膊下望着翠姨，她的臉蛋兒被花映得越加白嫩了，我說：「翠姨，您今兒眞漂亮。」

「你翠姨那一天不漂亮？」二叔笑着說，粗大的手掌拍拍我的頭，又把籃子遞給翠姨，輕聲地說：「現在回去吧！還留了兩個餡兒最多的你倆吃。」

翠姨向他一笑，低着頭和我一同回家了。

吃過晚飯以後，四叔回來了，大家就又說起給爸爸做坟的事，四叔一逕不贊成這件事，他說現在不是做坟的時候，又說爸爸是個老革命黨，又剿過匪，做了坟，八路來了倒是個目標。

「你倒是眞準備八路來呢！」二叔瞪着他說。四叔聳聳肩，二叔又氣忿地說：「依你說，就把他的棺材丟在曠野地裏，日晒夜露不管它了。像共產黨似的，連祖宗父母都不要。」

「花落歸根，入土爲安，坟怎麼好不做呢？」媽大聲地說。

「我們又不是舖張，賣了田也得把坟做起來，不然怎麼對得起大哥呢！」二叔說。

四叔翻翻眼睛。翠姨使勁地刷着鍋子，沉着臉，只當什麼都沒聽到。我覺得一個暗影在我們中間擴大開來，遮得每個人的臉都陰沉沉地。

四叔起身想走，二叔喊住他：「四弟，你慢點走，我有話跟你說。」

「什麼事，二哥。」他又退回來倚着門，顯得一臉的不耐煩。

「這些日子你好像很忙。」

「當然啦！鄉裏有那麼多公事，尤其是這種時候。」

「對了，尤其是這種時候，你是鄉長，對一鄉的人做事說話都要負責任，我們一鄉全是忠厚誠實的人，你可不能騙他們。」

「你這話是什麼意思？」四叔揚起了眉毛。

「沒有什麼，我只是不放心你。你許多地方太愛自作聰明，大哥在世的時候也就不放心你。」

「這是個大時代，必得聰明機智來應付，不然就活不成啦！大哥和您都太守舊了。」

「不是守舊，是守住自己的良心，良心指示我們走正路。」

「您說我不走正路！」

「我很擔心，你總不聽我的勸告，你會後悔的，四弟。」

「您放心吧！我又不是小孩子。」四叔聳了聳肩，頭也不回地走出去了。二叔失望地看着他的背影，喃喃地說：「我一定要讓他明白過來，一定的。」

四叔走後，媽和二叔決定給爸爸做坟的日子，就提前定在清明節過後半個月。於是，我又盼望起清明節和做坟的事兒了。

快睡覺的時候，我把口袋裏的胡豆抓出來撒在牀上，想要翠姨跟我打豆子，却看她剔着燈草心子直發楞。

「您在想什麼呀？翠姨。」我伏在她膝上問。

「我在想白天裏他跟我說的話。」跳躍的燈花照着她的眼睛一閃一閃地發亮。

「誰？」

「你二叔。」

「他跟你說些什麼呢？」

「他說風聲一天天緊了，我們這樣安居樂業的日子恐怕不會長久了。萬一有什麼事情發生，我們心裏都要有個準備，不要慌張害怕，還要下得起決心。」

「仗眞會打來嗎？那我們是不是要逃難呢？」

「二叔說一定要守住本鄉本土，他是不逃的。」

「他不逃，我們也不逃，他會保護我們的。」我興奮地說。

翠姨點點頭，我在暗弱的燈光裏抬頭看壁上爸爸的照片，他穿着軍裝，好威武的神氣在看着我們。我說：

「如果爸爸不死多好，他會打仗，把八路殺個精光。」

清明節快到了，全家都忙得團團轉，媽跟翠姨磨米粉，做福壽糕。我就寸步不離地在厨房裏打轉，吃得肚子緊繃繃的，簡直比過年還樂，看這樣平靜和樂的樣子，光明晴朗的天氣，我就不相信會一下子打起仗來。

田裏的秧苗已經插下了，一排排整齊地像綠色的隊伍。我跟二叔站在後門口看黃牛吃草，二叔指指稻田說：「你看！多好，過幾個月就結出一粒粒黃金般的穀子來了。」

我遠遠地看見阿喜爬得高高地在踩水車，咧開嘴向我笑着，我也脚底下癢癢地想去踩，二叔抱我站在矮牆上說：「你還小，不會踩呢？不過你得多看看，種田的事兒一樣也偷懶不得，你要是想到白米飯好吃，就懂得莊稼人的辛苦，也就會愛我們的土地了。」他又伸手指了指廣大的一片秧田：「你看，這都是我們的，我們大家的。我們一鄉人全都很合作，現在阿喜踩水車的田就是橋頭阿金的，我們空下來就該幫旁人做，你懂嗎？」

我雙手抱着他的頸子靜靜地聽着，又低頭看他棕色發光的額角，雙眼皮的眼睛笑起來顯得極慈愛，可是一睜大了却露出一股英俊果斷的神情。

「二叔，您很像我爸爸呢！」我喊道。

「親兄弟總該像的，你爸爸當軍人，我做農夫。當年爺爺就說，軍人長年的東奔西跑，總得有個兒子留在家鄉種地，這是我們世世代代發芽生長的地土，不能丟掉的。」

「二叔，您眞好，翠姨總說您好，要我看您的樣。」

「翠姨還說什麼？」他的眼睛笑得越加漂亮仁慈了。

「她說就是仗打來了，她也不逃；她要跟您一同守在這兒，我也要守着，我想媽也不肯逃的。」

「不要說逃難的事，小蘭。」二叔的臉色忽然陰暗下來：「局勢不會變得那麼壞的。」

我點點頭，看着他，可是他的神態是那麼的憂鬱。

清明節那天，我們一早就去上坟。親戚們一路走一路擔憂地和二叔嘮叨着時局，二叔縐着眉頭一點也不理會他們，却望着稻田心不在焉地說：「稻子長得好快啊！」

上了船，我和翠姨坐在最前艙。河水清得發藍，兩岸的樹木和高高的天空，也都是一味的藍色。二叔和阿喜站在船尾搖着槳，香氣騰騰的酒菜提籃就放在我旁邊，還有花鞭炮，我的蝴蝶大風箏。媽叫我在祭完坟時上山頂去放，放得高高地，後代子孫也發得旺旺地。

到坟上等大家一一跪拜過了，鞭炮辟辟拍拍地放起來。二叔把福壽糕撒在地上散福，孩子們都來搶，我也搶了幾個塞在嘴裏，就和阿喜跑上小土墩放風箏。風箏一下子就飛得很高，我瞇着眼望藍色的天空，風箏在太陽裏閃着白光。忽然線斷了，風箏就隨着悠悠的白雲飛騰而去，最後變得一個小小的白點，不見了。我回頭看翠姨也站在樹下凝望着，她嘆了口氣說：「你看風箏就這樣飛了，還不知飄到那兒去呢？」我聽了忽然覺得心裏空落落地不大好受。

在回程的船上，翠姨陪媽坐在裏艙。四叔忽然擠到我旁邊，摸出一個紙包，打開來是兩隻亮晶晶的水鑽髮夾，他低聲低氣地說：「這是我特地給你翠姨買的，你代我拿給她好嗎？」

水鑽髮夾在太陽裏閃着五彩的亮光，煞是好看，可是我沒有接，我說：「翠姨不要的，我不拿。」

「爲什麼？她不喜歡我？」他咧開一嘴被烟薰黑了的牙笑着。我心裏想怎麼四叔一點也不像二叔，我眞不喜歡他呢！可是他還是把髮夾塞在我口袋裏，硬要我帶給翠姨。

晚上，翠姨對着鏡子摘下插在辮根的一朵白絲絨茶花，萬般珍惜地放進盒子裏，我鑽到她耳朵邊問：「翠姨，這朵花眞好看，是二叔的吧！」

「嗯！」她沒朝我看，可是我感覺到她的眼睛裏含着美麗的笑，我按了下袋裏的那對水鑽髮夾，悄悄地取出來，把它塞在抽屜角落裏了。

上過坟，忙過清明酒，跟着就得忙做坟的事了。城裏却傳來緊急的風聲，說共產黨已經打過長江來了，城裏的居民都已在疏散。親戚們都勸媽把做坟的事擱一擱，可是媽激動地說：「無論怎麼緊急，坟是一定要做的。」舅舅也催着翠姨回山上去，翠姨流着淚說：「到那兒都一樣，這不是逃的時候。」她一定不肯回去。二叔裏裏外外地跑，緊張的情勢就好像大雷雨前的片刻，天暗沉沉地壓下來，大家要在飛沙走石的暴風雨中搶救晒穀場上的穀子似的，每個人都閉緊了嘴，一聲不響地奔忙着。可是在如此緊張忙碌中，却一直不見四叔的人影兒。

爸爸棺木要上山的那一夜，二叔急得直跺脚說：

「這個人啊！大哥的事竟是一點都不放在心上。」

發引的時候到了，於是大批人就在晨光曦微中隨着嗚嗚悲鳴的號聲徐徐走出大門。兩盞藍字大燈籠在前面引路，半明半滅的亮光從灰白的紙裏透出來，像有一股陰森森的寒氣向人逼來。我的手抓着粗糙麻衣的邊緣，看媽用麻布罩着頭，邊走邊是悲傷地啼哭。爸爸的棺木像一隻灰黑的大水牛，由八個人扛着慢慢兒向前邁着步子。一大羣人就像在黑夜裏偷渡一個危險的關口，必得併住氣鴉雀無聲地走着。經過山腰的時候，我害怕得直打哆嗦，彷彿土匪馬上會出來攔路行刼似的。風吹得樹木沙沙作聲，雖然也送來一陣陣清氣，胸口却仍感到窒息。水田裏映着凌亂的倒影，咯嘍的青蛙叫得人心慌。忽然前面跑來一個人，慌張張地在二叔耳邊咕嚕了幾句，二叔竟像着了魔似的大叫一聲，聲音是那麼悽厲可佈，我驚得呆了。

「什麼事？」大家都驚惶地問。

二叔把嘴閉起來，我看他好像要把舌頭都咬下來似的。額上的青筋隆起，臉色跟天上的雲層一樣灰黑。他蹣跚地走着，彷彿這意外的襲擊已經把他打昏了。

「二叔，什麼事呀！」我拉了他的白衣服袖子問。

「小孩子，別多嘴！」他從沒有這樣暴燥地對我過。

到了坟場，工人揭了坟前的四方大青石，棺木從黑黝黝的洞口推進去，青石又封上了。鞭炮鼓樂交鳴，媽號淘痛哭起來。二叔像大石頭被火藥炸開似的，忽然放聲悲號。我覺得二叔不只是哭爸爸，那聲音似乎更混含着難以形容的千百倍於此的悲慟。

回來時大家脫下了孝服，披上一條紅綢。二叔瞪視了它半晌，那血紅的顏色似乎使他想起什麼來，他的臉慘白了。他把紅綢狠命的撕下來，揉作一團，扔在地上，雙手捧着臉。

「究竟發生了什麼事呢？」翠姨低聲地問。

他抬起頭來，佈滿紅絲的眼睛看了翠姨半晌，顫巍巍地說：「四弟死了。」

「什麼？」翠姨驚喊。

「就是昨天深夜，城防指揮部四個兵把他從鄉公所架去，天沒亮就槍決了。」

「爲什麼要這樣呢？他沒犯什麼罪啊？」媽惶惑地。

「他有罪的，我知道他是有罪的。」他沉痛地：「可是我救不了他。我恨自己沒有能勸醒他。」

「他做了什麼事呢？」我問。

「別問了，小蘭，總之，這是一件萬分不幸的事。」

翠姨充滿哀愁與憐憫的目光看着他，說不出一句話來。

「就在大哥入土的一天，啊！我是在做惡夢嗎！」二叔又痛苦地喃喃着。

二叔去了城裏回來，臉色愈加憂焦與沮喪。他說城裏人心惶惶，治安機關加緊戒嚴，戰事已一天天逼近了。

「怎麼辦呢？」媽焦急地問。

「戰爭是躲避不了的，大嫂，可是無論如何我們這一鄉是要拼下去的。」

「保衞團有槍，土八路來一個幹他一雙。」阿喜插嘴道。

「只是你們女的……」二叔的眼睛從媽的臉轉移到翠姨的臉，我的心也狂跳起來。「最好早點走。」

「我不走，我們要守住自已的鄉土。」翠姨堅決地說。

「你大哥的坟剛做，他已安息在自己的土地上，我也不能走。」媽悲痛的聲音一個字一個字地說。

二叔把臉轉向窗外，窗外一片嫩綠的稻田，風吹着稻子尖，輕微地飄動着。

「稻子又長高了，今年的收成該是很好的。」他幽幽地嘆息着，好像沒有聽到媽和翠姨的話。

大黃牛在吃草，阿喜開了門讓牠自己走回來，二叔過去摸摸牠肥碩的身軀，牛也回頭親暱地用鼻子嗅他。他心神不安的走向田裏去，我看他的身影消失在暮色蒼茫中，心頭像壓着石頭似地沉重。

五月裏一個不祥的日子，去城裏的人都紛紛折回來，說縣城已經丟了，八路馬上要來了。他們說話時的臉色是死灰的。二叔揑緊了拳頭在屋裏來回踱着，忽然抬起頭來看着他們一個個的臉問：「你們打算怎麼樣？怕嗎？」

「怕啊？不怕，我們已經決心拼到底了。」

「那好，請你們先回去，我一會兒就來跟你們商量事情。」

二叔出去了一整天，回來已是掌燈時分，他把門關上，嚴肅而肯定的聲音跟媽說：「大嫂，今兒夜裏你們就走。」

「走？」媽驚惶地：「我說過不走的。」

「不要固執，大嫂，這裏已不是你們應該呆的地方。」他放低了聲音，「您和翠姨帶了小蘭坐機帆船去大陳，再設法到臺灣去。你們非離開這兒不可，我已經都佈置好了。明天天一亮就開船，你們馬上準備，快！」

「您呢？」我抱着他的腿問。

「我也要走，上山打游擊去。全鄉的人都要去。」

「二叔！」翠姨的聲音嗚咽着說不下去。

阿喜忽然慌慌張張地奔進來，氣急敗壞地喊：「不好了，老爺的坟給掏開了，青石打碎了，一定是土八路幹的。」

「什麼？」媽差點暈過去。

「我要活埋他們。」二叔的眼睛幾乎迸出血來。

「二弟，我不走，我要看住他的坟。」媽已哭不出聲音，只是沙啞地喊着。

「翠姑娘，你扶大嫂去躺一下，還得趕緊理東西，我現在跟阿喜修理大哥的坟去。」二叔背走鋤頭和阿喜走了。

翠姨急匆匆地理好兩個包裹，又坐下來剔亮了油燈，拿起一件衣服錠扣子，閃亮的金針在她手指縫裏跳躍着，我知道那是他給二叔縫的夾襖。她又小心翼翼地取出那朶白絨茶花看了半晌，包好放進包裹。我在一邊呆呆地看着，忽然想起抽屜角落裏那對水鑽髮夾，就打開抽屜，暗暗取出來放在手心上看着，水鑽在搖曳的菜油燈影裏像閃着鬼火燐光，我想起了四叔，不由得打了個寒噤，趕緊把它丟回抽屜裏去了。

這是一個烏黑陰暗的夜，四野悄無人聲，只有幾家的狗在一聲間一聲地叫着。二叔和阿喜送我們三個人走，我們像做賊似地偷偷開後門出去。兩條黃狗追出來，緊跟着我們。天上沒有月亮，幾點稀疏的星星在閃着慘淡的光。阿喜扶着媽在前面走，我一手牽着二叔，一手牽着翠姨，我覺得他們都把我的手揑得很緊，彷彿一放手誰都會找不到誰的。聽田裏的青蛙叫得格外熱鬧，有的從我脚邊跳過去，我忽然看見稻子都東歪西倒地躺在田裏了。

「二叔，這些稻子怎麼了？」我奇怪地問。

「稻子嗎？我們全給拔了。」二叔沉重的聲音說。

「拔了？」翠姨大吃一驚。

「嗯！我們寧可餓死，不留一粒穀子給共匪。」

「一春的辛苦全完了，二弟。」媽悲愴地說：「你們以後吃什麼呢？」

「大嫂，艱難的日子在後頭哩！可是我們是不怕犧牲，不怕流血的。這條命活一天，就要跟他們廝殺一天。但願你們早一天平安到達自由的地方，更盼望國軍能早一天來收回自己的土地，我們爲國家在這兒守着。」二叔激昂的聲浪像宏亮的鼓敲在我的心上。

「二叔，上山以後，身體要格外當心啊！您已不止是爲自己一個人活着了。」翠姨哀傷的語調，包含了無限纏綿的情意。

「我自己會當心的，翠姑娘。」他說：「謝謝你在百忙中爲我縫的夾襖。還有，我永遠不會忘記你做的棗子蒸糕的。」

他們說着話，我覺得他們把我的手也揑得更緊了。

到了埠頭，我們鑽進了一條烏蓬船，船頭掛了一盞紅燈籠，照着深暗的河水泛起一綹綹柔和的波光。紅燈籠的顏色使我想起新年看廟戲，阿喜也提了這麼盞紅燈籠，紅光照在雪地上，使我望着心裏暖烘烘地。可是現在這盞紅燈籠却遠遠地像掛在我曾經做過的夢裏。只聽得媽顫聲地說：「二弟，你大哥的坟，你要時時去看看啊！提防又給掘了，逢年過節都要去祭掃一下。」

「您放心，大嫂，我跟阿喜會時常去的。」二叔說。

「太太，這些不用您吩咐，我就當老爺活着時候一樣，會當心的。」阿喜的聲音也像一下子長大了不少。我靠近他說：「阿喜，你送我的麥桿雀子，我已經帶來了。」

「哦，我還要給你兩樣東西，」他從布袋裏摸出一個竹子編的小飯籮和一副木頭刻的小磨子，「你看，這個好，麥桿子不經久，這個你要不丟，一輩子壞不了。」

我接過來，阿喜一雙靈巧的手，做什麼像什麼。若是在平時，我見了這麼好的玩意兒，早就跳起來，可是現在我沒有，我珍重地捧在胸前，用手背抹去眼淚說：「阿喜，謝謝你，我一定好好保存着，等我們回來時，我再拿給你看。」

二叔解開船頭的繩子，兩條黃狗就跳上來，我抱着牠們的頸項親着。可是二叔不得不把牠們趕上岸去。船很快撐離了岸，牠們站在那兒搖尾巴，怨望地叫着。船漸漸地搖遠了，我在黑暗裏睜大眼睛看着牠們，兩團矮矮的黑影漸漸地小了，小了，我再也看不見牠們了。

我們的烏篷船繞過縣城南門悄悄地搖向甌江口，改乘舢板過渡到停在江心的機帆船上。媽因過度疲勞進艙裏躺下了。我們四人站在船頭，天已漸漸亮起來，遠望城裏疏疏落落地幾處燈火明滅着，顯得一片陰森死寂。我想起新年到城裏看燈時，滿街滿巷的提燈和霓虹燈，多熱鬧？那些五彩燈光不知在什麼時候再會亮起來，這些事好像已隔了很多很多年了。

早晨的港風吹得人很冷，阿喜的手臂圍着我，我覺得他的臂膀很有力，我說：

「阿喜，你眞結實呢？」

「這以後背着槍桿兒殺土匪，還要結實哩！」他得意地說。

東方透出了粉紅色，江上的霧氣漸漸散開，天空也漸漸高起來了。絳紫的太陽從藍灰色的山頂冉冉上升。紅光映照着翠姨的臉，晨風吹開她的鬢髮，也吹開她翠黛沉沉的眉峯。二叔靠近她，他們在低聲說着話兒，我看二叔身上正穿着翠姨給縫的那件夾襖呢！

船夫敲着銅鑼喊：「潮水來了，要開航了，請送客下船。」

二叔和阿喜只得上了舢板，潮水很快地把他們飄離了我們的船，我們四雙眼睛對望着，搖着手。江水在晨曦中閃着金光，舢板在金光的照耀中漸漸遠去，欸乃的櫓聲也漸漸聽不見了。

「小蘭，我們回艙裏去吧！風吹得我眼睛酸痛呢！」翠姨的語音是那麼的柔和，我從模糊的淚水中凝視着她，她低低地垂下了眼簾……。

× × ×

我恍惚又望見了二叔和阿喜的舢板在金色的陽光裏搖着。我相信，光明的太陽總會一直照耀着他們的。

冬心草

周棄子

冬

在這裏，是看不見冬天的。從來不下雪，也不結冰；沒有火爐，沒有皮襖。儘管已經過了冬至，而園林草木，還永遠是綠油油的。偶而碰上一個陰天，刮一陣風，報紙上就要有消息，說是冷氣團來了。但往往一張報紙還沒有看完，而火熱的太陽又已爬了出來。如果說，冬的面目，應該是蕭條，肅殺，枯寒，死寂；那麼這裏就是個沒有冬的地方。

但自然現象雖是如此，而人心的感覺則未必盡然。也有人，他的心可能永遠是冬天的。前年六月，偶然讀到過一首題名「夏寒」的小詩，起首兩句是：「忍過春寒又夏寒，冰腸畢竟煖來難」。六月尙且如此，何況到冬至呢？這當然是無可救藥的傷感病，應該被「時代的巨輪」所衝倒。可是，誰叫這是冬天呢？沒有這渺小的悲哀；又從何顯示出志士仁人們的偉大？他，就是曾經而且還要這樣的寬恕自己了。

冬心

於是有人提醒說：「冬天來了；春天還會遠嗎？」

是的，人總要生活在希望裏面。但冬心的人，他很不幸，他生而愚昧，他的領悟力非常薄弱。他要請問；虛心而謙卑地請問：那不遠的春天，它現在在什麼地方？它將從那個方向來？它是什麼樣子的？它就叫春天嗎；可還有別的名字？

於是，更多的人紛紛的指示了：它——

——元旦書紅的筆；
——正月初五開市的「紅盤」；
——山前山後的櫻花和杜鵑；
——屋瓦上一雙貓的交響樂；
——煙雨江南的燕子；
——回首月明中的故國！

冬心的人茫然了。這些，他都很熟悉，它們就是它們，恐怕未必是那不遠的春天。他很感謝並且很想相信這些智者的指示，但他深陷於「春非我春」的執着。即如所云，眞是不遠的吧；而在他則無從想像。他是心甘情願被渺小的悲哀所埋葬了，因爲他常常記起前一世紀另一位智者的話：「奮鬪啊；奮鬪！爲誰和爲了什麼呢？」(註)

冬心草

植物也有冬心的，那傳統的解釋，是指一種頑强的生命力。在另一種氣候的地方，寒暑分明。草木對於氣候變化所加壓力的抵抗情形，容易看出結果。「蒲柳之質」，固然是「望秋先凋」。就是那些堪作棟樑之材的楩、枬、杞、梓，一遇到霜欺雪壓，也都要脫帽鞠躬，顯出「毛髮盡落」的可憐相。它們能「順天命」，所以是棟樑之材，這當然是建設上所不可少。但也有一種樹，它偏不向冬天低頭。任憑是雪虐風饕，給你個面不改色。這種樹，從來以松柏爲代表，所謂「歲寒然後知松柏之後凋也」；可見也是一向爲人所佩服的。這種性格，詩人們美之曰「冬心」，從古流傳下來不少名句。

不過照這樣看起來，樹的冬心與人的冬心是大不相同的，一積極而一消極，究竟以何者爲是呢？

據說，凡消極皆屬罪惡。那麼樹是對的，人是錯了。其實，這兩者是相反而又相成的。所有的冬心，都是一種堅持；即「擇善固執」。若問何者爲善，則善本來是沒有最後定義的。就樹來說，那些棟樑之輩，當然是一切的一切爲了「致用」；否則就無以承擔天降的重任。但又有一種樹，像名爲樗櫟的之類，它卻認爲要作棟樑，先就要被砍被鋸，削平刨光，還得塗上五顏六色。棟樑是作成了，「自己」也沒有了。於是樗櫟們爲逃避起見，故意歪歪倒倒，精神萎靡，儀表不修，一副「不成材」的樣兒，使得「大匠」們望望然去之。此時樗櫟們才私自慶幸，好險呀！「斧斤所赦」。多愚蠢的固執啊；但又何嘗不篤信自己所擇的是善呢？準此，樹乎？人乎？也就不必强分高下了。

冬心固然不無可取，但就松柏來說，要有「冬」才顯得出「心」來。像這個沒有冬天的地方，永遠不見冰雪，蒲柳乃至棟樑之輩，夾在松柏中間，一樣的四季常青。松柏有知，眞不免魚目混珠之歎了。詩人們即令要表彰勁節，其奈難覓冬心何？然而也不見得毫無辦法，只要低頭往脚下看，那就會發現樹木之外的植物，它的名字叫草。

草由於地位低微，生命也就特別脆弱。雖說這裏沒有冬天，而冷氣團還是偶而要來的。一掠而過，樹木固然無所謂，而大部份的草則常是被摧殘的了。本來，既絕對作不成棟樑，活着也不過是只供踐踏。先天的悲劇之命運，不接受又將如何？但每每就在這情形之下，草表現了頑强的生命力。它被摧殘，被踐踏，隨時要遍體鱗傷。但轉眼之間，又挺起來了。馬上冷氣團又經過，好，再來一次吧。

冬心的人是寂寞的，但他決不畏懼和悔恨。從低微脆弱的生命中間，他找到了伴侶。他叫不出它的名字，統名之曰「冬心草」。

(註) 屠格涅夫：「春潮」

一九五五年耶誕前夕稿

史太林死後的蘇俄（上）

史信節譯

書名：Stalin's Russia & After 共計十八章，圖片十餘幀。

作者：Harrison E. Salisbury 一九四九年起為美國紐約時報派駐莫斯科特派員，至一九五四年止。最近由於他報導了許多有關蘇俄問題，曾獲得普列支獎金。

出版：英國 Macmillan Book Co.　出版日期：一九五五年七月。　價格：廿一先令。

（一）

一九五三年二月的某一天，我正在都城飯店（按該旅舍為蘇聯政府指定各國記者租用）的陰暗的帝國大廳內徘徊，我忽然發現上上下下的人，都充分底懷著一種恐懼！

這是一個現實的恐懼，產生於一個現實的因素。這種恐懼，顯然又重新控制著整個莫斯科。

這不是一個通常一般人士在莫斯科具有的恐懼，這個恐懼一天天底在擴大起來，為時幾乎有一個月之久。

我懂得每一個俄國人臉上的不平凡，在大街小巷內，都有一種異乎尋常的恐懼，在高爾基大街上和史都拉希尼古甫街上的許多舖子內。

於是我也明白都城飯店裏的恐懼氣氛，因為俄國人太明白，這個時候向一位外國人談話，是多麼危險。這個恐懼和當年帝俄專制時代，沒有什麼兩樣。

我所感覺到的那一股陰森的恐懼——正是說明「九個醫生陰謀事件」的發生。這種情形等於說明今日的蘇俄又重新恢復到一九三〇年時代的專橫，也是說明史太林殘暴的瘋狂。

這一個恐怖是在一九五三年正月十三日，莫斯科眞理報首先刋出，全文只有短短十段。說明九個醫生已經被捕，因為查明他們有謀害蘇俄政府高級軍政首要的陰謀，其中六人皆屬猶太籍。

我要告訴讀者，當我唸完眞理報這條消息和該報的社論，使我週身毛髮聳然，心不自主。因為我深深底明白，在蘇俄的清算意識來說，這不是結局，這正是一個大殘殺的開始。也是一個永無止境的殘殺陰謀。當時誰也看不出來，這個「九個醫生的陰謀」的最後目的，一個是特務頭子貝利亞，另一邊確是那些猶太人。然而，這一把無情之火到最後終於燒到他們身上去。

每一次各地的報紙，不論一區、一縣，總是報導與本案有關的新罪犯、新證據。被牽涉的人，包括醫生、作家、法學工作者、演員……等人。最大的逮捕對象，自然是一羣可憐的猶太人！

清算的範圍，一天天的擴大了，赫魯雪夫也牽涉在內，因為黨的許多首腦被攻擊了。貝利亞也牽涉在內，因為情報工作做得不澈底；米高揚也被攻擊了，而且攻擊得非常利害，因為貿易事務，沒有健全起來，連馬林可夫都幾乎快拖下水，因為黨的下層動搖了。

黨的首要們被人攻訐得最深刻的，莫若那個小矮子——莫洛托夫。許多年來，莫洛托夫是史太林說笑話的笑柄，史太林也曾經在許多外國貴賓面前，拿這個他一向看不起的小矮子，開過玩笑。然而他都一一吃下來，還是很忠誠底侍候他的主子。

現在莫洛托夫似乎是在一種十分殘酷的考驗，因為每天我從中央的報紙、以及無線電臺，可以看到並聽到被捕人的供證，是與外交部有連帶關係，與外交部的職員有關係，與那些和外國記者來往的人，都染上了這陰謀的嫌疑。

莫斯科城裏眞是每天謠言滿天飛。塔斯社裏面也有人被抓了。該社社長巴根諾甫，許多年來大家都知道他和莫洛托夫關係很接近，然而他失踪了……被捕了。

莫洛托夫夫人（猶太籍）失踪了……放逐到西伯利亞去了。莫斯科大學也有人被抓了……國家最高科學院也有人被逮下獄了……替猶太人辯護的人們也全不見了……連中央委員會都有人被捕了。

一九五三年的二月，在莫斯科實在陰森得可怕，即使是中央政治局的委員們，又有誰能擔保自己的安危？我想沒有一個人能決定自己的命運。可能是伏洛希羅甫？是的，他無舉足輕重之分。布加寧嗎？很難說。米高揚？卡格諾維奇？赫魯雪夫？都很難說。事實上，在名單上沒有一個是安安穩穩可以保存性命的。

可是，史太林本人又怎樣呢？他情形很好，精神很旺，非常健康。這許多描述是出於三位外國人的口中，他們都是在二月發表過上述的評語。這三個外國人，一個是阿根廷大使鮑洛伏，一位是印度大使梅農，還有一位是努力於和平運動的印度人季吉樂。

只有梅農一人，報告了一件奇怪的事情。他在二月十七日會見了史太林。那天這位老人顯然精神很好。他在會見梅農時，手中拿了一枝紅鉛筆，一個小本子。這原是史太林常用的文具，但梅農的銳眼看出了一件奇怪的事，史太林在他那本簿子上，畫了許多狼，一隻又一隻，於是他開口向梅農大談蘇俄的狼羣，他道：「蘇俄的農民知道如何去對付惡狼，他們一定要消滅惡狼。」

在莫斯科研究蘇俄問題的人們，對這一宗小小的敍述，不但注意，而且認爲是十分珍貴的材料。因爲從這小小的事實上可以說明史太林那時已具有了消滅惡狼的心情和意念。

一九五三年三月四日清早，這時天方黎明，忽然塔斯社打來一個電話，說有重要新聞發表，要我等待。大約在八點鐘之前，我們拿到公報，說史太林病重，使人一望便知，這位大獨裁者的末日快近了。

這天早上，當我坐在打字機邊撰稿時，我神經爲之一鬆。因爲我明白莫斯科這兩個月來的愁雲苦雨，不久卽可重見開朗，我懂得這個恐懼將隨史太林一人而逝。清算由史太林開始，眼前也似乎是由史太林之死，而告結束。

本來像史太林這麼大年紀的人，加以他的體質素衰，犯腦溢血症不是不可能的。因爲過去他也患有此症。至今，我認爲史太林的「病與死」的根源，還是不會任人知道。有人說，現在統治蘇俄的人謀殺了他，這不是不可能的。今天在莫斯科的許多人們都相信這種說法。因爲，當謀殺不能完全被人證實時，謀殺的動機永遠是被人相信一定存在的。

可是，我怎樣想呢？我那天早上去中央電報局發電時，我想着如果史太林是眞的病死的說法，那末他週圍的人們，一定認爲這一樁天大的喜事了。

（二）

一九五三年三月六日上午六時以前，我駛車前往中央電報局，經過高爾基街，經過我常去的美國大使館，經過國家博物院，經過列寧墓……紅廣場。因爲史太林的死是在前一天晚上九點五十分。可是我獲得這個正式公報的發表，乃在我發電之前的兩個小時。

我在大街上仔細觀察這位大獨裁者死了以後的莫斯科全城的動向。晚上我仍然行駛於鬧市中心，但我看不出什麼不平常。大約在次晨一時左右，我看見許多漂亮的流線型汽車，停在克里姆林宮的包羅維斯基門下、莫斯科河上大石橋的車房內。許多車輛從那停車房駛出來，我直覺地了解，似乎是政府顯要在克里姆林宮擧行了一次會議後，方始散會回家。

大約清晨三時，我又看見許多Z－S型的大汽車，停在莫斯科行政大厦附近，這許多行政機關內，燈火通明。這個象跡看來，似乎有些不平常呢。

可是到清晨五時，全市仍舊毫無動靜。然而當市中心的史巴斯基大鐘樓的指針移近六時，巨變顯然來臨了。

從六時以後，但見許多軍車從莫斯科郊外各地，靜靜地、肅穆地駛進城來。它們經過高爾基街，駛上魯賓迦山，駛過大石橋，駛過蒙斯伏羅特斯基橋。車上的人們，顯然是戴着紅綠色軍帽的特務警察。他們每二十二人分乘一輛軍卡車。這許多特務警察乃是受內政部指揮的。

他們開進莫斯科城內，一切的行動和裝配似乎是在擧行一場大演習。他們佔領了每一條通往克里姆林宮的交通要口。當我在上午九時再度往高爾基街時，我發現整個情勢大變了。因爲每條街上，不論大街小巷，佈滿了特務警察，正在戒嚴與搜索。在上高爾基街上，我又看見許多坦克車也在出動了。那裏原是鬧市，我隱約聽得人們在竊竊私語。這許多武裝的坦克顯然是開到中區的許多廣場上去。這許多坦克車，車上的軍隊，全是屬於內政部的。整個莫斯科城內見不到一個正規軍。

在一九五三年三月六日自上午十時至十一時，除非獲得特務警察之特許，根本沒有任何一個人能離開莫斯科市中心。

據說從前列寧死的時候，莫斯科不僅全市人民，表示痛悼，卽使黨政首腦，都感到無所歸從。然而，今天史太林死，情形和列寧之死，完全不同了。雖然市上看得出人民的哀痛，但在哀痛中有驚震，這種驚震似乎在擔心大禍之將臨。因爲人民在市內的行動的自由完全喪失了。

莫斯科與整個蘇俄，在史太林喪禮的四天中，全國一致擧哀。第二天，外交使節團的行列，前往致敬，瞻仰遺容，我也參加了這個行列，我看見史太林躺在尙未蓋棺上的遺容，他的臉上如此光滑，顯然是塗過蠟了。

如果要我回憶當時的一剎那的情形。我記得我看見他棺前放着許多鮮花，護靈衞士們直僵僵底站在四圍。史太林的臉部光滑如油脂，他的拳頭緊緊的握着，似乎說明他死去的時候，是異常痛苦的。因爲這顯然是具有「掙扎」之狀。我也能憶起特務警察來來往往的脚步聲，同時我鼻子內也聞到軍人大厦內送出來那一股羅宋湯的味道，這個羅宋湯乃是爲着這一批特務警察預備的。

星期六的那一天，莫斯科市上謠傳，全蘇各地有數千數萬人，來莫斯科瞻仰這位偉人的遺容。唯一可以擊破這謠言的方法，第一、火車不通。我自己曾在一清早上火車站去，我發現快要到站的時候，車子已經開不進去，因爲全爲特務警察把守。第二、通莫斯科的交通要道和所有的公路，完全由特務警察下營駐守，一切交通，顯然是成了靜止狀態。這一天的情形，在郊外來說，好像是放假節日，死靜得一無聲息。第三、在庫斯克鐵道火車站內，我明明看見墨跡全新的通告上稱：莫斯科郊外的火車照常行駛，但駛入莫斯科的一切班車，完全停頓。僅僅少數長程火車班車，准許駛入莫斯科。換言之，莫斯科的內外交通完全封鎖起來了。

但是在城內的是些什麼軍隊？自然是特務警察。除此以外，一個正規軍都沒有嗎？眞的一個都沒有。全城之生殺大權似乎完全操縱在特務警察手裏。

可是在克里姆林宮的情形又怎樣呢？今天在克里姆林宮的許多顯要們，當時全都被特務警察監視住了。他們成了特務警察監視下的囚犯。當時的特務警察是一個政府權力以外的獨立部門。這批警察是受具有最大特權的貝利亞所指揮。這些是特務頭子貝利亞的軍隊，貝利亞的坦克！

有一個很短的時期，貝利亞是莫斯科的主人，也是全蘇俄最高的領袖。那個時期乃是從三月六日中午至三月九日下午。他的權柄是無上的。然而他的命運也是殘酷的。因為，不久他便倒下去了。他倒得這麼快啊！他在史太林生前，是那樣至高無上。然而史太林死後，他便不能做大獨裁者。

三月十日是貝利亞正式倒下去的日子！

（三）

我自從一九五一年春季起，一直到現在，很少有機會到莫斯科以外的地區去旅行。因為那個時候蘇俄政府對於一個外國人的旅行，限制甚嚴，然而史太林死了，現在新政府上臺，突然開放外人旅行之禁，我終於有機會到中亞細亞去。這是一塊禁地。從沙皇時代起，便不准外人進入該區。

我相信我在中亞細亞的旅行，增廣見聞之處，恐怕在這幾年以來，非任何一個外國人，能獲此良機。

我計劃去的地方，是靠近新疆邊境上的阿爾麥•阿塔(Alma Ata)，克吉西亞共和國(Kirghizia)的首都佛侖慈 (Frunze)，烏斯貝更斯坦共和國(Uzebekistan)的首都塔希甘(Tashkent，塔希甘算是中亞的一個大都會)，塔及克斯坦共和國(Tadjikistan) 的首都史太林娜貝得 (Stalinabod)，及梵更娜流域 (Fergana Valley)。這個梵更娜流域，其風景之美，資源之富，據說可以與喀什米爾比美。

在阿爾麥•阿塔旅行最有趣的一件事，乃是交通工具。這樣公路上的交通工具，其原始性之古老，等於十三世紀成吉斯汗那個時代的一樣。我不相信有其他外國人，乘過這種交通工具，在這地老天荒的大原野上旅行。

我於是買了票，登上這舊式的馬車，數匹馬兒拖着一個大木箱，箱子內僅可容十五名旅客。我們所走的那條路也正是當年成吉斯汗西征的要道。他的騎兵便在這條飛沙漫天的大道上，耀武揚威過，至今沿途仍能看到成吉斯汗威鎮的遺跡。

在這山路上旅行，車輛實在太稀少了，少得令人可怕，我懷疑恐怕成吉斯汗行過以後，就只有我去踐踏他的足跡。

這裏的人民，全是游牧民族，他們生活在馬上，馬是唯一的交通工具與伴侶。在這裏可以領會到，胡馬依北風的味兒了。他們睡的是蓬帳和蒙古包。女人騎在馬上，復把小孩背上身上，頗似印第安人。這一幅塞外風情畫，委實是說明了他們過的仍是一二一九年時代的生活。可是，當我在山邊的一個市上能控制這一批民族。可是，當我在山邊的一個市上拍照的時候，忽然不知從什麼地方來了五名特務警察，其中四人，乃是便裝，走上前來把我扣住了。

從佛侖慈到塔希甘我是坐飛機去的。塔希甘是蘇俄在中亞地區的一個對外宣傳的「橱窗」。這是一個有一百萬人口以上的大都會，是中亞的政治與經濟之中心。蘇俄對亞洲的一切宣傳，皆以塔希甘為起點。因為每年亞洲各地，如印度、埃及、泰國、馬來亞，……總有數千名旅客，前往塔希甘，接受俄式「文明」的洗禮。

可是我是屬於西歐人士，我以西歐人士的眼光來看塔希甘，那實在太平淡了。這個城一點吸引力都沒有。這個城雖然具有歐洲城市的形態，但破舊了。可能在沙皇時代輝煌過一個短時期。這裏的建築，除了歌劇院外，都是些史太林時代令人最討厭的屋式。我說這完全是東方典型的城市，白色和灰色的房屋，街上全是驢馬。清潔問題嗎？自然談不上。道路又是那樣狹，車輛之擁擠，難以形容。

這個城市的衞生環境，還趕不上蘇俄境內最不清潔的任何一個城市。唯一可取者水流到是十分清潔。因為食水清潔，有水可以洗滌，所以城內沒有臭味，比德黑蘭好多了。至於乞丐，如果以東方的標準來說，那可算是少得多了。

所以我在看來，塔希甘是個毫無味道的不能吸引人的東方城市。但在東方人的眼光來看，這可算是個了不起的進步的現代都市了。因為夏季蚊蠅確是較少，食水清潔，學校良好，還有其他衞生的條件與設備。

因此，在塔希甘有現代化的農業機械、紡織廠、肥料廠……，這些都是蘇俄在亞洲宣傳的第一號大廣告。

從塔希甘，我再坐飛機到沙馬坎 (Samarkand)。這個地方我從前一度來過，現在看來，似乎有些改變。路邊的那所小電影院，已經有新片放映，可仍舊是美國片子。在一九四二年，曾演古德溫的「北星」，現在演的是「西方的泰山」。我發現演泰山的片子，在這裏生意甚好。

「鑄情」一片雖在劇場上演，但配音是用烏茲貝更的語言。在這裏，你可以廉價買到莫斯科大舖子內陳設的珊瑚裝飾品，伯比達牌的(按即勝利之意)手錶、香水以及莫斯科維奇牌的收音機。在這裏，你可撥「八」號的電話，立刻有伯比達牌出租汽車駛來服務。至於航空方面，沙馬坎機場飛出的客機，可以遍及十二個大城市。同是，如果你能出一百個盧布，你便能租一架雙位子的小飛機，飛到較遠的集體農場上去。

我到了布克哈拉 (Bukhara)，我發現這個城比塔希甘和沙馬坎，來得浪漫蒂克。因為這個城完全是東方的情調，只有一些學校染上俄式氣味。在這裏有兩件事情非常有趣：第一、這裏有舊日猶太人的子孫，他們似乎在這裏建立了一個殖民地。第二、布克吟拉的地毯，實在美麗，這眞是數千年來東方的驕傲。

葛魯本(本地特務警察的首領)原來是絕對不許我看上述兩件有趣的玩意兒。他向我道：「這裏根本不出地毯，可是猶太人，也沒有什麼可看的。」可是，後來，我獲得一個小孩的引導，我到了猶太人的社會，他們在這裏住了幾個世紀，保存着自己的風俗習慣。他們的地方，便是非常靠近我住的旅舍的拉丁街附近。

因此，我便闖入猶太人的街道，我也闖入他們小禮拜寺，這個禮拜寺完全是泥磚砌成的。我去的時候，是和葛魯本同去的，當我再要深入，他便立刻拒絕了我的要求。但是我不肯罷休，第二天因清早天方黎明，我偷偷一人闖進，我這時才明白了。爲什麼葛魯本不許我再看下去。原來當我深入猶太人住的那條街，我發現一所低房子裏面坐着的有一百多名的婦人，她們在天未亮時，即起身辛勞底編織地毯。她們中間，事實上已有不少人，眼睛都快失明了，但仍在編織那莫斯科誇耀的美麗的地毯啊！

在意識上說，布克哈拉是退化的，是原始的，同時，這裏的文盲實在太多了。然而，當我到史太林娜貝得，我發現這個在波斯邊境上的城市，眞像個「小莫斯科」，因爲一切的建設太現代化了。

這裏的清潔「效率」，使你鼻子立刻可以感覺得到。我在步出飛機場時，我自信這裏一定有德國人。果然不錯，我的判斷完全中了。

當我抵達史太林娜貝得數小時後，我雇一輛出差汽車，我自己便坐在司機旁邊。他便是德國人。他們是在一九四一年大戰初期伏爾迦河流域的德籍人，大戰初期，約有十萬或廿萬人，移殖於此，一直到最遠的塔及克斯坦共和國。

這個年輕的司機，等於俘虜，因爲我發現他的身份證，不僅註明他是德國人，而且限制他只能住史太林娜貝得，他的行動不能越出此城之一步。他向我道：「當我們來這裏的時候，這個地方眞是糟透了。你無法想像。是我們德國人來建設這個城，我們造房子，我們築道路，我們使這個城美化與綠化，全是我們德國人啊！」（未完）

（上接17頁）下女工；③工作條件必須符合當地衞生及安全法令④最低工資必須按照流行水準。爲求上述規定普遍實施起見，復于一九三八年通過公平勞工標準法案（Fair Labor Standard Act），在勞工部內設置工資和工時司，專管工資水準的決定事項，並授權各企業組織工資委員會（Wager Board），從事工資水準的推薦，藉作決定參考。

（三）一九四七年的塔虎脫、哈特利法案（Taft-Hartley Act）——又名勞工管理關係法案（Labor Management Relations Act）。此法係由已故共和黨參議員領袖塔虎脫提議通過，其精神仍維持集體交涉的原則，但對集體交涉的內容和程序，政府均有詳細規定，不能由勞資雙方自理，遇到勞資糾紛或大規模罷工情事，政府有權予以干涉或仲裁。這個法案，表示政府對勞工的限制加嚴，故實施以來，屢遭各勞工組織的反對，不斷請求修正。勞聯與產總已經合併，預料今後對塔虎脫法案的修正運動，將更趨積極。

六　尾　語

美國的勞工組織，自南北戰爭以來，隨着經濟的繁榮而發展，全國性的勞工團體，雖早經出現，但未形成中心力量。直到美國勞工聯盟成立後，七十年來，始終是美國勞工組織的中流砥柱。中間經過產業總工會廿年的對立，現在隨着大勢所趨，又由分而合了。合併後的新組織，儼然成爲全美勞工界的燈塔，其前途的發展，更是未可限量，筆者藉此歲序更新，謹申祝賀之忱。

一九五五年十二月十七日脫稿

中國留美學生之聲

（譯自一九五五年十一月二十四日英文中國日報）

李佛朗

編輯先生：

我在「亞洲學生」上讀到貴報一篇新聞報導和一篇社論。我始知臺灣還沒完全忘記海外學生。這畢竟是一個好現象。今日問題的癥結是：政府是否有勇氣要求這些學生返國工作。

在過去數年中，政府採取「放任」的政策，認爲只要學生們不去大陸幫助共匪，留在美國也好。這種想法也有幾分未可厚非。第一，美國政府不准許學生離開。第二，那些已去大陸的學生並未報導那裏的情形如何。因此，許多學生認爲還是留此較佳。

但是現在情勢已完全改變了。美國已宣佈海外學生可以自由離開。共匪也正盡力向學生們獻媚。最近去大陸的學生來信大大稱讚大陸的情況。試想想，倘若政府不趕快邀請仍留在美國的學生回國，恐怕去大陸的人就越來越多，而設法去臺灣的人就越來越少了。

然而，問題並不止於此。據那些已去臺灣的留美學生來信說，許多大學畢業生正爲失業所苦。學理工的人被派到區公所做調查戶口的工作。相形之下，大陸與臺灣的待遇就有顯著的區別。政府曾經爲這一點而擔過心嗎？

有實際工作嗎？

我是留美學生的一份子，在此已經七年了。我對祖國的渴望與時俱增。倘若我來臺灣，是否有什麼實際的工作等待我呢？我不在乎地位或薪水。首要的是我如何能對我所學的有所供獻。我是研究法律的。倘若我將美國的民主法治的政治運回來，對於環境是否適合呢？這是一個大問號。在共產統治之下，精通法律的人是不必要的。共匪主張：服從我們的就活着；反對我們的就滅亡。他們總是依恃「公審」這塊盾牌。但在眞正的民主國家裏，法治政府是保護人權的最後堡壘，法治政府在美國已有幾百年的奮鬬史，我們的國家是願意學美國呢，還是將我們自己與共匪相比而感覺比較民主，就以此爲滿足呢？

相反的，倘若留學生返國對於國家毫無補益，那麼，當初政府何以送學生到美國來呢？至少政府應該認爲美國還有點可學的東西；否則，任何解釋也不能使人滿意。

我最怕的就是回國以後，我只能做「等因奉此」的工作，而將我所學的棄置一旁。自從憲法公佈之後，我們的國家只是虛有憲政之名，像違警罰法這類法律應該大加修正，縮小範圍。所有其他法律應該根據憲法的精神予以廢止或修改。所有的人民，除了現役軍人之外，都不應該受法庭以外的任何機構審問或處刑。

人權

假若我宣傳這樣的理論，企圖促進民主政治，宣揚法治政府以保障人權，我可能冒犯某些人，而被認爲有造謠惑衆之罪。處刑也許是不會的，但一定會有麻煩。現在，我應該回來呢還是不回來呢？（還有一點，憲法宣佈以後，根據憲法第十一條的精神，對於報紙雜誌的登記或審查都不應有任何規定。任何這樣的規定都是違憲的。）

這些問題被臺灣的法學家提出來過的嗎？是否有一個律師將任何違憲的案件提到法庭去呢？結果如何呢？司法院如何解釋呢？我想到這些問題，是由於我每天讀到美國聯邦法庭或州法庭處理案件的報導。

美國人享有完全的自由，美國對人權的保障是百分之百的。這不是空話，而是有實例爲證的。

中國從一九一一年革命以後，已經忘記了基本的問題，只注意枝節。那些回國較早的學生並不全是有遠見的。他們不覺得他們應有責任。我的話也許聽起來太狂妄。縱令狂妄，你們也必須原諒我，因爲孔子說過：「狂者進取。」但狂妄的人，今日可能被戴上國賊或叛徒的帽子。

我寫這封信的目的是想說：政府在處理此問題方面，不僅必須歡迎海外學生回國，並且必須好好利用這些學生，倘若一個人眞正是能幹的，那麼，就必須給他一個負責任的職位，使他能够爲國家做點有益的事。正如諸葛孔明幾千年前所說的：「則漢室之隆，可計日而待也。」敬候

編祺

Francisco Lee 敬啓

一九五五年十一月十八日於美國。

編者按：這篇投書原載於英文中國日報。在此以前，我們曾接到許多留美學生的來信，談到這些問題，都持有相同的看法。可見作者的意見實足以代表大多數留美學生的意見。所以我們特將這封信譯出發表。此信語重心長，所提各點都十分中肯。現在正當共匪極力誘惑中國留美學生返回大陸之際，我政府對此問題實有積極考慮對策之必要。

給讀者的報告

「一年容易又一春」，今天已是民國四十五年的元旦了。本刊的發行，從此亦進入第十四卷。爲迎接新的歲月之來臨，我們特將本期的篇幅增至四十八頁，而售價則仍舊不變。

「這一年」，從大局的形勢看，眞是我們自由中國存亡興廢的關鍵年。我們不能諱言我們今天已面臨着十分嚴重的危機。這個危機表現於自由中國的國際地位之日陷於孤立。推源其故，病根仍在內政。因此要挽救此一危機，扭轉當前不利的情勢，仍然必須從改革內政着手。主要的問題是，我們必須弄清楚我反共的目標，並採取正確而有效的反共方法。我們不能以爲與共匪相比而感覺比較民主，便引爲滿足；更不能一方面標榜民主，一方面又反其道而行。類此的話，我們說過很多，但實際殊鮮成效。時不我予，不可一誤再誤！

新會員入會問題是本屆聯合國大會最緊張的一幕壓軸戲。我代表蔣廷黻爲維護聯合國憲章的原則而使用否決權，阻止外蒙傀儡進入聯合國。但蘇俄則蠻然橫行，一再否決日本入會。對於日本之未能獲准入會，我國會一再表示遺憾。但正如美政府發言人之所指，蘇俄此舉，旨在藉此要脅日本與蘇俄簽訂和約。日本於挫折之餘，仍當認淸蘇俄之陰謀，冷靜處之。其實入會與否，對日本國格與地位毫無影響。日本是亞洲大國，日本前途繫於亞洲。日本今後應加强對亞洲自由國家之關係，共同參與反共之陣營。這才是今後日本眞正的出路！

「一篇來自月球的世局分析」，見題會意，當知這是一篇十分客觀的分析文字。作者綜觀世局之形勢，指出美蘇鬪爭的基本性質，進而痛陳美國在領導自由世界與共黨作戰的行動中所犯的錯誤。過去是未來的殷鑑。今後數年關係人類命運之前途，美國應該改正這些錯誤；尤其要堅定其維護自由的崇高理想，以此精神武器向敵人挑戰，而後才可立於不敗之地。

凌鴻勛先生遊日歸來，特將其參觀日本久佐間大壩工程的感想提供出來，以爲「籌建石門水庫的參考」。楊志希先生的大文說明「美國的勞工組織」，最近美國兩大勞工組織合併對美國今後內政有很大的影響，本文當能幫助吾人對此事件的了解。

「法國國會解散」與「中東危機」是當前國際上很重要的兩個問題，承齊佑之與方及兩先生分別爲文報導其事。此外還有「越南政局及其展望」與「德國問題」兩篇通訊，以稿擠須延後發表。

再者，史信先生摘譯的「史大林死後的蘇俄」，是一本很有價值的書，其中對蘇俄政爭與其奴役的統治有極忠實的敘述，讀者應勿放過。

自由中國 半月刊 第十四卷第一期 總第一四八號

中華民國四十五年一月一日出版

發行人兼主編　『自由中國』編輯委員會

出版者　自由中國社

社址：臺北市和平東路二段十八巷一號

電話：二 八 五 七 〇

航空版

香港　友聯書報發行公司 Union Press Circulation Company, No. 26-A, Des Voeux Rd. C., 1st Fl. Hong Kong

總經銷

臺灣　自由中國社發行部

美國　自由中國日報 Free China Daily 719 Sacramento St., San Francisco 8, Calif. U. S. A.

經售者

日本　東京僑豐企業公司

韓國　漢城裕昌德號

馬尼剌　大中華日報社

印尼　新疆書店　椰嘉達天聲日報　泗水文光圖書公司

越南　西貢中原文化印刷公司

緬甸　仰光振成書報店

印度　加爾各答塔梅學校

澳洲　雪梨瑞田公司

北婆羅洲　西利亞坡青年書店

新加坡　檳榔嶼、吉打邦均有出售

印刷者　精華印書館

廠址：臺北市長沙街二段六〇號

電話：二 三 四 二 九 號

N.Y.K. LINE

WORLD-WIDE SERVICES!!

◉**臺日定期航線**

函館丸

專載青果雜貨
並承運旅客

◉**國際航線**

歐洲定期航線（經由蘇彝士）

歐洲定期航線（經由紐約）

紐約航線

西雅圖航線

中南美航線

澳洲航線

印度航線

中東航線

盤谷航線

◉**東亞不定期航線**

日本郵船株式會社

臺北事務所
臺灣總代理店 謙順行 臺北市衡陽路17號 電話 22298 27409 24538

基隆代理店 中臺海陸運輸股份有限公司 基隆市中山一路18號 電話 424 730 1092

高雄代理店 臺通股份有限公司 高雄市苓雅區海邊路25號 電話 4056

船票代售處 臺灣旅行社 臺北火車站前 電話 27878

自由中國　第十四卷　第一期　內政部雜誌登記證內警臺誌字第三八一號　臺灣省雜誌事業協會會員　四八

本刊經中華郵政登記認為第一類新聞紙類　臺灣郵政管理局新聞紙類登記執照第五九七號　臺灣郵政劃撥儲金帳戶第八一三九號
(每份臺幣四元，美金三角)

FREE CHINA

第十四卷 第二期

要目

中華民國四十五年一月十六日出版

社址：臺北市和平東路二段十八巷一號

半月大事記

十二月廿六日（星期一）

韓國政府發表聲明，指責中共炮艇圍擊韓艦，促美採取反擊措施。

日本自由民主黨宣佈明年四月選舉總裁。

蘇俄最高蘇維埃閉特別會議，一九五六年國防預算定為一千餘盧布。

十二月廿七日（星期二）

美海軍部長陶邁斯來臺訪問。

立法院三讀通過屠宰稅法案。

美代表洛奇聲明，表示美國仍堅決反對共匪進入聯合國。

十二月廿八日（星期三）

金廈連日炮戰，匪炮盲目射擊六百餘發。

美議員表示不信蘇俄削減國防預算，認係宣傳手法。

馬來亞政府與馬共開始和談。

十二月廿九日（星期四）

美海軍部長陶邁斯離華飛菲，行前盛讚中美海軍合作無間。

美陸軍部長布魯克在華府表示，臺灣若遭攻擊，美決盡力協防，並稱讚國軍訓練優良。

美空軍部長鄺爾斯在日本談話，强調美遠東空軍實力强大，足以抵制共匪空軍之擴張。

俄酋赫魯雪夫譴責艾森豪干涉東歐共黨國家內政。美官員認俄外交將趨强硬。

馬共拒向政府投降，談判宣告破裂。

韓政府劃黃海水域進入緊急狀態，下令空軍掩護艦隊，防止共匪再侵犯漁區。

十二月三十日（星期五）

立法院通過證券交易稅條例及後備軍人會組織通則。

艾森豪發表聲明，駁斥赫魯雪夫讕言，謂美決繼續努力，解救被奴役人民。

十二月卅一日（星期六）

立法院第十六會期宣告休會。

蔣總統向合衆社記者稱，自由亞洲密切合作，始能克制共黨侵略。

杜勒斯談話稱，美國外交政策不因俄酋聲明而改變。

四十五年一月一日（星期日）

蔣總統發表元旦告軍民書。

蘇丹正式獨立，英埃均予承認。

一月三日（星期二）

法國投票選舉國會議員。

法國總選揭曉，無一集團獲票過半數，共黨席次增加。

美第八十四屆國會第二屆會期復會。

英駐中東各國大使在倫敦緊急會議。

一月四日（星期三）

我國正式承認蘇丹國及其政府。

美參謀首長聯席會議主席雷德福上將抵臺，主持協防美軍軍事會議。

美參議員傑克遜主張，美應採堅定政策，增加亞洲國家軍援。

一月五日（星期四）

美空軍部長鄺爾斯偕美遠東空軍司令庫特及助理國防部長麥克尼爾等一行六人抵臺訪問。

美總統艾森豪咨文國會，要求增加援款，制訂長期援外計劃，以對抗共黨顛覆威脅。

法總理傅爾呼籲中間黨派團結，組織聯合政府。

一月六日（星期五）

雷德福離華飛日，行前表示外島防衞鞏固，足可自衞，並預計美將有更多飛機源源運華。

華府官員表示，美將繼續反對放寬對匪禁運，不擬考慮英國修正建議。

一月七日（星期六）

美空軍部長鄺爾斯離臺飛菲，行前表示美將儘先供我最新噴射機。

杜勒斯出席美國會，檢討外交政策，對國際局勢表示樂觀。

阿拉伯羣衆在耶路撒冷約旦區示威，襲擊美國領事館。

智利政府宣佈宵禁，逮捕親共份子，阻止罷工運動。

一月八日（星期日）

艾森豪對記者表示，是否競選尚未決定。

寒流南侵，臺灣全境奇寒。

一月九日（星期一）

我國正式實施陸軍後備及補充制度，成立九個預備師。中美雙方簽訂方案。

美總統艾森豪向國會提農業問題咨文，鼓勵農民減少耕地面積。

一月十日（星期二）

杜勒斯向歐洲九國流亡領袖保證解放附庸國家。

薩爾議會通過基督教民主黨主席奈伊出任總理，將組三黨聯合政府。

『自由中國』的宗旨

第一、我們要向全國國民宣傳自由與民主的真實價值，並且要督促政府（各級的政府），切實改革政治經濟，努力建立自由民主的社會。

第二、我們要支持並督促政府用種種力量抵抗共產黨鐵幕之下剝奪一切自由的極權政治，不讓他擴張他的勢力範圍。

第三、我們要盡我們的努力，援助淪陷區域的同胞，幫助他們早日恢復自由。

第四、我們的最後目標是要使整個中華民國成為自由的中國。

社論

從法國大選得到的教訓

戰後法國第三次大選，共產黨突由九十八席增到一百五十席，兩年半前默默無聞的一個小書商浦假德(Pierre Poujade)，出人意料，居然一躍而爲國民議會五十二位議員的黨魁。於是自由世界爲之惶駭，深恐大西洋公約歐洲主要盟國之一的法國，從此有混亂崩潰、陷入蘇聯魔掌的可能。這幾天來，大家似乎驚魂稍定，他們想到兩點：(一)，共產黨此次雖加多五十二席，但比一九四六年戰後第一次大選的一百八十一席，還少三十一席；(二)，大西洋公約另一主要盟國意大利的本屆議會，共產黨及與共產黨一鼻孔出氣的倫立(Pietro Neuni)社會黨，總共佔有二百十五席，如與極右派的新法西斯合計，這極左與極右的兩個反對派所佔有的席數，僅比政府黨少二十席。於這種形勢下，政府的基礎，似乎岌岌可危。然而這幾年來，意大利既未混亂崩潰，更未陷入蘇聯魔掌，因此，大家也就以爲法國的現勢並不可慮。一般論調，却又轉到：民主陣線總是穩如金湯，民主國的議會，偶然有幾十個共產黨，有什麼了不起；至於浦假德之流，無論如何「極右」，誠爲民主政治之敵，反正牠是反共，也就不必挂心！樂觀空氣，逐漸再見恢復。

我們的看法，對法國本屆大選結果，固然不必過分驚慌，但也不應過分漠視，更無法轉趨樂觀。無論如何，自由世界，絕難否認這是共黨在冷戰中又一比較重大的勝利。民主國家，從這次大選，最低限度應獲得下列教訓，並充分提高警惕。

第一；民主國家，如果對共黨仍沿襲幾年來一貫綏靖妥協、徘徊瞻徇政策，則我們相信，像法共這次的選擧勝利，一定仍會在其他民主國家出現。過去意大利共黨在選擧中抬頭，就是這一政策造成。所謂「日內瓦精神」，更是本屆法共抬頭的最大因素。大政治家如杜勒斯先生，在經過種種體驗以後，到最近才慨然承認，「日內瓦精神」，斷送了鐵幕以內人民對民主國家的嚮慕。殊不知鐵幕以外，所謂「日內瓦精神」，其使人民對民主國家減弱信心，對共產黨添加畏服，損害之大，實遠較鐵幕以內更爲不可估計。最近中東方面，若干國家，甘受共黨愚弄，一再掀起反西方怒潮；亞洲方面，尼赫魯、宇奴之流，愈向蘇聯靠攏，追本溯源，均是綏靖政策作祟。換言之，反共而不堅決，不澈底，反共國家終必自食其果。

第二；反共以「團結」爲第一。就整個反共世界說，國與國應該堅强團結；就一個反共國家說，無論是一黨，兩黨，多黨，黨與黨，政府與人民，只要反共，卽應不分彼此，打成一片。如果不遵循這個原則，甚或反其道而行之，則不特反共終難有成，最後且必爲共黨打倒。法國本屆選擧，正是這一原則的最佳啓示。所謂「中間路線」，卽反共而又反法西斯的民主黨派，在戰後十年的國民議會中，原極强大。本屆大選，仍採用於中間路線有利的聯合提名選擧制，共黨與浦假德均係單獨作戰，如果「中間路線」精誠合作，儘管日內瓦精神，減低人民反共信心，共黨也不可能較原額增多二分之一的席次。徒以中間路線，因激進社會黨內部，法郎士、傅爾兩派激劇分裂，各拉友黨，互相醜詆，形成兩個不共戴天的陣營。中間路線，不能收聯合提名制的功效，反使共黨乘隙蹈瑕，坐收其利。如果說，此次共黨增加五十二席，出自中間路線的贈與，也非過分。我們由此可以認定，在一個反共的民主國家，假使各反共黨派不能密切團結，此疆彼界，壁壘森嚴；甚至一黨之內，小組林立，派系紛歧，偶因私人仇怨，黨內魁首，動輙以開除對方黨籍，予智自雄，撫掌稱快，其結果未有不失敗者。法郎士開除傅爾黨籍，在當時未嘗不躊躇自得，孰知大錯鑄成，正爲共黨開闢大選勝利的坦途。民主國家的反共政治家，本此教訓，今後應該深切覺悟，反共固不是一個國家，一個黨派所可包辦，當然，更不是一個領袖，一小撮親信和一羣唯唯諾諾的人所能包辦的。

最後；另一方面，從浦假德的崛起，我們試追索其崛起的背景，也大足發人深省。浦氏原係法西斯信徒，戰後爲戴高樂派一普通黨員，他今日的政治地位，大家都知道得力於抗稅運動。這運動從開始到現在，僅僅兩年半，時間極短促。兩年半以前，他在法國南部故鄉一小鎭中開小書店，做市議員。他應同鎭小商人的請求，聯合阻撓稅吏查稅。法國對小商人的稅額，爲買賣總額的百分之二點七，比起英美，標準本不算高。不過法國稅吏，貪污勒索，早成風氣，而查稅之苛細，帳簿以外，房子、傢俱、生活方式，都成爲估計稅額參考資料，一般小商人，就感到無法忍受。偏偏法國稅吏越苛細，法國人越愛和稅吏開玩笑。自從浦氏第一次率領鎭人阻止查稅，旗開得勝後，各地爭相延聘，請求指導，兩年半中，由他帶頭的抗稅示威運動，已在千次以上。一九五四年底他才組織商工保障同盟，要每人繳納一千佛郎入會費，數日之間，卽收到四億佛郎，換言之，卽有四十萬會員加入。此後一年，聲勢更大。浦假德這種粗鄙的抗稅作風，誠不足取，然苟非法國稅政腐敗，又安能產生此龐大運

(下轉第31頁)

從物價談到資本

——臺灣工業化需要多少資本——

瞿荊洲

一

臺灣的物價常常發生波動，而且是一直在冉冉上漲。據臺灣省政府主計處發表的物價統計，臺北市的批發物價指數，如以民國卅八年六月十五日即新臺幣開始發行之日爲基期，亦即以那時的批發物價指數爲一〇〇，則卅九年平均爲二七〇點一二，四十年平均爲四四七點一七，四十一年平均爲五五〇點二一，四十二年平均爲五九八點四二，四十三年平均爲六一二點五九，本年十月份則爲七三九點九二。臺北市爲中央政府及省政府的都會，其批發物價之統計，殆可表示全省物價變動的狀況。由上面的統計看來，目前的物價比之六年前已漲高了七倍有餘。換言之，那時用一百元可以購進的物品，現在卻須付出七百三十九元九角二分纔能買得到手，現在每月七百元的收入，還抵不上那時的區區一百元，這對於一般國民的經濟生活該是何等嚴重的威脅！

就物價進行的全程觀之，物價是繼續步步上漲的，在某一時期且急速跳躍的猛漲。即如最近一年來，上年秋季，物價即見騰昂，本年春季又曾一度上升，最近更發生大幅的波動。此種情形，足以顯示出物價的長期上漲，實有其基本因素，忽然跳動則是在基本因素上遇着了臨時的刺激。所以，研討物價問題，應該注意到基本因素及臨時刺激兩方面。基本因素如得以淸除，則縱有臨時的刺激，也不會發生重大的影響。或者說基本因素如不存在，則不會有什麽臨時的刺激也未可知。因爲有許多臨時的刺激是由於先有基本因素然後纔會發生的，正如身體孱弱的人易於感冒傳染一樣。大家對於因臨時刺激而物價跳起，往往會「一窩蜂」的大聲疾呼，對於物價上漲的基本因素倒不甚熱烈而淡然置之，似乎難免有「捨本逐末」之嫌！其實，我們對於使物價跳躍的臨時刺激，固然「難安緘默」，對於物價上漲之基本因素，當更值得悉心研討。

二

什麽是物價上漲的基本因素？這本來是個很淺顯的問題，可是也未便輕率的或武斷的一口咬定。因社會經濟關係，錯綜複雜，互爲因果，如謂此係基本因素，然仍可找出所以致此之由。惟吾人未可長此浮蕩無定，必須找出一個落脚點來。我們可用「比較的說法」以尋找物價上漲之基本因素。由於最近一次的物價波動，立法院曾迭次開會提出質詢，行政當局者已分別答覆，並在實際上有了抽緊銀根、管制物資及增配外滙等頗爲有效的措施。同時各報紙刊出社論和專欄特寫，其他書刊上更登載了不少的專門論著。據筆者寡陋見聞所及，時賢對於物價上漲的原因，約可條擧如次：①臺灣天然資源缺乏；②人口增加過多；③農工業產品供給與需求不平衡；④各種物品間供求失衡；⑤美援物資斷檔接不上；⑥貿易之進出口失調；⑦國際市場價格上漲（如鋼鐵、橡膠等）；⑧公營事業之物資先漲（如石油、木材等）；⑨工業未甚發達；⑩工業原料之價格變動；⑪生產資金不足；⑫利息負擔過重；⑬貨幣發行增多；⑭財政支用浩繁；⑮稅捐轉嫁發生問題（其中涉及統一發票辦法之改訂）；⑯外滙滙率調整（棉花、黃荳等加價）；⑰進口貿易商牌照頂讓（加重了進口貨的成本）；⑱消費未能積極節約（有浪費）；⑲季節性的需要增加；⑳重要物資配售失當（如棉紗麵粉）；㉑疏散房屋加多（建築材料漲價）；㉒匪共叫囂犯臺，空襲堪虞；㉓商民囤積居奇；㉔一般人心理上隨聲附和。以上二十四項都頗能持之有故，言之成理，惟有若干是重複的，又有若干是派生的，除數項特殊者外，殆可總結在「物資供給與需求不平衡」一項之下。蓋物價上漲之原因雖多，而供求失衡實爲一最基本的因素。因爲「需求與供給之法則」(Law of demand and supply)在經濟上最爲適用。供不應求則物價漲，供求適合則物價平，供過於求則物價且可趨於跌落，這已是盡人皆知的事理。所以我們應當從「供給」與「需求」兩方面加以研討。最近某一行政當局者在解答物價問題時，略謂物價之上漲，是由於消費增多。聽之者以爲近於「遁辭」，因爲物價是突起波動的，難道國民的消費在一夜之間會忽然增多麽？殊不知，需求增多致令供給不足實在是物價上漲的基本因素，其所以突起波動者，殆係由於物價經過了一個時期的抑平，遇着了偶然的刺激，就變本加厲的跳躍起來。又因爲跳躍得太猛了，在跳躍之後，總可安定一些時，以後再遇着新的刺激就再跳，否則就步步上漲。前面已經述及，促使物價上漲的原因甚多，但其基本因素確是由於需求太多供給不足在那裏主動。那位行政當局者的解答，不失爲尙有其理論的根據，不過他沒有把「臨時刺激」和盤托出而已。

三

需求何以會增多？這可能是一個議論紛紜的問題。但人口增加過多及生活水準提高應當是一個較具體的答案。臺灣的現住人口，據已發表的統計，在民國卅八年爲七百卅萬餘人，卅九年爲七百五十五萬餘人，四十年爲七百八十六萬餘人，四十一年爲八百十二萬餘人，四十二年爲八百四十三萬餘人，軍人未包括在內。如照此實數算出其百分比，則其逐年之增加率，係按百分之三點四、四點一、三點三、三點八向前進行。將自大陸移來人數特多之因素除開不計外，臺灣人口之年增加率，平均約為百分之三點五。這個數率實在是非常驚人。據聯合國調查，就一九五〇及一九五一兩年而論，我們通常所悉知的人口激增的國家如日本、加拿大及智利，每年增加率僅為百分之一點六、一點七及一點八，即以人口增加保持最高紀錄的墨西哥說來，每年增加率亦不過百分之二點七及二點九，我國之三點五與之相比，仍屬超過。至於生活水準之提高，雖尚未見有可資證實的統計，但就目前實情觀察，儘管有不少的國民過着貧苦的生活，可是社會上一般的奢侈浮靡的景象，已是有目共睹的事實。針對着人口增加過多，有所謂節制生育運動；針對着奢侈浮靡，有所謂消費節約運動，這類社會運動，自亦不無相當的功效，但我們却未便依賴它們來謀問題之解決。再就力求經濟繁榮及準備反共抗俄戰爭充裕兵源的觀點言之，人口增加毋寧是「被歡迎」的，只要所增加的人口合於優生學的原則。至於提高生活水準，原是現代經濟所亟須完成的任務，硬性的去抑低生活水準是很不健全的。因為由於分配不均而來的奢侈浮靡是難以抑低的，而貧苦同胞的生活則不待抑而自低。所以我們所要努力的重點，不在消極的節制和節約以抑低需求，而在於如何使供給得以與需求平衡。換言之，即人口增加與生活水準提高，固足以形成需求之增多而促使物價上漲；但增加的人口如能充分參加生產，以增加物品之供給，足以適應需求，則不特物價問題不會發生，且可導致經濟於繁榮。反之，如人口不斷而猛烈的增加，生活水準又日見升高，需求增多，供給不足，則不特物價上漲，問題會「一波纔平，一波繼起」，並且會帶來嚴重的貧困與饑餓。本月八日中央日報上用一欄小標題刊登了一段消息，略謂據臺北市政府社會科調查，本年冬季臺北市急待賑濟的貧民，比去年度增加三分之一。這個統計雖然並不能代表全省整個情況，因為這些貧民可能是從臺北市區外集中到市內來的，但貧民人數之增多，則是鐵一般的事實。這一小塊新聞記事，頗具有深切的意義，殊足資吾人之警惕。

四

我國連年增加的人口，未能充分參加生產，以增加物品的供給，徒令需求增加，以致物價上漲，造成國民生活日益困難的局面，此可由國民所得之微薄以綜合的表現出來，並有已發表的統計足資證實。我國的國民所得總額，如以民國四十一年為例，按新臺幣計算，計為一百三十六億餘元，平均每人之年所得為一、五六四元。若每戶人數以五人計，則每家庭之年所得為七、八二〇元，平均每月所得為六五二元。在日用必需品價格如此高昂之際，每月六百餘元，維持一家五口之生活，其艱苦不言而喻。平均每人每年所得之新臺幣一、五六四元，如按當時之滙率折合美金，僅為一百元又五角八分；試查一九五二年美國的國民所得，其平均每人年所得為一、八五八美元，超過我國十八倍有餘。即以在第二次世界大戰中戰敗的日本及西德而論，其一九五二年平均每人之年所得，前者為一七一美元，後者高達四八一美元，亦較我國超過多多。美國以一億五千萬人口，每年國民所得總額約達三千億美元之鉅，直接擔任六大洲三十九個國家的防衞，另與廿五個國家簽訂了共同防衞條約，總計其保衞的人口有十五億，地面達二千八百五十萬方英里，此皆賴其生產力之強大有以致之。假使其軍事上之所需能有大部份或一部份移於民用，則其物價必更低廉，而其國民之生活水準必愈見提高。故欲求國民所得增加，必須使產業成員充分就業以增強其生產力，尤須使偏集於農業之人口移向工業。日本與西德國民所得之增高，即有賴於其工業之振興。蓋農業人口平均每人之所得每較工業人口為低故也。就臺灣的實情而論，仍以民國四十一年為例，農業就業人口為一七九萬餘人，工業人口(包括礦業商業交通儲運業——下同)為六〇萬餘人，據此推算，臺灣人口如按產業別分佈，約為農七工三之比。而平均每人之年所得農業就業人口為新臺幣三、四八五元，工業就業人口則為八、〇一〇元，其比率為農三工七。照前節所述，臺灣人口逐年增加率為百分之三點五，如此增加之人口，如按農七工三之比以分佈，而農業人口平均每人之所得又較工業人口為低，如此演進，則全國國民平均每人之所得必將逐年遞減，降至一百美元以下，勢須驅全國國民陷於貧困饑餓之深淵，其禍患將不止於物價之高漲而已！為挽救此種危機，並使物價上漲基本因素問題獲得解決，惟有導引產業人口從農業移往工業，為不影響已有的農業起見，至少亦須使新增加的人口移於工業，並使已有的農業與新興的工業「齊頭並進」(錢天鶴先生在四十四年農學年會中語)。這也就是民國四十一年五月美國共同安全總署中國分署署長施幹克氏在臺北扶輪社席上「老鷹獨翼不能飛」的「妙喻」之所由來。施幹克氏之論旨，係謂臺灣的農業由於各方之努力已有了相當的成就，今後亟應努力於具有重要性的工業之擴張，使工業繼農業而發展，猶鳥之有兩翼。此語因係美援機關的首長說出，各方爭相響應，如是臺灣工業化之呼聲，遂甚囂塵上。事隔數年，我們今日談到物價上漲之基本因素，仍然要歸結到「臺灣工業化」這句幾乎喊得厭倦了的口號上來。

五

「臺灣工業化」的口號，已經喊了好幾年了。在這幾年中，臺灣的工業雖然也有了不少的進步，但距離「工業化」尚屬遼遠。臺灣何以遲遲不能達到工業化？這大半是因為從工業幼稚的地步進到工業化的階段，並不是可以「咄嗟立辦」的，本質上需要相當的時日。另外還有種種阻碍工業化的因素存在着。關於阻碍工業化的因素，時賢的研討和議論亦頗為詳盡；若是條舉出來，實在是目繁不及備載。因為除了屬於經濟的原因如：原料器材之缺乏、資本市場之尚未建立、資金調度之失靈、利息負重過重、外滙滙率偏高、物資進出口管制之不適當，稅捐負擔之有欠公平等等以外，還有許多經濟範圍以外的因素，例如：工商業交易習慣之不良、一般製造技術之落後、熟練工人招募之不易、職工人事管理之困難、廠房基地之難以購得、奸人或强梁之需索與敲詐、向主管機關辦理申請事項手續之繁瑣與遲緩、以及自國外聘來技術人員入境及居留之限制等皆是。以上各種阻碍工業化的因素，有許多是屬於社會風氣的問題，一時不易改變過來，姑置不論；有若干乃是政府之措施。自發展經濟振興工業之觀點看來，這些措施是阻碍的因素。但自其他方面言之，或另有其存在的理由，不過各人的立場不同而已，這應當是出於不得已的；否則，當事者並非「喪心病狂」何以硬要做些阻碍工業化、促使物價上漲、妨害整個國家利益的勾當？所以本文對於那些因素，不擬多加討論，所願提出研究者，乃是工業化需要新投資本，並進一步說明臺灣工業化究竟需要多少資本。

茲先說明工業化之必需新投資本。照前節所述，新增的人口之七成偏集在農村，如將其全數移往工業地帶以參加工業生產，則必須新置大宗的生產設備方能容納移來的人口，以使他們有工可作。新增的人口之三成分佈在工業地帶，如全數留在本區就近加入工業生產，則亦須添置生產設備。如此新置及添置生產設備均須投下新的資本。同時農業人口平均每人之所得較工業爲低，其新增的人口雖已移往工業，但其已有的農業，亦需新投資本以增强其生產力，由此以提高農村之生活水準，庶能與工業之發展相配合。所以工業化之需要鉅額資本，實在是憑常識就可判斷。不過，從工業幼稚的地步，進到工業化的階段，需要人力、物力以及其他各方面的助力甚多，決非有了「資本」這一項就可以「金錢萬能」的解決一切。這應當在此處附帶說明。前不久，筆者寫了一篇短文，題曰「經濟落後國家的經濟問題」（見本年十月出版的中國經濟月刊），其中提到臺灣工業化需要資本。未幾，有一位曹松先生讀了那篇論文寫出一篇「讀後感」來，指出經濟落後國家的經濟問題，受政治、社會、傳統觀念等等的影響，遠較經濟進步國家爲甚。在經濟落後國家，資本是必需的，但不是構成進步的足够條件。曹先生的意見甚爲正確。那篇「讀後感」登載在臺灣經濟月刊第十三卷第六期上，請讀者諸君參看。正因爲「資本」是必需的，其他的條件雖已具備，如缺少資本，則必難達到預期的目標。反之，如有足够的資本，運用得宜，則其他阻碍的因素，或可謀得補救而因以減少。故對於工業化所需的資本，實不得不有一番計算和研討。

六

臺灣工業化究竟需要多少資本？近年來我國經濟學者們對於當前的經濟問題，刋行了很多的著作，熱心的人士也發表了不少的議論，但對於資本這樣重要的一個問題，却很少關注。只有嚴演存博士在民國四十一年的中國工程師學會年會中，曾提及這個問題。他在那個年會席上作專題演講，講題爲「臺灣工業化的資金問題」，講稿刋登在第二十七期的中國經濟月刊上，那是一篇頗有價值的文獻。嚴先生是一位化學工程專家，他雖然很謙遜的說以一個工程師來談此問題，難免有謬誤之處。但細讀他那篇大作，足以看出其蒐集材料之豐富，處理方法之切實，對事理考慮之周詳，殆可使許多「道貌岸然」的經濟學者對之汗顏羞愧。不過嚴先生所提示的是「資金」與資本的範圍有廣狹之不同，並且他又是以四年經濟計劃中之工業所需的資金爲範圍，表示其工程師對此問題之看法與希望。我們現在所擬研討者，則是着眼於全國國民所得。爲力謀國民實質所得之增多，自須由國民生產力之加强或向上着手，由此推到產業構造之改進，以論及工業化所需新投之資本，而物價上漲之基本因素也就一併有一個較爲澈底的說明。

臺灣工業化所需資本之數額，可依據人口之增加率及國民所得以推算。如前所述，人口之增加率既爲百分之三點五，如以一萬人爲計算單位，則每年增加三百五十人。如此增加之人口係按農七工三以分佈，故有二百四十五人爲農村人口，一百零五人爲工業地帶人口。茲爲促進生產力之向上以增加國民之實質所得起見，須導引農村增加之二百四十五人走向工業；工業地帶增加的一百零五人，自亦須留在工業地帶參加工業生產。照聯合國經濟專家研究的結果，經濟落後國家農業人口移往工業時，平均每人所需投下之新資本約爲一千六百美元；工業地帶新增的人口就近參加工業生產時，平均每人所需投下之新資本約爲八百美元。此兩種投資數，係經濟學專家實地調查並作了多方證實的研究之結果，頗爲可靠，並非隨意規定者。對於此點，此處且不詳述。總之，如照此推算，則農村新增的二百四十五人移往工業，需要新資本卅九萬二千美元，工業地帶新增的一百零五人就近參加工業生產，需要新資本八萬四千美元，兩共需要新資本四十七萬六千美元。此係以一萬人爲單位之計算，全人口在民國四十一年爲八百十二萬餘人，照此推算，則共需新資本三億八千六百餘萬美元。惟此僅係就工業一方面而言；在將農村新增加的人口移往工業後，對於已有的農業，仍須力謀其改進。參照本年農學聯合年會時沈宗翰、錢天鶴先生等之言論，臺灣的農業尙大有發展之餘地，且爲了配合工業之發達，亦有加强農業之生產力，增多農民之實質所得以提高其生活水準之必要。故在農業方面，尙需要投下新資本，應與工業方面所需的新資本一併計算。

七

現在，仍倣照前節之例，計算農業方面所需要的新資本。

我國平均每人之年所得約爲一百美元，以一萬人爲計算單位，即爲一百萬美元。如按人口數爲農七工三，平均每人所得爲農三工七之比以分配，農方以七乘三，工方以三乘七，雙方約可相等，則此一百萬美元之所得中，乃爲農工各半，即各爲五十萬美元。爲提高農民之生活水準，並與工業之發達相配合起見，固應使農民之實質所得年有增加，但此種增加率並未能期望其太高；據專家測算，約可爲每年百分之三。按上述的五十萬美元爲基數，則每年應增加所得一萬五千美元。使農民增加其所得，必興修水利、施用肥料、改良品種、防止病蟲害、添置新式農具以及其他農用設備，自亦需要投下新資本。增加一萬五千美元之所得，究須投下新資本若干？這牽涉到另一計算方法問題。卽先須求出每增加所得一美元應投下若干美元的資本是也。此可由一國的資本總額與一國的國民所得總額以求出之。爲說明便利計，可用一個算式來表明。試用I代應投下的新資本，用ΔY代期望增加的國民所得，此二者之關係爲$\frac{I}{\Delta Y}$。再用K代一國的總資本，用Y代國民所得總額，此二者之關係爲$\frac{K}{Y}$。$\frac{I}{\Delta Y}$應極爲近似的等於$\frac{K}{Y}$。$\frac{K}{Y}$卽是整個國家已有的資本總額對國民所得總額之比率，這個比率，經濟學者們把它叫「資本係數」。ΔY代我們期望增加的國民所得，是已知的，如能知道「資本係數」是什麼數，卽可由此以求出I（應投下的新資本）等於若干來。我國的資本係數究爲若干，就現有的資料，尙未易算出；照專家估計資本係數大抵等於四。換言之，卽是如欲獲得一美元的所得，需要投下四美元的資本。爲增加一萬五千美元之所得，應需新資本六萬美元（註）。連前節工業方面所需的新資本四十七萬六千美元合計之，總共爲五十三萬六千美元，相當於一萬人口的一百萬美元所得之百分之五三點六。如按人口總數算出其實數，則爲四億三千五百餘萬美元。如此鉅額之新資本，在國內惟有取給於國民之儲蓄。各國國民儲蓄對國民所得之比率（簡稱「儲蓄率」），通常多爲百分之廿左右。我國的儲蓄率究爲若干？因可根據之資料不全，不易獲得接近實情的推計。據已發表的臺灣可支配的所得額（將已接受外援的因素計算在內）之數字，國內資本形成毛額（卽固定資本消耗提存，國外經常帳差額及公私各方之儲蓄）在民國四十一年爲新臺幣卅三億一千一百餘萬元，折合美金約爲二億餘元，與同年的國民所得相比約爲百分之二四點二，與可支配所得總額相比亦近於百分之二十，約可抵工業化所需新資本之半數。惟此種統計只是一個從「總的概念」之下所作的粗略估計。我們如全憑數字分析而根據不完全的統計，那就正如前節所提及曾松先生之警告：「那是很危險的」。不過我國工業化所需要的新資本感到不够，應當是一個無可諱言的事實。研究我國當前經濟問題（物價問題自亦包括在內）時，對於此點，似乎不應完全忽視。美國連年給我國以援助，其撥款的數額，如果不是僅由行政人員所作一種「官僚的」決定，不知對於我國工業化所需新資本問題亦有若干「學問上的」研究否？

八

以上各節所述，只算是對於當前從物價到資本之一種「書生的」看法；尤其是計算所需資本，只是表示要有新的投資以便促使產業人口由農業趨向於工業以謀產業構造之改進；並不是「機械的」硬要將農村增加的人口一個一個的指名拉到工廠裏去，請讀者諸君切莫「以辭害意」。這樣計算工業化所需資本，乃是一個極端的例子，它告訴我們：第一、要工業化缺乏資本是不行的，第二、工業化大約需要多少資本。對於第一點幾乎是一種無待贅言的常識，大家可無異議。對於第二點可能發生兩種歧見：第一個歧見是工業化既需要那麼多的資本，我們現在沒有那麼多的資本，那末，工業化之不能達成以及物價上漲等等都可歸咎於「資本不足」，其他所有的責任由此就可以有所推卸。我們對於這一歧見的解答是「資本不足」應力求其足，這正是我們的責任，並且是一種基本性的責任。第二個歧見是工業化並不一定需要那麼多的資本。因爲臺灣人口之年增加率在光復前並不似近數年來如此之高，大約都在百分之三以下。產業成員之年齡至少應爲十八歲，臺灣光復剛過了十週年，新增加的人口還未達到就業的年齡。同時臺灣的農業尙有開發之餘地，此可由米糖單位面積之增產得到證明，故產業成員留在農業方面仍可發揮其生產力之提高。基於上述理由，可見要增加臺灣之國民所得，並不需要那麼多的資本，大約有前節所算出的數額的一半也就够了。論其實數，不過二億美元。此二億美元的新資本，恰好臺灣國民的儲蓄足可供給，我們是能自力更生的，況且我們還有大宗的美援與不少的外資及僑資。所以臺灣的資本應該是足够的。此種說法，甚爲合情合理，實在是無可非議。惟臺灣之國民儲蓄如足以應投資之所需，則臺灣的產業應有健全的發展，雖說不能在短短的數年內達到工業化的境地，國民的生活一定會一年勝似一年，不應該「王小二過年」一年不如一年。在光復已逾十週年的今日，我們還有貧民逐年增加、物價時常波動等驚險的場面，既不是由於「資本不足」，那恐怕是資本之運用上有了問題。因爲關於資本不但要檢討其「是否足够」，還要研究其「能否善用」。國民的儲蓄以及外援外資必須儘量用到增加生產設備、提高生產力這方面，纔是眞實的構成資本。如不能在生產設備上善爲運用或壓根兒就沒有用到生產設備上來；例如國民之儲蓄改變爲死藏黃金美鈔，無異於資本逃避；或定存於銀行，而銀行未將其轉作生產貸款反用以墊付財政上費用的支出；外援外資亦多耗用於消費，直接或間接彌補了財政上赤字。如此運用，雖亦可以增加國民之所得，但因資本未儘量善用於生產，其對於促進臺灣工業化及消除物價上漲基本因素之效果，必因以延緩或減低。這又牽涉到資本構成問題，還有前面所提及的「資本係數」、「儲蓄率」、「生活水準」以及「產業構造」等問題，此處不及詳論，祇有俟諸異日。本文從物價談到資本，圈子已兜得太遠太大了，請就此打住。

四四，一二，二〇。

（註）本文屬稿行將殺靑之際，看到報紙上記載經濟安定委員會工業委員李國鼎先生本月十七日在臺北西區扶輪社演講，略謂根據亞洲及遠東經濟委員會本年年報估計，維持每人每年一百美元的收入，卽需投資美金二百五十元至三百元。（見本月十八日臺灣新生報）我手邊沒有該項年報，未看到李先生的原稿，不知此處所謂「收入」，是否指國民所得之增加而言。若然，則其資本係數等於二點五或等於三。如按資本係數等於三計算，則本文內算出的六萬美元，可減爲四萬五千美元。總數五十三萬六千美元，卽減爲五十二萬一千美元。謹此附註。

去年世界女權運動的觀感

曾寶蓀

去年是聯合國成立的十週紀念，這十年來不滿人意的事固然很多，但平心說來，好的地方也不少，其中最顯著的要算女權運動了。回憶世界第二次大戰以前，不要說文化落後、或受別人管制的國家，就是自命先進國的如英、美、法等，女子的地位也遠不如今日，這不能不說是聯合國的功勞。現在我要把去年一年照聯合國所記載的女權動態，略爲述說。聯合國雖不包括每一個國家，但也代表六十餘國，可以說很有世界性。

(甲)女權運動直接由聯合國管理者：

(壹)婦女地位委員會　去年三月十四日至四月一日在紐約開會，出席而有投票權者十八國，參加及觀察者十餘國。茲將有投票權的國家名單開列如下：

多明尼加	白拉亭羅女士	Miss. Bernardino	主席
巴基斯坦	阿美得夫人	Mrs. Ahmed	副主席
阿根庭	阿拉曼女士	Miss. Alaman	
澳大利	德來夫人	Mrs. Daly	
唄俄羅斯	腦惠可發夫人	Mrs. Novikova	
中華民國	曾寶蓀女士		
古巴	滿拿斯女士	Miss. Manas	
法蘭西	拉福設夫人	Mrs. Lefaucheux	
海地	葛雷夫人	Mrs. Guery	
利巴嫩	搭貝特夫人	Mrs. Tabet	
波蘭	鄧賓斯加夫人	Mrs. Denbinska	
蘇俄	弗米拉夫人	Mrs. Fomina	
英國	塞雅斯夫人	Mrs. Sayers	
美國	韓夫人	Mrs. Harn	
威尼瑞納	歐但內達夫人	Mrs. Urdaneta	
南斯拉夫	密特羅菲夫人	Mrs. Mitrovic	
瑞典	羅塞耳夫人	Mrs. Rossel	
印尼	羅莎女士	Miss. Roesad	

以上十八國代表經過三星期的商討通過許多議案，但重要的議案，是以下的幾個：

(A)婦女在政治權力上與男子絕對平等，不因教育、財產、種族、宗教、年齡、政見、性別而有歧視。

(B)同工同酬，如女子作男子同等之工，應得同等工資。

(C)已婚女子在家庭中的法律地位：

(1)已婚婦女應有自己的法律地位(不受丈夫或兒子的代理)。

(2)已婚婦女對於兒女有與其丈夫同等之權利與責任，離婚後對於兒女仍享同等權。

(3)已婚婦女仍有選擇居處之權（卽婦女如因職業關係可以自立門戶自擇住處）。

(D)已婚女子的國籍問題，婦女與外國人結婚，應仍可保存自己國籍，如欲歸化其丈夫國籍，應享受較普通歸化更便利的手續，如已歸化丈夫的國籍，而丈夫自己改變國籍，妻子可以不改。以上問題請求大會明年訂一公約。

(E)婦女在經濟上有以下要求：

(1)婦女可以組織家庭工業，並要求聯合國經濟暨社會理事會建議會員國採納此類報告及設計。要求國際勞工局予以指導並協助。要求託管理事會在他們所管區域內，對於家庭工業予以調查及考慮幫助。

(2)要求聯合國予婦女以職業上的訓練及獎學金，並請各會員國的政府給同樣的便利。

(3)要求各國政府在憲法上規定婦女在職業上的訓練、機會、工作、報酬、養老、撫恤、津獎均與男子絕對平等。並請求包括託管區域得享受同等利益。

(F)婦女教育問題，在文化及經濟落後國家，請求聯合國教育科學文化組織考慮建立文化及教育中心，使多數婦女有求學的地方，加添她們就業的可能性。假如會員國要求聯合國的技術援助時，應予婦女同等受訓並就業的機會；並請教育科學文化組織報告這些國家對于婦女工作的程序與進步。

(貳)聯合國其他會議，婦女得列席而有貢獻者：

(一)去年六月聯合國十週年紀念大會，在舊金山開會，列席的婦女代表或顧問有瓜特馬拉一人，利巴嫩一人，美國二人。

(二)經濟暨社會理事會去年在紐約開第十九次大會，列席的婦女代表或顧問有巴基斯坦一人，美國二人，南斯拉夫一人，多明尼加一人，法國二人，荷蘭二人，挪威一人，蘇俄二人。

(三)人權委員會，去年開第十一次大會，出席的婦女代表有法國一人，英國一人，美國一人。

(四)歐洲經濟委員會，出席的婦女代表或顧問有奧國一人，比利時一人，法國一人，波蘭一人，羅馬尼亞一人，瑞典一人，美國一人。

(五)麻醉品委員會有蘇俄女代表一人。

(六)社會委員會，婦女代表有印度二人，伊拉克一人，以色列一人，非律賓一人，美國一人。去年八月五日通過保護母親及兒童福利案。並要求蒐集各國政府對于此項事工之材料，以為下年度工作之基礎及進展。

(七)非自治領情報審查會，此會專門研究非自治區域之情形與民意，對於當地人民多具同情心。參加去年第六次會者有美國女顧問一人。

(八)聯合國兒童急救基金會，婦女代表有加拿大一人，多明尼加一人，以色列一人，日本一人，非律賓三人，美國二人，南斯拉夫一人。

(乙)間接受聯合國影響的女權運動：

(壹)去年八月卅一日日本、阿爾巴尼、捷克三國簽訂婦女參政權平等公約。到現在，簽訂此約的共四十三國。

(貳)奧地利宣佈獨立的條約第六條云：「在奧國憲法下，人民有享受人權與自由之權，不分男女、人種、宗教、語言，對于他們的身體、財產、事業、地位、職業、政權、民權都有保障。」

(參)印度婚姻法去年五月十九日決定：(一)禁止一夫多妻；(二)限定婚姻最低年齡；(三)婚姻註冊；(四)規定離婚法律。

(肆)秘魯在去年九月一日議會通過婦女有參政權，與男子平等。

(伍)美國去年四月阿利根州 (Oregon) 通過男女同工同酬的法律，柯羅拉它州 (Colorado) 與阿甘沙士州 (Arkansas) 也有同樣的法律。

(陸)加拿大去年有上議院女議員六人。

(柒)芬蘭去年有內閣女大臣二人，女法官三人。

(捌)西德去年通過一條法律，不能因婚姻而免除婦女的職位，因為法律既然保障人民有發展人格之權，則結婚當然是發展人格之一要素。

(玖)黃金岸去年准許凡年在二十五至六十歲婦女，如能通英語，可以作陪審官。

(拾)摩太島(在地中海中，為英屬獨立省之一)第一次選出一女部長。巴巴拉女士 (Miss. Barbara) 為教育部長，她也是第一個立法委員。

(拾壹)挪威也有一女部長波可爾得夫人(Mrs. Bjorkholt)為管理家庭及家用品部部長。

(拾貳)瑞典去年派梅特爾夫人(Mrs. Myrdal)為駐印度公使，梅夫人現在是經濟暨社會理事會理事之一。

(拾參)土耳其去年選哥內莉女士 (Nezakat Gorele) 為最高法庭庭長，此乃土耳其法律上最高之地位。

(拾肆)英國去年五月改選下議院，有女議員二十四人。沙甫夫人(Dame E. Sharp)升為屋產部部長。葛蘭女士(Miss. Graham)派作紐約英國總領事。

(拾伍)美國唐崙女士 (Miss. Donlon) 派為海關法庭庭長。

(拾陸)日本去年衆議院有女議員八人，參議院有女議員五人。

綜觀以上事實，不能不說去年一年，女權運動進步不少，尤其是參加聯合國的各種委員會。以往婦女雖在聯合國，但計劃政策的並不多，現在開始各部門都有了。至於各國的漸漸由婦女參政或主持政務，也有長足的進步。我在這裏沒有談到我國的婦女運動，因為這是大家所知道的不用我說。我却對于各地的女代表，要介紹幾句我個人的印象，當然這是難免很主觀的管見，不過這三四年來我所接近的女代表差不多有三四十國的人，大約讀者也不會太看輕我的印象吧！

1. 歐洲的女代表　歐洲的女代表大都年齡較長，思想也較為成熟，教育程度很高，政治思想活躍，對于世界大事大局也很明瞭。態度莊重，裝飾大方，不肯輕於提案，若是提案必是鄭重讀出，字句都很推敲。對人有禮貌，但不苟言笑。例如英、法、荷、比等國的代表。蘇俄代表却是例外的無禮貌。最近他們的國策是一種笑臉外交，但我個人的觀察他們的笑容很少，也很勉强，對我當然更是橫眉怒目，就是對別的代表也並不和靄如春。歐洲代表的長處是研究有素，辦事認眞，弱處是不敢冒險，態度太冷，也許是他們的國家管理了幾代的殖民地，擺不脫她們莊嚴高貴的感覺吧。

2. 北美洲的女代表　北美如美國、加拿大都十足表現青年新出的國家，生氣勃勃，待人和善，擅於交際，年紀輕，精神足，說話和舉動都極活潑，衣裝濶綽，行動自由，喜提議案，但容易變更。長處是肯冒險，喜做事負責，容易合羣；弱點是易衝動，不落實，喜新鮮，對于世界大事不如歐洲代表的明晰。

3. 南美洲的女代表　沒有見過南美女代表之前，我有很多誤解，一是覺得她們教育落後，二是覺得她們有混血兒的惡習，三是認為她們對政治不感與趣。見了她們之後，才知道我的成見竟是大謬不然。南美洲的女代表教育程度很高，多半通英、法、西班牙或葡萄牙三四國文字，比如古巴、智利、海地、阿根廷、巴西代表都是如此。她們具有拉丁民族的熱血，對於外交及政治都極抱興趣，也極有研究，有作為、善辭令。長處能冒險進取，說話中肯；弱點是她們國內政治太不安定，常有革命內亂等事，影響她們的性情，易於躁急，喜怒過度。

4. 亞洲的女代表　程度不齊，國情各異。有古文明國如中國、印度、猶太等，也有極新的國如非律賓、印尼等，所以有極像歐洲的代表者，例如潘廸夫人(印度)或阿美得夫人(巴基斯坦)，也有極守傳統東方文明純是溫柔貞靜者，例如緬甸代表或泰國代表。更有民族性極重，時時表示獨立自由者，例如非律賓及印尼代表。不過大致說來，亞洲女代表都是極有禮貌，處事謙虛，不專擅，不謾駡，在大庭廣衆之中，很少提議與辯論，如我與蘇俄代表的舌戰是很少見的事。所以亞洲女代表的長處是和氣慈祥，溫柔有禮，能使會員感情融洽，弱點是膽量太小，不能左右會場的局勢，或有獨立的見解，亦不能盡量發揮。

5. 澳洲女代表很像英國代表，不過她們是冒險受苦開闢新領土的，所以膽大活潑，最早就爭到了參政權。她們的長處是勇往直進，肯負責任，和平待人；弱點是偏於直坦，率爾從事。

6. 非洲的女代表都是後起之秀，她們因為除埃及國外都是後進之國，並無文化背景，純是受管理她們國家的影響，雖然做事認眞，教育努力，但總不免有點自卑感，種族觀念甚深，革命情緒亦烈，若是被共產黨利用，將成世界一個大問題！

以上各節當然是我個人之觀察，有許多有很錯誤的見解。但是我相信每一個民族都有他的長處和短處。長處我們要學習，短處我們要諒解。這樣在國際會議上才可以容易推動許多事情。我所以敢斗膽來批評各處代表，就是希望我國別的女代表去開國際會時，心裏有點預備，所謂知己知彼，方能百戰百勝。

其次，我就要說到做女代表的幾種苦衷——恐怕凡是女子在社會上做事的都多少有點同感，不但中國如此，外國也如此。我就把女代表來代表女界同人吧。

(1)女代表大都人數很少，像我國國民大會，立法委員，監察委員女代表人數由幾十到幾百，眞是最不容易的事。許多場合，女代表不過幾個人。這幾個人每每又坐得很遠。或者來路不同，來自異國或不同行業，很不容易接洽，遇着與女權問題有關的事，無法取得聯絡和商量；因此沒有一致行動，力量薄弱。

(2)女代表因爲愛好心切，最怕丟醜，每逢有話要說，先要多方考慮，坐失時機。又因怕衆人詰難辯論，甚至不敢開口，若是感到前後左右都是不同情的氣氛，則更加侷促，非有大無畏精神的人，幾乎無法打開這樣局面，若不有充分把握，也不敢單獨進行。

(3)女代表出席每每感到材料不够，自己預備不足，這是因爲在國內蒐集材料時就感棘手。許多國家對于女子工作的調查，都不太仔細，表上的數字，也有錯誤，到了開重要會議時，就不敢隨意引用。

(4)女代表人數極少的時候，當然就感到孤寂，要找人商量研討，即是出入休息室或進會場餐廳時，也願意有人同去。若是多與某一個男代表同在一處，便容易拈出物議，在年紀老的人最可以免得這類無意識的麻煩，年紀輕的女代表，則頗感尷尬，因爲這種似有似無的諷刺，最令人難堪。不要說西洋人社交公開，對于這些事無所謂，西洋人愛造謠生事，與東方人沒有甚麼大分別。

照上看來，我們的女代表有甚麼預備，才能克服這些困難和麻煩呢？鄙意有幾個建議：

1.要受高等教育。對中國文化歷史尤應有深刻研究。在國外時，別人要知道我國的歷史、風俗、文化、藝術等等，這也是我們宣揚我國文化最好的機會。甚至有人拿古字畫、古磁器來請教我們，那時千萬不可隨意說話，因爲他們既來詢問，多半已經對于這類物件有些研究，所以還是以知之爲知之，不知爲不知的態度答應爲妙。至於最近幾年的時事，有些國家不無誤解，要想設法說明我國地位，便要熟習當時國際局勢，用許多傍證來說明，不可只用一個角度的眼光來解說。

2.要熟習世界大事。上段已經說過與誤解我們的人說話，要用世界的事來證明，才使對方心服。同時與別的代表說話，若能談到她們國內的大事——政治、經濟、女權、教育、勞工、文藝等等有清晰的了解，同情的判斷，中肯的批評，可以收獲很多個人的友誼與兩國間的同情。

3.要能說一種外國語。現在最普通的外國語當然是英文了，但法文和西班牙文在聯合國一樣通行。在我們中國現在非常時局之下，日本文同俄國文也有應用之處，這又是知己知彼之理。並且能說一種外國語，即是開了一個新天地，認識一些新人物，即不做代表也可享受這種樂趣。做了代表，更可加添許多方便和友情。

4.要有高尙的社交態度。我們既出外做事，不能不與人接觸，但總以謙和有禮爲主，對于男女社交，尤應落落大方，不要矯揉造作，以應時適地爲主，不可給人家以口實。至於被邀請加入餐會、舞會、看戲、音樂會等等，就要看請的主人與會議有關否，請的客人是否有許多是大會的人。若是不然，最好婉辭，否則非但廢時失日，而且還要回請，更是勞民傷財。但假如有學校、團體請演講，又當別論，不過就要預備會場中有詰難者，反對者。我在紐約有幾次演講，就有這種經驗，受共產黨的同路人辯駁，幸而我早有戒備，未被他們駁倒，倘得了會場中不少的同情。

5.要有良好的演講姿態。孔子列言語爲學業一科，實有至理。言語當然第一是內容與立意，但是說話發音，站立姿態，形容手勢，都很要緊，近年在會場說話，用擴音機，所以發音咬字，尤爲重要，稍一不愼，即可使聽衆很難了解。雖然在聯合國有人翻譯，即使不說外國語，也可以長篇演講，但假使語音清脆，字眼明白，態度大方，則聽衆的觀感不同，容易接受所說的理論。至於私人談話，或在會外演講，更應具這些條件。在會場聽別人說話時，應靜心聽講，保守秩序，庶幾別人也同樣的待我們。至於衣飾，總以大方淸雅爲主，不要不脩邊幅，也不要豪華奢侈，大家都知道我國面臨大敵，人們充滿了克難精神，整潔樸素，只有博得別人的佩仰。

這些都是老生常談，並無新穎意見，不過我希望我們女界同人，大家齊心合力，來研究中國學術，觀察世界大事，提起讀書精神。工作有暇，用爲讀書及研討的時間，大家互相切磋鼓勵。研習中國的經史，不但是學術上的必要，也是處世爲人的南針。觀察時事，以養成看報章雜誌習慣爲主，但要用判斷和推論的眼光，綜合和分析的能力，去其糟粕，留其精華，能分門別類留記錄，以備應用更好。至於公餘娛樂，當然是保持健康的要件，却不可專門以打牌、看電影、跳舞等等來消耗時間與金錢，這實在太不合我們非常時期節約克難的生活。一個月內，朋友們聚集一二次來研究學問，也能輕鬆公事房的氣氛，調濟腦筋的思想，是一舉兩得的事。我們婦女界要養成品敦學粹的人才，爲國家，爲社會，爲家庭都能方正廉潔，犧牲服務，來挽回世界危局，光復中華大陸，拯救被迫同胞，這才不辜負我們憲法上的男女平權，這才是自動而非被動的女權運動。我寫這些，不但是勸勉女界同仁，尤其是警惕自己。

權威與個人（六）

羅素著
汪仲譯

第六講　個人倫理與社會倫理

在最後這一講裏，首先我要把前幾講中所獲得的結論重述一遍；其次，我要把社會的與政治的諸理論聯繫到個人倫理上，而倫理者乃是做爲個人生活指針的原則。雖然我們認識了一些罪惡弊端，雖然我們承認有些危險，但由我們綜觀研討的結果，我對於人類不太遠的未來前途却懷有極高的希望，對未來可能事物予以清晰審愼的估計後，我相信這些希望是有理由的。

先開始扼要的重述。概括而言，我們曾將社會活動的主要目標區分爲二：一是安全與公正，這需要中央集權政府的管制，而且要想這種管制有效，我們必得把它擴展至一個世界政府的創立；另一方面，進步則需要最大範圍的並且能與社會秩序相容的個人創造力。

盡可能獲得這兩種目標的辦法是權力的轉移 (devolution)。凡與防止戰爭無關的事，世界政府應該讓各國政府自由處理；同樣，一個國家的政府也必須給地方政府最大的自由。在工業方面，不能認爲國營就會解決了一切問題。像鐵路那樣的大企業應該有高度的自治權；在一個國營化的大企業中，職員同政府的關係絕對不能僅是以前對私人股東的舊關係的翻版。一切與輿論有關的事——如報紙、書籍、政治宣傳——必須是不折不扣的眞正競爭，要小心謹防政府的控制與各式各樣的壟斷。但這種競爭必須是文化的智能的競爭，而不是經濟的，更不能是軍事性的競爭，也不能憑藉刑法。

在文化領域中，花樣繁多，百家競鳴的現象是進步的條件。在這方面，不太受政府控制的團體，如大學和各種學術性的組織，是有莫大價值的。最令人悲憤的是，像在今日俄國的情形，因懾於對科學一無所知的政客們的淫威，科學工作者被迫屈服於杜絕知識進步的人們的胡言亂語，這批具有經濟與政治權力的政客們能够，也願意，把他們一己的荒誕決定加諸科學家的頭上。要想避免這種可悲的情況發生，必須限制政客們的活動，使他們去做力能承當的工作。他們不該妄加推斷甚麼是好的音樂、好的生物學、或好的哲學。我不希望在英國有任何首相僅憑一己的好惡而決定這類事情，無論在過去、現在、或將來，縱然很幸運地他的鑑賞能力是完美無缺的。

現在我要開始討論與社會和政治制度問題相對的個人倫理問題。沒有一個人是完全自由的，也沒有一個人是澈頭澈尾的奴隸。甚至一個人有了自由，他也需要一種個人的道德來指導其行爲。有些人會說，一個人只需要服從他自己社會中的公認的道德律。我想研究人類學的人對於這一答案不能滿意。吃人肉、人命祭天、獵取人頭諸惡習的廢除，就是由於反抗傳統道德觀念的結果。如果一個人懇切希望能够過他所能得到的最好的生活，則對於其隣人所公認的本種族的風習信仰必須採取批判態度。

論及一個人基於良心的理由而與自己社會認爲「對」的東西背道而行時，我們必須把風俗權威與法律權威予以區分。替一個不合法的行爲辯解，比起替一個只違反傳統道德的行爲辯解，需要更强有力的理由。因爲遵守法律是維繫任何能容忍的社會秩序所不可缺少的條件。如果一個人認爲某一法律不好，他有權利也有責任去修改它。但只有在很少有的情況下，他的違法算是正當行爲。我並不否認在某些情況下，違抗法律變成了應盡的責任；當一個人深深感覺遵守它是一種良心上的罪時，違抗法律便成爲他的責任。這包括了良心的反對者。縱然你確實相信良心反對者的行爲是錯的，你也不能說他必須違背良心做事。立法者們如果是聰明的，他們應盡可能避免制定那些迫使有良知的人在良心上的罪與法律上的罪之間必做選擇的法律。

我想我們也必須承認，在許多情形之中，革命也是正當手段。合法政府壞到了極點，卽冒帶來混亂的危險，而以武力推翻它，也是值得的。這種混亂的危險是眞確的。我們應該注意的是：最成功的革命——一六八八年英國的革命與一七七六年美國的革命——都是由那些深爲守法的人們所發動的。如果沒有守法的信心，革命就易於流入無政府的紊亂或個人獨裁。因此，遵守法律雖非「絕對的」原則，但却是一個應予特別重視的原則，只在極少有的情形下，且經過審愼考慮後，才能承認例外。

這些問題就使倫理中有了二元性 (duality)，雖然我們對它深感煩惱，但却不能不承認這二元性的存在。

在整個人類有記載的歷史中，倫理信仰有兩種不同的根源，一是政治的，另一個則涉及個人的宗教與道德的信念。在舊約中，兩者分別出現，一是「律法 (the Law)」，一是「預言書 (the Prophets)」。在中世紀的時候，由僧侶團體所諄諄教誨的官方道德和偉大的神秘家們 (Mystics) 所教導所實行的個人神聖之間，也有顯著的區別。迄今仍存在的這種個人道德與社會道德間的二元性，是任何合宜的倫理理論所必須重視的。沒有社會道德，社會卽趨瓦解；沒有個人道德，社會之生存便沒有任何價值。因此，對於一個良好世界而言，社會的與個人的道德都是必需的。

所謂倫理道德，不「僅僅」是與克盡睦隣之職責有關，雖然這種義務也包括其中。締造一個好的生活，僅只履行公衆義務是不够的；還需要追求個人的美德。因爲「人」雖然一部份是社會的，但却不能完全屬於社會。他有思想、感情和衝動，這些可能是聰明的，也可能是愚蠢的，可能是高尚的，也可能是卑俗的，他心裏充滿着愛，但也爲恨所鼓舞。如果要想他的生活是能够容忍的，這些思想、感情與衝動中較好的那些必須有其發展的餘地。固然只有少數人能够獨善其身，在孤獨中仍能自得其樂，但能够在沒有個人活動自由的社會中生活得快樂的人爲數還要更少。

個人美德，雖然大部份是寄於對他人的正當態度，但仍有另外的一面。如果你爲了毫無價值的娛樂而疏忽了自己的責任，便會受到良心的譴責；但如你去聽偉大的音樂或是觀賞夕陽美景，你浪費些時間，但你回來之後，絕對不會有羞慚之感，也不會覺得你是虛擲光陰。如果我們對於個人美德之觀念完全被政治或社會責任所控制，便是相當危險的。我現在所欲說明的，雖非基於任何神學的信仰，却是與基督教的道德觀相諧一致的。蘇格拉底與聖徒們立論說，我們必須服從上帝而非服從人，福音書中訓示我們愛上帝跟愛隣人一樣重要。所有偉大宗教領袖，所有偉大藝術家與智能啓示者，都會表現一種道德驅策感以實現他們的創造衝動，已經完成其創造之後，他們便會感到道德的滿足。這種感情便是福音書上所謂「對上帝的義務」之基礎，它是(我再重申一次)與神學信仰無關的。對於隣人的義務——無論如何，我的隣人認爲這是我的義務，却非我的全部義務。如果我的良心深深確信我應該做被政府當局所厭惡所責難的事，我必須聽從良心的指揮。相反地，除非有很有力的理由來限制我之外，社會必須給我服從良知的自由。

應該免於過度社會壓力的不僅是那些由責任感所激發的行動。一位藝術家或科學發明家可能做着最有社會實用價值的工作，但只憑一種責任感，他是不能做他的正當工作的。他必須還有一種自發的要畫要發明的衝動，如非這樣，他的繪畫便不會有價值，他的發現也不會是重要的。

個人活動的範圍不能被認爲在道德上低於社會責任的範圍。相反地，某些最好的人類活動，至少在感情上，是屬於個人而非社會的活動。如我在第三講中所說的，預言家、神秘家、詩人、科學發明家，是一羣爲夢想（Vision）所駕御的人；他們在本質上是孤獨者。當他們的主導衝動很强烈時，他們就會覺得，絕對不能服從那種與他們堅決相信的善背道逆行的權威。在這方面，他們常受到當時的無情迫害，但在所有的人裏面，他們最易獲得後世子孫的崇敬。是這些人給世界帶來了我們所最重視的東西，不僅在宗教、藝術、科學方面，而且在對待隣人的感情方面，因爲在社會責任的改進中，也要歸功於這批孤獨的人，他們的思想與感情決不隨波逐流地屈服於世俗之意見。

如不欲使人類生活陷於索然無味中，我們必須承認有很多事物之價值與實用功效無關。這是極端重要的。有用的東西之所以有用，因爲它是達成另一種東西的手段，而那另一種東西如不再僅做爲一種工具時，則必須承認其本身的價值，否則「有用（usefulness）」便是一種虛幻。

在目的與手段之間保持正確的平衡是既困難且重要的。如果你願强調手段，你可能指出文明人與野蠻人之間、成年人與兒童之間、人與禽獸之間的不同，主要是由於對行爲中之重視目的或手段的差異。一個文明人保人壽險，野蠻人不這樣做；成年人爲了防止牙齒腐朽而天天刷牙，兒童則非强迫絕不刷牙；人在田野間工作是爲了儲備冬糧，禽獸則不。深謀遠慮，包括爲了將來的快樂而做無趣的事，是心智發展的一個最重要的特徵。因爲深謀遠慮是困難的，需要控制衝動，道德家特別强調其重要性，也格外强調目前犧牲之美德，而不過於重視日後報償的快樂。你必須爲善，因爲它是善，而非因爲日後之升入天堂。你必須儲蓄，因爲有見識的人們都這樣做，而非因爲最後能得到一筆收入供你享受舒適生活。

如果一個人想特別强調目的而非手段，他可以提出有同樣眞實性的相反論據。看到一位很有錢的老商人，因爲年青時過度工作與煩憂而得了消化不良症，在客人們盡情享受美酒盛饌之時，自己只能吃片乾麵包喝杯白開水，這是多麼令人爲之心傷的景象啊；在那些苦苦工作的歲月裏所曾預想的財富帶給他的快樂現在離他而去，他唯一的快樂便是以其經濟力量迫使兒子們重返他的老路，讓他們忍受同樣的苦役。守財奴們被認爲是愚蠢的，他們專心於手段是病態的，但同樣疾病在徵候輕微時却易於獲得人過分的讚揚。沒有某種目的之自覺，生活變成暮氣沉沉、陰鬱寡趣；最後，尋覓刺激的需要常常在戰爭、或殘酷無情、或陰謀密計、或其他破壞活動中去找較壞的出路，否則它們會向好的出口發洩的。

凡是自誇爲「重實際」的人們多半都是專心於手段的。但他們的只是一半智慧。當我們也考慮到與目的有關的另一半時，經濟進程及人類生活的全部便取得一個完全嶄新的面貌了。我們不再問：生產者究竟生產了些甚麼？消費怎樣使消費者生產？我們要問：在消費者與生產者的生活裏，有甚麼東西使得他們樂於生活？他們曾感覺、了解、或做了能激勵他們從事創造的東西嗎？他們能享受暖和的太陽、明媚的春光和百花的芳香嗎？像單純質樸的社會中從載歌載舞裏所流露的那種生活之樂，他們也能够欣賞嗎？我在洛杉磯住的時候，曾被約去參觀墨西哥僑民住區——別人告訴我說，他們是一羣游手好閑的流浪漢，但我看來，他們似乎正在盡情享受愉快的生活，而不把生活視爲可詛咒的煩愁，那些整日憂心苦苦工作的主人們，在這一方面，簡直是望塵莫及。當我設法解釋這種感情時，聽者則茫然無所理解。

人們總是不記得：政治、經濟與社會組織一般說來是屬於手段而非目的的範疇。我們的政治思想與社會思想有可稱爲「行政管理者之妄謬」的傾向，我的意思是說，有把社會視爲一個系統整體的習慣：如果一個社會仔細看來能是秩序的模範，是個合於計劃的有機體，各部份都整整齊齊接合在一起，便被認爲是一種良好社會。但一個社會不是，至少不應該是，爲了滿足外觀而存在，它必須給社會組成份子帶來良好生活。終極價值是要在個人中，而非在整體裏去尋找。良好社會是爲達成組成份子良好生活的手段，而不是其本身具有獨立特質的東西。

當我們說一個國家是一有機體時，我們用了一個比論 (analogy)，如不認識這一比論的極限，必會招來危險。人類與較高級的動物嚴格言之是有機體：一個人遭遇到善與惡的事，是他整個的個人，而非他的某一部份，遭遇到這些。如果我的牙痛或是脚趾痛，感受痛苦的是整個的「我」，如果沒有神經系統把痛疼的部份聯繫到大腦，就不會有這種情形了。但如赫勒福郡 (Herefordshire) 的一農夫受到大雪之苦，感覺寒冷的絕非在倫敦的英國政府。因此，善與惡的承受者是個人，既非他身體上的某一部份，也非人類的任何集體。相信人類任何一集體能够有超於許多個體的善或惡，是一種莫大的錯誤；這一錯誤直接導致極權主義，所以是危險的。

有些哲學家和政治家相信國家能够有其自身精美的特質 (excellence)，不只是爲達成公民福祉的工具。我找不出任何理由同意這種見解。「國家」是個抽象概念；它既無喜悅之情，也無痛苦之感；既無希望，也無憂懼，我們所想的所謂國家的目的，實在是管理國家的「個人」的目的。我們具體而不抽象地想一想，握有比多數人應分享的更多權力的不是「國家」而是少數的某些人。所以「國家」的榮譽事實上是少數統治者的榮譽。沒有一個民主主義者能够容忍這種根本不合理的理論。

還有一種倫理的理論，在我看來也是不適當的；我們可以稱之爲「生物學的」理論，雖然我不願斷言這是生物學家所主張的。這種見解是從進化的沉思中產生的。因爲生存競爭的關係，有機體發展得愈來愈複雜，而人類迄於今日算是已達頂點。持這種見解的人認爲生存乃是最高的目的，或索與說一個種類的生存才是最高的目的。如果這種理論是正確的，凡是能使地球上人口增多的一切事物便是「好」的，凡是減低人口的一切事物便是「壞」的。

我無法爲這種機械的數學的看法辯解。我們能够很容易地找到一英畝的土地，其中包括的螞蟻比全球人類的數目還多，但我們却不能因此而承認螞蟻比人有更高的智慧與更好的美德。通達情理的人究竟選擇哪一個，是生活在貧窮與汚濁中的大量人口呢？還是快快活活過着舒服日子的較少的人口？

的確，對於其他任何東西而言，生存當然是必要的條件，但它只是一個有價值的東西的「條件」，它本身可能沒有價值。在現代科學與技藝所產生的世界裏，生存需要大量的管制。但賦予生存以價值的東西必須從管制以外的淵泉中產生。這兩種相對的必需條件的調諧是我們一再討論的問題。

重拾起我們討論的線索，記憶着我們這個時代之危機，我現在要反覆申述某些結論，尤其要談一談我相信我們有合理的理由以期待的那些希望。

自從古希臘以迄於今，關心社會凝結與重視個人創造兩派人之間就不斷在爭執辯論。像在這樣的永續不停的爭論中，當然雙方都有理由；想獲得一個明顯的解決辦法，似乎並不容易，頂多是一個多方求適應求諧調的解決。

我在第二講裏曾經提到，在整個人類歷史中，過度的紊亂時期與嚴密的政府控制時期總是在更迭交替。在我們這個時代裏，除了尚未實現的世界政府外，趨向權威的趨勢過大，而保存創造力的傾向過低。控制龐大組織的人們在其視線中過於傾向於抽象，忘記了人類的眞面目，所以讓人適應制度而非使制度適合於人。

我們這些高度組織化的社會中之缺乏自發性，是由於高高在上的遙遠權威過度控制廣大地區的必然結果。

權力轉移的收益之一就是它能給「懷有希望」和具體表現希望的個人活動許多新機會。如果我們的政治思想都只注意到與世界大災難有關的危險性和大問題。這易於使人陷於沮喪絕望的深淵。對戰爭之恐懼、對革命之恐懼、對反動復古的恐懼，會因你個人的氣質與你的黨派偏見而使你困窘煩惱。除非你是極少數個人中的一份子，你會覺得對於這些大問題是無能爲力的。但對於較小的問題——譬如你本鄉鎭的，或你自己所屬的工會的，或你的黨支部的問題，你就能够希望有成功的影響力。這就會產生一種懷有希望的精神，如果要想發現成功地處理較大問題的方法，這種精神是極端需要的。戰爭、缺乏、經濟的嚴重已經招致來普遍的疲憊，使得「懷抱希望」看來是膚淺而虛僞的。即使開始只有小規模的成功，對於這種悲觀的疲憊的情緒，也是一劑良藥。對大多數人來說，要成功就必需把我們的問題拆散，然後自由地集中精神於那些大得不太令人失望的問題。

今日的世界已成爲教條式政治信仰的犧牲品，今天最强有力的兩種信仰是資本主義與共產主義。我不相信其中任何一個能以其武斷而固執的形式來改革那些原可避免的弊端。資本主義只給少數人以創造的機會；共產主義本來可能給全體人民奴隸式的安全(事實上，它連這種奴隸式的安全都沒有帶來)。如果人們能够擺脫了那些過份簡單的理論，以及那些理論所產生的鬪爭的影響，就可能聰明地利用科學技術給全體人類帶來機會，給全體人類帶來安全。不幸我們的政治理論不比我們的科學更富智慧，我們還沒有學習如何運用我們的知識與技術造福人羣，使我們的生活成爲幸福快樂的，甚至是光榮的。壓迫着人類的不只是戰爭的經驗與對戰爭的恐懼，雖然在我們這個時代的災禍中它是最大的一個。我們也受到超人性的巨大力量的壓迫，這些力量控制着我們的日常生活，使我們仍不免作環境的奴隸——雖然不再是法律上的奴隸。其實這種情景並非不可免的。它的產生是因為崇拜虛偽的神靈。精力充沛的人們是去崇拜權力而不崇拜淳樸的快樂與友情；精力較少的人們便認命了。亦或因對於憂鬱來源的錯誤診斷而受了欺騙。

自從奴隸制度出現於人類之後，強有力的人們就一直相信他們的快樂建築在別人的不幸與痛苦上。漸漸地，因民主思想的產生，因基督教的倫理思想應用於政治與經濟中，一種比奴隸主所有的較好的思想已經開始佔了優勢，現在承認公正的權利，這是前所未有的。但以精密的制度為手段追求公正，我們就面臨一種危險：忘記了只是公正還不够。要想使人們覺得生活誠然可貴，誠然有價值，則除了公正之外，日常的歡樂、無憂無慮的時光、冒險、創造活動的機會，都是同樣重要的。單調無趣比時而歡樂時而煩憂更其陷人於銷沉的力量。那些審慎考慮行政管理改革與社會改新計劃的人們大多都是不再年青的熱誠的人。他們時常忘記，對大多數人而言，幸福生活所必需的不只是有自發、自動的活動，還有某種個人的光榮。一個偉大征服者的光榮是為有秩序的世界所不容許的，但是藝術家、發明家、化曠野為花園的人、或是把幸福帶給本來可能充滿一片悲慘(他自己除外)凄涼的地方的人們所有的個人光榮——這種光榮是好的，我們的社會應該使大多數人而非僅少數人都能得到這種光榮。

很久前驅策我們那些野蠻祖先從事戰爭與狩獵活動的本能需要一個發洩口；如果無路可走，這些本能便轉變為恨與頑強難御的惡意。這些本能能够找到很多無害的出口。比賽和戶外運動可以代替戰鬪本能；冒險、發現、創造可以代替狩獵。我們絕不能忽視這些本能，也用不着因有它們而感遺憾；不只是壞事因牠們而來，人類偉大成就中最好的收穫也因牠們而生。一旦獲得安全之後，那些為謀人類幸福而努力的人們最重要的事將是給這些往古的有力的本能找出路，不能一味加以制止，也不能引向破壞性的出路，而是盡可能多找能給人類生活帶來快樂、光榮與燦爛光輝的出路。

在全部人類發展史上人，一直遭受着兩種不幸：外在的自然力所加予者，與人類錯誤地互相加予對方者。最初之時，最壞的那些不幸歸因於自然環境。人是為數稀少的族類，生存機會常臨危境。既無猿猴之敏捷，又不被以毛皮，因此他就難以逃脫野獸追捕，在世界大部份地區難耐嚴冬酷寒。但他有兩種生物學上的特長：直立而行的姿勢使他雙手獲得自由，智慧使他能傳遞經驗。漸漸地，這兩種特長使他成為萬物之靈。人類數目的增加，超過了任何其他大哺乳動物。但大自然仍能表現其無限權力，如洪水泛濫、大饑荒、疾疫流行，迫使人類為了每日餬口的麵包而從事不斷的勞動。

在我們的時代中，外在自然力對我們的束縛正迅速鬆弛減少，這是科學知識增加的結果。饑荒與疾疫仍然存在，但一年一年地，我們知道應該怎樣預防它們的發生。苦苦工作仍然需要，但這只歸咎於人類的不智：如果有了和平與合作，我們就能够付出少量的勞力而維持生活。以現有的這些科學技術，一旦我們願意運用智慧時，我們就能從外在自然所加予的許多古老的束縛中獲得自由。

但人類彼此加諸他人的災難則未能以同樣的比例減少。現在仍有戰爭、壓迫、可怖的殘暴、貪得無厭的人們仍在壓榨技術沒有他們高明或不像他們那麼殘忍無情的人。愛好權力仍舊引向獨夫暴政，或在獨夫暴政較惡劣的形式不可能時，即構成進步凝礙。在我們的日常生活中，恐懼——深深的不自覺的恐懼——仍是主要的動因。

所有這一切都是不必要的；在人性之中沒有任何東西使得這些罪惡成為不可避免的。我再強調地重覆一遍，我絕對不能贊同那些人們的見解，他們從人類好鬪衝動中推論說人性需要戰爭與其他破壞性的衝突。我堅決相信與此相反的見解。我主張：好爭鬪的衝動有其根本的任務，但其為害人類的形式則能大量地減少。

人類在免於匱乏的恐懼之後，對財富的貪求將會減少。愛好權力也可由無損他人的方式中獲得滿足：例如，由新發明發現的結果而征服自然的力量，產生為人喜愛的書籍與藝術品，成功地說服他人等等。如果能够覓得正當的出口，精力與希求效率是有益於人的，否則，便會為害——正如蒸汽一般，既能發動火車，也能使鍋爐爆炸。

我們之從外界自然的束縛中獲得解放，使得人類較大程度的幸福比以前任何時期都更為可能。假若這種可能得以實現，則必須有只要不積極為害的各種形式的個人創造之自由，以及對於這些能使人類生活格外豐富的各式各樣的個人創造之鼓舞。我們要創造一個好的世界，絕不能使人變成馴順而膽怯，相反地，却要鼓舞人們勇敢、冒險、無畏的精神——除非他們給別人帶來傷害。在這世界裏，我們發現好的可能差不多是無限的，而壞的可能也並不少。我們當前所處的不幸境遇主要是由於下一事實：對於外在自然力的理解與控制已經到了嚇人的程度，而對具體表現在我們自身中的那些却不能控制，不能理解。「自制克己」一直是道德家們的口號，但在過去，這種自制克己也是不被人們理解的。在這幾講裏，我曾對人類需要的更廣泛的理解加以探討，其範圍比大多數政治家與經濟學者所假定者更廣濶，因為只有通過這樣的理解，我們才能够發現實現這些希望的道路，這些希望雖為我們的愚蠢所挫折，但我們的技術已經達到能控制它們的範圍之內了。

（全文完）

西歐通訊

德國問題

龍平甫

位於歐洲心臟區的德國及其七千萬人民，是第二次世界大戰後自由世界與共產世界冷戰爭奪的對象。德國的地理形勢及其民族的高度活力，對歐洲及世界的前途，足以發生重大的影響；在兩大陣營對峙的局面下，德國民族的向背足以左右世界局勢的演變。因此，兩大集團對德國的爭奪戰，迄不放鬆。冷戰以來西方的政治家，尤其是法國的天主教民主黨（即人民共和黨M. R. P.）倡導歐洲統一運動，企圖一方面將自由的德國確切的併合在統一的歐洲內，一方面將德法間難以解決的薩爾問題予以解決。如果德國在自由的原則下統一，當然很理想，否則在歐洲聯邦內的自由德國，也不致因統一德國問題而對西方倒戈，由合縱變成連橫。這個政策還有一個好處：德國的勢力在統一的歐洲內顯得小了；在分裂的歐洲內，德國的力量因合縱連橫的運用顯得很強大。根據這個政策，不但有「歐洲煤鐵聯營」(pool charbon et acier)的組織及「歐洲軍」(Armée européenne)條約的簽訂，並有「歐洲政治集團」的倡導。歐洲統一運動不但為西德政府所支持，而且為西德青年所擁護。但是在法國，極右的戴高樂派則予以強烈的反對，認為法國陸軍的光榮傳統、法蘭西的民族精神、法蘭西聯邦的完整、法國的世界地位，將因歐洲的統一而受嚴重的損害。歐洲軍因法國極左派與極右派的反對而告流產，代之而起的西歐聯盟，雖保持了一些歐洲軍的色彩，但與原計劃的歐洲軍相差甚遠。自本年春季有關國家批准巴黎協定後，西德的整軍已進入實行階段。

一、西德的整軍

西德的「基本法」（即臨時憲法）對國防一事根本沒有提及，因為訂立基本法時代，西德仍是三強佔領着，納粹侵略的事蹟猶新，立法的人自然不願提及國防一事。自歐洲軍條約為西德國會批准後，西德國會於一九五四年一月對基本法第七十三、七十九及一百四十二條增加附款，使西德得採取國防措施，重建軍備。二月下旬憲法補充案獲得三讀通過，此後西德整軍在國內法有明文根據。十八歲至四十五歲的德國男性公民得服兵役。

行將成立的德國新軍，不再稱為「國防軍」(Webrmacht)，而稱為「武裝勢力」(Streitkraeft)，依巴黎協定，西德新軍的實力如後：

陸軍：四〇〇，〇〇〇人（分編十二師，其中四個裝甲師，每師一千二百輛戰車；兩個機械化師，每師一千二百輛戰車，及較裝甲師更多的砲火；六個摩托化師；每師六〇—八〇輛戰車，平時每師一萬三千人，戰時一萬八千人）。

空軍：八〇，〇〇〇人（其中有三，〇〇〇名駕駛員，共有飛機一，五〇〇架，分編二十大隊，一半為轟炸戰鬥機，一半為驅逐機）。

海軍：二〇，〇〇〇人（共有不超過二千噸的軍艦一百八十艘）。

首任國防部長布蘭克(Theodop Blank)是基督教民主黨議員，由工會組織出身，他在本年六月下旬向國會下院提出軍人法(Soldatengesetz)及自願兵法(Freiwilligengesetz)，七月中旬由國會下院將自願兵法予以重大的修正通過。通過的法律，規定成立三十六人的甄審委員會來審查國防部長提出的高級軍官的任命。委員會可以否決國防部人事任命的提議。自願兵法律通過後，西德政府可募集六千名志願軍人，其中二十四員將官，二百七十六名上校，六百八十名中校。

西德當局計劃在一九五九年一月一日以前，完成十二師軍隊的徵集與配備。這十二師軍隊按下列步驟成立：㈠自一九五六年一月一日至一九五七年七月一日為訓練幹部時期，在此期內訓練十五萬名幹部人員（由軍士以至將軍）；㈡由一九五七年七月一日至一九五九年一月一日實施義務兵役法，徵集新兵；㈢海空軍的裝備與訓練最遲應在一九六〇年以前完成。由目前起至一九五九年一月一日的建軍費用預計為五百十億馬克，其中西德每年負擔九十億馬克，四年共計三百六十億馬克，其餘一百五十億馬克將由美國供給。美國已和西德在一九五五年六月三十日簽訂軍事援助協定。據云，美國已撥出價值美金五億的軍火作為裝備德軍之用。

不但外國輿論對德國軍隊是否可能威脅德國的民主政治，德國人是否善於運用其武力等等不時有討論，而德國人自已也對於新軍的組織、訓練、管轄及民主的管制等問題也頗多討論。德國政府及政黨方面的一般意見，為德國的兵士是着「制服的公民」(Staatbürger in Uniforme)，新軍是「民主軍」(Demokratische Armee)。但是一個真正民主化的軍隊不是一蹴可幾的，而民主化和紀律之間應該如何調和？因為軍隊要完成使命，得有嚴格的紀律與服從，然後方能使軍人臨危授命，完成任務。因此軍隊的民主化祇限於以文制武，以政治控制軍事，以及如何劃分國會、內閣總理及國防部長對軍隊控制的權限。西德軍隊管制問題並不發生困難，因為軍隊是在納粹德國崩潰後十年開始成立，而第一次世界大戰德意志帝國雖垮臺，參謀本部却保持完整，它在其後成立的魏馬共和國形成「國中之國」。

德國國防部對新軍所持的論調大致是：「最有效的自由保衛者是自由人，因此我們希望培植志願的公民士兵以負擔此使命，以合作及團體精神代替服從。我們應培養責任感及自發精神，如此則紀律將自動為人接受。」一般而論，政界及青年對普魯士式的練兵方法並不同意，頗傾向於採用美國的訓練新兵辦法(註一)。本年西德名小說家 Hans Hellmut Kirst 所著的小說「08/15」編成電影，在西德上映，大受歡迎。這部電影暴露普魯士式練兵辦法的野蠻及一個軍士對之所作的反抗活動。這部電影的賣座頗引起德國國防部的不安，因爲它可能對新軍的徵召發生影響。

西德國會議員孟德斐 (von Manteuffel) 將軍，即主張採用美軍的民主原則，但也有人反對。例如一九五四年十二月 von Stülpnagel 少校即著文持不同論調，他承認軍事應服從政治，軍隊不能成爲國中之國，但反對改革論調，認爲軍隊的訓練在使之完成任務，祇有在訓練中始能培養犧牲精神。

一般西德青年對未來的軍隊生活不如他們前輩那麼有興趣。年齡在三十歲以上曾經作戰的德國人仍有不少對軍事生活感興趣，向國防部報名志願參加軍隊的有十四五萬人，但多數祇能任軍事行政工作。一般而論，新軍的高級幹部並不缺乏，缺乏的是下級軍官，須加以培養訓練。

西德建軍雖在萌芽，但是軍事的研究並不弱於戰前，今日西德有軍事期刊二十種以上。其中有最老的「國防科學評論」(Webrwissenschaftliche Rundschau)、「國防術」(Wehrkunst)、「國防通訊」(Die Wehrkoppespondenz)、「軍事政治論壇」(Militärpolitisches Forum) 等雜誌，發表關於戰略、戰術、新武器的使用，軍官與士兵的訓練理論。「國防技術雜誌」(Die Wehrtechnische Hefte) 以軍事技術爲主。一九五二年創辦的「國防學」(Wehrkunde) 有西德政治及軍事名人參加撰稿，辦理這個刊物的「軍事科學社」在西德各城成立一百二十個分社。每分社每月集會一二次，由一將官或一上校召集，在會中交換軍事消息，或宣讀論文。此外西德尚出版不少關於第二次世界大戰戰史的著作。其中有德國國防軍史一九三三—一九四五)(由前參謀總長 Halder 將軍主編)，兩大冊德國國防軍官員錄(一九三九—一九四五年)(第一冊一千二百頁)。西德有很多的軍事理論家 (戰車專家 Guderian 將軍已經死了)，Von Sodenstern 將軍即是理論家之一。他說：「武器雖推陳出新，但軍事的基本定律並不改變，作戰仍以人爲本，不能專靠機械。新的軍事指揮與參謀應以意志統一，理論同一爲基礎」(註二)。

西德新軍的參謀總長可能是現年五十六歲的葛能 (Reinhard Gehlen) 將軍。他是西德現存的最有效率的情報網組織者兼指揮人。他本替美國駐德佔領軍反間諜組織工作，現已改隸受阿德諾總理直接指揮。他是斯拉夫問題專家，上次大戰期間在烏克蘭有長期經驗。他的情報組織名爲南德工業建設社 (Suddeutsche Industrieverwertung)，位於明興附近十公里的 Pullach 村。其情報範圍很廣大，有四千人深入鐵幕區工作，範圍遠及烏克蘭。它在西歐、巴爾幹半島、近東、及遠東均有專家。世界各處的德國商人中頗有人與之合作。去年雖有另一個西德內地情報機關的首領 John 逃到東德，但西德的反共情報組織並不受影響(註三)。

二、德蘇建交

由於巴黎協定的批准，蘇俄不得不改變對德政策。其第一步驟便是在對奧條約上作重大讓步，使奧國條約得在一九五五年五月中旬簽字。奧國接受蘇俄條件，採取軍事中立。蘇俄企圖利用奧國的中立，以建立一個所謂中立帶，主要目的便是在誘惑西德使學奧國的榜樣，並企圖使西德由中立而親蘇。我們很有理由相信：蘇俄在本年六月邀請阿德諾赴莫斯科談判建立外交經濟文化關係的主要目的即在此。

西德政府的初步反應頗爲審愼。六月三十日西德政府始正式答覆，建議由蘇俄和西德駐巴黎的大使非正式的初步談判上述問題。並求在下述問題獲得相當保證：㈠在阿德諾訪蘇期內，蘇俄宣佈釋放德籍戰俘及被拘禁的德國平民；㈡德意志聯邦不因建立邦交而承認東德政權；㈢不承認奧得納斯 (Oder-Neisse) 河界線。但是蘇俄不顧初步談判上述問題，八月三日蘇俄駐法大使答覆，「希望阿德諾於八月底或九月初赴莫斯科談判上述各點。」八月十二日西德政府宣佈阿德諾將於九月八日赴莫斯科，並建議討論：㈠德國統一問題，㈡釋放戰俘及平民問題。同月十九日蘇俄宣佈接受議事程序，但說：「蘇俄政府深知其對上述問題之立場已爲德意志聯邦政府所了解。」換言之，蘇俄並不拒絕西德政府提出的議程，但是討論是不會有結果的。

西德的民意測驗原有百分之九十二贊成阿德諾赴蘇，因爲大家以爲此行或可設法解決統一問題。及至日內瓦「四巨頭」會議後，布加寧、赫魯雪夫等人順便到東柏林安撫其嘍囉，並公開演說，表明蘇俄不放棄東德之後，一般人感覺統一實現希望很小，於是對阿德諾赴蘇的興趣也減低，八月下旬的民意測驗已有百分之六十九認爲此行不會有任何結果。原來主張蘇德直接談判的政黨也同樣的轉變，而懷疑莫斯科之行的意義。但是阿德諾不能拒絕赴莫斯科，因爲：㈠西德內部反對黨對他施行壓力，要求和蘇俄談判德國統一問題；㈡自由世界內部「和平共存」的觀念因日內瓦會議而加強。然而去莫斯科後若拒絕建交，將使阿德諾受輿論的譴責，於是阿德諾提出兩項建交的前題：㈠實現德國統一的保證；㈡釋放德籍戰俘及平民。報載阿德諾立場堅定，至少在戰俘問題獲得滿意解決後，始允許建交。

阿德諾出發赴莫斯科之日，英國保守黨「每日電訊報」(Daily Telegraph) 發表其駐波恩 (Bonn) 記者史悌德 (R. H. Steed) 論西德對東方集團的外交政策的長篇通訊。史悌德說前德國柯尼士堡(Koenigsberg)大學教授斯塔林格 (Wilhelm Starlinger) 於一九四七年爲俄人拘捕，充任奴工，至一九五四年一月始被釋放。他就其在蘇俄的經歷發表一書名爲：「蘇俄勢力的限度」(Grenzen der Sovietmacht)。史悌德說：「此書是戰後西德的最重要出版物，它已成爲阿德諾東方政策（Ostpolitik）的基本」。斯氏擁護阿德諾的「以强力策略和平統一德國的政策」（Policy of peaceful reunification through a policy of Strength）。斯氏認爲西德及西方（尤其是美國）充實軍備，並運用政略得當，不但可迫使蘇俄退出東德，並且可使其讓出德國其他東疆的一部份。該書作者就其在囚營的經驗認爲共產主義已告死滅，馬克斯、列寧主義祇是一種黨八股，而不是一種生活方式，其實質已爲「大俄羅斯民族主義」所代替。斯氏在一九五四年六月寫此書時，分析馬林可夫與赫魯雪夫的爭權及軍人勢力的抬頭。他認爲任何繼承人如不能恢復史大林的暴政，勢必予小民以最低限度的自由，改善其生活，並維持和平。但蘇俄不能同時發展民用工業擴充軍備，而中共的工業化也需要援助。斯氏認爲中共對蘇俄的威脅也日益加强。他認爲就政治地理（Geopolitik）的觀點論，中國人是「無空間的民族」（Volkohne Raum），蘇俄則是「無民族的空間」（Raum ohne Volk），此種情勢使蘇俄不安；而蘇俄內顧不暇，也不能應付中共工業化的需要。在此情形下，中共將有所求於美國。斯氏認爲美國及西德得犧牲自由中國的利益而與中共妥協。如此蘇俄因東方的威脅而謀求西疆的安全，進而與西方妥協，實現德國的統一。但在目前蘇俄與中共關係良好之際，與蘇俄談判毫無意義（註四）。

史悌德說，斯塔林格敍述蘇俄情況娓娓動聽，但一涉及太平洋政治便缺乏客觀與邏輯。很遺憾地，在西方像斯塔林格這樣作痴人說夢，想入非非的看法的人，並不少見。我們不知道斯氏對太平洋政治的論調對西德當局的影響如何？不過我們很感遺憾的是：今日德意志聯邦與自由中國情形相似，利害一致，照理應建立邦交，然而邦交迄今仍未建立。其原因當不簡單，許多西德企業家希望和中共作生意，也是阻碍建立邦交的重大原因之一。

阿德諾在莫斯科談判期間（九月九日至十三日）和俄酋布加寧、赫魯雪夫談得相當困難，雙方詞令越來越尖銳，看看要決裂了。據西德消息靈通的週刊 Der Spiegel（一九五五年第三十六期）所載，西德政府原決定有條件的暫時和蘇俄建交，而對外交關係的維持，則以德國統一問題的解決爲條件，但布加寧與赫魯雪夫幾以最後通諜的口吻說，這種條件是對蘇俄的一種侮辱。他們在談判中一面誘惑西德，說西德企業家可在中共區開拓三十年的市場，一面說西德不能代表全德，全德的希望在東德。會議陷於僵局，阿德諾準備飛機回國。於是布加寧始口頭允許交還德籍「戰犯」一萬名，而西德原本提出一個十一萬人的名單請求釋放他們。據云：蘇俄原擬以戰俘的釋放作爲來日對東德政權的禮物，以求提高其身價。現在既允許向西德交還一萬名，阿德諾乃召集代表團會議，決定接受和蘇俄建交。但是最後公報並未提及釋放戰俘一事（註五）。

阿德諾致函布加寧說：建立外交關係並不是承認領土的現狀，德國的領土問題應留待和約簽訂時解決。同時他聲明德意志聯邦政府代表全德國。蘇俄報紙並沒有公佈這封保留的信，但在九月十六日「塔斯社」發表蘇俄當局對阿德諾九月十四日記者招待會的意見：蘇俄政府認爲德意志聯邦是德國的一部，其他一部份爲德意志民主共和國……德國邊界已由波茨坦協定解決……德意志聯邦在其管轄領土範圍內行使主權（註六）。

阿德諾甫走，東德政權的頭目葛絡德佛爾（Grotewohl）奉命去莫斯科，和克勒姆林宮的大頭目談判（九月十六日至二十日），以「進一步發展並加强蘇俄與東德的友好關係並解決有關雙方的問題。」東德頭目接受訓令的結果，和蘇俄簽訂相互關係「條約」，並交換邊界管制及和西柏林關係的照會，也照樣發表最後公報。這個條約幾爲一九五四年三月二十五日蘇俄給予東德「主權」宣言的複本，唯一不同之點是沒有在照會中提及蘇俄保證防禦東德而已。照會將東德的邊界管制及東德與西柏林的關係事務移交東德政權，並聲言蘇軍暫住東德（未定時限）。

蘇俄和西德談判建立外交關係並和東德簽訂條約，是按照計劃對未來的日內瓦會議作佈置。蘇俄不願德國統一，但又不願擔負阻止德國統一的罪名，因此宣佈「德國統一問題是德國人自己的問題」，要求西德和東德談判。西德如接受，等於承認東德政權，不但統一目的不能達到，反而承認德國長期分裂，同時蘇俄更可迫使西德爲統一問題遷就其條件。如此可使西德中立，或甚至親蘇。這是日內瓦四外長會議以前蘇俄陰謀的運用。

西德原本宣佈在德國統一問題及戰俘問題未得相當滿意解決之前不和蘇俄建交，阿德諾在談判的最後一刻鐘似仍表現決心。有人說這種決心，是西德當局故作宣傳的，但是許多人認爲阿德諾老頭子（Der Alte）受屬僚的强大壓力而終於屈服。自由世界的輿論多認爲阿德諾對蘇俄作重大讓步，英國某名漫畫家將老頭子描畫得衣服幾被剝光，狼狽離克勒姆林宮，布、赫兩人揶揄揮手送行。美國對阿德諾的接受建交也很感覺惶惑。西德政府決定和蘇俄建交一事在事前的討論，我們無從知悉，但我們相信下列的臆測可能有相當根據：㈠四巨頭會議後的所謂「日內瓦精神」，使西德政府不能拒絕建交；㈡蘇俄多年來攻擊辱罵西德政府，稱阿德諾爲「美國人的國務總理」，今日蘇俄要無條件的和西德建交，正是提高西德政府及阿德諾的威望，阿德諾不便拒絕；㈢西德因建交一事，可向鐵幕國家發展貿易；㈣爲統一問題着想，和蘇俄建交可以進行直接談判，以進行和平統一。（最近西德自由民主黨要求蘇德直接談判統一問題，它說政府和蘇俄建交的主要原因，便是爲了便利雙方間片面談判德國統一問題。）

三、日內瓦四外長會議

德國的統一問題是日內瓦四外長會議（十月二十七日至十一月十六日）的主題。四外長會議是根據本年七月四巨頭會議的指示而召開的，其議題包括三點：㈠德國統一與歐洲安全；

㈡裁軍；㈢改善東西關係。三週會議的結果沒有任何協議，如日內瓦會議有任何成就的話，便是證明：㈠蘇俄不願放棄東德政權，不敢讓東德人民自由選擧；㈡不願實行眞正有效的裁軍，拒絕西方提出的裁軍管制辦法；㈢畏懼自由，不願取消鐵幕，不願鐵幕以內的人民和外界接觸(註七)。

關於德國統一與歐洲安全，西方提出一個備忘錄：㈠歐洲安全方案有九點；其要點爲：①不以武力解決爭端，不支持侵略者，如任何一國發動侵略，則其他簽字國應採取適當行動以對付共同危險；②在統一的德國東疆兩側，劃出一個地帶，在此地帶內的武裝勢力及軍備應予以限制及管制。蘇俄等共產國家及北大西洋公約國家可在此地帶內的對方地區使用警報系統，以防備對方的突襲；③容許集體的自衛，外國軍事基地除由所在國政府因集體防禦協定許可保存外，其餘應限期撤消。㈡關於德國統一辦法，係一九五四年一月柏林會議時艾登計劃的修正案。此方案預定實施步驟如下：㈠以詳密的辦法規定保障言論自由及無記名投票，在全德境內實行自由選擧；㈡成立全德國會；㈢由國會起草憲法；㈣成立全德政府；㈤簽訂和約。

西方提案說明歐洲安全條約的簽訂須視德國統一問題有無協議爲轉移。西方要求安全條約和德國的統一分段並行實施，安全條約實施的最後一階段，是德國統一後決定加入北大西洋公約組織及西歐聯盟。事實上所謂安全問題是蘇俄提出防止西德整軍，西方爲了德國的統一不得不予以遷就。如德國不能統一則安全無保障，西方用不着和蘇俄簽訂安全條約。西方外長在會中說：如統一的德國決定不加入北大西洋公約集團，則蘇俄更用不着「擔心」其安全。

莫洛托夫指責西方的安全公約計劃，說它鼓勵德國的黷武主義並使集團的持久存在。他自己提出一個所謂公約安全計劃，在實質上是本年七月四巨頭會議時俄國方案的重提。他提議「東西德，其他歐洲國家及美國參加公約。任何簽字國受攻擊，其他簽字國應一致協助。」方案擬定第一階段爲二三年，此後即解散北大西洋公約組織。這個維持德國分裂、破壞西方自衛的方案，是西方所不能接受的。十月三十一日莫洛托夫就其原有方案加以修正，提出新方案，其重要的改變是：㈠簽訂無限期的臨時性條約，東西德加入，不廢除北大西洋公約；㈡在東西德境內實施軍備管制，並可能在其鄰國實施。這個方案除使德國持久分裂外，並使其中立化，仍是一個不能接受的方案。

關於德國統一問題，莫洛托夫本未提出任何方案。十月二十九日西方三外長設法使其提出統一德國方案，爲莫洛托夫拒絕。他說：「歐洲安全是基本問題」，並要求在討論德國問題之前，邀請東西德代表參加。事實上，東西德早已派來許多觀察家觀察會議的發展。由於西方及西德不承認東德這個傀儡政權，所以乾脆拒絕莫洛托夫的要求。十一月一日東德觀察團發表統一德國方案，次日莫洛托夫在會中將這個方案提出，名之爲「調和東西德關係方案」。其要點爲：「東西德國會成立僅有諮詢權力的全德會議，但對軍事問題則可採取協議，至於東西德經濟與行政關係則可組織混合性的政府委員會，並研究統一德國的初步條件。」十一月三日，西方三外長對莫洛托夫的德國統一問題方案紛紛批評，認爲是維持德國的持久分裂而非統一。莫洛托夫則答稱：「巴黎協定的批准已使全德選擧不能實施」。次日西方三外長對德國問題的提案加以修正，擬定由四國委員會諮商德國專家擬訂選擧法，在一九五六年一月將研究結果提出報告，在一九五六年九月在全德境內進行自由普選。同時英外相詢問莫洛托夫：㈠德國應否及早統一？㈡四國是否有責任解決自由選擧問題？㈢是否接受西方所提議的保障自由普選方案？莫洛托夫無法從正面答覆，却在十一月八日的會中胡說亂道說：「東德的政權應該維持，東德的工人的工廠及土地不應被剝奪」等等。會場的空氣到此已經很壞。次日西方三外長對莫洛托夫的謬論予以辯駁。莫洛托夫却一再說：「德國自由選擧的條件不存在」，「問題沒有成熟」。美英法外長認爲這樣討論下去，簡直是浪費時間，因此主張停止德國統一問題及歐洲安全的討論。莫洛托夫似不疲倦，要求繼續無味的對話，沒有被接受。德國的統一問題討論毫無結果，其責任完全在蘇俄。

四外長會議至十一月十六日閉幕，發表一個非常簡單的最後公報。宣稱已將各點討論，並將建議各政府首長「繼由外交途徑研討各問題」。次日美英法三外長發表聯合聲明，指責蘇俄阻撓德國的統一，並企圖使西方安全組織解體。最後並說：「蘇俄如不使德國統一，則無歐洲的及世界的持久和平可言。」西方三外長這個宣言固然在說明事實，同時也相當的暴露西方三强對德國情況的顧慮。

四、德國前途的暗影

在日內瓦會議之前，美國的蘇俄問題專家，前駐莫斯科大使季楠（G. Kennan）旅行歐洲，返美後給美國政府寫了一封很長的信，報告並解釋蘇俄對歐洲、對德國的政策。他這封信粉碎若干幻想。季楠認爲：「日內瓦四外長會議僅是導致西方外交於可怕惡夢的一個階段。這個惡夢卽是許多人所懼怕的西德的背盟，而轉向蘇俄(Reversal of alliances in favor of Soviet Union)」。季楠說：「蘇俄的外交在不透過西方，直接的，片面的和德國人談判，而西方列强的立場僵硬已無變化運用的餘地…。莫斯科對德國的政策爲使其東德政權獲有政治地位，使其在統一問題的談判有發言力…。蘇俄對西德說：統一的障碍是西德和美國的聯盟，放棄德美軍事同盟方可談判統一。」季楠說：「莫斯科的打算可能是不錯的，因爲德國人希望統一，其次，東德人民的解放念頭已因艾森豪的日內瓦之行而告絕望。沒有逃走的德國人，祇好接受共產黨的統治…，許多東德青年也因此接受共產主義。基於同樣的理由，西柏林的情況也轉壞。這些現象加强西德人對統一的要求。因爲他們認爲若不及早統一，則東德會在精神上成爲「化外」(alienated)。阿德諾去莫斯科時帶去不少的德國人，我可以說，除阿德諾外，其餘的人，就政治的意義言，已因此番經歷而相當的「震動」(shaken)。請不要誤解這句話，這些人和你我一樣都是西方人，他們不願意德國脫離西方，他們深知蘇俄對他們施行一種毒惡的誘惑，然而他們時常爲這種誘惑所困擾。因爲：西德人深知我們不能進一步談判統一，而蘇俄則使西德領袖相信，德蘇直接談判或可實現統一。再者，西德人在心理上已經對我們煩膩了。十年來，他們和西方的不團結、無決斷、空泛的理想主義相糾纏，…現在他們一旦和那些不顧羞恥、深悉人間罪惡的蘇俄政客們相接觸，而感覺新鮮，刺激，更富於麻醉性。蘇俄政客們論調同一，不似西方的三個論調，他們有東西可以給予，並且在願意時可以給予。他們在談論時應用中歐人民所習慣的政治現實主義的言語：粗暴，不顧成規與是非，一方面顯得粗糙，一方面非常深沉而富於感動力。」季楠認爲蘇俄可以利用柏林地位的不易防禦，以迫使西德和東德直接談判。除非西方對蘇俄一開始在柏林行動時卽以軍事準備對付，蘇俄的策略將發生作用。因此季楠結論說：「由上述情勢使我相信蘇俄在德國的成功機會並不壞，阿德諾可能撑持下去，但是他的繼承人却不見得」(註八)。

十年前季楠自莫斯科向美國政府寫萬言長信論蘇俄的政策，這封信決定了美國的冷戰策略。今日季楠論德國的情勢及蘇俄的政策，使發表這封信擇要的 Alsop 兄弟說：「這是對德國情勢的最悲觀的論調」。也許季楠的論調太悲觀，但是以他的學養與經驗，使人不能不注意他的警告。

季楠寫這信是在日內瓦會議之前，但在四外長會議之後已有幾件事實證明他的不安是有相當根據的：㈠西德政府官員，對西方三強在日內瓦會議中沒有在提案中說明統一的德國可以中立一點，頗感不滿。認爲西方三強對德國的統一未盡最大的努力(註九)；㈡西德國會政府黨集團的一個小黨「自由民主黨」領袖 Dehler 最近要求政府直接和蘇俄談判統一問題，並主張修改巴黎協定，此事引起一個不大不小的風波(註十)。阿德諾於臥病七週之後致函自由民主黨，要求遵行政府政策，否則退出政府，而 Dehler 則含糊的答覆，他說該黨對巴黎協定的態度未改變，至於阿德諾要求在一九五七年夏季大選前不批評對外政策(統一問題在內)，自由民主黨則認爲此要求違反民主原則。十二月初西德國會辯論外交政策，政府黨和反對黨(社會民主黨)都不願背棄和西方的聯盟，尤其是不願犧牲自由，認爲統一是四强的責任。但各黨同意和莫斯科談話，俾消除統一的障碍。十二月三日國會通過議案，批准政府的對外政策，並要求蘇俄爲德國民族及歐洲安全利益着想，允許以自由選擧統一德國，如此始可產生德國和蘇俄間的持久和平關係。社會民主黨的提案：「統一的德國不加入西方軍事體系」，爲國會拒絕。㈢柏林問題：十一月終，美國議員二人乘坐附有無線電話機的美國軍用汽車至柏林東區，爲東德警察拘禁四小時，美軍當局向蘇軍當局嚴重抗議，柏林俄軍司令答稱：「東柏林已不是佔領區，而是蘇俄所承認的主權國首都」，「蘇軍不再行使職權」。美駐德大使柯南特(Conant)宣稱：「西方列強在德國統一之前根據四強協定，得在柏林全城自由通行；在此以前，美軍亦不撤離柏林。」柯南特認爲蘇軍應對東柏林負責任。接着蘇俄駐軍司令宣佈，自一九五六年一月一日起不再簽署通過東德運河供應西柏林食糧的船隻的通行證。這些船隻供應西柏林二百五十萬人糧食的四分之一。蘇俄此擧，在迫使西方列強及西德承認東德政權。如果西方有決心以軍事力量對付蘇俄的搗亂，蘇俄是會輭化的。否則，柏林的問題會惡化，由此影響整個德國問題的演變，結果會對自由世界產生嚴重的不利。

總括一句話：德國的爭奪戰爭在繼續中，柏林仍是冷戰關鍵之一。

一九五五年十二月八日脫稿

(註一)見法國世界報 (Le Monde) 一九五四年十月十五日，十二月九日，一九五五年七月十七日—十八日，九月二十三日各份。見法報 Le Figaro: One sera la nouvelle armée allemande? (一九五四年十一月十五日—十七日)Der Monat 一九五五年六月號 F.R. Allerman: Was ist eine demokratische Armee?

(註二)見 Maxime Mourin 著 Quand les Allemands s'occupent de leur Armée (一九五四年六月四日世界報)。

(註三)見一九五四年八月二十日世界報。

(註四)見一九五五年九月八日 Daily Telegraph 載 R.H. Steed 著 Slave camp grape vine。

(註五)至本年十月中旬，蘇俄僅釋放五千八百名德籍戰俘，此後卽停止遣送。蘇俄提名首任駐西德大使爲外交部次長曹林 (Zorin)，西德政府於十一月廿五日宣佈接受，但西德報紙對曹林頗有戒心，因其爲捷克政變的發動者。西德爲防止蘇俄的特務活動，希望雙方大使館規縮小，各有四五十人卽足，但蘇俄尚未同意，據云要求在德國各邦成立領事館。

(註六)見 Bulletin of Institute for the study of the URRS，一九五五年十月號 (第二卷第十期) N. Galay 著 The Soviet-German Talks。

(註七)關於裁軍問題，雙方立場與日內瓦四巨頭會議時相同。蘇俄提案仍是本年五月十一日方案的複述。蘇俄持論要點爲：㈠立卽減裁軍備；㈡立卽禁止原子彈等武器；㈢管制與有效的裁軍配合，始有意義。西方立論重點則爲：㈠爲使各國獲得安全感，應先有良好之管制辦法，因此管制爲裁軍中心；㈡因原子武器不易管制，暫不禁止。關於改善東西關係，西方三強於十月三十一日提出一個包含十七點的方案，其要點爲：㈠逐漸取消新聞檢查制度；㈡更多書報期刊的更廣泛交換；㈢更多的私人旅行；㈣停止無線電廣播的干擾；㈤交換學生，增加科學家及職業人員的會議。莫洛托夫拒絕東西兩世界的密切接觸，聲稱此事須視西方取消戰略物資的禁運爲轉移。四外長旋同意將此問題移交專家委員會討論，並將討論結果向外長會議提出報告。但專家委員會因蘇俄代表態度，討論無結果。十一月十四日外長

巴黎通訊

越南政局及其展望

齊佑之

一　前言

一九五四年七月二十一日在日內瓦簽訂的越南停戰協定，以北緯十七度爲停火線，將越南分割爲二。同時指定加拿大、印度及波蘭三國爲執行協定的國際管制委員，監視停戰的執行。在越南北部的法、越軍隊及南部的越盟軍，根據停戰協定得分三期撤退，而兩區居民亦可在限期以內自由選擇其所志願居留的地區。關於撤軍一事，法國最後留駐海防的軍隊已於本年五月十五日由指揮官柯尼將軍(Général Cogny) 率領全部撤離越北；而越盟在撤退其武裝部隊時却留有大批潛伏份子，從事地下活動，擾亂治安，予越南南部以嚴重的威脅。由越北隨軍撤離至南越的難民爲數約達百萬之衆，其中包括芒街華裔儂族(Nungs) 五萬人和法人、泰人、苗人等，及爲數二萬的華僑；越籍難民中以天主教徒爲最多。如海防西南發豔天主教區居民，因不堪於越盟的迫害，幾乎全區教徒，皆駕小舟竹筏逃往自由越南。

就停戰協定而言，今日越南分割局面是暫時的。日內瓦協定規定越南的和平統一原則，預定以一九五六年七月舉行大選，實現統一。但我們可以有充分理由不相信當時簽字者雙方會認爲這個大選能舉行統一，且能在可見的將來實現。日內瓦協定的唯一結果，是將越南分割爲二。在理論上說，一九五六年七月越南人民投票時可自由選擇其所認爲滿意的政府，然而共產政權的陰謀，是不會讓已到口的肉從新吐出來的，誰能相信在明年投票時，(如果投票定期舉行)越盟不對其已統制地區的居民實行控制的投票，對自由越南的百姓可以利用其潛伏的組織予以恐嚇，使投同意越盟的票，投票的結果會使越南南部關進鐵幕。越南政府及越盟當局對未來的大選及統一問題均在積極佈署，雙方各有有力的國際後盾——美國與蘇聯。號稱中立的印度，却一再嚷着要越南南北代表會商來年大選問題，看來印度要將南部不願受共產黨蹂躪的人民出賣給越盟了。因爲越南問題仍是今後的重要國際問題之一，所以筆者願就越南問題的各方面加以分析，幫助讀者了解東南亞的國際局勢。

二　法國在北越的經濟文化利益

自一九四六年以來，連年越戰，截至去年七月止，僅就軍費一項，法國負擔卽達二萬三千八百五十一億佛郎，加多法國財政預算的赤字，並影響法國經濟建設的發展。越戰停火後，在原則上法國每年可節省四百億佛郎的開支；但根據日內瓦協定條款禁止軍火輸入越境，使法國軍火工業頗受影響。法國棉紗、人造絲、麪粉、車輛等出口的三分之一向銷於越南市場，次之如鐘錶、藥品、罐頭食品等物對越南輸出的數字亦很可觀。日內瓦協定成立後，法國則又無形中放棄佔有全越人口半數、且消費量超於南越的北圻市場。

法國在印支三邦的投資情形，據年前法國駐越高級專員公署的統計爲二百六十億越幣(註二)，此數字的一半以上(一四六億越幣)用於越南，投資於重要的企業及公司，如：工業企業、種植業及銀行公司等二百二十三家之多。至於法人在越南北部的投資情形，據估計爲八十億越幣，佔全越法人投資半數以上，其重要者有：法國東京煤礦、海防印支電力公司、海防印支水泥公司、海防遠東玻璃公司、河內自來水公司、南定東京棉織公司、海陽印支蒸餾公司等達十餘家。在運輸方面，法人在海陸交通事業上投資約值一億五千萬越幣，同時法人在北越的不動產，僅河內一區法人不動產價值卽達十八億越幣以上。在教育文化方面，法方在北越設有越南唯一的大學(河內大學)、河內巴斯德學院及中學、博物館、圖書館、醫院等多所。因此，停戰後法國不但想設法繼續維持其在越南南部的優越地位，更得設法保障其多年在北越經營的經濟

會議莫洛托夫說：㊀俄國不能允許思想交換，因其爲戰爭與原子武器攻擊宣傳的自由；㊁不能允許自由旅行，因其帶來各種陰謀顚覆活動。但僅同意四外長發表如下宣言：㊀促進和平航運，開放重要海峽與運河；㊁書籍與無線電廣播的更廣泛交換；㊂互派代表團及展覽互換；㊃促進旅行業。西方三外長認爲此種提案不及西方原提案三分之一，西方所提出的頗爲具體，蘇俄提出的頗爲空泛。但西方提案爲蘇俄拒絕討論，於是改善東西關係一事雖經討論，毫無結果。

(註八)見巴黎版一九五五年十一月十六日 New York Herald Tribune 所載之 Joseph and Stewart Alsop 論文 "The Kennan Letter"

(註九)見巴黎版一九五五年十一月二十一日 New York Herald Tribune Coblentz 所著 Russian Moves at Geneva。

(註十)西德自由民主黨是一個小黨，其所標榜的是自由主義與民族主義。黨內有不少的納粹黨人。該黨的 Rheinisch-Westfälisch Nachrichten 報受蘇俄金錢支持(見 Die Zeit 一九五五年十二月一日第四十八號)。蘇俄津貼德國右派及民族主義派刊物並不止此事。據本年七月三十日美聯社明與電有一出版「德國日報」、「國際軍事通訊」、「政治軍事評論」的出版家 Rudolf Steidel 辭稱曾接受蘇俄津貼二百三十萬馬克(五十五萬餘美元)，並云已與俄人絕交。

發稿時消息：㊀西德宣佈不與承認東德政權之蘇俄附庸國建立外交關係；㊁柏林蘇方態度輭化，二次封鎖西柏林似不致發生。

十二月十日於巴黎

成果與文化的地位。

法國政府根據上述理由，於去年八月初派杉德尼 (Jean Sainteny) 為法國駐北越總代表 (Délégué général de la République française en Nord-Viet-Nam) 前往河內。杉德尼與胡志明有相當友誼，其言論相當親近越盟，其前往河內的表面任務則為保障法國在北越的經濟及文化權益，而實際上則欲與越盟建立正常關係，以加強此項權益的保障。要想共產政權保障其經濟文化權益，實是相當天眞。

三　越盟的對外關係

日內瓦停戰協定的簽訂，把整個紅河三角洲拱手送予越盟，而胡志明於握有整個北越後，並未即去朝俄或向中共邀功請賞，他這一手把戲很使國際間的中立份子為之興奮，標榜中立的印度等更為其捧場，一時竟眞有人認為胡志明係一越南和平的「解放使者」。當時法國一些朝野人士一方面目睹南越政治的紊亂與無望，另一方面因不願放棄在越南既得權益，竟有許多主張與越盟維持「友好」關係者，以期維護法國在越權益及在遠東的地位。持此政見者，當時法內閣總理孟德斯法郎士即其中之一。殊不知胡志明此舉，正如其進佔北越所宣佈的「保民」、「保障信仰自由」等政策，旨在穩定人心，配合蘇聯陰謀，建立環球中立地帶政策，爭取國際間中立者，尤其是曾經被殖民主義壓搾過的國家的贊助，以期擾亂國際視聽，分化自由世界，促成越盟統治全越幻夢的實現。至於本年六月二十二日及七月十一日胡志明赴北平及莫斯科之行，主要目的乃因其統治地區經濟情形過份恐慌，饑饉嚴重，前往求援，此次旅行實有其相當苦衷。

自越盟入據河內後，蘇聯、中共及其他蘇聯附庸國家均即派有使節駐在北越。但自由世界國家却僅有法國因關係特殊，根據上述原因派有代表駐北越首城河內。

法國派杉德尼出使越盟，事先並未徵得美方的默契。那時法政府的「歐洲政策」在國內多方受阻，國會中對歐洲聯防條約批准問題盡其刁難能事，法政府深恐一旦在遠東採取單獨行動，與越盟建立正式關係，會引起美國強烈的反感，致使法國在外交上陷於孤立，故當時內閣總理孟德斯法朗士不得不一再拖延對越盟政策的決定，因而不立即發表杉德尼使越盟的正式性質的任命。同時法國拒絕越盟派代表駐巴黎的要求，對胡志明數次提出願參加法蘭西聯邦，亦不表示意見。不久法國參加馬尼剌的東南亞防禦同盟，致一時在表面看來，法國遠東政策似與美國取得協調。事後法國國會批准西德建軍及巴黎協定，美國對法態度因之好轉；旋孟德斯法朗士於訪華盛頓歸來後，正式任命杉德尼為駐北越總代表，杉氏並於去年十二月十六日向「越南民主共和國主席」胡志明，而非向該政府，呈遞國書。法國此舉本係與越盟建立正式外交關係的初步，頗為美國政府所反對，美國於本年二月中旬且曾向法國提出嚴重抗議，法方則以維護北越法僑及經濟文化利益為藉口，仍繼續維持其決議，但法政府對越盟的貸款計劃，則不敢實現。

截至去年底止，杉德尼的成就僅有十月間與越盟簽訂的河內巴斯德學院 (Institut Pasteur de Hanoi) 議定書（內容不詳），及法軍完全撤退前所需的海防電力供應議定書，該議定書規定以海防產煤換取河內電力的標準(註二)；法方且同意借予越盟十五名專門人才，服務於河內區的公用事業。十二月十一日經談判後與越盟發表關於北越法人企業的今後經營辦法：①法人企業仍以現時形式繼續經營或加入越盟資本經營；②對法越籍工作人員不實行差別待遇；③給予購買器材上的便利；④准許向佛郎區滙兌其利潤；⑤准許自由僱用工人；⑥准許企業人員自由行動；⑦准許產品在內地市場自由銷售。本年四月杉德尼又與越盟簽訂兩項協定：①關於河內沙羅中學 (Lycée Albert Sarraut) 的協定，規定沙羅中學由非教會的法人依越盟規章繼續辦理十年。②關於法國東京煤礦公司的協定，有關此協定者，僅發表該煤礦自四月二十二日起移交越盟當局管理，但若干法籍人員可繼續工作六個月，其餘內容不詳；事實上在北越煤礦工作的最後八名法籍技術人員業於十月二十一日經西貢撤返法國。杉德尼的工作計劃在今日環境是無法展開的，其所與越盟簽訂的一些協定顯係越盟所送予的「糖衣定心丸」，並未能藉以保障法國在北越的經濟文化權益；相反的這些協定却幫助了越盟逐漸且澈底的吞食其在北越所獲的果實，而無消化不良之慮。同時杉德尼的地位亦被越盟當局所忽視；而法當局則因國際局勢的牽制，蘇聯陰謀攻勢的壓力及目前北非問題的處理亦須美國的支持與援助，故對杉德尼的工作並無新的指示。事後杉德尼與越盟當局經數月談判，至本年十月十五日與越盟成立一商業協定，以一億佛郎為限，雙方以貨易貨，越盟以綠茶、木材等交換法國的工業裝備及製造品等。且於十月五日越盟新聞社宣佈：法國將向越盟對法軍撤離河內時帶走之公共資產賠償二億六千五百萬佛郎。惟此一消息迄未經證實。今傳聞杉德尼有意倦勤辭職；誠如此，望法國在受到年餘沉痛的教訓後，能愼重反省。而杉德尼的新工作恐將是再去寫他的「和平失敗史」的續集(註三)。

越盟另一方面為了擴大製造自由世界、尤其是法國朝野人士對其認識的錯覺，及拉攏自由越南百姓們，曾一方面數度歡迎法國朝野人士的訪問，且自五月後接二連三宣言，促請自由越南開始作明年七月大選準備工作的談判。

關於越盟與蘇聯、中共及其他蘇聯附庸國的關係當無須贅述。鎮南關至河內的鐵路已修復通車，胡志明進入北越後，蘇聯及中共均派有大批人員駐紮河內，鞏固對越盟的「共產家族」關係。本年六月間，胡志明離河內赴北平及莫斯科，在兩地均受熱烈歡迎，同時分別與北平及蘇聯政府簽立所謂友好條約，並由後二者分別給予越盟以八億新「人民」幣（按北平政權官價合一二一〇〇億法國佛郎）及四億盧布（依蘇聯政府官價合三四〇億法國佛郎）的援助，藉以鞏頓越盟地區危險萬狀的經濟。蘇聯及中共根據友好條約，並承允負責爲越盟訓練技術人員及幹部，作繼續執行陰謀侵略政策的準備。

四　越南的三大宗派

自一九五四年七月以來，南越的社會秩序的紊亂一如北越的經濟情況的嚴重；胡志明在進入北越紅河三角洲最大的困難爲經濟問題，尤其是糧食恐慌的嚴重。吳廷琰總理自主政後，目睹自由越南經濟財政的不振，社會秩序不能安定，甚至中央政令不能普遍貫徹實行於全國各地；而擬就統一越南軍政令，實行土地改革，肅清貪污，安定內部，改善民生，以期改革並建設越南。要實現這些計劃，吳廷琰政府便得克服封建勢力的反對。高臺、和好、平川三宗派在南越形成據地自雄的勢力，自然反對吳廷琰的政策，再加上保大及其親信計劃倒吳，及美法對越南政策的不協調，使越南的局勢一度極爲危險，造成短期的內戰。在分析越南政爭以前，似有先將高臺、和好及平川三宗派加以介紹的必要。

（甲）高臺教

在越南，甚或可說在整個東南亞的地區內，像這一類頗富有封建性質且兼有政治色彩的宗教團體實不寡見。在越南則有高臺教、和好教及平川派爲最著者；然而組織強大，實力雄厚，信仰專一者當推高臺教第一。

高臺教活動於越南南部太寧，Trang-Bang、Baria、Camau、Hatien 等地區，其教廷中樞設於太寧。該教一如和好與平川二宗派，在其活動地區中自行組成行政、賦稅、軍事、法律等機構，形成割據勢力，對中央政令則毫不受約束，教主范公稷甚爲其統轄地區中約近二百萬居民所敬仰。

高臺教創於二十世紀初葉，當時教主 Ngo Van-Chien 的成就遠不如今日表現的成功。一九二六年 Le Van-Trung 教主發揮教義，樹立信徒的實際精神信仰；此後實力逐漸發展，信徒日夥，乃奠定今日的基礎。至 Le Van-Trung 死後，經過內部的爭執，遂由范公稷繼任教主。

高臺教信仰唯一的眞神，相信靈魂的存在、輪廻及死後的總審判；對死者及祖先行祭祀，預言明王降世，且崇拜若干先哲賢士，致時常使人誤認其爲多神教。在太寧總寺院中內外掛有孫中山先生、法大文豪雨果(Victor Hugo)、越南名詩人 Trang-Trinh 及孔夫子、老子、釋迦牟尼、耶穌基督等掛像，並彫塑龍、鳳、烏龜、獨角獸四神獸。

高臺教自經范公稷主持後，因他靈活的頭腦及對政治上的雄心，不久即將高臺教帶入政治圈內，使成一以宗教信仰爲本，而兼顧政治的宗派。自步入政治範圍後，爲了擴張實力，范氏曾先後與日本、越盟、法國合作。一九三八年高臺教以反法活動，團結其屬下三十萬羣衆，奠定今日小王國的基礎。一九四一年八月因反法行動過激，致太寧南宇遭查封，范公稷本人被放逐於法屬馬達加斯加島附近的哥摩爾(Comores)島。至一九四三年高臺教頭目之一的陳廣文（Trang Quang-Vinh）於日本保護下，在西貢始重新組成一個三千人的秘密軍事組織，從事反法行動。一九四五年三月高臺教徒衆曾熱烈的爲日本正式進軍越南而慶賀，旋與日本携手。其後高臺教與越盟合作，在越盟指揮下不同的行動組織內均有份子參加。並於一九四五年夏秋雨季，在西貢進行反法的軍事行動。後越盟欲兼併消滅高臺勢力，而將陳廣文監禁，彼雖事後越獄脫逃，知無法再與越盟合作，遂與法方携手，但所屬軍隊已爲越盟裹脅利用，於一九四六年初攻擊法軍。一九四六年九月法國正式承認高臺教爲合法組織，許其活動，范公稷重返越南主持教務，同時聲言法國重返越南的必要，並信任法國能實現越南安全秩序的建立。當時高臺教雖參加「國家聯合陣線」(Front de l'Union Nationale)，宣言越南獨立，並於一九四七年三月宣佈不支持胡志明轉而擁護保大。陳廣文並於一九四八年五月參加保大復位後的阮文春內閣，任國防事務專責的閣員。高臺教自經范公稷主持參與政治後，在政見、作風及盟友的選擇上，經常作一百八十度的轉變。然而目標却不難洞悉。范氏如此，旨在使高臺教成爲越南國教，意將國家的存亡繫於教的前途。目前該教實力爲：①徒衆一百五十萬人，②武裝軍力一萬五千五百人，③後備軍力三萬人。除范公稷教主及陳廣文外，尚有領袖人物鄭明德 (Trinh Minthe)（已死）、Van Tat、Nguyen Van-Thanh、阮清豐(Nguyen Thanh-Phuong) 等。

（乙）和好教

和好教活動於西貢以西直至高棉邊境，包括居民約一百萬的南圻肥沃的產米區域。該教發源於高棉邊境的安江 (Chaudoc) 省，創教者係該省和好村一農家子名 Huynh Phu-So 者，和好教名即由此而得。Huynh Phu-So 幼時因疾病纏身，不堪操作農務，被送上該省南部七山療養，因此得識高僧，授與秘術、佛學、孔子學說及醫術等。後 Huynh Phu-So 因父喪歸家，時年僅有二十歲。旋遇神蹟，使他的積年陳疾得到痊癒，於一九三〇年前後，Huynh Phu-So 遂開始佈道工作，並以醫術救人，逐漸得到羣衆的信仰。他所創的和好教，有些地方頗類似佛教，但信徒入教時無須領受洗禮或戒禮及參加聖祭或發誓願等儀式，僅須各自在家中誦讀教中「四律八戒」。至一九四〇年，因 Huynh Phu-So 行動非常，好似中魔一樣，致使一般信徒稱他爲「瘋和尙」；旋又因他公開對法國當時在越南所行政策表示反對，遂被地方當局送入西貢附近心理病院醫療十個月之久，但他的越籍主治醫師却受勸而信仰和好教。一九四一年出院，旋被輭禁於 Bac-Lieu 地方。而在那時他仍能傳佈其教理及反法的口號。及至日本佔領越南之初，佔領者對和好教的組織及其勢力甚爲忽視；一九四二年十月並將 Huynh Phu-So 遷至西貢。此後和好教得機秘密擴張組織，成立軍隊。在一九四五年間和好教亦參加「國家聯合陣線」，並與越盟合作，但至同年九月卽告決裂。當時和好教因與越盟爭取該教根據地 Chantho 地方，致與越盟發生衝突，和好教徒衆被越盟槍殺者甚夥，並包括其教主的兄弟及和好教另一軍事頭領陳文帥的兒子。

至一九四六年春，在反法口號下，和好教再度與越盟合作，陳文帥並指揮其所屬攻擊法軍，Huynh Phu-So 亦被任命為越盟西貢執行委員會委員。但至一九四七年四月，Huynh Phu-So 因不能接受馬克斯主義思想，私自逃回 Chantho 地方，後為越盟捕獲，經私刑審判後處以死刑，割裂其屍。但和好教徒誠心相信 Huynh Phu-So 再生。此後雙方已無法繼續合作，陳文帥率衆投法，被投准將銜。和好教的組織及統治地區，自此得法方正式承認。

自 Huynh Phu-So 死後，和好教內部一時形成羣龍無首的態度，一些較有實力的首領彼此忌妒，其中以陳文帥實力最為雄厚，對其他首領如 Lam Thanh-Nguyen (中越混血種) 盡其排擠能事，而另一青年將領黎廣文 (Le Quan-Vinh) 綽號「斷指」，則因被排擠，遂率所部投法，被任上尉。至此和好教分成四派，各立門戶。此四派除陳文帥以為是 Huynh Phu-So 的眞傳外，尙有 Lam Thanh-Nguyen、Nguyen Giac-Ngo 及黎廣文。至一九五〇年和好教四派內鬨，斷指將軍儘全力撲向陳文帥，得勝後於同年八月二十五日重投法軍，被任少校，旋得上校銜。和好將領中以黎廣文最為反覆無常，時投法、時反法、其目的則在軍實，而其個人反法與反共志向則從未少移，其少年斬斷手指卽為表示反法復國的決心。

一九五二年夏法越協定成立，當時越政府擬接收政府政令從未到達的全部地區，致影響各宗派所積年享有的權益，和好教各派在公憤下忘記舊怨，重新團結，以抵抗政府的決策。和好教實力發展至去年日內瓦會議時止有徒衆一百萬人，武裝兵力二萬人及後備兵四萬人。

（丙）平川派

平川派並不是一個宗教組織，其組成份子多係亡命之徒，如海盜、流氓及僱用刺客等(註四)。該派活動地區包括西貢、堤岸一帶，掌握南圻最大碼頭——西貢。首領黎文遠係海盜出身，為一獨斷果決、無所顧慮的老頭子。在一九四五年三月曾全力擁護日本，借日本的掩護得繼續其黑社會的營生。日本投降時，平川派則以保障國家獨立的口號及反法行動亦與越盟合作。但在一九四六年法國勒克萊爾克元帥 (Marechal Leclerc) 軍隊開至越南南部時，卽宣佈與越盟絕裂。故在「國家聯合陣線」成立時，越盟第七區 (西貢區) 負責人阮平 (Nguyen Binh) 多方指責黎文遠，並摧毀其在平川派中的威望。一九四六年十月平川派多方設法與法方拉攏，又於一九四八年六月，黎文遠遣其私人秘書 Lai Huu-Tai 向法方說項，使法軍肅清其老窩的越盟潛勢力，平川派得重新安置其部衆；同時黎文遠允諾支持保大政府，並受後者的指揮，後保大委黎文遠為南圻警察總監，黎氏得機操縱全越的秘密警察，在西貢堤岸一帶到處可見黎氏所設的耳目。平川派在西貢堤岸一帶專營賭場、妓院等非法組織，及向商店勒索而美其名為交「保護費」。保大對黎氏行動不加干涉的代價，據云係有與黎按成抽頭的默契。平川派的實力是三大宗派中的最弱小者。至去年吳廷琰主政時止，其實力僅徒衆十萬人，軍隊三千人及後備兵四千而已。

檢討各宗派實力擴張的主要原因，係自日本佔領印支三邦後，中央政權衰弱，而日本佔領軍又從未能深入內地諸省，致使地方勢力興起，據地稱雄。勝利後在獨立建國的大標題下各宗派均先後或同時與越盟合作，後因受排擠，且同時洞悉有被越盟吞併的危險，為保持自己獨立勢力計，先後經與越盟反目。同時法國為對抗越盟不能不利用地方勢力，並協助其發展，法軍方為了工作進行順利起見，促保大政府承認各宗派的勢力，且自始法軍方對各宗派與政府間的爭執與衝突向持中立態度，使各宗派無形中受到很大便利，遂日坐大，成為據地自雄的勢力。

（未完）

一

寂靜的晚秋之夜，彷彿是半盞殘茶，盛在澄明的杯子裏；又冷，又澀，又淒涼。

也許是夜太靜了，也許是房子太大，使得余心梅更覺得空虛起來。她憤慨過，哭泣過，但都沒有像現在這一刻這麼難挨。人傷心到了極點，會連傷心也覺得是多餘的。她好像是一個人困守在一座碉堡中孤軍作戰，和她對敵的，是碉堡以外的整個世界。

卓如終於和她分別了，這一段匆促的姻緣就是這樣子悲劇性地結束了。從一開始心梅就有一種不幸的預感，好像早就預見到黯淡的結局。所以，事到如今，她反不覺得有痛恨、悲傷和懺悔的必要了。

她覺得空虛，無底的空虛……。

愛情假使只是一種奉獻和犧牲，那麼她做的已經够多了。付出去的感情，永遠收不回來；消磨了的青春，也永遠無法補償。其實，眞正的犧牲，無論出於甚麼方式，都是不能收回，無法補償的，也惟其如此，才見得它的可貴。譬如心梅，她現在除了這一點點爲愛而自我犧牲的情操來鼓勵着自己，還有甚麼力量能支持她活下去呢？

不錯，她還有個女兒，那是她和卓如同居近兩年來留下來的惟一的紀念品，一個孱弱的美麗得近乎精緻的紀念品。可是小梅畢竟太小了。那孩子無法成爲一個容器，來完全接受母親心中澎湃迸流的激情。

孩子早就睡熟了，心梅坐在床邊發愣。從孩子睡夢的笑靨上看到了自己的童年；又從她那嬌憨的眉梢眼界渺渺茫茫地看到了自己的未來。她忽然想，這好像是「人」與「人生」在較力。「難道我已經需要下一代做後援了嗎？」她滿懷悲戚。

她茫茫然地扳開了收音機的電鈕。她不見得眞的需要聽甚麼，而只是爲的滿足一種要反抗過去的潛意識。

自從她和卓如同居的那一天，她就與舞臺生活以及與舞臺有關的一切完全一刀兩斷了。既然愛情的本身就是幸福，那麼她就不需要用別的來陪襯幸福了。背叛藝術而遷就愛情，這在當時是多麼重大的一件事呵，可是她却決定得那麼明快輕率，簡直是孤注一擲。

不但自己不再演戲，索興連別人唱戲也不聽了。她說她要回復到一個平常的女性，享受安靜而平凡的家庭生活。她很自傲地想：眞正得到一個人的愛要勝過萬千人的讚揚。

可是，那個人已經去了，只有寂寞陪伴着她。「如今還是聽聽戲吧！」單是這麼一件小事，已經證明她是甘心向「人生」低頭服輸了。

現在大約是夜晚十點半鐘，各電臺都是平劇節目。有一家是一位老教師「空中教學」，教的是譚派鬚生的「洪洋洞」——「嘆楊家投宋主心血用盡」那一段二簧正板，那蒼涼的聲音，活活的刻劃出一個功業未竟而命在垂危的遲暮英雄的心聲，將軍白髮征夫淚，這是何等悽惻悲壯的景象呵。心梅自己覺得今晚的心情特別容易受感動，所以便扭動電鈕，改換波長。

另一家所播出來的亂哄哄的聲音，一上來就把她吸引住了。爲甚麼每一種聲音都是這麼熟悉？從鑼鼓、胡琴，到每一個角色的唱唸，甚至於觀衆的哄笑聲，喝采聲，「哦，是的，這是——」心梅只是呆呆地聽下去，不忍多想。她似乎是身不由己地倚靠在離收音機最近的長沙發椅上。她把操縱音量大小的那個電鈕向左轉，使那聲音小到只有她一個人可以聽得到。她似乎是一半羞怯，一半得意地這樣做——

因爲那收音機中所放送的，正是她自己以前主演的「梅龍鎭」的錄音。她帶着幾分好奇去聽自己的聲音，那種珠圓玉潤的聲音，好像永遠也不可能再從她口中發出來了。這使她感到一種說不出來的迷惘。

「梅龍鎭」並不算是甚麼重頭戲，她過去只有在演變齣的時候才露一露。主要的角色不過兩個人：富貴風流的正德皇帝，和蓬門碧玉嬌小玲瓏的李鳳姐。正德微服出巡，在山西大同附近的梅龍鎭一個小酒店中，遇到了這個「酒大姐」，經過了一番調情，皇帝老爺最後就「封她一宮」，收爲妃妾了。戲文很簡單，唱作也不算十分繁重，可是其中有許多輕巧得近乎飄然的小動作，要聽衆心領神會，那是收音機所無法傳播的。心梅一邊兒聽，一邊兒不由得幻想着此身已回到舞臺上。在記憶中重新溫習着每一個節奏和身段，譬如當正德皇帝踩住她的彩巾不許她走，而她先向他求情，後來騙着他注意別的地方，然後把他推開了的那一段，胡琴的每一個過門兒，夾着臺下觀衆們開心的笑聲，都使心梅心動神搖，呵，舞臺離開她太遙遠了。她簡直不明白她自己以前爲了甚麼那樣熱心表演過了。

除了她自己的婉轉的聲音之外，更使她感激的，是那千千萬萬不相識的觀衆羣中所發出來的巨雷驟雨似的喝采聲與鼓掌聲。那是每一個生活在舞臺上的人所渴求着的營養劑，她却是如探囊取物一般輕易得來。那麼多的人，只是爲了欣賞她的歌聲，瞻望她的顏色，從很遠的地方跑來，要在戲院門前排好幾個鐘頭的隊，或者是要化好幾十塊錢的代價，才能買到一張黃牛票。當然，他們之中也許只有很少很少一部份人眞正懂得欣賞，但大多數都是懷着善意而來的，儘管不懂，可是他們的捧揚的心是誠懇而無私的；敬佩和羨慕的成分，有時還超過了尋求娛樂與滿足好奇的要求。「余心梅」三個字，在他們心目中是一尊偶像，在藝術成就上臻乎完美的偶像。她在舞臺上的表演，一顰一笑，都操縱了全場觀衆的情緒，無論她扮的是巾幗英雄的花木蘭，婀娜剛健的荀灌娘，幽怨多淚的林黛玉，還是小鳥依人的紅娘，那千萬個男女老幼所滙合成的觀衆，都會成爲一個屛神下氣的整體，像一個快要入夢的小孩子一樣，自然而然地跟隨着她的喜怒哀樂而變幻自己的情緒。就是最不懂戲劇的人，總也懂得人生，她就是在舞臺上把人生解剖給他們看。使得他們不由得不感動地把喝采與掌聲向她投擲，一點兒也不吝惜，也不保留。

心梅搖頭嘆息；她從來沒有感覺到那些不相識的人是如此的可愛，也從來沒有感覺到那些喝采的聲音對於她自己是這麼重要。她曾經爲愛情而犧牲了藝術上的成就，毫無眷戀地脫下了歌衫。到現在才明白，倒是舞臺上那種彷徨無主的生活才是一種幸福，而那些觀衆們待她是多麼寬宏，多麼溫和呵！他們歡呼雷動的聲音是多麼熱忱親切而令人感奮呵！

可是，正當那麼多人好心地把她捧在天上，像女皇一樣尊崇着的時候，她自己却摒棄所有，自願屈服在一個人的面前，做他的俘虜，受他的踐踏。她那時毫無猶疑地「遺棄」了所有的觀衆，正如她今天之被幸福所「遺棄」了一樣。

雖然如此，她倒也不後悔——而且即使後悔也沒有甚麼用了。她得衷心感激那位發明錄音機的科學家，靠了這種工具，使得她到今天不僅能重溫自己在全盛時期的歌聲，而且可以再享受一下觀衆們對她的鼓勵。那種在舞臺上下之間所存在着的一種強烈而無痕跡的情感，一一刻劃在錄音片上。可惜那種情感現在已經不復存在了。觀衆們欣賞的，所讚揚的，是那位唱着「月兒彎彎照天涯，問一聲單爺住在那家」的李鳳姐，而不是工程師林卓如的地下夫人。

她的心境很蒼涼，聽着那曾經是自己的而又已經不是自己的盪氣廻腸的歌聲，她簡直要羨慕起「昨日之我」來了。再加上那曾經是爲自己而現在並不是爲自己而發出來的喝采聲，她苦笑着，閉上了眼睛，摸索着把收音機關掉了。

觀衆是寬大的，但觀衆也是健忘的，他們的眼睛和心，永遠只集中在舞臺上。只有終身以舞臺爲歸宿的人，才能終身享受榮譽。可是，那代價豈不太大了嗎？

不過，心梅現在才明白，從舞臺走向人生，離開藝術而追求一種幻想的實現，這代價實在是比株守在舞臺上更大得多。

床邊的枱燈散播出柔和的慘綠色的光暉，使佈置精雅的臥室顯得格外幽靜，這種氣氛使得眼前的一切幾乎都像是夢而不像是眞實的。心梅巡視室內的每一件東西，從桌椅到小陳設——奇怪得很，竟無一不是陌生的。她簡直無法理解自己當初如何會甘願捨棄了外面廣大的世界而把自己拘囚在這個窄小的籠子裏。說愛情是盲目的，還不如說它是一個不可解的謎。

於是，她不由得又把眼睛注視着掛在壁櫥子的牆上的那把胡琴了，那把曾伴隨着她的歌喉而風靡萬人的胡琴。可是，現在，它也和她一樣，是斷了絃的，不再發出聲音來了。

她始終還沒有怨恨到卓如的身上。她只抱怨自己的命，而命運是這樣一個奇怪的東西，它永遠使你在「現在」這一刻中感覺缺憾和不滿足。

心梅不由得回憶起她這一生之中的許多舊事來，「究竟那一刻是值得我留戀的呢？」

收音機旁邊有一個半舊了的照相册，這是她新婚以來根本記不起來去翻閱而近來却每天都要看它好多遍的東西——無論如何，她覺得以前的日子是比現在幸福多了。

平靜地拭去了臉上的淚痕，她打開了照相册的第一頁……

二

人生總是從童年時代開頭的；可是在心梅的記憶中，童年好像是一個非常遙遠又非常神聖的觀念，她幾乎記不起來在一生中開頭那些年是甚麼樣的。

她惟一記得的，就是她家裏很窮，窮到常常沒有米下鍋。母親抱着她這個獨生女兒哭紅了眼睛，父親則不知跑到甚麼地方去了。

在他們住的那個大雜院裏頭，余家除了不能按時繳房租，又不能常常吃包餃子之外，還要算是有「身份」的住客。余二爺曾經跑過南北許多地方，做過許多有頭有臉的事情。雖然窮，他一直沒有脫下長衫來。他形容他的鄰居們都是「販夫走卒，引車賣漿者流」；事實也確乎如此。因此，生活在他們之中，他心理上總先有一種優越感，他覺得雖然眼前是斯文潦倒，但總會有一天可以有揚眉吐氣的時候。

一年一年過去了，他的希望永遠只是個希望。他常常找同院子裏的張鐵嘴給他「觀觀氣色」，那張鐵嘴是鄰居中惟一也穿長衫的人物，據他說：「二爺，您望安吧，過了年一打春您就交好運嘍，到那時候可別忘了老朋友呵！」余二爺這麼一開心，就能夠拉他到胡同口外的大酒缸去，兩個人灌得爛醉而歸。可是，打了春好久了，好運仍是渺不可期，「大概是有沖剋了，您瞧吧，五月節以後就行了，一準您要有好差事，外帶着還有財喜。」可是五月節的粽子已經吃過了，八月節的中秋月餅也已經下了市，甚至於深巷中又有叫賣「凍柿子」的了；那聲音夾雜在風雪中，聽起來就冷得人發顫——黯淡的失望的一年又過完了。

希望，永遠擺在前面，毫不吝嗇地向人招手；

余二爺就是這樣子蹉跎了半生。

當失望的次數太多之後，連他自己也不再相信這一輩子還會再有年輕時候那麼多「飛黃騰達」的機會了。遇到張鐵嘴，兩個人就不聲不響在院子裏的老槐樹綠蔭底下去下棋，再不乾脆就說：「張兄，你看我這條命大概甚麼時候才報廢？」張鐵嘴呢？總是說：「笑話笑話。」——他也怕了這個鄰居，他從沒有想到給一個人看過相之後，還要跟他在一起住上好幾年，隨時證明一點也不「鐵嘴」的。雖然成天到晚就是靠着賣兩張嘴皮子，騙騙人來混飯吃，可是，他也覺得哄騙像余二爺這樣的人是太殘忍了。爲了維持自己的招牌，也爲了使余二爺不要失望得太快，張鐵嘴有了新的題目——

「不瞞您說，二爺，您眼前這一步固然是不大得意，可是晚運可太好了。您瞧，」他把手裏那把摺扇沿着余二爺的眉毛一比劃，「您的眉太濃太重，把眼運壓住了。等着吧，一過四十大慶，簡直就太好了。至少還有三十年的福好享——您不信？我看怕是要應在心梅的身上。」

每到這時候，余二爺就會眉開眼笑的把女兒抱在膝頭上，笑着說，「妞兒，爸爸還要享妳的福吶，妳得那一天才長大呀！」要是正在吃飯的時候，一定就要把盤中僅有的一點肉星兒夾到心梅的嘴裏去，甚至於還會用筷子蘸一點酒給她嚐嚐。

不但張鐵嘴，就是別的鄰居們也沒有不誇讚心梅的，又清秀，又聰明，又懂得孝道。不過，說到將來，他們總覺得女孩子家頂多也不過是嫁個好人家兒，還能够好到那兒去呢？

心梅自小就很崇拜她的父親。在她所看到的成年人之中，沒有一個人能像她的父親那樣在她心中留下那麼溫雅淵博的印象。她覺得父親是無所不知的，且能够在極端貧困的生活中去給自己創造一番超越現實的意境。他的臉色老是有點兒蒼白，無論多麼熱的天，他從來不像同院的那些拉人力車的鄰居一樣，回家來一身臭汗。他永遠好像是沒有甚麼事值得去讓他流汗。他考究飲食，愛喝濃茶醇酒，喜歡抽關東煙，下下棋——因爲他拿不出現錢來去跟那些人打麻將，推牌九；此外，他懂得怎麼樣分盆種蘭花；怎麼樣在喂金絲雀的米糧裏頭加點兒魚骨頭，好讓鳥兒長得更健康；養金魚，鬭蟋蟀，喂鵪鶉，他無一不懂。甚至於就是看到普普通通一隻貓，一條狗，他都能講一兩個鐘頭的「貓譜」、「狗經」來，讓聽的人爲之神往。因此，她從心眼兒裏頭佩服他便是個內行。

可是，這樣的一個人，就是不會解決「生活」。他既不能像張鐵嘴一樣，憑着一張嘴到外面去賺錢，也不能像那些拉車的，賣山東饅頭的，打糖鑼的人那樣憑力氣掙飯吃。他永遠是一個不動聲色的旁觀者，批評者，受別人的贍養而不知感激，而且反而日甚一日的卑視這個世界。

心梅喜歡父親，可是她更同情母親。在家庭之中，母親才是眞正的犧牲者。心梅越大就越看得清楚。她有時止不住要問那終日忙着爲別人縫縫洗洗的母親：「爲甚麼爸爸不到外頭做事去呢？」

母親總是沉默——她似乎是準備着緘默地度過一生而接受任何噩運的人。她既不抱怨，也不反抗。對於丈夫，她早已絕了望。她現在已經習慣了這種屈辱的辛苦的生活。憑着她一雙瘦弱的手，昏花的眼睛，來換取一家人的衣食。她以前還迷信着丈夫，相信他也許眞的會有機會再去混兩年好差事，由這種等待和盼望的力量，鼓勵着她負起了生計的重擔，好像一匹羸弱的馬拖着一輛載重的車子爬上坡。現在，她雖然明知道好日子不會再來了，可是拖着這輛車子已經成了她的習慣，她的驕傲。而且，正彷彿在趕下坡路時候的情形，不是馬在拉車，卻是車推着馬不得不往前走，一天天，一月月，一年年。

余二奶奶也是書香門第出身的，所以她除了偶爾偷偷哭泣之外，從不會把心中的悒悶流露出來。無論去對待丈夫或女兒，她從不疾言厲色。她尤其注意隨時檢點自己，把肺腑中那種怨望和輕蔑的情緒掩飾起來，深恐丈夫在女兒的心目中失去了他那尊嚴崇高的地位。在一個家庭之中，她以爲一個父親就是一個偶像，不管這個偶像有沒有實際用途，都不能不維護着它的完整。

可是，心梅一天天地大起來了，而且，貧窮的生活本身就是一種最尖銳的教育，自然就會把人磨礪得聰明些。她漸漸地就懂得了自己家庭中問題的癥結，她一方面更加強了對母親的感恩與愛，另一方也意識到自己在家庭中的責任。她也糢糢糊糊地接受了張鐵嘴的影響，自信是這一家人進入幸福之門的鑰匙。因此，她從初解人事的時候，便對自己的未來存有許多的幻想，她祈禱着有一天可以有許許多多的錢，有高樓大廈，有好衣裳，可以讓母親永遠不必操勞，可以讓父親成天趟在沙發椅上抽煙，看書，海濶天空地和別人閒談；用不着再在大風大雪的夜晚還要離開家跑到街上去「蹓蹓」，只是爲了躲避那些口角刻薄的債主子。

因此，在心梅的稚弱的心靈中，她已迫切地渴望着被別人注意，她以爲如果能够被人注意那便是出類拔萃的第一步，無論做甚麼事，那就是成功了一半。

在家門口一家小學裏唸書，心梅的成績很好，果然是受到了全校的老師和同學的注意，而且出類拔萃了。她在初小畢業時的成績，打破了那個學校開辦以來的優異紀錄。但是，她只有很短暫的自足；當一個老師勉勵她好好升學的時候，她才懂得，唸完初小還有高小，小學之後還有中學，中學之後還有大學，甚至還要留洋——那整個的過程要比她所活過的年頭還要長好幾倍。她失望了。她急於要學一點本領能够幫助母親，使她老人家那雙龜裂了的手不必再浸在碱水裏去洗那些汗臭的衣服，硬得像牛皮似的爛襪子。她希望學校傳授的知識，能幫她改善生活，可是實際上在以升學爲目的教育制度之下，每一個學生都只是被逼着往上爬梯子，爬了一層又一層，要老老實實爬二十年，才能到達頂端，才能站在半天雲裏去摸索一個喫飯的機會。能拿到大學文憑的人，並不是說他的智慧才能有甚麼過人之處，而只是證明他有這股耐心的爬勁，他能夠把生命中最寶貴的一部份時間用在這上面而毫不吝惜。爬到頂頭上的並不見得就是最應該受教育的人，許多資質更好的却在中途已經跌了下去。

想着茫茫的未來，「還要再唸十幾年書嗎？」心梅感到了苦悶。她覺得從唸書這條路去「出類拔萃」，太難了。她不再抱甚麼希望，甚至於她覺得每天挾着書包去上學，全都有點兒自己騙自己。

「我們家出了女狀元了。」余二爺常常這樣欣然自得地對別人說；可是心梅覺得這已沒有甚麼值得高興的。一想到還有那麼些的關口要過，她膽怯了。她明白家庭環境不可能讓她唸那麼多年的書，眼前雖然不得不爲了捧回一張好看的分數單而努力用功，博雙親的一笑，可是，她已開始默默地在注意別的事。她的最急迫的要求是快一點解決生活，如何能夠達到這個目標呢？

有一回，那是一個偶然的機會，因爲心梅又捧回一張「每一樣都在九十分以上」的分數單，余二爺非常興奮，他覺得這一來可以證明張鐵嘴的話已有幾分應驗，同時，也可以表明他這書香門第的後裔畢竟是不同凡俗。

「我說，」他跟二奶奶說：「今兒個咱一家人去看戲去怎麼樣？也算是慰勞慰勞孩子。」

二奶奶跟平常一樣，不置可否，只是手底下加點緊兒，晚飯早半個鐘頭開上了桌。

那天晚上，是心梅記憶中第一次全家人都換得乾乾淨淨的進一家富麗堂皇的大戲園子，正襟危坐地聽戲。他們坐在第六排的下場門，是最好的位子。她的手裏還揑着一包糖炒栗子，一串冰糖葫蘆。那種貪玩好吃的童心在她身體裏活躍起來了，她覺得這是難得的令人興奮得忘了一切的日子。可是，她偶一注意母親的臉，那麼淡漠，而又那麼侷促不安，她的心又冷了。她猜想父親一定是把下十天的生活費用全這麼孤注一擲了。於是，當她咀嚼着想了多少天才到口的冰糖葫蘆和糖炒栗子，竟也覺得全都不是味兒了。

可是，沒有好大的功夫，她的注意力就全都被戲臺上的人物所吸引了去。那些人演唱的是甚麼戲，戲之中又包括了些甚麼情節，她一點兒也不懂。可是她不知不覺地被那種氣氛迷住。漸漸地，她不再是一個冷靜的旁觀者，而是走進了戲劇中去。她忘記了自己，忘記了這個熙熙攘攘的世界。只是癡癡地望着臺上，用自己對人生有限的知識，去揣摩那種從人生之中擷取出來的結晶而演成的劇情。最後，她居然能聽得懂一些道白，而且能瞭解一些劇中人的表情，不由得自己的情緒便隨着他們的喜怒哀樂而起伏起來了。

在大軸戲沒有登場之前，照例有十分鐘的休息。心梅這時候好像還沉醉着沒有醒轉來。父親問她：

「好看不好看？」

她忙着點點頭，有點害羞地笑了。她記得學校裏老師們平日的話，看戲不能算好孩子的行爲。她雖然不能常常看，可是她是多麼渴望着能有這種機會呀！做一個好孩子，假使不能看戲的話，又有甚麼意思呢？

父親這時又自言自語似地講了一些「戲典」；他簡略地把大軸戲的劇情說了一遍，又把他從前聽戲的光榮歷史重複了一回，「玉堂春是再普遍也沒有的戲了，四大名旦人人都有私房本子，我全都聽過，今兒晚上的雪豔琴，是個坤角兒；別看不是科裏出身，玩藝可地道的很。」

「可不是，」鄰座一個胖子插進嘴來，他大概是個忠實的捧角家，聽到了有人說話中他的意，那怕是素不相識，也要搭訕一番，「雪老板這一期的合同，光她一個人要拿好幾千塊。鬧着玩的吶，好傢伙，亮光光的袁大頭呀！坤角兒能混到這種地步，那眞是——」他誇張似的伸了伸舌頭，顯得很滑稽。

那胖子的話在心梅的心裏，留下了不可磨滅的印象。「甚麼，在臺上唱唱戲，像玩兒似的，就能賺那麼多的錢嗎？」當玉堂春演出了之後，她更不由得不以加倍小心注視着女主角的一顰一笑，滿懷無限的敬意。

「爲甚麼我不能去演戲呢？」從那天晚上以後，心梅時時這樣問自己。那天他們一直看到王金龍探監團圓，戲散了場才依依不捨地回家。夜是那麼深了，她却亢奮得忘了疲倦。甚至於躺在枕頭上的時候，還彷彿看到穿着大紅色的罪衣罪裙的蘇三婉轉悲啼的樣子。由於急絃繁管，密鑼緊鼓，和喧沸的人潮聲所交織成的戲院子裏那種神秘而緊張的氣氛，不知不覺侵入了心梅的夢境中。孩子的夢本來就是絢爛多彩的，看了這一次戲，猶如在她的幻想之中加了酵母，使她更無法平靜了。

於是，她偷偷地半羞半愧地開始注意了一切與戲劇有關的東西，她常常背着母親的面，向父親撒賴，要求他帶着去聽戲。每天下學回家來，偶而母親差遣她到胡同口外的小油鹽店裏打油買醋的時候，就藉機會在那兒多盤桓一會兒，因爲那個外號「老西兒」的掌櫃老胡，是個地道的戲迷，油鹽店有部古老的收音機，一天到晚都是在收各電臺廣播的唱片。不知從甚麼時候開始，心梅已經會哼「蘇三離了洪桐縣」的流水板了；有時候還把一張舊報紙挖一個大窟窿，從頭上鑽進去讓它披在肩上，權且作爲那個「犯婦」的魚枷。

在學校裏，她本來是一個出名的好學生，又用功，又老實；同時也有許多好學生做朋友。可是，後來爲了喜歡聽戲，她和一個叫做姜若寒的女孩子特別要好。若寒比她小一歲，人長得非常水靈纖秀，有一雙烏黑的大眼睛，非常討人憐愛。不過她的功課很壞，老師們都說她從沒有把心思放在唸書上頭。她常常請假，缺課；早晨常常因爲趕不上第一堂課或者慌慌張張帶錯了教科書而罰站。心梅起初本來跟別的同學一樣不大看得起若寒的；可是後來聽說若寒之遲到缺課都是因爲常常去聽夜戲，睡得太遲的緣故，心中又不禁羨慕起來。原來若寒的家庭是一個梨園世家，從她的祖父到父親、叔父，都是從戲園子裏成家立業的。這一來，心梅不僅是羨慕，簡直是敬佩了。

於是，這兩個小女孩子在課餘之暇便常常湊到一起密談去了——她們的友情迅速的增進，因爲在兩顆小心靈之中存有着一段爲別的孩子所無法理解的相同的愛戀，這是他們兩人間共同的秘密。

姜若寒常常把家中收藏的一些名伶們的戲照帶到學校來，還有那些戲單子——她能把這些戲單子上每一齣戲的情節，每一個名角的優點，如數家珍似地講給心梅聽。每當這個時候，心梅便只有淺淺地笑，靜靜地聽的份兒，而且覺得若寒眞太淵博了，跟她一比，書本上的那些東西算得了甚麼呢？

以後，她更成了姜家的小客人，她羞怯怯地跟着若寒回到家裏去，姜家一家人都很歡迎這個小孩子；尤其是那位康老師。

康鏡如本來也是科班出身下過苦工的角兒，他本工是青衣，可是他生就是一副「銅錘大面」的體型，黑光光的一張胖臉，高大的身材；一出科就倒了嗓，於是就只好靠教戲爲生，算是姜家的淸客。由於他的性情耿介，而且確實有一套眞本領，所以在姜家出入的賓客們對他都相當尊重。在內行人裏頭，他說句話很有份量。

康老師無意中發現了心梅的天才，那是在快過年的一個下雪的晚上。姜家這天歡宴一位經上海來的退隱的名伶，約了一些當時很紅的角兒作陪。若寒拉着心梅一同回家來看熱鬧。兩個好奇的小女孩兒互相緊緊地拉着手，從外客廳的花窗外面向裏窺望，她們蹺起脚跟，豎起耳朵，一心想要看淸楚聽淸楚那些大人們談笑些甚麼，完全忘却了戶外的嚴寒。

吃過晚飯，若寒的父母首先發現了這一對做壁上觀的看客。姜太太便一手牽一個，半拖半拉地把她們帶進了客廳：

「瞧呵，我們這兒有兩個小戲迷，爲了要瞻仰你們各位的顏色，在窗外頭扒縫兒，連耳朵都快凍掉了。」

大人們笑着，把她們包圍在中心。不知怎麼一提，便有人要這兩個孩子「消遣」一段了。

姜府雖然常有梨園同行來往飲宴，平常却很少有這種即席淸唱的事，因爲除了特別有號召力的名角之外，普普通通的人是沒有資格在這兒獻技的——姜府上外客廳的門檻，要比全北平城上任何一家大戲院都高得多。

若寒雖然年紀小，膽量倒比心梅大得多；也許因爲有父母在前使着膽子，她毫不猶疑地就唱了一段「汾河灣」裏的西皮原板。輪到心梅的時候，她紅着臉死也不肯唱，緊張得連話都說不淸楚。

「心梅，這兒又沒有外人，妳害甚麼羞？」姜太太鼓勵着她：「今天在座的都是名角，請他們給妳說腔兒，這機會多難得呵！妳還是姐姐呢，妳瞧若寒都那麼不在乎。」

心梅終於鼓起勇氣來，面對着牆，背着客人們，張開嘴唱起來了。她的心跳動得這樣疾速，好像隨時會跳出腔子來，臉頰燒紅了，鬢髮邊竟沁出了幾點汗珠兒。她唱的是姜伯母認爲她平素唱的最好的一段，三堂會審中的西皮原板「初見面紋銀三百兩，吃一杯淸茶就動身。」她一心想要照平常一樣平平穩穩唱下去，可是，不知爲甚麼她簡直緊張得不知自己在唱些甚麼，唇與舌，甚至於全身體都在顫慄之中，她的嘴只是依從着直覺的習慣把聲音吐露出來，成爲一種機械的動作。連她的眼睛也好像都暫時失靈了，對面牆壁上掛着一幅水墨畫，畫的是大舜皇帝耕田的故事。她的眼睛一直沒離開那幅畫，可是一直到唱完了的時候，才想明白耕田的是一頭大象，並不是鼻子養得太長的牛。

儘管她自己是如此的神不守舍，可是她已經被這斗室之中上十位名家評定爲「大有希望」的人才。

「小小年紀，可眞不容易。我要不是決心不吃這行飯，一定還要給她說兩齣戲。」那位上海來的遠客王老板說。

「說戲礙甚麼的呢？又不要您自己唱。我看您就收下這兩個關門徒弟吧。」姜太太湊趣地說。

「大嫂，您還不知道這個，小孩子要學這一行，根基最要打好。這兩個資質都很好，要緊的是把底子砸結實一點。在我們這羣朋友裏頭，要說給她們領路的話，恐怕鏡如是最適合的人選了。」王老板指指康老師。「教跟唱是兩碼事，我說句不怕您笑我淺薄的話，自己唱有的時候也不知怎麼就唱出來了，您說一定要追根究底，問我是怎麼個行腔運字，那我可就說不出來了。」

於是，跟着又有別的客人們捧場，一致贊成康老師給這兩個孩子「啓蒙。」

「要是您認爲可造就的話，改天我再請請大家，認眞擺幾桌酒，行個拜師大禮，好不好？」姜先生這麼一說，大家都笑着鼓起掌來，弄得康老師說好也不是，說不好也不是。

就這麼的，心梅開始翻開了戲劇生活的第一章。那照片本子上有一張是她和若寒拜過師之後，侍立在老師兩旁的一張合影。康老師坐在正中，背後的茶几上放着花盆兒，自鳴鐘，老師瞇着眼角兒，很有威儀的樣子，手裏頭還捏着一對爲順手筋的象牙球。心梅留着垂髫的短髮，穿的是白衣黑裙——那一天心情是那麼輕快，恰好像她那件新作好初次上身的裙子，被微風吹拂着在輕輕地飄舞。

學了大半年，雖然還只是湊着學校下了課而康老師又有功夫的時間，隨便唱兩段，可是心梅已經學到了不少。她開始懂得了一些工尺音律，懂得了一些通俗的戲劇故事，尤其是比較能够欣賞一生所謂「眞好」的東西。食髓而知味，她已經完全深入於演戲的樂趣之中。

可是，愈是迷戀她愈是苦悶，因爲在家裏她探過口氣，父親是堅決不許她去正式學戲的。「花錢聽戲是大爺找樂兒，高興要去票兩齣也是找樂兒，可是，若要認眞地拋頭露臉去下海，那有什麼意思，我們余家窮雖窮，還沒有窮到靠閨女吃開口飯的那一步！哼哼唱唱沒關係，要想上臺，那除非我兩眼一瞪，兩腿一伸，才不來管妳的事。」

余二爺從來不這麼跟女兒發脾氣的——這是因爲女兒要不唸書去學戲，去唱戲，不但違反了他「望女成龍」的期望，同時也大大損傷了他的「士君子」所固有的自尊心。

這麼一吵，心梅覺得再學下去也沒勁了。夜晚自己蒙住被窩痛哭了一場，以後不但不去找康老師，連和若寒也疏遠了。

照片本子的第三頁，是心梅小學畢業那一年的同班同學照的合影，她在校長的椅邊席地而坐，那是很大的榮譽，因爲學生們坐的次序是按着考試的成績排的。她是第二名。

可是，這張照片和心梅畢生中一件最慘痛的事情緊緊地聯結在一起，使她永遠都忘不掉。這件事情完全掩沒了她求學告一階段的快樂——就在她畢業的第三天，父親死了。

余二爺那幾天似乎情緒很不好，內心焦燥而表面上還要強自做出很平靜的樣子來。他對家裏人說，最近有一個同鄉，發表了一個甚麼局長，他想去試試看有甚麼機會沒有。這種事情本來以前也常有，而且從來也沒有過任何結果的，所以余二奶奶也就沒放在心上。可是當天晚上回來他的神色就不大對，說是腦漿子痛。問他是不是有甚麼不舒服，他一句話沒說，還不知爲甚麼賭氣子摔碎了一個玻璃杯。

半夜裏，余二爺氣稍微平了一點，才自言自語似的把白天的事告訴了余二奶奶。「妳當我是去找甚麼人吶，就是趙振英呀！想當年他在我手底下，我一手提拔他當個小收發，一個月開銷他十八塊六角大洋，這也沒有幾年的事呀！想不到昨天見了面，他擺出那份愛搭不理的樣子，把手那麼一伸，陰陽怪氣的說了聲『坐吧』，就裝模作樣看他的公事去了——他懂得個屁的公事。要不是他姐姐做了××××的姨太太，他輪得上當甚麼鳥局長！」

余二奶奶從黑暗中爬了起來，倒了杯熱水遞給他，「得了，好好安歇吧。何必跟這種小人一般見識呢！」

「小人，我看他簡直是狗都不如的禽獸。自家餵熟了的狗見了你還搖搖尾巴呢。這個小子居然沒等我開口就大顏不慚地說：『老上司，我聽說您的景況了。我也很打算借重您。可否請塡個簡歷片子來？』簡歷片？他也配！這種混賬亡八旦。」

「唉，算了，這年頭兒還不都是狗眼看人低。他覺得他是在臺上的紅人，再說你那一身穿戴，反正讓人一看就準是求幫告貸找事的，也難怪了他。」

「這種狗雜種，我當時眞恨不得給他一茶杯。」余二爺憤怒地捶着床沿。「也怨我余某人沒骨氣，要知道他是這種忘恩負義的殺胚，餓死也不要去呀！」

說着說着，他竟傷心地哭泣起來了。

心梅記得很清楚，那一晚她突然被驚醒來的時候，一睜眼就聽到了父親哭的聲音，傷心得好像個小孩子。在黑影之中，她隱約看到母親坐在床邊，在爲他揉胸口，因爲他自己說是心痛病又犯了。

第二天早晨，天還沒有亮，父親一個人就起身到外面散步去了。後來，他也不知甚麼時候回來，自己拉了張竹躺椅，在樹蔭底下閉目養神，還把一本兒「皇曆」，蓋在臉上擋住飛來飛去的蒼蠅。

可是，一直到十點多，余二奶奶買菜回來，看到日影兒已經正射在二爺的頭上了，便吩咐放暑假以來常在廚房裏幫忙的心梅：「去，喊妳爸爸起來，要睡到屋裏睡去，這麼毒的太陽。」

心梅起初還想用個細草穗兒去掏父親的鼻孔；可是當她把那本皇曆挪開的時候，忽然記起了夜兒的事情；她不忍再打攪他，只好扶着他的肩頭輕輕搖撼。她奇怪父親的臉爲甚麼會慘白得像一張紙。他雙眉緊蹙，嘴微微地張開，好像睡夢中還爲了甚麼不耐煩的事情和人在吵架。她喊他幾聲都叫不應，連白色的槐花落在他鼻子上都一點也不覺得癢，大概是睡的太熟了。

忽然，心梅的手無意中觸到了父親的手，「怎麼這樣冰涼的？」她的心頭像有一道厲閃一樣突然間閃過了一個恐怖的念頭。她把手放在父親的嘴上，完了，一點氣息也沒有了。她瘋狂了似地哭喊着「爸爸」，那本斜擱在余二爺肩頭上的皇曆，一下子跌落到了地上——一個人的一個時代結束了。

余二爺是這麼一個與世無爭，淡泊自甘的老好人，他只有這一回認眞動了氣。

後來大家才發現，余二爺原來在外面欠了不少零星的債，他去找那個姓趙的時候，是因爲有好幾處借的錢到了日子還不上，實在急得走頭無路。

他雖然活得很艱難，死却死得意外的輕鬆。他原來就有受不得刺激的心臟病，而且又是很嚴重的營養不良。

心梅自己也明白，父親是個對於這個世界一無所用的人，但這仍禁不住她懷念他，尤其是在她成了名，有了聲望和事業，生活可以過得很舒服的時候。她常常幻想，假使父親還活着的話……

不過，要是父親果眞還活着了，那麼他不會准許她去學戲，去演戲，去靠着在臺上「拋頭露面」謀生賺錢的，那麼，也許她根本就沒有成爲名伶的一天；也就不會惹出今天的煩惱來了。

（未完）

旅美小簡之十七

泥土的芬芳

陳之藩

浮士德坐在書齋裏，面對着浩如煙海的典籍，猛然覺得自己的年齡，早已嗅到泥土的芬芳，以有涯追無涯的把戲，業已逐漸悟及。「生命是什麼？我們來到世間幹什麼？知識是什麼？我們有知識又爲什麼？」問題如一波一波的浪花；思想如一片一片的潮水，賢哲的微言與點金的魔術全禁不住一個人對生的畏懼與對死的悲哀。

此時，魔鬼的召喚響起，浮士德墮落了。

一個人自從有知識起，就逐漸聞到泥土的芬芳的，有這種感覺的人，不僅是浮士德一人。然而爲什麼成千成萬的文學家、藝術家、哲學家，尤其是科學家却在此無垠的沙漠中不僅跋涉得並不疲勞，而且欣賞得怡然自得呢？

一些應用科學家爲賺無窮之錢，或爲得不朽之名，這些，我們易於想像到；一些文學家，爲沉緬於古人情感之中，爲陶醉於名著思維之內，這些，我們也可以體驗到。而那些終生以幾張紙一隻筆爲伴的純粹理論研究者，無功利可言，亦無快樂可言，却所爲何來呢？

不論哲學家也好；理論科學家也好，他們都有可以賺得較多錢的才能；也都可以作使知識變爲實用的能力。而不此之圖，他要研究物質的生成，星光的來源，宇宙的膨脹，時空的關係，終其一生，解其始終不解之謎，爲什麼？這是魔鬼嘲笑浮士德的原因。

這個在我內心裏醞釀了許久的問題：似乎在幾個啓示中得到了解答。

在第二次大戰中，領導英美整個科學界的布許博士，他在一篇退休演說中說：「在以用畢生精力，追求一渺茫希望，而所以還仍有純粹科學研究的人，這股內在的動機是來自一因素，此因素卽是信仰。我們對所看所感的東西，所以具有推理能力與推理與興趣，都是一種信仰的行動。因爲推理是奠基於未經證明的前提。所以所有科學家都有一股神秘的東西，在自身之內。」

這如果出自一個神學家的口中，是不新鮮的；而是出自發揚運作數學，發明布許分析機，積極發展雷達，領導造出原子彈來的布許博士口中，却是令人耐人尋味的。

愛因斯坦說：我們所能經驗的，最快意的事情是神秘。這是產生眞正藝術與眞正科學的基本情感。我認爲宇宙宗教情操，是純粹科學研究的最有力的鼓勵，克波勒、牛頓、能够於孤獨寂寞之中努力建造天體力學，是基於對萬象森然的宇宙之湛深的信念與理解的渴望。

這是產生眞正科學家的理由，也是答復魔鬼的神咒，有這種境界的人。才有能力談科學，才有能力作科學。

我們可以任意找出態度篤實的科學家，都是以鞠躬盡瘁的精神，作死而後已的努力，而他們口中所流溢出的情感上的滿足却是極富於宗教氣味的。

建立整個自動機械系統，其影響足以比擬瓦特的功勳的科學家伯朗，他說：「這個反餵控制原理是宇宙原理，已觸及宇宙奧秘。」利用張量分析拓展整個電路數學的克良，他也說：「這一套並不是我所能造的，是宇宙的秘密。」

浮士德與魔鬼戰鬪了無數次，魔鬼是戰敗了。魔鬼戰敗了以後，縱然依舊要聞到泥土的芬芳，縱然依舊要感到人世的苦痛，但是一個學者却能發憤忘食，樂以忘憂起來。

我們國家現在是沒有科學，其實豈僅沒有科學，而是根本沒有學術；所以沒有學術，是根本存在着魔鬼。魔鬼是什麼？是以生也有涯、知也無涯的慨歎，來掩飾自己的懶惰；是以天地逆旅、百代過客的詮釋，來解嘲自己的苟安。是以淡泊明志作爲學優則仕的準備；是以滔滔皆是，作爲自甘沉淪的遁辭。

我們與其說需要繁重的科學建設；不如說需要虔敬的科學精神，與其說需要虔敬的科學精神，不如說需要篤實的人生態度。

我淚禱浮士德的勝利。

四四年十二月十日於費城

讀者投書

一羣退役戰士的呼籲

編輯先生：

我們滿肚子要說的話，無處申訴，很多有地盤的人，都抱着明哲保身的態度，祇要有些許涉及政府的事，就盡量諱避，卽使是正義之辭，他們也不願登高爲之一呼。貴刊一向擁護政府，進諫忠諍，直言不諱，也頗得政府重視。現在敬借貴刊一角，並請代爲呼籲，請有關當局注意沒有顧及到的一些小問題，也是我們親身的遭遇。

我們都是卅八年共匪擴大叛亂，傅逆作義變節時，衝破鐵幕從敵人刺刀下爬出來的，歷盡千辛萬苦，忍饑挨餓，終於重獲自由。此間無人引導，無人資助，我們全憑一顆良心、一腔熱血、和青年人的一股傻勁。

在臺灣，有很多和我們同時逃出魔掌的人，在學業上，工作上，他們都選擇了自己所要走的路。而我們則痛感國破家亡，大敵當前，豈能苟安，毅然決定參加直接和敵人鬭爭的行列，從上海保衞戰到舟山轉進，從廣州到海南，爲更多的人們，我們用血，用淚，去堵抑氾濫的紅流，最後忍痛撤至臺灣。經過幾年來的生敎聚訓，我們的意志更堅定，從什麼地方來，我們一定要回到什麼地方去！

不幸，壯志未酬，或身染疾病，或因體力關係，我們皆蒙政府批准退役。丟掉我們目前的生活狀況不談，政府確也曾輔導我們就業，但勞苦工作我們無力承擔，而心志尚未完全喪失，有志深造，完成中綴的學業。然而，在這方面，政府似未曾爲退役戰士計劃輔導升學，(各國皆有此例)僅對現在志願從軍者有獎勵辦法。而我等確係眞正自動志願從軍者，我們決不作任何奢求，僅希望政府給予一個補救的機會。退役戰士中尙堪培育者爲數甚多，惟其中多數無合法證件，或證書確已遺失，更未得機緣參加敎育部舉辦之升學預試，以及國防部舉辦的隨營敎育考試，因此祇有拖着稍欠健康的身軀，徘徊在通往大學之路前，抱着一顆破碎的心，瞻望大學之門。

回溯過去得失，復觀現實生活，再展望未來，所得如此下場，能不令人心酸！

爲我們，也爲和我們有同樣遭遇的人，不能不向有關當局呼籲，設法予以補救，續行舉辦升學預試一次，以免彼等怨艾消極，以至悲觀，則感大德大恩匪淺。謹此 敬祝

撰安

退役戰士 李樹樺 劉光 林鴻是 劉子元 趙文義 同上

一月六日

編者按：最近我們收到許多退役戰士的來信，都是呼籲政府輔導他們求學的。我們選擇這封具有代表性的投書刊登出來，希望有關當局，能考慮他們的意見，並訂定一個合理的辦法，以輔導他們升學。

(上接第3頁新論)

動？浦假德在此兩年半中，所以未遭受政府嚴厲取締，又正以浦氏始終未採取暴動方式，手法巧妙，政府無從以法律制裁。舉一個例，當他指導下的小商人拒絕納稅，而終於被法院拍賣欠稅者的財產時，他就派出大批「同志」，將拍賣行擠得水洩不通，他們出價極低，別人也無法擠入出價，結果，總是以低於納稅額若干倍的代價，購得此項財物，物歸原主，欠稅勾銷，使抗稅者實際獲得減稅的利益。現浦氏大批黨徒，更堂堂走入議會。(他自己曾爲國民議會，等於一所妓院，他說，法國名義上，封閉了所有妓院，但留下一座最大的，那就是國民議會。此次大選他自己不參加，或許爲了這句話，只好院外指揮。)我們放開眼界，悉心檢討，與其譴責某一國家法西斯份子之抬頭，無寧寄期望於該國內政之改進。幸而這一運動，出現於民主法治的法國，人民怨憤，能依和平的抗爭方式，及合法的選舉途徑，以求取發洩，如不幸而此類運動發生在一不民主不法治的國家，則政府人民，各走極端，暴動流血的慘劇，勢必無法避免。此又我們於痛心浦假德黨興起之餘，所堪爲法國衷誠慶幸者。

以上三點，是我們對於法國本屆大選的看法，至於法國今後政局如何演變，則限於篇幅，留待異日，另爲評論。不過無論如何，第一屆法國新閣的組成，仍繫於「中間路線」的合作。共黨參加聯合政府的可能性，在最近將來，百分之九十九，大概是不會有的。

自由中國　第十四卷　第二期　內政部雜誌登記證內警臺誌字第三八一號　臺灣省雜誌事業協會會員　八〇

給讀者的報告

這次法國國會選舉，各民主黨派不能合作，致使法共勢力抬頭，今後法國政局勢必仍陷於動搖不穩的局面，這種趨勢無論對法國或世界前途言，都是不利的。反共國家，無論在國與國間或一國之內，彼此若不能精誠團結，反而互相傾軋，最後只有自趨失敗的。過去由於反共國家若不能堅定反共意志，一面雖以反共爲號召，而另一面又無時無刻不在爭取共產國家的友誼，其結果則喪失了鐵幕內外人民的信心。本期社論從法國大選的結果，警告反共國家領袖要澈底覺悟。

臺灣經濟的出路惟在工業化。然而發展工業則非資本莫辦，故資本實是工業化的先決條件。近年來工業化的口號響澈雲霄，但鮮有人注意研究有關資本的問題。「臺灣工業化究需多少資本」？這是本期瞿荊洲先生的大文所要提供究討的問題。瞿先生以其對經濟學的湛深造詣與在實務方面的豐富經驗，「從物資談到資本」，深入淺出，使人瞭然於問題之所在。

會寶蓀女士是我國出席聯合國婦女地位委員會的代表，近年以來，常於國際議壇上舌戰蘇俄代表，爲國吐氣。本期承爲本刊屬文，發表她對「去年世界女權運動的觀感」。其對世界各國婦女代表性格的描繪，觀察入微，引人入勝；文末作者勉勵婦女界的各點，更是金石之言。

「權威與個人」的翻譯到本期止已經連載完畢。爲應讀者要求，我們將儘速將全文重行整理以後，印行單行本。

龍平甫與齊佑之兩位先生的通訊稿是讀者一向所稱讚的。本期他們兩位各有長篇報導一篇。凡關心世局的讀者，都不應錯過這兩篇通訊。「德國問題」是自由世界與共產世界冷戰的焦點。德國的未來對歐洲與整個世界的局勢有決定的影響。龍平甫先生的清晰分析，使我們對此問題可以獲得更深入的認識。至於越南則是亞洲的多事之區，自越南共和國成立，吳廷琰出任總統以後，其政局已漸呈穩定，但是今後南北越的統一問題及其對法國的關係如何，仍是值得我們注意的，齊文在這方面將提供我們許多可貴的資料。

從本期起，本刊文藝欄將連載彭歌先生的近作「落月」。這篇小說是以一個女伶的故事爲經，描寫藝術與愛情間的衝突。彭歌先生對於人物的刻畫，素有獨到之處。在這篇「落月」中，作者不僅表現了他精湛的寫作技巧，而且可以窺見其深厚的國劇修養，在作者深刻而靈活的筆觸之下，就是不懂國劇的讀者，讀起來也覺得其味無窮。

「史大林死後的蘇俄」一文之續篇原應於本期刊出，因稿擠須延至下期。此外余蒼柏先生、陸崇仁先生、劉世超先生、張沅長先生等的大文，亦因稿擠須留待下期發表，應向作者致歉。

自由中國　半月刊　第十四卷第二期　總第一四九號

中華民國四十五年一月十六日出版

發行人兼主編　『自由中國』編輯委員會

出版者　自由中國社

社址：臺北市和平東路二段十八巷一號

電話：二　八　五　七　〇

航空版

香港　友聯書報發行公司 Union Press Circulation Company, No. 26-A, Des Voeux Rd. C., 1st Fl. Hong Kong

總經銷

臺灣　自由中國社發行部

美國　自由中國日報 Free China Daily 719 Sacramento St., San Francisco 8, Calif. U. S. A.

經售者

日本　東京僑豐企業公司

韓國　漢城裕昌德號

馬尼剌　大中華日報社

印尼　新灆書店

　　　椰嘉達天聲日報

越南　泗水文光圖書公司

緬甸　西貢中原文化印刷公司

印度　仰光振成書報店

澳洲　加爾各答塔梅學校

北婆羅洲　雪梨瑞田公司

新加坡　西利亞坡青年書店

　　　檳榔嶼、吉打邦均有出售

印刷者　精華印書館

廠址：臺北市長沙街二段六〇號

電話：二　三　四　二　九　號

本刊經中華郵政登記認爲第一類新聞紙類　臺灣郵政管理局新聞紙類登記執照第五九七號　臺灣郵政劃撥儲金帳戶第八一三九號（每份臺幣四元，美金三角）

FREE CHINA

第十四卷第三期

要目

中華民國四十五年二月一日出版

社址:臺北市和平東路二段十八巷一號

半月大事記

一月十一日（星期三）

杜勒斯招待記者，指出俄向中東與南亞擴張；提醒美國人民必須對抗共產黨在經濟與社會方面之擴張。

美陸軍參謀長泰勒將軍稱：美陸軍正以一切力量發展長程彈道飛彈。

一月十二日（星期四）

臺省府公佈實施都市平均地權臺省施行細則。

美國防部長威爾森在國會報告美國下年度三軍計劃。

一月十三日（星期五）

安理會集會討論以敍爭端案，西方已提出譴責以色列案。

美國宣佈擬於今春在太平洋區舉行一連串新的原子試驗的計劃。

一月十四日（星期六）

美第七艦隊司令兼美軍協防臺灣司令殷格索中將在記者招待會稱：臺灣如遭侵犯，美將作有效防衛。

美國空軍部長鄺爾斯表示，美國已在太平洋地區儲有核子武器，準備擊退共黨的任何侵略。

一月十五日（星期日）

法社會黨領袖聲明，拒絕共黨入閣，將與孟德法朗士合組新政府。

一月十六日（星期一）

美總統艾森豪要求國會增加援外撥款，加强軍援中韓諸國。

美陸長布魯克表示，美軍已完成戰備，隨時可以在臺灣四週或任何其他地區執行美總統的任何指令。

一月十七日（星期二）

美國務卿杜勒斯在記者招待會上表示，如果共匪發動對金門馬祖的攻擊作爲佔取臺灣的序曲，則美國將行作戰；並稱美決不惜一切代價保衛基本道德與利益。

東南亞公約軍事會今起在澳舉行會議，商訂防禦共黨侵略方法。

美國務卿籲請國會，授權長期援外，俾在亞洲與俄從事競爭。

一月十八日（星期三）

東南亞公約組織軍事會今分開小組會議，考慮軍事合作事項。

美海軍軍令部長柏克上將，促請美衆院通過十五億元計劃，並稱美海軍部擬建造海面原子艦隻。

一月十九日（星期四）

美總統艾森豪舉行病後首次記者招待會，對杜勒斯「戰爭邊緣」說表示支持。

美英外交官員對於維持中東和平問題，已完成初步會談，將提艾森豪艾登會議決定。

一月二十日（星期五）

安理會通過西方建議案，譴責以色列攻擊敍利亞。

美衆院武裝委員會通過十四億餘元的海軍造艦計劃。

美總統艾森豪發表演說，美決本公正與正義，奠定眞正和平基礎。

一江山烈士殉難今爲一週年，全國各界代表舉行祭悼。

一月二十一日（星期六）

美國務院發表聲明，責匪拒絕放棄武力，並陰謀利用被囚美僑作爲人質；美協防臺灣立場不容與匪談判。

東南亞軍事會結束，獲致完全協議。

一月二十三日（星期一）

美製造的巫毒飛機，時速超過一千哩，爲全世界最大戰鬪機。

一月二十四日（星期二）

美總統艾森豪向國會提經濟咨文，要求擴大對自由世界貿易。

洛奇在裁軍會議上，指斥俄帝之拒絕空中偵察計劃之意圖，顯然是在於侵略。

英首相艾登赴美與艾森豪會談。

「自由中國」的宗旨

第一、我們要向全國國民宣傳自由與民主的眞實價值，並且要督促政府（各級的政府），切實改革政治經濟，努力建立自由民主的社會。

第二、我們要支持並督促政府用種種力量抵抗共產黨鐵幕之下剝奪一切自由的極權政治，不讓他擴張他的勢力範圍。

第三、我們要盡我們的努力，援助淪陷區域的同胞，幫助他們早日恢復自由。

第四、我們的最後目標是要使整個中華民國成爲自由的中國。

社論

(一) 對於杜勒斯外交政策的觀感

本年一月間美國生活雜誌登出了一篇關於國務卿杜勒斯的文章。文章的要點是在報道杜勒斯外交政策的基本觀念和其成就。杜勒斯相信戰爭的主因是估計錯誤；近代史中幾次大的戰爭尤其如此。所以他對付國際共產黨的辦法，就是明明白白地告訴他們，在某種情形之下美國是不惜一戰的。過去對於韓戰、對於越南、對於臺灣海峽，他都是使用這種辦法而有效地阻遏了戰爭或戰爭的再起。所以他說：「我們曾經被帶到戰爭邊緣。到了戰爭邊緣而能夠不進入戰爭，這是必要的藝術。」

這篇文章發表後，世界輿論起了熱烈的反應。尤其在美國國內，各大報刊幾乎都有評論。有的是攻擊，有的是辯護。雙方都來得很起勁。過了幾天（一月十七日），杜勒斯在記者招待會中又特爲這件事提出報告，而那羣「如狼的」記者，也特別把生活雜誌所引的話向杜勒斯本人反反覆覆盤問了一個半鐘頭。

這次風波的掀起，或多或少是與美國大選年有關的。關於他們黨派間是非得失的宣傳戰，我們不必介入；但我們站在自由世界反共的立場，對於杜勒斯先生任國務卿以來的某些言行，尤其是與自由中國有關的言行，累積了不少的觀感，現在我們正好藉這個機會——「戰爭邊緣」的談話引起風波的時候、英國首相艾登正在美京商討世界性反共策略的時候，把有關的幾點觀感寫出來。中國有句格言：「兼聽則明，偏聽則暗。」杜勒斯先生現正陪着艾森豪總統聽取艾登首相的意見，如果同時聽聽自由中國的聲音，我們想，對於世界性反共策略的檢討，是有很大幫助的。

讀過「戰爭或和平」這部書，我們佩服作者杜勒斯在世界問題上的知識與理想；再看他就任國務卿以來「親駕外交」所獲致的紀錄，我們也得承認他有能力、有辦法。

生活雜誌的記者說：「杜勒斯對於他將出任的工作（指國務卿的工作）已有畢生準備。他對於戰爭與和平問題的思索，大概比在世的任何其他人爲多。」這段話並不過份，「戰爭或和平」這部書可爲我們作證。在這部書中，杜勒斯除掉對於戰和問題有廣泛而又深入的分析以及檢討軍事、經濟、政治各方面的措施以外，特別着重於「精神力量」與「道義權威」。而在發揮精神力量或保持道義權威這一方面，他一再强調要鼓舞在共黨政權奴役下的人民，使他們對於自由生活的恢復保持希望與信心。所以一則說：我們要「把希望、事實、與自由的景象傳達於成爲共產黨俘虜的人民。」再則說：「我們有一種義務，去防止這些人民全部灰心與失意，而此種結果乃爲共產黨所企求的。」三則說：「我們如有可能，必須把一線希望、一些事實、帶給這些被奴役的人民。我們如有可能，必須使他們保持着對上帝與對國家的愛戴，對人類友誼的信任，以及對人格尊嚴與價值的信仰。」

杜勒斯這樣重視共黨統治下人民的心理狀態，我們不得不由衷敬佩。人心這個因素，在國際政治也同在國內政治一樣，其重要性是居在第一位的。在權力的運用上能夠重視「人心」這一因素，才算得是大政治家！我們有鑒於這一點，所以我們說，「讀過『戰爭或和平』這部書，我們佩服作者杜勒斯在世界問題上的知識與理想。」

杜勒斯著書時候的理想或卓見，在其就任國務卿之初期，曾經透過艾森豪總統所宣稱的外交政策而昭示於世人。那時艾森豪總統是說要以「解放政策」來代替前任的「圍堵政策」。「解放政策」這一呼聲，在當時給鐵幕射進了一線光明，給那裏千千萬萬的人民帶進了希望與溫暖。他們曾經因此堅定信心，振奮志氣，爲恢復自由生活而奮鬪。一九五三年六月，東德工人開始抗暴運動，繼而蔓延到波蘭與捷克。這一連串事件，顯然是對「解放政策」這一呼聲的反應。這時候，正是實際上展開「解放政策」的好時機，可是美國所做的，止於消極的「糧包政策」，而這一運動也就很快地平息了。

東德事件以後，「解放政策」這個名詞，美政府似乎也把它歸入檔案了。此後美國在對付國際共黨的立場上，縱然眞的像杜勒斯自己所說的「堅定地站在危機所在的地點而不逃避」，「三次瀕臨戰爭邊際而未引起戰爭」；但是，除掉志願遣俘這件事以外，幾年來我們看不出美國的外交對於被奴役的人民曾積極地予以鼓勵，給以希望。相反地，這兩年來大家騰諸口說的「日內瓦精神」，倒是那些被奴役的人民在死亡邊緣上所嗅到的一股令人窒息的毒氣。繼着日內瓦最高層會議而舉行的四外長會議，雖已鬧得無結果而散，但美國與中共間所謂「大使級」會議，自去年八月一日以來，還在那裏斷斷續續地進行。這件事，我們要鄭重指出，是杜勒斯給他自己的名著「戰爭或和平」一個極端尖銳的諷刺。杜勒斯在「戰爭或和平」中一再地說，要給被奴役的人民以希望，要使他們保持恢復自由生活的信心與志氣。可是目前還在進行的日內瓦談判，使我們五萬萬陷於大陸的同胞感覺得奴役他們的政權，居然取得了領導自由世界的美國事實上的承認！不管談判中談些甚麼問題，也不管談得有無結果或結果怎樣，只要美國的外交官員與共黨政權的代表坐下來在一塊談，中國大陸的人民也就失掉希望、動搖信心、乃至於灰心喪氣了。讓五萬萬矚望於自由世界的人心趨於冷却，這在我們世界性的反共策略中是一大大失敗。這一失敗已難於一下子全面挽回，如果現在再不挽回，其後果將會更壞。目前挽回的辦法，就是乾乾脆脆停止日內瓦談判，把談判的經過公佈出來，並以「戰爭邊緣」的精神，在偲偲過慮的人們所幻想的危機之前站起來。

基於種種理由我們可以相信，在今後三五年以內，共產集團不敢挑動大戰，也不敢應付大戰。杜勒斯所想像的「戰爭邊緣」，照我們看，儘可向前推進再推進，也不會眞的進入戰爭。因爲共產黨的特性是這樣：當他打不贏你的時候，他是「一嚇、二詐、三丟手」；當他有把握打敗你的時候，你雖向他打躬作揖、步步後退，他也要打得你毫不留情。共產黨這種特性，杜勒斯在寫「戰爭或和平」的時候似乎看得很清楚。所以他在該書「認淸你的敵人」那一章，一開始就寫着：「如果我們不知道誰是我們的敵人，如果我們不知道我們的敵人是怎樣的一種人，他的思想如何，我們決不能作有效的自衞。這情形會使我們但知防禦幻想中的危險，反而暴露於眞危險之前。」杜勒斯在寫書時看透了的事象、想通了的道理，到了做國務卿以後反而模糊了。是不是由於過重的責任感使他難於保持頭腦客觀呢？

現在，英首相艾登又在美京會談了。據外電報導，艾登要談的問題，包括遠東問題在內，除聯合國席位問題、禁運問題以外，他將力勸美國壓迫我們放棄金門馬祖，以安撫中共，避免臺灣海峽的戰爭。這一傳說，不是不可置信的。但是「艾森豪將視攻擊金馬卽爲攻擊臺灣。對於這一點，杜勒斯從未懷疑過。」這是生活雜誌所透露的消息。在記者招待會中，杜勒斯對於這個消息並未特別否認，而只是換個方式說：「我想他們（指中共）會想到，如果在金馬發動攻擊而是進攻臺澎的步驟的話，我們一定會打。」在這種情形下，艾登想說動美國馬上來個大轉彎，壓迫我們放棄金馬，我們想，這是不可能的事。但是，外交上也有要價還價的技術。英國目前所最焦心的是中東局勢，如果艾登能夠犧牲一點對遠東問題的主張，得以實現對中東問題的希望，他也就不虛此行了。這是本題以外的話，我們不必再說下去。

總而言之，我們要提醒美國政府，尤其國務卿杜勒斯的，就是自由世界的領導國家，是少不得精神力量或道義權威的。犧牲精神力量或道義權威，卽令勇於瀕臨戰爭邊緣，也不足負起自由世界領導的責任。這個道理，我們向「戰爭或和平」的作者杜勒斯來講，的確是多餘的；但向現任美國國務卿杜勒斯來說，又確有必要。我們相信，如果杜勒斯就任國務卿以後，緊緊地把握住這一要點，而以「戰爭邊緣」的精神來發揮，則今天的國際局勢可能比杜勒斯頗引以自慰的現實局勢還要好得多。

社論

(二) 教育問題引端

教育對於國家力量和民族文化的關係，乃是稍有常識的人所知道的事情。在今日的自由中國，國家應當盡最大的力量於教育，亦是稍有常識的人所知道的事情。但我們政府對於教育的措施，的確尙留有若干很大的缺點。我們想到國家現在處的情勢，我們覺得這些缺點已不能再留存了。

今天我們所要提出促大家注意的幾點，都和中華民國憲法裏教育文化節中的幾條條文有關係。我們不是要討論憲法條文的得失，乃是要借重憲法，以引起大家對於討論教育問題的興趣。

一、教育目標的問題　講到教育的目標，我們憲法第一五八條載：「教育文化，應發展國民之民族精神、自治精神、國民道德、健全體格、科學及生活智能。」就表面上講起來，這條憲法條文似乎已概括得很詳盡，但仔細一想，則這條憲法可以說是有體魄而精神還沒有充實的。我們要怎樣的做去才能發展國民的民族精神、自治精神和國民道德呢？我們現在教育上的設施是不是盡合於這種目標呢？據我們的觀察，則我國現在各級教育中的若干事情，非特無益於這種目標，有時且適得其反。如果現在不急切反省作改弦易轍的計劃，則國家恐不能收教育的功效，而民族文化亦恐怕沒有進步的希望。

我們以爲如果我們的教育不爲我們民族的文化打算，不爲我們國家將來在世界上的生存打算，則隨便怎樣做去都可以。不然的話，則我們現行的教育，趨向的確不十分對。最大的毛病，就是我們太忽視「個性」在人類文化上的重要性了。

我們以爲，正當的發展個性，應該爲我們中華民國教育的最大的目標，最高的主旨。中華民國是民主共和國；只有以發展個性爲主旨的教育才能造成眞正健全的民主共和國的國民。但這不是我們唯一的理由。老實說，這樣的教育，是人類文化的進步所最需的，亦是最適合於人性的。

人類文化的進步，是大多數人努力的成績。但倡導這種努力的人則差不多都是天才。一個天才所以能夠表現他的正當的能力，完全在社會或學校能夠給他以正當發展個性的機會。這個理由，極爲明顯，用不着我們多說。試看古來偉大的人物，有功績於人類文化的，那一個不是有高度的個性的。現代有些學者，根據生物的現象，以爲愈高等的生物，個性的表現的程度愈高。因此有一派教育家把培養個性的教育看作「順乎人性」的教育。這種教育自然是人類所應當主張的。

人的賦稟不同，個性自然有好壞的分別。我們當然不希望負教育責任的人，將好的個性和壞的個性一樣看待，更不能希望他們專事助長壞的個性的發展。一個教育家的眞實本領，就在乎辨別那些是好的個性、那些是壞的個性；知道怎樣去發展好的個性，怎樣去改變壞的個性。要做一個好的教育家，須學會這種本領。

讀者或許以爲我們這個教育主張，在世界太平的日子雖然可以講得通，在國家有急難的時候則不能講：我們現在是以一敵百以寡勝衆的時候；在這樣的時候還要講注重發展個性的教育，這不是使萬衆萬心減小防衞國家的力量嗎？在我們看來，這個想法實在是一種過慮。我們所謂個性的發展，乃是要使受教育的人能夠自由自在的儘量發揮他的蘊藏着的能力，以增加人類求眞求善求美的成績，並不是要養成他自私自利的惡習。用教育學上的意義來說，發展個性是要一個人儘量做一個好人，循着自己的才質儘量做一個有益於社會的人。我們以爲用這個原則來教育國民，所得的結果，必比用別的態度所得的結果好得多。一個國家要得到國民的愛護，要收到國民的助力，最好的方法莫若使國民明大義而有自尊心。明大義而有自尊心的國民，決不會在患難中忘卻國家，背棄國家的。但是要在教育上收這種功效，非教育走上發展個性的路途不能做到。徒使受教育的人學會「口頭禪」是沒有用的。

這是我們提出發展個性爲教育目標的簡單理由。我們以爲違反這個目標的教育措施，都是有害於國家和民族的。卽令這種措施出於爲國爲民的好意，主張的人也不免犯了誤國誤民的罪過。這個問題是和我們基本國策有極大的關係的，所以我們鄭重提出，希望可以引起當代賢哲的詳細討論。

二、教育經費的問題　中華民國憲法第一六四條：教育科學文化之經費，在中央不得少於其預算總額百分之十五；在省不得少於其預算額百分之廿五；在市縣不得少於其預算額百分之卅五。當初我們制憲的人所以有這個規定，並不是沒有深意的。但卽以我們政府來臺以後的預算而言，教育經費的支出，就中央而言，離開憲法所規定的標準還遠。我們國家財政的困難，沒有人不知道。但想起我們教育的落後，我們國家各種人才的缺少，眞可以不寒而慄。(這裏所指的人才缺少，當然不是說「會做官」的人少，乃是指一個强大的國家所需要的「眞才實學」太少了。）處理原子能和平用途的人才固然不少，卽文法各科的人才何嘗夠用。

我們中小學教員的待遇的微薄，無疑的完全反映在國民教育的成績上。我們固然不能說中小學教員的待遇一提高，我們國民教育的水準便立見上升了。但是要使生活不安定的人個個表現「誨人不倦」的精神，那恐怕是很難實現的情形。我們大學教授的待遇亦太低了；我們所以特別提起中小學教員的待遇，當然是因爲覺得他們的生活比大學教授的生活更要艱苦的緣故。

過去的不必講了。今年政府編製預算和立院討論預算時，不知又是「仍舊貫」否。總之，我們若不注意於這個問題，非特對不起憲法，亦且對不起國民——對不起這一代的國民，更對不起下一代的國民。

三、國家監督教育問題　憲法第一六二條：全國公私立之教育機關，依法律受國家之監督。這一條憲法，初看去似乎很不順眼；但我們如果仔細一想，亦是制憲的人出於不得已而作的。有些私立的教育機關，固然免不了掛羊頭賣狗肉的作風；卽公立的教育機關，有時亦會現出腐敗的情形。憲法上已規定國家有監督的權，則遇有這樣的事情發生，政府便可隨時糾正。所以這條憲法的命意，實在是很好的。但政府怎樣才能盡監督的責任？怎樣才不會越過監督的範圍？這不是容易回答的問題。政府的監督教育機關，要做到十分適當，需要運用上等的智慧。沒有上等的智慧，沒有現代的知識，對於教育沒有眞知灼見，則這個監督的事情或許便做不好。政府行使不正當的監督權，很可以阻礙國家良善教育的發達。這種事情，有時賢明的政府亦會鬧出。我們應該以最大的謹愼避去這種的不幸。

除卻監督不得當的危險外，還有一種極不妥當的現象存在我們的教育中。國家機關，常常因一時的興致，於正常的教育程途外，橫生枝節，使上下各級管理國家教育的人無從按步就班的做去，同時亦使學生疲於奔命。這些國家機關的原意，固然亦是爲國家和民族的好處着想，但可惜心雖好而方法不對，結果究是害多而利少。這種情形，凡有子弟在大中學校肄業的，當早已熟悉。我們現在的提及，亦是希望政府和社會賢達對於這種事實深加考慮，及早作一個妥善的糾正。

以上各點，僅是當前許多教育問題的一部份。我們今天的提出，最大的目的，就在引起我們全國上下對於這種問題的注意和討論。

論信用政策

戴杜衡

一

近年來我國的財經政策，始終陷於一種顧此失彼的矛盾之中。決策當局，在採取一項措施以前，通常也早就意識到所將引起的矛盾，因而左右搖擺；而此種搖擺，又正好使所採措施未見其利而先受其害。這是很不幸的。筆者願意承認，任何財經措施都無法做得十全十美，某種程度的矛盾可能竟是無法避免。但，如果政策所依據的原則確實是比較健全的話，矛盾也可以減少到至低限度；利害相權，總應該抵消而有餘。否則，又何所用其政策？

在我們眼前，一個新的矛盾又在漸漸變得顯著。去年的物價波動曾引起各方面的責難，迫使政府採取種種措施，大力平抑。在此類措施中，最見效的，無疑是緊縮信用一項，到新曆年關前後，物價即開始普遍回跌。但信用緊縮的結果，產業界深感周轉不靈，黑市利率猛烈上漲，幾已打破近年來的最高紀錄，倒閉之風，可能接踵而至。物價之穩定與產業之繁榮，又將成了魚與熊掌那樣的難題。正如去年我們曾爲滙率問題而苦惱一樣，今年料必將爲信用問題而苦惱了。

當局曾表示，信用之加强管理，將爲今年度金融政策的重點。但，根據怎樣一種方針來管理呢？則未見說明。是放寬？是緊縮？抑或是忽寬忽緊？也許是這樣，到物價漲風顯現時就緊縮，到產業界倒風顯現時就放寬，以收所謂「機動」之效。但筆者願坦白說破這樣的「機動」，正就是擺搖不定，欲求兩全，勢必兩失，充其量也祇能做頭痛醫頭，脚痛醫脚，實在够不上算是一個健全的方針。

一個比較健全的方針是可以找到的。筆者不妨在此把本文的結論先行提出：能使穩定與繁榮的矛盾減至最低限度的辦法是，在短期信用方面放寬，在長期信用方面收緊；信用應使之多用於周轉而少用於投資。

筆者很懷疑，很可能有許多人所設想的方法剛巧與這相反，所以認爲有特別提出來討論一下的必要。我們時常聽說，貸欵應使用於生產之途；又時常聽說，生產貸欵，即令爲此而增加發行，也不算膨脹。前一句話是對的，後一句話也不算錯誤，但必須把「生產」一詞廣義的解釋，即包含工商業的一切活動在內，供給周轉的貸欵也應該視爲生產貸欵；如把「生產」一詞作狹義的解釋，即僅僅把促進投資視爲促進生產，那麼上述的兩句話，即非筆者所敢苟同。有許多跡象使筆者感覺，可能政府當局正是就那狹義的解釋來解釋的。公私企業擴充設備等類的貸欵申請，通常能獲得優先的許可；政府的貸放中心機構爲中央信託局而非臺灣銀行（這兩個機構的業務性質決定了前者的貸放多爲長期，而後者多爲短期）。凡此種種，均說明政府正非意識的在製造着並擴大着穩定與繁榮的矛盾，以致陷於今日的苦惱而不自覺。本文的目的，即要就投資貸放（長期的）與周轉貸放（短期的）二者對穩定、繁榮、以至利率等的關係，試爲探討，以供當局的採擇。

二

且先從物價說起。我們所關心的，是一般民用品價格水準的變化。而不是各項民用品之間價格比率的變化。如此，在討論的進行中，我們恒假定各項消費財之間的價格比率維持不變，以免把問題弄得過於複雜。但，無論是價格水準的變化也好，價格比率的變化也好，都祇可能起於一個總的原因，那就是供需的變化，一切其它原因都是間接的，都毫無例外的必須經過供需這一扇總門才能影響及於物價，除非所稱的價格是一種法定價格而非市場價格。

消費財的供給決定於總生產量，却並不等於總生產量，因爲總生產量中還包含得有資本財在內。我們在此把總生產量分爲資本財與消費財兩部份，而簡稱之爲S_1與S_2。S_2是顧就現在的價格供應於市場的消費財總數。消費財的需求相當於社會之購買力，購買力決定於所得，却並不等於所得，因爲所得中還包含一部份並不立時花用的儲蓄。我們在此把所得也分爲儲蓄與消費兩部份，而簡稱之爲D^1與D_2。D_2就是對消費財的購買力，也就是爲購買消費財所用掉的貨幣總數。如果儲蓄恰好等於投資，則S_1就恰好與D_1相對；但儲蓄是否恒等於投資的問題，可引起爭辯而不易得到結論。至於D_2與S_2之恰好相對，則爲一無須解釋的自明之理。我們把物價指數稱爲P，並把各項商品歸原於一個共同的量的單位（註），就能得到一個非常簡單的等式，即$S_2 \cdot P = D_2$。由此等式可看出：欲維持物價水準之穩定，雖不必定要S_2與D_2二者都永遠不變，但其變化却必須是相同方向且相同比率的；反過來，如有一因素僅使S_2與D_2二者中之一發生變化，或使二者發生相反方向的變化，或使發生雖方向相同而比率則不同的變化，它就會使物價水準隨之而波動。

（註）在各項商品之間的價格比率維持不變的假定下，這是可能的。既然假定一石米的價格恒等於二丈布或三擔柴，則就可把米視爲以一石爲一單位，布以二丈爲一單位，柴以三擔爲一單位。此種單位即可成爲一切商品所共同的量的單位。

確立了上述的等式及其推論，我們就能發現用於投資的信用貸放與用於周轉的信用貸放這二者，對物價所能造成的影響是不同的。所謂信用，應是指或是經由通貨之增加或是經由銀行之機能而憑空生出的一宗資金，並沒有一宗民間的儲蓄與之相當。這一宗資金如用於建設新廠或擴充舊廠設備等，它很快的會轉變而為一部份人的所得，如建築工人與製造機器的工人等的工資等，此所得之大部份，往往會很快的用之於消費；這就是說，所得之增加，會使D_2隨之而增加。當然，一切產業建設，到最後總是要達到增加消費財供應的結果，但現代的生產是一種迂遠的路程，走完這一條路程，需要時間。投資行為最後雖會使S_2增加，但這是長期的事。在短期內，是D_2增加而S_2不變。物價波動，本來就是一個短期現象，所謂長期平衡價格，祇是一個理論的假設而非實際的存在。投資信用很明顯的會促使物價上升，它是一個眞正的膨脹因素；而且，愈是用於基本建設(如重工業等)，它的膨脹力量也愈大，因為從此種建設走到消費財之供應那一終點的路程，也愈為迂遠。

在我國的特殊情形下，投資有時候並不需要在國內定製設備，而僅是向國外現成的購買。但這也仍然是一個膨脹因素。不錯，拿一宗外滙去向外國購買器材，它祇是增加了外國的購買力，並未增加國內的D_2，但政府為彌補這一筆外滙差額，就要多採辦一些國內產品去輸出，或是減少一些日用物資的輸入。如此，向外國購買投資器材，雖不增加D_2，却減少了S_2，也同樣的會使物價上升。

投資資金，歸根結蒂，主要應來自儲蓄。如果一社會能維持較固定的儲蓄量與投資量，它的產業結構，如消費財與資本財之生產的分配比例等，必早能與此一較固定的投資量相適合，而不致時時發生消費財價格的波動。即令增加的投資是出於增加的儲蓄，也並不能成為膨脹因素，因為，這雖然增加了所得，並轉而增加了D_2，但儲蓄之增加却減少了消費，抵冲了由於所得之增加而來的D_2之增量；換言之，這不過是把一部份人的消費移轉而為另一部份人的消費而已，社會消費財供需之整個平衡，不致受其影響。

經由信用創造而憑空生出的資金，如用於企業界的周轉，除用於一部份基本工業（製造資本財的工業）外，都不致成為膨脹因素而引起物價上升，並且還時常可能反使物價下降。倘若一企業是經常依賴銀行信用以為周轉，則此項資金就並不會增加所得。倘若一企業為要使其生產設備達到更為充分的使用而需要更多的周轉金，則此項信用雖然一方面因成為一部份人增加的所得而增加D_2，但在一個非常接近的時間內，它就能使一部份增加的消費財得以供應於市場，因而增加了S_2。S_2與D_2同時增加，或在一個極短的期間內先後增加，它們對物價的作用即互相抵消。

我們不能確說，在此種場合，S_2與D_2的增加比率究竟何者為大，但通常總應該是S_2的增率大於D_2。為增產所需的那一宗流動資金，不能大於所增產品的可變成本，而所增產的價值則要包含它自身的不變成本與可變成本二者在內。為此，即令那增加的流動資金全部轉為所得，而所得又全部用於消費，此所增消費(D_2之增量)也仍然是小於所增產品的價值（$S_2 \cdot P$的增量)。要恢復平衡，P祇應減少而不會增大。

祇有兩種情形會使D_2的增率大於s_2而形成膨脹：一種情形是，增加的周轉信用大部用於基本工業，它因為距離最後成品之供應在時間上較遠，所以與用於投資有類似之處。但我們不必為此過於擔心，這是重工業特別發展的國家才會遭逢的問題。第二種情形是，企業如因業務衰落而需要更多的周轉資金，注入於此種企業的信用却會引起膨脹。所謂衰落，即表示它所供應的產品已不為人所需要，照理，它應該減產，倘若勉强維持生產或甚至增產，則它形式上雖增加了S_2而實際上所增產品為過剩的廢物，並不能吸收一部份購買力，那增加的D_2即成為膨脹因素。在自由企業的體制下，此種情形應該極為少見，企業家不會完全不顧到市場需要而從事盲目生產。但我國則確有若干企業（特別是公營事業）在執行着一種不顧市場需要的生產計劃，且居然也常能獲得資金的挹注，而一般人又似未嘗發現此種現象對物價波動的密切關係，所以筆者要在此特別提出。

信用放欵不僅不應該重投資而輕周轉，甚至也不應該重工而輕商。就整個產業界來看，商業實附屬於工業；商業所需要的周轉，在本質上與工業所需要的周轉並無區別。倘若商業因周轉失靈而不能擔當貨暢其流的任務，此一任務就要由工業自己來擔當；而且，倘若由工業自己擔當，花費（銷貨成本）往往較諸由商業來擔當為更大。緊縮對商業的信用，必因此而增加工業周轉的困難以及它貸欵的需要，且其增加的需要可能較諸在商業方面緊縮下來的數額為大。把商業與工業分開，視工業為「生產的」，商業為「非生產的」，因而差別其待遇，那是錯誤的辦法。

三

信用對利率的關係比較單純，無須詳細解釋。工商業短期周轉資金之充裕，很明顯的會壓低市場利率。但，用於投資的放欵，雖使通貨的數量增加，却未必對利率有直接的影響，因為，如果沒有這筆放欵，此項投資多半無法遂行，而對此項資金的需要也就並不存在；投資放欵，通常是「創造」了一宗資金的需要從而滿足之，並未改變整個產業界資金供需的平衡，利率不會因之而降低。投資放欵，不僅不能壓低當前的利率，甚至可能是一個使未來的利率上漲的因素。需要仰仗政府或銀行貸欵來作固定資本的企業，到建廠完成之日也未必能自己籌措一筆流動資本來周轉此一新興的企業；到那時候，政府或銀行若不能或不擬繼續予以貸欵，它就要到「外面」去張羅「頭寸」，因而使資金的需求為之增加。

任何抽緊銀根的措施，都一定會使利率(短期利率)高漲，但它是否一定會使物價下跌？答：在緊縮之當時，通常會發生物價下跌的現象，但這祇是一種非正常的下跌，這下跌，是工商界為爭取現金而不顧後果的拋售其存貨之所致，經過一個極為短暫的期間，資金的供需因利率之提高而到達新的平衡點。那時候，正常是恢復了，却是一種低水準的正常。產業界的活動範圍縮小，物資的供應因之而短缺；同時，爲利息的負擔，也不得不計算到成本中且去轉嫁於消費者。當此一新的平衡漸漸到達之時，生產是減少了，而物價却又回漲。到那時候，要恢復過去的平衡，恐怕不是簡單的說一聲放寬信用就能了事。因爲短期信用，如果政府或銀行決心要緊縮，就一定可以做到，而放寬却不是這樣容易。

整個產業界所需要的流動資金的總額，如果沒有特殊原因，通常不會發生急遽而猛烈的變更，它祇是隨着經濟的發展而漸漸的加大。銀行信用在此流動資金的總額中所佔的百分比，就產業各方面說（卽就需求方面說），通常也不會發生急遽而猛烈的變更，它祇是隨着銀行信用機能的發展而漸漸的加大。產業界對信用的需要可說是具有一種慣性，並不能隨意伸縮。就銀行方面來說，它可以不顧產業界的需要而硬性收緊，却並不能改變產業界的慣性而大量放寬。理由非常簡單：銀行可以不借錢給人，却無法强迫人家來向它借錢。信用機能之發展有助於產業之繁榮，但這必須經過一個相當長的時間(至少是幾年)才能收效；但銀行却能在極短的時間（兩三個星期）內摧毀一個辛苦締造的繁榮。想想，這是何等可怕！收緊銀根的政策斷不能行之過久，其主要理由卽在於此。

筆者認爲，銀行在短期信用的處理上實不宜過於主動，它最好能適應着產業界對信用的需要而予以充分的挹注。當然，並沒有一個統計數字可以表現出此種需要的總額，但銀行以外的利率（註）之漲落却提供了一個決不會錯誤的標指。銀行以外的利率，通常應稍稍高出於銀行利率。所以，當市場利率低到幾與銀行利率極相接近時，就可知道信用略偏浮濫，爲穩健計不妨稍予縮緊；但到市場利率上漲之時，銀行就該放寬信用，而不必對物價的穩定多所盼顧，因爲，適應着周轉需要的信用，前已說明，事實上並不提高物價。所謂機動的調節，應該是這個樣子。

（註）此處所謂銀行以外的利率或市場利率，是指「殷實」工商業者所願接受的利率，瀕於破產或衰落的工商業者所願接受的利率，包含了極大的風險補償的成分在內，不足爲憑。

有些人主張緊縮短期信用，認爲此種信用不似投資放欵那樣的容易監督其用途。他們怕獲得貸欵者並不用之於周轉，而用之於投機，或以轉貸他人。其實，在正常的狀態下，這樣本是不必要的過慮。投機的問題，本文不擬多論。簡單說，它是不穩定(物價、利率等)的結果，而非不穩定的原因；一切保持正常，足以影響整個經濟及金融的大規模投機，卽無從發生。如果一切都無法保持正常，所能引起的問題又豈僅投機而已。至於轉放高利，則是由於資金普通的缺乏，正說明了銀行並不能盡融通之責，如果資金普遍充裕，高利率不復存在，轉放卽成爲毫無意義。在正常狀態下，貸欵祇問受方有無償還的能力，監督用途，本來就是多餘之事。

四

就金融一端而論，我們所能設想的正常狀態應該是：短期貸欵略與產業界所需要的流通資本數額相當，而用於投資的長期貸欵則大致相當於銀行所能吸收的定期存欵，換言之，周轉信用可以創造，而長期投資則主要應出於儲蓄。

短期信用如何調節，前已言之。商業銀行的固有機能倘不受到阻抑，信用的總額卽恒能適應着經濟之發展（生產與就業之增加）而擴大；此種方式的擴大，並不損及穩定，却有助於繁榮。本來須具備固定資本與流動資本兩副「籌碼」才能創辦經營的企業，現在僅需籌措一副「籌碼」已足，所省下的那一宗資金，卽可用於新的投資；周轉信用充沛，產業界無須在銀行以外張羅頭寸，未用於直接投資的民間儲蓄就更容易成爲銀行的定期存欵，因而擴大了投資貸放的基礎。政府促進經濟建設，不必定要眼看着一筆筆放出去的貸欵都用於購置新的生產設備，充裕短期信用，實爲一種更加穩當、且更無流弊的促進投資的方法。一、這樣的方法不成爲膨脹。二、它是使現有的生產設備達到飽和使用以後才增加新的設備，不會達到盲目增產。三、它是把產業發展的方向交由民間企業家去找尋，不致帶來太多的錯誤投資。

我們知道，我國在近十數年來，有一種現象是從來就沒有正常過：銀行所能吸收的定期存欵是如此的少，而較長期的存欵幾等於零。（註）事實是這樣，則倘若定要投資貸欵相當於定期存欵，則此類貸欵豈非將永遠的限於一個極小的數額？有幾項必須國家爲之付出長期巨額投資的基本建設，又如何能够推動呢？

（註）去年銀行存欵有較大量的增加，但所增主要爲活期而非定期。

這誠然是一個令人困惑的問題。銀行定期存欵稀少是幣值長期不穩定的結果。要把不正常的現象歸於正常，首在維持穩定；這一方面使存欵者無貶値之虞，另一方面又可杜絕投機，使民間資金找不到比投資或存放銀行更爲有利的出路。但爲維持穩定(而且必須是一個較長期的穩定)，却首先要在投資放欵上更加持重，以致更加緩慢了基本建設的進度。這似乎成了一個無可避免的「顧此失彼」。

筆者對此的解釋是這樣：工業建設可以有不同的程序，或者是先發展消費工業，而後發展資本工業，或者反過來，先資本工業而後消費工業。在民主自由的社會，工業化通常是經由前一種程序。譬如說，已經發展了的紡織業普遍需要一種新型的紡織機，此種紡織機才會被大量的生產出來。如此建立起來的資本工業，是供給適應需求，才可能打定堅實的基礎。在極權國家却會反其道而行之。譬如說，先製造大批的曳引機，然後再叫落後農民去學習機械化耕作的技術。這樣的建設，如果計劃得不周到，有時竟可能是一種極大的浪費。

祇要我們願意使工業化經由先消費工業後資本工業那樣的程序，則問題就顯不過於嚴重。輕工業的建設，應該能信託民間企業家，政府所擔當的任務，首先應該是維持穩定，使銀行多吸收存欵，然後再漸漸的擴大投資貸放的範圍與數額。

希望這裏所說的話，不致引起誤會。筆者並不一定主張投資貸放必須縮小到連交通水利等建設都要完全停頓那樣的程度。筆者說，投資「主要」應出於儲蓄；又說，投資貸放應「大致」與銀行定期存欵相當。筆者仍然認為：在某種情形下，略略超出是可以的，且不會破壞穩定，上文說過，當現存的產業設備達到充分使用之時，消費財供給的增率，常可能大於消費財需求的增率，物價有趨跌之勢；此時，增加一部份貨幣數量以抵消此一趨勢，不僅可以，而且應該。當產業向上發展時，它常會感到貨幣數金不足，而此種不足常會阻滯產業的發展。如此，則縱令銀行吸收不到大量存欵，某種限度內的基本建設仍可遂行。但無論如何，這祇可能是緩慢而穩健的，不能飛躍。

如何才是適當的進度？這祇能作原則性的說明，無法預為規定具體數字。總之，倘若我們能充份瞭解，藉通貨之增加以作長期投資，確為一膨脹因素，而且愈是基本建設，其膨脹的力量也愈是持久；能瞭解建設主要應為繁榮的結果，而不一定能成為繁榮的原因；能瞭解正常與穩定之重要，把它視為經濟發展的前提：那麼，我們就不難作恰到好處的運用。

說不定有些人會對緩慢的發展感覺不耐。是不是可以找出方法來使進度加速呢？辦法是有的。但無論如何，總無法避免對目前的人民生活有所損害。資本累積本來是一個艱苦的過程，最原始的社會如此，最進步的社會亦仍然如此，在共產國家，加速的工業化進度可以經由對勞動力的直接搾取（奴工與强制勞役）來達到。這個我們不能作，就必須間接的經由膨脹與高物價，以壓低人民的生活水準，而達到一種無形的强制節約。政府所能憑空創造出來的，祇是一宗資本金而非資本財，資本財則仍然必須由勞力來創造，政府藉增發通貨而憑空創造的資金，祇是把一部份本來用於生產消費財的勞力，强制的移用於資本財之生產而已，這可以加速建設的進度，但必須人民願意忍受犧牲。

果眞政府決定這樣作，人民也願意政府這樣作，即寧可忍受膨脹與高物價的痛苦而非完成飛躍的建設不可，那就誰也不能反對。但筆者仍須在此附帶提出一點：這是走向資本國家化的路，民間企業斷然無法把此種加速工業化的任務擔當起來；同時，我們前面所說的那種正常狀態，就更少恢復的可能。民間不會再有多的儲蓄，即有少許儲蓄，也不會存放銀行，進一步的投資更需依賴國家的發行。也許，這會達到另一種性質的「正常」，一種離自由經濟一天天遙遠而不容易回頭的，永遠伴同着種種脫節與浪費的國家資本主義的「正常」。我們過去那幾年已在這條路上走了一大段，成果如何，事實已作了明白的答覆；如果大家仍決心要繼續「前進」，筆者就無需在此提出什麼意見，而本文所論也儘可一筆勾銷。（完）

（上接第12頁）
且何以立國？昔賢謂「國奢則示之以儉」，今日所當示民以儉者，首在各機關銳減浪費，並在各官員的私人生活上力事節儉，樹之風聲，使民矜式，然後宏奬人民集其餘資，以與辦學校衞生水利及工礦各業，向之本由政府與辦之事，即如美軍顧問招待所及市民住宅之類，何難倡導人民集資建築出租，藉以減少國庫負擔，增加國民就業，此於穩定物價，亦有裨益，可是迄今總未注意及此，亦可謂不講求行政技術之至了。

更可疑的，在市場組織落後，物價並不完全決定於供需關係，而常受政治影響的臺灣，各機關竟忽視此點，平日各求表現事功，爭列支出預算，一遇物價動盪，便互卸責任，亂發談話，致人心更加浮動，投機者更想利用，甚至沿用過去一再失敗的政治干涉之方式，以代替整個經濟政策的改正，不揣其本而齊其末，豈能有濟於事？平價有本，行之有術。本在增生產，均供求，節耗費。術在「善者因之，其次利導之，其次敎誨之，其次整齊之，最下者與之爭」，略如司馬遷貨殖列傳所言。今既未能因襲臺籍人民勤儉的美德而加以發揮利用，而所謂敎誨也者，又不免類於身御美服以宣傳節衣，口啖肥甘以勸人縮食，出駕華車以强人習勞，浪耗物資而使人增產，而所謂整齊也者，更祇是整齊他人而放鬆自己，及至供求不調，百物翔貴，不得已而出於爭，而與之爭的技術又或不免於粗率拙劣，此何可久？來日大難，百倍今日，克難制勝，未嘗無術，惟若仍不知戒避過去失敗的覆轍，將終不能趕築今後成功的坦途。

四十四年十一月底

物價問題與行政技術問題

張九如

政治不能離開政策與治術。卽包含政策與治術二者而見諸行事，始得謂之政治。物價政策不能離開經濟政策，單獨決定，亦不能不講治術，鹵莽進行。這是政治經濟的常識。數年來經濟政策常被財政政策所牽累，推進經濟政策的治術(卽一般所說的行政技術)，有時亦不免近於幼稚，這又是無可諱言的事實。財經政策不高明不堅定，自必導致物價在不穩定中逐漸上昇，若再加以治術拙劣，更必促使物價突然猛漲，這是本文所欲論證的主題。不過文雖限於檢討物價，意則並不限於檢討物價，言近旨遠，冀能自反。物價漲風雖已過去，但如何懲前毖後，尤應共謀。

物價逐漸上漲的基本因素

農工業生產率如高於人口生育率，國民生產力如高於消費力，貿易出口額如高於進口額，財政收入增加率如高於支出增加率，必可維持物價的穩定，反是則否。不幸臺灣經濟情形，顯屬於相反的一面。

(一) 人口生育率高於農工業生產率：農工業生產率追不上人口的生育率，可從簡單數字中看出。在臺灣面積三萬六千平方公里中，可耕地僅佔四分之一，現有耕地約八十三萬公頃，蕃殖率計爲百分之二·五，現已達百分之二四·四。農產總指數如以四十一年生產量爲基準，則四十二年爲一一四，四十三年爲一一六，四十二年增產百分之一四，四十三年僅增產百分之二。然近年人口的生育率，每年正以百分之三·五的速率前進，已超過四十三年農業增產率一·五。而食之者衆，如何不使糧價相對上昇。如就四十三年各項主要農業品的人口平均量和光復前的紀錄作一比較，又可見除小麥、花生、大豆等極少數物品已超出光復前的最高紀錄以外，其餘大都較日據時期落後甚遠。例如最主要的稻米，歷年雖見增產，但就人口平均數上看，祇及光復前高峯紀錄的百分之七七。這說明了多數農業品的增產還不及人口增加的迅速。

臺灣經濟係海島性質，非增進工業生產，發展對外貿易，卽不能補救接近生產飽和的農產，亦卽無以解決人口激增的嚴重問題。但全省一萬四千三百餘家公私營工廠產品所能供養的人數，既遠不及農產品，而爲工業重鎭的五十餘單位公營事業，其生產量且已呈停滯現象，重要工業產量如以四十一年爲基準，則四十二年比四十一年增加了百分之三六，四十三年僅比四十二年增加了百分之八，去年的增加率僅及前年的九分之二，增加率顯已趨低，部份產品且未達預定目標。故從產量的人口平均數上看，仍落在日據時期的高峯之下。此又爲導致物價上漲的基本因素。此外各種工業產品的成本過高，亦爲促使售價提高的基本因素之一。

如欲維持現在的生活水準及現在的物價，就應補足了現在百分之一·五的農產品差額，並提高工業生產品的增產率。如工農業的增產率，欲能配合以後各年百分之三·五的人口生育率，則以後各年均須較上年增產百分之三·五。如欲使今後的生活水準再比現在提高，則今後各年伴隨生活水準提高的增產率，自應均在百分之三·五以上。如美援一旦停止後尙能維持現在這樣的生活水準與物價指數，則更非逐年以百分之三·五的增產率所能爲力。查各年度到達的美援物資，隨年遞增，已由三十九年的二千餘萬美元，遞增爲四十三年的八千餘萬美元，及四十四年撥定的九千餘萬美元。每年若抽去如此巨額的美援物資，試想生活水準的下降與物價的上升將達何等地步？工農業的增產率又應提高至何等程度？要是物資的增產率永遠趕不上人口的生育率，豈非連最低度的生活能否維持，亦永成問題了麼？

(二) 國民消費力高於生產力：誰都不反對人民生活水準的合理提高，但近於浪費狀態的生活則不但戰時不應有，卽平時亦應戒除。凡屬於誇耀體面而與維持身體健康或事業發展無直接關係的消耗，無論其爲飲食衣服器飾營繕交通娛樂等那一方面的享用，均屬浪費。凡有國產品可用，而猶購用外貨，且必隨時求得其新奇的出品者，亦屬浪費。如本此定義以勘核事實，那就浪費之處太多了。我早大聲疾呼過，酒菜館的月有增設，每年均過於工廠的興起與農產品的增加率，每日耗廢的飲食料，僅就臺北一地七百二十餘家食堂菜館內每日中晚兩餐平均僅以兩席計。其剩羹殘菜，卽足供給近千人民較爲豐腴的飲食。而每日爲臺北三五處特種酒家的座上客者，什九爲巨商稅吏及銀行人員證券經紀人，若輩的所爲，在運動批准申請進口案，在疏通借欵，在獲取有利於證券交易及可以操縱結滙證價格乃至各種物資的情報，在酬勞袒護走私的特殊勢力者，酒家老闆熟知此輩意圖所在，便利用侍女侑酒賣唱爲增添酒食加開賬單及賞金的法門，並視賣酒愈多的侍女爲愈有利用價值，顧客的本金既消耗其一部份於紙醉金迷燈紅酒綠之中，自必圖收回其支出於進口物資售價之內，及各種買賣勾當之上。怎得不形成食品的浪耗與物價的增長？此外如婚喪慶弔佳節酬酢的踵事增華，鋪張揚厲，更不輸於太平時期，而達官豪商少婦幼女的飲食服御，都未會爲憐時勢儉梳裝，則亦爲促使物少價貴的因素。至於百物進出口的基隆高雄兩地，木材集散區的豐原關仔嶺等處，又幾如昔年鹽商之於揚州，每日食逾數千金。此種奢風，年復一年的播煽到各農村，遂致自三七五減租及實施耕者有其田政策以還歷年努力所得的一些增產結果，大都消耗於提高生活水準及浪費於「拜拜」與修廟祠之上，未並合理蓄積下來，作爲再生產之用。以布米爲例，米在二十六年的消費量平均每人爲一二三公斤，棉布爲一一碼，但至四十二年米的消費量已提高至一五〇公斤，棉布一七碼。此種消費的畸形發展，從進口物品的性質中更易看出，如以三十九年爲基期，則至四十二年投資性物品進口僅增達百分之一四三，而非投資性物品進口則增至百分之一五二。在四十一年以前，前者僅爲百分之一二三，後者竟達到百分之一七三，超過的幅度達到百分之五十。豈是經濟落後地區而復處於備戰時期的臺灣所應有的現象！像此種近於不合理的消費水準，不僅阻碍經濟建設，並且具有迫使物價上漲的作用。

前已論及如欲配合每年人口的生育率及維持現在的生活水準與物價指數，即必須增加各物的產額，但欲達成此種期望，就非增加生產資本不辦，更非依賴美援所能濟事。若依增產需要量言，究竟需要投資多少？每一國民對此都該有個估計。根據四十年至四十二年臺灣公營事業統計，投資率平均高過生產率三倍，則目前這一年，就須投資四十億左右，以後各年且須以等比級數遞增。但每年實際投資數，均遠低於當時增產的需要。如四十一年估計資本形成毛額僅在三十三億左右，固定資本形成的淨額僅十億元左右。國民所得既逐年增加，而國民投資竟如此之少，竟不能從四十三年國民總所得二百三十五億六千三百萬元中共同節約出四十億元移作再生產之用，眞堪痛惜。

（三）貿易進口額高於出口額：臺灣經濟除發展國際貿易外，即少出路。除使貿易能够出超或出入相抵外，即少生路。除主要輸出品爲工業生產品外，即不能使國際貿易居於有利地位。等而下之，萬一輸出的大宗物資爲農產品及農產加工品，亦終須做到此項物資的總輸出額常超過其他各種物資的總輸入額，始能避免出口物性質過於單純而缺少彈性的惡果。然事實所示，無一不相反，出口不但集中於農產品及農產加工品，且集中於糖米等一二種物品，貿易區域且集中於少數地區。

物價平穩的基本條件，爲財政收支平衡，國際貿易平衡，產銷平衡，捨此則不是因不景氣而物價慘跌，便將因不足量而物價高翔。年來省內產銷不能平衡，已如前述，而國際貿易上進口物資又超過出口，自必造成外滙與臺幣準備金的相對減少，及發行與信用的比例膨脹，僅此兩端，已足加重物價上升的因素。其實還不祇此，歷年出口在國庫補貼之下，預算赤字自必加大，歷年進口在廉價外滙誘導之下，消費數量自必加多，赤字大則發行勢必增加，幣值勢必減低，消費多則進口勢必擴張，外滙勢必短縮，因果循環，理不稍爽，又怎能不使物價之漲，如水益深，如火益烈？倘再因主要輸出品的輸出量突然縮小，一如四十三年中糖米水泥等輸出情形，則其間接迫使物價普遍上升的力量更大。上月物價的相率高翔，祇是歷年低物價政策乘間衝破僞裝，露出原形的初步表現，而且決無力量能將物價必然上升的種種因素，始終藏頭蓋面下去。

（四）財政支出增加率高於租稅收入增加率：財政收支不平衡，如不能從增加稅收（實際上已無稅可增）發行公債方面完全彌補，就不免增發通貨及膨脹信用，若果出於此途，自將因幣值的下落，形成物價的上昇，甚至窒息稅源，萎縮稅收，墜入物價領導發行的無底深淵，抗戰末期及勝利以後的情形，可爲殷鑑。

臺灣各項稅收迭經整頓後，雖年有增加，但百分七十以上的收入仍爲間接稅課，因易轉嫁之故，不免損害稅源。綜合所得稅分類所得稅及遺產稅，雖均爲最佳租稅，然一因地方稅中的戶稅既難廢止，便成爲所得稅中的附加稅。影響綜合所得的收額。二因通貨日漸膨脹，經濟變遷甚大，致日據時期極良好的稅政基礎，幾全摧毀，逃稅與滯納案件，四十三年比四十一年增加百分之三六五·四五件，四十四年一月至四月與四十一年全年總數三分之一相比較，增加百分之二八三·〇八件，現尙未訊結者達一百六十餘萬件，實令人咋舌。

各年度歲入的總額，雖年有增加，但無論那一年歲入的增加率，總低於歲出的增加率，每年的收支總額既已入不敷出，如何能使預算赤字不挹注於發行？又如何能使物價不隨發行的逐年膨脹而相對昇騰？

物價突然躍昇的特種因素

（一）由於行政技術未能配合調整滙率的措施：滙率由牌價十五元六角五分，一躍而爲二十四元七角八分，致美援進口物資的計價上漲，國庫應付的相對基金增加，同時致政府的原油進口，亦須照新折合率計價，卒使與此有關的工業產品之成本，隨之提高，各種物價均受到直接間接或多或少的刺激。此次滙率調整，出於美方要求，實爲不得已的措施，無可責難。且就一般情形言，提高滙率既可鼓勵出口，並可在增加輸出之後增加輸入，亦未可厚非。但臺灣的主要出口品爲糖米，約佔總出口額百分之八十，均由政府經營，而由民間出口的物資，至多僅佔百分之二十，遂致提高滙率的結果，不但對整個輸出不可能有多大的功效。並必然在美援相對基金處理及財政與物價方面增加嚴重困難。倘專就物價方面言，如可以輸出的物資而竟輸出不暢，則此種物資的售價必然下落，其力量所及，多少可以裁制其他物資的市場價格，是則出口不暢，不僅與物價上漲無聯帶關係，並隱具阻制作用。綜此論證，此次滙率調整的影響，除激使物價突然躍高外，很少其他作用。

今日所當論爭的，不在於不得已的調整滙率，而在於可已而不已的對於進口商未嚴加管理。由商人進口的貨物每年既近三千萬美元，而其售價高下又都操諸進口商手中，則對於進口商的管理就必須妥善。然終因進口商的家數多，資本少，及進口外滙配額分散等不合理的現象存在，致進口商計算進口貨的成本亦極不合理。如進口商既多，則有關購貨郵電費手續費等的支出，自亦增多。進口商中，不能取得國外廠家代理資格者，惟恃臨時聯繫或轉託他人代爲洽辦，購貨既無折扣，佣金且須增加，全省進口商中具有三四百萬元資本者僅一家，具有二三百萬元資本者僅四家，具有一二百萬元資本者僅五家，餘均在百萬元以內，其間少至二十萬元者竟達一千零二十四家，資本既如此之少，每遇結滙時期，卽不免恃高利貸欵繳付，其所負擔的高利總額，勢必計至貨到後的數個月或至貨銷時止的數個月，並須將數個月內的各種支出一併計入。祇有牌照而無資金與業務的進口商，數亦不少，專恃頂讓牌照爲業，需要較多外滙而頂進此種牌招者所付之費，常高達二萬三千元至二萬七千元。如就僅配到外滙一千美元而復出頂費二萬五千元臺幣的商家支出計，每一美元卽須增加臺幣二十三元。進口商計算其成本，除理應計入的本金利息用費利潤四項外，今復加入各項額外支出，卽每一美元的結購，須照章付出臺幣折合率十五元六角五分，二成防衞捐三元一角三分，結滙證六元或政府拋售價十三元五角外，又或須照黑市結滙證價十六元十七元補購若干，更須支出牌照頂讓費及其他各種費用，其每一美元的成本乃算至四十元以外六十元以內，如何使進口貨的售價不高。爲何不將進口貿易商減去一千餘家？爲何不嚴令貿易商增加資本？殊使人不解。卽令無此改弦更張的才氣，又爲何在提高滙率的前後，不迅速堵塞外滙管理上的漏洞，儘量裁制進口商的不當利得？若知而不爲，或爲而不足，那便至少顯示管理貿易外滙的技術，過於玩忽，未能與調整滙率一事相配合。

（二）由於行政技術未能防止物價必漲的趨勢：物價必然漸漲的基本因素，自不易在短期間的若干措施中所能改變，但物價突漲的人爲因素，並非無法避免。如食米受上期旱災影響，勢必減產，但至十月份止，外銷已比上年增加一千五百六十餘萬美元。又如上年外滙赤字爲八百餘萬美元。今年至十二月底則已積餘二千餘萬美元。米的產量減少，銷量增加，正顯示供應量將少於上年，外滙既有積餘，卽顯示進口物資少於上年，此皆爲物價上漲的信號。再如美國對外援助機構既在改組，則軍協小麥問題的解決，自更延緩。美援棉花黃豆及政府進口原油既不能依時到達，自必牽動其他物資的售價。各物需要量既値最多的秋季，價格自將波動。上述五端，均爲極易察知的事理。假使有關機構能根據物資預算，在外滙折合率調整之際，亦卽本年六七月之間，立卽撥出相當數量的外滙，輸入上述三宗物資，預爲之備，並改善棉紗配售辦法，使各廠商不能相互扳持紗價，增加糧食配售額，使糧價先行下跌，掛低花生油牌價使人民感覺食油不缺，則九十月間各物普徧漲價之風，何至如此之狂。但極關重要的物資預算，經濟財政兩部向未編製，坐待至物價翔騰後，始在神色張皇中採取措施，並且配售米價低於市價有限，實亦未免失算。

次如省產杉木早已不能保持供求平衡，磚瓦產量亦不甚充裕，金屬電料尤爲缺乏。這些有關建築的材料，存量既皆短少，而拓開公路改建橋樑修築疏散房屋又不能延緩，加以興建示範國民住宅及市民住宅在適度宣傳之下，誘致游資向房地產方面作祟，已有房屋價格固因此飛漲，而建築器材的價格乃一日數變。當此危疑震撼之時，林管局如稍能體察時艱，統籌全局，設法鼓勵伐木商投標伐木，嚴令直營林場增加原木產量，並不將售木價格一再提高，同時痛革過去逾量配售一級木材於有關係的方面，致木材商僅能向市場搶購，並致造成既得一級木者高價出售提貨單的積弊，各級政府亦能就滙率提高後必然發生的形勢上着想，各自減少各種新建築，並增加建築材的自產量與輸入量，又何致使金屬電料價格漲達百分之七十以上，木材漲達百分五十左右。然竟各自爲政，殊少配合，甚或意存漁利，依弊自肥，物價突漲之咎，怎能自逭。

又如修正統一發票辦法，固爲防止漏稅的正當措施，然其公佈施行之時，恰値滙率提高之際，卽不免在刺激人心之下，致感覺逃稅困難的商人，搶先吸收物資，提高底價，作轉嫁稅負於消費者的布畫。統一發票辦法上的漏洞，早已存在，有關機構如具有堵塞決心，便應眼明手快，乘本年六月間物價總指數最小之時，亟行改正，乃遷延至滙率提高時始辦，未免近於湊熱鬧，怎不使商人乘機起哄。此一措施的失誤，幾與拋售結滙證相類。結滙證市價日高，早該裁制，但必待至高達十七元五角以後，並在各物正在漲價之時，始行拋售，且定其拋售價格爲十三元五角，此雖在財政上稍有收獲，然就平抑物價一端上言，既未免爲時過遲，更何異揚湯止沸。

再如新工廠的建設及美軍顧問招待所的建築等土木工程，既在在需欵，而工業生產的收入，則至少須待至一年以後，美軍的招待則更與財稅收入無關，充實各部隊戰鬪力所需之費，尤急要於一切，理無可緩，而此一期間各項稅收的增加，又遠不足以抵補上項的支出，遂致本年七月至十月的預算收支差額達七八千萬元，九月間的臺幣發行乃較上月增達一億以上，自不足深責。但假使能將不急要的建設，暫予延遲，例行性的節日，減少鋪張，迎送宴饗各界的開支，盡量撙節，藉以渡過滙率提高後物價必然波動的難關，又何致必待物價跳躍以後纔手忙脚亂地作收縮放欵抽回貸欵的措施。且銀根在長期鬆濫之下，突予緊縮，卽令如量辦到，但是否將使工廠周轉不靈，市場暗息上升，致各工廠不得不取給其資金於高利貸，造成生產成本與產品售價依次提高的後果，形成平抑物價的阻碍，殊成問題。且抽緊銀根，收縮信用，祇係急則治標的一種手段，究採逐漸加緊或急劇縮緊，或對不同的對象予以差別待遇，或一例看待，均非在施行技術上虛心講究不可。再如在限制原料進口外滙的政策之下，資金缺乏的工廠固不能從事生產，而具有資金的工廠亦不免利用其餘資於市場物資之上，今後如何防止此弊，亦有恃於高明的政策與精明的技術。倘無曲突徙薪的事前防止，僅作焦頭爛額的事後補救，則種種後患之來，將更烈於此次物價之漲。

土地愈小，物資愈少，匪患愈深，國事愈艱，而生活水準反愈高，愈過愈不像在戰時，愈與抗日時期茹苦奮鬪情狀相反，始作俑者爲官員，效尤者爲人民，此種現象與其中責任，不言自明。就中最使人觸目痛心而至於惶惑不解的，何以外滙如此短少，而近於半奢侈品的輸入量如小汽車之類年有增加；內銷的如啤酒白糖捲煙之類，數量尤巨，難道不可以稍加節省麼？降低生活水準，本非易事，但要增加供應與增加進口，總非增加生產不辦，如恃美援物資以爲挹注，終非可大可久的長策。如不於此等處速定最高政策，不僅妨碍剿共，抑

(下轉第9頁)

臺灣報紙篇幅利用之商榷

陸崇仁

臺灣各大日報社普遍遭到了一個重大的困難，便是報社發行紙張受着政府嚴格的限制，祇許發行對開一大張半，不准自由擴張。但是各報社每天收到來自國內外各方面的報導、論文、投書、廣告等等却似潮水一般地湧來，而且日有增加。儘量容納，實非所能；棄而不用，內容不免陷於貧乏。這種影響是廣泛而深刻的。這一問題，如果不能在短期內獲得適當的解決，無異阻塞臺灣報業今後發展的前途，使它永遠屈居在准許進口的海外出版華文報紙優勢之下。最近臺灣報業同仁一再集會，請求當局放寬限制，最低限度增加發行對開半張。可見事態確實已經到了相當切迫的階段。

然而，在目前要增加發行紙張、解除報紙版面限制，確實也有值得研究和顧慮的地方：

一、站在政府立場說，今天臺灣各大日報社發行紙張，固然受到限制，然而事實上已准許出版的報社，實在已經不能說少。根據去年九月十二日臺灣省政府新聞處長吳錫澤在省政府月會報告：「臺灣全省現有報紙共計二十八家之多。其中十五家設在臺北市，十三家分佈於其他各縣市。」今天臺灣紙業公司出產報紙，勉敷各報社之用，假使再要增加發行紙張，勢非進口洋紙以資挹注不可。值此國家外滙短絀，各方都在緊縮的時候，至少在目前政府恐怕難予允准。（編者按：最近臺紙公司且欲停止新聞配紙，則維持各報現有篇幅，都成問題，遑論增加發行紙張？）

二、今天臺灣報社發行的報紙，因為報價一再漲價，和一般國民每月所得的有限，銷路日趨萎縮。根據上述官方公開報告：二十八家報紙的總銷數為三十二萬二千零零八份，平均每百人中僅有三個半人訂閱報紙，比之「美國、每百人中有六十二人訂報，英國為六十一點五人，日本為四〇點二人，比較起來，臺灣未免瞠乎其後。」因此吳氏呼籲新聞界對銷數多作推廣。然而深知今日臺灣報業內情的人，對於吳氏報告的統計數字，還須提出異議，吳氏前述統計所依據的數字，祇是各報社申請配紙時所提出的數字，和實銷數字還存有一段距離，不算精確。實際銷數或者尚在三十二萬份以下，而且今天各報社同業之間的推銷競爭，已到達白熱化階段。就是各報社的負責人，也都承認今天臺灣報紙推銷，因受各種條件的限制，確已到了飽和狀態。增加發行紙張，勢必增加售價。在銷數日見萎縮之時，如再增加報價，勢必使銷路更趨萎縮。

可見要以增加發行紙張解除當前版面不足的困難，實在牽涉太多，談何容易。在目前情勢下的唯一出路，祇有在不增加發行紙張範圍內，尋出一個解決方案來。亦即對現有篇幅作最經濟的利用。依照以往各國戰時情形來說，每遇國家戰事緊急的時候，新聞事業也大多自動配合國家緊縮政策，或是將原在同一地方發行的幾家報社合併起來出版，或是極度限制紙張的發行等等。像二次大戰太平洋戰爭爆發後的臺灣報業臨戰措施，便是一例。當時全省六家日報合併成為一家，分別在臺北、臺中、臺南、臺東四處發行，同時每天出版的報紙，祇限對開半張。類此情形，不僅當時臺灣如此，即日本國內與其他戰時各國都是如此。如果就這一方面的情形來比較，實際上今天自由中國臺灣報業現況，還算幸運的哩！

迄至今天為止，關於經濟版面，怎樣在字體上和線條上講求緊縮節約，各報社負責當局確已盡了很大的努力，並也獲得了不少的成效，但作者在此願再進一步提供以下幾點建議：一、緊縮廣告地位與字體；二、緊縮標題字體、字數與題數；三、國內外報導、社論、專欄、與外稿嚴格採取精編主義。以下試分別論之。

× × × ×

一、廣告地位與字體的緊縮問題。廣告是報社財源最大的收入，廣告的地位、字體，理應依照客戶的要求定其大小。然而戰時由於財力物力的限制，不得不講求緊縮，今天臺灣出版報紙版面最不相稱的現象，便是報紙發行紙張在既受嚴格的管制，但是廣告的地位、字體的大小規格與從前在大陸上發行張數自三至四對開大張時的情形絕無不同，與今日港澳菲各地報紙，像星島、華僑、香港、工商等報紙所刊的，也無多少差異。常識告訴我們，一般所謂空間的大小，原不過是相對的觀念。譬如人的五官，只要長得勻稱，便無所謂大小之分。假使某人的鼻官一部，較之口、眼、眉、耳各官長得特別大，彼此不成比例，看來便極不順眼了。以報紙的廣告地位大小規格來說，也是一樣。

先談商業廣告。一般商業廣告的目的，是在普遍公告和影響力，希望引起市民大衆的注意，刺激其購買慾望，以達成大量傾銷的預定計劃。所以祇要能夠實現商人這一願望，廣告本身地位、字體的大小，原是比較次要的。況且當此廣告藝術日趨新穎進步、報紙印刷愈見精良的今日，聰明的商人如果能夠在這一方面多多研究，廣告地位與字體的過份寬大，事實上已無此種必要。筆者主張今後報社應本上述理論，來一個廣告地位和價格的新規定。在這個新規定中，分廣告為「普通廣告」和「特級廣告」二類。普通廣告的地位和價格，應完全依照現在版面大小，合理的規定。凡是超過或雙倍於普通廣告大小規格的便是特級廣告。特級廣告的定價，要照價五倍、十倍、甚至二十倍增收。在二倍以下的，即僅超過「普通廣告」地位以上的，便以級分等，按比例增收。譬如說：以一全段的地位作爲普通廣告最大的基準地位，定價每日是二千元。如果特級廣告是一全段的雙倍之二全段，便照價五倍增收計算，計值一萬元；三段便照價十倍增收計算，計值二萬元；四段便照價二十倍增收計算，計值四萬元；餘均照此類推。如果「特級廣告」超過一全段而不及二全段，便依分級增收。譬如，將一全段分爲五級，那麼一級便是二千元，二級便是四千元，其餘也依此類推。報社廣告如果能照這一新辦法實施，一方面報經營合理化社的原則既可完全貫澈，同時商人樂意刊登大廣告的願望，也便兼顧了。同樣的方式，亦適用於下面所要討論的各種廣告。誠然，依照這一方式實施，在商人目光中看來，無異是變相漲價，但站在我們主張改革版面理論的立場，却絕對不承認這種指責。因爲站在改革版面立場，目標祇着眼在報業經營如何方臻於合理化科學化。今後報社的商業廣告，如果能依照這一新辦法推行，每天的廣告收入不僅不至減少，而且可能增加；同時每天必能節省不少版面的地位。

其次是電影廣告。今天臺灣各大日報的廣告中，跡近浪費版面與紙張的，當推第六版的電影廣告。幾家在臺北開演的大電影院，經常刊登的廣告地位，一律都是長七段，寬二五行至三十行之間，且竟有較此更大的。但港報像星島、華僑、工商，一般電影廣告，通常都不過長三段，寬十八行罷了。但以上各報社發行張數，却在二——四大張之間。今天臺灣報紙電影廣告地位之大，已可和紐約時報、朝日新聞比較。這種浪費實是不必要的。難道經常刊載大廣告，戲院便能經常保持客滿？依照發行紙張數的比率衡量，臺灣報紙現在電影廣告地位，至少也應緊縮成長三段、寬二十行，便很足醒目了。按臺灣各大日報每天第六版電影廣告，平均都在十四段以上，假使能依照這一標準安排，至少可節省七段以上的地位。

再次談到「公告」、「通告」廣告。關於這一種類廣告的地位、字體、題目、乃至式樣各方面，值得檢討改善之處也不少。臺灣各大日報「公告」和「通告」每天平均在三十個上下。其中大多數的標題字體，都是用三行、四行，乃至五行的。就比例言，顯然太大。實際如果一律改用二行字體，已很足醒目，亦可節省不少版面。近來港澳出版各大日報，關於「公告」、「通告」所刊的地位，字體一般也都在趨向縮小。例如：臺灣各大日報一般「公告」地位，全長一律是五段(十二公分)，標題寬都是用五行字體(一、三公分)。同樣的廣告，港報全長祇有三段(一、八公分)。標題多數祇用二行字體(八公分)。更可注意的，日本朝日新聞，同類廣告所刊的地位、字體一向更小，全長一律祇有二段(七公分)，標題字體一般都用二行(五公分)的。再者，關於公告、通告一類的編排問題，也值得研究，現在臺灣各大日報關於同類廣告的編排，一向漫無標準，參差凌亂。因此縱然每一個公告所佔的地位、字體都寬大，但是從全體看，並不一定很顯著醒目，如能合理編排，首先應取消現行版別定價辦法，而作通盤籌劃，分別客戶廣告類屬，例如：政府機關、學校、婚、喪等等，或集刊某一版，或散刊在某數版。這樣編排既便於查看，更不致因地位、字體縮小而減弱廣告的效力。

最後，談到「分欄廣告」。「分欄廣告」的編排是最不被重視的一版，無論是地位、式樣、字體、都是參差凌亂，毫無秩序可言。譬如：同是「房地產」的廣告，除了地位、字體的大小錯雜不齊之外，有的用「價格」作題，有的用「地址」作題，有的用「街名」或「私產」作題，更有的單用「售」、「徵」、「租」、「高級」等字名作題，眞是五花八門，千差萬別，令人眼花繚亂。從節省版面來說，像「徵求欄」下面，照理自不需畫蛇添足，再加上諸大的「徵求」或「徵」等等眉題了。此外，「人事欄」、「廉讓欄」的情形，也大都如此。總之，「分類廣告」如果能運用合理化經濟化的原則加以澈底整頓，我們相信至少可以較之現有版面，節省三分之一以上的空間。

二、新聞標題地位字體緊縮問題。根據前面所述同一原則，新聞標題地位、字體、式樣，也必須使它配合紙張篇幅實施緊縮，更是當然的事。這一方面各報早在民國三十九年改版時，已經有了很大改進。不過爲了完成新的要求，勢非作更進一步緊縮不可。譬如：四十四年八月十四日在臺北出版的某大日報，按當日該報共四版對開一大張，除各種廣告和大事週記不算外，包括所有國內外報導、社論、專論等，共計四二段。(一段字數計一〇七一個，共計四九、一八二個字)，但是內中標題所佔地位却是八、二段(即八、八〇七個字)，竟佔全版四二段中的五分之一以上之多。其他各報還有比它更多的。固然，一張報紙不能沒有標題，但是標題字體過大、字數過多、以及主副題的過於零碎，原則上似乎都應當竭力加以避免。值此非常時期，更應採取精編主義，才適合時代要求。我們細一分析各大日報標題編排內容；大致說：要聞版(第一版)的頭條標題個數，通常都在四—六個之間，長佔六—七段，寬佔二十行之間。二條和三條標題大小主副題個數平均也在三—五個之間，長佔三—五段，寬佔十二—十四行之間。普遍二段標題，有的居然擁主副標題四個，一六二字地位之多。此外省市版(第三版)最低的一段短題，縱然消息本身內容祇有寥寥數十字，但是標題却橫占了四個，約七十餘字之間。可見無論從編輯方面說，或從現實環境說，標題字體、個數，和主副題的簡化緊縮，實在不能不說是「當務之急」。筆者認爲今後不問任何段數的主副標題，除了特殊重要的新聞以外，限定不出三個以上，依此估計，每天至少可以節省版面二段以上。這方面，朝日新聞與紐約時報的標題方法，很多值得我們效法的地方。

再說：今天各報所習用的長題標出格式，從歷史上說，這種標題格式沿用到今天，已有卅年以上之久了。這種標題方法，固然有其很多的長處，但也不無商榷的餘地。原來新聞標題的目的，不外在用最簡單的字句，勾劃出複雜冗長的消息內容，使不細閱內容，也能立刻能够獲得初步的清晰印象。然而事實上除了簡短消息以外，任何新聞內容只要稍涉複雜冗長的話，即使再加到十數以上的標題，也絕對無法作扼要概括的說明。甚至有時爲了遷就標題形式，勉強堆積字眼，拼湊文句，弄得笑話百出，和新聞內容原意完全相反。爲了糾正這種錯誤，遇到比較複雜冗長的新聞，似可參考紐約時報的編輯方法，即除主題一二用較大號字體以外，副題不妨採用較小的字體，和較多的個數，綴成綱要式的精簡扼要的說明。

三、報導、社論、外稿等嚴格採取精編主義。本文因爲受題目限定，祇站在經濟版面立場來討論精編主義，對於在理論上普遍性的精編考察，祇好存而勿論。按理說，大者一文一稿，小者一句一字，編輯人員均應一一嚴格考查，務使去蕪存精，字字珠璣，方算適合精編主義。誠然，「見仁見智」，觀點各有不同，客觀標準很難確立。不過懸此理想，儘量提高並充實編輯部人員的水準和人數，任何一種稿件，都經過一段細密考核審查的程序，這一理想未使不能相當貫澈。正如美國名報人麻特 (Frank, Lutter Mott) 最近在其所著美國新聞事業一文中說：「新聞不是事故本身，而是對於事故、情況或觀念的報導。凡是好編輯樂於付排的東西，就是新聞。」然而，今天臺灣報紙對新聞的處理，一般都犯有以下的許多毛病：

(1)外電的過多、重複和蕪雜。一位海外報紙駐臺記者對此曾慨乎言之：「今天臺灣閱報的人，均有一種感覺，國際新聞太多，國內新聞太少，與人民日常有關的新聞更少。」確是一針見血之論。最顯著的，譬如同一新聞電訊來源，僅發自不同的通訊社，內容完全相同，按理祇要選擇其中比較扼要翔明的一二條刊出便够了，但是各報往往同時刊出各通訊社三四則以上之多。其次，許多外國政壇上社會上雜零狗碎的消息，本來和本國人民生活毫不相干，恐怕即使外國自己報紙也未必會照登或全登的消息，我們却不厭其詳的刊出。譬如英國公主瑪嘉莉和唐生的戀愛故事，人家王室的婚姻問題，試問和我們老百姓有什麼關係，但某些報紙却每天連篇累牘地刊出，因此耗費極多的版面。總之，外電稿件的精選愼用，對於節省版面無疑是會有很大的幫助的。

(2)社論、專論，外稿的冗長。文章在精不在長。尤其新聞文字，是替老百姓講話，或是說話給老百姓聽的；所以更其要淺近，要實在，要能發生實際效果。一些太玄奧高深的理論性論文，無病呻吟的說教性大文章，或是和老百姓實際生活隔離太遼遠的專門性的文字，縱然內容可打一百分，也不合乎新聞紙用稿的條件。今天臺灣報界最大的病症是：「在辦報的人而言，必須刊載的稿件太多。在讀報的人而言，値得一讀的消息太少。」前述那位記者曾提出下面一段事實作證，他說：「從本(四四)年九月一日到十四日這一段時間內，每家報紙所載的聲明、文告及演講詞全文，連篇累牘，令人望而生畏。中央、新生、中華三大公營報紙，且曾一致刊載某一位有力的內閣閣員的兩篇新聞價値甚少的宏文，每篇都是分兩天刊完。」一張報紙如果依照這樣編輯方針編排，縱使今天能盡如人意地擴充發行紙張到三四大張，也是徒然的。

(3)國內新聞報導有待精選精編。新聞報導，「有聞必錄」的時代早成過去，現代新聞是「精編至上」。不値得報導的報導，不能稱爲新聞。新聞既以値得報導的事故、情況、觀念爲根本條件，那麼寫作新聞要用最簡單最通俗最經濟的文句；理想的新聞寫作，要合於「五W原則」(註)。根據這一標準說，某某機關首長例行巡視地方的詳報，某某長官對某屬下機關屬員的訓辭，各種開會行禮如儀，和各種訓練班開學典禮畢結業典禮的實況，乃至社會日常發生的桃色事件、家庭細故、馬路打架、茶室內幕等等，是否均屬値得報導？似乎都大有研究的餘地。嚴格地說：新聞事業是社會事業，是老百姓所有的喉舌。新聞報導，要以社會大衆爲對象，絕不是爲少數人或部分團體盡宣傳的義務。因此，如其報導的性質，根本和廣大的社會大衆並無關係，或是老百姓聽來不感興趣，其是否够稱做新聞，實在是疑問。至於新聞寫作，「消息」、「特寫」故意繪聲繪影的形容辭句，和成堆無用的蕪雜文句，是否應加以簡化精編，也是値得深長考慮的。就節省版面來看，在這些地方，還須多下工夫。

× × × ×

總之，如能就上面所討論的三方面加以努力，我敢相信：每一家臺灣日報，都能因此節省版面，每天至少在一頁二十段以上。如果一天的報紙，能够節省紙張一頁二十段以上，這對於今天臺灣各報社的版面恐慌，紙張恐慌，縱然難說已全面解除，也一定能够相對的滿足各方面的要求，是不會有什麼疑問的事。

本文雖然是站在經濟版面、解除紙張恐慌的立場而立論，但從其結果來說，同時也是對於今天臺灣報紙在新聞處理、編排各方面，提出了一個大膽的澈底整頓和改革的計劃。這是不得已，也是必須的。　四十四年十月

註：「五W原則」，即一條新聞事故中，必須包括「何事」(What)、「何人」(Who)、「何處」(Where)、「何故」(Why)、「何時」(When)。

馬共和談續訊

（檳榔嶼通訊）

許屏齋

馬來亞第一次的「板門店」和談，從一九五五年九月初接觸，終於在十二月廿八日，一連二天在華玲(Baling)舉行。華玲位於泰馬邊境，是馬來亞吉打州的一個背山的小鎭。這裏人口大約有三四千人。馬來人佔百份之九十，華人、印度人及其他種族佔百份之十。這裏除了華、巫、印三個種族外，還有暹羅人，約有四百餘人，其中有不少是和尙。居民的宗敎思想，以回敎爲主，佛敎次之，但沒有一座耶穌敎堂。全鎭交通除了坐公共汽車外，只有步行。鎭上一輛三輪車都沒有，這也是一個特色。

和談的角色是馬來聯邦首席部長東姑・鴨都拉曼、星加坡首席部長馬紹爾、馬華公會會長陳禎祿爵士（陳氏之出席乃是馬共書記陳平提出，請他出席的）；馬共方面是馬共書記長陳平（原名王文華，父名王清標，現在檳榔嶼火車路開設自行車店），馬共宣傳部長陳田及馬共中委阿都拉・昔賓・馬丁（巫籍）。會談的地點是華玲英校新校舍。該校在和談期間，由澳洲軍旅、森林部隊及警察駐守。華玲市舊土地局改爲各國記者之通訊站，華玲地方法院改爲電報局及電話局。

於是這個在馬來亞俱有歷史性的和談，便在十二月廿八日下午二時半召開，一連舉行四小時三十五分，第一節於下午二時半開至五時半，休會一小時，第二節復於六時半開始，至八時零五分休會。第一天的會議，當場觸礁。馬共在會議中提出三項要求，以便結束戰爭狀態。這三項要求是㊀承認馬共合法之地位；㊁馬共份子投誠後政府不得限制其行動；㊂馬共份子投誠後，政府不得繼續調查彼等之身份。

關於這三項要求，第一項立刻遭到東姑、馬紹爾及陳禎祿三人之一致拒絕。東姑說：鑒於馬共的活動，在馬來亞人民立場來說是非法的，是違反人民意見的，所以不能承認馬共之合法地位。至於第二及第三兩項要求，東姑稱：政府對於馬共投誠份子一定要規定若干期限之扣留，進行調查他們是否眞正已放棄共產之意念而爲馬來亞效忠，他們可以被允准在一指定地點，自由居住，但在開始數個月內，必須經常向警方報告。

這三項要求被星馬當局嚴詞拒絕後，陳平乃讓步，提出：凡投誠之馬共可以加入其他政黨，或另組新政黨。這一項要求，東姑同意。但規定他們可以參加現有的任何政黨，至於另組新政黨，其信仰與意念必須決非共產主義者。

在開始會面的時候，東姑首先解釋稱：馬紹爾及我本人今日出席會議之目的，乃因現時政府爲人民所選出者，所以乃代表馬來亞人民說話；非如過去被宣傳爲英國之「喉舌」，「走狗」或「傀儡」。如馬共今天繼續戰鬪，則乃向馬來亞人民戰爭。

這一個開場白說完以後，陳平立刻含笑答稱：我知道現時政府是民選政府，並非英國之「喉舌」、「走狗」或「傀儡」，所以甘冒生命之危險與君等共謀馬來亞之和平。馬紹爾乃稱：經過八年長期戰爭，證明兇暴及憎恨不能持久，但只有使全部人民及馬共黨員與家庭間造成了許多災害。眞正擁護民族主義者，應承認用憲法之手段而求得政治之進步。而今日星馬兩地已經行將自組獨立政府，所有人民必須貢獻一切，以使國家可能達到眞正之偉大，謀促進東西方之合作。

東姑繼又指出：余對英政府保證不因緊急狀態存在而妨碍本邦政治發展。本人看來，馬來亞無疑可能於不久的將來，獲得獨立，緊急狀態只有犧牲人命及一切之努力，本人不明何以馬共仍繼續進行鬪爭？本人希望與各民族和平共處，而馬來亞人民亦要結束不必要之苦難。

此時陳平乃道：馬共並不願與馬來亞人民爲敵，不但如此，我們願意參加共同建設馬來亞獨立之行列；但馬共之合法地位必需先被承認，同時不能强迫我們的理想。

這時東姑立刻反駁道：你所說的理想在馬來亞人民心目中是殺人、暴行殘忍及謀殺，人民目前不能容忍承認馬共。但在將來可能考慮的，則又當別論。本人代表聯邦政府人民，敢斷然而言，我們一定不承認馬共。

這時陳禎祿爵士及馬紹爾也同樣發表相同的意見，拒絕了陳平的要求。

陳平乃又言：承認馬共合法之地位，乃本黨最主要的問題，如果這個問題不能解決，則其他問題皆無法着手。繼而他又詢問：「是否政府要馬共解散？」東姑、馬紹爾及陳禎祿爵士均一致答道：「是」。接着陳爵士乃向陳平道：「我要請你注意，由於馬共黨員大部份都是華人，致華人大部份受到沾汚，同時過去八年之暴行，極無意義可言，希望馬共放棄這種暴行」。陳爵士的身份算是社會賢達，替馬來亞華人說話。

第一天的和談似乎是不大順利。這天晚上東姑與馬紹爾下榻於居林縣長官邸（按居林縣縣長爲東姑之妹婿），陳禎祿爵士下榻於政府招待所，陳平一行下榻於華玲臨時宿舍。

第二天，十二月廿九日上午十時，仍在華玲英校舉行第二次和談。至十二時許政府與馬共發表一項聯合聲明。這項聲明是英文稿，由馬紹爾用綠色墨水起稿，經過陳田修正。聯合公報十分簡單，內稱：「一旦民選政府能完全收回內部治安權與地方保安隊控制權時，馬共將接受目前大赦條件，停止作戰行動，並解散武裝部隊。」

聯合公報發表下午仍繼續會談。第二天會談陳平，已經同意政府備用之通譯人員（按陳平說國語），不堅持如第一日由陳田傳譯了。

第二天和談內容：首由東姑向陳平說明大赦的情形，陳平很直率的答道：「大赦便是投降，投降就是恥辱，我們決不會接受這種條件。不但如此，我人將繼續作戰，戰至最後一人爲止。」

東姑答道：「我決不會退讓，除非你退讓。」他又答：「大赦的期限是有限止的，」(按十二月三十一日宣佈大赦期限至二月八日爲止) 陳平用國語答道：「這樣好！」

東姑又道：「馬共人員如願回返中國大陸，將不予調查。」陳平答道：「早已奉告，如要對馬共人員實行調查，我不能接受。」

於是這一項和談遂於下午二時宣告無結果而散。上午九時半，馬共代表團團員李進喜與陳桂清，要求先行返回森林；警方同意派車護送。他們要先進森林的目的，雖未宣佈，但傳說馬共中央政府主席穆沙・賽阿默(巫人)會與陳平同行，停留於泰馬邊境靠近仁丹的山中森林地帶內。因爲事先陳平要求，在仁丹山脊設一電話站，命李進喜帶領傳話員，隨時與東姑會談之情形，報告馬共主席穆沙。

下午二時十五分陳平一行，由從前在森林中抗日的英人戴維思(按戴爲抗戰時一三六部隊長，與陳平並肩作戰，誼屬好友。陳平下山時，他以老友身份去接，並代表政府負責招待。)送行，轉仁丹入山。陳平行時，曾步出會場大門口，曾頻頻揮手，含笑與記者羣及當地民衆告別。

×　×　×　×

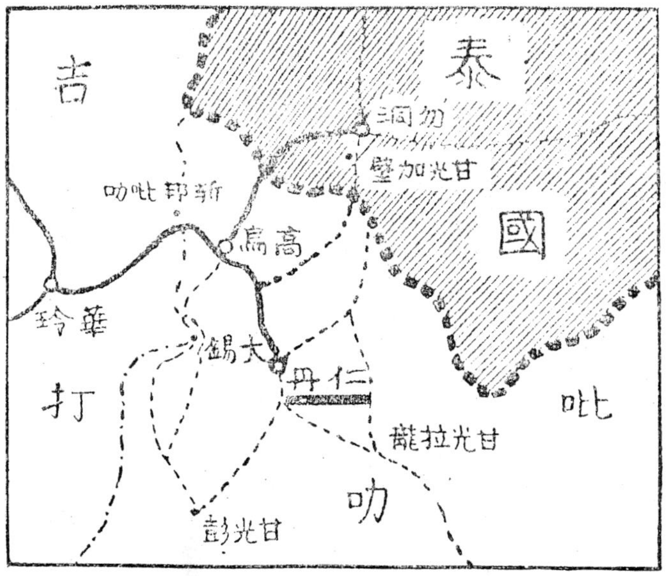

第一次和談已結束了。第二次和談要等東姑從倫敦返馬後再度舉行，相信在本年一月下旬或二月初舉行。因爲馬共與政府發表聯合公報稱：一旦民選政府能完全收回內部治安權與地方保安隊控制權時，馬共將接受目前大赦條件，停止作戰行動，並初步解散武裝。

陳平在第二天會議中向東姑道：我們並不要同你們爲敵。我們承認你們是民選，但今天軍權與治安之權，全在英國人手中，我們爲什麽要向英國人投降。你們的民選，不是有名無實嗎？

這將是第二次和談的一個重要關鍵。東姑倫敦之行，是否能爭到這一點，實在很難說。這一着棋子，不能不承認共產黨有一手。

廿九日下午四時三十分，東姑飛返吉隆坡，在機場告記者稱：「我想他們會再出來和談的。我自然不會去要求他們來談，他們一定會來向我要求重開談判的。」他又指出：華玲和談將不會影響他在倫敦作馬來獨立談判之原定方針。接着不久，馬紹爾與陳禎祿爵士亦乘另一機抵吉隆坡，馬氏在機場向記者表示，重開談判的可能大。馬氏說：「如果馬共肯爲了人民的福利，放棄他們的成見，再與我們會談，我們是樂於和他們週旋的。」記者問他：「如果和談失敗會不會影響到星加坡？」馬氏答道：「陳平告訴我，星加坡的共產黨在他指揮之下，同時他對於星加坡之交通大罷工的情形，非常熟悉呢！」

這一次和談雖然暫時告一段落，但東姑對陳平的印象甚好。他道：「他雖然是一名共產黨黨員，但他是正直爽朗的。然而和一個共產黨談判，總使人直覺到，他們是受一種外來力量所控制着。」東姑雖然沒有明言這外來力量是否是莫斯科或北平，但他心裏是有數的。

東姑是這一次和談的主角，正如陳平也是主角。廿九日他回返吉隆坡以後，遂即與英駐馬來聯邦欽差大臣麥基里萊爵士及馬來聯邦剿匪總司令波恩中將會商，到了三十日夜晚，東姑發表了一項強硬的聲明，這項聲明顯然是他和麥波二氏會談結果後所採取的步驟。

聲明是說明一九五五年九月九日宣佈的大赦令到一九五六年二月八日爲止，宣佈無效。二月八日以後，馬來亞全境恢復全面清剿狀態，馬來亞將動員所有人力與物資，實行清剿工作。聲明全文，東姑氏當晚在馬來亞廣播電臺稱：「我無意再度與陳平會談，除非共產黨先放棄了原有的成見，誠心誠意的向馬來亞人民投降。」

「我非常遺憾底採取了上項的決定，因爲八年來馬來亞人民已經厭倦了這項戰爭。人民討厭這種戰爭，我們願意和他們生活在一起，但他們認爲他們的意念，無法與我們共處。」

「戰爭一定要加緊下去，一定要完全消滅了馬共。當然，我決不會投降，我也決不會出賣馬來亞人民。所以，這樣看來，祇有馬共投降了。我完全相信馬來亞人民會以全力支持我的決定。」

在同這一個聲明相繼發表的有剿匪總司令波恩中將的書面聲明，全文稱：「全馬來亞和全世界的人士，都深切明白，馬共說他們是爲了馬來亞獨立而戰這句話，實在是騙人的。陳平堅持他要爲共產意念而戰，他不願屈服，也不投誠。他這種行動實在與馬來亞人民選政府而戰，我深信馬來亞的人民，在東姑氏領導之下，一定會支持他，協助他完成剿匪的工作，很快底可以肅清殘餘份子。剿匪前途是有把握的。」

×　×　×　×

隨着華玲會談之後，馬來亞的亂動局勢將會怎樣？這是全馬人民最密切注意的一項問題。在華玲會議席上陳平所提出的三個條件均被星馬三巨頭所否決。三巨頭向馬共勸說招降，馬共斷然拒絕。因此會談沒有結果。然而此次會議，雙方都表現着君子風度，並不怒目相視，或互相辱罵。故會談結束後，星加坡首席部長馬紹爾

(下轉第31頁)

巴黎通訊

越南政局及其展望（下）

齊佑之

五　年來越南的政爭

前面所述是導致越南政爭的基本因素，但在我們來分析造成政爭的人為的因素有：①吳廷琰自一九五四年六月十五日組閣後，即執行軍隊國家化政策，與當時參謀總長保大親信阮文興發生爭執，阮文興有法國國籍為法軍上校，有保大及法方支持，而吳廷琰則施行其反法親美政策。故亦可說是美法對越政策意見分歧。②保大雖逍遙於風景綺麗的法國地中海岸，但甚不甘寂寞；且因不願越南有出色而孚衆望的人物出現，至妨害他個人地位，而實行策動越南各派間或分別與政府間的衝突，以為保障私人地位的妙法。③因吳廷琰欲統一軍權政令，對各宗派軍隊擬實行整編；而各宗派不願放棄特權，致有反政府的行動。

現在我們將越南政爭綜合成三個階段來說明：㈠去年九月十日吳廷琰總理下令准予阮文興六個月假期令其赴法，且須於九月十二日啓程，因阮文興拒命，致掀起政潮。初時阮文興得高臺、和好及平川三宗派的支持，於九月二十三日保大並函吳廷琰准其自由辭職。一時平川派黎文遠聯合阮文興、阮文春企圖組閣，致引起高臺、和好二教派的反感。吳廷琰則得美軍事代表團團長歐丹尼(O'Daniel)將軍及美駐南越大使海斯(Heath)協助，一方面置保大的免職令於不顧，一方面借機聯合一部高臺教及和好教份子於九月二十四日成立「舉國一致內閣」。十一月三日美總統派特使柯林斯(Lawton Collins)將軍赴南越。同時法國方面因法國在經濟及國際交涉上有賴於美國的援助及支持的地方頗多，遂讓步而有調阮文興來法晉謁保大的命令，於是保大被迫免阮文興職。㈡自本年三月一日起，法方停止供給越南各宗派經費，吳廷琰政府雖願以正規軍的薪餉供給各宗派軍隊，但須各宗派軍隊參加國軍，實行整編，且要求以中央政府統一各宗派控制地區的政令。凡此等等，均與各宗派利益相悖。同時於本年二月間保大親信Vinh Canh親王赴越向各宗派遊說，旋各宗派成立五不侵犯諒解。於三月初旬高臺教主范公稷宣佈與和好、平川二宗派，及越南社會民主黨成立「民族主義勢力聯合陣線」，要求肅清貪污，終止政府「攬權」及對各宗派與政黨的「歧視」政治，主張成立强大而廉潔的民主政府，同時高臺、和好、平川三宗派且派代表赴法晉謁保大，請其返國主政。三月二十一日各宗派於得到保大鼓勵後，致吳廷琰政府最後通諜，要求：①實現全國性的健全政府，②在五日內(於三月二十六日以前)改組現行政府。吳廷琰拒絕接受最後通諜，致各宗派於二十九日起封鎖西貢。當日夜間平川派軍隊與政府軍在西貢堤岸發生衝突，死數十人，傷者逾百，而形成政府與各宗派軍隊對峙的形勢，吳廷琰內閣九部長辭職(註五)。各宗派再度電請保大要求吳廷琰去職。但因各宗派的原動力係各為私利，不能團結，而各自為戰。吳廷琰則得機利用各種方法對宗派勢力實行分化政策。二月中，高臺教鄭明德率所屬二千餘衆依服政府；三月三十一日，高臺教阮清豐亦宣佈以二萬五千高臺兵歸服政府。此次事件後，經美法當局的調停，雙方暫行停戰，以期和平解決。停戰限期一再延展，但因雙方堅持已見，吳氏更提出：①統一軍權，②各宗派特權須完全放棄；雙方堅持不下，和解無法實現。㈢在這一個階段中，「倒吳廷琰運動」係由保大及各宗派雙方主動進行，且採用政治軍事並行計策：①各宗派於四月下旬宣佈將於五月一日對吳廷琰政府「採取行動」，而四月二十六日吳氏將不受命的國家安全局局長Lai Van-Song (平川派)免職，二十八日與平川派軍力發生戰事，死傷逾千人。至五月八日西貢堤岸區巷戰已告結束，平川派勢力大致瓦解，黎文遠率殘餘千人逃走南圻西方。此次損失，據官方公佈為死一一五人，傷一、五○○人，燬壞房舍八千所，受禍難民達三萬五千人。至五月下旬，政府軍與和好軍發生戰爭，後經利用各種方法得收服和好教Lam Thanh-Nguyen 及所部約五千人。政府軍並對和好教基地越南西部七山區實行圍擊，和好軍殘餘勢力則由黎廣文率領奔高棉邊界。至七月初，吳廷琰宣佈勝利，但叛軍並未完全肅清，尚需加以綏靖。②保大擬於五月五日在法召開越南「精神家族」(familles spirituelles)代表大會，且於五月初電吳廷琰來法出席，命將越南軍事全權交付參謀總長 Nguyen Van-Vy，同時發表「告越民書」及暗示美法當局得調和對越政策的歧見，更派有吳氏政敵阮文與赴西貢從事「調查」，研究對統一各宗派問題的可能辦法。此三項工作均在設法倒吳。阮文與於途中獲知其被吳氏開除軍籍，不敢前往西貢，僅經金邊潛入越南西部，密謀倒吳，組織「解放軍」，後因吳氏分化作用，阮文與個人安全竟受威脅，旋潛逃返法。另一方面，Nguyen Van-Vy 企圖發動政變推翻吳氏，奈軍中無從者，後倉皇逃至達拉(Dalat)，旋潛走國外。吳廷琰的對策除以軍力敉平各宗派實力外，對保大的命令則全盤拒絕，不予接受。四月三十日西貢宣佈成立革命委員會，該會主席為阮保宜(Dan Xa 黨秘書長)、副主席胡漢山、秘書長倪諒、及主要委員如阮清豐、鄭明德、允鄂文、Nguyen Giac-Ngo (和好教)等；宣佈：①廢黜保大，成立共和國政體，②在最短期內選舉國會，③授命吳廷琰成立新政府。旅由於五月四日越南政府在西貢召開各省市民衆代表大會，通過廢除保大。

吳廷琰於平定平川派叛變後，值美法談判越南問題之際，於五月十日公佈第三次改組內閣，新閣包括閣員十四人，其中五人係前內閣閣員，就地區分配則為南圻七人，中圻三人，北圻四人。茲將全部名單分列如左：

內閣總理兼國防部長：吳廷琰
總理府辦事部長：阮順周
(Nguyen Huu-chau)
內政部長：貝文定
(Bui Van-thinh)
外交部長：武文茂
(Vu Van-mau)
財政經濟部長陳順芳：
(Tran Huu-Phuong)
司法部長：阮文西
(Nguyen Van-Si)
教育部長：阮東唐
(Nguyen Duong-don)
勞工部長：許順諾
(Huynh Huu-nghia)
社會及衛生部長：武國棟
(Vu Quoc-thong)
農業部長：阮康榮
(Nguyen Cong-Vien)
工務部長：陳文苗
(Tran Van-meo)
土地部長：阮文臺
(Nguyen Van-thoi)
新聞部長：陳贊登
(Tran Chanh-thanh)
負責國防事宜閣員：陳重棟
(Tran Trung-dung)

而自五月七日，由杜勒斯、佛爾及法外長畢奈召開會談，討論越南問題，經多日磋商，於十一日始成立協議：①美法雙方同意支持吳廷琰；②美方將利用其對吳廷琰政府的影響，設法制止越南政府的反法宣傳；③法國駐越遠征軍逐漸撤回；④越南選舉得儘早舉行。此協議限期兩月，至七月南北越得會商明年大選諸事宜。此外雙方尚同意調回美柯林斯特使；法方擬擴大吳廷琰政府，使容納各黨派人員及各宗派代表，而美方則希望容納專門人材。對保大地位。雙方未作任何決定。事後證明仍承認保大為越南的國家代表，而吳廷琰則為政府首領。

吳廷琰在越南政爭成功，其地位更因美法談判而加强；這明顯的是由於美國政治及經濟的援助所致，及越軍對政府的效忠。年來，越軍的整訓工作係由歐丹尼將軍指揮下的軍事訓練團負責，擬練成新軍十師（四個加重師，六個普通師），連同後勤人員計有十四萬之衆。

六　越南共和國的成立

平川派與和好派的武裝勢力雖被打跨，但越南的政爭並未結束，至本年九月末，保大與吳廷琰之間的爭鬪可說已發展至頂點，雙方均在準備「決戰」。是時，保大在法國於一次接見新聞記者時曾公開表示對吳廷琰政府的不滿與憎恨，且透露他曾與越盟代表有所接觸。後一項透露，在自由越南各界因之引起惡劣的反應，使各界人士及報章對保大大加指責。同時中圻及南圻的一些工會組織與政治團體，其中以「維護自由同盟」(Le Mouvement pour la conquête et la défence de la Liberté)為著，發出舉行「公民複決」的要求，期由越人表決廢除保大的問題。十月十二日保大以外交文件照會法國外交部及美、英、印度三國駐法國大使館，聲明其所反對吳廷琰並非因個人關係；指出越南政治應循的途徑：①建立或發展民主性及代表性的機構，使其功能的運用代替武裝的反對，並佈置和平復興。②南北越政府在不放棄其各自信念下應力求減少彼此間的對立，且應在整個國家利益上着眼，實行某些範圍內誠意合作。總之，保大指責吳廷琰政府不循上述途徑，違背民主，拒與北越政權建立較正式的關係。保大並反對吳廷琰政府「製造」的複決投票，故促請美、英、法及印度政府不予吳廷琰政府以支持。保大於十七日使用他的最後一張「王牌」，公開發表命令將吳廷琰撤職，於次日發表「告越民書」。旋擬在巴黎成立一反吳廷琰的內閣，參加份子有數位親保大份子前閣揆及 Nguyen Manh-Ha (註六)。發表新政策為：①使南越政體充分民主化，②與越盟談判，成立 Modus Vivendi (註七)，逐漸實現越南的統一。與保大同一態度的尚有陳文友、阮文春、阮文心等一些親保大的前內閣總理。陳文友於十月初招待記者，稱複決投票對國家無益，係純為保障吳廷琰政權而行，且指責吳氏未能實現其前所公佈在八月實行越南普選的諾言。陳氏提出休止政爭，成立代表性國會，建立民主政治的議論；且稱渠贊成以南北越會談來解決國家問題，亦對目前越盟的「愛國陣線」(Front Patriotique，即舊聯越，Lien Viet) 表示可能接受。

然而，吳廷琰對保大等人繼續的指責與攻擊的答覆為宣佈於十月二十三日在整個自由越南舉行對越南國體的複決投票，使越民能直接選擇未來的政體與領袖。此一公民複決權的行使在越南尚屬創舉。自由越南人民得在保大與吳廷琰兩者之間任選其一為國家領袖，而今後越南政體亦同時因之決定，因保大代表「君主立憲」，而吳廷琰則宣佈倡立「民主共和」。

吳廷琰在積極準備二十三日複選事宜，除在整個自由越南大肆宣傳，於十月十三日為配合複決投票的需要，召回在巴黎與法政府談判法越軍事及教育問題的代表團，包括吳廷琰內閣總理府辦事部長阮順周、教育部長阮東唐及負責國防事責閣員陳重棟（同時亦表示法越談判瀕於決裂）。但另一方面，吳氏的行動得到全軍的支持，軍方代表 Ly Van-Ty、阮清豐、Tran Van-Don 等於十月十九日上書吳廷琰總理提議廢棄保大，支持吳氏任大總統。在高臺教方面范公稷亦應阮清豐的要求宣佈放棄教主地位(註八)。吳廷琰於二十二日在西貢向越民廣播，要求人民支持建立民主共和國。十月二十日美國務院宣佈繼續支持吳廷琰政府，認為複決投票係越南內政問題，故不作任何表示，僅宣佈對公民複決後成立的政府當繼續承認及給予支持。美國這一表示對吳廷琰可說是莫大的鼓勵。

參加投票者達五百八十萬。十月二十五日合衆社消息：投票結果，吳廷琰所得選票佔總投票數的百分之九八·四，大獲全勝。十月二十六日越南共和國正式宣佈成立，並由阮順周宣讀臨時憲法，吳廷琰為越南大總統兼任政府閣揆，同時成立憲法研討委員會，起草越南共和國憲法，此憲法將由本年底以前選出的國會通過後生效。越南的阮氏朝廷自是結束，保大祇好在法國組織其流亡「政府」。

、越南共和國成立後，不但美、英、日本、南韓、義大利等國及我中華民國先後予以承認；甚至連法國也得承認事實，不顧保大。法駐越南高專霍普諾(Hoppenot)宣稱法國政府將一如過去，繼續遵守相互的諾言，維持兩國政府間的友好關係。美駐越大使倫哈德(Frédérick Reinhardt)亦有類似聲明。

七　自由越南與法國今後的關係

日內瓦協定後的自由越南為了進一步的實行獨立自主，經與法國一再談判，去年九月法國已將司法、警政、保安等權限移交越南政府，於十二月二十九日法、越、高、寮四國在巴黎成立了有貨幣、關稅及湄公河航行問題的十三個協定，代替一九五〇年簽訂的保城(Pau)協定。吳廷琰政府於今年六月半及八月十四日兩度派阮順周、陳重棟等人來法主持與法談判。南越的希望：①軍事問題：南越欲以越南軍代法遠征軍，希望接收法國在越南的軍事最高統帥權，並管制法國駐越軍隊的移動；越政府同意遣回法國遠征軍，但希望海空軍仍能留駐越南。②經濟問題：越南政府並不欲以經濟的排除對待法國，但願兩國以平等地位及相互利害的需要下建立合作。越政府且欲建立獨立的經濟、貨幣制度。③法越關係問題：越南政府希望法國能明確表示其對越南及整個東南亞政策，對法國在北越派代表的「兩端政策」，不能同意，越南政府且欲以獨立國身份與法國建立關係，故前時頗希望霍普諾能以大使身份出使越南而未如願，但其欲與法外交部直接連繫無須經過法印支聯邦國事務部一項，可謂已達目的，因為近日法國政府已取消聯邦國事務部。④文化關係。

至阮順周等於十月中旬被召回國致談判擱淺止，除知在文化方面已有進展，及法國在六月三十日已承認的將在越南最高軍事統帥權移交越軍和法國將逐漸撤回其遠征軍等外，並在八月十六日法越當局在西貢訂立國籍協定，以規定法籍越民選擇國籍辦法。其他雙方談判結果如何，迄未公佈。然而近日越南共和國政府又宣佈廢除一九五四年十二月三日簽訂的貨幣及商業協定。

就各方面分析，今後法越關係的發展到處可見陰影，越南反對法國行使的「兩端政策」，而法國卻不肯撤回杉德尼。

八　越南統一問題

越南統一問題不但是今後越南政治上的一大問題，就今後越法關係的發展及自由世界防禦上看亦是同樣的重要。越盟方面自本年二月即不斷要求與南越當局取得正常連繫，且雙方派代表會談籌備明年的大選事宜。越盟的要求不但有中共及蘇俄的支持，且有印度的贊助。印度政府的作風不但是出賣印度民族的利益，而且就長遠一點看來，也是出賣別人。據目前一般推測，明年大選如舉行，則胡志明的勝利殆無疑問；因越盟多年來以反抗法軍及反殖民主義、反帝國主義姿態出現於民衆之間，對被外力壓迫的越民發生相當的誘惑。況自奠邊府戰役後越盟聲望更陡增，相反的在自由越南社會秩序尚感紊亂，政府對叛黨尚未能全部清除，且有一部份人民或自動的或被動的對吳廷琰的親美態度感覺不安；且時至今日，吳廷琰雖於複決投票獲勝，出任越南共和國第一任大總統，但其聲望似尚感不足以對抗胡志明。

自由越南未簽訂日內瓦協定，始終對之持反對態度。本年七月二十日為日內瓦協定簽訂週年紀念，南越人民以之為國恥紀念，發生示威鬥毆事件。自由越南政府的立場，根據年來吳廷琰的表示，為越南並非日內瓦協定簽約國，當不受該協定拘束；但如選舉能在眞正自由氣氛下進行，及由聯合國管制，則越南在原則上接受來年的全越大選。

若干自由世界國家對越南大選的意見初甚分歧，經年來局面的演變已見接近。英國曾一再促請自由越南遵守日內瓦協定，而前些時英外相亦曾承認此事係越南內部問題，西方列強無權強使自由越南與越盟進行籌備選舉的商談。法國對越南的態度亦近似英國，何況法國因北非問題弄得焦頭爛額，無力顧及印支問題。法國對越南問題所持的態度祇在聲明法國遵守日內瓦協定，而不能對吳廷琰施以壓力，同時它得和越南政府維持良好的關係。美國態度至為明顯，本年八月杜勒斯申明目前在北越進行投票時機尚未成熟，換言之，即為反對全越大選的如期舉行。

就今日局勢看來，明年的大選不會如期進行，而且何日能舉行也很難預料。蘇俄、中共為和平統一德國及韓國問題一再拖延，為什麼自由世界得拱手送出越南？有人說如不如期舉行大選，則越盟可能重啓戰端，向南越進攻。這點是不必顧慮的。不但胡志明不敢輕易重啓戰禍，而蘇俄及中共亦不會在短期內重啓戰端，破壞其所導演的「國際局勢弛緩化」。今日的自由越南問題和德國、自由中國、韓國的問題是同樣的性質，是與自由世界的安危共命運，祇有在打倒國際共產主義之後，纔能實現統一。自由中國、西德、南韓與自由越南既有同一命運，則應加强合作對付共同的敵人。

四十四、十一、十五草竣

(註一)目前越幣兌換法國佛郎的官價為越幣一元折合十佛郎。

(註二)該標準為每二公斤煤交換電一瓩，河內每月應供給海防電力五十萬瓩。

(註三)杉德尼曾於一九四七年使越北，主持與當時胡志明組織的「越南民主共和國」談判，失敗後著有「和平失敗史」一書，述其在越北談判經過，對未能實現的「和平」頗感遺憾。

(註四)見杜立賴(Philippe Duvillers)著「一九〇四年至一九五二年的越南史」一書(巴黎出版)。

(註五)內閣閣員 Nguyen Thanh-Phuong、新聞部長 Pham Xuan-Thai、社會部長 NguyenManh-Bao、主持內政閣員 Nguyen Van-Cat，(以上高臺教者)、內閣閣員 Tran Van-Soai 將軍、經濟部長 Luong Trong-Tuong、農業部長 Nguyen Cong-Hau、負責內政閣員 Huynh Van-Nhiem、(以上和好教者)及負責國防閣員 Ho Thong-Minh 九名。

(註六) Nguyen Manh-Ha 前「越南天主教行動」主席，於一九四五—四六年曾出任胡志明政府經濟部長。

(註七) Modus Vivendi 係拉丁文，其意義為得過且過。

(註八)按高臺教法在阮清豐將范公稷放棄，教主地位事通知教中主法機構後，得由信徒代表大會推舉繼任者。

落月（二續）

彭歌

三

父親死了以後，心梅母女過了世間第一個最蕭瑟的、同時也是最安靜的秋天。她們還住在原來那所大雜院裏，除了由三個人變爲兩個人之外，表面上好像也沒有甚麼別的變化。可是，少了那麼一個懶散的哼哼唧唧談今說古的人，這家裏竟好像是差了一大截的樣子。一種看不見的陰影，把這間坐東朝西的小瓦房給籠罩住了，連下半天那麼毒花花的西晒的太陽，都驅除不了那一份兒陰森淒涼。

辦過喪事之後，余二奶奶變得更憔悴也更沉默了。她常常一整天一整天地不說一句話，鄰居們有時好心找上門來想跟她談談天，安慰安慰她，她總是那麼茫茫然地望着別人，好像是不大認識他們。雖然如此，她的身體倒並不見得壞，她從外面接下來更多的要洗的衣物，一天到晚不停地洗着。有一個大晴天，早上洗的被單床帘到中午就全乾了；其中有一條床單落上了一點鳥糞，她不知怎麼竟把所有已經晾乾了的東西全部浸到水裏去。

「媽，您這是怎麼啦？」心梅不安地問。

「沒甚麼，閑着反正也是閑着。」回答的是那麼枯澀而絕望的聲音。

心梅忽然注意到，母親在這一個秋天裏，白頭髮多起來，背好像顯得也比從前更駝了。這使她覺得很悲慘而且很害怕。

九月間，各學校都開了學，心梅原來那些小學的同學，大部分都升入了中學；她自己知道目前升學雖然並不是絕對的不可能，可是她更知道像她這樣的人，多唸幾天和少唸幾天根本沒有甚麼分別，在升學教育的那個梯子上，她不可能會爬到頂上去。她不忍心再因此加重母親的負擔，「要洗多少床被單，才够繳一季的學費呀！」可是，不上學又幹甚麼呢？她對於未來感覺很厭倦。

有一天，忽然康老師帶着姜若寒到余家來了，原來他們聽說心梅自遭父喪以後便沒有再升學的事。他們來探聽余二奶奶的口風，肯不肯准許心梅去學戲。

「這個年月不同了，戲子烏龜吹鼓手的說法，早就不流行了。現在是，三百六十行，行行出狀元。唱戲唱得好，照樣可以享大名，掙大錢，憑本事吃飯，一點兒也不低三下四。余太太，難得您的小姐有這麼好的天分，她自己又很喜歡這一道兒。」康老師一轉入正題，馬上就說了一大篇的道理。

若寒接着說：「現在有一個專門教戲的學校，辦得挺不錯的。康老師現在也在那兒任教。我爸爸跟我媽全到他們那兒參觀過，他們已經答應叫我去了，所以我來問心梅，她要是願意去的話，也可以多一個伴兒。」

「甚麼，妳也去？妳爸爸准妳不唸書去學戲？」余二奶奶好不驚奇。

「所以我說年頭兒不同了呀，」康老師說，又掉過頭來問。「心梅，妳自己的意思怎麼樣？」

心梅從開始就一直緊張着，小心地觀察着母親臉色的變化。「這是一個機會」，她心裏對自己說。可是她不敢貿然說出答案來，她覺得這個世界對待她不會那麼寬大，她所急於要得到的東西，恐怕到頭來一定得不到，落個一場空。所以她小心謹愼地問：「上這學校恐怕要化很多錢吧？」因爲心中老在提醒自己，「人家姜家是有錢的人家呀。」

可是，若寒笑得跳起來說：「這不要妳操心，小姐。人家學校裏不但是一個錢不收，而且還管膳宿，發制服的呀！只要學好了替他們唱，能叫座，在畢業之前就能打得響，那麼他們前臺的收入好了，學校就能維持了。」

「哦，是這樣的呀。」心梅把下面那句「那可眞好」噎住了，她望着母親，兩眼流露出懇求的神情來，使得天下任何一位母親，只要看一眼也就懂得了。

「對於這個事，我也沒有甚麼一定之見，」余二奶奶慢呑呑地答話，兩隻眼睛望着墻上余二爺的遺影，怯怯地說，「當初她爸爸有過話，不許她去。」她頓了一頓，這才抬起頭來對着康老師說。「不過，現在既然康老師認爲這個事可以行得，若寒人家那麼心肝寶貝的千金小姐，也肯送了去，我當然也沒有甚麼捨不得的了。」

心梅想不到機會這麼湊巧送上門來，而又這麼容易就可以通過，她簡直不大相信自己的耳朶了。她一跳跳到余二奶奶面前，抱着母親的肩高興地大叫：「媽，您答應了？您說您眞的答應了！」

余二奶奶點點頭，沒有笑，倒好像滿肚子是委屈。

心梅那天晚上興奮得睡不着覺，幻想着許多未來的事情。這是她自從父親去世以後第一次這麼高興。可是，一想到第一次高興的事就違背了父親的遺言，又不禁慚然自咎起來。

過了幾天，入學的事由康老師辦好了，若寒便乘了家裏的包車來接心梅。心梅那天從一早就在準備着，收拾行李和衣物，好像是出遠門。其實從余家到學校只不過隔着幾條街，徒步也不過只要二三十分鐘的路；而且學校規定每一個月還可以回兩次家。可是由於這是心梅第一次離開家，母女兩人都有着說不出的緊張。

那天下着瀟瀟的雨；心梅把行李一搬上車，油布帘子就放下來了。她歪過頭去，把帘子扒開一條縫往外看，第一眼看到是大雜院門前那棵老槐樹上的枯黃了的葉子，正在隨着風雨一片片地紛飛墜落，然後才看到樹下的母親，還往車上望着，完全不理會從老樹枝葉間落下來的冰涼的雨滴。她的臉上也有水，分不出是雨還是淚。

心梅想要勸母親快回去，可是一時間忽然覺得喉頭被甚麽又酸又熱的東西哽塞住，甚麽也說不出來。這時候車夫已經抄起了車把，一高一低地踏過陋巷的泥濘，車子就搖搖幌幌象一條在微波盪漾的小河上行駛的船一樣地向前走去。

照相本上現在該出現了兩個十多歲的女孩子半身的合影。那是心梅和若寒入學以後照的，若寒脫下了她家帶來的花花綠綠的綢緞衣裳，心梅也脫下了母親手做的敝舊的布衣——都換上了一色的藍布大褂、黑布鞋、白襪子，這就是那學校發的制服。另一個標誌是頭髮一定要剪到耳朶上頭去——學校裏對於女學生管理是很嚴格的。

那些日子是辛苦而甜美的，永遠值得回憶。

北平那時候只有兩家這種教戲的地方；一個是葉家的富連成，有三四十年的歷史了，可是那兒只收男孩子。另一家就是這家學校——單從它叫做「學校」而又男女兼收來看，就可知它代表着一種比較開明的精神。

這學校設在一所破敗古老的大宅裏，庭院深深，除了後進兩廊是師生的宿舍之外，前邊是一間間的課室，有一間小型的劇場，那是專爲彩排之用的。這宅邸最後面有一個大操場，每天天還不亮，幾百個學生們便集合在那兒練腰腿，歲數大班級高的，還要拿着大槍大刀在那兒打對子。尤其是那些唱武生、武丑和武二花的，靠着南墻根兒練拿大頂、蠍子爬、頭朝下、脚朝上，還是要練兩個臂膀的力氣，跟腰腿上的功夫。他們全都是一睜眼就來操練，空着肚子甚麽都不能吃，腰板兒上全紮着一種又寬又硬的牛皮腰帶叫做「腰裏硬」，勒得腰那麽細，使整個體型像個大黃蜂似的。這一切，看在心梅的眼裏，覺得又新鮮，又刺激；而且覺得自己居然也能加入到這一羣中來了，不止很有趣味，而且很榮幸。

緊張的早操之後，早餐是簡單的稀粥、饅頭、鹹菜。普通學生限定吃一個饅頭，只有那些高班級的有了名氣的，才不受限制。然後就是分班上課，從字句腔調的傳授到整齣戲的排演，程度各有不同。但每一個課室裏都是那麽緊張、嚴肅，好像蜜蜂們在不同的蜂房中同時釀蜜一樣。

下午，多半是排演一些新戲，新進學校的孩子們，頂多只能跟着搖旗吶喊跑龍套，大多數都是坐在後排做觀衆，同時聽老師們在旁邊指點，算是示範教學。

晚上，這學校因為跟一家戲院有長期的合同，每晚都有戲。新生們雖然很少登臺的機會，可是也得分撥兒排着隊到戲院的後頭去，輪撥兒挨在那叫做「守舊」的大帘幕兩旁去看戲——這不止爲的是讓他們熟習舞臺，也爲了要他們熟習觀衆，他們所看到的只是舞臺的背面，但却正對着一排排觀衆無數的眼睛。「凡買一張票的，就是咱們的衣食父母，好演員一定要懂得觀衆的心理。」這是康老師的話。

任何學校都不是一個眞正能够使天才充分發展的地方。這所學校也是如此。學校總有一套所謂規章條文之類的公式，而那往往是限制天才遷就庸人的東西。進這學校，所有的人都得從跑龍套學起，甚至於有些個連跑龍套都只是在操場裏演習演習，沒有上臺的機會。

在康老師的苦心教誨之下，心梅和若寒兩個，要算是同科之中進步最快的了。入學不到一年，她們已經有好幾次粉墨登臺的機會——雖然每次都不過是扮那只動腿不動口的活佈景一樣的角色，譬如不說話的丫嬛，捧酒壺的宮女之類。

心梅畢生難忘的，是入學一週年的那個晚上。那天康老師特別爲她和若寒排了戲碼兒；這是她有生以來第一回在舞臺上對着幾千個觀衆張開嘴唱戲。而且，就是在那一晚上，她在舞臺上認識了一個朋友，一個使她到死都會記得的異性朋友。

依照科班的慣例，最後一齣大軸戲常常是熱鬧火爆的武戲。那天的戲碼是「大長板坡」，派給心梅的角色是劉皇叔的夫人、劉阿斗的生母——糜夫人。在這齣戲裏，這不是個重要角色，可是，在當時這已是心梅所能期望去扮演的最好的一角了。當康老師在幾天之前悄悄地告訴了她這個安排之後，心梅就一直緊張着，甚至於連吃飯的時候，也會突然停了筷子，默誦糜夫人那幾句簡單的對詞。

長板坡的中心人物，是那個「殺得曹兵個個愁」的趙雲，他扶保着一籌莫展、日暮途窮的劉備，被曹操的大兵節節圍攻，眼看就要走頭無路了。而趙雲居然能奮發神勇，七進七出，轉戰曹軍陣中如入無人之境。他從糜夫人手中接過了幼主阿斗，把在襁褓中的小生命裹在他的護心軟甲中。只憑一槍一騎，戰敗了曹門八員猛將，連觀戰的曹操也爲之嘖嘖稱奇。傳下令來不得暗放冷箭，一定要捉活的；這一個命令幫助了趙雲安全脫險。一直馳馬奔過了當陽橋，接着便是燕人張翼德在那兒「喝斷了橋樑水倒流」，在波瀾壯濶的戰鬪畫面之後，出現了一個近乎團圓的結局。

長板坡是長靠武生最繁重的重頭戲之一。因爲演這齣戲不僅是靠了武打的場面。這齣戲是楊小樓盛年之時在清宮演出，被西太后特別讚賞才大紅起來的；而楊小樓表演的特色，就是能武戲文唱。不但能够從氣度上去追摹古代大將軍八面威風的風儀，而且能刻劃出一個時窮勢蹙的敗軍之將，在近乎絕望的境遇中那種憤慨憂慮而又視死如歸的大勇精神。就武功的表演方面說，在迎戰曹門八將時，不只一場有一場的殺法，而且在金鼓雷鳴，殺聲震天的激戰之後，這主角講究能够臉不紅，氣不喘，冠帶旌旗，紋絲不亂，這要不是從根柢上下過苦功夫是絕對辦不到的。而且就「武戲文唱」來說，扮趙子龍的人不僅要英姿煥發，氣宇軒昂，而且要有好功架，好本錢。不光是講武把子，就是做派和唱工，也全都得有一套。楊小樓演這齣戲的時候，單是悶簾裏一句叫頭「主公——慢——走」，嘹亮蒼涼，有猿啼虎嘯、石破天驚的氣勢。所以，要不是個唱

(23)

唸做打的全才，眞不敢輕易演這齣戲。

在梨園行的人說起來，當然到現在還沒有一個人能跟得上楊老板的，就連能有幾分那種神韻的人也沒有幾個。可是在戲校裏要提起趙雲這一角兒，無論師生都會立卽提到一個人——那就是傅振翔。這名字連心梅這樣低班的學生全都很熟悉，如雷貫耳。

傅振翔學戲也不過四年多，他是個發育早熟的青年，雖然只有十八九歲，體型却完全像個大人，身量又高又壯，肩膀那麼寬，腰那麼窄，像一把半打開的摺扇。戲校對於高班的男生，本來是不禁止留分頭的，可是傅振翔連這麼一點表示優越感的機會都放棄了，他一直還是把頭皮刮得又青又亮，像個剝了皮的洋葱頭，顯得有點兒不襯他這個人——他的臉白白淨淨，五官清秀，兩道重重的眉，一雙烱烱發光的眼睛，上起粧來格外顯得英俊挺拔。他的武功練得很紮實，無論長靠短打，全都是又規矩，又俏皮。所有的老師全都喜歡他，「振翔這孩子，有出息！」有一家小報估計在一晚上一千多觀衆裏，至少有三百人是專爲看他一個人才買票的；其中大都是那些花枝招展被稱爲「捧角嫁」的大學堂裏不大懂戲而喜歡趕熱鬧的女學生們。

儘管如此，傅振翔却仍是非常安分，非常謙遜的。他是一個寒門出身的孤兒，被叔父和嬸母撫養大的。他對於眼前的些微成就，完全歸功於學校和老師們。他從來不像別的一些成了臺柱子的高班生一樣，沒出校門就先染上了「京朝大角兒」的臭習氣。他對老師恭馴，對同學溫厚，學生們都喜歡跟這位傅大哥配戲。有一回演「金錢豹」，他去大豹子，在丟飛叉的那一場，扮孫悟空的那個下手，一時大意，竟失手沒有把叉接住。臺底下當時就喊上倒采來。把場的老師很火，立時要叫那個小同學回學校去「跪香」，還是傅振翔挺身而出，自認是拋叉的手勁兒不對，才算平息了這件事。結果傅振翔被記了一過，扣去了一個月的零用錢。

像這一類的事情，心梅聽得很不少；所以這次聽說自己要跟傅大哥配戲，她心裏又緊張，又欣慰。「這是件多麼光榮的事呵！」越是這麼想，她越是怕自己會唱砸了。在她的小心眼兒裏，討好觀衆和討好傅振翔混成一件事，分不出誰輕誰重了。

那天晚上，心梅覺得一切都跟平常大不一樣。亂糟糟的後臺好像比平常更亂。前臺的鑼鼓管絃的聲音，不斷地敲打着她的耳鼓。計算着時候，若寒這時正在場上，「她大概演得很順利吧！」心梅從心中羨慕她的朋友能够先上臺，「早唱早了，多好呀！」

正當她這麼焦慮着的時候，忽然有個高高的人影兒在面前一幌，「妳是余心梅吧？」

心梅本來坐在一口砌末箱子上的，趕緊站了起來說「是」。她打量對面這個人，她認識那兩道微微蹙着的濃眉，「您是傅師兄吧？」

傅振翔仍在三步以外站住，眼睛看着旁邊的箱子，「今天晚上咱們要同臺了。」

「可不是，」心梅覺得有些窘，不知說甚麼好，「等會兒要請您多關照了。」她遲疑着說：「我可甚麼都不成。」

「那兒話，我聽過妳吊嗓子，妳穩得很吶。」

「不行不行，我這會兒心裏頭慌得簡直一點兒抓撓都沒有了。」

「這是妳——第一回？」

「可不是嗎？」心梅覺得自已的臉有些熱了，「呆會兒要是唱得不對，您可得多包涵點兒。」

「妳別客氣，只要心裏穩住勁，照平常在學校裏那樣子唱，就行了。反正誰都得經這麼一次，記得我第一次上臺的時候——」於是，他講了他自已的一個笑話，他說他第一齣戲是「武松打虎」，他演那條挨打的虎，披着老虎皮昏天黑地翻筋斗，他自以爲是賣力討好，多轉了好幾圈兒，叫那個武松多費了好些手脚，因此，這條虎回去挨了五下手板。「可是，我就那麼樣糊裏糊塗闖過了這第一關。」

他起初是那麼拘謹木訥，漸漸地談吐自然起來了；心梅看得出來他對自已鼓勵和關切的好意，她非常感激——這好像一個人要開始去經歷甚麼危險的事情之前，特別需要別人的鼓勵。

「糜夫人這一角兒，要說容易麼，本來沒有好多的戲；可是要說難也眞難，當年通天敎主王××跟楊老板同臺的時候也演過的。尤其是『抓帔』的那個節骨眼兒，非得嚴絲合縫不可。這一場妳已經排過幾次了吧？」

「排是排過了。康老師在旁邊看着，說還過得去。可是，我總是擔心到時候要是糾纏不淸可怎麼辦呀？」心梅嬌憨地笑着說。

「那不會的，總之我們兩人到時候注意傢伙點子，妳特別注意上身略仰，兩手放鬆，順着我的勢子，就行了。」

長板坡中有一折，是趙雲在亂軍中找到了負傷的糜夫人和阿斗，但戰馬只有一匹，糜夫人爲了要趙雲保全阿斗，死中求活，所以她拒絕上馬逃生，而且爲了使趙雲無後顧之憂，她毅然跳入路旁的枯井中去了。趙雲趕上去救，已經遲了，他一把抓住的，只是糜夫人的一件衣服——抓衣服這一個小節目，在名手演來是非常緊湊而又合乎「舞」的要求的。

「大師兄，你這麼一說，我放心多了。現在我要去上裝去，回頭見吧。」心梅因爲看到後臺的過道兒裏偶而有幾個女孩子走來走去，向她擠眉弄眼的扮鬼臉，她怪難爲情的，一扭身便跑向化裝室去了。

那令人震顫的偉大的一刹那終於來到了，當心梅扮好了粧站在簾子後面，聽着場面上鑼鼓聲音，她的心跳得也跟鑼鼓一樣的七上八下；這一場戲也許就要決定她的終生命運，想到這，她有一種說不出來的眩暈之感，彷彿是水紗勒得太緊，有點抬不起頭來。

正在這時候，全身披挂，甲冑鮮明的傅振翔又來了，他好像一點兒不在意似地輕拍着她的肩膀，「去吧，不要管臺底下的人，妳只當是唱給我一個人聽的好了。」他歪過頭去吐了一口唾液在地上，習慣地把穿着厚靴子的脚踏上去塗擦着，「要唱戲總得有這麼一回，放寬心吧，祝你成功！」他的聲音那麼輕微，那麼柔和，又那麼謙抑；正在心梅感到有一點兒陶然的時候，一個把場的人提示她，「余心梅，該妳上了。」她剛一猶豫，不提防振翔把她輕輕一推，她就身不由主地已經到了前臺。

前臺和後臺只隔着一層帘幕，可是這是兩個完全不同的世界，這是她第一次把自己的聲音和形相包括每一個細微的手式，展覽給這麼多的人欣賞。那黑壓壓一片數不清的觀衆，在心梅心目中已經不復是一個單獨的人，而混凝成了一個整體，一個巨人；它具有無上的威權，可以批評她，挑剔她，甚至於把她轟下臺去，把她這一生中的希望撕碎成一片片。她恍惚感覺到這個巨人是冷酷無情的，它不會因爲她是第一次出場而對她稍微寬縱一點，她的事業和未來的前途，都建築在這個奇怪而神秘的巨人之喜怒哀樂上。它是不可捉摸的，而她却命中注定要去討它的好，這使她一上來就有一種孤立無援的感覺，好像每一雙來自臺下的眼睛，會跟舞臺上高懸着的大燈所發出的强烈光芒一樣，令人不能逼視。同時她又感到一種無形而有力的壓力，從四面八方集攏來，沉重而持續地撞擊在她身上。她現在只希望快快把這場戲演完，不敢再夢想觀衆會爲她喝彩。她下意識地想要站在舞臺上陰暗的一個角落裏，甚至於想把自己的身體壓縮得小一點，以免引起人們的注意。由於這種心情，她的表演自然是十分拘謹，聲音也就十分生澀了。

可是，過了一會兒，傅振翔也出場了。從那一分鐘開始，心梅就感到了一種截然不同的變化。振翔是那樣的鎮定，那樣的旁若無人。他的每一個姿式都是又堅實又飄逸，每一句道白都是又嘹亮又輕逸，舉手投足之間，就把全場的人都吸住。那個騷動譁笑的巨人，顯然已經被他征服了；她好像看得出那些陌生的眼睛中，現在所流露出來的，是崇拜的、期待的光芒，那巨人的不可捉摸的心絃，已全被這位千百年前名將的英姿所懾住了。他身上似有一種光華，使得觀衆們不得不爲之迷惑，爲之沉醉。

同樣的，在心梅心中也泛起了這種近乎崇拜的情緒。她現在才眞正體驗到一個成功的演員具有如何强大的威力。由此也增加了她的信心，她不再覺得觀衆可怕，她可以從容地唱，從容地做，從容地思想了。可是，儘管她自己覺得比剛一出場時好得多，臺下仍然沒有甚麼人注意到她，僅僅有極少數的幾個好奇的「長座兒」在節目單的小字裏去尋找這個新人的名字。但卽使找到，也隨卽又忘了。在觀衆的心中，她與臺上那張桌子同樣都屬一種不得不有的「配件」，所不同的只不過她比桌子會動會說話而已——他們不耐煩去欣賞桌子說的話有甚麼好壞。

但，心梅自己已經很滿意，至少可以不再怕了。因爲她親眼看到所謂觀衆也不過是那麼容易就可以征服就可以滿足的東西。

演到了跳井之前那一段戲，臺上只剩下了趙雲和糜夫人。兩個人面對着面，心梅多麼渴望着從他臉上看到一點笑容呵，可是，一點都沒有。她所看到的，只是一雙恭謹的眼光，那是一個部將對主人應有的儀節；她看得出來，在他心裏，此刻只有糜夫人，根本沒有余心梅這個名字——這使她感到一點點輕微的悵惘與失望。

很快的，到了「抓帔」那個場面了。心梅完全照着平日康老師的教導和剛才振翔提示的方法做去，她迅捷地奔回舞臺的下場門，那兒有一把象徵着井口的椅子，當她輕倩地縱身一躍的時候，她的米黃色的帔衣便很順利地被抓在趙雲的手裏。這一個動作一共也不過幾秒鐘，像一個夢——可是，心梅知道他們合作得很成功，因爲她聽到了臺下的陣陣掌聲。可惜她現在已經「落井」，無法親眼去看那些人怎樣地鼓掌了。

而且，她很瞭解，那掌聲完全是屬於傅振翔的；可是，在造成他的光榮之中，居然自己也曾出過一份小小的力，她覺得非常愉快——她反而忘記了這是她自己第一次成功的演出。

下了裝，喝了一杯白開水，才想起來今天母親和張鐵嘴等那些鄰居也都來看她演戲的，她竟一點也沒有注意到他們，她覺得自己眞慌張得可笑。

晚上，回到宿舍裏，若寒找她來暢談彼此「處女演出」的經驗談，兩個人都興奮得不想睡覺；直到熄了燈，心梅拖着疲乏的身體躺在床上的時候，仍然忘不了當夜的戲，還有——是傅振翔穿着戲裝的高大的影子。

這就是她正式邁上舞臺生活的第一步。那張糜夫人的照片，是那麼瘦小而孱弱，好像一株剛剛出土的幼苗。

「桑格里(角)」與華僑

張沅長

「桑格里」(Sangley) 是一個有趣的名字。

我在初次見到這個名字時，也是莫明其妙，不懂它的含義。那時我是在參考一本敍述西班牙人統治菲律賓情形的書；看到作者提到「那批桑格里」時，眞不知道他講的是甚麼。到半本書看完以後，覺得他筆下的「桑格里」大概是菲律賓的華僑。到全書看完以後，覺得這個猜測大概是不錯的。但是不懂何以要叫華僑做「桑格里」。

過去中國人在國外曾獲到不少的怪名，「契丹人」(Cathayan) 便是其中之一。「契丹人與中國人」是文學史上一件奇怪的訟案，到了一九三〇年可算解決了。但「華僑號稱桑格里」則在那時還是一件無法解答的怪事。

我是一九三〇年離華府，一九三一年回國到武昌，一九三五年離南京再到美國。這四、五年中，我得到兩個假定——第一，「桑格里」一字原來既不是英文或西班牙文，也不是菲律賓土語，那末它大致是中文；第二，如果是中文，它大概是從「商旅」兩字變化而來。這是因爲最初的華僑，當別人問他們是怎樣的人時，可能說：我們是到呂宋來做生意的「商旅」。菲律賓人可能因此便叫他們做「商旅」。綴成西班牙文和英文時，便是 Sang (商) Ley (旅)。這個推論如果是對的話，那末「桑格里」中，的「格」音原是一個無聲的「g」。但那時因國內缺乏研究和參考資料的緣故，無法找證據去解決這個問題。

一九三五年冬天我在美國北加羅拉那 (North Carolina) 大學教書，碰到了現在馬埃米 (Miami) 大學做系主任的博格斯教授 (Professor Ralph Boggs)，大家談得很投機。他是一位研究西班牙語文的專家，所以對於「桑格里」一字是否從中文傳入西班牙文或英文一點，極感興趣，決定參加研究，一同尋找資料。最後是他在一本包括菲律賓方言的西班牙文字典內，找到了「桑格里」的解釋，說它的意義是「在菲律賓旅行經商的華僑」，確是中文。這樣一來，我的推論，得到了證據，成爲定案。這段資料，隨後是用我的名義，在一九三六年的 Modern Language Notes 中發表的。

因爲美國式的英文在菲律賓逐漸佔了西班牙文的地位，所以「支那人」(Chinese) 也逐漸把「桑格里(人)」的地位佔去了。「桑格里」這名稱漸有被人完全忘記的可能。幸而美國海軍好似有意來紀念華僑的功績一般，在菲島的「桑格里(角)」(Sangley Point) 建立了一個强大的海軍基地。這樣一來，「桑格里」便可以「不朽」了。

何以這個海軍基地要紀念華僑呢？關於「桑格里(角)」地區的沿革，沒有參考資料是無法寫的。但我可以說，這個地方必是早年華僑初到菲島時集中的地點，所以才有這樣一個名稱。對於菲島的華僑，那時的環境是非常艱苦的。西班牙人在那裏的政權，建立不久，對於人數和力量逐漸膨脹的「桑格里」僑團，當然是非常敵視的，所以早在我國明朝的晚年，菲律賓方面就有屠殺華僑的大慘案發生。今天的華僑，是因自由中國有積極保僑政策而獲到保護的。過去的「桑格里」僑胞則是沒有祖國保護的遊子。死亡的是寃沉海底，倖免的是忍辱求生。這是一段偉大而慘痛的歷史。

到了今天菲律賓已是一個堅强的反共國家，與自由中國有較爲密切的合作；而華僑對於菲律賓的建國也有偉大的貢獻。今後祇要我們的僑團，對於爭取居留地土著的好感的重要性，有澈底的了解，因而眞能積極爭取菲律賓人的好感，同時在言論與行動上謹愼小心，不引起菲人的反感或畏忌，做到「言寡尤，行寡悔」的地步，那末僑胞的地位必會繼續改善，使「桑格里(角)」成爲中、菲、美三國合作反共，爭到勝利的象徵！

史大林死後的蘇俄（下）

史　信摘譯

（四）

史太林死了以後，我深深體會到克里姆林宮的新首腦們，似乎在行政措施上，處處要表示與史太林時代不同。新政府强調陸軍當局的支持，强調政府部門「集體」的性質。

當貝利亞事件發生以後，新政府似乎强調在國內「解放」，在國外維持友好之態度。馬林可夫第一篇的演說，便是允許人民「和平與自由」，可是當我回到美國後，所謂「和平與自由」，顯然是紙上空談。

當我在快要回美國的時候（我是在一九五四年二月由中東返莫斯科），我便先要看這個自由的限度。於是我到紅廣場去散步。這個紅廣場原不是一個可以隨隨便便散步的場所，除非是由有組織的旅客，各地進來的農民，羅馬尼亞的工程人員，以及中共派來的留學生。別人是無法涉足其間。過去人民在紅廣場集結是受政府禁止的。可是史太林一死以後，莫斯科的男男女女，大大小小，可以任意在廣場上逛來逛去。原先干涉人民行動的軍人，現在頂多在車輛擁擠時出來維持一下交通秩序而已。

除此以外，還有一個重要的改變，便是面對克里姆林宮排列在紅廣場一排的灰色房子，現在又重新恢復，開起百貨公司來了。這是馬林可夫向人民許下的諾言，他允許有更多的貨品供應。在莫斯科來說，此次陳列貨品之多，是革命以來首次見到的。這許多公司乃是主持貿易工作的米高揚主持的，等於一個國營百貨公司。

據說每天光顧這個國爭百貨公司的雇客總計自十五萬人至廿萬人之數。從擁擠程度來估計，我相信這個數字是合理的。因爲光顧的顧主不僅限於莫斯科一地，而是來自全國各地者。有穿着短棉襖的農人，有戴羊皮帽的高加索人，有工廠的工人……，眞是形形色色。我被這人潮擁進了這間百貨公司，我發現貨品確是不少，但通常來說價格太高，品質太劣。然而產量與選擇方面確是進步多了。毛織品和衣裝部最爲出色。

然而，仍有許多東西供不應求。每天能賣出的電視機，只有廿架至四十架左右，每架約二千八百羅布(官價折合英鎊爲二百五十鎊)。從排隊的長龍來看，每天至少有三百至五百人，在列隊購買電視機。

俄國人對於排隊工夫眞有他們那一手。他們如果有買一件貴重的東西如電視機和汽車，他們竟可以排上幾個月的隊。等到快要輪到自己可以買到手了，於是更爲焦急，有時等上幾個小時；有時等上一整天；有時明明等到了，然而公司裏人說：現在正是缺貨。那末過去等待的歲月，完全付諸東流。

在俄境盧布的價值是根本沒有一定的。有些稀有之物，確貴得令人難以想像。使人望而生畏，不敢下手買。有些東西確非常便宜，作大量傾銷。例如日常用品便宜，於是買的人便多了，買的人多，政府之所得稅也藉此可以增多，因爲蘇俄每一件貨品，都加上一層稅收，雖然表面上這個國家是沒有所得稅的。蘇俄政府通常是用這種方法來增加稅收的。

從一九四七年起，蘇俄的經濟是在收縮通貨膨脹，但她有什麼方法可以收縮通貨膨脹呢？有一次有人告訴我，有一位在鞋廠工作的工人，名字叫維克多，他因超量生產，於是每月工資增到一千八百至二千個盧布。但是經過一兩個月後，廠務監督調查以後，他的薪水，立刻少了一千個盧布。於是他每月只有八九百個盧布。換言之，每週四十八小時的收入全在這裏了。但少去的一千個盧布乃是購買十五年期限的公債，每年抽獎還本。如果年年抽不到，那末十五年到期還本時，等於打了一個對折。蘇俄政府便是使用這個方法鼓勵人民儲蓄。

（五）

史太林死後的新政府，第一次和外國人來往社交，似乎是一九五四年八月來莫斯科的英工黨訪問團。該團由工黨首領艾德禮率領之下，抵達紅都。過去雖然也和外國人社交，但在時間上說，沒有這次親切。

那一天英國大使館舉行了一個晚宴，歡迎全國團員。馬林可夫與赫魯雪夫都應邀赴宴。杯酒聯歡，深更始席終人散。馬林可夫出門告別的時候，已是次晨一時半了。那個時候莫洛托夫和米高揚也正預備告別時，可是赫魯雪夫和比萬的談話，似乎還是談得津津有味而不忍離去。

「慈耐息(按俄語之「這就是說」)……」這位短小的黨首領每說一句話時，總要加上兩三個「慈耐息」的語字。

然而馬林可夫呢？他是等候在門口，當他注視赫魯雪夫一個人在按着比萬的胸脯時，他帶着倦的神情，含笑低聲道：「我們走吧！」

馬林可夫先走下樓，接着米高揚，莫洛托夫……赫魯雪夫，一邊在談，一邊匆匆下樓。在這個時候，他的同伴早已在「息斯」牌的汽車中坐着等他。這輛息斯牌汽車，有保險玻璃和避炸鋼板的設備。於是赫魯雪夫跳上第二排的坐位，他座旁立刻跳上去一個上校階級的特務警官。這三個人，馬林可夫、赫魯雪夫、和莫洛托夫人是今天蘇俄第一個組合的顯要。這一天晚上表示他們三人的充分合作，至於第二個組合的顯要，才輪得上布加寧、卡葛諾維奇和米高揚。

那一天晚上，從他們三個人的行動看來，沒有誰在操縱誰，他們都顯來十分平等。最好的一件事，乃是在某次最高蘇維埃會議中，馬林可夫和赫魯雪夫對於農學政策的演說，二人幾乎完全一樣。這件事情充份說明了黨政的一致，黨政間一點摩擦也沒有了。今天他們三個人中間的合作，在西方人看來，可算十分和諧的了。我雖然沒有和馬林可夫或赫魯雪夫談過話，但我曾經看見他們兩個人，相處在一起有數小時之久。他們的行動給了我一個印象——馬林可夫是政府的領袖，連赫魯雪夫也這樣推崇他。

在性格上說，馬林可夫和赫魯雪夫是完全不同的。一位有經驗的外交家，曾和他們相處過數小時，根據他的觀察，他說：「這兩個人都是十分狡滑，非常能幹的領袖。但仔細看來，亦有不同之點。當赫魯雪夫談話的時候，他不加思索，脫口而出，談鋒甚健，話無止境。但是馬林可夫在說一句之先，總是經過一番考慮後，才慢慢底把它表達出來。」

在年齡上說，馬林可夫比赫魯雪夫小了八歲，但他有一種吸引力。他高大的身軀，胖胖的臉，溫和微笑，……確有他那吸引人的一套。例如，工黨代表團女團員商茂斯吉爾博士（Edith Summerskill）到莫斯科的時候，第一、馬林可夫從他自己花園內摘了一束美麗的鮮花送給她，第二、他充份表示尊敬女性的西方式的熱情；第三、在大使館舉行晚宴時，他特底走到桌子的盡頭，向女主人海德大使夫人碰杯道謝。這完全說明了他的性格，並不叫西方人憎惡。

馬林可夫已經結婚好久了，但他的太太決非西方人士慣於傳說的，是那赫魯雪夫的妹妹。他的太太是個十分簡單樸實的女子，年齡和他相彷，很少在公共社交場合出現。唯一漏臉的場合便是在去年春天伴着她丈夫到投票站投票，參加大選而已。他們有兩個孩子，一男一女。

可是赫魯雪夫呢，和馬林可夫正是相反。他是個粗線條人物。礦工出身，從黨內一步步爬起來的。他是一個非常直率的人，他會很爽快底向（事實上他也是這麼說）英國工黨訪問團道：「你們工黨代表的，只一個小國家——英格蘭——的勞工階級，而我們共產黨所代表的是全蘇俄、全世界的啊！」赫魯雪夫的談話是粗糙、直率、熱情……一句話中，總是要帶上幾個「慈耐息」。

他講話老是不停，常常喜歡把一隻手放在別人肩上或胸前。是親切，也是誠懇，這決不是愚拙，如果認赫魯雪夫談話愚拙，那便大錯了。他具有烏克蘭人談吐的情趣。

在他們這三位一體中，莫洛托夫是比較沉靜、保守、和莊嚴的。他的外型和談吐看來，其彬彬有禮之處，一如英國中學的一位退休的老校長。米高揚和卡葛諾維奇比較隨便得多了。

至於那位聞名於世的朱可夫元帥，我發現每逢有盛大場合，他總是出現。而且宴會的時候，他坐的席次都很高。有一天晚上，莫洛托夫在我住的那個旅舍內，設宴招待周恩來，我在臥室外面一間房間看過去，朱可夫元帥也在場。那天晚上他和海軍總司令戈生叔甫（Kuznetzov）上將，談笑風生，似乎十分投機。

我從許多觀察中，發現朱可夫元帥是個十分獨立自成一派的人物，他似乎懂得他的意見送上去，馬、克、莫三人一體，一定會尊重而接受的。

（六）

一九五四年五月底，我準備離開莫斯科，前往西伯利亞旅行，到那西伯利亞人烟荒涼的地區採訪。我想去的那許多地方，許多年來，不要說是美國人都沒有去過，就是其他外國人，恐怕都不易身臨其境。

我在六月一日午夜零時廿五分離莫斯科，大約經過了四十小時的飛行，我抵達了雅庫斯克（Yakutsk）。

當我在那原始的旅舍內歇下來了，不久我便碰到一件使我極不愉快的事情，因爲我發現我的旅行袋雅魯牌鎖，已經被人扭開了，而且無法再行鎖上。袋內的東西翻得一榻糊塗。我惱極了。他們顯然是要查我有沒有帶什麼違禁的東西。袋內有許多未曾拍過的膠捲，完全打開走光了。

我的行李過去被特務警察檢查，實在也不知多少次了，但從來沒有像這一次粗魯的檢查。這一次他們的檢查，似乎也不怕我知道是他們動手的。

雅庫斯克是一個木頭市鎮，沿着長可十哩的莉娜河（Lena）發展下去。莉娜河有許多小的支流，本身是通入大海。這裏的泥土是常年冰凍，泥土不能溶過六吋。因此任何種植、取水及其他地下之生產，皆屬不可能的。這個地方的農業問題頗似阿拉斯加和加拿大。唯一的交通工具乃是輪船或飛機。沿着莉娜河雖然有一條公路，但只能在冰天雪地的嚴冬，由駱駝隊行駛。

好似在蘇聯其他各地一樣，我總能碰到許多好人。在雅庫斯克，亦不能例外。這裏有一位是科學院派來研究生物學的青年，名叫伊佛苓葉可（Efrim Yegor）。他是派來專門研究常年冰凍土壤生物培養的。還有一位是此地的女市長，名叫依麗沙維塔、通姆斯迦雅（Elizaveta Tomskaya）。她從前是個教員，她給我的印象甚深，她對此地的教育十分驕傲。她的看法，我認爲是對的。這裏學校完全是磚房，教員的資格也很好。全市磚房建築，捨此是絕無僅有了。

除此以外，這裏一點好的地方都說不上來。一條大街完全用大約有四吋厚的朽木鋪起來的，連人行道也是用木頭鋪的。至於其他小路，乃是泥土的了。

晚上七點鐘左右，當我出去吃晚飯，我發現街上忽然十分擁擠起來。據說這是許多從森林裏伐木及礦上開礦的工人，他們七時以後放工出來。所以顯得十分擁擠。他們衣衫襤褸，一出來便上酒店，找伏特迦。

在此地，我也看見一個面容十分粗糙的女子，顯然是風塵中的妓女，我在蘇聯住了這麼久，這是第一次發現公娼。

在路店酒攤上排滿了一長龍的人，等着買伏特迦飲。照規定，每人不能買一百五十公分，等於水杯的半杯之量。如果一個莫斯科廠工來看，認爲非常滿意了，但在這裏生活枯燥，這一點酒那裏能滿足呢？於是爲了買酒和賣酒，常常聽見爭執起來。我在莫斯科看見俄人豪飲，但沒有見過像這裏的拼命死飲。這裏的世界，簡直是爲飲酒而活的。我直覺的瞭解，這裏是西伯利亞奴工營了。許多青年被送到這裏來，他們的希望活活底被人剝奪了，到了這裏，等於等死，除了喝伏特迦，還有什麼事呢？

有時喝酒可能解愁的，然而這裏喝酒的情形實在令人太可怕。這裏多半是十八九歲的青年們。他們可能是被放逐到這裏，可能是自願「挑戰」而來。

他們不是在一起痛飲，卽使酒店裏的桌子可以坐上四個人，但每人佔據一桌，大家一語不發，各自悶飲。有一個青年，走入酒店後，雙目直視桌子，等侍女來了，只是輕輕底吩咐了幾句，於是伏特加和啤酒，痛飲特飲，把生的希望完全放在酒杯裏，一杯一杯底送下肚去。

我特別注意到這個青年，他飲了一瓶伏特加和四瓶啤酒，然後眼光中似乎有些神色，四肢也靈活起來了，於是蹣跚而出，大踏步的朝着這夜的北極寒流的大原野上走去。

這裏的青年，面貌都很清秀，體力也很健壯，也似乎都受過教育的，但他們爲什麼要被放逐到這裏來活受這種罪？我從他們的眸子內看去，他們眸子內發出的全是死光。因爲他們瞭解，一旦被送到這裏，便沒生回的希望，將活活底死在冰天雪地的大地窖中。所以他們只好同伏特加來競賽死亡。——這便是蘇聯的北極風情畫！

在雅庫斯克，還有一個大監獄，據說雷特克(Radek)便是死在這獄中。他的朋友克里萬里·蘇柯靈諾甫(Grigore Sokoinov)——一位蘇俄著名的外交官——在大整肅以後，也被送進這監獄中。

這個雅庫斯克監獄全是用原始木條造起來的，長方形，有兩層樓高，外面全是鐵絲網，四週沒有窗戶。沙皇時代的警察所造的監獄，和這個一模一樣。但他們的監獄是有窗戶的。今天共產黨的監獄，不但沒有窗戶，而且只有在夏天，每日准許陽光射進來一二個小時，到了冬天，便全冬看不見太陽了。

當我跳上飛機，離開雅庫斯克的時候，腦海中在盤旋雅庫斯克的一切見聞。有一件事情頗使我困惑。在戰時威爾基和華萊士都曾到過這個地方，但爲什麼他們都沒有看見這個悲慘的不見天日的畫面？如果說這個地方好，那麼在他們訪問這裏的時候，便早該改良起來了。但爲什麼今天我去的時候，還留着人世間這許多可恥的痕跡？

這是我在蘇俄所見到最可怕的情景，我越想下去，連我自己都不敢相信了。

（七）

我到了比羅比江(Birobidjan)的「猶太人自治區」，如果沒有特務人員和我在一起，我簡直一步都走不得。跟着我的一羣人，乃是比羅比江少年隊總部派出來的少年特務警察。他們跟隨着我，似乎在猶太人面前表示，我是准許進入該區，但他們最好不要同我這個外國人說話……，他們自然也懂得同外國人說了話的教訓。

可是在這種情形之下，我對於比羅比江瞭解了許多。可能許多年來，我是第一個外國人進入這個區域，也可能第二次大戰以後，我是唯一的外國人獲准在該區中旅行。

比羅比江這個地方，在一九三〇年時代，是蘇俄在這裏一手造成的猶太人殖民地，希望藉此來對抗巴勒斯坦。這個地區街上的招貼，仍是猶太文與俄文併而用之。除此以外，我曾告訴該區市政會主席溫克維奇：「我看不出猶太人的特質」。溫克維奇有猶太人的血液，但他是共產黨。

我曾自言自語道，這裏實在應該稱爲「蘇維埃自治區」。因爲除了猶太人在這裏的歷史和一羣猶太居民外，一切實施都是蘇維埃化。這裏人口約廿萬人，我估計猶太人只有半數，我想自從一九四八年以後，便沒有猶太人被送入該區。一九四八年這裏發生了什麼事情也沒有人知道。但仍有一部消息，零零碎碎底漏出來。

猶太劇場關了門，被改爲少共俱樂部。我想猶太文的報紙也在那時停止出版。現在出了一個二日刊，每期發行數字僅爲一千份。主編是個廿三歲的猶太女孩。她說「過去發行數字還要少呢！」在博物院找不出一件有關於猶太人文化的文獻及猶太人對這個自治區任何供獻的紀念物品。唯一我能找到的，只是在他行政會議室內找到三份最老的猶太報紙。在本地的書店內雖有猶太書籍出賣，但只是史太林寫的「列寧主義問題」的譯本，及猶太文翻譯的「共產黨簡史」。

這裏的副市長還一再向我强調說：「猶太文化並沒有消滅，不久以前猶太人爲了紀念自治區成立廿週年紀念，他們在禮拜堂還大唱猶太文讚美詩。」於是我便問起他這裏有沒有猶太教堂，他說：「自然有的」。並且願意帶我去參觀。

可是我們去找這個教堂委實難了。因爲這位副市長本人根本沒有去過這間教堂。他一來此地便忙於佈置公路上的特務警察，幸而我旅舍內的那位掌櫃先生，他認識那個地方。於是我由他帶領，總算看見了這所教堂，原來是一個十分簡陋的磚瓦砌成的小教堂。

然而教堂裏找不到牧師，據說他和朋友外出喝酒了。但最後我們終於找到了他。他的名字叫蘇羅門卡柏蘭，大約有六十開外的年紀。從他口中，知道這所教堂於一九四七年成立，在一九四七年以前，宗教集會是禁止的。他說這句話時，還要我那位旅舍掌櫃證實一下，表示信用。現在平均做禮拜的教友只有五十多人，年齡都在六十以上，都比他大。照這種情形看，若干年後，這個猶太教堂在這裏必然會消滅，無影無踪。

因此，我認爲這個所謂猶太人自治區也會消滅，這不過是一個遲早的時間問題而已。這個自治區的名字可能還會保存着，因爲在莫斯科的外交當局可能認爲總有一天這個猶太人自治區可以拿出去作國際宣傳。

我在雅庫斯克與該地市長閒談，他告訴我他那裏有很多的猶太人。在一九四八年至四九年間，許多猶太人是被送到雅庫斯克而不是送到比羅比江的。

我在雅庫斯克北部的諾伏錫伯斯克 (Novosibirsk)，經過數千哩旅行到東方的伯列，全個地區，是在特務警察行列中穿過。我到過馬迦頓 (Magadan)，也到過當年大文豪契哥甫去過的庫頁島。蘇俄的版圖確實是不小。

當我從東方乘火車到伯列，飛回莫斯科的途中，有一次在上午，我在一個小站上看見許多婦女在攟石子，她們的臉被日光曬得紅紅的，身體都很健壯，都穿了厚棉襖。……我明白這是西伯利亞地區的「自由勞働」(free labour)。

西伯利亞整個地區便是個的大集中營。所謂自由勞働，與「奴工勞働」(slave labour)，二者之間，在西伯利亞來說，根本沒有任何區別的。攟石子的婦女是自由勞働。在赤塔，我看見一大羣的婦女墾植蕃薯的泥土，她們是奴工勞働，試問二者之間有什麼分別？如果要區別的話，自由勞働營的外面有鐵絲網關，在裏面的人，可以有一部份的行動的自由；而奴工勞働則有軍隊看守住，一點自由都沒有。但到了西伯利亞去，還有什麼生還的希望呢，還不是全完了！

這就是西伯利亞。它代表了蘇俄政治的醜惡。今天新政府的首腦們又幾時把西伯利亞改良好？不錯，少數共產員已經在這裏獲得釋放，可能有些地方已經在改變。然而，我回首再想一下，看了西伯利亞，誰還能相信蘇俄的政制可以「解放」世人呢？

(八)

當我由西伯利亞返到莫斯科以後，我立刻買了一張船票，經過莫斯科——伏爾迦運河，在俄國的心臟地帶，作十天之旅行。

在西伯利亞的旅程中，回想起來確實令人心悸，使我更進一步的瞭解蘇俄。這比在莫斯科住上十多年的經驗，還要豐富。它使我明白蘇俄的成功是人類花去了那麼多的代價，這代價實在太大了。這個問題，同樣也是帝俄時代的問題，因為彼得大帝、伊凡大帝、凱塞琳女皇，同樣是這樣奴役人民的。

今天，蘇俄東部便是一個奴役人民的大集中營，不論奴工營或自由營！史太林死後在西伯利亞並沒有多大改變，因此，我忖想在伏爾迦流域，也不會有多大改變。這裏是俄國本部，是斯拉夫民族的老家！

我乘的那條船名叫萊蒙托夫號，是一條非常古老的內河航輪。在這裏的搭客和情調，不但不是廿世紀，顯然是十九世紀中落伍的那一派。這條船共分四個等級，換言之，另設有所謂四等艙者。頭等與二等雖在同一個甲板上，但頭等在前艙，二等則在後艙，因為煤烟起來，可以吹到二等艙中去。這一條船是革命前捷克建造的，身為木質，航行甚緩。但唯一可取者，保持得十分清潔，淋浴設備，仍然有效。船內設有兩個餐間，食品算來並不太壞。吃飯的時候，要等一個半小時，因為餐間僅有四個女厨手要侍候六十名旅客，自然是十分費時的，可是我有的是空閒，等等倒也無妨。

伏爾迦河是够美麗動人的。河上的四季時分，分得清清楚楚，然而兩岸的人民，似乎並不能欣賞這一些。因為在這裏，看到農民要背一二百斤的馬鈴薯，來往田野間，使許多頭等搭客，為之驚奇。許多四等艙之農民，他們穿上了棉襖，（雖然天氣十分炎熱）背上一二百斤的出產或牲口，上上下下，眞是一幅悲慘的畫面。使我懷疑蘇俄又何曾改善了低級人民的生活呢？

四等艙的搭客最多，每一個碼頭上上下下來往不絕。他們似乎已經十分滿足了，因為他們已經能吃飽肚子。

在伏爾迦流域，我看到許多中世紀東正教的古老的禮拜寺。一清早，船停在沙洛托甫 (Saratov)，我看見許多女人進入禮拜寺，寺外尚有十多個乞丐。同時在羅斯托甫 (Rostov) 中廣場上，我也見過這種畫面。當我看見她們或他們低首作祈禱時，這些都是農夫村婦之流，他們的頭腦是那樣的簡單，他們心中只有一個上帝。我懷疑如果他們眞能信共產主義，就是再來一個革命，都無法動搖他們宗教信仰的基礎。

我回到莫斯科，我發現政府當局正在發動反抗教會。我明白這個道理。因為史太林時代，教會被他控制，教會的精神等於溶解在史太林的教條中，因此平靜無事。可是，史太林死了，在莫斯科東四十哩的柴柯斯克大禮拜寺，在復活節的那一天，眞是擠得人山人海。平常每年總有二萬五千人至三萬人，在這個禮拜寺中參加復活節，今天增加了一倍，許多信徒只好站在寺外。這個場面，眞是够動人的。

過去只有這一個禮拜寺，准許作宗教集會，今天所有通至莫斯科公路上的寺院，完全大開其門，准許基督精兵，高舉十字架，凱旋而入，高歌向前。這在共產黨眼內看來實在是一個可怕的力量。

許多教堂都十分輝煌，許多俄人都在購買彩蛋，來慶祝這位偉大聖哲的復活。老太太們更是口中滔滔不絕底講聖經故事給孫兒們聽。

所以，在這種情形之下，黨權要鎭壓宗教，實在是沒有什麼稀奇的。然而政府又不敢封閉教會，因為在大戰時，史太林曾利用過教會，使教徒保衞家鄉，使教徒為史太林祝福。政府雖然在發動反抗教會，但「人民的眼睛是雪亮的」，他們看清楚過去政府曾利用過教會，因此，在伏爾迦流域，根本沒有一個教徒去理會這個反抗運動。

教徒們的熱情高如火焰，活活的燒在他們的心中。人的生命雖然短促，伏爾迦河是那樣靜靜底流着，但教會是永生永存的。馬克斯雖然是死了，列寧雖然是倒下去了，史太林雖然是長眠了，但基督是永遠活在每一個蘇俄簡單的農民的心中。

克里姆林宮雖然可以一世紀一世紀底存在下去，但它總是遭到反抗勢力的，它不能征服這一批東正教徒。莫斯科雖然有新人起來，但人民總是要活下去的，他們慢慢底生活下去，正好似這細水長流的伏爾迦河！

(完)

讀者投書

目的何在？憤慨呢？還是恐怖？

王大川

去年七月，臺中市省市私立中等學校將要放暑假的時候，每個學生都接到全體校長及家長會長聯名的「爲揭破奸匪陰謀告青年書」，並須仔細研讀，書寫心得，於暑後註册時，連同原件一併呈繳學校，否則不准註冊。兒女很感爲難，不知如何寫心得；家長拜讀之後，也不知道這份「告青年書」的用意何在？祇有幫助兒女們寫些敷衍塞責的「心得」，應付這件公事，以免影響學籍。那時本想把原件公諸社會。但以必須繳回，作罷。現在覓到一份，其原文如下：

爲揭破奸匪陰謀告青年書

親愛的青年朋友們：

暑假到了，青年朋友們，將要準備去試場上獻身手，將要在萬仭峯巔上再會，滔大白浪中並肩，與戰士們爲伍，和勞工農友們相親；而回到溫暖的家庭，一面享受着天倫之樂，一面三三兩兩的各自行動的更佔多數。這是一幅何等美麗的自由世界的圖案，何等可愛可羡的自由青年的時代！

但是我們的週圍有敵人！我們週圍的敵人，是專門講究策略，而且爲了達到目的不擇手段的。牠們爲了達到目的而採取某種手段的策略，在以往我們自由世界的青年朋友是不注意的，即使是受了牠們的利用，替牠們執行着策略的青年，也還是不知道的。牠們的策略舉例來說：這幾年來因爲匪諜的常常破獲，使牠們的幹部以及有關係的份子灰心消極，在牠們說來這叫做「低潮」，應付「低潮」的策略就是「退却」。「退却」是將牠們的行動隱藏起來，隱藏在羣衆中，在合法團體中，無形無踪。這在我們說起來就叫做潛伏。匪的策略，「退却是爲了進攻」，所以潛伏並不等於消滅。再說從去年七月底匪就開始叫囂着進犯臺灣，但快滿一年了，牠們的陸海空僞軍並沒有能够大規模的進犯。在我們看來，牠是虛張聲勢，但在匪方來說，這更是策略。除了在國際上的外交策略以外，對大陸是心理戰，要把大陸民衆痛苦的情緒轉變來對外，掩護着暴力和極權的統治；對鐵幕以外的自由人民是羣衆戰，威脅恐嚇，動搖人心。因爲匪的策略是將羣衆戰引導政治戰，以政治戰開拓武力戰。政治戰是轉變羣衆運動爲政治運動，達到政治目的。羣衆戰就是組織戰，要羣衆盲目的跟着牠走，造成羣衆間互相驚擾的局面，或者在羣衆運動掀起來以後，用謠言鑫起，社會混亂的聲勢達成牠的政治戰，迎接牠的武力戰，就是由「退却」變成叛亂的「來潮」，由來潮發展到高潮，武力戰一旦發動，也就是戰鬪到了最後階段，叛亂到了最高潮的時機了。中國大陸的由北往南，韓國半島的由東北而到北韓，越南的由廣西而南向越境，都是這麼一套，都是把羣衆戰擺在前面，武力戰擺在最後的。爲牠犧牲的千萬羣衆知道嗎？知道是爲誰犧牲嗎？知道做了共匪無形的砲灰嗎？

現在共匪的這一套把戲，在臺灣是懂得的太多了，所以破獲的也特別多。但是共匪是詭計多端的，牠專門會運用僞裝和欺騙使用出種種策略來。我們是自由世界，是人性社會。唯其是自由世界，免不了逾越範圍，相互傾軋，而妨害了他人的自由，束縛了自已的自由；唯其是人性社會，免不了喜怒哀樂的人之常情，這又是共匪使用策略，利用弱點的機會。我們自由自在的社會裏，是人人都有豐富的感情的，匪在我們這社會裏，牠是僞裝得和常人一模一樣的，當我們求取充份自由的時候，牠會助我們踰越範圍而妨害他人的自由，當我們因爲踰越範圍而妨害了他人的自由，牠更會助我們違法犯紀，造成人與人間的對立，人民與政府間的對立，以至相互間的鬪爭，這就是牠們分化策略的實施了！當我們由喜而怒，由怒而哀，由哀而樂，這本是人性的自然流露，天眞的情緒變化。但匪在這當中，會抓住牠們所謂的「環節」，教你喜得喜不自勝，樂得樂不可支，極度的喜或樂，超出了常情，忘記了警惕，一直向前追求，追求到墮落還不止；牠也會教你怒得怒不可遏，哀得哀不自勝，一片黑暗，只有恨，沒有愛，勇往直前，名爲「前進」，「前進」到闖下大禍還不息，這就是他們「滲透」策略的實施了！這咖啡館彈子房滿座青年人，閒度終日，這叫做「軟化」策略；強迫談愛情，聚衆要挾，到處鬧亂子，這叫做「惡化」策略；講享受，貪貨利，誘以嗜好，這叫做「麻醉」策略；盡情的浪費是「消耗」策略；設成圈套叫你鑽不出來是「包圍」策略；不讓你有一個朋友，是「孤立」策略；教你不要問政治，是「中立」策略；還有「剝蕉」策略，「封鎖」策略……各式各樣的策略；而最毒辣最可怕的是和他無意中發生了關係，接受了牠的領導，有了「怕人知道」的弱點抓在牠手裏，就得聽從牠的命令，要你做最危險的工作，違背良心的壞事，你若不從，想要自首告發，牠就給你一個制裁——死。不能明白的死，公開的死，自然的死，而要你殘酷的，秘密的，或者自己跳塔跳崖，或者失踪活埋，再或者當牠們發動叛亂運動時，要你明知必死的去違法冒險起帶頭作用；當你犧牲了，牠們還可以拿你作政治資本，擴大風潮，製造叛亂的高潮！

臺灣是反共基地，共匪在這反共基地上，還能有什麼陰謀嗎？近半年來我們知道牠們是爲了達成牠們俄寇主子的使命，正在做最後的掙扎。現在暑假到了，在我們自由社會的青年羣中，牠們是會乘機活動的，但是陰謀詭計，我們的自由青年都知道了，我們要隨時注視着牠，隨時揭破牠的陰謀。牠們活動不起來，就只有退却了，退却隱藏，我們還是要追究的，我們要窮追，追得牠無處躱藏！不僅要窮追，我們還要給牠猛打，打得牠斬草除根，使牠們再也不要夢想在臺灣的羣衆中，佔有「基地」，更不要夢想有迎接武力戰的一天！牠們被奴役的武力，一出動就會瓦解，牠們是無路可走的，牠們要活命，就只有遵照政府寬大的政策去登記。

青年朋友們！注意你的前後左右，揭破匪寇的陰謀，團結我們的力量，對窮寇窮追猛打，打牠一個粉碎！下學期再會時，我們來一個勝利的歡呼！

省立臺中第一中學校長　宋新民
家長會常務委員　邱欽洲
省立臺中第二中學校長　羅人杰
家長會首席委員　林金聲
省立臺中師範學校校長　黃金鰲
家長會會長　張煥珪
省立臺中第一女子中學校長　沈雅利
家長會會長　顏春福
省立臺中農業職業學校校長　唐秉玄
家長會首席常務委員　張宗安

省立臺中高級工業職業學校校長　陳爲忠
家長會會長　林澄秋
省立臺中商業職業學校及附設補習學校校長　陳奇秀
家長會會長　林金峯
臺中市立中學校長　汪廣平
家長會會長　林傳旺
臺中市立家專職業學校校長　黃演淮
家長會常務委員　劉火旺
私立宜寧中學校長　韋永成
家長會會長　巫永昌
私立新民商業職業學校校長　陳瑚
家長會會長　廖學泉

×　×　×

半年來我留心觀察學生的反應，並於很隨便中和一般學生家長談起這件事來，大家意見的自然流露，約有以下幾點：㈠爲何在臺灣社會和各級學校還有共匪的潛伏份子，作有組織有系統的活動呢？㈡「我們周圍的敵人」爲何都能「講究策略」把「低潮」「退却」「來潮」「環節」「前進」「滲透」「軟化」「惡化」「麻醉」「消耗」「包圍」「孤立」「中立」「剝削」「封鎖」這些策略一套一套的運用純熟呢？寫這篇告青年書的這羣校長們又從何知道共匪這些「策略」？並從何處學來的這套共匪的字彙呢？㈢什麼人來訓練，何時在訓練，怎樣訓練潛伏在各校的共匪學生，使之具備這些本領呢？㈣假如各校長告青年書所說的都是眞話，青年學生隨時有落入共匪圈套的危險，那今天臺灣的各級學校豈不成了藏匪的淵藪？這幾年政府的反共措施，豈不都是白做的嗎？㈤照「書」中所說，假如你不知不覺入了共匪的圈套，只有爲它利用到底了，否則共匪可把你殘酷致死。如此說來，安定的自由中國社會，難道就沒方法保障一個純潔學生的安全麼？㈥這篇「書」的文字，不通的地方太多。以校長的名義發給學生的文件，居然是不通的！那末學校的國文課程大可取消，國文老師可以一概停聘。

這篇告青年書，繪聲繪色地把共匪的可怕說得淋漓盡致，徒使一般學生起了疑慮，成爲恐怖；並沒有把共匪的可恨，告訴大家，使之慷慨激昂滅此朝食。所以這一告青年書只發生了「長敵人志氣，滅自已威風」的作用。臺中市中等學校全體校長和家長會長爲什麼寫這樣的告青年書？目的何在？造成學生對共匪憤慨呢？還是使他們對共匪恐怖？我百思而不得其解！

四十五年一月十三日於臺中市

（上接第17頁）

表示，願意再度會見馬共代表，舉行第二次會議。

這次華玲會談顯然是一種試探性的接觸，雙方各執一個立場，在會議中馬共是希望政府承認其合法地位，政府是希望馬共能够妥協，彼此堅持已見，所以會議終於失敗。

根據政界消息靈通人士之意見，第二次和談將不可能舉行。因爲可靠政治觀察家相信陳平今後要與東姑作任何之會談，必須先向其在外國之上峯請示方針，相信此次會議之經過，陳平已草擬報告書。

據聯合邦政治部主任（按英國人的政治部組織等於情報部，是一個從事特務工作的機構）麥陶指出：對共產主義有研究之專家支持所指「陳平及馬共係由外國一個機構所指揮」之理論，他引證陳平在華玲所發與若干報張之宣言，係類似莫斯科所導演之「和平共存」之老把戲。

麥氏更指斥陳田所謂馬共總部，距仁丹有十日跋涉之遙，乃係撒謊之言。他認爲馬共總部乃在泰馬邊境泰國境內之森林內，相信與仁丹相當接近。他指出陳平已由華玲早抵其營寨，現在正向其外國顧問報告，並等候外國上峯之訓令。由於此次會議，大家已經看見了陳平的眞面目。根據星加坡首席部長馬紹爾之觀察，陳平身體肥胖，不似在森林中經過七年之長期戰爭的苦生活。加以他皮膚潔白，紅白滋潤，相信他一定在很安定的後方，而且營養相當優良。馬氏又看出陳平之手腕及手臂有蚊咬及樹枝擦傷之新痕，可見其在森林中留宿不過一二晚而已。由此推測陳平本人決非住在森林內，而係在泰國境內某村落，也可能是在海南島或河內等地。

一月三日泰國警方發言人在曼谷否認陳平總部設在泰南境內，竟承認泰南境內計有馬共約四百餘人。記者根據此又再度訪問吉隆坡聯邦作戰部一位官員，徵詢他的意見。他說：「根據華玲會談各種事實證明，馬共總部極可能設在泰南（按盛傳設於泰南勿洞（Betong）山中）。」這種事實包括陳平營養充足，皮膚潔白，身體肥壯。如陳平在馬來森林內，過着流亡式的生活決不可能有如此肥壯。這位官員認爲星加坡首席部長馬紹爾的觀察是有道理的。

這位官員因此肯定：陳平要求在會議後，北馬之仁丹、高烏及華玲一帶停火令仍須繼續施行十日，此不過是一種掩護而已，因爲共產黨向來是實實虛虛，虛虛實實的。

（檳榔嶼一月五日航訊）

自由中國　第十四卷　第三期　內政部雜誌登記證內警臺誌字第三八一號　臺灣省雜誌事業協會會員　一一二

給讀者的報告

一月間，美國生活雜誌發表了一篇關於杜勒斯外交政策的基本觀念及其成就的文章，接着又有杜勒斯關於「戰爭邊緣」的談話。杜勒斯在世界問題上的知識與卓見是值得我們欽佩的。他曾强調「精神力量」與「道義權威」，主張「把希望、事實、與自由景象傳達於成爲共產黨俘虜的人民」。在他任國務卿之初，美國的「解放政策」便是以這個原則爲基礎的。但現在事實的表現，不僅鐵幕國家寸土未得解放，就是在自由世界之中，美國的聲威也大大跌落了。其基本原因是由於居自由世界領導地位的美國沒有堅定的立場，言行不能一致，而將希望寄託在毫無結果的談判上，先是巨頭會議，外長會議，現在又在開所謂「大使級會議」。本期社論㈠就是提醒美國，尤其是國務卿杜勒斯，在領導自由世界對抗世界共產主義的鬭爭中，不僅要有勇於瀕臨「戰爭邊緣」的精神，並且還必須發揮「精神力量」，保持「道義權威」。

社論㈡我們談的是教育問題。在這篇文章中，我們只談到發展個性、教育經費及國家監督這三方面。自然這三點不能包括當前教育問題的全部。所以在文題中我們用「引端」二字。我們所以在這一期發表這篇「教育問題引端」者，是有鑒於讀者王大川先生的那篇投書，而感到現在我們的教育中存在着若干不正常的現象，這些現象對於我們教育前途是爲害極大的。希望政府對於這些不正常的現象加以妥善的糾正。

我們一直認爲，經濟問題是我們當前極待克服的主要難題。因此，我們過去曾不斷爲文指出我們經濟與財政的危機之所在。自去年十月物價劇漲之後，益增我們對於財經前途的憂慮。如何針對當前的情勢，尋出一個妥善的對策，並督促政府實行，乃是我們與論界所應盡的職責。爲此，我們曾於十三卷十二期社論中討論過物價問題，上一期又發表過瞿荆洲先生的「從物價談到資本」。這一期，我們再同時登出戴杜衡先生的「論信用政策」與張九如先生的「物價問題與行政技術問題」兩篇專論。戴杜衡先生從學理與實際的觀點，闡明信用放款不應重投資而輕周轉，也不應只重工而輕商。從而指出最近政府爲抑平物價而採取的抽緊銀行的措施，若行之不當，則可能導致諸多惡果。筆者强調財經政策必須受一個比較健全的原則之指導，否則左右搖擺會造成重大的災害。這是財經當局在釐定信用政策時所不容忽視的。至於張九如先生的大文，則着重於經濟問題的行政技術方面。本文分析前此物價跳躍的諸種因素，除若干基本因素之外，行政技術之不當，致助長這些因素，亦爲不可否認者。作者言近旨遠，文雖討論物價，意則不止於此。所以懲前毖後，以策來茲也。

此外，陸崇仁先生的大文，則對臺灣報紙在篇幅方面如何達到最經濟最合理的利用，提供了不少獨到的意見。在目前情況之下，要想增加臺灣報紙的篇幅，事實上困難殊多，難有實現的希望。故陸先生的意見，應是甚切時宜的。

本期馬來通訊繼續報導馬共和談的實況，可與上卷發表的幾篇有關報導參閱。「史大林死後的蘇俄」一文之續篇，前因稿擠未能於上期按時刊出，此次改於本期續完。本文原作者是紐約時報記者，此次被蘇俄拒給入境護照了。

又本期亦以稿擠，致不得不將徐逸樵先生的「日本兩大政黨對立觀」，龍平甫先生的「蘇俄內部的反抗運動」，以及崔寶英先生的書評等，延至下期發表，敬向作者致歉。

自由中國 半月刊 第十四卷第三期 總第一五〇號

中華民國四十五年二月一日出版

發行人兼主編：『自由中國』編輯委員會

出版者：自由中國社
社址：臺北市和平東路二段十八巷一號
電話：二八五七〇

航空版
香港：友聯書報發行公司 Union Press Circulation Company, No. 26-A, Des Voeux Rd. C., 1st Fl. Hong Kong

總經銷
臺灣：自由中國社發行部
美國：自由中國日報 Free China Daily 719 Sacramento St., San Francisco 8, Calif. U. S. A.

經售者
日本：東京僑豐企業公司
韓國：漢城裕昌德號
馬尼剌：大中華日報社
印尼：新疆書店
椰嘉達天聲日報
泗水文光圖書公司
越南：西貢中原文化印刷公司
緬甸：仰光振成書報店
印度：加爾各答塔梅學校
澳洲：雪梨瑞田公司
北婆羅洲：西利亞坡青年書店
新加坡：檳榔嶼、吉打邦均有出售

印刷者：精華印書館
廠址：臺北市長沙街二段六〇號
電話：二三四二九號

本刊經中華郵政登記認為第一類新聞紙類　臺灣郵政管理局新聞紙類登記執照第五九七號　臺灣郵政劃撥儲金帳戶第八一三九號（每份臺幣四元，美金三角）

FREE CHINA

第十四卷 第四期

要目

中華民國四十五年二月十六日出版

社址：臺北市和平東路二段十八巷一號

半月大事記

一月廿五日（星期三）

美總統艾森豪在記者招待會中表示，對美國長期援外計劃，將盡力促其實現；並希望國會闡明意向。

法衆院選出新議長，傅爾總理業已辭職。

英首相艾登啓程赴美，將與艾森豪會談世界和平問題。

日本代表松本在倫敦表示，與蘇俄代表馬立克所舉行的日俄和約談判，業已獲得若干協議。

一月廿六日（星期四）

顧維鈞大使在立院外委會報告中美外交關係。

行政院會通過，經濟安定委員會增設第五組，負責處理物資及物價問題。

一月廿七日（星期五）

東歐共黨附庸國家同盟在捷克京城集會，由俄酋朱可夫與莫洛托夫導演。

法國照會美英，要求三國共同會商中東問題，對俄發動政經反攻。

日首相鳩山解釋對俄態度，在與蘇俄締交前，俄應交還第二次大戰後日本所喪失之領土。

一月廿八日（星期六）

蔣總統接見美記者談話稱，如不受外力阻撓，我能適時反攻大陸。

我駐美大使顧維鈞離臺返任。

新聞局長吳南如談話，嚴斥共匪十六日及廿四日發表之聲明；並警告美國若與共匪繼續談判，有百害而無一利。

美政府召開內閣會議，討論布魘建議。

東歐共黨附庸國防會議終場，東德陸軍獲准加入華沙聯盟。

日外相重光表示，日本決不承認共匪政權。

蘇俄向日探試，以釋俘為條件，要求與日互換使節。

日本前副首相緒方竹虎逝世。

一月廿九日（星期日）

艾森豪覆函布加寧，拒絕建立廿年美蘇條約建議，提出四點和平計劃，包括迅使德國統一、尊重民族自決、互相接受視察及交換情報訪問。

印度孟買附近工人罷工，兩千織工遭逮捕。

法新閣初步組成，主要閣員已內定。

一月三十日（星期一）

臺灣省主席嚴家淦表示，政府決以最大決心，實施都市平均地權。

日首相鳩山在國會聲明，日恪守反共立場，嚴防共黨滲透。

二月一日（星期三）

英首相艾登抵華府與艾森豪會談。

法衆院以絕大多數通過莫勒組閣之任命。莫氏聲明擁護大西洋公約組織，並將促訂西歐原子能共營條約。

加拿大外長皮爾遜在國會聲稱，加將繼續拒絕承認中共政權。

蘇俄政府宣佈解除內政部長克魯格洛夫的職務。

新任新聞局長沈錡就職。

美英發表聯合宣言，表示全力阻俄侵略，團結保障和平；並承認兩國對遠東政策尚有歧見。

二月二日（星期四）

蘇俄漁船侵入挪威領海，挪向俄提抗議。

南非聯邦宣佈將與蘇俄絕交，因其煽動巔覆份子謀叛政府。

法新任總理莫勒就職，新外長宣稱法決保障薩爾既得利益。

二月三日（星期五）

布加寧再致函艾森豪，促再考慮締約建議，並願與英法等國締結友好條約。

蔣廷黻評美英聯合公報，謂美英對遠東問題不够堅定，不够現實。

艾登向記者透露，曾向艾森豪建議放寬對匪禁運，已遭美國拒絕。

二月四日（星期六）

美國務院宣佈，杜勒斯國務卿定於三月中旬訪問自由中國。

美空軍部長鄺爾斯警告侵略者稱，美如被迫作戰，將使用氫武器。

美兩黨議員均反對放寬禁運，諸蘭要求杜勒斯提出保證。

中共向英俄兩國提議，就越南問題召集一正式會議，美英均予拒絕。

二月五日（星期日）

奧政府下令解散共黨世界職工聯盟。

韓境停戰委員會聯合國高級代表穆爾主張解散中立委會，因其無力阻止共軍集結。

美參院開始調查英對匪增加貿易情形。

二月六日（星期一）

行政院臨時院會，討論編製四十五年度國家總預算。

法總理莫勒訪問阿爾及利亞，當地法人罷市抗議，法駐阿閣員賈德魯辭職。

美放測候汽球，俄指為用於宣傳，竟向美提出抗議。

美英法三國向聯合國提議，支持蘇丹入聯合國。

二月七日（星期二）

杜勒斯在記者招待會表示，布魘函件旨在宣傳，未能緩和世局。

聯合國安理會一致通過准許蘇丹加入聯合國。

法總理莫勒向法殖民保證不放棄阿爾及利亞。

『自由中國』的宗旨

第一、我們要向全國國民宣傳自由與民主的真實價值，並且要督促政府（各級的政府），切實改革政治經濟，努力建立自由民主的社會。

第二、我們要支持並督促政府用種種力量抵抗共產黨鐵幕之下剝奪一切自由的極權政治，不讓他擴張他的勢力範圍。

第三、我們要盡我們的努力，援助淪陷區域的同胞，幫助他們早日恢復自由。

第四、我們的最後目標是要使整個中華民國成為自由的中國。

社論

(一)「國家應為個人利益而存在」

——美英聯合宣言是人類良心的發言——

美總統艾森豪與英首相艾登本月一日在華府簽發的聯合宣言，自由世界數日來已有廣大之傳播。這一篇聯合宣言在近十年的人類歷史上，和大西洋憲章、聯合國憲章、波托馬克憲章及太平洋憲章，同樣含有偉大的意義與光輝。在世界近代史上，亦可遙接美國獨立宣言，與法國人權宣言成為人類歷史上偉大的文獻。這一篇聯合宣言所以能有這種偉大的成功，所以能在人類進化史上佔有如此重要的地位，最主要之點，在於這篇宣言全文的精義，在於這篇宣言所標舉的原則。有了這一原則，文明與野蠻的分歧，自由與奴役的區別，民主與獨裁的不同，就毫不含糊地呈現出來了。這是一篇原則性的宣言。這是一篇人類世界治亂興亡原則性的宣言。這也是十八世紀來人類爭自由、爭民主再一次原則性重檢討的宣言。

歷史家稱法國大思想家伏爾泰 Voltire 是人類良心的發言人。伏爾泰在人類文明史上的地位與成就，一言以蔽之，便是根據人的良心，根據人的本位，對宗教政治社會經濟各種問題加以分析與批評。他把一切宗教政治社會等問題的是非善惡，都用人本主義的標準來衡量。十八世紀思想上的大改革，接着十九世紀政治及社會上的大革命，都由這一點出發。這一點也就是人的尊嚴與人的基本權利。「國家應為個人利益而存在，並非個人應為國家利益而存在，」這是此次華盛頓美英兩首長聯合宣言中最主要的精義。這一個精義，便是十八世紀以來伏爾泰、洛克、休姆等所提倡。也是兩百年來人類各種紛爭的關鍵。第一次世界大戰的目的，是為了打倒軍國主義的專制。第二次世界大戰的目的，是為了消滅獨裁的全能主義。第二次大戰結束後十年中的冷戰，更是愛好自由的人類為着個人的獨立與權利，對專制橫暴的共產獨裁鬪爭。人類歷史上自由與反自由的戰爭，與人類歷史實同其久遠，決不是近幾百年的事，更不是近五十年的事。這一種戰鬪，誠如本宣言開端所說，「在一九五六年還仍在繼續。」

我們所以激賞與擁護這篇宣言的原因，上面已經說過，因為這篇宣言是一個原則性的宣言。沒有這篇宣言，反共的國家，可能對於反共的原則還搞不清楚。反共抗俄的大業，實際是一個原則的鬪爭。反共抗俄的完成，其細目自然是各方都有關聯。然其成敗的大關鍵還在隨時要提醒原則，隨時要把原則揭出來，然後在反共陣營中、尤其在全世界的人類心目中，才不致對大前提造成混淆與紊亂；更不致在若干地區中，自己製造了牛角尖似的政治理念，而自己轉不出來。今天在非共產世界中，既有反共與不反共國家的區別，各種牛角尖似的政治理念，便在此非共產世界中產生，其情形最顯著的：一為所謂中立路線；另一為一切倣效共產黨的方法或理論來反共。這兩種現象，都因遺忘了反共的大原則，因而造成這樣的混亂，結果只是為共產黨造成各個擊破的機會。所謂反共的大原則，便是「國家應為個人利益而存在，不是個人應為國家利益而存在。」「維護獨立生存的權利，自由表達意見的權利，和各個人不同意的權利。」

在十年冷戰中常有不少學人或政治家，提供了許多幻想。他們把今天的思想戰，比擬於歐洲十七世紀的宗教戰爭，甚至更具體的比擬於「三十年戰爭」。以為戰爭的結果，新舊教徒畢竟是共存了。這是今天反共戰爭中思想上最危險的理論。自由世界中如果不自重振其精神心理，把大原則重番標而出之，恐怕自由世界的覆亡，決不待蘇俄原子彈的殲滅。今天我們要求自由世界各國的領袖們：更番標明其反共之大原則，堅持我們這次的反共戰爭，原則上是萬萬不能也不應與共黨共存的。我們在原則上，只有反共反到共產黨無條件投降。在反共戰爭勝利以後，我們所與共存的只是俄國及鐵幕國家之全體人民，而決不是共產黨。

自由中國今天的國是，是反共復國。我們在自由世界各國中，是受了共產黨毒害最深切的國家。我們讀了這篇美英首長的聯合宣言，一方面使我們感覺失望。因為這篇宣言沒有提到迫害人類的中共匪幫，也沒有提到解救中國大陸的受難同胞。但在另一方面，我們見到美英兩國領袖接着日內瓦的「新面貌」以後，能夠再度提出反共的大原則，與世人相見。這不僅使自由世界對外關係上，是旗幟鮮明，耳目一新；即在自由世界內部的各國中，也可同時引起許多自覺的意識。「我們將協助自己以及其他國家得享和平、自由和社會進步。對已經鞏固的人權維護之，對受到威脅的人權保衛之，對暫時失去的人權，則以和平方法恢復之。」反共戰鬪註定是一個長期的爭鬪。這一個戰鬪不僅是政治的，同時還是經濟的。要望反共戰鬪的勝利與成功，我們必須維護及保衛政治上及經濟上的人權。反共戰鬪是自由與反自由的戰鬪。反共戰鬪的最終目標，是個個人的人權在國家之上，也可說：惟有顧到個個人的人權而成立的國家，這種國家利益纔值得擁護。擁護人權，保衛人權，這是今天自由世界國際上的政策和目的，也是自由世界中每一國家的最高政策和目的。我們要使共產世界無條件投降，必先在自由世界每一國家中無條件維護與保衛神聖的基本人權。

社論

(二) 從保護政策說起

近年來臺灣工業，在量一方面已有了相當可觀的發展，但在質一方面則不見顯著的進步。這似乎說明：政府所竭力推行的保護政策，迄今未能收到預期的成效，當局看到此種情形，對保護政策已不復如過去那樣的强調主張，但各種實際措施，却仍然離不開原來的路線。我們看到：(一)有許多種消費品的進口限制，仍極嚴格；絕對不准進口的物資項目，仍極繁多。(二)有些物資，縱令准許進口，而關稅稅率之高，幾乎達到了近乎苛的程度。(三)若干工業部門，仍然不准建立新廠，理由是，舊有的廠家已能使國內市場的供應達到飽和。大部份工業受到這重重保護，對內對外俱無競爭之可言，市場是獨佔的，利潤是安穩的，就無須去講求如何改良品質，降低成本，儘可全然不必顧到消費者的利益。本刊十三卷六期所發表社論即曾指出：如臺紙公司於移轉民營以後，未聞在管理與生產方面有所改進，而售品則一再漲價。再如本省製造的燈泡，一用即壞，早為各方所病詬，却至今未見改善。這些工業之有恃無恐，顯而易見，消費者竟是非長期間的接受高價或劣質的產品不可。

我們不擬在此對保護政策作學理上的爭辯，這不容易得到最後結論。折衷一點說，保護政策並非全不可行，有時為使落後的工業獲得成長的機會，某種程度的保護且屬必要；但保護措施，終不宜過於長期化，致使工業依賴保護而不求改進，消費者的利益永遠受到損害。受到種種優遇的工業理應把握機會，迎頭趕上，務使在管理與生產技術等方面能與世界水準看齊；如果竟不能長進，政府就該撤消一部份保護措施，拿內外的競爭來予以刺激。萬一保護與刺激而不生效，這樣的工業就祇好聽任其淘汰，斷不能永遠讓它停留在低水準上。我們認為：現在已是政府當局應該考慮把一部份保護措施撤消的時候了。進口的項目與數量不妨酌予放寬，一部份物資的關稅稅率可以降低，而國內設立新廠的限制則更應該取消。

很可能，政府對此一問題，是從另一個角度來考慮的。我們的確有這樣的懷疑：當局行保護政策，主要目的並不在使國內工業獲得成長的機會，而是着眼於國際收支與財政收支的平衡。所以，雖然大家都已看到這樣保護下去不是辦法，而實際措施仍無法離開原來的路線。在現行的外滙貿易政策下，放寬進口，需要政府供給更多量的外滙配額；准許國內設廠，也會增加外滙支出，因為那些新廠的設備與一部份原料可能要從外國輸入，政府不能只准許其設立而拒絕其外滙申請。至於關稅稅率之高，則是為了增加稅收，充裕財源。我國的經濟政策處處受財政考慮的影響而不能獨立，工業政策與貿易政策亦非例外。

我們完全瞭解國際收支與財政的收支二者的平衡，在今日確是非常重要的課題，斷然不容忽視。我們也完全知道：政府為達到平衡的目的，實已費盡苦心，而有時仍難免捉襟見肘。僅僅站在消費者的立場空喊放寬進口與減低稅率，而絕不顧到其它方面的困難，那不是負責任的輿論所應有的態度。但是，我們盱衡政府的全盤財經措施，總覺得當局的視野，似乎始終局限於臨時性的調撥與補綴，而未能高瞻遠矚，以致經濟政策時時受財政考慮的拖累而故步自封。保護政策之未能及時改變，不過為其一例而已。

倘能把眼光稍稍放遠一點，我們應能看到：

(一)放寬進口，可以間接的促進輸出，最後未必一定有害於國際收支的平衡。我們以種種苛煩的條例限制外貨的進口，那些有關的外國就會採取同樣的措施來阻滯我們的輸出；反過來，我們給外貨進口以方便，有關外國就可給我們以同樣的待遇，做到眞正的互惠。所以過分的限制輸入，事實上即等於妨礙輸出。去年政府改變結滙辦法，輸出受到鼓勵而獲得相當發展，政府所控制的外滙已有結餘，這應該是一個放寬進口的最佳時機。這樣，政府在眼前雖要多付出一些外滙，將來却可在更加發展的輸出中得到補償。

(二)如果貿易量擴大，則縱令把關稅稅率酌予降低，也未必會使稅收的總額為之減少。而且，照我們今日的情形來說，要充裕稅收，重要的不是稅率，而是在如何防止逃漏。臺灣為一海島，緝私工作應該不十分困難，而事實上走私之風仍然猖獗，走私進來的，大部份還是絕對不准進口的奢侈品。提高稅率而不加强緝私，無異是對不法之徒的一種鼓勵，使國民經濟與國家財政，兩受其害。

(三)准許自備外滙進口，實在沒有什麼流弊，應可放膽行之。此種進口祇是把民間死藏的外滙動員起來，使之變成物資，與政府所持有的外滙頭寸無關，而當局期期以為不可，實在令人難以解索。或謂，當局不能接受此議，是因為害怕國內物價可能又要與外滙的黑市價格發生聯繫。其實，即令不開放自備外滙進口，國內物價，特別是外來物資的價格，也仍然受到黑市滙率的影響，當局不過是佯作不知而已。開放自備外滙進口，可以充裕物資的供應，我們實不能想像這反而會使物價上漲。同時，我們也不必如此而過於擔心民間外滙之枯竭與黑市滙價之波動。在近期間，這現象可能發生，但必有其限度；黑市滙價上漲，若不是使自備外滙進口成為無利可圖而自然停止，就可促使人們爭取出口以取得必要的外滙，轉可收鼓勵輸出之效。

(四)開放自備外滙進口，可使政府漸漸擺脫了對每一筆進口供給外滙的義務，如此，則對國內設廠的限制，也就更無繼續的必要。如果一位民間企業家能以自備器材與自備原料來設立新廠，進行生產，且對其產品確具較諸原有廠家更為價廉物美的把握，為什麼不讓他來一試呢？

如上所提的辦法，不用說，是一條從管制經濟漸漸到達自由經濟的道路，到最後，可以做到工業政策以至貿易外滙政策之全然改觀。但是，我們決不主張急進。保護與管制，既行之有年，就不能驟然間全部撤除，我們脆弱的經濟與財政，都無法禁受這樣一個劇烈的震動。我們祇要有一個方向，一個目標，穩穩當當的前進，就已經足够，不宜作一步登天之想。使我們感覺安慰的是，目前多數人的觀念，已漸有了轉機，行動受觀念的指導，相信今後的政府措施，總不致採取一個相反的方向與目標。誠如此，則我們也願愈耐性等待。

日本二大政黨對立觀

余蒼柏

一

去年秋冬之間，日本政界上發生了一個奇跡，那就是日本出現了保守和激進二大政黨。

二大政黨之一的保守黨就是「自由民主黨」，是「日本自由黨」和「日本民主黨」的混合體；而另一代表激進勢力的大政黨就是「日本社會黨」，是分裂了已滿四年而又重合起來的過去的「日本社會黨」的復活。

「日本社會黨」的復活，我們在本文中將有機會提到，實在算不得什麼奇跡，而「自由民主黨」的出現，我們在本文中也將有機會提到，確不失爲日本政界的奇跡。

不過事情儘管怎樣奇，出現以後的形態和本質也儘管怎樣奇(關於「自由民主黨」的場合)，日本二大政黨——保守和激進二大政黨對立的形態總算首次露面於日本政治舞臺了；於是日本的言論界和保守激進二個陣營中，居然大大流行了一種二大政黨交互執政的理想的民主政治可能論。

那種可能論的根據是這樣的：(一)自由民主黨是日本唯一代表保守陣營的政黨，日本社會黨也近於唯一代表日本激進陣營的政黨(註一)，這不是日本保守和激進二大政黨的形態業已確立了嗎？(二)民主政治的運行要以英國所行者爲上乘，而英國所以臻此，則以其「保守黨」和「工黨」二大政黨能以民意向背爲背景而交互執政，使民主政治日即於圓熟的更新；今也，日本既有此保守和激進相對立的二大政黨的出現，那末此後日本民主政治的運行，豈不是大有可能追越美國而直薄英國了嗎？可能論者的樂觀的前提類皆如此。他們所以這樣樂觀，因爲他們認爲美國縱然也有二個大政黨，然而他們認爲美國所有的只是代表資本主義的二個保守的大政黨，而不是分別代表保守和激進的二個大政黨。

關於這一種論調，我們在這裏値得特別一提的是，不僅在那二個大政黨業已出現的今天，就是在尙未出現的幾個月前，已經老早在熱烈地提倡、鼓勵和期待了，不僅爲日本保守政黨的巨頭們、資本階級的代表們和素負盛名的大報紙大雜誌所鼓吹和期待，也爲日本社會黨的共感和期望。當然囉，這種論調尤其是屬於保守的叫得更響亮些。

於是關心日本政情者必然會發問：日本二大政黨的出現是不是具有這樣的性格和有這樣的可能性呢？簡截說一句，日本二大政黨的將來究竟會是怎樣呢？這，當然是一個極其複雜而微妙的大問題。

二

首先應該問的是，日本二大政黨關於政治的運行是否會走上英國式的路呢？從結論上先說一句，這是連日本熱烈的期待者都不會眞正有什麼信心的。

論英國二大政黨交互執政之所以成爲可能，誰都會連想到所謂「陛下的反對黨」(His Majesty's Opposition)這一句英國人自誇的老話。這所謂「陛下的反對黨」的「陛下」，就英國言，就是「大英帝國統合的象徵」，同時所謂「陛下的反對黨」，理論上固然一樣可以適用於其保守黨或工黨交出政權而處於在野的場合，然而就其起源和歷史演進說，乃是特別指在野場合的工黨。這是談國際政治者的常識。那末據此以觀日本的情形將會是怎樣呢？據目前「日本國憲法」的規定，日本的天皇固然也是「日本國的象徵，日本國民統合的象徵」(in the symbol of the State and the unity of the people)，可是問題是，此後日本政治的運行，那個今天作爲野黨的日本社會黨是不是會被認爲「陛下的反對黨」呢？

老實說，日本社會黨在本質上倒並不是無意思或無可能做天皇陛下的反對黨的，可是日本的保守陣營和其代表們之不會認他是這樣的反對黨，那是不妨大膽肯定的。這原因，不僅可以求證於日本保守陣營頑固的封建性，也可求證於這一次保守合同形成前後的許多公然的言行。證據在那裏呢？在那時前後(現在也一樣)，保守陣營中的許多代表者就發出了這樣堅決而樂觀的論調，那就是，他們不但想用保守合同來阻止社會黨執政的可能，而且想用他來削弱社會黨的勢力，遂漸消滅社會黨的存在。關於這許多見諸刊物和廣播上的言論可以不必而且也無暇去提他，只要看最近自由民主黨所擬具的「經濟六年計劃」和「防衛六年計劃」草案可以知道。他們公開說，只要再經過二次總選舉，自由民主黨的政權便固若金湯了，而這二次自由民主黨所計劃的大選，也就是想配合那二個六年計劃如願完成的東西(註二)。這不是想澈底消滅「陛下的反對黨」的證據嗎？最近社會黨參議員菊川孝夫在臨時國會預算委員會席上質問鳩山首相說：「關於二大政黨對立的政權的授受，不用保守政權私相授受的方式，而用保守政權垮臺的場合即交政權於社會黨，該是民主政治運用的常道。請問尊見如何呢？」鳩山回答說：「在二大政黨之下，政權從社會黨到保守黨，或從保守黨到社會黨，原則是對的，可是假定本人因病而不能執政，那是可能效英國邱吉爾讓政權於艾登的情形，依理應讓保守黨維持政權的。」他在當天在同一預算委員會席上回答無所屬議員八木幸吉關於政權授受方式的質問，又說：「現在馬上把政權交給社會黨是不願意的。保守黨應該趕快採取愼重的方法，使社會黨政權爲不可能。」(註三)這又不是想澈底抹煞「陛下的反對黨」的證據嗎？鳩山每好引英國政治的運行以自鳴得意，更好引邱吉爾的言行以見重自己，而獨對於邱吉爾想讓政權於艾登之前，先舉行了大選以問民意的可否之一美舉，則每避而不談，視若忌物。他公開答覆爲什麼日本自由黨組成跟後不舉行大選而竟自行繼棧的質問，居然若無其事地這樣說：「那不是政權的中斷，而是政權的强化和延續。」他的自圓其說而圖抹撥「陛下的反對黨」之存在者類皆如此，那還有什麼道理可說呢？

實在說，縱使避開英國二大政黨交互執政之所以可能乃緣於其特有的歷史背景而不談，日本的二大政黨交互執政的可能論者也不應該無視了英國人所自豪的「寬容」、「互尊」、「調和」和 fair play 的精神。這些精神會突然出現於日本政界嗎？會突然帶進日本四島嗎？在去年十一月十六日每日新聞社所舉行的座談會席上，自由民主黨的生父三木武吉答覆社會黨松岡駒吉關於二黨是否有開懷暢談的機會的質問說：「沒有考慮到！要保守黨左傾些，或者要社會黨右傾些，那都是不可能的。我們這次的政綱政策是極到家了的。我們預備眞正去實行。實行了，國民就會共鳴的。共鳴了，那就要以不動的姿態往前硬幹去，到那時，縱使社會黨嘴上不說跟了來，自然也非跟了來不可。相互靠近云云，事實上是不可能的，必然是向强者靠攏的。」(註四)這一些，不是充分露出了要抹撥「陛下的反對黨」的證據嗎？

三

其次要問的是，自由民主黨的出現據多數人的看法，乃是由於左右二派社會黨的合併所給他的大刺激，那末這種看法是不是對的呢？先從結論上說一句，那只是次要的或副次的而決不是主要的，更不是唯一的原因。

爲什麼呢？第一，社會黨原是統一的政黨，在四年前未分裂之先，社會黨一直是整個的，而保守黨方面却一直至少有二個以上，那末那時候爲什麼從沒有過合併而共謀抵制的運動呢？第二，那時社會黨最盛時的衆院議席有一四三（一時成爲最大的政黨），離今天重行合併的議席一五四，相去僅數席耳(註五)，而且那時候他還和今天被保守陣營視若蛇蝎的勞農黨是一氣的，那末那時候又爲什麼從沒有過合併而共謀抵制的運動呢？第三，那時候不但沒有過這樣的運動，而且事實上，那時二個保守黨——日本民主黨（也簡稱爲民主黨）和國民協同黨（簡稱爲國協黨），還和社會黨合作而二度抵制了那時保守黨之一的自由黨（吉田茂爲總裁），從而二度拼命於政權私相授受，先後出現了所謂「蘆田社會黨內閣」和「片山民主黨內閣」(註六)。這種種，豈尙不足以說明今天自由民主黨的出現，主要的，決不是什麼由於社會黨的重行合併而受了重大刺激的證據嗎？

如此說來，社會黨重行合併既不足以成爲自由民主黨所以出現的主因，那末什麼纔是他所以出現的眞正的原因呢？老實說，第一應該歸因於保守黨政黨中「戰前派」捲土重來的力量已經成熟，第二應該歸因於大資本家、尤其大軍火資本家在後面全力協成。

先說第一點。大家都明白，日本自從獲得了舊金山和約的獨立形態後，保守陣營中就漸漸滙成了一股大逆流，那就是日本人所愛稱的「復古調」。這逆流所激起的風波，其在整個保守陣營中者，爲「戰前派」和「戰後派」的死鬥，其在整個日本政界中者，爲保守陣營和激進陣營的死鬥。平心說，戰前派和戰後派死鬥之烈，實遠過於保守陣營和激進陣營之鬪。這原因要不出於如此：第一是，激進方面的眞力量並不若一般所傳者之大，從保守陣營那一方面看來，並不足以成爲眞正的主敵；第二是，「攘外先安內」之訓，日本的保守黨人似也稔知之。保守方面的戰前派就是鳩山一郎，重光葵等所代表的被追放和戰犯們恢復了自由的一大羣，而以舊金山和約後所組成的改進黨及其後的日本民主黨（改進黨以重光爲總裁，日本民主黨以鳩山爲總裁）爲其鬪爭的大據點。至於戰後派，主要的，就是吉田茂所培植出來的那一羣，那就是池田勇人，佐藤榮一等所謂新黨人。那些戰前派，人數多，手法老，舊社會基礎深，短短的幾年美式統治並不足以撼動其捲土重來的生命。那些戰前派和戰前皇國日本結有極深的緣分，其緣分之深實遠過於戰後派伙子們之於皇國日本者。那些戰前派又和舊財閥、舊軍人結有極深的因緣，那因緣自非戰後派伙子們所能幾及。我們在此應該特別回憶到的是，一年前，即在戰前派大同團結以倒吉田的時候，戰前派的元氣已經大復了，皇國精神跟着所有戰前勢力的抬頭已經大蘇了，因之相對地，吉田戰後派的基礎已經被他們所慢慢挖空，成爲外强中乾之局了。於是機會一到，吉田戰後派在那戰前派聯軍總進擊之前，不崇朝而變起倉卒，棄甲曳兵而走，非偶然也。

戰前派的本質既然是如此，那末一朝執政以後，他之不順眼於那個新憲法（他們稱爲「非日本」的憲法），那是當然的；他之不順眼於美國統治下所頒行的諸法令，那是當然的；他在自由民主黨出現的前後大聲疾呼非要把那些東西「改正」過來不可，那是當然的。自由民主黨者，即戰前派所硬搞成的保守大合同也。

戰前派的本質既就是如此，那末一朝執政以後，他之不願意和蘇聯、中共乃至其他共產國家眞正打交道，那是當然的；他要進一步和美國更靠攏些（當然出於現階段中有利於已的「權宜」），那是當然的；他之不歡迎所謂激進勢力，那是更當然的。我們應該根本看清，鳩山裝腔作勢要和蘇聯復交，那是政權未到手、政權未鞏固、保守合同未弄成時所玩的老猾手段，其意在於哄取許多國民的同情，特別在於哄取許多「進步的智識分子」的同情。不信嗎？何以保守合同（自由民主黨）初一形成，就不聲不響地接受了前自由黨對蘇的强硬主張，再不像以前那樣信口開河了呢？又何以在盟軍初到之時，就早已大喊反蘇反共了呢？鳩山過去所以被追放，不知其蘊者以爲僅出於那一本自著的「世界之顏」(歌頌墨索里尼和希特勒的遊記)，而知其蘊者，則知其出於反蘇太早而禍由自取。這是值得回憶的。

我們說了一大堆，歸着點原是極顯然的。那就是，自由民主黨這一保守大合同所以弄成的主因之一乃是戰前派連合勢力的成熟，不是受了什麼社會黨合併的刺激。持刺激之論者實在太天眞了一些。

第二點要說明的是，上面提到過的自由民主黨所以弄成的另一主因乃是出於大資本家，特別出於軍火大資本家的協成。

大家都明白，日本今天的工業構造是跛行的東西。這跛行肇基於朝鮮戰爭。通朝鮮戰爭中，日本資本家，特別是日本軍火資本家，叨了「作戰基地」的鴻福，賺了莫大的美圓橫財。他們以爲朝鮮戰爭是長期拖下之局，於是把那些橫財大大投入於有關軍火生產的固定設備；大擴充，大換新，預備永遠撈那血腥的橫財，於是整個工業構造跛行了。然而事有出於他們的意外者，朝鮮戰爭居然不到三年而停火了，連那規模較小的越南戰爭也停火了，他們的大着其慌是可想而知的。

從那時候起，他們當然更大吹其反共，而一方面卻又大談其和平，於是「善鄰」莫不引爲大驚。他們說，這眞怪極了！這怪事究竟是怎麼一回事呢？略知其所以怪者蓋莫不明白，他們談和平乃是日本的和平，而非鄰邦或世界的和平，他們談反共乃是國內的反共而非鄰邦或世界的反共。爲什麼呢？世界不和平而日本獨和平，豈不是他們大發橫財之局嗎？國內無共患而他國多共患，豈不是他們「特需景氣」重臨大門之局嗎？於是基此奇特的認識，他們唯恐SEATO流產而無力，而自己却只在岸上乾喊。乾喊之不足，還派人四出張羅、鼓吹、誘致四鄰向他們長期購運軍火。張羅之不足，乃擁其巨頭「經團連」會長赴美遊說，促華盛頓趕快加强日本反共兵工廠的規模。經團連者擁有「防衛生產委員會」的日本大資本之大本營也，而「防衛生產委員會」者日本軍火大資本家之大本營也。然而我們應該認識，他們所日夕以求的，乃是爲「善鄰」造軍火，賺大錢，決不爲「善鄰」直接反共。此其理，不僅可以直接適用於日本大資本家，也一樣可以適用於日本保守政黨乃至保守的全階層。人們常常在怪美國以「亞洲人打亞洲人」的手法，不知對於這種以「善鄰」打「惡鄰」的妙用作何看法?!

日本的大資本家，特別是有關軍火生產的大資本的景況和打算既然是這樣，他們的羣起以脅迫保守政黨，使其成爲一大連合，那毋寧是當然的。爲什麼呢？大連合成，則「防衛生產計劃」定，從而以保守安定的「萬年政權」爲背景，大量推銷其軍火於四隣的長期計劃纔有實現的可能。所謂「防衛生產計劃」者，實爲供應於其國內所需者小而擬推銷於海外者則甚大之計劃也。

四

我們在前面，已經談到了自由民主黨這一個保守大合同所以出現的背景和究極目標，同時也談到了所謂二大交互執政論的天眞。這樣說起來，是不是保守勢力終將實現「萬年政權」，而三木武吉的豪語終將兌現於來茲呢？

關於這一問題的答復，那就要看以下幾個情形的發展如何了：

(一)自由民主黨本身是不是會永遠牢固而不破碎呢？

(二)日本國民對於自由民主黨的究極目標是否會風從呢？

(三)國際情勢的發展是否會和自由民主黨的調子相配合呢？

先說第一點——自由民主黨本身是不是牢固呢？一個月前，讀賣新聞關於他的牢固性作了一個輿論調查，而老百姓的眼中則認爲是不很牢固的。調查項目之一問被調查的說，自由民主黨是不是能够相安無事好好弄下去？答案是：「能够的」占百分之二四，「不能的」占百分之三八，「看不淸」占百分之三八[註七]。輿論調查當然不是有求必靈的東西，可是老百姓的眼睛却不是全老花或全色盲。老百姓所以那樣看，也許根據這些大事實：(一)他是同床異夢者的集大成。他雖然只是日本自由黨和日本民主黨的混合物，然而自從這二個黨的戰後三位老祖宗(日本進步黨，日本自由黨，日本協同黨；均係敗降後的一九四五年年底產生)以來，僅僅十年間，離合集散、相打相罵地至少分過了二十次以上的家；在那分家吵架的時候，相互罵過「不共戴天」者不知幾何次。這個大連合中，現在還混居着這許多派別——從大的方面說，有執行部派，有吉田派，有改進派；從較小的方面說，執行部派中有緒方系，大野系，日自系(日本自由黨系，即三木武吉、河野一郎等)，中間系，改進派中有主流系和革進系等等，此不過犖犖大者而已。簡言之，羣雄割據，各有雄圖。這局面顯然是一個積木堆成的房子，最缺乏的是一條把他連結起來的粗强有力的鉛絲。然而這鉛絲究竟是誰呢？或者是什麼呢？(二)他到現在還是一個一國四公的沒有黨魁的組織。他以鳩山、緒方、三木武吉和大野伴睦爲代行委員，代行黨魁的職權，相約以今年四月爲期，來公選黨魁。這個未來的黨魁，憶測者認爲是緒方，以其當仁不讓而又「私約」有據云云。然而到今天，鳩山並無絲毫讓賢之意，全係事實。一個月前，讀賣新聞的輿論調查又問老百姓：自由民主黨的總裁應該是誰呢？回答是：應該是鳩山的占百分之四七，緒方的占百分之一三，看不淸的占百分之三一，「無人可選」占百分之七，其餘百分之二是「其他」[註八]。至於朝日新聞的輿論測驗，則贊成鳩山的爲百分之三三，贊成緒方的僅爲百分之一〇[註九]。這樣看起來，緒方的可能性甚少。緒方所恃者有二：第一是，據說三木武吉對他有保證，而三木武吉之爲人，據日本人說，頗有古武士之風，以其重然諾也；第二是，實力派大野伴睦和他同是日本自由黨的出身，應該同進退。三木係無法捉摸的「老狐狸」，是否信守要靠事實來證明。大野呢？是鳩山的「忠臣」——自他共認的「忠臣」。這一次擧日本自由黨與日本民主黨相合而成爲今天的自由民主黨，說得官面些，等於五關斬將千里歸來的關壯繆之於劉玄德；說得難聽些，是替鳩山逐鹿的獵犬。可是這些且不去管他，問題是，緒方如不能膺選，就難免又有分家之憂，緒方如膺選，也不免有分家之憂，況且還有其他不可名狀的疙瘩。這個「公選」眞是自由民主黨的鬼門關了！這個鬼門關究竟怎樣通過去呢？

再說第二點——日本國民對於自由民主黨的究極目標是不是會風從呢？自由民主黨的究極目標是復古，復古的具體總表現將是修改現行憲法（他們的眞意並不止於修改而是類於新訂），而其手段則爲通過「萬年政權」的理想過程而逐漸消削日本社會黨乃至其他激進政黨的存在。大家都知道，對於現行憲法之最大爭點爲放棄「戰力」和「戰爭」的第九條。對於這條文，自由民主黨當然要改，而激進勢力則全力反對。最近朝日新聞測驗民意是否要改他，回答是：贊成改的占百分之三七，反對改的占百分之四二，無意見的占百分之二一(註十一)。要改憲法要有衆參兩院全體議員三分之二以上的同意，再提請全國選民半數以上的許可(註十二)。那末那個不很牢固的自由民主黨究竟有什麼法力能够得到那末多的法定數目呢？當然囉，如果自由民主黨而眞正牢固，金甌不缺，那是會百病消除而所向無阻的，問題是祛病强身的靈藥究竟在那裏呢？我們在這裏所以只擧這個改憲之不易——民意之未順，無非說明日本國民對於這個大合同的究極目標離望風翕從尙遠而已。

再說第三點——國際情勢的發展是否會和自由民主黨的調子相配合呢？老實說，要國際情勢來配合，就要有操縱乾坤的大力。不然的話，就要有堅決跟人的勇氣。關於第一點，日本太渺小了，那有那力量？關於第二點，日本保守政黨究竟太小見，太現實。自由民主黨在外交方面要應付的問題太多太大了，而其中最大者，要莫過於美蘇之間，他想擺動的寸分。關於這寸分，似可於此後應付日蘇談判的態度中卜之。到現在爲止，日本顯然是無誠意於那個談判的，原因是，他對於美國有顧忌。可是往後呢？尤其從去年年底以後呢？就有些難說了。在去年年底，他看到了美國在聯合國中的蹣跚和指導力的低落，看到了諸小國家發言權的增大，看到了亞非集團勢力之不可厚侮，看到了蘇聯以否決權數度擯自己於聯合國大家庭之外，所爲何事；又看到了許多西歐乃至中南美國家態度的携貳等等冷酷的現實，於是日本各階層中重行檢討外交方針之論突然風起而雲湧了。日本是極現實的國家，日本保守階層尤其是最崇現實的東西；在現實之前，任何大義名分都是無動於中的。看情形，由輭而硬的對蘇聯態度又將由硬轉輭的調子又在蠢動了。輭到什麼程度呢？那當然要看此後客觀現實的發展。可是日本外交方針如果眞正轉到目前國內所要求的方針，那末對於民主黨又該會發生怎樣影響呢？

五

題目是「日本二大政黨對立觀」。二大政黨對立的可能性，在政策相似的政黨之間者易，在政策相異的政黨之間者難，在所代表的階層相似之間者易，在所代表的階層相異之間者難。自由民主黨和日本社會黨之間的政策和其所代表的階層離開太遠了，縱然社會黨拚命在「現實化」（日本人的要求）和右傾化，然而其爲右傾也，究其質，究竟是有限度的；如果右傾而越過了某種限度，將不待保守階層的羣起扼殺，自己會自壞自滅。此社會黨之所以端不至於右傾化而至於保守階層所希望的界線也。自由民主黨諸公知其然也，知非用人爲的扼殺之計不足以償素願，售大慾；爲自由民主黨計，要亦爲事理之常。然則自由民主黨果能償此素願乎？那只有看該黨的牢固性，日本國民的向心性和國際情形的發展如何矣。

一九五六年一月。

註一　自由民主黨組成後日本兩院勢力的分野如左：

▲衆院		▲參院	
自民黨	二九九	自民黨	一一九
社會黨	一五四	社會黨	六八
小會派	八	綠風會	四六
（其中勞農四共黨二）		勞農	一
無所屬	三	共黨	一
缺員	三	無所屬	一〇
計	四六七	缺員	五
		計	二五〇

其中參議院的綠風會不是嚴格的政黨而是偏向於

加拿大政黨組織及其現況

厲元生

一 緒論

加拿大在取得英聯邦自治領地位之前，早有政黨的組織，其歷史最久者爲保守黨(Conservative)與自由黨(Liberal)，因其力量較大，在國會下院中，常佔多數席位，交互掌握加國政權。後起之黨較重要者，有合作共利同盟(Co-operative Commonwealth Federation)，簡稱C.C.F.，及社會信用黨(Social Credit)。此外尚有某一省、或某地區樹植勢力的小黨，如規壁省(Quebec)的民族聯合黨(Union Nationale)，獨立保守黨(Independent Conservative)；安搭利俄省(Ontario)的勞工黨(Labor)及自由勞工黨(Liberal Labor)；馬尼圖巴省(Manitoba)的自由進步黨(Liberal Progressive)；卑詩省(British Columbia)的勞工自由黨(Labor Liberal)等。又加國共產黨於一九四一年，被法庭判爲非法解散之後，更名勞工進步黨(Labor Progressive)，勢力微弱，但仍在各處，不斷活動。

加國行政體制，名義上最高行政長官爲總督(Governor General)，兼海陸空軍總司令，由英王任命，代表英王頒佈加國法令。總督之下，設責任內閣，內閣總理或稱首相，必爲國會下院多數黨的領袖，對國會負責。國會上院議員，係終身職，由總督擇各選區內有資望的黨員任命之。下院議員，則由民選，其席位爲各黨競爭的對象。各省最高行政長官爲副總督(Lieutenant-Governor)，由總督任命，頒佈一省法令，各省有省內閣，但省議會爲一院制(規壁省除外)，議員民選，省議會多數黨的領袖，爲省內閣總理。在國會下院及省議會，佔席位次多之黨的領袖，名爲反對黨的領袖(Leader of the Opposition)，其地位與薪金，等於閣員。

選舉時各黨候選人，不限於選區內的居民，因此，各政黨的領袖人才，如在本區難獲提名者，可由最擁護此黨的其他選區，提名競選，以期必得席位。

二 兩大政黨

自一八六七年，聯邦自治領成立迄今，加國政權由保守黨及自由黨，交互掌握；兩黨議員在下院所佔席位合計，常在總數五分之四以上。一九〇〇年以前，保守黨在普選中，迭獲勝利，一九〇〇年以後，則自由黨日佔上風，最近二十年來，加國內閣總理官邸，竟爲自由黨所獨佔。

(一)兩大政黨的沿革：加拿大的保守黨與自由黨，原係採英國兩大政黨的名稱，但其政綱政策，不與英國者相同。加拿大的保守黨，最初由英人中的保王黨(Tory)，規壁省法人的中和派(Bleus)，及尊重教堂派(Cartors)，各省聯邦自治派，資本家及若干工人力量聯合而成。自由黨則由邊疆人民不贊成聯邦自治者如：規壁省的 Rouges 派(多數爲職業階級及反天主教權力者)，及安搭利俄省的 Clear Gritis 黨(農區誠實智識階級之組織)等聯合而成。保守黨初名自由保守黨，旋祇稱保守黨，一九四二年，又改稱進步保守黨。自由黨則始終未更名。

(二)兩大政黨力量的分佈：加拿大土地遼濶，各省各區，利益殊不一致。約略區別言之，西方重漁、農、礦；而東方重工商。西方富有獨立精神與進步思想；東方則尊重法紀與保守思想。凡政黨欲在普選中獲勝，必須取得人口稠密的數省份或區域的擁護，始有希望；然一黨的政策，有利於此省，或有害於彼省，欲求取得諸省的擁護，實非易事。既往最擁護保守黨者，爲工商業人口衆多的安搭利俄省，及加中、加東，近年該黨百端爭取西方農業

自由民主黨的政團。觀上表，可以算做二大政黨對立的形態業已出現。

註二 所謂那些「六年計劃」，是預備從一九五五年度算起的。五五年度已完結(以每年四月一日起算)，故計劃如果實行，則實際僅爲五年。至於日本衆院選擧，規定爲每四年一次。去年春間擧行了一次；如果自由民主黨金甌可全而不至於中途碎裂，從而引起了中途解散衆院之擧，則統往後二屆衆院合計，也只有七年光景，換言之，離所謂那些六年計劃完成之期也就相去不遠。照自由民主黨的如意算盤，在往後二屆繼續執政的過程中，一方面，拚命完成那些六年計劃，一方面，拚命通過許多有利於本身的法案——例如小選擧區制的實現，關於勞動、教育、社會、產業等法案的改正(反對者議爲「改惡」)等，則現憲法的改正(反對者指「改正」就是「反動」)也就可以順手完成。這一來，不是變成保守陣營的萬年天下了嗎？這是他們的打算。

註三 參閱去年十二月十二東京各大報晚報。

註四 參閱去年十一月十六日每日新聞座談會記錄。

註五 一九四七年四月大選，日本社會黨一擧獲得衆院中的第一黨，選擧前後各黨的議席數如下：

	選擧前	選擧後
民主黨	一四五	一二四
自由黨	一四〇	一三一
社會黨	九八	一四三
國協黨	六三	三一
無所屬具樂部	七	一三
共產黨	六	四
日本農民黨	四	
純無所屬	二	
缺員	一	
其他諸派		二〇

註六 那時社會黨和民主黨國協黨二黨連合組閣，以排斥自由黨。第一次是片山內閣，因實質上和蘆田均的民主黨平分秋色，誰之者名之爲片山民主黨內閣，片山內閣倒後，又連合組閣，排斥自由黨，這是蘆田內閣，也因爲和片山的社會黨平分秋色，誰之者又名之爲蘆田社會黨內閣。

註七 參閱讀賣新聞去年十一月二十一日號。

註八 參閱讀賣新聞去年十一月二十八日號。

註九 參閱朝日新聞去年十二月二日號。

註十 每日新聞去年十一月十四日夕刊漫畫。在獵師鳩山之後者爲岸信介。

註十一 參閱朝日新聞去年十二月十三日號。

註十二 參閱「日本國憲法」第九十六條。

省份的同情，而收效不多。最擁護自由黨的地區，爲法人佔壓倒優勢的規壁省、及西方農區。一九三○年時，西方農民受不景氣的打擊，歸咎於自由黨的親美政策，保守黨乘機滲入，因而普選獲勝。但以後農民，又逐漸恢復其對自由黨的信心。

規壁省人口衆多，可選國會議員七十五名，幾及下院三分之一，在加拿大政爭上，佔重要地位。該省居民爲法人，保存其固有的語言文化，爲加國各省最少受美國的影響者。該省初擁護保守黨，但後因西北叛亂，叛軍領袖及隨從，均係法人，失敗後領袖被保守黨政府處絞刑，故規壁省法人，懷恨甚深，轉而擁護自由黨。一八八七年，法人 Wildered Laurier 被選爲自由黨領袖，自由黨更得規壁省法人的擁護。第一次大戰時，保守黨堅持徵兵法，法人反對徵兵，由是規壁省轉變爲自由黨最强固的堡壘。其後該省雖有民族聯合黨崛起，奪取省政權，傾向保守黨，但自由黨方面，又推擧法人 Louis st. Laurent 繼爲領袖，拉攏法人，該黨勢力在規壁省，仍堅固不拔。

(二)兩大黨的政綱政策：兩黨向無一貫不變的主義或基本政策，多年來爲爭取某區域或某種族的擁護，隨時變更其口號，兩黨現刻所採取的政策，或爲敵黨前時所採用的政策，又或爲本黨前時所採用的政策，自相矛盾，但大體言之，兩黨在內政、外交、經濟各方亦有不同的傾向，玆分別述之如左：

甲、內政方面——保守黨主張中央集權，自由黨則主張地方分權。二十世紀以前，每次競選，兩黨均以此爲重要政綱之一，二十世紀以後，自由黨仍繼續此項政策。因其大本營的規壁省，堅持自治思想，藉以維持法人的文化及宗教。自由黨不得不特予尊重也。保守黨在二十世紀以後，勢力日趨薄弱，對中央集權主張，已不再堅持。一九三○年以後，兩黨對此問題，不再爭執，大抵當政時則主張中央集權，在野時則主張各省自治。

自由黨對各區域及各種族的偏見，頗能容忍，保守黨則常採干預行動。至對於社會的改造，富源的開發，公共事業的公營等問題，兩黨的主張，無大出入，惟實施方針，或稍有差別耳。

乙、外交方面——保守黨着重於對英國的協調，傾向連橫政策；自由黨着重於與美國的聯繫，傾向合縱政策；但兩黨外交政策，亦並非一成不變，第一次大戰後，保守黨執政，曾堅持加拿大爲國際聯盟的一員，並另派代表，長駐美京。後自由黨當政以來，雖力求國際地位提高，但仍認爲不宜與英國脫離關係，第二次大戰時，並以大量財力物力，援助英國，不求取償。戰後加美間經濟及國防關係，雖日趨密切，但自由黨政府，仍隨時表示，不願在外交上，以追隨美國爲滿足。

丙、經濟方面——保守黨一向主張保護關稅政策，要提高關稅，以防止英美貨物的大量輸入，以保護國內的幼稚工業，故得資本家、工業家、及官商的擁護。自由黨則主張自由貿易政策，限制富有階級的利益，取得西方農民的擁護。近年保守黨因勢力削弱，力求爭取農民，故亦主張減低關稅，取銷貿易障碍。自由黨執政時，曾一度爲牽就規壁省法人工業利益，略爲提高關稅，致引起西方農民的不滿，其後卽恢復自由貿易政策。

三　各小黨派的由來及現況

加拿大各小黨中的較有力量者，爲合作共利同盟 (Co-operative Commonwealth Federation) 通稱 (C. C. F.)，及社會信用黨 (Social Credit)，其他値得一述者，有掌握規壁省政權的民族聯合黨 (Union Nationale)，及由共產黨改頭換面而成的工人進步黨 (Labor Progressive)。

(一)合作共利同盟：合作共利同盟通稱 C. C. F.，蓋自一九三○年，經濟不景氣之後，西部卑詩省有社會黨，阿爾不打省有勞工黨，沙斯卡川省、及馬尼圖巴省有獨立勞工黨等組織。旋合組西方勞工會。於一九三二年在阿爾鉢打省的卡枝利埠開會，邀請國會中之薑派 (係由勞工議員及曇花一現的進步黨殘餘議員合組而成)，與東方各大學的社會改造同盟，阿爾鉢打省的聯合農會，及其他各省的農工代表參加，共謀新政黨的組織。最初意見雖甚分歧，但終於成功，定名合作共利同盟。次年，開第一次代表大會於沙斯卡川省的羅李濟拿埠 (Regina)，其政綱係綜合英國費邊 (Faoian) 社會主義，農地均分主義，基督敎社會主義，羅斯福總統的新經濟政策等思想製成，與英國工黨的政見，頗相類似。

C. C. F. 反對馬克斯的唯物論，主張有計劃的社會經濟改造，財政機構及交通運輸等公共事業的社會化，着重社會幸福與服務，如設立養老金，失業保險，意外保險等，鼓勵合作事業；要求修改憲法，取消國會上院；謀求加國的獨立自主，減少對英美的依附。

C. C. F. 以聯合農人、工人、及中等階級人士爲號召，擁護該黨者，以農人爲主。加拿大聯合敎堂，及勞工議會，對之亦表同情；本屆國會中，該黨議員佔二十三席，在各省政治鬪爭中，該黨掌握沙斯卡川省政權，並爲卑詩省議會中的反對黨。

(二)社會信用黨：社會信用黨，發源於阿爾鉢打省，係由該省的聯合農會、及以前進步黨份子組成，初加入 C. C. F.，旋以政見不合，而另行組黨，自一九三五年以來，掌握該省政權，後更發展至卑詩及馬尼圖巴等省，於一九五二年選擧中，又爭得卑詩省政權。該黨在本屆國會中，佔有下院十五議席，在地方政治中，更獨覇加西兩要省。其發展對 C. C. F.，爲一嚴重的打擊。

該黨政綱，採用蘇格蘭人道格納斯 (Major C H. Douglas) 的社會信用思想，主張由社會機構，對人民普遍給予信用，以提高其購買力，俾社會上有最大的消費，而無生產過剩的現象，此外對自由貿易及個人的自由，亦甚着重。

一九五五年六月二十九日，在阿爾鉢打省選舉中，社會信用黨席位，自四十九席降爲三十七席，其所得票數、與投票總數的百分比，自上屆省選的百分比之五十六，降爲百分之四十九。雖仍掌握省政權，但威望頗受影響，該黨遭此頓挫，乃因該省自由黨領袖白老斯 (J. Harper Prowse)，提出關於財政問題的質詢，省內閣總理曼寧 (E. C. Manning)，未予以適當的解釋，僅以舉行選舉作答，因而引起部份選民的不滿。

該黨在卑詩省政中，地位强固，一九五三年省選後，佔議席二十七位，組織卑詩省十餘年來僅有的多數黨內閣。

(三)民族聯合黨：民族聯合黨，爲規壘省法人組織，旨在維護天主敎法人社會的完整，自一九三六年以來，代自由黨執規壘省政權，一九四八年省選大勝，得省議會中九十席，(共九十二席)，其後降爲八十二席，現更降爲六十六席。該黨祇重省政，向不參加國會議員的競選。

(四)工人進步黨：第一次世界大戰後，歐洲移民中的馬克斯主義者，初有秘密組織，後擴充爲工人黨，黨員多爲烏克蘭人、芬蘭人等，後漸有英人參加。一九三一年法庭予以取締，領袖份子多判徒刑。但其黨徒，旋又組織共產黨，至一九四〇年又被法庭認爲非法。一九四三年始改組爲勞工進步黨，與 C.C.F. 互爭工人同情，仇視甚深，雖曾一度擬藉口組成聯合陣線，圖與 C.C.F. 合作，但遭拒絕。該黨除在安搭利俄省有省議員一名外，其政治活動，收效甚微。

四　各黨領袖人物

(一)領袖權力——加國政黨領袖權力甚大，其地位較英、美、法等民主國家爲重要。除 C.C.F. 外，各黨的政綱政策，均由領袖決定，代表大會的決議案，領袖亦可予以否決。各黨議員在國會中的活動，更全受領袖指揮。選舉中選民投票，亦多以渠等對某黨領袖的好惡爲取捨的標準。如安搭利俄省，擁護自由黨主國政，但擁護保守黨主省政，規壘省擁護自由黨主國政，但擁護民族聯合黨主省政；均爲選民重領袖而輕黨之例。

(二)領袖的才幹與兩大政黨的關係——加國政黨盛衰與其領袖才幹的優劣，關係甚大。保守黨初成立時，有多才多智的麥克唐納 (McDonald) 爲領袖，故能繼續執政數十年，麥氏死後五十餘年；保守黨十易領袖，黨內意見，難於調和，由是日見衰微。自由黨六十年來，只易領袖三次。曾任該黨領袖之 W. Laurier 及 Macknzie King 等，均多才智，能調協各方，使該黨團結日堅，勢力日厚。

(三)各黨領袖簡介：自由黨現任領袖爲加國總理聖諾蘭 (Louis St. Laurent) 氏，原任 King 內閣之外交部長，其父爲法人，母爲愛爾蘭人，自由黨推渠出任領袖，自有拉攏法人及愛爾蘭人的作用。保守黨領袖，爲前任安搭利俄省總理之卓魯氏 (George Drew)，乃極端保守派黨員，近年爲承認中共問題，對自由黨政府，迭有嚴峻的批評。惟一九五三年普選中，保守黨在國會中席次，繼續減少，黨中又有更換領袖之議。如卓氏辭職，則現任安搭利俄省總理弗羅斯特 (Leslie Frost)，可能繼任，但此事目前尚未具體化也。

合作共利同盟的領袖爲柯特威爾 (M. J. Coldwell)，原爲沙斯卡川省學校教員，後升任校長，又被選爲全加教員聯合會會長，一九一八年以後，參加該省勞工與社會福利運動，爲該黨創立人之一，曾任該省 C.C.F. 領袖，一九三五年獲選國會議員。一九四二年繼 James Woodsworth 任該黨領袖。

社會信用黨的領袖爲洛氏 (Solon E. Low)，曾任阿爾鉢打省財政廳長及教育部長等職，一九四五年當選國會下院議員，連任迄今。

工人進步黨的領袖爲柏克氏 (Tim Buck)，在加國政治舞臺上無地位可言。

民意機關的議事公開

薩孟武

民主政治爲責任政治，政府須直接的或間接的對人民負責。要令政府對人民負責，須令人民能够明瞭政府的施政，以便決定下屆選擧那一個政黨組織政府。因此之故，民主政治必以政治公開爲前提。在今日民主國，國家政策均以法律的形式，經議會通過之後，而實行之。金錢問題尤須徵得議會同意。而在內閣制的國家，議會對於政府的施政，尙有質詢之權。議會之議決法律，議會之通過預算，議會之提出質詢，又依「議事公開」的原則，將一切情形公告於民。人民由這公告，自能了解國家施政的實際情況。

議事公開有兩種意義，一是允許傍聽，二是發表紀錄[註一]。關此，各國制度可分二種。一是英國制度，議事公開與否視爲議會的特權，議會得自由決定之[註二]。所以議會得禁止來賓傍聽，又得拒絕發表會議紀錄。這種制度，據一般學者研究，最初乃有兩個理由。一因表決議案而採用分列 (division) 之法，苟有來賓在場，不便計算。二因英國議會最初是反抗王權的，議員在院內所爲的言論及表決又無法律保障其自由，議會恐國王派人偵察，故不准外人傍聽[註三]。然自十八世紀以來，議會兩院開會漸次公開，既許來賓傍聽，而會議紀錄以及投票名單亦許公開發表[註四]。不過苟有一位議員請議長注意場內生人，議長就須令其退場。習慣固然如斯，而實際上不論院會或委員會無不公開擧行。一八七五年第一院且有一個決議，凡議員提議來賓退場者，議長應徵詢出席議員的意見，此際不須經過討論，而逕付表決。這個決議現在已成爲第一院 Standing Orders 第九十條，自是而後，議員個人對於改開秘密會一事，就沒有主張的權利了[註五]。總之，英國之制，議事是否公開固由議院自由決定，但在第一院法律上須經院會表決，事實上各院開秘密會之事並不多覯。

註一　G. Meyer, Lehrbuch des dentschen Staatsrechtes, 6 Anfl. 1905, S. 334. H. Kelsen Allgemeine Staatslehre, 1925, S. 354.

註二　J. Hatsckek, Deutsches und prenssisches Staatsrecht 2 Anfl. 1930, S. 564. 參閱 derselbe, Englishes Staatsrecht, Bd. I. 1905. S. 418f.

註三　W.R. Anson, The Law and Custom of the Constitution, 5 ed. 1922. pp. 170-171. D. J. Medley, A Student's Manual of English Constitutional History, 6ed. 1925. p. 290.

註四　J. Hatschek, Deutsches und prenssisches Staatsrecht, 2 Anfl. 1930, S. 565.

註五　W.R. Anson, op. cit. p. 171. D.J. Medley, op. cit. pp. 290-291.

二是法國制度，以爲議事公開乃所以保護國民，故除憲法特許之外，不得改開秘密會[註六]。這種觀念濫觴於革命時代，一七八九年七月二十三日國王發佈宣言，禁止議事公開。國民會議 (Assemblee Nationale) 提出抗議，經種種鬪爭之後，遂於一七九一年憲法之中，揭櫫了議事公開的原則，即會議准許人傍聽，而紀錄必須發表(憲法第三篇第三章第二節第一條)。固然憲法尙許立法機關隨時依議員五十人之提議，改開秘密委員會(第三篇第三章第二節第二條)。但是我們須知此際所開的不是院會，而是委員會。委員會只能討論議案，不能表決議案，苟有投票表決之必要，必須公開爲之，投票之後苟有說明，亦必須公開爲之。此種公開的原則，法國歷次憲法均有規定。即以第三共和憲法爲例言之，其一八七五年七月十六日公權關係法第五條云：「兩院之會議公開之，各院得用議事規則規定，依一定人數議員之要求，改用秘密委員會 (Form itself into a secret)。」其實，「自一八七五年至一九一六年，國會兩院均未會開過秘密委員會。只惟一九一六年大戰方酣，國會討論軍事及外交問題，才有改開秘密委員會之例」[註八]。「此蓋議事公開乃是代議制度的本質，且爲代議制度不可缺少的原則。議會代表人民，其討論議案是爲人民的利益。國民不但須知道議會所作的決定(即表決的結果)，而對於議會所討論的問題，尙須知道其內容如何，討論情形如何，表決經過如何，通過或否決之理由何在」[註九]。「公開可令議會與公意之間不斷的發生交流作用，這是議會活動的本質」[註一〇]。

註六　J. Hatschek, a. a. o. s. 564.

註七　J. Hatscheck, a. a. o. o. 564f. L. Duguit, Traite de Droit Consitutionnel, Tome 4. 2ed. 1924. p. 341. 余不諳法文，所引得力於彭明敏先生之協助者不少。

註八　L. Duguit, op. cit. pp. 340-341.

註九　L. Duguit, op. cit, p. 337.

註十　P. Laband, des Staatsrecht des deutschen Reiches, Bd. I. 5 Anfl. 1911. 345.

此後各國受了法國一七九一年憲法的影響，多於憲法之上明文保障議會的議事公開，茲試比較說明如此。

（一）憲法保障議會的議事公開，而未曾提到秘密會者。例如德國一八七一年憲法第二二條云：「聯邦議會之議事公開之」，此際，照法理說，議會不得改開秘密會。然而德國議會的議事規則第三六條有云：「議長或議員十名得提議改開秘密會」[註一一]。關此，德國學者固然謂其違憲，而主張秘密會所決定的，一切無效。而按之實際情況，秘密會所決定的移送政府，政府無不批准而公佈之。此蓋德國沒有一個機關審查法律的效力，所以議事規則竟然改變了憲法[註一二]。

註一一　J. Hatschek, a. a. o. s. 568.

註一二　參閱 G. J. Jellinek, Verfassungsänderung und Verfassongswandlung. 1906. 引自美濃部達吉譯：エリネック憲法變化論（見同氏著：憲法及憲法史研究，明治四十一年出版），七〇四頁至七〇五頁。

（二）大多數國家的憲法大率一方保障議事公開，同時又於一定條件之下，許改開秘密會。現在試比較研究之。

(1)誰得提議改開秘密會　據各國憲法規定，提議的權皆屬於議員，其承認議長可以提議的亦有之，比利時憲法除議會十名外，尚許議長有提議權（一八三一年制定的現行憲法第三三條第二項）。至於承認政府有提議權的，可以西德爲例，即議員人數十分之一或聯邦政府均有提議權（一九四九年憲法第四二條第一項）(註一三)。

註一三　據余所知，承認政府有提議權的，爲數並不甚多。日本舊憲法第四八條云：「兩院的會議公開之，但得依政府之要求或該院之決議，改爲秘密會」。據其舊議院法第三七條規定，議長或議員十名有提議時，須經議院表決，政府有要求時，可不經議院表決，而即改爲秘密會。

(2)提議之後是否需要院會表決，除極少數國家之外，均須經院會表決，而且表決之時，尚有需要較多的贊成人數者。今試以最新憲法爲例言之。日本一九四六年憲法第五七條第一項云：「兩院之會議公開之。但經出席議員三分二以上之同意，得開秘密會」(註一四)。意國一九四七年憲法第六四條第二項云：「兩院之會議公開之，但各院或兩院之聯席會議得依決議，改開秘密會。」西德一九四九年憲法第四二條第一項云：「議會之議事公開之，但議員人數十分之一或聯邦政府有動議時，得經出席議員三分二之同意，改開秘密會。」

註一四　依日本國會法第六二條規定，秘密會是由議長或議員十名以上提議改開的。

(3)秘密會是否得表決議案　在大多數的國家，議會依其決議，改開秘密會之時，不但得討論議案，且得表決議案。但各國憲法亦有依法國一七九一年憲法之規定，秘密會只得以委員會之名義舉行者。此際只得討論議案，不得表決議案，換言之，討論儘管秘密，而表決必須公開。例如比利時憲法云：「兩院之議事公開之，但各院得依議長或議員十名之提議，改開秘密委員會（may resolve itself into a secret committee）」。（一八三一年制定的現行憲法第三三條第一項及第二項）法國第四共和憲法云：「兩院之議事公開之，會議的詳細紀錄以及議會文件應發表於政府公報（Journal office）之上。兩院得各自集合爲秘密委員會（may convene as a secret committe）」（一九四六年憲法第一〇條）。

總之，依今日各國制度，政府請開秘密會之事固然有之，但除過去日本之外，未有不經院會同意者。凡秘密會非依院會議決，只依少數人之要求而開者，只得討論議案，不得表決議案，苟有表決，必須公開爲之。此蓋政府對議會負責，而議會本身也對人民負責，議事若不公開，人民何從知道立法行政二權的活動，從亦無法直接向議會問責，間接向政府問責了。

（上接第18頁）

日夜不安，逗留二十天即返印尼。如此情景，大陸是否天堂，抑或地獄，可以知矣！此其三。

福建泉州一位婦女會主席，亦可云女共幹，其丈夫僑居印尼萬隆經營鹹魚生意，頗發達，這位婦女前年由其丈夫申請携帶子女南來，到了印尼之後，將鐵幕眞情道出。據云她能所以越出鐵幕，飛渡南洋，是這樣的說法，她向其上峯請求，謂大陸經已全部解放，她在大陸已失其意義，南洋她有親戚朋友甚多，還是到南洋工作爲要，乃准放行。又云她親自看到許多兒女淸算父母者，但做父母者，還是願受自己的子女淸算較爲寬心，而怕被別人淸算更爲可怖也。何以言之，共匪要破壞倫常，毁滅人性，究竟父母子女血統骨肉攸關，良心未全泯滅，表面看來，用力針對父母打去，被打者假作喊叫哀呼，其實不痛，如果是被無關別人淸算的話，就不同於此了。她是僑眷，也是共幹，對于日常生活，超越其他的平民，但有時暗買一點魚或肉來佐粥，亦要偷偷摸摸，不敢公開，食時要將魚或肉置于碗底，然後將粥蓋上，碗面上放點鹹菜，桌上所擺的亦是鹹菜而已，生活窮困，人心恐怖，實話無從聽到，這是大陸的「人民翻身」，這是大陸的「民主」。此其四。

自大陸變色淪于共匪之後，南洋各地，許多天眞的學生中了毒素，入了迷魂陣，每年一批一批，整千或幾百，陸續擁進鐵幕，及知上當，但「身無彩鳳雙飛翼」，無法復出。不少寫信給其父母，要求申請僑居地政府，准其回歸，但殊不容易。又有一部份「前進」的華僑，迷惑地獄是天堂，自投羅網，自進虎穴，將南洋好好的基業，收盤出頂，所得之欵，携去大陸投資，或自行開業，結果弄到關門不准，收盤不得，歸併合作社，一無所有，乃嘆曰，「一投資金不復返，燃眉着痛夢方蘇」。因此憤懣致病而死者有之，憂愁過度而發神經者有之，舉家逃出香港，生計毫無，專靠朋友資助以度日者有之。此其五。

而今印尼華僑，對於自由中國之傾向，一年好轉一年，我們的雙十國慶，回想數年以前，誰來理睬，現在逢此佳節，慶祝大會場，人山人海，擁擠到無立足地，而學生之回歸大陸，最近亦漸見減少。此可以窺見華僑人心之轉變一斑矣。華僑普遍對於政治一向不加注意，只專心打算盤，念生意經，天翻地覆的大事，火不燒到眉毛，不知道危險的。華僑地位是商人，是資產階級者，是共產黨要淸算的對象，許多的投機份子，或妄從之輩，爲匪作倀，幫助兇徒擴展其在南洋勢力，這豈不是自掘墳墓，待時死亡？殊爲可憐，亦可憤慨也。

國父譽華僑爲革命之母，其實造成此榮譽者，僅一部份人而已，非絕大多數之華僑。當時國父倡義革命，南洋亦分兩派，一爲擁護滿淸之保皇黨派，一爲擁護國父之革命黨派，追思既往，眼見今朝，時勢雖異，情形一體，滿淸以腐化無能而失敗，將來中共必以兇殘欺詐、毁滅人性而滅亡，可斷言也。

西歐通訊

蘇俄內部的反抗運動

龍平甫

蘇俄是橫跨歐亞、史無前例的奴隸帝國。在這個奴隸帝國內爭取自由的反抗運動能否發展，許多人懷疑其可能。但是專家們研究蘇俄的報章雜誌及當局的演說，以及近兩年自蘇俄奴工營被釋歸國人士所報告的，證明「在蘇俄境內存在着一種相當廣泛的抵抗共產極權、爭取自由的運動」。這種運動在農民方面是消極的，在奴工方面則在一九五三年及一九五四年在若干地區發動罷工運動，並且獲得了相當成就。此外更有若干俄人爲爭取自由，流亡國外。

(一)農民的消極抵抗——蘇俄農民之所以從事消極抵抗，是受了過去慘痛經驗所給予的教訓。自一九一八年起，蘇俄農民對共產政權的糧食分配、穀物專賣、及禁止貿易等辦法深感不滿，於是發動反抗，在西伯利亞西部、烏克蘭、坦波夫(Tambov)、沙拉多夫(Sarotov)等省的農民抵抗運動變成武裝暴動。到一九二一年，克倫士大(Kronstadt)水兵叛變，使局勢嚴重到極點。列寧爲維持共產政權，不得不讓步，實行新經濟政策，允許穀物自由貿易。於是農業很快的發展。後來史大林認爲共產政權穩固，自一九二八年起實行糧食定價徵購，並强迫實行農業集體化。於是又引起農民的劇烈反抗。共產政權以恐怖手段鎮壓，幾百萬農民因此喪生；不少的農民被送到奴工營或被强迫遷徙。在這樣血淋淋的情況下，史大林完成了所謂消滅「富農」的目的，建立了集體農場制度。集體農場是一種新的農奴制度。但這並不是說農民從此放棄爭取自由的抵抗，不過經驗教訓他們採取消極抵抗。在某方面看來，消極抵抗的效果並不弱於積極抵抗的效果，因爲蘇俄政府至今還找不到有效的對策。蘇俄農民的消極抵抗是採取下列各種方式進行的：㈠大量的農民，尤其是集體農場的男丁進入城市，參加工業生產（超過政府規定農民轉入工業的限額）；㈡減少牛羊等家畜的生產量；㈢廢弛勞動紀律；㈣對「社會主義的資產」採取忽視態度；㈤不良的使用農業機器，並且不善加修理保養；㈥抗拒徵糧；㈦降低勞動生產力；㈧不好好地耕種；㈨聽任農產品損失；㈩浪費農產品；⑪不遵守農會規章；⑫有意侵佔集體農場土地；擴大私有耕地面積；⑬減少穀物生產面積。

農民消極抵抗的事實在每種蘇俄報紙雜誌字裏行間均可發現。當局自然避免提出農民抵抗的字眼，而將農業的持久性危機及農民反抗的責任歸咎於：「不良的指導，監督的缺乏，缺乏政治警覺，農民無工作興趣，不負責任」等等。多年來蘇俄政府費盡氣力設法提高農業生產，例如進行農業機械化，發動農業工作的「突擊」，工作競賽，破紀錄的生產運動，「社會主義勞動英雄」的頭銜的給予。本年夏季還空前地派了一個農業考察團到美國去虛心考察農業，學習素所鄙視的資本主義農業技術。但是蘇俄政府鼓勵增產的效果，仍不能抵消農民消極抵抗所予的損失。現在舉出幾件事實來說明農民消極抵抗所予的損失：㈠俄共第一書記赫魯雪夫在一九五三年九月報告：「一九五二年本可增加乳牛一百五十萬頭，但實際上僅增加五十萬頭……，而應繳肥猪與食用牛的，却向政府繳出一百萬頭乳牛……。」㈡一九五〇年蘇俄集體農場有耕地一七〇、六八八、〇〇〇公頃，但至一九五四年則減至一五七、四四九、〇〇〇公頃，農民流入城市，拋棄個人耕地，由一九四八年拋棄的一百五十萬公頃增至一九五四年一、九六三、〇〇〇公頃。其中的一百萬公頃爲集體農場耕種，剩餘的九六三、〇〇〇公頃變成荒地；㈢蘇俄當局雖對農業投資甚多，在一九五三年前對農業機械化及曳引機站共投資一、八〇〇億盧布，農業工作的機械化，據官方報告由一九一六年所佔的百分之〇·六增至一九五三年的百分之九十一，但是一九五三年農業生產水準尚不如一九一六年；㈣在同一時期，乳牛的數量減少四百五十萬頭；芻料的產量由每公頃的一·二二公噸減至一公噸；㈤一九一三年俄國尚輸出一千萬噸糧食，今日不但沒有糧食輸出，反而由中共對蘇俄作饑餓輸出，而年來並由國外輸入大量的奶油等食品；㈥蘇俄對農民加强政治管制，僅就烏克蘭論，即有六百個農村政治工作組附屬於曳引機站，並擁有特別權力，俄共中央並派三千名有經驗的黨員參加上述六百個政治工作組（註二）。

(二)囚營的反抗運動——蘇俄全境有一千五萬以上的奴工，近年來華籍奴工大增。據最近被釋放回西歐的人說，蘇俄奴工營的中國人爲數甚多，且分佈相當廣泛。蘇俄奴工營的奴工以政治犯及不甘受壓迫的少數民族爲主體。至於一些被拘作苦役的普通刑事犯也是一種變相的政治犯，因爲他們的罪是蘇俄政權所造成的。根據德國人邵爾美(Joseph Scholmer)醫士及格爾蘭 (Brigitte Gerland) 夫人在蘇俄極北區 (Far North) 的佛爾古大(Vorkuta)囚營的經驗（註三），一般奴工在軍警監視及特務滲透之下仍能積極的發展抵抗運動，囚營中奴工的團結方式普通以民族爲單位。奴工的社會成分雖複雜，但因共產政權的殘害壓迫，一般富於抵抗思想，除少數被利用作特務的爪牙外，多能合作。格爾蘭夫人說被拘禁作苦役的俄羅斯人中頗多青年人，其中有許多是來自奧得薩 (Odessa)、列寧格勒、基輔 (Kiev) 等城市的學生。不少學生是一九三七年大清黨被屠殺者的子女。他們雖被判處二十五年的徒刑，但並不因漫長的苦役而失望，因爲在囚營中可有充分機會向人宣傳，彼此交換意見，討論政治問題。這是被捕以前所不能作的。格爾蘭夫人發現一些俄國學生宣傳「列寧眞言」(The True Word of Lenin)，這是一種帶有一種工會及無政府主義的理論，略似一九二一年克倫士大水兵叛變要求建立「沒有共產黨的蘇維埃」，反對一黨或多黨制，主張以工農所組織的工會管理政治。這些青年人反對史大林式的獨裁，也不同意西方的民主政治。這個運動在一九四八年由莫斯科的五個大學生發起，後來參加該運動的人被捕送入奴工營(註三)。至於邵爾美則在奴工營發現俄羅斯社會民主黨的活動。該黨與沙皇時代的社會民主黨並無淵源。由於思想的封鎖，他們也無法獲知歐洲各國社會民主黨的情形。他們的理論是暗中摸索、自行推敲而得的。其黨綱近於英國的工黨。一般而論，俄羅斯人所組織的團體偏重於政治理論，一方面反共，一方面反對資本主義，反對美國。其他各民族所組織的團體則以民族獨立爲前提，認爲祇有美國援助始可實現獨立，因此傾向西方。在組織方面，這些團體是幹部組織，因爲發展人數過多可能被特務滲入進行破壞工作。它們的任務是：對付特務，加强民族團結，互相扶助，對未來的戰爭作技術的準備。每個囚營的團體首領間可互相交換情報及意見。邵爾美認爲最可靠的團體是愛沙尼亞、拉脫維亞、立陶宛人所組織的團體，俄羅斯人的團體最不可靠，常有特務滲入。俄羅斯人團體與非俄羅斯人團體之間缺乏信任，往往連普通的情報也不交換。格蘭夫人甚至說俄人與非俄人之間存在着一種仇視現象(註四)。

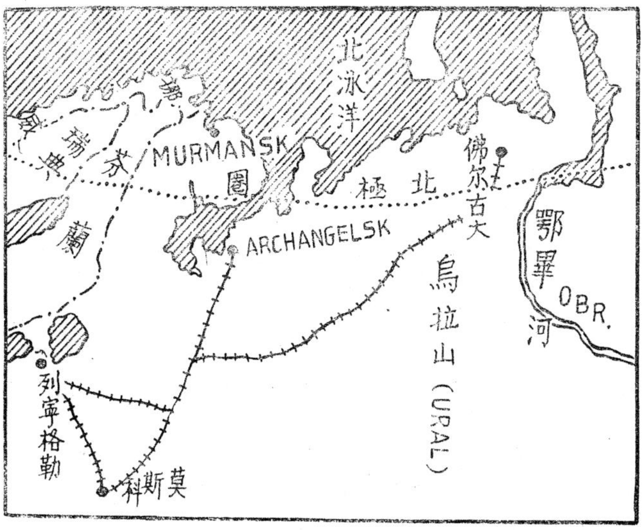

佛爾古大位於北緯六十八度，接近北冰洋。這裏有五十萬奴工在冰天雪地的凍土帶掘煤。每一礦井有一奴工營。由蘇俄政府公安部管理，受嚴格管制。佛爾古大政治犯囚營共有三十所。其他性質的囚營更多。在一九五三年以前，奴工時常暗自祈禱史大林早死，因爲他日不死，他們一日無出營的希望。一九五三年初史大林之死爲他們帶來解放的希望。接着同年六月十七日東德的反共革命的消息經當局多方掩飾曲解之後傳到囚營，給奴工帶來無限的鼓舞，到了七月，佛爾古大第七號礦井的奴工首先罷工。罷工的消息雖經嚴密封鎖，仍傳到其他囚營。接着傳說最大的第四十號礦井罷工，第二十九號，第十四——十六號，第六號礦井，建築建廠(TEZ)的工人也紛紛罷工。由於特務的活動，第一號奴工營罷工委員會人員被捕。不但第一號礦井的奴工無法罷工，而且受其指揮的其他礦井(第八號，第九——十號，第十一號)也無法罷工。罷工委員會由各民族團體組織，爲防備領導分子被捕，同時更組織第二罷工委員會。奴工在罷工時提出許多要求，主要的是要求減少監禁期限並修正判決。罷工第二天，管理當局卽對奴工提出下述讓步：㈠夜間不封鎖營房；㈡折除窗外鐵柵；㈢取消囚衣上的號碼，㈣囚犯原可每半年通家信一次，今後可每月通家信一次；㈤囚犯家屬於獲得佛爾古大囚營總監得勒維延可 (Derewianko)將軍同意及囚營主管的許可得每年探視囚犯一次；㈥莫斯科將派馬士勒尼可夫 (Maslenikov) 將軍率領調查團前來調查。這些讓步是囚營奴工的初步勝利。但在事實上通信與探親並沒有實現。奴工所寫的家書在囚營主管那裏放了幾個月之後又退回發信人，至於家屬的訪問，邵爾美在一九五三年終以前祇見到一婦人前來探視分別十三年的丈夫。她在罷工之前，經過多方上書請求始得允准前來的。一般而論，囚營奴工的家屬多在幾千公里之外，很少人有能力前來探視他們。至於馬士勒尼可夫率領的一個三十多名軍官的調查團，並無權就地採取決定。他們的任務祇是調查情由，搜集情報。許多奴工提出修改判決案的要求，一概被拒絕。在罷工半個月之後，第七號礦井奴工被迫離營。若干領導分子及許多嫌疑分子被捕。於是第七號礦井及其他囚工被迫復工。其他罷工的礦井也在同樣的情形下復工。祇有第二十九號礦井的罷工者自行管理營房，拒絕和地方當局談判，要求莫斯科派全權代表來洽商。最後他廣播要求奴工投降，罷工者卻聚集在營房門口，形成方陣，大呼：「開鎗吧！死了比受活罪還好些！」在機關鎗下，奴工立時死亡六十四人，重傷二百人，其中許多人因傷重不治死亡(註五)。

邵爾美是第六號礦井罷工者之一，他認爲蘇俄當局在史大林死後處理罷工事件意外的溫和，其原因是當時局面猶疑不定，如採用更劇烈手段，恐怕鬧出更大的亂子。

儘管消息封鎖，佛爾古大囚營罷工消息傳到列寧格勒，對當地工人發生深刻的印象。後來又傳聞中央亞細亞的加拉岡達(Karaganda)與遠東的科里馬 (Kolyma)(註六)，也發生奴工的罷工。在葉尼塞河 (Yenisei) 河口的諾里爾斯克(Norilsk)非鐵金屬工礦區也發生罷工，首次失敗，後又發生，由俄軍大屠殺制止。西伯利亞東部的泰舍(Tayshet)至一九五五年一月也發生罷工(註七)。據最近釋放回西德的巴芬(Karl Paffen)的報告，加拉岡達沙漠區肯吉爾(Kengir)囚營區有三所囚營在一九五四年發生六星期的罷工事件，最後由軍隊以戰車衝入營地消滅抵抗。巴芬說：「在他的囚營有三百人被殺」(註八)。巴芬的報告由另一德人(他怕危及尙未離營的難友，不願宣佈姓名)予以證實，並且發表詳細的報告。

這個六星期的罷工發生在距離新疆不太遠的哲士加士干(Dsches-kasgan)的銅礦業區。這個新興的城市(至一九七○年人口可達三十萬)在巴勒哈什湖(Balkash)西北不及二百公里之地。這裏有三個囚營區：肯吉爾囚營區(Kengir)擔任建築，魯尼克(Rudnik)及伯勒瓦爾克(Par-ewalka)兩囚營區則從事開銅礦。自一九五二年以來，本區奴工以集體拒絕工作要求改善待遇。肯吉爾囚營區分兩個男囚營，一個女囚營。它們是政治犯囚營。營外有高大的石牆，更外有看守哨。一九五四年五月男囚營區外緣囚營送到六十名普通罪犯。這些普通罪犯在過去和女囚雜處習以爲常。他們一知道這裏有女囚營，便設法前往，企圖鑿開圍牆，守兵設法制止，開鎗射死六十人。政治犯囚營本有抵抗運動，這次鎗殺案件引起公憤，實行罷工。並將看守人員趕走，監守哨被迫撤退。罷工者並將那次滋事的普通罪犯及奸細捉起來。樹起敢死旗幟，在營門大書：「不自由，毋寧死」的口號。奴工選出男女二十名管理營地，由一名前空軍上校任主席。與當地行政機關接洽時用旗語。地方當局將營地週圍二公里地的居民撤退，將囚營孤立起來。奴工向地方當局提出十二項要求，主要的是：凡就人道觀點言，「犯罪」不重要者一律釋放，「犯罪」時未成年者釋放，重新審判，等等。當地政府稱無權解決，後由阿拉木圖(Alma Ata)的「喀薩克共和國」政府派員前來，也無效果，莫斯科代表也不願接受奴工的要求，於是赫魯雪夫下令「清算」囚營。在囚營公開反抗的第四十二天清晨，戰車衝入營內，不少的婦女赤胸擋路，戰車停頓片刻，又繼續前進，壓死與鎗殺的至少有四百人。傷的更多。生存的囚犯(四、五○○名男子，一、○○○名女子)被押解出營，其中一部分被送往西伯利亞東北部囚營，領導份子被送至加拉岡達囚營。大多數罷工的奴工仍留在當地，享受慘痛犧牲所獲得的成果。在肯吉爾囚營夜間不封鎖房門，未成年的「罪犯」及染不治病症的奴工被開釋，不少的奴工於徒刑滿三分之二後有條件的釋放。奴工每季可有近親來探視幾日。奴工可推舉代表。至一九五四年終肯吉爾囚營已有百分之二十至三十的奴工被釋放，據說該囚營將於一九五五年底撤消(註九)。

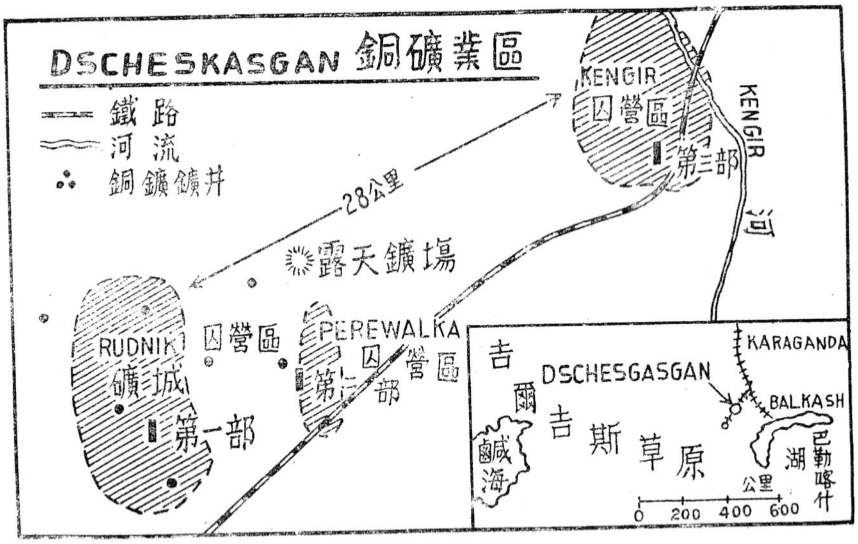

DSCHESKASGAN 銅礦業區
鐵路
河流
銅鑛鑛井
28公里
露天鑛塲
KENGIR 囚營區
第三部
KENGIR 河
RUDNIK 鑛城
囚營區
第一部
PEREWALKA 囚營區
第二部
吉爾吉斯草原
DSCHESGASGAN
KARAGANDA
BALKASH
巴勒喀什湖
鹹海
公里 0 200 400 600

邵爾美認爲史大林死時蘇俄內部已達總崩潰的階段。蘇俄人民期待自由世界以政治的攻勢予以援助。但西方則坐視演變，喪失良機。六月十七日的東德反共革命，囚營的政治犯根據官方報告，分析而得正確的解釋，發動罷工。但是他們在這一點上解釋錯了：他們認爲六月十七日抗暴運動是西方策動的。於是毫不猶豫的採取行動，而有一九五三年七月佛爾古大一萬二千奴工悲壯的罷工。罷工雖經鎮壓下去，但僅就罷工能發生一事，已是奴工的空前成就，於是領導團體繼續活動，結果收效很大，使蘇俄政府不得不再度讓步。一九五五年六月仍在佛爾古大而後來歸國的德人報告，蘇俄當局已實行若干改革：㈠釋放若干不能操作的囚犯；㈡「犯罪」時年齡不滿二十歲及徒刑已滿三分之二者一律釋放；㈢徒刑已滿三分之一而此後每工作一日，其成績達到水準者得折合三個徒刑日；㈣工資不打折扣，奴工可能有假期；㈤若干判決案被修改。蘇俄政權並將奴工在過去所受的痛苦歸咎於貝利亞及阿巴庫莫夫(Abakoumov)。佛爾古大的五十萬奴工已有五分之三被釋放。一部分被釋放的奴工仍住在當地，成爲不能他去的「自由」工人。在諾里爾斯克的地方當局則宣佈釋放的奴工不再被視爲次等公民，當局以强迫移民塡補被釋奴工的缺額。根據專家的意見，蘇俄對囚營的改革限於發生罷工的囚營。其改革祇是緩和反抗，我們尙無任何蘇俄改變奴工政策的證據。

邵爾美在本年九月出席意大利米蘭(Milan)「文化自由大會」(Con-gress for cultural Freedom)所提出關於奴工的報告，由美國遠東問題

專家巴新 (Herbert Passin) 教授予以證實。後者自釋放回國的日本人獲得略同的結論(註十)。

（三）選擇自由——第二次世界大戰後逃來自由世界的俄國難民，很多在西德居留。布加寧會對阿德諾說：「西德有十萬俄國公民被拘禁着」。西德「時報」(Die Zeit) 週刊則說：「西德祇有一萬三千名選擇自由的俄國人」。此外有二萬三千波羅的海各國人，七萬九千波蘭人，五萬一千無國籍人。這些選擇自由的難民有三萬人仍住在難民營中。大多數已獲得工作，並享有若干政治權利。一個美國私人團體「俄羅斯自由的美國之友協會」(American Friends of Russian Freedom) 以「美國援助逃亡者專案」(United States Escapee Programm) 的欵項來救助選擇自由的俄國人，成立難民宿舍，臨時收容難民。

在蘇俄，一個人選擇自由是要相當的勇氣與毅力的。「時報」報導一個名叫 Michael A. 的俄國人的逃亡故事：他在一九四一年從軍作戰，在莫斯科前線被俘，德國總崩潰後，回國又從軍一年，後來作電機工人。雖然他在希特勒政權下以戰俘資格從事强迫勞役而與歐洲接觸，僅此已使他壓惡共產政權，不願在蘇俄生活。一九四七年他決定逃亡，至捷克境內被捕，判處徒刑二十五年，解往西伯利亞作苦工。去年他又奔向自由，晝伏夜行，經過六個月時間終於逃到西德。最初他經美國當局數月盤查，結果獲得居留權利。目前他在西德索林恩 (Solingen) 某工廠工作。他向人說：「我有自己的住所是七年來第一次，我現在的自由工作是有生以來第一次。我不知道你是否了解其意義。」(註十一)

逃亡西德的俄國人有相當的組織。

邵爾美就其在蘇俄的經驗，說明蘇俄境內從事反抗運動的智識份子，對自由與共產主義的辯論，獲得如下的結論：㈠莫斯科政權企圖以共產主義征服世界是不變的政策；它積極整軍的目的在此；㈡蘇俄所倡的「共存」及「國際局勢的緩和」祇是手段的運用，以求獲得喘息時間，鞏固內部，並在軍事上及工業上獲得優勢。蘇俄一旦在這方面獲得壓倒優勢，「共存」局面即告終結；㈢蘇俄內部的反抗勢力如無西方的援助，將無法推翻共產政權；㈣時間對東方有利，如看得長遠些，西方難以和極權國家作長久的軍備競賽；㈤西方必須以政治爲主的對共產世界進行攻勢。換言之，即：(A)在政治上及社會方面安定自由國家，摒棄殖民主義，消除種族歧視，及共產主義賴以發展的其他病態；(B)支持鐵幕以內的自由勢力，不要認爲它們的行動綱領不盡與西方符合而不予支持(註十二)。

「工人祖國」內奴隸已開始怒吼了。自由之戰已在「工人的天堂」內展開了。對奴隸言，他們在爭自由的過程中，如有所損失的話，便是那副鎖枷。自由世界的政治家應根據這種形勢決定新的政策，對共產世界施行一種全面的、綜合的、政治的與思想的攻勢。一方面在政治、經濟、及軍事上鞏固自由世界，一方面鼓勵並援助鐵幕以內的反抗勢力。必須如此，方能保障自由世界的安全，並使鐵幕內人民有重獲自由的可能。

註一 見 Bulletin of the Institute for the Study of the History and Culture of the USSR. 一九五五年九月號(第二卷第九期) A. I. Lebed 著：Some Aspects of Soviet Peasant Resistance。

註二 邵爾美於波恩及瑞士巴塞爾(Basel)研究醫學後，於一九四〇——一九四四年間在萊比錫大學愛克斯光研究所工作，因其自一九三三年以來即與抵抗運動發生聯繫，於一九四四年爲希特勒秘密警察逮捕，自一九四五年起任職東德蘇俄佔領區衛生行政機關，一九四九年被捕。以「間諜」罪判徒刑二十五年，於一九五〇年送往佛爾古大囚營作苦工，一九五三年終返國，發表「死者歸來」(Die Toten Kehren Zurück)一書，述其在囚營經歷。格爾蘭夫人本爲記者，以向西柏林報紙寫通訊報告蘇俄佔領區情形，於一九四六年在 Dresden 被捕，以「英國間諜」罪判徒刑十五年，在東德拘禁十五月後，被送往佛爾古大囚營作苦工，至一九五四年初始被釋返國。

註三 見 Observer 週刊第八四四八號 Russian Slaves in Mass Revolt by Edward Crankshaw (一九五四年二月七日)。

註四 見 Der Monat 第六十六號(一九五四年三月號)邵爾美所著之 Der Streik in Workuta。

註五 同前，並見一九五四年十二月十八日至二十三日法報 Le Figaro 發表邵爾美所著之 Plus de 10,000 détenus se révoltent Contre la police Soviétique et font la grève。

註六 見 Observer 第八四八八號。

註七 見一九五五年九月十六日 Observer。

註八 見一九五五年十月十八日法報「世界報」(Le Monde)。

註九 見一九五五年十二月十日五德國「時報」(Die Zeit)(第五十號) Panzer gegen Strafgefangene。

註十 見一九五五年五九月十八日 Observer，一九五五年十月六日 Die Zeit 發表邵爾美所著之 Das deutsche Beispiel wirkte in Workuta。

註十一 見一九五五年十一月十一日 Die Zeit 發表 Volkmar V. Zühlsdoff 所著之 Unsere pussischen Brüder。

註十二 見一九五五年十月六日 Die Zeit 發表邵爾美之文。

一九五五年十二月二十一日脫稿

回到自由祖國的觀感

楊少珍

我在三年前僑務委員會召開僑務會議時和去年九月召開文敎會議時，都曾被印尼東爪哇區推爲華僑代表，有到自由祖國觀光的機會。可是都因爲時間的緊迫，出入境證的辦理無法及時配合，所以只好放棄了大好的機會而「望洋興嘆」了。一個身在海外的人，對於自由祖國的懷戀，和期望能踏上自由祖國的土地，看看自己的同胞、政府和社會，這種切盼的心情不是身在祖國的同胞所能想象到的。

去年秋季，我因要去香港接洽一項生意，並且想與集成圖書公司磋商直接配售正中書局敎科書問題，決計來臺灣一行。九月廿六日動身，中間遭遇了我以前意想不到的波折，一直到十月廿一日才抵達國門。幾年的夙願，總算得償了。

自從來到自由祖國的臺北以後，參加了大場面的慶祝節日，我目睹朝氣蓬勃，相信反攻大陸，恢復國土，是乃時間問題耳。人民安居樂業，豐衣足食，濟濟羣衆，上車下車，秩序井然，絕無爭先恐後之紛亂現象；最可稱讚者，則未嘗見到衣服襤褸之街頭流浪客，乞丐絕跡，此爲東南亞各國所罕有，實可以誇耀于世界也。

惟有一件很遺憾的事，即市區街衢，交通管制尚差，不設通車單行道，不劃定轉車地點，不規定人行路線，交警之稀少，有如鳳毛麟角。三輪車、脚踏車、汽車，橫衝直撞，速度如飛，任意兜轉，未聞交警干涉制裁，車禍之多，實使人震驚！

我本鐵定于去年十一月九日，乘西北飛機赴香港，然不幸于八日下午四時二十分，所乘之三輪車，因欲廻避一輛軍車從後面疾馳而來，結果翻倒，壓斷我小腿，蒙谷正綱先生以汽車載我，進國防醫院附設之中心診所療治。當時適另有一個十三歲小童亦遭車禍斷腿。聞是日慘受車禍之事件，共有四起。過後由報紙看到，及私人報告之車禍，接二連三，而王叔銘將軍太太，亦于是日遭車禍之災。我深以爲，爲了國家對外視聽，爲了人道，爲了人民生命，這種交通秩序是應多加糾正的。我於十一月十五日出院，蒙僑委會招待與照料，養傷新北投僑園，而整個左腿用石膏封起，須受三個月長期時間的忍耐，方可解除，在未解除之前，笨重難堪，日夜臥床，寸步難行，苦痛已極。

我到這裏來，時間極其短暫，也會接觸過本地居民，談起大陸匪區情形，使我感到很驚異的是，此間同胞實在不大明瞭，甚至認爲報紙所登載的是宣傳作用，張大其辭，如果人民持有這種觀感，則我們的宣傳效力，實在沒做到侵入人民心理。反觀共匪的宣傳工夫與技巧，我們實在望塵莫及，我僅提出印尼一地區來作比較：他們輸入印尼之書刊畫報，種類之多，不能枚擧，單看印尼政府文敎部在報紙公佈，所列其禁書，每次幾十種，如在北平出版之畫刊「人民畫報」，印得非常精美，不止限于中文書刊之輸入，而印尼文宣傳書籍，也都侵入印尼民間，試問此間有幾多種類書刊輸入印尼呢？有之實極少數，而輸入較多者只香港幾個出版社。

關於香港許多出版社，據我所知，出版反共抗俄之書刊最多者，爲自由出版社與亞洲出版社，他們出版的書籍，如陳寒波烈士遺著的「我怎麼樣做毛澤東的特務」「今日北平」「一個女間諜的新生」「地下火」「反共宣傳與文藝運動」五種單行本（現已裝訂專集）及馬伏堯所著之「我與共產黨」「毛媳婦內傳」這些書籍的內容將共匪的秘密組織，兇殘手段，欺騙法門，荒淫無恥的作風，揭發無遺。我要鄭重的告訴此間的同胞們，報紙所登載的大陸新聞，不但是事實，而且是擧之不多，言之未盡，大陸目下人民的生活不如牛馬，而共匪無法無天的倒行逆施，更是罄竹難書，我本擬將所知者，源源本本報導出來，但覺得太冗長，且因篇幅關係，僅略擧數事，想或爲此間所未聞者。

二年以前，印尼西里伯島望加錫，有一位華僑資本家林某，參加集團去大陸「觀光」，一團二十餘人，到達東北，但行動總有兩個共幹跟隨，無法接觸民間，後來團中秘密商量，分組出門，三人爲一組，彼之一組，遇見農民正在已經收割之田疇間，尋覓遺下之豆粒，就向之訊問：你們爲甚麼找此遺豆呢？曰：不找無以爲食。這田不是你們所耕作的嗎？曰然。你們收穫那裏去呢？曰：政府拿去：並曰：舊時一年可收三季，今一季且發生問題。何以然耶？曰：連以作肥料的豆餅亦運往蘇聯去呢！再行，看到一羣男女在河畔釣魚，穿的衣服，不長不短，忽被一陣旋風一吹翻起，看見這一羣人均沒有穿褲，就而問之：你們怎麼這個時候在這裏釣魚呢？曰：不釣魚無以充饑，此乃雜糧也。我看見你們何以均不穿褲？曰：是的，難道無布可買嗎？曰：有。是配給。由早晨排陣等候至旁晚亦領不到呀！此其一。

印尼泗水轄之惹班，有二位廣東客籍之五華人氏，去年本申請出境來回六個月，一到大陸五華原籍，目睹全縣人民，均赤足無鞋，衣服襤褸，羣衆一見華僑回來，穿的是楚楚洋裝，絲襪革履，大家都是目光睽睽的注視，他弄到心寒膽驚，不敢久留，換上破舊衣服，改穿布鞋，僅在家裏住兩天即行他走。此其二。

印尼泗水轄之瑪琅，華僑巨富黃某，職司庫，于去年回歸福建南安縣故鄉，一入鄉土，同樣看到赤足世界，呼其侄兒陪同探視親友，囑其穿鞋，其侄兒謂那裏有鞋可穿，連拖鞋都沒有，只得穿上木屐陪走，隱憂心裏，

（下轉第13頁）

落月（三續）

彭歌

四

從「長板坡」之後，心梅陸續又有了不少別的機會；因此，照片本子上也留下了一些照片——都是演的一些小角色。一年，兩年，三年，她從十四歲到了十七歲，好像一顆蓓蕾長成了一朶花。含苞未放的蓓蕾看起來往往都是一樣的，但到了盛開的時候，每一朶花之間便都有了不同。心梅這時候已經意識到自己是這花叢之中最艷麗出色的一朶了。她已經長大了，不僅有了豐腴的身體，柔潤的膚色，嫣紅的嘴唇，而且有着一顆半成熟的滿懷幻象的心。她現在已經深入於戲劇生活，而且已經懂得更積極地去獵取藝術表演上的成功。在全校的同學中，雖然她還沒有擠入最重要的地位，但無疑她已經被認爲是第一流的人才。

十七歲那年秋天，機會果然來了。上海有一家新開戲院，爲了要給那大城市的人們換換新鮮口味，特別到北平來約了幾個班子，訂了合同；很出人意外，其中一個班子竟是心梅他們這個學校。照通常的慣例，專誠被邀出外跑碼頭，都是京朝大角紅得發紫時的特權；不但面子光彩，而且收入一定比株守在北平要好得多；許多大角兒往往因爲在北平開銷太大，就使着出外跑跑，在「橫釘」上調劑調劑。由此看來，心梅她們這個「孩兒班」這次當然是很光榮很實惠的。全體師生們無不得意洋洋的，「瞧瞧，連上海人都要請我們去唱了，了不起。」

因爲大家都這麼重視這件事，所以在動身前兩三個禮拜簡直連課都上不成，祇爲「咱們到了上海以後怎麼辦」這個問題而忙碌着。戲碼兒，南邊聽衆的心理，沿途應注意的事情，到達以後膳宿起居等等，無一不要事前設計。老師們尤其注意的，是學生們的管理問題，「上海那地方，可太不簡單了。」連康老師這麼開明的人，也三令五申地囑咐學生們要嚴格約束自己，很像是要走錯了一步路，就會「萬刼不復」一樣。

忙亂了好多天，這一班人馬才浩浩蕩蕩地到了上海。低班次的學生有一些因爲派不出用場，留在北平；可是像余心梅，姜若寒這些後起之秀，則都列入正選名單。心梅在臺上已有了獨當一面的經驗，譬如「賀后罵殿」之類的唱工戲，也居然能排到倒數第三齣。

「心梅，妳好好唱吧，我總覺得妳比王亞雲她們還要行得多。」在火車上時，若寒悄悄地說——王亞雲是那時候全校最紅的一個女生，和傅振翔同班，也是唱青衣的。

心梅噓了她一聲，「妳別再這麼車大砲好不好？得罪了人都不知道。人家是臺柱子呀！」

「哼，臺柱子，她再紅我也瞧不起她，瞧那份自尊自大的樣子吧，屎殼螂戴花，臭美！」

「妳別那麼嘴損好不好？」

「難道我說錯了她？我就不耐煩她那種到處拔尖兒，老怕別人看不見她的張狂勁兒。妖妖嬈嬈的算個甚麼！」

「妳別管人家那麼些閒事行不行，人家馬上畢業了。」

「畢業，畢了業她更不得了啦。妳瞧，她現在在幹甚麼呢？」若寒往車廂的另一頭呶了呶嘴，心梅一眼覷到了那個王亞雲正在對着一面小玻璃手鏡在梳頭髮。

「人家這也礙着妳了？」

「哼，要不是老師們禁止，她一准是要大庭廣衆之下擦胭脂，塗口紅了。」這幾年像修道院一樣的生活把若寒的腦筋也訓練得古板起來，「哼，還不都是做給她旁邊的人看的！」

心梅不由得又舉目望過去，這才看清楚坐在亞雲旁邊黑影中那個男同學的輪廓，是那麼熟悉。

「誰呀？」她裝作沒有看出來。

「誰？還不是傅振翔嗎？她恨不得把他籠絡在身邊，那份惡形惡狀的小家子氣。」

「瞧妳這樣嘟嘟囔囔的不小家子氣？」

「心梅，妳眞沒良心，人家是好心好意幫妳說話呀！狗咬呂洞賓。」若寒斜睨着眼睛，聲音也放高了。這一句話，把心梅說得羞紅了臉。

「我不理妳了，狗嘴裏吐不出象牙來！」

可是，嘴裏雖這麼說着，眼睛却不由得又溜向振翔那邊去，他正把頭靠在椅背上，昏昏沉沉地瞌睡呢；他的身子隨着列車的震動而輕微的搖幌着，他好像根本就沒看見王亞雲的「表演」。

這使得心梅在嫉妬的痛苦之中，獲得了一些安慰。

這時候，若寒又來插嘴，「好心梅，妳別一生氣就不理我。說眞話，妳對他倒底怎麼樣？」

「誰呀？」

「誰，還問我？裝甚麼糊塗！難道瞞得了我？人家那麼關心着妳，妳這樣不領情叫他知道了多失望呀。妳吊嗓子的時候，他那一回不是站得遠遠的一句一句地聽着。妳上臺去他那一回不是守在後臺門口眼巴巴地像個傻子似的那麼出神。這不是一天兩天的事情，妳能不認賬嗎？」

「那不關我的事，我怎麼知道呢！」心梅嘴裏雖然硬，心裏却是一半兒羞愧，一半兒得意。是的，那是眞的；當最初她發現振翔在注意她的時候，總以爲那不過是偶合，是自己神經過敏；可是，後來漸漸地她從他的舉止行動裏，看出了他內心的誠摯。但她畢竟太羞怯了，她覺得又驕傲，又害怕，不知怎麼辦才好。

自從心梅嶄露頭角以來，她大都演的正工青衣的戲，和振翔同臺的機會很少，就是在學校裏操練和上課時也只不過是隔得遠遠地彼此望望而已。心梅的心理是這樣矛盾：看不到他的時候，想他；可是，剛一發現他的影子出現，自已却又面紅耳熱，方寸大亂，要忙忙地避開他。儘管他們在一個學校學藝，吃同一個鍋灶裏的飯，食住在同一座院子裏，可是一個禮拜也難得能在一起講三句話。不過，人的感情不一定是要靠言語，靠行動來表示的，它有些像電流，是自身可以發熱發光而不必憑藉任何東西的。心梅所感受的，就是這種神秘的電流——她又像模糊又像清楚地感覺得到振翔對她的好意——那種電流曾經這麼有力地影響了她，鼓勵了她，但她却苦於無法把它再傳達出來；不能有所回報，更不能告訴別人。

「心梅，我還有別的證明，」若寒用拐肘碰碰她的肩膀，打亂了她的沉思，「妳還記得有一回妳發高燒，排好的宇宙鋒臨時要回戲，康老師叫我代妳演了。不料我剛演完還沒卸裝，傅大哥就來了，氣洶洶地說：『余心梅呢？』我也沒好氣，『她病了，病的快嚥氣了。』他一聽，馬上就跟插了電門一樣掉頭跑去。別人告訴我，他在咱們宿舍門前徘徊了半天。後來，聽說他還把宵夜的包子省下來給妳吃，有這回事沒有？」

「好吃鬼，妳總是忘不了吃！」心梅笑着支吾過去。凡是提到他，每一種回憶都帶着點兒親切的味道。她不由得握着若寒的手，好像是哀求她不要再說，又好像是表示她內心說不出來的感激。

可是，他爲甚麼一定要跟王亞雲坐在一起呢？別人不也在傳說他們很要好嗎？難道說——不會的吧。他們不過是同班同學，而且因爲馬上要畢業了，可以少受一點限制。不要再瞎想了吧。她勸慰自已，她有一種形容不出來而又無法解說的對自已和對振翔的信心。王亞雲的倩笑和學校嚴格的校規，都不是憂慮，她覺得一切聽天由命好了。

她覺得人生和這隆隆前進的列車一樣，有它自已的目的，有它自已的軌道；人只不過是順着這個軌道，奔赴那個目的而已。人是既沒有創造甚麼，也不能反抗甚麼，「讓它自已往前開吧！」

車子向前疾進，在茫茫的黯夜之中，她在自已的迷濛的夢鄉裏，也馳過了不少幻想的旅程。

這一次在上海的演出，雖然只有十天，但在心梅來說，這是她一生事業最重要的轉捩點。她的才能得到了充分發揮的機會，而且得到了她所應得的鼓勵和榮譽。

上海人是一羣最奇怪的人，在做生意的時候他們是那樣的工於心計，可是在聽戲的時候，他們都是那麼極端的感情用事。從表面上看，他們不過是喜歡新奇、刺激和噱頭，因此他們有他們自已的嗓子眼兒裏含着一口痰的老生，有永遠演不完的連臺本戲「狸貓換太子」和「石頭人招親」，千變萬化的機關佈景，可是這些並不能使他們滿足。上海的觀衆，無論水準高低，在潛意識中都有着一種不服氣的心理。北平是平劇的發祥之地，可是上海人非要另外創建一個中心一個標準不可。他們常常豪爽地化十倍的大價錢，不遠千里專程到北平去禮聘名角南來。可是他們並不是像北平人一樣地接受傳統，盲目地崇拜偶像；他們常常會把請來的「名角」駡得狗血淋頭，下不了臺。

同時，上海人還有另一種脾氣，喜歡捧出新的人來。有的是初出茅廬，也有的是在北方混了多年始終鬱鬱不得志的，上海人喜歡對於一切的角兒、一切的戲，來一次天翻地覆的再估價。在這種心理之下當然有某些演員倖進成名，可是也確會把許多有眞本領的人發掘了出來。譬如那個有「霸王」之稱的銅錘大面金少山，要不是上海人捧他，說不定會要潦倒一輩子。

戲校第一天的打泡兒戲，壓軸是傅振翔的戰宛城，大軸是全部玉堂春，因爲這時候青衣花衫人才最盛，所以這一齣戲派了四個「蘇三」。從嫖院定情到關王廟贈金是一折，女起解和三堂會審是比較吃重的兩折，會審之後到探監團圓這一段尾聲中，又另用了一個人。康老師分配下來，三堂會審由正在「巔峯狀態」的王亞雲主演。女起解則分配給一個唱工特別好的女生，讓她在辭獄神和行路的大段唱詞裏去顯身手。心梅和若寒分擔了首尾兩折。心梅雖然明知開頭的一段戲不容易有怎麼討好的地方，而且是「大敵當前」；可是，無論如何這總算是老師提拔，自已得好好爭這一口氣。

傅振翔的戰宛城是很成功的。他的靠把戲完全照師門傳授的老路子，規矩嚴謹，一點兒節外生枝的花巧也沒有；全憑硬本錢換來彩聲，使得看慣了亮愰愰的「眞刀眞槍」的觀衆耳目爲之一新。

武戲過了，舞臺上停止了金鼓殺伐之聲。在一陣清亮的小鑼，低廻的胡琴聲中，玉堂春開場了。

當那個風流子弟王金龍來到嫖院中揮金買笑之時，蘇三姍姍而來。心梅在這出場的一刹那，竟贏得一次幾乎是全場一致的碰頭彩！這簡直把她嚇得一愣，她起初還以爲是自已粗心犯了甚麼錯誤了呢。可是漸漸地她發覺了這兒的觀衆似乎眞的對她特別好感。她對於臺下的陌生人有說不出來的感激。

然而，這一聲轟雷一樣響的喝彩聲，並不是憑空得來的，這是功夫——

當嫖院中的龜奴召喚玉堂春見客的時候，蘇三走着碎步，盈盈嬝嬝地出場來；這時候，原來端坐着的王金龍爲她的美豔所驚奇，忍不住站了起來。兩個人彼此打量着，王金龍的表情是貪戀的，放浪的，坦率的，且驚詫着在煙花中看到這樣像芙蓉出水般的人才。蘇三的表情，是羞怯的，迷惘的，好奇的；這是挑開她神女生涯之帘幕的第一個男人，是她在「鴇兒買奴七歲整，在院中住了整九春」受了長期「專業」訓練之後，第一次會見的第一個腰纏萬貫的豪客。她也許需要以嫵媚去討人歡心，可是，她畢竟還是個無瑕的處子，有着「猶抱琵琶半遮面」的本能。所以當兩個人癡癡相望的時候——也許只有一分鐘，但舞臺上那種春情蕩漾的氣氛，立即把全場觀衆都吸引住了。蘇三一會兒就發覺了這種忘情的難堪，可是又不能飄然下堂而去，所以便半轉過頭去，一隻手從水袖中伸出來捻弄着衣角，默默無言地挨了一會兒，才又把偏着的頭回過來，偷偷地從脚底下往上看，去窺視那位倜儻不羣的佳公子。兩個人的眼光再度相遇；他們彼此都被感動了，觀衆們也都被感動了——這就是古中國偉大的戀愛故事「玉堂春」的第一頁。年年歲歲，在不同的時代，不同的觀衆之前演出，引出他們相同的歡笑與眼淚。

從「定情」開始，心梅的演技更是大受激賞，她的臺步，她的身段，特別的她一雙眼睛的表情，把一個青春期少女內心的矜持，以及本能的對異性的傾慕，再加上職業性的驅迫，所造成矛盾徬徨的心情，完全表露無遺。

心梅的這一折戲，以前在北平一直沒有表演過，這一段動人的表情，倒並非完全是她自己的創造，而是有所師法的。她覺得在定情這一段要算××館主演得最出色。她曾偷偷花錢買票在臺下觀摩了很久。自己又曾對着鏡子「學」那個姿勢，好像小孩子臨摹字帖一樣；單是這一個小動作，她不停地揣摩練習有半年之久，才覺得略有神似——她這樣苦練，完全是因爲好玩兒，有意思，並沒有料到自己居然會演這齣戲，更沒有夢想到它會給自己帶來了榮譽。每一種藝術上的成就，都是苦工的累積；心梅的演出其所以能直追××館主的，不僅是因爲她下了苦工，具備天才；尤其因爲她自己也正是蘇三的那種年齡，戲，不止在她的臉上和身上，也在她的血液中奔流活躍。

在觀衆鼓勵之下，心梅忽然豁然貫通了——戲原來是要這樣演的；它需要嚴守規矩而又不被規矩所拘束，要有摹仿也有創造，要「打得進去更能打得出來」；片刻之間，她領悟了一個「名角」成功的秘訣。她也開始體味到去征服臺下的巨人的那種快感。從「定情」一直演到「關王廟贈金」，這時那個王三公子已經床頭金盡，被老鴇撵出院門，在風雪中流浪無依。多情的蘇三乃把她自己纏頭所得的私房錢，資送王公子去上京趕考。那種兩情繾綣，臨別依依的情景，臺下的人看起來眞是餘味無窮。這以後，演到蘇三被富商沈延齡量珠買去，騙到了洪桐縣；心梅的戲就完了。

那天夜裏，心梅興奮極了；可是上海的劇評家們比她更興奮。他們覺得機會又來了，他們又「發掘」了一個被北平埋沒了的人才。把余心梅捧起來，這幾乎成了上海人義不容辭的責任。第二天的報紙上，筆尖都指向了余心梅，而且幾乎全是讚許之聲；她的歌喉如「黃鶯百囀，初試新聲。」她的扮相如「芙蓉帶雨，嬌艷欲滴」，她的臺步如「楊柳臨風，輕盈嫋娜，」尤其她的表情如「初寫黃庭，恰到好處。而揣摩功深，非絕頂聰明，曷克臻此。」有的報紙上更很露骨地說：「諸生中前程光明遠大者，當以此子爲第一。」別的角色似乎全被遺忘了。

第二天的戲碼，是「四五花洞」，又是心梅和亞雲分庭抗禮，兩個人完全以平等的地位在臺上相見——假使在北平的話，心梅也許要再演好幾個月才能掙得來這個地位吧！

「四五花洞」演下來，從前臺的反應看，心梅又壓倒了她的對手。當天晚上，王亞雲的嗓子就氣啞了。這個平日那麼飛揚跋扈的女孩子，第一次嘗到了失敗的滋味，而又失敗在一個平常她根本不屑於注意的人手裏，內心眞有說不出的激憤。晚上她在向一個管事人要「胡大海」泡茶吃的時候，還悄悄的問，余心梅倒底有甚麼後臺，上海人爲甚麼這樣發瘋似地捧她？

就算是上海人的「偏見」吧，余心梅這個名字在短短的十天之中總算已經響遍了劇壇，十天期滿之後，戲院又把合約延長了三天；在最後一晚上，是余心梅和傅振翔合演的「霸王別姬」。這也就是說，心梅不但能獨當一面而且是首屈一指的角色，甚至於連一向是王亞雲扮演的虞美人，也被她「搶」過來了。

這齣戲裏的楚霸王，雖然是勾臉的，但從楊小樓以後照例都是武生應工，這戲主要是要能演出一種悲壯蒼涼的氣氛來。窮途末路的項羽之慷慨悲歌，和剛健婀娜的虞姬之義烈輕生，交織而成一種莊嚴無我的愛之悲劇。這顯示了中華民族的性格光輝的一面，他們追求光榮的勝利，否則，光榮以死！

霸王別姬又成功了，而且，這一次的成功對於心梅還有特殊的意義；這是在三年前演「長坂坡」之後，她和傅振翔很値得紀念的一次同臺，尤其到了夜聞楚歌，推杯舞劍之時，舞臺上沒有任何的第三者，只有一片靜穆、黯淡而又肅殺的夜色，疆場上蒼黃的月光，和帳外斷續的戰馬悲嘶。

兩個人同樣被劇情所感染着。楚霸王在鎗挑漢將之後終因寡不敵衆而退回九里山上，穿着胖襖和重蟒的傅振翔，流了許多楚霸王所沒有流過的汗。虞姬是那樣委婉的安慰着他，在這時，心梅的心臟的悸動和虞姬同樣的急遽。她同樣地有了「大王不惜命，賤妾何獨生」的情緒。好比爬山，演長坂坡的時候，她剛在開始學步；而現在，她已攀上半山，可以望得見成功的巔峯了。她這時又遇到了那個曾經提携過她的伴侶，感激再加上愛——現在她清清楚楚知道這是愛了——使她覺得，即使和振翔在一起演一齣悲劇，也是幸福的。

當卸了裝以後，湊着亂哄哄沒有人注意的時候，振翔跑到心梅面前來，笑着說：「要不是跟妳同臺演一次戲，我簡直沒辦法想像出來妳的進步是這麼大。我眞感動極了。」說着，他自自然然地握着她的手，這是他第一次這樣大膽地向她表示出來隱藏在內心裏的關愛。

「我應該謝謝你，你曾經給我那麼多的鼓勵。」

她緋紅着臉，眼睛看着自己的脚尖兒。她和世界上所有像她這樣年紀的少女們一樣，旣怯弱而又大膽，當第一次被一個自己眞心愛着的人這樣親暱地握着手的時候，感到一陣說不出的心旌搖蕩，有一種不安定且不安全的幸福感，好像人坐在一葉孤舟上在茫茫的海上飄游。

「明兒個有大半天假期，我們一塊兒出去玩玩兒好不？」振翔懇切地請求。

心梅似乎沒有拒絕的理由，但一時也想不到甚麼更强有力的理由幫助自己去接受它。她囁嚅着說，「怕也沒有甚麼地方好玩吧，街上那麼亂糟糟的；再說，時間也太趕，不是下午四點半就要上船嗎？」原來他們回去時因爲不需要趕日子，而且學校在上海添裝了一些行頭，爲了運輸方便，決定坐船先到天津。

「說是那麼說，船總是第二天一早開的時候多，我們總在四點以前回來就行了，好不好？我請妳看場電影，逛逛街，吃頓舒舒服服的飯！」

第二天一早，學生們從旅館中出來，都像是出了籠的鴿子，迎着朝陽飛向四方；他們已經被大上海欣賞了十多天；現在，該輪到他們欣賞這東方第一都城了。

心梅和振翔不是一塊兒出來的，但是他們約會了離住處很近的一個車站碰頭，然後一起在公園裏散步——這當然是很重要很重要的一次散步——人在散步時候說的話，是最誠實最自然的；至少此刻他們兩個人之間是十分正確。他們的心靈默默之中早已那樣的接近，現在，只需要用幾句誠實而自然的話，去把那兩顆心在一起拴得更牢些。他們談着彼此的身世，過去的片段的哀樂的回憶，一些相識的人，還有——像夢一樣的遙遠輕渺的未來。

他們的背景和出身是那麼一樣，但他們對於未來的憧憬却又這麼相同。他們都熱烈的希望成爲一個偉大的演員。他們都矢志以戲劇爲終身的事業。

這樣的談話，使他們覺得互相得到了依靠和支持，這種快樂，遠遠超過了通常所謂的「滿足」之上。

日影近午，他們在幾條熱鬧的大街上巡遊，順便買了一些零零碎碎的小東西，準備當做紀念品帶回北平送人的。振翔買了一個洋金的扣花——兩把交叉的寶劍，交叉之處鑲着一顆圓圓的珠子。

「這兩把劍送給會舞劍的虞美人，紀念我們的覇王別姬。」

振翔的低語使心梅感到驕傲，她竟分外大方地允許他親手爲她把這小小的紀念物佩戴在衣領上。他們兩個人都是萬分莊重地做這件事，好像是頒授勳章，忘記了那女店員在一傍的微笑。

這一枚小小的東西像是一座紀念碑——一種有形的痕跡，紀念着他們在舞臺上的合作；以及日漸親蜜的心理過程。

中午，振翔提議一道兒去吃頓飯，心梅立刻就同意了。他們還喝了幾杯酒。爲了慶功，也爲了紀念這僅有的幾小時的自由。自由往往鼓勵着人去冒險，去嘗試新奇的東西。

當他們快要吃完了的時候，忽然一眼看到王亞雲也來了。她也同時發現了他們。她好像遲疑了一下子，然後才走了過來，她的臉上陳列着冷冷的笑容，那笑容除了隱約着輕嘲和不平之外沒有甚麼別的內容。她故意做出旁若無人的樣子，朝着心梅大聲喊着：「喝，倒底是紅角兒與衆不同呵，出來吃飯都這麼行蹤詭秘。大夥兒找了妳好半天。」她回首往外一指，果然有幾個女同學走了進來。

「我們在街上偶然碰到了，就一塊兒來吃飯。」心梅紅着臉解釋，她恨自己爲甚麼要說慌，爲甚麼好像做了壞事情一樣的怕別人，「聽說這兒的菜不錯。」

「一塊兒坐坐吧。」振翔站起來解圍。

「謝謝你。」亞雲冷冷地說，但是她旣不坐下也不走開，眼睛只是盯着桌上的酒罇子。

「喝一杯好不好？」振翔委屈求全地週旋着。

亞雲一揮手阻住了他：「大師兄，招呼小同學是你的本分，可是沒有這種週到法子的。你這不是要毀了她嗎？心梅，妳自已當心點兒，妳的嗓子，還有——」她又一聲冷笑，掉頭而去。在舞臺的角逐上她佔了下風，在愛情的競爭上她好像也面臨着失敗，可是，現在她似乎看到了一線曙光，一個反擊的機會。

振翔目送她的背影手裏猶自端着斟滿了的杯子，「眞是豈有此理！」他嘟囔着，一個老實人生了悶氣，他擧杯要把那杯酒喝乾。可是心梅很快地把杯子搶過去，「別任性，你已經喝得太多了。」她迅速地把那點酒一仰而乾。「走吧！」她的臉上忽然閃出一種爽朗的，堅決的表情；在走過王亞雲她們那個檯子的時候，她大大方方地說：「我們先走一步了。」她而且自動把手放在振翔的手中，親暱得像是在示威。

但是，飯後繼續遊玩的時候，兩個人的話都少了；他們像逃避甚麼似地匆匆忙忙從一條街走到另一條街，彷彿預感到有一種不幸的陰影已經籠罩着他們。

可是，到四點鐘上船的時候，他們仍然是回來最遲的一對。

他們覺得全世界都傾向於要把他們分開，「只要能在一起就好了。」兩個人心裏都這樣想着，相顧而笑——雖然那是帶着幾分凄然的笑容。

戴五星帽的文學批評

——毛澤東文藝思想的初步分析——

李經

文學批評的三個基點

作品、作者、讀者是文學批評的三個基點(Co-ordinates)。在實際分析過程中，批評家往往從這三者中間選擇一項作爲指導原則；探究它的特質，再以這些性質爲基礎，推演出文學的定義，作品的類別，評價的標準。亞里斯多德 (Aristotle 384-322 B.C.) 的詩學 (Poetics) 以作品爲原則，雪萊 (Shelley 1792-1822) 的詩辯 (Defence of Poetry) 以作者爲原則，賀拉西 (Horace 65-8 B.C.) 的詩藝 (Ars Poetica) 則以讀者爲原則。

詩學首先假定悲劇(作品)是一種模倣；其次確定其模倣的對象，工具，方式與形態；然後分析其題材，語言，技術與情感效果。循照這一步驟作剝筍式的推進。亞里斯多德犀利地解剖了希臘悲劇的特質，指出了悲劇與史詩的區別，說明了希臘悲劇構成的規律，建立了希臘悲劇評價的標準。雪萊的詩辯假定詩是想像力的表現，而想像力則爲一種心智的能力——一種洞察宇宙間最高秩序的能力。廣義地說，凡是具有秩序性，條理性，系統性的知識制度都是詩。眞理是詩，德行是詩，典章制度也是詩。同時，因爲語言是最富於條理和秩序的，所以以語言爲表現工具的詩，也是最完美的詩。從分析心智的能力入手，雪萊建立了他的批評系統。賀拉西的詩藝的分析基點既不在作者，也不在作品，它是從讀者入手的。讀者在某種情況下的需要決定作品的內容和技術，以及作者的素養和特殊訓練。詩藝指出當時羅馬讀者的趣味，同時指引作者如何去滿足這些需要。

詩學的着眼點是詩的藝術，詩辯的着眼點是詩的創造力，詩藝的着眼點是詩的應用性。詩的結構，題材的選擇，人物的處理，語言旋律的安排，情緒運轉的軌跡，是詩學討論的中心；讀者的心理特徵，詩的說服力，詩對社會道德的影響等。題目是詩藝探究的對象；而想像、心靈、天才一類詞彙則爲浪漫批評的代表作詩辯典型的術語。

「新現實主義」的反現實性

從它的指導原則來看，共產黨文學批評的經典「論文藝問題」顯然是屬於賀拉西這一批評系統的——它從讀者的性質推演出批評的標準和作者應有的修養。表面上，所謂普羅階級是毛澤東文藝理論裏原則性的讀者。「論文藝問題」不斷地說文藝是爲工農兵讀者而寫的；爲了要使作品深入工農兵中間而爲他們所愛好，作品的題材必須來自普羅階級，作品的語言必須是普羅的口語。要寫這一類作品，作者又勢非學習某種語言習慣和生活方式不可。

上文特別指明「表面上」所謂普羅階級是毛澤東文藝理論裏原則性的讀者。如果我們能够作進一步的觀察，我們不難發現，所謂「爲工農兵而寫作」這個原則只不過是個可恥的幌子。「論文藝問題」一再强調實際的普羅階段充滿了落伍散漫的因素，文藝作品不應當現實地描寫普羅生活，它必須將普羅生活「理想化」「超現實化」。所謂「理想化」「超現實化」也就是說：作品不應該寫活生生的人，它必須寫烏托邦共產社會特徵的化身 (Incarnation of communistic virtues)，而這些特徵最後的裁定者當然也就是毛澤東。「論文藝問題」的批評程序是：毛澤東決定共產社會人物的特徵，共產社會人物的特徵決定作品的內容技術；作品的內容技術再決定作者的訓練和素養。很明白地，在這個批評系統裏，毛澤東是原則性的讀者；所謂爲工農兵而創作也就是爲毛澤東而創作，所謂滿足讀者的要求，也就是滿足毛澤東的要求。這麽一來，難怪所有戴五星帽的作家都必須「學習」毛澤東「思想」了。「論文藝問題」口口聲聲提倡「新現實主義」；拆開西洋鏡，所謂「新現實主義」原來是極端的文學統一論，是反現實的教條主義 (Didacticism)。這個教條主義一方面使文學脫離生活，另一方面則使內容脫離形式：

(一)「論文藝問題」認文學的功能不過是將幾個主觀信條「具體化」「意象化」而已。它非但限制作品的題材，而且明白宣佈文學脫離生活去點綴信條。作品不再是作者對生活的感應，作品不再是情感經驗的要求形式化。

(二)創作的目的既在灌輸「信條」「思想」，「論文藝問題」自然只好機械化了內容和形式的關係；所謂形式，在毛澤東的心目中，只不過是販賣「思想」的噱頭 (Rhetorical tricks)。他勸告作者「採取」優秀的古典作品的形式：彷彿形式是一隻信封，可以套在這疊信箋上，也可以套在另一疊信箋上。他完全忽視了形式是內容的外延 (Extension) 這一事實。

教條、寓言、感傷

教條統制作品以後，作品人物只有絕對的黑，絕對的白。這一類人物只能够出現在寓言裏。在寓言裏，人物只不過是有姓有名的抽象概念。他們的動作是機械的，他們的思想是固定的，他們的情感是硬化了的。在寓言裏，情節只不過是一連串辯證 (Arguments) 的反覆陳述。它的結構是由一組或數組信條間的關係而決定的，它的發展是按照辯證的程序而進行的。

教條統制作品，作品捨棄繁複的生活經驗而定型化；爲了挽救作品內容的貧乏，作者往往不惜以大量情感傾注入作品。思想和情感失去平衡，內容

書刊評介

自由與人權

張佛泉著　亞洲出版社印行　臺灣總代理：臺北衡陽街東方書店

崔寶瑛

活在二十世紀中「禮讓的人類」，正在普徧嘗着焦慮的滋味，「自由」的生活已經遭到「奴役」的空前威脅。對傳統自由信念發生動搖的「思想家」(如已故拉斯基教授)，竟開始從蘇俄的「眞實自由」中尋求答案。然則傳統的自由信念尚值得我們珍視否？

自由一詞，由於過去意義的混亂，已使人感到無所適從；蓋以極權主義對自由的曲解，更使自由觀念的眞面目黯然無光。爲了要保衞自由，宣揚自由，及進而尋求世界和平，必須重新確定自由的意義，然後才能判定自由是否爲人人日常生活的憑藉，是否能解決人民的基本需要。本書的主要課題即在於此。

著者在探討自由意義之前，開頭便給一般對自由觀念的困惑心理指出一條明路。他說：「過去關於自由觀念的混亂，多半是出自若干『思想家』自己的糊塗，或故弄玄虛，『揚沙子』迷人眼睛。英美人的自由觀念與制度已有幾百年的歷史，都是用來解決生活中最基本的問題，都是至易至簡而無半點神秘。只須以淺近的方法去理解它，我們便不僅可以發現自由之意義本是十分平實的，並是可學習而必須學習的生活制度。」

自由的意義眞是平易近人毫無神秘性嗎？且看著者探求此一問題的結論。他認爲人們所說的自由，實可分爲兩種「指稱」或「指謂」，一種是指政治方面的保障，一種是指人之內心生活的某種狀態。這兩種指稱亦可說是兩個獨立「意義系統」。前一種指稱下的自由(筆者稱它爲第一指稱下的自由)又稱爲諸權利，它的意義是確鑿的，自成一個固定的意義系統。後一種指稱下的自由（著者稱它爲第二指稱下的自由）則遠較複雜，包括所有自發的、主動的、內心的自由生活或理論，這一指稱下的自由之意義從來沒有公認標準，且時常彼此衝突。以往關於自由的大爭論，多半以第二指稱的自由爲主題。若干的誤解及弊端，且均由於不知辨別此兩大指稱。至於第一指稱下的自由，則一直有它確鑿的涵義。著者在劃清此兩大指稱後，隨而以第一指稱作本書的討論主題。

自由的意義如此簡易平實，在第一眼之下殊難使人信服。再看著者如何證實此一結論。他從歷史上若干有關論自由的文獻入手，這些文獻的選擇，是由於它們產生在最大的自由危機之中，代表世界上最重要的自由運動，並對整個世界發生過極大影響。這些文獻包括一二一五年英國的大憲章，一六四七年淸敎徒革命時的人民公約，一六八九年的人權表，一七七六年的美國獨立宣言，一七八九年法國大革命的人權宣言，一九四八年聯合國的普遍人權宣言等。這些文獻中對「自由」一詞的用法都確鑿而有所特指。每一項自由就等於每一個權利，諸自由就是諸權利。

在第一指稱下的自由，既指具體的權利而言，便不再是虛無飄渺的凌空觀念。特別是基本權利，乃是可以列舉成條，納入一個「人權淸單」之內，拿它做爲憲法的具體目的及一切法律的最高準則。這些權利構成實際的政治保證制度，必須由政府加以保證。

然則政府應以何種方法來保證這些基本權利呢？困惱的問題乃由此發生。政府所倚賴的工具是「武力」或「强制力」，這種强制力如果沒有限度，它本身便是最强最可怕的攪擾力量。因此著者便明白指出：「我們還必須爲這些危險的工具特設一道防閑。這界限要放在那裏呢？這自然又不是很簡單

和形式脫了節，「剩餘情感」泛濫作品，作品勢必感傷化。習慣於剩餘情感的傾瀉，對事物養成定型的情緒反應(stock-response)，文學和生命的距離愈來愈遠；文學愈脫離生活愈感傷化，愈感傷化和生活的距離也愈遠。戴五星帽的批評家常常嘲笑「對月長吁，臨風短嘆」的「風花雪月」文學。其實，作爲文學素材，風花雪月並沒有特別受歧視的理由。「風花雪月」文學之所以值得抨擊是由於：㈠情感反應的定型化，㈡剩餘情感的泛濫。從情感定型和情感過剩說來，這幾年「新現實主義」的作品是大大可以和「風花雪月」文學媲美的。八月初倫敦泰晤士報文學副刊說：近年「中國」小說的結局總是一句——「羣衆都滿意地笑了」。

歷史的逆流

新文學運動的方向是很顯明的：㈠五四的前夜，傳統文學經過文人學士長期婣弄以後，逐漸地脫離了全面的生活，圈子愈來愈窄。而另一方面本土文化和西洋文化接觸激盪，社會情勢隨之改變，生活中新的因素增加了，這些新的因素要求表現。新文學運動也就是回到生活的文藝運動。將文學從某些特定的題材形式裏解放出來，將作家的注意力移轉到整個人生，這是五四的第一個目標。㈡五四的前夜，傳統文學已經深受感傷的毒害，創造力和表現力都已癱瘓。浮沉在文字之間的是一些情感的渣滓。胡適之大聲反對「無病呻吟」也就是在反對文學感傷化。反感傷，恢復文藝的表現力，重建內容形式的統一性是五四的第二目標。

三十年來，解放了的新文學在恢復感性深入人生的成就是值得讚美的。新文學的筆觸深入了當前社會中最迫切的問題，新文學作家的足跡幾乎踏遍了這一片廣大土地上的每個地理區域。而「論文藝問題」的文學理論則無疑地是新文學運動的逆流。它嘗試切斷生活和文學的連繫；限制了再限制創作的範圍，簡陋化了再簡陋化感性。它給新文學戴上一頂五星帽，一頂佩着致命的緊箍咒的五星帽。

——完——

的問題。一般地說，我們必須把政府的力量限定在人之某些外表行動。這意思卽是說，人之內心生活，是不許法律過問的，它所能管制的祇是人之外表行動。而人之外表行動，也只有一部份是可加管制的。其沒有必要加以管制的部分，法律依然不能過問。」

至此著者乃進而給第一指稱下的自由下一明確的定義：「自由就等於人應有的諸權利加上政府的强力保證，而所保證的則只能以人之某些外表行動爲限。」

著者在第三章中探討自由觀念之演變時，特別指出「自由卽權利」的觀念，乃是有悠遠歷史的。其最遠根源可上溯到一二一五年英國的大憲章。經過幾百年的努力摸索探求，到洛克才集近代自由觀念的大成。近代自由的觀念，在邊沁、小穆勒、斯賓塞(卽著者所稱的膚淺派)，霍布斯、盧梭、黑格爾、包三癸(卽著者所稱的取消派)等人學說的影響下，曾顯示出混亂及衝突，但終因人權派(著者以洛克、裴因、傑佛遜爲代表)觀念的正確及立場的堅定，所以能成爲近代自由史中的生力軍。

人權派的理論除去有若干浪漫成分及抽象觀念外，其對人權的界說則非常確鑿。著者論人權派理論稱：「它很早卽能把自由之兩種指稱分開(只是未能說得十分清楚)，認爲第一指稱下的自由就是權利之保證。保證此等權利之目的乃在使第二指稱下的自由成爲可能，故決不能使此等保證反而損及人之內心生活。只有當權利受到侵害時，政府方能對侵害者施以懲罰。强制或懲罰只是維持權利之工具，非卽權利自身。權利本非惡端，也非人之內心生活。」

人權運動的發展到十八世紀末達於高潮。十九世紀間雖續有進展，但同時也遭受到挫折。德義之銳求國內統一，對整個民族的推崇遠甚於個人權利；歐洲各國帝國主義的澎湃，以及馬克斯、恩格斯等共產主義的謬論，曾使傳統的人權學說受到威脅。但眞正代表人類內心希冀的事物，永遠不會被埋沒而必然發揚光大。人權派主流經過十九世紀無聲的流佈，到了二十世紀中葉因極權主義的激盪乃更高漲澎湃起來，聯合國憲章及普遍人權宣言之出現，更擴大而充實了近代的自由觀念，實際上且已應用到所有圓頂方踵之倫。凡是一個人就應該享受他的「無法出讓的」權利。它更替人類開創了一個全新的局面，人類經過這樣擴大之後，實已進入超國界的階段。它不僅是對極權主義的一種挑釁，不僅是政治落後諸國的一種鞭策，並有希望由此而爲世界永久和平提出一個可靠的基礎。

著者在第四章中更就基本人權性質作一更詳盡的分析。他以美國的基本權利觀念與制度作標本，並參酌英法人權理論中的最好部份，提出基本人權的八項涵義：㈠人權是屬於「人」的，而不屬於政府所指定的公民。蘇俄竊用了「權利」一詞，但只言「公民權利」而不談「人之權利」。這裏面便有了絕大的區別。公民資格須經法律取得，便隨時可用政治方法取消。此種權利根本無法取得保證。㈡人權是「先於」邦國與政府的。國及政府之成立與「存在的理由」，卽在保障這些先在的人權。國祇是承認和維護人權的，而不是製造或頒賜人權的。㈢權利分爲「不能出讓的」與「能出讓的」兩類。前者爲載於「人權清單」的權利。後者爲信託給政府運用的權利，但其形式權限及運用方法均須明訂在憲法中。出讓這些權利只在換得一個有效的政府，藉它切實保障不可出讓的諸權利。政府如果破壞了這些目的，人民就可以變更或撤消它。㈣不可出讓的權利須在「人權清單」或憲法中載明，是劃除在政府權力之外的，永遠是不可侵犯不可褫奪的。㈤「人權清單」將基本權利一一列舉後，並在最終作一概括性的保留。美國聯邦憲法第九及第十條修正條欵便有此種保留規定。嗣後有關基本權利的新問題發生時，必須以增補或修正憲法方式行之。㈥基本人權非議會所能限制，美國聯邦憲法第一修正條欵首先明白規定此一原則，使基本權利又多一層保障。㈦基本人權無分多數少數，少數的基本權利也應同樣保障。㈧人權清單乃一般生活中必需的最少量的保證。

所謂人權乃先於邦國及政府之一語，意卽吾人在今日仍須講「自然」權利。但本書中所講的「自然」權利，却有異於盧梭社約論的自然權利。在社會契約學說下，人類在未相約成國、處於洪荒時期內，能否有所謂權利觀念或曾否有過此等權利，殊難臆度。本書中所指的「自然」一詞，乃作「應該」或「當然」解。人之所以有自然權利的觀念，實由於人的高度自知自覺及高度化的社會生活，其道理不在於人曾否在未開化前便有過此等權利，毋寧謂是人人在彼此承認之下，人與人之共同生活中所必當有的條件。人之所以爲人，且彼此互相承認爲人，而不待他人的批准，全由於有了此種權利的意識。人更根據上千年的社會及政治生活經驗與近代需要，乃能在愈益發展的自覺自知中，開列出具體的「天賦」或「自然」權利條欵。這些權利必須是政府保障的對象。但當轉入政治界時，我們便稱這些自然權利爲基本權利。實際自然權利與基本權利僅是邏輯上的區分，而不能加以拆離。著者在第五章中解釋此點稱：「人們將天賦權利一轉而當爲政治的起點，組合成爲邦國，設立政府，以保證並器化這些天賦的或自然的(亦卽當然的)權利。這些自然權利至此已成爲基本權利。有許多人認爲天賦權利不經政府用强制力加以保證，實等於烏有，於是便以邦國當爲權利之源，以爲一切權利均自邦國出。例如盧梭由自然狀態中的個人出發，由原始社會契約得到共我，得到萬能的共通意志，結果竟說出人之生命亦不過是『國之有條件的禮品』的話來，這眞是極明顯的錯誤。」

以人權爲先於邦國及政府作基設，而不必再追尋人權觀念飄渺的或社會的起源，乃可以使「自然」權利不致在轉到邦國界之頃變成「國賦」或「人賦」。

我們從此更可看出獨裁主義與自由主義間的區別。極權主義以整體為出發點，認為個人的生存是為了整體(國家或社會)。今日的蘇俄，對「人」的否定尤為澈底。蘇俄根本無「人」的觀念，他們從階級之「全體」出發，只喜稱「人民」「人民大衆」「民族」。單純的人之觀念，他們是不承認的。

著者憤慨地指出蘇俄所創造的「人民之敵」一詞，其對「人」的蹂躪，較古代暴君尤為變本加厲。他說：「試問盡是一國之人，從未持兵對仗，亦從無一方投降一方，而一部奪得權勢者竟突然指另一部手無寸鐵漫無組織的人，呼為『敵人』，亂加屠宰，其野蠻程度又為如何。桑塔雅那曾慨嘆今日民主國已完全失去武士精神。我看最不够英雄好漢的要算列、馬、毛、希特勒之輩了。」

否定了人便不會再有什麼權利可言。人權必須求其來源於「人」，以人當作權利的主體。

此處尚須一加追究有無整體的國或社會這個實質的東西呢？著者對此問題的答覆是「否」。他在第五章論及此點時，會對有機體的邦國論及社會論予以駁斥，而指明諸個人乃一切組合中唯一的最終單位及一切價值的泉源。個人是知情欲的總主幹而不可分割。故欲求「整體」於國或社會者，結果只有求於「個人」方眞能得到。他認為：「國只是一個一個的人依一定的條件所組成的。離開這些人的依着若干元始條件所過的生活，便找不到一個單獨的『實質的整體』名為國。國之連續性以及民族之傳統等等，也正由一代一代的個人所構成。除了個人，和人與人際的活動，便無所謂國、民族或任何其他組合。在人之上，在人之外，再沒有什麼實質的政體。」

諸個人既是一切組合之最終單位，從而便可證明國既非權利之源，也非權利之正常主體。

著者對傳統派主權論（布丹、霍布斯、奧斯汀等人）予以駁斥後，進而指出：「民主國只以人權清單及構成法為主權原則。國不是人權的來源，它只是為保障並器化人權的一種組合。自然人權是先於這種組合的。在這樣的組合內，沒有某固定的人之無定的意志作為主權意志，却人人均遵奉一個固定的經常生效的人權清單和構成法為最高的威權而無敢或違。」

國既非權利來源，因此祇有「人」纔是權利的主體。為使內心自由生活成為可能，人乃有自然權利的要求，為使此等權利得到保證及「器用化」，人乃組成現代的民主邦國。在這種制度，自然人乃是當然的權利主體。

依著者意見，國祇有以社團法人的資格享有幾項「等於人的權利」，包括財產、契約、控訴等權。聯邦內的各邦，可以享有幾項「集合性」的邦權利。在國際交往中，也得以「名義的整體」享有締約權利。

著者於析論基本人權性質後，進而提出政治契約的邦國論，而指出現代民主國之「存在的道理」。他根據英國當代大政治思想家巴克爾的政治契約說新論，劃開「邦國」與「社會」間的界線，把邦國只看成「法制組合」，是出於諸個人間有意識的約定。民主國的起點在於「人權清單」及構成法，且前者尤重於後者；因為保障權利乃是「法制組合」的目的，政府組織法(憲法本身)尚祇是工具。他並強調標準形式的民主憲法，應該把人權宣言或清單放在最前面，例如美國各邦的邦憲便是如此。現代民主國之構成，無論把這些「已在的」條件寫出與否，都須以保障這些元始權利為目的。否則憲法目的便將落空，而所構成的邦國，也稱不起是現代的或民主的。

人權清單及構成法既是民主國的起點，因此人權清單加上構成法便應該是民主國的最高主權。著者更特別說明，此處所稱的主權，並非包括人生的一切活動範圍，因為「政治契約」本非包括一切的契約。它祇是「法制組合」內的主權，特定範圍內的主權。在「法制組合」之內，絕沒有任何全部的、無限制的、無預定的意志得以通行無阻。

社會契約的主權論實際上解釋不出邦國存在的道理。傳統派的「人身」主權論及黑格爾、包三癸等人的「整體邦國論」反被極權主義者所盜用而幾度造成人類浩刼。只有用政治契約論把邦國看成是一個人與人間特定的「法制組合」，把人權清單及構成法視為最高主權原則，才能給今日民主國找到一個適當解釋。也只有此一解釋最為平實確鑿，毫無故弄玄虛之處。

社會與邦國間的界限：一般言之，社會係指人之多種非强制的組合而言，邦國指人之强制性的組合而言。它的範圍完全限於法律，凡是法律以外的活動，都屬於「社會」範圍。

劃分邦國與社會的界限，並不意謂將兩者一刀兩斷，反而正為調整並加强兩者的配合。著者在第六章中解釋稱：「凡是無必要劃歸邦國的，便使這方面的生活保留在社會之內，以期能儘量鼓勵個人或組合發動他們主動的和自發的性能。凡一問題經過『社會運思』階段，而大家認為有制成法律以强制實施之必要時，方將它移轉至邦國區域『譯成』法律。邦國之任務決不在干擾自發的社會生活，却在使社會生活不受嚴重干擾。」

國與社會的界限僅為劃分而非制斷，然則其中間有無「通路口」呢？著者提出人權清單為兩者間的關口，他說：「此意即基本權利清單及憲法始終屬於法制界，而不與道德界化合為一。更確切言之，即『人之價值與尊嚴』或『公平』等名詞，就道德界言本是衆人公認的『實用的結論』，一轉而入於法制界時，却立即成為最元始的『起點』。這些道德『結論』既翻轉為政治『起點』，便不得不與各家在道德界中達到此『結論』前所持之特定理由劃開。因對此等『實用的結論』儘可人人同意，問其所持之理由則必言人人殊。爭論或衝突在社會界本是許可的，且無寧說是應加以鼓勵的。但此種爭論却不能一直繼續到法制界。因在法制界內根本不容許有此種紛歧。」

國與社會的界限劃清後，便可以進而解釋法律對個人的約制力的限度及其所應採的原則爲何。

社會與邦國劃分之說，亦不意謂一人出邦國即入社會，或出社會即入邦國。一個人是同時生於邦國又生於社會的。質言之，人之某些行動是要受法律約制的，而人之內心及完全自發的動作（再加上若干與法律無關的外表行動），則完全不受法律約制。人受法律約制的部分，即可謂活在邦國之內；不受法律約制的部分，即籠統說是活在社會之內。法律重强制性，內心生活重自發性。法律鐵掌所及，內心生活便立即凋謝萎縮。强使人爲善，强使人自由，强使人快樂，都是不可能的。

著者更接受巴克爾的主張，特別指出：「法律以其外在方法對付人之某些外表行動，祗在供給人之內心生活以一個外在的間架。國依其性質不過恰恰是一個最後的保險者，不多於此亦不少於此。在邦國界內絕得不到超度，欲求超度只有賴自己。邦國本是我們組成，我們組成它，祗是以保險者的身份樹起此保障的機構以求保障，而非從此得救。」

權利與法律，無道德或不道德可言。邊沁之「必需的惡」，斯賓塞以政府爲「不道德」，都是把道德與法律放在一個區界內或水平上比較。法律非包三癸的「眞正意志」，也非黑格爾的「精氣」，也非「外在自由」。因根本沒有一個自由本體可分爲內外。第一指稱與第二指稱下的自由，乃是兩回事，祗是習慣上用了同名，因而引起若干紛亂。

把法律局限於人之外表行動，將法律與人之內心生活劃開，在民主國早已構成一個極重要的傳統。

法律祗能制裁人外表行動而不能穿入內心，但如何立此界限以使政府不致在「器化」人權時陷於濫用强制力呢？著者在此處提出「除碍原則」。它的意義是：「當確立一基本權利或立一法時，我們應先問此一法律之目的祗在除去生活中嚴重的障碍呢？還是在以强制力促進道德或幸福呢？若是前者則此法亟需制訂；若是後者則立此法便爲多事。蓋任何法律行動都是正極的，但其作用却祗應是『辟以止辟』。它的行動永應出於不得已的苦心。」

關於除碍原則的應用，著者再引伸巴克爾教授的提示說：「要將人們日常生活中新起的需要，新生出的阻碍，先在社會區域內熱烈地並詳盡地加以研討。及至大家對此問題已獲得一般結論，大致都認爲應將此問題轉移至邦國界以求最後的解決時，然後方經正式政治程序，制爲新的基本權利或次要的法律，以排除那已存在的阻碍，而爲人之某一面的生活開闢一新境地。」在立法方面，此一原則必須嚴格遵守。邦國如挾其强制力稍離開此正軌，只須略一觸及人的內心生活，便將構成極可怕的攪擾。

除碍原則如與其他理論，如功利派、父權政治、黑格爾派及小穆勒等人相較，更可證明在確定及器化自由時，它實是極肯定極實用的原則。

到此，著者又把民主國的權利制度與極權政府的「權利」說法作一對比。民主國權利祗以人的某些外表行動爲對象，因此稱它是「形式的」；它僅能以除碍爲原則，因此又稱它是「消極的」。極權主義者便挑選了「形式」及「消極」兩詞來攻擊民主國的人權和憲法，而誇稱他們所頒賜的自由是「實質的」和「積極的」。著者在此特別釋明民主國的權利必須是形式的及消極的，因爲政府只能保證權利，而享用權利則是人民自己的事。獨裁國家所謂的「實質」「積極」權利，實際就是政府替人民欽定的權利，此種權利制度乃是在根本上滅絕了權利。民主與獨裁之分際，就在此點。這一點分別，萬萬忽略不得。

辨明了自由第一指稱與第二指稱的區分，社會與邦國的界限後，便更能幫助我們修正若干一向錯誤的觀念。其中首需辨清的是組織與組合的區別。「組合」是若干人以若干具體條件爲依據以追求某一或某些共同目的之特定的生活。「組合」是參加在內的份子，構成法規及內部組織的總稱。例如「國」便是一個「法制組合」。所謂組織即一組合內之某種形式的工具。例如政府即爲「法制組合」內有限定用途的工具組織。

不明組織與組合之別者，常把政府與邦國相混。把組織視爲組合，即等於把工具當作目的，以僕役當作主人。

在自由的兩個指稱未辨明前，「自由與組織」幾乎被視爲對立；人們總認爲要組織便須犧牲自由，要自由便不能要組織。實際上這是把第一和第二指稱自由弄混。如所指係第一指稱的自由，則此自由不僅與組合不相衝突，並且祗有以此等自由爲條件，現代邦國才能構成。如係指第二指稱自由，則問題大不相同。現在民主國之組成，即在使第二指稱的自由不受他人干擾，尤在避開政府的任意干擾。此等組合根本不能以人的內心自由爲對象。它無法「組織」到人的內心。大獨裁者所頒訂的「實質」及「積極」權利，實際上也就是把諸個人都「納入組織」。

辨明此義，則「個人與組織」不能並容的觀念可以一掃而淨。相反的，人只有在權利保障下才能有更多的內心自由。組合乃是諸個人依若干條件而組成的，「無化」了「人」，便再無組合可言。組合都是諸個人自發的組合，連邦國也不例外，人祗能在各種組合中纔能充分發揮個性。惟有獨裁國纔最不拿人當人看，所以獨裁者只迷信用武力從外面「組織」，却全然不曉得人的「最內神龕」是無法貫穿的。

著者之辨清自由第一指稱與第二指稱，劃開法制界與道德界，社會界與邦國界，把國僅視爲法制組合，此種方法或被誤認爲冷淡無情，毫無道德觀念。實則不然。著者於第八章論人權與人義時，便將此點剖晰得至爲明白。他把人權和義務（obligation）劃於法制界，把人義（duty）劃於道德界。

他解釋如此劃分的理由：「乃在使二者各自歸於應屬的範圍，絲毫沒有只重人權而輕人義的用意。恰恰相反，我們這樣作，目的適在於提高道德的尊嚴。我們認爲政府不能强制執行一切人義，乃由於我們對道德的信念是高上而非低下的。人義如必須經過强迫(卽使是社會的强迫，還不必是政治的强迫)，則此『人義』必已失盡它的價值。」

不第此也，著者且更提出法制界的基本權利同時還離不開道德界的人義的支持。他說：「論到全部法律系統的支撐的原力，便祇有求諸法律系統之外。究竟是誰來保證諸基本權利？要求保證諸基本權利的人們自己！用甚麼來保證？用人義，發自心底的人義！」此處必須注意「法律系統之外」的支持一語。那就是說，我們祇能在法制界着重人權，在道德界中講求人義；萬不可貫穿混淆。如有人站在邦國界而談道德界的話時，便誠如著者所說，難免「令人作三日嘔了」。

人義與人權之義辨明後，乃可解釋政治服從與忠的區別。人所以在政治上有服從，乃是爲了保障權利。沒有基本權利與構成法便無何義務或服從可言。著者指出：「威權以及政府的一切功能，祇是『對諸權利所虧欠的服務』。政府運用威權，但非原有威權。人民對於執政者從未虧欠服從。執政者亦爲人民之一份子。人與人之間的元始政治關係已確定於政治契約之中，大家已先立於同一基礎之上。執政祇是被選爲執政者的一時任務。執政者與人民的關係乃由政治契約中抽繹而來。人民與執政者並無契約關係。人民與政府之間根本並無契約……與其說人民服從執政者，不如說執政者服從人民，更不如說人民祇是以一種身份服從他們自已的另一種身份。」這種說法澈底粉碎了衆人服從一人或一階級服從他一階級的極權統治——是何等清新可喜的論證！

論及「忠」，著者特別指出「忠」的對象，就政治意義而言只有基本權利及構成法。但其原力仍來自法制界以外，來自道德界或人之衷心。至於人民對官吏更不「虧欠」忠。他說：「忠無法由人要索，適如愛須待自發。……當權者企圖以武力創造『忠』，便是最蠢的舉動。這樣他不僅不能得到人民的效忠，反將先使他的政府成爲『怨』府，甚至還會激起革命來。」歷史上以武力要索忠藎而反招致毀滅的政府，實例俯拾可得。不求器化人權而僅要求國民效忠的政府，應三復斯言。

只有在民主邦國與民主社會中，方能有政治服從與內心忠藎的合一。因爲在民主國內，人民可以享用權利，政治服從幾乎就是自發的忠藎。

隨後著者更於檢討世界第二次大戰後國際間新形勢時，指出「主權民族國」已經無法自足。舊日的民族主義觀念必須予以揚棄而應採取新普遍主義。所謂新普遍主義，是以基本人權爲骨幹的一個法制間架，其所預定的組織只是一個保衞民主國際和平的機構。這個機構應以「超國界的人權清單」爲依據，一如國應以「民族的」人權清單爲依據者然。這個國際法制組合與各國之爲法制組合，全無任何衝突。一如著者所稱：「這不過是兩個政治契約而已。兩約各有各的特定目標，各有各的特定範圍。由這兩個契約都只構成有限度的組合。在各自的範圍內兩約都可謂具有最後的威權或最後的主權。」自由國際間必須依據此一基本原則組織起來，才能確保普遍和平，對抗共產黨的任何侵略。

著者主張超國際的人權清單應置於民主國際構成法之先或它的首部，而不應單獨宣告於構成法之後。聯合國普遍人權宣言之頒佈，確是二十世紀中人權運動史的大事，但未能於聯合國憲章擬製之初，便將一超國界人權清單冠於首頁，著者殊感惋惜。他覺得如在聯合國憲章擬製之時卽將此一超國界人權清單冠於首篇時，蘇聯集團必從始不肯加入。「此一自由國際必沒有今日聯合國的大而無當，而會成爲一更有效力更有作爲的機構，亦必無可疑。」

開列人權清單是近代民主國建國的起點，擬製超國界人權清單是自由國際組合的起點。但學習人權制度，卻殊非一紙宣言便可獲致。適如著者在第九章指出：「卽使吾人對人權學說能獲得一瞭解，現在如欲實際仿效此制度，則在法制範圍以外須至少再有怎樣的精神及社會的支持，怎樣的道德與社會制度(例如家庭、經濟、教育等制度)的預先或同時的改造，以作適度的配合，方能達到此政治目的呢？」對此問題的解答，著者嚮應最近史坦佛大學樂納及拉斯維爾等所提倡的「政策科學」。提出以「現在如何民主化世界各地缺乏自由民主經驗的民族」，作爲政策科學的極大規模課題。這自然是一項極艱困悠長的工作，但除此則無捷徑可尋。我們想從根本處對抗共產主義的陰謀與蠱惑，便須各民族切切實實都走上自由民主的途徑。而自由之路卻須「隨走隨開」，自由之境尤非一蹴可幾的。

以上我對原書的介紹，也許過於冗長，但仍感尚未能把作者在原書的細膩及精闢論證和若干發人猛醒的警句逐一列舉。本文只能就其較重要各點及結論一加介紹而已。

在結束本文前，我仍願再特別提出幾點就正於著者，兼望各方讀者參加討論。

著者在本書中將「Bill of Rights」改譯爲「人權清單」而不襲用「人權法案」譯名，實等於爲我國人權觀念劃一個新時代。其意義正不下於「自由」「權利」等詞在英文中加「S」而成爲「諸自由」及「諸權利」。「人權法案」譯名不知始於何時，此譯名之產生及其後的繼續使用，足證我人對英美人權制度始終無正確認識，否則不會如此錯誤的傳達。基本人權若必待製成「法案」後纔能產生，便全然失卻其先在於邦國與政府的屬性。法案既由立法機關製訂，也就可以由它撤銷，無法出讓之說便根本講不通。而民主國存在的道理，也就等於推翻。一詞的錯譯，便可引出如許的誤解。著者在序言中劈頭就說：「以前我們讀英美人『無法出讓的權利』之說，輒將它輕易放過，實在並未懂得。」一句話道破我人對權利觀念困惑的原因，實在於「並未懂得」。可嘆我們高喊了若干年的自由，實際上還是盲人摸象，根本未觸到是處。實則英美人權制度，自有脈絡可尋。「人權清單」一詞的改譯，一下便先確定了人權的最要特性：它不是「法案」，不待政府的頒賜或批准；它先於邦國及政府而存在，可以列擧成欵，作爲民主國的最元始的構成條件。在此種觀念下，我們才能澈然大悟何以基本人權是無法出讓的。過去我們對人權觀念之混淆，多少是由於「人權法案」譯名的作祟。「人權清單」譯名之提出，在糾正錯誤觀念上實有最大作用。其他如將「國家」改稱「邦國」，將世界人權宣言改譯爲「普遍人權宣言」，都有廓淸觀念之功。

著者把社會與邦國劃分，將邦國的內涵減縮到祇是一個法制組合。此種作法或使若干讀者感覺不快，特別是在「民族中心主義」觀念尚未完全被揚棄時，此一觀念確足招致若干誤解。但實際上還才是自由人自求「超度」的不二法門。至少從民主和法律觀點上，此種劃分是絕對必要的。把社會和邦國混爲一談，無論是泛道德主義或泛政治主義，均無異替極權政治舖路。特別是對那些民主經驗及人權制度發展較遲的邦國，此點分際更應牢固把握。這些邦國在反極權的努力中，常會不自覺地採用了極權國的手段，這是極危險的。在近代民主國內，必須儘量把能保留在社會裏的生活保留在社會裏，不許以政治力量加以干擾。

把邦國的內涵縮減到如此最低範圍，不僅就某一民族或邦國而言是建立民主國的條件，且亦爲建立民主國際的基礎。此點著者已在原書中一再提示，至於邦國、社會、民族等名詞的意義，誠如著者所言，「只是某些人之政治社會等生活的『縮寫』符號」，實際上我們只能說「人有政治、社會、求知等不同的生活」。但因詞彙的缺乏，目前尚無法用適當名詞來代替原書中所指的邦國、社會及民族等詞的涵義。惟今後瞭解這些名詞時，我們必須揚棄那些「實體」或「實質」的概念，而從它們新的內涵着眼。

著者之强調個人價值、個人主體性、個人最終性，絲毫無舊日的個人主義色彩。所謂個人自成主體者，並非謂諸個人自成主體者，並非謂諸個人都自成封閉不透的「單元」，也不在抽撥個人分散隔離各行其是。恰恰相反，它乃在教人更能相處得契合無間。此種「普遍主義的個人論」，其所着重者乃是「個個人」。極權主義之狂妄地提高「整體」價值，一筆抹煞個人，已在歷史上造成幾次的人類浩刼。今日的蘇俄獨裁者，則更集極權主義之大成，造成更慘酷的黑暗時代。以「個個人」爲起點的普遍主義，既非自私也非自我，而是要求把每個人都看做一個人，不可多不可少，不得有例外。在政治界或法制界上，必須堅持此一「起碼的個人論」，然後才能給基本人權找到鞏固的基礎。爲了反極權的理由，爲了發展民主生活的理由，此一觀念必不得放鬆。

最後，我們再願依著者的論證，把民主政治的涵義一加廓淸。民主政治的意義雖不若自由觀念那樣混雜，但近來也愈趨分歧而使人莫知所適。但只要我們把握住基本人權的意義，則可明白地看到，民主政治便是基本人權器用化的過程。基本人權是目的，民主政治是方法。因此民主政治必須以基本權利爲基點。一般對民主政治的誤解，多謂民主爲多數之治，少數服從多數。此一觀念如不把人權擺在前面，則極易翻轉爲共產主義的「專政」。蘇俄共產黨便正在假冒「多數之治」的招牌遂行其獨裁的暴政，結果恰恰就是少數殘害多數。但以人權清單爲元始條件的民主國，一切政治制度都以器化人權爲目的；至於在投票或議事表決中的採取多數，僅是在自由討論後臨時產生的結果；此一臨時性產物之是否爲可欲，還須看在討論時個個人是否都享有意見表達的自由。如祇從臨時產生的數目上衡量民主的程度，則蘇聯有理由自詡爲「民主國」。著者提出佛洛特女士之「創造的經驗」，以「論難往來，務求至當」爲運用民主程序的最高境界，確具至理。認淸自由討論的重要性，則可知多數之治實僅爲民主方法中的第二義。因爲「至當既得，人人頓覺昇入一更高境界，豁然開朗，聞見一新，無不意滿心喜。衆人更同覺融洽協一，如失間隔，是之謂創造的經驗。」「如失間隔下」的產物，在實質上已難說是僅代表多數而抹煞少數。這才是眞正的「合一」，而非數目的累積。

英美人傳統的人權觀念，是人類的最可欲的生活方法。我人雖不必整部抄襲其制度，但須學習他們的民主生活方法。著者認爲吾人在學習民主生活中，除先澈底明瞭自由的要旨外，首須製訂正確的人權清單，並提出在基本權中，以「表現自由」（包括言論、出版、集會、請願等關於思想以及信仰表現的諸權利）爲第一要事。表現自由能獲保障，人們才敢暢所欲言，自由論辯。在民主方法中，此項權利的器用化，當具有其最優先的地位。

× × × ×

本書在析論人權中所擧的各項論證，已成爲顚撲不破的道理。著者論斷之精膩細緻，結構嚴謹，我愧未能在此短短的萬餘字中傳達其萬一。讀者如能細心研讀，當可發現尚有若干至理箴言，遠非本文所能全部括及者。

讀者投書

中國歷史上三大工程
長城、運河和「羅斯福路」

原之道

有人說，中國歷史上「將」有三件偉大工程的紀錄：第一當然是長城，第二當然是運河，第三將要數到今日正在改建而尚未完工的「羅斯福路」了。

中國以往歷史上已有二件十分艱鉅的工程，那就是秦始皇修築的萬里長城和隋煬帝興建的運河水道，這是盡人皆知的事情，用不着在這裏從頭細說了。尤其是萬里長城的偉大，外國人一提到中國的史蹟，口中馬上喊出"Great Wall"字樣，臉上立呈敬佩之色。前者是阻擋胡人南下而牧馬，後者爲便利漕糧的運輸，一是抵抗外敵侵略、一是有關國計民生的工程。

說到中國歷史下命運註定的第三件偉大工程，毫無疑問的，將要輪到臺北市羅斯福路的放寬工程了。這不是從工程的面積大小而言，而是就其修築的時間長短來說。一條僅有三公里多長的馬路，就其放寬工程，以今日的修路技術和建路工具來經營，從宣佈計劃到施工及完成爲止，將要花上近乎三個整年的時間，從時間上說，則不能不算是驚人的偉大工程了。

羅斯福路全長有三公里半，爲記憶方便起見共分爲四段，叫做羅斯福路一段、二段、三段、四段，乃臺北市通往南郊區的一條幹線。不用說得，在空襲的時候，車輛會十分擁擠，就在平時，也是行人充塞、車水馬龍的交通孔道。由這條幹線往南走，緊接三條重要支線：一經新店而至烏來，一經新店而至蘇澳、再遠接花蓮，一從景美左轉而至木柵、深坑、石碇等處。這一線炭礦最多，運煤往來之卡車，猶如穿梭一般。在木柵附近，日人在二次大戰中，修建了一條越山馬路，以備空襲時之用，故經過這條馬路又可折回臺北市區。

× × × ×

這一郊區，風景秀麗，山水宜人。就名勝言，近處有碧潭和指南宮，遠處有烏來和礁溪。碧潭有山有水，山清而水碧，一遇假期，遊人如織，可泛舟潭上，可游泳潭中，爲臺北市居民遊樂的場所。指南宮一名仙宮廟，爲道教勝地，在山巔建有廟宇，祀奉神仙呂洞賓。由山脚拾級而登，須行千餘石磴，今建有登山馬路，汽車約十分鐘可達。在山頂遠眺，臺北市區盡在目中。因山景秀美，一年四季，遊人不絕於途，而善男信女前往燒香問卜者，更是途爲之塞。據云，舊曆新正一個月，如天氣清朗，春風和暢，就有五十萬以上的香客光臨。烏來有瀑布，有溫泉，有山地同胞之歌舞，有水力發電之工業，遊覽參觀，終年絡繹不絕。礁溪爲北部有名的溫泉勝地，假日前往沐浴憩息者，更比比皆是。

設在這一郊區的公私機關和文化教育機關，爲數原已不少，爲遵照政府的疏散計劃而由市區遷往者，有政府機關，有公私立學校，有金融機構，有大大小小的工廠，其數相當可觀。一般居民爲避免空襲而前往疏散者，更是踵相接，迄今仍未稍衰。由臺北經景美而至新店與青潭一帶，和經景美而至木柵與深坑一帶，今已成爲臺北市民建造疏散房屋之區。自四十二年秋天起，已風起雲湧的大量修建，很多地方今已成爲櫛比鱗接的住宅區了。故這兩路上公共汽車乘客之擁擠，常有罐頭沙甸魚之感，有時擠得汗流夾背，連氣都透不過來。去年雖承公路局增加了新店木柵二線的行車班次，仍未能使乘客人人有位可坐。此外，公家機關尚有大量自備大汽車在上下班的時候，接送其職員。臺北市修路用之沙礫石子，恒取之於碧潭河邊，每日運沙石來臺北之車輛亦復不少。再加上前述之運煤卡車，所以，經過羅斯福路而出入市郊區域之車輛，其數目之衆多，當可想而知。

× × × ×

可是這一條馬路原來幅度太窄，而轉灣抹角的地方又太多，中間尚有一小段不能連成一氣，車輛常常阻塞，且曾幾次壓死過人，故行人經過此路時，常提心吊膽，深恐橫遭不測。政府有鑒於此，乃決定放寬羅斯福路，擬從中山南路南端起把全路加倍放寬，開成一條近乎直線的一級馬路以達於公館，俾人馬和車輛均可通行無阻，且可避免市虎之禍。這種措施確是值得稱許的，凡住在這一郊區的人，無不額手稱頌。

緊接中山南路一端的羅斯福路一段，其一部份的工程，大約開始於三年之前，當時已把路基填好，上面鋪有石子，只賸下柏油路面尚未加鋪，想必是要等到全線工程完畢之後一齊來鋪。至於該路一段北端起，即從交叉點南海路起而至公館的二段、三段和四段的工程，在工程歷史上堪稱偉大之至。茲略述其修建的經過，俾世人明瞭中國歷史上第三件偉大工程的來歷。

這一件偉大的工程，其計劃始於何時，筆者不甚詳悉，大概在緊接中山南路這一端開工的時候，就已有了全部的計劃。至對外宣佈決定放寬這一幹線，以配合政府的疏散政策和適應今日的頻繁交通，大約是在四十三年的早春。要放寬馬路必須拆除沿途的民房，在一般修路的程序上，修路是小事，而拆屋却是大事，蓋如何補償房主的損失，對於窮苦小民如何代建貧民住宅等等，確實很費周拆而不容易解決的。這條路在宣佈計劃之後到眞正開始拆除房屋時，中間確有一段很長的時間，當然傷了不少的腦筋。因為居民認為這一條路幅度放得太寬，在臺北市今天似乎用不着這樣寬廣的馬路。如把幅度改得窄些，既可適應目前的需要，又可少拆兩旁居民許多房屋。在寸土寸金的今日都市，居民當然不肯放鬆，於是紛紛上書請願，一而再，再而三，好像不達目的則不止。市當局鑒於拆屋之不易，對於羅斯福路的放寬計劃，一再研究考慮而不敢作主，乃簽請省府核示，省府又以茲事體大而轉到行政院，一層一層往上推，直到最高當局始作決定。不要小看是條馬路，從政策決定的程序上看，在中國工程史上就應該有着他的「光榮」一頁。

× × × ×

迨工程計劃宣佈之後，居民不肯自動拆除房子，雖一再佈告，仍有一部份居民置之不理，最後市政府派人拆除，並以憲警荷槍彈壓其間，拆屋工作，遂告完成。本應在四十四年一月即應開工的修建工程，因拆屋延緩而拖到七月才開始進行。

房屋既已拆除，這一馬路改建的艱難部份，本已去了一半，其餘工作應可順利進行，而主管當局也應體念交通的重要，加緊修建，以期早觀厥成。可是事實上則大謬不然，儘管表面上業已開工，而每日實際工作人手則寥寥可數，雨天固停止工作，即晴天也是有氣無力的在做着。有時東有幾個人挖土，西有幾個人填石；有時把填好了的路基，又挖開重修；有時為了一條小小溝渠，也要花上個把月功夫；做工的人好像沒有吃飽飯一樣，老是精神不濟；又好像在伸懶腰似的，叫人瞧着就要生氣。在車水馬龍的現代都市中，竟有這樣蝸牛漫步式的修路形態，無怪人家罵我們是無能、甚或低能了。臺北市的修路情形，大都如是，固不僅這條馬路而已！

從宣佈拓寬計劃以迄開工到現在，足足有兩個年頭，連挖泥、開溝、填土、鋪石等等基礎工作尚未完成，何時才能鋪上柏油！據說，全路工程要到本年九月底才能完工，真是駭人聽聞。現在雨季又到，而馬路上東一坑，西一塹，泥石雜陳，崎嶇不平，陰溝又不暢通，天雨則積水瀰漫路面，風馳電掣的汽車走過之後，泥漿飛濺，行人視為畏途，一面既要當心滑倒跌交，一面又要防備四面八方飛來之泥漿，其苦不可言也。公共汽車經過此路，不僅顛簸特甚，雨天為避免陷入泥淖之中，時常繞道折行。晴天遇上大風，則飛沙走石，行人眼迷淚流。坐車的人遇到車子高下狂跳時，不僅心臟像要暴出，還要禱祝不要翻車；如果車中沒有坐位而必須站立時，常會把你的腦袋碰痛，有時碰得兩眼流淚。這些都是事實，都是筆者的經驗或目擊，如果市當局或主管交通當局不予我信，請你們當大雨之後，在這條馬路旁邊佇立一二小時，就可看到這些行人前世作了甚麼冤孽！

× × × ×

這條馬路工程的延擱和遲誤，據說也有非主管當局單獨應負責任之幾種原因。第一是電話線桿子尚未遷移，儘管電燈泉桿子早已遷掉。據說這又有他的原因。電話線桿子上附有軍用電話線，電話當局不願獨負其責。第二是此路原擬只鋪石子，而交通主管當局要鋪柏油，可是鋪柏油的欵子，還要請美援撥助。但是我們老百姓要問的：

一、電話當局何以不趕快移去阻礙修路的電桿？難道他們不曉得這是政府的疏散計劃麼？他們不能和軍話線主管人商洽辦理麼？

二、都市馬路鋪上柏油，俾兩旁住屋可免蓬壁生灰，居民氣管可免遭殃，在今日乃是理所當然，天經地義之事，計劃修路時為何不將鋪柏油欵項估計在內？這難道會疏忽了麼？

三、我們為改建這一條馬路，也希望美援來援，那末，我們成天喊的「自力更生」，其成績在那裏？

今日是甚麼時代，人家已用原子能建造潛艇、為發電的動力，我們連一條疏散馬路都搞不好，難道我們真是低能麼！現在市民在詛咒了，輿論在督責了，市當局不能還是好官我自為之吧！這不僅是主管當局的責任，而監督機關也是不能辭其責的！只要看看這一條路的改建工程，中國政府官吏之能力，就可以想見了。照這樣看，我們說羅斯福路的改建工程，將為中國工程史上第三位偉大工程，誰又曰不然！

四十五年一月二十日

編者按：

一、此稿收到時，上期稿件已付印，而稿件又復擁擠，故未及發表。前幾天這條泥漿崎嶇的馬路上，鋪上了一些沙礫，水潭泥坑填滿了不少，行車較可平穩。惟如再遇到大雨，必定又復如故。這樣交通要道，市府應該趕快修好，不可聽天由命。

二、臺北市區馬路，年來失修，現在已到遍體鱗傷的程度，如再延宕不修，馬上都會變成羅斯福路了，盼市當局注意及之。

三、還有一點要向市當局陳情的，就是橫貫臺北市區的南北交通要道「新生南路」東邊這一幹線，到今天仍是碎石子馬路。自從這條路因車輛壓死行人之後，東西二線改為單行道，每日車輛之衆，僅次於羅斯福路。碎石子路經過重量車輛奔馳之後，三兩天就壞了，晴天飛沙走石，雨天泥漿亂飛，其顛簸和危險，和正在修建之羅斯福路差不多。以中央政府所在地之臺北市區，今天尚有比鄉間公路不如的馬路，真是一件可恥之事，希望市府及其上級政府，儘其能力之所及，把這條馬路鋪上柏油或改為水泥路，以利市民衞生和交通。

代郵

胡家麟先生：拜讀大作，深有同感。乞示尊址，俾便請教。

本刊編輯部敬啟

勘誤

本刊上期社論（二）「教育問題引端」文內，……「處理原子能和平用途的人才固然太少，即文法各科的人才何嘗够用」一語，「太少」誤植為「不少」，應予更正。

自由中國　第十四卷　第四期　內政部雜誌登記證內警臺誌字第三八一號　臺灣省雜誌事業協會會員　一四四

給讀者的報告

「國家應爲個人利益而存在，並非個人應爲國家利益而存在。」這句話是美英兩國首長於本月一日在華府簽發的聯合宣言之精義。這篇宣言明白而正確地揭示了自由世界的反共原則。此時此際，作爲自由世界領導國家的政治首長能夠如此明確地揭櫫出吾人反共的目標，使旗幟鮮明，耳目一新，實有其重大的意義與光輝。因此，我們要在社論（一）裏，對這個原則加以讚揚與銓釋。我們以爲，這個宣言與大西洋憲章、聯合國憲章、乃至與美國獨立宣言、法國人權宣言，將在人類歷史上同有其不朽的地位。我們鑒於自由世界當前在思想界所呈現的混亂，深覺有重振精神之必要。這個宣言的重要正在乎此。惟令人遺憾的，是宣言中表示美英兩國對遠東問題尚有歧見。這又說明美英兩國在行動上尚未能貫澈其所揭示的原則。我們期望自由國家能劍及履及的爲此原則而奮鬪，使中國大陸以及一切鐵幕國家內被奴役的人民能夠重獲自由。

社論（二）是討論政府所實行的「保護政策」。對於這個問題，我們過去在本刊社論裏曾多次有所呼籲。臺灣工業在過度的保護政策下，使產品品質無由改進。這是臺灣工業的重大危機。要提高品質，減低成本，勢必先修改現行的保護政策。在本期社論（二）裏，我們再度闡明此一見解。我們以爲，即使從財政收支平衡方面着眼，保護政策也不宜繼續採用。我們並不主張急劇的更張。任何經濟上急劇的改變，均可能產生不利的影響。但對現行保護政策之逐漸修改，已是事勢所不容再緩的了。

「日本二大政黨對立觀」一文在闡析日本保守與社會兩黨分別合併的前前後後。余蒼柏先生對日本政情所知甚審，其分析自非一般報導可比。兩黨政治是民主政治的正軌，日本政局在幾番演變之後，終能走入兩黨之局，誠屬令人欣慰。然而，保守黨內帶有侵略思想的戰前派現正日見得勢，這種趨勢對日本民主政治的前途，實在不是好的徵兆。我們不但希望日本政治能眞正走上兩黨政治的常軌，更盼執政的保守黨能眞正忠於民主自由的理想，勿蹈侵略思想與軍國主義的覆轍。余先生這篇大文賜下甚早，因稿擠延至本期才能發表，而被譽爲日本兩黨政治功臣的緒方竹虎，竟在此期間，因心臟病猝然逝世。緒方之死對日本政黨政治當然有很大的影響。相信余先生在這方面將必續有大作見賜。

在了解日本政黨現狀之後，我們不妨再一讀厲元生先生的大文，藉以略窺「加拿大政黨的組織及其現況」，這可助吾人對政黨政治作比較之研究。

薩孟武教授前此對立法院之常開秘密會，曾有評論。民主政治是公開的政治，議會之常開秘密會，顯與此旨有違。本期薩先生從學理與各國的實例，說明「民意機關的議事公開」之一般趨勢，可供吾人借鑑。

龍平甫先生的通訊，報導「蘇俄內部的反抗運動」之實況。自由乃人性之要求。任何剝奪人民自由的暴政終必激起人民的反抗。蘇俄人民是如此英勇的在爲自由而搏鬪。鐵幕雖深，仍然擋不住這些消息的傳播。

自由中國 半月刊 總第一五一號 第十四卷第四期

中華民國四十五年二月十六日出版

發行人兼主編　『自由中國』編輯委員會

出版者　自由中國社

社址：臺北市和平東路二段十八巷一號

電話：二 八 五 七 〇

航空版

香港　友聯書報發行公司 Union Press Circulation Company, No. 26-A, Des Voeux Rd. C., 1st Fl. Hong Kong

總經銷

臺灣　自由中國社發行部

美國　自由中國日報 Free China Daily 719 Sacramento St., San Francisco 8, Calif. U. S. A.

經售者

日本　東京僑豐企業公司

韓國　漢城裕昌德號

馬尼剌　大中華日報社

新疆書店

印尼　椰嘉達天聲日報

泗水文光圖書公司

越南　西貢中原文化印刷公司

緬甸　仰光振成書報店

印度　加爾各答塔梅學校

澳洲　雪梨瑞田公司

北婆羅洲　西利亞坡青年書店

新加坡　檳榔嶼、吉打邦均有出售

印刷者　精華印書館

廠址：臺北市長沙街二段六〇號

電話：二 三 四 二 九 號

本刊經中華郵政登記認爲第一類新聞紙類　臺灣郵政管理局新聞紙類登記執照第五九七號　臺灣郵政劃撥儲金帳戶第八一三九號（每份臺幣四元，美金三角）

FREE CHINA

第十四卷第五期

要目

中華民國四十五年三月一日出版
社址：臺北市和平東路二段十八巷一號

半月大事記

二月八日（星期三）
美英法三國在華府商討中東問題。
英國與馬來亞簽定協定，規定馬來亞於明年秋季正式獨立。
第七艦隊司令殷格索對紐約時報記者表示，臺灣海峽形勢目前無改變，但馬祖方面隨時可能發生變化。

二月九日（星期四）
行政院修正通過戶口普查實施計劃綱要，臺閩地區戶口普查定於九月十六日實施。
美國務院宣佈美駐遠東各國使節下月在日集會，杜勒斯亦將參加。

二月十日（星期五）
葉外長在記者招待會表示，馬祖防務鞏固，士氣旺盛，匪如來犯，必予痛擊。
世界銀行貸欵兩億，助埃建阿斯萬水壩。
法駐阿爾及利亞新閣員抵任，法人示威，反對法政府對阿政策。

二月十一日（星期六）
日政府發表聲明，要求蘇俄歸還所佔一切島嶼，以表明日本對倫敦談判爭執中之領土問題所持之立場。
顧大使在華府發表談話，掌握臺海空中優勢，對自由世界極爲重要。
莫斯科廣播，失蹤之英國兩外交官員麥克蘭與勃吉斯在莫斯招待記者。

二月十二日（星期日）
美援外總署長霍利斯特報告稱，自西方放寬貿易控制後，大量物資流入鐵幕。
西歐六國外長會議結束，發表公報，强調原子聯營計劃之必要。
英外務部聲明，俄令英失蹤外交官員露面，意在破壞美英團結。

二月十三日（星期一）
俄駐英大使馬立克返國。日俄和談又告中斷。
美國際合作總署宣佈，該署已批准對華經援六千餘萬美元。

二月十四日（星期二）
俄共第二十屆全黨代表大會在克里姆林宮開幕。俄酋赫魯雪夫致詞，宣佈外交政策五原則。
日外相重光葵表示，日政府對中共要求談判締結邦交一節，將不予置理。
馬爾他公民投票，贊成與英合併。

二月十五日（星期三）
東南亞防禦公約組織在泰境舉行爲期三天的海陸空軍示威演習。
美六醫師發表診斷報告，謂艾森豪心臟病康復，力能勝任二屆總統。惟是否競選仍由艾氏自己決定。
美國務院表示，美英將採有效行動，恢復中東地區和平。

二月十六日（星期四）
立法院第十七次會期首次開會。
日駐華大使堀內發表演說稱，不論日本與俄和談能否成功，將永不改變其反共態度。
聯合國軍統帥部譴責韓共非法加强軍力，破壞停戰協定。
赫魯雪夫在俄共大會上致詞，抨擊馬林可夫與莫洛托夫。

二月十七日（星期五）
行政院俞院長在立法院報告最近半年施政。
秘魯陸軍發生叛變，政府下令戒嚴。
韓國指責印度爲共黨傀儡。
英政府發表國防白皮書，斥俄圖統治世界，警告西方須大量增加核子武器以備反擊。
美軍在硫磺島演習原子戰爭。

二月十八日（星期六）
韓代外長曹正煥呼籲擴大東南亞公約組織，俾廣容亞洲所有反共國家。
共酋米高揚在俄共大會上演說，激烈抨擊史大林著作，斥之爲獨夫統治。
秘魯叛軍廣播，宣佈「革命」目的在阻止武裝部隊干涉選舉。
蘇俄國防部長朱可夫稱，一旦發生敵對行動，俄能對美領土投下原子彈。
美空軍部長鄺爾斯在衆院報告稱，俄千五百哩射程飛彈不致影響東西均勢。

二月十九日（星期日）
美宣佈解除對中東區軍火禁運令。
俄酋馬林可夫及莫洛托夫均附和赫魯雪夫論調，抨擊個人統治。

二月二十日（星期一）
北大西洋十五盟國在巴黎開防務會議，檢討核子戰爭防禦問題。
馬來聯邦首席部長拉曼自英倫返抵馬來，要求馬共立即放下武器。
希臘選舉揭曉，親西方政黨獲勝。
法與西德開始談判薩爾問題。

二月廿一日（星期二）
俄酋布加寧在俄共大會上宣佈新五年計劃。
葉外長表示，俄酋清算史魔，旨在欺騙自由世界。
亞洲人民反共聯盟中國總會推定出席第二屆亞盟會議代表，並定下月飛菲與會。
教育部長張其昀宣稱，我國文字整理工作，將大規模有系統地進行。
歐洲冰雪嚴寒進入第廿二日，統計至少有七三七人凍斃。
奧國政府宣佈將參加親西方的歐洲會議。
倫敦消息，俄酋擬於四月間訪英，傳艾登已有所準備。

二月廿二日（星期三）
美衆院成立特別小組委會，澈底調查共匪虐待美俘暴行。
美衆院軍委會批准洲際飛彈計劃。
法摩開始談判，摩洛哥要求獨立。
本年中學畢業生會考及大專升學考試將聯合舉行，教部正研究辦法中。

二月廿三日（星期四）
艾森豪撥鈾四萬公斤，供美國及自由世界充發電等和平用途。
法德兩國對薩爾問題已獲完全協議。
越共建議舉行另一日內瓦會議，討論越南問題。

「自由中國」的宗旨

第一、我們要向全國國民宣傳自由與民主的眞實價值，並且要督促政府（各級的政府），切實改革政治經濟，努力建立自由民主的社會。

第二、我們要支持並督促政府用種種力量抵抗共產黨鐵幕之下剝奪一切自由的極權政治，不讓他擴張他的勢力範圍。

第三、我們要盡我們的努力，援助淪陷區域的同胞，幫助他們早日恢復自由。

第四、我們的最後目標是要使整個中華民國成爲自由的中國。

社論

(一)「歷史判斷」與「另請高明」

我政府所標榜的民主憲政，在實際上、在行政當局的觀念中，究竟是怎樣一回事？若干年來許多事象的發生，使我們腦子裏經常有這樣一個大問號。立法院開會，是考驗這件事的大好機會。因爲依憲法規定，立法委員對行政當局有質詢權，行政當局有答覆的責任。從一問一答中，我們可以聽到民主憲政的實際；從答覆的詞句和態度上，我們可以看出民主憲政在行政當局的觀念中爲何事。不幸得很，行憲後的立法院，已有了八年十七度的集會。說學習、學習的時間應已足够；說進步、進步應該已有了若干成績。可是從現在第十七會期行政當局在立法院的表現看來，我們有理由敢於這樣說：我們經常聽見的民主憲政的聲音，到現在仍然是一種聲音，了無實際內容；行政當局觀念中的民主憲政，到現在仍不是政治常識中的那一回事。

我們爲甚麼敢於這樣說呢？因爲民主憲政的精髓，在於行政當局依照憲法向人民負其政治責任。「向人民負其政治責任」這句話最要緊，不是說說了事，而是要切實做到的。做不到這一點，那就壓根兒不配稱爲民主憲政。行政當局如何向人民負責任呢？各民主國的辦法彼此不同，在我國現行的這部民主憲法中，則規定於第五十七條。卽以立法院爲法定的人民代表機關，行政院依該條所列的三欵對立法院負責。這一條是我國現行憲法得以稱爲民主憲法的精髓所在。如果沒有這一條，或雖有這一條而不切實遵行，則其他條文所規定的什麼人民自由、人民權利都成廢話。憲法第五十七條第一欵，賦予了立法委員的質詢權，也卽是規定了行政當局有「負責」答覆的義務。如果行政當局慣以不負責的態度對付法定的人民代表機關立法院，我們就無法相信他們觀念中除做官以外，還有所謂民主憲政。

請看上月份立法院開會的紀錄吧：

二月十七日行政院長俞鴻鈞答覆立法委員張九如的質詢，其中有句話，說是「只有在歷史上才能作客觀的判斷」。同月二十一日經濟部長江杓答覆立法委員程烈的質詢，則稱之爲「陳腔濫調」，並說出「另請高明」的話(詳情見二月二十二日聯合報)。這兩件事有同樣的意義，卽俞院長與江部長對於立法委員依法行使的質詢，都是以不負責任的態度答覆。前者是「滑」——逃避；後者是「挺」——抵賴。表現的方式不同，但同樣是不負責，同樣是對法定人民代表機關不負其政治責任。

關於俞院長把立法委員所質詢的問題推到歷史判斷這件事，本刊這一期刊出了李寄予先生的一篇專論。這篇文章對於一個想成爲現代民主政治下的政治家，是很有教訓意義的。我們特別同意作者所說的這一段話：

「舊時專制的帝王，好言天命與神權；舊時社會論個人行爲，輒言道德與良心。近代的國家社會，政治上言責任，行爲上憑法律。今天的政治家，心目中不念念於制度及責任而濫言歷史；今天的政治家，不把自己的政治行爲與責任向人民求淸議與論的判斷，而想逃避於玄渺的歷史。此猶個人之行爲不憑法律而僅想逃避於良心，同一不能爲現代的政制與社會所容許。」

關於江部長「另請高明」的冒失語，在立法院中會馬上引起一陣嚴峻的指責。這番指責，對於江部長的個人修養也許有一點教益作用，但他的政治意識也和俞院長的一樣，還要好好地自我檢討一番。這裏，我們願意幫幫他們，爲他們做點糾正觀念的提示：

立法委員人數衆多，知識不齊，品德差異。有的在品學兩方面都是受人敬重的人物，有的却爲一般人所瞧不起。這是事實。這是人民代表機關當然的事實。任何民主國家的人民代表機關都不可能不由品學不齊的份子構成。從理論上講，人民代表所代表的是各階層各行業的人民，其素質自然不能一致。在某種條件下，與其說素質複雜是壞事，倒不如說素質複雜正顯現其代表性的廣泛。我們這種說法，並不是爲某些品學低下的立法委員辯護，而是希望行政當局認淸這一當然事實，決不可以作爲輕視立法院職權的藉口。情感上的好惡，不應該影響對於制度的尊重！

立法委員既是多方面的代表，他們自有其各別的立場，各別的利害關係。因而他們對施政的質詢，也可能各有動機。動機如何，不是被質詢的行政當局所應揣度的。只要質詢的內容不涉及純粹私事，就得以負責的態度答覆。昨天問過的問題，如果今天還未解決，今天還要問；如果明天仍未解決，明天更要問。問題老是存在，質問當然要一而再，再而三。怎能說是「陳腔濫調」？行政當局要負責答覆立法委員的質詢，這是責任政治的「制度」。行政當局口口聲聲說「尊重」制度，就不應在事實上常常有相反的表現。

民主政制是根據制衡原則來設計的。在制衡原則下，有專門做事的，也有專門說話的。做事的人不做事或做得不好，是失職；說話的人不說話或說得不對，也是失職。可是做事的人對於說話的人內心中常有一個不正確的反應。以爲「你們只會說，不會做。自己既不會做，就不配說人。」這種想法，是絕大的錯誤。行政當局應時時記住，自己是公僕，人民是主人。我們家裏僱用一位燒菜的廚子，我們做主人的人是不是因爲自己不會做菜也就不能過問廚子的工作呢？在廚子方面，可否以主人不會做事爲理由而不理睬主人的質問呢？這段話，對於熟悉中山先生權能分工理論的國民黨員來說，應該是多餘的。但事實上這種錯誤的想法或多或少仍存在於現任行政官吏的腦子中，因而他們對於專門說話的人民代表機關不予以應有的重視。這是民主憲政運行中的一大障碍。

以上三點都是平易的道理，毫不難懂，也不是從未經人說過的。我們今天再把這幾點民主政治的常識寫出來，希望我們的行政當局好好地從頭溫習這一課。

社論

(二) 搶救緬境難胞！

大陸淪陷後，滇邊人民不堪中共血腥統治，爲了爭取生存和自由，越過蠻煙瘴氣的滇緬邊區，歷盡艱難困苦，紛紛逃抵緬甸。據不完整的統計，過去七年，由大陸逃至緬甸的已達七千餘人。他們逃入緬甸後，緬甸政府輒以「非法入境」爲詞，加以逮捕並遣返共區。在過去數年間，曾有二千七百餘人被緬甸政府押返大陸，而遭中共屠殺。僅在四十三年一月間，就有二百餘人，其中在遣返途中跳車自殺者竟達六十餘人。這是一個極其嚴重的問題。

最近在緬甸又發生一件慘絕人寰的事件。就是緬甸政府將拘留在密支那的十八名難胞强迫遣返共區。他們是去年十月間由雲南逃抵緬北。甫抵密支那，即爲緬甸政府拘捕入獄。入獄後，緬甸政府即以「非法入境」爲由，判決遣返大陸。那十八名難胞曾在仰光亞洲報發出沉痛的呼籲：

「我們這羣是來自各方的不幸者，當鐵幕低垂的時候，我們被蹂躪了，被踐踏了，我們當中許多人的父母兄弟慘遭殺害，許多人的家庭被摧殘而毀滅！……我們經跋涉千山萬水，冒生命的危險，迷失於深淵，絕路於懸崖，歷盡艱難，飽受困苦，意欲投奔我反共抗俄的隊伍，洗雪國仇家恨，詎料到達緬境以後，先被政府(指緬甸政府)以『無居留證』逮捕，並擬在短期內遣配大陸。

我們知道如果遣配大陸，只有給共匪作祭品，因此，我們要堅決回到自由祖國去。目前我們的生命已到了千鈞一髮的時候，伸出你們同情與正義的手，救我們這一羣不幸的人們！」

然而這篇一字一淚的呼籲却被置若罔聞。去年十二月廿三日和廿八日，緬甸政府兩次强迫該批難胞登車，意圖押解大陸，但經他們誓死反對而作罷。但是，緬甸政府遂斷絕供應難胞食糧。一月三日，難胞絕糧已達一週，人人有氣無力。緬甸政府遂宣佈其毒辣的欺騙技倆，揚言遣送臺灣，令我難胞登車至機場搭機飛仰光。難胞雖然已餓至半死，四肢無力，一聞赴臺，即欣然登車。但是，囚車甫經開出，即轉向滇緬邊區之八莫。除二人在距八莫四公里處將囚車鐵絲網擊破，跳車脫逃，免遭中共殺戮外，其他十六人於到達雲南畹町後次日，即遭中共集體屠殺，曝尸四日，不准掩埋。

中共政權的殘暴是舉世共曉的。但是，緬甸政府這種不顧國際公法及違反人道的行動，也令人痛恨！

聯合國在一九四八年十二月十日曾公佈「國際人權宣言」，其第十四條曾云：「凡人均有權在他國境內覓取並享受避難，免遭迫害。」我國逃抵緬甸的難民係不堪中共暴政的迫害而逃入緬甸。緬甸政府根據國際人權保障的原則和人道的立場，理應給予庇護。但是，緬甸政府不僅不准避難，反而將他們强迫押解返回大陸，聽任中共殺戮，此實違反「國際人權宣言」的基本精神。今日任何民主國家，都承認外國人的避難權 (right of asylum)。西方國家，甚至於在憲法上明文規定此點。法國憲法序言說：「凡爲自由而奮鬪的人，如遭迫害，得避難於法國領土。」西德憲法規定：「政治上受迫害者，得享受避難權。」意大利憲法也規定：「外國人在其本國不能行使意大利憲法所保障之民主自由者，依法定條件得避難於意大利領土。外國人因政治犯罪而避難於意大利者，意大利絕不引渡。」文明國家給予外國人政治避難，已爲一不變的原則。我國由大陸逃至緬甸的難民，係爭取生存和自由的政治難民。緬甸政府依照「國際人權宣言」及國際法慣例，絕不能押返大陸，任由中共屠殺。緬甸政府此一非法行爲等於借刀殺人，這是違反國際正義和人道的。我們站在法理和人道的立場，要呼籲兩點：

一、向聯合國控訴並訴諸國際與論的制裁

緬甸雖然和我國無外交關係，但是它是聯合國的一員。緬甸政府强迫押解我國政治難民重返共區，就等於將他們送上斷頭臺。這顯然違反聯合國憲章的基本精神以及「國際人權宣言」。我們要即刻向聯合國控訴，要求聯合國採取必要步驟，制止緬甸政府危害人權和自由的非法行爲。此外，依照聯合國難民保護的原則，凡不能獲得其本國保護之難民，聯合國有保護的責任。緬甸是承認中共的國家，與我國無外交關係，我國在緬甸的難民顯然不能聲請我國保護。因此，我們有權要求聯合國將我國在緬甸的難胞置於聯合國保護之下，這是聯合國應有的責任與義務。同時，我們應該將過去和現在緬甸政府的非法措施毫無保留地公諸於世，喚起國際與論的同情，並給予緬甸政府適當的與論制裁。

二、我政府必須採取必要步驟，立即將部份緬境難胞接運來臺

我國政府過去未能盡保護海外難胞的職責，這是事實。緬甸的難胞已陷於孤立無援的境地，他們的生命已到最後關頭。我們絕不能藉口任何理由，不問不聞。據緬甸方面消息：密鐵拉集中營難胞一百五十餘人，已爲緬甸政府拘留六七年之久，痛苦不堪，度日如年。他們曾經不斷地呼籲，要求投奔祖國懷抱。此外，巴莫、密支那以及仰光地區，尚有不少難胞，或被拘留，或陷於絕境。他們一致的願望，就是回到自由祖國。但是，我們至今未見政府有何堅決的表示拯救他們。

現在，我們再引用死在中共屠刀下的難胞呼聲：「救救這一羣不幸的人們！」

社論

（三）個人爲國家之本

在本刊上期社論（一）裏，我們會評論美國總統艾森豪與英國首相艾登在華府會談後所發表的共同宣言。在人類爭取自由的歷史上，這個宣言實有其重大的意義。因此，我們願再爲文中論之，以盡前文未盡之意。

雖然，這篇宣言只是原則性的與概括性的，並未對於世界任何特定地區的特定問題作了特定的決策；可是這篇宣言在自由世界反共制俄的長遠歷程中，無疑具有指導性的作用。這項指導性的作用，特別表現在這篇宣言的思想背景上。這篇宣言把民主思想與極權思想之不同，刻劃得線條分明，清清楚楚。尤其是宣言中關于個人與國家的『對應關係』之態度，更把民主政治與極權暴政之分野，微別得明明朗朗。這篇宣言，一開頭就說：

『我們意識到在今年——一九五六年，相信人類爲上帝所造並信奉上帝的人們與僅視人爲國家工具的人們之間的由來已久的鬪爭仍在繼續。

『因此，我們認爲宜於再度宣佈若干我們所藉以聯合，以及我們相信爲所有自由國家所支持的眞理和目標。

『一、因爲我們相信國家應爲個人利益而存在，而非個人應爲國家 利益而存在，所以我們維護人民自已選擇政府之基本權利。

『二、我們的這些信念並不祇是理論和學說。這些信念業經化爲我們國內政策和外交政策的實際行動。……』

民主與極權之不同，實在不是枝枝節節的不同；而是從思想模態到社會建構以及政治設施，從最初的起點以至於發展的大方向，都不相同。認爲『國家應爲個人的利益而存在』的，是民主政治。認爲『個人應爲國家利益而存在』的，是極權暴政。這是民主政治與極權暴政在基本出發點上之不同。差之毫釐，謬以千里。二者的基本出發點不同，因此對待人的辦法也就不同。民主政治既然認爲國家應爲個人的利益而存在，於是不會把國人當作政治火焰的燃料，不會挾着壓制性的威力要活生生的個人爲不可捉摸的『國家利益』作無條件的犧牲。恰恰相反，在民主政治中，一切設施莫不以實實在在的個人利益之實現爲前題。這種前題的具體表現就是目前美國及民主國家內的人民生活之歡欣活潑，朝氣蓬勃。極權暴政既然認爲個人應爲國家利益而存在，於是就是認定國家高於一切。既然國家高於一切，於是國家神聖而人民則爲芻狗。既然國家神聖而人民爲芻狗，於是在極權暴政之下，只要達到國家的目標，把人民作任何犧牲都在所不惜。這種思想的具體表現，就是鐵幕以內成千成萬的人被關進集中營，成千成萬的人被清算鬪爭，成千成萬的人在特工秘警之下低頭求生。鐵幕區域，莫不氛圍愁慘，死氣沉沉。民主與極權因着這一基本出發點之不同而形成的對照，是多麼顯明！

極權暴政所採取的這種『國家哲學』，是『源遠流長』的。我們至少可以回溯到紀元前柏拉圖所著『理想國』。洎乎十五世紀，馬基威尼把國家置於人生之核心。他甚至認爲道德及宗教生活都應唯國家是賴。到了十六世紀卡多諸認爲人之所以組織國家，因爲個人有許多弱點。十七世紀霍布斯出，更將此類高論『發揚光大』。霍布斯認爲人的本性是專圖自利的，因而引起彼此衝突。衝突旣久，無可忍受，遂結締契約，又從契約的限制轉化成爲一個統治權力。統治權力一經形成，個人便無可移易地受環境支配。十九世紀到二十世紀初葉，可說是歷史的理性主義盛行的時代。黑格爾是這一時代的巨靈。黑氏把這一路的『國家哲學』，可說是發揮到了登峯造極的地步。黑氏認爲國家乃個人之較大和較完滿的表現。國家乃客觀精神之結合，道德精神之實踐；具體自由之現實化；完全的理性；個人只有在他是國家之一份子時才具有人的眞實客觀性和道德品質。黑格說『國家是在地上的神聖觀念』，是上帝在地上行走。因此，國家不會有錯，國家無所不能。這麼一說，『人爲國家工具』眞是千該萬該了。

如果我們說一種思想當它普及以後多少可以影響時代，那末一種普及了的思想與實際的勢力結合以後更能影響時代。黑格爾思想之影響，正不下於馬克斯思想之影響。黑格爾思想雖然以『道德』與『理性』等名詞表出，其所給予人類之實際的禍害，與馬克斯之以『經濟』及『鬪爭』等名詞表出的思想所給予人類的實際禍害，是互相表裏的。

黑格爾思想在德國之最積極的繼承者，是柴奇克之流。柴奇克從黑格爾學說出發，讚揚馬基威尼，歌頌權力政治，强調『國家卽是權力』，萬民應對國家『俯伏崇拜』。他說一切文化底進步實由國家促成，個人實渺不足道。他這一股『精神力』，加强了德國的軍國主義，作了德國掀動第一次世界大戰底精神原動力。這一『德國民族精神』之戰後的產品，就是希特勒。在希特勒統治之下，德國流行的名言是『汝實無物，德意志高於一切』。這一股氣流，擴張所及，在東方就是第二次世界大戰以前的日本軍國主義，以及目前廻光反照的『文化全體主義』。文化的全體主義者說：『汝實無物，文化高於一切』。文化既然高於一切，國家是文化發展之體現，所以，轉一個彎，又是『國家高於一切』了。列寧們深諱這種『國家哲學』之妙用。彼輩毀棄『歷史的國家』，而代以『階級的國家』。在此『階級的國家』之中，一個『階級』凌越其他『階級』，一切爲了這一『階級』。而在此『階級』之上，又有精選的幹部。在此精選的幹部之上，又有一個首領。所以，結果，此一首領囊括這個國家之一切，高踞萬人之上，成爲人間的上帝。

百餘年前倡導這種『國家哲學』，其所衍生的弊害，尚不若今日之甚。今日科學技術高度發達。高度發達的科學技術，用作統治的手段，其效率之高，妨害人民自由生活之深入與普遍，遠非百餘年前專制暴君所能夢想。所以，時至今日，即使在高度的民主國家，人民亦需時時設法防制其政府濫用這一技術的權力。良以這種權力稍一濫用，堤防一經潰決，便不可收拾。所以，今日如果再倡『國家至上』、『人民應爲國家利益而犧牲』的調子，即無異於爲手握技術權力的政府大開方便之門，任彼如虎添翼，人民只有慴伏於政府權威的擺佈之下過度戰慄的生涯。這樣一來，民主的實質，將被揚棄於無形。

說來實在可悲，若干年來這一套迷誤人類的『國家哲學』，並無眞實的經驗基礎；只是建立于玄學家的玄想之上；而使這一玄想得以凝固與傳播者，則爲語言的錯誤用法。如果我們說國家『存在』，則國家『存在』之意義，與說個人『存在』之意義，截然不同。個人乃自然的產品。個人之存在有其生物學的、生理學的、及心理學的機能。我們總不能說國家乃一自然的產品。我們也找不到任何證據來證明國家之存在，具有生物學的、生理學的、及心理學的機能。所謂『國家有機說』，是科學不倡明的時代比擬於不倫的一種比附而已。

國家並非一個自然的產品。國家是一種人爲的建構。這一建構之存在，完全基於一種『人際活動』。這種人際活動如果一旦消散了，那末任何人不能證明尚有一個『國家』獨自存在。所謂『國家行動』，一究其實，無一不是個人的行動，或個人行動交互作用的結果。古往今來，藉『國家』之名以行之事，何一不是人所行之事？所謂文化活動，無非也是一種人際活動。離開了一個一個的個人，有何文化可言？一代一代綿延下去的，是一個一個的個人，並非任何抽象的建構。感到需要經濟滿足的，是有生命的個人，不是任何抽象的概念。感到需要自由的，是有思想的個人，不是由這些個人形成的建構。任何團體的自由，剖析起來，無非是同一方向的人際自由。所以，『國家自由』是一個不通的名詞。祇有極權主義的信徒才需要這樣的名詞。

既如上述，我們可知，國家並非高高在上的司命之神；而是位於大家彼此之間的東西。國家之在大家彼此之間，亦如火焰在炭球彼此之間然。國家並非個人的『衣食父母』。每一個人如不工作，國家何來衣食？國家又何能給人衣食？近代國家是一法治組合。先有個人，然後才能有法治組合。所以，個人先於國家。國家依存於人際。既然如此，人際有何美德可言，國家也有何美德可言。同樣，人際有何缺點與惡行，國家也就有何缺點與惡行。國家所有的，可能不能少於人際所有的，但一點也不能多於人際所有的。既然如此，可知國家不會有錯、有錯的是人民之說，是毫無事實根據的玄秘之談。

國家既是由人際生活衍生出來的建構，這一建構當然爲人際的生活而存在。因此，如果有人一定喜用『個人應爲國家利益而存在』的字樣，那末這類字樣如有所實指，應該就是『個人應爲人際利益而存在』。而所謂『人際利益』，落實來說，就是一個一個的個人之利益。這麼一來，所謂『個人應爲人際利益而存在』之說，就是『個人應爲個人利益而存在』。所以，分析到最後，『個人應爲國家利益而存在』之說，如果確有所指，應該是『個人應爲個人利益而存在』。美英等西方民主國家的實際情況就是如此的。

然而，這種解釋，不是國家至上主義者的原意。他們說，國家利益與個人利益是衝突的，必須犧牲個人利益才能實現國家利益。這又是一種不通之論。國家既是由人際活動所建立，亦即最後由一個一個的個人所建立，如果說必須把個人利益犧牲了才能成全國家利益，豈不是等于說必須犧牲個人利益才能成全個人利益。必須犧牲個人利益才能成全個人利益之說，豈非自相矛盾？然而，在鐵幕共產地區，却宣傳着這樣的矛盾之說。共產極權統治者爲什麼需要宣傳這樣的矛盾之說呢？因爲所謂『國家』，究竟總是要人來代表的。而他們自命代表『國家』。於是，『個人必須爲國家利益而犧牲』，在實際上，等于要每一個人爲彼一人或一系之利益而犧牲。『國家』而作了這種自私的用途，不亦可悲？

這是共產極權暴政的基本惡毒之一。這種基本惡毒，又是藉着『國家至上』的玄學衍生出來的。民主國家不需要這樣的玄學。民主國家未嘗不共禦外侮。但是，共禦外侮時，民主國家的政治領袖從來不向人民灌輸『個人應爲國家利益而存在』的說法。我們從這次美英兩國當政領袖的宣言，更可以體會到這一點。國家之最可實徵的一面，是一個一個的個人，個人是國家的根本。如果把一個一個的個人置於恐怖的邊緣，呼吸不得暢通，令其不遂其生，便是動搖國家的根本。國家的根本動搖了，還有什麼可說的？國家利益寓於個人利益之中。個人利益有了着落，國家利益才有着落。個人利益充實了，斯即國家利益之充實。目前的美國就是最好的明證，所以，我們要認清個人爲國家之本，我們必須保牢這一前題。有而且只有保牢了這一前題，我們才有與共產極權勢力抗鬭的起碼資格。

從雷正琪案談到官吏圖利問題

陶百川

本月五日華盛頓電傳，美國國際合作總署派在越南的土地改革專家雷正琪，因為以三千元美金支票透過黑市交易，買了臺灣一家接受美援的玻璃廠的股票，觸犯了該署職員服務規章，經該署要求雷氏辭去現職。

雷正琪平素為人如何？怎麼會在臺灣買股票？買股票何以被認為違法？他的去職有無別的原因？這類事情如果發生在美國其他各部會，是否會有這樣的結果？如果發生在公務員職位一向極有保障的英國，會有怎樣的結果？如果發生在中國，依法應該怎樣處理？作者對於這些問題很感興趣，手頭積有相當多的資料，前天又特地去看了兩位認識雷正琪的人有所請教，現在試為讀者解答上述那些問題，並以償還對『自由中國』半月刊所負的到期文債。

追述前年一件公案

雷正琪現年五十六歲，原籍俄國。在他二十二歲時，蘇俄共產黨赤化了烏克蘭；在一個寒冬的晚上，他偷渡了一條冰封的河流，逃到羅馬尼亞。在那裏，他做了二年工，賺得旅費赴美，在紐約揩窗、送報、縫襯衫、織坐褥。後來取得美國國籍。在做工的時候，他進了哥倫比亞大學讀書，一九三四年獲得農業經濟系的碩士學位。他於是開始在聯邦政府任職。

一九四五年，他在麥克阿瑟屬下指導日本改革土地，使日本四百萬農民獲得了耕地。在臺灣實施土地改革的時期，他也來參加工作，據說很有貢獻。

一九五四年冬，他是美國駐日大使館的農業參贊，由日回美渡假。那時美國政府新頒了一種法律，規定所有駐外農業人員都從國務院移歸農業部管轄。農業部認為雷正琪不適宜於現職，突然把他免職。理由是：『㈠他與美國的農業工作和農業問題向不接近；㈡他是國家安全方面的一個危險份子。』

農業部的聲明指摘雷正琪說：他與共產黨的關係尚待澄清。因為他在一九三〇年曾在蘇俄駐美國的一家國營貿易公司中充任譯員；他有三個姊妹留在蘇俄；他曾參加兩個共產黨操縱的團體；一九三九年，他曾到蘇俄去遊覽。就以這些理由，農業部沒有對雷正琪本人加以查詢，就以命令把他免職。

雷正琪在被免職後，對人聲稱：他到蘇俄去是因為七年沒有得到他姊妹的消息；他從來沒有做過共產黨員，也沒有參加共產黨的團體。他說：『我在二十二歲到美國的時候，沒有錢，沒有朋友，也不懂英文。然而我能發展到可在遠東做美國的代表。我對亞洲人民一個最有效力的反共論據，就是說：像我這樣的成功，在美國是很自然的事情。現在我能對他們說些什麼呢？』

在這以前，雷正琪曾被國務院的情報人員調查過好幾次。最後一次是在那年春天，結果認為他沒有什麼危險可言。

於是雷案在美國掀起了一次風暴。美國駐日大使首先提出抗議。紐約時報竭力聲援。有一作家在該報通訊欄中打抱不平：如說雷正琪是危險份子，『無異是說尼克森和斯蒂文生都在從事顛覆工作。亞洲人都知道雷正琪是共產黨的死對頭，因為他(在土地改革方面)的成就停止了亞洲農民對共產主義的嚮往。』

最後由國際合作總署署長施塔森出來轉圜，他把雷正琪請到該署任職，並派往越南擔任土地改革的顧問。

七百九十元的『利益衝突』

本年五月，雷正琪由美國經過臺北去越南。在臺北時，由於一個林姓朋友的慫恿，他簽了一張三千美元的支票，交給那位林姓朋友在黑市中賣出，以其所得買了一家平板玻璃廠的股票。那家玻璃廠曾經接受了美援約六十萬美元。(作者疑是新竹那家玻璃廠。至於那位林姓人員，是臺灣人，在一家美國政府駐臺機關中任職，但作者不想宣佈他的名字。如果政府當局不加以糾辦，作者切望他以後要特別自重自愛。)

據說那位林姓人員買了股票後，就寫信通知雷正琪。不道那封信適巧落在美國情報人員的手裏，於是告到華盛頓。華府當局很重視這個案子，半年來曾派三批人員來調查。雷正琪坦然承認了上述行動。但是辯稱：他當時不知道那家玻璃廠接受了美援；在被調查後，他就賣掉那批股票，賺了七百九十美元。

原來國際合作總署有一法令，通稱『利益衝突』法(Conflict of interest regulations)。它規定：『任何員工，不得在其駐在的一國或數國，以自己的名義或以他人的名義，或經他人代理，以求取私人利益為目的，從事交易，或與任何實業或職業發生金錢方面的利益關係。』準此規定，雷正琪買的即使不是接受美援的股票，他也違犯了那個法令。

於是國際合作總署要求雷正琪自己辭職，雷即遵辦。現在雷本人尚在西貢。越南的土地問題亟待解決，雷正琪本來正在積極規劃，預定年內着手改革，現在經此波折，自須停頓一下。這不獨是雷正琪本人的不幸，也是越南農民的損失。

寫到這裏，獲讀本月五日六日和七日的紐約時報航空版。該報對雷正琪案似很重視。五日該報以封面兩欄地位報導國際合作總署發言人在記者招待會中報告該案的經過情形，並登出了雷的照片。六日該報登載西貢來電，報導雷正琪的一項聲明。七日該報在世界大事述評版中把該案摘要敘述，但不加批評。

雷正琪在西貢對紐約時報記者提出了一個問題，他說：『我不知道前年農業部對我的無理由指摘，對於這次認為我違犯了法令的決定，是否發生了影響。但我認爲前年的指摘不是沒有影響的。』

國際合作總署似乎早已料到這一着。它的發言人說道：類似雷正琪的案子，過去有過好幾件，可是都沒有公開發表。這次所以特地舉行記者招待會，乃是因爲自從前年農業部把雷正琪免職後，雷已成爲一位公衆注意的人物，爲了雷本人和美國國家的利益，所以有把這事公開發表的必要。

發言人說，雷案曾由合作總署署長在西貢親加調查。署長回到華府後再加研究，才決定要雷辭職。雷的辭職信是上月七日發自西貢。

發言人又說，因爲雷已賣掉了玻璃廠的股票，所以才從輕發落；假使沒有賣掉，總署就得把他撤職。

發言人又說：『總署採這行動，很感遺憾。但本案所犯的錯誤即使由於雷正琪的誤解法令或錯認事實，總署也不能予以原宥或忽視。所以總署雖在遺憾中接受他的辭意，但對他在臺灣、日本和越南協助土地改革和農業增產的貢獻，則全部承認。』

至於前年農業部對雷正琪的指摘，該部彭生部長曾在七月二日公開糾正。雷正琪的危險性問題，似乎早不存在了。但是誠如雷正琪自己對紐約時報記者的訴說：『因爲有過前年所遭遇的困難，我是經不起再有過失的。』

雷正琪以勤勞起家，好不容易，而今因爲七百九十元的小利，弄得丟官敗名，眞是太不值得，在雷本人自然是悔不當初，作者對他也有不勝同情之感。可是美國政府爲了澄清吏治，執法如山，這點精神也很值得稱道。

關於雷案的本身，似乎已寫得很多，就此帶住，不再贅述。下文本想申論與此有關的法律問題，特別是所謂『利益衝突』法問題，而後者原定作爲本文的重心。可是『自由中國』編者要作者把美國前空軍部長戴巴德的去職情形一併寫入，所以作者還得加上一段插曲。

艾森豪總統的名言和英斷

去年八月被迫辭職的美國空軍部長戴巴德，本是紐約一富商。在接受艾森豪總統任命以前，他照例賣去七十萬元的股票，辭去一家大公司的職務。但他保留了一家小公司的股權。那家公司叫做墨林幹公司，是一家關於管理效率的公證行，僅有職員十五人。他在決定保留他的股權時，曾以不替該公司圖利爲條件，取得參議院的諒解。後來參院的調查小組，聽說他在任內仍替墨林幹公司拉生意，對他加以查詢。

去年七月下旬，他對參院調查小組說：他的部長年薪是一萬八千元，而墨林幹公司分給他的紅利是五萬元。『我需要這筆收入，所以我得保持我的股權，但如參院認爲我不宜這樣做，我可出賣我的股權，放棄我的收入。』一星期後，他眞的退出了墨林幹公司。大家以爲這案就此過去了。

但是參院調查小組後來發現他前年曾向RCA無線電公司拉生意。該公司的法律顧問伊文在參院作證時說：『去年十一月，我接得一個電話，講話的人自稱是空軍部的法律總顧問約翰生。他說他聽說我們公司與墨林幹公司爲了續訂契約，需要有人證明並無違法之處，他將寫一證明信來。』

伊文又說：『說到這裏，另一聲音插進來，他說他是空軍部長戴巴德。他告訴我好多公司的名稱，他說它們都與空軍部做生意，同時也與墨林幹訂有契約。「它們都可與墨林幹做生意，訂契約，爲什麼RCA這樣神氣活現！」他的聲音很強烈，似乎要有所行動。』

參院調查完畢後，把四百七十一頁的調查紀錄送給艾森豪總統去決定。他在新聞記者招待會中說：『我所接觸過的空軍方面的任務，戴巴德部長都能很好地完成。』他也沒有被證實有什麼違法的行爲。

『但是』，總統說，『我不相信任何人祇是因爲沒有違法的行爲，就可擔任政府的要職。……現在還牽涉到他是否違背了道德標準的問題。』

總統接着說：『我將親自閱讀全部有關的紀錄。看他有無違背道德的行爲，以決定他應否幹下去。』

在艾森豪總統看過參院全部調查紀錄後，他很迅速決定戴巴德部長應該辭職。就在一個星期內，戴巴德提出辭呈，艾森豪立即批准。距離參院調查開始後不到一個月，戴巴德已經回到墨林幹公司去做他的管理效率的公證工作了。

一個高級官吏，例如一位部長，他的行爲，對於政治風氣有着重大深遠的影響。他要有才能，但更要有道德。艾森豪說得太好了：『我不相信任何人祇是因爲沒有違法的行爲，(作者想引伸一句：『祇是因爲有些才能』)，就可擔任政府的職務，……現在還牽涉到他是否違背了道德標準的問題』。

中國號稱禮義之邦，但是現在反不重視道德，而法治的軌道却又沒有鋪好，所以『上下交爭利，而國危矣！』看了美國參院和艾森豪總統處理戴巴德案的情形，我們不禁感嘆美國的富強固非他國所能及，而其富強之由來也並不是全靠物產和原子能，美國當局的負責之勇，法治之明，效率之强，以及對道德的重視，都是構成富强的因素，也着實可供借鑑。

『利益衝突』法的一個範本

在上述戴巴德案進行時，美國朝野上下都很注意官吏的操守問題。官吏的收受賄賂，美國本已訂有法律，可資信守，可是有些行爲例如所謂『利益衝突』問題，國家還沒有明確完整的法典，使人無所遵循。商業部乃於八月二十三日公佈了一道命令，規定十三條守則，這可說是『利益衝突』法典的範本，很有參考價值，現特譯錄如下：

(一)任何員工，不得以個人的名義，或以團體一份子的名義直接地或間接地，要求、收取、接納凡對公務可能有影響或與公務可能有關係之人的任何禮物、利益、勞務、借款或招待，而可被認爲足以影響其公務之執行者。

(二)任何員工，不得直接或間接從事於私人圖利的私人交易或私人勞務(作者按：包括教書或諮詢)，而可能在任何方式或實質上干預其公務之執行者。

(三)任何員工，不得直接或間接從事於私人圖利的私人交易或私人勞務，而可能使本部(商業部)遭受非議、或困難、或名譽損失者。

(四)任何員工，不得直接或間接從事於私人圖利的私人交易或私人勞務，而允許以其官銜作爲圖利之用者，或被公衆認爲係利用其官吏之地位或權力者，或其所用之資料或消息爲公衆所不知而由於其官吏之地位或權力而知之者。(作者按：如經聲明並非公務，則在寫作演講或教書時，可用其官銜。)

(五)任何員工，不得直接或間接從事於利人圖利的私人交易或私人勞務，而可能阻擾其爲本部所爲之公平判斷者。

(六)任何員工，不得直接或間接參加或試圖影響於任何公務的交易或交涉或決定，而涉及下述私人或組織者：

甲、曾受僱於此私人或組織或與其有任何經濟利益關係而其時間尚不逾兩年者；

乙、在作此公務交易時與此私人或組織有經濟利益關係者。

丙、與此私人或組織正在接洽雇用或商業關係者。

(七)任何員工，不得對非特定人員洩漏保密的商業或經濟消息；不得在規定正式發佈前發表任何商業或經濟消息；不得自用或讓他人利用任何商業或經濟消息以達其私人目的而一般公衆不能因而獲益者。

(八)任何員工，不得直接或間接從事於買賣股票、公債或商品的投機行爲。但作爲眞實投資的行爲，不在此限。

(九)任何員工，不得在任何事物上代表非政府的利益，而此事物涉及任何案件爲其所知或爲其會採取或將採取公務的行動者。

(十)任何員工，在其就任政府職位兩年中，曾被認爲在一特定案件中代表非政府的利益，而此案件爲其所知或爲其會採取公務的行動者，不得與他人從事公務的交易。

(十一)任何員工，不得直接或間接利用或任由屬員利用政府的時間或資源，除非從事公務或依第六章規定事前取得了核准。

(十二)任何員工，不得直接或間接對任何一個私人或一班私人教其如何參加公務員考試。

(十三)任何員工，不得與政府訂立契約，除非依第六章規定事先取得了核准。

美制與英制的比較

看了上述法例和事例，可知美國政府所注意的，是怕員工『假公濟私』，所以預防『以利害公』。所謂『利益衝突』，就是指私人利益與公家利益所發生的衝突。假使私人的圖利行爲不與公事發生關係，也沒有發生關係的可能，便不受政府的干涉。所以雷正琪所買的股票，如果不是臺灣廠家的，而是與他職務沒有關係的另一國的廠家的，他就沒有違法之可言。假使雷正琪並未在臺灣任職，上次來臺也不是因公派遣，則他卽使買了美援廠家的股票，也不算違法。同樣的道理，戴巴德如果不替墨林斡公司打電話拉生意，則雖保留着該公司的股票，也不致有虧於德行而被迫辭職。

以美國的法制與英國的相比較，後者似乎更嚴格。英國對內閣閣員的圖利行爲，一向管得很嚴，但祇是一種習慣，距今五年以前，邱吉爾首相才把那些習慣制成了條欵，包括下列要點：

(一)閣員入閣以後，必須辭去私營企業的職務，並賣掉凡與政府有交易行爲的一切廠商的股票。他可投資公債或地產。但對全部屬於他家族的公司，他可例外地保持其股權。

(二)他與私營企業所發生的全部關係，必須對其同僚全部公開，不得隱瞞。甚至他所有的地產也在公開之列，更甚而至於作爲一個慈善團體的會員，他也必須以其關係公開通知他的同僚，因爲慈善團體也有與政府發生交易或交涉的可能。他當然不得參與政府涉及他的利益的任何行動。

(三)投機性的投資行爲，絕對禁止，因爲他可利用政府的秘密消息以牟利。

(四)閣員行爲是否有背於道德，應由首相加以決定。

一九三六年，英國財政大臣湯麥斯，事前洩漏了預算上的一項秘密，以致對方據以投機圖利。事發之後，他就被迫辭職，以後就不見這人的姓名。所以艾登在任外相時便脫售他的石油股票，而他乃可放手處理英伊間的石油糾紛。

至於入閣之前，他還沒有取得官吏的資格，祇是一個議員，而議員是不受『利益衝突』之法律的或道德的拘束的。所以英國的議員，和美國的議員及我國的立法委員同樣可以兼營商業，沒有限制，但是流弊也就伴着發生。所以最近有人主張議員也應受『利益衝突』的拘束；艾森豪總統前經濟顧問藍達爾便會提過這個問題，頗受輿論支持。但在英國現狀之下似乎不很可能。因爲單以議員的待遇而論，美國衆院一位議員的年俸有二萬二千五百元之多，而英國下院的議員僅得二千八百元，若不兼職，怎能維持！(英國閣員的年俸則有七千元到一萬四千元。)

中國雖有規定然收效不大

中國產業雖不很發達，但官吏也有『利益衝突』的機會。所以公務員服務法特以明文加以限制。依該法規定：

(一)公務員不得經營商業。這較英美的規定爲嚴。而且公務員不僅以官吏爲限，範圍也較廣大。

(二)公務員不得經營投機事業。

(三)公務員可以投資於農業、工業、礦業、交通事業和新聞出版事業，但受下列四種中任何一種的限制：

甲、該項事業不屬於其服務監督者；
乙、必須是有限責任的股東；
丙、所持股份不得超過該公司股份總額十分之一；
丁、不得執行業務。

依此規定，公務員可在上項限制下購買上項私營事業的股票。但在買入後將它賣出，是否構成投機行爲，則須視行爲時的情形而定。

(四)公務員不得利用公欵、權力或公務上之秘密消息而爲營利事業。其情節重大者，不僅須負行政法上的責任，而且須受刑事的訴追。

(五)公務員除法令所定外，不得兼任他項公職或業務。其依法兼職者，不得兼薪及兼領公費。但兼職的公務員可否不領本薪，而領兼職之薪，尙待解釋。

(六)公務員有隸屬關係者，例如主官對屬員或屬員對主官，不得贈送或接受財物。其無隸屬關係者，當然不在此限。

(七)公務員不得就所辦事件收受任何餽贈。烟酒等物，當然也在限制之列。至於所收受者是否與所辦事件有牽連，則須看當時的情形。

(八)公務員執行職務時，過有涉及本身或其家族之利害事件，應行廻避。

(九)公務員不得利用視察調查等機會，接受地方官民之招待或餽贈。如非利用視察調查機會，便不在此限。

(十)公務員非因職務之需要，不得動用公物或支用公欵。情節重大者，並犯侵佔罪。

(十一)公務員職務上所保管之文書財物，應盡善良保管之責，不得毀損、變換、利用或借給他人使用。實則依民法債編規定，公務員卽使對其非因職務上保管之文書財物，亦當盡善良保管之責。

(十二)公務員對於左列各欵，與其職務有關係者，不得私相借貸或訂立互利契約或享受其他不正利益：
甲、承辦本機關或所屬機關之工程者；
乙、經營本機關或所屬事業來往欵項之銀行錢莊；
丙、承辦本機關或所屬事業公用物品之商號；
丁、受有官署補助費者。

但前項行爲如與其職務確無關係者，便不在此限。此在措辭上顯有語病。

以上各條，都屬於英美所稱『利益衝突』的範圍，規定得已經相當詳細。過去監察院曾依這些規定對公務員迭有糾彈，但被糾彈的多是小官，很少大官，處理糾彈案的行政監督機關和司法懲戒機關又多避重就輕，不能盡法懲處，而一般大官鉅頭很少能以身作則，樹立風氣，有時甚至公然包庇阻撓，以致收效不大。觀於美英當局處理這類案件的迅速、確實、克己和公正，不禁感慨系之矣！

四十五年二月十七日

美國要在亞洲做些什麼？

許　冠　三

美國要在亞洲做些什麼？這好像是應該由『國際問題專家』來解答的問題。我旣不是國際問題專家，自然是不必越俎代庖了。這就是說，我寫這篇文章的動機，主要的並不是爲這個問題提出解答；我的興趣只是在於公開我個人對於這個問題思索的過程——如何思索這個問題，循如何的途徑去解答。因爲，這是我第一次嚴格的運用科學方法去探討一個問題。這自然還含有科學態度在內，儘量使自己面對頑强冷酷的現象，不致因自我的慾念、希望和期待而迷亂自己的視線和致知過程。至於，我的思索結果，有無意義，讀者自會下準確的判斷。

一兩年前，我常常聽到一些自以爲關心自由世界前途的人說：『美國在亞洲簡直沒有政策，像是盲人騎瞎馬，亂衝亂撞。』起初我並不注意這些近似怨艾的議論，以爲那不過是期待與仰賴心理的一種反映。及至說的人多了，我也不知不覺的對他們的論調有了興趣。不過，我並未像他們那樣輕易的認定『美國在亞洲沒有政策』，我只是在問自己：美國是否有亞洲政策？如果有的話，那是個什麼政策？那個政策的目的是什麼？

對於美國有無亞洲政策一節，我的懷疑只是曇花一現。因爲美國人幾年來，在日本、琉球、朝鮮、臺灣、香港和越南的行爲，不容許我的懷疑繼續存在。他們在這些地區中所作的若干一貫而和諧的活動，顯示出他們的行爲旣有所本，亦有所爲。那並不是一匹瞎馬，騎馬的也不是盲人。也許那種騎法不是我們所期待、所中意的騎法，騎師要去的目的地也和我們的不一致。因此，『美國人沒有亞洲政策』一語，應寫成『美國人沒有我們所要的亞洲政策』或『美國人的亞洲政策不是我們所希望的亞洲政策』。只要一點點的語義學訓練，就能幫助我們解除許多迷惘、困惑、焦急、艾怨和失望……。我的結論似乎來得太快。不過，這是有充分證據的。下面便是整個論證的過程。

在面對這樣一個問題時，照科學方法的程序，應該先根據旣有知識提出一些假設來。在這個問題上，提假設時需要的知識並不多，稍有國際常識的人，都能提出些不大離譜的假設來。我所提出的假設計有：

(一)推廣美國的民主生活方式。提出這個假設的根據是：①美國人的政治傳統和信仰；②美國當局所發佈的某些文告。

(二)打擊並推翻共產勢力。根據是：①韓戰爆發時，聯合國及美國所發表的文告；②美國官方和半官方的言論。

(三)防止共產勢力的擴張。這一假設的根據最明顯。美方在日本、琉球、臺灣、越南和泰國等地所作的準備，在在說明美國在這方面的努力。

在這三個假設中，以第一個假設爲最積極，它顯然包含第二第三兩假設在內；第二個假設居中，自然還包含第三個假設在內；至於第三個假設是最消極的，也是我們最不希望的。既然有了假設，跟着便該找事實來證明那一個可以成立了。基於前面的說明，如果第一假設成立，則第二第三假設也跟着成立；如第二假設成立，第三假設自然也不用另加驗證；如只有第三假設成立，則第一第二假設便無成立希望了。

驗證這類假設，通常是用同意法 (method of agreement)。因此，我得就美國人的行動中去找事例來求證明。

當然，我是先檢查第一假設。這不只是順序上的方便，同時，也因爲我個人希望美國人能在亞洲有這個積極的做法。不幸，事實竟使我大爲失望。㈠儘管美國的傳統和政治信仰是以民主爲依歸，可是我們找不到任何證據，支持這一假設，甚至於連理論上的證據都找不到。他們好像根本未把『獨立宣言』中『一切的人生而平等』中的『人』字，解釋成一般的人，不分膚色，不分國籍。那個『人』字恐怕是只作『美國人』解，充其量也不過是作『白種人』或『歐洲人』解。亞洲人，特別是中國人，與民主是無份的。我所接談過的美國人好像都作如是觀。而他們自己還宣稱是美國人中的『進步份子』。保守或頑固份子持怎樣的觀念，那就不用問了。㈡美國政府在亞洲所支持的政治領袖，幾乎沒有一個華盛頓、哲佛遜的崇拜者。他們所支持的政治領袖，有些竟是半神半人的國家元首；有些則是個著名的大獨裁者，而且在第二次大戰中而且還支持過日本軍閥。

這些事實顯然已足够否證我的第一個假設了。那就是說，美國人若無意把他們的民主生活方式推廣到亞洲來。

第一個假設既不能成立，第二個又如何？韓戰初起時，以及麥克阿瑟任遠東聯軍統帥期中，美國的許多言論和作爲，似乎是支持這一假設的。以聯合國在朝鮮的行動爲警察行爲的論調，好像是具有代表性的言論。官方的文告也一再强調『警察捉强盜』的說法。同時，麥克阿瑟復堅持越過三八線的主張，並且美聯軍眞的衝過了三八線，甚至兵臨鴨綠江畔。看當時的情況，美軍大有直搗中共老巢之勢。可是，麥克阿瑟將軍的撤退，從根本上動搖了這一假定。白宮和五角大廈顯然無意去搗敵人的老巢，進而徹底的消滅他們。其後，『警察』和『匪徒』居然坐下來談判了，這就是板門店的和談，日內瓦的會議。有了這些事例，第二假設如何還能站得住呢？而擺在我們眼前的所謂『臺灣海峽停火』，是我們看得最眞切的，甚至能嗅得到的又一否證事例。

只要這些事實不成問題，那末，第二個假設便不得不被放棄了。

既不是甲，又不是乙，美國人眞是像孩子樣地在亞洲胡鬧嗎？美國的那些軍政要人，成年飛來飛去，眞的是爲伴太太旅行，爲孩子買玩具嗎？如果你這樣相信，那你可就眞是孩子了。他們的行動是有所本，有所爲的。

於是，我帶着惶恐的心情去檢查第三個假設。這是唯一的可能了。

只要我們稍稍想一想；不必去資料室查資料，更不用『國際問題專家』大做文章；誰都有充分理由相信第三個假設可以成立。即是說，美國在亞洲的做法，只是消極的防衞，防止共產勢力的擴張。一切的作爲不過如此，支持這一假設的事例太多了，信手拈來，均可成篇。他們在朝鮮打仗不過三八線；在臺灣方面，只作防守性的支持，在印支半島則拱手將北越讓給越共……。在軍事、外交上的做法如此，文化、政治上的做法亦莫不如此。美國人在亞洲支持了許多文化、政治活動，其最高目標也不過是防共；防止共產黨的滲透，防止共產黨在亞洲各地的顚覆運動。正因爲他們的最高目標在防共，是以他們在亞洲可以支持許多非民主的政治領袖。這也就是說，美國人所支持的對象並不問各該國的人民是否同意，只問他們是否願意和美國人『合作』，是否絕對忠實的執行美國的防共政策。

我不想在這裏浪費更多的篇幅去舉例子。我也無意認定這就是『美國要在亞洲做些什麼』這問題的鐵定答案。這最多不過是一個有許多事例證明的假設。這種歸納性的結論，是隨時可以因反面證據的發現而修正的。

說到這裏，我想起了一位朋友給我講過的一個比喩。他是在鄉下長大的，他的社會科學雖然學得極好，可是總愛把他幼年的見聞來比喩許多關涉宏大的問題。他覺得美國人這幾年在亞洲的做法，就很像他們鄉下大地主在匪勢猖狂時的做法——如何守住自己的圍子和莊園。一切的措施都圍繞着這個目標。他說，身爲地主的人，自然是不必和匪徒拼命的，甚至拿自我培植多年的親信家丁去拼命都捨不得。是以，只要匪勢還沒擴張到家門口(雖然他也知道有一天總是要鬧到家門口的)，絕不出頭過問。甚至匪徒已在隣近打家刼舍，他還是不用管。那怕災黎遍野，他也可以無動於衷。並且還可以趁此擺擺慈善面孔；並在難民中選些精壯的青年作臨時的家丁；此外，還可找有把握的對象放些青苗錢。如果匪徒願意和他來個『河水不犯井水』的互不侵犯默契，那他更求之不得。可是，他也知道匪言不可輕信。『河水不犯井水』的默契能否實踐，全看他擁有的實力如何。因此，他得擴充實力，加緊守備。一方面多置利器，多用好槍手；一方面則和隣近有槍的小戶訂立『防守同盟』，約定彼此守望相助，務使外圍的小莊子不落入匪徒之手，好作爲圍攻的據點。這個防衞圈可能很大，不過，那只是爲守衞而設。只要匪人不來攻打他，他決不主動出擊，以消滅匪徒，爲民除匪。與那個防衞圈無關人的死活，他是絕對不管的。

他這個比喩對嗎？我們不妨冷靜地去檢查一下。雖然，我們不希望他的比喩恰恰吻合，可是，我們却不得不面對現實。萬一他不幸言中，你又作何感想呢？

留待歷史判斷？

——論俞鴻鈞答張九如質詢——

李寄予

立法院第十七會期開幕後，立法委員張九如對國計民生提出了一百個問題的質詢。行政院院長俞鴻鈞於二月十七日下午在立法院對張九如的答覆，有下列幾句扼要的話：「今日在政府機關服務各人員，全部精神體力，盡量貢獻國家，成敗利鈍，在所不計。至是否爲中興人才，只能在歷史上才能作客觀的判斷。」（新生報二月十八日第二版）我們是讀了俞鴻鈞的答覆，纔去翻閱張九如的質詢。在沒有細讀張氏質詢全文以前，我們聽到俞鴻鈞的答覆，何其言之激昂而鏗鏘！行政首長在立法機關報告施政，答覆質詢，而談到歷史。尤其涉及行政首長自身，要留待歷史判斷。而且行政首長之政績與行誼，只能在歷史上才能作客觀的判斷。這是世界各國議會中相當驚人之言論，值得知人論世者詳予研究。

在將來歷史對俞鴻鈞是否爲中興人才予以客觀判斷以前，在將來歷史對俞鴻鈞的政績及政治道德予以客觀判斷以前，我們不妨就現在的清議與輿論的立場，對俞鴻鈞作一個客觀的判斷。歷史與當時的輿情有時候雖然並不一致，但是公正的歷史與現今的輿情，距離不會太遠，更不致完全相反。所以秉國鈞而執大權如俞鴻鈞者，與其留待將來歷史來判斷，不如姑先察訪當前輿情的向背。在民主憲政國家，一個行政院院長，輿情清議不能判斷，民意機關不能判斷，只能在歷史上才能作客觀的判斷，這句話是虛玄的，這句話是逃避的，這句話更是帶些油滑的腔調。今天清議與論對俞鴻鈞作判斷，應該先看張九如的質詢。張九如此次所提一百個問題，中間有許多問題涉及瑣細，有許多問題可以歸併，然而從大體論，這一百個問題是一件大質詢，在議會中，什麼是大事小事？什麼是重要或不重要？就在那問題是不是涉及政策，又是不是涉及全局或其影響將貽留至於今後若干年？由這一個標準來看張氏的質詢，他這一百個問題，是够得上這許多標準的。

我們略擧張氏質詢中幾個例子：如第一、「今日最腐蝕國家元氣的，不在公務員帶有鄉氣書生氣，而在其染有官氣市儈氣。如何維護敢於任事的狂者，以恢宏志士之氣？如何罷斥媚滑長縮的庸吏，以蕩滌因循之風，實爲根本的施政方針。最重要的施政報告，並且是必須爲政風擔當歷史責任的第一件大事，爲何一字不提？」第二、「今日各方面所需各種人才，已感不足，將來收復大陸後更感缺乏。未成材者固有待於培植，然已成器者實有賴於延攬，尤有待於懸格以求……。今日需要何種品質的各種人材，始終不曾標明主格，以育以求。……今後有無切實措施，宏開進賢之路，廣求中興之佐？」第七、「政策的決定與執行，行政院有最高職權，並負最後責任。但總須使有責者必先有權，纔能使有權者可以負責。行政院能否從本身起，完成這種條件？」第十四、「生活靠美援，安全靠第七艦隊，反攻靠世界大戰，緣何因素形成如此的依賴心僥倖心，有無辦法糾正此種錯誤觀念，有無計劃造成國人獨立自强的精神。」其他如第五、第六、第八、第九、第十、第十一、第十二、第十五、第十六、第十七、第十八、第十九各條，性質上都是含有原則性的，也是針對當前時弊的一個綜論。普通人民讀了這一百個問題要繞室徬徨，負有最高行政責任的人，讀了這一百個問題，更應該惶恐迫切。因爲這確是當前問題的大關鍵，也確是我們復國成敗之所寄。現今我們的俞院長，在立法院的答覆，僅僅是「語重心長」，「不勝敬佩」一類的語句，這實在使我們不負任何責任的老百姓，聽了更爲寢饋不安。國家當着這樣的嚴重關頭，而政象世風，已經陵夷敗壞，至於今日，負着最高行政責任的人，聽到民意機關如此的呼聲，難道講幾句客套話，便算應付過去！更使我們聽了難受的，對行政院院長及其同僚的批判，要留待歷史！而且髣髴只有歷史才能判斷他們！

我們想和俞氏略談歷史，更願與俞氏略談政治家與歷史。研究歷史的人告訴我們：不是所有的歷史都是可靠的，歷史的判斷有時難於十分客觀。英國大史家吉朋（羅馬史著者），曾經說：「歷史僅僅稍稍超出怨毒或諛頌的官能。」所以世界各國的史料多，歷史多，而眞正公平的歷史少。中國的史學最發達也最完備。講時間，我們的歷史超出歐洲在一千三四百年以上。但是我們的歷史中如陳壽三國志，如南北史，如五代史，其中廻護歪曲之處，指不勝屈。「陳壽作魏本紀，曲盡廻護，凡兩朝革易之際，進爵、封國、賜劍履、加九錫以及禪位有詔有策，竟成一定書法。以後宋齊梁陳諸書，悉奉爲成式，直以爲作史之法，固應如是。……」（趙翼廿二史劄記。）以前有人寫一付輓聯傳誦一時，「千秋史筆陳承祚；一代文章揚子雲。」所以論到歷史，歷史是不甚靠得住的。歷史要看由什麼人來寫？舊時專制的帝王，好言天命與神權。舊時社會論個人行爲輒言道德與良心。近代的國家社會，政治上言責任，行爲上憑法律。今天的政治家，心目中不念念於制度及責任，而空言歷史。今天的政治家，不把自己的政治行爲與責任，向人民求清議與論的判斷，而想逃避於玄渺的歷史。此猶個人之行爲，不憑法律而僅想逃避於良心，同一不能爲現代的政制與社會所容許。

基於反共抗俄的大前提，我們對自由中國的一草一木，尙應加以愛護。俞院長身負反共復國的大任，我們對他衷心的擁護，是絕無疑義的。但是，我們愛護俞院長，更愛護國家。將及二十個月的俞內閣，崇法務實到今天，「全部精神體力貢獻國家」，究竟所做何事？至於政府服務各人員，俞氏要留待歷史評判的，照清議與論來看，小者不論，若乃大員中，顢頇無能，不稱其職者，大有人在，豈能佯聾作啞，而委之於歷史判斷？

昔姚廣孝佐燕王棣「靖難」成功，晚年自題像讚：「名傳千古，不值一文。」姚廣孝的歷史評判，數百年來昭昭在人耳目，然而姚廣孝生前却預爲自己作「歷史的客觀判斷」，姚廣孝畢竟還是高人一等！這段歷史故實，願與好談歷史的俞院長提出討論討論。

「將叛者其辭慙。中心疑者其辭枝。失其守者其辭屈。」這是易經上幾句名言，很可以引來作衡量政治人物的參證。

論臺灣獄政（上）

蔡保勳

一　監獄名稱之商榷

監獄是執行自由刑的場所，其名監者，含有監視的意義，獄字從二犬，取守備之意；從言者訟也，爲防守因訟被拘者的地方，是君主專制時代的產物。如史載桀囚商湯于夏臺，紂囚西伯于羑里，此夏臺羑里，即我國監獄之起始。其後周有靈臺，爲秦伯留置晉侯之地；又有圜土，係帝芬三十六年所建之獄。都是帝王本着君權懲罰臣民的地方，行使其威嚇報復的手段。時至今日，政體變遷，由君主而立憲而民主；政策亦異，由報復主義遞嬗而爲目的主義；行刑的觀念，亦漸由威嚇轉趨爲感化改造；陳舊落伍封建殘酷的監獄名稱，自亦應隨時代的轉進而淘汰，絕不宜因襲沿用，抱殘守缺，自樹革新的障碍。歐美各國，近亦多以 Circle、Workshop、或 Penitentiary 表明監獄的涵義，其意僅爲「一定的範圍」、「勞作的場所」、或「反省感化的處所」而已。臺灣自光復以來，接收日據時代之刑務所凡八處，因當時整個大陸，尚在沿用監獄舊名，爲全國統一起見，接收後亦一律改稱爲監獄，似乎並未考慮到乘此鼎革一番。此在獄政革新史上，無形中有了一個頓挫。迨大陸沉淪，臺灣成了反共抗俄復興的基地，一切由臺灣做起，萬象更新，樣樣都有進步，而監獄的名稱，則尚未見改革，這不能不說是一件美中不足的憾事。洎乎晚近，司法行政當局，雖在大力革新獄政，倡議更改監獄名稱，但提送立法院作修正參考之代名爲「感化監」，似欠考慮周密，既經刪去獄字，何獨保留監字，且亦未能明顯表示出行刑場所的觀念，有混「執行」與「保安處分」之「感化教育處所」爲一談，不如改稱爲「刑教院」，較爲恰切，既可揭示理獄恤囚、明刑弼教的古訓遺風，亦符現代行刑感化之趨勢，名正義順，殊屬不可多得之名稱。是以此次立法院修正四種監所基本法規時，認爲尚無適當的名稱，可資改替，決議暫仍舊稱，這使獄政的革新，又失去了一個千載難逢躍進的機會。從此，正名定義，澄清觀念，還須拭目以待。司法行政當局，如果有堅決革新的決心，還可仿照「看守」改「管理員」的前例，在法律未修訂前，專案報請行政院權宜核定後改稱，以正視聽，並非沒有補救的途徑。

二　監所的增設與分立

臺灣自光復後，接收日據時代之刑務所凡八處，內四處稱刑務所，包括少年刑務所一處，其餘四處爲支所，範圍較小，設備亦略遜于刑務所，專收輕犯。接收後，因配合法院之增設，數年來，連看守所在內，在數量上，竟增設了一倍以上，現有獨立的監獄十所，獨立的看守所十一所，看守所附設監獄者一所，共計二十二個單位。際此國家財政極端支絀之時，司法行政當局尚能擘劃與建如許監所，其克難精神，自無可非議；但是相反的，亦足證明罪犯與刑事案件的數量，與時俱增，不無遺憾。近三年來，當局已在有計劃地將全臺灣的監獄和看守所，逐漸使其完全劃分獨立，使「監」與「所」、「執行」與「羈押」、「受刑」與「被告」、「已決」和「未決」，有顯著的不同。在理論上，可說是絕對正確的。但是事實上，自分立以來，監所在本質上，仍無顯著的差別，看守所至多是監獄的一個分店罷了；寄身裏面的人犯，也感覺不到有什麼不同的待遇和管理；隨着的却帶來如下幾個不良的後果：㈠徒增員額的編制和經費的負擔，按四十年劃分以前全臺灣監所的員額共一、三八八名，劃分後則增至一、四一九人，經費的支出，自亦隨之激增，在財政上不無糜費的現象。㈡使原有相當基礎之監獄，因經費的未能集中使用，後天爲之失調，新成立的看守所，則仍陷于先天不足的狀態，設備簡陋，內容空虛，監既不成，所亦無就。㈢監所兩首長同時存在，正如法院的審檢兩長一樣，時有磨擦，招來許多無謂的紛爭與人事上不甚協調的現象。這多是監所劃分以後美中不足的地方。所以在現階段下，拙見認爲監所分立則可，分家則不可，實質上的管理和制度，自應分立，使各樹建制；形式的設官分職，專在人事和經費上，斤斤計較，則大可不必，如不怕開倒車，在現階段下，回過頭來，改弦易轍，使監所分立不分家，還是合算的。倘能銳意革新，趁此建立看守所的制度，有如後述者，則現狀的分家分立，仍有維持的價值；否則，還是回頭是岸，暫仍以分立不分家爲是。

三　獄政人員與基層組織

獄政人員，職司再造人犯，負有再教育的使命，職責之重，遠過于一般教育之作育人才。是以歐美諸國，對于監所人員，其選擇條件：一、要有高尚的德性；二、要有淵博的學問；三要有豐富的經驗。但是我國傳統的觀念，對于監獄，往往被人輕視，舊劇如玉堂春、六月雪等，每逢獄吏出場時，輒令扮演種種使人鄙視的動作，不特竭盡描繪其殘酷與虐待，且使醜態百出，畢露其寡廉鮮恥的樣子，必至觀衆皆曰可鄙而後止。是以搢衣載道者，固被人遺忘，治獄人員，亦爲人所不齒，目爲「牢頭禁子」，而羞與爲伍。馴至彼輩遂自慚形穢，自卑成性，有識者裹足不前，能力較練者，亦紛紛求去。加以目前監獄名稱未改，監獄人事制度尚未建立，觀念依然，待遇菲薄，責重事繁，益難羅致適當人才。故大都存五日京兆之心，視監所如旅邸，專心革新者，則鳳毛麟角。就目前論，臺灣各監所之中上級幹部，全賴前中央警官學校監獄官組各期畢業同學全力支撐，可說是目前監所人員之中堅分子，但大都亦不安于位，待機而遷，此後則恐人才難以輩出，且有衰絕之虞，雖當局竭力注意作育，因前述各種因素，亦難使其學成致用。至下級之基層幹部——管理員，則尤良莠不齊，不足為人犯之表率，清除積弊之不暇，遑論行刑以感化為目的，故提高其素質、地位與待遇，確為目前當務之急。乃最近立法院修正監獄及看守所條例，提高管理員為委任級，法良意美，實革新絕好之際會。豈知竟尚有人作杞憂之論，認為基層人員提高其水準地位後，恐有尾大不掉之虞，急謀預為防範，囿于消極性「看守」時代之短見，忽略積極管理之觀念，不知此乃革新獄政由集體行刑一轉為個別行刑千載難逢之良機。消極之看守制度，從此結束；積極個別感化之管理，由此開端。看守與管理員，不特在名稱上有別，在性質及精神上亦應使有劃時代之不同，昔日看之守之為已足，專司消極戒護工作；今則以感化管理為原則。其詳當于另節述之。

四　確立行刑觀念及其原則

刑期無刑，古有明訓。近代文明各國，亦無不由報復主義的威嚇鎮壓，趨于目的主義之教育與感化。我國自鼎革以還，雖迭經改革，終以積重難返，觀念迄未建立。迨政府遷來臺灣，鑒於獄政積弊之深，始銳意改革，一變日據時期殖民地政策之威嚇與鎮壓的態度，寓教于刑，樹立積極性的新刑罰觀念，數年以來，雖不無成就，但距理想尚遠，檢討結果，徒具積極行刑感化之名，而仍殘留着消極行刑的措施。例如警衛，職司戒護，人犯如有脫逃，即責無旁貸，輕則記過申誡，重則撤免降調，是以為首長者，無不以警衛為至上，不求有功，先求無過，專重消極的戒護，唯恐教化的活動過多，增加戒備的困難和脫逃的機會；更恐因作業的增强和監外作業的擴展，影響防護的困難，最好能將人犯，整日禁在監房，剝盡其一切自由，然後方可高枕無憂，是則不特與教化作業有所抵觸，而與行刑感化之旨，尚大相逕庭。但對作業課，因隨時爭取成績盈餘及獎金，絕不肯輕易放過；只要增加作業的時間和勞力，就可增加收入和成績，且可博得層峯的考核與獎金，一舉數得，為全監上下所重視，此不若教化工作之百年樹人，收效遲緩，又無獎金，故無形中監獄作業第一，與教化活動大有衝突，與消極警衛之約束亦完全抵觸。首被其害者，為教化的機會之被剝奪殆盡。名為行刑感化政策之首要工作，在警衛至上、作業第一之趨勢下，已被破壞無遺，名為第一，實為尾巴，各自為政，分工而不合作。這多是消極行刑的現象。夫獄政之良窳，端視教化、作業、警衛三項主要業務之消長及順序以為斷；上焉者，教化居首，作業次之，警衛為巴尾；次焉者，作業第一；最下則警衛當先。依此論斷，則臺灣目前獄政，雖號稱革新，實尚停留在「下」的一個階段，所謂新的行刑感化觀念，徒有其名而無其實。故應切實樹立積極行刑的觀念，廢除消極的刑罰措施；例如教化、作業、衛生、警衛諸項工作，必使其加諸人犯者，非為消極性痛苦之刑罰，而為積極性樂于接受之改造教育，盡量擴充人犯在監獄圍墻以內有紀律，有組織的自由與康樂，力減在監之痛苦，激發其良知，尊重其人格，培養其自尊心，使其改過向上，悛悔遷善，一矯舊日不作為禁止的作風，變為自動作為的態度，凡一切有碍積極性之措施，一律廢除。然後，教化的原則：寓教于刑，寓刑于康樂，期于無刑，啓發其良知，變化其氣質，使其自治自動，改悔向上，重作新人，為人格之改造，以達監獄學校化。作業的原則：為習藝謀生技能之傳授與訓練，鍛鍊其生活，改變其習慣，加强生產，配合動員，使其自立自給，着重勞動之改造，以達監獄工廠化。警衛方面：整飭生活，嚴肅風紀，養成公共組織守法務正之習慣，使其自尊自覺，注重紀律之改造，以達監獄軍營化。衛生方面：除診療人犯之身體疾病外，兼及個別心理病態之糾正，使其自强不息，注意人犯身心之改造，以達監獄醫院化。總務方面：則應以慈悯人道為懷，作合理管理之出發點，根除殘酷虐待之積習，使其自愛自慰，注重人犯福利之改造，以達監獄家庭化。依此行刑數原則，然後感化改造的目的，自不難達成。

五　建立個別化之行刑制度及累進方法

行刑觀念及原則已如前述，欲求實現，尚有待于行刑制度之建立，及個別行刑與累進方法之實施。今臺灣獄政，雖于監獄行刑法開宗明義第一條有明白目的的規定，——以使受刑人改悔向上，適于社會生活為目的。但所有的措施，却多背道而馳。行刑制度亦迄未建立，既非雜居制，亦非分房制，也不是階級制或假釋制，更不是不定刑期制，或自治制。無以名之，只能稱為改良的雜居制。制度既未建立，方法亦欠完備，雖頒有行刑累進處遇條例，亦徒有其名而無其實；行刑個別化，則距離尤遠。宜適應世界進化的潮流，確定以自治制為行刑制度之理想，再以個別行刑及累進之方法達成之。稱自治制者：視監獄如一個國家或社會，其中之每一受刑人，在其日常管教養衛之生活中，均有行使政權的機會，以培養其自治精神，達成重新做一個優良完好的公民而後止。唯此處所稱之自治，乃屬相對的限制的自治，並非絕對的放任的自治。稱行刑個別化者：即指由集體行刑進為個別感化之謂，確立以管理員為獄政革新之重心，乘此次立法院修正監所條例，提高管理員之地位為委任級之時，實施管理員導師制，一改舊日管理員隸屬于警衛課，專司戒護工作，使其分受總務教化作業衛生警衛各課之指揮監督，分擔積極性之給養教化作業衛生戒護工作，共同達成使受刑人改悔向上適于社會生活之感化目的，使獄政革新工作，步入一個嶄新的階段。良以管理員為監所之基層人員，直接與人犯接觸，其感召之效，不可言喻。現臺灣監獄，共有管理員五六〇名，受刑人僅三、〇三七名，(四四年八月間情形)平均每一管理員分配受刑人五名强；若連監獄職員在內，共有管理人員八四八名，則平均每人分配之受刑人，尚不到四名，故在人數上看，應乘此機會改行管理員導師制，是絕對正確的。就管理員的素質來說，改爲委任級後，亦當無不能勝任導師之虞。妥就管見所及，下列兩種導師制，似可擇一實施：

甲、管教養衞四位一體之管理員導師制：

管理員一人負責—管、教、養、衞—受刑人一小組

乙、管教養衞四位分立之管理員導師制：

管理員四人小組
負責受刑人四組
分擔管教養衞
- 教化管理員—受刑人第一組
- 作業管理員—受刑人第二組
- 衞生管理員—受刑人第三組
- 戒護管理員—受刑人第四組

似此，則現行之監獄內的勤務制度，不論隔日制四八制，均應一律廢除，或予修正，充其極亦應改爲墻外勤務制度，使受刑人于墻內保有與自由社會等量之自由，使現在的監獄內，做到所謂不設防的狀態，然後利用受刑人集體之作息時間，安排管理員之休息機會，絕不至有使管理員日以繼夜、不眠不休的工作。

總之，獄政之良否，決于基層之管理員；感化管理之能否奏效，則繫于個別行刑導師制之建立。稱行刑累進者，即指行刑累進處遇之謂，各受刑人均得依其刑期長短惡性輕重等，分爲若干類別，每類分爲一、二、三、四四個階級，各類級預先規定有一定數字之責任分數，再以該受刑人在監所得之各項成績分數抵銷之，抵銷淨盡後，逐次令其進級，俟其進至一或二級時，除得享受各該級規定之待遇，先嚴後寬，始劣終優，並得配合運用現行定期刑之假釋制度，假釋出獄，藉以鼓勵其自新。此種累進方法爲現代行刑感化之無上良法。

六　走向大監獄及專業監獄制度

前述臺灣共有監所二十二個單位，大都規模狹小，容額無多，際此國家財政支絀之時，採用小監獄制度，是相當不經濟的，麻雀雖小，五臟俱全，只要是一個監獄，不論大小，就得要有一筆基本經費的開支，和基本人員的編制。例如四十一年間，國民黨中央黨部奉　總裁之命，考察臺灣各監所報告書有所謂：「四十一年全省監所十六處，員工九八四人，而實收人犯僅四、八〇三名，平均每人分配管理五名人犯，此顯示監所之設置，爲數已多」等語。于今監所數量繼續增多，不經濟的現象，較諸當時爲尤甚，故有的監所，內部人員幾與人犯數相等，論者病之，似應急起改革，放棄小監獄，擇優擴充爲大監獄，即採用大監獄制度，使成爲一般的普通監獄。例如先在臺灣的東南中北部，各擇一處如現在之臺北臺南臺中花蓮四監獄，略加擴充，使成爲較大的監獄，專收一般普通的人犯，次將原有其他規模較小之監獄一律廢除，改設專業監獄，例如以新竹爲少年監獄，臺東爲外役監，澎湖爲累犯監，嘉義爲重犯監，高雄爲竊盜監，屏東爲病犯監，宜蘭爲實驗監，此在交通利便之今日臺灣，人犯的遞解和家屬的接見，當不至有若何的困難。請觀下表資料，即可知其梗概，無待深論。

（未完）

臺灣監獄概況表

監獄名稱	規定容額	規定員額	經常費預算數	收容人數	女犯人數	重刑人數	少年人數	累犯人數	疾病人數	竊盜人數
臺北監獄	七三二	一七三	七六一、七〇〇·〇〇	九六六	五六	三五	六三	七一六	一九七	
臺南監獄	七五二	一四三	六一五、九〇〇·〇〇	六四五	一〇	九	三四	三九一	二〇	
臺中監獄	六四二	一三一	五七二、一〇〇·〇〇	四九四	一三	三	四九	一五〇	四二七	
新竹監獄	三九二	七六	三五四、九〇〇·〇〇	一七三	七	二	一一三	一〇六	八五	
嘉義監獄	二八三	七四	三四〇、三一〇·〇〇	二一〇	六	七	二七	一〇六	三二	
高雄監獄	二五三	七四	三四一、五三〇·〇〇	二三七	六	一	五六	一九三	二九〇	
花蓮監獄	一五八	四三	三三八、八〇〇·〇〇	八六	二	一	一六	三八	五六一	
宜蘭監獄	一三二	四二	二〇四、五四〇·〇〇	八四	六	二	七	一九	一五三	
屏東監獄	一一〇	四一	一九六、四四〇·〇〇	七八	〇	三	一九	七九	一三八	
臺東監獄	九三	三六	一八三、三〇〇·〇〇	四七	一	一	四	三三	二四〇	
澎湖監獄	九〇	一五	九一、一四〇·〇〇	一八	〇	〇	一	八	二九	
合計	三、六三四	八四八	三、八九四、六六〇·〇〇	三、〇三七	一〇七	九二	三八八	一、八三九	二、一七八	四、一一二
備考				以上四十四年八月份資料	四十三年年報資料	四十三年年報資料指刑期十年以上者	四十三年年報資料指未滿十八歲者	四十三年全年累計數	包括輕重疾病在內	總人數爲七、九三六名

法國大選之分析

巴黎通訊・一月十日

齊佑之

一　前言

法國總統於去年十二月二日正式公佈解散法國第四共和的第二屆國會。這是法國政治上的一件大事。誠然，法國在立法上採用的是「兩院制」，但是法國國會參議院(正式名稱爲「共和國會議」[Conseil de République）的權限很小，祇是在某些方面對衆議院發生牽掣作用而已，實際對政府實行控制、監督並訂立法律的是國會衆議院，法人稱之爲國民大會（Assemblée Nationale)。例如法國憲法第二十條規定，經國民大會首次通過的法律，在共和國會議提出討論時如被否決，國民大會得再度討論，但如國民大會在複議時，再度將原案通過時，則共和國會議將無法再反對。同時根據憲法第四十八條，法國內閣僅對國民大會負責。另一方面，在政治上，法國採用的是「內閣制」，而非「總統制」，也就是說，國家行政權操於內閣而非總統一人之手。既然上面已經說過，法國內閣應對國民大會負責，因此可知法國政府的產生及其維持，其權操之於國民大會。故國民大會的改選，實決定今後五年法國政治的動向，因此我們對此次法國國民大會改選的前因後果，實有研究的必要。

二　選舉法及選區的劃分

法國國會兩院的選舉法亦不一樣，籠統的說，參議院議員以間接選舉法產生，而衆議院議員則以全民投票方式產生，衆議院議員任期五年，每次大選的選舉法係由前屆衆議院自行制訂。此次解散國會前，對選舉法問題經月辯論而終未能獲得協議，而竟因此問題對佛爾內閣提出不信任投票，導至解散衆議院。因係政府解散國會，故此次衆議院改選的選舉法，仍依一九五一年五月九日通過的法律，即於同年六月十七日選舉第二屆衆議院議員時所採用的「可由黨派聯合競選的比例選舉法」(Scrutin á la représentation proportionnelle avec apparentement)；而選區的劃分亦以一九五一年的規定爲根據。在這裏應將選舉法及選區的劃分加以說明。

一九五一年制定的選舉法，係以一九四六年十月五日制定的「比例選舉法」(Scrutin à la représentation proportionnelle, R.P.)爲根據，但加以：①黨派聯合競選制 (Apparentement)，②多數中選獨佔分配制 (Système majoritaire)，③混合圈定制 (Panachage)，④選擇投票制 (Vote préférentielle) 四項。故此選舉法亦稱之爲「可由黨派聯合競選的一次投票多數中選獨佔的分省選舉法」(Scrutin de liste départemental majoritaire à un tour avec apparentement)。此選舉法的內容，就以上兩個冗長的名稱略加思索，即可洞悉其大概的意義。

法國衆議院共有六二七席，按地區分配爲：①法國本部五七四席（包括法國本境五四四席及阿爾及利三十名），②海外直屬省十席；③海外領地四三席。根據一九五一年五月九日的選舉法，以「省」爲選舉單位，換言之，即以每省成爲一選區；但一些較大且人口稠密的省份，如Bouches-du-Rhône省，Nord省，Pas-de-Calais省，Rhône省，Seine省，Seine-et-Oise省，Seine-Inférieure省及Gironde省者，被劃分成兩個、三個、甚至六個選區(Seine省，包括巴黎在內)。在競選方面，則以黨派爲單位，而非以候選人爲競選單位。也就是說，凡參加競選的黨派在其選區內提出一完整的候選人名單，該名單上候選人的名額等於該選區應選議員的名額。而選民於投票時，則對某一名單投票。然依照「混合圈定」制及「選擇投票」制規定，則選民可依法在不同的名單上的候選人中選擇拼揍一認爲滿意的完整名單；同時亦可將一名單上候選人名次按照選民的意見顚倒次序重新排列。至於「黨派聯合競選」則是：兩個以上的名單可以聲明從事聯合競選，在此情形下，於分配議席時，以參加聯合競選名單各別獲得票數的總和爲根據。但遵照選舉法的規定，只有「國家性」的黨派（按：凡在三十個選區中參加競選的黨派始稱爲「國家性黨派」）有權從事聯合競選，同時聯合競選的聲明得於競選開始前三日（即投票前二十三日）向當地省政府提出。然而依照規定聯合競選，可於當局致選民最後通知書以前宣佈解除或擴大其聯合競選的名單。

在執行這個選舉法時，最困難的一項工作爲議員席次的分配。因爲一九五一年的選舉法係以「比例分配制」與「多數獨佔分配制」混合而成。照選舉法的規定，凡一名單或一組聯合競選的名單在投票時，獲得其所參加競選選區中投票總數的百分之五十以上的選票，則該單獨競選名單或一組聯合競選名單將獲有該選區應得的全部議席。如下表一和表二：

表一：

黨派	所獲票數	應得議席	備考
甲黨	六,000	五	各黨派均單獨競選
乙黨	三,000	—	
丙黨	一,五00	—	
丁黨	五00	—	
合計	10,000	五	

表二：

黨派	所獲票數	應得議席	備考
甲黨	三、〇〇〇 } 五、五〇〇	三	甲乙兩黨聲明聯合競選
乙黨	二、五〇〇 }	二	
丙黨	二、五〇〇	—	
丁黨	二、〇〇〇	—	
合計	一〇、〇〇〇	五	

否則得以「比例制」按各名單或每組聯合競選名單所獲票數的多寡分配之。然而分配係以該選區應佔的議席數除投票人總數，其所得商數則為每一議席應據有的票數，但遇有餘剩議席時則按「最大中數」(la plus forte moyenne) 分配之。如下表三和表四：

表三：投票總數一〇、〇〇〇票
議席總額：五席
每一議席應據有的票數：二、〇〇〇票
各黨派均單獨競選

黨派	所獲票數	應得議席	剩餘票數	最大中數	剩餘議席之分配	議席總計
甲黨	四、〇〇〇	二	〇	—	〇	二
乙黨	三、六〇〇	一	一、六〇〇	五三三	一	二
丙黨	一、五〇〇	—	一、五〇〇	七五〇	一	一
丁黨	九〇〇	—	九〇〇	四五九	〇	〇

表四：投票總數：一〇、〇〇〇票
議席：總額五席
每一議席應據有票數：二、〇〇〇票
甲乙兩黨聲明聯合競選

黨派	所獲票數	應得議席	剩餘票數	最大中數	剩餘議席之分配	議席總計
甲黨	三、五〇〇 } 四、八〇〇	一 } 二	八〇〇	二六七	〇	一
乙黨	一、三〇〇 }	一 }				一
丙黨	二、七〇〇	一	七〇〇	三五〇	一	二
丁黨	二、五〇〇	一	五〇〇	二五〇	〇	一

*最大中數的求法：$\frac{(\text{剩餘票數})}{(\text{應得議席})+(\text{剩餘議席})}=\text{最大中數}$

在 Seine 省及 Seine-et-Oise 省，包括八個選區中不實行聯合競選，而採用「比例選舉法」，關於剩餘議席則以「最大餘數 (la plus forte reste)」分配之，茲列表說明如後：

黨派	所獲票數	第一次分配議席	剩餘票數	剩餘議席之分配	所獲議席總額
甲黨	三、五〇〇	一	一、五〇〇	一	二
乙黨	一、三〇〇	〇	一、三〇〇	一	一
丙黨	二、七〇〇	一	七〇〇	〇	一
丁黨	二、五〇〇	一	五〇〇	〇	一

投票總數：一〇、〇〇〇票，議席總額五席，每一議席應據有票數：二、〇〇〇票。

在海外地區如瓜得鹿普 (Guadeloupe)，馬爾的尼克 (Martinique) 及留汪尼 (Réunion)亦採用「比例選舉法」。但在圭亞那 (Guyane française) 則採行「一次單記名投票法」(Scrutin uninominal à untour)。

三　黨派之陣容

參加競選的黨派甚夥，法國把它們分成兩類：一曰「國家性政黨」(Partis nationaux)，一曰「地方性政黨」(Partis regionaux)。一般說來，地方性政黨除海外領地的「地方性黨派」如海外獨立黨 (Indépendant d'outre-mer) 及一些民族性的黨派外，其勢力甚微，同時中選者亦了了無幾。在「國家性的政黨」中，我們可把它們區分成三類，加以簡單的介紹：

(甲)經常存在的政黨：這一類的政黨有固定的政綱、組織、黨員，其領導人物的姓名在法國的政壇是不生疏的。此類政黨有：①左派共和同盟 (Rassemblement des Gauches Republicaines R.G.R.) 主席為佛爾，②共產黨，秘書長為托雷茨 (Maurice Thorez)，副秘書長為杜克略 (Jacques Duclos)，③激進社會黨，主席為赫里歐 (Edouard Herriot)，第一副主席為孟德斯法朗士，④溫和派（包括獨立派同盟，農民派及社會共和行動），秘書長為杜舍 (Roger Duchet)，其中心人物畢奈，亦可說是該派在此次競選中的一張王牌，⑤社會民主抗敵同盟，主席為米特昂，⑥人民共和黨(卽法國的天主教民主黨)，主席為特眞，⑦社會共和同盟（前戴高樂派）主席為莎伯 戴拉 馬斯 (Chaban-Delmas)，⑧青年共和黨 (le Parti de la Jeune République, J.R.)，主席為拉克阿 (Maurice Lacroix)，⑨社會黨，秘書長為莫雷 (Guy Mollet)。

(乙)僅為選舉而成立的團體：這一類團體可使一些不參加普通政黨的人士參加競選議員；同時也有一些人士利用某一政黨的支持與該政黨同時提出候選人名單，聯合競選，以期操縱選票，計有：①由溫和派支持成立的「農民民主獨立行動」(leGroupement national des indépendants d'action démocratique et paysans)，候選人有社會共和行動議員畢耀德將軍 (Général Billotte)，②孟德斯法朗士派人士於激進社會黨以外成立的「社會經濟重整共和黨」(le Parti républicain pour le redressement économique et social)，該黨候選人包括一些前「法蘭西人民同盟」份子，或與靑年共和黨提出共同名單競選，③「民主共和集團」(Le Groupement national des républicains démocrates)，該組織於一九五一年由接近人民共和黨的人士組成，如普郞塔德 (Plantade)。④「法蘭西獨立共和聯盟」(le Rassemblement des Groupes Républicains et Indépeudants Frangais, R.G.R.I.E.) 於一九五一年由商巴愛托 (Chambaretaud) 組成，其性質介于溫和派與激進社會黨之間，形成中間派的候選人，⑤「改革國家及保障選舉自由集團」(le Groupement pour la réforme de l'Etat et la défense des libertés électorales)，領導人為

「國民同盟」(Assemblement National)，主席提克捷威良古爾 (Tixier-Vignancour)，自認爲極右派組織，⑥「保障中產階層及農民行動共和中心」(le Centre républicain daction paysanne et de défense des classes moyennes)，此組織使民主社會抗敵同盟與青年共和黨於競選時提出共同候選名單，或聯合無黨籍的農民份子參加。

(丙)由布雅德派團體：有①保障消費者及家庭利益集團 l'Action civique de défense Consommateur et des intérêts familiaux)，②法蘭西聯合博愛聯盟 (l'Union et fraternité française)，③保障農業及葡萄種植利益集團 (Le Groupement de défense des intérêts agricoles et viticoles)。該三派領導人均爲布雅德 (Pierre Poujade)。

四　選民之分析

在選民方面，依法律規定凡滿二十歲的法國公民均有選舉權。至一九五六年一月一日止，法國人口總數爲四三、四三〇、〇〇〇人，其中合格選民有二七、五九九、〇〇〇人，較五年前大選時（一九五一年）的合格選民二六、九八五、〇〇〇人，增加六一四、〇〇〇人，又其中女性選民佔總數的百分之五十四，茲依照年齡性別列表如後：

表一：

年級	男性選民 人數	男性選民 百分比	女性選民 人數	女性選民 百分比	每百名男選民之女選民人數
二一—三九歲	五,〇八三,〇〇〇	四〇	五,二〇四,〇〇〇	三五	一〇二
四〇—五九歲	五,一三〇,〇〇〇	四〇	五,六三三,〇〇〇	三八	一一〇
六〇歲以上	二,五四〇,〇〇〇	二〇	四,〇三〇,〇〇〇	二七	一五九
合計	一二,七四三,〇〇〇	一〇〇	一四,八五六,〇〇〇	一〇〇	一一七

表二：

年齡	人數	百分比
三〇歲下	五,五一〇,七〇〇	二〇·〇〇
三〇—四〇歲	四,七七七,一〇〇	一七·三五
四〇—五〇歲	五,七三一,四〇〇	二〇·七五
五〇—六〇歲	五,〇一九,七〇〇	一八·二五
六〇—七〇歲	三,六三六,七〇〇	一三·〇〇
七〇歲以上	二,九五〇,四〇〇	一〇·七五

就職業分析則爲：

①無職業者（包括學生，現服兵役者，年老退休者等）四一·五%（大部爲女性）
②工人一八·五%
③農民及農業生產工作人員一五·五%
④工商業家八%
⑤雇用人員六·五%
⑥中級職業幹部四%
⑦自由職業者及高級職業幹部二%
⑧工役二·五%（其中大部爲女性）
⑨軍人及敎士一·五%

選民的政見當爲此次大選的決定因素。如就年齡的區別來分析選民的心理，則五十歲以上的大部選民心理可綜合爲：①因工作或興趣的關係，對政治生有一種淡漠感，充其量對選舉投票事認爲是一樁法理或習慣上應盡的責任，②對政治感到灰心，投票僅就個人關係或就候選人品性上選擇，而不甚追究其政見，此一觀念在四五十歲之間的選民心理亦不少如是者，但四十以下者多主張積極政治，重整法國，以代替敷衍主義(Immobilisme)。如就選民職業來作分析，工人待遇要求，雖平均工資自一九五一年迄今已增加百分之五、六，但仍繼續要求調整增加待遇，中小資本經營的商業及手工藝因無更大的資本以作商業上的競爭發展，故感捐稅過重，因對政府稅政的實施時有怨言，致有布雅德反苛稅運動的興起。而工商業家則要求國外市場的開拓以銷售其生產品。一般言之，選民的政治觀點僅繫於內政方面，除抗稅、增薪外，尙有：①改善經濟現狀。法國物價自一九五二年畢奈主政以來，相當穩定；生產方面自一九五三年執行佛爾擬定的十八個月計劃以來，生產指數年增百分之十，然而人民需要仍甚堅强，②阿爾及利問題，多數選民不願以軍事解決，在外交方面幾乎只歐洲問題較爲注意。

五　各黨派之競選情況

各政黨依據選民的心理相互提出競選政綱，開始共產黨即建議與社會黨合作，成立「人民陣線」(Front Populaire) 聯合競選，而爲社會黨所拒絕，社會黨於全國代表大會上則通過政治原則爲：①維護民主自由，②減裁軍備，維護北大西洋公約，建設歐洲以期保障世界和平，③建立社會進步秩序，④發展經濟建設，⑤組織農業市場，⑥樹立法蘭西聯邦，⑦和平處理北非事件，⑧反對津貼由敎會主持的學校的經費等。同時由黨秘書長莫雷出面建議孟德斯法朗士派組「共和陣線」(Front Républicain)，實行聯合競選。孟德斯法朗士自被選爲激進社會黨第一副主席後，一方面在積極統一黨內政見，並加緊整頓黨內部人事問題，排除異己，樹立其個人在黨中的威信，以期獲得大選的勝利。

此次參加大選的黨派，根據其各自的利害關係，組織聯合競選，由複雜繁多的政黨而形成五個主要的集團爲：①共產黨，②由社會黨、激進社會黨、民主社會抗敵同盟及莎伯戴拉馬斯派的社會共和同盟合組的「共和陣線」，③佛爾的左派共和同盟，④人民共和黨與溫和派實行聯合競選，⑤布雅德派。這五個集團，除布雅德派外，一共提出一一一宗聯合競選聲明，較一九五一年超於二十一宗，在法國全境僅十一個選舉區無聯合競選。

此次競選口號集中於：①發展經濟，提高生活水準，②阿爾及利問題的和平解決，③減裁軍備維護和平。布雅德派則僅以保障農民、小本商人及手工業等，宣傳其抗稅宗旨。一九五一年大選時主要宣傳資料如「津貼教會學校經費問題，已不為選民所重視。在外交方面，除共產黨外，很少有提及遠東問題的；又除共產黨及布雅德派外，各黨派均着重歐洲統一運動。各黨派在競選中彼此攻擊，布雅德派對各黨派（除共產黨外）組織的競選演說均盡力施以擾亂，而共和陣線則以反對「敷衍主義」為口號，集中火力攻擊政府派政黨（人民共和黨、溫和派及佛爾派），而高倡「社會進步」為口號。在選舉前夕，每一選民所收到的競選宣傳紙張不下半公斤，而一般選民的反應，認為非共產黨各黨所提出的政見相差無幾，難以選擇。這裏不妨指出一個法國政治制度上的弱點，由此我們可以明瞭選民對政黨選擇的苦悶：法國沒有眞正的責任內閣，人民只選了議員，而由不同黨籍議員組成的內閣只對全體議員負責；在組織內閣時，因各政黨均不能單獨操縱足够票數，故須與他黨實行聯合組閣，這在政綱上就需要各自加以取捨，而實行各黨的綜合政治，使人民無從認識各黨施政的成績。關於這一點，我們還可以舉例說明，正如孟德斯法朗士以「敷衍主義」政治攻擊佛爾政府派，而佛爾係孟氏主閣時的財長，後轉任外長，後任內閣總理，他所行政策在財政及在北非問題上均係蕭規曹隨。

六　選舉結果之分析

此次大選在法部本部及海外領地均在一月二日舉行，只大洋洲新喀利多尼(Nouvelle Calédonie)大選於一月九日舉行，大洋洲其他地區則在一月二十九日進行選舉。阿爾及利因戰事關係，情形特殊，不能舉行選舉；同時印度法屬地應選的一名議員亦因屬地的放棄而出缺。故法國第四共和第三屆國會中將缺三十一名議員（阿爾及利三十名，印度法屬地一名）。茲將選舉結果按地區分述如後：

（甲）法本部

法本部全體登記選民有二六、七六七、五二七人，全部參加投票者為二二、一四九、三〇九人，但有效選票則為二一、四七八、一四二票，本屆選舉選民較一九五一年大選時增二百三十萬。棄權者僅百分之一七、二，不僅較一九五一年的百分之二一、八棄權百分比為少，而為戰後法國大選中棄權數字最少者。茲將選舉結果分述之：

①各競選政黨所獲票數如下：

共產黨……五、四八二、三二〇票
社會黨……三、一八七、八〇〇票
其他左派……三五四、七七八票
激進社會黨民主社會抗敵同盟及左派共和同盟……二、八五二、五六七票
人民共和黨……二、三五五、八六三票
溫和派……三、〇八〇、五七六票
社會共和同盟……九一一、四五〇票
布雅德派……二、六〇八、四八一票
其他右派……三三五、四八六票

②各黨勢力的增減則如下表（缺 Moselle 省選區數字，該選區人民共和黨勢力甚强，其與溫和派所提出的聯合競選，獲得該選區的絕對多數，而握有該區全部議席）：

黨派	票數	百分比	增減	本屆百分比與上屆百分比之增減
共產黨	五、四二六、八〇三	二五·六	增 四一五、五五一	減 〇·九
社會黨	三、一七一、九八五	一五·〇	增 四四九、五五三	增 〇·一
其他左派	三五四、七七八	一·六	增 三一三、四四三	增 一·三
激進社會黨、民主社會抗敵同盟及左派共和同盟	二、八一九、四一三	一三·六	增 八三三、七八六	增 三·五
人民共和黨	二、二六一、七六六	一〇·六	減 五〇〇、〇九一	減 二·三
溫和派	三、〇〇三、四八七	一四·一	增 六八三、〇五五	增 二·〇
社會共和同盟	八九三、八一一	四·二	減 三、〇三六、六一〇	減 一七·六
布雅德派	二、六七六、一三三	一三·一	增 二、三六九、三七六	增 一二·一
新右派	三三五、四八六	一·五	增 三三五、四八六	增 一·五

③法本部五四四議席各黨派所獲議席及其勝負情形如下：

黨派	上屆議會席次	新議會席次	增減
共產黨	九三	一四五	增 五二
社會黨	九四	八八	減 六
其他左派	六	四	減 二
激進社會黨		四九	
民主社會抗敵同盟	八三	四	一二
左派共和同盟		一八	
人民共和黨	八五	七一	減 一四
溫和派	一二五	九四	減 三一
社會共和同盟	五七	一六	減 四一
國民集團	—	三	增 三
布雅德派	—	五二	黨 五二

此次大選，被選入國會的新議員二一〇名，佔全部議員百分之三十九（一九五一年為百分之二十八，一九四六年為百分之十六），以共產黨最多，有六十名，其次為社會黨、溫和派、激進社會黨及人民共和黨，均在二十名以上，又布雅德派五十三名皆為新議員。而上屆議員參加競選失敗者有一四六名，雖各黨均有，但以社會共和同盟最多，次之為人民共和黨及溫和派。

（乙）海外直屬省(Départment d'outre-mer)

海外直屬省選舉結果，其議員分配情形如下：

黨派	上屆議會席次	新議會席次	增減
共產黨	四	五	增 一
社會黨	二	二	〇
民主社會抗敵同盟	一	一	〇
農民黨	一	〇	減 一
社會共和同盟	二	二	〇
合計	一〇	一〇	

(丙)海外領地 (Territoires d'outre-mer)

海外領地選舉情形，除大洋洲於本月二十九日選舉，故不在內外，各黨派議席分配如後：

黨派	上屆議會席次	新議會席次	增減	
社會黨	六	四	減	二
民主社會抗敵同盟	六	三	減	三
非洲民主同盟	三	九	增	六
海外獨立黨	一五	一〇	減	五
人民共和黨	二*	一	減	一
社會共和同盟	六	四	減	二
獨立農民派	二	二		〇
左派共和同盟	一	三	增	二
其他	〇	五	增	五
合計	四二	四二		

*一名未參加競選

截至目前止法國本屆國會議員經報到後，按黨派分配如後：

黨派	議席
共產黨	一四五
進步份子①	五
社會黨	九五②
激進社會黨	五七
民主社會抗敵同盟	一〇
非洲民主同盟③	九
人民共和黨	七三
海外獨立黨④	一〇
左派共和同盟	一四
溫和派	九五
社會共和同盟	二二⑤
布雅德派	五二
無黨派	八
合計	五九五

①依附共產黨。

②內 Charente-Maritime 省議員一名 Faraud 尚未經核准公佈。

③與民主社會抗敵同盟兩黨均不足一四名議員，故在國會內合併成一單位。

④依附人民共和黨。

⑤內 Charente-Maritime 省議員一名 Max Brusset 尚未經核准公佈。

在此次選舉中「聯合競選」辦法的應用並未能發生一九五一年時所獲得的效果，一九五一年大選時提出「聯合競選」的本意，為一般政黨（自社會黨至以溫和派）擬用錯綜的「聯合競選」方式用來對付極左政黨共產黨及極右派的戴高樂派，以期獲得選舉的勝利。那次聯合競選確實獲得成效。然同一選舉法在這次大選中未能發生同樣效果，其原因乃：①布雅德派勢力的勃起，在各黨中拉去不少的選民，削弱「聯合競選」的勢力，②在這次大選所提出的「聯合競選」，均係根據各個黨中樞機構硬性規定所構成，而缺少一九五一年採用「聯合競選」時的錯綜性；在一九五一年聯合競選的提出多係各個選區候選名單視當地情形與他黨自行決定，而無須黨中樞的指示，如激進社會黨在一九五一年曾在甲選區與溫和派實行聯合競選，而在乙、丙兩選區又分別與人民共和黨或社會黨合作。③在競選宣傳中，除共產黨外，各政黨盡其彼此攻擊能事，使選民對各政黨的認識更感徬徨。致使共產黨收回其在一九五一年因採用「聯合競選」制而損失的國會議席。共產黨雖在這次選舉增加四十萬票，但其在全部選民所擁有的百分比却減低百分之〇．九。法國人投共產黨的票除一部份共產黨員份子外，只不過因對現實政治不滿的一種矛盾反應，就目前看，法國人愛好自由，崇尚個人主義，對共產黨終持疑懼態度。客觀看來，共產黨的勢力已達頂點。其所倡導的「人民陣線」如無特殊原因，將永遠被打入冷宮；當然這也要看它鄰黨社會黨的努力了。

此外，這次大選中必須注視的幾點，尚有：

(甲)布雅德派勢力的勃興：布雅德現年三十六歲，生於法國西南部 Lot 省 Saint-Céré 地方，為當地一小書商，於一九五一年被選為 Saint-Céré 法蘭西人民同盟 (R.P.F. 即戴高樂派) 籍地方議員，於一九五三年因反對苛稅而發動抗稅運動，攻擊政府稅政，因得到不少中小本經營商人及手工藝者的贊助，旋組織商人與手工藝者防禦協會 (Union de défense des Commergants et artisans, U.D.C.A.)，後更組有農民防禦協會 (Union de défense des agriculteurs) 及「法國青年協會」(Union de la jeune frangaise)，其勢力發展甚速，年來宣傳幾遍法國全境。此次布雅德派獲得二百六十萬選票，其勝利均影響各黨，使其受損失，但受損失最重者則為右派各黨。該派此次被選議員多出身中小資本經營工商界人士，尤以食品商如肉舖、雜貨店者為多。布雅德本人並未參加競選。對政治認識甚不充實，以保障中小商人及手工業者利益為主題，這是戴高樂派跨臺後的另一右派激進勢力。布氏雖主張召開如法國大革命前夕所召集的國民會議 (Etats généraux)，反對國會制度，並著有「我選擇戰鬪」(J'ai choisi le combat) 一書，宣傳其理論；但如無特殊情形，只須法國經濟建設循規上進，布氏的勢力將自形解體。

(乙)戴高樂派勢力的瓦解：社會共和同盟戴高樂派自與社會共和行動分道後，勢力已見衰弱，黨員政見各有異同，其過去勢力的發展僅繫於戴高樂將軍的聲望。這次大選時該黨實力慘跌，該派佼佼者如 G. Palewski Ch. Fouchet Ph. Barrès Schmittlein Prélot Monsabert 將軍等均落選。現該派在國會中的二十二席已無足輕重了。

(丙)溫和派及人民共和黨的損失：這兩派的損失原因，一般分析為：①布雅德興起的影響。②一九五四年七月孟德斯法朗士勢力興起的影響，而尤主要者，乃因該兩派人士在第四共和第二屆國會期中主政過久的緣故（一九五四年孟德斯法朗士內閣該兩派未曾參加），使凡對法國現狀不滿之士均向該兩派興師問罪，而使選民減少。

七　大選後各黨勢力分佈

就一九五六年一月二日大選的結果看來，一般的說，法國政黨中除社會共和同盟勢力幾近全部瓦解外，各政黨選民或增加或維持現狀。爲了要對法國政治及政黨實力能作一更深刻的認識，這裏應將法國各黨派在這次大選後的勢力，就地域的消長加以分析：

(甲)共產黨

這次選舉中共產黨的選票一如往昔佔第一位，其所獲議席雖未能重建一九四六年的最高紀錄（一六〇席），但較一九五一年增加五十二席；然而其所獲選票的百分比却低於一九五一年所得的百分比。其勢力在法國東部、東北部及西部工業區域。自一九四六年以來不斷加强，在東部諸省如 Meurthe-et-Moselle 省（從百分之二〇·三增至百分之二六·九），Haute-Marne 省（從百分之二一·二增至二五·八）內，超出一九四六年紀錄甚多，在西部工業區中如 Seine-Maritime Calvados Sarth-Loire-Inferieure 諸省，其勢力經過繼續的發展，現有選民佔百分之三七·三一。共產黨在此區內的發展情形繫於該區中新工人階層，尤以青年工人階層爲甚。然而共產黨在農業省份中的勢力却在不斷衰退。如西起波爾多 (Bordeau) 城東至里昂 (Lyon) 劃一條線，則其在該線以南的勢力因布雅德派的勝利而大爲削弱，此外特別是在布列塔尼(Brétagne)地區中，該黨勢力自一九四六年以來連年減縮，如在 Finistère 省，該黨選票已由百分之二七·八減至百分之一八·六。在北部，地中海沿岸及卑利尼斯(Pyrénés)山區，共產黨在議席方面雖獲得進展，但在選民方面的勢力則或保持原狀，或較前萎縮。在巴黎盆地共產黨則維持其原有勢力。

(乙)社會黨

社會黨在工業區的勢力並未因共產黨的發展而退縮，相反的，兩黨的情形恰成正比例。在羅亞爾 (Loire) 河以北，尤其是在東部及西部工業區中，社會黨勢力甚爲加强，在東部 Meurthe-et-Moselle 省已由一九五一年的百分之一一·六增至百分之十五，Doubs 省已由百分之二十增至二六·二，在西部如 Calvados 亦由百分之一〇·二增至一四·一。

在羅亞爾河以南除在① Landes 省因該選區中激進社會黨未提出候選名單，② Bouches-du-Rhône 省自一九四六年以來其勢力連年膨脹，③ Basses-Alpes 省納日蘭 (Naegelen) 爭取的百分之三十八最高紀錄外，其勢力甚少進展。且在其他附近省份內甚受布雅德勢力的侵害。社會黨在中部及西南部雖在選票方面略有增加，但在議席上却較前少有損失，另外在 Mayenne 省，Yonne 省，Rhône 省第一選區內受與激進社會黨實行 聯合競選的利益，在實力上頗有起色。

(丙)布雅德派

布雅德派除在北部東部及東北部工業區中實力甚微，其選票最多不過百分之十以下，在巴黎盆地尙强外，其勢力分佈於農業區如：

①在 西南部 該派發 源地中央山地 (Massif Central) 區域其勢力甚盛，在選舉中左右各黨的票數均因其勢力的侵害而受影響，如在 Aveyron 省該派選票竟佔百分之二三。

②在東南部如 Isère省，Drôme省及Vaucluse 省中其選票佔百分之二七·八，該區中一九五一年戴高樂所獲選票幾均爲該派所操縱。

③中部自 Orléans 至 Nante 的羅亞爾河兩岸布雅德派名單均擁有百分之十至二十的選票，尤以 Maine-et-Loire 省內該派竟掌握選票佔百分之二十二。

(丁)激進社會黨

自孟德斯法朗士主持激進社會黨與佛爾的左派共和同盟分夥後，兩派在國會及政府中爭執甚多，然而在這次選舉兩派分別在各選區中競選互不侵犯。孟德斯法朗士在其選區 (Eure 省) 的勢力自百分之二六·一增至百分之三七·一；而佛爾在 Jura 省的實力亦直線上升，增多一二九五六票，激進社會黨在 Seine 省選區中的實力僅次於共產黨佔百分之十三、七，在 Seine-et-Oise 省北部選區竟獲得百分之十五、四的選票。一般說來，這次激進社會黨的勢力分佈，一如一九五一年該黨與左派共和同盟合作時的分佈情形，勢力集中於：①西南部及中部偏西的大部地區。②里昂附近地區。③巴黎盆地包括 Seine 省。④在一些東部省份中其勢力在增强。這次選舉，該黨在法國西部勢力雖頗有進展，但尙稱脆弱。

(戊)人民共和黨

人民共和黨 (天主敎民主黨) 在北部及巴黎盆地的勢力在這次選舉中均見削弱。在羅亞爾河以南，除阿爾卑斯山區及卑利尼斯山區略有增加外，其勢力亦漸衰弱，使該黨勢力逐漸集中於法國東西兩方，而成爲地方性勢力。本年選舉人民共和黨在東部及西部的實力仍在擴張，尙能借以補償其在他處的損失，該黨本屆議會中七一名，新選議員中的四二名係出自東西兩部選區，其尤以東北端阿爾薩斯 (Alsace) 區爲大本營。

(已)溫和派

一九五一年大選時溫和派尙係獨立共和黨，農民獨立黨及農民黨三個單獨單位。此次加入社會共和行動(戴高樂脫黨派)，能在大選時成立全國性的一單純組織，使在選舉中能收獲團結的效果。該派基本地區仍係 Bourgogne 區域，Vendée 省，Loire-Inférieure 省，北部地區，東部 Lorraine 區及中央山地區域，其勢力均佔有百分之二五以上。在本年大選中該派在東部及中部偏西地區較有進

(下接第30頁)

印度通訊

孟買大暴動寫眞

吳東

這一次印度孟買的大暴動，從一月十六日起至廿六日爲止，前後約十一天，波及的地區很廣，傷亡損失也不計其數，吸引了世界各地許多通訊記者趕往採訪其中的眞相。本刊記者亦在十七日匆匆飛臨該地，獵取動亂中的許多寶貴鏡頭。

在未涉及暴動經過之前，不得不述及此事件之起因。最初是由於印度德里當局，重行調整省區，把孟買市改爲中央直轄市，等於吾國制度下的行政院院轄市，致引起馬哈拉施特拉族人之反對。於是乃造成暴動。這暴動後面的火燄，自然是由印共在煽動。印度政府以尼赫魯爲首的那一羣，雖然向莫斯科和北平討好，但這一次事件，他們不得不公開指責是共產黨攪起來的。

從一月十六日至二十六日的孟買大暴動，是一九四七年八月印度獨立以後，第一次大規模的騷亂，它的動亂地區先由孟買南部開始，然後波及孟買全市，然後延至東部的加爾各答、俄里沙省及馬德拉斯省，幾及全印領土之半。使印度中央政府、以及各國爲之震驚。因原乃實在由於這亂動之火燒得太快的緣故。

印度全國的行政區，在目前是二十七個邦(等於省)，印度政府設立了一個「省區劃分委員會」，計劃把這二十七個省份合併起來，分爲十六個省，和若干中央直轄行政區。省區劃分委員會劃分的辦法，不是沒有根據的。讀者大家知道印度的民族是多種語言的民族，省區劃分委員會乃根據語言的分界來規定行政區域的分野。這個辦法固然是一大部份人歡迎，但反對的人，也不在少數。

在一月十六日下午印度德里當局正式發表公報決定把孟買市改爲中央直轄市，並且另外設立兩個邦；一個是目前的海得拉巴邦，再加上中央省和孟買省的拉提語地區，另外一個是古吉來特邦，包括原孟買省北部和蘇拉史特拉及喀齊。

這一次暴動，以馬哈拉斯特拉人爲主體。全印這個民族共計人口三千五百萬人。單以孟買市一地而言，這種人口佔據上述數字之半，因此他們要求把孟買市併入馬哈拉斯特拉邦，並以孟買爲該邦之首府。因此中央政府的決定乃自然而然地引起馬哈拉斯特拉人的反對。這個民族在印度向以易於衝動著名。加以共產黨煽動，更是使星星之火，可以燎原。

據孟買警察總監比列摩里亞向記者發出的公開聲明稱：認爲這是印度共產黨煽動起來的。因爲印共指出這一次的事件是印度最大的豪門——印度尼赫魯之大宗族——之陰謀，這陰謀是指吉萊特族(尼赫魯爲此族之一支流)企圖肢解馬哈拉斯特拉族。並攻擊尼赫魯政府是代表印度豪門階級。不但如此，孟買的首席部長又是個吉萊特人，平日施政，一向壓迫馬哈拉斯特拉族。

其實吉萊特族與馬哈拉斯特拉族的問題是比較單純的，共產黨的煽動，固然能發揮一部份作用，但以記者客觀的眼光來看，還是整個印度的平民階級對尼赫魯政府不滿。尼赫魯一族成了今日印度的新興豪門，凡是大官肥缺都是由他一族中的人、或裙帶關係的親戚充任。豪門剝削了平民的利益，引起了全國人民普遍的反感，所以這把野火，一連燒了幾省。使尼赫魯這小丑，日夕不安，幸而用高壓手段，出動了大批軍警，否則眞是不堪設想，但這個高壓，僅僅是一時的，以後說不定會爆出更大的事件來呢。

這事件的開始是這樣的。一月十六日，孟買市當局因中央政府宣佈將孟買省分爲三個語言系的省份。事先也知道這一着必然會鬧出亂子來，所以當此命令宣佈時，同時就一面暗中逮捕不法份子。首先捉進去的乃是礦工及鐵路工人。因此十六日下午先引起了孟買北郊鐵路工廠五千人之大罷工。五千人立刻舉行示威遊行，全孟買市工廠商店關門大吉，其狀一如罷市。在大遊行時，孟買警局出動全體警員，在十二個地區發生警察與暴民槍擊事件，投擲石子，更是不計其數。這一天逮捕之共產黨共計三百五十人，開槍射擊，傷七人，死一人。

這一晚的孟買市，淸冷可怖，街上除了軍警外，一無行人，望之如一死市。十七日上午紡織工人一萬餘名，亦相繼罷工。有示威遊行者數千人，扛着木牌，上書「打死尼赫魯」，「尼赫魯是今天印度人衆人可飲的血」。全市到處可以聽到槍聲。眞是風聲鶴唳，草木皆兵。

十八日的情形，全工廠區已在暴動份子手中，軍警無法進入。因爲工廠區的外圍，已有許多大樹砍下，使人無法進入。巴士和汽車，出來被人投擲玻璃，所以街上盡是玻璃碎片。不但如此，而且全市到處起火，中午之前，救火隊曾在十四小時內，在四十九個區域救火。全市滿目淒涼，許多外僑所住的建築物，如外國記者俱樂部及大酒店(記者即下榻於此)等，均由警察堆起沙包予以保護。這一天暴動者在火車站，焚燬用稻草做的人形，說是燒死尼赫魯。

這一天全市區總罷工。總罷工是由左翼總工會領導的，至少有三十萬工人響應。全孟買市計有六十二家紡織廠，停工者計四十七家。警察奉命動用了催淚彈、步槍射擊、棍擊等，暴動者死四人，傷二十人，警察被石子擊傷者共計二十五人，四個一等警署被燒光，逮捕暴動者共計四百人。當晚孟買軍區司令部實行宵禁，並禁止五人以上的集會。陸軍奉命出動。這天孟買市內，以泰戈爾區，郊外以貝加姆區騷動得最利害。當大火最熾的時候，印共副主席坦恩(他兼任世界職工聯合會副主席)，由德里飛孟買，下機後立刻遭警方政行人員捕去。

由於坦恩之被捕，於是激動了全印之左翼青年與工人，十九日一萬二千名警察全夜在市內與暴民激戰，槍聲時有所聞。北部工業區死亡人數已增至廿七人，約有三千多的暴民，如潮水一般底湧過孟買十五方哩的區域，繼續進行第四日之大流血。根據德里內政部統計，四天中孟買共死三十七人。發言人指出，政府獲得情報共黨企圖在暴動掩護下，成立一個與新德里地位相等的政府。因爲左翼的强有力的領導人物已由薩塔拉區滲入示威運動，(按一九四二年民族主義者反對英國統治，曾在該區成立了一個「平行政府」，這天的情勢已經非常緊張了。國大黨支持政府，協助警察，擬成立自衛團，與暴民抵抗下去。

一月二十日的午夜，在馬哈拉施特拉族中心區的警署，受到大批暴動者攻擊，企圖奪取槍械及彈藥，被軍警開火擊退。這時出動了輕機槍之掃射。同時在三哩外的另一羣暴動者，也向拜喀爾拉區警署進攻，一度佔領，並刼去了全部軍火。各地放火，火勢蔓延到很遠的地方。

孟買以南二百五十哩之柯爾海柏區，警察向三萬名的暴民開火。孟買市內，許多暴民掠奪商店，警察只得袖手旁觀。市內的暴民一度使用酸性炸彈。孟買市長於當日中午下令警局，可以「格殺勿論」。孟買的電臺，由警察總監廣播，指責共黨之暴行，並重申壓制這種無恥暴行之決心。

到了二十一日上午暴民上萬，集中在著名之「綠棉」區附近，其中約有五千名暴民，以火把投入棉花倉庫，發生燃燒，於是大火漫天，蔓延至各區。這一天中在孟買東北一百里的納西克村，警察向數以六千之衆暴民掃射。在俄里沙邦，當地響應孟買，正在進行罷工，同時該地班果爾族認爲該邦之劃分計劃不適合他們的要求，他們不要畢哈爾邦併進來。在畢哈爾邦也進行着大示威遊行，抗議將該邦的任何地方劃併出去。這一天許多電話線及電報線已中斷，警方稱在孟買被捕者共增至一千八百另六人，死亡數字增至五十一人。

大暴動六天以後，到了二十二日，刼掠與殺戮之風，比較平息。在孟買市僅有二百名暴民手執火把，企圖放火，但爲警察壓平下來。在俄里沙邦有一羣女學生，領導了一批羣衆，躺在鐵軌上，也爲警方驅散，另外一批女生企圖襲擊電臺，爲軍隊施放催淚彈驅散。在巴德拉克有一千人襲擊警署，也爲軍警擊退，無所得逞。

這許多暴民看看孟買情勢甚穩，無法攻下來，於是在二十三日把暴動的火燄乃由孟買移至印度東部，與孟買平行的俄里沙邦的首府卡塔克和浦里爾市(在加爾各答東南二百哩)，暴民企圖放火，攻擊電臺，襲擊火車站，毆打政府官員。許多政府大員紛紛逃亡，造成無政府狀態。凡是官員控制的機構，均成襲擊之對象。邦議會反對黨議員全體解職，抗議政府軍警之暴行。因爲政府已將所有戰略要點，屯以重兵。

孟買方面到了廿四日，已完全平靜下來，學校，交通線及工廠已恢復正常。在孟買的軍隊乃繼續開往俄里沙邦鎭壓。這一天上午印度財政部長特希莫克提出辭呈，他反對尼赫魯，並支持馬哈斯特拉人之要求。但爲新德里國大黨總部臨時決定，不准部長級的黨員辭職。

廿五日除了孟買邦及俄里沙火車出軌外，其他乃是零星且規模較小的騷擾。到了廿六日孟買政府宣佈已將馬哈拉施特拉運動的五個領袖加以逮捕，其中有馬哈拉施特拉週刊編輯和共產黨各一人。孟買官員正式指責共產黨利用省區改制計劃，煽動人民，企圖傾覆政府，尼赫魯在官邸向國家志願軍代表發表談話稱：「最近在孟買及其他地方之暴動，顯示一種極度愚笨的行爲，它傷害了印度，並可能破壞了印度的團結。……在這些騷動中我們看到了印度人的老毛病，自相殘殺而不團結，使外國人正在笑我們呢！」

到了一月廿八日可以說暴動在尼赫魯的高壓政策下完全平靜了。官方發表的死亡與受傷的人數，相信僅僅是十分之一的數字。印度政府把此次暴動的責任完全推到共產黨身上，印度人民也非常相信政府這一指責。

至於印度共產黨在印度的情形，究竟怎樣，本文內似乎可以一提。使讀者對印共比較可以作進一步的瞭解。按印共的歷史甚短，正式成立於一九三三年，在英治時代，始終視爲非法組織，其活動根本無法展開。印度獨立後，初期由於內部的不安，在拉豪斯坦、孟買、海德拉巴、馬哈拉斯特和俄里沙等五邦，被禁止活動，其後全國又宣佈它爲非法組織，直至一九五二年尼赫魯才解除這項禁令。

這一次暴動的區域——孟買市，孟買邦，加爾各答(國際共產一度在此集會)，俄里沙邦，馬哈拉施特邦等地，過去本來就是共黨發展的溫床，他們在這裏不但有了基礎，而且還有良好的發展。他如海德拉邦，拉豪斯坦邦，阿薩密邦(此處雨量爲世界之冠。抗戰時我國中航機即利用該邦之汀江爲基地)和首席新德里北部巴地阿拉，印共的勢力，都相當雄厚。

尼赫魯在印度境是殺共產黨的，這是衆所週知之事。去年三月印共在安哈拉競選，遭到慘敗。尼赫魯有鑒於此，怕印共和國際共產作進一步的携手，乃敷衍印共，似乎步入冬眠狀態，其實它地下的活動，相當利害。比較明顯的事實有四：㈠依然擴張孟買及馬哈拉斯特拉兩邦之地下滲透，使國大黨鞭長莫及，表面上看去印共以逐漸癱瘓印度半島南端。㈡破壞加爾各答、孟買等城市之金融，使其陷於經濟不穩之狀態中。㈢與不丹、尼泊爾兩地勢力連繫，使北來的勢力，得能滲透而入。㈣繼續執行北移政策發展阿薩密區的地下工作，使在時機成熟時，使該省脫離中央政府，自成一個獨立行政區。

在印度的人民心目中，現在也已經明白共產黨是走國際主義的，她要把全世界征服了，才肯放手。印共領袖常常飛往莫斯科去接受指示，在印度亦常有傳聞。自從布加寧和赫魯雪夫訪印以後，印共乃利用人民對蘇聯之好感，作更積極的展開。尼赫魯也看透了這一點，於是在去年十二月廿六日大肆攻擊印共。他說：一、印共不顧印度之實情，企圖將五千英里外(指蘇聯而言)某地的辦法用於印度，這是一大錯誤。二、印共想採用其他各地(指中共大陸)和東歐附庸國家所實施的辦法，用於印度，但這許多地區的情形，與印度迥異，所以這種想法完全是閉門造車，合轍而行。三、印共企圖模倣三十八年前一九一七年蘇聯革命時所發生的事件，不顧那時之情形與今日情形之大異，而亂叫口號。

尼赫魯在這一次攻擊中，重申在印度領土上，必須消滅共產主義。因此很多人認爲這次暴動乃是印共對尼赫魯的一個「還敬」，攪得尼赫魯又痛又癢呢！(一月二日孟買航訊)

鄰　居

吳魯芹

每因暫出猶思伴，豈得安居不擇隣？——白居易。

近些時我常想五倫之中似乎不該漏列「隣居」這一項，有時又想「天地君親師」靈位牌上，如果補上一個「隣」字，也不爲多事吧？

於我，這是件頗不尋常的心理活動，大約是漸入中年了。

論語李氏章記人生三戒，說少年好色，壯年好打架，老年好利，獨不提中年。我不知道孔老夫子何以特別對中年另眼看待，其實中年人的毛病，比較起來更是俯拾即是的。好補充，未嘗不就是其中之一，好補充，並不同於爲報紙作社論的人，眞有什麼眞知灼見濟世；多半是生來就短少創造的才華，再不然就是一點少得可憐的創造能力，經不起歲月磨損，早就不剩什麼了。然而人生如戲場，縱然了無新意，也得嚷幾句，塡塡心靈上的空虛。最長於此道的，莫過於常作主席的人，上至天文，下至地理，宇宙之大，蒼蠅之微，他均有意見補充。等而下之的，大約也由於中年人不甘寂寞的緣故，主意竟打到天地君親師的靈位牌上，想補充一點作主席的人常說的「個人意見」了。因爲不當行，說起來不一定能如專業的人那樣頭頭是道，言之成理。

我常想隣居在親疏上幾乎僅遜於直系親屬，在身心影響上遠勝於淸潔檢查時所列的環境衞生。豈得安居不擇隣，當然是極妥當的打算，然而今日之世，夠得上擇隣而居的，眞是能幾人哉？大家都是投宿逆旅的匆匆行路之人，而且囊中也十分羞澀，能有一蓆棲身，已心滿意足，那裏還有選好選歹的餘裕，因此得到個把好隣居，守望相助，疾病相扶持，眞是前生的緣份，今生的福分，今天在臺灣，沒有福氣住大宅第的人，和左右隣居，不僅鷄犬之聲相聞，夜深人靜，彼此呼吸之聲，都可以聽得淸淸楚楚，仿「一人得道，鷄犬升天」的說法，今天如果一隣失睦，或者生活習慣與趣味迥異，就要寢饋難安，鷄犬不寧了。

約翰克拉克在他的嘉言錄(Paroemiologia)裏曾說過，「你能否安居，得先請教你的隣居。」德國的大詩人席勒也說過類似的話，他說，如果你的壞隣居不讓你安居，任憑你自己如何規規矩矩，奉公守法也無用(註一)。可見古今中外，人同此心。朋輩中有卜居於接受西洋文明之緊隣者，每逢週末，或中外佳節，就起骸骨的迷戀和思古之幽情，常說這種週期性的以失眠奉陪隔隣的雅興，對切身利害而言，比閉關自守壞多了，而且據說今日舞藝中的新花樣，有甚多力重於韵，對一個失眠的人，感到像紅樓夢裏的趙姨娘所說的，有人在踹你的頭。到了忍無可忍，不免移恨到倡中學爲體西學爲用的先賢身上去了，但是也有人說，這和歐風美雨，全不相干，國粹中的玩意，一樣可以震聾發聵，培養你的神經衰弱。隔隣的一張二筒，會像是超越了空間，不偏不倚打中在你腦門上，這時你就會發宏願，有朝一日，一定要住進四周有古樹參天的大宅院，再不然就在荒郊有茅屋三椽，然而遠水無濟於近火。於是你只有求救於可憐的想像，把洗牌時的濁音，比擬成「大珠小珠落玉盤」的千古絕響，這種强把醜婦冒充西施，收效畢竟爲時甚暫，最後你竟會錯怪自己，爲什麼生來不就耳聾，那豈不於人無損，於己方便？再最後，東方已乍白，鳥鵲的淸脆悅耳之音，劃破了凌晨之前的一片寂靜，這時你怒氣全消，祇希望來世有個好隣居了。

當然，亦有耐不住火氣，「訴之於有司」的。那畢竟是三十六策中的最下之策，而且有悖於睦隣的原則。我有一位朋友，與一位富商比隣而居，歷有年所，彼此大約都有自視甚高的理由；三年的時間，竟然還培植不出泛泛的點頭之交。但是基於不出惡聲的古訓，儘管每天到了午夜夢回，隔壁還大戰方酣，使淸夢的下一半，難以爲繼，三年却從未發一聲怨言，或告到官裏。到某一天，隔壁忽然偃旗息鼓，易之以嗚咽與號啕，知道主人已與世長辭了，這位朋友還改竄了元稹的悼亡詩紀其事，其中有傳神的兩句：「黯然半夜長開眼，報答平生未點頭。」這種幽默感與恕道，這種里仁爲美的精神，如此歷久不衰，不論在東方人或者西方人裏面，都是很難找的。

而且，「訴之於有司」的下策，有時甚至於毫無用處，法律順乎人情此其一，娛樂究竟有異於瘟疫，未身歷其境的人，總不相信它會傷害人到十分嚴重的程度，因此就不免給人一種庸人自擾，多此一舉的印象。英國詩人戴維斯在他所著「流浪者自傳」續篇題名「餘年」(Later Days) 裏，好像曾記述過一段在第一次大戰期間，睡眠受擾，訴之於有司的趣事，大意是隔隣住了一位中年婦人，頗有怪癖，每到午夜即打開留聲機，放出粗濁不堪入耳的音樂，這樣相沿成習，夜夜如此，非到夜深兩點，不能太平，然而住在這一邊的人，這時頭腦已完全淸醒，再也不能入睡了，最後忍無可忍，報之於警，並誇大其詞地說，備受失眠之痛的人，會怎樣怎樣，若因此產生不幸的後果，自己實在難承其咎。警局，如我們所知道的，是居民的褓姆，在英國當亦然，翌日即有人來實地勘查，當事人當然據實以報，稍後並且聽到來人也到隔壁勘查去了，心中不免暗喜，以爲從此可天下太平，高枕無憂了，但是事實竟不然，入夜到固定時間，騷擾依舊，而且，也許是心理作用，似乎還有變本加厲的趨勢，當事人喟然覺得這已是個不可理喻的世界，只有任命了。未料到打擊在後面。某晚，夜歸，看到一名巡邏警，在行人道上徘徊不去，並且時時抬頭注目自己住的那一層，於是以識途老馬的姿態，鄭重其事地指點他：『就是那扇窗子。』

警員不知其爲何許人，若無其事地說：『不，是隔壁那一扇。』

『爲什麼？』

『爲什麼！我得到的命令是如此。』

『命令怎麼說的？』

『怕他失眠過度，神經失常，去謀殺隔壁的隣居。』

這教訓太大了。但是西方人的恕道究竟遠遜於我們，據書上的記載，後來是用「以牙還牙」的手段，取得芳隣諒解的。做法是過了兩點之後，「依韻奉和」，用一具更破舊的留聲機，吱吱啞啞發出更粗濁的音樂，不時也用鐵火鉗，在壁爐架上，狠狠地一擊。不數天，據說就相安無事了，這與我們里仁爲美的精神，與舊約上所說的愛你的隣居一如愛你自己的古訓，大相逕庭，是不很值得取法的。不過，一個人之走上極端，也決非偶然，此正足說明「一個壞隣居，爲害之大，一如瘟疫，一個好隣居，是平生之幸，是無價之寶。」(註二)

一個人不幸碰上個把壞隣居，其爲害大者可以城門失火，殃及池魚，小焉者通宵無眠，培養成神經衰弱，至於其他不良影響之深遠，更可從孟母三遷的故事中，略見端倪。但是有了好隣居，就受惠無窮，如曼南德在他的斷片集(註三)中所說的，「有了壞隣居，是單方面受罪，有了好隣居，那好處是互惠的。」此我之所以說隣居比環境衛生重要，實際上隣居是環境衛生的總和，日後做學問分工日細，追本窮源的精神愈澈底，優生學者不僅考究家系，一定還要旁徵博引，注意到師承，交遊與隣居，而且「將相無種」這惱人的題目，只要輕而易舉地加上「必有善隣」的註脚，也就可以算有了部份的答案。再說得遠一點，將來人類豐衣足食，能夠好整以暇，玩狗的紳士淑女們，不僅要看那畜生的祖宗三代，是否全係純種，還要研究左隣右舍的家犬，是否也是出自名門，因爲畜生對門第的優越感，並不强烈，說不定有一代會與出身寒微的往還過，間接遺傳下不良的習性。

隣居關係之大，眞是無待言矣，俗說禍福無門，唯人自召；這種自責的勇氣固然可佩，但並未見公允，因爲沒有把隣居一份打在賬內。走極端的人，或廣告作者，一定會改成禍福無門，唯隣是問。若追究一件事的前因後果，無論其爲禍爲福，又會發覺此種說法，偏激中亦帶至理。無怪乎我們的聖人勉人里仁爲美，聖經中亦有睦隣至上之論；遠如希臘詩人，近如醒世格言，亦均持相同見解。但是先賢餘緒和醒世格言，一如希望和幻想，不受時空限制，可以通古今之變，方諸四海皆準，可也一如希望和幻想，與現實人生大有距離，所以隣里間傳爲美談的事固然有，嘖有煩言的事更多，我們偶然雖聽到某某某是我的隣居一類引以爲榮的言談，但口出惡言說隔壁是個神經病，對面是個暴發戶一類話的亦不少，住在華洋雜處的巷子，現代化的鐵騎駛過，滿室蒙灰，也常叫人悻悻然，不過朋輩中有研究中西喇叭用途不同之說者，說西方人用喇叭之切實際，至少對隣人是件造福不淺的事。我經此指點，夜深人靜時，一聽到喇叭由遠而近，由緩而急接着犬吠一團，就注意究竟是那位芳隣回府，朋友所說的理論，居然屢試不爽，總是我們的同胞居多。非我族類，其心必異，他們大約覺得在夜深渺無人煙的巷子裏喝道，毫無必要，他們打的可能是經濟算盤，不一定想到隣人的好夢。

隣里間起煩言，當然也不僅起因於一鬧字。人不僅是個不健忘的動物，一件芝蔴大的小事，可以記一輩子；而且還是最具偏見的動物，常有先入爲主的論斷，「我看那新搬來的隣居就不順眼，」「你瞧她走路那德性」，這一來，自己先把交往的道路阻塞了，這世界，是一個以貌取人的世界，已歷有年所，西方現在「第一次印象」的理論，似乎也深得人心，看來是很難改弦更轍的了。但隣居不同於路人或寃家，朝夕與共，培植歧視與培養神經衰弱，總不及培植感情那樣彼此有益，也許里仁爲美一類的哲理，不是人人所能領略；前些時在英國散文家凌羅柏集子裏，看到一句與隣居毫不相干的話，簡單有力，似可借來當睦隣的心理建設，他說，「在這種日子，我決不願意和一個點酒不進的人，或者素食主義者換個位置，不過這世界也還大得足夠容納下他們和我。」(註四)

「這世界還大得足夠容納下他和我！」中年人好補充的習慣，也許又要補上一句，還容納得下許多許多別人。

民國四十五年二月八日臺北

(註一) 見 Schiller 著 "Wilhelm Tell" 第四幕第三景

(註二) 見紀元前約八世紀希臘詩人 Hesiod 著 "Works and Days"

(註三) 見希臘戲劇家 Menander 著 "Fragments"

(註四) 見 Robert Lynd 著 "The Straight and Norrow Path".

旅美小簡之十八

印字小工二百五十年誕祭

陳之藩

今天是富蘭克林二百五十年誕辰。賓夕法尼亞大學是他手創的學校，學生們成羣結夥地去吻他銅像的脚；賓大的校長贈予英國牛津大學威廉大學的副校長、美國哈佛大學、耶魯大學的校長等四人以名譽學位。

其實紀念他的何只賓大一校，富蘭克林是外交家，外交界要紀念他；他又是政治家，政治界要紀念他；他又是科學家，科學界要紀念他；他又是新聞家，新聞界要紀念他；他又是教育家，教育界要紀念他；他又是文學家，文學界要紀念他。富蘭克林好像一粒種子，它含蘊着整個未來，這粒種子二百五十年前種下，二百五十年後成了這樣一棵花繁葉滿的奇林。

胡適先生在給我的一封信中說：「費城到處全是富蘭克林的手澤與遺愛，美國的幾個開國元勳，眞有開國的氣派與規模。」手澤與遺愛，豈僅費城，又豈僅美國！

從小孩時候我就念富蘭克林的自傳；對於他的名字最不陌生。不過，如果說眞懂得他，又談何容易！關於他的許多事我都淡忘了。除了每天由宿舍到課室時，看到他的年青銅像，還記得在教科書中他放風箏的插圖以外，我只記得一件事，是最深刻的，那卽是他怎樣弄一個小本子，來記錄自己的行爲。早晨起來，他要想一下：我將作些什麼好事？晚上睡覺時，他要再想一下：我今天究竟作了幾件好事？

這個故事，我永遠不能忘記，因爲它的意味深長。其實，富蘭克林的磅礴崢嶸的精神，是有其根深蒂固的本源的，此一本源卽是這個檢討自己善行的小簿。

把自己的道德行爲每天如此結一次賬，不是一件容易的事。因爲這樣結起賬來，每個人不是債臺高壘，就是不明分文。可是，這是一種根本精神，這種冰清玉潔的精神只要存在，驚天動地的事業是隨之俱來的。否則一個人，不可能成爲眞正的人，也不會作出一件眞正的事。

富蘭克林這種精神，是眞正美國的立國精神，那位把歐洲玄虛繁亂的哲學，一概予以不了了之，把美國立國精神確實奠定理論基礎的杜威，對道德觀念下什麼定義呢？他說：「以前無論有多少功勳，如現在無上進的傾向，卽是不道德的，以前無論有多少失敗，如現在有上進意圖，卽是道德的。」這是將倫理道德說活了，而這句話具體的例子，就是富蘭克林的記事小簿。

這種精神的重要，我們的宋儒都感悟到過，類似這種記事小簿，我們的儒者也曾有過。所可惜的，是所用以表達的具體事實，不得其法。比如，宋儒說：「閒來無事不從容；睡覺東窗日已紅。」「百畝方塘一鑑開，天光雲影共徘徊。」這種境界之眞純，已至纖毫不染，而其事功的無爲，精神的玄虛也已無可救藥了。

富蘭克林則相反，他做工，他辦學，他實驗，他縱橫捭闔，他辣手著文，他不能忍受時間、能力、物資的虛擲。他是一個理想主義者，但他是一個實際的理想主義者。

實際的理想主義是富蘭克林的價值所在，也是美國立國的精神所寄。

所以，在歐洲，在亞洲，只可以產生侵略與反抗的戰爭，不可能產生解放黑奴的戰爭；在歐洲或亞洲，富豪王孫的子弟多爲墜落流氓，而在美國，則洛克弗洛之子仍爲洛克弗洛；福特之子仍爲福特。這是實際的理想主義的活頭源水，所灌溉出來的圓紅果實。

而那個源頭，却是流自二百五十年前誕生的印字小工。

印字小工在二十二歲時，寫了一首有泣聲而無哀怨的歌，那歌是單純而動人的：

富蘭克林印字小工的身體
如一老書的書面
書皮幾被蠹蝕完，
惟留字跡耀眼，
可是，書內文章並未被蝕，
它將再在人間重現，
他堅信，該書作者將要重編，
使它重新精裝再版。

我們要以印字小工的勇敢，再版我們個人的小書，再版我們國家的大書。

——四十五年一月十四日於費城

落月（四續）

彭歌

五

北平人比別的地方的人容易顯得衰老，這倒不只是因爲北方風沙太多，而是因爲他們常常太鍾情於一切過去的東西，從金碧輝煌的故宮到路邊的一棵老槐樹，都被一視同仁的愛惜着、懷戀着。北平是一座偉大而古老的城市，它的子民似乎便註定了要生活在偉大而古老的歷史陰影中。

譬如在戲班子裏，就有許許多多不成文的規矩，相沿成習，支配着每一個前後臺人員的言行。有些是從工作之中累積起來的經驗；有些完全是由於江湖人的迷信。但這些傳統都是那麼强有力地屹立不搖，從不因時代的進步而稍稍退讓。

有許多規矩是很可笑的，譬如：演員們無論在前後臺是都不准撐傘的；就是像「行路哭靈」那種戲中的老旦非得拿傘不可，一定也是布包包牢了的。爲甚麼？因爲「傘」和「散」同音，散吶散的，誰願意把班子弄「散」了!?

後臺是照例不准賭博的，可是有些賭徒們實在忍熬不住，悄悄地推牌九、擲骰子的事總是不能禁絕。管事的人也只好睜一隻眼，閉一隻眼。但後臺却絕對禁止下棋，儘管下棋說起來比賭錢高尚得多。爲甚麼？因爲下棋時總是要說，我走當頭砲，你走屏風馬，我走完該你走了，你走完該我走了。走、走、走，犯了忌諱，唱戲的人就怕人家「走」，大家要是都走了，還有誰來聽戲捧場？

再譬如戲班子裏對於關老爺特別敬重，那把青龍偃月刀放在後臺不用的時候全得在香案上供着。任何伶人只要是一扮上「臥蠶眉，丹鳳眼，面如重棗，長髯過腹」的關雲長，在後臺就不許再講話，出臺之前還得在關王爺的像前叩頭請求保佑。據說要是一個不週到，臺上準會出事，而且硬是有憑有據；甚至於指出某年某地某人所遭遇的事，有人唱「古城會」，拖刀斬蔡陽的時候，木頭做的青龍刀居然會開了口，把扮演蔡陽的人那顆首級梟下來了。

戲班子裏諸如此類的規矩，常在可解而又不可解，與合理又不合理之間擺動着。這些森嚴的規矩，可以說是智慧的結晶與愚蠢的沉澱羼合在一起的混合品，沒有辦法批評其得失優劣。

這些規矩，在科班裏向例是一體全收，而且科班本身往往就是保衞這些不成文法的堅强堡壘。

譬如說，戲校對於男女學生的管理是非常嚴格的；他們在學期間，不可以結婚而且也禁止交異性朋友。甚至於自己同學之間，如果不是由於演戲的必要而有所往來，也是不准的——從教育觀點去分析，這些規定當然也未可厚非。因爲這些少年男女們，終日在戲臺上演着成人的故事，表達着成人的感情，舞臺如溫室，把他們的心靈培育得很不自然地早熟了。所以，在男女同學之間，發生糾紛的可能性確實比平常的男女青年要大得多。至於說到臺下，由於社會上一般人對於伶人的歧視和好奇，他們一方面把「倡優」並論，另一方面又不知不覺因傾服於他們的才能，而希望能够有個和他們親近的機會。四面八方而來的誘惑，常常集中在舞臺的「明星」身上。

但是，這些規矩實行起來，往往不免矯枉過正，泯失了原來要保護演員們藝術生命之初意，而近乎狂虐和偏執了。

戲校這一次南行，各方面都很成功，聲譽和金錢，都有很大的收獲。可是，在凱旋的行列之中，卻有一個人，這麼出奇的沉默、頹喪、無精打采。他就是傅振翔。

從上海上船不久，教武生戲的沈老師，就通知振翔，叫他謹愼一點，因爲，「有人在校長面前說你的壞話呀！」他暗示這所謂「壞話」，似乎與女人有關。

振翔沉默着，他並不想抗辯；而且反而覺得假使眞是爲了心梅而使他自己受到甚麼處分，於他倒是很値得欣慰的事情。不過，雖然如此，在船上幾天他都不敢再去找心梅談話；甚至在天津下船，轉車回北平的時候，有很多男同學都搶着替女同學們搬箱子，運行李，他也不睬。他有意躲避着她的視線和聲音。

但是，他萬萬沒想到，回到北平以後校長召集的第一次檢討會議上，就決定了要把他開除學籍。他的罪名是「行爲狂誕，破壞校規。」具體的事實是「邀約女生私遊，並在外酗酒。」

傅振翔得到了消息，他要求立刻見校長；沈老師勸他不必了。反正他本來馬上就要畢業，本事學到身上，走遍天涯，不怕混不出頭來。學戲又不跟普通學校裏的學生一樣，非要靠那一紙文憑混飯吃。

「可是，我的名譽要緊吶，難道我就這麼乖乖地認了?」

「這是一個誤會，」沈老師急得眉毛皺成了一團，酒糟鼻子顯得更紅了，「校長怕你自以爲快畢業了，而且有了點小名氣，所以就胡來起來，他說，開除你也是爲你好，免得你一出道就目空四海，將來說起來你還是這學校的畢業生。」

「老師，您是知道的，我平常何曾有過……」

「所以我說這是個誤會。你是個老實孩子，可是你這一回確實做得不對。你請同學吃飯不要緊，爲甚麼單單約她一個人?而且還喝酒?你知道，這兩件事犯了校長的大忌。他太愛護你們。怕你們這些花朵在沒有盛開之前，就自己摧殘了自己。」

振翔現在猜得出這事情的經過了，「是不是王亞雲在校長面前……」

沈老師搖搖頭，「我不知道。」

「余心梅有沒有受處分？」

「我也不清楚，不過，我想大概沒有吧。一來她是女學生，說起來總是被動的。再說她並不是跟你一樣的畢業班，玩藝兒沒學完，再就學校的立場說，她現在正是聲譽鵲起的時候，正好替學校撑場面，賺大錢；當然不能把她輕輕放走呵！」

「這就好了，」振翔苦笑着，「那我也就不必見校長了。」接着，他請求沈老師今天晚上再給他把一次場，原來今晚上還排得有他的戲，「本來派下來是『惡虎村三義絕交』，可是我想請您跟他們打個商量換一齣，我要演一齣能够讓人滿意而且永遠記得的戲。」

「那末你就再演一回『伐子都』吧。」沈老師還記得這是振翔成名的第一齣戲。

「好吧，」振翔搓着兩隻手，眼睛茫然地望着遠處：「這是最後一回了，讓我好好賣賣力氣吧！」

這晚上恰好沒有余心梅的節目，她留在學校裏在排演新戲；而且她一點也沒想到學校處罰振翔的消息。這麼多天以來，她都想找他說兩句話而苦於沒有機會，她簡直有些要恨他了。

振翔也打聽到今晚她不來了；他在傷感之外反又覺得安慰。他不希望這慘然一別再在她心靈上留下甚麼印象。

伐子都是一齣冷門的老戲，演的是戰國時候兩個名將公孫子都和潁考叔的故事，他們兩人在鄭國同殿為臣，都有戰功，而子都位在潁考叔之上。有一次魏南王興兵犯境，兩人奉命禦侮，爭奪統帥權；結果國王要他們在校場比武。潁考叔勇奪帥旗和帥車，掛了帥印，使得子都大為羞憤。但潁考叔是一個忠謹純厚的人，在戰場上曾救了子都的危急。可是子都却猜忌嫉妒，未釋前嫌，不但奪考叔之功，而且以暗箭害考叔之命。戰爭結束之後，子都班師回朝，備受封賞。可是他忽然在金殿上發起瘋來，原來潁考叔的鬼魂已經纏住了他要他償命了。在這戲中，潁考叔是架子花臉，勾着三塊瓦的硃紅臉，綠蟒綠靠。子都因為是戰國期間有名的美男子，所以一定是武生應工，穿戴着銀盔白蟒，長長的兩條雉尾飄在腦後。面部化裝在傅粉塗朱之外，眉心還點着一顆金星兒，越發顯得英武不羣。振翔第一次演這戲時只有十三歲，那時報紙上便給他一個「活子都」的綽號。

這齣戲的高潮，是在金殿還魂的一場。雖然沒有多少開打，可是僅在這一場上，就有很多身段，都是對於長靠武生很嚴重的考驗。在子都班師之時，滿朝文武郊迎十里，馬上的子都此刻當然是志得意滿，顧盼自雄的。可是，當他一眼看到潁考叔的形象出現雲端時，他始而疑惑，繼而恐懼，別人看不見的他看見了，別人不知道的隱秘他自己是明白的。昏亂中，他從馬上跌了下來——這時候他還是全身披掛；帶着護背旗和盔頭翻筋斗，自然不是個容易事。

在金殿上，子都換上了御賜的錦袍，喝着慶功酒。可是他是越來越顛狂了。那鬼魂，高舉着血淋淋的人頭，使他神智昏迷，使他從盛宴席上滾了下來。他踔了許多筋斗，並且表演着爬地虎和甩髮的功夫，——在受罪。最後，潁考叔藉子都之口，使他把事實經過吐露出來。這時候的子都不僅是神經已經崩潰，就是他在朝廷的信譽也崩潰了。鬼魂逼着他在自己控訴了自己的罪狀之後，大笑三聲，從金殿的最高處跳下來，噴血而死。

振翔的長處，除去下過苦功，一切的姿勢深合美的要求之外，更由於他有一種凝重威武的大將豐度。他能够把一個驕矜的悍將心理，層層剝露無遺，臉上身上都有戲。尤其演到那種將瘋未瘋、憂疑不定的神情，最為成功。很多老資格的看客都知道振翔這齣戲是不輕露的。他們今天晚上都覺得特別滿意。

振翔是帶着無限的依戀來演這齣戲的。由於這是他成名之作，可以說每一招一式都在他的記憶中留有深刻的印象。一出了臺，他便只記得戲，只記得認真演戲；重複着他幾年來一直在演的戲，好像以前的事情也都復活了一樣。觀衆們仍然和往日一樣為他熱烈捧場。每一個過去曾經討過好的節骨眼兒，今晚都仍然有鼓動觀衆去瘋狂喝采的魔力。

一直到快終場的時候，振翔和觀衆們一樣，都在陶醉着。

可是，當他爬上了四張高桌「哈哈大笑」的時候，忽然感到了一種從來沒有的淒涼，好像人從一場美夢中醒轉來一樣那麼清明與空虛。眼前的這一切，緊張的鑼鼓，喧囂的羣衆，熱烈的歡呼，到明天，就甚麼全都沒有了；不是沒有，而是他自己不再置身其中了。一切都還要照現在的樣子進行下去，運轉下去，但是，他，傅振翔，不但不能再做主角，甚至於連一個跑龍套的地位全沒有了。他站在高空中鳥瞰池座中擺動着的人頭，一排排的，好像微風裏的麥浪，整齊而又不整齊。他們曾是那麼崇拜着他、幫過他的忙的——雖然他們有時不免愚蠢，但他仍覺得應該對他們感激，甚至於——依依不捨，像快要訣別了的老朋友。

這時候，他更痛苦地懷念着的，是心梅的綽約的影子，「只要能再看一眼也好呀！」一剎那間忽然他的心急遽地跳起來，像是要狂笑，又像要痛哭。

「唱戲的是瘋子，聽戲的是傻子。」而振翔現在是處在瘋子與傻子的十字路口上了。這是他第一次心地這樣的澄明，從戲臺上看到了人生的絕望。

惟其因為他不瘋也不傻，才使得他有暇為自己悲哀。他不再同情慘死的子都，反而是羨慕他，「這有甚麼不好呢？」這思想，像一道電閃劃過他的心頭。

舞臺上有片刻的寧靜，很像是一個陌生的角色忘了臺詞般的尷尬，誰都沒有出聲，許多人期待地望着半空中。

振翔輕蔑地瞧着脚底下，口角含着一絲冷笑，心裏默默地喚着心梅的名字，他想向她揮一揮手，

(29)

可是又不能確定她現在在甚麼地方，在做甚麼事情。「這些都沒有甚麼關係了。」

他一翻身跳了下去——從四張高桌子上。這一次，不再像一隻飛自柳蔭投身水面的燕子那樣的矯健，而像是被一個粗心的旅客從火車廂裏丟下來的行李捲。

他沉重的跌在臺上——子都「死」了，傅振翔也完了，口角和額邊淌着殷紅的血，是眞的血。

鑼鼓立刻停了，接着騷亂起來，觀衆們都肅然起立，多情的女客們甚至於哭號起來。幕，拉起來了；一個生命草率地終結，使得今晚的戲不能不草率地提前閉幕。

當心梅得到消息的時候，振翔的屍體已經被家人搬回去了。她想要不顧一切地跑到他的身邊去放聲慟哭一場；可是，被若寒她們說死說活的拉住了。康老師也說，反正人已經死了，再哭他也聽不見了。而且一個失足而死的人，那遺骸是不會好看的，何必再去多留下這麼一個兇慘的印象呢？再說，心梅一去，豈不是又給社會上添上許多加油加醋的材料？於生者於死者都不大妥當。

學校當局沒有宣佈「開除」傅振翔，而且爲他舉行了一個追悼會；連校長也向他默念誌哀。表面上看起來，因爲他是唯一死在舞臺上的學生，正彷彿一個戰死沙場，馬革裹屍的勇將一樣值得人崇敬。

可是，心梅終於打聽清楚了振翔的死因，她覺得內心有無限的歉疚。無論在戲臺上還是學校裏，振翔的影子好像時時在她身邊，帶着鮮淋淋的血跡。

一個女孩子在一生中第一次失去了愛人所嘗受到的痛苦，她都受到了。很容易地，她也曾想到死，雖然她沒有「伐子都」這齣戲，可是求死的機會總是多得很。——又是若寒她們阻止了她。她們以友情的溫暖緊緊地包圍着她，保護着她。她們不能保衞她的心靈，只能保衞她的身體；可是一個空有軀殼的身體有甚麼意義呢？

終於，她自請退學了。她以爲她離開這個不公平的學校，是可以使振翔死而瞑目的一件事。校長和康老師的苦口勸說，她一概置之不理——她不再記得他們的恩惠，她恨他們，而且將永遠不原諒他們。

傅振翔是她的第一個朋友，也是她第一個戀人；他爲她開拓了事業，也開拓了青春。他有一張遺影貼在她的照片本上，渾厚的臉型，圓眼睛，很黑也很深，人人都說他應該很有福氣。那照片是冬季裏照的，戴着黑的貂皮帽，那是那時梨園行流行的一種裝束：藍袍子，圍着一條藍白相間的圍巾。這影象，永遠活在心梅的心上。

心梅回到家的時候，余二奶奶正臥病在床上。母親看到女兒回來，當然覺得很安慰；可是，當她聽說心梅是退學回來的，她愣住了，她不能瞭解女兒在忍受了那麼長久的辛苦學習，剛剛嶄露頭角的時候，忽然又不顧一切甩手不幹了。可是，她看得出來女兒心裏頭有事，而且是很嚴重的事。她憂慮着，連問都不敢問。

一連過了好幾個死沉沉的日子，母女們互相安慰着，欺騙着。母親說她的病不要緊，很快就會好起來的。女兒說她退學並不算甚麼損失；反正年紀還輕，就是不唱戲，總也不至於餓死。

然而，母親的病越來越沉重，女兒的心情也越來越沉重了。她現在才看清楚社會留給她的路竟是這樣狹窄，除了唱戲她還能幹甚麼呢？假使甚麼都不做的話，拿甚麼來請醫生買藥、買米、買菜和支付油鹽店煤球舖的賬單呢？

有一天晚上，若寒忽然來看她。這是心梅離開學校以後第一次看到的一個從學校來的人，在患難之中，她格外感覺到友情的溫暖。

若寒說，她來的時候，曾受康老師的關照，來問問心梅是不是可以改變初衷，回去繼續未完成的學業，「心梅，妳不要太死心眼兒，大家都盼着你回去。學校裏頭多熱鬧。再說，妳這樣半途而廢，太可惜了。」

心梅搖搖頭，「再回去？那決不可能。打碎了的瓷器，再黏也黏不起來了。請妳回去代我上覆康老師，謝謝老師到現在還這麼惦念着我。」

「那麼，妳以後有甚麼打算呢？」

這一問，擊中了心梅的要害，這正是這幾年來她一直自己問自己而又得不到答案的問題。「眼前談不到甚麼打算，母親病着，我是混一天說一天吧！」

「那妳——」若寒沉吟了一下，眼睛望着屋外頭本來是作爲廚房的角落，如今冷冷淸淸的，爐子裏一點火星都沒有；而這正是應該剛剛煮好晚飯的時候。「我看，妳還是去搭班子吧！」

心梅不置可否，她不知道若寒這話是不是另有下文。

「我今兒個來就是爲的這個事。」若寒蹙着眉看着床上余二奶奶那張憔悴的臉：「妳知道，我家裏頭一天到晚川流不息地總是一些梨園行的客人。昨兒晚上爸爸告訴我，說天津勸業場的天華景大戲院鄭經理請他吃飯，說起他們那邊差一個二牌青衣。爸爸馬上就想到了你；可是因爲不知道妳的意思，一時還沒有跟他講定，只說人是有的，要過一半天才能回話。我所以來問問妳的意思。」

「是眞的嗎？」心梅高興得緊握着若寒的手，「妳說是天華景？二牌青衣？讓我去？」

「只要妳願意，就是妳！」若寒接着說明，「不過他們的條件並不算怎麼好，而且他們唱的是連臺本戲。」

心梅遲疑了半晌，才跑到余二奶奶的床前說：「媽，我找到事了，我又可以去唱戲了。」

余二奶奶睡得有點迷迷糊糊的，睜開眼只看到女兒滿臉都是淚，她想不透又發生了甚麼事情，想問，可是打不起勁來。

若寒臨走的時候說：「鄭經理也許已經回了天津，反正一切都談得差不多，等我爸爸寫個信通知他們一聲，回信一來妳就可以去了。」

心梅慢慢地擦去了臉上的淚，對着黯黃的燈光、無聲嘆息。她好像是在小時候丟掉了一件好玩的玩具，忽然又找回來時一樣的心情。但是，這找回來的東西跟原來的樣子已大大不同了——至少，在天華景不會再有振翔那渾厚的笑容，低沉的聲音。她縱有任何成就，都無法再與他分享了。

「假使他還活着的話——」有時她不免這樣想，他大概會要反對的吧？她知道，振翔是非常不贊成那些海派路數的；他曾說過，寧可餓死也絕不跟那些人同流合污。想不到她一離開學校，就得違背他的意思。這正好像當初父親一死她就去學戲而違背了他的遺志一樣。

「這就是生活嗎？」她責問自己；可是，有甚麼辦法呢？母親病着，這使得她有理由寬恕自己。唱戲總還算是憑賣本事混飯吃呵！

於是，她把未來的一切都照這麼計劃定了。從若寒家裏借了一筆錢，還還債，給母親買一點藥。家裏臨時請同院的一位寡婦照顧着；她想要是天津能站得住脚，再把母親也接了去。她每天都盼望着，從早晨到天黑；她那幾件簡單的行李，已經一再整理過。可是，甚麼時候動身呢？

三天過去了，五天過去了，一個禮拜了，十天了，甚至於半個月了；仍是消息沉沉，連若寒的影子也看不到。借來的錢又開支得差不多，心梅天天晚上計算着賬目時，心情黯淡無比。眞的，世界上除了等候失約的情人，還有甚麼事比一個失業者佇候一個職業時的滋味更難受呢。

好容易，一個禮拜天的一大早，若寒來了。但是她的臉色似乎很不開朗，一進房門她就解釋着，連日因爲排戲忙，不得出來。

心梅說她又瘦了，提醒她注意身體，工作要有點兒節制才好。若寒也這麼心不在焉地支吾着，兩個人都不願意先談到那個「問題」。

挨到最後，若寒才猶猶豫豫地掏出一封信來，她自己先扭過了臉去。她已經替心梅想了好久，這封信可能給予她的打擊太大了。

信是鄭經理寫給若寒的父親的；一上來先說了一番客套話，對於心梅「慨然俯允屈就合作」表示歡迎；不過，後頭他委婉的表示，他們這種戲班子全靠大部本戲賣錢，各演員間的推誠合作最爲重要。天華景原來的班底都是五六年的老人，猛然加上一個沒有在外頭混過的新角兒，大家能不能處得好，不無顧慮。尤其因爲心梅是科班出身而又已有了相當名氣。所以他要求這方面再考慮考慮。

表面上並沒有說拒絕的話，可是實際上等於是拒絕了。其所以要這麼客氣繞彎子，當然還是沖着姜家的面子。

「那就算了吧」，心梅自己寬慰自己，人家說得也對，萬一處得不好，再回來不是更難爲情嗎？

「那麼，以後我再給妳設法吧」，這種機會總還有的。」

把若寒一送走，心梅又委屈地快要哭了。

正在這時，房門又篤篤地響了。聽那沉濁的帶着氣憤的脚步聲，心梅已猜到是二房東來催討房錢的。

噩運跟好運不同，它總是一個接一個，找上門來。

(待續)

(上接第21頁)

展。但在中央山地則受布雅德派的影響而漸萎縮，如在Cantal省(由百分之三一．七降至百分之二五．一)及 Haute-Loire 省(由百分之三八降至百分之三三．五)。

八　結語

本年一月二日大選的結果，布雅德派出人意料的勝利，不僅使共和陣線或右派政黨未能充分爭得戴高樂派瓦解的勢力；且使法國第四共和第三屆國會的組成更加複雜。目前國會中四個大集團的勢力乃：

①共產黨……………一五〇票
②共和陣線…………一七一票
③右派政黨…………一九二票
④布雅德派…………五二票

而自左至右的四個集團，沒有一個握有國會中的多數。就原則上講，本屆國會當無法維持其五年的任期，在組閣方面，共產黨雖一再建議「共和陣線」合作組織「人民陣線」政府，但「共和陣線」各政黨爲其自身將來打算，則不能接受。布雅德派因布雅德言行種種已被稱爲法國的法西斯黨，同時受各方面的排擠。右派政黨因在上屆國會中主政時間過久，需暫休息，無參加內閣的必要。孟德斯法朗士自一九五四年主政後，至今尚不能爲人民共和黨諒解。故僅有社會黨秘書長莫雷組閣希望最大，且其自己自大選後亦只爲此事而計劃。就今日國際情勢看，莫雷組閣決不肯冒然接受共產黨的「人民陣線」，彼雖不願人民共和黨參加政府(事實上人民共和黨亦不擬參加)，勢必請求人民共和黨支持。因之在將來政治上又得商討以綜合各黨意見，使內閣壽命得以維持，否則本屆國會不出十個月又將解散。今日國會已開始召集，新閣問題不日即當解決，然就一般觀察莫雷如組閣成功(事實上就客觀環境分析，如莫雷不請孟德斯法朗士任外長時，人民共和黨當將予支持，最少亦不會投反對票)，其所採行政策或較佛爾所行者較爲積極，但不會有過度的改變。

讀者投書

免試升學和延長義務教育

葛寶戡

教育部現正草擬一項國校畢業生「免試升學」的計劃，從官方報紙上看，好像很獲得一般社會人士的擁護和讚揚。但是，目前眞的需要一個這樣的政策麼？這個政策是否能够順利實行，並收到良好的效果呢？筆者私衷，則深表懷疑。

據稱該項計劃的目的，僅係爲了消滅國校的「惡性補習」現象。數年來國校實行惡性補習，造成了兩種惡果：一是嚴重的使教育內容脫離了現實生活，一是嚴重的妨害了兒童身心的健康發展。這兩種惡果使整個國民教育的實施，完全違反了國家的教育宗旨；當然是亟應加以糾正的。糾正的途徑本來很多，而政府竟擬斷然採用「免試升學」的辦法。從表面上看來，這不啻是釜底抽薪、最澈底、最果決的劃時代措施。但是，教育政策的改弦更張，那裏有這樣簡單？依筆者所見，這樣作法，毋寧是太天眞和太魯莽了。結果只是「糾」而未「正」，徒費周章而已。何況若眞的實行免試升學，還有許多接踵而來的障礙與困擾呢！

第一，當前我國教育的癥結是「形式主義」「孤立主義」和「升學主義」。「免試升學」雖然消滅了惡性補習，却不足以促成教育內容的全部改善。這仍是在「形式的」或「孤立的」解決問題。而「免試升學」唯一的收獲是解決了升學問題。從事教育改革，僅着眼於升學問題之解決，豈非本末倒置？同時又鼓勵了盲目升學現象的發生，這不更是自相矛盾嗎？

第二，使國校畢業生不能如願升學的原因，並非全在於考試制度。家庭經濟，更是一項重要因素。如取消升學考試，只有使富家子弟可一律升學；貧寒子弟則絕不能因此獲得升學的機會。這證明升學問題仍不能全面的解決。

第三，中等教育和國民教育大不相同。依目前國校畢業生程度懸殊的情形而言，如一律免試升學，則將來中等教育的實施，必然會遭遇到空前的困難。而中等以上學校的教育水準，亦將隨之級級下降。這是一項可以預見的嚴重危機。

第四，本省普通中學，已屬過多。如國校畢業生可免試升學，則中等學校尙須再行擴充。無限制的擴充中學設施，不但爲財政狀況所不許，而且也並非當前社會所必需。大量的國校畢業生免試升入初中，以後升學問題只有更加嚴重。將來大量的初中畢業生和高中畢業生的升學問題，又將如何解決呢？

第五，所謂免試升學，是採用自由報名的方式呢？還是採用劃分學區的制度呢？如採用前者，則有的中學必然新生擁擠，無法收容，亦無法拒絕。如採用後者，一則有違個人選擇學府的正當志願；再則中學之分佈本不平均，有省立者，亦有縣市立者；如何公平合理的劃分學區？實近乎不可能。

由以上五點看來，「免試升學」制度的實行實在不容樂觀。可能一無所成，反而治絲益亂，徒尋煩惱。

同時，更有人藉題高呼「義務教育應即延長爲九年」的高調。這更證明一般人對當前教育的認識不够清楚，不够客觀。

關於延長義務教育，論者一方面引證歐美各國的國民教育制度，一方面指出本省六年制國民教育已臻普及；謂爲早已構成「延長」的必要。當然，國校畢業生歷年投考初中的擁擠情形，也是這般提倡者所根據的另一因素。但筆者以爲：此時此地，實毫無延長義務教育的必要。

第一、目前本省所實行的六年制義務教育，僅在數字上已形普及。在教育實施上則正暴露着極大的失敗。所謂國校畢業生生活知能不足的此一現象，不在於接受教育的時間短暫，而是教育內容和教育方法的罪過。六年制的義務教育既未成功，如何還可以擴充到九年去招致更大的失敗呢？當前國民教育最迫切的問題，只是教育實施的改善和加强，絕對不該在形式上延長教育年限以自我陶醉。否則，即使延長到十六年，與國民生活知能的提高又有何裨助？

第二、假使僅爲了解決國校畢業生的升學問題而延長義務教育，更屬小題大作，毫無意義。近年來中學新生入學的擁擠情形，只可說是一種暫時性的反常現象。造成這種現象的因素是多方面的，不能用單方面的方式來解決。如果爲了這些表面的枝節問題而擅自變更長期性的教育制度，將來如實施失敗，當如何善其後？

第三、義務教育一經延長，則整個學制以及課程標準，非重新訂定不可。且隨之而來的師資，經費等問題，其紛沓繁冗，更不堪想像。

所以，在目前來談義務教育的延長，在主觀上既無必需，在客觀上亦所不許。置教育實施及社會現實於不顧，而空談教育年限的延長，這似乎是一件極爲可笑的事。

綜上所述，不過是筆者私人的愚見。我覺得我以一個實地從事教育工作的身份，根據眼前事實來坦白的說出自己的意見，這是應有的權利，也是應有的義務。所以我並不會考慮到我所說的話是否有些過份。

總之，教育係國家的百年大計，應該經過縝密的計劃，檢討而確定其統一穩健的步序。否則頭痛醫頭、脚痛醫脚，只治其標，不務其本；那有不失敗的呢？（完）

自由中國　第十四卷　第五期　內政部雜誌登記證內警臺誌字第三八一號　臺灣省雜誌事業協會會員　一七六

給讀者的報告

最近立法院開會，因行政當局於答覆立法委員質詢時，措詞失當，致引起輿情之責難。先是行政院長俞鴻鈞答覆立委張九如質詢時，說到政府官吏是否爲中興人才，須待於「歷史判斷」；繼之有經濟部長江杓答覆立委程烈質詢時表示，如立法院對其答覆不滿，可以「另請高明」。民主國家的行政當局應根據憲法對議會負責，乃是天經地義的事。像這類的措詞顯然不是一個負責的行政當局所應與所能說的。爲此，本期有兩篇文字評論其事。李寄予先生專論「歷史判斷」一語之不當，要在說明行政院長的功過得失，在法律上應對立院負責，在社會上應由輿情判斷，不可以委之於歷史。一切「留待歷史判斷」，乃是不負責的遁辭。至於社論（一）則兼論俞院長與江部長兩人的答覆，除指出其措詞失當外，並進一步期望當局尊重立法院的職權與地位，以確立民主的制度。蓋行政之對立法負責乃民主制度的重要精神。我們從行政當局答覆的措詞中所以看出行政首長無論在事實上或在觀念上都未能尊重此種民主制度的精神。

報載緬甸政府將自雲南逃往緬北的十八名難民強迫遣返匪區。這還是同類事件的一例而已。在過去數年間，曾有兩千七百多難民均由緬甸政府以「非法入境」的理由強迫遣返大陸，而遭共黨屠殺。緬甸政府的這種作爲誠屬慘無人道，並違背「國際人權宣言」的基本精神。現在我們要向世人控訴緬甸政府此種反人道的行徑，希望聯合國起而採取行動，以維護聯合國在韓國所曾維護的精神，更盼我們政府從速營救數千名仍在緬境的難民。

美英兩國元首上月在華府發表聯合宣言，爲自由世界揭櫫出反共的原則。上期社論已經對此加以論列。但由於這個宣言的重要性，我們願不厭其詳地以闡明其意義，故在本期社論（三）裏再申論國家與個人之關係，以盡前文未盡之意。

本期陶百川先生「從雷正琪案談到官吏圖利問題」。本文敍述雷案緣尾，兼及美國前空軍部長戴巴德之被迫辭職事，以說明美政府對官吏操守之重視。陶先生列舉美英兩國對「利益衝突」法的條規，並比較我國公務員法中的有關條欵。然而美英當局對於這些條規率能認眞執行，迅速並公正處理，以視我們則又何如呢？

許冠三先生的大文探討「美國要在亞洲做些什麼？」許先生的大文與一般討論此問題的文字不同，許先生係運用科學方法來思考此一問題，因而他所歸納的結論，更有客觀的效準。

蔡保勤先生的大文評論「臺灣獄政」，本文根據實際資料，對當前獄政應興應革諸端，論列甚詳，頗有關當局能重視此文的意見，並決意改革。

本刊上期專論欄所載「加拿大政黨組織及其現況」一文係力元生先生所作，力字誤刊爲厲字，應予更正。

自由中國　半月刊　第十四卷第五期　總第一五二號

中華民國四十五年三月一日出版

發行人兼主編　「自由中國」編輯委員會

出版者　自由中國社
社址：臺北市和平東路二段十八巷一號
電話：二八五七〇

航空版　香港　友聯書報發行公司
Union Press Circulation Company, No. 26-A, Des Voeux Rd. C., 1st Fl. Hong Kong

總經銷
臺灣　自由中國社發行部
美國　自由中國日報
Free China Daily
719 Sacramento St., San Francisco 8, Calif. U. S. A.

經售者
日本　東京僑豐企業公司
韓國　漢城裕昌德號
馬尼剌　大中華日報社
印尼　新疆書店
椰嘉達天聲日報
泗水文光圖書公司
越南　西貢中原文化印刷公司
緬甸　仰光振成書報店
印度　加爾各答塔梅學校
澳洲　雪梨瑞田公司
北婆羅洲　西利亞坡青年書店
新加坡　檳榔嶼、吉打邦均有出售

印刷者　精華印書館
廠址：臺北市長沙街二段六〇號
電話：二三四二九號

本刊經中華郵政登記認為第一類新聞紙類　臺灣郵政管理局新聞紙類登記執照第五九七號　臺灣郵政劃撥儲金帳戶第八一三九號（每份臺幣四元，美金三角）

FREE CHINA

第十四卷第六期

要目

中華民國四十五年三月十六日出版
社址：臺北市和平東路二段十八巷一號

半月大事記

二月廿四日（星期五）

葉外長在立院聲明，匪如進犯金馬外島，我即採無限度報復。

俄共大會通過赫魯雪夫政策報告及布加寧五年計劃。

二月廿五日（星期六）

美國務卿杜勒斯在參院外委會報告，自由世界堅定團結，俄帝暴力政策失敗。

俄共第二十屆代表大會閉幕，並選出中央委員一三三人。

西德自由民主黨與艾德諾決裂，終止爲期達十一年的聯盟。

二月廿六日（星期日）

杜勒斯警告自由國家，俄帝改採經濟攻勢，目標仍圖征服世界。

法國與摩洛哥及突尼西亞間舉行獨立談判。

二月廿七日（星期一）

臺省都市平均地權地區，經內政部正式核定五十七處，另有十六處亦飭陸續報請核定。

中日貿易計劃會議在臺北揭幕。

俄共中央委員會主席團主席全部當選連任。

美國務卿杜勒斯在國會表示，將力促長期援外計劃實現。

二月廿八日（星期二）

英國官方表示，中東一旦發生衝突，美英將採干涉行動，並已獲得法國對此協議之支持。

聯合國教科文組織遠東會議在東京舉行。

美代表在十二國原子能會議中提出呼籲，促設原子能銀行。

歐洲經濟會議在巴黎舉行。

二月廿九日（星期三）

美總統艾森豪宣佈競選連任。

義總統在美國會演說，敦促西方各國，加强政經合作。

英外相艾勞德離英赴中東，以謀解決以阿爭執。

胡光麃案二審宣判，維持原判決，胡光麃、尹仲容、周賢頌三人均無罪。

三月一日（星期四）

全國役政會議開幕。

美援巨艦咸陽號駛抵高雄。

教育部決定國校畢業生免試升入初中。

三月二日（星期五）

黃副院長在立院答詢，稱決心確保金門馬祖，我已完成充分準備。

美援會說明本年度美經援使用旨在協助增强防務，穩定物價及擴充生產。

杜勒斯自美啓程東來，參加東南亞公約理事會。

英籍阿拉伯兵團司令格魯布被約但王解職，英美均表震驚。

法摩簽定宣言，法國承認摩洛哥獨立，但保有外交及陸軍權力。

菲律賓副總統兼外長加西亞聲明，華僑有權在菲設立學校。

蘇丹拒絕與中共締結邦交。

三月三日（星期六）

全國役政會議閉幕。

法德二國外長在波昂再商薩爾爭執問題。

美英法三國駐聯合國代表與秘書長哈瑪紹會商中東局勢。

聯合國亞洲教科文會議閉幕。

三月四日（星期日）

越南選舉制憲國會，將產生一百廿三位議員，以批准越南新憲法草案。

敍埃沙三國首長在埃開高層會議，商討應付以色列改河道計劃，並保證全力支援約但。

社會主義國際大會斷然拒絕與共黨聯合。

三月五日（星期一）

杜勒斯抵達喀拉蚩，參加東南亞公約組織理事會。

英內閣舉行緊急會議，會商中東局勢，艾登下令召回阿拉伯兵團英高級軍官。

韓自由黨代表會提名李承晚競選下屆總統。

三月六日（星期二）

東南亞公約組織理事會開幕。杜勒斯致詞，促發展共同措施，對抗共黨顚覆行動。

艾森豪照會布加寧，再拒與俄締結友好條約，促與西方合作，擬定一全球性裁軍制度。

中國青年黨中央聯合辦事處宣稱，該黨內部團結接近成功階段，即將成立新中央黨部。

法國抗議埃及支援北非叛亂。

塞島談判破裂，英以强硬手段鎭壓反叛。

美國務院聲明，謂日內瓦談判陷僵局，中共應負全責。

三月七日（星期三）

我出席第二屆亞盟會議代表團與韓國代表團聯袂赴菲出席會議。

中東情勢緊張，艾登呼籲艾森豪迅速採取行動，並促美加入巴格達公約。

東南亞公約組織協議，決定增强實力。

艾森豪對中東危機主由聯合國調停。

艾森豪表示，國際冷戰成爲更廣泛的競爭，美將進一步加强援外計劃。

美參院調査會主席反對放寬禁運。

三月八日（星期四）

東南亞公約理事會結束，八國發表公報，譴責俄酋挑撥言論，並通過擴展組織六點方案。

沙敍埃三國協議援助約但。

艾登指斥埃及實行兩面政策。

韓總統李承晚再度聲明不競選下屆總統。

「自由中國」的宗旨

第一、我們要向全國國民宣傳自由與民主的眞實價值，並且要督促政府(各級的政府)，切實改革政治經濟，努力建立自由民主的社會。

第二、我們要支持並督促政府用種種力量抵抗共產黨鐵幕之下剝奪一切自由的極權政治，不讓他擴張他的勢力範圍。

第三、我們要盡我們的努力，援助淪陷區域的同胞，幫助他們早日恢復自由。

第四、我們的最後目標是要使整個中華民國成為自由的中國。

社論

（一）史達林被清算了！

最近，蘇俄共黨召開第二十屆代表大會。在這次會議中，蘇俄共黨高級首腦清算史達林，攻擊『個人崇拜』，反對『個人統治』。隨着這一聲開頭炮而來的妙事，是蘇俄不再懸掛史達林的相片；聯共黨史需要重寫；甚至蘇俄的歷史也需要重寫。這一聯串的事件，使得全世界關心政治的人士驚愕。然而，最驚愕的，還是各國共產黨人自己。

史達林所提拔最力的親信馬林可夫說：『一人統治會導致不可挽救的專斷決定，並會招致重大損害。』伏羅希洛夫也對大會發表演說。他正像許多其他到會的人一樣，同聲一致地嚴詞攻擊『個人崇拜』。他說：『我們必須加強列寧的集體領導原則，因爲這是防止錯誤的唯一方法。』布加寧、米高揚之流，也參加同樣的攻擊。共黨大會全體一致通過這一項決議案：『大會要求中央委員會勿鬆懈其努力，以防止個人崇拜的復活。』接着這項決定而來的，是史達林的照片在公共場所失蹤。報端所刊共黨高級首領的照片，係依姓氏字母先後的次序排列，不使任何一人的姓名特別顯得突出，等等。

對于這一串相聯的事象怎樣解釋呢？有一部份的言論，集中於說俄共此擧的作用在對外欺騙。這種解釋，自然有其一部份的理由。然而，也只是一部份的理由而已。如果認爲這是俄共清算史達林及其相關事件之全部的理由，那末便是一種不健全的看法。這種不健全的看法產生的原因之一，是一種自卑感。有自卑感者，往往易患恐俄病。患恐俄病者以爲蘇俄永無錯誤；共黨的決策都是出于主動的，而且總是趨于勝利之路的。

這種看法，是把敵人看得比他的原形還要大。基于這種看法來宣傳，在客觀上，無異替敵人擴大宣傳作用。固然，我們不應輕敵，自由世界對于敵人的每一擧措都得警戒。但是，我們也不可把敵人看得比他在實際上還要偉大。在認清敵人時，我們必須本着科學的求眞態度。敵人是半斤，我們就還他個半斤；敵人是八兩，我們就還他個八兩。這樣認淸敵人，才能不驕不餒，肆應得宜。

這次事件，不是單獨一二個因素所能說明的。它有許多意義和影響。而且這些意義和影響都是重大的。我們現在扼要指陳如後：

自一九一七年以來，我們只注意到共黨的宣傳與擾亂。但是，我們却忽略了第二次世界大戰以後十年間民主國家在全球規模上對共黨活動所施壓力之增長。這一增長中的壓力對共產集團的活動之影響爲何，我們不能僅從局部的得失來判斷，而必須從盈虛消長的全般態勢來衡量。回憶第二次世界大戰剛一結束的幾年間，柏林封鎖，西歐岌岌可危，蘇俄面目猙獰，自由國家陷於片面招架的窘境。而不到十年，大西洋公約構成，西方反共武裝力量建立，東南亞防共的警報網紛紛成立，臺灣海峽的安全較前大見鞏固。這種形勢之逐漸改善，逼使蘇俄共黨逐漸感到其權謀不能運用自如，礙手礙脚，因而近來不得不考慮暫時停止使用暴力，改用比較輭性的聯合戰線策略。這正是杜勒斯說的：『自由世界堅定團結，俄帝暴力政策失敗，』所以不得不揚言『放棄三十年來的暴力政策』。

我們沒有理由說，這一形勢所衍發的壓力，絲毫不影響蘇俄的內部形勢。當然，這話並不意涵，蘇俄從此在原則上放棄暴力政策，內部今後眞正的實行民主。我們是說，自由世界所給予蘇俄內政的影響是間接的。無論怎樣，『集體領導』雖仍不脫『一黨專政』的型模，但較之『一人領導』，反民主的色彩究竟要沖淡一點。共黨頭目拿這種沖淡色彩的東西來緩和蘇俄人民因史達林暴政所引起的不滿之情，安撫一般人民。當然，他們也可以此欺騙自由世界，尤其是正屆大選之年的美國。然而，無論如何，他們需要從這一角度來作策略性的讓步，正足以證明自由力量是在抬頭之中。

史達林的獨裁權力，是繼承列寧所領導的十月革命之社會動力而產生的。史達林專權的時期，十月革命所產生的社會動力早已消失了，所剩下的就是獨裁極權的政治建構。史達林死後，一人專政的局面無以延續。至少，在相當時期內，沒有人能建立與他相埒的權威。雖然如此，但他消耗了千萬條人命所築成的獨裁權力的建構猶存。這一權力的建構是必須予以分配的。所以，如何把這一權力建構予以分配，成爲史達林死後蘇俄內部唯一重大的問題。這個重大問題一天不得解決，蘇俄內部即一天得不到穩定。有而且只有所謂『集體領導』，才是蘇俄在現階段解決權力分配問題唯一的現實形態。

蘇俄共黨在宣傳技術中有一條預存的原則，就是大多數人喜歡什麼，他們就說什麼。所謂『投其所好』是也。史達林專權三十年，排除異己，殺戮無辜，把蘇俄變成一個大集中營，成爲俄國歷史上空前未有的大暴君。人心之不滿，早已鬱積於心靈深處。這次俄共頭目，對史達林痛加詆毀，推倒其偶像，消滅此一恐怖之神的陰影，此擧當深合一般俄人之願望，而且也可給俄人一新耳目之幻覺。俄共正好利用此一幻覺，以鞏固其統治。

從蘇俄共黨頭目的心理來觀察，彼等之清算史達林，痛詆其在生時之所言所行，實在是一種報復洩恨的行動。史達林在生時，君臨萬人之上，一切光耀概歸享受，幹部之生殺予奪唯意所欲，他說的話就是法律，他著的文章就是聖經，他一身兼爲政治家、軍事天才、科學家、哲學家：人間的一切美名都爲其佔盡。凡稍有自尊心的人，誰喜歡這一套！然而，只因他權威在握，特務在手，大家唯有隱忍求存。甚者則推波助瀾，以冀獲取功名利祿。一旦史達林身亡，殭尸無靈，權威墜失，特務不爲所用，機會來臨，大家就羣起報復，一洩心頭積恨。『種瓜得瓜，種豆得豆。因果報應，絲毫不爽！』史達林靠清算起家。今彼身死不過三年，就受到他『親手栽培』的『信徒』清算。報應何其速也！

俄共清算史達林及因此而誘發的一聯串事件，在一長遠的歷程中，對于蘇俄共黨及世各地共黨內部有其深遠的影響，對于世界其他的地區也有其影響。

既然俄共首腦攻擊『個人崇拜』，反對『個人統治』，認爲聯共黨史甚至蘇俄歷史都需要重寫，自必是認爲這一套要不得。如果說這一套要不得，那末早就要不得，何待今日？然而，當史達林生在時，他們因恐遭清算，連半個『不』字都不敢吐露，必待史達林死後才敢大放厥詞。這是獨裁極權統治之不可救藥的死症。這個現實的教訓可以活生生地警告世人，無論如何，獨裁極權這條死巷子是走不通的。

史達林在世之時，神聖不可侵犯，儼然『言足爲後世法，行欲爲無窮則』，口含天憲，有百是而無一非。及其身死也，則成衆矢之的，有百非而無一是。生死之別，何其判若雲泥？由此可以證明，他生前所『收到』的頌揚讚美，全是假把戲。史達林原是富於政治戲劇天才的。他一輩子導演的政治戲劇眞不算少了。然而，這位蓋世天才豈能料到，他自己的戲是以這樣的一幕終場？但是，民主的政治領袖，從未聞當有權勢時大家捧若神明，而死後則爭相咒詛『清算』。華盛頓、哲斐遜等人生前受人愛戴，死後尤其受人景仰。這一顯明的對照，所給予今後欲從事政治者的教訓，又是什麼呢？

史達林製造個人崇拜，以個人崇拜作統治中心，這種統治方式，在社會心理上是利用蘇俄這種落後農業地區殘存的『父親意像』。俄共從前動不動就說史達林是『蘇聯人民親愛的父親』。從社會進化史來看，這是酋長意識的擴大。這一套辦法，與二十世紀六十年代原子能所造成的新局面對照起來，簡直太落伍了。蘇俄共黨頭目這次之清算史達林，拆毀個人統治，固不免有『打落水狗』並找死人出氣之譏，然而，他們這樣做才行得通。由此可見卽使在鐵幕以內，以個人崇拜作中心的統治方式也是不受歡迎的東西。

共黨之最毒惡處究竟何在呢？對于這個問題，很少人能提出正確的答案。一般人說共黨之毒惡，在其好陰謀、搗亂、破壞。這是皮相之談。過去日本軍閥所指使的浪人頭目土肥原，未嘗不從事陰謀、搗亂、破壞。但是，土肥原與共產黨比較起來，眞是小巫之見大巫。共黨之最毒惡處，從根本上說，就是他能製造信衆一種特殊的心理狀態。這種心理狀態就是他宣傳『主義』時所挾帶進入信衆大腦的『絕對精神』。這種『絕對精神』，曾爲德國軍國主義之魂的哲學家斐希特強調，又爲普魯士御用哲學家黑格爾所渲染誇大，而共黨則藉着宣傳與組織把它發揮到狂熱的頂點。照稍有科學頭腦的人來看，一切眞理都是人努力的產品。人努力的產品，都可能有錯誤，因而人就可以懷疑。通常所謂『最後的眞理』，這個問題既不能從正面證實，又不能從反面否證，所以這個問題壓根兒是一個沒有意義的問題。所謂『眞理』是可能隨着經驗之增加而不斷修正的。復次，相對于不同的條件，有不同的眞理。自愛因斯坦的學說出現以後，我們更可明白這個道理。但是，共黨的所謂『思想訓練』，却要養成信衆一種心理狀態，卽是要人堅信共黨所說的一切是絕對的眞理。只許信奉，不許懷疑。稍示懷疑，他便說你『思想有問題』。『思想』一有『問題』，小則『改造』，大則喪生。順着這條路子，共黨更把人養成一種想法：以爲世上的眞理只有一個；而且這一個就在共黨手中。『只此一家，別無分店。』這種思想型模一經鑄成，除了鬬爭以外，還有何路可走？史達林在生時，被當作這種『眞理』之唯一的標準和泉源。他的言論一經頒佈，蘇俄及各國共黨必須一體奉行，不得稍示異議。這種訓練，二十餘年如一日。然而，史達林身死不過三年，俄共頭目忽然說史達林之所言錯誤百出，完全要不得，必須予以淸除。這種辦法，給共黨徒衆一種印象：所謂『絕對眞理』原來是隨人而定的。人一死了，所謂『絕對眞理』立刻變成『絕對假理』。早晚市價，如此之不同！這種翻雲覆雨的情形，動搖了共黨徒衆的『絕對精神』。『絕對精神』一動搖了，他們的『精神武裝』就從基礎上解除了一半。在一長遠的過程中，這對于共黨的發展是不利的。

復次，如前所述，史達林一死，不復能運用暴力，其所謂『眞理』甚至其最親信的幹部都認爲錯誤。這一事實，足可證明，其所謂『眞理』之最後的支柱只是暴力而已。史達林在世時，這種毛病，在徒衆心目中尙不十分顯著。他一斷氣，這種毛病更立刻『水落石出』，給人看得清清楚楚。史達林個人的統治形態如此，世界各地共黨的統治形態，又何獨不然？現在，世界各地的共黨統治，無一不是借重暴力的。這種統治形態，已經近乎羅素所說的『赤顆的權力』。一旦暴力支柱被摧毀了，則赤顆的權力隨之土崩瓦解。一葉落而知秋。史達林一死，他的威靈隨着一了百了。依同理，我們可知，共黨的暴力被摧毀了，則其聲勢將隨納粹法西斯以俱去。所謂『共產黨雖垮，共產主義仍要實行于全世界』的話，實在是無稽之談。從這一方面觀察，自由世界反共運動的前途是可樂觀的。

這次史達林被清算的教訓是够豐富了。吸收經驗教訓，是改進人類生活的妥實途徑，關係乎衆人之事的政治尤然。凡願避免失敗而走上成功之途者，面對這樣森嚴的客觀經驗教訓，當會知道那一條路才是走得通的路。

社論

（二）

國校畢業生免試升學方案平議

——實施結果只是嚴重的損害了義務教育——

教育部教育研究委員會於三月一日通過了「國民學校畢業生免試升學初級中等學校實施方案」及「四十五年高中畢業生會考升學聯合考試實施要點」兩案。後者正由教育部根據通過的要點，訂頒各項實施辦法，目前暫不置議（本刊這一期刊有史丹青先生一篇讀者投書，對這一部份有正確精闢之評論，可供讀者參閱）；前者規定經教育部教育研究委員會通過後，即由教育部公佈實施。據三月九日新生報載稱：「教育廳頃通知各縣市府，自四十五學年度第一學期起，省立中學不再辦理初中，全部改由各縣市自行辦理。詳細辦法由教育廳擬訂。目前各縣市應根據交通、學生人數及學校分佈情形，預為籌劃學區之劃分，並切實調查國校學生志願升學人數，限於三月底前將辦理情形報廳核辦」，是本案已進入實行階段矣。

本案在現階段中缺點甚多，如經費之無法籌措，如師資之無法拼湊（姑不論應不應該鼓勵公務人員或事業機構人員兼課，姑不論他們有沒有功夫來兼課，而鄉村公務人員之素質，實不能擔任初中學校的課程，鼓勵公務人員和事業機構人員兼課，等於七拼八湊耳。又中學法第九條規定兼任教員，其人數不得超過教員總數四分之一），以及實施後之中學程度降低等等，姑不具論，惟本案關係義務教育之前途，至深且鉅，茲僅就本案實施後對於義務教育之影響，加以論列。

國民學校畢業生免試升入初級中學，其目的不外以下二點：一為等於延長義務教育年限，提高國民知識水準；二為澈底消除小學高年級的惡性補習，以免戕害兒童身心的健康。這是該方案前言所示，兩點立意都是很好的，任何人不能加以訾議。惟在目前臺灣的處境，這個方案不是立刻行得通的，如欲勉強行之，其結果是利未見而害先至，不僅不能作為延長義務教育年限為九年之準備，反嚴重的損害了義務教育之素質。至對戕害兒童身心健康的惡性補習，不過是推之於後一階段罷了。茲分述其理由如次：

第一　國校畢業生免試升入初中，正如師範大學教育系主任孫亢曾先生所說，在目前不是應該不應該的問題，而是可能不可能的問題（見二月二十四日新生報載免試升學座談會紀錄）。所謂可能不可能，均須以事實為依據。教育部年來提倡科學。須知科學的主要精神，是要依據事實，不能閉門造車，尤其不能自我陶醉。就事實而論，實施國校畢業生免試升學，必須增加初中班級。隨之而校舍、設備、師資皆須配合增加。以今日政府財政之困難、軍事以及生產建設方面需欵之迫切，強欲寬籌大量教育經費，以便添建校舍，充實設備，培養師資，在事實上必有困難，也可以說在目前是不可能的事。教育部有鑒於此，乃轉而求之於國民學校。故在方案中規定各縣市劃分若干「初中學區」，每區指定國民學校一所，改辦初中。須知國民學校為義務教育實施之所。而義務教育則為國家的基本教育，以擴充初中而影響基本教育，不待智者而知其為誤謬。且各縣市國民學校現時尚缺教室六千多間，幾達全省國校班級三分之一，以致義務教育不能正常進行，致令國校一年級至四年級實行二部制，實際上只是上課半天，今強以一部份國校改為初中，勢必擴展二部制至六年級，其為嚴重損害義務教育，至為明顯。

第二　由於國民學校教室不足，教員名額少，待遇微薄，素質不齊，以致四年級以下既多實施二部制，而教學復不認眞，影響學生程度甚鉅（李曜林先生在上述座談會上說，現在六年之義務教育，經過七折八扣，最多只剩了四年），於是不得不於五六年級加強補習。而初中入學試題，又未能嚴守小學課本之範圍，致補習演成高年級普遍之現象。教育部果欲提高教育水準，實應針對上述原因，設法補救。若不此之圖，反將國校改辦初中，實施免試升學，以期消滅惡性補習。其結果，即使補習得以根除，而義務教育之水準，必更隨之低落，其弊害何堪設想（如國校一部改初中，勢必全部實行二部制，結果六年的義務教育，可能變為三年了）。此為任何人可以了解之事實，實不待分析而後可明。

第三　免試升學是否可以消滅補習呢？免試升學之學生，必須就讀「學區初中」，資質出衆者不能自由選擇優良之學校，以宏其造就，亦屬國家之嚴重損失。且縣市立初中陡然增加，師資原已缺乏，中學程度必更普遍降低。（如果初中實施二部制，則三年只有一年半了。夜間上課，非交通極方便之地區不可，初中學生平均年齡只有十二三歲）二一年後為競求升學「高中」者，惡性補習又必隨之發生。折東牆補西牆，西牆無補而東牆已折，此又智者所不為也。

總之，本案實施後，必然的損害了、可以說是破壞了義務教育，任何人不能加以狡辯的。教育部果欲剷除惡性補習，提高國民教育水準，最起碼的應先做到以下三事，然後才能談到免試升學。

一　擴建國民學校校舍，廢除二部制，使一年級至四年級的學生得以整天上課；

二　提高教師待遇，使國校教員不必另謀增加收入而去擔任補習；

三　精選師資，增加教學設備，使小學六年畢業生，眞能修完六年預定之功課，而有小學畢業生之實力。

側聞此次教育廳召集各縣市教育科局長舉行秘密會議時，各科局長多表示倉卒實施，困難重重，而本月一日教育研究委員會開會時，各委員亦多認為應有充分之準備，但於次日公諸報端時，竟以無異議方式通過該方案，是此一重大改革，旣未博採衆議，復不體察地方教育行政機關之困難，亦未經行政院之核准（憲法上規定行政院的施政要對立法院負責，這樣重大改革事項，當然要經過行政院會議討論，否則行政院長又何能負責？）及立法院之決議（中學法第十一條規定，初中入學「應經入學試驗及格」，本案「免試升學」，係變更了這條法律，必須經過立法院通過。命令不能變更法律，這是起碼的常識），僅取決於一二人之衝動，此風一長，則後之來者，亦可任意改弦更張，豈不形同兒戲。「教育為國家百年大計」，願教育當局愼重將事。

社論

（三）歡迎我們的代表蔣廷黻博士

我國駐聯合國常任代表蔣廷黻博士，這幾年在其職務上艱苦奮鬥的表現，充分證明他是我們外交界數一數二的人才；即以國際標準來衡量，也足够稱為第一流的外交家。這不是偶然的，因為現代化的學識造詣，培養了、堅定了他對民主自由的信仰心。這種信仰，是反共反極權的精神條件。有所「反」，必先有所「持」；有所「持」才能够「反」得理直而氣壯。蔣博士代表自由中國，而其個人又是堅持民主自由主義的，再加之靈活的手腕，敏捷的口才，所以在聯合國反共鬥爭的場合中，他能够經常顯出浩然的氣派。在這種氣派下，不僅莫洛托夫、維辛斯基、馬立克、索布列夫這一羣克里姆林宮豢養的走狗為之瞠目結舌，而且也使非共而又親共的國家代表內心折服。蔣博士這種成就、這種由於個人因素的成就，代表了我們國家的光榮，也為我政府選賢任能方面稀有的成績。

現在，蔣代表載譽歸來，向政府述職，我們站在輿論界立場，除向他表示歡迎慰勞之意外，我們要向政府要求為他充實外交戰的軍需。

聯合國到了今天，確已顯得地位降低，力量減弱，我們在反共復國的過程中，不應一味地依賴它。但我們也決不能輕視它。我們為向國際揭發共黨政權的罪惡，為爭取中立國家的了解與同情，為增强友邦的合作並獲致更多的幫助，聯合國對於我們仍具有重要性。至少至少聯合國在今天還是國際宣傳戰的主要戰場，因為這裏有七十多個國家的代表在。

「宣傳」的含義，在我們的理解中，是為着某種目的把某些客觀事實，廣為宣揚；儘管我們可以選擇宣傳資料，以期於我有利，但宣傳決不同於說謊。以說謊來作宣傳，是納粹、法西斯、共產黨這些同質異名的政權所慣用的卑劣手段，而為我們站在民主這一邊的國家所當鄙棄，同時也是信奉民主的人士，自然包括蔣廷黻先生，所不屑為的。說謊是野蠻，是罪惡。歷年來蘇俄代表在聯合國留下的這種野蠻罪惡的紀錄，不知多少，但我們的代表蔣博士從不以其人之道還諸其人之身。例如去年十二月十三日蘇俄因新會員入會問題在安理會慘遭失敗以後，索布列夫又以說謊的慣技汚衊我們蔣代表，而蔣代表的答覆則是這樣：「……如果我也使用蘇俄代表那樣的腔調與言辭，我的國人將會奇怪我在聯合國任職八年之後，為甚麽會變成這樣地野蠻。」這一句簡簡單單的答覆，好極了！一方面為我國人大大增光，一方面十分明白地指出國與國間民主與極權之分，人與人間文明與野蠻之別。

說謊是野蠻，是罪惡。文明的民主的國家，在宣傳方面無論是對內或對外，都得以客觀的事實眞象作根據（四十四年二月三日中央日報刊出蔣廷黻先生給該報二十六週年賀函中，也有幾句與這意思相類似的話）。聯合國在今天旣仍為國際宣傳戰的主要戰場，我們就還要督責我們的代表蔣博士更高度地發揮其卓越的才幹，在這個戰場上不斷地打勝仗，打更大的勝仗。要他打勝仗，我們政府就應積極地充分地給他以有效的彈藥與裝備——可資宣傳的資料。而這種資料必須是不怕檢驗，不怕考證的事實眞象。

這裏從兩方面來講：

第一、反共，自然要盡量地把共黨的罪惡揭發出來，叫世人從它的面貌到精髓都認識得淸淸白白，毫不含糊。這件工作，正如蔣博士本月十日在光復大陸設計委員會中所指出的，是我們所應該努力的工作。他說：「自由中國應努力使本身在反共之知識方面，成爲各自由國家中之『權威』。自由中國想在物質力量方面成爲自由國家之權威，自不可能，但如能在反共的知識方面成爲權威，卽可增强本身地位不少。」蔣博士在這裏所說的「反共知識」，當然是指的根據客觀事實，用科學方法求得的對共黨正確的認識。我們如能有這樣求得的反共知識，並把它向世人報道，這自然可增强全世界反共的精神力量，從而也可提高我們在反共集團的地位。這件工作固然不容易做得好，但主持這項工作的人，如具備一個起碼的條件，卽力避主觀成見，則可希望累積點成績出來。最怕的是以主觀的好惡來取捨資料，從而根據若干染色的資料甚至虛僞的資料，作成自我陶醉的結論。這樣作，不僅是鬧笑話，而且有很壞的實際影響。至於想更進一步成爲反共知識的「權威」，那就需要具備更高的條件了。至少至少我們可以說，在思想上崇拜黑格爾，或被其他的玄學鬼迷住了心竅，而想眞正了解共黨理論的基本荒謬處，那是絕不可能的。科學的思想方法，是求得一切正確知識的必要條件。今天，我們感到可悲的，不僅是現正從事研究敵情的人，很少在思想方法上受過科學訓練；而且百年樹人的教育，在目前也有向教條主義逾走愈深的趨勢。思想方法的科學訓練，我們矚望何處呢！寫到這裏話題扯遠了。說回來，我們在這裏總結一句；要想眞正了解共黨，求得正確的反共知識，請自尊重科學的思想方法開始。

在反共的國際宣傳戰中，我們除掉上述的一項工作要努力做好以外，第二、就是要以事實證明我們的反共是有所爲的。也卽是說，我們是有所「持」，然後才有所「反」。我們「反」共，所「持」的是甚麽？國人皆曰：自由民主！政府也不斷地聲稱：自由民主！現在我們所迫切要求的，也卽是國際宣傳戰中所迫切要求的，是拿出自由民主的眞憑實據來，多多拿出自由民主的眞憑實據來！照蔣博士這次回來講，美國人士對於中國的態度可分爲三派：第一派是主張支援我們反共到底的，第二派主張美國協防臺澎，但反對支持我們反攻大陸，第三派雖然也是反共的，但不願支持我們，「他們是以我們在臺灣所表現的不是民主政治爲藉口。」我們又從其他方面聽說，這第三派人士大都是很能影響輿論因而影響實際政治的知識分子。他們的絕對人數或不及第一派的人數多，但這兩年來相對數消長的趨勢是頗可憂慮的。所以蔣博士對於他們不敢輕視，而說「對於這些少數不明瞭我們的美國人，尙需要儘量拿我們實際進步的情形告訴他們，去幫助他們對我們的瞭解。」

站在民主政治的觀點來看，近年來我們的「實際進步的情形」在那裏？如果有，儘量拿出來，交給前方歸來的外交鬭士帶回戰場去利用；如果沒有，或者走反了方向，趕快轉過身來向民主政治的前途邁進。戎機不容遲誤。外交戰中的軍需與軍事戰中的軍需必須及時而充分地供應。軍事戰的軍需是彈藥，外交戰的軍需是眞憑實據的宣傳資料。在這篇文字中，我們不擬列舉具體的事例來表示我們對這方面的不滿。兩三年來我們陸續發表的具體論列反民主反自由的文字，似已足够我政府初步改革的借鏡了。

現在，我們已不能「僅」以反共抗俄的口號發生號召作用了。我們反共抗俄的意志堅決，已爲世人所共曉；但大家所要追問的，是「你們爲甚麼要反共？」關於這個問題的答覆，不能僅憑言詞，而要拿出有目共睹的事實。須要甚麼事實？政治上走上民主，人民得依法享有自由，而不虞任何非法的侵害。在軍事戰尚不知何日揭幕的今天，再也不容不加緊這樣的政治戰、外交戰了。

我們的代表蔣廷黻先生在下次聯大開會，如遇着對我政府作不民主的攻擊時，蔣代表能否振振有詞予以反擊呢？作爲自由中國的人民，大都以皇皇的心情在關切着。

大戰後美國對遠東與對近東政策的差別

蔣廷黻

杜魯門總統自傳第二冊最近在生活雜誌及紐約泰晤士報撮要陸續發表。首先討論的題目包括中國內戰的調停，俄軍不退出伊蘭北部的問題，蘇俄對土耳其的威脅，及希臘內戰的問題。這些問題都是民國三十五年和三十六年，即一九四六和四七兩年發生的，也就是大戰後初年杜魯門處理的主要問題。

在中國方面，杜魯門派了馬歇爾將軍來調停國共的內戰。馬歇爾建議國共停戰和國共組織聯合政府，並且以停止美國給我的經援和軍援來貫澈杜魯門的政策。自傳對這政策的辯護，我們不必去理會。我們所須注意的是自傳對這政策是直認不諱的，而且堅持是正當的。關於最後這一點，生活雜誌已有極公正的批評，認爲杜魯門的政策是美國大戰後的最大錯誤。無疑的，生活雜誌的社評將爲歷史的定論。

在同一時期，杜魯門在伊蘭、土耳其、及希臘所行的政策正與他在中國所行的相反。在伊蘭，他竭力要求蘇俄撤退駐在伊蘭北部的軍隊。在土耳其，他支持土政府拒絕接受蘇俄任何要求。在希臘，他給予充分的經援和軍援，使希臘政府能戰勝共匪。在這三國，杜魯門是積極反共的。在一九四七年三月他公佈了這種政策，成立所謂杜魯門主義。

爲什麼杜魯門的遠東政策與他的近東政策有這大的差別呢？這是我想解答的問題。

我們可以注意杜魯門總統並不說伊蘭、土耳其或希臘的命運關係美國的前途大過於中國的命運。美國與這三國的直接利害關係並不很大，地理上不接近，歷史上沒有長期的、熱烈的友好關係。美國那時既在中國採取中立主義，爲什麼不在近東這三國也採取中立主義呢？反過來說，杜魯門既能在近東積極反共，爲什麼他不能在遠東也積極反共呢？

這個問題可能有兩個解答。第一，杜魯門的近東政策正與英國的近東政策符合。我們可以進一步說，杜魯門的近東政策是英國人運動出來的。英國在近東有極大的軍事和經濟的利害關係。如蘇俄侵入近東，英國必受極大的威脅。英國知道大戰以後英國本身並沒有力量防止蘇俄勢力伸入近東各國。爲保障英國在近東的利益，英國務必取得美國的全力支持，甚至於讓美國在近東演主角，而英國自己反扮副角。

在遠東，英國的戰後政策是消極的。其實，在第二次大戰期間，英國的遠東政策是一貫的消極，國人想不至於忘記滇緬路的封鎖以討好日本。英國在香港及新加坡的抗日不過是象徵的。在大戰期間，英國費盡心力要美英共同採取歐洲第一亞洲次之的戰略。大戰以後，英國仍舊維持這個基本策略。到今天，還沒有變動。

英國的外交是穩重的。英國絕不許他的外交目標超過英國的力量。不但英國本身如此，英國參加的聯盟也如此。英國絕不容許他的盟友採取政策超過他們的力量所能貫澈的。英國要集中力量對付近東及歐洲的共匪。爲達到這個目的，英國感覺不但英國在遠東不能多事，即美國也不能在遠東過份積極。

大戰後，美國的遠東政策無疑的受了英國的牽制。

高麗的戰爭好像是個例外。其實不然。高麗的戰爭出於美英兩國意料之外。美國原來沒有在高麗作戰的準備，根本沒有這個打算。英國當然無法事前防止。杜魯門總統完全以美國人的眼光，爲美國的利害計，毅然決然出兵幫助高麗對付共匪。在這階段，杜魯門顯露了美國人的眞面目，眞心肝。他也得了美國人的支持。今天一般美國人還認爲杜魯門的出師高麗有美國人的英雄氣魄。

英國人却不這麼想。他們認爲這是美國小弟出了亂子，英國大哥必須設法收拾。美國在高麗的有始無終證明了我的答案沒有錯。

大戰以後，美國人是反對國際共產主義的。如美國的反共符合英國的利益，美國的政策可以貫澈。如美國的反共，在方向及程度上，不符合英國的心願，則美國政府舉棋不定，三心二意，結果充其量演變到有始無終。這不是美國人民的精神或心願。美國的外交總有一天要受美國精神的支配。到了那一天，美國將不分東西的積極的反共。

美英人民究竟是同文同種的。美國人雖在一七七六年宣佈了政治的獨立，文化的獨立和種族的分離是事實上不可能的。美國人讀英國出版品的遠多於英國人讀美國出版品的。美英兩國的大學仍舊是姊妹學校。兩國的報紙出版人和訪員好像是一個俱樂部的會員。兩國的銀行家、工業家也是如此。在兩國流行的思想和觀念究竟是英國發源的，還是美國發源的，究竟那一部份是英國人先想到的，那一部份是美國人先想到的，許多時候分不清，美英兩國的人也不去分了。

中國在美國的宣傳當然敵不過英國的宣傳。法國、意大利、德國也敵不過。拉丁美洲二十國聯合起來也敵不過英國的宣傳。單拿紐約泰晤士報作測量器，我們就可以知道英國思想在美國影響之大。英國作家在泰晤士報登載的文章多過於其他一切外國作家在泰晤士報所登載的。這是有形的影響。至於英國人在美國的無形影響，那簡直是無法測量的。

美英兩國的外交政策有一個共同的出發點，那就是美英必須合作。因此之故，英國有時也遷就美國。英國這種遷就是不得已的，明眼的，算盤打清以後而決定的。美國遷就英國大部份是不知不覺的，多數美國人自己還以爲是隨心所欲的。近幾年來，這種情形稍微有點變更，因爲美國人的自覺稍微有點提高。

大戰後的初年，美國在近東的反共是積極的，在遠東的反共是消極的。這種差別是很顯明的，其理由之一是英國的影響，這也是很顯明的。此外還有一種理由，那就是共產黨及其同路人在美國的影響。

我們可以概稱美國共產黨及其同路人爲極端左派。他們在戰前及戰時，帶上進步份子的假面具，已深入美國社會，甚至深入美國的政府的機構。不帶上假面具，他們無法活動，因爲大多數的美國人是極端反共的。在政治上，美國人最講個人自由及法治。在經濟上，美國人贊成所謂自由企業，反對任何國營工商業。在這兩方面，美國人的觀念及習慣正與共產主義相反。

大戰前的十年是美國經濟大恐慌時期。美國人在這個時候相當左傾。大學裏的思想領導者，與論界及藝術界的巨頭多以左傾爲時髦。馬克思的唯物論及階級鬪爭相當風行。美國原有的制度，在這班人眼光裏，都帶封建色彩。羅斯福總統推行新政的時候，雖然新政並不是共產主義，這班人的社會地位大爲提高。其中不少得了機會參加行政。到了大戰末年，他們在思想上及地位上已經成熟。

在美國經濟發生恐慌以前的幾年，我們國內會有國共合作及國共分裂兩大發展。第三國際當時認爲中國的革命是世界上最要緊的大事。全世界的左傾份子都注視中國的革命。帝國主義在中國的橫行，農民的痛苦，社會的惡習慣等等，成爲這批人的研究對象。第三國際當然認爲我們國內共匪的失敗是整個國際共產運動的恥辱。他們對於失敗的分析雖然有托派與史派的區別及爭執，他們一致的企圖報復。大戰後的階段是他們的好機會。

國共合作與分裂這段歷史產生了幾個國際有名的作家。其中爲共匪宣傳最努力的有：

斯買臺來 Agnes Smedley
斯莊恩 Anna Louis Strong
斯諾 Edgar Snow
奈爾 M. N. Roy
拉底摩爾 Owen Lattimore
艾瑞克斯 Harold R. Isaacs

拉底摩爾有了太平洋國際學會作後盾，其所發生的影響最大。他及他的同志最能佩帶自由份子或進步份子的假面具來騙美國的知識份子和富翁及富翁所創辦的基金。

極端左派在美國初次顯靈還是假裝中國的朋友。當我們開始全面抗日的時候，他們在美國就大事宣傳美國應該援華。我們如檢查那時美國各種民間援華團體，我們要發現其主動人物是極端左派。我們如又研究那時中美兩政府間的交涉，我們也要發現如美國主持交涉者是左傾份子，我們交涉的成績就比較好。他們的援華實際是援助蘇俄，因爲他們認爲如日本能在中國快戰快勝，日本將向蘇俄遠東進攻。

等到日本和德國必敗的局勢已經定了，美國極端左派的腔調就轉變。他們開始了宣傳共匪非共產主義者，不過是土地改革者，共匪能領導中國走上民主進步之路，國民黨不能。參加這種宣傳的人有在朝者和在野者。美國民衆援華團體對這種宣傳的推動盡了不少的努力。

杜魯門總統在大戰後初年的遠東政策受了美國極端左派的影響。

美國極端左派爲什麼不阻止杜魯門在近東的積極呢？難道這班左傾份子不願伊蘭、土耳其、希臘也捲入鐵幕之內嗎？不是他們不願，是他們不能。左傾份子在大戰後初年還沒有研究過近東，沒有預備好宣傳的資料和機構。蘇俄革命以後，第三國際對近東的注意遠不及對遠東的注意。並且近東沒有演過類似我們國內的國共合作和分裂。在大戰後初年，中國已是國際共產主義的熟耕之地，近東則仍是荒地。

在分析英國的影響的時候，我已經指出近年美國人的自覺已稍微提高。關於極端左派的影響，無疑的美國人的覺悟也已提高。現在我們的困難雖尙存在，比大戰後的初年究竟大不同了。

國家與個人

蔣匀田

美國總統艾森豪與英國首相艾登在三天的華盛頓會議之後，發表了一篇聯合宣言。關頭就說：「我們意識到在今年——一九五六年，相信人類爲上帝所造並信奉上帝的人們與僅視人爲國家工具的人們之間的由來已久的鬪爭，仍在繼續。

「因此，我們認爲宜於再度宣佈若干我們所藉以聯合、以及我們相信爲所有自由國家所支持的眞理和目標。

「一、因爲我們相信國家應爲個人利益而存在，而非個人應爲國家利益而存在，所以我們維護人民自已選擇政府之基本權利。

「二、我們的這些信念並不祇是理論和學說，這些信念業經化爲我們國內政策和外交政策的實際行動。我們曾簽訂大西洋憲章、聯合國憲章、波托馬克憲章曁太平洋憲章。」(註一：以上所引文句，係根據中央日報譯文。)

根據以上所引艾森豪與艾登兩位民主政治家的宣言，可以看出，他們一方將二百年來政治哲學上爭論未決的問題作個肯定的選擇，就是，「國家應爲個人利益而存在，而非個人應爲國家利益而存在。」同時也可以說：他們這樣的選擇又必引起政治哲學上的爭論，究竟是國家爲個人而存在；抑個人爲國家而存在？換言之，即國家本身係目的；抑係工具？假使國家本身即是目的，則個人應無條件爲國家犧牲一切，此國家至上的口號所由來；假使國家本身係工具，工具所以便於個人的生活，不適於生活的要求，則工具即有改造的必要。根據這個理由，人民始有革命的權力。流行的國家至上與國民革命兩個口號，從政治哲學的觀點衡量，乃完全處於衝突的立場。

十九世紀的德國哲學大師黑格爾認爲：「國家乃天然的有機體，代表歷史上世界發展的最高層 (the highest phase of the historical world process)。國家等於實在的人，它的意志乃理性完善的顯現。惟有屬於國家的成員個人始爲實在 (individual reality)，完善的生活乃含蘊於總意志 (universal will) 之中。故個人實爲國家而存在。」

黑格爾這一段話，見於其所著權利的哲學 "The Philosophy of Right" 中，實爲十八世紀以來天賦人權革命的理論，祇重個人自由學說的反動。將國家提昇到理性完善的境界，個人離開了國家，即虛空而不實在，所以祇有爲國家而存在了。個人既爲國家而存在，則國家乃最高的目的，個人則爲此最高目的的工具。工具當然不能違背目的。現在國家至上口號的理論根據，即國家乃理性的完善之延長，國家到了理性完善的境界，自無需革命的蠢動；反過來說，人爲國家的工具，亦不許有革命的行爲。所以我說國家至上與國民革命的口號，是相互對立的，從政治哲學上講，不應當同時提出來。因順便而論及此一矛盾的口號。

黑格爾雖襲用了盧騷總意志的觀念，但二者的涵義却有不同。盧騷所說的總意志是有前題的，即必先有個共同利害的認識，始能形成總意志；而黑格爾所謂的總意志，實即黑氏所說的國家意志，它是個絕對體，並沒有前題的條件。

英國新康德派哲學大師包桑揆 (Bosanquet) 在其名著國家的哲學理論 (Philosophical Theory of the State) 中將盧騷的總意志學說與德儒之國家的玄學觀念聯繫起來，認國家爲最後的道德存在，而堅持個人與國家不能衝突。國家如一有機體，有其人格與意志，將個人意志吸收於國家的意志之中，代表人類組織最高的成就。總意志爲吸收個人意志的總和，即是盧騷的意思。總意志既爲個人意志的總和，當然不是絕對體了。且由個別意志互相吸引而成總意志，祇能是個推論的設準，這個設準，必然是對於某一共通利害的問題而言，這個共通利害的問題不存在，則因此問題所引起的設準，亦必幻滅。乃盧騷認爲總意志是個永久不變的設準，與其天賦人權的原意，從個人的天賦權利爲出發點者，則大相逕庭矣。包桑揆再將總意志加上德儒玄學觀念的外衣，則總意志乃變爲泯滅個性的全體，而個體完全不存在了。

黑格爾的國家哲學，受了馬志尼與非希德民族主義的影響，從民族的整體出發，落到國家爲理性完善的顯現之境界，因而國家的意志，變爲絕對的標準，從邏輯上講，尚不失爲一貫。盧騷從自然狀態中的個人天賦人權出發，而規納出萬能的總意志，結果竟說出人之生命不過是「國家之條件的禮品」，從思想的一貫標準說，實在不够成熟了。

「國家乃天然的有機體」的觀念，並非黑格爾的創見。玆引證張佛泉教授的大著自由與人權第五章中兩段話證之如下：「有機體的邦國論以爲國不僅是『有機的』，並爲一生物體或一有機體。此說本不是近代極權主義者所發明。但是它却給了各型極權主義一套最合理想的御用政治學說。法西斯的國家，納粹的民族，共黨的普羅階級，都被當作整體、有機體，被尊爲人生總前提。

「有機體論，在西方思想中，實可稱源遠流長。……我們只能說，自柏拉圖的共和國直至今日，有機體論始終成爲一派有力的學說。有的從生物學、有的從演化論、有的從心理學、有的從契約論、有的從法理學等觀點，莫不在證明邦國並非由個人與地域等條件之機械的湊合而成，乃是依於一定原則的一種生長發育，並儼然爲一器官具備的超級生物體。此生物體自有其整個的目的，有其至高的意志。個人猶如細胞，在此全體中方有其部位與功能。除了爲完成全體之能與使命，個人不惟別無單獨目的與作用，且將失去其生命意義與價值。」

張佛泉教授將兩千多年來以有機體比附國家性質的話，縮寫得異常盡致。證明黑格爾的國家觀念，也受了此派學說的影響。說者謂意大利的法西斯主義與德國的納粹主義，皆係傳黑氏的衣鉢，不爲無因。法西斯與納粹的秉政雖非黑氏所及見，然不能謂非黑氏之餘緒。茲再引張佛泉教授一段話以資證明：「極權主義與自由主義間最重要的區別，到底是什麼說？我所見到的最好的鑑別法，就是意大利法西斯大師柔寇 (Roccs) 所提出的。他在「法西斯主義之政治理論」一文中指出，法西斯主義與自由主義間的區別不是枝枝節節的，而是基本的觀念不同。此不同即在：法西斯主義從「全體」出發……自由主義從「個人」出發；法西斯主義以個人之生存係爲了社會(法西斯所謂社會亦即國)，自由主義以社會係爲了個人；法西斯主義以社會爲目的，以個人爲工具；自由主義以個人爲目的，社會爲工具。柔寇認爲在社會之外的個人乃一不可想像之物，是一個「非人」(non-man)。個人之人格(全部意志、思想、及情緒)係自邦國得來。個人之發展只爲了邦國。邦國之權威是絕對的。它並係一切價值之泉源。個人實只有義務，而無所謂權利。即使有所謂個人權利，亦因此等權利適合於國之權利，而爲國所「讓與」。後來德國的納粹更提出一個絕妙的口號：「汝乃無物，民族實係一切」。

所引這一段柔寇的話及納粹的口號，與以上所引黑格爾的國家理論：所謂「國家乃世界發展的最高層。它的意志乃理性完善的顯現。惟有屬於國家的成員，個人始爲實在；完善的生活乃含蘊於總意志之中，故個人實爲國家而存在等」議論，可謂完全一樣。

由黑格爾的哲學向右傾完成了法西斯與納粹的政治理論；由黑格爾的哲學向左傾又完成了共產黨的政治理論。看起來很奇怪，實際它有個基本的原因，即蔑視個人是也。列寧在其所著馬克斯的遺教中 (The Techings of Karl Marx) 就這樣說：「馬克斯眞是天才，他賡續並完成了十九世紀三大思潮，這三個思潮分別代表三個進步國家的人性：古典的德國哲學 (Classical German philosophy)、古典的英國經濟學、法國的社會主義和法國的革命理論」。列寧又說：「馬克斯與恩格爾斯視黑格爾的辯證法乃進化學說的涵蓋最廣者，內容豐富而深湛，實集德國古典哲學之大成」。

列寧所謂三個思潮，以古典的德國哲學影響於馬氏者最大；而所謂古典的德國哲學，則又以黑格爾的辯證法爲中心。它不但深刻的影響了馬氏的思想，且成了馬氏必要的預先設準 (Presupposition) 以修訂與運用英國的經濟學，法國的社會主義和革命理論。黑格爾以國家的意志爲理性完善的顯現；而馬克斯則以普羅階級爲否定文化傳統的最後主宰。以國家泯滅個人，個人不能離開國家而革命；以階級泯滅個人；階級與階級之間必然鬬爭。所以共產黨站在農工階級的立場，可以勞工階級至上的口號與階級革命口號並提，因爲共產黨已否定了國家爲理性完善的意義了。

從柔寇的話裏，可以看出法西斯的理論，實以黑格爾的哲學爲根據；從納粹的標語中，也可以看出納粹的理論，亦實以黑格爾的哲學爲根據；從列寧的著作裏，更直接證明了馬克斯的思想，受黑格爾的影響極深。這些史事的發展，雖非黑格爾所料及；也非黑格爾所親見，然根據這些鐵證，黑格爾的哲學，相右傾實啓發了法西斯主義與納粹主義的災禍；相左傾實啓發了共產主義的災禍。這是任何敬佩黑格爾的人所不能代他否認的。

假使有人問：黑格爾的哲學，何以既能爲極右傾的理論基礎；又能爲極左傾的理論基礎呢？據我個人的看法，答覆這個問題，至爲簡單，即是黑格爾不承認個人獨立自主的價值，而以離開各個人便無自性的集合名詞——國爲理性完善的顯現，這就等於說：凡當權執行國策的人，就是價值的標準，毛病就出在這裏。國是人的集合體，離開所集合的個人，就無自性，硬把它放在絕對價值的地位，反將有自性的個人的價值泯滅了，那麼，凡當國的人，就可借國家之名，任意而爲。這樣學說，自易爲野心家所利用。所以黑格爾的學說乃成近幾十年來造禍人類的根苗了。

以上我們從黑格爾哲學，說到所以發展爲極權政治理論的原由，現在再回顧艾森豪總統與艾登首相的宣言，與黑格爾哲學所以差別之中心點，即在對人的看法不同。黑氏以人爲國家而存在，非國家爲人而存在，因國家乃理性完善的顯現；而艾森豪總統與艾登首相的宣言則以「國家應爲個人之利益而存在，而非個人應爲國家之利益而存在，所以我們維護人民自已選擇政府之基本權利」。兩相比較，就可看出，黑氏以國家的利益爲價值的標準，所以「以國家爲世界發展的最高層」。此即國家至上的理論根據。艾氏等則以個人的利益爲價值標準，所以主張人民有選擇政府之基本權利。所謂選擇政府的權利，即是人民有革命的權利。

艾森豪總統與艾登首相以個人利益爲價值標準的主張，可說是民主政治的中心意義，由來已久。茲舉美國獨立宣言一段話以證之。「我們認爲這幾條眞理是很明顯的，即所有的人是生而平等的，他們都是由上帝賜給他們某些不可侵犯的權利，其中有生存的權利，自由的權利，和追求幸福的權利。人們爲保障這些權利，才有政府的設立，政府經由被統治者的同意，取得他們應具的權利。任何形式的政府，凡足以破壞這些目的時候，人民就有權利更換他，或者去廢除他，並去建立一個新的政府；這個政府在奠定他的基礎的原則上，與在組織他的權力的形式上，應當在人民看來，認爲最足以使他們獲得安全與幸福。」從這段獨立宣言中，我們可以尋得艾森豪總統與艾登首相聯合宣言的傳統根據。但是我所以引這段宣言的用意尚不止此；我的用意即在這段宣言裏只說政府，沒有一句提及國家。當然在起草這個宣言時，美國還不是個完整獨立的國家，同時我可以推斷起草人傑佛遜，當時定能識透國家是個空洞的集合名詞，國家的活力與實在乃在政府的組織，執行政府組織的任務者，則是少數的人。此少數人可以爲善，也可以爲惡，不應以國家的架子，爲少數當國者的護符。所以傑氏在宣言裏直射政府，而不提國家。講到此點，可以看出傑佛遜對於國家的看法，與黑格爾對於國家的看法，完全兩樣。傑氏的政治理論，實師宗於洛克。茲擧洛氏對個人與國家之看法如下：

人生來就是自由、平等、獨立的，無人可被迫離棄自主的地位而服從他人的政治權力，除非事前得到被治者的同意。

在自然狀態中，私有財產的享受，極感不安與危險。雖云自由；但環境却充滿了恐怖與危險，因此不得不離而去之；彼之所以願加入社會，與其他已成之團體聯合，其理由卽在聯合起來，互相保護生命、自由與產業，亦可統名之曰財產。人之所以願結成國家，委身於政府之下者，惟一大目的，卽在保護其財產，在自然狀態之下，則缺乏此類保障。

從上引洛氏的三段話，可知美國獨立宣言的論證，完全以洛克的政治哲學爲依據。洛克明言國家之起緣，爲達成個人的生命、財產、與自由安全之目的。目的卽在爲個人求得安全，則國家適爲達此目的之手段而已。洛氏認國家爲達到目的之手段，與黑格爾視國家爲理性完善的顯現，完全異其旨趣。洛氏在其名著民治政府一書裏，以「不得已小惡」一詞以名政府之組織，而不及國家，此或與美國獨立宣言祇說政府有存廢的問題；而不說國家者同一意義。假使如此推論不錯，則在洛克與傑佛遜的腦海中，國家與政府組織，係截然兩事，執政者更與政府組織爲截然兩事，反對執政者的錯誤，不等於反對政府，更不是反對國家。假使能將國家與政府之界說分別淸楚，使「朕卽國家」之罪惡不至重演，而後國家在現代文化中的地位，始克有適當的安頓。

政治學者，能將國家與政府分別得釐然有當者，當推張佛泉教授。張教授的近著自由與人權第七章有一段話：『本書中所用「組合」一詞，相當於英文之 association，「組織」一詞相當於 organization，普通對此二名詞，多不加區別。著者在本書中則以二名詞各指一事，而不使之相混。試先擧例以明之：國爲一「組合」，政府爲一「組織」；又如公司爲組合，其董事會及經理部爲一「組織」。所謂「組合」，卽某些人以若干具體條件爲依據以追求某一或某些共同目的之特定的生活。「組合」乃參加在內的份子，構成法規、及內部組織之總稱。所謂「組織」卽一「組合」內之某種形式的工具。例如國卽爲衆多之人(以 "nation" 爲背景)以維護並「器化」若干基本權利爲目的，並以構成法爲主要依據的政治生活之總稱。它乃一政治的或「法制的組合」(legal association)。政府則爲此一法制組合內有限定用途的工具。』張教授謂：『所謂「組合」，卽某些人以若干具體條件爲依據以追求某一或某些共同目的之特定的生活。』與洛克所言人之所以願結成國家，委身於政府之下者，惟一大目的，卽在保護其財產(作者按：洛克所謂財產包括生命與自由而言。)之意相同。張教授最服膺英國巴克爾 (Barker) 教授之政治契約論。巴克爾以政治契約爲國家建立之根由。以余觀之，國家之起緣，無論爲洛克之民約論，抑爲巴克爾之政治契約論，國家之建立，皆爲保證其成員(卽人民)某些理智的目的之實現，則毫無疑義。人們爲求實現理智的目的而「組合」，在文化發展的階段上，尙無其他途徑足够實現這些理智的目的時，則國家的建立實可說係「歷史發展的最高層」。但它的建立祇在保證成員的理智的目的之實現，它不應違背建立的條件。同時我所謂「歷史發展的最高層」，與黑格爾的涵義或有不同。我認爲某一時期「歷史發展的最高層」，祇限於某一時期，不是歷史上永久的最高層。同時人類的理智目的和選擇，必將隨文化之發展與變遷而發展與變遷。故政治與契約的內容也不是一成不變的。擧例言之，美國的憲法，卽是美國人的政治契約，百餘年來，外表上增加了許多新條文，實質上經大法官解釋，更將原條文附麗了許多新意義。這些新條文就是隨着文化發展而發展的結果，這些新意義就是隨着社會文化變遷而變遷的結果。總之，這些發展與變遷，都是適應人之所以爲人的必然要求。若有其他適應的妙法，無論是內延或外延，應有自由發展之機會。

假使今後能確立以上所分析的認識：㈠國家係依據某些理智的目的而建立的集合體，亦卽所謂「組合」，而這一「組合」永不應背棄此大經大則的約定；㈡政府爲組合內實現某些特定目的的工具，政府不是萬能的；更不是國家；㈢建立國家時的理智選擇和目的，必然是由簡而繁，構成文明生活的主要發展，不是一成不變。在這些認識的基礎上，則我以爲國家應居於「附麗理智目的」的地位。

在人類文化演進的過程中，假使尙無其他方法，能代替「附麗理智目的」的國家地位，則國家「代表歷史上世界發展的最高層」的看法，我是贊同其說的。但我說國家應居於「附麗理智目的」的地位，絕對不同於黑格爾的看法；黑氏認爲「國家等於實在的人，它的意志乃理性完善的顯現」。同時我以爲黑氏既承認國家代表歷史上世界發展的最高層，則祇能說國家是文化的結晶，不能說國家是「有機體」；更不能說國家是意志體。

國家旣爲附麗理智目的而存在，對其構成分子(個人)言，爲實現理智目的的工具；對執行政策的政府組織言，爲附麗理智目的的主宰體；對並列的國家言，爲保障理智目的的主權體；對日漸發展的聯合國言，爲實踐特殊理智目的的文化單位。如此以說明國家的涵義，而後始能有妥善的安頓。

黑格爾的國家意志說，以國家意志泯滅個人意志，固非我們所能同意；然近代人類文化有二個趨勢，亦非我們所能否認：一、科學發明日新，促成生產大規模集中之趨勢。個人面對此集中趨勢，時有被淹沒之虞。羅素乃偏於個人主義的哲學家，在其名著自由與組織中有這樣一段話：「科學的技術需要多數人的合作，在單一的指揮下組織起來。這個趨勢，固與無政府主義背違而馳，即與個人主義亦不相謀。所以科學技術須追尋一個凝結的社會結構。」羅素是主張保存個人創造的人，但是在單一指揮下組織多數人的合作，亦不得不認爲係科學發展的結果。在此科學所造成的生產集中趨勢下，任何個人不能與之相抗；不能與之競爭；且不能落伍一步。處於這種世界風靡的趨勢，個人固時有浸沒的危險；社會亦造成貧富懸殊的現象。這種現象不合於理智的選擇與目的。對國家爲實現其成員的理智目的，不能不起而干涉。從政治觀點看，國家於個人行爲，干涉愈少愈好；然而從經濟觀點看，國家又不能不有其經濟的積極行爲。這是個不可諱言的矛盾。如何解決這個矛盾，則應在政府的組織上着眼。美國政府之三權鼎立，英國政府之置重心於巴力門，皆所以避免集大權於少數人之手，流爲獨裁，反僕爲主，以侵犯個人之政治基本權利。

所謂政府組織，當然是政治契約中的主要部分。政治契約能否有效的保障基本人權，不能全靠契約，所謂「徒法不足以自行」是也。故仍賴人民支持政治契約的力量。這樣推論，似成循環不定，變成鷄生蛋、蛋生鷄的兩可說法。實則不然，人民能與政府訂立政治契約，就是力量的表現，訂約時的民力，隨各國國情之不同，確有强弱之分。契約既訂之後，亦確有潛滋暗長培養人民力量之能，證諸各國民主政治發達史，此乃確無可疑之論。迨人民支持政治契約力量增强之後，則政府雖積極干與經濟集中所生的問題，祇是適應新的理智要求，而不至于擾人民的基本自由，自爲人民所許可。茲引證蒲萊士 (J. Bpryce) 在其名著近代民主中的一段話如下：「當自由初從對抗專制王朝而取得，行政權總是被視爲自由之威脅物，監守之以疑慮之心，强納之於法律的軌範中，但人民權力經長期使用，完全確立之後，則疑慮之心乃隨之而消失。李洽爾 (P. S. Richards) 在其所著「個人主義之興衰」中亦有類似的一段話，茲引證如下：

一旦民主政治上了軌道，羣衆之態度卽變。政權握諸人民手中，較諸政權握於君主特權階級手中，認爲放心可靠，迨人民相信政府已爲其所控制，乃願托以較大權力。十九世紀之進步，盧騷人民主權與總意志之說，實爲擴張行政增益公共幸福之基礎。十九世紀末葉，社會主義高張民主運動之旗幟；一世紀前之人民畏嫉政府，欲限制政府行動至最小程度者，乃一變而要求立法予政府以廣大之管理權，擴允政府行政，以增益社會目的。

以上所引兩氏之言，非憑空立論，乃十九世紀末葉以來各民主國政情之寫實。英國工黨所以代替自由黨而興起；且三度秉政，卽英國人深知自由經濟之不足以解決生產集中後所引起的社會問題；同時最基本的原因，卽英國議會政治已有深厚基礎，任何黨主政，皆不敢蔑視人民的基本權利。美國自一九二九年後，人民受放任經濟所釀成的大恐慌之教訓，乃同意羅斯福的新政，擴張政府管理經濟行爲的權力，以挽救危機。所以一方面人民的政治基本權力屹然不動；一方面經濟集中的管理，需要國家權力擴張的矛盾，在人民可以控到政府的條件上，不但在理論上可使矛盾泯合；卽在實際政治上已達到成功的階段了。

人類經濟生活，使國家積極參與的需要存在一天，國家管理經濟的地位，必一天不能搖落。不但如此，以我個人窺測，原子能若普遍用於生產事業，電子彈導器若普遍用於指導生產的機器；則每單位的生產量，必有驚人的增加；生產事業的設置，必更須大規模集中；而每單位的勞力需要量，亦必隨之而鉅減。若此種情形到來，則所引起的社會分配問題，必更有賴於國家的合理解決。是以展望將來，國家對於人民經濟生活管理的責任，必日趨繁重，無論個人主義經濟盛行的國家，或合作事業發達的國家，都不能避免此種趨勢。然祇要人民控制政府的能力增强，習用選擇政府的選擧方法既久，經濟上必須政府管理的方式，適足以使社會更趨平等；而不至損害個人的自由。我始終相信民主自由的文化是歷史發展的主流，法西斯主義與共產主義皆係人類文化短暫時間的逆流，終必爲民主自由的文化所消滅。

第二種人類文化發展的趨勢，爲重視個人主義所不能否認者，卽民族單位文化的自覺對於世界文化的貢獻，已爲近代史家所承認。此種民族文化的自覺，必更促成民族團結力的發展。除非將來有新的因素發生，將不會改變此一歷史的趨勢。自馬志尼與菲希德提倡民族主義以來，瓦解了拿破崙帝國，瓦解了奧匈帝國。民族自覺力之銳不可當，早在歐洲近代史上大露光芒。第一次大戰後威爾遜總統的民族自決口號，更震撼了亞非兩洲的殖民主義，解放亞非兩洲被殖民主義所壓榨的人民，紛紛成立不少的民族國家。自十九世紀中葉以後，民族主義風行全世，遮掩了個人主義，擊潰了殖民主義，我可以預言將來亦必消滅共產主義。

共產黨的始祖馬克斯，祇講階級的力量，不認民族的力量。斷定農工專政實現，國家卽行死亡。乃第二次大戰中間，希特勒大軍壓境，史達林乃喊出保衞祖國的口號。還是用民族自覺的力量，以抵抗强敵。這證明民族的縱段可以衝破階級的橫段，階級的力量祇能用於內部的鬪爭；而民族的自覺的力量，始能抵抗侵略。墨索里尼知道民族自覺的力量，所以提出恢復羅馬帝國光榮的口號，以維持其獨裁政權。希特勒更瞭解民族自覺的力量，因以德國民族爲純血優秀民族的口號，鼓舞起德國的青年，團結在納粹的政權下，發動侵略戰爭。墨希兩氏，雖誤用了意德的民族力量，然適足證明民族力量之不可忽視；不能以民族力量之易被誤用，而否認民族性爲決定歷史的重要因素。現在的問題是：重視民族的力量，不能以聚成民族的個人，爲民族的工具與犧牲品。

英國社會學家哈伯豪斯 (Haubhouse) 的名著社會的發展一書，分析個人與民族的關係，最爲洽當。他認爲一個完全的人格，係由多種不同的衝動(impulse)配合而成。不應當抑制任何衝動的奇異性，各種衝動得其中和的發展，而後這一個人始有完善的個性。事實上衝動的發展有偏向，所以個性有互異。一個民族性的形成，卽係千差萬別個性的中和，不應犧牲任何個性，亦猶不應犧牲任何衝動一樣。犧牲一個個性的發展，則民族性必受此犧牲的影響。個人與民族可說是一種涵變關係。從個人說，應當任其奇異的發展，從民族說應當儘量容會奇異的個性，奇異個性的最高峯，每每亦爲民族文化的挺秀點，耶穌、釋迦、孔子皆個性拔萃的最高峯，亦世界民族文化的挺秀點也。明晤及此，則知凡獨裁的野心家，假民族之名，以阻塞個人自由發展之機會者，結果必枯竭民族的生機，甚或斲喪民族的生命，而終歸於失敗。推而上之，今日之世界文化，亦由各民族文化會合而成，欲成萬流滙歸豐富無比的世界文化，則不應消滅任何民族文化。此爲哈氏由一衝動出發，達到國際協調之系統。雖有有機論之臭味，然却尊重個性之發展。余於二十五年前讀哈氏著作，當時的讀書劄記，早因戰亂而喪失，手中又無哈氏原書，是以無法引用原文。然哈氏之所以調和個人與民族之關係，則深爲余所贊同。假使說個人不應喪失其獨立自尊精神於民族之前；則民族國家亦不應喪失其獨立自尊精神於國際之林。故我的推斷，國家將因保護民族文化的特異性，不會因世界政府將來之成立；而喪失其獨立發展的精神。若以强力遏制其獨立發展，必釀成慘變，而摧毀遏制的力量。所以我判斷共產的世界革命主義，亦必繼殖民主義之後，爲民族主義所擊潰。

根據以上所述歷史發展的趨勢，可以明白近代國家的性質，一、爲保證諸自由權利的工具；二、爲調節經濟發展的仲裁，三、爲民族文化特異性的支柱。而其主要點以貫通此三方面者，則爲保衛理智的個性的發揚。黑格爾祇知有全體的意志，而不知個人的個性之重要；馬克斯祇重階級的衝突；而忽視個人的特異與民族的協調；洛克祇重個人的政治權利，而輕經濟生活的悠契相關，皆非近代國家應有的全貌。美、英兩國此次的聯合宣言，肯定國家應爲個人利益而存在，而非個人應爲國家利益而存在，實本於洛克的政治哲學。就美、英兩國實際政治的民治基礎言，似無重作此人權聲明的必要；然爲反抗共產極權政治，並對盟國揭櫫其政治方向計，亦有此肯定聲明的必要。所以聲明的第二點，又肯定的說：「我們的這些信念並不祇是理論和學說，這些信念業經化我們爲國內政策和外交政策的實際行動」。這分明是對盟友說的，不是對敵人的口胳。凡是美、英的盟邦都應玩味這個聲明。假使這個聲明係對美、英的國內的人民說，則應强調國家對於調節經濟的功能；若對落後地區，或初獲解放的殖民地區言，則人權的保障，經濟的調節，民族單位文化的價值，都應剴切言之，以示近代國家應有之全貌。此作者讀美、英兩國聯合宣言之後，所以發表此篇論文之本意。

一九五六、二、二二。

論臺灣獄政（下）

蔡保勳

七　院檢監所間之關係亟待建立

立法行政司法，號稱三權分立。司法權亦有三權分立的現象，卽偵查，審判和執行是也。各自獨立，不相干涉。檢察司偵查，法院司審判，監獄司執行，看守所司審檢二方之羈押。此三權在理論上應彼此分工獨立，制衡合作，共同完成刑事政策之目的。但現行法令明定看守所隸屬于地方法院，而實際上監所的地位，多歸高等法院代爲監督指揮，地方法院僅爲公文的承轉而已。此外羈押法第四條規定檢察官得隨時視察看守所。刑事訴訟法第一〇六條亦規定羈押被告之處所，檢察官應勤加視察。是則檢察官對于看守所，在現行法令制度之下，自有監督的關係。此種規定，似屬多餘，徒使治獄人員之自卑感油然而生。良以檢察官乃代表國家追訴犯罪者，凡有犯罪行爲，任何地方，檢察官俱得行使職權，看守所何能例外？相反，如有不當羈押之情事，若命檢察官自行監督，其結果如何，亦可想而知。故看守所果眞以發現眞實，便利訴訟進行，保障人權爲宗旨，則院、檢、所間之合理關係，必須建立。一面依現行法令，使法院監督看守所，同時亦使看守所獨立行使羈押，遇有不當羈押或違法之羈押，看守所亦得監督法院。本此原則，建立制衡合作的關係，然後人權得以保障，所政人員對法院亦不至有卵石之感。監獄隸屬于司法行政部，此爲監獄條例第一條所明定，但事實上多委託高等法院之院方爲中間監督機構，依理監獄與地方級之院檢並立，自無問題，但監獄行刑法第五條規定：檢察官就執行刑罰有關事項，隨時考核監獄。此外假釋審查規則第十六條又有辦理假釋，應徵求原審實審之推檢同意之規定。大有法院包辦監獄之概，凡此種種，皆有使監獄的目的與地位，不能與院檢制衡合作；而獨立行刑，只許推檢逞威風，不許監所首長稍有拒忤。此種不合理的關係，由來已久，今行刑政策大變，感化主義大行，豈能容此種唯我獨尊與不信任之落伍思想，作祟其間，自樹革新的障碍。故拙見認爲舊監獄行刑法第五條規定檢察官得隨時考察監獄，已嫌有濫用考察爲視察之流弊，今修正爲考核監獄，雖以執行刑罰有關事項爲限，實卽監獄整個業務，都包括在考核之內，變本加厲，殊不足取，應有再修正之必要。因檢察官之職權，不因該條之有無而有影響，故最好還是删去。至于假釋審查規則，原非法律，司法行政部如有改革的決心，仍得以命令廢止之。此外高等法院受委託監督監所之監獄科，應盡量擴强其地位與職權，使與檢察處及院方並立，然後院檢監所間之合理關係，方能逐漸建立。總之司法界中至今尚有重院、檢，輕監、所的觀念，尤對看守所爲甚。欲求革新，此種觀念，必須加以澄清。

八　改善三保政策，完成執行體制

三保政策這個名詞，還是作者試稱的。就是保安處分，保護管束，及司法保護是也。稱保安處分者，係指法律對于欠缺責任能力人或限制責任能力人以及特種危險性之有責行爲人，以矯治感化醫療等方法所爲之特別預防處置也，如感化教育、强制工作、强制治療、禁戒處分、監護、驅逐出境及保護管束等是。稱保護管束者，卽刑法第八十六條至第九十條及九十三條之代用保安處分也，須交付受保護管束人所在地或所在地以外之警察機關、自治團體、慈善團體、本人最近親屬或其他適當之人爲之。司法保護者，簡單或狹義點說，就是出獄人的保護。其廣義的意義，自不以出獄人或在獄人爲限，凡被認爲以不起訴爲適當而受不起訴之處分者、免除刑之執行者、受緩刑之宣告者、受徒刑或拘役之執行在停止中者、假釋或保釋出獄者、執行期滿出獄者、受保安處分完畢仍需保護者，一律予以司法保護之機會。有直接保護：收容無家可歸者于一定場所，而加以保護，以敎導感化或以技能訓練之方法行之。有間接保護：對返歸家鄉者，就其歸家就業時所施之保護：以介紹職業，使其就業，或以談話通訊，加以勸導，及其他適當方法爲之。有暫時保護：對于有一時受救助必要者所施之保護，以資送回籍，或遣送其他處所，或以借貸方式爲之。凡此三保，皆與預防再犯有密切關係。今日臺灣之犯罪人數，與時俱加，累犯人數，亦日有增多。其情形有如附表：

臺灣歷年初犯累犯人數統計表：

年度	初犯人數	累犯人數
卅九年	二、八六七	六一九
四十年	三、六八七	六一七
四十一年	五、〇三三	七六九
四十二年	四、八九四	一、一二一
四十三年	六、〇九七	一、八三九

長此以往，前途殊堪隱憂，預防重于懲罰，應亟謀遏止之道。乃司法行政部屬下，至今竟尚無保安處分場所之設置，遇有感化敎育、强制工作、禁戒治療等案，除以保護管束代之外，均假手行政機關爲之，計現有保安司令部之臺東板橋二職業訓導總隊及生產敎育實驗所、籌設中之省府補助的南部(高雄)少年感化院、及民政廳衞生處指定之公立戒煙醫院。此類場所，固皆可供權宜之用，但其性質與保安處分，究有顯著之不同，一爲預防初犯所爲消極性之社會救濟的性質，一爲防止再犯對犯罪者所加積極性之刑事處分。雖其目的與保安有

關，但前者應屬于社會事業之範疇，後者爲司法行政中刑事執行體制之一環，不可混爲一談。是以保安處分規定于刑法之末章，司法行政部組織法，亦有保安處分職掌之規定，天經地義，是司法行政部當仁不讓而應負的責任，假手于人，至少是于法無據的。如因目前經費困難，創業唯艱，以之權宜代用，固無不可，歷久經常，則非善計。故目前情形，亦應責令上開場所，分別辦理，不可混未犯與已犯于同一之待遇。指揮監督之系統及聯系辦法，亦亟須有明確的規定，以便分別達成預防犯罪及再犯之目的。至于保護管束，除强制治療及驅逐出境兩種保安處分，不能以保護管束代替之外，尚有緩刑及假釋期中之保護管束，因須交付受保護管束人所在地或所在以外之警察機關、自治團體、慈善團體、本人最近親屬或其他適當之人爲之，並無特定之場所或機構，故截至目前爲止，以保護管束代保安處分者，究如何執行？其執行場所如何？人數若干？績效如何？有監督權的檢察官，亦無由知悉，似應善加改進，切實依照保護管束規則之規定辦理，以收保安處分之實效。最後司法保護，卽舊稱之出獄人保護會，在臺灣尚有相當基礎，各地分會都有若干財產和基金，以供各種保護之用。惜爲地方性之組織，受臺灣省政府法制室、民政廳及臺灣高等法院之多頭的指揮監督，以致績效未著，直接間接及暫時保護等，俱未見有效的執行。司法保護及出獄人保護等名稱，是否妥善，亦值得研究。總之上述三保，其名稱及性質，雖各有不同，但均爲預防再犯，旣屬同一目的，則與其紛歧錯雜重床叠架而不能收效，不若由司法行政部統一集中，就各地司法保護分會現有之財產基金爲基礎，並聯合類似之各地監所協進委員會籌集之資金，合併成立預防再犯之統一機構，除原有之各種保護工作以外，次第及于保安處分之感化教育强制工作及禁戒治療場所，完成整個刑事執行體制，以達保安預防之目的。唯茲事體大，尚望社會賢達及熱心人士，有以促成之。

九　確立教化政策，以達監獄學校化

查監獄積弊，在一般人的想像中，當不一而足，主要的有如龍頭—老犯欺侮新犯，重犯欺侮輕犯，惡犯欺侮善犯，虐待，剋扣，勾串，索詐，脫逃，鬪毆，及惡性傳習與滋事生非等。要根絕監獄的積弊，唯有確立教化政策，使牠成爲一所特種的學校，用特種感教方法改造人犯。其他作業警衞衞生諸課，皆立于輔佐地位，共同完成感化之使命。唯監獄乃社會之縮影，集各類之人而皆有。言刑期由有期至于無期；言教育程度，由不識字至于專家學士；言罪質，則男盜女娼無所不有；言性別則有男女之分；言年齡則有老少之別；言犯次則有初犯累犯再犯之不同。其他如職業、身分、地位、籍貫、犯罪動機、原因及方法與惡性……均有顯著之不同，欲集于一校，有教無類，似非易事。是以今日臺灣之監獄行刑，雖竭力高唱行刑以感化爲目的，而監獄學校化的制度，迄未建立，暗中摸索，徒有其名而已。管見認爲應先嚴格劃分每日教化的時間，在此時間以內，全監受刑人及管理人員，俱令從事教化活動。然後妥籌教化經費，專列預算，編訂教化教材，選定各種課程，提高教誨師水準及其待遇，確定分班編級的標準及考試測驗的方法。最重要的，還是採取學分制，以應監獄特殊之需要，配合行刑累進處遇，關于責任分類之規定，根據入監考試成績，扣除其原始教育程度，責令修滿預定之學分，方可准其出監，例如刑期二月者，應修滿六個學分，始得出獄；一年半者應修滿五十四個學分；餘類推。同時針對各種罪質及惡性，預選各種課程及其學分，隨到隨教，絕對不宜如一般學校之採用學期制度。

十　改進作業，使監獄工廠化

監所的囚糧經費，世界各國都由國庫負擔，除了共匪以監獄爲營利的機構外，就是他的主子蘇俄，也是由公費開支的。良以監獄是執行自由刑的場所，生之者衆，食之者寡，使囚人自食其力，當不至有若何問題，況受刑的人，多是違反國家法律、危害人羣之人，自由的時候尚且能自食其力，負擔家庭生計，刑罰的結果，倒使其享受公費的待遇，坐糜廩粟，事理豈能謂平，此在財政支絀的國家，尤有研究之必要。自由中國的臺灣，監所全部經費都由中央財政支出，整個司法部門的預算，除了不能配合施政計劃重院檢而輕監所以外，囚糧經費則另定囚糧名額（現由五千增至六千名），每名每月五十元新臺幣計例，因非由國家逕發實物，致囚糧稽核及計算問題，較爲複雜，而易致流弊。再上開之新臺幣五十元之數，包括主食米卅七元五角，合每名每日五·七公兩（卽舊市秤十八兩一錢），副食費每名每月八元五角，合每名每日二角八分，須購食油三·二一六公分（卽一市錢），鹽九·三七五公分，（卽三市錢）鮮菜二·四九〇公兩（卽八市兩），或鹹菜一·二六〇公兩（卽四市兩），囚人用費每月四元（包括醫藥席扇處亡等用途），區區此數，按諸最低保健標準，尚有相當距離。是以本次立法院修正監獄行刑法時，于第卅五條明定作業收入如有盈餘，以百分之十五補助受刑人之飲食費用，逐漸樹立作業自給自足之規範。作業自給者，以受刑人之生產，補給受刑人自身之消費，先以囚糧之範圍爲限，以次漸求整個監所經費之自給，及囚人寄錢養家之可能。以訓練生活技能爲宗旨，不以營利爲目的，與一般工廠及公營事業截然有別，舉凡監獄之建築、機器、工場人工、職員薪津、囚糧以及其他一切生產工具及設備，皆由公家供給，建築薪津囚糧等，甚且不計入成本之內。似此優越條件，起碼的囚糧自給，理應不成問題。乃事實上今日臺灣各監所歷年所獲的純益金(如附表)，均不能達成此最低之目的，作業成品的售價，亦不見特低于市價。推原其故，是不爲也，非不能也。推原其故：一、現有監所作業管理人員缺乏工商管理之智識與技能。二、監所作業因性質特殊，不能與一般工廠及公營事業機構等量齊觀，採用同樣的成本會計制度。三、監所作業，必使其加諸人犯者，非爲刑罰或苦工與勞役，然後可以刺激其生產情緒，增加生產效率。四、監所作業應不計盈餘，應以一人一技運動爲重，經甄別考核及格後，始得准其出監。五、修正後之監獄行刑法第卅三條規定之盈餘及勞作金之分配，不甚合理，應重新加以審訂，否則監所作業前途，實未可樂觀，工廠化的目的，亦恐難以達成。六、最後，作業的時間與敎化的時間應絕對劃分淸楚，使施敎時如學校，作業時如工廠，不可滲雜混淆，一無所成。

附：臺灣監所囚糧及作業純益金比較表

年度	純益金額	人犯總數(被告在內)	囚糧估計數	備考
卅八年	二〇七、七一〇.八五元	四、五九七	一、三三三、九三六元	每人每月二十四元計
卅九年	六四六、二九八.三六	四、一二八	一、一八八、八六四	即每年每人二八八元
四十年	八八一、〇〇五.八三	五、七一〇	二、〇五五、六〇〇	每人每月卅元計
四十一年	一、三二九、〇〇一.九七	四、八六〇	一、九二四、五六〇	每人每月卅三元計
四十二年	一、一九四、四五七.九三	五、三〇六	二、五四六、八八〇	每人每月四十元計
四十三年	八〇二、三七九.九〇	三、七七四	二、二六四、四〇〇	每人每月五十元計

十一　如何達成監獄醫院化家庭化軍隊化

今日臺灣各監所均有衞生課之設置，配有醫師藥劑師等技術人員，但因限于經費，未能羅致適當人才，及擴充醫藥設備，故大都只能療治輕病，其疾病較重者，大有束手待斃之虞。與其分散人財物力，不如抽集人員經費及器材，創辦專業的病犯監，專收重病人犯及待送病院醫治或保外醫治之人犯，使監獄醫院化，保證減少死亡。此外改善營養，預防重于治療，定期健康檢查，確保受刑人之身心健康，以達醫院化之目的。至欲監所家庭化，在今日之臺灣，囚糧應改發實物，實報實銷，試行人犯飽食運動，不受囚糧定量之限制，取消監所房內設置便所的陋規，以重衞生，而符人道。整理監所環境，使美化而藝術，成爲受刑人之樂園。監所內之一切福利組織如福利社伙食團等，均應由受刑人自治自理，使監獄成爲受刑人自己的家。監所舍房的容額，亦應在不妨害健康原則下，切實加以調整，使受刑人得以安居。住室內分別允許設置家人照相圖片，以資溫暖，使其忘于囹圄的生活。監所軍隊化者，除上述之管理員導師制外，應着重團體競賽，組織自治，養成紀律生活及守法的精神，除有違反紀律，或濫用自由者，始得剝奪其監中的自由。又如紙煙禁令，必須開放，規定其吸食時間及地點，以開禁免違禁，減少甚多因禁煙所生的流弊。此外擴充戒護武器，至足以鎭壓暴動的程度爲止，以防改制後之不測與意外。舉凡作息、起居、集合、解散、內務、外勤，一律施以軍事管理，以達監獄軍隊化。

十二　如何建立看守所制度

監獄和看守所，自劃分成立後，應隨之分別建立監所特有的制度，以符名實，否則，又何貴乎劃分？故劃分後，關于看守所部份：首需研究者，即其名稱問題。因看守二字，早經改稱爲管理員，而看守所則迄仍舊，自非合理。但究應改爲何名，較爲適當，則仁者見仁，知者見知，尙無定論。作者管見認爲自由中國，貴在法治與人權，何妨即改稱爲「人權保障所」，以資明顯，且可與大陸匪共之奴役迫害，有了一個正面的對照。名稱既擬改如上，隨着現行的法令及組織，亦應立予改革。關于法令方面者，必先取消羈押法準用監獄行刑法之準用規定，另訂法條，自樹建制，以免做監獄的尾巴。關于內部組織者，除原有之總務、警衞、衞生諸課外，應增設訴訟輔導課及調查課，以期切實做到羈押之目的，在于發現眞實，便利訴訟進行，與人權之保障，樹立看守所獨有的制度。蓋看守所羈押者多爲未決被告，爲伸張其個人人權起見，急待訴訟輔導，藉以保障其法益。故在所內，應盡量授以法律智識，針對其所犯罪嫌，分別講解法令，積極予以輔導，以免其在所情緒不安，濫用非法的手段，以致罪上加罪。而司其事者，應以現任之公設辯護人充之，逐漸取消或改善現行包攬訴訟、挑撥是非之訟師陋習。此外爲使訴訟案件進行便利，並發現其眞實起見，應與訴訟輔導課相互配合，密切合作，同時成立調查課，藉訴訟輔導之過程，發現其眞實。亦得以直接間接的方法，調查其內情，較之法院之提庭訊問，勝過多矣。司其事者，應以檢察官或司法警察官兼任所長或課長，此不特有補于院檢所間合理關係之建立，亦得使檢察官有就地偵查之機會，較之遠在法院，開庭偵查，利便多矣。其無羈押之必要者，當可隨時撤銷羈押或停止羈押，最低限度，普通所謂之濫押情形，當可因此而減少。

十三　結語

獄政之良窳，不特影響國內之治安，一國的文明與野蠻，亦賴以鑑定。臺灣自光復後，監所行政固較大陸爲進步，亦較日據時代爲改善，雖不能與世界文明先進諸國相睥睨，然與東南亞及中南美洲若干國家相較，或許有過之而無不及。但臺灣爲反共基地，復興的搖籃，一切從臺灣做起，絕不可以此爲自足，百尺竿頭，宜更進一步，與世界文明各國並駕齊驅。故需澈底加以檢討，期收改善之效。本文所論，皆其犖犖大者，其他瑣事細節，有待于攻錯者，尙屬甚多，至盼海內外賢達及熱心人士，共起指正，俾在高聳圍墻內之無告者，不至爲人類所遺忘，則本文之作幸甚矣。

共匪最近在巴黎的活動

巴黎通訊．二月十日

田雨耕

由來

一九四九年，法國社會黨在國會中，就曾提過請政府考慮承認中國共產黨政權的議案，當時內閣因顧慮種種實際問題，將此提案壓下，未予討論。從一九四九年到現在，這中間，法國政海變動，不知經過了多少次內閣主政，爲何還未承認共匪政權？綜合起來，主要原因，不外以下三點：①法國極需要美國金元與物資；②法國本身內部問題尙未解決；③一九五〇年以後，聯合國會員國中，尙無承認共匪政權者，法國安肯先冒天下之大不韙。既至一九五四年初夏，以出奇制勝登臺的孟德斯法郎士，雖大刀濶斧，也未敢冒然承認中共。

然而一般法國民衆心理，均以爲法國似不必永遠以別人之行動爲自己之張本；尤其一般大資本家，爲了爭取國外市場，替貨物找出路，每向政府方面使以壓力。當時剛登上總理寶座的孟德斯法郎士，爲了鞏固自己內閣的壽命，不得不採納這些大資本家的意見。於是他藉在日內瓦開會與匪談判的機會，大膽與共匪搭上了線。讀者諸公當記得日內瓦會議前後，孟氏與周匪恩來私下在法國駐瑞士大使館內二小時的秘密談判的一回事吧！內容如何，雖到現在還密而未宣，可是年來共匪能够屢次在法國跑進跑出地大事活動，自己將個中秘密揭露：不外乎雙方先以民間經濟與文化兩途徑着手，僅避免政府直接與共匪發生關係。如此商人們皆大歡喜，美國亦不便加以干涉，普通一般法國人民，在既能與共匪互相往來，又可維持與我關係的熊掌與魚兼得之念頭下，竟沒有人反對或指責孟氏這一辦法的。從此，共匪便正大光明由大門踏進法國來。以下是年來共匪在法活動的大概情形：

觀光團

緊接着孟德斯法郎士與周匪密談後不久，共匪第一個「人民婦女代表觀光團」，由莫斯科經捷克持由法國駐瑞士大使館發給旅行證 (Laisser-Passer) 來到巴黎，觀光法國的前進婦女界各項組織。所謂婦女代表觀光團，其實連團長只有五個人。這五個人民婦女中，有二個以前曾蒙受過政府恩待，如今變成人民婦女代表了。當時巴黎法共黨報「人道報」(L'Humanité) 於第一版，以大號字標題介紹這五位中國人民婦女代表，替她們渲染了一番，並由法共黨部派人嚮導，參觀CGT工會(註二)、巴黎各大工廠、及法共婦女團體。報載她們在參觀某一共產黨婦女組織時，曾大言不慚地發表荒唐謬論，說：中國婦女已經澈底解放了，每個部門裏都有她們存在，全世界前進婦女們，又多一支生力軍，不久將來，願與法國前進婦女們聯合起來，爲全世界婦女而努力。一星期後，她們又悄悄地離開法國，飛回莫斯科了。(註三)

接着共匪又派來一個全國大學生觀光團，有十一個不同省份的代表。這一觀光團的目的，好像不在觀光，而注重在考察法國醫學、物理、化工各部門。因爲他們的對象僅限於巴黎大學醫學院、巴黎各大醫院、及化學工廠。他們偷偷地來，偷偷地去，差不多報紙上沒有這段消息。據消息靈通的同學談起，這批大學生中，尙有三五個留在巴黎研究呢！這之後，沉寂了一個短短的時期。

展覽會

當一年一度的法國國際商品及製成品展覽會，去年四月裏，在里昂地方 (Foire de Lyon) 籌備時，該籌備會以該會名義，邀請共匪參加（據說同時該會亦有請柬邀請我方參加，後來大概我有關方面，因爲法方邀請共匪參加，向法政府提出抗議，沒有得到結果，遂拒絕了），共匪即乘此機會滲進。在會場最顯著的地方，搭蓋了一座相當高大的宮殿式棚樓。把在大陸上壓榨去的血汗物品，如湘杭織繡、北平地氈、茶葉、香烟、鳳梨、罐頭食品、機器等等，陳列出供外人參觀。隨時散發事先印好的英法文說明書及宣傳刋物。巴黎的共匪外圍組織「中法友誼協會」(前身係巴黎中國留法同學會，自一九五三年被法方警察局封閉後，該會內中負責人，勾結巴黎大學左傾教授及共產黨人士，另組織成，換名「中法友誼協會」)，在巴黎吸引一批左傾學生華僑奸商，結隊趕到里昂參觀，所有費用均由該協會負擔。參觀的僑胞回來說，共匪派來的招待人員，沒有一個是眞正的商人，都是些着列寧服的共幹。凡進去參觀的中國人，均受到共匪殷勤招待，與個別談話，最後還紀錄下每人的詳細通訊處；對外國人，則以茶烟欵待，贈送樣品，想盡了方法拉攏。試問，唯利是圖的法國商人，對大陸早已垂涎欲滴，加之報紙常常發表法國如要爭取國外市場，應趕快與中國大陸通商的論調，豈會坐失這一大好良機的？

京戲班

里昂國際商品展覽會方告閉幕，又逢法國戲劇界組織的第二屆國際戲劇節，自五月十八日至七月廿四日，在巴黎舉行，參加的國家有廿六個之多，都以代表自己國家及民俗性的戲劇或歌舞爲主。此組織爲了生意經，利用大資本家的力量，透過法國外交部文化司及塞納省議會的默許與暗助，特別邀請共匪派遣劇團前來參加。共匪立刻將正在英倫上演的京戲班，派由一個曾經在法國念過書的章某爲領隊，另由投匪戲子程硯秋之子(現在瑞士讀書)充當翻譯，於六月一日趕到巴黎參加演出。京戲則由舊伶人葉盛蘭小生率頭，還夾雜着新疆歌舞團，秧歌舞團，約共七十多人。起初在巴黎中心區一家中等戲院內上演白蛇傳、白門樓、三本鐵公鷄、孫悟空大鬧天宮一類熱鬧戲。一星期後，又移到巴黎最大的國家夏樂宮戲院上演。同時在凱旋門左近一家電影院，放映越劇梁山伯與祝英臺改拍成電影的影片。前者票房紀錄極高，所有報章雜誌，都爭登照片，且紛紛著文評論，確是紅極一時。即巴黎市長太太亦在堂堂市府大廳中接見這批紅色戲子。惟最覺痛心的是一些平日以反共著名的僑領，昨日還在開會討論如何阻止僑胞前往看戲，今日自己竟先購票入場。不過事實上也難怪他們，凡歐洲僑胞，離開國內太久，距離又遠，過有中國京戲來歐洲上演，誰不想看看！

訪問團

今年剛剛開始，共匪就派了一個青年代表訪問團來法國活動。這個訪問團的內容，包括較廣，有天主教青年、基督教青年、共匪YMCA代表，連邊疆青年民俗歌舞團，共有廿個男女。由共匪青年聯合會負責人領隊，一個姓顧的天主教青年爲團長，於一月九日下午從比利時乘火車來巴黎，下榻在凱旋門十二條有名的大馬路中一家名Royal Monceau的華貴大旅館中。據報載消息，這批青年將在法國境內逗留一個月。在巴黎作一星期訪問後，再赴東部南部經西部返回巴黎，作一圓圈形訪問旅行。他們在巴黎的訪問節目，係由巴黎青年東方文化研究所及東方語言專科學校同學會兩方面排定的。經過情形大致如後：

第一天，即一月十日，上午九時由法方招待人員領赴凱旋門無名英雄墓前獻花圈。男團員均着黑色列寧服，女團員則仍穿着繡花旗袍。次日共產黨報紙登出獻花時照片，只見這批可憐蟲，雖然站立在嚴肅的儀式空氣下，終脫不了東張西望的土包子氣；第二天訪問法國左傾與非左傾的青年運動團體；第三天法政府方面予以非正式接見；第四天東方語言專科學校同學會邀請他們向學中文的學生講解大陸進步情形，該校校長會親自出來招待。事後一位參加的朋友說，該團團長演詞中極稱讚這次法國大選共產黨勝利，並說過去法國政治相當紊亂，使一般人民對共產黨主義了解不够清楚，此次大選共產黨選票增多三分之一，可見目前法國人民對共產主義已有了認識，乃是好現象。當場即引起一部份學生紛紛提出：①中國大陸毛澤東政權是否已經穩定？②內部是否已無問題？③大陸人民一切行動，有無法國人民如此自由？④生活有無法國如此優裕？等問題質詢。該團團長一時語爲之塞，無法答復，只好支吾而言他了。一時會場秩序大亂，聽衆情緒惡劣，故結果不圓滿；第五天在Royal Monceau旅館大廳中舉行記者招待酒會，同時並招待留學生，報告大陸最近情況與動態。據說當時曾有人邀我中央社新派駐巴黎的特派員同往，遭我特派員拒絕，理由是共匪的記者招待酒會，像赴鴻門宴似。未往採訪，實在可惜。第六天赴大學城(Cité Université)參觀，並在大學城內大學食堂混了頓飯。第七天團體遊覽巴黎。

二月十七日乘夜車赴法國東部工業城鋼鉻鉑勒(Grenoble)，參觀工廠及該地大學城，然後去南部里斯(Nice)訪問。里斯靠近地中海邊，爲世界有名的遊樂勝地，各國名人大賈居住此地不少，該團訪問對象也跟着轉移，利用鷄尾酒會場合，向國際人士宣傳。這一行程的終點站爲西部酒城波爾多(Bordeaux)，於二月一日始返回巴黎。一日晚在一家Trianon旅館中，開惜別酒會，招待巴黎大中學青年，作爲訪問巴黎之結束。

結語

筆者在沒有寫這篇稿子前，已經考慮到可能被讀者認爲在放馬後砲。不錯，果然是事情都已過去了，但，這是共匪在演戲，這一幕落了幕，接着還有第二幕、第三幕……呢！變化無止境的共匪猴兒戲，由水深火熱的大陸，一變變到歐洲各國來，一而再地任牠亂翻亂變；而法國方面又有什麼記者訪問團、議員考察團、商務考察團等前往北平。這對我們在法國留學的愛國青年們，在法國謀生的忠貞僑胞們，精神上是一極大刺激。遠在重洋那邊自由祖國的父老兄弟姊妹，也許還不知道共匪近兩年來在歐洲各方面如此積極宣傳及活動的眞實情形。據極可靠的消息，將於今年五月間在巴黎舉行的法國國際商品及製成品展覽會，共匪已自動先登記了，預備造蓋一座佔面積二千平方公尺寬大的臨時棚樓，比去年在里昂的要大一倍，屆時我們又將眼望着共匪再演一次猴兒戲。所以本文之有無報導的價值，謹請讀者諸公自己思索吧！最後要聲明，筆者寫本文的原旨，絕不是在攻擊我政府駐外官員之對策無方，不過希望政府不要疏忽歐洲，今後要把注意力放一點到歐洲來。國家幸甚，反共幸甚。

四五年二月十日寫於巴黎旅次。

註一：爲Confédération Général du Travail 法國勞工聯合總會之縮寫，實際上純爲法共組織，全國勞工，差不多均隸屬於此工會，故號召力很大。每次法國大罷工總與它有密切關係，據法官方消息，此工會間接受俄國支持。

註二：共匪來往歐洲，必先路過莫斯科接受訓令，然後直飛瑞士，或取道東歐。

馬來亞明年獨立了！(星加坡航訊)

荀詩

馬來亞聯合邦首席部長東姑・鴨都拉曼所率領赴倫敦商談獨立之「默的迦」(Merdika 意卽獨立)代表團已於二月二十日上午零時四十五分由倫敦返星。這個代表團除了東姑外，尚有馬來亞鐵道部部長李孝式上校(按李上校於作戰時，為我軍委會委派至蒙巴頓總部為聯絡官者)等人。他們一行由英國返馬，受到全馬人士的歡迎，大家歡迎這許多民族英雄。

廿一日上午八時，東姑在星加坡舉行一個盛大的記者招待會，說明此次去英國之勝利歸來。他指出在倫敦之談判已有五大成就：㈠確定一九五七年八月三十一日為馬來亞獨立之日子。㈡馬來亞政府從現在起有全權管理內政、財政及內部治安之軍警特權。㈢讓軍事根據地予英國，俾在軍事上保護本地及英聯邦各國之地位。㈣取消鴉片禁運與開放運華膠禁。㈤馬來亞化公務員法案。

東姑在解釋這五項成就時指出：第一，關於獨立日期吾人原定一九五七年八月三十一日為獨立日子，然經過在英談判後，吾人如欲在是日以前獨立，世界上亦未有任何力量，可以阻止吾人此種要求。此次在英談判，有如此成就，一是由於英人對吾人抱有友善之精神，二是由於蘇丹代表之與吾人通力合作，方使吾人順利達到獨立。第二、馬來亞政府獨立以後決為英聯邦自治領之一員，今日開始，吾人對於內政、財政、軍警特權，有全權處置。我決定在明天晚上(按二月二十二日)在馬來亞電臺，向馬共書記陳平呼喚，要他履行諾言，放下武器(請見本刊第十四卷第三期「馬共和談續訊」一稿)，否則我便要與作戰部會商打的辦法了。第三、馬來亞雖然獨立但仍將軍事基地交英人使用，一方面英人們可保護此最年幼之自治領，另一方面，我們也可以協助自由世界。因為如果自由世界失去了馬來亞，將是不堪設想的。第四、馬來亞決定實行鴉片公賣，企圖以公賣的方法，慢慢消滅鴉片之吸食及走私。關於對華樹膠禁運開放一事，他說：「艾登首相此次赴美已與艾森豪總統談起此事，其結果如何，現在尚不能批評。」第五、馬來亞獨立以後，公務人員決定以馬來亞人為主體，外籍人士將逐漸淘汰。

東姑作了約十五分鐘的談話，他又補充道，馬來亞聯邦政府決定本年五六月中，在吉隆坡舉行英聯邦內正向獨立之途前進而尚未獲得獨立之國家會議，討論如何互相協助，促成大家達到獨立之目的。他又說：從前委員會的首長是波恩中將，他是英國人，陳平認為軍權在英國人手中，不肯放下武器，如今我在倫敦談判結果，我是防務部長及作戰委員會主席，軍權在民選政府手中，波恩中將聽我的命令，陳平應該履行諾言，放下武器了。

記者問他是否有意動員壯丁與馬共作戰？東姑答稱：使用「動員」兩字，應特別謹慎，因動員可能危及各民族間之和諧，此乃余年輕努力之結果，所以要特別注意者，其實結束緊急狀態之唯一辦法，乃是全馬各族人士，應與吾人以全力之合作，假若馬來人願意，而華人不願意的話，則實為非常危險的事。最後他對於外傳亞非會議中之國家出來調停與馬共之戰爭，表示非常困難，因為他不欲使陳平享有與他平等之地位。

東姑在海景旅館完畢記者招待會後，乃於大雨中率同聯合邦各部部長，在星加坡政要及領事團人員歡送之下專機飛馬六甲，在馬六甲的萬達怡力廣場上向七萬羣衆，宣讀獨立宣言。他以嚴肅的神情，宣讀宣言。全文稱：「在人類歷史的過程中，任何一個國家為欲挽救其自己，必不能長期留於靜止狀態，彼必須二者擇其一，卽為前進抑後退。此須視該國之應付事態變遷與發展之能力及適應如何而定。

「當人民對現狀表示完全滿足時，彼等對任何變遷，均將趨於恐懼。彼等對任何行動或任何人之可能提供新思想或新發明者，亦將表示懷疑。但因人類歷史為一變遷及發展史，而各種事態在歷史過程中亦將臻於更善更美之境地，故此種自我滿足之國家將繼續後退，以迄完全消滅，而僅留供將來之歷史家所以啓示而已。

「吾人深幸上帝賦與吾人之國家以堅忍、勇敢與尊嚴之精神，吾人昔曾為一個具有偉大傳統之國家。

「雖然吾人之歷史環境曾使吾人從一個獨立與自豪之國家變成一個人羞辱與居人籬下之屬國，吾人仍能在四百年殖民地政府統治之下保持上帝授予吾人之自尊、威嚴、公正及不屈不撓之精神。

「世人須知馬來亞人民是精誠團結以憲法手段爭取獨立者，而吾人今日經已完成此願望矣。因此，余謹在最慈悲與最仁愛之上帝前，代表馬來亞各族於此宣佈，本聯合邦將根據倫敦達致之協定，於一九五七年八月三十一日在英自治領內完全獨立。」

東姑把這一個獨立宣言唸完，羣衆高呼「默的迦」，人聲如雷，震撼天地。於是他會同了吡烈州州務大臣那督彭吉利瑪，柔佛州州務大臣那督錫夫，教育部長阿都拉昔，鐵道部長李孝式上校及聯盟代表團秘書陳東海等五人，共同在宣言上簽字，簽字的時候在廣場上觀禮的七萬人外，尚有馬華工會會長陳禎祿爵士，天然資源部長伊斯邁，及各州大臣，各黨代表等。

東姑把宣言唸完以後，乃卽發表獨立演說。他每講一句，必然彩聲雷動。東姑首先提及格城與馬六甲必須合併在聯邦中。他說：「我的祖父把檳城割給英國人，今天孫兒要收回了。」

(下轉第30頁)

埃及為何走向蘇俄？

中東通訊・二月十五日

方 及

在中東的局勢日趨惡化聲中，突然傳來不明國籍的潛艇出現地中海的消息，使自由世界對此一地帶的注意，益形緊張。這是由馬耳他基地的報告所得，另由其他方面推測，相信所述潛艇當係蘇俄所有。這項推測如果屬實，應該是蘇俄潛艇第一次在地中海航行。本來在地中海內的公海上航行，蘇俄並不違犯公法，即使通過直布羅陀海峽亦無需特殊許可。因為此地仍視為公海。只是此時此際蘇俄潛艇的出現不能不使人震驚。一般的判斷，蘇俄潛艇可能以亞爾巴尼亞海岸為根據地。這或者不會有大的影響。使人深感疑慮的却是埃及可能暗中已經把亞歷山大港附近的海岸供給蘇俄自由使用。於是傳出消息，該港附近八公里的海岸，已為嚴密戒備中，蘇俄在此已屯積了大批的戰爭物資。

近來一連串的消息，早已迫使自由世界不得不重新檢討對埃及的政策。我們先將這一串消息列個清單。

納塞將軍已經答應鐵幕國家的邀請，決定於今春訪問蘇俄、波蘭、捷克、羅馬尼亞及匈牙利等國。埃及的副總理撒冷 (Gamal Salem) 同時也接受東德的邀請，將赴東柏林一行，他將由埃及的工商部長 Mohamed Noseir 陪同前往。前此東德的商業部長於去秋訪問埃及時，已在開羅成立貿易所，此次埃及的工商部長亦將於東德有同樣的行動。

狄托元帥於訪問埃及時，曾鄭重對責埃及政府所指為「反阿拉伯民族的」巴格達公約加以譴責；同時並將七十四個勳章分贈埃及各軍政首長，而將南斯拉夫的最高勳章送給納塞將軍。

最近捷克政府贈給納塞一架總統專用飛機。

這些事實已足够使人回味，自由世界似已在埃及消逝。數以公斤計的勳章由伯爾格來德飛來，並無條件的支持納塞的政策；紛紛的請貼由鐵幕內飄來；商業的交換正熱烈地展開；亞歷山大港內的蘇俄船隻卸下了軍火，裝上棉花而去。

以上的現象，是否足以表明埃及對共產世界友情的深度，尚難斷言，但是加給自由世界的憂慮，則已是一件足够嚴重的課題。

許多西方的觀察者均認為埃及決不會認真地走向蘇俄，因為埃及的經濟情形不允許他這樣作。埃及的惟一財富就是棉花，這項財富決不會全部為貧窮的東歐所吸收，再者其內部的建設及大量的需要仍必須求助於美國的貸欵。

但是殊不知正是為了這種「金元外交」和「金元神話」的想法，失去了埃及的人心，而美國的「心理作戰部」却完全沒有想到這一點。埃及人如任何阿拉伯人一樣，都有一種幾乎近於病態的自尊心理，一種極輕微的舉動可以很深地創傷一顆阿拉伯心靈。西方對埃及的態度好像在說：「我給你武器美元，但你必須如此如此；我給你建軍，你必須用以反對我所指定的對象。」尤其像埃及這樣一個新生的國家，獨立及自由等字眼仍極端的響亮，愛國的情緒仍在沸騰，對西方的外交態度自難接受，甚至冰炭不能相容。埃及在擺脫了土爾其人、法國人、及英國人的牽制，正享受着解放的青春，和自作主宰的情調，以至於自傲到狂熱的程度，這無疑的是現在埃及中上階級的一般心理。想要用金元去買這樣的一個國家，是美國在埃及所犯的最大的錯誤，儘管埃及人這種心理是不健全的。

相反地，蘇俄並未要在埃及購買什麼東西(至少表面上)，他只向埃及伸開同情的手，表明每一個國家都應該是自己的主人，有自由的行動，甚至於像納塞將軍一樣，可以自由地將當地共黨份子送入監獄。給埃及軍火與投資是為了換取友情，並未要埃及參加任何政治或軍事協定，甚至並未暗示令埃及作反美行動，僅令埃及人自己去作結論。

在這兩種外交方式之下，埃及何去何從，是不難獲知的。埃及不是不感到共產主義的威脅，但尚無火燒眉睫之感。他感到最嚴重的危險只有以色列，而西方却從來不明白這點。

綜上所述，埃及近來對共產世界的友情，曾使自由世界震驚，但這種友情的原因却正建築在西方對埃及的錯誤之上。缺乏對埃及人心理的瞭解，或者竟至於缺乏可靠的報導，因而使阿拉伯民族陷入反西方的猜忌中，美國對埃及的億萬援助，竟得到一個使阿拉伯人離心的反效果，其原因並非為了援助的本身，而是在援助的方式之不當。這也就是納塞所以向莫斯科微笑的理由。

走筆至此，埃及已接受世界銀行貸欵以興建尼羅河上的安爽(Assuan)大堤，可見埃及並未決意走向東方，而自由世界對埃及仍大有可為也。

一九五六、二、十五

莎茀致法昂書

張秀亞

前記：古希臘女詩人莎茀(Sappho)曾失戀於美貌的水手法昂(Phaon)，羅馬詩人渥維德曾據此事，並借助想像力，代擬莎茀致法昂書信，題為「擬情書」，今試仿其體，成此文，寫時曾參考過有關希臘史地的書籍，但字句皆係臆造。

法昂：夜已將星光的金網撒了下來，羣山靜寂，海也似乎思睡了，幽悄中我的靈魂在呼喚着你，在呼喚着你，你揚帆而去的舟子呵，你可會聽到麼，你可會聽到麼？對岸茂密的橄欖林，也似發出了同情的嘆息，但何以你竟如此緘默，呵，暗夜已籠罩住我整個的心靈了。

今天本是你們預定自海上歸來的日子，我曾帶了我的弦琴，佇立海岸等待你，午後天色是那樣晴美，白色的鷗鳥如同撕碎的雲片，在水上低低掠飛。終於在將近傍晚時，那隻熟悉的船兒婀娜駛來了，像是滿載着希望，我微笑着感謝那出生在艾達山上的神，船頭那一片金紫色的霞影，正是對我們的祝福呵。你的許多伙伴們，個個帶着為海風吹得黧黑的面容，歡笑的投向岸旁家屬或情人的懷抱，我四下觀望，只是不見你的影子，我怔怔的望着水上的夕陽，它也似乎帶着我的夢與希望漸漸沉落：。我凝凝的站在那兒，不知過了多久，等到我抬起頭來，才知道人們已散盡了，灘岸上留下了凌亂的足印，一陣淒冷的海風吹來，使我泫然欲泣，這時，我忽然看到和你最相知的一個水手——金色髭鬚的西比亞士，匆匆的向我走來，他向我一領首為禮，悽然而笑，自那黯淡的笑容裏，我已有一點悲哀的預感，我踉蹌的迎他走去，向他問起了你，他告訴我說，你並沒有隨船同來，卻已於十日前轉到另一隻船上，駛向更遠的加里亞海峽了，他將你的一封信交到我的手中，撫慰似的拍拍我的肩，然後走了。只留下我獨立海濱，我默默的凝望着停泊水上的那隻船兒，呵，這曾看到過我多少次歡笑的船，如今又看到我的清淚了，幾年以來，載你遠行，又將你送到我的面前來的都是它，我恨着它又愛着它，但是今看它又歸來了，它又來到我的面前了，那個立在船頭向我招手的人兒呢？呵，今夕哪一片幸運的海水，照映着他昂然的身影呢？

我茫然的踱了回來，窗外傳來了大海的微語，我展讀了你的那封信，呵，法昂，你當眞離我而去了，正如有一次你向我所說的。當時我還以為是戲言呢，你這殘冷的人呵，果眞如你所云：造成我們訣別的是那時來訪看我的詩神麼？

你竟是如此心地狹隘麼，你的信上說，你嫉妒那為我所崇慕的詩神，你說在祂的光輝中，我常常忽略了你的存在，所以你才去了，帶了憤怒與恚恨，你，鹵莽的水手，你，殘酷的愛人呵，愛詩與美，正是我這希臘女兒性格中最值得誇耀的，難道這是我的過錯麼？你竟忘了麼，當初你是讀了我的詩句才來到我的面前的？我還會讚美過你，我說你雖不寫詩，但是你心靈的美妙弦索，恰能伴奏我的詩句，合拍而中度，你了解我的詩，正如你了解你的海洋，當初介引我們相識的，你能否認不是詩神麼？呵，你這善忘的弄潮兒！當初我獨行獨吟於波納比倫山巔，沉酣流連於詩境中的神態，不是會使你感動麼？你，美貌的舟子，是希臘羣島上許多女孩所羨慕追求過的，你在她們中選擇了我，難道不是為了詩所美化的靈魂麼？難道你所愛的是平凡的莎茀麼？為何如今你竟還怒於「詩」呢，你是不公平的，詩神是無辜的。當初你既會為了詩神賦給我的美麗而注意到我，如今何以又為了詩神與我的親近而揚帆不歸？是因愛我日深而心地日狹，抑是你航行外海，心中別有縈繫，以此為藉口呢？我希望你是因了前者，但我心中懼怕——我怕後一個原因更為確實。

我望着窗外的夜，與更遠處閃着微光的海，淚水迷茫了我的眼睛，迷茫了我的心智，呵，你無情的舟子，如果你當眞厭煩了我這隻寫詩的手，那麼我寧願以它來種植大麥、小麥、同豌豆，改在大地的篇頁上，寫綠色的詩句了。我寧願棄絕了詩神，拒絕祂再度來訪。你傲慢的，乖戾的人兒呵，不是卑微的莎茀向你屈膝，而是為了一切都應在愛神前俯首。詩神莊嚴高貴，但是比不過朱庇特閃光的雙翼！如有一日，你自海上回來，你將看到我掮着白土的瓶子，親自去汲水，更到橄欖林的深處，去摘取那鮮碧的菓實，回來吧，法昂，豈能終日在海上飄泊呢？橡樹林蔭中的屋簷下，有着莎茀在呼喚你，呵，是什麼聲音吸引住了你，但願那是海濤的呼嘯，而非西奧斯或巴羅斯島上女兒的歌喉！

你在信上說，你不願你的身影為詩神的衣裾所掩，我再度申明：我願把一切都交還給詩神，連同這隻手，這枝筆。我願剪去了我生命樹中不為你所喜的枝柯，即使別人稱讚上面開着罕見的花朵。我要做一個純朴的愛人和妻子，沒有愛情的生活是虛妄的，我不能忍受，法昂呵，回來吧，我會與你相偕回到大自然裏去，並與你一同享受那動蕩，多變化，有刺激性的海上生活。如你以前所說，我們要以橡樹做一隻新船，到尤卑亞、亞提克、亞爾各里得去，更橫過紺碧的愛琴海，泛舟巡行於排比錯列如杜廊的高聳海面的諸島，再抵達那些小島形成的海的內庭。使愛琴海上每座島嶼，以及一些秀麗的谷、川、岩、灣都成為我們幸福的小宇宙。海上生活過得日久了，我們也可攀登戴金特山，看它如何環繞着平地，形成了暗綠色懸崖的花圈，：：這一切都充滿了美與純淨，做成飾美我們生活的圖案。啊，我們不是更可以火山石築屋海邊，日午時分，自藍色的森林與淡綠的橄欖叢走回來，坐在屋前，看海浪的白帶衡量着涯岸，預算着下次船兒開航的日期，：呵，一切將屬於我們，一切屬於了解愛情與生活眞趣的我們，我看透以前的虛妄，不再留戀紙筆了。

親愛的法昂，我的靈魂在熱切的呼喚你呵，向了這一片茫茫的水波，如同你向詩神索還了我，我要請求海神放還了你，如果殘暴的海神波西通不將你送回，我便要直謁他於宮闕了（註：此句隱約指出莎茀投海一事）。只要能有尋到你踪迹的希望，則我又何憾，在生活中見不到你，在長夢中總可以見到你的影子吧？法昂，我希望你不要漠視我的言語，因為我已將自己置放在監視誓語之神的足邊。

落月（五續）

彭歌

六

勸業場是天津市上的第一座大厦，位置在法租界最繁華的梨棧大街。十來層的高樓外面，從上到下，綴滿了電燈，每到夜晚，遠遠望去，成了這大都市的海洋裏一座輝煌的燈塔。勸業場裏擁擠着形形色色的商店，上層是餐廳和娛樂場所。娛樂場所也佔了好幾層樓，有電影院，雜耍場，地方戲劇如北方的落子戲，梆子腔等等，但最要緊而又規模最大的，是演平劇的天華景。

余心梅離開北平的時候，鼓了很大的勇氣，才克服了自己內心的矛盾。她自信可以說服那位鄭經理。「我現在需要的是一個能掙錢的職業，」她心裏想，「既然他們需要人，還講甚麼能不能合作，我非跟他們合作不可。」

可是，當她走下火車來。找到一家小旅館把簡單的行李安頓好了以後，却又膽怯了——「這是一個完全陌生的地方，要去跟完全陌生的人打交道。」她覺得自己的勇氣漸漸地消溶了，她有甚麼把握使別人相信她的才能，同情她的需要呢？

她所依為憑藉的，只有兩封信；一封是姜若寒的父親寫給鄭經理的；另外一封是康老師寫給他的一個師兄弟莫世榮的，這位莫先生是天華景的第一把琴師，聽說也管點事，所以康老師託他多多照拂心梅。

按照同行的義氣，莫世榮對這位「師侄」十分關照。他招待她吃了一頓飯，順便把這邊的情形說了一個大概，他認為成功的機會至少還有一半。不過，他說這兒的人事相當複雜，角兒習氣太壞，有些事，鄭經理確實也當不了家。班子雖說是戲院方面組起來的，可是有些事情還是要看看那些拿大包銀的臺柱子的眼色，才能行得通。「這麼辦吧，妳直接去找鄭經理；妳先不必提我。我給妳另外在裏頭疏通疏通，要是趙麗英點了頭，事情就有八成了。」

趙麗英是這班子的女主角；心梅在北平就聽說過，這人是一個過氣軍閥的下堂妾，已經是徐娘半老，但仍艷事頻傳，聲名狼藉得一場糊塗。

可是，眼前的飯碗，竟是要決定在這樣一個人的點頭之間。人，為難到了這種地步，還有甚麼話好說呢？

趙麗英並沒有替心梅說甚麼好話，但她不反對也就算幫了忙了。鄭經理老早就有心要把班子裏的人事充實一番，可是就顧慮到怕趙麗英拈酸掣肘。現在正演着第十好幾本的西遊記，賣座情形相當火爆，要是窩兒裏搗起蛋來，那就太可惜了。

有莫世榮居間斡旋着，鄭經理最後終於同意叫心梅來試一試。莫世榮代表她談「公事」，叫她仍舊演她本工青衣戲，暫時不參加西遊記的演出。每個月兩百塊錢，心梅覺得這個數字大可滿意了，因為她在學校裏是沒有薪水可拿的，可是後來她才知道，這個數目還不到趙麗英包銀的七分之一，人家是一個月一千五百元。

心梅先領了第一個月的錢，一半滙回北平去交給母親。一半在天津為自己安置一個下榻之所，莫師叔幫她吊吊嗓子，她就這麼不聲不響地參加了天華景。通常戲碼兒多半是派她演倒第三齣。三娘教子呵，賀后罵殿呵，這些吃力不討好的老戲，天津人——尤其是天華景的觀衆們，根本不希罕這一套。偶而他們也喊兩聲好，那是因為心梅的扮相實在好鮮麗得像朵花似的討人歡喜；她的戲怎麼好法，他們雖然一時還難以欣賞，但至少可以看得出，她並不是像別的伸角們一樣一團噴火似的滿場亂飛，她本身就像一塊磁石，只要你多看她幾眼，少不得就要感受到她的磁力。她有一種內在的美——加上那麼好幾年的鍾鍊功夫，使人不得不承認「新打北平來的那個小妞兒確實不錯。」

吃膩了大油大肉，換一盤清淡的素菜，就能惹人叫好。不過，素菜畢竟是素菜，不僅臺下是如此看法，就是同臺演戲的人也都是這個看法，他們對於心梅總是那麼若即若離的，以一種「非我族類」的眼光來看她。甚至於當面就說：「您是京朝大角呀，跟我們混在一起，這不是觀音菩薩進了城隍廟嗎？」

心梅總是隱忍着。這不僅是因為她需要以隱忍來維持這個對她如此重要的飯碗；同時，她更相信人與人之間日久了總會彼此瞭解。

天華景的規矩，一個星期有七天夜戲，禮拜日還要加演日場。平常白天的時間就用來排戲。因為排的都是連臺新戲，所以心梅多半不參加。

有一個星期六的下午，她偶而到院中去，看見前臺正在忙着，她站着看了一陣子，覺得這種排戲倒也別開生面——因為不像老戲那樣有一成不變的本子可依循，這種戲竟是隨演隨編的。每一個人都不清楚自己這個角色演到後來到底是怎麼回事，而每一個人又都可以順口出出主意。

心梅看了一會兒，因為有點事要找鄭經理，就往經理室走去。還沒有進門，忽然聽到裏頭有爭吵的聲音。

「趙老板，妳自己想想，院方對您還要怎麼樣？您要求的那一件事，沒給您一是一二是二的辦到？」鄭經理急躁的聲音傳出來，使得心梅進退兩難。

答話的是趙麗英，雖然隔着一層門板，還可以聽得出她那種盛氣凌人的氣勢，「得啦，大經理，就要你幫忙這一回啦。說起來，三千塊錢也不算個數目，這麼大個天華景，賣一場八成座兒就有了。通融通融吧。」

「您這回又是甚麼開銷?」

「唉，還有甚麼?要命的煙膏子呀，沒有這東西提神，我哪兒還有精神在臺上玩兒命呀?再就是賭賬，其實我也是小來來，想不到連連出兵不利，一晚上梭哈，就梭掉我五千多。」

「賭賬就算了吧，遲一步沒關係。」

「喝，大經理，您這是甚麼話?叫人家說起來還是天華景的臺柱子呢，只進不出?輸了錢能不認賬?天華景不在乎，我姓趙的還能混嗎?」沉默了一會兒，女的又說：「再加上別處挪用的幾筆，數目也就可觀了，我請你設法這三千塊，眞是再少也不能少了。」

接着是鄭經理嘆氣的聲音，過了好半天才說：「老板，您這個節骨眼兒不對呀，明天是禮拜天，咱們的第十三本西遊記第一天露，正好是盤絲洞的這一本，準保轟動;可是，爲了這一本戲，草草佈景院方投資數目已經太大了。您現在一開口，要是別的人聽到，一齊伸手，那我這個經理馬上就得宣告破產啦!」

「鄭經理，您這是甚麼意思?說我要挾您嗎?」

「當然您沒有那個意思，可是，事實上，在別人看來多少難免就——。」鄭經理的聲音溫溫吞吞，好像害怕招了馬鋒窠一樣。

果然，趙麗英炸了——「這是甚麼話?平日我們累得要吐血，叫你們賺大錢;到了緩急之處，就這麼不通人情。」

這時候，鄭經理好像是在翻着一本賬簿子，大約也是帶着氣兒，翻得刷拉刷拉的響，「趙老板，您自己瞧瞧，您在我們這兒，不但包銀是頂兒尖兒頭一份，哪個月您沒有透支過?從開春到三月裏每月是一千，四月裏八百，五月裏您說要送上海朋友的禮，我馬上替您送了，還請了幾桌客，一共也是好幾百……這些事情都不談了，只要大家合作得好，我向來主張有福同享的。」

「得啦，得啦，不用說這一套啦，我急等着用錢呢。」大概是鄭經理把賬本遞給趙麗英看，被她順手一推，厚厚的洋裝賬簿子就掉在地上了，發出了沉重的聲響。「老實告訴你，我開出口來就是這個數，請今兒晚上派個人送到我家裏來吧。要三千就三千，就是兩千九百九十九塊九毛九全不行，告訴你，大經理，我的私房行頭和首飾全都押出去了，今兒晚上要是沒有錢，你停我的『公事』也好，另請高明也好，我明天是沒法登臺的。」

聽聲音，是趙麗英正跺着脚，氣哼哼地奪門而出。心梅只好往門後頭一閃。好容易等趙麗英走遠，才敢探出頭來。

躊躇再四，她硬着頭皮敲響了經理室的門。她自料在剛剛吵過這麼一頓之後，恐怕她要談的事也要受影響了。

鄭經理像個鬪敗了的公鷄似的，紅着臉坐在寫字檯前發愣。手裏夾着一根雪茄煙，煙灰長長的只要稍微一抖就會掉下來了。可是他居然一直都沒動。心梅走進來時，他只是望着她，大概是很奇怪她來幹甚麼;只冷冷地點點頭示意，請她坐在對面的皮沙發上。

心梅覺得窘得很，她一心要裝做不知道剛才他們吵架的事情，努力使自己鎭定，並且想着來此以前自己打的腹稿，應該先怎麼樣說第一句話呢?

「余老板，您的戲路很寬，臺下的人緣也好，以後您也參加西遊記，好不好。」鄭經理忽然提到這個問題，使心梅不知怎麼回答才好。

「要是您肯的話，我馬上加您的包銀——表示一點意思。我老早就想跟您談談，姜先生介紹您到這兒來幫忙，實在一直都太委屈您了。」

應付這些話，完全不在心梅的腹稿之中。她思索了半天，才囁嚅着說：「鄭經理提拔，我很感謝。就怕我唱不好，唱本戲……」

「那兒話呢，只要您點頭，一定可以演得更精彩些。」

這時，心梅覺得機會不能錯過了，她急急地說：「不過，我現在有一個小小的請求，」她把小小的三個字說得很重，「因爲家母在北平生病，這幾天不大好，姜家捎了口信來，希望我回去一趟。」說到這兒，她把本來想要借錢的話暫時嚥在咽喉裏。

「回去?」鄭經理忽然跳了起來，「這兩天回去?這不是要拆我的臺?」這話一說出來，他已又覺得不是味兒，趕緊改口說：「余小姐，您有所不知，趙老板剛才來過，她說她有事情，臨時不能唱了。我正在考慮請您接替她……」

「那怎麼可以?我差得太多了。而且戲路又不對。」心梅覺得非常慌亂，這是她以前所不敢想像的。

「哪兒話，除非是您也不肯幫忙，眼看着我鄭某人塌臺。明天戲就要上了，一齣盤絲洞要沒有月霞仙子，還唱甚麼呢?幸好西遊記排到這地方，老本子的盤絲洞您一定演過的，大體差不多，我們加了些花彩，回頭您跟我一起到前頭去，稍微對對詞，包您一點麻煩沒有。怎麼樣?」

「那不大好吧，」心梅覺得這不變成自己搶別人的生意了嗎?可是，她又不便把事情挑開來。「趙老板那邊——」?

「沒問題，沒問題，這是她自己請假呀，又不怨我。」鄭經理這才把雪茄煙一丟，搓着手說：「余小姐，咱們一言爲定吧，只要您肯幫忙，我就照趙麗英的條件酬勞您，一個月一千五，怎麼樣?」

一千五一個月?心梅簡直愣住了。她從來沒夢想到過一下子就能拿那麼多的錢。而且，她今天本來只要挪用幾個薪水的。她事先計算着，要是鄭經理的氣色不太難看的話，就先借三百吧;否則呢，至少也得要一百五十元寄給母親。可是，因爲聽到趙麗英爲借錢而引起了爭執，她不願貿然開口。老實人也被逼得只好說謊話，她要請假是假的，只希望能轉到借錢的題目上去。可是，她絕沒有想到這竟促成了她做主角的機會，而且，把包銀一漲就是七倍半——就算在北平，這數目也不是隨便可以拿得到的呵!

「不要怪我這麼沒有禮貌，一開口就是錢；實在是錢把我逼成這樣子的。」鄭經理彷彿在自怨自艾，「其實，我這算甚麼經理，簡直就是個管家婆，四面八方的氣都得受。余小姐，看在姜先生介紹您來的面上，既然大家共事處得不錯，請您就爽爽快快地答應了吧。」

心梅終於在煩亂之中點了頭。她覺得這是命運在向她挑逗，究竟是變好還是變壞，現在還無法逆料。

盤絲洞的演出竟受到這樣熱烈的歡迎，而這成功又是來得這樣子容易，眞是大出人意料之外。不僅心梅自己想不到，就是鄭經理以及別的角兒們，也覺得有點兒稀奇。

天津人是講究「看」戲的；在感官的享受上，眼睛重於耳朶。而盤絲洞恰好是大可以滿足人們眼睛的一齣戲。本來，西遊記就是一部充滿了幻想、神秘和戲劇性的作品，把它搬上舞臺，最能適合好奇的小市民的胃口，而盤絲洞這一段的娛樂性尤其高；單單是蜘蛛精月霞仙子出浴的一場，已經足够使大部份觀衆若醉若狂了。再加上猪八戒的插科打諢，諧趣橫生；月霞仙子還有一場綵帶舞，她穿着一身輕紗的若有若無的衣裳，在變幻的燈光下，舞着兩丈長的白綢帶子來象徵蜘蛛口中吐出來的絲，也進一步象徵了女性溫柔、糾纏、與固執的力量。再還有當蜘蛛精和孫悟空起打的時候——這幾乎是每一本西遊記中無可避免的一個場面，照老路子本來是雙股劍對金箍棒的；可是，在這兒雙劍變成了一對亮銀的短棍，棍子頭上有一個小小的圓球。剛一開打，臺上臺下電燈就全熄了，只有兩盞變幻的彩燈，從前臺左右斜上方照下來，蜘蛛精手中的那一對短棍竟發出了長長的白光——原來那是一對特製加長的手電筒，前面圓球裏就是燈炮。那光芒增加了戲的神秘意味，也增加了主角的豐采。「倒眞看不出來，這個余心梅還眞有一套呢！」心梅的演技，很快的就平息了觀衆們因爲看不見趙麗英所引起的喧擾；她輕輕易易把他們懾伏了。

儘管有許多小的地方還有着不少的缺點，甚至於有許多對白都是臨時在臺上「抓弄」出來的，可是一般都認爲，今晚的戲勝過以前演了八九個月的十二本西遊記中的任何一本。

可是，戲演完了，心梅一回到後臺，便匆匆把化裝室的門關起來，連裝都沒卸，就伏在化裝檯子上埋頭痛哭起來。

她太疲倦，太緊張，而且太羞愧了。她覺得這樣子演的戲，不僅談不上甚麼成功，簡直是大恥辱——今天晚上所有的表演，沒有一樣不直接違背了她幾年來辛辛苦苦地學來並且打算一生堅持下去的東西。「這是藝術嗎？這也配稱爲戲嗎？」她一想到那件薄到幾乎透明的浴裝，便羞慚得戰慄起來。她無法想像自己何以竟有那樣的膽量，穿着那樣的衣服，肌膚畢現的走出臺去。而臺下的那些人，激動的、呼吸急促的、近乎饑渴而貪饞的樣子呵，多少雙色情的眼睛，半張開的不安的嘴吧，好像口水都要淌出來了似的——這一切都是令人恥於回想的。「怪誰呢？怪他們還是怪我？爲甚麼在我演三娘教子的戲時，從來沒有發現過這麼多可怕可厭的人呢？還是盤絲洞把他們內心裏醜惡的一部份都引出來了？」她痛恨那些觀衆，更痛恨她自己，痛恨自己的怯懦，優柔和屈服。

這樣子的戲她是不能演的，不該演的，而且不屑於演的。

但是，第二天下午，鄭經理請她吃晚飯，是一次相當豐盛而隆重的晚宴，班子裏的主要的演員們都到了；大家都向她敬酒，祝賀她的成功；有一個聽說平常跟趙麗英不大對付的小丑還特別挑明了說：「那一位臨時抽後腿，翹了盤子；要不是余老板出來掌大旗，撐場面，我們這羣人恐怕全要喝西北風去了。」

這樣一來，心梅連要推辭的話也講不出來了。

她現在才深深瞭解到那句名言：「藝術淪落到了賣錢的地步，本身就是一個悲劇。」賺錢與藝術的目標常是這樣極不相容，人就徘徊徬徨於這兩極端，要賺錢呢，還是要藝術？人總是選擇一條容易的路去走，那麼！就去賺最多的錢吧！那怕是用「欺騙」的「罪惡」的手法也在所不惜！

錢多了，名望有了，這不就是世俗的所謂「成功」嗎？

然而，心梅畢竟從演戲之外爲自己找到了一個理由，使自己能够原諒自己。

她從演戲上有了可靠而可觀的收益，那是第二天鄭經理送過來的現欵和一紙合同；她決定把一小部份錢寄給了母親，同時，立卽把合同退還給鄭經理；並且要求他把這一筆錢其餘的部份交給趙麗英。

「甚麼？交給她？這是甚麼意思？」

「她比我更需要錢！」心梅很乾脆地回答，「法租界當局昨天晚上因爲債務糾紛，已經傳過她一次了。再鬧下去，給外邊知道了，恐怕大家都不好看吧！」

「何必管她呢？讓她吃點苦也好，平常總是那麼神氣，生活又那麼糜爛，這一回惹出事來，讓她自己去受吧！」鄭經理大約是想起了前天打架的事，雖然不便再明言，可是臉上總掩飾不住他的稱心之感。

心梅只好收下這筆錢，心中有無限的感喟。唱戲唱到了趙麗英這種地步，雖非登峯造極，但至少在眼前這一羣裏總得算是出類拔萃了，可還是免不了由於生活的苦悶，爲了去尋求刺激，而幾乎墮落不能自拔。如此看來，所謂藝純生活的內涵，究竟對人有多少意義，值得人去爲它流汗流淚呢？

當天晚上，心梅不顧一切到了趙麗英的寓所裏，心梅的本意是去看望她、安慰她，把那筆本來應該由她所得的包銀送還給她，附帶再把這件事的經緯說明一下子；可是，一走進了惠中飯店五樓上趙麗英那間豪華的臥房中，她被女主人那種慵懶的神情嚇住了；那麼一個顧盼風流的女人，怎麼會在短短的兩三天之內變得這樣的衰頹憔悴？

趙麗英正坐在床上，清理箱子，打開的衣箱上亂七八糟地攤着。她時而翻弄翻弄箱中的衣物，時而拾起一些信函文件來看着，又把它們丟掉，撕毀，碎紙片像蝴蝶一樣飛揚着。

心梅走進來時，她所受到的接待祇是一雙冷冷的充滿了懷疑的眼光。

「謝謝妳來看我，」趙麗英的聲音倒並沒有變得枯澀，而且反而更鋒利，「我這一回可出醜了。」

「別着急，大家都惦記妳，事情總會弄清楚的。」

「是呵，總會弄清楚的，可是，誰替我拿這麼幾千塊錢出來就好了。」麗英淡然一笑，爲了表示豁達，她開始嘲諷自己。

「鄭經理知道妳這兩天用錢，這是他託我給妳送來的；這是一千三百元，他說這兩天稍微緊一點，希望妳再在別處調動一下。」

「他送錢給我，他還相信我？不會吧！」麗英呆呆地打量着心梅，「而且爲甚麼他自己不來呢？他向來是很喜歡別人當面當活菩薩似的恭維他的呀！」心中雖這麼想着，她的手還是很快就伸出來，像小孩子搶糖果一樣把錢接過去。

「而且，大家希望妳振作一點，別把這些煩惱放在心上；最好妳馬上回班子去，繼續演下去！」心梅懇切地說。

麗英聽了一聲不響，順手拿起香煙筒子，摸了一支煙點上，垂在床沿沉思。她覺得很奇怪——聽說余心梅接着演的情形並不壞呀，爲甚麼又非要來找她不可呢，這裏頭難道還有別的甚麼文章。所以她就接着問：「這是大家的意思？」

「是的，前後臺都這麼講，我也這樣想，妳演了那麼多年，有那麼多觀衆捧妳的場，妳不該讓他們失望！」

「唉，余小姐，妳還年輕着呢，妳不會懂我的處境。我自己知道，我再演下去也不會有甚麼好景了。我這人——至少是我的心已經老了。」

麗英忽然接着侃侃而談起她的過去來；她怎樣學戲，怎樣到處奔波，以及她的初戀，她的第一次婚姻，她毫不掩飾地說她曾經正式和非正式的結過五六次婚，而最後一次是奉軍裏頭的一個帶兵官，手裏很有些「油水」，她跟他同居了一年多，搞到一筆錢以後就又吵翻了：「我現在覺得人生也跟一臺戲一樣，這個門兒出來，那個門兒進去。演得久了，一點眞感情也沒有了。甚麼愛情、婚姻、事業，全跟兒戲一樣。人活着，不過就是爲了活着，只求可以任意所爲，活得痛快一點罷了。」麗英說着，眼睛裏汪着淚，「妳現在還是剛剛開頭兒，往後妳就一天天地明白了，不過，我倒希望妳永遠不要混到像我這樣。」她一邊吐着煙圈兒，悠然神往似地說：「像我，就太苦了。這一回要不是鄭經理這麼大量——」

忽然，一個年輕的女傭人闖了進來，哭喪着臉，喊了一聲「老板」，看見室裏有客，就止住了嘴。

「甚麼事這麼慌慌張張的，阿芬？妳說吧，余小姐不是外人。」

阿芬吞吐了半天才說：「賬房間剛才又來催過，他們說這房間我們不能住了。」

「爲甚麼？」麗英仍然很鎮靜地把煙頭揿熄在煙灰缸裏，心裏想着，雖然欠了幾個月的房租，「惠中」難道敢這麼絕情？再說，大名鼎鼎的坤伶肯賞臉住在他們這裏，這就是最好的廣告，別人請還請不到呢；何況現在鄭經理的態度又軟了，自己馬上又要回去登臺。

「他們說因爲怕外國人來找麻煩，而且，」阿芬又睨了心梅一眼，「他們還說，鄭經理已經關照過，說您現在已經退出天華景，跟他沒甚麼關係了。」

「那怕是兩天以前的話吧？」麗英很有把握地說。

「不，就是剛剛兒；連我都不信鄭經理怎麼會說出這種話來。」

「妳少廢話！」麗英皺緊眉頭，臉上青一陣紅一陣；垂在一旁的心梅簡直窘極了；想不到自己的一番好意完全弄巧成拙，而且連解釋都無從解釋。

房間裏是死一樣的沉寂，心梅一回頭，看到了身旁梳粧臺上的半身鏡——鏡子裏都看得見自己鼻尖上急出來的汗珠子。

「我明白了，余小姐，這怕不是姓鄭的意思，完全是妳自己的好心吧。這樣子我可——」

「不，趙老板，我們既然都幹了這一行，以後在一起的時候還很多；希望您不要見外。而且……您以後再還我吧！」心梅眞是急得恨自己，心裏頭有那麼多浸滿了同情與慰藉的話，爲甚麼一說出口就變成這麼愚蠢了呢？

趙麗英站起身來，默默地拉着心梅的手，顫抖着，可是仍矜持得像一尊石像，一句話沒有說，沒有哭，連嘆息也沒有。久久，久久。

「妹妹，難得妳待我這麼好，人要是像我這樣子活久了，簡直就不敢相信人世間還會有這種雪裏送炭的事情。妳還年輕，早點兒注意注意自己的終身，這戲臺上的飯，吃久了實在沒有甚麼意思。」

心梅不知是被麗英的話還是被自己的行爲激動着，嗚咽起來；她抽出了那隻被握着的手，像逃跑一樣的奪門而去。在這個女人的面前，她感到有一種說不出來的壓迫——害怕這女人就是在若干年之後的自己的標本。她簡直沒有力量來抗拒這種想像。「將來」往往來得比人們所想像的還要快得多，而將來的命運是誰也無法預料的。

那以後，趙麗英悄悄地離開了天津，繼續着跑碼頭賣藝、酗酒、狂賭、軋姘頭，出賣着同時而也收買着青春。心梅曾經接到過她一封信，那是分別不久以後的事。而且歸還了三百塊錢；信中傾訴着她滿心的感激，並且說，只要是安定下來以後，她一定儘速把另外的一千塊錢也還來。

她不但錢沒有還，連信也不再來了。

大約她以後就永遠也沒有再安定下來過；因爲她，這一個曾經被心梅仰起頭來看而且羨慕過的人，就這樣默默無聞地失其踪跡了。在心梅的照片本子上，只留下麗英一張放大了的半身便裝照片，那是她在離開天津之前留下來的多年以前的照片。據她自己說那是她剛剛第三次結婚以後。是她一生中最幸福的時候。照片中的人像，有一幅豐腴而甜美的臉，明媚的眼睛，油黑的頭髮。從那照片看來，好像這人應該永遠都是快樂的，不會衰老，不會憔悴。

照片的背面，有着兩行殷紅的模糊的字跡，是匆遽之間用唇膏寫的：

「梅妹，請珍重

千萬別跟我學」

書刊評介

寂寞的書

——郭嗣汾：「森林之旅」——

周棄子

作者希望我讀過之後；爲這本書寫上幾句話。這是一件吃力的工作和腐心的負擔。

由於一篇「失落的畫像」，使我最初注意到作者的名字，接着就有緣相識，如今，早已算老朋友。不敢說深交，而「談得來」則是「如所週知」的了。對於他的作品，當然很重視，並且頗能够從題材和風格上，說出其所以值得重視的我見。我們是一個一個大陸國家，對於海一向很生疏。我們又是一個重文輕武的國家，對於書生罕言軍旅之事。把海洋與戰鬪表現在文學作品裏，這就是他的特色。把這些寫出來，那難免成爲後臺裏叫好，對作者有損無益的。而我的顧慮還不至於此。因爲說到文藝批評，現在已是獨立的一門學問，它本身也正像詩歌、小說、戲劇一樣，需要精深的學養、和困勉的專攻。這決不是抓到一本書，隨便抄下某段某行，再穿插幾句陳腔濫調沒有分寸的「考語」所能了事；何況我連這一套也還不會呢？另一方面，依我這幾年的一種想法，越是「談得來」的朋友，最好不要「論文」。洪稚存黃仲則那樣的生死交情，仲則死後，稚存就不敢編訂他的遺詩，怕的是去取稍乖，違反了傷害了作者原來的用心和寄意。據稚存說，當仲則生前，他們兩個人談起詩就常要「抬槓」的。這一層意思，我從前不甚了了，直到近年才算有比較清楚的認識。單純的就詩論詩，兩當軒和菤葹閣，「工力」不相上下，都是卓然名家，正應該惺惺相惜，沒有要衝突的理由。說是文人相輕；而他們的交誼又那麼深厚。這問題要從他們的實生活方面來找解答。那稚存是個「有大志」的人，當然並非貪圖富貴，他的抱負是要「用世」；也就是現在所謂人生以服務爲目的。仲則則偏注於永恆價值，他畢生悉力以赴的，是在「愛」「恨」的夾擊中追尋，並把握那點眞、善、美。這兩種境界的高下很難說，大約都很不錯吧。雖然，後來一個是拖着肺病死在幾千里外異鄉的小客棧裏，一個是上條陳碰皇帝釘子充軍到新疆，那結果都並不太佳妙。但就當時情事來推測，由於生活重點的不同，形成人生觀的差異，從而表現在作品上的主題之兩歧；當然就無法避免。這本來也沒有什麼，但無奈這兩個人同里同學，從小就要好的，先天上有了這份「交情」，再加上必定是都以爲自己對對方特別「了解」，而且異常「關切」，於是：「老兄！這首詩怎麼說的？」「你的那種題目不做也罷」。像這樣，槓子就抬起來了。幸而，洪稚存畢竟不凡，對他的死友，到底還能够「省識遺言，爲之墮淚」，假如換上普通的「文士」，這豈不要始於標榜而以瞧不起終麼？我近年既是有了這樣的一種想法，所以覺得，在比較熟的朋友中間，最好談談別的，而不要「論文」。因爲這會應上元遺山的一句話，是「可憐無補費精神」的。

照這種說法，對於我與嗣汾和他的書有什麼關係呢？莫非是我也有什麼「大志」，而對他所寫的瞧不起？那當然不會的，——我可能糊塗，但從不狂妄。

老實說，我曾經叫他不要寫這樣的一本書。依我所知，「森林之旅」的故事是虛構的。早在一年多以前，作者曾經告訴我，爲何而寫，如何而寫；他說的我都懂了，但我認爲這工作將是一種徒勞。

「人生於世」，永遠要發現甚至遭遇許多難題，不幸生而爲萬物之靈，這該是命中註定的了。譬如我們把它叫作「愛情」的那種東西，也就是萬物之靈所獨有的難題之一。或許還要算最根本的。我們固然不必迷信譪理斯佛洛伊特他們的學說，以爲「吾道『性』以貫之」，但那種建立於眞知上的灼見，大有助於對此一人生難題的認識，則是不容否認，不佩服也不行。不過，認識了又如何呢；難題還是難題嗎？於是，聖賢們要解答它，豪傑們要解決它。夷考二者的成績，都不見得好。聖賢們始終在圈子外面繞，最後的辦法，乾脆閉起眼睛，說是根本就沒有這一道難題，再退一步，就祭起「天理」的法寶來對抗「人欲」，用新名詞則曰「理智」克服「情感」。豪傑們呢？與聖賢不同，他們要務實際，歷史上無數英雄與美人的故事，都是他們創造出來的。故事的顏色都很美麗，而總其本質，也不過兩種。那倒霉的例子是項羽到了烏江，眼淚鼻涕的說：「虞呀！虞呀！怎麼辦！」割下腦袋完蛋。那些好運道的，居然開疆闢土，三宮六院，（現代的民主皇帝，也照樣有三宮六院的）亦無非作到「我給你飯吃，你跟我睡覺」，把那位苦茶老人的一句名言倒過來說，則是「寓男女於飲食之中」；戳穿了也就不怎麼高明。那麼，雖則聖賢和豪傑都很名貴，然而也毋庸太羨慕了。在聖賢豪傑們之外，另有一種人叫做佛，——這句話在修辭學上大有問題，佛固然是「人」，但「佛」又畢竟不是人，我也不知道怎麼說才好，請語意邏輯先生們原諒！佛的說法：「色即是空，空即是色，」頗爲一般講「精神文化」的人所稱道，但據說，「浮屠不三宿桑下」，爲的是怕日子多了，會對那桑樹發生情感。「樹猶如此」，可見這一難題，佛也是把它無可奈何的。空色云云，也大約只像夜行人吹口哨，壯壯膽子而已。上面這許多話，似乎有點「幽默」，其實我並沒有我的朋友林語堂那種脾氣，喜歡提倡什麼「晚明小品」。我所說的都很正經，世間本來有些正經東西說出來就髣髴變成笑話，這也是無可奈何的事。

諸如此類的意思，我對嗣汾是隨便常常談起的。嗣汾也承認事實或許是如此，但他以爲我太悲觀，他說：「人，總要生活在希望裏」。有一次，他就告訴我，要寫「森林之旅」這樣的一本書，提出他的蘄向和理想。我立即預期他寫作的成功，同時也肯定他理想的失敗，我也不願意聽到夜行者口哨的聲音。隔一天，塡首小詞給他，有這樣的幾句：「愁甚本無天可問；死前惟有愛難空。感君辛苦事雕蟲！」在人生難題之前，聖賢豪傑乃至佛都束手無策，何況我們呢？雕蟲小技，無非自辛苦了！

但他的書終於寫出來了，果然，實現了我所預期的寫作的成功。他不僅能寫海，更能寫山。不僅能鼓盪風濤，更能指揮哀樂。如此清純寧謐的靜美，即在他自己也是另闢一境的。他對我的希望，當然不止於「就文論文」，但此外我有什麼好說的呢？莫非眞像書中人語：「做笨事沒有限度！」

儘管不願意聽，口哨總還有人要吹的吧。在茫茫長夜中，讀完了一本書；讀出了無邊的寂寞。夜行者呀；我懷念你！

讀者投書

教育兩大措施質疑

史丹青

「國民學校畢業生免試升學初中實施方案」和「四十五年度高中畢業會考升學聯合考試實施要點」，已經教育部教育研究委員會於本月一日開會「通過」，並將由教育部公佈，自本年度開始實施。這兩件措施在中國教育史上的確可算得上是空前的「創舉」，而其對今後教育的影響亦必是十分重大的。當這兩項措施還在擬議階段時，我們即曾不斷從官方報紙與官方言論中聽到甚多讚譽之詞；現在，細讀方案與要點的全文，則不禁產生了許多的疑慮。願借貴刊寶貴的一角，把這些話說出來，以供當局參考。

理想與現實

先談國民學校畢業生免試升學方案。

國校畢業生免試升入初中，就理想而言，似是無可非議的。不僅如此，倘爲事實許可，使將來初中畢業生之入高中，與高中畢業生之入大學，乃至研究院等，均能免試升學，當更爲吾人所嚮往。然而，要擬定一個教育政策，以實現此等理想，則不能不顧及實際的環境，不能不根據事實以擬定方案與計劃。因此，如談免試升學計劃，就得先研究一下許多實際的統計數字。方案中說，本方案的目標是從本年度起將小學升學率從百分之卅九，提高至志願升學率的百分五十一·〇七。這個數字尚須加以分析。所謂升學率百分之卅九究係去年度的實際升學率，抑係今年的估計升學率？倘係前者，則爲實施方案而需增加的班級便不祇數字表面所差的百分之十二·〇七而已。何況，本年度學生志願升學率乃是方案公佈前調查的，方案公佈後的志願升學率當必不止此數。據教育廳統計，本年度全省國校應屆畢業生約十六萬人。即照百分之五十一計算，也有八萬一千六百人志願升學，（過去畢業而未升學的尚未計入）每班以五十人計，約需一千六百餘班始能容納。然而本年度市縣私立初中畢業生僅三百餘班。若省立學校停止招收初中新生，則縣市立初中（即學區初中）即需增設一千三百餘班。除去縣市立完全中學之高中部歸附省中接辦者（暫估計爲三百班）外，最保守的估計至少亦需增班一千班。以後每年視國校畢業生之增加，並須逐年增班。

可是我們今天的客觀條件是否可以達成這個要求呢？事實上，現在除去臺北、臺中、臺南、高雄、基隆等較大城市外，其餘各縣市立中等學校無不普遍感到師資缺乏，經費不足，設備簡陋。這些都是有目共覩的事實！教育當局對現有局面且有捉襟見肘之感，更何以應付新政策的需要？教育研究委員會所通過的方案全文雖然洋洋灑灑，綱目俱備，看來似對方案之實施已有周詳之計劃與充分之準備，但於所需之經費、師資與設備等，並無確實之統計與切實之解決辦法。

首就經費一項而言。方案之第五條所列四款，辦法俱甚空洞。其第一款「鼓勵縣市政府提高教育經費之比率」，尤其不切實際。近年以來，臺灣教育由於急遽膨脹的結果，教育經費在省已佔總預算百分之二六·二八，在縣市則平均佔總預算百分之三五·二五。其比率均已超過憲法規定。當此國家財政十分艱難、地方稅收無法增加之時，即使儘一切「鼓勵」之能事，恐亦難收提高教育經費比率之實效。據報載，甚多縣市對四十四年度增班的經費迄今尚無着落，更何力以實行新方案？若謂教育部只管擬定方案，至如何籌措經費，非所計及，則所謂方案云者，還有「篤實踐履」之價值否？無怪省政府嚴主席對本年度能否實施問題，表示須俟省府接到方案後才能開會討論，如有涉及經費者尚須送請省參議會審議（見本年三月三日公論報）。此與教育部自本年度實施之規定，顯然甚有距離。

次就師資言。教育是一種專業，教師的養成非一朝一夕之訓練可爲功。爲適應新方案之需要，本年度即須增加數以千計的師資。這個問題殊不簡單。原方案實施要點第二條各款之規定，俱係有關調整人事者，無助於因增班而來的師資問題之解決。只有實施要點之第三條各款才是針對師資問題而定的辦法。然而其中規定在師大增辦三年制專修科（第一款），與在大專學校設教育科目之選科（第三款），都是遠不濟急的辦法。其第二款「指定師範學校若干所，改辦三年制師範專科學校，培養初中師資。」亦殊可議。師範學校是培養國民學校師資的，現以若干師範改爲訓練初中師資，其有損於義務教育，自不待言。如此豈非本末倒置？至於第六款「提高兼課教員待遇，鼓勵公務人員或事業機構人員兼課。」則殊與公務員服務法不合。該法有公務員不得兼職之規定。倘教育部此項未經立法程序之命令有效，則置法律於何地？更何況辦公與教書乃屬殊途，好的公務員未必即爲好的教員。故師資問題如不得適當之解決，難免不濫竽充數，降低素質。

其次，教育部似已有鑒於經費困難之無法解決，因爲新增之一千班初中，如全部新建校舍，則每班經費以六萬至八萬計，則需經費六千萬至八千萬元。故對學區初中之設立，方案中規定：「或指定地點適中之國民學校一所，自四十五學年度起增辦初級中學」（實施要點第一條第二款）。至於此項「地點適中之國民學校」可以改辦初中者究有若干所？急需新設之初中又爲若干所？現在尚無精確之計算。此種以國民學校改辦初中的規定乃是剜肉補瘡、顧尾不顧頭的辦法。國民學校校舍不敷，本爲當前一項甚爲嚴重的問題，據統計目下全省國民學校尚缺教室六千餘間，因此多數國校自一至四年級均不得不改爲二部制，致影響教學，使義務教育大大地打了折扣。現在更要將許多國校改爲初中，則小學校舍勢必更感恐慌，將來的初中與將來的小學勢必全部改爲二部制或三部制，這對最根本的義務教育乃是一種摧殘。(凡是說二部教學不影響學生課業的聲明，都是政客們自欺欺人之談，不是一個忠實的教育家所能說的話。)而且無可諱言的，將來初中的程度亦必隨而普遍降低。

此外，如第五條第三款：「初中所收之學費，應儘先用以購置教學設備」。教學設備係學校校產，應否列入財政系統之統收統支範圍，其權不屬教育部。此項規定顯然破壞了國家財政收支系統。又如同條第六款：「教育行政機關設置科學儀器製造廠，製造儀器標本等，廉價配售各校應用。」此又非教育機關之職能。果眞實行，則教育行政機關豈不變成了生產機關，勢必先籌一批龐大的預算，僱用大批的業務人員。似此都是不當的規定。

可能的流弊

總之，國校畢業生免試升學的方案，至少在現階段，實屬陳義太高，而事實上亦確有不可克服之困難，若必强予實行，其可預見的流弊是：一、危害國民學校的義務教育之發展；二、初中教育在量的方面雖可提高，而質的方面則普遍降低。這樣的結果：㊀即使將來能將義務教育延長達九年，但九年的成效恐僅等於，或尚不及於從前六年的教育，這種以量換質的政策，不僅對國家財政是一種浪費，且對青年學生的時間與生命也是一種浪費。㊁由於初中程度的普遍降低，惡性補習的現象雖暫止於國校升初中的階段，但迅將再見於初中升高中的階段。㊂由於初中學區制之規定，使資質優秀的兒童不能逕自選擇優良的學校，以宏造就。㊃浸假所及，足以使將來高中與大學的教育水準隨而降低，此與該方案前言中「提高水準，迎頭趕上」的理想顯是背道而馳的。

本來，教育部擬定國校畢業免試升學方案，其目的在：一、消除國校惡性補習現象；二、預作延長義務教育之準備。說來目標正大，任何人不能，也不應反對。然而延長義務教育，在此時此際，環境(主要是財力)殊不可能。知其不可能而强爲之，其「魄力」與「信心」固可「欽佩」，但難免叫人以爲這是拿國家事當兒戲。至於說要消除國校高級生惡性補習現象，也得先找出惡性補習眞正原因之所在。造成惡性補習的原因甚多，而初中數量不够，不過是其中之一而已。如衆所知，今天臺灣學童就學率較之在大陸提高很多，然而在質的方面則有普遍低落之趨勢。(此又由於校舍不敷、設備不够、師資缺乏等原因所致)此亦惡性補習的另一重大因素。故如何加强國民教育，提高國校學生之知能(擴充校舍、充實設備、提高師資素質等，當爲必要之步驟)，應爲當前教育之急務。此外如中學與專科以上學校，有待改進與充實之處亦甚多。教育當局如果眞正希望有所作爲，在現行教育制度之下，在當前國家財力的許可下，仍有足够的工作可以施展其長才，固不必好大喜功地翻新花樣，以求沽名釣譽於一時！張部長在這次教育研究委員會開會致詞時一再强調蔣總統手著育樂兩篇補述中的指示。我們都知道，蔣總統在育樂兩篇中曾痛詆過去教育之犯有形式主義與升學主義的毛病。教育研究委員會現在所通過的方案不顧環境之是否可能，寧冒普遍降低教育水準之危險，當求免試升學之實現，是否也是犯了形式主義與升學主義的錯誤呢？

關於國校畢業生免試升入初中的方案，我們所論已多，暫且就此打住。以下試再論高中畢業生會考升學聯合考試實施要點。

不可亂投石藥！

關於高中畢業生會考升學聯合考試的內容，現在所公佈的祇是九項實施要點，詳細的辦法要等「中學畢業會考辦法」與「中學畢業會考升學辦法」擬定公佈之後，才能分曉。我們現在僅能就原則性的加以論列。

高中會考升學辦法在某種意義上說，亦是一項創舉，恐怕在各民主國家也是少有前例的。其爲創舉，並不是說它已改變了升學考試制度，而是着重於另一意義：即由教育行政機關直接來主持升學考試與分發入學的工作。

高中畢業生之參加大學升學考試，眞是每年一度的慘烈競爭，莘莘學子每每苦於奔命。故人們只要提起大學升學考試，無論學生或家長，均必甚感頭痛。當然並非除考試之外，別無途徑。例如英美大學入學只須經過聲請與審核的手續即可。只是在我們的現況下，大學數量不足應付需要，考試仍不失爲不得已中的一項較佳之辦法。會考並未在根本性質上廢除考試制，只是將可能參加的數次考試變爲一次而已。會考事實上亦不能創造更多的升學的機會，但却建立了由官方統一分發的制度。

一次會考與學校各別招考究竟孰優孰劣，似乎很難遽下判斷。無論會考或學校招考，對學生言同樣須要成年累月的準備。不過學校各別招生，有多次應試之機會，而會考在形式上雖可免除多次考試之精力浪費。但亦正因只此一次，這項考試在青年的精神負擔上自然也就有更大的比重，其競爭可能還更激烈。而且照實施要點規定的十項考試科目，似比學校招考之分文理科要繁重得多，使青年更疲於應付，故所謂會考可以減輕學生負擔之說，顯又是不通之論。此外，考試畢竟總要碰一點運氣，多次考試似可對因偶爾失常所發生的不幸有較多補救之機會。如謂一次會考一定即比多次考試爲佳，似乎大有未必。

進而，我們要提示一個觀念，即教育行政當局對於學校——尤其是高等學校的行政與教學，最好不要直接干與。在英美有所謂大學自治、教授治校之制度。蓋只有教學自由，學術才有進步。大學招生，性質上應屬學校行政範圍。教育行政機關有其份內的職責，大可不必越俎代庖。倘今日招生之事可以管，則今後教授之聘請及一切學校之行政，亦可率由官廳辦理了。這是令人不能想像的事。基於這個立場，我們對會考升學制度實在不敢苟同。

其次，大學教育是自由教育，學生的自由選擇應受到應有的尊重。在學校自行招生的情形下，雖未必使所有取錄的學生都能符合其志願，但它却比會考分發具有更多的自我調整作用。而會考分發制度，由於考生多、學校多，各種因素複雜，其使錄取之考生分入非志願學校與科系的機會便愈多。要求改派，事實上不可能。於是如果不願勉强變更其志願，則只有放棄入學之一途。倘使將來升學辦法如有這樣一項規定：「凡經上年度錄取分發而不願就讀之學生不得參加本年會考。」(現在辦法未公佈，會不會有此規定當然不敢說。）這對行政機關也許以爲是天公地道，可是在學生却是一生的影響。當然，我們希望不會有這種事實發生。

據說，這次會考辦法的決定主要是爲解決軍事學校招生的困難。果爾，則這種決定，顯然是倒果爲因。軍事學校投考之不踴躍，自有其原因在。此與現行考試制度風馬牛不相及，亦不能因此而苛責青年。解決之道，在從根本上想辦法。採取會考辦法，我實在看不出有什麼好處！除非政府當局爲每個青年强派一個「志願」，並作前述之規定，使既經分發而不願入學之學生，不得參加下年度考試，否則會考分發同樣不能使軍事學校招到足額的學生。然而如果這樣做，教育本身勢必大大地變質，而自由教育之意義便無存了！因此，我敢斷言，教育當局如果是爲了這個動機而採會考升學制度，那無異是「亂投石藥」，亂投石藥的結果如何，是可以想像的！

法令程序問題

總之，教部的兩大措施實欠周詳考慮，魯莽從事，必然招致許多的惡果。據說在教育研究會中曾經有人表示異議，然而方案是老早就擬好了的，結果只許OK，不許反對。這眞叫人「無話可說」。

為政之道，首貴平實；若徒好高騖遠，急功近利，必有無窮之禍害。教育爲立國百年之大計，尤忌輕擧妄動。教育措施影響久遠，不可率爾更張。倘今日張三做部長是一套，明日李四做部長又是一套，則教育的前途便可悲哀了。

或謂輿論對於勇於做事的人應予鼓勵。此話誠然。不過事有當做與不當做，有能做與不能做。當做、能做而不做，固然不好；但對不能做、不當做的事，非固執已見的硬做到底不可，其結果較當做能做而不做者更糟。

最後，還須一贅的，是這兩大措施的法令程序問題。這兩大措施對教育政策與制度是一種重大的更張。這樣重大的教育政策與制度之改變，依法是不可以由教育部以命令行之的。尤其國校畢業生免試升學方案，與中學法第十一條，初中入學資格須經入學考試及格之條文，顯有牴觸。這無疑的是以命令變更法律。此關法律問題，立法院應採取行動，對教部與行政院課以責任，決不是草草幾句質詢與答覆所能了事的。

四十五年三月八日

(上接第20頁)

馬六甲四百年來全是殖民武力登陸的橋頭堡，可恥了這四百多年，今天要解放了。」

他又說：「若干年前，我代表聯合邦，出席在日本廣島擧行的世界和平主義者代表大會，曾受到侮辱。有人說我不能代表馬來亞，現在的情形就大不相同了，此次，我前赴英倫出席馬來亞憲制改革會議，是屬於馬來亞人民代表的地位，到處受到尊敬與歡迎。」

東姑又說：「今天我在此地受馬六甲民衆如此熱烈歡迎，覺得非常快樂。記得一九五二年，聯盟當局也在馬六甲通過一項議決案，派我赴倫敦，談判關於民選立委佔多數的問題，當時，我是失敗了。按着聯盟各級議會議員實行總辭職，以示抗議。英政府才與聯盟定折衷辦法……今天的成就，此乃由於民衆之支持，及各州蘇丹代表之合作。」

最後東姑應馬六甲巫統青年團之請，把馬六甲的英文名字："Malacca" 改爲 "Malaka" 以爲正名。因爲後者併音眞正代表巫語讀法。東姑臨飛回吉隆坡之前，巫統婦女部又把一把一百年歷史的馬來短劍，獻給東姑，東姑接過短劍，當即在羣衆前揮舞了數下，登機飛吉隆坡。

世界地圖上又要有一個新興的國家起來了。馬來亞在明年的獨立，必然成爲事實。此次東姑倫敦返來，此間觀察家有幾點看法：第一、英國人肯這樣大氣把馬來亞獨立起來，其主要原因，便是由於境內尙有馬共作祟，如果此時英國不任馬來亞獨立，可能馬來亞會赤化。巫人軍警可能會完全投到馬共懷抱中去。等於我國勝利以後，復員裁軍，僞滿軍隊全部解散，其結果造成他們完全投奔中共，中共的力量一夜坐大。所以識者認爲英國此時允馬來亞獨立是一個聰敏的辦法。

第二、馬來亞被允許獨立，其交換的條件是所有軍事根據地全部交英人，英人有駐軍之權。換言之，一旦大戰，馬來亞將以人力物力支持英聯合王國。美國決定在本年加緊與馬來亞之親善外交，便證明自由世界拉攏馬來亞。馬來亞對自由世界，由於樹膠和錫的大量生產，實有擧足輕重之勢。在表面上看來，馬來亞是在自由世界懷抱中了。

第三、由於馬來亞處在自由世界這一邊，馬來亞與馬共之和談，並不能成爲事實。其結果便是一場大戰。陳平決不會放下武器。由於要大打一場，馬來亞政府必然反共。因爲反共，其立場與我國相同，我國政府應該立刻承認馬來亞之獨立，派大使，駐吉隆坡，與馬來亞親善。這是最好的辦法，爭取馬來亞的數百萬華僑。幸希執政者勿小視之。(二月廿一日航訊)

給讀者的報告

這次俄共大會開會，羣魔登場，合演了一幕十分「精彩」的醜劇：「清算史達林」，給我們這些自由世界的人們大飽了一場眼福。史達林生前被共產黨人奉爲神明，稱爲親愛的鋼和永恒的光陽；曾幾何時？史達林的屍骨未寒，這羣在過去歌頌他膜拜他的奴才們，居然都同聲地叱罵、清算他起來。這的確是一件非同小可的事！其間的道理值得我們思索。在社論(一)裏，我們就此詳加論列。史達林的因果報應，可以充分的提示我們：獨裁政治是一條死路。蘇俄現在的這些演變，就長遠的前途展望，對自由世界是有利的。

教育部教育研究委員會本月一日通過了國校畢業生免試升學方案與高中畢業生會考升學聯考實施要點。此兩措施關係國家教育前途甚鉅，因此在最近半月中，很多讀者紛紛投書，評論其事。多數讀者都認爲這兩件措施有欠周詳考慮，尤其是小學免試升學方案，罔顧事實，閉門造車，若勉强實行，將來流弊必多。這些意見值得教育當局加以重視。現在我們就這些來書中，選擇其最完備最有代表性的一篇，刊登出來。同時，我們還在社論(二)裏，表明我們對小學免試升學方案的看法。我們憂慮這個方案對義務教育可能發生的惡劣影響，故不能不有所進言。

我出席聯合國代表蔣廷黻博士此番返國述職，於本月九日抵達臺北。對於這位馳騁國際議壇、爲國辛勞的外交鬭士，我們每一位國民都應向他致敬。在本期第三篇社論裏，我們特爲文致歡迎之忱。而尤其榮幸的，是在專論欄裏，我們同時登載出蔣先生的一篇近作。他的這篇大文是分析「大戰後美國對遠東與對中東政策的差別」，以蔣先生親身的體驗，他的看法當然是權威的意見。

蔣勻田先生的「國家與個人」也是一篇值得細讀的論著。蔣先生從政治學的觀點，申論國家與個人之關係。自艾森豪與艾登的共同宣言發表以來，我們已三次登載此類性質的文字。良以這個問題關乎反共思想的根本，故不厭其詳的反覆申論之。

此外本期刊出通訊三篇，其一敍述共匪最近在巴黎的活動，提醒我們在外交上要有所警惕；其二報導馬來亞獨立運動的最近發展，我們且待明年迎接這個新興的獨立國家！其三在說明埃及爲何走向蘇俄？本文作者對於埃及容或有太多的同情，事實上，埃及的兩面政策也是應予譴責的。不過美國援助落後地區，但到頭來只買得怨恨，反使蘇俄得以插足其間，其故何在？是美國人應予反省的。

再本期因稿擠，致不能不將東方既白、白瑜、劉世超、鄒文海等先生的大文延至以後發表，謹向作者致歉。

自由中國 半月刊　第十四卷第六期　總第一五三號

中華民國四十五年三月十六日出版

發行人兼主編　「自由中國」編輯委員會

出版者　自由中國社
社址：臺北市和平東路二段十八巷一號
電話：二八五七〇

航空版
香港　友聯書報發行公司
Union Press Circulation Company, No. 26-A, Des Voeux Rd. C., 1st Fl. Hong Kong

總經銷
臺灣　自由中國社發行部
美國　自由中國日報
Free China Daily
719 Sacramento St., San Francisco 8, Calif. U.S.A.

經售者
日本　東京僑豐企業公司
韓國　漢城裕昌德號
馬尼剌　大中華日報社
印尼　新疆書店
椰嘉達天聲日報
泗水文光圖書公司
越南　西貢中原文化印刷公司
緬甸　仰光振成書報店
印度　加爾各答塔梅學校
澳洲　雪梨瑞田公司
北婆羅洲　西利亞坡青年書店
新加坡　檳榔嶼、吉打邦均有出售

印刷者　精華印書館
廠址：臺北市長沙街二段六〇號
電話：二三四二九

自由中國　第十四卷　第六期　內政部雜誌登記證內警臺誌字第三八二號　臺灣省雜誌事業協會會員　一一〇八

本刊經中華郵政登記認為第一類新聞紙類　臺灣郵政管理局新聞紙類登記執照第五九七號　臺灣郵政劃撥儲美金帳戶第八一三九號
（每份臺幣四元，美金三角）

FREE CHINA

第十四卷第七期

要目

中華民國四十五年四月一日出版

社址：臺北市和平東路二段十八巷一號

半月大事記

三月九日（星期五）

我出席聯合國代表蔣廷黻博士抵臺述職。

陳副總統在光復大陸設計委員會綜合研究會中，籲請民主國家依據聯合國憲章之精神，制定反共自由憲章。

美國務卿杜勒斯抵印度訪問。

塞島暴動繼續發生，英當局逮捕親希總主教，並將押解出境。

三月十日（星期六）

亞洲人民反共會議在馬尼拉開幕。

敍利亞向安理會反控以色列。

亞盟全體會議修正通過亞盟憲章。

教育部學術審議會審查四十四年度學術獎金，投票通過得獎人選：文科陳大齊、法科史尚寬、理科林致平、工科凌鴻勛、農科汪厥明、醫科柳安昌。

希臘政府譴責英國放逐塞島總主教，召回駐英大使。

杜勒斯在印度談話，保證美國援巴，不致侵略印度。

三月十一日（星期日）

希臘照會聯合國，抗議英國在塞島措施。

杜勒斯抵錫蘭訪問。

三月十二日（星期一）

亞盟會議圓滿結束，發表宣言，支持我國反攻，反對共匪及外蒙混入聯合國。

伊拉克政府宣佈將駐華代表機關升格為大使館。

國立歷史文物美術館正式成立。

英法兩國首長會談結束，協議加强共同政策，並將提出新裁軍計劃。

埃敍沙三國首長會議結束，宣佈「調整阿拉伯國家的全面防務計劃，以對抗以色列可能的攻擊。」

杜勒斯抵印尼訪問，華僑團體提備忘錄，强調支持自由祖國，拒匪進入聯合國。

三月十三日（星期二）

蔣廷黻應邀在立院演說，並謁總統述職。

立法院會議，立委對教部擬定之小學免試升學方案提出質詢。

美國務院對塞島問題發表聲明，盼即舉行談判，使塞島人民得滿足其合法的願望。

杜勒斯抵曼谷，保證繼續援助泰國。

法衆院授權莫勒處理阿境暴動。

「自由中國」的宗旨

第一、我們要向全國國民宣傳自由與民主的真實價值，並且要督促政府（各級的政府），切實改革政治經濟，努力建立自由民主的社會。

第二、我們要支持並督促政府用種種力量抵抗共產黨鐵幕之下剝奪一切自由的極權政治，不讓他擴張他的勢力範圍。

第三、我們要盡我們的努力，援助淪陷區域的同胞，幫助他們早日恢復自由。

第四、我們的最後目標是要使整個中華民國成為自由的中國。

三月十四日（星期三）

外交部宣佈，我駐伊拉克公使館升格為大使館。

蔣總統告美報記者，國軍必將重返大陸，共匪政權在五年或十年內必將摧毀。

艾森豪稱美將以合理方式協助解決塞島爭執。

艾森豪表示願與尼克森合作從事政治競選。

三月十五日（星期四）

菲駐華大使羅慕斯呈遞國書。

我駐美大使要求美國政府制止傳訊僑團。

法國遠東空軍總司令亞契姆堡抵華訪問。

馬林可夫抵英訪問。

蔣總統答美報人赫斯特稱，欲免亞洲赤禍，必先消滅朱毛。

三月十六日（星期五）

杜勒斯蒞華訪問，中美官員舉行會議。

美英法三國對應付中東危機，獲致諒解。

紐約時報報導，赫酋曾在俄共大會秘密會中，揭露史魔政治罪行。

三月十七日（星期六）

杜勒斯離華赴韓。

我與沙地阿拉伯同意互派使節。

國際新聞協會將於十九日在東京集會，該會總幹事羅茲指自由中國無新聞自由，因而未邀中國參加。臺北市記者公會去電抗議。

中美兩國定下月實施護照簽證及收費新辦法。

英報載，自赫酋抨擊史魔後，喬治亞起暴動。

杜勒斯抵漢城，與李承晚會談。

三月十八日（星期日）

杜勒斯自韓抵日，談訪問九國印象稱，東南亞及西太平洋區已構成嚇阻侵略之力量。

美民主黨議員聯名促請美政府售武器與以色列。

三月十九日（星期一）

美總統咨文國會，提四十八億元援外方案，並促通過為期十年的新經援計劃。

杜勒斯在東京召開駐亞使節會議。

杜勒斯明告日本領袖，美反對日本以戰略物資供應共匪。

三月二十日（星期二）

聯合國裁軍小組會在倫敦閉會，英法兩國提出新方案。

路透社消息，蘇俄南部三處示威，反對譴責史魔。

三月廿一日（星期三）

艾森豪表示，中東北非問題嚴重，美正力促和平解決。

美國調查華僑案，聯邦法官裁定取消調閱各華僑公所紀錄的傳票。

三月廿二日（星期四）

美在裁軍小組提「試驗地帶」新建議。

美國務卿杜勒斯對國會領袖報告遠東之行，對遠東情勢表示樂觀。

美原子能會宣佈，俄曾在數日前爆炸核子裝置。

三月廿三日（星期五）

美在裁軍小組會上，再提與俄同時削減兵力之建議。

我外部表示對中東問題態度，希能和平解決。

艾森豪召開高級會議，檢討美對中東政策。

巴基斯坦正式成立共和國，米爾薩任首屆總統。

社論

(一) 拿出大氣派來應付敵人政治攻勢！

近兩三年來，在敵我相對的情勢下有個可怕的一消一長的趨勢，卽敵人的政治進攻一天比一天加强，而我們的政治號召一天比一天減弱。這一趨勢，越來越明顯，因而也越來越可怕。

中世紀的術士，爲驅逐魔鬼，只管閉着眼睛唸符兒，噴法水。在二十世紀六十年代的今天，我們當眞地還想用術士的這一套來打倒共黨嗎？如果不然，請睜開眼睛，看看敵人在幹甚麽；同時，把頭腦冷靜下來，問問自己該怎麽辦。

現在，我們先看看敵人的政治攻勢：

關於這方面的情形，本刊通訊欄經常刊有來自海外的報道。上一期的巴黎通訊（共匪最近在巴黎的活動）和本期的香港通訊（共黨對香港的和平攻勢）特別值得重視。尤其香港這個地區，是我們對共黨作政治戰的最前哨。同時也是海外反共人士聚集得最多，而反共陣容一向堅實的地方。若干年來共黨與反共這兩個壁壘，在香港對立得特別鮮明，也鬪爭得特別激烈。現在，由於共黨這個和平大攻勢（詳情請參閱本期的香港通訊），反共的强大陣容已鬆懈、動搖，而至將形瓦解，使得那些嚮往自由的反共人士不得不人自爲戰了。人自爲戰，自然是處於劣勢的。如果讓它這樣下去而不急圖挽救，則我們對敵的政治戰，恐怕就要從這個前哨站敗下來，敗得不可收拾。

兵法上說，「知己知彼，百戰百勝。」敵人的和平攻勢爲甚麽可以收到效果，而我們在海外所做的工作爲甚麽無效呢？這是需要我們好好分析的。根據這篇香港通訊以及其他的零星消息，我們可以指出共黨政治攻勢中最厲害的一點，是在他們做出了一種「大氣派」的作風。這種作風，我們儘可說它是虛僞的，或暫時的，但在目前它確確實實打中了我們的痛處。因爲近年來我們政府所表現的處處是「小心眼」。在政治鬪爭中，小心眼碰上了大氣派，請試想想，其後果會怎樣!?

共黨如何做出大氣派呢？據報道：「現在共產黨對留居海外的人士——尤其是知識份子——已不念舊惡，不計恩怨，希望他們回去從事於祖國社會主義的建設運動」。今年陰曆年關，共黨在香港發動的「同鄉過年」運動，更是做出大氣派的一個顯例。「在舊曆新春，他（指共黨）忽然將深圳入境的限制撤銷了（他們打算廢止出入境的限制，同時也希望香港政府也能廢止出入境的限制，恢復到戰前香港與大陸自由出入的情況），而且在他自己的報紙上大事宣傳，歡迎香港人回家過年，手續很簡單，只要把你在香港的身份證放在深圳，你就可以乘火車到廣州。到了廣州以後，你隨便要到那裏去都可以，沒有限制，只要持有一張旅行證，無論到長沙、南昌、上海、南京、都是通行無阻。不過爲怕你們在內地就不慣，最好在香港領一個回港證，不願意在大陸就下去的，就可以回到香港。因此自農曆元旦起到二月底爲止……進入大陸的已經有十五六萬人之多。」此外，另據報道，共黨在香港的工作人員都奉命對反共的人士特別表示和善親近。他們口口聲聲要大家對他們了解，決不以你不擁護他們而對你仇視。過去那一付猙獰的面目，硬生生的作風，全改變了。現在這一套，儘管與共黨的本質不相容，儘管不能欺騙明智之士，但對於一般人是有很大的影響作用的。如果我們對於這種情形，不趕快來一對策，到了今年十月一日那一天，港九街市上五星旗的數量，難免不使十月十日的青天白日旗相形見絀！

那末我們怎麽辦呢？

要答覆「怎麽辦？」這個問題，先得檢討檢討我們的病症。我們在上面說過，近年來我們政府所表現的處處是「小心眼」。「小心眼」這一批評，我們想請讀者大家想想，是否公允。照我們看，近年來政府在人事的任免黜陟方面所持的準繩有二：一爲圈內與圈外，一爲阿順與耿介。圈內的、阿順的，可進可陞；圈外的、耿介的，隨時有退黜的可能。至於反共而又批評政府的，不僅不被信任，而且被視作仇人。何以會這樣呢？小心眼。

臺灣出入境的限制，原意是爲防止匪諜的，本未可厚非。但近年來，在執行方面，則推廣到一般的政治恩怨上去。凡是過去與當政者反對的派系發生過關係的人，或者在海外有過批評政府言論的人，儘管是堅決反共的，儘管有人保證不是匪諜，也休想領到臺灣入境證。出境，也是如此。在臺灣的人要想出境，都得經過調查，甚至還要層層請示。經過調查或請示以後不予核准的，並不一定給你一個答覆。縱有答覆，也不一定說出不准出境的理由，而只由轄區的警察局給你一個「奉命緩辦」的通知而已。爲甚麽「緩辦」呢？大半是由於這個申請人在政府的人事檔案中有了某種紀錄，而這紀錄大都與那些不能入境的人的紀錄一樣，是政府所討厭的。不讓討厭的人出入境，純然是情感上的洩憤，也就是小心眼。

從人事的任免黜陟和出入境限制這兩件事來看，似已足够看出我政府的小心眼，而不必再求推證了。現在，我們的「小心眼」碰上了敵人的「大氣派」，儘管它是假的或暫時的，我們總得要變一變吧。否則就只有失敗到底了。

變，應該變的具體項目，不是這篇短文所可詳細論列的。提綱挈領只是一句話：革除小心眼，拿出大氣派。據最近的消息，行政院將要改組了。如果這個消息可靠，這倒是我們政治上表現大氣派的好機會。如果這個時候，在政治上擺出一個不分派系、不計恩怨、浩浩盪盪、蓬蓬勃勃的反共陣容，則國內外對我政府日趨冷淡的人心當可為之一振。同時、趁人心復振的機會，再向海外華僑所在的地方——尤其是香港——與共黨作政治鬥爭，則比較可操勝算了。我們說比較可操勝算，也還有其他的若干條件：

第一政府派遣到海外與共黨作政治鬥爭的人，必須是當地大多數華僑所瞧得起的人物。自己的親信而不見重於華僑的人，派遣出去不僅無益，有時會招致反感。黨的色彩太濃厚的人，也常為華僑工商文化界所不歡迎。共產黨是知道華僑這種心理的，所以他們在海外許多活動都利用黨外的人去作，而我們為甚麼不可借重黨外人士或黨內色彩較淡的人呢？這又是小心眼在作祟，這也需要拿出大氣派來。

第二在海外與共黨作政治鬥爭，除掉人的因素外，還需要大量的錢。據說，共黨現在正與港商接洽的八千萬港幣的貿易額，其貨款就是打算用在香港政治鬥爭的。共黨在對外宣傳活動，向來不惜巨資，以香港區區之地，一擲就是八千萬港幣。如果我們要有力地與他在海外作廣泛的鬥爭，確也不是我們的財力所能勝任。說到這裏，我們認為負有全球性反共領導之責的美國，在這方面要對我們加以經濟援助。這雖是本文的題外話，但很重要，也得在這裏提及。

總而言之，目前共黨對我們的政治攻勢，是萬萬不能輕視的。軍事上我們有美國協防，政治上我們只能靠自己振作。如果我們政府想在國際上繼續保持一個中華民國的地位而不斷送的話，時到今日，再也不容現在這種作風繼續下去了。臺灣是不會輕易被共黨用軍事力量奪去的；但是作為一個反共堡壘的臺灣繼續存在，並不必然地等於中華民國在國際上繼續存在。這一點我們要認清，我們要時時警惕。

社論

（二）

建立反共知識的權威

我駐聯合國常任代表蔣廷黻博士，上月十三日在光復大陸設計研究委員會發表演說，指出自由中國應努力使本身在反共的知識方面，成為各自由國家中之「權威」。本刊曾於上期歡迎蔣博士之社論提及，我們深深的感覺到蔣氏此一意見極堪重視。

蔣氏於其演詞中，曾很痛惜地提出第二次大戰中的一段教訓。他說當時美國缺乏對遠東問題的專家，對於日本的民族性與實際情形，根本不甚瞭解。他們總認為非盟軍在日本登陸，予以澈底的擊潰，是無法使日本投降的。於是有雅爾達秘密協定的訂立，許蘇俄以優厚的條件，甚至犧牲盟邦中國的利益，亦在所不惜，俾使蘇俄能出兵夾擊日本。蔣氏說：如果當時我們中國已經樹立了對日本知識的權威地位，則不僅我們可以主動地向美國提出有關日本問題的良好意見；而且美國及各盟邦凡在對日問題決策之前，亦必先行徵詢中國方面的意見，則雅爾達協定即不會成立，以致鑄成中國與全世界民主國家均深受其害之大錯。蔣氏並特別强調今天在全世界反共局勢中，其情形仍然如此，而我們自由中國也正是最適宜造成反共知識權威地位的國家，因為我們具備了三十餘年反共鬥爭的實際經驗，而在文字理解與情報搜集方面，都比較便利。如果說，我們中國要與美國建立合作反共的更良好的基礎，便是要能以我們的權威知識與美國的物質力量結合起來。

所謂對某一問題的知識而要造成權威的地位，誰也知道，這決不是一般人對事物表面的瞭解與廣泛的涉獵所能做到，而是要基於純客觀的立場，運用每個人對某一方面學識的高深素養，根據極可靠的資料，分門別類，作長時期而深入的研究。換言之，這就是屬於專家的事，絕非一般人僅根據其所能獲得之資料所能勝任。

由於前述蔣博士之提示，使我們也記起在第二次大戰中有關美國對敵情研究的一段故事。美國在大戰的後期，一九四四年三月，於戰時情報局（O W I）之下，成立了一個「敵情分析組」。其主持人為雷登教授（Alexander H. Leighton）。此一機構之工作方式，不同於一般軍事機關中的情報機構，他們是集合了若干社會科學學者，使用現代社會科學上已有的知識（如社會學、心理學、文化人種學、精神病學）和科學的新工具，來分析敵情，判斷敵情。當他們開始工作時，美國軍政兩方面的高級人物，幾乎一致認定日本是一個不可屈服的民族，每個日本士兵，都已為誓死效忠天皇的思想所麻醉，都願意戰至最

（5）

後而死，除非盟軍能將這許多的日本士兵每個斬盡殺絕，決不能使日本投降。這個結論，是由他們耳聞目擊在前線的戰鬥中，日本軍人戰至一兵一卒，仍然不肯放棄抵抗的事實。尤其是後來所謂神風隊的自殺飛機之出現，更使他們對日軍士氣作過高的估計。但是，經過敵情研究組專家們研究的結果，卻並不如此。他們從一切有關的資料中，經過科學的分析與整理，認定不僅日軍士氣已有日趨低落的趨勢，且日本的大後方業已充滿了緊張和不滿的情緒，可能會發生突然的變化。他們並明白的指出日本的投降，大概在一九四五年七月和九月之間。在同年五月間，該組即就此認定，提出了一個正式的研究報告，可惜並未受到美國軍政當局的重視，但是後來的事實，則充分地證明了專家們研究所得的結論，異常正確。然而，爲時已遲，雅爾達的錯誤已經造成，原子彈也投下了。美國明瞭此項內情的人，對此當深致惋惜；同時，由於這個事實，也說明了惟有專家運用學術經驗，利用科學方法所獲得的知識，才是最正確的知識。

如所週知，在今天自由中國，不乏匪情研究的機構，對於這一方面的工作，也曾經投下爲數不少的人力、物力、財力，然而我們能自豪對反共知識具有權威資格嗎？恐怕誰也無此把握，我們所提供給友邦的此類知識，並沒有受到人家的特殊重視。其原因何在？一言以蔽之，就是我們沒有運用專家的知識，也不是以專家研究問題的方法去從事，我們更沒有着力去培養屬於這一方面知識的專家。

無可諱言的，今天我們許多的匪情研究機構中，很少有專家參加，而其研究所據之資料既不夠完全，研究者的方法與態度，也不能達到獲取完整而眞實之知識的目的。以我們平日所看到某些匪情研究機構的研究報告來看，大都是帶着很濃厚的宣傳的意味，幾乎可以說是先有了結論，然後再從其所能搜集的資料中，去證明那一個結論的正確性。對匪僞政權的任何一項措施，都先決定其必然遭遇重大的反抗，必然失敗，於是再從所得的資料中，根據此一前提去求證。正如在過去我們中國有一位自命日本問題專家，在第二次大戰後期，日本尚未在太平洋上揮兵南進之前，他即爲文肯定日本必然北進，當時曾有人認爲在嚴寒冬季，日本決無北進之理，但這位先生，卻舉出了許多歷史上的例證，如甲午戰爭，日俄戰爭，九一八事件，都是發動於冬季，或接近冬季的時期，以此證實其推測之有充分的理由。像這類主觀的研究態度所獲得的結論，是難望其具有正確性，也不是講求科學方法的人所能接受，當然更無法造成某類知識的權威地位。

其次，以往我們政府大員之不重視學術，因而不能注重專家的培養，亦爲無法造成知識權威地位的最大原因。一個專家的造成，固然需要其本身的努力，但如果沒有一個適宜的環境，安定的生活，充裕的時間，豐富的資料，則仍難以成事。同時因爲要分工細密，才能作深入的研究，所以人數亦必須較多。而這些條件的具備，實有賴政府及主管機關有計劃的去做。專家研究所得的成果，並不是都有其實用的價值，也許根本派不上用場，但決不能因其無用處而放棄。也許與我們對外宣傳的說法，大異其趣；但決不能因其不符宣傳的需要而予以否定。我們應知這些由科學方法所獲得的知識，才是最正確的知識，要眞實的了解問題，就必須從這些正確的知識去尋求，這也就是我們之所以需要專家與尊重專家的意見的道理。

我們曾經誇耀我們具有三十餘年與共黨鬥爭的經驗，也不斷的憑這些經驗，向我們友邦提出許多關於反共的知識與意見，然而這些知識與意見，並不能爲他們所接受，也未能因而破除他們對共黨的錯誤觀念。其原因就是由於我們積累的經驗與搜集的資料，並未能經過科學方法的分析整理，只是屬於政治性的，而不是學術性的，於是人家總認爲我們所主張的，是自私的成見，是主觀的願望；當然更不會被人視作具有權威性的知識。以今天我們本身的條件，這個目的，原本不難達成；而且爲要爭取自由中國在反共陣營中的地位，建立與盟邦合作的良好基礎，此舉尤屬必要。我們沒有能力在物質方面趕上西方，在反共的知識方面，則很可能達到爲人不可及的境地。不過，這必須在非常完整細密的計劃之下去進行，決非現存的匪情研究機構與人員所能勝任。我們希望政府當局能虛衷的採納蔣廷黻博士的這個寶貴意見，從今天起開始做，猶未爲晚。這一個工作的成就，我們敢於相信，將比之增建幾個師的軍力尤爲有力量。

最後，我們還要在此引申一點意見。我們認爲不僅對建立反共知識的權威地位一事如此，即對一般問題，今天我們軍政機關的負責人，也同樣應該養成重視專家，運用學術的習慣。美國軍政機關，對於某一些具體的問題，多半是委託專家或學術機構去負責研究。如在第二次大戰中，美國財政部，即曾以推銷戰時公債的政策與方法，委託密歇根大學的社會研究所去硏究，因而得到良好的效果，這就是很好的例子。我們許多政府機關的主持者，本身既缺乏高深學術的修養，如果運用專家的學術經驗這一點都不肯去做，而僅憑一些職業公務員坐在辦公室，釐訂計劃，草擬方案，以此而欲期望行政效率之提高與政治之革新，恐怕永遠是一件難以令人置信之事。

自由、平等與民主

鄭文海

自由與平等爲民主的必要條件，那是不容懷疑的原則。尤其代議民主，人民不過以其意見影響政府而並不是直接的民治，自由與平等的原則自然更爲重要。人民而無表示其意見的機會，就等於沒有意見，又如何去影響政府？治者與被治者沒有平等的精神，治者將成爲特殊的階級，永遠有濃厚的自我觀念而不知被治者的利害爲何物，又何民主之可言？

然政治思想中頗有非議自由與平等者。十九世紀末葉，多數人認爲自由與平等的原則相衝突，由是有的主張爲自由而放棄平等，如梅因 Henry Maine 及麥洛克 Mallock 是；另一派人說自由既爲少數人而設，故是中產階級的奢侈品，於多數人沒有好處，故社會應爲平等而放棄自由，如馬克斯是。

所謂自由與平等的衝突，無非說自由發展個性，在自由的原則之下，天才不至受社會歧視，企業家亦能發展其經營的才具，以是藝術、科學、以及經濟，皆可有無限制的進步。可是愈自由則人類愈顯其不相等，智愚賢不肖的界限亦愈來愈明顯。但民主同時亦提倡平等原則，一人一票，使愚與不肖者的意見，居然與智與賢等量齊觀。在這種情形中，尼采所說的超人，豈不將受制於愚民？既重自由以發展個人的才智，如何又以平等的原則削弱此類才智所能盡的貢獻？既重平等的原則以齊智愚賢不肖的地位，又何能尊重自由以發展個人與個人之間的差別？

梅因、馬洛克諸人，相信人類的進步是聰明才智之士的貢獻，故政治中祇可獎勵自由而不能獎勵平等。換言之，民主政治不能是數人頭的政治，所謂的意見，祇有質的高下，而不重於量的多寡。政治領袖而受制於多數人的意見，此種自由，徒然促成低能政治，而人類文化，亦將有退化的危機。

梅因、馬洛克這許多人的話，粗聽也頗能言之成理的。但經尼采的解釋和發揮後，弱點畢露，而不復能爲人同意了。梅因、馬洛克以及尼采所說的自由，乃是聰明才智之士的自由，亦即是超人的自由，其他多數人實無從享受，由是此種自由，實爲少數人的特殊權利，從多數人來說，既不平等，也無自由之言。此後納粹主義之所崇揚者，亦即是此超人或超民族的自由，其流弊爲如何，人人已能言之，不必再作詳細說明了。

馬克斯理解中的自由，與梅因馬洛克等相同，也認爲祇是少數人的特殊權利，但他認爲歷史進化並非超人的貢獻，故反對少數人可以有此特殊權利，由是走上另一極端，爲平等而捨棄自由。馬克斯理解中的平等，與梅因馬洛克等也是相同的。平等即是相等，故所謂進行無產階級革命者，必當努力於「擡平運動」，俾社會中不復有聰明才智之士，由是創造了一個人人相等的社會。由是主持此擡平運動的共產黨，也享有了超人的自由，其流弊正與尼采相同。

這是當世左右兩極端派思的淵源。他們所持旗幟完全不同，右派爲自由而捨棄平等，左派爲平等而捨棄自由，但對於自由與平等是一致的，都以爲自由就是放縱，平等就是相等，所以他們所發生的後果也是一樣的。在這種地方，可知當世的厄運，皆導源於自由及平等的沒有正確的解釋。凡欲正本清源者，必先解決此一問題，使人人不復蹈前人的覆轍，不以自由爲我一人之自由，不以平等爲絕等的相等，而後方能有建設性的理想誕生。作者不敏，頗欲於此盡拋磚之力，收引玉之助。

自由並非放縱，那是顯而易見的。社會中有無數個人，此無數個人又是彼此發生關係的，一個人的放縱，即將破壞無數個人之間的平衡關係。試以家庭爲例，父母而有好幾個子女，如驕縱其中之一，此被驕縱的一定會侵犯其兄弟姊妹，使平衡的關係爲之破裂。故在國家之中，雖是聰明才智之士，不能有特別的自由，因爲有特別的自由就等於被驕縱了。聰明才智之士的意見，在國家中自然有特別重要的影響，但是此種影響，祇因爲他的意見的價值，而並不因爲他有支配者的地位。自由不會抹煞聰明才智的作用，可是也不會承認某個人的特殊地位。國家而保障自由者，各人的意見處於互相競爭的狀態中，凡特別有價值的影響的範圍必更爲廣大，自然會發生領導的作用。凡國家而特別承認某種人的地位者，此有地位者往往自以爲他的意見亦特別高明，由是凡是有地位的人的意見，即可抹煞他人的意見。

平等本非相等。人之智愚，出於自然。近代心理學之所證實者，各人的智力商數並不是相同的。而且社會中必須分工，而後人人之生活方能得到滿足，故各人的職業實不可能完全相同的。各人的智力既不相同，各人的職業又不可能相同，則人人又何從相等？平等不過是機會的均等，有此聰明即有此機會，不因性別種族或門第而受阻厄。像晉代的九品中正制，上品無寒門，這是不平等，近代的考試制度，任用人員以考試及格者爲限，這並不違背平等的原則。故平等云云，決沒有否認個人的聰明才智，也沒有妨礙聰明才智的發展。反之，它注重公開的競爭，使無能者不得憑性別種族門第等資格以獨佔上進的機會。故平等亦包涵自由的意思在內。

因此，我人認爲平等與自由之義，與恕的精神甚相類似。「己所不欲，勿施於人」，則自己不願受奴役者，即勿得奴役他人，在這一種認識中，如何會產生特權階級？「己所欲，施於人」，則自己要享受自由，即不能否認他人之自由，在這種認識中，自然就會承認他人的自由權利。故「恕」爲平等與自由的總機關，非有恕的精神，既無平等，也不能有自由。一有恕的精神，離平等與自由當已不遠。

或問儒家講究恕道，何以有人說儒家主張階級，主張專制？關於這個疑問，實不辨於儒者以及假儒學以利統治者之間的區別所致。儒家未嘗主張階級。他們說士有君子儒與小人儒之分，而小人儒是鳴鼓而攻的對象，何嘗一定說士有統治的特權？孔子所痛恨的亂臣賊子，皆是當時的貴族，孔子加以申斥，並沒有說封建諸侯一定要有統治的地位。孔子的三千弟子，出身平民者甚多，這固然出於有教無類的精神，而他未嘗承認某一種出身的人才有統治權，那是很明顯的。

利用儒學的人，或强調其忠君思想，或强調其士大夫的觀念，說得孔子是門閥主義者和專制主義者。其實講恕道的不能講門閥與專制。凡講門閥與專制者，皆是孔子的罪人。孔子的時代，君主制度是已成事實，孔子沒有否認此已成事實，然而他却主張君君，認爲君主須忠於君主之職，使君主的統治不成爲一種特權。商紂殘暴而仍有統治權是特權，文武行仁政而有統治地位就不能算得特權。孔子不反對君主制度而主張君君，這就是他的平等思想。孔子作春秋，當然他承認自已有言論自由權的，他人如作類似春秋的政治評論，他亦不能反對，不然，他就有失恕道了。

以恕說明平等與自由的意義，平等與自由的確是「一以貫之」的。自恕產生平等，亦產生自由，這說明平等與自由同出一源。既然兩者自一個精神出發，如何還能說互相衝突的呢？抑又有進者，平等的自由爲人人所有的自由，非超人所獨有的自由可比；而有自由的平等，才是眞正的平等，不復是空洞的口號。沒有自由的平等，事實上是不可能的。沒有自由的人，其思想與行爲皆受他人支配，他與支配者之間，如何說得上平等？有自由的人，他的精神與人格皆與他人平等，雖於職務上受人指揮，仍不失其平等的地位。

從恕道以求自由，以求平等，自然是種倫理的說法。國家不能於法律要求人人盡恕道，因爲恕或不恕，均是個人的修養問題，不可能以强制的方式得之。雖然，政治上的許多法則，都是要以倫理爲基礎的。例如公正，博愛等等，皆不能離開倫理。故法律雖非倫理，却又離不開倫理。自由與平等，不過其中之一例而已。人人如不能盡其恕道，憲法或法律中縱使規定了許多自由與平等的權利，又如何使之成爲多數人實際的生活規範？我人如於新奇的思想新奇的發明不能寬容，思想的自由自然成爲紙上談兵。卡里累之受迫害，並不根據任何法律，而是當時意大利教士沒有恕的精神有以致之。其餘如言論自由，信仰自由，講學自由等，亦莫不然。我人如於男女種族之間有歧視，縱使法律中規定平等的原則，又如何會眞正得到平等？我國舊時女子的沒有平等地位，也不一定都是法律的作用，實爲多數人男尊女卑的偏見所造成。男子如無恕道，他們將永遠不能發現女子的貢獻，所以也永遠不能放棄男尊女卑的偏見，在那種情形之下，法律卽規定男女平權了，男女又如何能眞正得到平等？

自由與平等皆爲人的權利，然而並不出自天賦。這種種權利的內容，都要由恕的精神去加以充實及擴大的。我們能恕，卽能一天一天增加自由與平等的意義，我們不能恕，縱有自由與平等，其境界也是異常狹小的。

自由與平等的獲得，國家的作用，尙遠不如社會。國家對自由與平等的保障，不過出之於法律的規定。而法律是呆板的，且多數人而不尊重此一法律時，法律的作用甚至是異常薄弱的。我國憲法，已規定男女平等的原則，然社會中依舊存在妾及養女的制度，國家對多數違背法律原則的人，祇能出諸默認，因爲已到不勝制裁的程度了。社會對自由與平等的保障，因基於多數人的共同的認識，效用自然要宏大得多了。惟多數人如不能盡恕道，這種共同認識是沒有進步的，因之自由與平等不特不能受到社會的保障，有時反而要受到社會的摧殘。以恕推進社會的共同認識，自由與平等才能得到眞正的保障。

自由與平等受社會之賜，而社會共同認識的進步，又有待於人人恕道的發育，故恕道實爲自由與平等的總機關，沒有恕道，就不會有自由與平等。晚近交通發達，各國的法律內容，多數已有相同的內容。惟各國自由與平等的實際情形，還是極不一律。這極不一律的原因，自不能歸罪於法律，也不一定能歸罪於政府中人。各國社會的風俗習尙不同，以是雖有同一法律，而此同一法律推行的結果就完全不同了。多數所謂落後的地域，其社會的風俗習尙之中，依舊承認少數人的特殊權利，由是自由與平等的法律乃大爲變質。因爲有特殊權利的少數人，他們心目中自然沒有他人的自由與平等，而其他沒有特殊權利的多數人，心目中亦未嘗有自已的自由與平等。甚至此多數沒有特殊權利的人，還自相傾軋，以否認其餘的人的自由平等爲榮，藉此表示他的高人一等，自然自由與平等祇成爲法律中的空條文了。

十九世紀初葉，人們過於重視法律，過於重視政府，故以爲自由與平等的獲得，祇要通過法律條文卽可，而有法律條文之後，如果大家依舊得不到自由平等，那一定是政府沒有推行此類法律的過失了。近年來社會科學的進步，已知自由與平等的獲得不是那樣簡單的事情。人不完全受法律的控制，而政府亦不能領導一切，故法律中的規定以及政府人員的行爲，未必卽能決定自由與平等的內容。我們不是說法律與政府的行爲毫無提倡的作用，而祇是說我人不能完全信賴法律與政府，而社會中多數人的共同努力，較法律與政府更有價值。說得更嚴格一些，眞正有作用的法律與政府行爲，必然也是社會的產物。社會沒有進步，法律與政府不會眞進步的。故爲自由與平等而努力者，重要的還在改進社會，就自由與平等而言，更須培育人人的恕道。

吉亭斯 Giddings 曾云：民主是政治的制度，社會的組織，生活的方式，同時亦是一種思想的型式。他的民主制度，指選擧、制衡、分權、責任政府等

(下轉第12頁)

何貴乎有銀行？

白瑜

一　商業銀行的基本業務

一月廿一日報載：「關於三家商業銀行自去年十一月起停止放欵，迄今已有二月，尙未開放，一般工商業者均感不便。」同日財政當局答覆記者：「對於民營企業貸欵，已提經濟安定委員會決議，飭各商業行庫恢復辦理。」由此可知商業銀行停止放欵兩月以上，確係事實。一般說來，商業銀行放欵，普通以六十天爲度，（報載臺灣長則一月，短則半月），那末兩月來各商業銀行放欵，應已全部收回了。雖然必會及早恢復，但在兩三月來乾脆的停止放欵，信用過份緊縮，工商業者惟黑市高利是賴，是否已經打擊生產？將來促使物價陡漲？至少已經造成心理因素，難免令人迷惑，不知何貴乎有銀行？照現代銀行的常理講，各商業銀行已無即期存欵，因爲此項存欵，大部份係由放欵造成，定期存欵亦將逐日減少。而且存欵是爲了取得放欵機會，今既停止放欵，則存欵已失去來源。臺灣各銀行業務，原來與現代化相距不近，今則更遠了。當道曾一再聲明亟待促進，不料竟至商銀停止放欵。

銀行之可貴，在於能夠製造信用，對社會作貨幣的供給，藉以促進生產，有關社會福祉，故國家以法律保護其發展，惟恐不週。然銀行業務失調，亦影響至鉅，殊爲可怕。銀行從業者，固必得謹愼將事；政府的管理，亦不可率性而行，失之偏頗。關於銀行的基本業務，此處爲方便起見，只先述兩本普通敎科書簡明的意見如下：①日本堀江歸一在其銀行論有謂：「銀行者，以己之信用，在社會一方面負有債務，而尤負要求即付之債務，在社會之他方面，以之變爲債權，藉此間作用，圓通信用交易，調和資金的應求之業務也」。（見陳震異譯本）②美國 Fredrich A. Bradford 在其「貨幣與銀行」有云：「商業銀行的業務，在於存集並投放社會臨時剩餘資金，其他附屬職能，不過補充該項業務耳。」現在討論經濟問題，總有人慣用「那末，仁者見仁，智者見智，」以充遁詞，而且只有外國人說得對。我想對於上述兩項，不會有什麼「仁者」「智者」的不同罷。

商業銀行的基本業務，在於信用的買賣，或債權債務的買賣，即買進他人的債務，而付與在銀行即期支取存欵的債權，同時他人對銀行的債務，銀行又列入其資產之內，蓋此爲銀行向他人收取的債權。換言之：①商業銀行的資產，大部份係向他人收取的債權，②商業銀行買進這些債權，所付出的代價，大部份係他人向銀行支取的債權。再由銀行資產負債表看來，銀行所收的即期存欵，是爲銀行的負債，存欵人憑此提取銀行有即付法償貨幣的責任。但吾人熟知銀行所收存欵，固爲銀行的債務，而銀行所營存欵放欵，則超過其庫存現欵或準備數額甚大，確然是顯明的事實。否則銀行基本的業務，無從進行。更具體的說，銀行庫存現欵，爲數極微，僅佔其存欵總額百分之二—三者，爲一般常態。凡向銀行支取存欵者，不論其存欵原爲以現欵存入者，或係向該銀行借來者，或由向他人支取的債權而存入者，全無分別，均有即付法償貨幣的責任，無可藉口，遲延支付。而且現代銀行存欵，原係以現欵存入者爲數甚微，大宗存欵，則係由貼放轉存而來，或係由銀行給予他人的信用交換而來。這一切皆爲事實。

由上述事實看來，存欵人何以還安心握持對銀行支取的債權？何以存欵人不向銀行要求直接支取現欵？又何以銀行敢於遠在庫存現欵或準備數額之上發出即期支取的債務？現代銀行業務，決非基於欺詐。問題的回答，①存欵人享有若干的便利。即存欵於銀行可憑支票取用，較其他貨幣有如下四種便利，1.無遺失或被竊之虞。2.大宗支付遠方欵項，無需取費。3.書面數額詳細確實，無須檢點與找換之勞。4.經過背書，收付妥便。不特此也，存欵於銀行，且可增加取得銀行放欵機會。支票用途至廣，較其他貨幣爲便，人皆樂用之。支票原爲貨幣之類（cash item），或貨幣之一種，或稱爲存欵貨幣，銀行以此爲使信用的基本工具。②在常態之下，存欵人大可相信銀行存欵不致同時提取，故銀行信用能夠應付裕如，無須擔心沒有十足的現欵或準備。雖然銀行對存欵提取，負有即付的責任，而事實上存欵在常態之下決不致一時之間發生普遍提取。而且現代銀行存欵，仍有少數係現欵存入，可以部份的抵冲現欵的支取，蓋銀行現欵的淨出淨入，不過應付差額上零細的找補而已。但値恐慌時期，情形則大不同，然此決非常態，管制有方，不會發生，或消滅於無形，此項責任，則已超越商業銀行範圍之外。

商業銀行的基本業務，在於製造信用，不克如此，僅係其末。餘如滙兌、儲蓄、保險、信託之類，不過附屬業務，用以補充基本業務者。現在臺灣三大商業銀行，一向放欵極爲有限，因爲沒有銀行的銀行爲其後援，未能肩負製造信用，擴充對產業社會貨幣供給的職能。今乾脆停止放欵，謂係信用膨脹，而民間產業資金奇缺，更非繼在繁榮之後，所謂信用膨脹，實非外人所能窺其底蘊。如果確係信用膨脹，生產過剩，臺銀固未能以貼現政策與公開市場活動加以控制（此係目前整個銀行制度的脫臼），不妨增加存欵準備金比率，予以適當的管制，何至乾脆的停止放欵？報載美援相對基金收回巨欵，未知是否與所謂緊縮信用有關？若然，那就只能說此次緊縮信用，事出偶然，說不上什麼緊縮政策，倒可以解釋得通，否則眞令人難懂銀行基本業務爲何，更不知何貴乎有銀行。

二　商業銀行製造信用的常軌

現代經濟制度，有稱爲貨幣經濟制度，如逕稱爲信用經濟制度，更爲切實。常聞信用是貿易的生命之血，繁榮有賴信用正常的流通以及不斷的增加。銀行製造信用，責有攸歸。按銀行行使信用的工具，除以支票爲其基礎，或已經列入貨幣之一種外，期票與滙票二者至爲重要。今日臺灣，據稱「期票的使用民間尙無習慣」，其實我國舊式商業中使用期票，由來已久，憑票到期照付若干欵項的借據，民間使用早已普遍，惜乎未能因勢利導，適用到現代產業社會耳。期票既未推行，現在臺灣各商業銀行所營「合法交易產生的商業承兌滙票」，恐不過點綴而已。蓋承兌滙票既經承兌，也就等於承兌人所出期票，正如西人所稱 It is then as binding on asceptor as a promissary note。未聞期票未能行使，而獨滙票可以奏效者。不論期票或滙票，既經背書或經承兌之後，只要依照票據法行使，既可轉讓，亦可持往商業銀行貼現，藉此創造信用，以擴充貨幣供給。期票的使用，爲銀行貼現最通行的票據之一種。除商業票據如提貨單之類，可充抵押外，並可用公司股票、債券、政府公債等類證券抵押。此項有價證券，號稱準貨幣或近似貨幣 (near money)，如無銀行可以抵押放欵或貼現，必遭呆藏，以待到期，則相距貨幣甚遠了。抑有進者，商業銀行不僅應做期票與商業承兌滙票的貼現，且應逕做銀行承兌滙票。若然，在債務人未履行債務之前，或履行債務之後，銀行始終並未實行貸欵，不過以其信譽代替某公司之信譽，而使某公司增加能力，向其他貸欵人取得信用而已。由此可知商業銀行在產業社會中所負職能，甚爲巧妙，如此這般，臺灣情形如何，不待多言了。

商業銀行製造信用，關係產業興衰至巨，因爲生產過程需要時間，原料工資在在須向商業銀行取得週轉金。玆依照Lester V. Chandler 引用的方法(見彼貨幣銀行經濟學)，假定商業銀行增加放欵貼現或證券購存 (security holdings) 一億元，同時納入新的存欵項下，即其資產負債表內，資產方面增加放欵貼現與證券購存(即投資)一億元，負債方面亦增加存欵一億元。藉此活動，銀行已取得創造貨幣的信用一億元，以供生產過程中週轉所需。此一億元存欵爲前所未有，亦未從他處移來何種貨幣，而當存欵人以支票支取時，則貨幣供給總額已增加一億元，純係創造信用而來，以供產業社會生產過程週轉所需。上述情形可待注意者，①商業銀行擴充放欵貼現或證券購存，係創了前所未有的新存欵，②如此增加存欵，並未從他處移來任何欵項，只待新存欵以支票支取時，則對社會貨幣供給總額，已有純淨的增加。③銀行擴充支欵貼現或證券購存，即令不用支票，而由銀行庫存現欵支付，但已對社會增加了貨幣總額。例如銀行購入一億元的證券，係由庫存付價，銀行資產負債表內存欵數字並未增加，只在資產方面增加了證券的數字，而減少了庫存現欵的數字。即原來銀行庫存的現欵一億元，已經轉入社會大衆之手，銀行資產總額，亦無變動，不過資產總額的構成，有所改組而已。總之銀行所有放欵貼現或證券購存(投資)的總額，有若干的擴充，或如上的資產改組，即社會大衆取得了同等數字的支票權或現欵。

反過來說，假定商業銀行減退了放欵貼現或證券購存 (投資) 一億元，是由於存戶以存欵支票付償。則銀行資產負債表內資產方面減少放欵貼現或證券購存一億元，負債方面亦減少存欵一億元，藉此活動，銀行減少的存欵一億元，並非從銀行移去何種欵項，而係以支票提去。但對社會貨幣供給總額，已經減少一億元，即產業社會生產過程中減少週轉資金一億元。上述情形可待注意者，①商業銀行如此減少資產，即是減少銀行原有存欵。②如此減少銀行資產與存欵，並未對社會增加貨幣供給。③減少銀行資產，即令償還放欵或購去證券者，係以現欵支付，而非以銀行存欵支付，但對於社會大衆仍減少了貨幣供給總額。例如從銀行減退放欵或向銀行購去一億元的證券，銀行收入一億元現欵，其結果雖未減少銀行存欵，不過在銀行資產方面增加庫存現欵，減少放欵與證券而已，對銀行的資產總額並無增加，不過對其構成有所改組，但是社會的貨幣供給已減少一億元。總之銀行所有放欵貼現與證券購存 (投資) 的總額，有若干的減少或如上資產的改組，即社會大衆失去了同等數字的支票權或現欵，其對於產業社會生產過程中，所需週轉資金的影響，與銀行製造信用擴充存欵，適成反比。

商業銀行製造信用，擴充存欵，以應產業社會的貨幣供給，是其職責所在。如果促成了過分繁榮，達到眞的信用膨脹，自然必須緊縮，以防恐慌。加之商業銀行在繁榮時期，眼前有利可圖，往往放欵到達準備所許的最高限度，錦上添花，擴大繁榮 (boom the boom)。一旦不景氣來到，就業減少，國民所得低落，又往往不肯在準備所許的最低限度內放欵，落井下石，加重蕭條(depress the depression)。此兩情形皆不違法，故難免時有發生。但銀行放欵的進行，必須同時緊守寧取利潤(preferense to profitability)與寧守安全(Preference to liquidity) 兩大原則，審愼度量，維持平衡，既不能過於株守，坐失利潤，又不能過於進取，致遭危險，原已有所自律。而且中央銀行或發行銀行(例如現行的臺銀)，大可隨時用重貼現利率以及準備法定限額的增減，以阻止減少與鼓勵增加貨幣供給，控制信用，或運用公開市場伸縮通貨，調劑金融。今日臺灣信用，並未混亂到不可收拾，何至技窮至此，竟以停止放欵出之。既然收回美援相對基金爲數甚巨，商業銀行自然會收縮信用，減少放欵，又何待經濟安全委員會決議停止放欵？(此次所謂緊縮信用政策令人尋味。)既不知何貴乎有商業銀行？更不知何貴乎有中央銀行或發行銀行？上述銀行製造信用的常軌，多係銀行實務，稍涉政策，亦不過基本所繫，諒不致見仁見智的不同。有如吾人對信用膨脹與通貨膨脹的分別，不能有見仁見智的不同，如果確係通貨膨脹，我們不能指鹿爲馬，硬說是信用膨脹。反之如果確係信用膨脹，也不能說是通貨膨脹。

三　惜乎我國銀行興起已晚

我國信用制度的存在，起於何時？史無明確的記載。周公（西歷紀元前一一〇四年攝政）作周禮，內有「書契」，其本身非錢，惟商賈執之能取錢，當時已甚爲流行，實爲後世滙票之濫觴。C. A. Conant 在其現代發行銀行史，溯及世界信用制度最早者，爲小亞西亞兩河流域之Assyria，只在西歷紀元前七世紀至九世紀之間，猶在我國數百年之後。我國古代農工商並重，以使人民食足貨通，洪範食貨皆列居首。孔子先進篇：「賜不受命，而貨殖焉，億則屢中。」孟子盡心篇：「古之爲關也，將以禦暴，今之爲關也，將以爲暴。」其不滿當時歛重稅於商人，保商之意，躍然紙上。管仲重商，計然、范蠡、白圭經國致富，悉以商業爲重，更不待言。乃至道家墨家，亦未見其輕商。秦時已商業大振，惜乎漢高祖（西歷紀元前二〇二年即位）以鹽利之權歸諸商人，與王者埒富，荒淫越制，乃頒詔天下，令商人不得衣帛乘車，爲我國輕商之風的始作俑者。從此工業失去前驅，隨之不振。降及唐憲宗時（西歷紀元後八〇六—八二〇年），商人又發明飛券鈔引，係合券取錢之法，號稱飛錢（西人譯爲flying money），其作用與書契相同，亦即今日之滙票。宋之交子會子，堪爲我國銀行券之嚆矢（漢武帝發行的白鹿皮幣類屬不兌換紙幣）；不論當時各種兌換機構，爲官營抑爲民營，要皆已具銀行的雛形。如非二千餘年來輕商之說的貽誤，我國產業必已早趨繁榮，信用制度亦必隨之完善了。近幾百年民間雖有兌換莊（票號）、錢莊、銀號、爐房等等，均爲社會習見的金融機構，然皆爲舊式組織，距現代銀行業務太遠，不能負擔擴充信用、發展產業的大任。

我國工業不振，何以言富國强兵，抱殘守缺，致釀外禍。鴉片之役，大夢初醒，而外人商業勢力的侵入，夾來外商銀行的勃興，咸豐七年(1857)，英商麥加利銀行設立分行於上海，自後滙豐、東方、滙理、正金、華俄、道勝、華德等銀行相繼成立，握住了我們的經濟咽喉。同治元年(1862)，曾國藩創設軍械所於安慶，李鴻章創設製砲局於上海，雖係軍需工業，實樹我國現代工業的先導，自後開礦築路，創辦紡織工廠，漸具規模。現代工業的發展，引起現代金融機構的要求。光緒廿三年(1897)由盛宣懷奏准，招商股五百萬兩銀，創設中國通商銀行於上海，是我國新式銀行的先鋒。光緒卅二年由戶部奏設戶部銀行，以總攬金融，推行幣制，此爲我國家銀行的濫觴，旋更名大清銀行。當時工商業漸漸興起，乃以大清銀行行使中央銀行的職權。辛亥革命後，改大清銀行爲中國銀行，但前後均未達成銀行的銀行之任務。光緒卅三年又由郵傳部設立交通銀行，以爲路電郵航四政欵項存放及經營機構。以後民營工商業漸漸展開，民營銀行相繼成立，爲數曾一度達四百家以上，以其旋起旋滅，全國銀行迄抗戰前爲止，能够站立穩固者，爲數亦在一百七十家左右。北伐之後，民國十七年設中央銀行總行於上海（十三年創辦於廣州），廿四年中國農民銀行又告成立，旋將中國、交通、農民專業化，我國銀行制度，已粗具規模，慢慢已能減弱外商銀行的威燄，冀圖產業的開發。不幸抗日期中，國家行局集中於重慶，而對商業銀行，未能妥爲管理，任其業務窳敗，破壞整個戰時經濟機能。復員後積弊未除，猖獗尤甚，致形成最後總體的崩潰。銀行猶水也，既可以載舟，亦可以覆舟，故有時難免令人談虎色變。但不能因噎廢食，窒息銀行。惟有納入正軌，使其健全的發展。

銀行窳敗，先進國家亦不無慘痛的教訓，惟時至今日，各國產業的發展，仍以銀行是賴，而政府管制方法，已精益求精，甚至財政上大宗的收入與支付，也必須不使商業銀行的存欵受到打擊，用心之微，無所不至（惜乎此處不能論及），故能使銀行與產業相得益彰。政府對銀行的管制，以其爲國家經濟命脈所繫，自然不能放任，但亦不會徒以法令控制過嚴，或者經濟措施失策。臺灣三大商業銀行，均具有數十年的歷史，分支機構，分佈頗廣，惜乎未能製造信用，對社會有創造貨幣的供給，仍屬與產業脫節，僅經營銀行附帶業務，離現代銀行基本業務太遠，亟待金融當道扶持。臺灣光復以來，匆匆的十年過去了，能不可惜？目前逕以發行銀行的臺銀直接對公營事業放欵，終久必非辦法。如果發行銀行大可對產業界直接放欵（不論國營民營），那末蘇俄一切銀行及重要產業皆係國有，又何以在其國家銀行 (Gosbank) 之外，分設各種專業銀行？在一般民主國家，商業銀行更爲重要。英國五大銀行，皆爲商業銀行；美國商業銀行，爲數達一萬四千家以上。沒有商業銀行供給短期資金的週轉，生產過程，無法進行；其他專業銀行，亦不能獨步登先。（今臺銀既係省銀行，又獨攬臺幣發行大權，使我常聯想到張之洞設立湖北省官鑄局發行「臺票」的那一套，終久不是辦法，成績遠不及彼創辦之漢陽鐵廠和紡織工業來得輝煌永久。）一國銀行制度能否求得完善發展，中央銀行或發行銀行的控制，能否求得機敏靈活，須先視有無金融市場與資本市場的建立。金融市場的建立，其前提爲推廣票據貼現，則主要以商業銀行是賴。臺灣產業界，但求呆置帳面的現欵，能達到票據化，推行承兌滙票，增加資金的流通性能，始能週轉。我國銀行的興起惜乎已晚，其業務的整飭，似不宜再事遷延。

至於資本市場的建立，說來更使人迷惑。臺灣證券商管理辦法，四十三年一月頒佈後，未及實施，視法令如兒戲，爲時達一年有半，證券交易形成無政府狀態。去年七月廿一日再行頒佈修改辦法，眞的自公佈之日起實施，准許證券行記自行買賣證券，本來不倫不類。二月二日又頒佈修正辦法，改爲不准自行買賣，回頭到兩年前頒佈自即日起實施而不實施的舊觀，乃至報載三日「場內一時呈現混亂狀態，形成有行無市」，四日「無行無市，場外對敵，行情混亂」。金融市場的黑市，已經使人頭痛，以後加上資本市場的黑市，如何是好？我們的金融當局，似乎有些彆扭，到底要不要實踐成立交易所的諾言？（數年來財政金融的當道，只有府院對調，並無新人加入，何以老是子矛子盾，圈子兜來兜去。）如果一切不依正軌，交易所成立之後，是否更要頭痛？證券流入黑市，商業銀行放欵貼現與證券購存，均無法進行，存欵無由增加，社會資金只有游離於銀行水槽以外，任其氾濫。我國現代銀行興起之前夕，朝野皆有「非振興實業，不足以圖强，非改革金融機關，不足以振興實業」的呼籲，今日情形，依然如此，可知何貴乎有銀行了。

二月六日於臺北

基本科學爲何常使極權者與迫害異端者受窘？

法 蘭 克 著
陳 少 廷 譯

在這篇文字中，現代科學的哲學創導人物之一的法蘭克(P. Frank)教授，將科學的基本性質如何與一切形色的極權制度和迫害異端者底思路之不同，刻劃得清清楚楚。來自左方的反科學者說尊重科學的人是『犯了客觀主義的錯誤』。來自右方的反科學者說尊重科學的人是『淺薄的理智主義者』。科學的命辭，獨立於任何派系，集團，和種族成見。純科學家的思想中有許許多多因素對于極權思想具有特別的抵抗力。當然，因此對于各形各色的部落主義也具有特別的抵抗力。所以，二者對于科學之光都存忌視態度。由此，我們也就可以瞭然，科學思想在反極權反落後而促進人類和平、民主、進步的旅程上起着何等重大的作用。讀了這篇文字，我們更可增强這種信念。——譯者

現在，我們要回頭討論我們原來在第一節討論的問題。那個問題就是：在對抗極權主義者的宣傳中，什麽是我們的教育制度之最基本的弱點呢？我們曾經討論到廿世紀科學之相對的以及實效的態度，並其爲自由思想而奮鬥之關聯爲何。我們又曾討論到，在科學之傳統的教學上通常缺乏整合，並且發現這種情形之所以發生，部份要歸咎於一個可遺憾的事實，卽含藏在現代科學中之通博的和合於人理的基本價值未能加以有效力的利用。

專業的哲學家，社會學家，神學家，對于廿世紀科學之眞正的精神未能理解。因此，他們產生了一項意見，以爲現代科學中的『相對論』對于人類的知識發生了一種破壞性的影響。這種影響是使得大家不信有『客觀眞理』。

我們對於這項錯誤的意見，唯一可能的對策，就是把科學的教學加以澈底的改進。在科學的教學之中，我們更須注重的，是强調人類知識之整合。我們必須終止—至少要減少—一種在科學教學上甚囂塵上的意見，卽認爲科學祇不過是一堆巧妙的技術而已。如果我們完成此項教學改進工作，那末在現代大學課程裏耗費巨大的時間來研究科學，將不復是把無關人生目標及其渴望的一堆『事實』來堆集在人心中。倫理與宗教教育的領導者時常這樣詢問：浪費這麽多的心思努力于無關道德目標的事實是否正確呢？因爲，人只有有限的能力。所以他們可以問：我們對于無補並且不可能有補于抵抗現世的野蠻主義(Barbarism)的事業所付出的關切是否太少了。

但是，這個危險確實微乎其微。因爲煞費心智獻身於科學者實在太少了。而且我們馬上就會知道，這些人正在發展着對人類有莫大價值的理知力量。

我們從開始就不應忘記，這一大堆科學觀念之存在，卽使它們本身與所有人類的實用目標無關，對于有組織的野蠻主義之發展也可發生某種抗阻作用。因爲，野蠻主義大概比民主政治有較特殊的發展目標。科學中一大堆無關人生實用目標的材料之效力可以從事實上看出來。在我們這個世界上，『客觀科學』之存在，沒有任何地方有像在極權國家裏受到猛烈攻擊的。在現代德國的一位重要的作家底著作裏，我們可以看到這樣的話：

『許多人以爲我們之所以需要科學，是因爲科學能爲我們在戰爭中發明武器。這樣，科學才是我們所歡迎的東西。不過，這種論據是假的。因同樣的科學亦能告訴敵人爲他們自己製造武器。我們所需要者爲一種只有效於我們的目的而不能服務我們敵人之科學。』

顯著得很，如果我們了解『科學』這一字之通常的意義，便可知道世上決無這種科學。科學的命辭，對于任何一黨一派或任何一個國家都是一樣眞或一樣假的。所以這樣的一大堆命辭是以阻止極權主義的意理(Ideology)之成長。在另一方面，科學不至妨礙民主政治的發展—蓋依其眞實的性質，民主政治係建立在『協調』(Compromise)的觀念上。

偉大的捷克政治家兼哲學家，馬薩克(Thomas Garrigne Masarky)說：『民主政治就是討論。』依據這個理由，我們得知，沒有任何民主的意理會因科學之存在而感到困擾的。科學乃無關利害的和富於批評力的一組命辭。所以，科學之存在，一點也不妨害民主的意理。

科學在政治上和倫理上都是無所偏執的。從經驗上我們可以知道，民主政府向來未曾宣佈反對科學之存在。但是，各種各樣的極權政治都覺得像這樣的之命辭系統之存在是有毒害的。所以納粹政府稱『科學之客觀性』爲自由主義者偏見，而蘇維埃政府稱之爲『中產階級之偏見』。

有許多人嘗說，科學教育對于倫理與民主教育無多大的裨益。然而，我們

知道，具有科學教育者不會吸收極權宣傳；而缺乏科學教育者則易接受此種宣傳。關于這種情形，我可以從自己的經驗與他人的報告作一個十分公正的評斷。例如，曾經在法西斯黨之宣傳甚囂塵上的大學活動過的任何人，都會立刻意識到一個事實：最不親近此種宣傳者爲攻習精確科學（Exact sciences），數學、物理學、天文學之學生。至於教授間亦然。甚至在國家社會黨運動掌握着絕對多數的學生之大學，受其活動之影響者，在百分比上，習精確科學之學生較習其他學科學生遠爲少。同樣，在民主邦國，當着某些人企圖把民主政治仿傚極權政治時，科學家便是屬於首先起來抗議的一羣。

這一點在經驗上是很判然明確的。雖然如此，却未能使許多人引以爲異。有一點特別值得注意的事。狂熱的國家主義者與盲動的愛國主義者（Chauvinists）在攻習物理學與數學的學生中特別來得少；然而，這夥人物，在那些獻身於應用科學的學生中則有甚堪注意的多數。例如，我曾經在工學院學生當中遇到所有擁護極權主義者之間最無批評能力的人士。

我們試把這種情形考慮一下，便能獲得下列結論：對于民主教育有意義而且有重大作用者並非科學底成果或事實，而是科學的精神。所謂科學精神，就是以眞實嚴格的方法致力于科學者所產生的精神態度。工程師與物理學者正確地熟識同樣的事實。但是，他們研究學科的態度則是完全不同的。然而，這個態度對于倫理訓練則是根本重要的。

我們很清楚地看到，浸沉於純科學之觀念愈較深邃者，其對極權主義的意理之抵禦力便愈較强固。習工程之學生就無那樣的抵抗能力。這一對照深深值得我們考慮。在專門技術的應用上，純粹科學的思想方式時常與此種知識應用于經濟生活時混合一起。然而，這麼一來，就在不知不覺之中，使許多習科學的學生發生疑竇，以爲研究科學之主要目標，在於建立一種有利於技術進步的經濟結構。于是乎，他很容易接受任何便利這項目標之實現的意理。（譯者按：這是指着共產主義而言的。）通常，極權主義的制度，爲了軍事技術進步與商業進步，而犧牲所有人生上應有的顧慮。同樣，工程師往往把工作視爲機器裏之輪齒。於是，有許多工程師變成極權主義之讚美者兼擁護者了。

但是，在純科學家底思想中，有某些東西使得他對于極權主義具有特別的抵抗能力。而且，如果我們發現那種能力是什麼，則我們將會贊成科學教育之論旨。因爲，純科學思考對倫理教育，尤其是對民主政治教育，能够大有貢獻。我們要理解這一點，必須拿科學與『形上學』的思考（"Metaphysical" thinking）互相比較。形上學的思考往往是與科學相背而馳的。

（譯自 P. Frank: Relativity—A Richer Truth）

（上接第7頁）

等而言。他的民主社會，指平等的社會關係而言。他的民主生活，指儉樸、自立、公平競爭等生活方式而言。而他的民主思想，又指一切思想之足以形成或啓發上述種種條件者而言。這種種的民主，幾乎均與自由及平等有關。而民主思想，民主生活方式，又皆歸源於民主的社會。故所謂民主，社會的成分實較政治爲多。有了民主的政治制度，未必即有民主的社會；有了民主的社會，却多數可以演化出民主的制度。古代的雅典，有民主的政治而無民主的社會，故其民主不能持久。今日的英美，在這一點上不無相同的缺點。我國古代，社會較政治爲民主，我們雖未能以民主的社會促進民主的政治，可是國家的基礎則因此而穩定，而政治的專制，或亦因之而冲淡。

我們當然不能說我國社會完全是民主的。我們一樣有許多偏狹的觀念，使新思想及新觀念不易立足。但比較的說，我們的古社會確較政治爲民主，我們沒有硬化的階級制度，即是明顯的例證。而此一比較民主的社會之產生，不能不歸功於恕的倫理。此後如能繼續發揚此恕道，則社會的民主自將益爲完備，自由與平等也就更有基礎了。

從另一角度來看，近代的民主即是恕道的具體化與制度化。政府中人，何以會忘其恕道？孫家淦的奏議中說得最爲清楚。政府的高級人員，經常聽到歌頌的話語，以至不了解他人對他治績的眞實看法。所謂「耳與譽化，匪譽則逆。故始而匡拂者拒，繼而木訥者厭，久而頌揚之不工者亦紬矣」。所以政府不接近輿論，久之就不會盡恕道，不肯設身處地的爲國民着想了。今日民主政治的方法，即在使政府中人不至耳與譽化，不管怎樣的批評，在言論自由的原則之下皆受保障。始行之日，政府或認爲拂逆過甚，惟行之既久，政府人員的恕道必益爲精進，會從拂逆的評論來檢討自己政策的得失。此言論自由之足以培養政府人員的恕道，實極明顯。

政府中人第二個不容易講恕道的原因，即因政府的職位都代表一種權勢。權勢是人情所好的，故享有者往往欲久據要津，由是就不大顧到他人的觀感了。故今日的民主規定政務官確定的任期，事務官任用的規章，使政府中人經常知道自己是國民中一份子，使其認識不致遠離國民，而對國民的想法也不至予以誤解。

表面上看，言論自由爲自由而設，任期法爲平等而設，而其眞正的作用，却是培養政府人員的恕道。故恕是平等與自由的總機關，尤其政府中人，更應盡其恕道，而後平等與自由可以獲得保障，而國家也就更爲民主。昔洛克以寬容之道發揚自由的意義，殊不知寬容對平等也是有益的。我國古時雖行君主政治，惟以恕道爲做人的根本，故可有御史的制度考試的制度。則恕道之有益於自由，有益於平等，因之亦有益於民主，亦可以想見矣。

香港通訊

共黨對香港的和平攻勢

林靜

自從今年二月初共匪在北平舉行所謂「新政協第二次大會」決議「和平解放臺灣」之後，共匪對海外的和平攻勢就一天天加强。香港中華總商會副會長高卓雄、澳門商會會長何賢、以及大公報社長費彝民等三人，從北平參加會議回到香港以後，同時又傳出許許多多共產黨對於香港的態度。這種種傳說，使得香港一部份人士，都有受共匪引誘的可能。這是香港自由反共人士在目前最感覺擔心的一件事，同時他們也感覺到如何要盡他們的力量來應付共匪這一個和平攻勢。

高、何、費三人自北平回到香港以後，直接間接的對港澳一般人士表示說，共產黨絕不以武力來攻打香港，要香港人放心，各安所業，開工廠的安心開工廠，辦學校的安心辦學校，做買賣的安心做買賣，不要有絲毫的擔心。同時共產黨又說，要香港人民盡量協助英國人建設香港，使香港變成一個極繁榮安樂的地方，等到五年十年之後，共產黨自然會和平的來接收香港。共匪認爲中國人幫助英國人建設香港，也就是無異於替祖國立功。同時他又說，大陸上需要進出口的東西很多，而且數量很大，希望香港的工商業界儘量同大陸上通商，不過大陸上的買賣很大，可能一個定單在一千萬港幣左右，絕對不是香港一家或兩家商家所能接受的，因此他要香港的商家組織起來變成一個團體，集體的同大陸上做買賣。此外，他們又說現在共產黨對留居在海外的人士——尤其是知識份子——已不念舊惡，不計恩怨，希望他們回去從事於「祖國社會主義的建設運動」。

因爲要使加强香港與大陸的貿易，同時希望這一般人都回到大陸去，所以他們打算廢止出入境的限制，同時希望香港政府也能廢止出入境的限制，恢復到戰前香港與大陸自由出入的情況。

共匪有了以上這許多宣傳，使香港的工商界和文化界引起了不少的騷動。大家好像覺得共產黨的政策完全變了。共產黨根據他這許多宣傳口號，在行動上，最近在香港費盡了許多心思，要想引誘香港的人民——尤其是大陸留居香港的人民——回到大陸上去。自去年十一月起，香港忽然增加了許多土產店，幾乎每條街都有一二家，所賣的東西，多半是大陸上各地的種種特產。譬如雲南火腿、金華火腿、湖南的臘肉、臘魚、菌油、浙江的家鄉肉、風鷄，甚至於楓徑的豬蹄，杭州的蒓菜。還有各種酒類（如茅臺、汾酒、大麯、洋河、高粱等），而且價錢很便宜。譬如一隻風鷄大概只要三元港幣，湖南臘肉每斤只要兩元，這樣的價錢，比在香港吃新鮮肉還要便宜。因此香港人——尤其是大陸上留居香港的人，幾乎每家都要吃大陸上的土產。在農歷年前後，這些土產商店的生意，莫不利市百倍，生意興隆。據香港星島日報載，大陸上到香港來推銷土產的結果，在幾個月內，被他們賺去了將近五六億的外滙，這個數字相當大，是否可靠不得而知。但數字一定不小，可以想見。共產黨到香港來大規模推銷土產的用意，主要的是爭取外滙，但他還有一種用心很深的動機，就是要引起香港人——尤其是留居在香港的內地人這種「家鄉觀念」。湖南人吃到湖南臘肉，當然會使他想到湖南；江浙人吃到家鄉肉，當然會使他們想起南京、上海、杭州；浙江人吃到蒓菜，當然會想起西湖。因此有這種觀念存在。大家留居在香港多少年，心裏當然很苦悶，而且他們的生活情況一年不如一年，在這種情況之下，受了刺激，就不免想起大陸的家了。這是共產黨的一個心理戰的陰謀。他知道這一般人都是反共的，要動搖他們反共的決心，先拿家鄉觀念來作爲一個手段，所以他的用心是很深的。跟着開設土產店之後，在農曆新春，他忽然將深圳入境的限制撤銷了。而且在他自己的報紙上，大事宣傳，歡迎香港人回家過年，手續很簡單，只要把你在香港的身份證放在深圳，你就可以乘火車到廣州，到了廣州以後，你隨便要到那裏去都可以，沒有限制，只要持有一張旅行證，無論到長沙、南昌、上海、南京，都是通行無阻。不過爲怕你們在內地就不慣，最好先在香港領一個回港證，不願意在大陸就下去的，就可以回到香港。因此自農曆元旦（國曆二月十二日）起，到二月底爲止，每天到香港移民局領回港證和每天到尖沙咀搭火車的，都是大擺長龍，多的時候，每天差不多有一萬人，少的時候也有兩三千人。所以據說在這個期間進入大陸的已經有十五六萬人之多。這是一個相當大的數字。同時每人回家時，可以滙三百元港幣回去，所以在這個期間，共產黨在香港的銀行所吸收的港幣外滙，差不外有五六千萬左右，將近一千萬美金。當然他發動這個回鄉運動的陰謀，是想套取一批外滙，但主要的目的並不在此。其主要的目的是要讓留居在香港的一般人除去對大陸那種恐怖和仇視的心理。在共匪發動這個運動之前，大家一提到回大陸，都有談虎色變之感，同時提到回大陸，好像有一種難於登天的意味，認爲進大陸是很困難的一件事。現在共匪發動和平攻勢，主要是讓你想到大陸並不害怕，要回大陸去也並非難事。只要你自己願意，就可以回去。這種心理上的陰謀，是共匪在這一次發動回鄉運動主要的目的。因此，我們對於這一點特別要提高警覺。

共產黨承認香港是一個資本主義社會，同時也承認國民黨在香港的勢力最雄厚，因爲國民黨總理孫中山先生就是在香港唸書的，同時國民黨最初的組織——同盟會也是在香港誕生。因此他承認香港的人士有八〇%以上是反共的。這種反共的力量，絕不是用武力或其他恐怖的手段威脅所能消除的。他在過去幾年，都是用種種威脅的手段、猙獰的面目、恐怖的態度對付香港，但結果是失敗了。所以這一次他作了一百八十度的大轉彎，對香港人採取一種和平攻勢，想用種種甜蜜的、親善的面目來誘惑香港人，使香港人第一步不怕他，第二步接近他，第三步跟着他走。這是他這一次發動回鄉運動最大陰謀所在。本來這個運動叫「回鄉過年」，過年以後就完了，現在據說還要繼續下去，要繼續到三月底爲止。據三月二十日華僑日報載：（近日因港澳僑胞由澳返大陸探親，赴穗觀展或在清明節前省墓者漸多。又謂穗共舉行之農展及「捷展」「定期下月十日閉幕。因閉幕期近，連日返穗人數，比前增加一倍」。——由這一點我們更可以看出他這一次發動回鄉運動陰謀之所在。不但他的大的方針、政策變了，其他各方面的行動和態度都變了。譬如最近共產黨人在香港待人接物的態度也變了。過去共產黨在香港，他自己有個鐵幕把自己關閉起來，不與外界接觸，對於一般外人，都是存着一種疑忌、厭惡、仇視的心理與態度。絕不願意同外邊人往來。就是過去在大陸大家是很熟的朋友，這一次因爲政治立場的不同，到了香港碰見了，也是視若路人，彼此不打招呼。現在他們改變了。他們在香港的一些機關——尤其是宣傳文化機關，自己把他的鐵幕開放了，他們走到社會裏來到處活動，到處拜訪人，到處請人家吃飯，在路上碰到熟人，滿臉笑容的打招呼。同時他們過去的這些團體、機關，一向也不參加香港任何的社會組織。這一次也改變了。譬如香港有一個報業協會，在過去都是自由報紙組織起來的，共產黨在香港的報紙沒有一家參加。這一次共產黨的五家報紙忽然一個個都要求參加，最初是文滙，其次大公、新晚、商報都相繼參加了。而且打算在裏邊競選常務理事，幸虧自由報紙有警覺，所以這一次三月十二日開會，他沒當選常務理事，但是他們已經參加這個團體了。這是一個例子。還有過去香港的工會有赤色工會與自由工會兩種，甚至於某個工廠中，一部份工人參加赤色工會，一部份工人參加自由工會，過去自由工會與赤色工會向不往來，不但不往來，而且隨時發生衝突，隨時有打架、鬪毆的事情發生。但自從這一次他們的態度變了以後，赤色工會的份子，忽然向自由工會的工友們到處討好，如送禮、請吃春酒等。甚至於邀請自由工會的工人參加他的福利組織，譬如送給免費醫藥證，可以到他們的診療所去醫病，送給平價餐券，可以到他們的平價餐廳裏去吃飯。諸如此類的事，不一而足。由這一點可以看出他們對於自由工人的態度完全變了，已不是過去那種猜忌、仇視的態度了。他們對於一般文化人，現在也是隨時拜訪，希望同他們發生社交關係，並且要求彼此諒解，要求他們到大陸去參觀，甚至於說，國民黨黨員願意到大陸去看看的，也可以組織觀光團到大陸去。總之，他過去拿一個鐵幕把自己關閉起來，對外界那種猜忌、仇視的態度已完全沒有了，變成了一種笑面的、親善的、容易同他接近的態度。這也是共產黨一個很大的陰謀。不但如此，最近他還唱出第三次國共合作的口號。他們說中國的近代史上有兩件大事，都只由國共合作成功的，第一次是打倒軍閥，驅逐帝國主義勢力，這是國共合作的結果；第二次抗日戰爭，打倒日本帝國主義，廢除不平等條約，這也是國共合作而成功的。最近美帝國主義的力量，已經瀰漫到全世界，因爲美帝國主義那種好戰的態度，將使第三次世界大戰到了無可避免的地步，對於中國的前途危機當然很大，因此這一次更需要第三次國共合作來應付這種危機。現在共匪的報紙廣播，已開始彈着這種調子，這是尤其值得我們警惕的。

他現在所以要改變態度，原因在那裏呢？就是他知道像他過去那種專門從事地下活動，同社會格格不相入的工作方式，不足的動搖與破壞香港自由人士的反共陣容。現在他要混進來，混到這個反共陣容中間，讓你混淆不清——誰是共產黨，誰不是共產黨。他要把這兩個壁壘森嚴的對立態度打破，他要進入你的反共堡裏來，從裏邊來動搖你，瓦解你。這是香港一部份文化界、工商界，甚至於勞工界所遭逢到的一個最大的困難。在過去是兩個壁壘的對立，兩個壁壘的鬪爭，所以還不容易能爲他的陰謀所乘，現在幾幾乎是人自爲戰。在這種情形之下，每個自由人士都得提高警覺，稍一不愼，就會掉在他的陷阱裏。

在他這樣一個和平大攻勢之下，雖然有十幾萬人進大陸去，但在香港文化界、工商界的主要領導人物，還沒有受到影響。據我們知道，只有馬博厂、王震海已經進去外，其餘重要人物都還沒有進去，不過看這個趨勢下來，後果如何，任何人不敢預測。這一次回鄉過年的，大部份都是廣東籍的下層社會份子，他們都想藉此機會回家去看一看，還有一部份是跑單幫的，想藉此機會賺一點錢。將來有多少人回來，當然不得而知。回來以後對中共是否有個好印象，當然也不知道。但以大陸上這樣窮困的情形來看，說他們都會得到好印象，據我想，也是不可能的事。不過共產黨並不計較這些，他只希望讓你有個印象，就是大陸上可以回去，那就够了。

在他這一個攻勢中間，使我們最躭心的，覺得影響香港前途最大的，是他對香港工商界的攻勢。他對於香港工商界的攻勢，可說是威迫利誘兩種手段兼用，所謂利誘，就是你只要同大陸上做買賣，你就可以得到許多便利，譬如這一次高卓雄回來以後對外宣傳說，大陸上給他八千萬港幣的貿易額，可以讓他在這個範圍之內，辦理進出口業務。據說大陸上的生囊、水泥，已經交給高某，由他一個人單獨經營。生囊是製糖囊的原料，香港對於糖薑的貿易很大，運銷歐洲美國數量很多，現在生薑操縱在他的手裏，糖薑製造業的人就非遷就他不可。又譬如水泥，現在香港建築，一天天多起來，香港的水泥不够，大陸上的水泥能來，當然價錢、運費等各方面都便宜，而水泥也操縱在他的手裏，因此許多從事建築業的人，也非遷就他不可。香港目前的工業，已經遭遇到種種困難，譬如他的貨物出廠以後，銷路就大成問題，南洋各地對於香港的貨物，多半是採取一種封鎖的政策，譬如印尼、馬來亞，甚至於泰國、越南、巴基斯坦，都是這樣，而外滙也不自由，所以香港工廠的產品，要到南洋一帶找市場，已一天天感到困難。南韓方面也因爲有種種限制，同香港的貿易也不十分大，所以現在香港工商業者最耽心的是他的產品沒有出路。一旦大陸上說是可以吸收他們的產品，這對於香港的工商業界的確是一個很大的誘惑。在過去香港的工商業界也曾經同大陸上做過買賣，但自從遭到了一再退貨的損失之後，貿易幾乎陷於停頓的狀態。這一次他來一個新攻勢，香港的工商業界當然不無戒心，但爲求解決他目前的困難，他也只好抱着一種飲鴆止渴的態度同他來往。這是目前香港工商業界已經發生一種心理上很大的影響。共產黨說，大陸上的定單很大，你們不是一家兩家可以接受的，要大家組織起來。這就是一個圈套。你參加他的組織以後，當然只有聽他的支配。當然你參加他的組織以後，也許可以得到種種小的便利，譬如資金頭寸不够，可以到共產黨控制下的銀行去借欵，但你一旦同他的銀行發生關係，你一切活動就都要受他的控制。這種事例很多，譬如這一次許多土產店的設立，共產黨化了一筆很大的本錢。他從大陸上運到香港大批土產，只要你願意做這個買賣，你就可以到他那裏去登記，既不要繳定金，又不要用現欵，就可以拿出大批貨物來開店。假定你還要佈置店面，添置傢俱，需要現金，他們還可以給你貸欵，不過唯一的條件，就是你要參加他的組織，因此這些土產店完全受共產黨的控制。現在更想拿這種手段推廣到工業界裏去，使工業界也受他的控制，假定他要你參加他的組織，而你如果採取一種反抗不合作的態度，他馬上給你一種經濟上或精神上的打擊。這一次上海銀行發生「擠兌」的事，即爲一例。他本來要壓迫上海銀行參加他銀行的組織，被上海銀行拒絕了，於是乎他有計劃的發動一個「擠兌」，把上海銀行的存欵，幾幾乎被他提去了將近三分之二。虧得這一次上海銀行應付得當，同時也受到其他不受共匪控制的銀行底支援，所以才能逃過這一個危機，否則上海銀行這一次可能要遭受不堪設想的結果。由這種情形來說，一般從事於工商業的人都有這樣的看法，同共產黨合作，誠然是可怕的，加入他的組織，要受他的控制，也是可怕的。但在目前以香港經濟困難情形下，同他合作，可能得到便利，不同他合作，馬上就會有很大的打擊來臨，所以現在有一部份人夾在這個中間，很游移。他們都是計較實際利害關係的，在這個關頭，他們當然要想法選擇，有時爲情勢所迫，就不能不使他們走入共產黨的圈套。所以今後香港的工商業界，假定沒有自由世界很大力量的支援，可能會逐步的被共產黨的魔掌所攫取。這一點尤其是香港一般有遠見的反共人士認爲最大的隱憂。

最近香港還發生一件事，因爲大陸上這種土產銷到香港，價錢便宜，譬如鷄鴨魚肉，使得香港新界的農場的生產，遭受莫大的影響。他的一個鷄蛋只要兩毛錢，香港的鷄蛋要三毛錢，當然大家都吃大陸的鷄蛋；他的一隻鷄只要三元，而香港自已產的鷄可能要五元或十元，當然大家願意吃大陸的鷄。因此新界的農場生產受很大的影響。再加成本很高，倒閉在所難免，共產黨趁這個機會，聽說現在正在新界大量收買農場，這個意思在那裏呢？就是共產黨不但要到文化界藝術界工商界去發生一種滲透控制的作用，甚至對香港這種微弱的農場中間，也要控制住，使得香港整個市民的生活在他的掌握之中。這種陰謀尤其可怕。這是最近在新界已經發生的情形，也許他做這種事有相當的技巧，他掌握了這些農場以後，外邊人還被矇在鼓裏。共產黨的險惡，由此可知。

現在的問題，共黨和平攻勢是一個有計劃的，而且是配合從莫斯科起到世界各地爲止整個攻勢的一部份。而且共產黨爲發動這個和平攻勢不惜用絕大的力量來支持。所謂絕大的力量是經濟的力量，包括人力物力。這個攻勢影響到香港以後，一部份人自已沒有組織，其次，沒有一個有力量的支援做他們的背景，同時過去也沒有這種經驗，所以到時措手不及，大家就難於應付了。而且他這個攻勢不以香港爲唯一目的，他還要由香港一步步的向南洋各地去擴張，如新加坡、馬來亞，甚至於泰國都已感受到這種攻勢的影響。所以這個問題在目前並不簡單，不能單純的看成他純爲套取外滙或推銷他的產品爲目的，應該當作他是一種政治攻勢，然後來謀對策，才能阻遏他的攻勢，否則，如僅看作他是套取外滙或爭取物資，那我們要上大當的。

印尼內在的危機

耶加答通訊・二月廿六日

史　信

在一九五五年開始時，印尼的新聞界會對印尼這一年的政局，作了一個預測，指一九五五年是印尼政潮的動盪年。但是總算托天之福，平安度過。想不到在一九五六年開始，許多不愉快的事件確隨之而來。印尼人們看印尼為亞非會議發源的聖地，他們驕傲着，但他們也惶恐—如何安度這一九五六年。因為他們心中有數，今年比去年更艱困了。

第一個象徵使印尼人民認為不祥的，乃是蘇迦諾總統的第一夫人在一月初毅然遷出獨立之宮，搬在耶迦答郊外的一所別墅中。她遷出以來，立刻向她丈夫提出離婚的要求。一面向最高法院控告總統重婚。這個控告書分印兩個副本，一本致副總統哈達，另一本致普哈奴汀內閣。這一着棋子是相當利害的。因為印尼人民已經看出，這不是一個單純的離婚問題，而牽涉到國家政治問題上面去。如果是為了單純的離婚問題，那末根本不需要把離婚控告書副本抄送給副總統哈達及總理普哈奴汀。這兩個人在政見上是與蘇迦諾總統對立的。這麼一來，事態可鬧大了。記者在耶迦答一週時，據獨立之宮的侍從傳出消息，蘇總統還是希望第一夫人回心轉意，希望她能從新搬回來住。又有一個傳說，蘇氏曾兩次赴郊外，與其第一夫人談判，但仍無效果。耶迦答關於這一方面的謠言，實在多得使人捉摸不定。這個問題看上去，已成僵局，還要鬧下去的呢！

最近內閣中的印回聯盟與回教神學會撤回他們的四個部長，同時在一月底勞工黨也跟着撤回他們在內閣中的兩位部長，這是第二件不愉快的事情。這件事的發展，令人覺得十年來的印尼，憲法未制定，國家治安及財經陷於貪汚腐敗的黑暗中，剛剛由普哈奴汀內閣大肆整頓，刷新圖治，一方面使金融步上正軌，另一方面實行普選，開始斬除蘇北官僚勢力統治的警察制度，但決沒有想到內閣中一連有六名部長撤出，造成印尼團結上分裂之現象。這是今天印尼舉國上下一致杞憂的事情。

我在耶迦答，分訪印尼朝野，深切瞭解今天印尼的危機，是當前許多問題，如消滅貪汚，消滅地方勢力，改革土地，發展工業，加强國民教育，都被置之不聞不問。所聞所問的乃是黨團派系之爭，個人利益之爭。大家不是為人民謀福利，而是互執干戈，相抗於朝。例如從「空軍事件」到三A羣衆大會，再到「印荷談判」以致倒閣……這一連串的事實，在在說明正副總統在政治上已經各走極端。每人均別有懷抱，這個情形很像我們勝利後的政府，什麼事都不管，黨團之爭，派系之爭，刼收之爭，……搞得烏煙瘴氣。

× × ×

今天印尼的正副兩總統各有黨派勢力，各有「財團」後臺，各有海、陸、空三軍的割據武力，也有國際集團的鼓手，大家互相爭取政權。倒閣也好，組閣也好，似乎一九五六年的印尼內閣，是總統內閣，還是副總統內閣？一有大事，總統便跑開，讓副總統去承受。過後的責任問題，便變成雙方互訐的藉口。

印尼內閣中的印回聯盟與回教神學會，一同撤出四名部長，其主要因素乃是由於他們早就反對政府對「雙十二空軍事件」，採取强硬手段，這一派人的主張，顯然是走總統蘇迦諾路線。他們把這四名部長撤出，一方面藉此打擊副總統哈達和現任內閣普哈奴汀（按現任內閣為副總統全力支持者），同時企圖在今年四月總統選舉，或在新內閣中，較量一下。也可以算是藉此作一筆大的賭注。這一着在印尼的明眼人，沒有一個看不出來，只是不說吧了。久而久之，大家也把這件事，視不足奇了。其次，另有一個政黨，在印尼沒有人指明是那一黨，但相信可能是國大黨，為爭取擁有五千萬人口的爪哇選票，就不惜鼓動爪哇人起來反對蘇島人當國家之首要，執政府之命脈。他們這個反對的呼聲，正是向哈達與普哈奴汀攻擊，因為他們二人都是出身於蘇門答臘，這種帶有强烈攻擊性的宣傳，已註定了將來印尼民族之一場大混亂，大分裂。儘管印尼人民天天在大聲疾呼民族間之大團結，實則這個大團結的裂痕愈來愈明顯了。

在蘇迦諾總統和前任的左傾內閣阿利，他們打擊哈達副總統和普哈奴汀內閣另一個有力辦法，便是處處影射哈達和普哈奴汀，指他們相信外力和國際集團力量，表面上雖未明言他們是親美，但暗中確是反對他們走西方路線。他們的攻擊是說，如果外國勢力引進了印尼，等於昔日荷蘭的殖民地主義又在印尼恢復起來，這是為印尼八千萬人民所不能容忍的。蘇迦諾總統就企圖利用羣衆，迫他們二人下臺，這一着是相當利害的。

可是就今天印尼的經濟來說，哈達和普哈奴汀是眞正在那裏想苦幹一番的。他的作風，乃是企圖第一個回合，打擊貪汚份子。然而遭到了强烈的反對。反對的領首乃是前任阿利總理，擁護阿利一派的人全是過去的貪汚份子，他們喜歡阿利重新上臺。

在蘇迦諾總統本人而言呢，他是熱情的革命者，是民族主義者，在抗荷鬪爭中，他是急進的，是革命的。革命成功以後，他對於國事，似乎漠然不關。他深居在宮中唸書寫作，但從來就沒有出版過一本像樣的書，許多人批評他的思想體系尙未完整，因此蘇迦諾會被人利用，被共產黨在幕後牽線。他自己確一點也不覺得。自然，蘇迦諾本人不是共產黨，也非親共者，但他糊裏糊塗的被人利用了，也是個可悲的事實。

然而蘇迦諾怎麼被人利用呢？請看，印尼共黨的艾廸（三A之一）比阿利和蘇迦諾目光銳利，而且有辦法。他寫了幾本小册子，在戰略上運用了高明的馬列主義的一套。他承認蘇迦諾是印尼民族英雄。至少在目前，艾廸估計到自已實力，尙不足支撐這個破碎的印尼政局，於是在加速舊勢力崩潰的計劃上，還是打出「民族主義」的大旗，去支持阿利和蘇迦諾，來暗中慢慢底培植共產黨的勢力。因此他深深明白「陸軍事件」打垮了阿利，製造空軍事件是不中用的。因此，他想還是利用政治一套手法，來搞得政權。過去亞非會議，是阿利接受了他的建議搞起來的。所以，他與其他的政客，還是擁護一個不負責任的國家元首而有民族革命英雄榮譽的蘇迦諾來得更好。因爲利用了這種政治滲透的技倆，到最後，政治成果仍是落在印尼共產黨手中。他們儼然是蘇迦諾和阿利的幕後之總指揮了。

× × ×

從上面這一些內幕分析看來，我們可以明白，蘇迦諾總統的政治態度，完全是被動的。因爲他幕後有人在。他自己是位只管鑽書本的好好先生。如果總統內閣在印尼總統選擧之前眞的實現，他仍舊幹他的總統，這是沒有問題的。不過，由於當前印尼的政治日趨複雜，「軍閥」割據的趨勢益甚，難說有多大成就。

但是哈達副總統這一方面，印尼的財團（社會黨）跟他發生了密切的關係，龐大的私人經濟企業，也與他有來往，他有他的經濟計劃，他要把當地經濟勢力最大的華僑中間商拉倒，想把中間商的利益去接濟農村的商人。今天印尼的農村商人便是回教商人。他只能和華僑中間商鬪，但對外國的大洋行，同樣是中間商，比華僑賺的錢要多不少倍，而毫無辦法。他在本質上是被人認爲排華的，雖然他是强烈的反共份子。這是哈達的政策，也充份說明今天內閣的路線——哈達路線。所以，頗引起當地人們——尤其是華僑（按他們聲明保留國籍者，表面上似乎是受中共大使館支配，但實際上因爲居留等問題，不得不如此，並不全是左傾的）——很不高興這個副總統的內閣。也就是這個原因，才有總統內閣之呼聲。連同過去許多貪汚份子，也都附和他們。

哈達和普哈奴汀，看準了這一點，也另有他們的對策。這便是現任內閣的財經成就。因爲最近印尼各省即將收割，全國米糧價格漸漸下降，他正可以大顯身手，不幸，在前兩天反爲「印荷談判」經濟讓步（石油與輸出）的協定將它完全打垮了。

現行內閣在搖搖欲墜，哈達果然宣佈他支持普哈奴汀內閣繼續存在，因爲現任內閣是他一手造成的。這一個申明，更明顯底說明了正副總統間之對立。哈達和蘇迦諾現在事實上除了公事，雙方見了面，已經不講話了，這是印尼人民盡所週知之事。我記得在本刊第十二卷第十一期拙作「今日印尼」一文中也談到這一點。蘇迦諾在讚揚三A時，相反底宣佈了他反對這個普哈奴汀內閣。

× × ×

至於說到這個普哈奴汀內閣，正是去年蘇迦諾急急去麥加朝聖，而由哈達副總統代行總統職權時，一手造成的。哈達支持普哈奴汀內閣繼續存在，並支持這次內閣於日內瓦對荷蘭的談判。哈達認爲這次的談判比阿利內閣時代（一九五四年六月派外長蘇那里奧率領一個代表團在日內瓦會商）的談判，已進展了不少。他也認爲此次談判收獲較多，而且這個收獲須待代表團返印尼的國會報告通過後成立之。所以現在的普哈奴汀內閣根本不需要把委任呈還總統。

本來當普哈奴汀內閣派出郭裕和到和蘭，計劃任命烏都得爲駐荷大使後，于十二月初雙方已談起，使僵持很久的印荷談判繼續擧行，就在這時，內閣遭受在野黨猛烈攻擊。雖然蘇迦諾沒有作正面反對，但普哈奴汀內閣能在國內如此惡劣的環境下與荷蘭談判，解決了前任內閣一直不能解決的西伊利安問題，聯合國政委會也爲哈達慶幸。現在在野黨看看自己的方法，已經快要用完了，於是又企圖引用亞非會議的決議，來博取國際的反應，而使哈達之內閣在亞洲孤立。

爲了這一回大事，而發生要求現內閣交回委任狀，十二月初國會以一百廿二票對九六票，十二票棄權，已通過現內閣之繼續存在。然而繼續反對現內閣之存在的運動，依舊在印尼展開着。而且力量並不小呢！至於印荷談判的內容，在今年三月國會中，是否能順利通過，也是個大問題。

在推翻副總統內閣運動積極展開時，商場又在浮動，耶迦達物價又漲了百份之十，國外商行之期貨只定到二月爲止，三月的期貨還要觀望。國內的囤積居奇，也隨之而來。哈達雖然支持現內閣，但前途仍然有許多阻力。

至於經濟及財政方面，從去年九月開始到現在，普哈奴汀內閣已經做到使通貨膨脹停止，金融上已日趨安定，這麼短短三個多月，普哈奴汀的「九月經濟條例」，已廓清了印尼的混亂局面，對輸入制度，外滙分配，貿易管制，均能扣緊，眞算是不容易了。普哈奴汀向我道：「我現在盡我的全力，儘量分發輸入外滙，加速輸入，促進貨物流通，使日用品，特別是布疋價格大跌，我便安心了。」普氏這個作法，是一反阿利內閣之減少發輸入外滙，日用品價格天天在高漲，小民爲之叫苦不已。

然而普哈奴汀這個辦法，在日常用品上，果然見效，輸出雖比以前少，但輸出稅却收得比以前多，單在去年九月十一月間，已發出外滙十四萬盾，頗引起國內民族情緒之不安，使在野黨嘖有煩言，吵吵不休。

所以目下印尼普哈奴汀內閣的動搖，仍舊是在經濟上，而不是在政治上。如果這個局面倒下去，一定還是倒在「錢」上。果眞一旦這個內閣再倒下去，那末印尼往後的局面眞是不堪設想呢！這不但影響印尼本身，附近東南亞國家，亦將受到她的威脅，因爲在防共這一環上，印尼與緬甸最弱，緬甸似乎已經無法挽回，但如印尼再混亂下去，正是共產黨可以乘火打刼，趁此取而代之呢！

琉球美國教師訪臺記

臺北通訊、三月十五日

閔　航

琉球美軍子弟學校女教師三十人，於三月二日搭乘民航公司專機一架飛抵臺北，在自由中國歡度一次週末，她們到了日月潭及臺北附近名勝遊覽，購買紀念品，並拜謁過蔣夫人以及我國政府高級官員。她們在二日(星期五)那天還上了一整天的課，剛把教鞭丟下，即登上民航公司的一架C-46型包機飛來臺北，在機場受到陳納德將軍以及我國教育部代表的歡迎。她們在自由中國度過兩天的緊張生活之後，又於四日晚間踏上歸程，雖然有一點疲倦，心情却很愉快，同時對於這一美麗寶島及其人民，也有了更多的瞭解。

三日(星期六)清晨她們搭上專機，三十分鐘後抵達臺中，在市區巡廻觀光之外，即登車赴日月潭，遊覽攝影之外，即赴涵碧樓午餐。

那天是一個明媚的艷陽春日，百花爭放，遠山含翠，輕紗般的薄霧籠罩着湖面。這些女教師們都沉醉在這美麗的湖光山色中。

午餐之後，全體人員即下湖搭上一艘汽艇，劃破如鏡的碧波，到對岸的化蕃社(現稱忠孝村)去遊覽。那裏的山地服裝及生活習俗引起她們的極大興趣，照相機攝取了不少的鏡頭。

這些遠道來的遊客並且買了不少的紀念品。她們最感興趣的是各種木質雕刻，尤其是用整塊樟樹根雕成的碟子、面具、盆子以及水牛像等。

一個女人只拿起銅鑼敲了幾下，立即便召集了幾十個山地女郎來表演山地歌舞。所用的雖只是極原始的敲擊樂器，倒也渾然合拍，娓娓動聽。當這些女郎們表演最著名的『新婚舞』時，觀衆均爲之悠然神往。

這些女郎小的只有七歲，大的只有十四歲，都穿著花花綠綠的服裝。她們的婀娜舞姿及以杵椿地的杵歌，最爲動人。歌舞完畢之後，這些女郎即引着女教師們去參觀一座山地村落的模型，其住屋都挖地而築，屋頂差不多與地面相齊，以避颱風的吹襲，另在附近以竹木葺草搭蓋離地面約十呎高的涼棚，作爲起居室和用餐地點，熱天並在那裏睡覺。

臺灣光復之前，日本人把山地人作爲人類學研究之用，一切保持其原始狀態。但在過去數年來，我國當局已施以敎化，在當地設學校，除改良他們的手工藝之外，並授以現代的農業技術，使能以農耕度日。

遊客們在日月潭就擱了數小時之後，即登車馳返臺中，再換乘專機飛返臺北，得以及時參加臺灣省府嚴主席的茶會。嚴主席費了幾近兩小時的時間，向這些女教師們解說臺灣的歷史、風土民情、資源，自然也談到教育制度。來賓們都聽得津津有味。

茶會完畢，全體即赴圓山大飯店參加民航公司的晚宴，宴會中吃的是道地的中餐，許多來賓還是第一次用筷子，但她們很快便學會使用，把這十道菜的盛餐很順利地用完。每一個人對於這些中國菜都讚美不置，各索取一份菜單作爲紀念，並寄回美國去供親友欣賞，圓山大飯店連忙準備，於次日一一送達。

經過一晚的休息之後，又接受教育部張部長其昀的早餐招待。備辦的完全是中國式的早餐食品，席上的一項主要食品是又甜又燙的蓮子粥，食後使她們回味不置。

用完早餐，出發遊覽臺北附近的名勝，並分赴市區中華路一帶購物。她們所買的物品，有雕刻精緻的珊瑚耳環與腕鍊，馳譽國際的臺灣花茶、蛇皮、絲綢、豬肉乾、草織手提袋以至於大件的籐椅和茶桌等。她們在購物歸來之後，即往進謁蔣夫人。

這位中國的第一夫人以極平易與誠懇的態度來接待這些訪客。她的嫻靜優雅的風度以及具有信心的言辭使這些女教師大爲欽服。

進謁蔣夫人之後，觀光團人員復入市區，利用她們留臺的最後數小時，繼續購買紀念品，並買了一大批各色土產水菓，然後才登機賦歸。

在結束這兩日的遊程時，她們一致認爲這兩天的時間太少了，不足以看到自由中國各方面的情形。假如能多有一兩天的時間，那就太好了。

我們希望不久的將來，她們能夠再度來臺，繼續她們的未了遊程，並且相信這次短暫的訪問，在她們的腦海中留下深刻的印象，並使她們的學生也能領受其益。

酒瘋

黄思村

按照時序說來，早就是春天了。但在這個地方，冰雪依然封凍着土地。天永遠是鉛灰色的，寒風怒號着。像這樣的地方，很少人會指望春天的。

在這裏，十多年以前還是一塊不毛之地，數十里之內也見不到人煙。在舊俄小說家的筆下，常常說到一輛馬車，在大片的雪地上行走，辨不清方向。等到第二天，他們停下來打聽打聽，才知道他們用整個晚上的時間，兜了個大圈子，又回到出發的地方來了——那就是這種地方。

然而現在，這個地方已經顯出它的重要性來了。居民一下子增加到好幾萬，巨大的煙囱聳立在空際。在廠房的附近，那些低矮而潦草的工人宿舍，一字陣地排開。像這樣的建築式樣，在別的地區，或許有人會誤會成羊舍。然而在這裏，它們却是美好的住宅。這種蘇俄式的建築藝術，至少能給管理者以許多方便的地方。

在市鎮的外圍，鐵絲網一層接着一層，木樁都是雙料的，比鐵路的枕木還要粗。在鐵絲網的外面，滿都是兵房。一天二十四小時，都有穿得十分臃腫的士兵在走來走去。這是很容易想像得到的，住在這裏的軍隊，要比整個市鎮的居民還要多些。

有一天晚上，一架簇新的汽車從別的地方開來了，輪胎上滿是泥漿，一直濺到玻璃窗上。

車子在閘門前停下來時，守衞官早就明白這架車子的來歷了。但爲了責任問題，他還是走過去，向駕駛的人取閱證件，然後又命令守衞兵檢查汽車，在各處敲敲打打。

這樣的手續經過了好幾次，汽車總算進去了。

這架汽車，是一個黨官派下來的，它的任務是把德籍的原子科學家巴斯德請去，替他慶功一番，因爲他最近將一種利用原子能的機器，研究成功了。

汽車在一所十分講究的房子門前停住的時候，巴斯德正坐在沙發上納悶，連口地吸着一支黑色的紙煙。他的妻子坐在他的對面，看着一本東德出版的宣傳册子，裏面說的都是些統計數字，却不曾說出好到什麼樣子。

她只看了幾頁。就把這本宣傳册子順手丟進火爐，嘆了口氣，聳聳肩。

門開了，進來的是那個女傭，能說幾句半生不熟的德文。她到這裏來，名義上是替主人工作，實際上是格別烏的眼線。

「巴斯德先生，黨部的汽車來了。」她說。

巴斯德向天噴了口煙，回答說：「我就來！」

巴斯德太太瞅着他，縐起眉頭來，說道：「當心你自己的嘴，再也不要把話說滑了嘴。」

「你放心好了，」巴斯德說：「他們要借重我的，是我的腦子。而我的腦子，與我的身子是分不開的。他們要我的腦子，同時就得讓我的身子活着。」

「話是對的。可是一旦你的腦子發掘空了，不，我說的是你的老毛病又發作起來，工作不能進行，他們就未見得再賣你的賬了。你知道他們最近派兩個助手到你這裏來，完全是想學你的知識。」巴斯德太太說。

「誰不知道。不過你應該明白，照這兩個傢伙的程度而言，鬧通一個方程式就要好幾年。」

巴斯德太太搖搖頭，站起身來，替他拿來了大衣和皮帽，然後撫摩着皮衣上的長毛，踮起脚跟吻了吻他的臉，低低地咕嚕了幾句。

巴斯德博士走出大門，一股寒流撲到他的身上，他拉上了大衣的領子，呼出一團熱氣，走到汽車跟前。他回過頭來，看見他的妻子正在玻璃窗上向外探望，用手抹去玻璃上的霧水。巴斯德博士向他揚了揚手，隨即登上汽車。接着，車上的引擎響起來，輪子把地上的雪撥得飛濺起來。

汽車在路上行進時，巴斯德博士靠在柔軟的沙發上，腦海裏感覺到非常紛亂。他回憶着家鄉被佔領後的第三天，他被俄國軍隊在一個鄉村裏找出來。當時，他請求他們，如果他必須一死的話，就讓他死在自己的土地上。然而他們沒有讓他死，却把他送到軍部的政治委員那裏。政委見了他，客氣得使他懷疑他們是認錯了人。但等到政委說完那種布爾什維克所特有的沉長的談話以後，他就明白他將要楚才晉用了。

他把已往的事一一回憶起來的時候，心裏愈來愈不平靜，呼吸也跟着急促起來。等到他回憶到格別烏打斷他的第三條肋骨，並且把他的愛妻和獨子帶到他的跟前，說明如果他再不服從權力，將輪到他們來受苦時，他屈服了。

巴斯德博士身上的肌肉突然收縮起來，驚醒了。他下意識地覺得他心裏所想的事，已經被開汽車的格別烏知道了。隨後，他鬆了口氣，抹去玻璃上的霧水，向外面望了望，但那裏是一片漆黑，冷風在車頂上颯颯地響着。他順手把車窗搖開一條縫，讓新鮮空氣透進來。然後，把頭倒在沙發上，迷迷糊糊地睡去。

巴斯德博士一覺醒來，發覺前面有一帶稀微的燈光，知道目的地快到了。他取出懷錶來看了看，十二點一刻。「這眞奇怪，」他心裏想，「爲什麼一個人有晚上辦事的習慣，就讓許多人的生活跟着他顚倒過來呢？」

汽車到了黨部的門口，剛一停下，什麼主席，第一書記，第二書記，第三書記，統統都來了。他們作出一陣毫不動感情的歡呼，然後是皮大衣與皮大衣的擁抱。巴斯德博士一向都是個不出儻的人，見了這種場面，使他變得像一個在陌生人的臂彎裏擲來擲去的孩子一樣。

他被擁進大廳以後，燈光耀眼得使他的頭腦感到昏眩。

接着，他被推到一個重要的位置上坐下來。在他的面前，桌布是雪白的，玻璃器具在强烈的燈光下閃閃發光，各式各樣的酒瓶層層地排列着。

大家安靜下來以後，那個胖得像肉店老闆的第一書記，站起來說話了。這種儀式永遠出於一轍，老是拍手，歌頌，叫囂，舉杯：

第一書記的演詞，照例沒有什麼新花樣，語彙都是官定的，而且已經用過三十幾年了。可是，當他說到巴斯德博士的功勞時，也着實恭維了一番，說他是什麼偉大的勞動人民的科學家。當然，巴斯德博士不會那麼幼稚，他知道科學就是科學本身，不見得到了誰的手裏就升了值。

巴斯德博士低着頭，心裏冷冷地，漠無表情，等到演說的人叫大家舉起杯來，要爲他慶祝的時候，他正好把一隻手捫在胸前，因爲由於氣候的轉變，他的肋骨正在發痛。

巴斯德博士舉起杯子來，喝了口酒。但等到他把酒喝進了嘴以後，他發覺喝得太多了一點，開始有點後悔。但酒順喉而下，一直從嘴燒到喉嚨，從喉嚨燒到腸胃。在他的肚裏，什麼也沒有，因而酒精也就特別燒得厲害，很須要冲淡一下。但第一書記還在說話。

一陣掌聲把巴斯德博士驚醒了，他抬起頭來一看，第一書記已經坐下來，許多隻眼睛集中在他的身上。他知道他說話的時機到了，便站起身來，可是因爲沒有說話的情感，也沒有這種慾望，竟致想不起開頭的一句話來。過了一會，他終於把想說的話找到了，他說：「今天，承蒙各位開這麼大的一個慶祝會，這是日耳曼俘虜的光榮。今後，只要我還有精力，我就報答各位無產階級。」

他的這段簡短的話被傳譯出來以後，大家覺得有點牛頭不對馬嘴，好像狗嚐到了伏特加，有點澀嘴，却感覺不到有什麼滋味。然而他們都能體察他，他身上有用的只是他的科學才能，而不是他的政治演說。何況明天早報上的巴斯德博士演詞，早就排好版，足足有五千字呢！

巴斯德博士坐下以後，掌聲十分響亮。接着，開瓶塞子的聲音響起來，侍者托着盤子，匆忙地走來走去。在餐廳的一邊，穿着制服的樂隊在那裏演奏。當他們演奏到特意爲巴斯德博士所設的幾隻曲子時，巴斯德博士把他手上的刀叉放下來，用餐巾蒙着嘴，他在流淚了。

黨官見到這種情形，叫侍者過來，輕輕地說了幾句。過了一會，樂隊奏起快節拍的舞曲來了。

宴會在舉了十幾次杯以後，過去了。他們又簇擁着他爬進汽車。爲了給予慰藉起見，那位有日耳曼血統的第三書記也坐上了汽車。另一方面，他還有些公事要辦。

汽車上路以後，第三書記用生硬的德語向他表示，他的太祖母是一個德國人，因此他身上就有日耳曼人的血液，並不是純粹的斯拉夫人。

他們談着，漸漸有點親蜜起來，因爲這些日子以來，巴斯德博士思念着故土。現在聽說第三書記身上有一點點日耳曼的血統，總覺得比純斯拉夫人在感情上容易溝通一些。

第三書記稍稍有點醉意，不斷地翻胃，把車子裏面的空氣弄得很汚濁。過了一會，他哼一支德國的小曲子給巴斯德博士聽。他哼得十分拙劣，但巴斯德博士却覺得很親切，因爲這支曲子他是很熟悉的。如果不是他提起，他幾乎把它遺忘了。

「契米希洛夫同志，」巴斯德博士激動地說：「你的身上也有日耳曼的血液，那末，請你聽我說吧。我覺得我們日耳曼民族有着各種天才。但却缺乏政治上的天才。我們幹什麼都成功，然而在政治上却失敗了。在幾年以前，我老以爲我們的命運從今以後就要連根拔，但最近我才知道西德又强盛起來了……」

「巴斯德博士，你錯了，强盛起來的不是西德，而是東德。」第三書記改正他的話說。

「不，是西德，我的無線電是可以收到西柏林的廣播的。」

「你爲什麼不聽東柏林的呢？」

「東柏林的與莫斯科的在本質上沒有什麼不同。如果你仔細地聽一聽，就可以聽得出一些不同來——西柏林的廣播員的聲音充滿自信和感情，老是提到西德如何如何。可是東柏林的廣播員呢，聲調不帶感情，老是說莫斯科如何如何。」

「巴斯德博士，實際上感情是靠不住的東西，而你却純憑感情在判斷。因爲你是生長在西德的人。現在，我們還是談談別的問題吧。譬如說，你對你的發明有什麼感想。」

「沒有，什麼感想也沒有。」巴斯德博士低沉地說。

汽車跳了一下，把書記的一個酒嗝打從喉頭冒了出來，酒臭直衝到巴斯德博士的鼻子裏。

「如果我是你，一定會有許多感想的。」書記說着，用手帕去蒙嘴，因爲第二個酒嗝又要來了。

「我活得像一架機器。你說機器也有感想，這是很古怪的。」

書記在他的肩上拍了一下，大家都沉默了。過了一會，汽車的速度慢下來，他們到工廠區了。

書記送巴斯德博士回家時，順便送他到家裏。巴斯德太太看見丈夫回來，高興地迎着他。這個可憐的女人，自從丈夫被格別烏改造的那幾個月以後，她幾乎變得有些神經質了。每當丈夫出門一次，她都爲他擔憂一次。雖然她明白這是多餘的事。

他們坐下來，巴斯德太太對書記說些半應酬半恭維的話，但書記因爲酒後暈車，胃裏有點不大舒服，只願喝些濃茶。巴斯德太太知道書記的神色有點不對，便開了點窗，讓空氣調節一下。同時取出兩粒定神的藥片來，遞到書記的手裏。

「這裏什麼東西？」書記望着手上的藥片說。

「這是安定神經的藥片。廠裏的醫生給他的。去年巴斯德心緒不安的時候，他只吃了幾片，還留下一大瓶。」巴斯德太太說。

書記望着這些藥片，不大想吃。到了最後，他把藥片丟在杯子裏，看見有一陣細小的泡沫冒上來，便無可無不可地拿起杯子來，一飲而盡。

他在吃下藥片以後，沉靜下來，心緒也好了一些，只是有點感情衝動。

「巴斯德太太，」書記把腿子伸向火爐邊，倒在手圈椅上說：「你對於巴斯德博士的新發明，有些什麼感想呢？」

巴斯德太太側着頭，作出很注意聽他的話的神氣，然後微微地笑着，回答說：「當然，書記官，我是很高興的。」

「這是對的，巴斯太太。」書記說：「生活在這裏，只有往功利的路上爬才對。雖然，我們蘇俄人——包括我在內——老是叫着爲集體，爲無產階級，然而好處却始終不是他們得的。像巴斯德博士這樣，因爲他對原子能有特殊研究，所以一切的享受都有了。每年政府爲你們所化的錢，足够維持一個小型的集體農塲了。你說這是爲的什麼呢？」

巴斯德博士聽到這些談話，便走到火爐邊來，手上拿着一隻杯子，說道：「書記官，你剛才所說的話很有意思。這是我到蘇俄以後所聽到的第一句眞話。」

爐火把書記的臉烤得發紅，他迷迷糊糊地望着巴斯德博士，問道：「我剛才說什麼來着？」

「你說無產階級從來沒有得過什麼好處。」

書記愣愣地望着他，半晌才說道：「這是我用我那六分之一的日耳曼血液說出來的話。」

「我很願意聽。」巴斯德博士說。

於是，他們在火爐邊坐下來，談各種細小而無盡的問題。書記甚至敍述他的父親在清黨時被殺，他的母親在荒野裏餓死的事。他一面說，一面流淚。過後，他又說到他在二次大戰時，曾經準備歡迎外婆家的軍隊，而且深悔沒有成功。他說到這裏時，連巴斯德博士也覺得他激動得太過份了，便叫巴斯德太太給他一塊凍毛巾，喝點解酒的飲料。

他們扶他到窗口的地方坐了一會，但他依然含糊地說着一些話，但這次說的却是俄文，巴斯德博士和巴斯德太太一句也聽不懂。過後，他小寐了一會，醒來了，望望巴斯德博士，想起他與巴斯德博士乘車時的情景來，帶點愧色說道：「這次的酒眞是厲害，酒性發得很緩慢。我從來都不會這樣醉過。」

巴斯德博士忽然有些失望，說道：「我希望你所說的不全是醉話！」

「我說過什麼話嗎？」書記問。

「是的，你說得很多。不過你不必介意我是個日耳曼人，即使死在這裏，我還是認爲我是個來作客的鬼！」巴斯德博士說。

書記打了個寒噤，摸索到衣架邊，取下那件沉重的皮衣，走了。

第二天，書記在回任之前，又來探望巴斯德博士，但這次的情形有些不同了。他一見巴斯德博士，就讚揚他的功績說道：「巴斯德博士，我已經仔細地參觀過你的發明，眞是一個奇蹟。」

自從昨晚上的一番談話以後，巴斯德博士對書記變得親切起來。他邀他坐下來談談。

書記坐下來，對他說道：「巴斯德博士，我感到非常的快慰，你的思想已經搞通，把你的知識供獻給勞動人民了。」

巴斯德博士呆呆地望着他，縐眉頭，睒眼睛，想不通書記爲什麼轉變得這樣快。然而，不待他回答，書記又接下去問道：「巴斯德博士，你對於你的新發明，有什麼感想嗎？」

巴斯德博士失望了，站起身來，在房間裏踱走着，回答道：「我有一個感想。」

書記很感興趣地聽着。

「在過去，你們說資本家侵吞了勞動者的剩餘價值。所以要革命，要無產階級專政……」

「不錯。」書記說。

「然而，我現在所發明的機器，能够把工人減少到最大的限度，而每天所出的貨物却比多用工人的時候還要多些。照這樣繼續發展下去，將來資本家的剝削對象，不是只有機器了嗎？」

「這…這個問題不必去談它，這不合黨的路線…」書記回答說。

「怎麼？這是一個很實際的問題。由於這個問題的發生，我的思想又發生故障了。」

「巴斯德博士，你最好不要同我討論問題，那是理論家的事，你只顧實踐好了。」

「不，我希望你看在你的六分之一的日耳曼血液的情分上，同我談一談這些問題。」

書記怫然不悅，站起身來，說道：「對了，我得派一個人來替你換一架無線電。」

「書記官，你不回答我的問題也可以，但是不能換我的無線電。」巴斯德博士拉住他的手說。

「巴斯德博士，這一件事我請你原諒，你不能再聽西德的宣傳了。至於別的，無論什麼，我都可以替你辦到的。」

巴斯德博士發急了，把椅子推翻，暴跳着說：「我們當初訂定的條件，不是只要我答應研究和發明，就不再過問我別的事嗎？」

書記不慌不忙地回答說：「可是這一件事不行，這很容易使你的思想發生問題。」

巴斯德博士走到他的跟前，指着他的鼻子說道：「書記官，你昨天晚上在我房裏說了許多話，我以爲你是由衷之言，沒有想到你只是醉酒罷了。」

「我說了什麼？」

「你說什麼你的父親被清黨，母親餓死在荒野裏；還說什麼歡迎外婆軍…」

書記官一把抓住巴斯德博士的手臂，臉色沉下來，低聲地說道：「巴斯德博士，既然我說了這種話我就不再堅持了。過幾天我派人送一架最好的短波收音機來，聲音是最清晰的，全部是瑞士貨。這件事，我用我那六分之一的日耳曼血液來擔保！」

書記回去以後，過不了幾天，一架巨型的收音機送來了。但巴斯德博士並不覺得怎樣快樂，因爲從今以後，他再也聽不到書記官的親切的醉話了！

落月（六續）

彭歌

人，其實都傻得很，他們所幻想着要得到的，往往是他所未曾認識清楚的東西。

已經得到的東西，永遠不能再引起幻想，因爲它太近、又太眞實。

七

心梅曾經幻想過聲名與財富，幻想過由聲名與財富所帶來的快樂與幸福。這些，想不到在短短的幾個月之間，竟毫不費力地垂手而得，而這是她以前認爲也許要苦熬許多許多年，甚至於一輩子都未必能得到的東西。

這些身外之物又有甚麼意思呢？她問自己。當別人都在對她艷羨不置的時候，她自己却早就覺得索然無味了。

人，看來是太容易而也太不容易滿足了。

報紙雜誌上到處都是余心梅的名字，談到她的戲，她的人，她的家世，她的生活起居，和所有的名人傳記一樣，其中不免有許多穿鑿附會，渲染誇大的地方，但大體都是出於好意的讚美，這都是由於那種很多年相沿下來的心理習慣——喜歡錦上添花，劇評家們尤其是在苦心孤詣地在創造新的辭彙，來形容她的技藝；詩人和畫家們要從她的顰笑之間尋覓靈感；有名的畫報上都以能在封面刊登她的最新的照片爲榮。

女人們對她是旣羨慕而又嫉妬，但又不由得有意無意地要模仿她。余心梅的服飾，余心梅的姿態，余心梅的髮式，乃至於余心梅的一枚鑽戒，一副耳環，全都像流行性感冒一樣的重現在上流社會的仕女們身上。

男人們更是近乎熱狂地傾倒於她。只要她的蘭花指那麼微微一翹，含笑的眼角微睨，便會使得滿坑滿谷的人服服貼貼地安靜下來。每個人都欣然色喜：「余心梅對我笑了！」即使是一生沒有聽過平劇甚至於一生都在反對聽平劇的人，只要他親眼看到親耳聽到余心梅的表演，便不由得要打聽她第二天要演的戲碼兒是甚麼。

正如同高懸在勸業場正門口特製的五彩霓虹廣告牌一樣，「余心梅」三個大字，在這大城的絢爛的夜空中放着異彩。萬家燈火猶如天空繁密的星辰，都只不過是些陪襯，惟有她的名字，如一輪皓月，普照萬方。那名字所代表着的神秘的魔力，任何人都無法抵抗，無法逃脫。

余心梅的聲音，透過留聲機唱片，透過電臺播音室，更經過了千千萬萬愛好者的模仿和學習，滙合而成爲一種聲音——一種柔媚的、低廻的而又震撼一時的聲音，在這大城市的每一角落裏廻旋震顫。

而同時，這大城市的每一角落裏有錢有閒的人，都不免要興奮地掏出錢來，湧向天華景的售票處口；金錢滾滾而來。而余心梅的合同上包銀的數目也越來越高了。鄭經理的笑臉更謙恭，前後臺人員喊「老板」喊得更響，可是，心梅已經不把這些放在心上。對於一個成名的演員，這些都是理所當然的事；而她現在不已經是成名了嗎？

她倒不是變得驕傲了，也不是因爲她自己曾受過那麼多的辛苦磨鍊，現在就可以安享報酬了；而是因爲她旣然爲了討好觀衆，曲從世俗，拋棄了藝術上的種種崇高原則，去滿足那些庸俗的眼睛，那末，生活上又還有甚麼再矜持的必要呢？最聖潔的，最應該堅守不渝的東西，尙且不能堅持，生活上自然也無妨隨俗一點了。

心梅這時已經把多病的老母從北平接到天津來；自己有了房子，有了車子，衣橱裏掛着種種名貴的材料裁剪成的衣裳，房裏房外有好幾個一呼卽諾的僮僕。銀行存欵摺子的數字一天比一天長，戴着的手飾的光芒一天比一天亮，這正是一個紅角兒所過的那種生活方式——外表豪華，內容空虛。

現在，余心梅才懂得趙麗英當初爲甚麼會那樣子沉溺於酗酒和狂賭之中去刺激自己了。她覺得她是值得同情和原諒的——只有一個爬到了高處的人，才看得清楚「絕望」是甚麼顏色的。

而這樣的心境，是別人所無法體諒、無法瞭解的。因此她也不再對任何人說。成功嗎？就算是吧；但這成功的代價太沉重了。演戲變成一種苦刑，和傅振翔同臺演霸王別姬時那種激亢興奮的心情，永遠不會再有了。

西遊記排演到二十幾本，心梅仍然是每天晚上都有戲，每天晚上都扮演着那些千奇百怪的妖魔，美麗而又殘忍，一心想要吃唐僧肉而長生不老。不同的身份，不同的服裝，不同的劇情，不同的機關佈景，而心梅演來却是相同的心情。當每一次劇中的妖魔最後終於不免被孫悟空的金箍棒打得粉身碎骨，或者被甚麼神佛收降去了的時候，她都深切感受到「四大皆空」的感傷氣氛。舞臺和人生，同樣地使她厭倦。

在那個年月裏，青年人的悲觀可以算得上是一種時代病；古老的中國正度着最艱難的歲月，特別是淪陷了的沿海地區，在日本旗下，異族統治者在揮舞着軍刀獰笑。一羣靈魂已經發了霉的遺老遺少，踏着敵人的刺刀尖兒高呼萬歲，揚塵舞蹈。從城市到鄉村的民衆，一個個垂頭喪氣地沉默着，手裏捧着的半碗薄粥，是花生餅、糠皮、蕃薯葉子等等幾十種原料輾出的興亞麵煮成的。

人人有着饑餓的肚子，憤怒的心腸。

「我是爲了誰來表演呢？」當有一天她下了粧

對着鏡子梳頭髮的時候，忽然覺得格外苦惱起來。她本來也和那些市井之徒一樣，對於所謂政治常常抱着一種與我何干的態度，可是政治畢竟是一種現實的東西，無論怎樣討厭它，它會自己找上門來。

那一回，是因爲她的拳師莫世榮向她訴苦：「老板，您是成天家錦衣玉食的人，您知不知道外頭興强麵賣多少錢一斤？棒子麵現在成了寶貝，大米洋麵連看都不大看得見。這年頭，可眞能餓死大活人吶！」他於是講了班子裏幾個小角色的苦處，收入少人口多，票子越來越毛，「一天三頓喝稀飯，您說上了臺他那兒來的精神氣力呢？」所以，他請求心梅在鄭經理面前講講好話，加他們一點份子，「我這完全是替窮朋友們幫忙，」莫世榮說：「其實，這也還不是爲了咱們這一臺戲能唱的熱熱鬧鬧的。」

可是，當心梅找到鄭經理的時候，他却也有一番說法；甚麼捐稅重呵，開銷大呵，應酬多呵，而且通貨貶值的罪孽做老闆的人更吃不消呵；總之是生意難做，入不敷出。講了好半天，才算答應准許那些小角色們每人預支一個月的薪水。

這是一個機會，使得心梅能夠看到她自己以外的世界。好像是在深夜裏偶而拉開窗帘，推開窗戶時候的感覺一樣，原來外面是這樣的黑暗，寒冷，跟她自己這小天地裏溫馨的情調，是太不相同了。

認識了生活的眞相，這樣子活下去便更是痛苦；心梅現在覺得，在舞臺上固然是演戲，下了裝尤其是在演戲，而且這不是靠了行頭道具所可爲力的；在臺下的戲，是比在外表上塗脂敷粉，描眉打鬢更甚一層的心靈的僞裝。演戲時的喜怒哀樂，還是有脚本、有規矩、有情理可循的，然而，一個年輕美麗的名坤伶，下了臺所要應付的人事，却遠比她所要應付的觀衆複雜多了。

堆積在她的梳粧臺上的，是各式各樣的請柬。圍繞在她四週的，是那些有着顯赫頭銜的炙手可熱的顯要權貴，富商巨賈。宴會、酒會、舞會、賭局，全是那些沒有成名的演員們萬分傾羨、可望而不可卽的；在心梅看來，却都是無聊的負累。週旋於這些人之間，她雖强顏歡笑，但時時沒有忘記有些朋友夥伴是三頓都喝稀粥的。因此從那燈紅酒綠的生活背後，她隱約看到了多少張饑餓的臉和乾癟的手，在指着她，無聲的咒罵——一個和漢奸們混在一起的賤女人！

她是這樣的徬徨無主，自慚形穢。她常常想起來，假使父親還活着，她現在一定還是一個蓬門陋巷中的女郎，也許已經繼承了母親的洗洗縫縫的事業。假使傅振翔沒有自殺，那麼她卽使演戲的話，也一定不是演的這種戲，不是過的這種生活。她寧願窮苦一點，再回復從前的那種日子，可是，那已經離開她太遙遠了。只有母親那終年懨懨不起的病容，算是給她一種鼓勵，一種責任，不管怎樣也得活下去——奉養母親，是她所過的糜爛的生活之中僅存的一點點道德力量，來支持着她。

一直到有一天，她發現了范庚這個人。

范庚是一個高大、精壯，濃眉深目，而生着滿頭鬈髮的人。乍看說不上甚麼好看，但他那微蹙着眉和用手托着濶而堅決的下頷的姿式，却別有一種引力，使得人——尤其是年輕的女人們，不由得要多看他幾眼。

從衣飾上看，他不是個十分濶綽的人；但他能天天晚上坐在天華景前排最好的座位上，悠然自得的聽戲，可見他一定也屬於那些有錢有閒者之一。他的神態，懶懶散散的，好像一個愛講話的人强忍着要自己沉默，而又有些忍不住似的；也許他是故意做出盡量不致於引起別人注意的樣子，但就是這樣反而使得心梅注意了他。

她也記不起他是從甚麼時候起來了這麼一位長客，反正她覺得這個人很特別。「這個人怎麼這樣好的興緻，同是這一本西遊記，他能一連看十幾晚都不膩？」而且心梅後來還注意到，這個沉默的中年人，每次都是一個人孤零零地坐在那兒，似乎沒有同伴。而且他聽戲的樣子是很專心、入神，十分內行似的。

每天出臺的時候，心梅總是一抬頭就看到坐在下場門那邊的那雙凝望着的眼睛，好像裏頭包含着一種譏諷式的冷笑似的。看得久了，似乎便自然而然成了習慣——每天都不由自主要先去搜索那個方向。雖然她並不認識他，也從不想去認識他，但她下意識中却把他當做全體觀衆的一個不變的象徵。他總是端端正正坐在那兒，冷冷的，彷彿安心要挑眼似地注視着臺上。

心梅起初以爲他大槪也是那種所謂的劇評家吧；但她從未在任何社交場合裏碰到過他。他不應該是個靠薪水吃飯的人，那些人不會有把戲院當辦公室的豪興。他也不像是個商人，商人沒有像他這麼孤獨沉默的。再仔細比較一下，他連個普普通通的戲迷全不是，他沒有他們那些人的那股熱勁。他一直都不動聲色，心梅自已暗想，也許這才是個眞懂得一點戲，懂得一點藝術的人吧。

有一回，心梅到戲院去上戲，上電梯時湊巧碰到了那個人。心梅想，也許這回可以知道他是幹甚麼的了。可是，奇怪，那人却扭轉身去盯着電梯裏貼着的甚麼肥皂廣告，看得很出神。電梯一停下來，他就像逃避甚麼似的跑出去了。當心梅出場時，却又看到他坐在那裏聚精滙神地在聽戲。「他才是聽戲來的，不止是爲了看我這個人。」但心梅止不住覺得好笑，笑這個人有眼不識泰山，蠢得有點可愛。

他們開始認識是在一個深秋的午夜，那天因爲外面風雨交加，上座顯得有些寥落，心梅偶而受了點涼，情緒不大好，又頭痛。敷敷衍衍把戲唱完了就想要回去。下了裝，心梅剛走到勸業場的後門，忽然聽見外面有日本憲兵隊巡邏專車駛過，那種日本人叫做「賽林」的警報器上吼出了單調而凄厲的聲音。

勸業場門外還有一些脚步慢的觀衆，沒有來得及走散。心梅在人叢中聽到有人喃喃地抱怨：「眞是開玩笑，這麼深更半夜，狂風暴雨的，可又戒的那一門子戲？」

又有人低聲嘟囔：「這回該不會又是弄到天亮了吧！再這樣搞的話，簡直沒有人敢晚上出門了。」

在淪陷了的地方，戒嚴本來像家常便飯，有「要人」來往要戒嚴，有甚麼「紀念日」要戒嚴，有「反日份子」活動更要戒嚴；但通常是在白天的時候居多，半夜裏倒是少見。

心梅在門口站了半天，覺得很疲倦；又怕呆會兒被好事的戲迷們認出來又要糾纏不清，與其在這兒傻等，不如回到三樓休息室去坐一會兒吧。可是，這時電梯已經停了，她只好拖着疲乏的身子一步步地爬樓梯。

當她好容易走上三樓，到了通往天華景後臺的甬道上時，忽然瞥見了一個高高的穿着黑衣的人影一閃而過，又不見了。這時，三層樓上一點兒人聲也沒有，燈光又十分黯淡，靜得像一條死寂的山谷一樣。心梅陡然間覺得有些害怕，便停下步來，乍着膽子顫聲問：「是誰？」

這條甬道是一條死路，那一頭通往後臺的門早已扃住；那條黑影大概是端詳了一下地形，知道躲不開，而且看到心梅是個單身的女人，不會有甚麼惡意，便坦然地走了出來。

那是個男人，一頂黑呢帽戴得低低的，身上穿着一件藏青色的夾大衣，一隻手拿着一把傘，另一隻手揣在大衣口袋裏，鎭靜地一步一步走了過來。

「您是余老板吧？」他的聲音很沉着，像他這個人。接着他把呢帽摘了下來，心梅這才看清楚了他的臉，濃眉深目，那麼熟悉。

「我天天晚上都來給您捧場，我早就認識您了。」他說。

心梅猶疑着，想要趕緊找個藉口離開這裏；雖然這個人不一定就是甚麼壞人，可是他的行跡這麼鬼鬼祟祟的，不能不令人懷疑。心梅很容易就想到了這一帶常聽說的甚麼「獨行大盜」之類的故事。

「外面在戒嚴，雨又大」，那個人望着窗外，「我覺得在下面等太無聊，想上來找個地方坐坐，可是戲一散場，到處的門都關了，弄得我簡直不認識路，不知怎麼三轉兩轉就走到這兒來了。」

心梅只好微笑着低頭，其實她自己不也是這樣上來的嗎？可是她仍不能完全相信那個人的說法。

「對不起，請您帶我到您的休息室坐一下，可以嗎？」那個人神情很嚴肅地說：「我有點兒事情託付您。這裏不是談話之所。」他的眼睛越過心梅的肩頭，望着後面黑沉沉的暗影，像一個獵人巡視着茂林豐草中是否有野獸蹤跡。

說不出是一種甚麼理由，心梅竟覺得沒有勇氣拒絕他，怕嗎？好像不是；好奇嗎？似乎也不是。也許這兩種心情都有，她依順着他那誠懇的聲音和乞求的眼神，開了門，領他走進了裏面的套間，那是她專用的化粧室。

「余小姐，您的戲演得實在太好了，我在各地方看的戲也不算少了，可從來沒有這麼上癮着迷過。」那人一邊用烱烱有光的眼睛巡視着這小房間的每一個角落，一面寒暄着。最後，大概他覺得這算是個相當安全的地方，才把雨傘靠在牆邊，從懷中掏出煙盒來，遞一支給女主人。

「謝謝，我不會。」心梅坐在梳粧臺前的轉椅上，她記得一本偵探小說上說過，强盜們有時請你吸一支煙，就會把你麻醉過去。不過看了眼前的這個人那種風雅之中又帶些精明的樣子，她覺得自己這個聯想未免荒誕可笑。可是雖說如此，她還是不由自主把那小巧的黑皮包抓得緊緊的，她記得：那裏邊不止有一些現鈔、支票本子、私章、一些財物上的契據，還有一個「治安軍」的頭子送給她的一把鍍銀的小手槍。她從來不會開槍，也從來沒想到過要用它，可是她現在把手隔着皮包捺到那硬硬的槍柄時，心裏便好像獲得了一點安慰。

沉默了片刻，那人開始自我介紹。

「我姓范——范經理，漢口大華戲院的經理。」

「您說有事要跟我談談？」心梅故意逼緊他一步，存心暫不挑破他的假話——甚麼經理？他不像。

「我是，嗯，我打算代表我們那方面來跟余老板談公事的。不知您願意不願意讓漢口那邊的觀衆也——」

「漢口我倒久想去玩的，」心梅也就順水推舟地拖延下去，「不過，總是忙，脫不開身。」

於是，這位范經理便侃侃而談到漢口上演的優厚條件，多少包銀嘍，住多麼高雅的旅館嘍，等等等等。心梅根本沒有用心去聽，她疑心這個人也許是個有誇大狂的神經病患者。

幸而這時候「賽林」的聲音又響起來了，巡邏車吼着，由遠而近又由近而遠，「大概是解嚴了吧。」他們兩個人都像如釋重負似地吐了一口氣。從窗口看下去，街上果然有了三三五五的行人。

「有機會您找我劇團裏的康先生談談吧！」心梅打着呵欠攔住了他的話頭，她沒有興趣再聽他瞎吹，心裏想：看他是不是敢去找康老師賣這份玄虛。

這個姓范的似乎很健談，而且不管別人反應如何，他都能天南地北談得那麼熱烈。江南幾個碼頭他似乎都跑遍了，聽話頭倒也像吃過幾天戲飯的。心梅就這麼聽着他邊講邊走，一直到了街上。心梅的車子沒有找到，那姓范的便說要爲她喊部車子先送她回去，可是夜晚車子少，全被先下來的人們叫光了，兩個人只好共着一把傘，沿着街道在雨中靜靜地走着。

可是，剛剛轉過一道街口，那位范經理忽然住了嘴，緊張地停下脚步來。

（待續）

書刊評介

守護我們底堡壘(上)

The Ramparts We Guard, by R. M. MacIVER
The Macmillan Company, New York. 1952

殷海光

本書『我們守護的堡壘』著者麥豈斐教授(Prof. R. M. MacIVER)，眞正是當代重要的社會政治思想家。芝加哥大學政治科學教授菲勒爾(Herman Finer)將麥豈斐教授底名字與曼利安(Charles E. Merriam)，拉斯威(Harold D. Lasswell)，及布爾斯丁(D. J. Boorstin)底名字並擧同列。麥豈斐教授生於蘇格蘭之斯托諾威(Stornoway)，一九三四年歸化美國。氏年少時在愛丁堡大學及牛津之亞利勒學院(Oriel College)求學。一九〇七年，氏任亞伯丁大學(Aberdeen University)政治科學講師。一九二二年，氏任加拿大多倫多大學(University of Toronto)政治科學系主任。一九二七年，氏赴哥倫比亞大學伯納德學院(Barnard College)，任社會學教授，一九二九年，氏改任同校政治哲學與社會學之利伯爾教授(Lieber Professor)，以至於今。麥氏著作宏富。其中重要的有Towards an Abiding Peace，The More Perfect Union，The Web of Government，Leviathan and the People，以及評者現在所要評介的這本書。這本書底分量雖然不大；然而，對于身處此時此地的我們而言，其意義之重要，不是它底篇幅所能限制的。

本書分作三部。第一部論一般人對民主之誤解。在這個題目之下，分論『我們忽略了的遺產』，『自由，平等，博愛』，所謂『人民之治』，『另一種民主嗎？』，『貴族的謬誤』，『治理之道與被治之道』。第二部論激變時代的暴亂。在這個題目之下，分論『社會改變與社會不安』，『社會的分裂』，『集體無政府之危機』，『個人虛無之傾向』。第三部論『外部的敵人』。在這個論題之下，分論『民主的假面具』，『腐蝕之危機』，並提出『眞實的解答』。書末除索引外，附有註解。註解底價值，至少不在正文之下。這本著作精鍊簡括。讀之可以使我們貫通與民主有關聯的種種問題。評者現在將該書要點依次指陳出來。

一　我們忽略了的遺產

一開頭，著者就說：『如果我們保持着有價值的事物，但是這一事物是什麼，我們却漫不經心，我們不知道它究竟是什麼，我們也不採取愼思熟慮的步驟來保衞它，而對之只有一點淺薄愚昧的了解，那末，我想任何人都會認爲這種情形是可悲的傻事。』著者在此所提出的，正是今日自由世界在思想上面臨的一大問題。一般自由人士，對于自由民主『只有一點淺薄愚昧的了解』。他們口唱民主自由。但是，民主自由究竟是什麼，一經詰問，他們常目瞪口呆，莫知所對。『無知是獨裁極權的溫牀』。你對於民主自由既然提不出正確而穩定的解答，厭惡民主自由的獨裁極權者便乘機提出曲解的說法。種種曲解的說法一經提出，在你腦中三轡兩轉，藉着文字魔術的作用，便使你得出『否定民主自由』的結論。在美國，就有附和俄式民主，說它是『新民主』的人士。讓你始於肯定民主自由，而終於否定民主自由，這正是獨裁極權者嘲弄民主自由底手法之一。在這一戲法流行的世界裏，我們要能『不惼不惑』，穩定民主自由的信念，只靠一點膚面的了解是不行的，我們必須求更淸晰的了解。麥豈斐教授在這一方面可能對我們很有幫助。

『操之則存，捨之則亡』。尙未得到民主者必須鍥而不捨地爲民主之實現而努力。已經得到民主者尤需時常設法保持它，並且使它更新。如果不使它更新，它便難免日趨僵固。民主一趨僵固，失去它底機能作用，便不適於實際的人生。民主一不適於實際的人生，便名存而實亡。杜威說『民主必須代代更新』，正因此故。民主不是崇奉的招牌；而是生活的實際。惟獨現在空無所有者，才一味藉崇奉既往以自壯。麥豈斐說：『我們並非僅僅把民主當作一個傳統來加保持。因爲，這麼一來，此一傳統對於現在便失去意義，以致變成了迷信。民主必須生活在我們之中，永遠常新地應付這日在變動中的時代。』又說：『如果我們因爲崇敬過去而僵持過去的公式，那末我們底「永恒價值」也就死亡。』這一思想方向是開闊的。有而且惟有這種思想方向才能迎接新的機運。一味向過去看的人，是想從木乃伊身上發現復活的奇跡。

『但是，民主是一種內容豐富而又複雜的東西。民主底實際及其意義，同那些與它相反的制度比較起來要複雜多了。當我們以爲民主不需要了解時，我們便最常易誤解它。民主是慢慢進行的治理人衆之事的一種有生命的和時常在改變之中的建構。其他一切制度，不像民主制度這樣需要長久時期的孕育。其他的制度，是靠着遠較民主制度粗暴和原始的方式來維持。生活在這些制度之下的人衆不需要了解這些制度是怎麼回事——他們所需要的，只是工作與服從。如果在這些制度之下有人把這些制度向人衆「解釋」，那末他們底用意不過在使人衆更加服從，而並非使人衆更能參預政事。在這些制度之下，人衆底一切必須順着政府底意志來。但是，在民主制度之下，人衆必須積極參預決定政府動向的事體。』又說：『一切其他政府須要治下子民經過訓練以後接受其命令，並且無條件地服從。可是，民主政治則需要人民作開明的夥計。』請讀者閉目憬憧這種美景。連白晝作夢的權利都放棄了的人，是值不得活下去的。

『民主底危機係由數種原因所生。一種原因係由於有人不了解民主爲何物。另一種原因係由於當民主之要求與某些人底成見，傳統，及其利益違背時，這些人便不顧正視民主的要求。像這樣的一些人，在名義上是「接受」民主的，並且宣稱支持民主；但是，在實際上，他們所作所爲，却是顚覆民主。我們必須明白，無論是治理者或是公民，如果要支持民主的話，那末必須服從某些倫理標準。例如，我們必須明明白白地把每一個人，看做一個人，而不是看做一個階層，一個集團，一個種族之一分子；我們不能根據毫不相干的理由來限到他底公民權。這也就是說，除非這個人自己侵害旁人底公民權，否則我們不能限制他底公民權。這種倫理標準之確立，乃民主與其他政府形式底分別。如果我們否認這種倫理標準，那末就是否認民主政治。』

民主與非民主或反民主的分別之一，乃對人的態度不同。民主對人的基本態度，是不問種族，不分黨派，不問階層；而只純純淨淨地把人看做一個人，把人看成一個純純淨淨的起點；並且，這一起點是等價的。因爲，『人生而平等』。人與人間之爲平等，絲毫不因各自底種族，黨派，和階層不同而有所改變。共黨這一類型的人對人的看法則大不相同。在基本出發點上，他們不承認有純純淨淨的個人。他們認爲個人的價值，係隨着所隸屬的黨派，階層，等等之不同而不同。同是一個人，如果屬於他們底黨派，屬於他們底階層，屬於他們底政治路線，則在他們看來此人價值甚高；如其不然，則糞土之不若；甚且根本剝奪其生存權利。所以，共黨類型的組織，對於『治下之民』，動輒要『調查』其『階級成分』，或『政治背景』，或『過去歷史』，或『思想路線』。民主國邦裏是根本不過問這一套的。只要你不實徵地侵害他人權利，你便可以自由自在，快快活活地過你自己底日子。這是非民主與民主底大分野之一。

民主底另一危機則來自權力之集中。麥豈斐教授說：『民主底另一危機起於權力集中。權力一旦集中，就易誘使强者欺凌弱者。任何一種權力，例如，經濟權力，任何組織底首領所有的權力，無論這權力是工業的或財政的，是教會的，是教育制度上的，是工會的，還是任何其他種類的，都容易把居於首領地位的人與無權力的人分離，因而使得他們底同情心減少。人，一朝大權在握，便很容易自以爲優越於一切。只有極其明哲的人才能抑制自己底這種心理發展趨向。如果這種妄自尊大的心理發展趨向未加抑制，那末此人使行權力之結果，常使彼自覺旁若無人，缺乏爲大家着想的念頭。這麽一來，所謂權力也者，逐漸變成無何有之物，且其外觀則甚堅牢，於是而反民主矣。』

這一段話將權力集中所不易避免的害處說得頗爲扼要。然而，防制這種弊端，僅僅靠個人底明哲是很不够的，而且是很危險的。過去的『聖君賢相』之少，而毒害生靈的權力者之多，適足以證明這一點。與大家一樣的人，一朝權在手，我們沒有理由希望他做好事的機會能比做壞事的機會多。正確可靠的歷史統計學可以在這方面給予我們的啓示，比基於愛國主義或泛道德主義所作的結論要可靠得多。要防制權力集中所發生的弊端，較可靠的辦法是求之於一種制度。就針對這種問題而言，民主制度曾經發揮了最大的功效。

『民主的另一種危機則起於權勢集團之競爭與野心。當權勢集團競爭激烈並野心熾熱時，只顧到各自的利益，而罔顧大家的利益。』這話可謂『切中時敝』。當敵對的集團各自爲其權勢競爭時，其不易避免的結果，爲『只問目的，不擇手段』。而此際各自舉起大招牌，以聚衆，惑衆，驅衆，則成習見之現象。在這種『時代的巨輪』之下，民主幼芽之不被輾碎者，未之有也。於此情勢中，如倘謂藉數瘡痂之法可使病體痊癒，實無異痴人說夢。

『民主的又一危機，爲吾人不應用民主原則以應付動變的情況與動變的需要。在危機臨頭之時，或社會經濟變動激劇之時，民主的這種危機更見嚴重。』社會經濟變動激劇之時，常有權威乘勢崛起，或延續其存在。有人常以爲此類權威之崛起或延續，係由於情勢之需要。此恐因果倒置之談。『權威並非從人民所派生者，而係加諸人民之上者。此一不容置辯的權威能發動一切獨佔性的方法以從事思想灌輸。這種思想灌輸，則又可强化其權威。』這種情形，在蘇俄類型的共產地區可以找到典範的證例。在這一類型底地區，學識、技術、品格、都不是進身的重要條件。進身的重要條件就是所謂『政治思想』。接受了那種『政治思想』，就表示從『心底』對於其權威之崇拜。這種人當然是合格的選民。麥豈斐教授說：『其他形式的政府，端賴乎一個超於一切的權威之威嚴與夫權力而鞏固。但是，民主制度之鞏固，只在於鞏固人民本身。』一刀兩斷，把民主與反民主劃分得淸淸楚楚，誰也沒有遊移的餘地。

二　民主是『人民之治』嗎？

在釐清了自由、平等、博愛底意涵以後，麥豈斐接着討論民主是否『人民之治』的問題。『有人說民主意卽「人民之治」。這種說法並沒有把什麼觀念弄淸楚。因爲，嚴格說來，人民從未治理政事。卽使在像古代希臘的「直接民主」，或現代瑞士鄉村的州裏，我們也很難說是人民自己治理政事的。……我們也不能說民主是「羣衆之治」。因爲，「羣衆」一詞在此處所引起的意念，是與民主全不相合的。在此一提「羣衆」，我們就馬上想到社會被分作兩個彼此對敵的階層：一方面是少數精選的統治幹部；另一方面是未經選取的一大堆人。

『民主政治誠然是訴諸多數。但是，民主政治之訴諸多數，並非一蹴而就，而是逐漸實現的。在民主政治之下，所謂多數，並非那君臨少數人而又具有決定作用的集團。在民主制度之下，所謂的多數，必須一次又一次地從新發現，必須一次又一次地從新在全體人民中湧出。……可是馬克斯習於德國的寡頭政治。對於馬克斯而言，所謂民主，不過是把所謂「普羅大衆」翻過身來騎在別人身上的一種階層統治而已。現代的共產黨人則承襲了這一錯誤的概念。照馬克斯看來，無產階層構成人民。共產黨的「前鋒」乃「人民」之代辦。所以，凡有政治保衞局鐵腕統治的地方，便是「人民民主」存在之處。在民主政治之下，多數的意向誠然是政治底決定因素。但是，訴諸這一原則之唯一的方法，則保證居於少數地位的每一個人享有某些基本權利。卽，發表意見之自由，以及從發表意見之自由所產生出來的其他一切自由。如果這些自由遭受干涉，那末民主也就壽終正寢。無論是多數也好，少數也好，如果把這些政治自由完全據爲己有，民主便要死亡。』

許多人誤以爲民主卽是多數之治。大家有這一誤會，野心家就可因利乘便，利用大家底這一誤會來扼殺民主。在現代統治技術之下，所謂『多數』實在不難製造。『撒豆成兵』的神話，在今日可以成爲事實：電鈕一開，萬口齊鳴。電鈕一關，萬籟俱寂。如果我們以爲民主卽是多數之治，那末很難找出理由來否認這種局面不是民主了。

『人民底功能並非管理政事；而是使政府對憲法負責；並且使政府底措施最後以人民底意志爲依據。』『讓我們重複說一次，人民並不是而且不能管理政事；人民是控制政府的。』人民並非司機。人民是司機底控制者。這一點也是決定民主或非民主的基本關鍵。任何地區，如果人民休想控制政府，而只有政府控制人民，像蛇纏兎子一樣，那末這樣的地區就是非民主的。當然，在這樣的地區，像『人民控制政府』這一類的想法，都看作是『非非之想』，大逆不道的。這種看法，也是有歷史文化根源的。在『父親意像』擴散到政治層面的地區，作個把縣長都認爲是『民之父母』，民主政治在思想上就很難抬頭的。

三　還有別種民主嗎？

有一種流行的說法，把民主分作『政治民主』和『經濟民主』兩種。有了這種分別以後，某些人就說『政治民主』是『上層建構』；『經濟民主』是『下層建構』。依此，他們說沒有『經濟民主』時，所謂『政治民主』是假的。於是，要實現『政治民主』，必先實現『經濟民主』。

對于這樣的說法，麥豈斐教授底答覆是：『並沒有另一種民主。如果人民具有權利和自由依照憲法來建立一個政府或移換一個政府，那末便有而且只有一種民主存在。當民主存在時，我們就不能把受到限制的某些民主形式叫做資本主義的民主或社會主義的民主。並沒有所謂「政治民主」和「經濟民主」這兩種對立的民主。的確，我們非常難得找出「經濟民主」這種名詞底眞正意義是什麼。我們知道「經濟安全」或「經濟公平」甚至「經濟平等」這些名詞底意義。但是，如果我們把這些東西中之任何一個叫做「經濟民主」，那末便是語言之誤用。』接着他又說：『我們想不出什麼理由來說，相信民主的人一定不要設法減輕貧富不均的事，一定不想設法逐步將經濟社會化。』

『民主』一詞，並不必須限於政治的意義。它是含蘊着人生許多方面的名詞。宣傳『民主』有兩種意義者，先把我們所用『民主』一詞底意涵加以縮小，縮小到政治範圍或層面，然後說這種民主無根，我們必需實現『經濟民主』。這是文字的魔術之運用。其實，傳統的民主是一個中軸。從這一中軸運轉，可以解決政治問題，也可以解決經濟問題。肯定民主卽所以肯定自由與人權。沒有自由與人權的人，怎樣去『實現經濟民主』，實爲不可想像之事。如果不要自由與人權而要『經濟民主』，結果就是走上奴役之路。蘇俄共產地區堪稱此路之最佳的寫照。

四　個人與羣衆

關於經驗事物之先驗的原理，這種說法，不是起於給從摸索經驗事物而綜攝出來的規律以『潛存』一類的意含，便是起於錯誤的語言習慣。關於經驗事物的論斷，沒有人不受他所處特殊的時代與環境之影響的。柏拉圖對于民主政治是厭惡的；亞里士多德繼之。之所以如此，原因之一，是當時的民主表現的不佳。基於那樣的表現而厭惡民主，是情有可原的。『然而，現代的哲學家們還對民主採取這種觀點，那並不情有可原。』

照柏拉圖所寫的『共和國』看來，政治必須操於賢人，專家，和『衞士』之手。芸芸衆生，只知飽食暖衣，不宜過問政治的。如果這些人一旦過問政治，結果只有產生混亂。混亂的結果，便是暴政，猛獸橫行。

這種想法是很危險的。麥豈斐說：『具有高尚道德原理的人，例如柏拉圖，如果作政治顧問，結果也許更爲危險。如果這種人一朝大權在握，他們所產生的過惡，也許比受教育較少的人更多。柏拉圖是一個道德的貴族，假若他有機會的話，他一定要把他個人底箴言翻譯成爲法令，來桎梏所有的人。他並不悉人性爲何；他不明瞭帶有懲罰性的道德之危險爲何；他不明瞭貪權奪利之事；他不明瞭權力之濫用；他也不明瞭一般人底一般需要。』這是說的所謂『哲人王』之危險，以及『道德的貴族』之助長這種危險。『哲人王』有許多現代的複制品，斯達林就是其中之一。『道德的貴族』之新的翻板則有兩種：在右方的是些依附於殘餘保守勢力之上的泛道德主義者；在左方的則是對於實行强制性的主義或制度具有特權者。

『民主並非「羣衆」統治；民主也不是只爲「羣衆」而存在的東西。民主並非使庸人成爲神聖。民主並非妨害少數優秀分子，醒覺分子，有敎養分子的東西。民主是在政治上使所有的人從權力底枷鎖裏解放出來的制度。無論在起源上和在行動上，民主制度是要打破一切暴政之根源的。這裏所說的暴政，乃這一集體對另一集體之壓制；或者少數人之鎮壓多數人。『在暴政之下最難堪的人，是人中眞正優秀的少數分子，思想家，藝術家，具有深沉信念者，具有寬廣心靈和自由精神者，對于人類生活的內容有所充實並且把人類生活提高的創造者，探求眞理者，與那些未知的事物搏鬪者，富於夢想和進取心者。在暴政之下，無情的權力一天到晚要摧毀這些人，要馴伏他們，奴辱他們。當着暴政的權力不能使他們馴伏時，便把他們交付給地牢，斷頭臺，火刑柱，和十字架。而聽信主義的羣衆則常常與權力者站在一邊，狂呼「把他釘死在十字架上」』。這是歷史的寫照，也是目前世界一部分地區的寫照。野蠻的權力慾火一日不息，這樣的寫照是寫不完的。

民主與『羣衆路線』是不相容的。『羣衆路線』是到達極權暴政之路。羣衆是在『主義』和『理想』的麻醉之下建立極權暴政的義務墊脚石；或是建築金字塔之不付工資的勞動者。所以，列寧們特別喜好這一路線。在這一路線之下，主義和理想言詞都可以成爲『時代精神』。麥豈悲說：『只有在不太民主的國邦裏，口號名詞才成爲時髦。』這眞是一針見血之言。『德意志高於一切』，『建設社會主義的國邦』，『革命萬歲』，等等口號只盛行於沒有民主的地區。在這類地區，一切與權力牴觸的思想言論不能不隱伏起來甚至消滅。於是，由權力所推動的口號名詞就市場獨佔了。可惜，在這樣的市場上，無自由買賣可言。有之，惟『派銷』而已。派銷的東西，是沒有營養價值的。

『民主政治，在實施時，爲我們帶來新的社會秩序。在民主政治之中，不復實行階層統治。在民主政治之中，「羣衆」如果知道他們該怎樣作，如果得到權利和機會，那末便不復爲羣衆矣。就美國來說吧！美國在開國祖先的時代，政治思想主要地還是寡頭思想。那時，有名的政治家們一提起「羣衆」，便帶着輕蔑的口氣。但是，等到美國民主站穩了，大家都意識到民主爲何事時，這種口氣便消失了。所謂「羣衆」便變爲人民。』

把人當『羣衆』，與把人就當人，其間雖在名言上只隔一根頭髮；然而，在演變的結果上，却差之毫釐，謬以千里。把人當『羣衆』，在古代就是專制或『牧民政治』；在現代就是獨裁極權。把人當『羣衆』，在古代就是『民可使由之，不可使知之』；在現代就是說『羣衆』落後無知，需要領導。這一領導，就變成套上籠頭來騎的驢子了。

民主政治最大的特色之一，就是不認爲治者與被治者之間在智力和道德上有任何距離。而任何反民主的政治則特別强調這一點。說治者才德高人一等；而被治者底知識低劣，人人都是可能的罪犯。稍一究詰，這種强調，在非貴族的政治之下，是毫無根據的。同樣是人，爲什麼今天作老百姓時在智力和道德上與大家一樣，明天作了官兒就馬上才能出衆，德高望重？爲什麼後天下了臺又立刻與大家一樣？有而且只有雙眼看到職業性的治者集團統治便利，才會造出這樣的社會神話(social myth)。這樣的社會神話在東方也是有其長遠的歷史文化根源的。英美國邦，永遠不會出現這類神話。

五　治術與被治之術

『民主並不是一種信條，雖然在民主之內包含着信條。民主並非一種「精神」或一種特殊的生活方式；雖然只有人心和習慣適合民主時，民主才能存續。民主也不是有關人性的一種主張；雖然民主給予人和公民以權利。這些權利能使人和公民具有價值及人格底完整。民主並非有關經濟之類的事務的任何種類的意見。因爲，在民主之下，一切種類的意見都可自由發揮；而且唯有把各種不同的意見藉自由的方式組織起來，民主才得以發揮其作用。民主不是別的，只是一種治理的方式和被治理的方式。在此方式之下，藉着相干的機構，維護各個人底公民權或政治權利。』經此一說，把道德與民主混淆不淸的若干觀念廓淸殆盡。

麥豈斐更進一步徵引馬歇爾底言論。他說：『馬歇爾將軍堅決認爲，民主底要素在於認識「人具有不可讓渡的權利——那就是說，那些權利是既不能授予又不能剝奪的權利。」除非我們有了這些權利而且這些權利受到保障，民主是不會鞏固的。這些權利包含一每一個人藉着他自己選擇的方式來發展其心靈之權利。他無虞恐佈和壓制——如果他不侵犯別人權利的話。馬歇爾又說：「照我們看來，如果守法的公民恐懼失去工作的權利，恐懼失去生命，自由，以及追求幸福的權利，那末這個社會便不是一個自由的社會。」』這乃一個社會是否眞正民主之決定的條件。

麥豈斐接着說：『在民主之下，抨擊政府政策的人不會失去其公民權；而支持政府政策的人也不會因此得到公民權。在民主之下，少數人的意見是不會受到妨害的，正如多數人的意見之不會受到妨害一樣。』獨裁極權之下的情形與此剛好相反。在獨裁極權之下，抨擊政府政策者便失去其公民權，甚至人權也會失去。(人權先於公民權，也較公民權基本。)支持政府政策者才有公民權。在獨裁極權之下，由組織所灌輸與發縱的多數意見像烏煙瘴氣一樣籠罩着大街小巷，少數人底意見則不能抬頭。持少數的意見者，甚至與『不忠分子』爲同義語。

實在說來，像蘇俄共黨霸佔之下的地區，何『多數人的意見』之可言？那不過是多數播同一曲調的喇叭而已。沒有表達意見之自由的地方便沒有眞正的輿論存在。而輿論對於民主，又是這麼重要的東西。『在民主之下，輿論是有創造作用的。這種創造作用是很重要的。創造作用之所以重要，在基本上係由於一項事實所致：如果意見是自由的，那末人底整個文化生活也是自由的。如果意見是自由的，那末信仰是自由的，科學是自由的，藝術，哲學，以及人表現其價值，品鑑力，和生活方式的一切辦法，也都是自由的。』由此可見只有實現民主自由，才有文化自由可言。沒有自由的建構，則一切都是徒托空言。空言何補於實際？

作爲民主自由之重要內容的，是教育自由。所謂教育自由，『不僅意指人民可不納費來受教育；而且思想之自由，討論之自由，俱不受政府妨害。教師不成爲政府政策底推銷員。』在共黨類型的統治之下，教育自由是完全代以黨化訓練的。教師則變成從事這種訓練的可憐工具。

(未完)

讀者投書

（一）教育改革兩案果眞沒有變更現行學制麼？

楊公望

自由中國社編輯諸先生：

我是貴刊七年來一個忠實的讀者。你們不僅是言人之所不敢言者，你們所言不僅是以國家民族的利益爲前提，而且你們的立論都是持平公正，不偏不頗，你們的態度則是嚴謹誠懇，諄諄勸勉，所以，你們的說話常挾有雷霆萬鈞之力。「自由中國」這本刊物今日能成爲海內外方塊字中之權威刊物者，當非偶然之事也。

以這一次教育部所擬訂而準備立付實施的教育改革兩大方案（即國民學校畢業生升學初級中等學校實施方案及四十五年高級中學畢業會考升學聯合考試實施要點）而言，當三月二日臺北各報刊出兩個方案內容之後，除立法院及其教育委員會有許多委員如胡秋原、楊寶琳、張希之諸先生表示反對意見以外（最奇怪的是我們臺北的報紙，只報導教育部長答復質詢的話，而不登載立法委員質詢所說的話。令人大惑不解的，我們的報紙是不是變爲官方的發言人了。我們老百姓應該聽聽兩造的話，有了對照，有了比較，然後才可以判斷那一方面說得有道理，不是歪曲而狡辯。我們尤其要聽聽立法委員的話，看他們是不是盡了責任。因他們是我們的代表，也可作爲下次選舉的時候投出神聖一票的參考。如果報紙的任務是基於客觀事實的報導和批評，那末，我們今日的報紙眞是有虧職守的。其次，立法院開會時，立法委員對這兩大方案明明有人違原則都不贊成，觀於胡委員秋原在三月十七日香港自由人報所發表之意見：「論教育部兩項新辦法—切勿廢壞自由考試之制！」明明說出新制有違憲法精神，何以臺北三月十一日報紙竟說立法委員「原則贊同」，難道我們的報紙還想歪曲事實麼？錢委員雲階的書面質詢也是涉及原則的。他質詢中有若干地方也是不贊成原則的。何來有原則贊同之說？無怪人家說我們沒有新聞自由，不要我們出席國際新聞協會的會議！天下之事，與其責人歧視，紅着臉去硬爭，莫如自己反省，而努力改善。以沒有「新聞檢查」(censorship)制度來證明有新聞自由，人家是不會相信的。俗話說：「啞叭吃餃子，心裏有數。」我們的報館常常接到黨部和機關的指示：甚麼能登，甚麼不能登。那就是沒有新聞自由的），各報連篇累牘的寫社論恭維，譽之爲「革命」教育方案，而電臺亦復大加讚揚，認爲這是教育上的重大改革，獨貴刊主持正議，對兩方案的謬誤之點和行不通的地方，條分縷析，供給讀者以正確的概念。這眞是空谷足音。

貴刊謂國民學校畢業生免試升學方案（儘管現在把免試改爲志願，實際上仍是免試，等於H_2O就是水，不過換一個名稱而已）實施的結果，只是嚴重的損害了基本教育，說得十分詳盡，史丹青先生對「教育兩大措施質疑」一文，對兩方案之弊害，說得淋漓盡致，教育當局如果平心靜思，應該立刻停止實施，一面想法充實基本教育，如貴刊所指陳的三點；一面想法多建校舍，訓練師資，擴充初中班級，以收容國校畢業而志願升學之學生，不必固執成見，狡辯不休。惟貴刊兩文對改革方案變更現行學制之處，說得尚不夠明白，我本想寫一篇文章來作補充說明，使世人明瞭教育部這一舉動是違法違憲，無如教課太忙，稍有空閒又要幫助太太料理家務（現在的教員也好，教授也好，百分之九十是「手腦並用」，最起碼的工作是洒掃整潔），可是今日看報，見到教育部長張其昀的書面談話，竟謂國民學校畢業生升學與高級中學畢業生升學兩案之實施：「並未變更現行學制，僅爲擴充升學機會，簡化考試方法而已」。這眞是睜開眼睛說瞎話。我不管這兩方案實施後之結果如何，其爲變更了現行學制，當毫無疑義。茲願借貴刊之一角，略抒所見，以就正於張部長及法律專家。

甚麼叫做「制度」？甚麼又叫做「學制」？學制乃是制度之一，舉凡教育上由法律或命令所規定之事項而成爲一定格式之組織，都叫做學制。小學六年，初中三年，高中三年，大學四年是學制，小學中學的學生修業期滿，成績及格，由學校給予畢業證書，這才算是小學中學畢業生；儘管學力與小學中學畢業生一樣，但未有這張畢業證書，那只能稱爲同等學力者，這也是學制。六歲至十二歲之學齡兒童，應受六年之基本教育（通俗稱爲義務教育）」，也是學制。國民教育因係强迫教育，故可劃分學區，强令學齡兒童依照指定學區入學讀書，也是學制。

中等學校因非强迫教育，故志願升學之學生有自由選擇中學之權利，這是學制，今方案把初中劃分學區，國校畢業生只有依照所指定之學區升學初中，否則只有升入私立中學，這是剝奪其選擇優良學校之權利，非變更學制而何？除掉强迫教育外，學生選擇學校，乃是他們的權利，今方案忽剝奪他們的權利，豈只是變更了學制而已，簡直是損害了「人權」！

「初級中學入學資格，須曾在公立或已立案之私立小學畢業或具有同等學力者，應經入學試驗及格」（中學法第十一條）。這是學制。就是說初級中學入學資格，一爲國民學校畢業生，二爲具有同等學力者，並須經過入學試驗及格，今國校畢業生升學方案，廢除入學考試，又剝奪了與國校畢業生具有同等學力者入學之機會，非變更學制而何？關於後者，且係損害了人權。張部長於三月二十四日在立法院教育委員會上答復立委質詢時說：「關於國校畢業生升入初中依照教育部方案，而是將畢業考試成績代替入學考試」(見三月二十五日臺北各報。這裏也只有教育部長答復的話，而無立委質詢的話。並謂：「立法院教育委員會二十四日竟日舉行會議，對於教育部所定國校畢業生升學暨高中畢業會考方案，原則上表示贊同，但對於有關技術事項表示關切。」這完全像是官方發出的新聞。據聞當時立法委員如黃建中劉衡靜邱有珍陳際唐韋永成魯蕩平諸先生所說的話，多有不贊成原則的，不悉中央社發表此項消息時，還是根據官方寫好的，抑且親自探聽的。這是公開會議，紀錄當可查考，不能歪曲事實的）。這顯然是在逞其狡辯之能事。中學法上明明規定小學畢業生再經入學考試，現在只要國校畢業，不要初級中學入學試驗，非免試而何？小學畢業考試，是取得畢業資格，初中入學試驗，是新生錄取標準，兩者功效不同。法律可以隨意解釋麼？請張部長問問大法官或法律專家好不好！寫黨史可以歪曲史實，人家莫可奈何，學制乃係現實問題，關係人民權利，不容歪曲解釋的。

中學法規定：「初級中學和高級中學得混合設立」（中學法第二條），今方案規定：「現有之省立完全中學自四十五學年度起，一律停招初一學生，並逐年結束初中班級，專辦高中班級。」這就是說今後公立中學只准單獨設立高級中學或初級中學，不准混合設立，非變更學制而何？

依照中學法第三條之規定，中學以省立或行政院直轄市設立爲原則。但按照地方情形有設立中學之需要「而無妨碍小學教育之設施者，得由縣市設立之」。今國民學校教室不足六千餘間，猶欲「指定地點適中之國民學校一所，自四十五學年度起，增辦初級中學」（本方案如果實施，每一初中學區之初級中學，必然是走這條路的。那眞是嚴重的損害了義務敎育）。這顯然是違反這一條的立法精神，豈只變更學制而已！

大學入學資格，須曾在公立或已立案之私立高級中學或同等學校畢業，或具有同等學力，經入學試驗及格者（大學法第二十六條），今「依照四十五年高級中學畢業會考升學聯合考試實施要點」，一則剝奪了同等學力者入學之機會，二則以會考代替了入學試驗，非變更學制而何？

總之，這兩個方案變更了現行學制的地方太多了，上面不過略舉幾個例子而已。這樣變更是好是壞，非本文的用意，本文只是證明這兩個方案確確實實的變更了現行學制罷了。

所謂「制度」，就是法律或命令所規定的事項，英語稱爲 Law, Rule, Regulation 所規定之內容而成爲一定之格式者，均是制度。制度誠然要因時代進步而變更的，惟在憲法政治之下，如要變更，凡由法律規定者，仍須經由法律程序來變更，如係命令規定者，可由法律或命令變更之。上述教育制度均屬大學法中學法乃至職業學校法所規定者，如必須變更，教育部應將教育研究委員會研究結果建議行政院送請立法院審議變更之。這是憲法政治正常的軌道，也是今日主政者起碼的常識。

憲法第一百七十二條：「命令與憲法或法律牴觸者無效」，在上述場合，如果教育部再一意孤行，立法委員不僅可適用憲法第六十三條咨請行政院正式送交立院審議，而且可以適用憲法第五十七條第二款：「立法院對於行政院之重要政策不贊同時，得以決議移請行政院變更之」。立法院是代表人事行使立法權（憲法第六十三條），你們是不能放棄責任的。

我們現在再從政治的立場來看這兩個改革方案。這兩個方案既然有這樣重大的變動（否則，譽之者不會稱爲革命教育方案，不過，也有人說這是膽大妄爲的方案），最少最少，敎育部應該送請行政院會議討論之。如討論後發覺其有變更法律者，再由行政院決議送請立法院審議。依照我們的憲法，行政院要對立法院負責，行政院是以院長副院長及政務委員爲主體（憲法第五十四條及行政院組織法第四條），故行政院的重要政策（行政院當然包括各部會），須提出於行政院會議議決之（憲法第五十八條第二項）。這樣，行政院才能對立法院負責。若行政院各部會遇到重大問題不提出於行政院會議而擅自處理，行政院又如何能負其責呢？這是責任內閣制的起碼條件，儘管我們的憲法未採用聯帶責任制。

此頌

撰安

楊公望上四五、三、二五

交通部臺北電信局來函

敬啓者：頃閱貴刊第十四卷第四期讀者投書欄內原之道先生一文，對於羅斯福路改建工程中，電話桿線遷移事項，有所指示。茲將經過情形擇要說明如次：

查羅斯福路拓建工程中，電話桿線遷移工程，本局於去年二月中旬接到通知後，即着手計劃一切應備料欵，並於五月中旬即已籌妥。在路基拓寬全部過程中，本局經承派員聯絡，凡遇有障礙拓路工程之桿線立即派工遷移。嗣因有關機關於去年七月商定，該路首先採用電力電信線路共架辦法，本局原定計劃隨而變更。而電力線路洋灰桿架雖於去年十月間即已裝成，但因火力電線與電信線路工程，爲安全問題不能同時施工。電信線路須於電力桿線改架後始能遷移。惟全部線路仍已早告完竣，且於施工過程中，供電與通信得未中斷。至部份未拆電桿，一俟有關機關附掛話線移畢，本局當即剋日拆除。

素仰貴刊主持輿論，深爲各界欽佩，上項報導，敬請惠假寶貴篇幅予以刊登，無任公感。

此致

自由中國社

交通部臺北電信局啓

三月廿六日

讀者投書

(二) 我建議以提名代替選舉

葉時修

臺灣推行地方自治，辦理各項選舉，數年於茲。一般人對於選舉，却愈來愈不感興趣，初辦時的一股熱情，不知到那裏去了。這是臺灣地方自治前途的危機，也是民主政治前途的隱憂！

投票率的急直下降，反應出一般選民的冷淡心情。這原因，說起來很簡單：一個職務，一個候選人，執政黨提了名，無人競選，也不容許有人競選，結果是選也當選，不選也當選，當選票數既無成數的限制，自己一票不也是一樣當選了嗎？因此每逢這種選舉來臨，會令人感到何必多此一舉，硬要不憚煩劇，辦理種種手續，派了各色人員，結果無非是要選民在唯一的一個候選人姓名上印一個紅圈；不去吧，鄰里長一再催促，去吧，實在覺得無謂。因此，我建議以提名代替選舉。免得勞民傷財，大家方便。否則，就得眞正選舉，候選人至少要有兩名，叫選民有所選擇。所謂選舉，最低限度，不應該是這樣的嗎？

就以最近的幾個地方的選舉來說吧：

臺中市第三屆區長選舉，於本年三月十一日舉行，中、東、西、南、北、南屯、北屯、西屯等八個區，祇有中區和西屯區各有一個非國民黨提名的候選人參加競選，結果，全部是舊任區長經國民黨提名的當了選。中央日報地方新聞臺中訊有這麼一段話：「……其他東、南、西、北、南屯、北屯各區，因僅有現任區長一人競選(?)連任，故冷冷清清，一片寂寞，各候選人也特別輕鬆愉快，他們均將毫無疑問的蟬聯區長寶座。」所以無怪乎投票率低到了百分之二四・二(見十二日新生報)。十個選民中去投票的還不到一個半人。

再來看看最近的臺南市區長選舉，東、南、西、北、中、安南、安平共七個區，僅西區除國民黨提名的候選人外，另有一個吳森傳參加競選。選舉是定三月十八日舉行的。可是三月十一日的中華日報臺南版載「吳森傳被控，涉嫌違反總動員法，高等法院臺南分院定本月十四日審理，這次竟帶着「違反國家總動員法」及「囤積居奇」的雙重罪惡恣態，登記爲西區候選人，一般市民對他的違法行爲，記憶猶新，如今竟爾出馬登記區長候選，均紛加非議……」

原來吳某是個西藥房的老闆，這個案子經地院宣判無罪，在高分院上訴中，數月於茲，早不傳，遲不傳，恰好在競選的緊要關頭，開庭審理，時間眞巧得很，因此臺南市街談巷議，爲吳某競選期中應訊而耽心，咸認爲卽或當選，亦將如第二屆的當選人非國民黨提名的黃某一樣，會被宣告當選無效的。結果不用將來費心，吳某沒有當選，全部是黨提名的當了選，投票率不及三成，這能怪誰呢？

我們再看看臺中縣補選縣長吧。

臺中縣自縣長陳水潭(他是上屆國民黨提名的唯一候選人)逝世後，決定補選縣長，登記於三月十一日截止，定四月一日投票。正式登記出馬競選者有王地、廖五湖、蔡梅芳三人，鼎足而三，本可展開一次眞正的熱烈的競選。然而補選形勢，急轉直下，蔡梅芳早已放棄，剩下了一個國民黨提名候選人廖五湖勁敵王地，急於十六日接獲團管區的召集令，徵召服役，任聯勤第三總醫院醫官，限四月一日下午報到，服役期間六個月，復於解釋，自接獲徵集令之時起，卽視爲現役軍人，而不以應召入營爲條件，取消了他的候選人資格。今日(二十三日)報載王地已遵令應召，但對於現役軍人以奉令之時而不以入營之後爲範圍的解釋，表示仍希望有關機關加以解釋，照辦理選舉應行注意事項(省府公報第三十七期)第五十條第三款已項的說明，未應召入營之預備軍官及預備軍士，均無現役軍人身份，不知道爲什麼這次的解釋和以前所公佈的並不一樣，我也認爲有統一解釋一次的必要。這是題外的話，暫且不提。不過臺中縣長祇有廖五湖一人候選，競選的局面，頓時烟消雲散，無怪乎報載「廖五湖的當選已成定局」了。在我們看來，由臺北派專人來臺中監選以及發表政見等等，這已是多餘的事，現尙未屆投票之期，我敢預料投票率決不會高的！

選舉的要義是要有所選擇，既無選擇餘地，根本不應該叫做選舉。我們眞嚮往那種各政黨提名候選人的競選場面，熱烈緊張，選民的神聖一票那眞才有價值！我們更嚮往那事前無法料定誰能當選的民主國家的選舉！

民主政治，非一日可以達成，但我們認爲民主政治的第一步——選舉，却不能走錯！

自由中國　第十四卷　第七期　內政部雜誌登記證內警臺誌字第三八二號　臺灣省雜誌事業協會會員　二四〇

給讀者的報告

最近中共在香港正在全力發動一項全面的和平攻勢，諸如推銷土產，取消出入境限制，以及還鄉運動等等。這些手段來得相當毒辣，目前香港社會因此已受到甚大的影響，不僅工商界很受震動，即自由文化界的陣營也都瀕臨着重大的挑戰。關於這方面的情況，臺灣報紙到現在還沒有任何報導，但凡從香港來的人士無不認為問題嚴重。假如我們現在還不正視事態的發展，並採取有效的對策，則今後香港方面整個反共的形勢，將必為之動搖，進而對海外華僑產生不利的影響。在這一期的通訊欄內，我們發表一篇十分詳盡的香港通訊，客觀地敍述中共這一和平攻勢的全貌。面對中共這一兇猛的政治攻勢，我們應如何迎接它的挑戰，並作有力的還擊？這正是我們在社論(一)裏所要提出討論的問題。我們呼籲政府當局要拿出大氣派來，造成一個大團結的蓬勃氣象。振奮人心，使萬方來歸。這樣我們才能在反共的政治戰中獲致勝利。

我駐聯合國代表蔣廷黻博士此次回國期間，曾給國人以不少諍言。上月十三日在光復大陸設計研究委員會演說時，蔣博士特別勉勵國人，努力在反共知識方面使自由中國成為自由世界之權威。就整個反共事業言，知識的工作其重要性是不能忽視的。這種知識方面的運用對於政治、經濟、軍事等各方面鬪爭勝負的決定，有極重大的影響。我們反共已有卅年的經驗，但是對於這些經驗，我們並未能用科學方法加以整理與研究，使自由世界重視我們在反共方面的知識。在本期的社論(二)裏，我們呼籲政府趕快注意這個問題。

自由平等乃是人類自有歷史以來所不斷追求的理想。然而世界上有很多壞事亦是假自由平等之名而行的。這是因為世人對於自由平等之真實含義，與二者間的關係，未能分辨清楚的原因。本期鄒文海教授用簡練的文字解析自由與平等的意義，並說明只有民主政治才能為人類帶來自由與平等的道理。

白瑜先生的大文是從學理的分析批評到當前的金融實務。本文的主旨是在說明最近商業銀行停止放款措施之不當。放款是商業銀行的基本業務。沒有銀行，現代規模的工商業便無法建立。要想發展工商業，我們就不能不改進金融機關，發展銀行業務。

本期投書兩篇，投書(一)是與教部討論兩大教育方案究竟有無變更法律的問題。這個問題關乎法治的根本精神，立法院必須追問個明白，不能馬虎了事。否則以後行政當局的一切措施儘可為所欲為了。投書(二)則對臺灣地方選舉有所批評，作者葉時修先生是青年黨籍的監察委員，他所指責的事實，關乎民主政治的前途，值得大家注意。試問沒有真正的自由選舉，還談什麼民主？

自由中國 半月刊　第十四卷第七期　總第一五四號

中華民國四十五年四月一日出版

發行人兼主編　『自由中國』編輯委員會

出版者　自由中國社

社址：臺北市和平東路二段十八巷一號

電話：二八五七〇

航空版

香港　友聯書報發行公司 Union Press Circulation Company, No. 26-A, Des Voeux Rd. C., 1st Fl. Hong Kong

總經銷

臺灣　自由中國社發行部

美國　自由中國日報 Free China Daily 719 Sacramento St., San Francisco 8, Calif. U. S. A.

經售者

日本　東京僑豐企業公司

韓國　漢城裕昌德號

馬尼剌　大中華日報社

新疆書店

印尼　椰嘉達天聲日報

泗水文光圖書公司

越南　西貢中原文化印刷公司

緬甸　仰光振成書報店

印度　加爾各答塔梅學校

澳洲　雪梨瑞田公司

北婆羅洲　西利亞坡青年書店

新加坡　檳榔嶼、吉打邦均有出售

印刷者　精華印書館

廠址：臺北市長沙街二段六〇號

電話：二三四二九號

本刊經中華郵政登記認為第一類新聞紙類　臺灣郵政管理局新聞紙類登記執照第五九七號　臺灣郵政劃撥儲金帳戶第八一三九號（每份臺幣四元，美金三角）

FREE CHINA

第十四卷　第八期

要　目

中華民國四十五年四月十六日出版
社址：臺北市和平東路二段十八巷一號

半月大事記

三月廿四日 (星期六)

杜勒斯在對全美電視廣播演說中，報告亞洲之行，認爲臺灣地區最感受戰爭威脅。

美助理國務卿勞勃森在國會提出警告，共黨在亞洲擴張武力，顯圖再次發動侵略。

紐約時報載，俄喬治亞梯佛里斯大學罷課，學校已經關閉。

敘利亞全國學生示威遊行，反對法國北非政策。

三月廿五日 (星期日)

土耳其與巴基斯坦兩國發表公報，決定支持巴格達公約。

三月廿六日 (星期一)

蔣廷黻談話稱，聯合國如欲重振聲威，必須逐出蘇俄。

安理會商討中東局勢，美建議派遣秘書長哈瑪紹前往調停。

美加墨三國首長舉行睦鄰會議。

英外務部公開指責埃及總理納瑟製造中東混亂。

路透社慕尼黑電，蘇俄內部不穩，烏克蘭境內發現叛亂份子。

蘇俄第一副總理米高揚訪問新德里。

三月廿七日 (星期二)

蔣廷黻飛美返任。

美在裁軍會議中提議設立環球軍事通訊，以防止任何國家核子偷襲。

安理會對中東局勢延至下週再採行動。

以色列國會副議長談稱，俄供埃及等國武器總值已過兩億美元。

三月廿八日 (星期三)

美加墨三國首長會議結束，同意支持亞非國家，以阻止共產主義滲透。

俄眞理報刊出長文，斥責史大林錯誤，謂其危害共產主義之發展。

安理會集會商討中東問題。

我駐美大使館聲明，否認我與匪黨間有任何直接貿易。

三月廿九日 (星期四)

省垣各界青年慶祝青年節。

以色列與敘利亞在邊界交換俘虜。

瑞典總理抵俄訪問，將前往喬治亞考察。

蘇俄消息報宣佈，俄帝教育部長凱洛被免職。

印巴兩國協議不在邊境衝突。

美國防部長威爾森在國會警告稱，美俄儲藏原子武器足可毀滅世界。

三月三十日 (星期五)

美副國務卿胡佛讚揚我國與美衷誠合作，並證明我與匪黨間無直接貿易。

三月卅一日 (星期六)

美聯社華府電報導，美總統會正告加總理，決不承認共匪政權，並聲明決不同意共匪混入聯合國。

法越訂立協定，法駐越軍隊定六月底撤竣。

日代表松本俊一表示，日俄和約談判陷入僵局，恢復希望黯淡。

四月一日 (星期日)

國防部爲保持國軍戰力，決實施官兵退除役總檢辦法。

「自由中國的宗旨」

第一、我們要向全國國民宣傳自由與民主的真實價值，並且要督促政府(各級的政府)，切實改革政治經濟，努力建立自由民主的社會。

第二、我們要支持並督促政府用種種力量抵抗共產黨鐵幕之下剝奪一切自由的極權政治，不讓他擴張他的勢力範圍。

第三、我們要盡我們的努力，援助淪陷區域的同胞，幫助他們早日恢復自由。

第四、我們的最後目標是要使整個中華民國成為自由的中國。

英駐埃及陸軍最後一批撤離。

印度於拒絕購買蘇俄武器後向英國訂購噴射機與戰車。

四月二日 (星期一)

臺省教育行政會議閉幕，蔣總統致詞，指免試升學方案須分區分期實施。

希臘國王保羅宣佈，充分支持塞島人民爭取自決。

日本政府決定，限制人民前往匪區旅行。

四月三日 (星期二)

行政院長俞鴻鈞列席立院第二次秘密院會，報告施政計劃及總預算編製經過。

美政府決定暫不以軍火售與以色列，惟不反對英法供以武器。

蘇俄紅星報開始攻訐史大林生前軍事領導錯誤。

美原子能委會宣佈，蘇俄最近又舉行另一次核子試爆。

美提新裁軍建議，促設世界裁軍機構，進行管制普通及核子武器。

四月四日 (星期三)

艾森豪在記者招待會中表示，未得國會事先同意，決不下令美軍採取可被解釋爲戰爭的任何行動。

艾森豪表示曾與艾登通信，洽商中東危機等事。

安理會通過美建議，派哈瑪紹前往中東斡旋和平。

四月五日 (星期四)

臺北各界代表追悼大陸死難同胞。

行政院例會通過任命董顯光爲駐美大使，劉師舜爲駐墨大使，唐君鉑任國防部次長。

共匪廣播，首次攻擊史魔，斥其個人崇拜。

西班牙與摩洛哥兩國首長簽署宣言，結束摩境西屬保護國，使摩洛哥獲得完全獨立。

鳩山當選爲日本自由民主黨總裁。

四月六日 (星期五)

我外部發言人表示，俄對裁軍無誠意，希望西方勿中詭計，並聲明共匪無權與外國簽定協訂。

立院舉行秘密會議，將國家總預算案交付全院各委員會聯席會議審查。

國際反集中營委員會代表范瑞等來華進行調查，搜集有關共匪奴工及集中營資料。

哈瑪紹啓程赴中東。加薩地區衝突未已。

法政府決定加速徵軍，增援阿爾及利亞駐軍。

四月七日 (星期六)

中東以埃邊境發生炮戰，並自加薩地區擴及北部。

哈瑪紹與英外相會談後，前往羅馬。

越南政府不承認日內瓦停火協定。

馬倫可夫於訪英後，返抵莫斯科。

俄匪簽訂兩項協定，貸借鉅款積極備戰。

四月八日 (星期日)

埃軍一度深入以境，以色列實施新安全措施。

美駐俄大使包倫返美。

錫蘭議會選舉，主張保持中立的人民陣線獲勝。

四月九日 (星期一)

臺省實施都市平均地權，政府通飭各縣市，定十二日起接受土地所有權者申報地價。

加薩地區衝突繼續，以色列進入全面備戰狀態。

哈瑪紹抵達貝魯特。

社論 (一)

毋自壞長城！

——向立法委員進一言——

民主政治從制度上來說，就是「議會政治」。即以議會爲代表人民、行使主權的機關。細析之，其內涵有左列二點：

第一　人民或其代表機關要能夠監督政府；

第二　政府必須對人民或其代表機關負責。

上述兩點在實質的意義上，內閣制的民主政制固然如是，總統制的民主政制亦復如是，我們的憲政制度當然如是，儘管我們的憲法是採行「有限度的責任內閣制」，或叫做「修正式的責任內閣制」。

中華民國憲法上的議會就是今日的「立法院」。依照憲法的規定，我們的立法院是享有很大權力的，不僅具有憲法上第六十三條所規定之權，還賦有憲法第五十七條所列擧之權。其權力縱不若英國的巴力門「除了不能把男變女或女變男之外，甚麼事情都可以做的」那樣大，但在「不違憲」的前提之下，甚麼意見都可以提出的，甚麼事情都可以過問的。此話怎講呢？

請先說明憲法第六十三條的意義，即可瞭然我們立法院的權力。該條除規定立法院有議決法律案、預算案、戒嚴案、大赦案、宣戰案、媾和案和條約案的權力外，還賦有議決「國家其他重要事項之權」。這一句話內容包含甚廣，大家不可忽視。這一內涵與憲法第五十七條第二款所定：「立法院對於行政院之重要政策不贊同時，得以決議移請行政院變更之」，也是互相呼應的。因此，我們的立法院對於行政院的重要政策均可隨時要求移送討論，行政院是不能加以拒絕的。立法委員如有要求行政院移送討論的時候，其他的立法委員也無權加以反對的。當然，在討論的時候，立法委員固可反對行政院的政策，亦可贊成行政院的政策。

憲法何以有這樣的規定呢？因爲，立法院必須具有這樣的權力，立法院才能負起代表人民監督政府的責任。

這一次教育部所擬訂而準備立付實施的（教育部已於三月十日以臺普字第二七七八號公函給臺灣省政府希對國校畢業生升學方案查照辦理，故事實上已令知臺省照辦了）教育改革兩大方案，其內容不僅草率誤謬，且與現行教育法律牴觸變更之處甚多。其變更現行學制（現行教育法律）的地方，本刊第十四卷第七期所載楊公望先生的「教育改革兩案果眞沒有變更現行學制麼？」一文，指摘十分詳盡，凡是稍具法律常識（中學讀過公民課程）的人，都能明瞭這兩個方案所以變更學制的地方，故不能僅僅視爲單純的行政措施的者，至爲明顯。胡委員秋原等提議要求立法院函請行政院將這兩個方案移送立法院審議，自爲人民代表機關依據憲行使職權、監督政府的正常途徑（錢委員雲階的質詢亦同此意）不料竟有立法委員潘廉芳等對胡委員等之提議表示異議，並正式提案要求立法院對胡案不予審議。我們聽到此項消息，不僅大惑不解，也感到萬分詫異。

潘委員等所持的理由，一則曰：「此兩案僅爲臺灣省地方教育上之行政新措施，若要求審議，未免有越俎代庖之嫌」；再則曰：「此方案祇是簡化考試方法，與現行法律並無牴觸」；並引述教育部張部長在立法院教育委員會所作的狡辯式報告：「關於國校畢業生升入初中，依照該方案內容，並非免試，而是將小學畢業考試成績代替初中入學考試，高中畢業生升入大專學校，是將畢業會考與升學考試合併擧行」，以求證明這兩個方案眞正沒有牴觸現行教育法律。須知法律是現實問題，關於人民權利義務，其解釋有一定的客觀標準，不是隨着個人的便利而可以任意歪曲的。潘委員等如果贊成教育部的政策，在立法院討論這個方案的時候，儘可支持教育部的意見，但絕不允許放棄憲法上所賦予立法院的職權。

再退一步言之，即令這些方案沒有變更教育法律，最少最少也是教育政策上的重大變更，立法委員也應該根據憲法上「國家其他重要事項之權」，要求行政院移送討論，何能說這是越俎代庖呢？又何能說這樣有過問地方行政之嫌呢？如果關係國家百年大計（方案前言）的教育政策，立法院可以置之不聞不問，試問國家其他重要事項的內涵究是些甚麼？

報載政府對國校畢業生升學方案，打算分區試辦，分年實行，即令這樣下場，亦屬學制上之重大變更，亦係教育政策之重大改革，自應經過立法院詳加審議，訂頒法規，決不能僅僅視爲單純的行政「新」措施。

民主政治要期其能夠建立起來，並進而求其發展，不能僅靠憲法上有個民意機關，不能僅冀政府或社會對之重視，而民意機關自身要能夠肩起責任而不有辱代表之使命。天下的事情多是相對的：此方退讓一步，對方可能更進一步；此方挺住不動，對方可能就此止步。民意機關如希望大家對之重視，民意機關自己必須站得起來，遇事而不喪失自己的立場。議員們在議會內說話，對外固可不負法律上的責任，但道義上的責任則不能不負。主權者的人民現在雖然莫可奈何，但下次選擧的時候，他們可以根據議員們過去的作爲來作判斷的。

用上述標準來衡量我們的立法院，立法院有若干地方是不能令人滿意的；從人民的立場來批評立法院，立法院有些地方是未盡職責的。其所以致此的原因固然很多，如執政黨之加强控制，如點名表決之過分束縛，如立委之不敢暢所欲言，如缺乏有力反對黨之政治運用，在在可使立委態度趨於消極，但這幾年立委自身的表現，也不無可以非議之處。其中最受社會指摘者，如立委不正常出席院會和審查會（尤以後者爲甚），如簽名後溜之大吉，如每週二五的院會上午出席下午不到，如若干質詢之不切實際等等，均足造成立法院趨於癱瘓而受人輕視的結果。民主自由也好，人權保障也好，都是要靠自己的奮鬪去爭取的，天上決不會自動掉下來的。我們謹以至誠希望立委諸公要振作精神、矢勤矢勇、爲中華民國的憲政樹立楷模。

社論

（二）

不能接受的「籌設中醫學校」案

——行政院應即移請立法院覆議——

據三月廿八日報載中央社訊，立法院於廿七日通過一項議案，請政府籌設中醫學校及中醫藥研究機構。這個消息見報的時候，本刊十四卷七期剛剛截稿待印，來不及表示意見。現距消息發表，雖然已過半月，但在法律程序上，對於這案件也許還有打消的時效。即行政院接到這個議案以後，可依憲法第五十七條第三款之規定，於十日內移請立法院覆議。因此我們覺得尚有說話之必要。

這個議案包括兩件事：一是籌設中醫學校，一是籌設中醫藥研究機構。關於後者，如果所謂「中醫藥」係「中醫所用的藥物」之簡稱，而不是兼指中醫中藥兩者而言，我們覺得可以辦理。至於前者——籌設中醫學校這件事，則是我們所要反對的。反對的理由是基於一個客觀的事實，任何人所無法否認的事實：

我們通常所說的「中醫」與「西醫」，從本質上講，即是「經驗的醫術」與「科學的醫學」。從醫學進化的過程來看，最初有迷信的祛病方法，後有經驗的醫術，再後到了近代才有科學的醫學。這是個客觀事實，這是我們談到所謂中西醫問題時所必須承認的一個基本事實。

所謂「中醫」，其本質和其在醫學上的地位既然如此，那末，在已有了科學醫的今天，所謂「中醫」也就失其存在的價值了。這猶之乎有了望聞問切的經驗醫，求神捉鬼的祛病方法就該丟掉。我們不否認經驗醫有時也有效，猶之乎我們不否認求神捉鬼對於某種病人也還可發生效力。但是，我們得承認，經驗比迷信可靠，科學比經驗更可靠。而且「中醫」還不是純經驗的，其中還夾雜着許多五行生剋、陰陽怪氣。

反對籌設中醫學校的立法委員伍智梅，在她的書面意見中，對於創辦中醫學校列舉五點疑問（廿八日報載之中央社訊，亦略有記載）。我們覺得這幾點疑問固然是討論到這個問題本身時所應涉及，但這畢竟是些枝節問題。我們反對籌設所謂「中醫學校」，是從一個進化的觀點出發。我們生活在現代世界，就得要求知識現代化，我們反對抱殘守闕，反對固步自封，反對復古，反對開倒車。在這一大前提下，枝枝節節的問題值不得討論。

我們也承認，在任何一個現代化的國家，社會上總不免有些歷史的殘餘事象。以美國那樣進步的國家，到今天還有族種偏見。但是，我們應該認清一個要點：即歷史的殘餘事象，如果只是存留於社會，而沒有政治上的支持，則這種殘餘事象，不足為現代化之害。例如美國的黑白分校問題，政府（司法機關）是站在進步方面的。我國歷史悠久，社會上留存的歷史殘餘事象自然更多。卜卦的、算命的、看相的、摸骨的，以及我們現在所討論的「中醫」都是。這些行業存留於社會，乃至他們自己招收生徒，傳授衣鉢，政府似可不必過事干涉。但決不可以政治的力量去支持。以政治的力量去支持歷史的殘餘，這就表現這個國家是抱殘守闕，是固步自封，是在開倒車！

現在，這個籌設中醫學校的議案既經立法院通過，立法院本身不會自動地採取變更的辦法，我們只好屬望於行政院了。我們屬望行政院接到立法院這個案件後，即依憲法第五十七條第三款的規定移請立法院覆議。我們記得行政院曾為兵役法施行法第十四條的修正案行使過憲法所賦予的覆議權。這次事件遠比兵役法施行法第十四條更為重要。因為它關係一個時代精神。行政院對於這個案件移交覆議與否，就可看出它所代表的精神是現代化的，還是反現代化的。

照憲法規定，覆議案如經出席立法委員三分之二維持原案，行政院長應即接受該決議案或辭職。我們查考上月廿七日立法院議事錄，那一次院會的出席委員有四一七人，但表決此案時在場委員只有一六四人（即中途走掉了二五三人），因而得以一百四十一人的贊成而通過此案。我們相信，立法委員當中，有現代化頭腦的當為絕大多數。如果這個案子移請他們覆議，他們鑒於覆議案後果的嚴重，應該踴躍出席來支持行政院打消這一議案。萬一覆議時又經出席立法委員三分之二維持原案，而俞院長寧可職辭而不接受的話，則歷史會為俞院長留下光榮的紀錄。因為他在這件事上，是以負責的態度表現出現代化的精神。但是這樣的結果，不是我們所希望的。我們希望行政院把這個案子移請覆議，我們也同樣希望那些反對籌設中醫學校的立法委員們，大家拿出責任心來，每個人都出席參加覆議，參加表決，把原案打消。

社論

（三）悼念羅鴻詔先生

中華民國四十五年四月三日是本刊一個不幸的日子。那一天，我們編輯委員之一羅鴻詔先生因患胃癌症逝世！

羅先生於民國前十五年（一八九七）出生於廣東興寧縣。他的家，多少有點田產，哥哥兼營商業。父親在他出生後不久卽去世。他的童年生活，是在祖父膝下過出來的。老年喪子的祖父，對於這個無父的孤兒，特別愛憐，幾乎朝夕不離懷抱。祖父喜讀唐詩，鴻詔先生從牙牙學語的時候起，每天從老人口中聽熟幾句唐詩，依聲朗誦。日積月累，在他認識「人之初」三字以前，一部「唐詩三百首」已給他背誦大半了。由於這樣聰明表現，祖父對他更加憐愛。他的個性倔強，乃至有點近於乖僻，據他自已說，大概是在這樣的童年生活中塑成的。

民國六年，他到日本去求學，民國八年考入東京第一高等學校特別預科（這是爲中國留學生而設的），一年後畢業，進入名古屋第八高等學校。民國十二年升學東京帝大，硏究哲學。他對於英國新康德派的哲學，有獨到的見解。他以其見解寫成畢業論文，甚得東大哲學系主任敎授桑木嚴翼先生的賞識。

羅鴻詔先生之遺像

民國十五年他在東大畢業後返國，先後任中山大學、金陵大學、曁南大學敎授。對日抗戰發生後，曾一度在軍事委員會第三廳當科長，主持宣傳工作。當他的工作單位，在「長沙大火」後奉命向重慶撤退時，較高級的工作人員大都倉皇離散。那時，長沙及其附近，亂得一團糟，他獨負機關撤退的責任，在交通困難、敵機威脅之下，親身把大批累贅的公物，經漫長而險阻的西南公路，安全地搬運到重慶來。看似鬆懈或懶散的羅先生，到了這種緊急關頭，他是奮不顧身，盡其責任的。

抗戰期間，重慶復興崗設有一個訓練機構，叫做「中央訓練團」（性質類似今日陽明山的革命實踐學院，而規模更大），分批把黨政軍各機關的上中級人員調訓。調訓的目的，據說是爲「統一思想」；受訓的人，大都是考慮做官的前途。這樣的調訓，有一次調到羅先生身上，他乃憤而辭職，再到中山大學任敎，以迄這次大陸淪陷。

大陸淪陷後，羅先生由香港隻身來臺。那時，正當本刊創辦的初期。由於他的加入，我們在反共反極權的理論鬭爭中，又多了一分力量。六年當中，除寫若干篇社論以外，他在本刊發表的作品，共有二十二篇。其中除少數政論外，大都是屬於理論方面的文章。而這些文章，有的是直搗共黨理論的本營，有的是給我們反共陣營中若干錯誤理念以鍼砭。

關於羅先生的思想類型，我們很難以幾句話交代明白。大體上講，他受了我國儒家思想的影響頗深，儘管他對於西洋哲學——古代的和近代的——都用過相當的心力，他仍爲一個東方型的學者。雖然如此，但他決不屬於藉先聖昔賢的幽靈以自我陶醉的國粹派。他的眼光看到了世界，看到了現代；他是民主義的信徒，他是自由主義者，他在反共反極權的理論鬭爭中，是一個死而後已的鬭士。

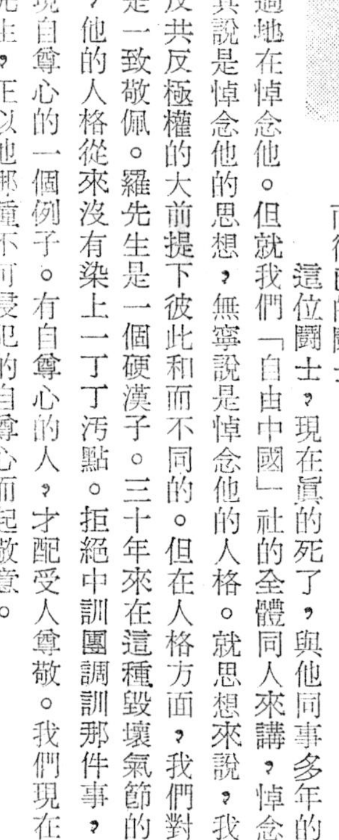

這位鬭士，現在眞的死了，與他同事多年的我們都很難過地在悼念他。但就我們「自由中國」社的全體同人來講，悼念鴻詔先生與其說是悼念他的思想，無寧說是悼念他的人格。就思想來說，我們大家是在反共反極權的大前提下彼此和而不同的。但在人格方面，我們對於羅先生到是一致敬佩。羅先生是一個硬漢子。三十年來在這種毀壞氣節的現實政治中，他的人格從來沒有染上一丁丁汚點。拒絕中訓團調訓那件事，不過是他表現自尊心的一個例子。有自尊心的人，才配受人尊敬。我們現在悼念羅鴻詔先生，正以他那種不可侵犯的自尊心而起敬意。

論個人主義

東方既白

自中共佔據大陸以後，許多人對于自己思想有一種深沉的反省，胡適之先生就對于自己過去相信社會主義爲人類社會的演進自認是一種錯誤。我比胡適之先生年輕，但是我比胡先生更早相信社會主義，也較早的揚棄社會主義，這是說我祇是在很短的時期中做了社會主義的信徒，相信社會主義可以使人類有眞正平等與自由。我之所以這樣快擺脫社會主義的思想圈套，有兩種修養上的因素：一種是當時我對于心理學的發生興趣，第二種是我的藝術論與社會主義的思想體系不能相容。個人主義就是我從社會主義的思想走到民主自由的思想的橋樑。

在中國文化圈子中，個人主義一直是被人所排斥的；左右兩邊的黨派都反對這個東西。一般人都故意歪曲，或者是眞是不懂，把個人主義與自私自利自大混爲一談。好些次，我爲文爲個人主義辯護，但這類文章在當時是連發表地方都沒有，不用說可以引人注意了。

當我由個人主義渡到民主自由的思想以後，發現許多以民主思想爲信仰的人竟也有不了解不贊成個人主義的。這就使我感到非常寂寞。一直到現在，我發現眞正了解民主思想與個人主義的關係的朋友還是不多。

個人主義（individualism）並不是自我主義（egoism），也不是自大主義（egotism）。個人主義是從生物學上認識人放到社會上做單位的主義，即「人」，活生生的人，是任何社會的一個單位，是不可再分割的單位。

人之所以不能再分割者，是因爲人是生物的整體，有許多生物如蚯蚓可以一切爲二，這二段蚯蚓可以仍舊生存，這在人是不可能的生物。進化到脊椎動物階段，神經系統成爲一個整體，進化到人，神經的總樞紐都集中在頭部。所以在心理上人有一個統一的精神活動，這個精神活動，不管如何複雜，它在同一時間不會有兩個意念。人可以斬去一個胳膊仍舊活着，但是斬去的胳膊已是無知無覺，而人則仍是一個人。我們祇能說他是殘廢，不能說他是半個人。除了瘋子或神經病以外，人的精神活動是自覺的，可以反省的。

人既是一個不可分割的整體，所以他的存在是天賦的。世界上有許多人爲的組織，被解釋是有機體的整體，如黨、如國家、如幫會。但是我們不能承認它，因爲它是可以分割的，它同時可以有兩個或兩個以上的意念。

人的單位概念正是民主思想的一個基礎。如果你不相信民主制度則已，相信民主制度就得承認人的單位，也就是說你必需相信個人主義。

個人主義的概念之所以爲人所誤會，因爲它的涵義是因民主思想之發展而形成，在現在，它是與人權概念不能分離，所以有人說個人主義應譯作人人主義才對。這是很有見識的話。

實則在字義上講，個人主義（individualism）與自我主義（egoism）是很相近，自我主義的極端者叫做自我中心者（egocentric），這種人往往以自己爲世界的中心，再趨極端就變成自我狂（egomaniac），這就已經到了變態的瘋狂的境域了。

人類文化的發展，是從人的需要求了解環境，求了解社會；而對于人的本身則反而疏忽；對于人的本身的了解，在生物學上是達爾文的進化學說開端，在心理學是福勞伊德學說開端，到現在，人開始一步步的切實地在謀了解自己了。

我們相信民主思想的人，都會說出民主思想的根源：中西的大哲人都有過民主思想。希臘的雅典已經有民主的制度，孔孟遺教裏都有片斷可摘取的民主思想。但是這些民主思想，都是不完全的。其所以不完全的緣故，是他們當時都不認識所謂「個人」，——個體的人。雅典的民主祇限于雅典的公民，當時的奴隸是不在民主之內的。現在談民主的人都推英美，實在英美的民主，也是同希臘時代一樣，祇限于某一部份的人。美國人之對待黑人，英國人之對待殖民地的人，都是不把他們包括在民主之內的。直到第二次大戰以後的今日，才逐漸地有點改進。人類對于人的開始認識是不到兩世紀的事情，但對于公民國民的認識則已有幾千年的歷史。

在人權運動的歷史上，出現于各國的可以說都是民權。民權既然以國民的單位，就很容易被引入于國家主義上去。一個國民要自由與幸福，必須先有富强的國家，因此國民就應當爲國家犧牲一切了，連人權在內。這種國家主義後來就流于極權主義，而民主主義，也就限于公民的民主主義。這兩種其實還是希臘時代的斯巴達與雅典的形式。

在達爾文以前，人對自己沒有生物學的認識，達爾文以後，崛起了一種進化的人種優越學說，如無色人種比有色人種進步一類的言論，這種言論到希特勒的亞利安種人種論成爲最高的發展。種族優超論是毫無根據的一種學說，是公民的民主主義國對待殖民地人民的一種理論。

種族優劣論如果是對的，當然白種人裏還有優劣之份，希特勒的亞利安種最優說自然也可以成立。這就變成極權主義的理論了。

極權主義是集體主義，也是獨裁主義。他雖是講求集體，可是理論倡說者與獨裁者都是自我中心者，如黑格爾、如尼采，至如希特勒、史太林之流，則已是自我狂的人了。這種集體主義的獨裁者要反對個人主義原是必然的。因爲自我中心者就是不能容第二個中心的人。

但是個人主義不但不是自我中心者，而且最反對自我中心。因爲個人主義是把人看作生物的個體，而人人都是平等，人人都有天賦的人權與其個體的尊嚴的。個人主義反對自我中心，同時也反對種族優劣論。個人主義者從生物學、生理學、心理學去認識人。人就是人。人可以有强弱智愚之差異，但都是人，不是超人，不是神。人人有他的優點，人人有他的缺點。沒有一個人是全智全能、十全十美的。因此人人都有他人格的尊嚴，人人應承認人格的尊嚴。這是眞正個人主義的主張。個人主義是因爲對人的認識而深入，其意義變成非常肯定，因爲民主思想的進展，其概念變成十分明確。因爲這二者是不可分的。

個人主義如沒有民主政治思想的含義，個人主義很容易就流入自我主義，甚至自我中心者；民主思想如沒有個人主義的含義，這民主思想是不澈底的，是沒有基礎的。它最多也祇能成爲公民的民主主義。

第二次大戰以後，人有新的覺悟。這覺悟就是民主思想與個人主義的思想有新的結合。這結合最明顯的就是見于聯合國的普徧人權宣言，它于第二條上說：

「人人皆得享受本宣言所載的一切權利與自由，不分任何差別，例如：種族、膚色、性別、語言、宗教、政治或其他意見、國籍或家世、財產、出生或其他身份。……」

不分一切，而承認人的基本人權，每個人都有這人權。你要尊敬我的人權；我要尊敬你的人權。你要尊敬我人格的尊嚴；我要尊敬你人格的尊嚴。這個「人」的概念，是直接從生物學來的，不限于國界的公民，種族的優劣，更不限于年齡、職業、地位、身世。這就是個人主義所說的「人」的單位。

近年來，我同民主人士接觸；大都愛談政黨的自由，言論的自由…等等，談到個人主義，似乎都不甚注意或了解。實則它正是民主的眞正基礎。而許多人士竟有對它完全不知其爲什麽者。舉一個例來說，如最近香港出版的熱風半月刋上有曹聚仁先生一篇「自由與組織申義」的文章。他說：

『譬如單純的個人主義的社會，如魯濱遜一般的生活，貨幣是不存在的，道德是不存在的；然而我們並不能在孤島上過魯濱遜式的生活，人生總是鐘擺似的，動盪于「個人主義」與「社會主義」——自由與組織兩極端之間，貨幣是存在的。人類的矛盾就是這麼開了頭的。』

把魯濱遜飄流記裏的生活，當作個人主義。以爲離羣獨居的生活就是個人主義，這眞是把個人主義不知誤會到什麽地方去了。曹先生是做個多年大學教授與新聞記者的人，竟如此不了解個人主義，可見個人主義在中國之不盛行與無人注意了。

自然，曹聚仁先生在那篇文章上，還把「社會」與「社會主義」想混淆了，他說：

「人必須成爲『社會人』。才可以活下去，那是無疑的。」又說：

「……所以，人必須在人羣社會中活下去，否則，卽如魯濱遜一樣飄流到荒島上，也還是依靠着人羣生活的經驗來生存的。」

這些話都是對的。但與他上面所說社會主義有何關係？

人脫離不了人羣與社會，但並不能說人脫離不了社會主義。社會主義是把社會組織化的集體主義，眞正的民主社會不是組織化的。

社會是人羣，祇是結合 (association) 的關係，不是組織 (organization) 的關係。學校是一個社會。我們送孩子入學，參加那個社會，不能說是參加組織。我們一生出來，就在一個父母的家庭裏，這也一種結合，不是參加組織。

人是社會的動物，但不是組織的動物，人不能離社會而生存，但不能說人不能離組織而生存。學生入學校，學校有許多組織。我一個都不參加，還是學生，還是學校社會的一份子，他還是有讀書的權利。這祇是舉一例子來說明。其實所謂個人主義就是在社會裏的意義，離開了社會，就無所謂個人主義。一個人不能稱謂社會。個人主義就是在社會中以個人爲單位的一種主張與思想。這種思想在政治中就與民主思想無法分離的，民主的社會不是組織的社會，但不是說沒有任何的組織。個人主義也並不是主張社會不應有任何組織。不過個人主義主張有參加與脫離任何組織的自由。學校的行政機構是一個組織，這組織是爲處理學校事務而存在。因爲有學生，所以有學校；學校要管理，所以有組織。組織是爲學生而設立，並不是學生爲學校行政上的組織而來的。

不用說，個人主義是主張個人自由的。而個人主義的自由，又是極力尊重另一個人的自由的。基于這個理由，個人主義是最尊重秩序的。而秩序與自由是相得益彰的事情。譬如馬路上的交通，因爲要自由，所以有交通規則所定的秩序；因爲有秩序所以大家自由；倘沒有秩序，馬路馬上阻塞不通，車翻人亡，還有什麽自由？譬如購物排隊，是爲個人的自由，才有此秩序；如不是爲人人的自由，則强者搶先，弱者永遠被擠在後面，就不需要秩序。個人主義以人爲單位故最尊重秩序。但是曹聚仁在上述的那篇文章又說：

「……有時候他想建立秩序，有時候他又渴望自由；把秩序和自由合而爲一，似乎又在他的力量之外。」

把自由與混亂，秩序與組織相混淆，這是中國提倡自由與秩序以來，一直沒有澄清過的觀念。往往反對自由者實在不過是反對混亂，而履行自由者實際只是履行混亂而已。在自由戀愛運動中的家庭悲劇，學生運動中的學校悲劇，許多都是根源在此。這就是中國沒有好好地推行個人主義的教育與提倡個人主義的思想所致。

個人主義實際與社會的秩序最能融和而互相合拍的。個人主義的自由與組織有時可以不十分一致，但是個人主義並不反對組織。個人主義祇是認爲組織的目的是爲維護社會的秩序與個人的自由而成立。所以從這個原則出發的組織，個人主義者不但不反對，而且是擁護的。所以在個人主義者講起來，組織祇是手段，不是目的；組織是人的工具。人運用組織的工具來維護、保衞個人的人權與自由，這正如一個發電廠爲維護每一盞電燈發亮是一樣的。當組織成爲目的而失去手段意義的時候，個人主義者馬上會敏感地覺得這組織一定是爲一自我中心者所利用，而通過這個組織，要將「個人」成爲手段了。所以提倡個人主義，也就可以防止獨裁。在個人主義發達的國家，自我狂的英雄很難操縱組織，就是這個道理。

以前有人說民主國家有自由沒有平等，社會主義國家有平等而沒有自由。這種謬見現在已經不值一辯。蘇俄等國家之不平等已有目共覩。中共王實味對于不平等略有微言，就被清算，認爲平勻主義是小資產的空想。其實自由與平等不是兩件毫無關係的事情。天下最不平等的事情就是一部份人有自由，一部人沒有自由。個人主義者認爲人生來就是平等的，大家都有平等的人的尊嚴。而人人有生的權利，這「生」的平等應由政府——這是一個維護每一個人的人權與自由的組織——來維護。至于「生」以上的物質上的平等，個人主義者並不能要求，這因爲個人的旨趣不同，有人愛懶惰儉約，有人愛忙碌富有，有人不愛任何享受，獨愛收集郵票、書畫，有人愛吃，有人愛穿，這是無法使人人一樣，而表面平等的措置，往往就是失去了最首要的平等——自由的平等。

個人主義從生理學心理學上認識人的體力智力旨趣的不同，所以並不主張高低一律的平等，或所謂平勻主義；但個人主義儘管承認人有智愚之不同，但從生物學、生理學、心理學來認識人，深切地知道人是要死要老的，人的生理隨時會有毛病，人的心理有時也會有病態，因此個人主義者絕不相信有全智全能的人，個人主義者認爲任何英雄偉人聖賢，一旦神經錯亂，都會有荒謬絕倫的言行，因此個人主義者不相信任何獨裁的英雄與聖賢。

個人主義者不但不相信大陸似的以一個人的思想爲思想這種荒謬的話，他還不相信一個人，一個活生生的人，一個人新陳代謝的人，如果他有進步，他可以死守一派一家的思想。

總之，個人主義者覺得人是生物學的人，在長成死亡的過程中，人必是不斷的有改變，也絕對相信別人也是要改變的。而一個人的思想情緒常常因他年齡的老大而保守，因他心臟衰弱、消化不良或其他生理上阻礙而反常。所以個人主義者不得不相信民主制度爲他社會的理想。

人權運動不過兩世紀的事情，英美等民主國家從民權了解到人權，如聯合憲章所表現的是最近的事。但是在實際言行上，如美國之對待黑人，英國之對待殖民地人民，眞正明確地相信非澈底接受個人主義的思想不足以發揮民主的意義，則爲數也不很多。落後的中國，對于個人主義思想之曲解誤會，原是不足爲怪的。

中國人論民主，好引證孔孟的遺教，以說明民主爲中國古已有之的思想。但是孔孟學說中對于人的基本權利就從未談到。孔孟的思想對于人是從關係上來着眼，如父慈子孝、兄友弟恭，都是從人與人的關係中奠定做人的道德。眞正個人的人格的尊嚴，屬于不可分割不可侵犯的人的權利，孔孟都未曾注意。孔孟對于「士」與庶人有不同的要求，他要求「士」有人格的自覺，但是這自覺是主觀的，不是客觀的個人的尊嚴。所以也祇是從對社會關係中要求他們不同于庶人，並不是與人不可分割的一種他人不能侵犯的人權。

因此，傳統上中國人是不講求個人的尊嚴的，但我們一直講求家族的尊嚴，個人的名譽得失都是爲維護家族的尊嚴而存在。所以對于個人往往看作家族的附屬物。子女多的家庭對于失去一二個子女，尤其不賺錢的子女，不當一回事。未成年孩子在家庭裏都不當他是一個人，更不顧到他獨立的人格的尊嚴。這與西洋家庭是非常不同的。西洋的家庭對于孩子都當他是一個平等的人，每月給他月規錢，由孩子自己支配；如果有額外工作要孩子做，像美國般的，父母還給他工錢；孩子自己支配自己的錢，他可以幾個月不用，積蓄着去買一件自己想有的東西，或者到聖誕節爲父母購一件禮物。中國家庭裏的孩子，有的要化就化，有的隨化隨給，他始終是與家庭混而不分。如今許多家庭學會了洋派，孩子們到聖誕節也時行送父母一點禮物，但無非是臨時問母親要來送父親，向父親要來送母親。所以中國家庭裏的孩子始終沒有獨立的人格的感覺。西洋的孩子有他的私產，私信，中國的孩子從來都視作屬于家庭的。所以個人主義在中國自幼都沒有培養，離開家庭後往往就覺得孤獨無依，以後很容易就加入幫會，或者是師門。把幫會小團體的尊嚴代表了家庭的尊嚴。所以中國人很少看重或了解個人主義。社會上看到個人無黨無派的意見，都要分門別類歸入什麼派系什麼幫口。如果發現那個人是無黨無派的個人，不是爭取他，就要打擊他，罵他不知團結或是小資產階級意識。

其實所謂團結，還是個人的團結，如果個人並無獨立的人格，那就不是團結。他是歸附，祇是爲有所貪圖、或者是迫不得已的歸附。

個人主義既然爲民主社會個人單位主義，所以民主社會所謂多數，是眞正個體的多數，所謂合作也是眞正一個一個單位的合作。倘若不是個人主義的，那麼多數與合作都是謊話。鑒于鐵幕後面國家的選擧與大陸上的農村合作社就可以明瞭。我們知道民主國家的家庭，父母子女的選擧票不一致是極爲普通的事情。因爲他們有個人主義思想的基礎，而獨裁國家可以有全國一致的投票，這可見它的多數完全是騙人的。

我們說社會是一種結合，不是一種組織；獨裁國家則要把結合的社會拆散，重新組織，變成一個沒有個體活躍祇有集體的社會。結合的社會是一個森林，裏面的樹木並不整齊一致，但都是一株一株有生命的樹木，獨裁國家的所謂社會，則是一株一株的木樁，這些木樁雖是樹木所做，但早已被斬過削過，完全失去了生命。民主國家的政府是人所組成的，裏面也是一個一個的人。他也就是等于森林裏的樹木，獨裁國家的獨裁者則是超人，他是斬木削木的人，不在木椿裏面的。這些人大都是自我中心者或甚至是自我狂者。

這裏可以知道把個人主義誤解作自我主義是多麼錯誤的認識了。這裏也可以知道個人主義才是眞正與人彼此尊敬共存的主義，並不是孤獨的離羣主義。這裏也可以知道如果不遵循個人主義的思想，是無法有健全的民主思想的。

現在我們大家都知道唯一可以反共的力量是眞正民主的思想了。但是民主思想如果不全部接受個人主義的思想，民主思想是不澈底的，這不澈底的民主思想正是共產主義的溫床。在越南，在馬來亞，共產主義之所以會如此猖獗，就因爲那些統治的法國，英國，並沒有把殖民地的人民當作個體的單位，也就是說並沒有以個人主義的思想去待人待己。中國不必說，共產黨之佔據大陸主要的原因還是民國以來，我們始終沒有提倡個人主義。一切舊的傳統新的措置都是迫使個人寄生在家族，在黨口，在派系之中。如果不提倡個人主義，民主的思想是沒有基礎的，民主制度是無從建立的。

世界在今日，每個國家都不能閉關自足。民主國家應當眞正有所覺悟，遵循普徧人權宣言無分別的尊重每一個人。公民的民主主義是早已落伍了。在東南亞，在自由中國，更當即時提倡個人主義。普及了個人主義，民主制度很容易建立。個人主義不普及，有了民主制度還是不會穩固的。

其實，要建立個人主義的意識是不難的，祇要每一個人在一件事上問問自己，是否在尊重自己與別人的人權。家庭裏對于你的妻子兒女，工作上對于你的下屬，生活上對于你的隣人。你的一言一行是否都沒有侵犯別人個體的尊嚴。

所謂人的尊嚴，我在這裏用的有兩種意義：第一種是人權的意義，即是說一個人一生下來就有他的不可分割的人權。每個人都有相同的尊嚴，也即是我所說的人格的尊嚴。第二種是職權的意義。這是說一個人在他的職位有他的尊嚴。人權基于憲法，職權基于法律。本不需詳論，但是因爲個人主義意識不普及，人權與職權往往是被自己或別人所侵犯的。人權人人一樣，較易明白；職權則各各不同。如一個交通警察在馬路指揮交通，任何人的車輛都須聽他的指揮，這是他的職權。一個海關檢査員在關卡檢査，任何人都須聽他檢査，這是他的職權。可是在沒有個人主義意識的社會裏，往往一個警察或一個海關檢査員會對于一個達官貴人而不忠于他的職責，而達官貴人也往往因自己的權位而侵犯別人的職權的尊嚴的。

最近英國首相艾登夫人干涉隣居晒衣服，被那位隣婦駁回，是一個很好人權的例子。其實艾登夫人的干涉不過是一種商量，可是那位隣婦認爲這是侵犯她的自由，不買賬。這可以看到在英國的民主制度中，人的尊嚴是多麼自重與被重了。

還有一個很好的例子，是第二次大戰時候，美國戰鬥機被擊落到瑞士境內；瑞士的海關人員，要美國納稅。美國不肯，認爲這不是貨物進口，而且這些飛機，都已損壞。瑞士的海關人員說，不管是什麼，祇要你的東西進我的國境就要納稅。美國于是同瑞士的政府交涉，瑞士的政府祇得由自己的國防部付稅給海關，認爲這些廢銅爛鐵是國防部購置的。這裏可以看出瑞士的政府是多麼尊重海關人員的職權，而瑞士的海關人員是多麼看重自己的職權了。

所謂個人主義在實行上就是對于自己對于人，看重人的尊嚴，這在家庭中，在學校裏，在馬路上，在任何場合中都有表現。不提倡個人主義，光談民主，這不是流于派系黨口勢力的平衡，就是獨裁的借口吧了。獨裁的蘇俄，不也口口聲聲以爲他們是眞正的民主麼？

(上接第12頁)

共產黨作經濟及社會陣地的擴張，特別是他們居住底地區，確實非常興奮；他們也同樣地希望這一時期在歷史上「將有一日被認爲共產主義與自由主義鬥爭的重大轉捩點」。美國政府追隨此一新政策，正在請求美國會在長期外援的預算上增撥一億美元以上(上年度經援十七億美元)，使受援國得施行多年底計劃。

另一足以鼓舞之新聞，即英首相艾登將同意美總統艾森豪建立一經援亞洲底新國際組織。英國向來堅持其在亞洲及中東的特殊地位，而不斷反對美國在該地區施行「馬歇爾計劃」。果眞有此一重大改變，英國或將讓美國對於該地區經援事項有主動之權力，那末由此也就可能產生長期而有效底落後地區發展計劃了。此雖略嫌遲緩，仍正及時足以對付蘇俄在中東及東南亞底「經濟陣地」的初期攻擊。美國從此可在此一戰役裏集中調配所有西方可利用之資源，領導一致對蘇俄集團作有力底反擊，以「使新舊獨立民族深深地滿足其保持或變爲自由國家集團的一份子」。

抑有進者，在思想鬥爭方面，尙需提及美國前駐印度大使鮑維爾斯（Chester Bowels）。他曾經勸告美國人「停止恐懼」亞洲人的意見及思想；而且應當面對現實而建立一「參與之精神」Sense of participation。他進一步指出「軍事與經濟力量有其限度，你不能購買朋友」。此一地區的人民所關心者，乃貧窮、人格、以及平等；這些如果得到滿足感受撫育至於某一程度而使人民發現他們的個性時，那末蘇俄集團所使用底大衆情緒將開始喪失其重要性了。首先，那可憎惡底殖民地主義，應在觀念上與行動上作一澈底地根除。例如英國給予馬來亞獨立，多少可以保持其在南亞洲的聲譽而抵得住赫魯雪夫的辱駡。另一例子是世界銀行給予埃及的「阿斯瓦姆大壩」借款二億美元及美英另貸予七千萬美元，確實在埃及第一次阻止了蘇俄的進攻。由此觀之，此一雙重底努力，乃是人民獲得恆產從而得到恆心的方法，使他們能夠培植民主政治且尊重個人自由與個人的進取精神。再經長期底努力，他們將逐漸得到地方安定與福利；由此進而體會艾森豪威爾與艾登的聯合宣言的原則：「國家係爲個人的利益而存在，而非個人爲國家的利益而生存了。」我以爲此乃落後地區獲得經濟發展的第三途徑。

中東及東南亞之經濟戰

陳式銳

「無恆產而有恆心者，惟士為能；若民則無恆產，因無恆心。苟無恆心，放僻邪侈，無不為已。……是故明君制民之產，必使仰足以事父母，俯足以畜妻子，樂歲終身飽，凶年免於死亡，然後驅而之善，是故其民從之也輕。」

——孟子

一般言之，落後地區的人民多遭遇着長期底問題：人口增加、低生產力、低國民所得及資本形成率、過分依賴土地及農業與工業不平衡、暨財富及所得分配不平均的持續與滋長。這些逐漸造成大衆的貧窮，結果變成「共產主義的搖籃」，而爲蘇俄集團所技巧地利用。在這一情況之下，蘇俄及其衞星國在這一地區以少量底投資，自可獲得政治底最大影響了。衡以孟子所言，無「恆產」自無「恆心」，我們自莫怪許多國家對今日東西思想之爭，其態度游移不定——其忠順可以並且已經前後擺動了。

一　思想之戰

由擧世新聞的報導，我們可以體會一個蘇俄集團與西方間底經濟戰，已展開於戰地長七千英里之落後地區——爲爭取自蘇彛士 (Suez) 東向至蘇魯海 (Sulu Sea)，包括近二十國，人口超過七億人的支持與歸附。數世紀以來，中東、亞洲、及其他民族，在殖民地主義之下，慘痛地蒙受貧窮與人格的損傷；雖二次大戰以後，大多數已多年獲得政治底獨立，他們對過去仍有深刻底記憶，而且以其貧窮歸咎於殖民地主義。乘此時機，蘇俄出而宣傳共產主義爲「平民之貧窮及人格的解放者」，進一步且提出「平等」的口號；凡此，正爲中東及亞洲民族所孜孜以求之者。

蘇俄的動機，依蘇共頭子赫魯雪夫所言，在使共產主義成爲「一個世界制度」A World System。他在第二十屆蘇共大會說：「我們努力的特徵，在使某一國家產生社會主義，從而轉變以至納入一個世界制度」。自去夏四巨頭在日內瓦擧行所謂高層會議以來，蘇俄卽爲執行其政策而向亞洲及其他落後國家拉攏，着重於指出舊殖民地主義的罪惡。對此，米可拉稊克 Stanishaw Mikolajczyk (波蘭戰時流亡政府首相，現爲國際農民協會會長) 指其爲「蘇俄殖民地主義」；他於一月十三日在紐約向記者談話時，並已勸告「亞洲應當體認蘇俄殖民地主義在東歐及中亞的擴展」。

亞洲沒有一個成熟、安定、而有聲望底資產階級，所以公共部門 Public sector——印度的術語——沒有遭遇着有力底反對；因此，「社會主義型」在某些地方掛上民族主義底旗幟，就贏得時會。此蓋明示「自由」在亞洲，並不如其在西方之獲得重量了。溯自二次大戰之前，俄國人尙未以商人或行政官身份越入亞洲；且在中共佔據中國大陸之前，亞洲國家尙未感受「共產疆界」communist frontier 的威脅。此一類似地理底隔離，已足以減少亞洲人對共產國家的猜忌。另一方面，歐洲人以富裕生活、優越感、社交及種族的無理界限歧視亞洲人久達一世紀以上，亦已無可避免地造成憤怒；此一場合，俄國人又不包括在內。凡此種種，均爲西方人所未曾瞭解，亦卽其駭異亞洲人對共產主義的態度何以不與其相同的原因所在了。

二　第一回合

一如戲劇表演之序幕，中共及蘇俄先後於去年七月八日及十八日宣佈對越盟(北越)「經濟援助」。中共允許無償給予越盟八億元(約三億美元)，用以開路、築壩、造橋，並以修建工廠，生產藥品、電氣及農業器材；越盟卽遣送勞工到中國大陸生產機構工作以爲報；雙方同意基於所謂「平等互惠基礎」而擴展彼此的貿易。繼之，經由胡志明率領底代表團作一週(七月十二至十八日)的談判，蘇俄亦允許撥給越盟四億盧布(約十億美元)，援助其恢復經濟、訓練技術人員，建立廿五個經濟事業，用以「支持越盟爭取其獨立」。共產黨對其在南亞的一個衞星國所玩底這些把戲，對於資本饑餓底落後國家實在是個大大底誘惑。

然後，表演開始了。最富戲劇性者算是捷克對埃及的軍火貿易，蘇俄集團由此破壞了中東的「權力平衡」，無疑地對西方給予嚴重底打擊。這一交易半屬商業基礎，係以軍火交換埃棉，緊接着提出「純粹和平」底技術援助。俄國人並對埃及人說，他們願意資助建築其長期設計底尼羅河上的「阿斯瓦姆大壩」Aswam Dam，一個爲期十年需欵多至十三億美元底大工程，埃及早爲此向世界銀行談判借欵達數年之久，迄未成功。不僅此也，蘇俄及捷克且向埃及提出供給鉅欵底信用貸欵。在印度，蘇俄的大賭注便是「印度鋼鐵廠」，它是設計在印度中部「比萊」(Bhilai) 建築底一億美元工程。蘇俄技術團且已在當地興工，其財務及建廠均由蘇俄以信用貸欵負其全責，其債務則由印度分期十二年攤還。緬甸拒絕美國的「第四點援助」，却爲蘇俄以購買緬甸的剩餘米所誘惑。

緬甸首相宇奴於去年十月訪問莫斯科時說：「米是緬甸最重要的輸出，當我們無法處置我們的剩餘米時，蘇俄的決定收購緬米，救我們出於困難之境」。他由是要求蘇俄的建築師在仰光建築一個可容十萬人底運動場及一個大集會堂以作國際集合之用；他並揚言緬甸自此將購用俄國的機器及設備，並且引用俄國的技術人員。至於阿富汗，她獲得美國四百萬美元，但蘇俄集團却投資了二千萬美元。

現在，我們再看市場的情況，以知蘇俄集團如何地滲透。概括言之，蘇俄集團的輸出貨品，大體可分爲二類：㈠資本設備，包括發動機、引擎、電力工程器材、及糖廠、化學、機器等器材；㈡製造貨品，包括汽車、冷凍機、玻璃及磁器、鐘錶、暨打字機等。以上貨品，正爲落後地區所需要之品類；蘇俄集團且運用物價結構以造成輸出競爭的力量。據報紙報導，「不但可以引誘落後國家，甚至伸入英國及歐陸的商店裏」。蘇俄集團一九五四年對歐洲及北美以外的輸出總數約五億美元，與西方的輸出，西歐(包括英國)一百三十億美元加上美國九十八億美元比較一下，顯見其小巫見大巫。一九五五年的數字尚無可引用，惟其增加可以意料。我們應當指出者，是蘇俄集團在落後地區的市場已經獲得了立足點，他們可以此爲基地以作來年的擴展。

仔細研究之後，我們當可明瞭蘇俄及其衞星國的經濟的轉型，與增進其與落後國家的貿易有莫大的關係。蘇俄集團對歐洲以外底貿易向爲入超，其赤字則以輸出糧食、木材、及其他農產物至西歐所得外滙支付之。自二次大戰以來，他們以高度工業化之結果，轉而輸入相當數量底原料以維持其工業。因此之故，棉花、錳、鐵苗、樹膠、亞麻油等貨品，反而需由國外進口。這一轉變，使蘇俄集團得以吸收過剩農產品如埃及之棉花及緬甸之米，確已增強其在中東及亞洲經濟上底地位。反之，美國的剩餘農產品，却正與中東及亞洲的產品發生强烈底競爭。而且蘇俄集團在貿易的發展上尙有其他底便利：㈠他們提供長期底貿易協定，㈡他們提供可以接受底信用，㈢他們以技術援助交換其所需要底貨品；他們且可不顧其饑餓大衆的消費及意見而對外作任意底諾言與交易。總之蘇俄集團自一九五三年改換戰術以來，已在中東及亞洲獲得功效了。

三　工業化僅兩個途徑嗎？

如果追尋中東及亞洲的近代歷史背景，那就不難了解當前所發生底事故。殖民地主義引進民族主義，而貧窮則招致社會主義；因此有些地方的「社會主義型」掛上民族主義旗幟便就吃香了。希馬拉雅山的兩邊，兩個政權正積極地從事工業化，他們所統治底兩個民族，合計佔世界人口的三分之一。因此，他們的行動已爲千百萬人所注目，甚且被視爲兩個經濟轉變的「典型」。中共自一九四七年就在大陸施行極權主義，首先以「漢奸」、「反動」、「封建地主」、及「官僚資本」等罪名加害於中國人民；共產黨徒並不求整個社會的發展，而以「階級」仇恨及暴力貫澈其布爾什維克政治，人民在這一制度之下自無個人自由之可言。就其所謂「五年計劃」(一九五三—五七)觀之，它以大部資源作投資之用，把原已甚低的人民消費拉至饑餓線上，對人民簡直是個嚴重的刼奪。它的純投資，估計佔其國民所得高達七%；其搾取的方法是「清算」及嚴酷地配給食物與棉布來控制人民的消費。此外，在「高度勞工計劃」方面，它採行「强迫勞工」，而又引用所謂「囚犯勞工」，也達到相當底程度。總之，中共計劃的目的是高度投資，至人民生活則非其所顧及了。

另一方面，印度以「社會福利國家」爲其堅定底途徑，她期望由此達到如是底目標：「一個社會制度，人民全體由此獲得公平與平等。」印度總理尼赫魯對中共殘酷地動員全國從事工業化，雖見其程度尙落在印度之後，仍感受到無比底挑戰。他的政府認識人口的壓迫，亦以工業化爲解決其經濟問題的唯一有效出路。不過，印度異於中共，她用所謂「計劃民主方式」Planned democratic techniques以達到她的目標。印度政府因此企圖發展，並控制基本工業，並以國家利益爲理由進而管制私營事業。惟我們瞭解印度「民主計劃」的前提，以爲「社會可作整體地發展，其由於時代造成底特殊階級……可加以改變而無需取法於階級仇恨及暴力。」印度的「五年計劃」(一九五一—五六)，曾考慮到消費者的利害，它以估計增加底國民所得(一百億盧比)依下一基礎而加分配：二分之一爲增加人口所吸收，四分之一作爲投資的增加，四分之一略以提高每人的消費。實際開發底投資計算爲三%，少於中共的一半。印度的計劃着眼於全面底發展，有別於中共的側重於重工業。而且，在「高度勞工計劃」方面，印度爲了降低通貨膨脹至於最低限度，還採行「志願勞工」方式，亦大異於中共的「强迫勞工」及「囚犯勞工」。

總之，印度的計劃開端就希望有一雖小但實際底生活程度的改進；迨發展程度提高時，始期望充足底投資。惟中共自始就企圖高度地擴展工業，尤其是重工業；乃至犧牲了原已甚低底消費，也在所不計。這兩個「典型」的結果，尙在未知之列；但下列三點已爲專家所提出，却甚値得考慮：

(一)人民消費的限制，究可達於何程度，其期限多長？

(二)上項究由何人的權力與命令所取決？

(三)人民選擇其工業化途徑時，究應有特權變更其宗旨乃至其政府乎？

此外，我再引用美參議員商法弗 (Estes Kefauver) 之言，他說：「東南亞的將來，在看印度與中共思想鬥爭的結果；世界的命運，則繫於饑餓大衆之手」。這不正與孟子的話，「恆心」有賴於「恆產」同一意義嗎？我以爲癥結的所在，毋寧是我們落後地區底人民究應犧牲我們的個人自由及個人進取精神以換取經濟發展嗎？而且，除兩者之外，有無第三途徑？

四　華僑被捲入旋渦

一篇文章「世界最大底第五縱隊？」發表於「美國新聞及世界報導」(U.S. News & World Report Aug. 20, 1954)，它驚動了自由中國的讀者，同時也使華僑啼笑皆非。我曾爲此應馬尼拉「新閩日報」年刊(一九五五)徵文寫了「華僑與東南亞的命運」一文以論之，臺北「自立晚報」並於去年十一月二至三日加以轉載。不及一年半之後，幾乎同一標題之文章「最大底第五縱隊？」又刊載於「新聞周刊」(Newsweek Jan. 30, 1956)，它再度吸引了大家的注意。兩篇文章同樣提出一個嚴重底問題，就是中共在東南亞華僑中的滲透，「千萬華僑」有變爲共產黨「最大第五縱隊」的危機。

「美國新聞及世界報導」的文章說：「華僑在東南亞之所以成爲特殊問題者，正因爲他們忠於中國甚於所居留底國家。他們又大大地以中國血統及文化自豪」。它並且說：「雖然遠離中國他們仍居住中國式底屋宇，說中國話，保留中國的習慣並建立團結底社會。早期移居泰國及菲律賓(其他同)之華僑且已與土著通婚；而且在中國遺有妻子者則在海外娶妾而滙欵回家接濟其眷屬」。它並且指出華僑團結一致而採集體行動，東南亞每一大都市均有華僑社團如華商總會以支配華僑。華僑領袖如菲律賓的薛芬士爲擁護自由中國，而陳嘉庚返自新嘉坡而爲中共所惑。華僑在東南亞處境之苦誠然時刻希望祖國的支助，惟該文所舉對大陸中共傾向的程度則屬誇大。而事實是：「華僑在東南亞常被待爲次等民族」，「且第二次大戰以前，東南亞許多國家限制華僑入境並採取歧視法律以虐待之。」就在大戰之後，新的限制仍然一個一個地加諸其身。所以該文的結論是：「東南亞各地華僑認識他們是冷戰中的目標，他們的領袖不再以爲他們可以致身於亞洲鬪爭之外了。居留地經濟的壓迫，及北平的政治壓力，皆使其透不過氣來了」。

「新聞周刊」的報導，除描寫共產黨在南洋尤其新嘉坡及馬來亞華僑的滲透及活動外，並且說：「中國少數民族傳統上幾乎到處期待保護，以抵抗當地民族主義爲企圖剝奪其辛苦得來底商業利益的浪潮。有些歐洲殖民地主義者，對此也不能例外；很多華僑仍然留有恥辱底回憶，例如馬來亞的一個游泳會的門口就寫着『狗或中國人不准進入』。」幾世紀以來，華僑以勤與儉建立其經濟基礎，因此他們在零售商及銀錢業有了影響底力量；而有些地方他們且從事於樹膠、錫、米、及其他重要底出口事業。該報導繼續指出：「每一重要城市都有一個廣濶底華僑住區，充滿着勤勞與活力」。凡此，當其面對政治與經濟壓迫及共產黨的積極爭取之時，無疑地需要一個出路。所以該雜誌所提出共產黨在亞洲的「第五縱隊」能否予以停止的答案，在乎亞洲國家的雙重努力，吸收華僑並廢止現存對其不利底歧視。」而且，「最後底解決，還有賴於西方在遠東的堅定決心」。

本質上，中國文化在儒道盛行之下，與共產主義是無法並立，如果華僑所忠誠底是一個未嘗對外侵略而民主底自由中國而非大陸共產黨，那末還有什麼問題存在？這一着當然有待於自由中國政府，尤其所屬僑務委員會的努力；然最根本者，仍在平當地國家所採取底政策。在這一點上，我贊成「新聞周刊」的建議：有關國家採取步驟以「吸收」華僑，而最重要者還在取銷一切「對其不利底歧視」。馬尼拉「東方大學」教授馬庫司 (Mario P. Marcos) 近曾在他的一篇文章中指出華僑所以能在其居留國的經濟社會生根者，蓋因「社會承認其供獻了基本而必要底勞務」；其次，他說要「奪取」華僑對零售商的控制，正如「零售商菲化案」之所爲，先要給予社會有效且有利底商業技巧，而又優於華僑一向所供獻者。基於此一認識，他以爲「外人過去既然對我們的開發有所貢獻，那末沒有理由我們將來不利用其資本、技術與技巧」。所以他的結論：「如果我們要羅致華僑及其豐富資力以從事開發我們的地方，政府應當有一個明確底政策，指出在開發的進程上華僑所擔負底角色」。這些做到之後，加上亞洲國家同時實施其他積極政策，華僑當可以預感其「恆產」的存在，因而保持其「恆心」。那末，在這一情況之下，共產黨的擴充就較容易加以阻止了。

五　經濟發展的第三途徑

二次大戰以來，西方國家已多年在中東及亞洲直接或間接地致力於阻止及防止共產黨的侵略。「亞洲及遠東經濟委員會」、「東南亞協約會」、「可倫坡計劃」、「巴格達公約」、「世界銀行」及美援等，皆以資本或技術從事改善當地區的地方經濟，意在提高其人民的生活水準。亞遠會年約支付十億美元，美援自一九四八－五四年計用去二十五億美元；在「可倫坡計劃」裏面，據云意見的集中固無論，而需要的分析、資源、智識、技術亦俱盡其最大底運用。但在效果方面，所知許多方面呈現着失望與浪費，而且有些地方其進步受着挫折而遲緩，或因方法而歸幻滅。至生活水準，部份因人口的增加，亦迄未恢復至一九三七年的水準。印度計劃部長藍達 (Shri Gulzari Lal Nanda) 檢討過去資本援助係援助國基於「計劃」基礎而作特別撥欵，故曾經建議今後援助國莫若應受援國大規模投資的需要而考慮支持其長期底計劃，例如印度的五年計劃。再看美援，一九五五年的數字達五億五千萬美元，遠超過蘇俄的一億美元；惟在分配方面，曾被批評爲「誤用」。總之，西方以缺乏適當底計劃而在落後地區遺留着「眞空」——引用美參議員史巴克邁 (John J. Sparkman) 語——讓蘇俄集團用以作經濟底滲透。

美國務卿杜勒斯所謂俄國因西方的團結而變更其戰略一節，我僅同意在軍事方面，否則當無「經濟眞空」之存在，而其所謂「以經濟及社會之聯合行動越過軍事與政治之障礙」如在埃及與緬甸一語，也就顯得不着邊際了。惟在另一方面，中東及東南亞人民對杜勒斯氏的喚醒美國人民堅決抵抗

(下轉第9頁)

回教世界之冷戰

龍平甫

一　回教世界的戰略地位

去年七月，日內瓦四巨頭會議甫告結束，蘇俄就首先破壞「日內瓦精神」，在回教世界發動大規模冷戰，東至阿富汗，西至北非洲阿爾及利（Algérie），都有蘇俄直接間接的陰謀活動。已經夠緊張的以色列與阿剌伯國家的關係更因蘇俄以軍火供應埃及而空前的緊張。於是中東成為蘇俄冷戰的第一線，並且有爆發熱戰的可能。美國前總統杜魯門便說世界第三次大戰可能導源於中東。本文的目的便是將危機四伏的回教世界予以分析研究（印尼因屬於東南亞洲，不在本文研究範圍）。

回教自穆罕默德於公元七世紀初創立後，以阿剌伯半島為中心，向東北西三方面發展，因為回教起源於沙漠地區，它的發展也以乾燥地帶為主，而成為該地帶居民的信仰與生活方式。在乾燥地帶以外，回教徒集中地區僅有東巴基斯坦（孟加拉）、印尼及非洲蘇丹國。這個乾燥少雨的回教世界形成長約一萬公里（自中國的新疆以至非洲西北海岸），寬約二三千公里的地帶，面積約二千五百萬至三千萬方公里。在這裏約有兩億人口居住在十分之一的地區內。

回教世界不但在自由世界與共產集團冷戰期間有極大的戰略價值，一旦三次大戰發生，回教世界的向背對於戰爭勝負的決定，可能發生很大的作用。回教世界的主要戰略價值是地理位置及其石油資源，至於可能動員的軍力尚是一個難以估計的因子。

（A）地理位置——回教世界東自東巴基斯坦起西至北非摩洛哥，大部地區或接觸鐵幕，或距其甚近。在回教世界的西北有北大西洋公約組織，在其東南有東南亞防禦公約組織。對自由世界而言，回教世界是自由世界應該防守的中央地帶。一旦戰爭爆發，由回教世界的基地從事戰略轟炸或向敵區推進，也最容易擊敗敵人。因為蘇俄的油田在高加索及中央亞細亞一帶，蘇俄的新工業主要分佈在頓尼茨盆地及烏拉爾山區一帶。若蘇俄發動侵略，自由世界的武力從回教世界的基地從事戰略轟炸或反攻是最方便的。

（B）石油資源——石油不但是現代國家平時所需要的主要動力資源之一，更是現代戰爭勝敗的關鍵。因此石油資源的保有，不但是列強平時政策主要目標之一，而且是戰時主要軍事努力之一，以免油田落於敵人手中。回教世界的油礦集中於近東，據一九四九年的估計數字，近東各國的可靠石油儲量佔全世界（蘇俄除外）石油儲量的百分之四十二（美國佔百分之三十五，委內瑞拉佔百分之十二）。近東石油資源大部份在波斯灣沿岸，即伊朗、伊拉克、科威特(Koweit)、加達爾(Katar)、巴林島(Bahrein)等國家或地區。一般人認為可能發現的油礦還很多，其可能發現的儲量較已確定的油礦儲量為大。第二次世界大戰以前，中東石油開採量很小。一九二八年中東石油產量佔全世界（蘇俄除外，以下同）產量的百分之三·六，至一九三八年升至百分之六·四，是年中東粗油產量為一千六百萬噸。自一九四四年以來中東粗油產量增加三倍，至一九四八年達五千八百萬噸。一九四九年為七千一百萬噸，佔全世界的石油產量百分之十三·一。近年中東各國石油產量仍有增無減。茲將中東各地及世界主要產油國近年生產數字列表於後：（單位：一千噸）

國家或地區	一九五三	一九五四	一九五五（附註）
美國	三一七,七五七	三一二,二五七	三三〇,六五三
委內瑞拉	九二,六三二	九八,五八六	一〇九,〇〇〇
加拿大	一〇,八三七	一三,七〇〇	一五,三八六
墨西哥	一〇,二〇七	一三,一〇〇	一三,八三四
哥倫比亞	五,五〇七	五,七九二	五,五九〇
阿根廷	三,九九四	四,三三八	四,三〇八
中東			
科威特	四三,二八六	四七,七三三	五五,一一六
沙地阿剌伯	四一,三八三	四六,八七五	四六,〇〇〇
伊拉克	二七,六八二	三〇,〇七三	三三,一一三
伊朗	一,三四五	三,〇〇〇	一四,〇〇〇
加達爾	四,〇六二	四,七七八	五,三五三
合計	一一七,七五八	一三三,四四九	一五三,四八〇
佔全世界產量百分比	一八·〇	一九·三	二〇·三
蘇俄及其附庸國	六一,五〇〇	六八,三〇〇	七九,〇〇〇
全世界產量	六五五,五〇〇	六八四,六〇〇	七五〇,〇〇〇

（附註）一九五五年數字係根據該年前半年生產數字加倍計算而得。

中東的石油由英美荷法的石油企業家開採，以英美資本勢力最雄厚。生產的原油或就地提煉，或直接輸出。一九四八年本區有十二個煉油廠，每日煉油量九十四萬桶，其中伊朗阿巴丹（Abadan）一處每日可煉油五十萬桶。一九四九年更在Mina-al-Ahmadi（科威特區）建煉油廠一所，每日可煉油二萬五千桶。中東的石油或逕由海道輸出，或用油管輸至地中海口岸輸出。因油管假道他國，發生麻煩的外交問題，最近伊拉克石油公司（Iraq Petroleum Company）因油管運油徵稅問題與敘利亞及黎巴嫩發生麻煩的交涉。中東油井副產品煤氣產量極大，僅有極小部分被利用，其餘均聽任燃燒，成為長年不熄的野火。據說僅就沙地阿剌伯的煤氣便可供應紐約、費城、芝加哥三城的消費！

近東產油國因石油的開採獲得很大的利益。伊拉克以石油稅收百分之七十從事防洪及建設；科威特及巴林島各有五分之一及四分之一的居民依石油工業為生；若干回教君主因石油獲得天方夜譚式的財富；沙地阿刺伯國家收入的一半以上來自石油的稅收。該國因石油致富，在近東政治上大施其金錢的運用，英國人說該國政府大行賄賂從事反英行動。石油開採權的爭奪也是列强在近東主要活動目標之一，英俄在伊朗的爭雄已是多年的故事了。英美在阿刺伯半島的石油利害也不一致，發生摩擦。最近西德企業家也在沙地阿刺伯活動，希望獲得油礦開採權，據說願以石油紅利百分之七十五繳呈沙地阿刺伯政府。蘇俄在近東的活動，則是根本企圖掠奪英美的石油企業。

二　阿刺伯民族的獨立運動

近東的地理位置及石油資源對自由世界既如此重要，它的政治局勢的演變自爲英美法當局所密切注意。但英美法對近東的政策却不能協調。此種情況有利於阿刺伯民族的獨立運動；但同時不能對蘇俄的滲透予以有效的防範。戰後回教世界政局相當不安。不安的基本原因爲：㈠回教世界的民族主義及阿刺伯民族的團結運動；㈡西方文化侵入後動搖回教社會的傳統而產生許多社會問題；㈢人口的壓力，回教世界若干國家人口增加甚速，例如埃及在拿破崙侵入時僅有二百五十萬人，現在則有二千二百萬人，若依現時人口增加速度，則五十年內埃及人口可以增加一倍；㈣以色列復國後所造成的猶阿衝突；㈤共產黨的滲透活動。由上述因素所表現的，是阿刺伯民族的獨立運動及以色列和阿刺伯國家的衝突。共產黨之所以能在中東實行滲透作用，向自由國家進行冷戰，也是利用這兩個題目。

回教國家自十九世紀以來，分別爲英俄法逐漸兼併保護。第一次世界大戰以後，回教世界的勢力衰弱到極點，獨立國僅有土耳其、波斯、阿富汗，不久伊奔騷得崛起阿刺伯半島，建立沙地阿刺伯王國(一九一九——一九二七)，埃及(一九二一——一九二二)、伊拉克(一九三〇)也先後獨立。第二次世界大戰後，中東回教國家的民族主義運動日趨活躍，黎巴嫩(一九四五)、敍利亞(一九四五)、約旦(一九四六)、利比亞(一九五一)、及蘇旦(一九五六)相繼獨立，突尼西獲得自治(一九五五)，摩洛哥也在最近獲得原則上的獨立(一九五六年三月二日法摩宣言)，正式獨立爲期不遠，突尼西的獨立也不會遠的。

阿刺伯國家爲爭取獨立於一九四五年三月二十二日組織阿刺伯聯盟，由埃及、約旦、敍利亞、黎巴嫩、伊拉克、沙地阿刺伯、也門七國在開羅結締公約，以獨立及統一爲號召。獨立後的利比亞也於一九五三年春加入阿刺伯聯盟。

阿刺伯聯盟致力於阿刺伯民族的獨立運動，開羅電臺「阿刺伯之聲」經常向北非法國屬地廣播，攻擊法國殖民政策，鼓勵北非各地的獨立運動。過去幾年中若干法屬北非的獨立運動領袖逃亡開羅，組織「西方解放委員會」(Comité de Libération du Maghreb)；參加該委員會的有摩洛哥獨立黨(Istiglal)秘書長法希(Allalel Fassi)，阿爾及利民主自由勝利黨(Mouvement pour le triomphe des libertés démocratiques, M.L.T.D)代表刻德爾(Mohammed Kidr)，突尼西(Tunisie)新憲政黨秘書長沙刺本約塞夫(Sallah ben Youssef)。他們並在埃及訓練遊擊作戰人員，偷運至北非作戰。作戰所需的軍火也由海道及沙漠走私運入。因此法國認爲埃及是北非戰爭的製造者。法國方面雖有人主張向開羅嚴重交涉，必要時斷絕邦交，採取軍事行動，但是法政府恐投鼠忌器，始終不敢採取類似手段，祇是找埃及大使談話。最近法國將埃及援助北非反法運動的情形通知盟國，以視當年拿破崙遠征埃及如入無人之境的情形，使人有不勝今昔之感。

埃及是阿刺伯集團勢力最强的國家。現任國務總理納塞爾(Gammal Abd-en Nasser)於一九五二年革命建立共和國後，曾暫時利用奈格布(Neguib)將軍，對外獲得英國定期撤退蘇彝士運河的成功，對內實行若干改革，獲得人民擁護，於是鎭壓政黨活動，將勢力最大的「回教兄弟會」首要囚禁或槍殺，並解散該組織，廢奈格布，由納塞爾實行軍事獨裁。本年一月十六日公佈憲法草案，規定建立總統制，祇容一黨存在，新憲法並說明「爲阿刺伯國家的榮譽與威望而奮鬪」。換言之，埃及企圖領導阿刺伯民族的統一運動。在這一方面埃及最大競爭者是伊拉克，這是埃及反對巴格達公約主要原因之一。埃及的另一願望便是尼羅河的統一，因爲埃及的生存繫於尼羅河的水利，所以埃及希望兼併尼羅河上遊的蘇旦(Sudan)。蘇旦北部人大致同意埃及合併，但南部人則主張獨立，或仍在英國統治下。近來因種種原因(埃及的獨裁政局爲蘇旦所不喜，亦爲一因)，蘇丹國會由主張埃蘇合併的多數變成主張獨立的多數。本年一月蘇旦正式宣佈爲獨立共和國。這是英國政策的成功，埃及的失敗。

埃及當局在非洲其他地區也發動反西方帝國主義的宣傳，鼓吹建立納塞爾式政權。埃及爲其政略上的理由，不願加入西方所支持的近東防禦組織，而實行一種中立政策，希望利用西方與蘇俄集團的矛盾而從中漁利。因此埃及、印度、南斯拉夫走同一路線。去年四月埃及參加萬隆會議，更和中共往來，訂立貿易協定，推銷棉花。棉花是埃及的最大出口物資，納塞爾積極向鐵幕國家推銷，以解決國內經濟問題(一九五一年埃及出口值百分之八十是棉花，埃及消費小麥的一半及食糖的百分之三十係由國外進口)。埃及藉中立主義和鐵幕國家作生意，中共收買埃及棉花有其對外的政治作用。這是埃及和中共的微妙關係。

就埃及目前現實利益言，這種政策有其理由，但就世界大局及埃及前途來看，這種政策是很危險的。因爲和共產政權作朋友，遲早是要吃虧的，而且要吃很大的虧。

三　蘇俄的陰謀與西方的歧見

俄國羅曼羅夫朝屢世經營，征服了信奉回教的蒙古人，佔領了土耳其帝國的北部。十九世紀末期更征服了幾個中亞的回教汗國。蘇俄繼承了帝俄的衣鉢，對中亞回教地區實行斯拉夫化的殖民政策，加以共產政權的反宗教宣傳及警察統治，蘇俄境內的廣大回教人民一時難以發動獨立運動。蘇俄的殖民政策，不但在本國領土內施行，並且向尚未受其控制的回教世界推行，它的手段是公開使用武力，地下活動，威脅，及甜言蜜語。

第二次世界大戰期間蘇俄出兵伊朗北部，戰爭結束後，蘇俄遲遲不願撤兵，同時對韃靼尼爾海峽的野心再起，與土耳其的關係惡化，迫使土耳其經常維持百萬大軍，這是人所共知的事。在宣傳方面，則匈京布達佩斯電臺經常廣播鼓勵北非反法運動，蘇俄以「反殖民主義」爲號召；在地下活動方面，有駐近東各國的使館及共產黨機關。據說蘇俄領導近東共產黨活動的總機構在貝魯特（Beyrouth）。近東各國較大的共產黨勢力是伊朗的都德（Tudeh）黨（已被解散）。共產黨活動的主要方法是發動反西方的民族主義運動。蘇俄使館是一種特務機關，不久之前蘇俄在利比亞建立使館，其交換條件是蘇俄支持利比亞入聯合國。利比亞有英美的軍事基地，英美對蘇俄此舉頗有戒心。反之，伊拉克則和蘇俄斷絕邦交。

在冷戰初期，蘇俄對以色列特表好感，以色列復國初期所用的軍火便有一部份來自捷克，然而以色列成爲近東的安定的民主國家，使蘇俄失望。後來蘇俄便轉而支持阿剌伯國家，反對以色列，藉此維持近東的緊張局勢，並向各回教國家滲透。自韓戰越戰相繼結束，蘇俄對外活動的重點便轉向回教世界及非洲。它在這一地帶活動也正配合着它企圖建立全球性中立地帶的陰謀。

關於蘇俄在中東及地中海地區的陰謀，西方國家早就密切注意。但因各國立場及利害的不同，而表現政策的岐異，因此美國對近東的政策引起英國與法國的不滿，而英國和法國在回教世界也沒有一致的政策，法國對英國也有指責。

一九五二年五月九日法國「世界報」發表（見該報五月十日版）美國海軍作戰指揮官（Chief of Naval Operations）脾希特萊（Fechteler）海軍上將於同年一月十八日呈「國家安全會議」（National Security Council）的文件。此文首論地中海區域的戰略重要性及蘇俄自戰後如何企圖發展勢力於地中海區域，英美爲防止侵略，決不能放棄地中海的控制權。脾希特萊認爲一九六〇年前大戰不可避免，而能控制蘇彝士運河、韃靼尼爾及直布羅陀海峽者便可以戰勝。一旦大戰發生，西歐的五十二師抵抗蘇俄的一一五師，祇能撐三天，西歐及英國均可能不守。在此情形下，美國以陸海空軍反攻蘇俄，自以地中海岸接近蘇俄的國家如敍利亞、伊拉克、埃及等國基地爲最宜。因此美國得將地中海各問題，如摩洛哥問題、突尼西問題、埃及問題等予以縝密研究，上述各地區的騷動不安實由英法政策的不當。美國應當設法解決此類問題，以爲未來作戰作佈署。阿剌伯人勇敢善戰，如能予以適當裝備，可以協同抵抗侵略。阿剌伯國家領袖雖反共，擁護民主，但彼等知其地位的重要，故要求代價甚大。美國應設法調和使英法接受妥協，然後美國與阿剌伯國家聯盟成立協定。該文件最後並說近東石油資源豐富，美國如能控制石油資源，則戰時可就地利用，而將美國生產的石油運往遠東使用。

此文件經「世界報」發表後，在輿論界引起軒然大波，美國當局否認此文件的存在。但是「世界報」却說它是英國駐美國情報人員抄送給法國當局的。該報祇發表理論的部份，對軍事部份未予發表，姑無論此文件是否眞實，美國輿論界及政界對近東問題的看法多與此文件所述的相同，下述事實可見一斑：㈠美國爲解決英埃衝突及消除組織近東防禦的障礙，曾對英國施以壓力，使英軍自蘇彝士運河撤退。此外英美在近東的石油的利害並不一致：阿剌伯半島東南部的布奈米（Buraimi）水草地的歸屬問題爲沙地阿剌與英國保護下的奧曼（Oman）及馬士加得（Mascate）的蘇丹多年所爭執，去年英國政府說沙地阿剌伯政府賄賂仲裁法官，並以三千萬英鎊賄賂 Cheik Zaid（Abu Dhabi 王之兄弟），俾將伊拉克石油公司，自布奈米境內趕出，而以阿美石油公司（Arabian American Oil Company, ARAMCO）探採其地油礦。去年十月二十六日英國支持下的馬士加得民軍佔領布奈米水草地，引起沙地阿剌伯的抗議，此事有人稱之爲英美石油之戰。㈡美國一向同情北非突尼西、摩洛哥的獨立運動。去年聯合國大會將阿爾及利問題列入議程，法國當局便認爲是美國不支持法國所致。美國的立場是很可以理解的：第一，美國傳統地反殖民主義；第二，蘇俄以「反殖民主義」爲號召和西方冷戰，使美國無法支持法國；第三，這些地區遲早要獨立的，美國自無結怨的必要。然而美國的態度使許多法國人不滿意，余安元帥說：「美國人對法蘭西聯邦的立場和蘇俄一樣」。本年三月二日法外長畢諾（Pineau）發表演說稱「某些國家想繼承法國在非洲的遺產」。他指責英美對回教世界及對非洲的政策。法國不滿意英國的理由大致如下：㈠英國扶植利比亞獨立，因其結果助長北非法屬地的獨立運動；㈡法國人說反法運動的軍火一部份由利比亞走私而來；㈢英國扶助非洲民族自治，會動搖法國在黑人非洲的統治。

法國對回教世界的政策與英美不同，法國對所統治的地區實行同化政策，並將阿爾及利視爲法國本部，將阿爾及利的回民視同法國公民；法律上地位雖平等，但事實上阿境回民並未獲得歐洲人一樣的待遇，再加上宗教及種族問題，法國在阿爾及利的同化政策遂告失敗。一九五四年十一月一日阿爾及利發生騷動，此後迄無寧日。一年多以來，暗殺、暴動，小規模戰爭不斷發生。阿境有二十萬法軍，不但不能將戰亂平定，而且情況愈來愈對法國不利。阿爾及利反法的民族主義派成分很複雜，主要的勢力是「民主自由勝利黨」，這是一個左傾的回教政黨。法方認爲反抗運動中有不少的共產黨份子滲入，同時報載法政府對中共干預阿境戰事已有充分證據。（阿境戰事是奠邊府之戰的後果）法國政府對阿爾及利問題處理很感棘手，和解既不易，用兵亦困難。因爲和解的結果等於放棄阿爾及利，而放棄阿爾及利後並不能爲法西蘭聯邦帶來和平與安定，法國其他屬地將會繼起要求獨立。同時阿爾及利九百五十萬（一九五三年數字）人口中有一百萬歐洲人，本年二月初法總理莫萊（Guy Mollet）去阿爾及利，因莫萊有意讓阿爾及利自治，引起該地歐洲人大規模反對示威，使現內閣政策不能不改變。現政府的政策是先求在軍事上建立相當威望，然後再行和解。法國對阿爾及利問題的處理遠較對摩洛哥及突尼西問題的處理爲困難。摩洛哥蘇丹穆罕默德五世復位後即與法國採取合作態度。突尼西新憲政黨領袖布爾格巴 (Habib Bourguiba) 對西方友善。但是埃及方面似並不干休，因爲埃及企圖擴大其勢力及影響範圍。突尼西新憲政黨秘書長沙刺本約塞夫與布爾格巴發生衝突，進行武裝暴動。摩洛哥里夫 (Rif) 山區的叛亂並不因穆罕默德五世的復位而終止。半年來法國對摩洛哥的政策着重於加強穆罕默德五世的威望，使其能安定內部。這次法國之所以很願意實現摩洛哥的獨立，其目的在加強法摩兩國的「互賴關係」(Inter dépendance)，以保障法國在摩的經濟利益。本年三月二日法摩兩政府發表共同聲明，法國允許摩洛哥獨立，並得建軍及建立外交關係。這是法國對殖民地政策的一大進步。

法國對埃及支持北非戰爭，不能採取任何制裁辦法。反之，法國希望以和平手段使埃及放棄反法行動。根據同一理由，法國政府不贊成巴格達公約，認爲這是促使阿刺伯國家分裂，加強埃及及敍利亞等國的反西方並和蘇俄接近。

四　巴格達公約

巴格達公約是英美企圖使埃及等阿刺伯國家組織中東防禦組織失敗後的結果。巴格達公約由英國支持，於一九五五年二月由伊拉克和土耳其簽訂，後來英國和巴基斯坦加入，伊朗也於去年十月加入。巴格達公約以英國爲領袖國家，英國並希望扶植伊拉克爲阿刺伯國家的領袖，以代替埃及的地位。英國稱近東的北部爲 Northern tier，巴格達公約便是防禦這個北部地區，以阻止蘇俄勢力南侵。去年十一月二十一日巴格達公約理事會第一次會議在伊京巴格達召開。由土耳其、伊拉克、伊朗、及巴基斯坦四國總理、首相及參謀總長出席，英國則由外長馬克米南及參謀總長鄧普勒(Templer) 參加。美國則派地中海艦隊司令加西弟(Cassidy) 及駐伊拉克大使爲觀察員列席。出席者發言要點爲：㈠需要美國加入；㈡着重經濟合作；㈢亟須解決巴勒斯坦問題。馬克米南說：「日內瓦會議使歐局僵持，遠東局勢暫時沉靜，但共產集團則在中東發動攻勢，因此應擬訂計劃防止共產主義滲透阿刺伯國家。英國擬擴大經濟援助，並使公約國家分享原子能知識。」

巴格達公約頗有人反對，反對者除共產黨及其同路人外，尚有：埃及(恐懼伊拉克爭雄)，沙地阿刺伯 (反對伊拉克哈士米德 Hashemite 王朝)，敍利亞(恐懼以巴格達爲主的大敍利亞的出現)，法國(害怕她在敍利亞黎巴嫩一帶勢力的消滅)，以色列 (畏懼阿刺伯國家因西方軍援而強大足以進攻以色列)。非共產黨人所持的反對理由爲：㈠公約除爲冷戰因素外無軍事價值；㈡在氫彈時代此公約已不合時宜；㈢即使當地軍隊訓練有素，亦難抵抗俄軍待西方援軍到達。但支持巴格達公約的人說它有其軍事價值。馬克米南並說「它是一個思想防線」。

巴格達公約國家希望美國參加公約，但美國因種種顧慮，迄未參加。美國不願參加的原因爲：㈠巴基斯坦已和美國有公約，土耳其是北大西洋公約國家，美國參加與否對實際並無影響；㈡美國主張由當地人防禦當地，防禦中東應由中東人主持；㈢美國不願開罪以色列；㈣不願迫使埃及與蘇俄更進一步接近。

去年十二月英國要求約旦王國加入巴格達公約，引起約旦人反對公約的暴動，頗有死傷。反對者多是巴勒斯坦籍的阿刺伯人，因爲他們認爲英國人應對阿刺伯人在巴勒斯坦的失敗負責任。約旦政府辭職，國會解散。今年一月上旬約旦再度發生示威暴動。英國人說暴動是埃及的宣傳，沙地阿刺伯的黃金，及共產黨的煽動的結果。因暴動的結果，約旦新政府決定不參加巴格達公約。多年來約旦的存在是英國的支持，約旦的「阿刺伯軍團」(Arab Legion) 在近東很馳名，它可說是第一次世界大戰時英人勞倫士，(T. F. Lawrence) 的「阿刺伯軍」(Arab army) 的繼承者，阿刺伯軍團自一九二〇年起建立，自一九三九年起由英人格拉布 (Glubb) 中將 (通稱格拉布帕夏 Pasha) 率領。此軍團共約二萬人，是英國在中東的一張王牌，過去英國每年津貼阿刺伯軍團七百多萬英鎊，去年計劃增至一千二百萬英鎊。約旦要求修改英約關係，英國則以約旦加入巴格達公約爲交換條件。約旦的民族主義者已不滿意於英人任阿刺伯軍團的統帥，該軍團副司令 Ahmed Sidki el Jundi 與格拉布不協。本年三月二日格拉布突被約旦王胡塞因 (Hussein) 免職，即日離境。這是阿刺伯民族主義者給英國的最大一棒，使英國進退兩難。英國爲維持其近東地位計，不得不對塞浦露斯 (Cyprus) 問題採嚴峻措施，這一來却將英希關係弄得惡化了。約旦王將格拉布帕夏免職，當然是兩次示威暴動所影響。同時也是埃及、沙地阿刺伯、及敍利亞活動的結果。因爲這三國在去年十二月曾向約旦政府提議，集體籌欵以代替英國對約旦的津貼，格拉布帕夏被趕走不但使英國極端狼狽，並且使以色列深感不安，而認爲戰爭危機嚴重。因爲過去停戰局面的維持多多少少是英國人所統率的阿刺伯軍團不採取積極行動的結果，今後局勢則不同了。

五　以阿糾紛

以色列與阿刺伯國家的糾紛，自一九四九年停戰後，雖經美國、英國、及聯合國的努力始終沒有促成和解。因爲阿刺伯國家對和平提出先決條件：㈠賠償並遣送巴勒斯坦阿刺伯難民回原地；㈡實行巴勒斯坦分割計劃；㈢耶露撒冷聖地國際化。以色列拒絕接受上述條件。

在以阿對峙，戰爭一觸即發的情形下，蘇俄却火上潑油，去年九月它向埃及建議供應軍火，於是有捷克武器輸入埃及的事。埃及接受共產國家軍火的另一原因便是法國因北非叛亂，而自九月二日停止供應埃及以武器。共產國家供應埃及武器消息一經發表，美國國務院主管中東事務的助理國務卿阿倫 (George V. Allen)，匆匆赴開羅，但無結果。旋大批捷克武器(如米格十五式飛機，史大林三式戰車，等等) 運到埃及。不久之前，並有三百名埃及軍官前往捷克接受使用新武器的訓練。蘇俄並向沙地阿剌伯及敍利亞提議供應軍火。這兩國因反對巴格達公約而與埃及結約。蘇俄供應武器的結果使近東的局勢空前緊張，尤其不安的是以色列。

以色列對阿剌伯國家的局勢可謂處於背水陣的局面。以色列的人口雖不及一百八十萬，但是一個流浪二千年後復國的民族表現充沛的活力，在短期內將以色列建設成中東最現代化的國家。以色列與其鄰國，不但沒有解決疆界問題，而且因爲利用約旦河(R. Jordan)從事灌溉及發電問題與約旦及敍利亞發生爭執。以色列三面受敵，因此全國男女皆兵。加以技術人才衆多，成爲近東兵力最强的國家。去年十二月初，以國開國元勳本格利雍 (Ben Gurion) 再度出山組織政府，卽發動邊境事件。十二月二日夜間，以軍進攻南方 El Auja 埃軍陣地，以方云埃軍死四十名，俘四十名；十二日以軍突襲 Tiberias 湖東北岸敍利亞軍，敍軍死五十四名，俘三十名。本格利雍年雖已七十，但敢作敢爲，他說：「以色列願維持和平，但不願自殺。」埃及方面則答覆：「若以軍再度發動偷襲，卽爲大戰。」日內瓦四外長會議時，以色列外長 Mosche Sharett 曾在會外晤四外長。當時以國朝野認爲阿剌伯國家接受蘇俄武器後，將使以國的軍事優勢變爲劣勢，因此主張先發制人，進攻埃及。但是西方三外長並不贊成以國的「先下手」政策，以色列對其鄰邦的態度遂趨緩和。

日內瓦會議時，英外長曾對蘇俄在近東的活動向莫洛托夫交涉制止，沒有結果。十一月九日，艾登在倫敦新任市長的晚宴席上發表演說 (Guildhall 演說)，攻擊蘇俄在中東的干涉與維持德國的分裂爲破壞「日內瓦精神」。他提議由英國調解以阿糾紛，並依一九四七年聯合國瓜分巴勒斯坦計劃將疆界予以修正。艾登的建議爲以色列朝野一致反對，認爲是「中東的慕尼黑」。因以色列現有領土較聯合國瓜分計劃所予的爲大，故阿剌伯國家對艾登的建議並無不良反應。十一月二十四日工黨議員蓋次克爾 (Gaitskell，不久升任工黨領袖) 在下院批評政府的中東政策，要求政府維持一九五〇年英法美三强對中東的協議，希望政府不得再表現過去的輭弱與混亂，而應有勇氣與毅力，並輔以想像力，如此則反對黨可以支持政府。十二月十二日英國會下院再度辯論中東問題，艾登說：「近東局勢危險，若不及早謀求和平，則衝突一起，則結果不敢想像。」外相馬克米南說：「蘇俄因積極整軍，將較陳舊的武器售給阿剌伯國家，但俄國在近東開闢新戰場將使其自投陷井。」反對黨議員莫里遜(Morrison)指責政府在中東無政策，無計劃，態度輭弱，不知如何是好。他指責艾登 Guild hall 演說及外相在巴格達的演說同樣不愼。達爾頓 (Hugh Dalton 工黨)說：「凡是接受蘇俄武器的國家，英國不應供給武器。」辛威爾 (Shinwell) 則要求政府和以色列訂立公約。一般而論，反對黨指責政府的猶豫不決及不利於猶太人的政策。

六　二艾會談

本年一月終，艾登去華盛頓會談，二艾會談(一月三十日至二月一日)，主要問題是中東問題，此外也談及歐洲、東南亞、及遠東問題。英國希望美國支持英國的中東政策，並調和英美在近東的行動(英國指責沙地阿剌伯利用阿美石油公司的稅收從事反英活動，並要求美政府譴責沙地阿剌伯政府，美政府未同意)[註一]。

會談結果，艾登與艾森豪發表聯合宣言，警告亞非新興國家不要受蘇俄利用。宣言大意說：英美在過去十餘年支持數約六億人民的國家獲得獨立，反之，蘇俄則使總人口一億的十個歐洲國家喪失自由獨立。共產黨統治世界的企圖始終未變。因此五十餘自由國家組織自衞，維持集體安全，保障國家與個人權利。自由國家爲防制侵略，決定維持必要武力。此外，艾森豪與艾登陳述對歐洲、中東、東南亞、遠東[註二]及原子能物資的意見。中東部分佔篇幅最多，大意謂英美協助中東民族實現其合法希望，認爲猶阿糾紛亟需和平解決。如遇和平受威脅時，則將依一九五〇年三國宣言採取行動。二人譴責蘇俄供給武器給中東國家，以增加戰爭危險，因此美國支持巴格達公約。至於波斯灣及阿剌伯的糾紛則希望能和平解決[註三]。

二月二日艾登在美國參議院發表演說，大意謂俄羅斯帝國主義擴張由來已久，但今日其方法及手段已改變，施行思想鬪爭。俄國向全部亞洲及中東發展，從事思想戰爭。因此西方不應單純以武力對抗，而應以友誼與自由對付，並協助自由國家提高其生活水準，使其分享我們的自由生活方式。艾登在衆議院演說又謂：共產黨利用新近獨立國家的無經驗及其弱點以從事發展。但吾人鼓勵此等民族自治獨立實爲明智的政治家作風。

七　結　論

今日中東回教世界可說是一個充滿火藥、隨時可能爆炸的火藥庫。在這裏，有引起戰爭的五大亂源：㈠以色列與阿剌伯國家間的衝突；㈡阿剌伯國家間爭領導權的衝突；㈢回教國家彼此間偏狹的朝廷或國家利益的衝突[註四]；㈣共產主義的滲透企圖及由此引起的自由與極權之爭；㈤西方列强對近東政策的歧見(尤其是英美的歧見)。

中東世界既危機四伏，是否會發生戰爭？我們認爲戰爭並不是不可避免的，因爲蘇俄的主要目的在目前是以「慢火」維持阿剌伯國家與以色列的衝突，卽使以阿發生戰爭，蘇俄除供給軍火外不致直接參戰。反對以色列最烈的埃及也不見得願冒戰爭的危險，因爲埃及爲解決嚴重的經濟問題行將建設一座龐大的亞酸 (Aswan) 水閘，一旦動工，要十五年方能完成。這是納塞爾政權的最大事業，而戰爭會使納塞爾政權跨臺。但埃及爲其對內對外的原因得有一個足以轉移視線的目標，這便是以色列。所以埃以的關係不會改善的[註五]。

話雖如此，中東的局勢仍是很危險的。不管冷戰也罷，熱戰也罷，恐怕祇有蘇俄漁利。今日的問題是：㈠西方國家應消除彼此政策上的歧異，扶植殖民地獨立；㈡阿剌伯民族及其他回教國家應化除成見，消除彼此間的衝突，並和自由國家眞誠合作。如此始能保障自由世界與回教世界的安全，使蘇俄無法施展其陰謀。

(註一)二艾在會談中談及對華政策，如「臺灣問題」，一九五六·二·一〇草竣於巴黎

日內瓦美共會談，下屆聯合國大會中共要求進聯合國問題，美英對此問題態度均未變更。英國不願在下屆聯大提出中共加入聯合國事。關於放鬆對中共禁運問題，英方提議以十二月爲期逐漸放鬆，俾與蘇俄維持同一水準。英方理由爲：放鬆禁運可以加强馬來亞與錫蘭的輸出，該地區經濟情況因之改善，有助於反共。美政府認爲其言之有理，但國會方面反對修改禁運單。

(註二)宣言中對遠東局勢作如下之陳述：「英美決心阻止任何以武力或滲透活動而從事之侵略，協助此區域之自由國家建立自衛，安定內部，保障福利，吾人之政策應以此爲出發點。吾人自經坦白討論後，對達到此目的最有效辦法所持見解仍有歧異存在。吾人同意仍應維持貿易管制，並今後對管制之範圍因情況之變化，按期予以修改，以期最切合自由世界之利益。」

(註三)此係指布奈米水草地糾紛。按阿美石油公司在中東的油礦儲量等於美國境內的油礦儲量。

(註四)除前述各回教國家間的衝突外，尚有巴基斯坦與阿富汗的衝突。阿富汗對巴基斯坦的「西北邊省」有野心。這裏有六百萬 Pathan 人。其中有人發動 Pashtoonistan 獨立運動，阿富汗予以支持。兩國因此不睦，巴駐阿使館曾被搗毀。一九五五年四月，兩國關係緊張，阿富汗佈總動員，阿國大權似旁落於首相 Sadre Mohammed Daud 親王之手。四國外長會議時，阿王曾致書艾森豪與艾登，要求英美給予軍火(否則將接受捷克軍火)，並請英美從中斡旋使巴基斯坦接受談判 Pashtoonistan 問題。英美不願開罪巴國，同時認爲阿富汗的戰略價值不大，故未予接受。蘇俄對阿富汗則極力從事滲透工作，其手段爲協助阿富汗開發農業及若干建設工程。去年布加寧赫魯雪夫訪印度後到阿富汗，與阿富汗訂立協定，從事進一步之滲透。

(註五)亞酸水閘建築費預計爲十三億五千萬美元，十五年完成。費用的四億五千萬美金是外滙。埃及本希望由世界復興建設銀行與建。旋蘇俄提議願代建築，爲埃及拒絕，波蘭接濟作同樣表示，美國以問題涉及政治，於是和埃及談判經濟援助。美國願在第一期建築費(四億五千萬美元)項下津貼埃及五千五百美元，英國津貼一千五百萬美元。世界銀行貸款二億美元，此事現已成定局。

臺北通訊

中國生產力中心的工作和使命

彭　翰

第一件工作

啓信化學工業公司設在臺北市附近的桃園縣，是最近創立的一家規模較大的民營工廠，投資新臺幣一千萬元，開工以後，製造炭酸鎂和氧化鎂，始終不能正常的生產，函請中國生產力中心協助解決技術上的問題，中國生產力中心負責人高禩瑾，邀請了經濟部聯合工業研究所所長沈觀泰和該所的幾位工程師，同去桃園實地研究啓信公司的生產設備，住了一星期，不停的工作，發現鍋爐的製造欠佳，並曾協助該公司改製鍋爐。這是中國生產力中心和國內工廠取得聯繫，實地指導技術的第一件工作。

提高生產力

中國生產力中心，是在去年十一月十一日正式成立的。中國是在遠東第三個推行生產力運動的國家。菲律賓首先於前年在國家經濟委員會之下，設立工業發展中心，日本是於去年四月和美國交換關於提高日本生產力的文件後，成立了日本生產性本部。

曾任臺灣機械公司總經理的高禩瑾說：「近幾年來，在西歐的自由國家中，有一種運動，對於社會經濟、人類生活、以及文明進化，都有重大的影響。它的目的是由提高生活水準，增加經濟福祉，進而促成社會進步。它的主要工具是提高生產力；而它的具體表現，可用一個警句來說明：『較好的產品，較低的成本，較高的工資，和較多的利潤。』這就是提高生產力運動。」

一九四七年美國實行馬歇爾經濟援歐計劃，謀求挽救「整個歐洲在第二次世界大戰以後的社會、經濟、政治而臨崩潰的嚴重危機」。英國接受美國經濟援助後，發現英國的工業生產方法落後，設備陳舊，效率低落。在七十年前，英國的工業設備和技術水準，是和美國大致相同的，但在第二次世界大戰以後，英國人的生產能力，比較美國人相差三分之一至二分之一。例如一個英國工人要賺一包香烟，必須工作九十分鐘，而在一個美國工人，則僅須工作十二分鐘。英國人認爲，如果不在提高生產力方面努力，單有美國的經濟援助，歐洲的經濟復興仍將是很緩慢的。英國於是派了六十幾個專門性的小組，前往美國考察工業，回國後推行提高生產力運動。其他的自由歐洲國家，也都紛紛設立提高生產力機構。美國在歐洲執行經濟援助計劃的組織，並且在巴黎設立了一個歐洲生產力總署。這個運動，不久就又傳到南美和遠東。

中國生產力中心，是在美國國際合作總署的協助下成立的。自由中國的工業生產力，也是很落後的，例如一個臺灣工人要賺一包香烟(新樂園)，就必須工作五十二分鐘。臺灣的工業發展，十年以來，雖恢復了殘破的戰時工廠，擴大了工業範圍，新的工廠不斷建立，新的產品不斷出現，但是隨伴而來的新問題，例如怎樣利用現有設備，加強管理，改良技術，實是最需要迫切解決的。

中國生產力中心負責人高禩瑾說：「該中心是爲提高自由中國工業生產力而設的一個非營利的、服務性的民間獨立團體。它是各種工業提高生產力的媒介劑。」該中心已在國內特約了各類工業的專家，負責實地協助解決國內各工廠關於技術及管理方面的困難問題，和解答國內各工廠提出的關於技術及管理方面的諮詢。所特約的專家，計有機械工程類十四人，土木工程類七人，電機工程類四人，礦冶類七人，化工類十六人。

工業諮詢報告

中國生產力中心的成立，受到國內工業界的普遍歡迎和信任，該中心經常收到關於工業諮詢的信件，並有投資人來信，說有資金一筆，詢問目前宜於投資於什麼小型工廠？所有的諮詢信件，皆由特約專家們給予了滿意的答復，該中心付出了酬勞給特約專家們，但該中心對於提出諮詢者則並不收任何費用。截至去年十二月底止，共計收到工業諮詢一百六十八件，分析內容如下：

投資及市場分析二十七件，設廠手續七件，貸欵及申請原料手續十件，機器設備估價二十三件；其他關於工業技術問題的諸詢函件，包括改良開採砂鐵的方法，汽油三輪車怎樣設計，鳳梨及魚類罐頭廠怎樣設計，利用豆餅花生餅製造調味粉的方法，滑石礦開採方法，製造水泥用豎窯的設計，開設奶粉廠問題，稻穀的利用問題，印像紙的製法，鋁器的焊接及着色方法，人造稻草棉的製法，菌房的設計，次級牛油的脫色法，香蕉粉的製造問題，木瓜酵素怎樣提煉……等等。

這些工業上的技術諮詢，皆是國內許多工廠或個人所面臨的實際問題；這些問題的解決，無疑的可以提高國內的生產力，增加生產量。而要去解決這些問題，並不一定非找外國專家不可，國內的專家皆可求得解決途徑。中國生產力中心的任務，就是做生產者和專家間的一個媒介，使有疑問的人，能够得到滿意的解答。

解決工業界困難

中國生產力中心去年並曾接受委託，協助解決國內工業界的下列困難問題：

一、臺灣實行農村土地改革時，政府曾將四個大公司的股票發給地主們，作爲補償地價的一部份，臺灣工礦公司是四大公司之一，前任臺灣省農會理事長馬有岳取得相當數額的股票後，買下該公司的花蓮熔肥廠，改組爲華東工業公司，函請中國生產力中心協助利用原有設備，改製電石等其他工業貨品。該中心負責人高禩瑾於去年八月邀請臺灣肥料公司總工程師沈琰、工程師張生達同往花蓮該廠，實地研究後，製成報告書，同時提出具體建議，並代設計電爐及石灰窯。華東公司根據這個建議，已於去年十月下旬擬訂開工計劃，第一期製造電石、矽鐵及各種礦石粉，第二期再製造水泥，第三期再製造鳳梨及魚類罐頭。目前電石和矽鐵已在生產中，關於日產水泥六十噸至一百噸的計劃，正向日本洽購設備。華東公司目前仍和該中心取得聯絡，隨時提出各種諮詢。

二、臺灣機械公司向經濟部建議對於外國貨鸞浦(即抽水機)實行停止及管制進口問題，經濟部曾委託中國生產力中心研究。該公司指陳臺灣每年需購鸞浦約八千至一萬馬力，該公司及其他公民營廠家每年所能製造的鸞浦，約在八千馬力以上，除少數特種鸞浦(如耐酸鸞浦及油井用鸞浦)外，國內廠家皆可供應，不必再向國外購買。中國生產力中心曾爲這件事開會，並曾邀約專家齊世基等組成小組，於去年十一月前往基隆、臺北、高雄、屏東及嘉義，實地調查十七家製造鸞浦的工廠，然後向經濟部提出下列意見：㈠如果國內需用的鸞浦，不以高效率爲最主要的抉擇標準，則可對於外國貨實行管制進口；㈡臺灣機械公司近年來無論在新型鸞浦的設計上，及製品效率上，皆有顯著的進步，實爲國內鸞浦業的翹楚，可由該公司將設計的圖樣，在技術合作的原則下，交國內其他各鸞浦工廠參照製造，以期該業能够共同進步；㈢國內鸞浦工廠的工作機械，皆嫌陳舊，精度不够，影響產品的品質，似應設法換新；㈣設立試驗中心，檢驗國內所製鸞浦的品質。

三、臺灣區電工器材工業公會認爲國內製造的變壓器，應請臺灣電力公司購用，公司方面則認爲國內製造的三千三百伏的變壓器品質，尚難令人滿意，六千六百伏的CSP型變壓器需要較高的製造技術，必須向國外採購。經濟部也將這個爭論很久的問題，委託中國生產力中心研究。該中心曾開會討論此事，政府代表說，國內所製變壓器的損壞率，民國四十一年爲百分之十六，民國四十二年爲百分之五點九，民國四十三年爲百分之四，品質雖見進步，但和日本的損壞率百分之二點六，美國的損壞率百分之零點〇六比較起來，仍嫌稍差。政府機構曾建議國內製造變壓器的工廠從事合併，利用美援三十萬美元向國外添購設備，或由國內某一較大的廠和國外廠家合作，以求改善變壓器的品質，但公會方面皆未實行。公會代表則說國內的工業，必須扶持，使各工廠在製造方面逐漸求進步，如果不買國內所製的六千六百伏的變壓器，則各工廠有倒閉的可能，並且表示如臺灣電力公司定貨，則可能在國內成立一個規模較大的變壓器工廠。中國生產力中心最後提出的建議如下：㈠由公會成立技術委員會，聘請專家改良技術；㈡由各工廠充實設備，並限期聯絡若干工廠合併成立一個較有規模的工廠；㈢由臺灣電力公司本扶助國內工業之意，考慮在某種條件下(如制訂規格，選擇工廠或派人監製等)，使各工廠可做修理變壓器工作，並在可能範圍內，向各工廠訂購變壓器製品。

工業問題座談會

中國生產力中心在去年下半年內，並曾舉辦工業問題演講會六次，邀請國內外專家學者，主講工業工程、工業管理諸問題。又曾舉行工業問題座談會十二次，分別召集各工業公會和工廠代表，討論如何提高生產力，改進品質諸問題。例如該中心曾召集製造漆刷工業各廠代表舉行座談會。製造漆刷的原料爲猪鬃，各廠代表指陳不易買到原猪毛，並且希望漆刷能够外銷。但漆刷因用手工製造，不够均勻，在消毒方面，亦須再求改善。該中心曾對難買原猪毛事，允代轉商縣市政府求其解決，並向各廠建議宜向美國購買一套硫化設備，以謀改良品質。

在該中心召開的座談會中，有一個叫做工業管理座談會，參加者爲少數重要工業的主持人和剛由美國考察回來的工業界人士，專題討論怎樣改進目前國內的工業管理。例如有一次會討論「怎樣增加管理效率」問題，事前約定三人主講三個小題，臺灣機械公司協理陶鼎勳講「權責的劃分」，臺灣電力公司協理孫運濬講「工業內部的聯繫」，臺灣肥料公司基隆廠廠長陳堯講「人事關係」。他們三人皆曾在美國研究這些問題，報告目前美國工業界怎樣在處理這些問題及其對於工業發展的有利影響。陶鼎勳曾說：「權責劃分，是每一個機構在組織上應該有的分工，要發揮組織的能力，就靠權責劃分，使每個人明瞭自己的職權，去完成指定的任務。」孫運濬特別分發四種資料，說明美國怎樣在改進工業內部的聯繫。像這些資料和報告，對中國的工業界而言，皆是非常新穎的知識和方法，值得翻譯出版，廣爲傳播，供整個國內工業界採擇實行。這樣，也才發揮了美國的技術援助計劃的廣大功效。美國在此計劃下，每年選派若干中國人員前往美國研究和實習，其目的不僅在訓練這些能去美國的少數人，而在希望他們回中國後再傳給其他未去美國的多數人。中國生產力中心目前亦正在這方面努力。

訓練工業人才

該中心且亦正在派遣人員出國接受工業訓練，去年十月六日已在臺北公開招考專門人才，並已初步錄取六人，將再從中挑選三人，派往美國接受六個月的工業工程訓練。另外曾代美援技術協助委員會招考鑄造技術、冷凍工程、亞麻及苧麻處理三門的專門人才，已初步錄取六人，將再從中挑選三人，派往美國和法國受訓一年。這兩次考試，皆是聘請若干大學教授組成考試委員會主持的。中國生產力中心負責人高禩瑾說，「他們回國後，皆須在本中心工作兩年。他們將被派往國內各工廠，協助解決各種實際問題。因爲本中心對工業界的服務範圍很廣，他們每人接受一種專門的訓練，是十分重要和有用的。」

該中心並已決定在國內創辦各種短期訓練班，使用在美國實行有效的一套辦法，來協助國內各種工業訓練各種人才。該中心已成立工業訓練設計委員會，並已召集各工業同業公會代表開會，商討這個問題，許多公會代表皆熱烈希望早辦工業訓練班。目

(下轉第22頁)

星加坡航訊・三月十九日

南洋大學開學了！

荀　詩

星加坡的南洋大學，經過了林語堂等人和南大執行委員會主席陳六使鬧了意見，林語堂等總辭職以後，中間經過一年的停頓終於在三月十五日在星加坡裕郎山上新校舍內開學了。這個開學是開得相當吃力的。根據執行委員會財政高德根宣佈，現在南大的經費只剩二百三十二萬二千五百九十一元四角九分正。認為南大經費前途，如不努力募捐，不易樂觀。

林語堂未走之時，許多左派人士，拼命攻擊林氏，其中還有一部份人，想謀南大教席而未着落者，也以私人不痛快，攻擊林語堂。於是都說如果林語堂在，捐款一定不踴躍，林走捐欵一定可以源源而來。可是林語堂走了以後又怎樣？陳六使在三月十四日假星馬各地南大委員會上發表談話時，指出：「林氏事件獲得解決以後：……小量捐欵雖仍繼續不斷，鉅額則未見踴躍。」

現在學校決定在四月初開課了。但這二百多萬元，能維持多久，不得而知。現在決定自本年三月十五日起至明年三月十五日止為「南大創造年」。規定在這一年內，要星馬南大各地分會努力勸募，並組織特別募捐隊。為南大捐欵。然而以今天星馬膠錫市場行情如此之壞，又能捐到多少錢，這也是一個大的問題。

南洋華僑做事，多少帶有一點冒險性。林語堂等人之所以要全體辭職，其主要原因，便是因為陳六使在致林語堂函中，答應有二千萬元之把握，創辦南大，可是等林語堂來了以後，發現陳六使的話，不能兌現。林語堂看到今天的情形，認為這樣下去，還是不如引退的好。

今天的南洋大學雖然已經開出來了，但請來的教授，沒有一個在國際學術界能叫座的。因此份量遠趕不上林語堂時代的南大。現在到的教授、副教授、講助等不足四十人，而學生已經有六百人了。現在除了商學院長尚付缺如、形同虛設外，實際只有文理兩個學院。

文學院院長張天澤（張復為南大行政委員會主席，其地位等於校長）。下設之科系為中國語文學系（主任余雪曼），史地學系（余協中），教育學系（范錡，在范錡未到任前，系主任由張天澤兼代），經濟政治學系（張天澤兼）。

理學院院長陳宗南，數學系（主任靳宗岳），物理學系（鍾盛標，在鍾君未到任前，由靳宗岳暫代），化學系（陳宗南兼），生物學系（主任黎國昌）。

教務長陳宗南，教務處主任陳宗昌，註冊處主任謝哲聲，圖書館主任王詠祥。到現在為止，圖書館裏還是林語堂時代買的一千多本工具書，其他一本書都沒有，儀器和顯微鏡一件都沒有，據說現在正向日本趕辦中。在教材、書籍和設備方面，草創伊始，自然是談不上。

別的不談，單單教講助只有四十多人，要教上六百多名的學生，這種擁擠現象是他處大學所未見者。普通國立大學專任教授每週上課九小時，聽說臺大尚有人每週講四小時的，過去國內私立大學規定專任每週上十二小時，但南大一個教師要上到每週十六小時以上。所以許多先生，都在感到力不勝任。而且待遇又是十分微薄。南大的教授每人月薪七百元，副教授六百元，講師五百元，助教四百元。教授兼系主任加一百元，為八百元。這種薪水制度，也是開國內外大學所未有者。教授與助教相差僅四百元，在國內外，教授和助教薪水之相差，可以說距離很大。所以有位老教授嘆氣道：這樣看來，證明陳六使左右簡直沒有人懂得大學的行政，遑論他們看過大學了。

林語堂時代規定教授每月薪金一千五百元。當時被許多人攻擊，其實林氏訂的標準是比較合理的。然而還是趕不上馬來亞大學和香港大學。

關於文學院方面發展的計劃，根據張天澤發表：㈠中國語文學系計有文理商三院第一年之大學國文為共同必修，還有國學概論及讀書指導二門功課。第二年為文字學、中國文學史、中國哲學史。第三年為聲韻學、中國文學批評、修辭學等課。第四年為訓詁學、國文教材及教法等。但中國大學內該系之「宋元詞曲研究」及中國小說史，並未提及，想是一時請不到人，故略而不開。㈡史地學系目前還沒有詳細決定，但目前開的是大一共同必修之中國通史及西洋通史，第二年至第四年，講授各種斷代史及國別史。除上述外，尚有歷史研究法。這一系顯見尚未完備。㈢教育學系以配合星馬當地環境。第一年度開教育概論及教育心理學。第二年至第四年增設兒童心理學、青年心理學、教育法、小學教育原理、教育學概論、教育統計、教育測驗、教育哲學、比較教育、西洋教育史、東南亞教育問題、中學校長之職務等科目。在將來還希望增設幼稚師範專科。這一系現在主要教授尚未聘定，等到星後再開班。㈣現代語言學系。僅先設英文一科為文理商三院學生共同必修科，以後當斟酌需要設立研究東方語言，首先是東南亞語言以及現代西洋重要語言。這一系，據記者探悉，根本沒有一個像樣的英文教授，而對英國文學有深切研究者更是鳳毛麟角，其他各種語言，更不必談了。這一系比較最弱。㈤經濟政治學系。經濟學方面本年度先開經濟學原理和商業概論，第二至四年，開經濟思想史、經濟分析、貨幣與銀行經濟、貨幣理論與政策、計劃經濟工會史、經濟統計等。

除了這五系以外，將來擬開設的有新聞學系，社會學系，藝術學系等。

關於理學院方面的發展計劃，根據理學院長陳宗南發表：㈠增加各學系課程之編配，這許多課程，大部份分配於數學系，物理系，化學系及生物系四個學系。在物理系方面有核子物理學，原子堆之構造，原子能用途，航空物理學，火箭與火箭引擎。㈡物理儀器已分別在日本、香港兩地先行購買，以爲開學之用。在香港購者爲普通物理儀器（記者按，可能是上海科學儀器公司之出品，品質並不壞），每套有四組，三四年學生用一組，以輪流式使用。在日本購者爲高級物理儀器，可供示教之用，俟開學後，酌量需要，再向外國公司定購。至於化學儀器全在日本購置，已抵星者有四百餘箱，可供普通實驗之用。生物儀器亦分別在香港日本購備。在港購者多已運到，有高級顯微鏡及學生用顯微鏡多架，另有切片機，幻燈機，各種標本，模形掛圖等。在日本購者尚未到，標本玻璃瓶亦在港定製，不日可到。㈢理學院之圖書分別在香港及歐美圖書公司定購，在港購者多已運到，在外國購者陸續運來，教科書先購二三冊，多已由飛機運到。此類圖書都是最新出版。至於供研究上之各種全套有歷史性之雜誌尚在接洽訂購。㈣生物系擬考察及整理當地熱帶生物。一方面組織旅行隊前往金馬命高原，採集動植物標本。一方面提製標本。㈤理學院擬於一二年內擴充爲理工學院，先開設一土木工程系，一化學工程系。化學工程系因已有化學系爲基礎，發展自易。土木工程系須重新佈置，比較困難。將來如基金充足，將再添設電氣工程，機械工程，與建築工程，則可自成爲一個單體的工學院，負責造成大批專門人才。

但這裏有一椿事情值得一提，在陳宗南的發展計劃中，似乎以後如經濟許可還想另設一個工學院。一個大學知要建立一個工學院，不是一件容易的事，不獨人才不易覓，而且錢也花得大。在林語堂時代僅僅計劃一個理工學院，已經弄不起來。後來，許多學生明明已經考入進修班，但現在都不入南大了，原因便是因爲工學院課程取消了。

這一次不設工學院課程也無非是辦工學院經費浩大，一時籌不出來。記得去年冬天，前南大進修班主任黎東方博士返星加坡。在某一天的晚上去訪南大執委及教授遴聘委員會委員莊竹林（按莊爲此間中正中學校長），向莊提出美國贈送我國十個工學院的儀器和設備，教育部預備送一個給南洋大學，使南大可以輕而易舉，不花一文，立刻辦成一個工學院。同時還準備送大批圖書給南大。但後來這件事，始終沒有下文。是否莊將此意轉南大執委會，或執委會同意接納與否，皆不得而知。這件事情未能成爲事實，委實是一件可惜的事。

（上接第20頁）

前至少已有十個公會願和該中心合作，選派人員參加受訓，該中心現正研訂訓練計劃，不久可見實行。

供應參考資料

中國生產力中心在介紹國外工業新技術方面，經常根據美國國際合作總署的出版品，翻譯出版參考書籍。現已問世的技術協助叢書，有「工業問題解答」，「特種工業報告」二種。現已問世的小型生產事業參考叢書有「製造瓦楞紙板箱之設廠條件」，「製造漆刷之設廠條件」，「製革工廠設計」，「建立及管理塑膠模塑工廠之條件」，「人造木板」，「幫浦及風車設廠計劃示範」，「鑄鐵工廠之建立及經營」七種。還有其他的許多小叢書，仍將陸續出版。這些叢書的內容，是報告分析美國工廠的情形，例如經營方法，設廠條件，加工程序，製造成本以及利潤多寡，俾國內的同樣工廠可以比照參考，設法改良舊廠，創設新廠。該中心所主辦的「工業問答」，它的內容如是一般性的，皆在臺北的一家報紙「徵信新聞」上公開發表，問答並列，這個專欄，每逢星期五刊出，以供一般工業界人士的參考。該中心並將出版一種刊物，名爲「生產力導報」月刊，即可問世。

該中心即將成爲國內外製造廠商的產品目錄陳列所，現已搜集的各種產品目錄，在一千種以上，美國國際合作總署中國分署近又贈送三千種以上，目前仍在繼續向其他方面搜集中，將來擬辦國內外製造廠商產品目錄展覽會，供國內製造廠商觀摩。該中心並將成立一個小型的「工業圖書館」，現已列有一筆外滙預算，正向國外搜購最新出版的各種工業方面的書籍和刊物，供國內工業界參考。該中心並將在本年夏間舉辦工業安全展覽會，介紹由美國運來的有關工業安全方面的新設備及方法，將分別在臺北、臺中、高雄、基隆四地舉辦，每地展覽二天到五天，並擬舉辦幾個安全座談會，以期提高工業安全的認識。

提高生產力的效果

中國生產力中心負責人高禩瑾曾說：「美國人口僅佔世界人口百分之七，而其生產的物資佔全世界總量之半，這是因爲今日美國與七十年前比較：在一樣的勞動時間內，生產力增加了五倍，生產量增加了十二倍，就業增加了四倍。」

西歐各國推行提高生產力運動後，皆已收到很大的效果，舉英國來說，棉紡織業某廠上經軸部門的生產量提高了百分之一百三十，精紡部門的生產量提高了百分之五十；鑄鋼業某廠平均生產量增加百分之三十，鑄鐵業某廠增加生產量百分之二十六，製襪業某廠增加生產量百分之二十五，製衣業某廠增加生產量百分之三十。再舉法國來說，煉鐵業增加生產量百分之二十，電工機械業增加生產量百分之十，紡織染整業增加生產量百分之十五至五十。

中國生產力中心推行提高生產力運動，尚在開始的階段，雖然已有了上述的若干工作表現，重要的使命仍待於未來完成。這是有關自由中國經濟發展的一件大事，必須工業界、勞工界、政府機構以及社會人士的通力合作。

落月（七續）

彭歌

八

余心梅楞了一下，可是她馬上覺得這正是一個脫身的機會，她太疲倦了，犯不着為了虛無飄渺的遠在漢口的戲院合同去應酬一個不知底細的冒牌經理。但那個姓范的却並沒有就放鬆她。

他輕捷地靠着牆，在黑影裏把那件藏青夾大衣脫了下來；不待徵求心梅的同意便給她披在身上，並且說：「夜很深了，給妳擋擋寒吧！」

心梅覺得這個人太莫明其妙，正皺着眉要推阻，不料他忽然俯身在心梅的耳邊上帶着威脅的口氣說：「老板，對不起，請幫幫忙吧。」接着，又急促地說明：「跟我好好地演這一齣戲，要是唱砸了，咱們兩個人都得倒霉；妳看前頭那些走狗們總都認識的吧！」

原來路口上正有一羣穿黑制服的偽警察在檢查行人，還配屬着一個留守的日本憲兵，步槍上長長的刺刀閃耀着寒光。有一個警察高舉着一盞紅色的提燈。一片慘紅的光射在雨地上，像一灘鮮淋淋的血。

心梅心驚肉跳的披好了那件長得幾乎拖到地上的大衣。她奇怪這件大衣為甚麼會這麼沉甸甸的。她頓時明白了一定是衣袋裏還裝着有別的東西，會不會是手榴彈呢？她嚇得不敢往下想了，暗暗詛咒自己，為甚麼偏要和這種豪强亡命之徒搭訕。

可是，走到這一步，還有甚麼話說呢？如果不幫忙掩護他，狗急了跳牆，說不定他就會當場下起手來，自己便像個被餓鷹抓住了的兎子似的，一點反抗的力量全沒有。再說自己和他一路同行而來，只要他血口誣人，咬上是他的同黨，那就洗都洗不清了。

被夜晚的寒氣吹襲着，她不禁緊張得發抖，不由自主地拉了拉那件有着濃烈的煙草氣味的大衣領子，一隻手又滿懷敬畏地摸摸口袋裏頭，方方硬硬的，不知是甚麼東西。

幸好那幾個警察都認識余心梅——向例逢年過節時他們都從天華景拿「紅包」，而且平常也經常去聽白戲的，自然都不多麻煩，只看了看那姓范的「居住證」就把他們放過去了。

那位范經理這時候一句話也顧不得說，只是領着心梅繞着小路走，好容易迎面有一部人力車來了。

「是老王吧？」

「是我，經理，剛才戒嚴，街面上不許停車，一解了嚴我就來接您，找了好半天。」那年青的車夫趕緊放下車把，眼睛還不停地在心梅身上打量着。

「剛才好緊吶，」范經理冷笑着：「我不忙回去，你先送這位小姐回去吧。」

心梅本來不願上車，可是一來因為太累，一來也因為沒有車子，而剛才那種危險事情把她實在是嚇慌了——人到了害怕的時候，便有一種原始的願望在作用着，心急着要回家，那個安全的窠裏。

然而，她剛坐上車時，又聽得那車夫說：「經理，街上還有幾處有他們的人在把着呢！」

「不要緊，回頭你到十六號來接我吧！」姓范的說着就扭回頭來把手一擺，請心梅上了車。心梅正不知是否該向他道謝一聲時，他忽然又說：「您幫到底吧，這東西請您暫時替我保管一下。」說着，便把大衣和那把雨傘放在車座旁，吩咐車夫，「拉穩着點兒，送到了地方就回來，衣服和傘回頭也帶回來好了。」於是，車夫端起車把來，心梅只好把地址告訴了他，由他拉去。當她回頭再看那個行踪詭秘的經理時，已經不知道躲在甚麼地方去了。

心梅在車上驚魂未定，她覺得那把傘的樣子很奇怪，而且比平常的傘來得重些，她拿在手裏胡亂摸索着，不知觸動了一個甚麼機鈕，那傘柄往外一跳，鏘然一聲，這才看出來原來是一把偽裝過的奇形怪狀的手槍。這時候，那車夫忽然放慢了脚步，轉回頭來小聲說：「小姐，小心一點，別走了火，響起來就麻煩了。」

心梅好容易把槍收好，順手摸到蓋在膝上的那件大衣，口袋裏到底是甚麼東西呢？摸出來看時，有一包軟軟的，大約是寫的甚麼東西，另外有一本小小的書，翻得爛稀稀的，外面包着的牛皮紙都很髒了。另外有幾塊長方形的東西，就是那從外面摸着方方硬硬的沉甸甸的，「難道是金塊嗎？」心梅好奇地想。一直到車子經過巷口的路燈前，她看準了四下無人，便大着膽子拿起來，把外面包着的紙打開來一看，她馬上就明白了——這是印製「儲備券」的鋼版。

還沒等她細細地想這是怎麼個道理，車子已經到了她家門口；她剛一跳下車來，那車夫便迅速地把大衣塞到車座底下，雨傘也用油布蓋好。這時心梅覺得這一場噩夢似的奇遇馬上可以過去了，她正想丟幾個車錢給這車夫，却想不到他竟說出兩句出人意料之外的話：

「今晚的事，要請您守秘密。明天下午如果有空，請在府上等，有人來看望您。」

心梅雖然那麼困倦，可是等到她躺在床上時，却無論如何也睡不着了。前思後想，越想越怕。她想，這兩個人一定是製造假鈔票的，說不定正是警察要抓的人。「我跟他們在一起，而且又有那麼多人看到，將來出了事情，豈不是連我也要帶累在內嗎？」這樣越想就越懊惱起來。

第二天起身來，她也拿不定主意倒底是不是眞的就在家裏等候那個神秘的約會。可是，因爲夜裏睡得不好，人有些昏昏沉沉的，便辭謝了幾處應酬，在家休息。並且吩咐門上，今天任何客人一概擋駕。

午飯後，心梅合衣而臥，翻了翻當天的報紙，懶洋洋地打個盹，不料一下子竟睡熟了，一覺醒來天已大黑。揉揉眼睛，忽然看到床頭有一個紙盒子，問起女佣人來，說是一個從不認識的客人自己駕着汽車送來的。那人只說是受人之託，給余老板帶點禮物來，既沒有留姓名，也沒有要等回話就走了。

心梅急急把那小紙盒撕開，裏面一層層包紮得很嚴緊，最後的一層打開來看時，原來竟是一枚欵式很新穎的白金鑽戒；那顆鑽石雖然並不大，可是光頭很足，燈光之下，晶瑩奪目，估計也要值幾個錢。盒子裏還有一張名片——

「范庚　拜候」

名片的背面潦潦草草的寫着幾行鋼筆字：

「昨承幫忙，感恩不盡。微物略表寸忱，祈哂納。」

那名片上沒有頭銜，沒有地址，沒有電話號碼，也沒有任何其他的文字或符號，足以幫助人去猜想它的主人的身份。

心梅反覆地把那名片上的字唸了好幾遍，想來想去，決心不要接受這悖來之物，她不能冒着與僞造鈔票的强徒同謀的危險去接受這份禮物。她決不能這樣搞下去跟他們的關係越弄越深。

可是，她如何能把這一枚小小的鑽戒送還給他的原主去呢？

而且，自從那天晚上以後，在天華景的池座前排裏，盡心梅目力之所及，再也找不到那個自稱爲范庚的人物了。

時光飛逝，又是急景凋年的臘盡了。心梅漸漸地已經忘記了那次令人心悸的往事。偶而有一天銀行界的某大亨邀她參加的一次宴會中，她竟在那兒發現了濶別好幾個月的范庚。

這一次，別人介紹時，說他是甚麼銀行的副總經理，才從上海來了不久——心梅聽得暗暗好笑，心想那家銀行的底細惟有她知道最清楚——準是印刷假鈔票的大本營。

「您剛從上海來嗎？」心梅故意這樣問。

「是的，哦，不，來了有些日子了。」范庚淺笑着，這一回他的衣履整個的煥然一新，處處炫露出那種靠「金飯碗」吃飯的人們那富貴之氣。人也好像年輕英俊了些。

在這次宴會裏，范庚似乎也算是主客之一，就座時他很機敏地坐在心梅的旁邊；心梅對他還是跟從前一樣，又害怕又好奇；因爲，今天在這場合裏相見，使心梅覺得她比從前更不瞭解他了。經理？而現在是副經理？他到底是個甚麼玩藝兒呢？

而且，想到那枚鑽戒，心梅很希望有機會能提一提；可是，他好像完全忘記了那回事一樣。他只是維持着社交場合中一個彬彬有禮的紳士所應有的儀態，時常就近爲心梅斟酒佈菜，而和同席人交談的時候，常常說幾句對心梅讚美的話——可是，那種話聽起來都像是第一次見面的生人說的。

直到席終人散，心梅實在忍不住，才乘着別人沒注意的時候，鼓起勇氣來說：

「范先生最近沒有到漢口去嗎？」

范庚連忙搖搖頭，搶着說：「余小姐，天不早了，我送您回去吧。」

在汽車裏，兩個人一時都不知說甚麼好。車子在黑暗的街道上轉了半天，還是范庚先說：「我們好久不見了，請您移駕到我那兒談談好嗎？」

「天晚了，改天專誠來拜訪吧，還有上次您——」

范庚以目示意，不讓她再說下去，「我原來那個車夫，您還記得嗎？蠻勤懇的個年靑人，他後來辭了工。現在我換了個新人。」范庚把手中揑着的麂皮手套指了指前座，意思似乎是怕洩露了機密，請心梅少說話。

「是不是先回公館？」那司機問。

「怎麼樣？余小姐我們好久不見了，而且我最近怕又要離開天津，您是否可以賞光；我這回帶來有上好的龍井，我們飲飲茶，談談天，好嗎？」

心梅覺得能够這麼樣了結了，也好；而且，她想，既然范庚能够以銀行家的身份出入於上流社會，那麼這個人的手法也就不小，眼前總不致於就出毛病的。

車子開進了一座別墅式洋房的大門，主客前後走入豪華的客廳裏，女僕獻過茶退出去之後，范庚便把房門緊閉，心梅這時立刻打開皮包，把那個裝着鑽戒的盒子掏了出來。

「范先生，這是您前次的厚賜吧？我帶在身邊已經好幾個月了。」

「怎麼樣，您覺得還中意嗎？一點小東西，您爲甚麼還要再提它呢？」

「我不敢接受而且也沒有理由接受您這麼重的禮。我一直就想要奉還給您，可是不知道您府上的地址。今天能够幸會，無論如何請您把它收回去吧。」她把紙盒子放在茶几上，立刻站起身來告辭。

「余小姐，」范庚也跟着站了起來，他們面對面站着，相隔是這麼近；他好像無意似地把自己的手放在了心梅的肩上：「我知道您不肯收下來的理由。您一定是害怕我這個人，不像個正人君子，對不對？」

「我從來沒想過您是什麼人？」心梅輕倩地笑：「一會兒是劇院經理，一會兒又是銀行老闆。」

「那末，讓我來爲自己洗刷清楚吧，」他沉重地嘆了一口氣，「也許今天晚上我要做件錯誤的事；可是，讓一個人永遠把眞心話長久的悶在心裏，太難受了。」這時，他把那隻大手從心梅的肩頭移下來，自自然然地握住了她的手，「妳是個我一向敬重的人，我不願意妳對我抱着和旁人一樣的誤解。」

心梅有點兒慌亂，畏怯地把被按着的手抽了出來；可是那手立卽又被握得緊緊的。一種男性的粗豪不羈的熱力，像電流一樣地傳導在心梅的體內，她有一種類似眩暈的被鎭懾了的感覺。在她平日所接觸的異性之中，沒有一個是像范庚這樣子完全全像一個男人的。

「關於妳，我已知道得很多了。」他溫和地笑着：「不然我今晚也根本就不會來參加這個宴會，跟那些混身銅臭氣的人們周旋。我知道，妳是個心地純良的人。而且，我敢斷言，只要妳知道我是幹甚麼的，妳就一定會毅然決然地來幫我的忙。」

「那麼，你到底是幹甚麼的，范先生？」

「妳猜猜看。」

「至少總是個很會吹牛的人就是啦，戲院，銀行……」

這句話，引得范庚仰天大笑起來，他說：「我可以告訴妳，戲院是假的，銀行也是假的，吹牛固然不錯，但我那銀行確實也印票子。我這個副總經理，就專門靠了印假鈔票來維持場面。隨妳怎麼想都可以，土匪、強盜、騙子，可以算是集大成於一身了。」

心梅笑着搖搖頭。

於是，范庚攤了牌。原來他也是一個當時人們所謂的眞正的「抗日份子。」可是，他強調他是一個自告奮勇的地下份子，既非受任何組織的指派，也沒有甚麼有力的後援。

「要說我是印假鈔票，我可眞不服氣；其實大家還不都是一張紙，儲備銀行除了印刷機之外，還不是連一毛錢的準備金都沒有。他們那甚麼財務總署督辦汪時璟，變的戲法跟我是一樣的。」

「難道別人一點都發覺不了嗎？」心梅擔心地問。

「技術上是不會被發覺的。我們一夥有四個人，對這一行都有點兒經驗；我自己以前在大學裏唸的是化學，離開學校辦過幾年小型的染織廠和印刷廠；所以我們幹得很機密。我們用最簡捷的方法，最精巧的設備，經常改換地方，而且必要的時候，只要不心痛把那些花花綠綠的票子散出去，自然就可以大事化小，小事化無了。」

「這個主意你是怎麼想起來的呢？」

「唉，說起來也是被他們逼出來的。我的那印刷廠本來幹得還算興旺，可是自從淪陷以後，生意越來越難做，偽政府的那些狗腿子們又接二連三地來找麻煩，其中有幾個偽市政府裏的人，盤算着要把我這廠擠垮了，他們要以賤價收買過去，包辦所有他們機關裏的生意。我看出苗頭不大對，就索與自己先把廠關了，可是他們並不就此罷手，成天來追繳欠稅啦，鼓動工友要遣散費啦，總之是不讓我安身。最後我沒有辦法，只好破財消災，把血本全都掏了出來，才算搪了過去。可是，這一來給了我一個深深的教訓：在敵偽統治之下，要想做順民，除非你能忍受任何的無理宰割，你要想像個人似的活下去，那是不可能的。於是我就一不做二不休，自己挽挽袖子在暗室中大幹起來。我經手印出來的十元，百元的儲備券，連行家看了都不大容易分辨得出來。」

心梅覺得他這解釋倒也合理，可是，一想到他這工作裏頭所包括的政治上的嚴重性，就更害怕起來。

「余小姐，上次我微倖碰到妳，承妳幫了我的大忙，想起來到現在我還是感激的。」

「上回到底是怎麼回事情？到現在我還 沒有明白過來。」

范庚想了一想，笑着說：「索與我就全告訴妳吧。妳猜我以前天天晚上到天華景就是爲聽戲嗎？不是的，我是到那兒談生意的。自從我開始印儲備券以來，就漸漸地和本地金融界有了往來，我自己也在一家銀號裏搭了點小股子，而我的公開身份是漢口某銀號派在天津的代理人，同時是一家戲院的籌備人。好在這年頭暴發戶多得很，所以我這麼混混，在花天酒地之中做些嚴肅的工作，倒也並不算太惹人注目。我每天就在這勸業場的幾處娛樂場所裏轉轉，有時候大批的生意就這麼談妥了。只要我一個暗號，成箱的儲備券就拋到市場上去，這當然會嚴重地妨害了敵偽整個的財政經濟。而我呢，不止報了我的私仇，替我們國家做了一點事情，而且金銀財寶滾滾而來，用廢紙變成富豪，我這生意可眞不錯。」

「可是，那天晚上是不是失風了呢？」

「本來我們做的很謹慎，很機密，絕不會出問題的；可是因爲我既然有了經濟上的基礎，便覺得應該多做一點事情，所以漸漸地也吸收了一些青年和學生、店員、公務員等等，暗地裏有組織地做一點鼓勵民心的抗日活動，結果有一二處走露了一點痕跡。

「出事的那天晚上，我剛在天華景樓上餐廳裏吃過宵夜，回到戲院裏還沒有坐穩，後面便有一個人來借打火機，用完之後，他說：『先生，您的打火機該加油了。』我一聽便知道是我們的人間接傳過來的暗號，關照我風緊的。便趕緊起身到厠所裏去，正想設法化個裝再溜掉，可是外面沸沸揚揚說戒嚴了。再過一會，連鬼子的巡邏車也來了，我知道事情嚴重了，所以就索與上樓去躲起來。幸而那天遇到妳，否則在路上那一段經過可太危險了。」

「那天你身上帶的到底是些甚麼東西，那麼沉重？」

「沒甚麼；」范庚還是那麼悠閒：「一本密電碼，一包文件，還有幾塊就是印鈔票的鋼版。」說着，他長嘆了一口氣：「這幾件小小的東西要是落在他們手裏，不但我完了，恐怕還要株連許多人，而我們的工作也就要停頓了。」

心梅爲之默然。她覺得有一種說不出來的榮幸之感。無意中居然做了這麼一件大事。

「因爲有了錢，我的整個的工作網比從前週密，工作的性質顯然也比從前複雜，所以現在已經跟政府那邊來的人接上了頭，將來還要大大地幹一番事業。現在，我們有的是錢，推動工作照說應該比較容易了，可是所差的是有膽識，有決心，有辦法的人才。」

心梅的心一動，可是她還不敢就貿然接下去。范庚這時忽然站了起來，又把那枚鑽戒從紙盒裏拿了出來，「怎麼樣，余小姐，要不要讓我來給妳戴上？」

「不，」心梅堅決地說：「既然明白了你們所幹的是甚麼事情，每一個中國人只要他天良未泯，都應該幫你的忙，我怎麼能收下這貴重的東西？」

「不是害怕？」

「怕甚麼？你說我怕日本人？不是的，我是怕那些冒着生命的危險和敵人拼命的人，會笑我余心梅的血是冷的，兩隻眼睛只看到鑽石的光！」

「好，余小姐，我們總算沒有認錯人！」范庚笑着拍拍手，向着門外說：「你們都進來吧！」

話聲未了，從門外進來了兩個人，其中的一個年輕一點的人，心梅覺得看來很面熟。

「余小姐，還記得我嗎？」那青年笑着說：「那天晚上下着雨，我送您回府上去——」

「你是——」

「人力車夫小王。」那青年一報出自己那時候的身份，心梅一回想，可不就是他嗎？可是誰能想得到一個車夫也穿這麼漂亮的西裝，嘴裏還含着英國紳士型的大煙斗呢？

另外的那個中年人，大約三十多歲，寬寬的下頷，高高的額頭。眼睛烱烱放光，一看就是個教養很好而又富於機智的人，那一副嘴巴閉得緊緊的，看起來彷彿象徵這個人是個嚴肅而緘默的學者型的人物。走近來時，可以聞到他身上有一種醫院或實驗室中常可以聞得到的藥水瓶子的氣味。

「這位是林卓如教授，」范庚站起來介紹，「以前在××大學工學院教書，學的是土木工程，可是現在是我們這個地下銀行的首席技術顧問。」

這位教授微笑着點點頭；心梅不知爲甚麼感覺得非常的拘束起來，這個人的眼睛太利害了，其實也不是怎麼樣的威嚴，更不是通常所遇到的那種有點兒下流的死盯着人；祇是那麼看上一兩眼，便使得心梅感到好像一下子連心裏的事情都被他看穿了似的。

那個「小王」原來是林教授的助教；他們本來都預備隨政府內遷到昆明去的，可是臨時因爲時間緊迫，便潛伏了下來。林卓如和范庚是中學時候的同學，范庚深知卓如是一個熱血的男子，而且在應用科學上具有豐富的知識，所以便再三拖他合夥，成爲這個小團體中最原始的發起人之一。

「怎麼樣？你們是不是都談過了？」卓如問范庚。

「沒甚麼，我把我們的情形，大略已向余小姐介紹了一下，現在是要看她怎樣決定了。」

「你要我決定甚麼呢？」心梅看看范庚，又看看卓如。

「要請妳答應，幫我們的忙。」范庚一個字一個字地說，顯得萬分的愼重。

「我？」心梅幾乎完全不懂這是甚麼意思。

「對了，妳。」范庚微笑着把身邊的椅子擺正，坐得端端正正的，然後才慢慢地說：「余小姐，我們注意妳不止一天了。根據許多方面來判斷，我們認爲您是一個可以合作的人。」

「我怎麼可以呢？除了上臺唱戲，我甚麼全不懂；」她說着低下了頭，「除了唱戲，我恐怕也沒有多餘的時間再做別的事。」

「您的想法跟我二、三年前的想法一樣，」卓如插嘴說：「我不過是個教書匠，我一個人能做得了甚麼呢？可是，自從我們幾個人在一塊兒幹這種事情以來，我覺得自己畢竟也還可以貢獻出一點力量來。每一個人，只要他能夠認清了大前提，不怕小犧牲，小的力量合到一起就是大的力量，就可以做一番事業。」

「你們越說我越糊塗了，」心梅用手輕拂着垂過耳邊的鬢髮，笑着說：「我既沒范先生那樣橫衝直闖的膽量，又沒有林先生那樣豐富的專門知識，尤其沒有王先生那樣又會拉人力車又會開汽車的本領，難道——」

范庚溫和地笑了，像個老大哥似的：「告訴妳，我們的工作只許成功，不許失敗。我們工作成功的保證，一方面是靠了淪陷區成千成萬不死的人心，另一方面是靠了我們自己的謹愼機智。而我們工作的第一個信條是，每一個人要盡他最大的可能，可是也決不讓任何一個人去做一件不可能的事，去蒙受因爲不可能而受到的犧牲。」

那個小王急得直搓手，「范先生，你就直接告訴她吧，我相信余小姐是不會不答應的。」

范庚巡視着這三個人的臉，遲疑了好一會兒，才對心梅說：「讓我這外行人問妳一個戲臺上的故事；『回荊州』這齣戲又叫甚麼名字？」

心梅略一思索，立刻恍然大悟：「甚麼？你們說是要施用『美人計』嗎？」說着，她憤然站了起來，很不高興地說：「這簡直是侮辱人，對不起，我……」

離她最近的小王趕緊擋住了她的去路。范庚也忙不迭的站了起來道歉：「妳不要誤會，我們的意思是這樣的；因爲我們這個組織一天比一天龐大有力了，按理應該多做出一些轟轟烈烈的事情來。可是，要做事就得要有更多的線索和情報；在這方面我們過去下了不少的功夫，也有了些許的成就，可是總嫌不夠理想。根據我們的研討，現在需要有一個頭腦機警，膽大心細的人，本身有相當的社會地位，能出入社交場合，一直通天，和敵僞的頭子們直接打上交道，便宜之中，就取得我們所需要的消息。本來，有這種能力的人也許並不是沒有，可是，如果單純爲了好奇或好利，那就不合我們的合作的條件。我們所需要的，不止有能力，而且還得本性純良，義利分明，有强烈的國家意識。」他一邊說，一面背着手在心梅面前走來走去，最後，走到心梅的面前，他停了下來：「經過了長久的查訪，我們才決定，惟有妳余心梅余小姐是一個最理想的人選。而且，我們認爲，根據妳的性格，不會拒絕我們這個要求，我們——都是爲了多災多難的中國人爭生存，爭自由；我相信妳不會袖手旁觀的。」

心梅一直在靜靜地聽着，今晚上的遭遇，把她帶進了一個新奇的世界，這一切都是她以前想都沒想過的，因此她不知如何應付才得體。

大家沉默了好一會兒，林卓如一隻手敲着額頭自言自語似地說：「這實在是個重大的問題，請余小姐多多考慮考慮吧；一個人瞭解一個人，是很不容易的事，何況我們素昧生平，而這又是關乎生死安危的大事呢？」

「不，我已經瞭解了你們工作的意義了。」心梅赧然地說，她想要再找出一個適當的藉詞來推脫一下。

「那麼，也許是我們對您的瞭解還不够吧！」卓如冷冷地扔出這麼一句話來；使得心梅覺得十分之窘，吶吶地說不出話來。

這時范庚忽然從牆壁上打開一個小小的暗門，那裏面是一個書櫥，他從櫥裏取下一本厚厚的線裝書來：「小姐，請妳看看吧，這本東西可以幫助妳決定一下。」

心梅接過來一看，原來裏面是個照片本子，那上頭都是些在匆促之中拍攝的敵人暴行的照片，而那些跪在那裏被斫頭的，赤身露體被姦辱的，全都是中國人！這是一部血猩的，殘酷的，正常人看了不能不爲之心悸的紀錄。

那些照片上的種種暴行，心梅以前常常聽人說過；但她總覺得人畢竟不是禽獸，未必能會野蠻到那種程度。可是，這些照片是最眞實的證據——這些都是許多刼後餘生的人、紅十字會的人、還有從日本軍人手中流傳出來的。翻了十來頁，心梅實在不敢看下去，手顫抖着，那照片本子掉在了地上。心裏翻騰着，有一種要嘔吐出來的感覺。臉也不知怎麼的就又紅又熱起來，羞辱、憤怒、恐懼，還有比這更高更複雜的激動情緒。

「別難過，」卓如嚴肅的一尊神像似的，手輕輕地扶着她的肩：「我們有不變的信心，這樣的暴行不會長久的。只要我們肯努力，一定可以替這些人報仇，一定可以制止這種暴行繼續下去。妳還不知道妳有多大的力量，當然，沒有人勉强妳。但是，我們知道，妳能够；只要妳肯，妳比我們都更——」

心梅的眼裏充滿了淚水，假使一個人一生中能够有一次奮不顧身的衝動，那麼，她現在就是完完全全被這種衝動所控制着了。她一個字也說不出來，只是認眞地點點頭，眼淚從腮邊流了下來。

「她答應了，老范。」卓如興奮地告訴范庚；其實范庚一直在注意着她的反應。此刻他已旋風似地走向房角的櫃子上，拿出一瓶酒和四隻杯子來，「那末，爲我們增加一個新的伙伴來喝一杯吧！」

當四隻高脚杯子斟滿了芬香四溢的淡黃色的酒汁時，范庚忽然又對着心梅斬釘截鐵地說：「現在我們是自己人了；希望妳多多保重自己。不可疏忽，也不可太緊張。要知道，現在我們的命運都連在一起了，每一個人的安危都會影響到別的人。」

心梅眼望着酒杯，也用同樣堅定的聲音說：

「我知道。」

「那麼，請乾了這杯酒；以後的事，請隨時聽我的通知吧！」

於是，四隻杯子在空中聚合，杯中的酒波微漾，映着每一個人的臉，嚴肅、緊張、高傲而又是果決的笑容。

一種反抗的熱情，在燃燒着，每一個人都煥發起來，勇敢起來。

而現在，留在照片本子上的，只有一張卓如和范庚的合影；那還是七七事變以前的舊照，他們當時都很年青，當時都還是老老實實的平常人。至於那個小王，心梅是連他的明確一點的輪廓也想不起來了——他和范庚都已死去許多年了。

仰光一讀者的來信

——讀「歷史判斷」與「另請高明」

編輯先生：

讀貴刊社論及李寄予先生大文，不禁爲之憂傷！我們寄身海外，所希望的是早日反攻，絕對無法等待歷史的判斷，立委乃人民代表，對政府有不明處，只能請之于負責的官吏，絕不能另請不負其責的高明。立委來自民間，儘可有知識不齊，品德差異，但國家官吏，選賢任能，却不容有此現象。我們在大陸已經受了歷史嚴格的判斷了，現在只剩下彈丸小島，其可再乎？說來痛心，我們在緬甸，眼見不少逃來的文武百官，其中雖不無自愛之士，然大多是不但談不上品德，更談不上知識，他們到來，還是渾身官氣，將大陸的那套作風，原封不動地隨身帶出。大陸失敗的因素，或多或少，都可以在他們身上找出答案來，用不着去另請高明。

據說臺灣現在，仍舊在攀關係，有幾個現仍留在此間的，利用其舊時的關係，而空掛一名義，每月在海外吃乾薪。還有一位仁兄，初到時驚魂不定，疑神疑鬼，今天說警局在注意他，明天說特偵局在偵察他，怕得不敢動彈。他在一間僑校服務，一天於雀桌上，在一個緬籍華人的特偵局職員口中，探知並無此事，於是乎心花怒放，立刻展開活動。他常對人表示，臺灣某大員是他的老上司，他到此後曾上萬言書，說他若能入臺，一定有辦法。果然口不虛吹，不多幾時，以觀光入臺證，一去不回。不久便紅紅(不是赤匪)如也，直到於今，有加無已。此君在緬，對有地位僑領之奴顏婢膝，尤其是對該校校長，極盡吹拍之能事，識者莫不搖頭太息。像這種事實，又何待歷史的判斷呢？

所以我認爲反攻大陸，問題不在軍事，以目前國軍實力，確可負此重任，但政治問題却是不容忽視的。像這些人，將來叫他們不在政府機關服務嗎，似乎也沒有理由，可是這種品德實在叫人不敢信任的。先生以爲然否？抑須待於歷史判斷，或另請高明？尚此敬請

撰安！

仰光 張希明敬上 四五、四、三。

詩二首

光中

你是那虹

你是那虹，那七彩的斷虹，
　垂落在驚疑的太空；
一種不能够重現的奇蹟，
　使我深深地感動。

你是那虹，那七彩的斷虹，
　安慰着雨後的灰穹；
你給人間以太多的顏色，
　更顯得塵世的貧窮。

你是那虹，那七彩的斷虹，
　兩端都消失在雲中；
如此地難以攀登而捕捉，
　神秘的是你的行蹤。

你是那虹，那七彩的斷虹，
　那天使的飄帶臨風；
你爲我證明天國的存在，
　於短短的一瞬之中。

冬

太陽被放逐在海外流浪，
　冬的帝國將大地封鎖。
到夜裏更無不屈的孤星
　亮起反抗的烽火。

黃昏擴張自己的疆土，
　幾度侵入了下午。
蜷伏在低空的灰色雲羣
　已成爲冬的戰俘。

勝利者殺盡千里的樹葉，
　又肅清每一個草叢；
深雪頒下了戒嚴的命令，
　禁止蟲鳥的交通。

但地下從事復國的幼芽
　和行將暴動的色彩
已經埋伏在每一個角落
　只等太陽的歸來！

守護我們底堡壘(下)

The Ramparts We Guard, by R. M. MacIVER
The Macmillan Company, New York. 1952

殷海光

六　集團的無政府之危機

二十世紀是社會變動最速的時代。迅速的社會變動引起社會不安。『我們生活在變動激劇的時代。我們是一連串社會經濟大轉變下的孑遺；或者是這一連串轉變下的犧牲品。在這一巨大轉變中，古代的標幟都移除了。古代那些爲人底行爲而設置的規範都廢棄了。我們向前奔馳，但沒有過去的路標指示。』『就整個來說，這種演變的過程是有益於民主的。古代的權威削弱了，古代的尊嚴墜失了，古代的階層差別抹去了，古代一部分人保有的土地特權取消了，凡此等等，皆有利於民主。』不過，在沒有民主的地區，或民主植根不深的地區，傳統動搖的情形同時也極易導向集體的無政府之危機。

集體的無政府主義者，在現代有許多不同的品種：或爲納粹，或爲共產黨，或爲二者雜交而成的串種。集體的無政府主義者之最顯著的特徵，就是有組織地在國內或國際間橫行，但對其橫行所造成之結果則絕對不負責任。這種無政府主義者最惑人之處，是彼等有政府；不僅有政府，而且有一凌駕人民之上的强大政府。不過，運作地說，這種政府所作所爲，與民主政府大不相同。這種政府根本不受人民控制，不對誰何負責，爲所欲爲。彼等到了山窮水盡之時，就是一把火，或一逃了事。就這一運作的意義說，這就是集體橫行，集體蹂躪，集體不法。旣然如此，這種政府只是集體的無政府主義者手上玩弄的工具。就民主的意義言之，政府是建立于人民之中的一部機器。有而且只有人民自己委託的代辦人在人民之中來開動這一部機器，它才沒有失去其爲民主的政府之意義。假若有人把這部機器搬離了人民，置於萬人頭上，用來達到一個集體的目標，甚至一個私人的目標，那末這個政府立刻失其爲民主的政府之意義，它只是一個私人的工具罷了。處於這麼一個私人的工具之下的人衆，立刻陷於恐怖陰影之下。鐵幕中的人民就是過的這種毫無保障的恐怖日子。

集體的無政府主義在心理上衍發於集體的自我主義（group egoism）。所謂集體的自我主義就是以集體底存在放在國邦與社會之上，視集體的利益高於國邦與社會底利益。共黨匪徒把『黨』放在『國』上，就是這種念頭的典型表演。所以我們反共。這種念頭也就集體中心主義。這類念頭一發生，天下未有不大亂的。『集體的自我主義於是變成集體的無政府主義。這麼一來，起先便發生混亂的和不流血的內部戰爭。這樣的內部戰爭，如果以階層戰爭的特殊形式表現出來，結果就是流血的革命。把權力赤顆顆地暴露出來，把嚴厲的敎條和激烈的意理和盤托出，這就是替極端思想供給溫牀。在極端思想底型類之中，有法西斯主義和現代共產主義。』

七　個人虛無之傾向

集體的無政府主義橫行，天然激起個人的虛無(anomy)。『在相同的情況之下，個人的自我主義則以比較極端的形式出現。這種形勢，直到最近，還找不到一個字來名謂；在英語中，也缺乏表達這個意思的字眼。我們現在把它叫做虛無。所謂個人的虛無，乃社會解體底一過程。在此一過程中，個人退却到他個人底自我殼子裏去，他以懷疑的態度來拒絕人間的一切聯繫。當然，這一個人的虛無也有其相當的意理，例如藝術中的空前主義（dadaism）和哲學中的實存主義。』

集體的無政府主義和個人的虛無二者可說是時代病痛之下的一對不幸的雙生子。二者都是有害於民主發展的；並且有害於人類正常的社會生活。『集體的無政府主義之路和個人的虛無之路，是兩個方向。順着這個方向走下去，在這個變動的時代，於嚴重危機的打擊之下，愈益使得人心不安穩。到頭來，二者走上同一的結果。二者都對民主構成危機。』

『個人的虛無是一種心理狀態。具有這種心理狀態的人，已經失去道德基礎，他不復有任何原則。他所注重的，只是一些互不聯屬的而不得不應付的事端。這種人對于世事沒有聯續感，沒有羣體感，也沒有義務感。他精神萎頓，只注意自己底私事，不對別人的事負責。他嘲笑旁人底價值。他唯一的信念是反對一切。他只是生活在對過去失望對未來無望的徬徨上』。這眞是時代心理病的深切刻畫！此病不除，什麼也談不到。

麥豈斐就此病作更進一步的解析：

『雖然，直到現在爲止，我們對于個人的虛無尙未作適當的心理研究以俾對此病作適當的分類，不過，我們知道此病是有許多不同種類的。大致說來，我們可以把此病分作下列幾種：

『第一，有一種人大部甚或完全失去那使其人生有目的或指引其人生方向的價值系統，也大部甚或完全失去指導他走向未來的羅盤。他們只把自己委棄於現實中，隨波逐流。然而，這樣的現實，卻全無意義。換句話說，他們乞憐於詭辯的憤世疾俗主義。他們藉憤世疾俗來辯護其人生的空虛。……

『第二，』有另一種人，『他們利用別人底信仰作增加自己權勢之工具，利用大家所信仰的神奇之談來維持其權威。……這種人底這種作法，除非他們認爲必要，是不會停止的。他們沒有良心可言，只有權宜之計。』這種人常常是才具較高而居心狡黠的。大致說來，這種人又可分作新舊兩類。當然，在新舊兩類之間，尚有許多等級。舊者得悉大家傳統地信仰什麽，他便利用什麽。大家講道德，他也講道德。大家說仁義，他代表仁義。只要他因此爲大家誤認作復古衞道之士，因而造成他個人底權勢，或鞏固其地位，他底實際目的已達，即使其心不可問。新者則藉網狀的宣傳和組織替人衆製造一種信仰，然後他們造成人衆一種意象，以爲他們就是這種信仰底泉源，甚至於就是這種信仰底現身活佛。這項愚昧的羣衆心理一旦造成，人衆在心理上成了他們底俘虜。他們底現實權勢便建築起來了。

『第三，有一種人在基本上失去安全感。這種人充滿了悲劇的色彩。他們之所以失去安全感，是因無望，不知何去何從。他們失去原有地位，失去原有價值的基礎。他們也往往失去了原有的環境，原有的社會關係，原有的社會地位，以及原有的經濟支持。就最深的意義來說，他們是「失所依憑」的人。……』

麥豈斐拿這個標準來觀照馬克斯這一流的人物。他說：『現代激烈變革社會之說，是至少有個人的虛無傾向的那些人所起始倡言的。這是一件值得注意的事。我們可以馬克斯爲例。馬克斯在很年青的時候所受到的環境影響，就是有些使他產生個人虛無的因素。他底家庭是德國猶太律法師中的精萃。當他在嬰孩時代，他底父親聲言改信安格利坎教。這件事使得大家吃驚，也造成父母間的不和。……』這樣的環境給予他怎樣的暗示，是不難想像的。所以，後來『馬克斯爲一激怒的社會分裂者。』

人在童年、少年、青年時代所接受的影響，差不多已經鑄成了他人格和心理底基礎。這樣的基礎，有時像珊瑚沉入意識海底，多不自覺。後來，遇到適當的機緣或刺激，會舊病復發的。現代倡言激烈變革的一些人物，如史達林，早年印假鈔票，犯奸作科，困處逆境；毛澤東早年鬱鬱不得志，崇尙鬭爭。這些人物一旦手握大權，那有不乘機發洩的？同樣，張獻忠之嗜殺，也一定有其心理根源。如何及早對此類人物作心理治療，確爲關繫乎人類禍福安危的基本大事。果此類人物神經正常，世界豈不和平，生民豈不幸福？

八　民主的假面具

『時至今日，有一新的危機發生。這一危機，就是有人反對在歷史中鑿個的民主傳統。民主的敵人把他們對民主的憎恨藉憎恨外來的事物而深藏起來；而精巧地從民主內部來破壞民主。……他們從來不能接受的一種義務，就是對眞理的義務。這些先知們所主張的制度，在每一件事上，都與追慕民主者長期努力追求的東西衝突，與人衆開始抵抗暴君底無限權力時所追求的理想衝突。即使如此，在這些先知們看來，還是無足介意。』

『蘇俄共產黨把剛好與自由和民主相反的東西當做民主。蘇俄共產黨做這種歪曲勾當時，比任何人做得起勁，而且也宣傳得最熱鬧，但也比任何人更含有危機。……』

如衆週知，在一切宣傳者中，共產黨最善對人提供諾言。有許多頭腦簡單的人居然聽信其永遠無法兌現的諾言。除了陰謀與暴力以外，這是共黨勢力崛起的原因。但是，善男信女們或『革命鬭士』們，卻不知道隱藏於美妙諾言背後的，是多麽大的陰謀。他們所說的『民主』就是大陰謀之一。麥豈斐教授在此把這一點說得很準確：

『這種說法像玫瑰般的美麗。可是，那些同情在不完全的民主社會中的被剝削者和沒有安全以及受歧視者的人們卻忘記了一件事：無限的權力一旦操諸少數人之手，則他們對人衆所施之壓力，遠較財富不均所予人之壓力爲大。這種權力一旦爲少數人所有，則其所產生的不平等，較之這少數人原先倡言要剷除的不平等，要大得多。實在說來，這少數人所給予人衆的平等，不過是大家作奴隸的平等，和卑賤的平等而已。那些做玫瑰色的夢的人忘記，極權統治之根本的性質就是要絞殺社會底創造力，並且不給言論自由以安全的保障。那些做玫瑰色的夢的人忘記，民主制度無論有何弱點，它總爲大家留出一條路。大家沿着這條路，可以和平地前進，從平等的權利中得到均等的機會。』

什麽是眞民主，什麽是假民主呢？麥豈斐教授預設了一串問題。這一串問題，可以算是民主的檢證方法：『這個檢證方法是很簡單的。人們能夠自由而又充分不同意政府的政策麽？果然如此，他們能夠像未反對政府底政策之前一樣地安全麽？他們能夠爲了實行與政府不同的政策而自由組合麽？當大多人不贊成其政府時，他們能決議政府停止其職權麽？要藉選擧以決定這種事項時，是否需要依據憲法在規定的時間或規定的情況之下擧行？如果對于這些問題的答案完全是一個「否」字，那末他們所碰到的就是另外一種統治。這樣的一種統治是不能與「民主」二詞聯在一起的。』

在獨裁極權地區如鐵幕之類者，政府是一個常數，人民是一個變數。民主國邦剛好相反。因有此基本出發點之不同。所以隨之而來的措施，以及政府對人民的態度，各有天壤之別。於是，二種政治所造成的人間苦樂之別，亦不可道里計。

九　腐蝕之危機

『共產主義的宣傳所發生的結果，是攪混是非並且使比較開明的人士之意見分歧。當此之時，共產主義的宣傳對于比較保守的集團也發生影響。這些影響，雖然極其不同，但其危險則無殊。古語有云，極端引起極端，不寬容產生不寬容，暴力衍發暴力。依據最近的歷史，我們可以明瞭，在共產組織强大的國家，法西斯勢力便興起。如果共產黨在意大利北部未曾勃興，莫索里尼也不會得勢。如果德國共產黨不是在德國發展迅速，希特勒很可能得不到機會來毀滅德國人民。無政府主義剛好是共產主義底反面。西班牙底共產黨和無政府主義者使西班牙這一年靑的共和國混亂起來。這種行動，正好是爲法西斯底獨裁者舖路。……』

這些情形，正是惡毒互相吸引，惡毒彼此相剋的呈露。陷入這種『惡性循環』中的任何地區，不管德國也好，意大利也好，……都是人間地獄。在毒蛇和蜈蚣的鬪爭之中，任何一方之勝敗，對于小螞蟻全無分別。因爲，在鬪爭過程中，任何一方面所用的人種燃料是同一個人種燃料，任何一方面所要鎭壓、清算、和勒斃的人民皆同出一源。最奇妙的，任何一方面都說這種殘民以逞的手段都是爲了實現『理想』，爲了『大家底幸福』，爲了一『神聖的使命』。

假若沒有語言文字，這些人底禍是作不起來的。要救世界，必須改良語言教育，普及語意學的訓練。

『但是，在其他許多方面，有些人却產生了對人不同情之腐蝕之心。我們恐懼共產主義，但因此模倣共產黨底作風。共產黨人有一項對他們自己極爲有利的宣傳技術：他們把一切不同意他們的人都斥爲法西斯。在我們之中，有些人則起而效尤，把一切不同意我們的人都斥爲共產黨。……』

這類底人，實實在在，在眞理底立場上，往往是脆弱得經不起一指的。於是，他們必須乞靈于暴力與權威。他們需要拿純生理的力量撑持其樓臺亭閣。可是，麥豈斐說：『你忘記了穆勒論自由篇中所作鋒利的推理。他說，當着你施用鎭壓手段來糾正他人底錯誤時，那末，即使你所說的果眞是眞理，也失去立足點了。因爲，這麼一來，你沒有表現必須的民主信念。這項必須的民主信念是說，眞理必須在自由商討的空氣之中來證明其自己。自由是一朶很敏感的花。當着藉權威來保衞時，只要一碰，它就凋謝了。……』

『乞靈於權威，還有一項危險。就是，在什麼情形之下言論自由可以不與權威牴觸，在什麼情形之下與權威牴觸，二者之間不易劃一條界線。…』這裏所說的『權威』，應該是指着那最後藉暴力來支持的權威而言。任何地區，在任何時間，有而且只要有這樣的一個權威存在，如果它不是被別的力量所撲倒，那末它遲早一定發展到吞食這一地區所在的整個社會而後已。因爲，這樣的一個權威是『碰不得的』。一個社會有這麼一個『碰不得』，許許多多『碰不得』便由之而滋生。在我們這個世界上，究竟那一件事與另外一件事有因果關聯，至少自穆勒 (J. S. Mill) 以來，即爲一甚難決定之事。經驗科學家只能對于他所專門研究的範圍以內的事象之因果關聯大致清楚；此外他則更無把握。至於一般人對于那一件事與另外一件事是否有何因果關聯，更屬如霧中見樹，輪廓模糊已極。吾人須知，知識貧乏，爲施展『理論』魔術之大好場所。當一般人對事物之因果關聯不淸楚時，職業『理論家』就出來編造因果關聯。這一編造，則把六合之大，都編造成一大因果系絡，無有一件事物不被包含在其中了。斯達林說，鐵幕內的『反革命份子』與外面的帝國主義勢力有關，所以消滅帝國主義必先消滅內部『反革命勢力』；現在的『資產階級』與墳墓裏的布爾喬亞有關，所以要淸查三代；……這樣推衍下去，以至於無窮無盡焉。依此理，要撑持一個權威，必須不讓它底本來面目顯露於光天化日之下。要一個權威底本來面目不顯露於光天化日之下，必須把它建構化 (Institutionalize)。要把權威建構化，必須把政治、經濟、教育，一概置於權威之下，作爲粉飾與撑持權威之工具。在蘇俄，馬·列主義是『碰不得』的。人民對之只有『信仰之自由』，沒有作『懷疑的批評之自由』(『自由』二字這樣用法，足見語言所遭之厄運爲何)。馬·列主義是一種理論。理論與『哲學』有關。因而馬·列主義與『哲學』有關。馬·列主義是不能由民間隨便解釋的，因而『哲學』也不能由民間隨便解釋。『哲學』與科學有關。馬·列主義是唯物的。因而俄式科學也必須是唯物的。從前斯達林是馬·列主義底權威。因而反對俄式科學即是反對斯達林底權威。……一髮動全身，動輒得咎。所以，權威之建構，必至囊括宇宙而後已。

十　眞實的解答

『過去團聚人心的紐帶已經失效。往者已矣，不可復追。除非我們能消除現代社會生活裏各種專門的分門別類的節目，消除人與人之間的意見之交流，消除思想自由，消除科學研究所給予現代人生活上的煩擾，消除現代人之各各依照各自不同的興趣和信仰而從事的種種組合，否則我們不能把現代的人拉回到過去。我們要協調現代社會底心靈生活，必須另謀出路。

『現代人之需要協調生活，絲毫不亞於過去比較簡單的時代裏的人之需要協調生活。如果我們需要協調生活，那末也需要一個信念，需要一個價値系統，和行爲標準。如果沒有這種社會信念，那末我們甚至不能有一基本的法律。因爲，這樣的基本法律之本身，乃此信念之全部的反映，或部分的反映。然而，這裏所說的信念，不是像一個簡單民族所抱持的那種無所不包的信念。這裏所說的信念，也不是一般所說的宗教。這裏所說的信念，也不是有權威性的信念。這裏所說的信念，也不是解答生命之謎的信念。……

『在現代世界，只有一個信念能够團結大家，使大家合一起來。這個信念，就是民主。在民主之中，愈是寬容各個人與各個組合之間的歧異，愈會使得社會底創造力趨於豐富。除了民主以外，沒有其他的信念能够把人當人一般地團結起來，能把人當做國際社會中的分子團結起來，除了民主以外，如果我們拿任何其他的信念作社會團聚之基礎，意即乞靈於鎭壓，意即否認心靈之自由，意即把暴力帶進人底人格之深處，意即用野蠻的方法侵入價値底領域。除了民主以外，如果我們企圖在其他基礎上來團聚人衆，即使是藉獨佔的宣傳之力來施行這一件事，那也是暴政。這一暴政，不僅是對不奉此國教的少數人而行的，也是對于全體國人而行的。所有的極權邦國都强迫國人信仰一種主義。這麼一來，無可避免地，此一主義會變得日趨僵固，日趨鐵硬，日趨不合人道。到了後來，這種主義變成權力意理之一個掩飾罷了。

『和極權統治比照起來，民主政治實在太美妙了。民主政治特別能够適應現代組合衆多的文明發展之需要。民主政治底信念之力量，是不依據於權力之上；而是使各種信念自由發揮，並且供給各種信念以自由發揮的場所。所以，在一個眞正的民主社會裏，個人可以與社會享有共同的協調生活，而同時各人又可以享有他自己底特別信念，並加入不同的組合。』

民主底價值並非僅僅是消極的；民主也不是僅僅空有形式而無內容的東西。『在否定之上不能建立友聯』。民主底信念是積極的。『民主底第一個信條是人道。民主完全信賴人民。民主政治認爲，人民應該有最後的權利來決定他們自己底事務。民主政治認爲人民有自由認清一切事情底眞相，有權聽取一切意見，並且從而決定那一種意見是對的。民主政治認爲人民應該享有實現自由所需之設備與工具。……可是，在極權制度之下，政府是因嗜好橫暴的權力而麻醉了。這樣的政府，永遠壓制着社會，阻礙着社會底發展。』

『就人而言，唯一的最後價值，乃良好的生活，幸福的追求。追求幸福生活底唯一途徑，乃人與人接觸並與自然接觸時，自由地吸收經驗。……』民主底哲學，與『人生底原理是一致的』。

十一　結　尾

書末對于每一章都有註釋。這些註釋也都精簡扼要，其價值絲毫不下于正文。

論『民主與不安』這一目中說：『在一切政治形式之中，民主最能爲社會的不安開一個自由宣洩的氣孔。而獨裁制度則最反對開這麼一個氣孔。……獨裁制度經常對社會不安發生恐懼。獨裁政治常把社會的不安迫到地下去，因此社會的不安更形擴大。……』『在此，我們發現了一個理由來說，一個建立良好的民主制度，在實質上乃最經久的政治制度。民主制度最富於彈性，因而最能應變。而獨裁制度則爲其自身底鐵律所禁錮；爲其貪愛權力的慾念所迷誤；爲其遠離社羣所孤立；爲其經常的恐懼之情所困擾。』

……麥豈斐批評黑格爾與馬克斯二氏道：『黑格爾訴諸詭異的保守勢力；而馬克斯則訴諸到處飄浮的極端分子。可是，這兩派都是感人至深的。之所以如此，照我看來，是由于他們能够把猶深藏於現代人心靈中的原始情緒加以冠冕堂皇的說詞。這種原始的情緒，就是要求把全部的事象加以簡單的解釋。但是，在事實上，要把全部的事象加以簡單的解釋，是辦不到的。於是，二者都乞靈於鎮壓手段，設法消除人中和社會中之難以制伏的因素。……』『民主制度則接受社會的現實。所以，在民主制度之中，不需要恢復人要求統一的原始之情。』

民主與文化：『我們必須明瞭，民主與其他政治形式之間的基本差異乃是，在民主政治之中，文化得以完美地自由發展。有而且只有在民主中，藉着憲法原理，禁止任何人以直接的或巧妙的方法干涉文化底發展。文化底發展，即是社羣底生活。一般說來，舊式的寡頭政治用兩種方式來管制文化底發展：第一種方式，是阻止文化朝着似乎有害於既成的社會秩序的方向發展。第二種方式是，限制並且控制被統治的階層之文化發展。有時，官方的一種宗教成爲寡頭們底權威之强有力的支柱。在這種情形之下，寡頭們要庇護這一宗教。現代極權式的獨裁者則走的更遠。他們要統治一切文化活動。人底每一方面必須政治化，而且必須與政治「配合」。……』由此可見，沒有民主的環境，一切優美的文化活動是根本談不到的。目前鐵幕以內的實況，就是最眞實的證明。

胡適之先生的一封信

儆寰兄：

今天才從 Chicago 和 Pittsburgh 回來，才看見你三月二十二日的信。今夜已寫信給朱、李兩先生了。我說，我很願意由自由中國半月刊先發表丁文江傳記的一部份，這是可以替中研院印的全本預登廣告的，是有利無害的。

發表那一部份？我有兩個意見，已向朱、李兩公說了：

(1)發表「丁在君與徐霞客」一章，或可更多普通興趣。

(2)若發表最末一章（在君之死），似宜先發表第(1)(2)(3)(4)(5)五章（自幼年至留英七年皆甚短，五章合計約有六七千字）；然後第二次發表最後一章（約有七八千字）。

請你去和他們兩位商量決定罷。最後一章專記在君得病以至於死，似不如「丁在君與徐霞客」一章。你或可以發表前五章爲一次，「丁在君與徐霞客」一章爲一次：這就是我的第三個意見了。這個意見，我給朱、李兩公信上沒有提及，是信已發出，半夜時想起的。

此次出門，稍有收入，我寄上支票美金二百元，作爲捐款，稍稍替本社分一點擔負，請你不要推却。

去年冬天同時開始寫兩文，一是「丁在君傳記」，一是爲自由中國作一篇「論中共清算胡適思想的歷史意義」。我過生日時，避到大西洋城（Atlantic City），專爲作文章。不料兩篇文字都越寫越大了，大到沒法子可以收束！

丁傳我本來只預計兩萬字，後來變成十萬多字！所以那一篇傳記就費了我三個多月的心力！

「清算胡適」一文，久擱下了。起初也只想寫一萬字，不料寫下去我才明白這個問題很不簡單，必須從「四十年來的中國文藝復興運動」(The Chinese Renaissance)來看，才可以明白爲什麼俞平伯的紅樓夢研究會成爲此次大清算「胡適的幽靈」的導火線，爲什麼中間引出胡風的一大幕慘劇等等。所以我後來決定，這個問題得重寫過，得重新估定「文藝復興運動」在四十年中打出了幾條路子，造出了什麼較永久的成績，留下了什麼「抗毒」「拒暴」的力量，——這樣寫法，就很費力了。

例如胡風一案，我搜了許多材料，才明白這個我從來沒見過的湖北鄉下人，原來是這個文藝復興運動的一個忠實信徒，他打的仗可以說是爲這個運動的文學方面出死力打的仗。所以胡風夾在「清算胡適」的大舉裏，做了一個殉道者，不是偶然的。你們在臺北若找得到「魯迅書簡」，可以看看魯迅給胡風的第四封信（一九三五年九月十二日，九四六——九四八頁），就可以知道魯迅若不死，也會斫頭的！

此信可給子水看看。

近來中共印出了紅樓夢問題討論集，共出了三冊，胡適思想批判，已出到了第七輯。這十大冊，已不止二百五十萬字了。（第七輯一冊就有三十三萬二千字！）

我在一九一九年寫給子水的一封短信，就引起了無數人的罵，至今未已！子水看了一定會發笑。

請告子水，他的信已收到了。

匆匆祝你們都好。　適之一九五六、四、一。

自由中國　第十四卷　第八期　內政部雜誌登記證內警臺誌字第三八二號　臺灣省雜誌事業協會會員　二七四

給讀者的報告

最近幾期，本刊對於教育部的兩項措施，曾經連續發表意見。無論在實質上與程序上，這兩項措施都是十分不妥的。就程序上說，其為變更法律，實甚顯然。其理由已見上期讀者投書。因此立法委員胡秋原等在立院提案，要求教育當局將原案送交審議。然而出人意料的是，另有潘廉方等九十餘立委竟亦提出另一對案，對該兩項措施提議不予審議。這使我們感到十分駭異。立法院代表人民，審議法律及國家重大事項，乃憲法所賦的職權，亦不容逃避之責任。此種立法與行政間的制衡作用，實為民主政治的基本精神之所在。倘使行政上一切變更法律的重大措施，立法院都放棄其審議之權，則我們還要這些立法委員做什麼？我們以為立法委員儘可於審議時贊同教育當局的方案，却不能輕予放棄審議之權。否則，那便是「自壞長城」了！

早在民國三年時，就有人主張設立中醫學校及發展中醫藥，但未能成功。國民參政會開會，對這個問題又復提出，發生幾場熱烈的爭辯。當時，傅斯年先生很嚴厲的指責孔庚先生。其議復罷。誰料在原子時代的今天，我們的最高民意機關竟通過設立中醫學校的議案，這眞是大開倒車。我們驚悉此訊，特撰社論呼籲行政當局要求立院覆議此案。

本社編輯委員羅鴻詔先生不幸於本月三日病逝。羅先生一生淡泊，窮研學理，於自由民主之思想，闡揚不遺餘力。本刊從創刊六年餘來，羅先生的貢獻是不可磨滅的。他的去世不僅對於本社，即對國家也是一個無可彌補的損失。我們悼念羅先生，不是一篇短文所能盡意的。我們正在搜集整理他的遺著，希望將來能够印成專集，以誌念他的思想與行誼。

個人主義是民主政治的基本精神之所寄。個人主義承認個人價值，重視人格尊嚴。由是而產生人權的觀念。個人主義視個人為目的；故國家與一切社會組織應都為個人利益而存在。這個道理本是十分淺易的。但在中國知識分子中，對個人主義的意義，從來却流行着甚多的誤解。很多人視個人主義為自我主義或自大主義。本期東方既白先生的大文旨在澄清這些誤解，並闡明個人主義與民主自由的關係。我們要實行民主，首先在思想上就必須有正確的認識。

中東問題是當前世界危機之存在，隨時有燃成熱戰的可能。本期龍平甫先生為我們解析中東的現勢，剖明各國間綜錯複雜的關係。可使我們對當前的世局有一明確的了解。同時，陳式銳先生則將中東問題與東南亞問題合併討論，分析自由共產兩集團在這些落後地區鬬爭形勢的經濟背景。對如何在經濟戰中，戰勝共產主義，作者並提供了一個可循的途徑。

這一期，我們登出適之先生的一封信。我們登這封信的用意是在預告讀者：胡先生將有文字在本刊發表。丁文江先生傳記的一部份已承中央研究院同意，下期即可刊出。至關「清算胡適」的文字，相信胡先生不久亦會寫好寄下的。而胡先生對胡風與魯迅的批評，從這封信裏，我們已可先有所聞了。近來常有文友來信詢問胡先生近況，由於發表這一封信，讀者們當可以知道胡先生的動靜了。

自由中國 半月刊　第十四卷第八期　總第一五五號

中華民國四十五年四月十六日出版

發行人兼主編　『自由中國』編輯委員會

出版者　自由中國社

社址：臺北市和平東路二段十八巷一號

電話：二 八 五 七 〇

航空版

香港　友聯書報發行公司 Union Press Circulation Company, No. 26-A, Des Voeux Rd. C., 1st Fl. Hong Kong

總經銷

臺灣　自由中國社發行部

美國　自由中國日報 Free China Daily 719 Sacramento St., San Francisco 8, Calif. U. S. A.

經售者

日本　東京僑豐企業公司

韓國　漢城裕昌德號

馬尼剌　大中華日報社

印尼　新疆書店　椰嘉達天聲日報　泗水文光圖書公司

越南　西貢中原文化印刷公司

緬甸　仰光振成書報店

印度　加爾各答塔梅學校

澳洲　雪梨瑞田公司

北婆羅洲　西利亞坡青年書店

新加坡　檳榔嶼、吉打邦均有出售

印刷者　精華印書館

廠址：臺北市長沙街二段六〇號

電話：二 三 四 二 九

本刊經中華郵政登記認為第一類新聞紙類　臺灣郵政管理局新聞紙類登記執照第五九七號　臺灣郵政劃撥儲金帳戶第八一三九號

(每份臺幣四元，美金三角)

自由中國

FREE CHINA

第十四卷 第九期

要目

中華民國四十五年五月一日出版
社址：臺北市和平東路二段十八巷一號

半月大事記

四月十日（星期二）

美總統艾森豪發表政策聲明，反對中東任何侵略，力促以埃接受停戰。

立法院通過司法行政部調查局組織條例。

法總統批准於五月初旬派軍隊十萬赴阿爾及利亞。

美國警告蘇俄如不削減軍隊，美將擴增軍力。

哈瑪紹抵達以色列。

四月十一日（星期三）

艾森豪告國會領袖稱，聯合國調處若失敗，美對中東將採行動。

哈瑪紹與埃總理會談，以八點建議爲中心，覓求解決中東問題之途徑。

英國公佈致蘇俄照會，指責越共違反停戰協定，擴增軍力。

錫蘭選舉揭曉，左傾聯合黨派獲勝。

四月十二日（星期四）

美助理國務卿勞勃森出席美衆院外委會作證稱，共匪侵略威脅日增，臺灣防務愈形重要。

美政府要求國會在一九五七年財政年度的共同安全計劃中給予臺灣近九千萬元之非軍事援助。

以色列指責埃及突襲隊襲擊以心臟地區。以埃並發生空戰，以擊落埃機一架。

英俄會商越南問題，英拒絕俄提再開國際會議之要求。

美加强第六艦隊實力，但否認派軍前往中東區。

四月十三日（星期五）

美國會通過農業法案。

立法院通過三軍軍官任官條例。

哈瑪紹與以埃協議，停止採取敵對行動。

美商務部長表示，美國無意放寬對匪貿易限制。

法總理莫勒再度呼籲阿境停火，允於恢復和平三個月後舉行自由選舉。

四月十四日（星期六）

馬祖空戰，我機擊落匪米格機一架。

埃及接受緩和以埃邊境情勢之八原則，哈瑪紹前往貝魯特。

東歐共黨附庸國內部不穩，波蘭發現反共武裝部隊。

美任命諾斯達爲西歐聯軍最高統帥。

俄酋布加寧與赫魯雪夫自莫斯科啓程赴英訪問。

四月十五日（星期日）

我赴日親善訪問團飛東京訪問。

西德鄭重表示，對統一及歐洲安全問題，不擬與俄單獨舉行談判。

聯軍譴責韓共軍發動突襲，係公開違反停戰條款。

四月十六日（星期一）

巴格達公約國會議在德黑蘭開幕，呼籲美國參加。

歐洲十五國外長及國會代表在法集會，擬具對俄共同政策。

艾森豪咨文國會並發表廣播演說，決定否決農業法案。

四月十七日（星期二）

以色列對緩和中東情勢，向哈瑪紹表示，須求全面解決，反對局部討論，並要求埃及准許以船通過運河。

四月十八日（星期三）

蔣總統答覆美記者訪問，謂國軍反攻大陸，爲期當在不遠。

蘇俄宣佈解散共產情報局。

杜勒斯談話稱，相信中東情勢不致爆發戰爭。

蘇俄聲明準備與聯合國合作，促成中東和平。美官員認係外交詐術。

布加寧與赫魯雪夫兩俄酋抵達倫敦，展開和平攻勢。

四月十九日（星期四）

蔣總統答美記者問，指俄帝解散共產情報局係一欺騙狡計。

「自由中國」的宗旨

第一、我們要向全國國民宣傳自由與民主的真實價值，並且要督促政府(各級的政府)，切實改革政治經濟，努力建立自由民主的社會。

第二、我們要支持並督促政府用種種力量抵抗共產黨鐵幕之下剝奪一切自由的極權政治，不讓他擴張他的勢力範圍。

第三、我們要盡我們的努力，援助淪陷區域的同胞，幫助他們早日恢復自由。

第四、我們的最後目標是要使整個中華民國成為自由的中國。

泰國訪華團抵臺訪問。

馬祖海戰，我擊沉匪艦一艘。

哈瑪紹宣佈，以埃兩國已下令邊境駐軍十八日起實施停火。

包括美俄在內的十二國會議通過設國際機構，發展原子能和平用途。

美國參加巴格達公約的反顛覆委員會。

四月二十日（星期五）

張道藩在東京廣播稱，惟有我國收復大陸，亞洲方獲真正和平。

美國宣佈在巴格達公約組織設軍事聯絡處。

四月廿一日（星期六）

國際自由工聯組織特別法庭，調查共匪奴工實況。

英俄續商中東與裁軍問題，英國反對在聯合國外解決。

四月廿二日（星期日）

艾森豪發表外交政策演說，揭櫫自由對抗極權三項指導路線。

國際反集中營委會在比京開特別會議，我代表演說，譴責共匪奴工制度。

四月廿三日（星期一）

哈瑪紹與敍利亞領袖商談和緩中東情勢。

杜勒斯演說，主張擴大西方同盟，加强政經聯繫。

四月廿四日（星期二）

敍利亞政府宣佈，接受哈瑪紹建議，在以色列邊境停火。

英國拒絕蘇俄要求，在未獲美國與其他北大西洋公約國家之同意前，絕不解除禁運。

美最高法院裁定，乘坐公共汽車，不得種族隔離。

四月廿五日（星期三）

我與海地政府建立外交關係，將以駐古巴公使兼任駐海地公使。

美海軍部次長蓋茨抵臺訪問。

杜勒斯在記者招待會中，建議擴大北大西洋公約組織。

國際原子能和平機構草案公佈，八十餘國將在九月舉行大會時，予以通過。

社論

(一) 喪鐘乎？警鐘乎？

——看立法院今後的表現

民國四十五年四月二十四日立法院第十七會期第十六次會議，對於胡委員秋原等七十六人提議的「函請行政院將國校學生免試升學初中方案及高中畢業會考升學聯合考試實施要點移送本院審議」一案，經表決不予審議。由於這一表決的結果，教育部這兩個教育方案，立法院也就不再過問了。

我們在這裏要大書特書：

民國四十五年四月二十四日，立法院的喪鐘響了！

敲響立法院喪鐘的——「直接」敲響立法院喪鐘的，不是立法院以外的人，而是立法委員自己！

關於教育部那兩個方案，其本身的是非得失問題，與本文無關，我們不再申論。胡委員對於該兩方案雖在院會質詢中表示過反對意見，但在這一提案中並未涉及該兩方案的實質問題。胡案的理由，只是說該兩方案「牽涉教育法令甚廣，關係教育全局甚大，決不能解釋為單純行政措施，而確係學制及教育政策上之一種絕大變動。」所以應依憲法第六十三條，咨請行政院移送立法院審議。

胡案的內容既然如此，照常識判斷，它應該可以通過於立法院。因為立法院的基本職責，就在於憲法第六十三條所規定的「議決法律案、預算案……及國家其他重要事項。」教部的兩個方案之屬於國家重要事項，在立法院質詢時已為贊成者與反對者雙方所一致認定，而其牽涉現行教育法律之處，且為教育部張部長在答覆質詢時所自認。這樣的方案，立法院本其職責，當然要過問、要審議、而不容視若無睹。審議，是立法院的職責；贊成或反對，是立委們在審議中的自由。自由要彼此尊重，職責尤要一致遵守。胡案的提出，是基於立法院的職責，同時對於贊成與反對者的自由，不僅兩無妨碍，而且可使各種意見得有正正堂堂自由發表的機會。這樣的提案，在立法院內應該不會遭遇反對。想不到胡案提出後，即有潘委員廉方等的反對案，主張對胡案不予審議。關於這一波折，本刊在上期以「毋自壞長城」為題的社論中，已深表詫異。後來潘案雖經撤回，而胡案也終於四月二十四日由院會表決打消了。

也許有人這樣想：教部的兩個方案，現在既經該部拐彎抹角，很尷尬地變成了「分期分區辦理」或「試辦」，立法院似可適可而止，給教育部長一點面子，不必再去過問了。這種想法，動機可能是善良的，但其精神只是文化落後地區的鄉紳精神或和事老精神，而不是現代民主法治的精神。前者每每以法殉情來了事，後者只許寓情於法而決不非法狥情。我們如要走上現代民主法治的政治途徑，一遇到面子問題與職權問題、與責任問題，或簡言之與法律問題相衝突時，面子問題即不應在考慮之列。

「分期分區」的變通辦法，或「試辦」「尚在研究中」等說詞，決不能作為打消胡案的充足理由。在胡委員提出的文件之一（標題為「問題之邏輯及其解決」）中，對於這一層曾有很簡潔的說明。我們現在把該文件甲、乙、丙三點附錄於後，以補充本文，我們不再贅論了。

我們對於這件事的觀感，總括說來，是這樣的：

立法院打消胡案，因而對於教育部的兩大方案不去依法審議。這是立法院放棄憲法所賦予的職權；如就立法院與人民的關係來講，這是立法院不盡職守，不負責任。

行政部門的首長不顧輿情，濫用權力，總是難免的。正因為如此，所以到了近代有民主法治的政治設計，以人民代表機關來收制衡之效。我們的立法院也是在這種設計下設立的。如果立法院自毀立場，放棄憲法賦予的基本職權而不向人民負責，那末，立法院還有甚麼存在的理由？還有甚麼存在的價值？還有甚麼存在的必要？

有人也許在想：在可預見的將來，立法委員是無法改選的。人民既不能改選我，我也就無所謂向人民負責了。殊不知這正是今天立法院政治基礎之脆弱處。正因為政治基礎如此脆弱，立法院更應該兢兢業業地維護自己的法律基礎。在法律基礎上正正堂堂地站住，庶幾乎可以補救政治基礎的脆弱。如果不然的話，立法院的前途太危險了。履霜堅冰至，所以我們敢於說四月廿四日那一天，立法院的喪鐘響了。

「喪鐘響了！」我們說出這句話的時候，心情是沉重的。我們以沉重的心情說出這句話，同時也在希望這句話發生點「警」鐘作用。因為我們已認識明白，我們眞正的民主法治，很難在短期間實現，在目前，一方面要靠文化教育界為民主的教化而努力，一方面要靠我們的人民代表機關，尤其是立法院，一點一滴地爲民主法治增加實際的內容，至少至少也要挺得住反民主反法治的逆流，而不自我毁滅。如果立法院以這件事開端，眞的走向自我毁滅之途，則其他方面爲民主法治而努力的人，也就要事倍功半了。所以我們不得不希望這裏所說的「喪」鐘，將由今後的事實證明其爲「警」鐘。

喪鐘乎？警鐘乎？這就要看若干立委們政治責任心之是否覺醒。

附錄：問題之邏輯及其解決

胡秋原

吾人所討論之問題，可以簡單論理學解決之。

甲、吾人之提案乃一簡單三段論法：

大前提——因據憲法，政府之重大事項，涉及法令者，當送本院審議。

小前提——因吾人認爲教部兩方案爲重大事項，涉及法令。

結　論——故當送本院審議。

乙、解決本案可有下列途徑與推論：

一、根本否認大前提，即否認本院審議權——本案自然否決。

二、取消小前提事實，即教部聲明兩方案取消——本案標的消失，當然撤銷。

三、辯論小前提內容，即認定本案，或認定教部方案爲行政措施，不涉法令——此爲正常辯論之道。此即須經過辯論，然後通過，否決，交付審查。

由于正面主張已有書面陳述，故反面主張必須針對同人等指出該方案涉及法令之點，逐一予以駁倒，本案始能否決。

丙、然則問：「試辦」「尚在研究中」及「分期分區辦理」如何？

答：「試辦」「尚在研究中」，及「分期分區辦理」三者意義有區別。然而，皆非本案標的之消失。「試辦」是方案未完全確定，姑試之，將來辦不辦亦不定。「尚在研究中」，是方案原則大體確定，唯技術問題在研究，然亦可能完全維持原方案，或根本取消原方案。「分期分區辦理」是原方案已定，不過分期分區實行，此任何法令、工程之當然步驟。所以——

四、如係分期分區實施——則如不能(一)根本否認大前提，(二)取消小前提之事實，(三)經由辯論證明行政措施之論點；則本案當然通過或交付審查。

五、如係試辦或尙在研究中（在程序上應由行政院或教部以談話方式，答復質詢方式，或列席說明方式，表示此項意思，而不含混其他意思；亦不能由本院任何人代爲聲明；）——則由于本案之標的（教部兩方案）並未消失，本案之理由則依然成立。

又由于本案之標的尙未最後確定，則亦有猶豫餘地。是則本案應交付教育法制兩委員會，俟教部最後修正案送來，合併審議。（丁、戊、己、各節略）

社論

(二) 亟待拯救的臺灣林業

近年來從許多已發表的文獻，以及森林學家口頭的談話中，對於臺灣林業的前途和遠景，很少不表示悲觀的。就臺灣林業實際經營的情形和施政方針來說，確是弊竇叢生，且有積重難返之感。官商勾結的盜伐、燒山、濫墾之事，在報紙上像是永遠連載不完的。略有地理常識的人無不知道臺灣森林的重要，「森林是臺灣的生命」，「無森林即無臺灣」；因此我們不能坐視關係臺灣命脈的大好森林資源之横遭摧殘，希望政府和主持林業行政的人員能痛下決心，澈底整頓。

談到整頓臺灣林業的問題，眞是經緯萬端。除弊革新，而後才能使其納入於正軌。我們現在只能提綱挈領地對挽救臺灣林業的意見，分條的揭擧於下：

一、遞來對於改組本省最高林業機關——林產管理局——的傳說，甚囂塵上；擬將原有的機構劃分爲林務和林產兩個組織。前者的執掌是處理造林、森林經理和營林的業務；後者則專門負責木材的砍伐。以爲這樣劃分，可獲發揮最高管理的功效，進而改善整個的林業。這一想法，實在是太天眞了。臺灣林業有待於改善和發展的地方，不僅是靠一機構的劃分，即可達到，以現有人才的缺乏、規章散亂、經營不良等情形；……眞是千孔百瘡，病原太多。倘在劃分成爲兩個機構以後，仍各以現有的人員去治理業務；依照現有的規章去處理事件；靠着現有的經營方法去計劃和實施；……除了擴大編制，增加機構與行政人員而外，實在看不出有什麼好的結果。

二、臺灣林業所以如此混亂，長久的停滯於不前進的狀態中，專門人材的缺乏，實在是一最重要的原因。僅受過高農訓練的人材，多已做了技正；山林管理所的所長和林場的場長，很多不是大學森林系畢業的。促進臺灣林業的進步，不專是知道怎樣種樹和如何伐木就可獲致成功的；而須仰仗着若干深謀遠慮的理想。也就是理想與實際的配合，才能獲得不斷的改進。從事林業工作的全部人員中，林業人員所佔的百分數，恐怕還不到百分之十；而高級林業人材所佔的百分數尤低。由於眞正林業人材的缺乏，遂而阻滯了林業的發展。

三、規章的散亂，也是造成林業不振的原因之一。現在的林業法規多至三四十種；且中央與地方的法令牴觸之處甚多，以致林業人員都感到無法適應這些紊亂的規章。而有抱負有作爲的林業人員，要是都按着法規去做，除了敷衍塞責，推諉責任，再也做不出一件有益於林業的事。這些紊亂的林業規章，束縛整個臺灣的林業，使之無由進步。

四、租地造林的政策自推行以來，很招致社會人士的不滿。考租地造林的原意，係依照施業案而劃出若干林地，以供人民申請造林，用意非盡不善。從民國四十年三月起至四十三年八月止，已核准租地造林的案件，計爲五六六件；已訂約的案件，計爲二六〇件；合計爲八二六件。已核准租地造林的面積，計爲三〇·六五七·〇〇〇公頃；已訂約的面積，計爲一五·〇七七·二五九公頃；合計爲四五·七三四·二五九公頃，面積不爲不大。但據近年來所施行的結果，流弊實多。就其要者而言，造林者在承租林地以後，就可採伐天然生長的雜木，以遂其租地伐木的企圖，從中漁利；或則假租地造林之名，實則是在施行濫墾。此一造成少數人發財的措施，實在不可再予繼續，而應及早廢止。側聞林產管理局的職員有利用職務上的便利，曾化名或利用別人的名義而租地造林；但沒有淵源的人，再也不會申請到租地造林的。這些事我們但望它僅是謠言而已！

五、林產管理局因鑒於造林的重要，亟謀擴大造林，擬定四年計劃（從民國四十二年度起），總目標爲新植十一萬公頃，每年平均爲二萬七千五百公頃，其成活率在百分之七十以上；並組成了督導抽查團至各地查驗。我們確也承認，林產管理局近來對於造林方面，業已在注意和努力。但我們願提供一些事實，供林產管理局主持造林的人員和督導專家們的參考：(一)在抽查每一山林管理所或林場的造林成績時，如何證明各林場已達到他們所預定的總面積？(二)我們曾也知道，凡在易於接近或在道路旁邊的造林地，他們是不會馬虎的；但在偏僻或需要爬山越嶺方可到達的造林地，希望督導人員，不要怕長途跋跡，仍然的要不辭勞瘁的去抽查，因爲在這些地區的成活率數字，才是可靠的。(三)除草的次數和其他撫育的工作有沒有虛報？(四)民有林的造林成績，也希望列在抽查的項目裏。

六、臺灣每年因森林火災，盜伐或濫墾等爲害的損失，必甚巨大，可惜沒有正確的數字以供參考。今試以兩次森林火災爲例：民國四十二年四月中旬，能高的山胞曾縱火狩獵，不幸釀成森林火災，由四月中旬延燒至五月末始告熄滅，由能高一直燒到花蓮。據聞去年臺中大甲溪曾發生森林火災，被焚面積二千五百公頃以上，如以每公頃平均以五萬元來計（這是最低的估計數字），這一次的火災損失，即達一億二千五百萬元。臺灣各地對於火災的防禦實在有欠努力。

七、木材在標售的時候，往往有數十以至一、二百家的木材、製材或砍伐業者，蜂擁而來，參加圍標。得標者須付出圍標費（俗稱搓圓子湯），其數目在三、五千至數十萬不等。全省的木材、製材和伐木業者，共約四百多家，其中最少有半數是沒有從事過正當的營業，目的完全是在圍標費。此一不勞而獲的不法收入，實在早應禁止。希望政府當局立刻限制執照的領取，如一年沒有從事正式營業，即予吊銷執照，使不勞而獲之風，得以稍戢。

八、臺灣林業的經營，可說是仍佇足於幼稚經營的階段，雖曾注意到伐木與造林；但對於達到生伐平衡及改善品質的森林經理，還少注意。今後臺灣的森林經營，必須使林木呈「法正」的狀態，必須使森林達到保續的生產。

總之，臺灣的林業經營，其缺點雖多，倘政府能痛下決心，確立政策，爲時尙不過晚，但却不能再事拖延了。

最後，要特別聲明的，就是一般社會的人士多認爲臺灣的林業，已經糟到不可再糟的地步。一提到林業人員，好像都是與木商勾結的能手；一提到木商，好像都是盜伐的專家。這一錯誤的觀念，也必須加以糾正。我們確不否認「官商勾結」「盜伐林木」的事實，然而那是少數人做的事。但極大多數的林業人員，他們是披星戴月，餐風宿露，往來奔波於崇山峻嶺之中；披荊斬棘，建造森林，別忘了他們對於人羣的貢獻。其工作艱難和生活困苦的情形，却不是一般住在都市的人們所能想像得到的。可是因爲沒有健全而合理的林業政策，以致掩沒了他們的功績。

社論

（三）

標語有何用處？

每逢一個甚麼紀念日，各機關團體照例用各色紙張，寫下標語，在街頭巷尾的牆壁上張貼一番。標語的內容，大都是由宣傳機關事先擬訂頒發，以便寫製標語者照抄，無非是「打倒……」，「擁護……」，「實現……」，「……萬歲」之類。其他還有許多經常性的標語或在電影院放映，或設置在許多特定的地方。這些標語貼出之後，究竟能否發生甚麼效用，似乎並不爲人所注意，因爲擬訂的人是例行公事，寫製的人是對本宣課，看的人則是司空見慣。

寫貼這類含有政治宣傳性的標語，究竟起源於何時，無可稽考；但是在民國十五年到民國十七八年，從國民革命軍出師北伐，到全國底定的這段期間中，爲標語的全盛時代，則爲我們大家猶能記憶之事。當時因爲這是一個比較新穎的宣傳方法，而那些富有刺激性的詞句，又爲一般人所未習見的，所以當一張標語張貼出去，頗能引起一些人來看，或多或少的發生了它的宣傳作用。但是，同樣的方法一成不變的永遠使用，自然會失去它的效用。宣傳是要富於刺激性，正所謂「激發人心」，如果辦宣傳的人連「刺激漸減性」的這個物理學上的常識都不懂得，則無疑地將變成最拙劣的宣傳。在今天二十世紀的六十年代，世界上的事事物物都在飛躍的進步，而還有人在熱烈地使用這陳古十八年以前的貼標語的宣傳方法，我們眞不懂得那些主辦宣傳的人，對此是否也會加以考慮。

卽令退一步講，這類陳舊的宣傳方法，仍然有其效用；但爲使容易達到此一目的，至少在標語的內容方面，是應該求其通俗易解，或者是能激發起看到這些標語的人一點甚麼感情。如果連這樣也都做不到，那就未免更可悲了。然而，我們試一檢查那些標語，其情形恰是如此。舉例來說：如通常我們可以看到的：「加强反共抗俄的革命鬪爭」；「建設臺灣爲三民主義的模範省」；「加强精神總動員」；「時代考驗青年，青年創造時代」；「國家需要革命青年，青年需要革命敎育」；「發揚民族精神」；「實現三民主義」。諸如此類，我們並不能說它們所表達的意義都有何可訾議的地方，不過衡之以通俗易解的原則，則顯然難望其能收到任何宣傳的效果，當然更說不到足以刺激人的感情。既是廣貼市廛，以大家爲其宣傳的對象，自應使大家能容易接受。今試執塗人而問之，甚麼叫做「革命鬪爭」， 甚麼叫做「三民主義的模範省」？甚麼叫做「精神總動員」？爲甚麼「時代」會「考驗青年」？「青年」又怎樣「創造時代」？甚麼是「考驗」、「創造」，「時代」？甚麼是「民族精神」？「民族精神如何發揚」？「發揚」作何解釋？這些問題，恐怕能解答得出的人，會百不得一。卽令要一個主辦此類宣傳的人來解答，恐怕也非幾千百字的文章，無法說明清楚。試問這些標語張貼出來，它本身究竟還會發生甚麼效用？豈不是白費了人力物力？

在今天對俄帝共匪的全面鬪爭中，我們不僅是不反對運用各種各樣的宣傳方法；相反地，我們是極力主張加强宣傳工作的；不過，像上述那類習見的標語，則是我們所不敢輕予贊同的。因爲這不只是一種浪費，而且反映出我們辦理宣傳的人， 並沒有精心刻意的求取宣傳的效果；而只是在那裏處理例行公事，將那些俯拾卽是的陳腔濫調寫出來，便算交帳。只要滿街貼上紅綠紙條，到處看見反共抗俄的標語，便算是盡了宣傳之能事。內容是否適合於宣傳的對象，效用如何，則並不在其考慮範圍之內。

標語其小焉者，其他的宣傳文字，又何獨不然？過去有「黨八股」、「抗戰八股」，今天又產生了「反共抗俄八股」。所謂「八股」云者，卽是一種公式化的文章，沒有感情的成份在內。文章而變成了「八股」，其毫無動人之處，可想而知，當然也決不會引起讀者的興趣，更不足刺激讀者的感情。我們只看看那些千篇一律以「完成反共抗俄之大業」這類詞句作爲結語的文章，便足以證明其「八股」味道之濃厚。難道說今天我們自由中國之中，就沒有人能寫出動人的文章與更好的宣傳文字？這自是令人難以置信之事，無奈主辦宣傳的人，囿於一定的形式，不肯運用他的智慧，發抒他的眞感情，把一切的宣傳文字，都當作例行文章，於是內容無足觀，讀者也就永遠以「八股」視之了。

宣傳是要富於刺激性，要能激動人的感情，標語如此，宣傳文章如此，一切宣傳的方法，亦莫不如此。千篇一律的內容，一成不變的方法，都不足以言宣傳之效果。由於那些艱澀費解的標語，和那些二十年以前的宣傳方法，使我們發生上述的感想。爲着展開反共抗俄的有力的宣傳，我們誠懇的希望主辦宣傳業務的人們，今後能夠對宣傳工作，在技術方面多加研究，例如最近舉辦的共匪在大陸的暴行展覽，這便是一種有效的宣傳方法之一，比之習見之標語與宣傳文字之類，不可同日而語。只要大家肯多動腦筋，我們相信還可以產生許多比標語與八股文章有效些的宣傳方法。同時我們更應認定：在共黨暴政壓迫之下，可以施用敎條主義，將那些生硬的口號名詞，塞進人民的腦子中，而在民主政治之下，則這類作法，將無法使人接受。

丁在君與徐霞客

——「丁文江的傳記」之第九章——

胡適

在君的西南游記之中，最富于文學趣味的當然要算他寫金沙江的幾篇文字。他寫金沙江，用徐霞客（名宏祖，江陰人，生于萬曆十四年，死于崇禎十四年，一五八六——一六四一）開頭：

「最早知道金沙江是揚子江的上游的是徐霞客。他的江源考說的最明白：『發于南者（指崑崙之南）曰犁牛石，南流經石門關始東折而入麗江，爲金沙江；又北曲爲敍州大江，與岷山之江合。』他于崇禎十一年（一六三八）十一月十一日到武定，十二月一日到元謀的官莊。他走的路和我的大致相同。可惜從十一月十一日起到十一月三十日止他的游記殘缺，他對于金沙江的直接觀察已沒有記錄存在。……」

他最佩服徐霞客，最愛讀他的游記，他這一次去西南，當然帶了徐霞客游記去做參考。他後來（民國十年）在北京的「文友會」用英文講演徐霞客，特別表彰他是中國發見金沙江是揚子江上游的第一個人。在民國十五年，他在小說月報（第十七卷號外）上又特別表彰這部空前的游記。他對于這位十七世紀的奇士，費了很多的工夫，整理他的游記，給游記做了一冊新地圖，又做了一篇很詳細的徐霞客年譜，民國十七年由商務印書館印行。（年譜又附印在商務印書館的「國學基本叢書」的徐霞客游記的後面。）

丁在君是我們這個新時代的徐霞客，這是我們公認的。他最惋惜徐霞客的金沙江游記散失了，使我們不能知他在三百年前「對于金沙江的直接觀察」。在君自己記載金沙江的幾篇文字，可以說是有意彌補那個大缺憾的。他在一九一四年五月十日，第一次望見金沙江。他這樣記載：

「五月十日從石臘他岔路向西北，走不到十公里，經過楊家村西的大嶺，高出海面二千七百六十公尺。從峯頂向北，已經望見金沙江。江水出海面不過一千一百公尺，比我在的高峯要低一千六百多公尺，比從泰山頂上看汶河還要高二百公尺，而江面離我所在的地方不過二十多公里。從南向北的坡度在百分之六左右。從峯頂北望，只看見一條條的深溝狹谷，兩邊的峭壁如刀切斧削的一般。加之岩石全是紅綠色的砂岩，與遠望見紅黃色的大江水兩相映照，眞是奇觀！」

五月二十日，他到了金江驛，下午的溫度是攝氏三七·五度，比人的體溫還要高。「太陽一落，我就跑到金沙江邊上脫去衣服，浸在江水裏。……不多時，一村子的人老老少少都走到江邊來看稀罕：『江水裏怎麼可以洗澡！不怕受涼嗎？』直到我回寓睡覺了，還聽見房主人在那裏議論：『委員眞正自在！當着許多人，脫了衣服就下水，也不怕人笑話！』」這是三百年前徐霞客不敢做的快事。

在君自己記他旅行的情形：

「我每天的習慣，天一亮起來就吃早飯，吃完了就先帶着一個鄉導，一個揹夫，獨自一個上路。舖蓋、帳棚、書籍、標本，用八個牲口馱着，慢慢在後面走來，到中午的時候趕上了我，再決定晚間住宿的地方，趕上前去，預備一切。等到天將晚了，我才走到，屋子或是帳棚已經收拾好了，箱子打開了，床舖舖好了，飯也燒熟了。我一到就吃晚飯，一點時間都不白費。」

這樣每天從天亮到天將黑的山路旅行，測量，調查，已很够辛苦了。在君的任務是調查鑛產，但他的科學興趣是測量地形與調查地質。他那時正在年富力强的時期，他要看徐霞客所不曾看見，他要記徐霞客所不曾記載。所以他那一次獨自旅行雲南四川貴州的游記，是最奇偉的游記。他走遍了在雲南四川交界地方的金沙江的西岸與東岸的高山與深谷。

金沙江在這一帶的西岸有四道從東北向西南的高山：第一道是高出海面三千公尺的魯南山，第二道是高三千二百多公尺的望鄉臺，第三道是同樣高的大銀廠，第四道是高三千公尺左右的大麥地。

金沙江東面有一條很重要的支流，叫做小江。小江的東岸是一道南北行的大山，最高的峯叫做古牛寨，出海面四千一百四十五公尺，是滇北最高的山。從古牛寨到小江不過十公里，而小江比古牛寨要低三千公尺，——在君說：「這可算是中國最深的峽谷，比美國著名的高老拉多（Colorado）大峽谷（Grand Canyon）還要深一千三百多公尺。」

小江入金沙江的地方（東川西二十五公里的象鼻村北）向南三十公里，又是一片大山，東西長三十多公里，南北也幾十公里。在君用「大雪山」的名詞來代表高山帶的全部。山頂各峯平均也都在四千公尺左右。

在君于民國三年六月十九日走向魯南山。六月二十日下魯南山，到了雲南巧家縣的岔河，岔河在望鄉臺與大銀廠兩大山之間的峽谷。他走上望鄉臺，大銀廠兩條梁子頂上去測量地形，又從鐵廠走大麥地小路到鹽井。他寫在大麥地梁子頂上的情形如下：

「從鐵廠到大麥地梁子，要上九百公尺；從大麥地到鹽井，要下二千公尺。沿路還要測量，一天是萬走不到的。路上人家極少，沒有地方可住，一定要帶上帳棚。……

「第一晚在大麥地梁子頂上打野。上到頂梁的時候天還沒有黑，望的很遠。

向東望得見二千二百公尺深的金沙江，並且看見江中心的石頭，——著名的將軍石和江心石。向南望得見普渡河的深谷。江邊……樹木夾着灰色的石頭。再上岩山變爲紅綠色，樹木完全沒有了。到了對岸的二千公尺，岩石又變爲黃色。紅黃色的江水在一條狹槽子裏流着，兩邊是一千多公尺的峭壁。眞是天下的奇觀。」

這些山——梁子——都在金沙江的西岸。在君于六月二十七日在鹽井過金沙江，考察舊東川府屬的銅鑛四大名廠：大水、湯丹、落雪、茂麓。

他在這些產銅的地方調查了十二天。「我因爲要看看大雪山，所以不走近路，走遠路；不走平路，走山路。」他由大水，向西上坡到二千九百公尺，已經是大雪山的最東北的一部份了。從此上下坡各三次，才到茂麓。從茂麓到落雪，正走着大雪山的北邊。在這路上，在君說，有一段上坡到二千九百公尺，「坡既奇陡，奇窄，下雨以後又奇滑，眞正是普天之下最難走的路。」他在一個三千公尺的高原上搭起帳棚過夜。那地方叫做長海子，他在長海子西北三千一百公尺的高點上，西北望可以望見金沙江兩岸的懸崖絕壁，江中的將軍石，江心石，江外的大山，却望不見江水。從長海子向東南，再向東，到大風口，出海面三千七百公尺，比大雪山頂低得很有限了。下去就到落雪銅廠了。在君說：

「大水到落雪，不過八公里。要不是繞茂麓和大雪山，不要半天就可以到了。因爲繞路，一走就是四天。」

在君還要研究大雪山的東部，又從落雪向南，又走上了大雪山的腰帶哨，高三千七百公尺，「是我在大雪山所到最高之點。」

大雪山在金沙江的東岸，小江的西岸。在君從腰帶哨下來，經過白錫臘，到了湯丹，這是四大銅鑛的最後一個鑛了。七月十日他離開湯丹，要到東川縣(舊會澤縣)去。但他「要上古牛寨絕頂看看；所以一直向東，不走大路。」他在中廠河口上船過小江，從大寨上那濵北最高山頂——古牛寨。

從大寨一直往東，十公里有零，就到古牛寨山頂。但這十公里的山路要走一天半。最後一段，「是玄武岩(火成岩)所成的絕壁，百分之四十九的坡度，當然是無法可上的，所以我們……先向東南，再向東北，曲曲彎彎的繞着，到山北面，再向山頂。……上不到一半，已經找不着道，只好手足並用，慢慢的斜着上。上到頂上一看，古牛寨是一個五百公尺直徑的圓頂，最高的點偏在西邊，高出海面四千一百四十五公尺，是我在中國所登的最高的山峯。」(一公尺等於三·二八英尺。古牛寨高四千一百四十五公尺等於一萬三千五百九十五英尺。)

※　※　※

徐霞客的最後一次「遐征」，開始于崇禎九年(一六三六)九月，到崇禎十三年(一六四〇)夏天才回家，在途差不多四年。第一年從浙江入江西，從江西入湖南。第二年從湖南入廣西。第三年從廣西入貴州，由亦資孔入雲南，約在崇禎十一年(一六三八)五月。他在雲南近兩年，足跡北過鷄足山，到麗江；西過大理，到騰越。在君作徐霞客年譜，論這「最後之游」，說：

「先生……家有遺產，衣食足以自給。百年已過其半，五嶽已游其四……常人處此，必將弄孫課子，優游林下以卒歲矣。乃先生掉頭不顧，偕一僧一僕，奮然西行，經苗猓異族之鄉，極人所不堪之苦。遇盜者再，絕糧者三。百折不回，至死無悔。果何以使之然哉？……蓋嘗考之。陳函輝爲先生作墓誌言：『霞客不喜讖緯術數家言，游踪既遍天下，於星辰經絡，地氣縈廻，咸得其分合淵源所自。云，昔人志星官與地，多以承襲附會。即江河二經，山脈三條，自紀載來，俱囿於中國一方，未測浩衍。遂欲爲崑崙海外之游。』然則先生之游，非徒游也，欲窮江河之淵源，山脈之經絡也。此種『求知』之精神，乃近百年來歐美人之特色，而不謂先生已得之於二百八十年前。……」

徐霞客在三百年前，爲探奇而遠游，爲求知而遠游，其精神確是中國近世史上最難得、最可佩服的。但三百年前人的求知標準究竟不很嚴格。例如霞客的江源考說金沙江出於犂牛石，自注云，「佛經謂之殑伽河。」又說，「雲南亦有二金沙江，一南流北轉，即此江，乃佛經所謂殑伽河也。一南流下海，即王靖遠征麓川，緬人恃以爲險者，乃佛經所謂信度河也。」玄奘改譯恒河爲殑伽河，改譯新頭河爲信度河，兩大河都在印度。霞客認金沙江爲恒河，認怒江爲新頭河，都是大錯的。

在君在三百年後，獨自在雲南川南探奇歷險，作地理地質的調查旅行，他的心目中當然常有徐霞客「萬里遐征」的偉大榜樣鼓舞着他。他後來用他的親身經驗和地理新知識來整理徐霞客游記，給他作詳細地圖，給他作年譜，並在年譜裏一面表彰他的重要發見，一面也訂正他的盤江考、江源考裏的一些錯誤。這就是他報答那位三百年前的奇士的恩惠了。

(附記)在君于民國三年二月再入雲南，到民國四年方才回到北京。「獨立」紀念在君的專號裏，有幾位朋友提到在君此次旅行，頗有小誤。如翁文灝先生說他「初認識在君是在民國三年，那時他剛從雲南省調查地質回到北京」。這裏「三年」是「四年」之誤。翁君又說，「民國二至三年在君先生獨自在雲南工作」。又黃汲清先生也說「丁先生第一次大規模的調查爲民國二至三年雲南之行」。這裏「二至三年」都是「三至四年」之誤。在君游記裏說他「那一年(一九一四)的九月初」，在宣威到霑益的路上遇見一羣衣服極破爛的難民，其中有人認識他，他才知道他們是箇舊錫鑛上的砂丁。他們告訴他，「外國人打起仗來了，大錫賣不掉，許多廠都歇了工。」這是他第一次得到歐洲大戰的消息。這個故事不但可以旁證在君自記民國三年二月第二次入滇是正確的追記，並且使我們想像他專心致志的在萬山中調查地形地質，全不知道天下國家的大事。雲南詩人唐泰在那崇禎末期天下大亂的時代有詩送給徐霞客，說，「閉門不管鄉鄰鬭，夜話翻來只有山！」

論立法院通過「籌設中醫學校」

毛子水

中華民國的立法院於中華民國四十五年三月二十七日通過一案，請政府籌設中醫學校及中醫藥研究機構。

四月十六日出版的「自由中國」載有一篇社論，以爲這個「籌設中醫學校」的案件是不能接受的，希望行政院於接到這個案件後，即依憲法第五十七條第三欵的規定移請立法院覆議。

我以爲「自由中國」這篇社論，是理所應有的。這非特可以代表「自由中國」社，實在可以說是我們自由中國與論界的光榮。至於立法院有這樣一個議決案，我一點也不覺得奇怪。德國哲學家黑格爾有個信念：「凡發生的事情，都是有道理的。」我一向最不喜歡黑格爾的思想和文章，因爲他們太過於晦澀了。但對於他這句話，則在百無聊賴時便引以自慰。這次立法院有這樣一個議決案，當然使我想起黑格爾這句話；因此，我一點也不覺得奇怪。話雖這樣，但我們不能不更想到一件事：設使我們後代子孫有研究本國的文化史和思想史的，查究這個案件的下文，徧翻三月廿七日以後幾個星期內的日報和雜誌，尋找關於籌設中醫學校的輿論，如果連四月十六日「自由中國」那樣一篇社論都沒有，則我們這些子孫對我們現在的知識水準會有什麼感想呢？因此，我又覺得「自由中國」那篇社論無論現在會不會發生效力，至少可以使我們後代研究本國文化史或思想史的子孫，不至於覺得我們這一代沒有正當的輿論。在這一點上，「自由中國」是值得我們捧場的。（這當然就自由中國境內而言；丁文淵先生於三月廿一在香港「自由人」所發表的文章，自是「通人之論」。）

有幾個朋友，以爲我是一向注意我國文化的歷史的，要我對於這個中醫學校的問題發表一點意見。我想，我對於這個問題的意見，「自由中國」和「自由人」上的兩篇文章差不多都說過了。我如果有什麼新鮮的話，那就是這個問題四五十年來在我個人心中的演變。回憶我在中學時，已有中西醫的爭論了。我那時的意思是：西醫以現代的解剖、組織、生理、微菌等學爲基礎，自然比我國古來相傳的醫學爲可靠。但中西醫優劣的問題，是不能以口舌爭的。等幾十年後，新的醫學教育漸漸普及，使窮鄉僻壤都有受過新的醫學教育的好醫生，人們自然都會相信西醫的。所以我那時不和人家辨論中西醫的優劣，正和我不和人家辨論地繞日行還是日繞地行一樣。我這個態度一直保持着很久沒有變。民國二十三年，亡友傅孟眞先生著文論「國醫」，我還怪他多事。（傅先生的文章，見「傅孟眞先生集」第六冊五三七—五五七頁。）我並不是不知道寫這種文章是每一個社會裏的知識分子的義務，但我以爲社會的知識水準是不能用爭辨來增高的。不過我現在却要補說一句話：對於辨教育或談文化的人，傅先生的文章在今天還值得仔細一讀。

四五年前，國立中央研究院院長朱騮先先生，因爲講話時偶然涉及中醫，便受了一班中醫的攻擊。我當時很忿怒，覺到我們現在簡直和生活在黑暗時代差不多。本想平心靜氣的寫一篇文章，使社會知道是非所在，竟亦沒有工夫執筆，只是在好多時以後，於一文化座談會中略表我個人對於中醫的意見罷了。現在立法院的通過籌設中醫學校案，好像是我說話的機會，可惜「自由中國」的社論和丁文淵先生已替我說了。上面曾經講過，我對立法院通過這個案件並不覺得有什麼奇怪；對主張這個案件的人更不會絲毫生氣，因爲他們都是我們中華民國的國民選舉出來替我們立法的；不過想起在中華民國的第四十又五年我們國家裏還有這樣的「新聞」，自己未免有點黯然神傷。這自然也是無可奈何的事情！我想即在立法院裏面，大多數的委員亦都會和我有同樣的心情的。

就正當的道理講起來，「中醫學校」這件事情好像是可以阻礙學術的進步的。我們隨便在學術史上舉一個相近似的例來說罷。差不多三百年前，英國的牛頓發明近代自然科學最重要的工具微積分；同時，德國的來勃尼茲亦發明這樣的微積分。後來兩方互爭發明權，由於意氣的關係，英國的算學家遂不用來勃尼茲的較便利的符號；因此，經十八世紀至十九世紀一百多年中，英國的算學家比起歐洲的算學家來便顯出瞠乎其後。一直到英國採用德國的符號後，英國的算學才可以和歐陸的算學並駕齊驅。從這一個例，我們可以想到中醫學校會影響到我們醫學的進步的。當然，我們立法院僅通過「籌設中醫學校」，並沒有建議「籌廢西醫學校」；但中醫和西醫的差別，豈牛頓和來勃尼茲兩人所用符號的不同可比！

但我有幾句話可以安慰一般開口進步閉口進步的朋友們的。巴黎大學在十九世紀的初年，教天文學的人，把多祿某和哥白尼兩人的說法不分軒輊的講給學生聽。從我們現在看起來，這是極大的笑話；從當時天主教的權威看起來，這是極大的讓步。我們現在把「中醫」「西醫」兼容並蓄，在一部份人心目中自然是笑話，在另外一部份人心目中這是在「保存國粹」工作上起碼要做的事情。我們把一百多年法國巴黎大學教天文的情形來和我們現在設立中醫學校的情形來相比，我們只要忘却時代的不同，忘却「談天」和「治病」在人生實際上關係的不同，我們大可以安慰我們自己。

（下轉第13頁）

美國的農業問題

楊志希

一　美國經濟與農業

近幾年來，美國經濟曾經兩度呈現疲弱，第一次在一九四九年秋天，我們看當年的工業生產指數（一九四七—四九為一〇〇）僅及九七，較一九四八年減少百分之七；同年全美國民總生產額僅為二、五八〇億元。一九五〇年六月，韓戰爆發，政府軍事支出激增，扭轉了前此的經濟頹勢。第二次在一九五三年七月韓戰停火以後，政府支出銳減，景氣隨而衰落，工業生產指數，由當年七月份的最高峯一三七逐月下降，至十二月份為一二八（見一九五四年美國總統經濟報告書頁一九三），但經過一年時間，經濟不但復甦，並加速躍進，最後造成一九五五年的空前大繁榮。從下列各項簡單數字，我們可以獲知其繁榮的梗概：㈠國民生產總額——一九五五年達三八七〇億元，較一九五四年增加百分之十，預料今年可超越四千億元大關；㈡工業生產指數——仍以一九四七—四九年為基期，一九五四年為一二四，一九五五年為一三六，上升百分之十二；㈢公司純益及紅利——據美國商務部統計，一九五四年稅後公司純益為一百七十億元，一九五五年達二百廿億元，已分紅利為一百另九億元，較一九五四年增加十億元；㈣股票市場——工商業欣欣向榮，人心一致看好，股市節節上升；㈤就業人口——一九五五年勞動人口共計六千五百萬，處於失業狀態者僅二百五十萬人，為前者百分之三強，可視同達到充分就業；㈥消費支出——一九五五年全美個人所得為三千另三十億元，消費支出達二千五百億元，佔全部個人所得的六分之五，這說明消費者心理樂觀，願意購買。上列各項事實，足以反映去年美國經濟繁榮的一般。就今後長期趨勢觀察，即使沒有戰爭，美國經濟也會繼續不斷地擴張，而不致有很嚴重的恐慌發生。

然則，美國經濟的發展，是否達到均衡狀態？其答案是「否定」的。最使人困擾者，厥為農業問題。當百業繁榮聲中，農業獨呈凋落，未免有相形見拙之感。在現代美國經濟裏，農業經濟甚形脆弱。我們知道，美國在南北戰爭以前，係以農業為生產主幹，南北戰爭過後以迄第一次世界大戰之前，農業經濟仍然佔有重要成份，而形成一八九五至一九一五整整廿年的農業極盛時期。在這段期間，農產品數量增加，農產品的價格，和其他商品比較，也有增無減。例如從一九〇〇至一九一〇的十年間，農產品價格的上漲率為百分之五十。因此，農民的眞實所得，和非農民比較，自然上升。可是農民的好景不常，自從第一次大戰結束後，直到今天，三十多年來，美國的農業經濟，始終呈現着不景氣狀態（主要是和工業比較而言）。有若干事象的發展趨勢，的確對農業不利。試舉其犖犖大者：㈠工商業資本累積，技術躍進，以及工業產品價格上漲；㈡農業進步遲緩，而農產品價格不斷下跌；㈢國際市場，對美國農產品納胃不大；㈣其總結果促成農民所得降低。再就從事農業的人口而論，亦逐漸減少，例如，在第二次大戰初期，農業人口在三千萬以上，佔當時全美人口的百分之廿，到了一九五五年，農業人口降至兩千萬，佔全美人口百分之十三、五。當然，農業人口的減少，就整個經濟着眼，並非壞現象，相反地，它代表工業化程度的加深。但有一點可以斷言的，便是農業在美國經濟中的比重，逐漸減輕，如果僅是比重減輕，仍舊不能構成嚴重的農業問題。美國的農業問題，自另有其所在和嚴重性，殊足使其行政當局引以為憂，茲擬在下節略加闡述。

二　農業問題的發生

上面說過，美國的農業問題（註一），起源於第一次大戰以後，且帶有長期化的趨勢。其主要現象，由于農業生產技術改良，農作物生產過剩，供過於求，迫使售價下跌，以致農民所得降低；而農民必須購進的工業品，其價格却不斷上漲，二者交相為用，大大地削弱了農民的購買力，形成鄉村的貧困狀態。這似乎是在經濟繁榮當中不應有的現象。因此艾森豪總統曾說：「目前的經濟繁榮，農民當然也有所貢獻，但他們沒有分享繁榮的成果」，確係實情。茲將幾個主要的農業問題分述如次：

㈠農業產品過剩問題　美國政府為求管理方便起見，將所有農產品分為兩類，第一類定名基本產品，包括小麥、棉花、玉米、烟葉、稻谷及花生等，其中以小麥棉花最為重要；第二類為非基本產品，包括上列各項以外的農作物。由於生產技術改進，即使在農業人口減少和耕地畝數限制的情況下，農業生產力仍不斷提高。根據統計，以一九四七—四九年為基期，一九五〇以後各年每人每小時生產指數有如下表：（註二）

年別	一九五〇	一九五一	一九五二	一九五三	一九五四
指數	一一二	一一三	一二〇	一二三	一二六

生產力既然提高，農作物的產量當然增加；可是需要量（包括國內消費及輸出）並無顯著變動，結果供求失衡，發生農產品過剩問題。暫時解決辦法，是由政府出面收購，期能穩定價格（見下）。以最近三年為例，經政府購存的剩餘農產品，其數量甚有可觀。一九五三年小麥存量為兩億五千萬蒲式耳，棉花四百一十萬大包；一九五四年初，小麥存量達八億七千九百萬蒲式耳，棉花七百四十萬大包，玉米六億四千五百萬蒲式耳，共值四十三億美元；一九五五年底，小

麥存量超過十億蒲式耳，棉花爲八百萬大包，若將其他各項剩餘農產品一併計入，總值達八十億美元。政府收購，只是將那些剩餘產品由農民手裏轉移到公家倉庫，除掉增加一筆財政負擔外，農產品過剩問題，依然存在。

（二）農產品價格問題　農產品既是大量過剩，供過于求，售價必然下跌。根據統計，以一九一〇至一九一四年間的農產品平均價格指數爲基期，我們得到一九五一年爲三〇二，一九五二年爲二八八，一九五三年爲二五八，逐年下降。農民出售農產品，獲得收入，其價格稱爲收入價格。另一方面，農民生活必需品中的非農產品，須從市場購進，代表農民的支出，再加上農業經營各項成本如工資、利息和租稅等，構成農民的支出價格，其趨勢是不斷上漲。收入價格和支出價格的比例，稱爲底價比率（Parity ratio）。近數年來的底價比率情形，有如下列：

年別	一九五一	一九五二	一九五三	一九五四
底價比率	一〇七	一〇〇	九二	八九

道理很明顯，底價比率愈大，表示農產品售價堅挺，農民收入價格佔上風，對農民有利，反之則不利。底價比率爲一百時，表示收支兩個價格達到平衡狀態。若將一九五一至五四各年的比率作爲系列觀察，仍是逐年遞減，這顯示着在百業繁榮中，農產品價格獨呈下跌的趨勢。

（三）農民所得低微問題　農產品售價下跌，代表農民所得（和非農民所得比較）的相對減少。在經濟繁榮時期尚且如此，經濟恐慌時期，情形更屬嚴重。例如，從一九一〇至一九五〇年間，農民平均純所得爲工人的百分之五十三，可是在一九三二年，即美國經濟恐慌最深的一年，這個比例僅爲百分之廿二。即以現狀而論，全美農業家庭（每家以四口計），約有五百五十萬家。其中所得年額甚低者近兩百萬家。這兩百萬家當中，有一百萬家年入不及一、五〇〇美元。六十萬家年入在一、五〇〇美元至二、五〇〇美元之間；其餘四十萬家，即使將非農業所得併計在內，年入仍未達二、〇〇〇美元。但是我們知道，美國每人（非每家庭）每年平均所得現已超過兩千元，由此可見農民所得低微之一斑。問題是不僅低微而已，並且有繼續減少的趨勢。自一九五一年以來，全美農民所得總額平均下降百分之十五，一九五五年下降百分之十，預料今年還要下降百分之五。

（四）農業信用問題　無論是大規模商業化的農場，或是小型自耕農，從事經營時，總需要一筆週轉金，用作購買肥料種籽及農具設備等。如果要實行耕地改良等計劃，更需要巨額資金。而農村金融往往比都市枯竭，別國如此，美國亦然。沒有專業融通機構，殊不易使農村信用週轉靈活。在一九一六年以前，美國聯邦政府，尙無土地金融和推行農貸的機構設立，農業信用，端賴私人週轉，力量和範圍均屬有限。交通阻塞地區以及小型自耕農和佃農等，很難獲得信用融通的機會。現在雖已有政府設立機構，推展農村信用，然則，如何才能使其週轉靈活，仍不失爲農業經濟中的一個問題。

以上所述，除農業信用問題，在別國也經常發生外，其餘三個問題，似爲美國所獨有，而且彼此息息相關。即農產品過剩，迫使價格下跌，價格下跌，農民所得隨而減少，益以工業產品售價上升，更削減了農民的眞實所得。農業經濟處此逆境，美國政府當局，自不能熟視無睹，於是推行各項農業政策，以求解決農業問題，至少希望緩和其嚴重性。

三　農業政策及其目標

本節所稱的農業政策，係指解決農業問題的方法而言。最重要的，約有下列幾項：㈠收購政策，目的在解決農產品過剩問題；㈡耕地分配和土壤保養，目的在限制新的生產；㈢價格支持政策，旨在使農產品價格不致慘跌；㈣推行農貸，以調劑農村金融。自從農業問題發生，這些政策，均曾採用，而且要同時採用，才能收相得益彰之效。至於農業政策的總目標，只有一個，即改善農業經濟，增加全體農民所得，使與其他工商業者的所得保持均衡關係。茲擬分別略加敘述。

（一）收購政策——美國農產品既然過剩，必須妥謀去路。其辦法係經常由政府指撥巨欵，實行收購存儲，近年存儲數量，已概見前節。儲糧備荒，在中國歷史上屢見不鮮；可是美國政府收購剩餘農產品，主旨在減少其供給量，以求穩定價格。一九二九年，美國成立聯邦農業局（Federal Farm Board），甚於農工各業平等的原則，從事管理農業生產，穩定農產品價格，防止農業投機以及輔導農業合作社等類工作。收購剩餘農產品，乃該局主要手段之一，收購項目，以基本產品爲限。不過，該局的收購政策，在穩定價格方面，未臻成效，始終不能遏止小麥和棉花價格的長期下跌。例如一九二九至一九三一年，小麥每蒲式耳由一元零四分跌至三角九分；棉花每磅由一角七分跌至六分。迨至一九三三年，聯邦農業局蒙受三億美元的損失（其中價値兩億元的小麥，贈與紅十字會作爲救濟之用），其收購政策，完全失敗，機構亦隨而瓦解，另由商品信用公司（Commodity Credit Corporation, CCC）接替。商品信用公司係羅斯福總統執政初期以行政命令設立的獨立機構，至一九三九年始改隸美國農業部。該公司以信用貸欵方式，收購剩餘農產品。適逢一九三四和一九三六年美國發生大旱災，農作物大量歉收，供給減少，價格上揚，該公司得天之助，使其收購政策卓著成效。直到今天，商品信用公司，仍爲美國執行收購政策的機關。據最近消息，民主黨參議員韓福瑞（Hubert Humphrey）宣稱，美國國會正研究設立一個「世界食物銀行」的計劃，在此計劃下，世界剩餘農產品的交換及儲藏，將由一國際機構處理，除有穩定世界食物價格的作用外，將爲減少美國大量剩餘農產品途徑之一。此項計劃，可否採行，或是否行得通，均須從長計議。

（二）耕地分配和土壤保養——根據以前聯邦農業局失敗的教訓，知道僅恃收購政策，實不足以解決農產品過剩問題。何況長期收購所需資金，數額龐大（據估計每天支出將近一百萬元），何況存儲運送等項成本高昂，財政不堪負擔。故早在一九三三年國會通過農業調節法 (Agricultural Adjustment Act)，據以設立農業調節署 (Agricultural Adjustment Administration, AAA)，其中心工作爲分配和限制耕地畝數，藉能減少每年農作物的產量。在該署主持下，數百萬農民願意減少基本農作物的生產，以換取聯邦政府的津貼（按今年艾森豪總統所提土地銀行計劃，卽是此意，詳下）。兩年以前，美國政府曾在出產小麥最多的坎薩斯 (Kansas) 州，舉行公開投票，讓農民自由選擇：①耕地畝數不受限制，但政府停止補貼政策，②政府繼續補貼，但耕地面積，必須依照規定予以限制。投票結果，多數農民贊成第②項辦法。已經停止耕作的土地，政府希望農民輪流種植野草等物，藉以保持地力。

（三）價格補貼政策——在農業諸政策中，以農產品價格補貼 (price support) 政策最爲重要，也是爭論的焦點。價格補貼具有雙重作用，它是消納剩餘農產品和增加農民所得的手段。其爭論的焦點有二，第一是底價 (parity price) 的計算。所謂底價，卽聯邦政府規定收購農產品價格標準，旨在從農民購買力着眼，對農作物給予合理報酬。其計算方法，係根據一九一〇至一九一四年間基本農產品平均市場價格訂定，因爲在這段期間，既無通貨膨脹，又無信用緊縮，物價水準正常。但美國今日經濟情況，與當年相去天壤，底價計算的根據，如不改訂，自難適用(註三)。第二是底價的百分比，有固定 (rigid) 與活動 (flexible) 之爭。在第二次大戰以前，美國政府規定商品信用公司對小麥棉花等的貸放率爲底價的五〇%至七五%，一九四二年，國會將這個百分比合併提高至九〇%，當時規定實行到戰後兩年爲止。此乃固定底價比例的來源。可是在戰後杜魯門總統時代，對小麥、棉花、玉米及牛乳產品的價格補貼，仍沿用百分之九十的固定比例。至於活動底價比例，見於美國一九四九年修正的農業法 (Agriculture Act)。依此法規定，基本農作物除烟葉外，如小麥、棉花、玉米、稻谷及花生等的價格補貼，採活動底價辦法，其範圍由七五%到九〇%。百分比的高低，與當時各該項農產品的供給量相反，卽供給量多者所給予的底價補貼百分比低，反之則高，旨在避免鼓勵農民生產過剩。但此項辦法，未經付諸實施。艾森豪總統執政後，認爲活動底價維持政策，具有彈性，可以活用，較固定者爲優，建議採用，獲得國會通過，自一九五四年開始實行。

（四）調劑農村金融——關於農村金融的調劑，有兩個主要問題，其一是資金的來源，其二是利率的高低。私營金融機構，除非利率極高，大都不願做農業貸款，原因很簡單，卽農貸期限長而風險大，故非由政府出面供應農貸資金的來源不可。再就利率而論，美國在聯邦土地銀行未成立以前，農業抵押放款年息在八%左右，甚有高出一〇%者。根據美國農業部統計，從一九一二年起，直到第二次大戰發生以前，農民債務利率，平均每年約爲六%；第二次大戰期間，下降至四五%，這與一般工商貸款利率比較，仍覺過高。因此，欲解決農貸問題，以達調劑農村金融的目的，必須由政府設立機構辦理，既可疏導資金來源，並能抑低利率。事實上美國政府也在這樣做，除聯邦土地銀行等機構外，商品信用公司，對於調劑農村金融，具有很大的作用。

以上所舉，乃農業政策之犖犖大者，此外如開發農產品國際市場，以及用剩餘農產品作爲美國援外物資，亦頗重要，茲不具論。農業政策的終極目標，在提高農民所得，挽回農業經濟的長期頹勢，已見前述。然而農業生產效率，常較工業爲低，效率既低，所得報酬便少。因此，增加農民所得，是一個長期性的工作。

四　艾森豪總統的農業政策

農業問題，在美國經濟中，既然長期存在，政府當局便不能不妥謀對策，其內容往往成爲競選課題之一。艾森豪總統上臺以後，對農業問題，當然也有所籌劃，發而爲他的農業政策。截至去年底止，艾氏曾向國會提出兩項改革：第一是改行活動底價比率補貼政策，此已見諸實行；第二是修正底價計算方法，主張用最近十年農產品平均價格，作爲計算的根據，他建議此種新底價計算方法，至遲應於本年一月起採用。今年一月九日，艾氏復向國會提出農業政策咨文，列舉解決農業問題的新計劃，其內容如左(註四)：

（一）土地銀行計劃 (Soil-bank Plan)——採用政府補貼方式，鼓勵農民自動限制耕地畝數，以期削減基本農作物的產量，從而減輕農產品過剩的壓力；

（二）對聯邦政府價格補貼貸款的額度，加以限制，但注重小型家庭農場的利益，而不保護大規模農業經營者所冒的風險；

（三）將農業研究費提高百分之廿五，總額爲一億零三百萬元，以期發現農作物的新用途；

（四）農業所用汽油，豁免聯邦課稅，此舉可使農民租稅負擔，每年減輕六千萬美元；

（五）開發農村，扶助一百五十萬收入低微的農民，並設法使半數農民 (Part-time farmers) 改業或獲得都市工作；

（六）保證無力從普通商業來源獲得信用的農民，聯邦政府予以融通；

（七）在不再增加剩餘農產品的原則下，儘量放寬農業管制，並在可能範圍內，對若干種農產品給予最高度價格補貼。

上列各條，當以土地銀行計劃最爲重要。此項計劃的內容，包括兩部份，其一爲臨時耕地保留計劃。凡農民自願減少種植小麥、棉花、玉米及稻谷等的已分配畝數者，由聯邦政府核實發給可轉讓的證券，憑券向政府領取一定量的農產品，或兌換現金。此項證券的價值，大致足以抵補農民因保留部份耕地所受的損失。其二爲長期土壤保養計劃，凡農民自願將保留之耕地永久換種野草，以保養地力，或改作儲水設備者，亦由聯邦政府給予相當津貼，以資彌補。艾氏預期在耕地畝數保留計劃下，減少一千二百萬英畝的小麥耕地和三百萬英畝的棉花耕地；另有二千五百萬英畝的耕地可在第二部份計劃下從事土壤保養。至於推行土地銀行計劃的經費，據農業部長班森 (Ezra Taft Benson) 在參議院農業委員會宣稱，艾森豪總統擬請增撥三億五千萬元作爲本年度耕地畝數保留和土壤保養經費，加上原有的二億五千萬元，共計六億元；另以十億元作爲未來三年所需經費。班森並且表示，如果國會迅速採納艾總統的土地銀行計劃，付諸實施，本年春末或夏初可望獲致成效。班森預料土地銀行計劃推行後，能使價值十億元的剩餘農產品找到去路。不過他又指出此項計劃，乃挽救農業經濟的緊急措施，並不能使美國的農業問題，獲得永久解決。

艾森豪總統提出土地銀行計劃後，國會方面，毀譽互見，共和黨參議員領袖諾蘭和衆議員馬丁，對之大加讚揚，籲請國會作迅速而有利的考慮，但在民主黨方面，尤其是南方農業區各州的民主黨議員，對土地銀行計劃的效果，表示懷疑，認爲不能適應美國農民的緊急需要。話雖如此說，事實上美國參院農業委員會已於本年二月十日將艾總統的土地銀行計劃表決通過，並批准十一億元作爲實施經費。可是，該農業委員會同時追認二月五日特別會議表決恢復固定底價維持政策的議案，即將小麥棉花玉米等的價格補貼規定爲底價的百分之九十，這無異推翻了艾氏的彈性底價補貼政策，足以抵消實施土地銀行計劃所可能發生的效果。

艾森豪總統執政已三年多，今年又屆美國大選之年。他對於農業政策的擘劃，亦可謂煞費苦心，他的各項農業政策，都未超越美國前人思想範圍，例如活動底價補貼政策，係師承一九四九年的農業法，土地銀行計劃，更可溯源於一九三三年的農業調節法。（編者按：四月十六日美總統艾森豪咨文衆議院否決農業法案，蓋艾森豪認爲國會所通過之農業法案，恢復固定價格補助政策，對於農民所得之增加及剩餘農產品去路等問題，均無裨益，故予以否決。）我們不管其政策的根源如何，艾總統志在復興美國農業經濟，提高全體農民所得，則可洞見。說者謂艾總統的農業政策，端在保護商業化的大規模農場，多數小型自耕農和佃農，難沾實惠(註五)。事實上並非如此。舉例而言，在活動底價比例補貼政策下，農產品供給量過多者所獲補貼少，豈非不利於大農？又艾氏今年向國會建議的農業政策第二項，指明限制聯邦補貼貸欵額度，注重小型家庭農場的利益，並不考慮大規模農場所冒的風險。凡此均可證明艾氏的農業政策，係以整個農業經濟利益爲依歸，而無所偏頗。由於農業生產本身的特性，欲使農業政策遽收宏效，勢不可能。所以在美國經濟中，尋求農業問題的澈底解決，甚或使其嚴重性趨於緩和，均非作長時期的奮鬪和努力不可。

（四十五年二月廿三日）

註一：本文所稱農業問題，係指有關農業經濟及農業政策方面的問題。

註二：本文所引簡單統計數字，來自一九五五年之美國統計概要 (Abstract Statistics of the United States, 1955) 中農業統計部份。

註三：關于新底價計算，曾有如下之建議，即將最近十年的農產品平均價格，除以同時期的商品價格指數，所得結果，稱爲「調整價格」，再將調整價格乘現時農產品價格，即得新底價。

註四：見一九五六年一月十日紐約時報。

註五：美國現有五百餘萬個農業單位，其中商業化的大規模農場約佔百分之三十。

(上接第9頁)

講到人生實際上的關係，我還有幾句話可以安慰大家的。立法院固然通過「籌設中醫學校」的案了，但行政院自然可以把這個案移請立法院覆議的。即令立法院堅持，行政院不得已把這件事交給教育部辦理，我們的教育經費恐怕亦沒有這個「餘力」。即教育經費有餘力，教育部恐怕亦不能找出一個適當的校長，更不必說適當的教授了。即令一切都沒有問題，而在六七年(這個「六、七年」，是依現行醫學院學生畢業的年限說的；從前一個稍識文字的人，念念坊間出版的藥性賦等書，有化一兩個月便替人按脈開方的！）以後，雖然已有正式的中醫學校畢業生「懸壺濟生」，諸位相信西醫的人，還可以「自由選擇」；大概不至於有什麼警察先生來强迫諸位向這班中醫學校畢業生就診罷！我常聽說在我們國家裏，西醫所不能治癒的癌症以及一切無名腫毒等等，最後請教中醫，便「手到病除。」我想，相信西醫的人，很可以利用這一道生命上最後的防線。傅孟眞先生論國醫的文章裏曾有一句話：「我是寧死不請教國醫的，因爲我覺得若不如此，便對不住我所受的教育。」設使我得了一種所有西醫所不能治的病，到了最後關頭，有中醫肯向我包醫，我不知道到那時我亦會堅持傅先生這個主張否。

在這個無奇不有的世界裏，許多科學家正在那裏計劃月宮旅行，我們在這個寶島上辦一座中醫學校算不得一件什麼了不得的事情。

藝術創造與自由

劉復之

眞正的民主，只能產生並存在於自由的文化之中。以自由的文化爲基礎，爲背景，民主才是眞實的。如果沒有自由文化的存在，縱然民主的口號喊得震天價響，甚至也具備一套民主政治制度的形式，仍然不足以取信於人；因爲事實會證明那是欺騙。

何者爲文化，此處不必詳細研討，我們現在所要說的，是以文學、美術、音樂、戲劇等項爲主。就最近七、八年的臺灣而言，我們在這些方面的表現如何？成就如何？假若不痛切反省，力予挽救，則我們的前途又將如何？

我們號稱是有五千年歷史文化的偉大民族，這個稱號，我們當之無愧，但是到了今天，在世界人類文化演進的過程當中，我們竟是一個落伍者！一個時代的文學與藝術的輝煌或黯淡，不僅是表現了創造力與民族活力的强弱，有無，進一步也可以看出這民族未來的命運。在當前，我們所處的這個天地裏，不論是文學、藝術的作品，不敢說絕對沒有一二勉强可看的東西；但更多的卻是已經成爲一些單調的，無效的宣傳品。創造力的消失，也卽等於民族活力的衰萎。這是文化方面的嚴重現象。這現象，使我們面對着民族文化存亡絕續的危機，不僅是感到空虛寂寞而已。

我們今天的兩大課題是「反共抗俄」與「自由民主」，我們所以要堅持前者，就是爲了要爭取後者。不幸的是，由於若干人的只知其一不知其二，竟使我們的文學和藝術，處於一種無形的嚴格的控制之下。我們說無形的，因爲這種控制，尙無成文法令的根據和法定主管的官署。我們說嚴格的，因爲這種控制，一直在運用各種力量而進行，諸如什麼「組織」、「運動」、「獎金」、「地盤」、「職位」等，都被視爲方法和工具。從小說家、詩人、畫家、劇作家、影劇演員、作曲家、聲樂家，甚至於「角兒」、票友等，一概都被組織或「聯繫」起來、「動員」起來。他們的作品與演出，除了必須小心翼翼，迴避許多「忌諱」之外，還要有固定的主題（戰鬥！）；硬化的格局；乃至要使用千篇一律的詞彙。不如此，則「名利雙收」固然無望；就連找一個發表發行的機會也很困難。不必明舉事例，只要稍一注意此一問題的人，都會承認這一切是事實。其結果，就使得我們的文藝作品，一律成爲政治性的口號和八股，總之是既單調又無效的宣傳品。

這種情況，當然是與自由民主背道而馳的。姑不論我們應不應該知其一不知其二、爲手段而放棄了目的，我們所要弄得淸楚的是，究竟這種控制下的宣傳品文藝，是否眞對反共抗俄是有益的呢？

我們的答案是否定的。因爲一切文學藝術的創作和表現，無不發源於人性。只要是發自人性的作品，在本質上都必然是反極權的反奴役的；亦卽是反共抗俄的。只有像毛澤東這種獨夫，他才需要在對他的文化奴隸的訓話中，力斥人性，不准自由寫作。因爲他深知，人性與自由的抬頭，亦卽是暴力極權的覆滅，所以他才要講控制，講指導。我們反共，要針對着這些地方去反，才正確，才有效。這不惟是我們的認識；也是我們的信心。假如我們連這點認識和信心都不具備，倒過來也主張控制之類那一套，這樣的反共，在精神上就等於投了降，還說得上什麼有益？

日本派到倫敦去與俄帝談判和平條約的首席代表松本俊一，月前於談判擱淺後返抵東京時，說了幾句耐人尋味的話。他說：現在在政治上與經濟上，俄國都不愧爲世界巨强，就是在文化上顯得煞是野蠻。松本的觀察是不錯的，當俄國統治者控制文化的工作做的似乎很成功時，那個民族卻已退到野蠻時代去了。俄國聞名世界的偉大小說與不朽歌曲，有那一部是布爾希維克統治之下的產物？

希特勒看到自由國家的商業藝術品時，曾經斥之爲下流。其實，政治化的藝術品，斷不會比商業化的藝術品高尙。假如商業化的藝術是傷害了藝術的創造，那麼，政治化的藝術更是根本窒息與毀滅了藝術的創造。

有人說過：刺刀的力量不能產生藝術，正如金錢的力量不能買得愛情。在文學藝術的諸問題上，搞政治的人無權發表意見。這也就是說：企圖以政治化的藝術品達到統治者的某項特定目的，是在嘗試一件永遠不能成功的事。

當然，宣傳也並非不重要的。文學藝術，在某種情形下，也可以發揮宣傳的功能。但我們更要知道，文學藝術本身，絕不是爲宣傳而存在。所以我們不應該把文學藝術和宣傳當成一件事。

美國國務院所屬的新聞總處，於上月底要求國會撥款把一艘被封存的輕型航空母艦改裝成電影院，以便訪問全世界各大港口放映一種新型的「新藝拉瑪」電影，藉以從事宣傳。「新藝拉瑪」是美國最近三兩年來最成功的藝術品之一，它的存在不是爲了宣傳，但正因爲它是成功的藝術，美國政府才可以借它的力量去從事宣傳。

出師表和正氣歌誠然偉大，但並不是在控制之下作出來的，而且，也不必每一篇文學創作都是出師表正氣歌。我們除了讀出師表和正氣歌之外，也要讀西遊記、封神榜、茶花女、雙城記。

「眞」、「善」、「美」是不能用生存競爭的原理去加以解釋的。文藝就是創造，創造不必要有理由，也不應該有任何理由，創造的本身，就是最有力的理由。一件文藝作品，就是作者的人格表現。因此，優秀的文藝作品的出現，其先決條件在於有個人的存在，在於有自由的存在。如果一羣文藝工作者，吃着定時定量的食物，研讀着一定經典，歌頌一定的英雄或崇拜同一的偶像，斷然不可能產生出偉大的作品。

我們認爲，在文化方面，更具體地說，在文學藝術的領域裏，爲了培養創造力與民族活力，我們必須盡量放開胸襟，撤銷一切控制的禁約，使文藝各部門的每一個工作者享受最充分的自由：自由地研究、自由地觀摩、自由地討論、自由地嘗試、自由地創造、自由地表現。

我們今天不但要阻斷到奴役之路，同樣還要阻斷到野蠻之路。崇尙自由的人們不願接受奴役，也不甘心退回到野蠻的時代。沒有比控制文學與藝術創造更短視的，更可悲的。當我們爲反共抗俄而貢獻出一切力量時，我們更不要忘掉我們的目的——自由民主。

哥倫坡航訊・四月十四日

錫蘭大選之分析

史信

以班達蘭奈克爲首的錫蘭人民統一陣線，在這次大選中，以「秋風掃落葉」之勢，擊敗以總理柯狄拉華拉爵士領導的親西方派的統一國民黨。這一個選擧的結果，不但使東南亞與遠東各國震驚，使西方各國，尤其是英國與美國，更爲着急。英國不得不考慮遠東的政策，因爲如果再認爲遠東價值低於歐洲，那末恐怕連香港和星加坡都保不了；美國更不得不考慮重新修訂其對於錫蘭經援的措施。

從四月八日起東南亞趕往哥倫坡採訪這項新聞的各國記者不下三十餘人。本報記者在哥倫坡一週，所見所聞，約可作下列之報導。

在這一次選擧中人民統一陣線，完全利用民族主義，來號召人民之擁戴。過去錫蘭之議會，完全採用英語，英語僅僅是使城市之青年佔優勢，但廣大鄉村人民完全講錫蘭語 (Sinhalese)，因此鄉村之票數，以壓倒之勢，使人民統一陣線佔勝。英語於是廢除。這個原因促成班達蘭奈克勝利關係甚大。

第二個因素，是錫蘭小資產階級之傾向於「亞洲團結」(Asian Unity)。這個所謂「亞洲團結」的精神原是一年前萬隆會議所締造的。這影響錫蘭中小學教師及高等學校學生之思想甚大。他們大家都有那種「亞洲人管理亞洲人的事務」的狹意民族觀，許多人講這是左傾份子在作祟，我的觀察，左傾份子可能在裏面起一點小作用，但大部份錫蘭人不是左傾的，他們目光較爲淺近，性情較爲衝動，乃是事實。因此錫蘭人接受毛澤東，比接受邱吉爾與羅斯福，較爲容易。這是民族心理與地理觀念所致，錫蘭會在不知不覺中染上赤色，便是循着這條道路。而且錫蘭人民，混雜不堪，自己又無組織能力，像這樣一個毫無組織的民族，加以教育又不發達，去接受獨裁，比民主容易。因爲民族本身奴性尚在，無法接受民主。民主政治的民族，一定敎育水準甚高，奴性冲淡到沒有的程度。

第三、錫蘭是在全亞洲，也可以說是在全世界，托派活動最強與最廣的國家，托派黨(Trotskyist Party)此次佔有九席，它在錫蘭早已散佈極左的思想，但它並沒有贊成現在的蘇式共產主義，這個事實非常重要，許多頭腦不清楚的人，都輕易跟着它走。

第四、在第二次大戰結束以後，英國人早已察覺到「亞洲式的民族主義觀」(The Asian Form of Nationalism) 所以立刻使印度、錫蘭等獨立，但是政治上雖然獨立，經濟上仍操諸英人之手，換言之，貿易還在英國人手中，錫蘭政治地位雖然抬頭，但錫蘭人仍舊貧困。錫蘭人會下意識的以爲英國之所以能在錫蘭做生意，便是因爲在丁哥瑪里 (Trincomalee) 有海軍，在尼公坡 (Negombo) 有空軍，所以這次人民統一陣線大聲疾呼，要英國海空軍從上述二地退出。

以上這四個原因是使人民統一陣線獲勝的主要原因。可是在親西方派的統一國民黨方面，有沒有缺點呢？事實上缺點很多。該黨首領總理柯狄拉華拉爵士只注重他自己與西方的關係，而忽略了本地的事務與本地人民的願望。

柯氏此次下臺，如果說是人民統一陣線擊倒他，還不如說是全國佛教徒起來反對他。原來錫蘭全島百分之八十以上之人民，完全是佛教徒，他們勢力相當浩大。在大選之前數週，錫蘭佛教協會經過在全島調查以後，乃發表了一項英錫二種文字之報告書，痛斥執政黨對佛教之忽視。該協會復通過了下面許多分會，在全島各村鎮，作實地演說，向人民呼籲，推翻現政府。這對柯狄拉華拉之打擊，連反對黨的班達蘭奈克都出乎意料。因爲佛教徒願意投任何一個掛着民主招牌的政黨。柯氏在各地作選擧前競選演說，有許多地方的聽衆只有三、五十人。他自己也知道民心已失，大勢已去。班達蘭奈克當選以後，曾向記者宣稱：一、錫蘭一定改變爲一個民主共和國。二、廢除公共安全法令(按該法令乃對付共產份子者。)三、所有外國在錫蘭投資之種植園、銀行、保險公司，皆以溫和的手段，收回國營。四、發揚職工會之眞正的精神，以提高工人參政之權。五、除以錫蘭語爲國語外，過渡時期准許淡米爾語(Tamil 爲印度語之一種) 通行。六、尊重佛教，並主張宗教自由，確保佛教徒信仰上之利益。新黨完全接受佛教協會之報告書，以糾正前任總理之過失。七、英軍需從錫蘭島全部撤清。八、議會議員實行民選，大總督不得任命。因此取消官委國會議員之席次。九、新政府決定減少部長席次，實行人事簡化制度以加強行政效率。十、設立一個文化部，該部亦主理宗教事務。

除此十大改革外，他還提到全國之公共汽車公司，一體收回國有，票價路線皆由政府決定。至於外交政策方面，班達蘭奈克主張與亞洲各國維持友好關係，特別主張與中共及蘇俄訂立外交關係。

關於東南亞聯防公約，他批評稱，我承認這個公約是防衛性的，但從歷史上看，在兩國交界之處，所謂進攻與防守是很難解釋的。

按班達蘭奈克誕生於一八九九年一月一日，是個官宦世家，他的祖上數代爲官，在錫蘭爲有數之望族。他的父親自一九〇一年起歷任英國駐錫

金山通訊

傳訊華僑事件的始末

——人權的勝利——

馬識途

由於香港僞造美籍華裔出生紙及護照的非法「營業組織」案，引起了留美僑胞被集體傳訊事件，以致轟動了自由中國朝野和美國社會。我政府並曾為此事向美國政府提出抗議。此案最後，終由聯邦法院判決撤銷傳訊，而告結束。這事的始末一方面可以反映華僑的團結一致，一方面可以表現出美國尊重人權的精神。故雖云明日黃花，記者認為仍有向國人報導的價值。

香港總領事的報告

遠在去年秋季，美國務院接到駐香港總領事卓雷特的一份報告，據透露，該報告曾謂：『中國人以令人難以置信的方法騙取護照及簽證，無法採適當的安全措施拒絕彼等。』又謂：『香港之「公民籍經紀」以三千元(美金)之價格出售假造證件，此係劃一不二的價格，先繳五百元，餘數抵美後付繳。雖經美國官員努力破獲，但經營此項營業者仍能克服其週遭之任何障碍。如果普通人可被此種高度欺騙組織送到美國，顯然中共間諜也可以此種方法混到美國。』至現在爲止，美國當局雖尚未發現任何以此種方法混入美國的中共間諜，但卓氏在報告書中曾指出：『在香港申請赴美之中國青年中，有不少曾在中共學校讀書，並且過去在中共統治區居住過很久的佔百分之八十七。』

在香港有人(不一定是中國人)假造美國籍華裔出生紙及假護照之說，此事傳說已久；卽在美國亦時有所聞。但究係何人僞造？何人賄買？始終也沒有證實過！就卓氏的報告書說，其用意在：第一是要設法破獲這個非法的「營業」組織，第二則為如何防止中共間諜混入美國。站在反共立場，這是很必要的。

國務院派員調查

國務院接到駐香港總領事卓雷特氏的報告後，經研究的結果，認爲案情重大，曾於去年十二月與今年一月間，屬意聯邦當局派出探員二十名，就地調查。調查的結果，認爲確有賄買華裔出生紙及僞造各種證件之事實，與卓雷特的報告相吻合。從美國政府的眼光來看，已經形成了一個大規模的非法營業的問題；更嚴重的是中共特務，可能已經或行將利用這種組織混入美國，從而「在現有的政治情況之下，構成國家安全的嚴重問題」。要解決這種問題，最主要的辦法就是「鑑別」眞僞，因此才認爲有調閱僑團卷宗的必要」。國務院一方面將駐香港總領事報告書的摘要送交國會(參衆兩院)，並請求參院撥欵委員會，撥付美金五十萬元以便從速加派幹員赴港調查以破此案。另一方面由聯邦司法部率領移民局稽查員等，於二月二十九日，分配武裝警察採取行動，携同法庭傳票，分赴華埠各姓氏團體各同源會，邀見會屬主席書記財政等職員，遞交傳票，准於三月一日携同會屬人名册及有關文件，前往聯邦法衙，出庭供證有關移民案情。

僑胞採取護權行動

此間各僑團僑社及各宗親會等二十四個單位，接到傳票後無不愴惶失措，譁然大驚。因各僑團事先並無準備，加之聯邦當局以迅雷不及掩耳的高壓手段，迫令應訊，各僑團在無可奈何之下只好出庭供證了！惟當時出庭之各僑團代表及所屬職員報到受訊者達百餘人，大多都沒有按照傳票所規定的携帶全部證件。是日上午十時半在尾順街夾七街聯邦法庭開始審訊，特組陪審團列席傍聽。首先傳訊中華總會館主席周家京，大致査問中華總會館，七大會館，及大小姓氏團體組織章程等問題。盤問良久，隨卽傳訊至德三德公所書記周立成，當檢察官索取會屬名册及各種證件時，周君拒絕交出，並申述該團體並無犯罪情事，拒絕一切供證。繼由中華會館法

蘭總督的侍從武官及顧問，他的父親生性爽豪而好客，與英王愛德華七世及故英王喬治五世私交甚篤，班達蘭奈克是他的獨子。

班氏早年畢業與哥倫坡的聖湯瑪斯學院，一九一九年赴英國深造，進入牛津，專攻法律，在牛津時即以辯才名重於一時，一九二一年與前任英駐東南亞高級專員麥唐納逐鹿牛津大學學生會主席一職，結果班氏才高，乃得當選。彼時艾登首相任班氏學生會之秘書。據說艾登當年曾語其他學生云：「以班君之才異日必可為錫蘭之首相。」一九二三年班氏律師考試及格，乃返國執行業務，一九二五年從政，獲選為哥倫坡自治市的理事會會員，同時他又參加爭取自治政府的國民大會，並成為該會主席。一九三一年班氏以壓倒之勢獲得州議員，後來入閣當部長，前後達十九年。一九四五年西納奈卡政府組閣，他被任為下議院領袖，一九五〇年七月退出政府執政黨，加入人民統一陣線，成為國會反對黨領袖。

班氏長於文學，精於英詩，尤善演說。倫敦泰晤士報批評他的演說天才，僅次於邱吉爾，高過尼赫魯，流水行雲，簡潔有力，且富於煽動性。他不飲酒，但喜斗烟。尤嗜養犬，曾數次在犬類比賽中獲獎。近年來除常常打網球外，專攻希臘文字。

班氏於一九四〇年結婚，妻子是錫蘭狄安族族長之女。現已有子女三人。班氏原為基督徒，一九三一年皈依佛教。

律顧商柳易士代表被傳訊團體申辯，柳氏謂：「被傳訊團體祇由昨日接到傳票，今日到庭，時間迫速，未及準備指令呈檢物件，尙須時間搜集，方能齊備繳交。所以請求准予推案緩辦。至於集會結社，是人民自由權利，有憲法保障。被告並未構成犯罪的事實。」此一有力之申辯已得檢察官同意，遂改期三月五日再行開庭審訊。各單位代表退庭後，隨卽決定三月三日(星期六)上午十時，在中華總會館會同法律顧問擧行會議，廣泛討論進行步驟。經大會議決如下六點：

一、以中華總會館爲首領，各分支會館、公所、宗親、堂號等團體決採取一致行動。

二、請我政府駐美使領館速向美國政府抗議，並作進一步的交涉，俾使美國聯邦司法部中止非法行動。

三、籲請與論界及社會人士同情。

四、增聘法學權威名律師福克那爲法律顧問。

五、電知其他各埠僑團，如遇傳訊事件請採同一步驟，未被涉嫌地區之僑團起而讚助。

六、對於出席供證代表人員，以各團體主席或對會務熟悉精明幹練之職員充當爲原則，以便對答各項問題。當大會議決以上六個原則後，同時又組成若干小組，各組均推定專人負責，分頭進行。

審判和辯論

三月五日上午十時在本埠尾順街夾七街聯邦法庭開庭，由卡特法官主持，審判關于聯邦大陪審團是否有權以傳票索取華僑團體所有紀錄案問題。法官卡特研究的結果，可能已經發現聯邦檢察官這種不分「青紅皂白」濫發傳票的行爲之違法，所以才宣佈了定期八日續審。

八日至十四日中間除星期日外，一連數日，每天均開庭辯論，一次比一次緊張，同時傍聽席上也一次比一次人多。尤其中西各報記者，每次都列席傍聽。聽訊開始，首由福克那律師代表中華總會館及華僑宗族同鄉團體等二十四個僑團，向法官呈繳誓願書，指出聯邦傳票具有迫害性及不合理性，要求法官宣判予以撤銷。當僑團律師柳易士就撤銷傳票作初步辯論時，首先就法律問題發表意見，他引證聯邦刑事訴訟法第十七條第三項，認定傳票是違法的。（按聯邦刑事訴訟法第十七條第三項規定「傳訊證件不得有無理及迫害之情形。」）他說明僑團既非被告，亦無意妨礙司法當局對移民案之辦理，此次集體傳訊，確實已造成史無前例的侵害人權事件。並且如因「有少數欺騙政府及謊證疑案」，卽傳訊所有僑團，顯屬違法。柳氏並引述一九五五年之最新判例，認爲「文件不能僅因其可以提供證據之線索而被傳」。因爲大陪審團提起公訴的理由，只有四點：㊀聯邦大陪審團有廣泛的調查權。㊁法院不應在此時干預傳訊。㊂大陪審團本身可決定所傳訊之文件是否與案件有關。㊃傳票文字本身並無不合理與迫害性質。這四點理由很顯然在法律上是沒有依據的，尤其它的傳票內容所條列的事實更是美國憲法所不能容的。經過此番激辯，雖然尚未得到全面的勝利，但就法律方面來講，已經足站上乘了。後來開庭，卽辯論憲法問題。關于憲法問題，僑團辯護人是福克那律師，福氏就檢察官卜克所提應傳訊僑團之四點理由及所提供的判例，逐條加以駁斥。福氏强調關于第一點如果大陪審團，都像卜克檢察官所想像的那種權力，則美國憲法早不存在了。第二點係意圖侵佔司法權力。第三點只在理論上成立，然決不能適用於目前情況。第四點則完全不通，因爲任何傳票如用此次所用之文字，則皆將視爲非法。關于違憲部份，福克那律師稱，近二十年來，對于保障基本人權，美國正有一種新的醒覺，此次傳訊僑團，直接違反憲法第四條修正案中保障人民私生活的條欵，（按美國憲法第四條修正案中「保障人民身體、住宅、文件和財物不受無理拘捕或傳訊」的規定。）福氏更進一步的指出，這次傳票如不被判爲非法及違憲，則將大開惡例之門，足使政府製成關係每個華人的詳細履歷表，以爲日後追踪之用，此係警察國家之行爲，斷爲自由國家所不容。福氏舉出十數個名判例，請卡特法官准予撤銷傳票，以維護憲法傳統。在福氏發言的過程中，卜克檢察官數度起立擬與反駁，但都被法官拒絕了，經過數日來的辯論，僑胞終于走到了勝利的邊緣！

輿論的力量

當問題將一發生時，僑團當局卽決定除請國民政府出面交涉外，特別請求與論界同情，並代爲向社會呼籲，首先只是幾家華文報發佈消息和刊載社論。其中出力最大、貢獻最大的當推「自由中國日報」。後來問題逐漸擴大了，而各英文日報除刊載消息、專訪外，也著文反對。對於此事抨擊最激烈的是諾蘭上議員所主辦的屋崙論壇報，其次是金山新聞報。屋崙論壇報於三月六日發表社論謂：「聯邦當局此舉，顯係有誹謗旅美華僑之嫌，如不中止騷擾，後果不堪設想。」又謂：「美國駐香港總領事相信中共陰謀進入美國爲一事，指稱金山每一華僑爲同謀係另一事。如此作法，誠屬不智。」該報認爲華僑社會已有人人自危之感，要求政府立刻中止傳訊，以保人權！金山新聞報社論則認爲，「美籍華人與任何他籍美國人一樣，熱望成爲良好公民。若美籍華人或任何其他民族後裔之美國人，企圖違反我國之移民及歸化法律，自當加以調查，並應予懲罰，但擅自認定整個華埠有涉於此類陰謀之嫌，而大規模調閱姓氏檔案並傳訊無犯法嫌疑之個人，實爲吾人所反對。」對此事件除各報反對外，前衆議員及民主黨參議員候選人岳地、現任加州州參議員本年民主黨參議員候選人瑞察、民主黨第五區主席伯頓、全美人權聯盟代表史排塞等均先後發表談話。岳地說：「在國務卿杜勒斯赴亞洲建立友好關係之際，聯邦政府派遣二十名探員赴港調查華人假造護照案，實為不智。」又稱：「我們的政府當然必須努力，防止共黨特務藉假護照及其他方法滲入美國，但應信賴美籍華人之忠誠合作。」瑞察認為：「美籍華人現正遭受着歧視，聯邦政府顯係以警察手段，威脅我國公民之基本人權。」又謂「吾國社會中之華人係美國公民，為吾人引為驕傲者，請政府給予應享之保護。」民主黨第五區主席伯頓，則謂此舉「違反了美國傳統，尤其對華人純粹是一種人格的侮辱」。在這些私人發表談話之中，最能仗義執言的是美國全國人權聯盟代表史排塞先生，正在當事人雙方辯論到白熱化的時候，他在法庭上當場演說，認為此次傳訊僑團絕對違憲，並向法官呼籲謂：「傳票之是否合理及是否有迫害性，惟有自憲法案之判例中方能辯明。」表示請法官依法保障人權！

人權的勝利

此一轟動全美華埠以金山為主的所謂傳訊事件，自二月二十九日聯邦政府的傳票發出起，中間經過數度辯論，至三月十五日下午止，聯邦法官卡特宣佈辯論結束，定期二十日宣判，宣判的結果，僑胞勝利了。法院裁定書中提到：『憲法修正案第四條中，限制政府機關權柄意義明確：「人民有權保持其人身、居所、文件及物件不遭受無理的搜索及拘押，此種權利不得侵犯……」聯邦刑訴法第十七條第三項，復授權法院防止政府機關超越憲法修正案所設之限度濫用職權。該項刑訴法說：「……如遵循傳票之規定將造成不合理或有迫害性的情勢，法院得經被傳人之申請對傳票為撤銷或修改之處分……」有些僑團是一九五五年方成立者，而有早在一八九五年即已成立，而大多數之僑團其創立皆在一九三〇年以前。這些僑團之歷史既在二十五年以上，令其繳納有史以來之文件，顯然具有迫害性。』至是法院終於判決把三十四個僑團的傳票撤銷了。這是人權的勝利。

此一勝利的主要因素即：①在憲法及法律上有依據。②國民政府及駐美使領館交涉得力。③宣傳成功。④各僑團精誠團結。此次聯邦檢察署不分青紅皂白濫發傳票，確實具有不合理及迫害性，華僑為了自身的利益，為了維護美國憲法上所賦予的基本權利，不得不團結起來，據理力爭，他們之所以採取這種行動，並不是反對美國政府，而祇是認為聯邦檢察署在法理上和程序上都犯了錯誤。

「自由中國日報」的貢獻

最後須要特別指出的是，這次事件在宣傳方面的確是很成功的，其中以「自由中國日報」的貢獻為最大。自從僑團被傳訊事件發生後，金山的自由中國日報是首先發佈該項消息的報紙，並且相繼發表社論，提高僑胞的警覺。再則著文抨擊聯邦調查局，認為這種「不分青紅皂白」的濫發傳票，顯係對於美籍華人是一種歧視。同時要求美國政府維護憲法，保障美籍華裔公民的基本權利。該報為對此事作有力的聲援，將每天的社論及專訪隨時譯成英文，送交各英文報轉載，並請各英文報起而支持，同情僑團這種不幸的遭遇！當初各英文報對此事件，雖然也刊登消息，但有的也站在指責「非法營業」的立場上講話，經過自由中國日報的記者們一番努力和奔走之後，各報才除轉載或引用該報社論外，同時也著文指責集體傳訊為不當，因而形成了一股輿論力量。所以法官對於此案非常慎重，因為美國人一向對於輿論是重視的。他們每次的社論都特別謹慎，而且措詞嚴謹，能夠深中肯綮，譬如在「請美國保護華僑」的社論中說：「十九世紀中葉對待華僑的時代早成過去了。……我們不但懇切要求美國行政當局審慎行事，也懇切希望美國國會和輿論界明白真象，庶幾一方面能夠清除敗類，他方面能夠保護廣大的善良華僑的合法權益。」因此該報很受英文報同業的重視。金山新聞報曾著文謂：「自由中國日報之社論極有禮貌，且極能自制，但該報星期一（三月五日）社論，已指出華埠有沮喪及近於驚恐之感覺。」由此可見由於他們的努力，而博得了輿論的同情，由於他們的努力也提早了華僑全面勝利的時間！

四五、四、五，於金山寓所。

烏魯木齊之憶

潘人木

民國三十二年，我曾去廸化一次，住了二年之久。

到廸化之前，我聽說天山和烏魯木齊的名字。到了廸化，我聽說絲泰拉的名字。山和水誘引我遠遊塞外，那個三十三歲的白俄女人，却使我對於塞外永不忘情。

對於邊疆，我有一個不正確的概念。首先我感覺那兒一切都「到了邊兒」，連伸手摸摸烏魯木齊澄清的河水，也好像立刻觸到了它冰冷的源頭。其次，無論動植物，都給人一種古老的印像，一匹正在拉車的馬，一棵多刺的仙人掌，總使我懷疑是否它們已生存了好幾個世紀，似乎是班超時代的遺物，和我當時剛剛離開的重慶，迴然不同，在那兒，就是老鼠也像有輝煌的學歷的樣子。

從重慶動身的時候，我也未能免俗，聽從友朋的建議購備一些茶磚和縫衣針之類，好在新疆去賺錢圖利。他們什麼希奇的貨色都想到了，有人主張帶些香菜籽兒，因為他們考慮到貧瘠的土地和肥美的牛羊肉，而這種小小的綠東西，正可為二者當中的連繫，只要有一方之地，便可利市百倍。有人主張帶大批骰子，以為邊疆的人，一定為寂寞所苦，為愚笨所限，不知此物之妙用。儘管他們設想的如此週全，誰也沒有教我最後一項，對我而言，也是最要緊的一項，就是怎樣賣法，我以後才明白，如欲為大商人，不貴乎進貨的本領，而端賴銷貨的能耐到家才行。

眼看着到了廸化，同事們帶來的東西，不出一星期，都銷售一空，差不多有十分之三賣給了絲泰拉，於是絲泰拉大度的聲名，傳遍了携家帶口的人；絲泰拉溫順仁愛的美德，為那些常和妻子吵嘴的丈夫所樂道；而絲泰拉的美貌，則揚譽在一些「光桿兒」中間，絲泰拉那位纏綿床第，經年鬧着關節炎的丈夫，也跟着名聞遠近了。

那天，一月裏，陰雲低垂，就要下大雪似的，我私心以為這正是做買賣的好天氣。換句話說，沒有太陽，即使做點不够體面的事，也不要緊，反正天地萬物，沒一樣是「光明正大」的。我未帶貨物，想先做口頭交易，銷售我的茶磚和縫衣針。出門向右走，一二十家之隔，便是絲泰拉和她丈夫張開年所經營的鋪子。由於我的出發點是「賺錢圖利」，內心感到不安，走在路上，心中盼望迎面來個熟人才好，我可以藉由回家去。東張西望，來往行人，都像是要去做買賣的，和我一般魂不守舍的模樣。在凍結了的水溝旁，有個挑擔子的，擔子上是一方一方用毛頭紙包得整整齊齊的包兒。顯然他是位維吾爾族同胞，黑棉布大氅，綉花小帽，紅紅的臉，白牙齒。看我走近，他用外國人說國語的聲調喊道：「太太！買蘋菓吧！」

為了鎮壓一下我的惶恐情緒，我雖然沒有買口，仍和他搭訕起來。好像人們在說醜話以前，先要閉上嘴嚥口吐沫，話才比較容易出口一樣。我先做顧客，然後再談別的。「多少錢一包？」我問。

「兩——塊——錢！」那人同時伸出兩個手指，幫助表達。

我也伸出兩個手指，「要兩包，一包蘋菓，一包梨！」

「這個？兩塊錢？」他驚疑參半的看我，那神情到像我是個賣蘋菓的。

我點點頭，並且掏出四塊錢來。

他看我絲毫沒有開玩笑的意思，就從擔子最下層，摸出兩個比較大的紙包，「太太！這是大的！賣給你一樣價！因為沒想到你不還價，內地來的人，都會！」

他那誠樸、單純的樣子，好像他全身上下只有一個細胞。我給了他錢，險些沒被一陣北風吹走，我說：「為什麼不到對面去賣？那邊比較遮風！」

「對面！啊！不！」

對面是一座廣大的庭院，路旁的楊樹也特別修直粗壯，兩扇灰色的大門緊閉着，沒有人出進，也沒有人走近那兒，我發現，凡是必須經過門前的人，都繞到這面來。它彷彿上天安放在塵世的冰雪製造廠，遠遠覺着冷氣襲人。我納悶，不知那是什麼地方。

這兩包水菓，增加了我的勇氣，直向絲泰拉的店舖走去。店裏很潔淨，貨色也齊全，從皮貨地毯，到鹹魚酸奶，應有盡有，尤其是茶磚，縫衣針已成堆的放在最顯眼的地點，不錯，這正是我要尋找的店舖，可是當我看見那兩種東西時，却禁不住臉紅心跳，像是我欺侮了誰，又像我佔了人家的便宜了。

絲泰拉在顧客之間忙碌着，她的美麗，表現在顧客的神色之間，比顯示在自己臉上的，更為明白。她彷彿店中最大的法碼，走到那兒，那兒便沉重了。我無暇注意那些罐頭菜蔬，又不願單刀直入，問人家茶磚何價，此來完全裝做客人的樣子，想在有意無意中兜售我的貨品，怎好開門見山，直盯盯望着茶磚呢？於是我表示很悠閒的態度，眼睛避開與我有關的那些貨品，輪流端詳一些精美的瓷器和橡皮玩具。我想買些不值錢的東西，做為序曲。我所以如此做，一半因為買比賣容易多了，另一半則由於口袋裏還有一點錢，不到山窮水盡，是人，總有購買的傾向。我看中了一隻橡皮製的大駝鳥。估計着價錢也不會太貴。那駝鳥有兩隻深紅色的大脚，兩條腿又長又壯，向側面分開成一直線，做走路的姿勢，背上馱着一個短髮的可愛女孩兒。

「請問，這個多少錢？」我把水菓包擺在櫃臺上。大模大樣的問。

絲泰拉走來，用毛巾揩揩手，因爲她剛剛拿過鹹魚，從架上取下駝鳥，「你要這個？」她用流利的，帶有山東腔調的國語說。「這個五千！」

這價錢使我嚇了一大跳，我懷疑她想敲竹槓，對於她一眉一髮之間流露出的美麗也就打了個對折。

「依我看，兩仟五都不值！」

「是貴了些兒，也有便宜的！老林，」她轉身向那唯一的伙計道：「那一排蛋肉罐頭是壞的，別給人家，換上面那些好的！」

「便宜的呢？」

「也只一個了！現在缺貨！」沒等我再說什麼，便向裏面住屋柔聲喊：「妮娜！妮娜！把你的駝鳥拿來！」

隨卽有個女孩答應一聲，叨咕一句含糊的俄語，接着就聽見東一扇門，西一扇門，開個不停。左一隻櫃，右一隻抽屜，關個不停，尋找什麼。

這時有個大肚子婦人走進來，請絲泰拉到時候替她接生；有人來討了麵包引子和三棵大葱；有人買了一件庫車紫羔皮統，掛賬而去；又有人給她送來一張治療關節炎的偏方。她眞像一團八十號的白線球，你抽一段，我拉一條，抽也抽不完。

這才深藍色的棉門帘兒被一隻小手掀開，一陣紅燒羊腿的味兒湧出來。妮娜，絲泰拉的女兒，抱着一隻橡皮駝鳥，微笑的望望媽媽，又望望我。她，十歲光景，有媽媽相等的美麗，雙倍的可愛。

「妮娜，這位太太要買駝鳥，你肯不肯賣？」

我本無誠意買玩具，絲泰拉既如此向女兒情商，我爲自己的虛僞感到羞愧。

妮娜輪流看我們，表情很不自在，用手把駝鳥抱得更緊，眼睛瞧着地上，慢慢的說：「媽媽，你叫我賣嗎？」

做媽媽的一面給顧客秤了洋山芋，看都不看那孩子，點點頭。

「可是它正在孵蛋！太太！」妮娜正視我，流露出求救的神色。

「叫這一隻去孵好了，」絲泰拉指着值五千的那隻，加說：「這位太太是內地來的！」

顯然的，聽到後面這句話，妮娜有些動搖了。恰巧這當兒來了幾夥服裝淸潔但不甚合身的蘇聯人，買些奶酪，砂糖，鈕扣。另有一位維族阿洪，買了兩塊茶磚，我只顧注意茶磚的價格，一點沒聽見妮娜說些什麼。等人們走了，我轉過身來，孩子正一手拿個駝鳥，並排擺在櫃臺上，仔細比較着。

「媽媽，你以前說過，那隻太老了，不能孵蛋！」——妮娜沈吟一下，又說，「可是我也看不出分別來！」

這孩子引起了我的喜愛，因爲她已經喜愛了我，對於駝鳥的愛心動搖了。

「它孵的是什麼蛋呢？」我問絲泰拉。

「一些她自己做的泥球！她希望有些眞正的活的小動物作伴。」絲泰拉揑揑那駝鳥，使它連着叫了三聲。

忽然我想起一位同事有條小獵狗，便不假思索的說：「啊！妮娜！你喜歡小狗嗎？大耳朶的？我可以送你一個！」

這句話彷彿點燃了妮娜兩隻藍眼珠裏藏着的小燈，她拍手道：「喜歡！眞的你可以給我？你是說『送給我』嗎？賣了！這隻駝鳥！」

「妮娜！」絲泰拉插嘴說：「你多沒有禮貌，你應該說，我的駝鳥也送給你了。」

妮娜難爲情的葬在媽媽身上，我說她們的玩具是花錢來的，所以也要用錢買，我若是不用花錢要一條狗，送給妮娜，自然也不必拿錢給我。關於我不是一個職業商人，於此已經交代淸楚了，所以我在櫃臺旁坐下來，很安心的。像還要坐上一個鐘頭的樣子。

我們三人，絲泰拉，妮娜和我立刻成了好朋友。妮娜把駝鳥交給媽媽，幫着老林又是擦櫥架，又是抹灰塵，一會兒掃地，一會兒加煤，並且從一板冰凍了的菠菜上撕下一片葉子，有滋有味的嚼着。

冷不妨絲泰拉拍拍我的肩膀，問：「你從內地帶貨來嗎？我給你賣也中，你賣給我也中！」

經她這麼一提，我並無「正中下懷」的感覺，反令我手足無措，拐了半天彎兒，就爲此事，及至人家主動問我，我反不知如何囘答了。絲泰拉眞是聰明人，她一眼就瞭解了我。

「也沒帶什麼，」我倉促囘答，「只帶一點點茶磚和針，明天送來請你幫忙吧！」我眞慶幸一件使我最爲難的事，就這麼輕描淡寫過去了。「可是你怎麼知道我有東西？」

「啊！」絲泰拉得意的微笑，「是我瞎猜，怎樣，駝鳥到是要不要？」

這才我記起，足有十分鐘，我們未談駝鳥了。

「簡直和那隻是一模一樣！」我說，「便宜多少？二千五？」

「不！只要五百！」

這價錢使我楞住半天，絲泰拉故意撇下我一人在那兒發楞，逕自去整理被客人翻亂的菜蔬了。

妮娜一定看我的表情很可笑，忙着解釋說：

「媽媽說，那隻快是古董了，所以——」

「妮娜說的對！那是我母親時代的東西，這是最近的！」絲泰拉整理整理鬢邊的頭髮，大概人們從前說過她把頭髮梳向腦後最像她母親。

「也許你不信，」她接着說：「那老的已經經過十月革命，和一連串的逃難，可說是大難不死，所以我留它在舖子裏，代表好運。」

「當然！你留着它孵蛋吧！也許它的後代再來一次革命，就值一萬了！我要那隻年青的！」說着，爲了掩飾以上的笑談，我也試着揑揑駝鳥的肚子，那玩具吱吱的叫着。

「完全不是駝鳥的聲音嘛！怎麼像擠在墻縫裏的老鼠？」

「這就是玩意兒嘍，有點像，又有點不像！你要送妮娜的，想是一條完完全全的狗？」

「還用說？不過，我到喜歡一隻立定姿態的駝鳥，」我說，「你看，它兩隻脚冰冷的，簡直像是剛從天山上走下來的樣子！」——「而且看樣子它還想走呢！再走就出了國界啦！」

我們三人都笑了，老林也笑，笑得櫥裏的瓶子罐子格格作響。

「不過，這點你放心，她再有本事，連對門兒也走不進去了！」絲泰拉覺着稍有失言，於是補充道：「我是說他們有汽車，會壓死，如果它是一隻活駝鳥的話！」

隔着玻璃窗戶，我望望對門，正是賣水菓的小販不敢接近的地方，深灰色的大門，因天色越來越陰，更顯灰暗了，一輛黑色的汽車在門口按了三聲喇叭，大門無聲的打開，車子便像蟲子進洞似的爬進去。

「那是什麼地方？」我問。

「蘇聯領事館。」他們三人同聲回答，彷彿她們早已準備告訴我那個所在了。

我長出一口氣，半晌不語。心裏納悶，那時正是中蘇親善的時候，怎麼這兒的人似乎個個對着灰色的大門諱莫如深呢？每逢聽見「蘇聯領事館」，那話語就如同是從我耳朶裏吹進來似的寒冷。我呆望着爐火。

「怎麼啦？你在想什麼？」絲泰拉說，一邊望着街上寥落的行人，「眞快，又是吃午飯的時候了。你怎麼半天不講話？」

「沒什麼，我只是在想，你的國語怎麼會說得這樣好！」

「和中國人結婚十五年，還不會說？那我眞笨得像駝鳥啦！」

「假使我能說俄國話多好！你能不能抽空敎我？」似乎我會說俄語之後，和「對門兒」的交情便能改善一些，這是我天眞的愚念，一閃即逝的愚念。

「你也敎我寫中國信，認中國字！好嗎？我丈夫也讀過書，可惜他有病！」

我們握手言定第二天開始我們的功課。

這時妮娜跑來，惴惴不安的說：「媽媽，你剛才說我沒有禮貌，現在該我說你了！」

「我怎麼啦？」

「吃午飯的時候了！爲什麼不留這位太太吃飯？我剛才數了數你的紅燒羊腿肉，要是留她吃飯，一人還可以分到四塊哩！」

我婉謝了妮娜的邀請。臨去時向茶磚和針管覷一眼，只一瞬間，彷彿它們已不是金錢可以買賣的商品了。

水菓忘記在櫃臺上，她們也並未送還給我。

外面仍是陰沉沉的。地上新雪盈尺，但我却深信，灰雲之上，必有蔚藍的天，白雪之下，更有香郁的土地。

× × ×

傘着橡皮駝鳥，我興沖沖走回家去，好像我不會是爲了兜售貨物，而是爲世上最快樂的事奔波一場。那種急切切的勁兒，又像家裏有一堆寶貴的東西，需要我去整理；有遠道來訪的好友，等待着歡晤暢談；推門一看，還不是空空的！只是窗上的夜霜開始融化了，滿屋子一股新升起來的火的味道，溫暖之中暗示我直至明天，將一直是溫暖的。我不知先做什麼，準備筆記本，還是烘烘昨天未乾的衣裳，結果我一樣未做，走到厨房，因爲我確覺肚子餓了。下一節目，我也決定妥當——躺在床上，想想用什麼辦法去要那條狗。

在新疆，白俄稱爲歸化族，女人們不受賤視，却很少得到人們的尊敬。由於敎育的缺乏和求生的不易，似乎她們比別人需要雙倍的人情溫暖。所以常常在愛情方面碰運氣。愛情是她們的娛樂，也是她們的食糧。於是落得個浪漫的罪名。一提起歸化女人，人們都首先假定她們是有五個丈夫的。絲泰拉之所以出名，就因爲她和別人不同。她受過良好的敎養，端莊有禮，尤其守着一個經年臥病的丈夫，還沒有什麼醜聞，鄰居們和顧客們除了愛護和羨慕之外，對她發生許多的問號，無數的嘆號。若說她是俄國人，她只是「灰門」外面的攢天楊，修直崇高，傲然不羣的；若說她是中國人，她却是我們中國旗袍上的彩繡花邊，多彩多姿，給原來的綢緞，憑添無限美麗。

我用很巧妙的方法，討來小狗非力。我說某某人家的狗瘋了，瘋狗病是很怕人的，而且當時當地又沒有醫藥可治。那位朋友正巧要調到南疆去，更樂得使小狗有寄身之所。於是妮娜有了小伴兒。

我們的功課進行異常的迅速順利。絲泰拉的方法很特別。她並不敎我先念生字。最初一星期，是拼音拼字，練習不管什麼字，即使不懂它的意義，也能聽着寫。我想大概從北極星到蚯蚓，我都寫過了。這才開始致課本。這方法很有效。明白了字的組成，讀淺近的課本容易多了。記得我念完了第一課，在她開始解釋以前，他們全家都表示忍俊不禁的樣子，妮娜笑得連手中摺疊的小船也壓扁了。小狗非力煽動着兩隻大耳朶，汪汪兩聲，彷彿衷心表示它也是我們中間的一份子。絲泰拉的丈夫張開年看我那種發怔的樣子，坐起來，說道：「小妮娜，別笑啊！」其實他自己也在笑着，「這成什麼樣子？太太，不是你念的不對，相反的，正是你念得對，妮娜聽明白了！這一課是講個笨裁縫，給人做衣裳，開了十個領子，他還在數呢！一、二、三、四……」

自然，我也笑了！在說笑與嬉謔之中，每念完一課，絲泰拉便起頭利用學過的字談起話來，例如：「你的衣裳誰做的？」

「裁縫。」

「幾個領子？」

「一個。」

「幾隻袖子？」

「二個！」

「有花嗎？幾朶？」

「有！一、二、三、四、五……」

小狗也汪汪，汪汪。

「媽媽，非力也會數！」妮娜得意的撫摸着愛犬。

狗，不止給予妮娜快樂，也給我們的功課上增添許多新鮮活動的題材。如像「親愛」，「互助」，「忠誠」，「友誼」，都是由牠而啓發的。妮娜摟着它睡覺，牽着它遊玩，向每個來到店中的顧客恐嚇說非力能開得出誰是爲善的，誰是偷鹹魚的。

天氣一天比一天走近春天，可是在我們這小小的集團裏，似乎春天剛開始，便又回返隆冬，因爲不上十天非力丟了。

妮娜從不向人微笑了。由於非力的無故遺失，使她小小的心眼裏，以爲每個人都有做賊的可能。她很少到櫃裏去玩了，躱在屋中，涕泣不止。

妮娜的父親爲了減輕孩子的憂傷，用裝洋葱的破木箱，仿照非力的大小，試着做條木狗。這件工作在病人做來非常吃力，做了六天，才七拼八湊，成了一隻狗。因爲樣子一點不像非力，才在狗的肚子上，用大字寫上非力兩字。妮娜起初受了爸爸的感動，收乾眼淚，接過木狗。之後，她說她不愛一隻啞吧狗，藏在櫃子裏，說它「也害了關節炎了！」

絲泰拉向顧客們到處打聽狗的下落，總沒有眉目。

一天下午，我們正課後談天，妮娜氣急敗壞的跑來，邊喊：「媽媽，非力，我看見非力了。」

「在哪裏？」

「叫人牽進去了，進對門去了。」

「不會吧！妮娜，一樣的狗多着呢！」

「不，絲泰拉，非力是名種獵狗，內地帶來的！」我插嘴說。

「不！」妮娜堅持，「我認識，牠還向我搖尾巴呢！隔着馬路。」

從此，絲泰拉不放過任何一個灰大門裏來買東西的人。向他們描述非力的模樣。多給他們酸奶，黃瓜，砂糖，比任何時候都慷慨。

× × ×

春天眞的快來了，楊柳已放出紅色小牙，彷彿要嚐味這春天的甜美。若是附耳在烏魯木齊的河邊，差不多可以聽見冰下像玻璃裂碎的聲響。電線桿子嗡嗡的呻吟，幾乎令人疑惑它們正在發芽長大呢！

但是，意外的，絲泰拉病了。這不是尋常的事。我知道她不是那種容易被病魔打倒的人。我想去看她，老林却早通知我不必去，怕傳染，連妮娜也開始咳嗽了。

我感到非常焦燥不安。春在霎外，雖然天短，但這永晝，却無計消磨。那隻橡皮駝鳥屹立在鏡邊，對影成雙，好像向我竊笑，它那邁步的姿式，勾引起我的決心：「我應該去！不管怎樣！」

披起外衣，拿些家用藥品。把橫在地上的掃帚扶立在墻角，這才我看見，太陽已經出來，日影正斜射在紅色的地板上，屋裏的暖氣使金色的光帶微微顫動，就像要發出絃音來。

都，都，有人叩門。沒等我答話，絲泰拉已推門進來。

「是你？我正要去看你！」我讓她坐到爐邊。

「我知道，所以我才來。給我一杯熱茶吧！不，熱牛奶！也不好，有可可嗎？我拿不準我是不是要喝一杯！」

她摘去深紅色的方巾包頭，頹然的神色，像急行軍的兵士們盔上的樹葉。

「你的病——」

「我只是有點傷風，」她拉過我一隻手，兩眼求助似的望我，「我出事了！」

我拍拍她的手，借着冲可可，減輕她緊張的心情。我不知道她的事有多嚴重，頂多是幫忙人家接生，出了些小岔子而已。「慢慢說吧！你看，太陽正照在你的脚尖！」

我們無聲的端着濃可可，誰也不看誰，我注視着墻上的八駿圖，她望着自己的脚尖，更深的伸進日影裏。

「其實，也沒有什麼，看不見你，我覺着這事眞麻煩，沒誰能給我出主意，等我一來，我覺着我眞是蠢人！」

「究竟——」我抬眼望她，詢問的。

「你不知道！也許！爲了找非力，我認識了灰門裏一個人。」

「他怎樣？有幫助嗎？」

「他答應送還。」

「果眞妮娜沒看錯？」

她點點頭，望着窗外空白的天，「他說那狗是自動跑進去的。」

「什麼時候他送來？」

「他說有個條件。因爲那狗經過他的訓練，和以前不同了！」

我問絲泰拉，是否人家要點報酬。

「當然啦！哼！」她苦笑笑。

「多少錢？」

她倏的站起，在屋裏來回踱着。然後站在鏡前，看了看自已清麗的影子，拿起那隻永遠要開步走的橡皮駝鳥端詳一分鐘，「如果我是隻駝鳥，能穿越沙漠，負着我的妮娜多好！唉！你爲什麼那樣好心送我們非力呢？」

「什麼事把你攪瘋了？」

「什麼事？他要和我做朋友！並且要我出賣我所有的朋友！調查他們，紀錄他們！他還叫我守秘密！我偏不！」

「眞是笑話！一條狗怎麼値得這樣大的價錢？你告訴他你有丈夫！告訴他你是個忠誠的朋友！」

「要是笑話就好了！」她把那隻駝鳥揉來揉去，兩脚分岔的地方已經破裂，「這就是他們的出品，最終的結果是破壞！」

「這也沒有什麼困難，頂多咱們不要那隻狗了。」我把一壺剩茶傾在痰盂裏，注入滿壺新水，「事情就可以這麼解決！」

「這就是你不瞭解他們！一旦和他們有了瓜葛，一輩子的事！看樣子，現在不要狗還不行了！」

「我不相信他會對你怎樣，如果你眞不願意的話！」我說，因爲我已經開始疑惑她厭棄了張開年，有意和別人交往，只不過藉個辭兒減輕自已的良心負擔而已。此刻我種族的自尊心，油然而生，我已不知不覺站在張開年的一邊，認爲絲泰拉下不得決心，對於他是嚴重的侮辱。沒想到絲泰拉明白了這一點，她搶着說：「我和開年一直很好，你別疑心。他的病沒有影響我們的感情。只是…」她長嘆一口氣，「那個人說，我不答應，他要妮娜做報酬！」

「妮娜是孩子，他能怎樣？」

「要知道他能怎樣就好了！」

「依我看，斷然拒絕！否則開年怎麼交代？」

「你知道，我們是做生意的。我們要應付各種顧客。我不答應他這些，但我不能和他絕斷，因我永遠要賣給他東西！」

「不包括貞操與名譽？」

「別逼我啦！照你的說法，我怕妮娜有一差二錯，我眞怕！」

「你自己不怕？把妮娜交給我！我們這兒白天夜裏都有警衛。」

「好吧！試試看！我有個長遠的主意。」

「什麼？」

「走！我想走到內地去！等我們有了足够的錢！」她看着傘在手裏的包頭巾，預備離去。我給她開了門，她把住門柄，重新關上，像是有什麼話要說，停了一刻，這才自己又開了門，眼睛瞧着自己開門的那隻手，快快道：「我們的課，暫時停止吧！」

× × ×

有人從吐魯蕃來，帶來幾串葡萄。淺綠色的，沒有子兒的葡萄。我給妮娜，她說太甜了，她想也許酸一點的好，因爲傷風使她嘴裏沒有滋味，於是我又託朋友帶些不成熟的葡萄來。絲泰拉曾經叮囑我：「妮娜要什麼，給她什麼，免得她上大當！」她總擔心有人會拐走孩子。

也有人從街上各個角落來，帶來幾串消息，說絲泰拉變了！對於顧客小器起來了，不准欠賬了，幫人接生也要錢了，奶酪不够好了，點心不够甜了，還有，她有姘夫了。女人們說她們從未相信過「乾鯽魚不想活水的！」男人們也認爲絲泰拉原來也是一塊破抹布，任何人都可以擦手了。

其實世上常常有這麼多不平的事，往往當事人還沒有開步走，旁觀者却已衝到終點了。據我所知，絲泰拉尚未墮落，她正和這件突來的惡運，做堅苦的奮鬪，孤獨而無助。她儘量使妮娜快樂，滿足她任何慾望，但那孩子也體會出那是反常的事。

一天，絲泰拉晚上走來看妮娜，面孔憂鬱得像烏魯木齊冬日的河面。

「媽！」妮娜要求坐在媽媽膝上。一面爬上絲泰拉的腿。却冷不妨被媽媽一手推倒三尺之外，孩子忍着痛，半天才嗚咽着說：「媽！是我壓疼了你嗎？」這才絲泰拉急急的抱起妮娜，吻她摸她，好像她丟了一個半月，剛剛尋回來似的。

看見媽媽憂愁的臉，和忽而暴戾忽而和愛的怯情，妮娜常常偷着問我：「媽媽怎麼了？她還能活很久嗎？」

妮娜不信仰什麼，但她每晚向自己的神爲父母祈禱。

× × ×

我受不了這些日子來的鬱悶空氣。在我們兩家之間，似乎被塞進一隻繼續膨脹的汽球，我們都屏息着等它爆裂。我提議趁着好天氣，絲泰拉，妮娜和我，即使毫無雅興去遊郊尋春，至少可到烏魯木齊河邊走走，散散心，談談最近那些謠言。

「不完全是謠言，」絲泰拉說，「我整天被他糾纏着，連夜裏做夢都怕他。他每天十次二十次來店裏，向我做出種種怪樣子，證明他在外面造的謠言。你知道一切謠言的根源，都是他！除非我關了店門，不然，一個對虎狼作戰的女人，她既不能逃，又沒有伙伴，恐怕……」

「忘掉那些憂愁吧！絲泰拉，只要你堅定，你必勝利。」

「可是我怕，有時因爲謠言太盛，連我自己都相信了！眞是！」

在到河邊的路上，她低着頭，像是怕見任何人，甚至於害怕那些依然故我，只是春來向榮的一草一木。她說：「天哪！我做了什麼事？我感覺誰都不如，我孤獨極了！」

「那是你的錯想！振作起來，在這世界上，沒有誰能毀滅我們，除了我們自己！絲泰拉，你考慮過當衆反抗他，給他難堪嗎？」——「眞是不可思議！爲了一條小狗——」

「現在不是單純的狗的問題了，而是我不幸被他們看中了，狗不過是引子而已。我想過你的辦法，可是我怕那樣連累到我丈夫和孩子！」

接着是一陣沉默。我們走過一道小橋，繞過兩個賣羊頭肉的車子，到了河邊，妮娜褻在小斗篷裏，不時偷偷伸出手，似乎空氣中有她相識的什麼。

「媽媽！這是什麼？」妮娜眼快手捷，從河邊拾起一塊破碎的玉鐲。不勝欣喜的歡叫。她領頭兒說話了。

「呀！這是那垃圾堆上滾下來的！還是和闐玉的哩！」我也趁勢隨和，希望引起絲泰拉的興緻。我大聲慶賀着妮娜，有好運檢到一件好玩意兒，後悔着自己怎麼未首先發現。正在我們反過來掉過去仔細查看的當兒，絲泰拉用緩慢的堅定的口氣道：「妮娜，你是好孩子！媽媽的話，你聽嗎？」

妮娜的小手，緊握那塊碎玉，像當初抱着那鴕鳥似的，點點頭。

「那麼你把手裏的東西向遠扔！越遠越好！」

妮娜望望我，又望望她媽媽，無可奈何的樣子。

「扔呀！妮娜！你是好孩子！」

妮娜閉起眼睛，扔到垃圾堆上，碰到一塊玻璃，嗜啷一聲，也許玻璃碎了，也許玉石更碎了，誰知道！

妮娜抱着我的腿，抽噎起來，這才絲泰拉勸道：「妮娜，別哭，一會媽媽給你買一隻好玉鐲來！」然後又轉向我，「你知道，我簡直快瘋了，我總怕有人會傷害她！就是一塊石頭也好像對她有陰謀！」

天邊一片灰雲湧來，也許夜裏要下雪哩！

爲了這件小事，我們的散步變得非常乏味，其實還不止乏味呢！因爲我們轉過身來，正好看見那灰門後院的高墻，聳立河邊，彷彿另一片更灰的雲，遮住了去路，我們被夾在欲風欲雪的隙空裏了。捨棄了最近的路，繞過高墻，信步歸來。這時維族的寺廟裏正有人高呼祈禱，我眞想答應他的召喚，跪下來，但是向誰祈禱呢？

夜裏，當我發現落雪的時候，雪已積了三寸厚了！我希望這是今春最後一場雪，如同我希望妮娜的咳嗽不要轉爲嚴重的病才好。妮娜從河邊回來，顯然咳得太利害，入夜十點，又發高燒。

我沒有直接走報絲泰拉，怕她擔心，想明早會好些的，再告她不遲。我敲了鄭大夫的門，還未等他穿好衣服，我便犯了一般病人家屬的毛病，先下了斷語，說：「恐怕是出疹子！」

經過詳細的診視，醫生簡短的說「肺炎！」叮囑小心別着涼，注意營養，他手裏有最有效的消炎藥片，只要按照他的吩咐服藥，不要緊。

我也只有按照他的吩咐做事了。那夜過得特別長。好不容易挨到早上六點，該給妮娜吃第三次藥了，打開窗帘，想看看天色，將晴將陰，彷彿由於天色可以測知妮娜病情的輕重。可是玻璃上已結滿了薄薄的霜花，用唾沫抹去一塊，外面黑黝黝的什麼也看不見。其實，即使看見，對於妮娜的病又有何助？我服侍妮娜吃下藥，使她安睡之後，忽然一陣急促的敲門聲，跟着清晰的喊：「請開門！我是絲泰拉！絲泰拉！」

一剎那間，我很躊躇，依照她近日的習慣，總是悄悄的來，默默的走，奇怪！怎麼這一夜功夫，她就變得如此果敢，好像什麼也不再怕了的樣子？

我開了門，出現在我眼前的，是個可怕的絲泰拉，額上裹着滲有血跡的紗布，喝得罪熏熏的，藥味與酒味混合，令人欲嘔。

「絲泰拉！這是怎麼回事？」我拉她進屋，告知她妮娜發燒了，說話小心些。

「是嗎？她會好的！我是什麼也不怕了！現在！好人是苦痛的！我也苦痛夠了！有濃茶嗎？」她大聲說話，斜靠在椅上。

「我看你需要濃藥了。」

「也許。」

「你從哪兒來？」

「他那裏！灰門裏那個人。」

我咬着嘴唇，「絲泰拉，你打敗了？是他傷了你？」

「他才不呢！打傷我的，是我的丈夫。」

「這，這是從何說起呢？」

於是她一邊大口的喝茶，一邊告訴我，說當晚從河邊散步回去，趁便給妮娜買鐲子。因爲她聽說玉鐲有壓驚的功用，若是遇到驚嚇，鐲子可能碎裂，因而佩戴它的人，得以免災。所以她決心給妮娜買一隻。回到店舖，她的丈夫便追問她的行踪，根據別人報告，絲泰拉是和姘夫幽會去了，兩人便爭吵起來，張開年把聽到的謠言一股腦兒都說出來，而絲泰拉認爲自己又委曲又冤枉，矢口否認，男人行動不便又說不過妻子，便舉起杯子向絲泰拉扔來，打在她的額頭上，「我忍受得太多了！我一直好像被鎖在黑屋子裏，我今天才發現那隻鎖就是他！」

「後來呢？」

「我一直向外跑，找到了那個人。」接着她結束道：「就這麼，我把自己染黑了！何必別人動手呢？現在我感覺自己彷彿穿了件黑衣裳，誰也看不見我，聽不見我，我可以願意怎樣便怎樣！唉，我們是倒霉的！與其生在這黑白相雜的世界裏，不如讓一切都是黑的吧！」

「我怕你是從一間黑屋逃出，跑進另一間更黑的屋子，而且被鎖在櫃子裏了！」

「不管怎樣，妮娜是安全了！我要帶她回去！她是我的一切！請你把這鐲子給她戴上，我的手發抖！」

說罷，她伏在棹上痛哭起來，這時天已朦朦亮，好像被她的哭聲驚醒，睜開眼，諦聽她的控訴。

× × ×

流言常如彈道，開始時有貫穿心胸的猛勁，慢慢順着拋物線失去了力量。絲泰拉和她的丈夫，雖經朋友們勸說也未完全和好。張開年堅持他的行動有理，他說：「比方罐頭吧，我認爲它沒有壞，才去擦擦灰，假使根本銹了，我早扔了，誰稀罕去動一下？難道我擦擦灰的資格也沒有嗎？」絲泰拉一直灰心，絕望，愁眉苦臉，我瞭解她，我說：「絲泰拉，我們機關裏有車開內地，你們走吧！」

「有警衛嗎？」

「怎麼，你還是怕？」

「當然啦，他迫我爲他工作，利用店舖向每個顧客進行調查，我一直沒答應。自從那一次之後，他到是少到舖子來了！」

「好了！謝天謝地！」

「好了？我也完了！一切！這就是他們！當他們說愛你的時候，他就決心毀你了；當他們說毀你的時候，他們決不食言的！」

經過了幾許奔波，才使他們重新拾起原來的打算，摒當一切，結束了店舖，預備到內地去開始新生，只待妮娜的復原，便可逃出那灰門裏伸出來的像樹根般無所不至的魔掌了。

那天下午，決定了行期。三天以後，有十輛車子開出。我們都十分興奮。不斷的計劃着此後的生計。一面喝茶，一面談着嘉峪關的長城，四川的棧道，長綠的樹，不凍的河，和永遠真心相愛的同胞。只顧談着美麗的遠景，誰也沒注意妮娜。妮娜却正傾全神聽着一種悽厲的悲慘的獸類的號叫。當孩子斷定那是狗叫之後，立刻像隻小箭頭，穿出房門。絲泰拉似乎預感到什麼，放下舉在半空預備喝下去的茶，跟着跑出去。但是晚了！妮娜悲痛的叫喊與呻吟，立刻傳進了每人的耳朵。

我走出去，絲泰拉抱着頸上流着鮮血的妮娜，毫無表情的站在一株楊樹旁。妮娜微弱的呼吸，吹動着媽媽披下來的長髮。媽媽呆呆的望着圍集來的人羣，好像她從來不認識他們，她是又聾又啞，又瞎又傻，完全掉在苦痛的深淵裏了。

二十步開外，躺着被打死的瘋狗，丟了的菲力。自動跑進灰門裏的菲力，經過「訓練」的菲力。

多少月以後，人們還在描述着當時的情形。一個人用石頭打了狗，妮娜跑出來，抱着它，親吻它，誰知道那是一條瘋狗！

妮娜的玉鐲並未破碎，因爲她至死也未恐懼她的至友。孩子死得可憐而悲慘，這是不是我的過錯？到現在每逢深夜犬吠，我心常常懷念那埋在塞外的寂寞的妮娜。我沒有什麼爲小友做葬禮，僅將那隻橡皮駝鳥放在她的小手裏。她的媽媽搖搖頭，扔掉了，換上那隻古老而完整的一個。「我希望這隻好駝鳥能負着她的靈魂，和我們一塊兒走出這沙漠！」

當我們小小的送葬行列經過烏魯木齊河畔時，那最初賣給我水菓的小販，又迎面而來，「有大的！」他說，「買吧？」

「大小無所謂，」我說，「我要子兒成熟的！」我要種在妮娜的墳頭，讓它們開花結果，象徵我們綿互無窮的友誼，妮娜！安息吧！

九

那一年，也許是心梅有生以來最值得憶念的一年。她演着雙重的戲，從舞臺到人間，全是悲劇，但不僅是令人哭泣。琴弦與心弦上，同樣彈奏出激昂的聲音。

十二月八日的一清早，街上到處沸騰着騷亂的人聲。那是隆冬之中也少有的陰陰慘慘的日子。報販子叫賣的聲音，在寒風中飄盪着，睡早覺的人也禁不住從熱被窩兒裏伸出頭來，打聽打聽是甚麼事情。

「珍珠港？珍珠港在哪兒？」市井之徒從來沒聽說過這個陌生的地名。

「反正總是要緊的地方，你沒聽街上貼的大字的號外跟報紙上的消息嗎？老美的大兵船一傢伙就炸沉了好幾十條。」

「皇軍可眞不含糊呀！」另外一個發着抖，把報紙撕下一角來擦了稀鼻涕。

中國人奉命去慶祝去了；但是每一個中國人——只要他還是一個中國人的話，心裏都充滿了無限的錯綜複雜的情緒。一方面對於美國的疏於防範痛感惋惜，可同時又感到一種很難說得明白的欣慰——「小日本鬼子這回闖了大禍。咱們中國人現在可不再孤立了。」

這是范庚和林卓如他們活動的最好時機，當然也是最艱苦的關頭。因爲敵人這時志得意滿，驕燄萬丈，殺起人來更無顧忌；可是，在這一段時間內，敵僞軍政糾紛更頻仍，內部傾軋一天比一天尖銳，社會上人心浮動，物價飛漲，僞幣的信用並沒有因爲「皇軍」的東征西討而呈現穩定，反而由於開支浩繁，發行無度，而每況愈下了。范庚便利用着那幾部秘密的印刷器材，作爲活動資本，天津、上海、漢口、他都有些聯繫。甚至於就是北平和南京兩處僞政府中，也佈置了人員，網罟遍佈，深入普及，敵僞的一動一靜，他們差不多都能在事前瞭如指掌。

而居於這個網的中心的，除了范庚，就是佘心梅了。她的資本除了舞臺上的技藝之外，還有她那種雍容謙和的處世態度，在上中下各階層間都有很好的人緣；當然比這更重要的，是她那明豔照人的容貌，一顰一笑，就連那些中年以上的人都不免爲之顚倒。歌臺酒筵之前，多少權勢顯赫的人物，都把她奉若神明。可是，她只是對他們若即若離的，維持着那種似近實遠的社交距離。這種距離遠到適足以保護她自己，這幾乎是所有美麗的女人們天賦的與美麗俱來的本能；但同時却又使它不致於遠到不方便推展她那種秘密的工作，在這方面，范庚和卓如時時供給她許多建議，供她採擇。

心梅手裏掌握着幾個大頭子，當然這幾個都是對她亟思染指的；而這也正是他們的弱點。她就充分利用了他們這個弱點，並且藉了他們彼此間的矛盾，維持了一種不可思議的均衡和膠著狀態。這些人之中，有些是虛有其表的，譬如像「華北政務委員會」裏那幾個老而不死的委員，就常常帶到天津來鬼混鬼混；在北平他們總感覺要受到若干「體面」上的拘束，只有在天津才能玩得盡興。他們自命爲「高級人士」，所以除了煙、酒、賭之外，在找女人這一道上總不免偷偷摸摸的。心梅因爲看在他們也許能透露一些消息的緣故，所以也就不惜與他們週旋一番。不過這些人本來就是敵人的傀儡，老古董，對於世界大事都不甚了解，敵人根本也不把他們當人，所以他們的消息常常跟報紙差不多，有時候還是錯的。

另外還有幾個所謂少壯實力派，也圍繞在心梅的左右，而且盯得很緊。譬如像「治安軍」那個副參謀長蔡治華，「興亞院」代表青木手下的第一個紅人烏海夫，「華北拓殖會社」天津分社的經理章自若，全都是炙手可熱的人物。他們才眞正够得上資格稱「親日派」和漢奸。他們每個人都有眞正的東洋老闆做後臺，能够眞正了解敵人的意旨，揣摩敵人的好惡，估計敵人的動向。別看說起來官階並非第一流的，可是他們都是大權隱然在握，抓住了要點；在他們口中套出來的話，十九都是靈驗的。不過，這批人年富力强，受過點新式訓練，警覺性比較高，不像那些老頭子們糊里糊塗亂放大砲。而且尤其麻煩的是，這三個人對於心梅的野心都是很積極，很執着，必欲得之而後甘的。蔡治華在家鄉有個小脚婆娘，烏海夫納過一個蘇州堂子裏出身的妾，也已年老色衰，那個章自若因爲一直是過着浪人式的生活，根本沒有過女人，因此應付起來就更格外麻煩。

但是，范庚始終鼓勵心梅不要灰心；他常常說：「個人的煩惱固然難免，可是妳一想到我們整個的工作所得的收穫，妳就可以知道這樣做是值得的，應該的。」

那收穫是甚麼——是一連串的對敵人的打擊；尤其因爲他們能够知彼知己，那些打擊都恰好擊中敵僞的要害上。譬如那年敵人以三個半師團的力量西出圍攻太行山區裏的國軍，就是由心梅先從蔡治華那裏先得到風聲，獲得證實以後，趕緊通知了守軍預爲戒備，結果山區的健兒們沉着應戰據險固守，果然把日軍打得落花流水而歸。再如那一次平漢線南下的翻車案，就在石家莊和保定之間，敵僞自認爲「心臟地帶」裏，竟然有一列二十三節的貨車被炸，那上面正是接濟日軍向中原戰區用兵的軍火。

這一來使得敵人的行動不得不停頓下來。敵酋們檢討責任，簡直査不出可疑的線索來，因爲這個消息太機密了，而沿途的防範又那麼嚴密。除了軍部，只有鐵路上極少數參與這次工作的人知道內情，可是失事的時候他們也都在車上呀。其實，他們忘記了這件事，華北拓殖會社也間接聽到了一點，因爲那一陣子冀南糧荒，括殖會社的幾個頭子認爲這是發財的好機會，就從四鄉和口外吃進了一大批雜糧，準備從北平轉運到順德，去高價剝削農民，可是不料軍部以軍運緊忙的大帽子，臨時把夜晚行車的貨車皮全扣了；而且爲了安全，行期不定，使得拓殖會社的糧食堆在北平的堆棧裏運不出去。因爲轉運糧食牟利只有拓殖會社少數幾個人有份，生怕有關方面都曉得了，所以恨不得趕緊把這批貨推出手去。但是，隨便拓殖會社的招牌怎麼硬，總硬不過「皇軍」去。因此，連在天津坐收糧食忙亂了半天的章自若，也苦悶起來了。錢弄不到手，而且又怕走露了風聲，惹火上身，偷鷄不成蝕把米，所以連日都愁眉苦臉的。有一天晚上，他在心梅家裏吃夜飯，喝得爛醉，發牢騷的時候被心梅探出了線索。

更有收穫的一次，是有名的德義樓的案子。有天晚上，烏海夫代表青木在舊日租界福島街的日光俱樂部裏請客，心梅也被邀請了。她看出烏禿子這天晚上的神情似乎特別興奮，所以等客人散去仍故意在那間貴賓專用的密室裏多逗留了一會。果然，烏又和她「膩」起來了。

「小梅呀，這回妳可得答應嫁給我了吧？」他得意忘形地說，禿頭在輝煌的電燈光下閃閃地反光。

心梅鄙夷不屑地撇了撇嘴：「是不是你要升官了？」

「升官？笑話，」海夫拍着胖肚皮：「這年頭官大官小有甚麼道理？只要能有權有錢。」

「那麼說，是你又要恭喜發財了？」

海夫笑着點點頭，「這回妳說句明白話吧，假使妳嫁給我，妳媽那邊倒底要——」

「要什麼？」心梅故意把臉一板，「要你那當漢奸走狗掙來的骯髒錢嗎？」

「得，得，小姐，別生氣，」禿頭忙忙鞠躬如也，「算我酒後失言。其實，我這人就是這麼開門見山，喜歡說直話。我是眞心實意要和妳天長地久的呀！」說着，不由又把那隻肥胖的手伸過來，手指粗魯而貪婪地在心梅的手臂上旅行着。

心梅低頭不語，心裏盤算着這傢伙倒底是否有點眞的東西，還是就這麼吹吹牛就算了。

「告訴妳，小梅，這回的事情要是成了，哼，咱們可就大潤特潤了。」

心梅還是不理他，只用眼角裏表示出不信任。

「這回一筆大生意，做下來的話，嗯，妳就一天吃一個金元寶，都保妳一生一世吃不完。」

「瞧你這份下作，一腦門子就是元寶。」心梅心中稍微動了一動，因爲平日這烏海夫是個不大亂說話的人，所以便緊釘了一句：「難道你學會了點石成金的魔道了嗎？」

「嘿嘿，雖然不是點石成金，可也差不多了。」於是他就把內情扼要地說了出來。

原來敵人爲了貫澈奴化陷區人民的政策，所以厲行推銷毒品，鴉片、海洛英、嗎啡，樣樣俱全；尤其是鴉片，在各大都市裏，大街小巷，土膏店林立，簡直比賣燒餅油條的還多，成了淪陷區裏的一宗最容易攫取暴利的生意。不過，利之所在，人所必爭，誰來實際控制這筆大生意，當然便是敵僞之間爭逐傾軋的焦點。過去因爲華北的鴉片大都由東北運進，等於是在關東軍和華北駐屯軍的「保護」下做生意，別的單位雖然饞得咽口水，可是頂多只能分一點殘羹剩水，要想分肥是辦不到的。日子久了，吸毒的人一天比一天多，土膏的需要當然也愈來愈大，於是價格也就更看好起來。這時候因爲軍部內部的意見也不甚統一，陸海軍之間，各野戰兵團之間都隱伏着種種矛盾；於是由政客財閥支持的「與亞院」系統便和一些地區的浪人合作，在察南晉北大量的種煙。而且他們因爲和東京聯繫密切，搶先取得了運銷這一批貨色的特權。可是，這一來把軍方氣壞，糾紛乃一發不可收拾。與亞院方面知道這件事不能完全把軍方撇開，但至少眼前這一季的收成似乎應該由與亞院獨佔，不容別人再分一杯羹了。與亞院是日本政府裏頭一個新機構，職權範圍並不十分明確，可以相機便宜行事的。所以烏海夫便受命代表青木，和平津土膏業的幾個「鉅子」商量，要他們來接手貨色，並且答應他們價錢上可以放盤。惟一的條件是要他們拿黃金美鈔來，儲備券是不收的，本票支票，更是談也不要談。

「剛才已經談得很具體，一切都定規了。只等後天晚上他們付了欵子，就可以提貨，交易就算完成。這一回，除了我應得的佣金提紅不算，我自己那三家土膏店也可以進一批便宜貨色，外帶着這一大夥土膏商都還得孝敬孝敬我才得過門，這麼一算，我們的下半輩子不就高枕無憂了嗎？」海夫越說越高興，把心裏如意算盤全攤出來了。

「呸，誰跟你我們我們的，把你那幾串臭錢拴在肋條骨上，跟你的小金寶享福去吧！」

「瞧瞧，又吃醋了不是？」海夫死皮賴臉的把粗糙的手已湊到心梅腮邊來，「小金寶又不是我的結髮糟糠，隨時可以讓她走路。我倒是要跟妳，咱們文明結婚好不好？」

「別不害臊。」心梅嫌惡地把他推開了。

海夫攔住她的去路，附耳上來說了不知幾句甚麼話，把心梅臉都羞紅了，直是搖頭；後來她想想爲了脫身之計，只好勉強答應着：「這兩天怎麼成？過了後天再說。我才不信你們臭男人吹牛的話！」說着，挑逗似的送去了一個媚笑，說道：「後天見，你在那兒等我？」

海夫高興得暈頭轉向，毫不考慮就說：「在德義樓的黃經理那間密室裏，我們就在那裏接洽這回事，妳要是沒有戲，就早點來呀！」他笑迷迷地望着心梅的背影，心裏感謝上天對他硬是不薄——一切願望都可以實現了。

德義樓是天津舊日租界裏最大的毒窟，同時也是黑社會中各級頭目的薈萃之所。裏面不僅佈置高雅，招待殷勤，而且最好的是門戶嚴密，要商量甚麼見不得人的事情，或者策劃甚麼不法的勾當，這裏最是理想。煙館賭臺，本來是最容易滋事的地方，可是這裏因爲後臺硬，本錢足，流氓出身的黃經理，光是手下的打手，能够一呼卽諾的就有二三十，全都是年輕力壯，眼明手快的漢子，有錢有身份的人在這兒進出，可以受到最安全的保護。

所以，那天晚上，烏海夫和七八個土膏行老闆辦過了提貨的手續，點淸了貨欵，正在舉杯慶功的時候，忽然看到墻角裏告警的紅燈亮了，大家都很覺得意外。黃經理正要出來査問，不料門已經打開了。

開門的是一個小茶房，後面却是七八個全付武裝的日本兵。爲首的軍官，高高瘦瘦的，很嚴肅的樣子。一個穿便衣的中國人，大約是個翻譯。

「請問那位是烏海夫先生？」那翻譯問。

烏海夫硬着頭皮站了起來，心裏還在納悶，爲甚麼這幾個日本人這麼面生？他們怎麼來的？是甚麼地方走露了風聲？

「這位是井上大佐，奉華北特務機關長松井大將的密令，特來檢查。」說着拿出一張證明來幌了一幌。

烏海夫趨前一步，向那個井上大佐伸出手去，奴顏婢色的用日本話把自己介紹了一番，並且特別說明這德義樓跟興亞院，跟軍方的關係。

可是，那個陰沉的大佐根本沒理他，冷冷地下令部屬立卽動手檢查。當然，這是很方便的，起碼那些金鈔，那些提貨單，那些樣品，都是無法隱藏也來不及掩飾的。

黃經理看到大勢不妙，便使個眼色支使那小茶房趕緊去打電話，請本地憲兵隊有馬隊長來轉圜一下；可是那茶房去了一下又哭喪着臉跑了回來，原來幾條電話線全都被切斷，前後大門甚至於連各樓梯口全有人家的人把着。「日本特務機關」來的人吶，乖乖，別說那幾個打手，就是眞正正牌的「皇軍」來了，也得讓他們三分！

那井上大佐似乎是很精明很認眞而且很「摸底」的樣子，他只把所有的證物略看了一眼，便說：「不法奸商，破壞皇軍特貨專賣，已經可惡；烏先生身爲興亞院官員，未經皇軍許可，擅行交易，而且收受敵人的貨幣，難怪引起上面注意了。本案情節重大，我只有將人證物證轉報上去，聽候發落了。」

這一說，不但烏海夫唬得變了臉色，那幾個商人更是屁滾尿流；他們都久仰特務機關的威名，不說別的，關進去先就不分靑紅皂白，來一頓鋼絲鞭子辣椒水，就是不死也得脫一層皮。所以一個個都哭喪着臉，恨不得跪下去哀告一番。談到最後，才決定了先把案子報到北平去，暫時不帶人，可是要他們一一具保切結，隨傳隨到；至於那爲數龐大的金鈔，由井上大佐出了一張收條，就帶走了。

可是，到了第二天，烏海夫到處託出有面子的人來，設法調停；並且跟在北平的靑木通了長途電話。不料各方面都說摸不淸這回事，最後連松井本人也表示否認有過這種密令，不過只透露他們最近收到過不知何來的一批提貨單，是散存在平、津等地幾處倉庫裏的黑貨，還正在納悶是怎麼來的呢？那麼一定就是這一批「非法」的貨色了。

這一來，弄得烏海夫又是恨，又是悔，又是羞。假使就此忍了下去，那以後根本就不能混了；可是要說追根究底吧，自己的作法也有若干不能取諒於人的地方，譬如收取高額佣金和自己設莊收貨這兩點，靑木一定先就很不高興。然而，現在錢貨兩失，那些商民天天在屁股後面麻煩，逼得他沒有辦法，只好咬咬牙關，請靑木出力來善後。事情弄得很多方面都注意起來，演變成了興亞院和駐屯軍之間的大爭執，官司一直打到東京。

不久，烏海夫就被軍方抓了進去。靑木也被調回國。原來調査的結果，所謂甚麼井上大佐，根本是假的，那些日本兵全是僞裝，而這批「强徒」的下落竟到今天還査不出來。不過烏海夫既然始終其事，當然要把他弄起來折磨一番了。軍方和興亞院都認爲這是「黑吃黑」，但都把責任往對方身上推。可是在這種權力鬪爭之中，興亞院雖然高高在上，畢竟不是駐屯軍的對手，無法得到東京的全面支持，只好讓步下來。在華北，鴉片運銷從此全入於日閥的掌握，可是在東京的明爭暗鬪，危機因此更大大地加深了。

在心梅來說，這是一個大大的勝仗；因爲整個的線索是她抓到的，整個情況的瞭解，也全靠她的報告。當范庚化裝成井上大佐親自率衆深入虎穴之時，他自己未嘗不擔心露馬脚。幸而他們把一切都演習過好多遍，進退行動，才能應付裕如。所以事後范庚對心梅說：「妳提供的報告太好了，連那房間幾把椅子怎麼擺的，全跟妳說的一樣。我在那地方就像回到自己家似的，搜人査貨，簡直是手到擒來。」

他們每當做下了這樣大案子，就暫時停頓休息一個時候，免得不幸而有所敗露了。心梅照樣演她的戲，范庚照樣做他的副總經理，林卓如和小王，也都仍然以暴發戶的身份，成天出入於歌臺舞榭，自在逍遙。

第二年開春之後，這件事似乎已經漸漸沉寂下去了，有一天，心梅剛下了戲裝，跟包的送進一封信來，原來是卓如約會她卽刻到一個秘密地方去會面。那是范庚專設的一個秘宅，一座精巧的小洋房，通常是很少利用的，她曉得一定是出了甚麼急事。

果然，一見面卓如便告訴她：「烏海夫那個案子還糾纏未了。因爲他們把姓烏的那個姨太太小金寶也關了起來，從她那兒聽說姓烏的跟妳有往來，所以又打算找妳的麻煩。不過，他們也知道妳的社會關係不少，不便貿然下手，可是，最近我們才發現一直有人在做妳的工作，這幾天特別吃緊，妳要特別保重。」

心梅嘆口氣：「不瞞你說，我最近實在覺得太疲倦了。成天都是過着這種耽心受怕的生活，神經快要崩潰了。」

「那麼妳換換環境，休養休養怎樣？」

「不知范先生的意思怎麼樣？」

「妳問他嗎？」卓如無可奈何地聳聳肩：「他一心裏只有工作，他自己從不知甚麼叫休息，更不會想到別人需要休息。他的膽識的頭腦，當然都是第一流的；可是，我只批評他一點——心腸太硬了。」

這種話，倒是他們相識以來第一次說到的。

「那麼你覺得怎麼樣呢？」

「我不是說了嗎？我覺得妳應該休息。而且，」說着，這個中年人低下了頭，「我沒有老范那麼堅強。我覺得人畢竟是人，人有他的弱點，有他最大的能力限度，尤其是在感情上——。」

心梅不太瞭解他的意思，可是她感覺得到他的眼睛裏蘊含着一種奇怪的光采——這一次不再是嚴肅的，冷靜的，而是活躍的、祈求的，充滿了激情。

「我覺得妳並不太適合這個工作，而且，我常常無端爲妳擔心。也許這是不必要的，可是，我常會一想到妳所要做的事，突然從睡夢中驚醒過來。」他的眼睛望着別處，「還有，我有一句話也許不應該說出來的——當妳周旋在那些衣冠禽獸之間的時候，雖說是爲了工作，我覺得都是對妳莫大的侮辱。我曾好幾次跟老范辯論到這一點；後來，他竟說我不該這樣子想，他認爲這是嫉妒。」

這話使得心梅瞿然一驚，是的，這是嫉妒！現在，她才明白以前爲甚麼她總是被他那種在卑夷與崇拜之間的眼光所注視的道理了。其實，天下男女，能夠在這種特殊的環境中同生死，共安危，經歷這麼多日子，發生感情毋寧正是自然而然的事；但是，以前未經說破，彼此都被另外的一種更偉大的理由所吸引住，都避免想到個人的情感這一方面去，可是現在既然有一個人先說了出來，那種由自我壓抑所建立起來的藩籬就不能再發生效用。人，總是本能地愛慕着一個更完美而諧合的生命，而這不是任何的「偉大」所能替代了的。

心梅只是覺得很感動，說不出甚麼話來；而且，在這一剎那間，她害怕說話，她懷疑這是否是眞實的。因爲，一種意識在她的內心深處甦醒了。是的，我，不也是喜歡着他的嗎？她想着，一種奇怪的溫柔的情緒支配了她的每一根纖細的神經，以致於當卓如的手臂圈着她的肩頭，她沒有想到掙扎、擺脫，也沒有羞赧的感覺，只是半閉了眼睛，等候着，享受着，男性的剛強的性格與力量征服了她，她只覺得陶然欲醉。

不久，有一個劇團到「滿洲國」去訪問，余心梅也是被邀請者之一；在東北跑了幾個地方，她累得病倒了。後來聽說她是從大連到上海去的，當時因爲那個劇團人很多，所以社會上也就沒有特別地注意她，以後就不大聽說了——自作聰明的人們都以爲她一定是和一般名坤伶的下場一樣，找到好的戶頭，嫁了人了。

心梅到上海去的原因很多，她的身體眞的不大好，貧血而且神經衰弱；正好藉此避避風頭，同時還因爲這一年她在感情上又遭受了一次大打擊——她那相依爲命的老母，就在那年的夏天去世了。那時候剛她們剛搬到上海。

這使得心梅對於「上海生活」一開始便有了一種陰黯悽慘的印象。這個曾經把她從一個黃毛丫頭捧成爲名角的大城市，舊地重遊時，却只使她痛感人生的空虛。

母親的那張小照，臉上雖然有那麼多皺紋，每一條皺紋裏都包含着多少人世間的勞苦與辛酸；可是，在心梅看來永遠是溫暖而慈祥的。這是個她永遠報答不完的人，一個謙卑的影子，籠罩着她的一生。

也就是那一年，她偷偷地離開了上海，也離開了她以前的那個世界。她從上海到徐州，西去河南商邱，再轉道到安徽亳縣，從界首渡河到自由區去了。

雖然她在顚沛流離之中，有時也間或回到舞臺上去，但她現在已經看得開了，財富、聲名、甚至於藝術，都不再是她所追求的目標了。

在偉大的戰鬪的行列中，她好像一個滿身傷痕又掛了滿身勛表的退伍老兵，來到了一個陌生的地方。有時不免想起范庚那一夥朋友來——尤其是林卓如，他們現在在甚麼地方，在做些甚麼？這都不可知了。人生的海洋，太廣也太深了……。

書刊評介

「邏輯新引」讀後感

殷海光教授著　亞洲出版社四十五年一月再版

龍一謌

邏輯是一種較爲難讀的科學，這本書係用對話體裁寫成，深入淺出，生動活潑，使不喜歡邏輯的人讀起來，也有一翻開就非讀完不可之勢。

這本書不僅敍述了許多極有用處的規律，而且有許多極富價值的議論；尤其是闡釋同一律的幾段（一一三頁至一一九頁），對於所謂「動的邏輯」之駁斥，眞有立正破邪摧陷廓淸之功；我早就想寫一點簡短的書評，近讀「自由中國」十四卷第七期所載「共黨對香港的和平攻勢」，忽又思及此書；爲什麼？因爲要想擊破敵人的攻勢，必先尅制敵人行動的指導原則；共黨的一切行動指導原則非它，即所謂動的邏輯之運用是也。世界人士如果認淸所謂動的邏輯之辨證發展，並洞悉其謬妄而予以澈底擊破，則不僅可以瞭解敵人此次和平攻勢與過去以及將來各種牛鬼蛇神地變幻的眞象，不至於被誘上當，而且可以確定我們自己如何反擊敵人的方略。

在我所讀過的中文書刊中（但得聲明我近年讀的書很少），能對所謂動的邏輯有所批駁而能擊中其要害的，實無過於此書；此書雖非專爲斥動的邏輯而寫，而就我的觀點看：無疑地，其中對於動的邏輯之駁斥，當爲全書的重心所在；至於對傳統邏輯的闡述與修正以及對近世數理邏輯的介紹，要亦多可作爲攻擊唯物辨證法的有力武器。我們要駁斥所謂動的邏輯，先要考察共黨爲什麼不憚苦心焦思地去揑造一套唯物辨證法那樣的所謂動的邏輯。這是：

「因爲對於邏輯的必然之無可置疑，一般人易於發生崇敬感、可靠感與信賴感，於是有實際目的的人看到了這一點，便藉着『必然』這一文字記號，將人對於邏輯必然的崇敬感、可靠感與信賴感巧妙地移置於『歷史發展』、『社會發展』等社會現象或人生現象之上。當着大家相信『歷史發展』或『社會發展』也有必然性，因而鼓動情緒甚至於行動時，那……那不是可以發生『力量』麼？我想，這些『必然』底眞正用意，是在這裏。」（二十四頁）

共黨盜「邏輯」之名，而附會之以歷史的必然發展與社會的必然發展等等煽動名詞；正像打家刼舍殺人放火的强盜，利用人們敬天和崇尚忠義的心理，於是在他們的巢穴掛起「忠義堂」的大匾，豎起「替天行道」的杏黃旗；他們的所作所爲，就自我麻醉，好像是在「替天行道」了。

「有實際作用的人，他們用字用句的目標，與科學家根本不同；科學家用語言的目標，在於表達眞或假，錯或對。許多有實際目標的人之運用語言，其目的祇在激動別人。但是，不幸得很，……表達眞假對錯的語言不一定能激動別人，能激動別人的語言不一定是眞的，也不一定是對的。……這年頭，許多人爲了一些實際利害的衝突，紛紛製造一些假學術，這眞是學術的大災害。」（二十五頁）

所謂辨證發展的邏輯，其實祇是一種混用語言，拿假的錯的推論惑亂激動別人的情感去爲共黨的路線而鬪爭的假學術；它根本祇是一種魔術符咒，不能算是邏輯；它利用人們對事物在時間空間中延伸的感官感覺，因而攻擊傳統邏輯的同一律，說A是A這樣的規律，不足以作爲規範世界發展的法則，必須用「A是A又不是A」的規律，纔是辨證發展的內在法則。共黨不僅是如此說而已，它是的確拿來實行而又拿來欺騙別人的。他們說信仰服從而不是信仰服從，這就是「A是A又不是A」實際運用之一例。共黨運用這一法則，可以隨時視環境變化與需要之不同，運轉自如地作一百八十度的表面大轉彎。他們自誇這是辨證的發展。他們既可以喊「無產階級無祖國」，却又可以喊「蘇俄是無產階級的祖國」；他們一會兒高唱世界革命要消滅一切共產主義的敵人，一會兒又大呼世界和平、資本主義國家與共產主義國家可以並存；他們已經把一個橫暴的獨裁者叫作「親愛的父親」叫了幾十年，現在才喊反對個人崇拜。這許多荒唐矛盾的口號，在「A是A又不是A」的規律裏是不會有矛盾的。

但，許多人極易爲語口號和表面的做作所迷惑，而不願細心去考察那些表象的內在原因與其眞實企圖。若干號稱有知識的人士，也不能辨認那指導共黨行動底所謂動的邏輯是不合科學不合語意學的假貨，反而在無意中承認了它，跟着嚷：傳統邏輯是靜的形式的機械的，不足以規範世界的變化。

然而，要揭穿共黨的魔術，必須我國思想界先澈底摒斥了那些動的邏輯的觀念；那種觀念過去曾在我國迷誤了許多人，以致直接地或間接地助長了共產主義之發展。其所以如此者，蓋因在我國，邏輯的園地異常荒蕪；在固有學術中，除開名家與墨家稍有一點邏輯的影子外，其他學者的思想，多憑主觀直覺或株守一家之言，從未考慮到進行推論時需要遵循一定的規律；四十年前，湘綺老人曾寫了一幅玩世不恭的對聯：「男女平權；公說公有理，婆說婆有理。陰陽合曆；你過你的年，我過我的年。」直到現在，還是公說公理，婆說婆理，沒有建立起推定是非的標準；惟國人既習西方學術，震於邏輯之名，不能不尊重邏輯；而傳統邏輯的規律，又極不合胃口，於是許多人乃把所謂動的邏輯接受過來。何況所謂動的邏輯裏面所講的變動問題，在哲學上自紀元前五百年左右的赫拉克利圖斯以來，即已極占勢力，散見各家著述；到馬克思竄改黑格爾的辨證法，將赫氏矛盾兩極端之融合說變成矛盾之統一與否定之否定等「法則」，把玄學和邏輯攪在一起，更使一些喜歡囫圇含混的人滿意，於是所謂動的邏輯，眞的動到許多人的觀念中去了。

我們要國人擯斥那些胡塗接受的觀念，必須先指出它的謬誤所在。所謂動的邏輯的最大謬誤，在它妄解事物之變化是由於矛盾，而其變化之過程則爲否定之否定。其實，所有的事物只是在密切關聯交互影響，而非互相矛盾；事物的演變爲整個宇宙在生長中的連續發展，而非後來的事物否定以前的事物；這些都是哲學上的問題，需要很多的理由說明，不應列爲邏輯的「法則」；所謂動的邏輯，將這些問題混進邏輯領域。用一種玄學改變了邏輯的內容，而仍以邏輯的外貌出現。而我國有些反對辨證邏輯的人，却不從此等緊要處駁斥，只跟着它的所謂「法則」論駁，結果越駁斥弄得越繳繞，幾乎無以自拔。殷教授這本書却獨能抓住要點，專從動的邏輯所說「A是A又不是A」之攪混不通處痛加駁斥：

「動的邏輯說『A是A又不是A』。這種說法，因爲接近感官感覺，所以有些人信以爲眞。其實，這全係攪混之談，就語意學的觀點看來，這是文字魔術。這種魔術背後，有一種實際的目的，即暗示要人推動世界，要世界變。」(一二四頁)

「所謂『A是A又不是A』這是說夾雜話：用同一個語言文字或記號來名謂同一事物之不同的發展或形態。」(一二七頁)「這樣的話可以說，那末勢必使語言失效，例如我們說『柏拉圖是人又不是人』，這話多彆扭。」(一二八頁)

「一名所指的整個事物之若干變化，並不足以攪亂所名整個事物與其自身之同一，因而不能使其原名失效。假若變到需要另用一名以名之時，吾人當可用另一名以名之。這樣看來，名是跟着所指而換的。嚴格言之，事物有『變化』，名則無所謂變化，名祇有『更換』。」(一二九頁)

這樣看來，所謂「A是A又不是A」這樣的語法，將同一的「名」來指應用不同的名來指謂的變化的事物，根本不通。我們別小看這種明辨語法的功用，羅素說：「一大部份的哲學，可以縮成爲所謂語法 Syntax 的東西，……哲學上語法之用處，是很大的。」有人說：人類的世界是語言的世界。人類所有的智識思想均賴語言爲之傳達，文字亦僅爲語言的符號而已。共黨深知此理，於是專以語言之混用來欺騙世界，它明明是血腥的奴役，可是它却說這是「民主」，它明明在各地製造叛亂要用武力奪取整個世界，可是它却說這是「和平」。我們要打擊共黨的和平攻勢及其以後層出不窮的花樣，便須先要從思想上打垮它那所謂動的邏輯；要做到這點，便須我們的思維先有純正邏輯的訓練。「邏輯是必然有效的推論規律的科學」(第五頁)，依據邏輯規律而行的推論是一種演算，其判斷「對或錯」的準確程度，和數學一樣不容置疑。所以我們如果能養成依邏輯推論的習慣，則對一切僞妄的語言魔術如所謂唯物辨證發展底動的邏輯之類，自能予以澈底擊破；因之，邏輯是對共黨思想戰最有用的武器，而殷教授這本書，則正好適應了這種需要。

讀者投書

(一) 立法院太不像樣了！

周學藩

編者先生：

據今日(四月二十四日)民族晚報載：今日立法院院會，已將胡秋原委員等所提『函請行政院將教育部擬訂之國校畢業生免試升學初中及高中畢業生會考升學聯合舉行二方案送由立法院審議』一案；經表決予以打銷。

這使人記起旬日以前貴刊的社論。社論中，籲請立法院不要放棄了神聖的職權，引『自壞長城』為喻，可謂垂涕而道。今乃不幸而言中了。

此次教育部這兩大方案所引起的反感，已經到了羣起鳴鼓而攻之地步。儘管負責當局是如何的剛愎顢頇，這一次也不能不在輿論力量之下低頭。結果，國校畢業免試升學部份，暫先擇地試辦，差不多變相取消。高中畢業生會考升學聯合舉行部份，據聞也正在遭遇當部份大專學校當局的強硬反對，是否打銷雖未可料，但學校當局敢於向頂頭上司據理力爭，一反向來普遍的逢迎唯諾的習氣，這也是振刷士風的好現象。

立法院院會，對胡委員提案表決打銷，這多數勝利的委員先生們所持的理由為何？民族晚報隻字未載。但我們很希望能夠知道。我們要知道『自壞長城』的傑作是怎樣完成的。立法委員院內言論，固然對外不負責任，但我們有權要知道他們究竟說的是些什麼？

依推測，不外兩種說法：①教育部的方案不是法律；也沒有以命令變更法律。②教育部已經相當讓步，不為已甚，免傷府會和氣。

由前之說，那是『說橫話，不講理』。由後之說，那是『不負責，無是非』。假如我們真有這樣的立法委員，我們要引為國家之大恥！

我們的輿論，畢竟是有力量的。我們的『國會』，太不像樣了。

周學藩謹上

四五、四、二四

(二) 會考未行而弊端已見

王大川

教育部明令本年試辦高中畢業學生會考。據說學校平時成績佔百分之六十，會考成績佔百分之四十，兩者平均及格方准畢業。現在距會考之期尚有兩個月，儘管說是試辦一年，可是在各中學校裏，會考的弊端業已開始發生，而且是從高中一年級起就發生了。（關於會考升學的部份，將來可能發生的流弊如何？本文不擬加以討論。）

我且舉出實例來。我的大女孩子在省立臺中某女中高中一年級肄業，她的英文及數學老師最近相繼在班上告訴她們說：「學校已決定一二年級學生要降班三分之一。」數學老師並說：「從前我希望你們月考及格，現在希望你們不及格。」學生問：「為什麼？」，老師說：「學校要爭取會考名譽」。果然此次月考數學比前困難多了。從前月考五題只一題是課外的，現在五題三題是課外的，只二題是課本上的。究有好多不及格尚不知道。因之，從一二年級起學生對於會考已相驚「伯有」了。

民國二十一年至二十三年各省中等學校都曾舉辦畢業會考，二三年間發生了許多弊端。其最大者如下：㈠盡量把學生降班，入學時五十人，畢業時剩三十人，以三十人的較好成績換取在會考中的團體成績，致很多本來可以畢業的學生不能畢業。㈡三年功課二年半趕完，最後半年溫習功課研究會考指南準備會考。各課教員皆助學生「找題眼」「改答案」。甲班老師出題考乙班學生，乙班老師出題考丙班學生，每週各班一小考，每月全畢業班一大考，一直到會考舉行，以資練習。㈢當時學校平時成績與會考成績各佔百分之五十。各校競相提高平時成績竟有全班皆在八十分以上者。㈣會考期近學生情緒緊張，很多人失眠，在會考前四五天即不能睡覺，學生體格健康的程度大為降低。㈤跑漏題及少數特殊學生預先知題等事，各省每年都有發生。有的部份學生另考，有的竟宣佈考試無效。

民國二十一二年的會考，目的在藉會考來整頓學風。「九一八」以後，學生每假愛國之名，行不讀書之實，浮躁滋事，學校管理困難。會考舉行之後，學風顯然改變。但得之於整頓學風者，却失之於師生共同作弊之「反教育」。故於二十三年起各省即相停辦。

現在自由中國在反共復國大旗之下，學生表現已太沉寂而不活潑。藉會考而整學風的意義全不存在；則目的何在，非淺薄如作者之所能知。（若謂以會考代替大學考試，亦是甚有問題的說法，貴刊前有史丹青先生對此已有論列，此處不贅。）然上述五項弊端之一一扮演於臺灣各校，恐將難免成為事實。臺中某女中最近的事實就是一個例證。

會考如果真的舉行，進而定為制度，則第一個天大的損失，是三年的學校成績將失去其真實性；第二個天大損失是在師生共同應付考試而作的行為，將給予青年以極不良的印象。這種教育的反作用之大，實非語言所能形容。

我馨香默禱：二三年後這些話不成為事實！

四十五年四月二十五日於臺中

自由中國　第十四卷　第九期　內政部雜誌登記證內警臺誌字第三八二號　臺灣省雜誌事業協會會員　三〇六

給讀者的報告

上月廿四日立法院竟議決將「函請行政院將敎部兩方案送交審議案」，予以打銷。此項決議誠屬駭人聽聞。本刊上期社論曾敬告立法委員不可「自毀長城」；今不幸而言中矣！「立法院太不像樣了！」這是讀者周學藩先生的感喟，也可反映出一般人的看法。同時，本刊為此，另在第一篇社論裏，再向立法院有所勸進。在當前立法委員任期不得不予無限延長的情形下，立法委員們似大可不必珍惜其在人民心中的信譽，但是在良知良能上，也應該珍惜憲法所賦予的神聖的職權，珍惜我們國家民主政治的前途！

「無森林即無臺灣」，可見林業對臺灣之重要。然而，臺灣林政之敗壞，則久為民間所垢病，盜伐、燒山、濫墾之事時有所聞，而空前的官商勾結的巒大山案尤為各方矚目。關於這些事實的眞象，報紙迭有報導，不須贅述。我們在社論(二)裏，僅就如何改進林政，提供出實際而具體的建議。我們所提的八點，都是經對實際情形研究後所得的結論，願供主管當局之參考。

標語這玩意不知始於何時，亦不知為何人所創；但張貼標語的風氣則迄今日而不衰。每逢節日，街頭巷尾，到處可見紅綠紙張所寫的標語，此外在某許多特殊場所，則有經常設置的標語。這些標語的內容，率多有一定的格局，陳腔濫調，流為八股，殊難收「激發人心」之效。誠然，宣傳為吾人所不可廢者，但就效果而言，此種陳舊的方法是否值得採用，殊值得考慮。即使承認其有效用，亦當在文字與內容上，用點腦筋，務求通俗易解，使人望文生義，否則豈非浪費紙墨？

從上期適之先生的來信中，讀者當已預知胡先生將有文章發表，本期登載的「丁在君與徐霞客」是「丁文江的傳記」中的第九章。丁傳是胡先生專為中央研究院紀念在君先生逝世廿周年而寫的，將來當出專集，今承中央研究院允將其第九章交由本刊先予發表，謹在此致謝。

「設立中醫學校案」是立法院最近通過的另一令人駭異的議案。本刊上期曾呼籲行政院對此案提請覆議，惜未能見諸事實，看來這個案件是勢在必行了。將來的「中醫學校」會是什麼樣子呢？眞令人難以想像。儘管如此，我們仍不能不把我們的話說出來，我們說話不僅期其產生實效，還要對後世子孫負責的。因此本期我們要再登出毛子水先生論此問題的文字。毛先生的話語重心長，值得我們反省。「許多科學家正在那裏計劃月宮旅行，我們在這個寶島上要辦一座中醫學校。」豈不令人迷惑？

農業問題是美國經濟的重要一環，歷來成為兩黨競選的課題。最近艾森豪總統否決國會通過的農業法案，引起兩黨間的激烈爭辯。從此可見農業政策的重要性。本期楊志希先生特為文論美國的農業政策，使我們可窺見其底蘊。

劉復之先生論「藝術創造與自由」，是一篇對當前事象痛下針砭的文字，希望大家能平心靜氣檢討這個問題。「為了培養創造力與民族活力，必須開放胸襟，使文藝工作者享有充分的自由。」這意見是十分正確的。

自由中國　半月刊　總第一五六號　第十四卷第九期

中華民國四十五年五月一日出版

發行人兼主編　『自由中國』編輯委員會

出版者　自由中國社
社址：臺北市和平東路二段十八巷一號
電話：二　八　五　七　〇

航空版　香港　友聯書報發行公司 Union Press Circulation Company, No. 26-A, Des Voeux Rd. C., 1st Fl. Hong Kong

總經銷
臺灣　自由中國社發行部
美國　自由中國日報 Free China Daily 719 Sacramento St., San Francisco 8, Calif. U. S. A.

經售者
日本　東京僑豐企業公司
韓國　漢城裕昌德號
馬尼剌　大中華日報社
印尼　新疆書店　椰嘉達天聲日報　泗水文光圖書公司
越南　西貢中原文化印刷公司
緬甸　仰光振成書報店
印度　加爾各答塔梅學校
澳洲　雪梨瑞田公司
北婆羅洲　西利亞坡青年書店
新加坡　檳榔嶼、吉打邦均有出售

印刷者　精華印書館
廠址：臺北市長沙街二段六〇號
電話：二　三　四　二　九

本刊經中華郵政登記認為第一類新聞紙類　臺灣郵政管理局新聞紙類登記執照第五九七號　臺灣郵政劃撥儲美金帳戶第八一三九號（每份臺幣四元，美金三角）

FREE CHINA

第十四卷第十期

要目

社論

中華民國四十五年五月十六日出版
社址：臺北市和平東路二段十八巷一號

半月大事記

四月廿六日（星期四）

美照會蘇俄，驅逐俄駐聯合國代表團兩團員出境。

杜勒斯表示，除非為了維護聯合國憲章的原則，美將永不使用核子武器。

四月廿七日（星期五）

英俄會談發表公報，無一問題獲致協議，俄誘英放寬禁運未得逞。

俄酋赫魯雪夫表示支持聯合國採取禁止軍火運往中東此一措施。

四月廿八日（星期六）

日駐華大使堀內謙介發表談話，闡明反共立場，今後不致走中立主義的路線。

黎巴嫩答應聯合國秘書長哈瑪紹，與以色列暫時停火。

四月廿九日（星期日）

美空軍在衆院小組委會透露：美國早已發展飛彈氫彈彈頭。

哈瑪紹與埃及當局就以阿間和平措施，在原則上取得協議。

四月卅日（星期一）

杜勒斯出席參院外委會，要求通過援外計劃。

艾森豪與兩黨領袖在白宮舉行會議，商討有關援外方案等事。

五月一日（星期二）

全國勞工今集會慶祝勞動節，總工會並成立反對共匪奴工暴行委員會。

蔣總統對美官兵演說，大要為消滅俄共侵略集團，實現中美共同目標，要協防臺澎，就必須防守金馬。

反集中營暴行國際委員會裁定共匪强迫奴工罪行，提出二千萬人被共匪拘押集中營。

經社理事會通過五國提案，譴責强迫勞工。

五月二日（星期三）

杜勒斯抵法，與法外長畢諾晤談。美法同意擴大北大西洋公約組織成為一個比軍事公約性質更為廣泛的同盟，以對抗蘇俄的和平滲透的戰略。

五月三日（星期四）

俄拒絕空中偵察計劃，裁軍會談已失敗。

哈瑪紹報告安理會，中東停火已獲協議，以埃兩國保證不採取敵對行動，與敘、黎、約談判亦獲得具體結果。

美衆院委會通過下年國防預算，總額為三百卅六億。

五國裁軍小組委員會中止談判，未決問題交聯合國。

美決設廠製造洲際彈道飛彈，由通用公司分公司承製。

五月四日（星期五）

北大西洋公約理事會閉幕，杜勒斯主張强化公約，對抗俄帝和平滲透，深信西方如堅定其反極權立場，自由主義力量必將在俄國興起。

艾森豪總統在記者會上表示，俄未接受裁軍視察計劃，西方國家均感失望。

共匪要求政治會議商討韓國問題，美已表反對。

遠東十國空軍首長在碧瑤集會。

裁軍會議無結果收場，西方四國發表宣言重申裁軍立場。

五月五日（星期六）

美今開始在太平洋區舉行一連串的最大規模核子試驗，首先試爆一枚戰術性小型原子彈，定八日首次由空中投下最大的氫彈。

北大西洋公約組織通過杜勒斯建議，加强公約的政治經濟實力。

美衆院考察團提出報告，美應繼續支援中國，反對匪混進聯合國。

「自由中國」的宗旨

第一、我們要向全國國民宣傳自由與民主的真實價值，並且要督促政府（各級的政府），切實改革政治經濟，努力建立自由民主的社會。

第二、我們要支持並督促政府用種種力量抵抗共產黨鐵幕之下剝奪一切自由的極權政治，不讓他擴張他的勢力範圍。

第三、我們要盡我們的努力，援助淪陷區域的同胞，幫助他們早日恢復自由。

第四、我們的最後目標是要使整個中華民國成為自由的中國。

五月六日（星期日）

杜勒斯告北大西洋理事會，美不改變對匪立場，繼續支持我國政府，並告英國無意放寬禁運。

西藏東北部區域，燃起抗暴怒火，控制三個縣建立組織，擊斃匪軍八百五十人。

大西洋理事會發表公報，意謂俄正繼續擴張軍力，盟國必須保持警覺，公約國決加强經濟合作。

西方三外長協議，解決中東衝突，由安理會決定。

中美菲英四國空軍在菲舉行空中演習。

艾森豪建議組織大西洋公約聯盟內閣，經常開會，調整盟國政策。

五月七日（星期一）

艾森豪對美國會提出援外報告稱，美已助我加强實力，使能對抗共黨侵略。並謂接受美援各國軍力均大為增强。

美國際合作總署署長賀利斯特要求美參院通過艾森豪總統的四十九億援外方案。

英軍火繼續運往中東，唯均受嚴格控制。

五月八日（星期二）

雷德福指北韓繼續擴張軍力，表示美將不能恪守停戰協定。

立院三讀通過交通防護條例。

以色列與埃及約但又發生衝突，雙方互控違反停火協定。

杜勒斯演說呼籲擴大北大西洋組織，增加公約政治經濟深度，俾消除西方不團結弱點。

五月九日（星期三）

艾森豪談國防政策時表示，美決維持軍事體制，若遭攻擊，即施報復。

法為增援阿爾及利亞，內閣通過徵召後備軍五萬人。

社論 (3)

(一) 美援與友誼

美國近幾年來，根據國會通過的共同安全法案(Mutual Security Act)加强援外，每年支付數十億美元之鉅的經援，用於援助落後的自由國家。除經援之外，美國更對受國際共產主義威脅的國家給予軍事援助。

在一九三〇年以前，美國的外交政策仍秉承「門羅主義」的衣鉢，在「不干涉」和「中立」的路線上徘徊。但是，僅僅二十餘年的時光，情形完全變了，美國斷然拋棄了孤立路線，實行其積極的外交政策。美國的軍經援外，就是在這一積極性的外交政策下衍發出來的。雖然美國的外交政策在許多方面仍顯示不够積極，但就整個外交措施而論，我們不能說它沒有明智和遠見。在目前反對國際共產主義擴張的鬬爭中，美國始終堅決以軍經援助自由國家。在世界歷史中，從沒有一個國家，以如此大量的金錢、物資和技術援助過別的國家。不論此一措施的動機是爲了整個自由世界，還是爲了美國本身的利益，它總是值得我們讚揚的。依照常理而論，接受援助的國家一定會「衷心感激」，「心悅誠服」。但是，事實並不然，美國軍經援外此一外交措施，不但沒有贏得友誼，反而招致許多不滿和怨恨。在歐洲如此，在亞洲也不例外。這是什麼原因呢？

我們認爲這種原因，絕非如德貝吾 (J. D. De Blus)「在西方之未來」(The Future of the West) 一書中所說，是歸咎於窮親戚的自卑感！最近法國總理莫來給這個問題一個簡潔的答案。他在四月的「美國新聞與世界報導」曾發表一篇談話批評美援。他認爲美國對外援助每招致怨恨，是美援在執行上犯了錯誤。莫來並引用一句拉丁古諺：「施與的方式比施與物本身還重要。」這句話，實具有深長的意義。

無疑的，美國是一個年輕的國家，年輕的國家和年輕人一樣，容易在態度上表現得驕傲、自負，在舉動上表現得粗率鹵莽。美國在援助別國的時候，往往現出一種「施捨」的神氣，那神情彷彿就是告訴接受援助的國家：「我們拿這許多錢來幫助你們，你們的一切都靠我們，沒有我們不知你們會成什麼樣子！」沒有一個人願食嗟來之食。中國有一句俗話：「施人愼勿念。」這就是說，援助別人的人不要把幫人的事常掛在嘴邊。尤其是東方人最重含蓄，更不能諒解美國那種「施捨」的態度。執行美援的人，固不乏才智之士，但仍有少數份子將美援的善意破壞了。有人說：「美國第一流人才留在國內，第二流的派往歐洲，而將第三流人物派到落後地區。」這些話我們想不見得都是對的。但我們願向美國朋友建議：政策雖好，而最後的成功，却決定於執行的人。

據雷震遠神父最近在亞盟中國總會的歡迎會上透露：最近高棉總理施漢諾訪問北平，當他的飛機降落在平郊機場的時候，施漢諾對停留在機場的四架米格機表示十分有興趣。周恩來立刻洞察其意，當場將那四架米格機贈予高棉。共匪這一舉動的後面隱藏着陰謀詭計，這是毫無疑問的。但高棉總理却被共匪虛僞的殷勤冲昏了頭，以爲美援爭取不易，而中共却如此「慷慨」。因此施漢諾返抵國門，雖未表示「一面倒」，却高奏「中立」的曲調。我們當然不贊成這種狡詐的施與方式，但由這一個事例，我們可以知道，施與的動機固然必需是誠懇的，而施與時謙遜的態度也是十分重要的，可以收「事半功倍」之效。美國軍經援助執行的成功與失敗，對於自由世界的團結與安危的關係至深且鉅。我們願再提醒美國朋友：施與態度重於施與物！

根據美國國際新聞社四月四日華盛頓的消息：美國國際合作總署近東、南亞及非洲處處長道西 (Stephen Dorsey) 向衆院外交委員會提出的報告說：蘇俄、中共及其他共產國家已向亞洲、非洲及近東的二十個國家提議給予經濟援助。埃及、叙利亞及阿富汗已接受蘇俄軍援。蘇俄已向沙地阿拉伯建議給予軍事援助。埃及並向蘇丹及利必亞建議接受蘇俄援助武器。至於共產集團建議給予經援國家已有十九個國家之多。據道西透露，其中五個國家已經接受援助，四個國家已拒絕援助，而十個國家正猶豫不定，考慮是否接受援助。這樣一來，軍經援助已非「只此一家，別無分號」了。

美國現已面臨共產集團的一項新的挑戰，美國軍經援外此一外交措施正遭受新的考驗。我們希望美國在迎接共產集團的新挑戰中，深切反省，以誠懇而縝密的方式來擊敗國際共產主義的陰謀。美國應該使待開發的落後國家充分了解，美國的援助是無條件的，是出於至誠的，是援助被援國家走上民主自由之路的。這裏還需要補充一句，當美國給與軍經援的時候，不僅要注意所援助的政府，更要注意受援國人民的情緒。

同時，我們也要向亞洲、非洲和近東的自由國家警告，共產集團的軍經援助是代表滲透、顚覆和陰謀。爭取自由獨立的國家豈可不審愼將事!?否則，後患無窮，悔之晚矣！

社論

（二）公教人員的待遇問題

四十五年度中央政府總預算案，已於上月十六日起由立法院進行審議，我們所深表關切而不能不於此時促請立委諸公注意者，乃是公教人員的待遇問題。

公教待遇最後一次調整，是民國四十二年十一月間的事。兩年半以來，他們的薪津收入不變，而物價卻已累次上漲，市場每經過一次波動，就把他們的有限購買力打了一次折扣。

去年下半年，政府曾經把外滙滙率加以調整，接着，紙的價格即告上漲。春節以後，市場普遍掀起漲風，波瀾壯濶，幅度驚人，雖經當局努力平抑，還是大漲小回，難以恢復原有的狀態。

最近，爲臺北市七十萬市民之主要交通工具的公共汽車率先調整票價，由政府專營的煙酒，繼之漲價百分之二十至百分之四十不等。水泥售價不甘後人，隨之上漲，理髮浴室各業爲漲價奔走經年，亦獲如願以償。漲價而見諸報章者爲此諸端，不宜而漲者更是多不勝紀。

以今天公教人員的收入水準，不要說仰事俯蓄難以兼顧，即個人的日常消費，也不無捉襟見肘之感。社會的安寧有賴於穩定的中層階級去維繫。而公教人員在我國向爲中層階級的主要構成份子，他們的生活之每況愈下，對於我們的社會秩序，無疑有其嚴重的影響。至於政治風氣與行政效率，每與公務人員的給與成正比，近年來政風的日形窳敗，效率的日漸低落，不免使我們深深感覺到公教人員的待遇問題，再也不容我們熟視無覩漠不關心了。

政府近來似乎有較多的興趣去談空洞的「制度」，幾品幾級，官俸若干，累次修改，不厭求詳。其訂薪俸也，以銀元爲計算單位，可以說根本與現實脫節。同時，由於受先進國家之社會安全措施的影響，當局每每以更多的注意力用於研究退職、養老、保險等問題，對於現職人員之吃不飽餓不死的狀態，反而不積極設法作切實有效的改善。這就令人不無輕重倒置之感了。

在月前的一次記者招待會席上，財政部門的負責官員於答復有關調整公教待遇的問題時，表示由於沒有財源，政府尚未考慮加薪。這個答復無財源不能加薪也就說明了要加薪必須先籌財源。「量出制入」是財政的主要特性之一，除非政府漠視現實，認爲公教人員的待遇根本不必調整則已，否則，似應先行確定調整的原則，然後再籌措財源，而不應在開始即斷然以「無財源」相搪塞。何況，臺灣是否沒有供調整公教待遇之用的財源還是一件大有商榷餘地的事？

我們認爲，如果政府能有一個比較合理的租稅政策，加薪並非絕無可闢財源。例如，政府對於過份利得稅的課征，便是不週密的與不健全的，過去之經營進出口者，以及不久以前之經營房地產者，與經營股票者皆曾坐獲暴利，政府幾乎每次都是在與論一再督責之後方起而採取對策。對於獲得暴利者優容備至，對於薪資階級和小市民的戶稅，卻是斤斤較量。如果把此類不合理的現象加以糾正，必將大有裨益於財源的充裕。

其次，政府傳統地把社會風氣與個人消費之間的關係，看得過於密切，以爲只要限制個人的消費與享樂，即可維繫社會風氣。其實，許多掩耳盜鈴的事，都是由這種似是而非的見解所造成的。例如，跳舞的風氣之普遍，早已爲社會所公認，可是政府卻一味要禁舞。結果，跳舞之風沒有絲毫被遏制，卻失掉了向跳舞者及開設變相舞廳者抽稅的機會。一面坐視設女侍陪酒的所謂「公共食堂」之如雨後春筍，一面卻厲行舞禁。兩相對照，似乎擁女侍飲酒要比跳舞更道德，此一事實寧不可笑？

又如許多消費品都被政府列爲「奢侈品」而禁止進口，但對商店櫥窗中陳列的這類物品，卻又裝作沒看見而不加取締，然則何必不乾脆放寬進口限制，以增加關稅收入？

我們也深知道：公教人員的待遇一經調整，而物價如隨着再漲，則仍然於實際無補而徒然助長經濟之不安。但是，如能由改善稅收籌得財源以調整公教人員的待遇，則是一分配問題，而不致涉及物價，就不會發生那樣的流弊。這乃是在編審政府總預算時「所應當」也是「所能够」解決的問題。

如何求報酬分配的公平，是另一值得注意的事。美援機關，稅務機關的員工待遇，與一般公教人員相去太過懸殊，早已爲社會人士所交相指責。至於機關首長與其僚屬間的待遇之極端不調和，尤應痛加改正。僚屬簞食瓢飲，首長卻可由公家解決其個人的一切問題，包括必要的與非必要的社交費用在內。大的政府機關，首長的機密費、特支費，可以等於百數十個屬僚的薪津收入之總和，不公平之事，未有甚於此者。我們從這裏可以得到一個結論，即我們所面臨的問題，並非「不患寡而患不均」，而是，既患寡又患不均，其嚴重性是雙重的。

大陸之敗，因素固多，政府未能顧及公教人員與部隊官兵的生活，實爲重要原因之一，這個教訓是值得我們記取的。政府遷臺以後，由於在若干方面的表現，曾經使許多外國朋友把臺灣譽爲東南亞治理的最好的地方。但是，這已是過去的事了，現在人家對我們的觀感又如何呢？如果不諱言事實，我們應該承認：過去幾年所進行的不澈底的改革，不曾根除在大陸所患的疾病之病源，現在，舊病顯然又一一復發了。近年來部隊官兵的生活，雖有不斷的改善，但公教人員的待遇之不合理，卻已經使政治上貪贓枉法的事例逐漸普遍起來，而且駸駸有在根本上破壞臺灣地方自治制度，及全國軍民歷年辛苦經營之收穫的趨勢，再不面對事實力謀挽救，前途眞不堪設想。

所以我們在此審議總預算案時，特別提出公教人員的待遇問題，其理由在此。

我對清算史達林的看法

王新衡

自從聯共第二十次大會清算史達林事件發生以後，二個多月來，這事件一直成爲全世界對蘇俄問題有興趣的人士們硏討的中心。可是，把各方面所發表的對這事件的解釋和推測加以深一層的分析，我們就不難發現這些解釋和推測無法自圓其說，找不到其間的因果關係來。

第一，是美國國務卿杜勒斯先生二月二十四日在國會外交委員會所說的：清算史達林是：由於自由世界的團結、堅定和決心，蘇俄首腦們不得不改變他們三十年來的世界政策。我想，杜勒斯先生說這樣話，其目的僅僅在於今年下半年的美國的大選，讓選民們認爲共和黨確比民主黨有辦法，短短三年多的執政，能逼使蘇俄改變三十年來的世界政策。如果杜勒斯先生的目的，眞的是這樣，那我們當能原諒他對這事件有這樣的解釋。因爲，事實上，不但美國國內輿論界已駁得他啞口無言，連艾森豪總統也發表聲明：蘇俄政策絲毫未變。南韓、越南，甚至與中共談判釋俘的各種問題上也絲毫沒有對美國讓步的具體表示，更談不到改變三十年來的世界政策了。

第二，是臺灣各報的登載過的某發言人在記者招待會上說的：因爲史達林專政三十年對蘇俄沒有什麼成績，所以死後被清算了。這說法是太不公平了。史達林三十年來所做的「豐功偉業」，在俄國歷史上是無與倫比的。不但把彼得大帝當年所夢想的都已完成，而且還更進了一步。打敗了日本，雪了一九〇五年的日俄戰爭之恥，取回了庫頁島和大連。在遠東，囊括了中國大陸，把力量伸展到越南和馬來亞；在歐洲，整個波羅的海，巴爾幹，一直到東德都在他魔掌控制下。使今天蘇俄成爲能與美國對立的第一等强國。這難道說史達林對蘇俄沒有成績嗎？這實在是太說不過去了。

第三種解釋也可以說是最普遍的解釋，從歐美的國際問題評論家到我們中國的各政論家如陶希聖左舜生諸先生們，都一致認爲：清算史達林是蘇俄新貴們的一種和平攻勢，笑臉政策，宣傳的騙局。(以及類似此種名辭)。這種解釋簡直似乎已成定論了，而且也已被各國外交當局引作發表談話的論據，如加拿大外長皮爾遜，中國外長葉公超等。可是我們如果更進一步地加以追詢：蘇俄新貴們要發動和平攻勢，笑臉政策，宣傳騙局；爲什麼一定要清算他們追隨三十年的領袖和老師——史達林呢？講到和平攻勢和笑臉政策，其實原是史達林的傑作。他可以放棄馬列主義的立場與最反動的希特勒和東條談合作，訂立互不侵犯條約；他可以把列寧手創的第三國際宣佈取消；他可以忘記馬克斯的教條「宗教是鴉片」，而於戰爭時恢復俄國正敎的活動。戰後史達林更放棄了列寧的「帝國主義論」，而高唱與資本主義共存論。這些和平攻勢，笑臉政策，宣傳騙局有那一點比不上今天新貴們的那一套。殘暴成性的史達林當年用不到清算列寧和馬克斯，而今天赫魯雪夫、布加寧、米高揚、馬林可夫等新貴們爲什麼一定要清算已死的史達林呢？這中間你能找得到因果關係嗎？

那末，究竟什麼原因使蘇俄這些新貴們非清算史達林不可呢？我的答案：是爲了積極準備戰爭。

這兩年來，自由世界反共的力量較之韓戰停止時，增强得多了。美國氫彈的發展和空海陸軍實力大量的擴充；歐洲方面：大西洋公約國武裝力量的統一，德國軍備的恢復，土耳其、希臘反共意志的堅强；遠東方面：東南亞公約的簽訂，日本的再武裝，南韓建軍的成功，自由中國力量的壯大，越南吳廷琰的勝利，這一串事實都是使赫魯雪夫、布加寧之流心驚膽寒的。同時，再加上杜勒斯發表了三次戰爭邊緣的談話；艾登對中東問題表示了强硬的態度，這告訴了蘇俄新貴們戰爭隨時都可以爆發，自由世界已不怕戰爭，爲保護民主自由制度不惜一戰。

面臨這樣的國際環境，赫魯雪夫布加寧們不得不召集一次聯共第二十次大會，共商應付對策。他們商討的結論是積極備戰。

在經濟方面，聯共第二十次大會通過了新的五年經濟計劃。這計劃的特點是竭力發展重工業；到一九六〇年，蘇俄重工業要到達美國水準。換一句話說，就是竭力發展軍火工業，到一九六〇年，蘇俄重工業足與美國作戰。

配合積極備戰的經濟計劃，在政治方面，聯共第二十次大會，發動了清算史達林運動。因爲今天蘇俄備戰最大的障碍是史達林，不把史達林清算，蘇俄新貴們在政治上積極備戰是走不通的。

我們知道如果蘇俄要積極備戰，第一，必須穩定巴爾幹和東歐諸附庸國對蘇俄傾向，否則，戰爭一旦發生，巴爾幹諸國被英美反共集團策反過去，波蘭發生動搖；則戰火立刻就燒到蘇俄境內，這對蘇俄是一個最大的威脅。可是今天如果要穩定巴爾幹和波蘭對蘇俄的傾向，對於史達林在戰前戰後所欠的種種血債，必須要加以清算。

首先說巴爾幹最重要也最有力量的南斯拉夫。南斯拉夫的狄托本是蘇俄所培植出來的共產黨員，在第二次大戰時，他受盡艱難困苦，也沒有得到史達林的任何幫忙，創造了他自己的武裝力量。納粹打敗後，他組織了共產政權，模倣史達林，他自己做了獨裁者；也模倣史達林，想一國建設社會主義。可是史達林所需要的是一個俯首聽命的附庸國，而不是獨立的，雖然是共產主義的南斯拉夫。由於史達林壓力加緊，使有濃厚英雄主義的狄托發生反感，於是，他想聯合保加利亞共黨領袖第米托羅夫 Dēmitroff 組織共產主義巴爾幹聯盟，這更引起了史達林的憤怒。跟着史達林就用他的毒手，想把狄托和第米托羅夫置之死地。結果第米托羅夫不明不白的死了，狄托幾次遭遇暗殺而僥倖活命，可是，他的伙伴們被史達林殺的和密捕的犧牲了許多；最後，狄托終被史達林開除了黨籍，從蘇俄百科全書中把狄托名字剔掉，同時，把南斯拉夫驅逐出共產國際情報局，把情報局中心從南斯拉夫移到羅馬尼亞。這一段簡史凡是注意戰後國際問題的人士都清楚的。今天如果蘇俄新貴們為要積極備戰而想把南斯拉夫拉回到共產主義陣營來，不清算史達林的這筆血賬，是怎麼也不能使狄托回心轉意的。去年赫魯雪夫布加寧訪問南斯拉夫時，已經公開承認過去處置南斯拉夫問題時的錯誤；而把這筆賬推到史達林頭上。這實際上就是清算史達林的最早伏線。(這是與和平攻勢笑臉政策絲毫無關的)。這次聯共第二十次大會特別邀請南斯拉夫共產黨派代表參加，而在大會上發動清算史達林運動，這是具有深意的。(也可能是狄托回到共產陣線來的一個條件)。

其次保加利亞，上面所說的第米托羅夫本是歐洲著名的共產主義的領袖，也是保加利亞共產黨手創者。第三國際第七次大會號召統一戰線運動就是他所領導的，他是當時第三國際的主席。第二次大戰時，他也是歐洲反希特勒運動中主要領袖之一。戰爭結束後，他就成了保加利亞共產政權的首腦。他為了保全保加利亞的獨立，為了抵抗史達林的壓力，想與狄托組織巴爾幹共產聯盟，而結果他自己被史達林特務人員毒死，而他的重要幹部被史達林鑒肅，最後，史達林派了個嫡系奴才契文可夫做了保加利亞的總理。這雖然把保加利亞壓制下去了；但是第米托羅夫的幾十年所領導的徒子徒孫們能心甘情願嗎？如果一旦戰爭發生，他們會忘記他們領袖的血債而為史達林的蘇俄拼命嗎？因此，蘇俄新貴們為了穩定和加強保加利亞對蘇俄的向心力，不得不清算史達林。聯共第二十次大會以後，立刻把現在的保加利亞的總理契文可夫撤換，而把第米托羅夫老伙伴茹可夫捧出來。從這裏也可以看出清算史達林的意義何在了。

此外，談到匈亞利。匈亞利共產黨最早的組織者是培拉·孔。(Bela Kon)，在一九一八年第一次世界大戰結束時，匈亞利在培拉·孔領導之下曾爆發了一次社會主義革命，組織過無產階級政權，由培拉，孔做領袖，可是，僅僅只做了幾天就被打垮了。他於是就逃到莫斯科參加第三國際的籌備工作；他成為列寧最重視的國際共產主義領袖之一。第三國際成立後，他被選為第三國際常務委員，與俄共季諾維也夫，德共拉狄克(Radek)，日共片山潛，同成為第三國際的幾個頭牌明星。他雖身在莫斯科，可是匈亞利共產黨還是在他領導之下，作地下活動的，等於列寧當年在國外秘密領導俄國共產主義活動一樣。可是在第三國際第六次大會以後，因為培拉·孔看不慣史達林對黨內反對派的殘殺，而稍表不滿，結果，就被史達林特務人員們秘密處決，而宣告失蹤；這一直是匈亞利共產黨員們所隱在心頭而不敢表露的對史達林的積恨。這次聯共第二十次大會中，米高揚除了清算史達林外，還特別提出來替培拉·孔伸寃，要求大會恢復培拉·孔過去的榮譽。同時，幾天前英美通訊社消息，過去被史達林所鑒肅的匈亞利副總理拉傑克(作者不知此人過去經歷)已被釋放而恢復自由，且有重新上臺可能。這也可說是蘇俄新貴們為了要拉攏匈亞利，減輕匈共對蘇俄仇視的具體表現。

最後，要說到波蘭。波蘭人民族觀念特別濃厚，即使國際主義的波蘭共產黨也保存有强烈的民族性。在第二次大戰時，波共對打擊納粹工作做了很多成績；他們是希望戰後有獨立的波蘭。可是，希特勒打敗後，蘇軍就佔領了波蘭，把波共當作日本統治下汪偽政權。這當然引起波蘭大部份共產黨的反對。結果，史達林大發雷霆，把波共中央委員會整個解散，把大部份中央委員逮捕的逮捕，殺掉的殺掉，最後派了一個蘇俄的元帥去做波蘭的國防部長，等於蘇俄駐波蘭的總督，把波蘭人民的憤怒用槍刺壓下去了。這種血海似的仇恨，波蘭人民甚至波蘭共產黨員是無法消除的。波蘭在地理上是蘇俄的門戶，如果戰爭一旦發生，門戶發生動搖，對蘇俄有如何嚴重的後果。因此，這次聯共第二十次大會也特別把波蘭事件提出來，作為清算史達林的罪狀之一，而且把逮捕而尚生存的波共中央委員全部釋放，已死的褒揚他們的功績，恢復他們的榮譽，同時據四月二十五日合衆社電史達林在波蘭的劊子手保安部正副部長費吉金和隆基斯基均已被捕，而在集中營內無辜的波蘭人三萬名獲釋，七萬名減刑。

上面所述的幾點，是說明蘇俄為要穩定巴爾幹和波蘭對蘇俄的傾向，必須清算史達林，不清算史達林，是無法解除巴爾幹諸國和波蘭對蘇俄的仇恨。

蘇俄為了積極備戰，第二，對國內來說，必須俄國軍人能對黨國效忠，同時，必須使俄國老百姓踴躍參軍。一旦戰爭發生時，都能有堅强的戰鬪意志，為黨國拼命。可是，史達林又是做到這兩點的最大的障礙物。

我們知道，史達林曾屠殺了五千以上蘇俄高級軍官，這中間包括軍事委員會副委員長杜哈契夫斯基 Tukhachevsky，(蘇俄最著名的軍事理論家，列寧格勒陸軍大學系統的軍人領袖)，布魯赫爾 Blucher (即加倫將軍，遠東軍區總司令，莫斯科陸軍大學系統的軍人領袖) 衣果羅夫 Egoloff (參謀總長軍事委員會副委員長) 加馬尼克 Gamarnik (總政治部主任) 亞爾克尼斯 Alknis (空軍總司令) 培羅夫 Beloff (白俄羅斯軍區總司令)戴平可 Dybenko (列寧格勒軍區總司令)卡斯林 Kashirin (北高加索軍區總司令)等許多最高級的軍事領袖。今天蘇俄軍中大多數都是上述被殺的將軍們的舊部和學生；對史達林這筆血賬是一一都記在心頭的。

同時，今日蘇俄軍人領袖朱可夫在第二次大戰中是攻下柏林的英雄，可是當年史達林因恐他功高逼主，就一條手令把他降謫，調回國內做一個軍區司令，使他在史達林未死之前，長時間鬱鬱不得志。直到史達林去世，赫魯雪夫、布加寧等要用軍人力量，整肅貝利亞及其特務潛力，才把他提出來做國防部次長；到馬林可夫垮臺，布加寧升任總理，他才爬到國防部長的位置，現在已到了戰爭邊緣，正是軍人抬頭的時候，俄國軍人大都有「皆仇必報」的脾氣，今日正是朱可夫向史達林鞭屍的日子了。所以，聯共第二十次大會中，特別把史達林屠殺五千以上高級將領的罪狀提出來，並且為杜哈契夫斯基及布魯赫爾(即加倫將軍)兩大軍人系統的領袖人物伸冤，恢復他們的榮譽，並且大會結束後，把當年被史達林拘捕而今猶僥倖活命的老總政治部主任布勃諾夫 Bebnoff (各外國通訊社都僅說他是教育人民委員長，其實，他是老總政治部主任，由總政治部主任調任教育人民委員長，不久，即告失踪) 釋放出來，這還不很明白看出來清算史達林與軍人之間關係嗎；說到俄國老百姓，那更是對史達林恨得刺骨。我們不說其他，只說史達林專政以來，起碼屠殺了無辜人民五百萬。此外據各國情報機關估計，被史達林逮捕關在集中營中的奴工至少二千萬人。兩共約計二千五百萬人，每個被害人至少有家族親戚五人，則就有一億兩千多萬，今日蘇俄人口不到二億，換一句話說，就有一大半以上的人民都對史達林有直接或間接的血仇的。如果戰爭一旦發生，老百姓肯再為史達林的黨國踴躍參軍，拚命打仗嗎？

在蘇德戰爭中，莫斯科和列寧格拉岌岌可危的時候，前方將領和大兵，戰鬥意志喪失殆盡，後方人心惶惶不可終日，史達林當時會把列寧照相拿掉換上了彼得大帝；放棄共產主義的口號換上了祖國愛；取消軍中政治部換上了俄國正教；甚至把他最親信的老朋友軍事委員長伏羅希洛夫撤職，換上了一個年輕的鐵木辛可 Timosinko。他玩了這樣的一套手法，才把前方將領和士兵戰鬥意志堅強起來，後方民衆安定下來，渡過了危機，獲得了最後勝利。今天蘇俄新貴們都是史達林的嫡傳弟子，在這戰爭邊緣的時期，他們都知道再用史達林這塊照牌，不僅巴爾幹和波蘭這幾個附庸國決不願再跟蘇俄跑，而且本國將領和老百姓也不願爲黨國拚命作戰了。因此他們不得不學他們老師過去所玩的手法，來清算他們追隨三十年的老師——史達林。

最後，我要聲明的，我也承認蘇俄今天對外的確還是玩的和平攻勢老把戲。這正是與對內積極備戰相配合的，因爲備戰尚未就緒，對外不得不用笑臉政策來延緩戰爭爆發時間。也因此，使一般人誤會清算史達林也是和平攻勢的一種。爲使世人不至於多看蘇俄新貴們的笑臉而迷惑，所以，我們必須特別指出清算史達林的猙獰的備戰的眞面目來。

論覆議權的行使程式

孟　浩

一　緒　言

從通常的立法程序說，一個法案 (bill) 之成爲法律 (law)，總須經過四個程序：一爲法案的提出；二爲法案的審議（包括審查與討論）；三爲法案的表決；四爲法案的公佈。法案經公佈之後，乃成爲法律了。但在這些過程中，又常有覆議的插曲。而所謂覆議者，細按之，又得別爲三種：一爲議院內部立法程序上的覆議；一爲在採兩院制的國會中，下議院對於上議院退還法案的覆議；三爲國會對於行政機關退還法案的覆議。這三種覆議各有其特殊的立義，須分研究之：

院內立法程序上之所以有覆議，乃所以糾正立法的草率，使法案的成立能達到盡善盡美的境地。所以民權初步第七十七節有曰：「按之常例，凡動議一經表決之後，或通過，或打消，則事已歸了結矣。惟預料議員中過後或變更意見，遂欲改變其表決者，故議會習慣，有可『覆議之動議』，即推翻表決而復行開議也。其作用則所以糾正草率之表決，及不當之行爲也。」第七十八節論覆議之效力曰：「此動議若得勝，則其效力有打消表決，而使議案復回於未決前之狀況，以得再從事於種種之討論，然後再行表決也。此動議若失敗，則其效力爲確定前之表決，或不許再有異議也……。」這種覆議的作用已有推翻以前表決的可能，則覆議動議的提出，自不宜過於輕易，而須予以相當的限制；如動議的時間、動議的人數、動議的範圍，均須予以限制，這在民權初步第七十九節至第八十五節，及我國立法院現行議事規則第五十四條及第五十五條均有明文規定，可資覆按，不必贅具。總之，這種覆議乃爲議院內本身立法程序上的一種特別辦法，以防草率的表決，而求得立法的完善，與院外任何方面都沒有關係。

欲說兩院制下國會中上院對於下院法案的退還覆議，須先說明目前兩院制的各種命意。按兩院制的存在理由有二：一爲適應聯邦國家的需要而產生的兩院制，一爲防止輕率立法而設置的兩院制，至於爲代表社會各階層不同利益的兩院制，已如崦嵫落日，逐漸消沉了。聯邦國家中的兩院制，是以上院代表各邦，下院代表國民。但有的上下兩院的職權完全平等，沒有輕重之分，如美國的國會就是個顯例；有的上院權力遜於下院，只有防閑下院忽視各邦權益的作用，如以前的韋瑪憲法下的德國國會及現在的西德國會就是個顯例。至於爲防止輕率立法而設置的兩院，則是以上院防止下院的輕舉急進。蓋以爲倘採用一院制，則只有一院專行立法之權，難免有考慮欠周或感情衝動的輕率立法，爲防杜這一毛病，乃設立上院以資有多一方面的計議。基於這一觀念的兩院，其職權是不平等的，申言之，立法的決定權是在下院，而上院則只有多一番考慮的作用，以期立法之周密。上院若不同意下院通過的法案，則將原案退還下院覆議，但下院仍維持原決議時，則上院再不能作異議，這種上院行使的退還覆議權，在政治學或憲法學的論著上常稱之爲中止的否決權 (suspensive veto)。現在有許多國家的兩院制，都屬於這一類型。例如英國的上院久已失去其原有的權力，自一九一一年的國會法 (Parliament Act) 施行後，它已無權否決下院通過的財政法案，對於其他法案也只有二年時間的延擱權，即上院對於下院通過的財政法案以外的一般法案，於二年期間內不同意下院決議時，則經迨二年之後乃成爲法律了。一九四九年國會又將上院對下院通過法案的延擱時間減少爲一年，這一年的延擱，即爲中止的否決權。此其一。又如法國第四共和憲法第十三條明定：「國民議會獨自立法之權不得讓與」；而依第二十條的規定，則上院對於下院(即國民議會)通過的法案，只有中止的否決權，而其中止的期間至多只有二個月。此其二。再如依日本憲法第五十九條至第六十一條的規定，日本立法權的重心是在衆議院(下院)，參議院(上院)對於衆議院可決之法案，只有六十天的延擱期間，而預算及條約的延擱期間則只有三十天，可見其中止的否決權之行使更受限制。此其三。總上三個例子看，足徵上院對於下院的要求覆議作用，只有中止的效力，而其中止的期間，則已有日益縮短的趨勢。

院內立法程序上的覆議只是議院本身立法上的再考慮，與院外並無關係。上院對下院的要求覆議，雖具有防閑下院草率立法的命意，但從整個國會看，仍係國會本身的行動，與國會以外的各方面也不發生嚴重影響。至於行政機關退還法案的覆議，則命意並不如是簡單，實具有深長的義理。雖然塔虎脫 (W. H. Toft) 在他所著的「我們的行政首長及其職權論」(Our Chief Magistrate and His Power) 中說：「有以否決權是屬於行政性質的，我却不能看這一說法的理由……。就否決權的性質言純粹屬於立法性的。」這一論斷固亦不無相當理由，但這一權力之由行政機關行使，乃爲至明顯的事實。而這一政治制度的設計，則係依於制衡義理 (Check and balance) 而來，所以馬克賓 (Howard Lee Mc Bain) 在其所著的「現行憲法」(The Living Constitution, 1929, p. 150) 即謂總統行使的否決權爲本之制衡原則而剋制國會的權力。從前哈密爾頓 (Alexander Hamilton) 曾謂行政機關的否決權乃爲「對於立法機關的一種有禮貌的節制 (a salutary check upon the legislative body)」，也即是行政機關抗衡立法機關的一種武器。從而可知，這種退還法案的覆議，較之上述兩種的覆議，大異其趣。它不是議會機關本身的節目，而是行政立法兩方面制衡作用的表現，其關係是很大，其情勢可能弄至很嚴重。正因爲它具有這樣的嚴重性，所以成爲憲法學上主要課題之一，研究憲法的人們對此實在無可規避。外國學者對於這一課題的研究，致力已多，其見之於專書者有馬遜 (C. Mason) 的「論否決權」(The Veto Power)，布列克 (H. C. Black) 的「行政立法關係論」(The Relation of the Executive Power to Legislation)；其見之於專篇著述者，有費禮 (John A. Fairlie)的「論州長的否決權」(The Veto Power of the State Governor)，刋載於一九一七年的「美國政治學評論」第十一期 (American Political Science Review, Vol. XI)，均屬專門的著作。這些論著都是基於行政機關的觀點來立論；本文則一方面是就行政機關要求覆議權的性能及其行使方式，他方面更就立法機關對於這一覆議案的處理程序，加以論列，故標題曰「論覆議權的行使程式」，以兼賅兩方面的意義。於此有應說明者，在論列本題之前，須將「覆議」在西文上的用語加以詮釋。從英文說，在法律上的用語是用 reconsideration，而在政治科學的論著上則常用 veto power 一詞。而所謂 veto 者乃意爲不認可，或否決，中文譯語亦有譯稱爲要求覆議者；例如 absolute veto 譯爲絕對的否決，suspensive veto 譯爲中止的否決，pocket veto 譯爲保留不簽 (卽保留之而不認可)，而行政機關行使的 veto power 則有時譯稱爲否決權，有時譯稱爲要求覆議權，其意義都是一樣，但爲中文行文的方便，而常有不同的譯稱。本文用語從國人習慣用法，亦有時稱爲否決，有時稱爲要求覆議，這是爲行文的方便，不得不然，敬希讀者諒之！

二　覆議權的淵源

我們要理解行政機關對立法機關的要求覆議權或否決權，則首須說明這一否決權的淵源及其發展。按現代「行政否決」(executive veto) 的用語，實導源於英國以之爲立法程序上的一環。凡治英國憲法史的人，都知道英國衆議院的初期立法，並不是自己制定正式的法律條文，僅將立法的願望訴請英皇去制定各種法律，以滿足他們的請願。但到了十五世紀的時代，衆議院的權力逐漸擴大，立法程式遂亦漸漸改變，卽衆議院可自行議法，議妥之後，將具備好的法律條文向英皇提起，以期成爲正式的法律，因此，英皇亦僅對衆院所提的法條表示同意或拒絕，自己不去另議法條。由這一階段發展成一種「絕對否決」(absolute veto) 的制度。這種「絕對否決」在杜德 (Tudor) 及斯杜阿特 (Stuart) 王朝是時常使用的。後來隨着責任內閣制的發展，皇室的否決權遂亦逐漸失去其重要性，而自一七〇八年女王安尼 (Anne) 拒絕公佈(卽否決)「蘇格蘭國民兵役法案」(Scatch Militia Bill) 後，迄今二百四十餘年，再不見否決權的運用了。在理論上和法制上說，英皇的否決權固未被剝奪，但在事實上，因責任內閣制確定且充分發揮它的效能後，否決權實無運用的機會。誠以在責任內閣制之下，衆院的多數黨常與內閣同屬一黨，內閣首相又爲多數黨的黨魁，同時復爲衆議院的領袖，首相、黨魁、領袖三位一體，實掌握着黨政與議院間一切重要活動的機樞，所以內閣所反對的法案固不會通過於衆院，假如衆院必欲通過，內閣亦可預先解散衆院，藉以防止該項法案的通過，否則自行辭職，使通過該項法案的反對黨出來組閣。從而可知，在責任內閣之下，所有英皇公佈的法律都是內閣首相兼衆院多數黨領袖所獻議或領導制定的，內閣自無反對之理，英皇是虛位元首，不負實際政治責任，其一切政務文書須經閣揆及關係閣員的副署，才能發生效力。在如此情形之下，英皇那有自行其是，否決內閣所提經衆院通過的法案之理？

以上所述爲英國施行之絕對的否決權的起源及其消失，玆當接述否決權的演變及限制的否決權的興起。

當絕對的否決權在英倫失去作用之後，否決權的制度却由英國而移植於北美的英屬殖民地中。按在殖民地時代的各州中，均設有州議會以爲立法機關，但州議會通過的法案，州長(Governor)對之有否決權，甚且經州長認可之後，英皇對之又有否決權，所以州議會制定的法案，可能遭遇州長或英皇否決的厄運。尤其是經州長認可的法案，復遭英皇的否決，實予當時各殖民地人民一大反感，而且英皇的否決權又運用過濫，使當地人民深惡痛絕，所以在獨立宣言中卽明白指斥喬治第三 (George III)，說他常「拒絕承認爲公共利益而制定的最完善而且最需要的各種法律」(Refused his assent to laws the most wholesome and necessary for the public good)，可見當時人民討厭英皇運用否決權的行爲了。這且按下不提。却說到了獨立之時，十三州之中，有三州是承認州長有否決權：㈠南卡羅林那州 (South Carolina) 一七七六年憲法承認州長有絕對的否決權；二年之後，又不許州長有任何否決權；一直到一八六八年復予州長以限制的否決權。㈡紐約州 (New York) 一七七七年憲法有覆審會議 (Council of Revision) 的規制，由州長、大法官 (Chancellor) 及最高法院推事組織之，以覆審議會通過的一切法案。該會接獲議會移送的法案十日內，得申明理由，退還議會覆議。覆議時如議會兩院各以議員總數三分之二維持原案，該項法案便成爲法律。迨一八二一年修正憲法時，乃將覆審會議行使的否決權移屬於州長。㈢麻色諸塞州 (Massachusetts) 一七八〇年憲法規定議會通過的法案，應移請州長認可，州長於五日內得申明理由移請議會覆議，覆議時，議會兩院如各以議員總數三分之二維持原案，該項法案卽成爲法律。以上是美國各州在獨立前運用否決權的情形(註二)。

獨立戰爭結束之後，美國於一七八七年在費城舉行憲法會議。會中關於否決權之制，引起重大的爭議。與會代表，一方面不欲總統和過去的英皇一樣有絕對的否決權，他方面也不欲國會可以自由制定各種法律而無任何牽制，籌思至再，權衡各方，於是師麻色諸塞州憲法的立義，於「絕對否決」與「毫無否決」之間，採用了折衷兩端之「限制的否決」制(qualified veto)，這就是美國憲法第一條第七項第二目的由來，其詳應俟下文具論。至於嗣後的各州憲法亦多步聯邦憲法的後塵，所以在目前除北卡羅林州(North Carolina)外，無不承認州長有限制的否決權。

三　覆議權的演變

依右所陳，我們似乎可以說，覆議制度不適用於責任內閣制的國家，而為總統制國家所必要的配合法度。然而，從法制的本身看，我們不能作此肯定的結論；因為覆議制度已有演變的表現，至其演變後的覆議制之效用如何，又當別論。按遠在一八一四年五月十七日公佈施行的挪威憲法是採用責任內閣制的，這是觀於挪憲第五條及第十二條之規定，可為肯定。但挪王對於國會制定的法案有交還覆議之權。蓋挪憲第七十七條至第七十九條規定，國會通過的法案應送請國王批准。國王如贊同時，則應簽字使成為法律，如不贊同，則應退還國會，並附以所以不同意之理由。但此一法案如再經三屆國會連續的通過三次，則在最後通過的那一次送請國王批准時，國王縱不批准，亦成為法律了。可見挪威雖係施行責任內閣制的國家，挪王仍有否決權，不過其行使的否決權是屬中止的否決權，而非絕對的否決權，是與英皇先前所行者不同。挪威的這一否決制度，或係導源於法國一七九一年的憲法而來。查法國一七九一年的憲法本不是採用責任內閣，法王對於國會的關係頗少，惟對於國會通過的法案有中止的否決權，即國會通過的法案法王可以否決，但如連續的三屆國會復予以通過，則可以推翻國王的否決而成為法律，所以這一否決乃屬中止的否決，而非絕對的否決。這種中止的否決制為第三共和憲法所採用，觀於一八七五年七月十六日公權關係法第七條的規定，可以瞭然。惟終第三共和六十六年之世，都是採用責任制，所以這一規定始終沒有運用過。第四共和憲法第三十六條明定：「總統公佈法律，並應於已確定之法律送交政府十日內為之。在眾議院宣佈緊急狀態時，此項期間應減少為五日。在規定之期間內，總統得敍明理由，咨請兩議院覆議，兩議院不得拒絕。總統於本憲法規定之期間內不公佈時，由眾議院議長公佈之。」法國總統的否決權，也是中止的否決權。第四共和憲法所規定的中央政治制度，雖係屬責任內閣制，這一中止的否決權卻已見用過一次；這就是一九四七年九月二日法總統赫里歐(M. Vincent Auriol)曾向國會遞送要求覆議法案的咨文，因而樹立了總統行使中止的否決權之先例(註三)。一九四八年一月一日施行的義大利新憲法也是採用責任內閣制的，但這一憲法卻又採用覆議制。按義憲七十三條云：「各種法律應由總統於一月內公佈之。如果兩院各以其議員之絕對多數宣告該法為緊急法律，則應於其所定之時間內公佈之……。」第七十四條曰：「總統在公佈一種法律之前，得向審議該法之議院致送咨文，請求重新議決。如果兩院再行確認該法，則必須公佈之。」是則義大利總統亦有中止的否決權，而兩院覆議該法時，得以普通程序以維持原案，並沒有特別提高其表決的人數，是則其否決權的效力更為微弱了。不過，義憲第七十五條又規定如果有五十萬選民的要求，得請求將國會通過的法律之全部或其中一部份交付選民複決，是則選民亦有否決國會立法的可能機會。

抑有進者，在第一次世界大戰之後，中東歐許多新興國家，都從事於制定憲法。當他們制憲之際，鑑於有些國家國會的恃權專橫和輕率妄動，所以都設盡方法來防止這些毛病。在他們的設計之中，除在採用兩院制的國家予上院以中止的否決權，又多授元首以否決權——中止的否決權或絕對的否決權。這些憲法雖多已成陳跡，且其中有些國家已淪入鐵幕，更無憲政之可言，但從憲政思想看，這些憲法的規制仍是值得我們研究的。譬如一九一九年七月十七日施行的芬蘭憲法授總統以相當大的權力。因為芬憲第十九條規定，國會(Diet)議決的法律應移請總統批准，未經總統批准的法律，而國會經解散重選，將原案不加修正再以多數表決通過，則該法雖未經總統批准，亦應付之實施；否則該法視為無效。又總統於接獲移請批准的法律後三個月內不予批准，是則視為總統拒絕批准了。凡此規定，實予總統以極大的權力。誠以總統所不樂予批准的法律，不退還覆議，而訴之選民裁決。惟於新選舉之後，新的民意代表再行擁護該法，始可推翻總統的否決，總統以解散權的作用以貫澈其否決權的意義，實予國會議員一大威脅。從而可見總統權力之大了。德國韋瑪憲法亦予總統以重大的立法權。當國會兩院對於某一法案意見相左時，總統實居於仲裁人的地位。在這一場合之下，總統可將該項法案提付選民複決，以俟選民的裁制，這種提付複決的辦法，實無異於授總統以中止的否決權，但決定這一法案的命運者，並非是國會而為選民，這點更無異提高了總統的地位。捷克一九二〇年的憲法授總統以中止的否決權，即總統得將國會兩院通過的任何法案退還覆議，如果兩院再行通過，或眾院以五分之三多數再通過，則應成為法律，所以這是一種中止的否決權。南斯拉夫舊憲法將立法權分屬於國會及國王，所以論者謂在理論上國王有絕對的否決權，但其結果則將如英國的一樣，實際不能運用，憲法上的規制，成為死的文字。拉脫維亞(Latvia)及立陶宛(Lithuania)的總統則只有極小之中止的否決權。因為在拉脫維亞，總統的否決，只須國會(Seimas)有出席議員的普通多數即可予以推翻；在立陶宛則以全體議員的多數亦可予以推翻，所以總統否決權的效力是很微弱的。而且立陶宛憲法還規定，國會以四分之三之多數宣告某種法案為緊急法案者，則總統的中止的否決權亦不能行使；拉脫維亞憲法固予總統以延期公佈法案，並予選民以要求交付複決的機會，但該項法案如以四分之三的多數再予通過，或則該項法案原經四分之三的多數宣告為緊急法案者，則總統此項權力亦不能運用。所以拉脫維亞總統的交付複決權與德憲所定，又不可作同日語(註三)。

總而觀之，則上述諸國都採用或強或弱的否決制，而這些國家又都是施行責任內閣制的。前已言之，英國自責任內閣制確立後，英皇的否決權已失去其效用，為什麼歐洲這些採用責任內閣制的國家，却又同時配合着否決制呢？個中原因誠如莫爾根 (J. H. Morgan) 在其所著的「第二院在憲法中之地位」(The Place of a Chamber in the Constitution) 一書所謂：在英國，其政府不單對其自己所提的法案負責，並且對議國會通過的任何法案負責，但國會所討論的法案出自議員個人所提者，微乎其微，百分之九十五以上的法案，都是出自政府。而且「一種政府法案是許多練達的人的製作品；議案起草人務使所提的法案與現行法律的體制巧合；財政部必經邀請來研究所提法案可能引起國課上的什麼負擔；並諮商有關各部表示所提法案將增加它們什麼行政責任」(註四)。正因為英國內閣提出的法經過這些練達的人與關係方面多方研究，籌思至再，所以內閣所提的法案自然不會有與政府相忤的情事而需用否決權以否決之者。假如國會硬要通過內閣所反對的法案，則非解散國會，則必內閣辭職，亦無假乎否決權以資周旋的必要。所以英國否決權之所以失去作用，實因內閣能絕對控制國會立法，當其失去這一控制力時，則亦非否決權之所能挽回危局。但歐洲各國的情勢與英國不同，政黨林立，內閣非由一個多數黨組成，在聯合內閣的情勢下，政府控制立法的能力絕沒有英國那麼強，當時各國制憲人士，認為唯有予元首以否決權，才可予國會以相當的節制，而彌補這一缺點，所以歐洲各國將內閣制與否決制配合運用，其原因即在乎此。

四　我國憲法何以採用覆議制

我國憲法是頗富責任內閣制的意味，如第六十五條第一項已有「行政院院長由總統提名經立法院同意任命之」的規定，是則出任行政院院長者，非為立法院中多數黨的領袖，亦必為多數領袖所支持的人物，是即具有多數黨組閣的意義。第三十七條說：「總統依法公佈法律，發佈命令，須經行政院院長之副署，或行政院院長及有關部會首長之副署。」是即採用責任內閣制中的副署制度。而憲法第五十七條第一款已課行政院有向立法院提出施政方針及施政報告之責，復賦立法委員在開會時有向行政院院長及各部會首長質詢之權，凡此都是表現責任內閣制的精神。但第五十七條第二三兩款却規定：「二、立法院對於行政院之重要政策不贊同時得以決議移請行政院變更之。行政院對於立法院之決議，得經總統之核可，移請立法院覆議。覆議時，如經出席立法委員三分之二維持原決議，行政院院長應即接受該決議或辭職。三、行政院對於立法院決議之法律案、預算案、條約案，如認為有窒礙難行時，得經總統之核可，於該決議案送達行政院十日內，移請立法院覆議。覆議時，如經出席立法委員三分之二維持原案，行政院院長應即接受該決議或辭職。」是則我國是在責任內閣制之下，又採用覆議制度。然則，這一制度的立義何在呢？揆厥原因，不外三端：第一、我國立法機關係採用一院制，並無第二院以牽制立法院的衝動急進或草率立法，所以授行政院以經總統核可後行使要求覆議權。第二、我國中央政治制度已採用責任內閣制的精神，可是不採用責任內閣制中的解散制，即行政院不能解散立法院。行政院已要對立法院負責，却沒有解散制以為牽制之道，不得已乃師總統制下否決權 (veto power) 的意義，授行政院以要求覆議權，以期在行政立法兩院意見參商時，行政院呈經總統核可，得有一抗衡立法院的機會。第三、在責任內閣制下的國會議員大都是得兼任閣員的，以期溝通國會與內閣間的意見，使兩者化為一體，而便立法與行政間不致歧趨。而我國在憲法第七十五條「立法委員不得兼任官吏」的規制下，立法委員不得同時為行政院的部會首長或不管部會政務委員，由是，行政立法兩院在立法的旨趣上事先已沒有溝通的機會，遂致立法院所通過的法案，未必能合乎行政院的所需；假如立法院通過而行政院却認為「窒礙難行」的法案沒有一個補救的辦法，則必致陷於僵局。為這一補救辦法的設計，於是特授行政院以要求覆議權。

總右所述，可見我國的中央政治制度，一方面是採用責任內閣制中大部份的精神，他方面又擷取了總統制中的要求覆議制，這在政治制度上，可以說是一種新的設計。在這一新設計之下，雖予行政機關以要求覆議權，以期牽制立法機關衝動急進和草率立法，但其終極目的，則在求得政局的安定。蓋在普通的責任內閣制之下，立法機關有了不信任投票權，就難免濫施不信任投票，使行政機關常陷短命內閣的悲境；行政機關有了解散權，亦難免濫行使用，使立法機關時常改選，徒滋紛擾。我國憲法為避免這些不良現象的發生，乃不採用這兩種法制，而授行政機關以總統制下的要求覆議權，俾有抗衡立法機關衝動草率的機會，而無拚個你死我活的意義，所以我國覆議制度的終極目的，在求立法行政兩方意見相左時能得合理解決，而期政局的安定。這一前提觀念必須肯定，然後才能體認出我國覆議制的真諦。

五　覆議權的行使程式

正因為我國的覆議制是新的政治制度下的一種創制，於是在實際運用上就不免發生許多不大不小的問題。這些問題經多方議論之後，有的已有一致的答案，有的仍在計議之中，茲應一併予以檢討，藉作本文的結論。在檢討這些問題時，必須把握着上述的前提觀念，然後對於問題的體認才能真切，對於問題的解決才能恰當。這些問題，有的是關於行政院要求覆議權的行使方式，有的是關於立法院處理覆議案的程式，茲分別論列如次：

一、覆議案的性質問題：　我國覆議制度與美國憲法第一條第七項第二款的規制相類(註五)。美國總統對於否決權的運用是應對整個法案行使的，即總統接受某一法案或否決某一法案，都是對整個法案爲之，不得對某一法案的某些條文或某些部份行使部份的否決權（item veto），所以美國無分項否決之制(註六)。而且美國總統否決法案時，係將否決諮文，連同國會移請簽署的法案原本，退回國會(註七)，在原本退還的作風下，自無行使分項否決的機會。正因這樣，於是有些論者認爲，我國覆議權的行使，亦當是對整個法案行使的。其理由是：憲法第五十七條第三欵所定的覆議，是全案應否「維持」的覆議，而非案中某條某項應否「修改」的覆議。因此肯定：①覆議案必具有重要政策性爲立法行政兩方爭持焦點，倘不獲致解決，可以促成行政院院長辭職及內閣改組的嚴重結果。②覆議案必爲整個的案，西方所爭執的是在該案的基本精神，而非案的枝節問題，果是枝節問題，行政院就可簡單的提出修正，毋庸請總統核可，更不用以去就來爭了。這一說法完全是鑑取美國總統行使否決權的事例來立說。然而美國總統不能行使分項否決權，已爲美國學者所非議，尤其對於撥欵法案不能行使分項否決權實爲一大困難。美國各州鑑於這種困難，由是有四分之三以上的州憲（即三十九州的州憲）都授州長得對撥欵法案行使分項否決權，而南卡羅林那及華盛頓兩州則更授州長對於任何法案都得行使分項否決權(註八)。這一辦法，在美國各州已深感利便，所以美國學者頗多主張美國總統的否決亦應擴展爲得行使分項否決者。這一新的事例和主張，我們不應忽視。然則，在我國斤斤主張覆議權的行使應對整個法案行使，不能部份行使的說法，實非所宜。且如前所述，我國覆議制的設計，係在安定政局的前提下，使行政立法兩方的歧見，得有合理的解決，未可認爲行政院一經提請覆議，即認爲是以去就來爭，果如是說，則覆議制度不啻爲變象的不信任投票制了。現在抱持這種見解的人並不多，且無成立之可能，可不必多論。

二、移請覆議案可否附具修正意見？　美國總統對於國會移請簽署的法案，要接受即整個接受；要否決即全案否決，自無於否決之中附具修正意見之可能。由是，有些論者認爲行政院移請覆議案時，不能附具修正意見。且以爲依立法院組織法第七條的規定，行政院所提法案於議決之前可提出修正案，於議決送請總統公佈之後，更可隨時提出修正，何必於移請覆議時附具修正意見。這種說法，自然言之成理。惟有應注意者，有些法案於公佈施行之後，即可能發生嚴重結果，假使必俟公佈再行提出修正案，則這一結果已經發生，當無可補救；而這一法案又確爲政府所必需，未便全部予以否決。且如我國民法全部條文達一千二百二十五條，假使在立法機關議決送請公佈時，行政機關認爲其中有些條文欠妥，未可公佈施行，只得移請覆議；在此移請覆議時，如將全部條文否決，當非事勢之所許，如不許附具修正意見，亦非計之得者；所以於移請覆議案，附具修正意見或對案，實爲事勢所必需。又在美國各州之中，爲謀州長得提出修正意見，乃有一種特別的設計。這就是阿拉巴瑪(Alabama)、維基尼阿（Virginia）及麻包諸塞（Massachusetts）三州，允許州長對於否決權的行使得於下列兩種辦法中擇一行之：一則否決法案，一則以原案附具修正意見退還議會。在採取後一辦法時，議會以普通多數表決，以決定接受或拒絕州長修正意見，議會如果接受的話，則將修正後的法案移送州長簽署公佈，這時州長之必樂於公佈，是不待論。議會如果拒絕修正意見，則將議會最初通過的原案再移送州長，這時候州長可以再考慮簽署公佈或予以否決。論者多謂這一辦法使行政立法兩者間多一溝通意見的機會(註九)；不若聯邦總統與國會間一開始就進於攤牌的地位，故認爲這一辦法下的覆議制實較聯邦所行使者爲優。由這一事例的啟示，益足證我國的覆議制應許行政院移送覆議案中得附具修正意見。

三、立法院處理移請覆議案的程序問題：　以上所述，爲關於行政院行使要求覆議權所涉及的問題。然而我國的覆議制度係屬一種新的創制，而這一新的創制又在初行的階段，所以不但行政院應該怎樣運用這一制度會引起論者的議論，而且立法院應該以怎樣的程序來處理行政院移請覆議案也會發生爭議。這種爭議可能涉及三點：一爲立法院對於行政院移請覆議案應否交付審查？二爲立法委員對於這種覆議案可否加以修正？三爲立法院對於這種覆議案應該怎樣表決？

關於這種覆議案應否交付審查的問題大體上可有三種看法：①不必審查說。抱持這種見解的人，認爲立法院對於這種覆議案，祇要看行政院要求覆議的咨文有無存在的理由，能不能接受，在院會討論之後，就可明白，交付表決，再無交付審查的必要。②應付審查說。此說認爲所謂覆議，乃爲再考慮之謂，既是再考慮，當然應予以審查；且覆議案關係重大，必須慎重處理，爲了慮重起見，更有交付審查的必要。③應視案情酌定說。此說認爲覆議案之本質爲政府提案之一種，依例自可交付審查，但覆議案的性質如爲對原案絕對性的存廢問題，則不必交付審查。這三種說法，自以第二說爲當。誠以如前所述，在我國的覆議制之下，應許行政院對於原案得分項要求覆議，且應許以得附具修正意見，在此前提之下的覆議案，自應交關係委員會審查，俾對於分項覆議涉及全案的關係，及修正意見之是否恰當，作縝密研究，以期盡善，所以應付審查說是實具理由。至於行政院所移請的覆議如係要求廢止全案，則係屬整個法案的存廢問題，情勢極爲明朗，似不必再付審查。但這種覆議關係相當嚴重，自應特別慎重，不加審查，逕付表決，未免欠當，故爲慎重計，仍以交付審查爲宜。不過此項覆議案不必交關係委員會審查，而應交全院委員會審查。

假如採取覆議應對全案覆議，不許分項覆議的說法，則立法委員對於這種覆議案自無提出修正的餘地。但我們既採得以分項覆議之說，且許以得附具修正意見，則依一般議學原理，任何修正意見在討論進行中，自可再加修正。所以立法委員對於附有糾正意見的覆議案之可提出修正，當爲事勢所必需。但委員所提的修正案，勢將受到一種前提的約束。即行政院之所以要求覆議，乃因法案「窒礙難行」，其所附修正意見，必然是在排除窒礙難行的因素。所以委員對此修正意見所提的修正，亦必在減少窒礙難行的前提下計議，假如其所提修正案在增加窒礙難行的作用，則與此前提相違，自非事勢之所許。至於行政院移請覆議之案如爲要求廢除全案，則在這場合下，立法委員不但對此項覆議案根本無相對修正之可能，而且對於原案也不得加以修正。誠以行政院要求廢除原案，乃係對原案意思而發，將原案加以修正，則爲一種新的意思表示，這種新的意思行政院能否接受呢？如果不能接受，則又無再度移請覆議之可能，如以此迫得行政院院長辭職，於理又屬不安，所以在此場合下對原案加以修正，實徒滋紛擾，萬不可行。

關於覆議案表決問題的論列，且先看各國的事例。美國國會對於覆議案的表決，係將應否維持原案付表決，這一表決如得出席議三分之二的可決，則維持原案，否則，即原案廢棄。其特點係着重於須獲出席議員三分之二的可決，才能維持原案。法國國會對於覆議案的處理，係依普通程序進行(註十)，義大利亦係採取普通程序。我國的覆議制假如係採全案否決制，不用分項覆議制，則亦直截了當，將應否維持原案的問題，提付表決，依憲法第五十七條第二三兩欵的規定，計算其結果，當亦沒有什麼問題。但如前所述，我國覆議制以分項覆議及得附具修正案爲得計，於是在表決上乃有各種不同的看法：①適用憲法程序說。此說認爲關於覆議案的表決，憲法第五十七條第二三兩欵已有「……覆議時，如經出席立法委員三分之二維持原決議，行政院院長應即接受該決議或辭職」，「……覆議時，如經出席立法委員三分之二維持原案，行政院院長應即接受該決議或辭職」，行政院移請覆議案的表決，自應依此規定，將是否維持原案提付表決。②適用普通程序說。是說認爲憲法第五十七條第二三兩欵規定的意義，是在確定行政院應怎樣對立法院負責，明白規定如覆議案經出席委員三分之二維持原案時，行政院院長應即接受該決議或辭職來對立法院負責，這是對假想的表決結果所作應如何負責的規定，絲毫不涉及表決的程序問題。憲法上既未規定特別程序則當然適用普通程序，且有以爲覆議案既是交付審查，則審查必有報告，院會討論審查報告之後，自當依普通程序予以表決。此外，更有認爲委員會審查以後，提報院會，行政院原案不存在了，要討論的是審查報告案，審查報告案當然依普通程序處理。③分別處理說。此說認爲覆議案如係要求廢除全案，則應就原案存廢問題，提付表決，依憲法第五十七條規定計算其結果；如覆議案附有修正案，則依普通表決程序表決之，如覆議案所附之修正案及委員對此修正所提之修正案均不通過，再表決原案，並依憲法第五十七條規定計算其結果。以上所述三說，均有其獨特的見解。但筆者却認爲，按之議學，一般的覆議，乃謂推翻表決而後開議也。行政機關移請立法機關的覆議，乃行政機關希望立法機關撤銷其原案也（不論整個的原案或原案的一部份）。準如是說，則立法機關對於行政機關移請覆議的案，不論其爲否決全案或原案的一部份，均應先將維持原案與否，提付表決。在我國說，應將維持原案問題，依憲法第五十七條第二三兩欵規定提付表決。如通過維持原案，則覆議案所附的修正意見，自無討論表決之餘地了。如維持原案不獲通過，而其覆議案係要求廢除原案全案者，則原案打銷；其係分項覆議而又附有修正案者，則對於此項修正案，應依普通程序處理。因爲此一修正案乃爲行政機關對於原案以外的另一意思表示，且立法機關又可對這一修正案再加以修正，由是這些修正案都是新的意思表示，這些意思表示，與憲法上所規定的責任問題不發生關係，自可依照普通程序處理。

覆議制度的運用問題，簡約具論如右。最後猶有一義應陳明者，行政機關的覆議權，只能對立法機關通過的法案行使，不能對立法機關否決的法案行使。蓋覆議制度的作用，有以少數推翻多數決議的效力。以覆議權來否決已成的法案，意在使少數得有抗衡多數的機會。這只是一種消極的阻力，使少數得有相當的保障；反之，若覆議權可對立法機關已否決的法案行使，則有予少數以積極發展的意義。民主政治固有保障少數的義理，但絕無予少數以積極發展，反而壓制多數的命意。行政機關之所以不能對立法機關所否決的法案行使要求覆議權，其道理即在乎此。

（註一） 見 John A. Fairlie: "The Veto Power of the State Governor" in the American Political Science Review XI (1917) pp. 475, 477.

（註二） 見 Robert Rienow; Introduction to Government, 1952, p. 75.

（註三） 參考 Agnes Headlam-Morley; The New Democratic Constitutions of Europe, pp. 166 ff.

（註四） 錄自註三 p. 159 引文。

（註五） 美國憲法第一條第七項第二欵規定：「凡通過於衆議院及參議院之法案，應於成爲法律前，呈遞於合衆國大總統。大總統如批准該項法案，即應簽署之，否則退還之，但退還時應附異議者，發交提出該項法院之議院。該院應將該項異議者詳載於該院議事錄，然後進行覆議。如經覆議後該院議員三分之二人數同意於通過該項法案，即應以之連同前項異議書送交其他一院，該院亦應加以覆議，如經該院議員三分之二人數之認可，該項法案即成爲法律。……如法案於呈遞大總統後十日內(星期日除外)，未經大總統退還，即視經大總統簽署，該項法案定爲法律……。」我國憲法第五十七條第二三欵規定，與美憲精神相當。

（註六） 見 Claudius O. Johnson; Government in the United States, 1926, p. 266.

（註七） 杜魯門於一九五二年所著的「總統先生」(Mr. President) 一書對於總統簽署法案和否決法案的手續，敘述甚詳，可資參考。

（註八） 見 Claudius O. Johnson; Op. cit. pp. 267, 292.

（註九） 見 Claudius O. Johnson; Op. cit. pp. 292, 293.

（註十） 見 D. W. S. Lidderdale; The Parliament of France, 1952, pp. 204-205

「權」「利」的發展與歸着

徐傳禮

一

在我們這個世界上，有一些自以爲精力充沛，出衆一籌的人，而對一個生氣消失的社會而喜形於色。他們說：「我們的時代來了。」他們可以無拘無束，馳騁於人間；可以製造口實，威迫利誘，活躍於庶衆。因此，每一個面對此複雜狀況而寂寞易感的人，根本無法冷靜的分析一個人應該做什麼？只好隨着外在環境力量的壓縮而流向。久而久之，羣衆的心理與行爲，自然而然的依着情勢的轉變而轉變。於是由懷疑而恐佈，爲了免於此恐佈，不得不覓取權力的保護，最好自己就有極大的權力。爲了自存與滿足，自然就去逐鹿利益的分沾。於是「權」「利」的爭奪，便表面化，具體化。最初還是消極的不得已，結果流變爲無目的的攫求。

其實「權」「利」，並不是壞事，「權」「利」的競取，也不就表示：人性生來就是惡的，而貶低了人的價值。這只是說，眼前的事實，是如此。暴露了眞的事實，在讓人深入問題的核心。

那麼「權」「利」對人究竟怎樣呢？「權」「利」的確令人眩困與惶惑；令人欺人與自欺。

「權」會麻痺情感的，故「君子無爭」，但很多人都要權力；「利」會模糊知覺的，故「子罕言利」，但少有人能够這樣做。儘管有人華貴其表，但掩不了內心的私慾；儘管有人藏起了雲紗，僞飾爭奪的厲爪，但欺騙的尾巴，仍然欲蓋彌彰。每一個人都會說：我不要「權」「利」，而每一個人都不忘情於「權」「利」，都拼命的追逐「權」「利」。「權」與「利」是每一個人口頭上所深惡痛絕的，也是每一個人心底裏無任歡迎的。

說穿了，「權」「利」並不神秘。每個「權」「利」爭奪者，爲了取得「權」「利」，爲了表示其「廓然而大公」，就不得不「好話說盡」，不得不注重手段和技巧。把雪紗罩上以後，於是狡猾的狐狸尾巴，便逞風順時的掃蕩千軍了。但人們都沒有注意到，那一層輕霧似的雲紗後面，是埋伏着一對鋒厲的鐵爪，有一天雲紗被飄風吹落了，也就是流血開始的時候。兇狠的獅子是不畏犧牲的，犧牲愈多，愈顯其厲爪之銳健。爲了鞏固既得的「權」「利」，災害將會繼續不斷的累積加深。試設身處地的想一想，天眞可笑的人們，怎能與比狐狸更狡猾，比獅子更兇狠的「權」「利」狂者，爭一日之短長？

「權」與「利」是孿生弟兄，互不分離的。權力保衞利益，利益擴大權力，二者相互映輝。這裏必須要承認：「權」「利」的本身，確無絲毫的過失與罪惡。過失與罪惡的產生，在「權」「利」爭奪的人，在瘋狂無理性而不擇手段所製造出來的後果。古代的專制暴君固欲有奴役其帝國與臣民的「權」「利」，同樣的，五歲的頑童，又何嘗不希望有支配其木槍竹馬的「權」「利」。所以「權」「利」的弊害，不在「權」「利」的應有領域，而在「權」「利」的無限獨佔；不在多元的分散，而在一元的集中。分散是各有領域的，集中是自我獨佔。

儘管「利」被人私下裏視之爲寵兒，但人表面上仍裝着澹泊明志不屑一顧之態。書生氣過重的先生們，仍不知好歹地說：「王何必言利」，可是王怎能忘掉那寤寐以求的「利」。「利」是充實「權」之內容的，沒有「利」，「權」將落空，「權」是保障「利」之行用的，沒有「權」，「利」將消失。爲了擴大「權」，爲了增進「利」，(不論這個「權」「利」是爲一個人或多少人的)爲了名正言順的掌握，迫不得已，要找出一大套嚴密整齊的理論體系，將「權」「利」從不可見人的陰影裏牽了出來，披上了金光燦爛的法衣，堂堂然、登臺說教。不過，天下事總不像想像中的兩全其美，利害總是相對的認識，完全一面倒的自我佔據，最後必對衆多的個人有所不利。

二

從哲學的唯心和唯物一元論之根本看來，二者都具有共同一致的精神。不論是黑格爾的絕對觀念或馬克思的物質宇宙，都意欲建造一個統整不變的本體法則。在他們所粉塑幻構的宇宙藍圖裏，一切的個體事物，俱是全體的附麗，是達到這個實在目的的工具和手段。一切五光十色且具體複雜而異質性的東西，均不過因此劃一的宇宙存在。這一個觀點，肯定了社會的全體性，自然全體可以包括個別，代表個別。不僅如此，爲了全體的存在，全體是可以犧牲個別的；個別的單位，從來就不能自由。此一論說，極得暴君、獨裁者、熱情浪漫的武士及一切「權」「利」狂者所喝采與寵幸。唯心派大師黑格爾對此有其一套「深邃」的議論。他認爲世界是全體的，觀念的，這個觀念是絕對的，絕對的運動與程序，有它自己的法則和目的，控制人的思想與無知的自然，這就叫做「理性」。要了解眞實而生動的事實，必須用此理性的綜合方法，只有透過枝節的部份，才可以了解活潑潑的有機全體；如果一味死板的分析全體，只有使生機的全體，支解爲鷄零狗碎的片段，無法觸擊到問題的核心，而使問題呈致麻木不仁的狀態。因此在政治上强調國家是完備的道德建築物，是一個有生命的實體，它本身的權力與崇高，都是實在的。個體必須從屬於羣體，羣體的人與個體的人是不同的，則羣體的人的本身，當然即不同於也不是它所由組成的分子，而是另外的一個什麼東西。個體之服從這個最高觀念，而管束其自由的行爲，這個自由，才是眞正的自由，唯有如此，亦才能得到眞正的自由。

只有國家才可以代表這種客觀而普遍的精神，它的最高義務，是維持其本身的存在，應該無情的懲罰那些無政府狀態的製造者。它底至高無上性，是超越家庭、社會、個人而存在的。它有它自己的目的，而不是許多個體目的之綜合，所以它既不是個人，也不是個人的總和。這種國家的理念，透過君主而具體的實現；理性本非人格的，但一落實，便意識化，人格化。於是人格化的形上理論，變爲最高意志，而這個最高意志的執行人，正是代表國家的君主，普遍意志再轉變爲個人意志。因此，君主他是自由的，若無君主，國家只是一個抽象的形式了，國家的權力意志，只有君主才可具體的實現。故最好的政體，是君主政體，也是發展至最高階段的政體。

這是否是「架空的胡說」(Nonsense upon stiets)，事實是可以給予答復的；這種理論確曾鼓動了龐大無比的力量，使思路原始者盲目前進。處此火霧迷濛的場合，冷靜分析的人，一一敗下陣來。任你如何的說服、證驗、終扭不過那些宗教般的狂熱「信」念。你的理知分析，無法幻構一座玲瓏巍巍的玉宇瓊樓，使他們有羽化登仙之感。在香烟繚繞、妙雨紛紛之下，頑石尙且點頭，何況是失路的人呢？既有創造「神謎」(myth) 之「先知先覺」的指路，於是就有「迷信」者之不知不覺的尾隨。被奴役的謂之有服從的美德，乃沾沾色喜，奴役的叫做領導有方，也安之若素。這本是一個錯誤，正「因爲這個錯誤，乃有黑氏哲學體系這種堂皇的氣象。這解證一個重要的眞理，即：你的邏輯愈壞，則你的邏輯所引起的種種結論，亦愈有趣」。

是故個體在這種最高觀念之下，必然是微不足道，無關緊要的。可是人畢竟還是有懷疑精神的動物。

「眞理」常爲人所誤解，也常爲人所播弄。明白的說來，一個情況混沌內容貧乏的社羣，往往會使眞理遭到了不可理解的難關，往往有藉着權力支配的眞理出現，換句話說：也就是「權威卽眞理」。一個受過訓練，陰謀百出的少數派，往往會藉着騙詞來取得權力，再控制權力，發揮權力，終至濫用權力。這種權力使羣衆完全失去了心智的主宰，很容易使羣衆心甘情願的欺騙自己。於是，他們就有了『力量』。

當然力量是人之運行所必需，無可反對，同時「權」「利」的具體呈現，也就是力量。可是「權」「利」却因此而益囂張與跋扈，不但因環境的恐懼、怨恨與習慣而膨脹擴大，卽屬於人的意慾與倫理，也在逐漸的灌助其生長。尤其是人之要求滿足而捉摸不定的感情，最易與「權」「利」並蒂滋生，「因爲一種感情，不論好壞，都有永久繼續下去的傾向」。

過度傾向的感情，使每一個「權」「利」瘋狂者，都自以爲生命旺健，意志果決，肯定自己。自以爲一等超人——超人的生命，天生就是選擇的、貴族的、不平等於常人的；有使命來改造舊的世界，創造新的理想、價值與文化。學會了欺騙人，還叫人願意被欺騙，講了漫天的謊話，能使人相信是肺腑良言，破壞了風俗道德，却又叫人相信自己具備了菩薩心腸。

三

民主是一種政治制度，一種生活方式，也是一種可能的理想。它和科學一樣，科學雖是一種分析、觀察、實證和求眞的知識，但民主的包容性、試驗性與科學的客觀性、求證性，是體吻神合的。故民主的方法與精神是科學的，是實實在在的東西，絕不是虛懸半空的妙論和吹牛的口號，而是與人利害相關，是非相連，是人所經歷、改進的一種適當安排。

或許有人會以爲民主只是一種單純的政治機構，這實在是誤解，一種認識上的錯誤。誤解在把民主的制度，看得過於機械和靜止，忽略了環境的動力性。錯誤在把人看得過於有限和固定，忽略了生長與發展性。它是具有廣被內容和彈力的制度，所以它永遠前進和接受外來的事實和理想的補正。

什麼叫做民主的生活方式呢？民主的生活方式是寓政治於生活之中，而不是把生活隸屬於政治之下。民主的政治觀，把政治看作一場球賽，勝敗下次再來，而不是嚴肅的祭典，要隆重的供列犧牲。政治與經濟、道德、甚至個人事務，男女私情，俱是一件事體，並無特殊之處。它是構成一條大河的支流，是個別的，而不是全體的；是部分的，而不是唯一的。它不可能泛及於一切的事物，當它能泛及於一切之時，也就是宣布政治本身之原始的崇高目的之死亡。民主政治它是承認個別觀點，部分觀點的，它是啓蒙思想成熟的碩果。因爲啓發理性，所以人才能眞實而勇敢的面對現實，坦白地接受經驗所給予的啓示。民主政治之所以偉大，在於不僞造事件的眞實，而是誠懇的接受眞實的事件；在眞理的燭照下，毫不畏縮的承認往日所有的謬誤，永遠起目昂首，向前邁開大步。因此民主政治，同情多元的存在，保障個體的自由，反對武斷的獨裁。它是一個架子，制約着政治權力的飛揚。

政治不患有權力，而在權力的寄託，故民主政治不反對權的運用，而注意「權」的運用形式。這種權是取出衆人相同的公決，委託其代表，並且通過時間的鍛鍊與了解，同意或撤回其權的授予。它也不反對「利」的取得，頗同情斯賓挪莎 (Spinoza) 的話：除非我們先有生活和爲人的要求，我們是不能好好地生活，好好地爲人的。又說：「我們不能設想還有什麼德行，會比自我保存 (self-preservation) 的努力，更占先一籌的」。自我保存是人活着最原始最基本的要求，是人類文明的原動力，壓抑生命的慾望，無異是忽略一座行將崩拆的堤壩。民主政治正是要將這兇蠻的洪流，因勢利導的引到大海裏去，把它正正當當地引到公園廣場上，引到會議桌臺上來，把僞裝的面具拿開，把眞實的事件，一件一件呈現於衆人之前，等待不同意見的評判，或許眞(事實)的不善(理想的)，眞的不美(追求的)，但它可以透過其自身的規範，慢慢地接近了善，接近了美。最要緊的是：這個規範是它自己的，也就是民意的。

（下轉第21頁）

人權與聯合國憲章之修訂

Quincy Wright 著
呂　光　譯

國際法上關於保護人權之努力非自聯合國憲章始。其先即由希臘哲學家與羅馬的法學家們經過苦心孤詣的研究確立了自然法上人的權利和義務的概念。這種概念復由中世紀神學家之著作與夫文藝復興時代法學家們之學說加以發揚光大使得成爲國際法之基礎，從而對於一般之獨立國家有所約束。公元一五三二年法蘭西斯哥·德·維多利亞 Francisco de Vitoria 在其所著 "Relectiones de Indis et de jure belli" 一書中首創此項學科，主張否定自然的交易和傳道活動的權利，造成了 Corte's 人征服墨西哥之原因。繼古典派學說以後的國際法之概念則在於保護個人以及國家之基本權利。洎乎十八、十九世紀時期，國際法又偏重於國家的權利方面。由於國家主權與獨立觀念之先入爲主，以致忽略了國際法原來的個人的權利。於是，國家便成爲國際上唯一的主體，也得任意對待其領域內之人民。

然而從偶然的事件去制止一些反乎人心的欺壓、迫害和非人道之行爲，即被認是公正的了，推其道德之根據則又多於法律方面的根據。

當十九世紀末葉關於人權的定義更見具體，並且獲得了更多的發展。在外交方面的宣言中，在仲裁文件中，都確立了「國際標準」，藉此標準對於一國領域內之外國人有其適用。同時使一般涉及士兵、水手、少數民族、工人、女子權利的條約發生效力。

雖然國際聯盟制度最主要之目的在於保障各國之權利，尤其是小國之權利。也肯定國家對於勞工維持公平和人道的待遇，並保障對本國領土以內居民的公正待遇之義務。委任統治制度和國際勞工組織建立之目的即在於發展上述公平待遇之標準，及擬定維持此種標準之步驟。很多國家爲保障少數民族所訂之條約及其實施程序，在國際聯盟制度中也曾獲得了發展。

一九四一年一月美故羅斯福總統主張的「四大自由」，同年八月之大西洋憲章以及翌年一月之聯合國宣言，都確定了戰爭之目的在於保障人權，也是爲了支持反對納粹所加於猶太民族和其它自由民族非人道待遇而發。以上各項的宣言在紐倫堡 Nuremberg 及其他戰犯法庭上對於戰犯們反乎人性之舉動所爲之審判中獲得了實現；在聯合國憲章之序言中重新確定了對於個人基本權利之尊嚴，價值以及男女平等之信念；在聯合國憲章中更有若干條欵規定聯合國及其會員國應保證促進對於全人類的基本自由和人權的完全尊重與恪守，不因種族、性別、語言、宗教而有所歧異。但是事實上這些理想尚未完全實現。

從歷史上看，對於實現普遍保護人權此一概念的努力，隨着各國間之密切接觸及共同之文化，宗教水準的比例，相因相成。這種努力已經在羅馬的萬民法 Jus Gentium 和自然法 Jus Naturale，中世紀的神法和自然法，文藝復興時代的自然法和國家法，以及最近保障人權及基本自由的運動中很清晰地顯示出來。在這些時期中之努力——自野蠻法 (lex barbarorum) 至馬基亞佛利 (Machiavellian) 時期到現代主權國家——由於各個時代文化之不同，很難找到一致的保障個人權利之普遍標準。也由於各國文化各殊，這種保障看來似乎並不重要。

人權主義之被蔑視

在西方國家與蘇俄間冷戰之發展下，造成了兩種截然不同的文化信仰，彼此孤立。因此，使得對於國家主權之再强調及保障個人權利之努力趨於沒落，也就無足驚奇了。

蘇俄拒絕接受聯合國大會於一九四八年所宣佈的人權宣言Universal Declaration of Human Rights，並且不許進入蘇俄境內調查或報告人權保障之情形，以及美國拒絕批准齊納西協定(Genocide Comention——該協定已經蘇俄批准)，即對關於人權協定之批准也不加考慮，以上種種具足證明自從一九四七年以來對於普遍保障人權熱忱之沒落。美國布立克 Briker 修正案之活動及拒絕批准歐洲會議 (Council of Europe) 中所討論的人權保障協約，更足證明國家主權之復興和對於普遍文化信心之沒落，而人權標準祇有在普遍文化中才能產生。

除了官方的對於人權保障之沒落以外，即一般人對於人權之討論及國際間對人權保障之支持，也大爲減低，尤其美國爲然。一九四三年美國律師公會授命其國際比較法律委員會研擬人權方案，但於一九五三年反而支持一項聯邦憲法之修正案，該修正案旨在阻止美接受上述之人權方案。一九五〇年參院湯麥斯憲章修正小組曾開會討論以完成集體安全體系或建立一般地區性組合來加强聯合國，但其中涉及人權者甚少。委員會之報告中並未作任何建議，僅乎批評東西方在聯合國中衝突之矛盾結果，並指出美國不顧這種衝突在自由前提下所作求取和平之努力，由此原因近乎半數之參議員和百餘位衆議員聯合提案要求加强國際組織。一九五四年美國衆議院懷萊聯合國憲章小組 (Wiley Subcommittee on the United Nations) 集會時亦注重加强集體安全或保障美國單獨主權。在這些會議中國務卿杜勒斯與駐聯合國首席代表洛奇均未建議加强憲章中有關人權之條例。在俄亥俄州之阿克朗及威斯康辛州之米爾華基等地所發表之七十多項聲明中祇有一項曾經提及加强人權保障，此一聲明提出一個强烈的呼籲要求在憲章內附加權利法案，藉以補償自從一九四五年以來人權保障之損失。

一九五四年三月由聯合國美國同志會發起於華盛頓舉行的九十五個國家組織的會議中曾強烈地反對布立克修正案而支持人權條例 (Convenants of human Rights) 與齊納西協定及婦女參政權條例 (Convention on the Political Rights of Women)；並對於美國政府就此等條例所採之消極態度表示遺憾。這次會議縱然有此表示，但其主題仍着重於加強集體安全，原子能管制和裁軍計劃。

普遍標準的需要

保護人權之努力的退步將是短暫的，不但可於一般要求之人權保護和一再於文明歷史中主張此種需要方面顯示出來，抑且時至現代仍有要求考慮保護人權之必要。

世界不斷地在縮短它的距離，電訊交通，航空事業，和原子能有增無已地使每個人都可能知道其他地方的情形，也可能受到來自別地方的攻擊。不管對於交通、貿易，和侵略等等人爲的阻碍，世界上在物質方面的互相依賴，仍將繼續促進道義上的統一。人類的良心將繼續受到像蘇俄勞工營、南非、美國的某些地方以及若干落後國家中的情形的震撼。這種情形曾在聯合國大會所提出的許多提案中表現出來，這些提案而是爲了討論那些種族歧視、欺壓、迫害的惡例，以及有關之技術援助與照顧兒童等問題。此種情緒將繼續促成一個更精確的標準及更有效地實行人權。

對於戰爭的恐懼和更有效集體安全的需要，將無可避免的導致一項事實，那就是和平爲社會的作用，同時社會又代表一種共同的價值標準。全世界將不能聯合起來抵抗侵略，除非它能爲人類價值之利益互相團結。「人權宣言」就是一種確定人類團結之價值所作的努力，普遍人權的標準便是在好幾個國家所組成的集團中達到一種能够維護和平的狀況。

進一步言之，對於此種標準之尊重，保障每個國家的和平與正義，即是多數國家彼此信任的條件，進而促成共同合作。馬歇爾將軍在國務卿任內對這方面曾發表如下談話：

「那些有計謀的忽視本國人民權利的政府即難期望它能尊重他國政府與其人民之權利，並且它可能在國際間施用強暴或武力以遂其目的。」

國權與人權

隸屬殖民地之人民以及聯合國憲章所支持的「民族自決」的原則，祇有出於自由選擧或被統治人民公意之表達方式，才能和平實現，而此種公意至少須在尊重言論、集會與社交自由，及依據法律進行適當的偵查、審判程序之領域內始得表示出來。

民主的本意，是在一個合法設立的團體內有繼續自決的機會，它說明了國家爲人民而存在，人民非爲國而生存 ("The State is for Man, not Man for the State")。假使一個國際公法是爲了保障某一主權國家以迫害、屠殺、歧視、和不公平之手段對待本國人民，則將是一個專制的而非民主的國際公法。除非一個國際公法能證明它對於某一部份人民和全人類都同樣的關懷，它便不能獲得智識階級的支持，因之亦無由存在。一個民主制度很健全的世界，非指所有的國家都合乎西方民主標準的世界而言。實際上除非所有的國家不論他們確定對於人民意見的價值，其程序是如何規定，或是否經由選擧取得政權，祇要能够尊重民主制度的要義，那便盡其保障人民權利之職責。反之，這世界便不能成爲一個民主的世界。

國際人權保障是集體安全，國際正義，自決和民主的要素。在現代交通發達狀況之下，國家之權利，惟有在一個尊重人權的世界上才能得到保證。

這個主張並未忽略許多個人的權利與地方情況的相對性。本國法，自治法，以及適應各種宗教、文化、歷史、制度、經濟和社會特殊情況的法律，其重要性並不亞於對于來自社會本質之天賦人權的普遍尊敬。卡納特斯(Carneades) 以及一般現代人類學家主張的權利之極端相對性，他們認爲所有的權利都是一種特殊文化、習慣、及傳統的産物。這種看法却忽略了所有的人都是一個具有共同生理需要及有機種族之一員，也是具有共同心理需要的道德動物，更是具有來自任何社會之共同需要的社會動物。

在聯合國憲章中所包含的調和人權與國權之問題是不容忽視的，這個問題必須繼續加以研究，因爲，地方性及一般性的權利界限，隨時跟着國際間的交通、文化、社會與組織之進化而改變，不論從生理、心理或社會方面來觀察，人類決非靜止不動的。

國家的國內管轄權

對於一個國家國內管轄權之普遍尊敬，也就是對於人權普遍尊敬之證明。在國際法之下，一個國家之國內管轄權的決定，首須顧及是否與國際義務相牴觸，然後得以自由判斷，解決糾紛或爭論。一個國家不能對於本國或他國所負擔之國際義務作最後決定，所以一項衝突或糾紛事件，如果牽涉到國際義務之解釋或適用，便非任何一國國內管轄權所得單獨，專屬來決定的。一個國家可能根據本國法律之觀點來作一個初步的決定，但是，在國際法上却要求由雙方協議或提交於一個適當的國際權威來作最後決定。除了國際法規以外，一個國家得以其國內法之管轄權處理任何問題，這就是主權的法律意義；也可以說，主權之特質——除了國際法以外不受任何規律、定則或標準之約束。可是，由於決定國際義務之存在及其意義是一個國際法上的問題，所以在某種情況之下，如何決定一個國家的國際義務及賦予一國國內管轄權與主權之限度，其本身亦是一個國際法上的問題。

國家管轄權對於人權尊敬的限制究竟能到如何程度？這個答案在抽象方面是相當明白的；祇要一個國家被置於國際公法或條約所設定的義務之下，在此情形之下，其處置個人權利之能力，便受有限制。無疑地國際公法乃針對一國之利益，對於在外國領土內之本國人民以及在本國領域內之外國人，課以若干義務。除非能從自然法的原則中引出一個理由來，這種義務便似乎並不加諸本國人民或在其領土內之無國籍人。此項原則由於人道干涉和保障人格尊嚴的宣言而獲得支持。大部份這方面的國際義務都來自條約。訂立條約祇主權始得為之，但是一個國家如果根據條約負起尊重保障人權的義務，那便須就其國內管轄權加以限制。

聯合國憲章

聯合國憲章是一個條約，其會員國也無疑地憑藉憲章負起關於人權的義務。憲章第五十六條關於各會員國應保證採取個別的和聯合的行動與聯合國合作，阻止因種族、性別、語言或宗教之不同而異其人權待遇及基本自由之享受；又第七十三條所提及之神聖的信託與第七十六條關於促進非自治國和託管領土人民之福利、進展、公平待遇的規定。這些規定很明顯地構成了國際義務，而這等義務是否能由一個國家的法律，來自己執行，最近加利福尼亞州 Fujii 案 (Fujii v. California, 1950, 217 Pac. 2d 481) 即發生這問題。這應該經由適當的國際法程序就上述之國際義務作最後之解釋，要不能以任何一國之國內法程序解釋之。

除了憲章中所及之人權義務的承當以外，在憲章序言及第一條所闡明聯合國之宗旨中，無疑地意味着會員國更要訂立公約來負擔更多之義務，例如 Genocide Convention 及經提議過的人權公約便是。會員國為着上述目的有以善意來談判的國際義務，而這種義務則可認作道義的和政治的而重於法律的。這種義務在現有情勢下引起一種促進尊重人權最實際與最有效的爭點。在法律方面各方意見對此爭點頗為分歧。

保障人權的方法

聯合國曾經在第一次草案及大會決議中公佈一項普遍人權宣言，作為政策之鵠矢，但是並無直接的法律力量，經起草以至交付各會員國正式批准接受後，認定為合法之義務，由是確定人權的法律形式並藉國際法程序來實行保障人權。在一九五四年實際提交聯大的草案中，這些程序僅止於若干發起國家的調查和報告，個人請求加入上述程序者，雖經討論，但未被納入草案之中。

歐洲會議 (The Council of Europe) 曾進一步提出一項人權保障公約草案，由一個歐洲法院 (European Court of Justice) 來加強人權以抵制國家加害人權之行為，如美國聯邦最高法院加強憲法第十四條修正案所保障之權利以對抗各州。但是，這項公約迄未付諸實施。

有人建議聯合國大會應授權人權委員會來接受請願並就請願事項製作報告，就憲章本身之規定及人權宣言之正式解釋加以適用，於是可由許多先例逐漸累積成為一個人權法典。美國聯邦最高法院即以此方法將「合法程序」("due process") 與第十四項修正案中之「平等保護」條款撮要制成聯邦權利法典。對授權一個世界法庭於他國頒發「依法被扣」之令狀 (Writs of habeas Corpus) 以限制個人破壞人權之行動，將有裨於人權保障之發展。

聯合國與國際文教組織 (UNESCO) 也曾從事一項教育運動來教導世界人民關於歷史、哲學、法律和實用方面在現代潮流對於人權尊敬的需要。普遍人權宣言就是對于這種努力之一大成就，尤其當聯大一致通過接受這項宣言時，即連蘇俄集團也祇棄權，並未投票反對。

美國政府一度為了撫慰參院布立克修正派曾拒絕訂立條約之辦法，但曾建議經由人權委員會實施教育、調查、與報告的計劃。迄一九五四年九月止聯大猶未對此建議制成法案。

聯合國大會藉討論那些顯著的人權問題——如匈牙利之 Mindszenty 案，保加利亞、匈牙利、羅馬尼亞三國共同和平條約中對人權條款之取消，蘇俄的勞工營與戰俘及印第安人和南非土人所受之不合理待遇，以及那些託管地區和非自治領土居民之生活狀況——曾對這方面之公共利益、教育，以及人權準之發展，頗有貢獻。

權利的類型

最近有關權利的討論，常常應用「人權」一詞來概括一般被認為普遍存在的各種權利。故羅斯福總統所主張的「四大自由」，其中第一、二兩項：「言論自由」和「宗教自由」，其意係在阻止政府干涉個人，而在最後兩項：「免於恐懼」和「免於匱乏」的自由中，却進一步要求政府去保護並協助個人。在聯合國多次的辯論中，美國對于第一類型的自由尤表重視，而此類自由復與 (laissez faire) 的政治經濟哲學，相輔相成。蘇俄却着重第二類自由，特別強調社會的，經濟的權利有賴國家社會主義促進之，因此往往犧牲了屬於公民的各種自由。

關於人權的一個更完備之分類，將包括下列四點：

（一）公民自由權：這種權利，係指人民不受政府不必要的約束並享受合法的法律程序和法律平等保護之權。

（二）個人安全：係指個人遇不法之侵害或禁錮時，不論來自政府機關或他人，均應加以保護。

（三）社會與經濟的就業機會：人民經由國家教育，公共衛生，社會安全及福利設施，獲得工作之權。

（四）文化自主：係指非自治領土，少數民族，或不同國籍的人民，均得享有「自決」之權利。

公民自由權——在西方國家中，公民自由權構成了憲法上各項權利法案的主要內容。由於公民權祇包含不受政府約束的權利，故可由司法程序獲得加強，藉以消弭法律和行政決策間的衝突。

個人安全——是每一個國家為了維持社會秩序行使充分的警政和刑法的結果。國家必須採取積極行動以保護個人安全。國際行動也可對這種安全權利的普遍享受有所貢獻，其方式係促使各國間在偵查與處罰犯罪工作上互相合作，並要求各國加強制裁違反人道罪行法律的力量，這種法律可能並不必然包括於該國刑法法典之內。但是如果政府本身在鼓勵甚至也參加這種罪行，那麼，勢將造成一種像戰犯法庭上所遭遇過難以解決的困難情形。為解決此種困難，似可組織一個具有充分管轄權的國際法刑事法院，並有充分的權力使可能是政府高級官員的被告出庭應訊，接受裁判，聯合國曾發起為組織這種法院而草擬公約，可惜其中關於法院管轄權之規定，不夠充足。很明顯地，如果沒有有效的集體安全制度以抵制國際間的侵略，這個問題將是無法獲得解決的。個人安全權——即免於恐懼的自由——的實現，需要國家和國際集團雙方的積極行動，非僅止於政府不加干涉便認為充分實現了公民自由權。

社會與經濟的就業機會——是需要更積極的行動以求獲致、像教育、公共衛生、社會安全、充分就業，以及適當的工業與農業環境等計劃，不但需要政府採取積極行動，抑且需要其他政治機構和公共團體的協助。所以這些計劃的實現，須視一國的財富情形，政治組織，和社會理想而定，但是專心注意於這些權利的實現，勢將導致政府職權之擴張，同時，一個國家推進社會福利的能力，往往與其國際政治經濟關係，休戚相關。於是加强平等享受社會經濟的結果，勢將造成政府權力的過度膨脹與集中，因而危害了地方的公民自由權和自決權。聯合國經濟暨社會理事會以及其他特種機構的成立，其目的卽為促使世界在這些方面的逐漸前進。然而這個問題依舊錯綜複雜，一部人權法典中的社會暨經濟權利聲明最多為國家和國際行政組織提供了幾個宗旨和目標，而如何適應，在技術方面仍留有許多商榷餘地。

文化自主——關於非自治區人民，少數民族文化自主權的尊重問題，勢將牽涉到若干特殊的情勢和地區。因為有些文化可能無法繼續存在於今日的世界，另外一些文化甚至不能自決，還有一些文化可能表現了一種足以危害國際和平安全的侵略特質。所以關於文化自主權的說明僅止乎一般性的條欵，實際上尚有待於因時因地制宜的變通，以資適應。當上述特殊情勢發生的時候，聯合國及有關國家依照憲章的廣泛原則，應有解決之責。並權衡「不干涉」與「積極行動」的兩項原則，來促成這些落後民族的進步。

上述各種類型的人權都是現在國際間所關心的問題，但是每個國家所負的「不干涉」、「保護」、「管理」和「政治協調」的義務，彼此各不相同，祇以一部單獨的法典和一些不變的法則將是無可概括的。

結論

從上述的人權分析和過去及現在致力促進人權尊敬的歷史來看，下列結論，似屬正確：

一、在各國願意對實現人權負起更多法定義務之前，首先必須擬定一項教育計劃，以普遍發揚公意支持人權主義。

二、類型不同的人權必須各別處理，用不同的方法付諸實施，並使之彼此保持平衡。政府維持法律，秩序及保障全體人民享受平民社會經濟機會的行動，可能和個人或團體享受言論、自決、結社及其他各種自由的要求，發生衝突。尊重人權的意義就是要維持各種不同權利間的平衡。

三、人權的正式定義和實行的程序祇能經由有關國家間的協議，始可獲得充分發展。這是因為權利包含種種的類型，對於權利的看法，各國不同，同時國際法的原則，現在仍反映强烈的國家主義，所以各個國家祇有經由共同的協議在新的規律、原則、和標準下，才能接受法律的約束。現在惟有寄望各國在接受調查報告程序的時候，無如接受司法裁判程序及譴責時那麼勉强而已！

四，聯合國憲章提供了若干適當的目標和機會，以達成促進尊重、遵守人權保障和基本自由的協議。但是如果缺乏充分的世界公意和適當的國家政策，仍難期有真正的進步，如果有了這些條件，現行憲章既存的各種程序規定，足以促成繼續進步。所以在這方面來談修改憲章，目前似乎並不可能，同時也不需要。

——完——

本文載於美國政治學會年報 (ANNALS) 第二九六卷四十六頁至五十五頁原著人為陸金施 (Quincy Wright) 教授——譯者。

在十字路口的高棉王國

金邊航訊・四月廿八日

荀詩

這位訪問過臺灣，接着又去北平紅朝訪問的高棉前總理施漢諾王子，在三月中旬因爲與美國的美援政策發生歧見，宣告辭職，由此引起了泰國與越南先後封鎖它的邊界，使高棉經濟在三月中大有窒息之可能。這麼一來，於是繼承他的乃有副總理欽・廸克出來組閣，藉以緩和泰越兩國之關係。許多人現在都正研究高棉今後到底要走那一條路？如果說施漢諾王子有意走尼赫魯的中立路線，事實上不可能，因爲高棉的地理與位置，全然不同於印度及緬甸。如果說向左轉，而國內佛教徒的反共情緒相當高，加以越北許多難民逃亡出來，目睹耳聞，增加高棉人民的反共心理，所以說向左「靠攏」也不近情。然則可以向右嗎？以今天高棉的國力，如果向右，實不堪北越一擊，本身必難以自保。今天高棉的處境，眞是左右兩大勢力鬪爭下的一個小國的悲哀。

至於施漢諾王子的辭職，也是他走中立路線所出的毛病。他本來是企圖利用印度與緬甸的外交方式。然而在今年二月由北平朝拜了回來，態度大變，他乃從消極的中立主義轉爲積極的中立主義。於是立刻引起泰越反共國家的排擠。因爲泰越兩國指斥他是個投機份子，他在訪問中國大陸之前，故意裝出不左不右。先訪日本，繼之非列賓，然後又在臺北和葉公超「表演」一下，再去中共，以混淆世人之耳目。

施漢諾去北平訪問的代表團，規模相當大，隨員中有皇廷最高議會委員蘭・涅特、欽・廸克，國會副議長桑年，國民會議議員恩格・米阿斯及尼爾・斯莫烏克，空軍參謀長努・呼上校等人。而北平方面對這個小國的招待也十分隆重，二月十八日他復與周恩來發表一個聯合聲明。

二月廿九日國民會議召開大會，他發表了一篇談話，這才使反共國家焦急了，認爲高棉業已左向。於是羣起反抗。施漢諾在那篇演說中，談到內政、經濟問題時，他指出高棉國民經濟，乃以農爲本。基本上應該解決米荒的問題。……他繼又指出周恩來同意將無條件予高棉經濟援助。他又說：現在不能依靠外國的援助，因爲美國也不能完全協助我們，反過來如要完全靠美國，國家便喪失了主權與獨立。

而美國給高棉的經援一年是一億五千萬美元，其中軍援佔據了七千萬美元。這麼一來他在議會中主張把軍隊從四萬名減到三萬名，作爲不靠美國而解決財經困難的一條出路。

關於承認中共的問題，他說：「現在我們不能承認，因爲許多大國都還在袒護臺灣。」他又直率承認：「美國對高棉表示不滿，因爲人民社會同盟是主張堅守中立政策，而且主張不趕在美國的後面，於是美國減少了對高棉的經援。」

接着，高棉國防部通令三軍，說美方已停止軍援，下令今後各部隊節省。但事實上在三月十八日美國仍以T19型教練機八架交高棉空軍。同時高棉政府也不許美國工程人員測量湄公河。於是美國原有援助泰、越、棉三國開發湄公河之計劃，便受到了阻碍。

三月十七日施漢諾王子在招待記者會中說明高棉已經接受周恩來之訪問，並指出高棉將以樹膠寶給中共。這個談話確實刺激了反共國家。首先泰國南越封鎖它的國境。泰國是指高棉的警察侵入泰境捕人。這是因爲在高棉有親共的「自由高棉軍」，人數約有數千，照日內瓦協定，要解除武裝，恢復平民身份，但他們不但遵守日內瓦之協定，而且依舊活動於高棉北境及湄公河兩岸，遇到高棉政府軍圍剿時，他們乃逃入泰境，三月中高棉軍警進入泰境，追捕棉共，又槍傷泰國素贊府之居民。這情形使泰國非常不高興。

越南封鎖邊境的藉口，指高棉允許教派叛軍逃入棉境，並防止高棉以軍火及物資接濟叛軍，而將西貢至百囊奔的交通線予以局部封鎖。

泰越兩國封鎖高棉，確使高棉在經濟上無法喘氣。因爲從地理上看來，高棉雖然是一個瀕海的國家，但她沒有良港。她對外的交通，西邊全賴通往泰國之鐵道，東南則靠通往西貢的水道與鐵道。這確使高棉經濟窒息。於是在三月二十六日高棉也一度實行反封鎖，但是一無效力。到了三月三十日施漢諾王子乃宣佈下野。當夜他在金邊廣播電臺告民衆稱：「他們(指泰越而言)輕視我，如再與他們合作，我便無人格了。」又道：「美國過去說我好，可是當我由北京返來以後，我便變成壞人了，難道這是公平的嗎？」

現在繼任施漢諾王子的是副總理欽・廸克，新閣只調動二一人，事實上幕後還是施漢諾在主動，調動的人，是把駐美大使龍金尼調爲外交部長。欽・廸克比較親西方，內閣當前的課題是如何調整對美、泰、越之關係。

事實上，施漢諾辭職，金邊政府當局在百囊奔仍秘密與美國外交人員在進行洽商。這個洽商直到現在始終沒有斷過。龍金尼外長隨時在設法如何促進美棉之間的友好。因爲高棉少不了美援。例如在四月六日施漢諾王子噴吥舉行人民社會同盟會議上透露，「美國宣佈不以美元援助高棉，只給棉幣之支持。這種援助方式，高棉國家銀行行長建議拒絕，我們應該自量些，因爲還是我們向人家乞援，錢是別人的：…而美國之援助任何國家，最終目的是要受援國家進行反共：…但我們仍應感謝美國，不然高棉早落入共產之手。」他又指出：美國不滿高棉不參加東南亞聯防公約組織，但高棉人民認爲這是一個軍事組織，如果參加，我們自己反而要遭受危險。

這個談話證明施漢諾的態度已經軟得多了。美駐棉大使羅柏特、麥克林託克堅持美援物資在高棉出售以後之資金，應用軍事上，但高棉政府認爲這是美國的壓力，且足以威脅她的獨立。外傳美國將向高棉借用軍事基地，這一點麥大使完全予以否認。

新閣上任後局勢已和緩多了，但高棉究走那一條路線，現在還不能決定。泰國總理鑾披汶已同意訪問高棉。四月十九日杜勒斯國務卿函復高棉外長龍金尼，表示外傳美政府刻正以撤回經援，迫棉國參加東南亞組織一說，深感不安。信中重申美政府以軍援及經援協助高棉政府之獨立。杜勒斯肯寫這封信，難道高棉已重新回到舊日消極的中立路線嗎？這實在很難說。

按高棉，原名柬埔寨，我國漢時稱扶南，隋時稱眞腊，唐時稱吉蔑，到神龍時（七〇五—七〇六年），又分水陸眞腊，宋仍稱眞腊，元明時稱甘孛智，明萬曆後（一五七三—一六一九年）才開始稱柬埔寨。在三國孫權時，卽與中國有來往。至今與我國交往有一千七百多年的歷史。但在隋書上稱，通中國時，已爲隋煬帝大業十三年（卽公元六一七年），以此推之，至遲當在公元六世紀後期，約當我國南北朝陳時。

當高棉盛時，領土包括暹羅東部和越南南部。明以後國勢衰落，成爲安南與暹羅爭奪之對象。它的總面積在一九四〇年泰越戰爭未爆發之前，還有十八萬一千平方公里，到了一九四一年，泰越戰爭結束後，高棉又把馬德屯、菩薩二省割給泰國，計去土地約三萬平方公里以上，現在僅剩十五萬平方公里了。

高棉人種，形小色黑，但婦人亦有很白的。其俗不論男女，都以一布纏腰，椎髻跣足，似屬馬來系統。全國信奉宗教的人，共分三派，一爲「歸結」，卽印度婆羅門教；一爲「苧姑」，卽佛教，一爲「八思惟」係高棉本地的一種苦修教。佛教徒削髮披黃，其俗小兒入學，皆先就僧宗教習，暨長而還俗，因此有「黃衣國」之稱，文化上還是偏於印度文化。

（上接第15頁）

可是與此相反而對立的制度則不然，它們是相信「一」的。「權」的本源是一，「權」的運用是一，代表「權」的人，只有一個，所以「利」的着落也只有這一個人來決定。法西斯的發言人簡特萊（Gentile）說過：「人民是不知道他們需要什麼的，所以領袖必須要告訴他們」。因爲人民是愚昧無知的，所以一百個愚人加起來，抵不過一個聰明人。只有超人，才配做領袖，只有超人的獨裁政治，才是最有效率，最能發生威力的政治。個體的自由，足以破壞社會的秩序與堅强的組織，故民主政治是人類的墮落現象。

四

人們需要沉靜，沉靜的分析，「權」「利」是不能消滅的，並且活生生的存在，是不可少，也不能少。它所發生的利弊，在於人處理其着落的方式。消滅它底弊害，必須人理知的低首於經驗的敎訓和實證的眞理。在衆目睽睽之下，揭開僞飾的輕紗，斬斷獅子的銳爪，切掉狐狸的尾巴，讓「權」「利」赤條條一絲不掛的站在光天化日之下——民主與自由，讓人民作公正和確鑿的裁決。

不論這個「權」「利」的社會，是如何的社會，要記着它是人的社會。是人的社會，就包含着人的個性，民主正是從人性不同裏發現同的因素，作爲人事的界限與標準。自由也是從不同裏發現同的力量，創造生活與財富。而獨裁極權制度則不然，它不是處人的社會，而是役物的社會，塑造一個死的模式，强納不同於同，而不同又不因其强納而隱沒，爲了貫徹既定的計劃，自然就發生了流血與鬪爭，又爲了取得勝利，保衞已得的勝利，身不由主地也不得不無盡的吞食「權」「利」。於是「權」「利」的弊害，隨日月而大張。故消滅「權」「利」爭奪之流毒的唯一良方，還是把「權」「利」從布幕之後，牽到前臺，讓大家坦白的欣賞，那時候錯誤或可糾正，戰爭庶幾可以減少，和平也許會微顯曙光了。

法國最近會承認中共嗎？

田雨耕

一　前言

法國最近會承認中共嗎？此問題不僅筆者感覺得有研討的價值，所有關心國際大局的先生們，當然亦不會忽略了這問題。尤其我外交當軸，對此問題想已早有考慮，庶幾在外交戰場上折衝撙俎，始可運用自如。

但是有些前輩們認為目前法國對中共承認與否，與我前途無關痛癢，即使她承認了中共，對我國際地位亦無甚影響。可是筆者不以為然，如我們平心靜氣仔細算算，去歲聯合國新會員之整批入會，已將自由世界集團勢力削弱，共產與亞非兩集團佔優勝。儘管未准外蒙入會是好現象，而我未來代表權欲再得三分之二多數之支持票，恐更形艱難。如能把握不再失去法國這一票，難道不是上上策麼！我們不妨先把那些見仁見智的看法，暫且放入冰箱裏不去睬它，先來研究一下法國國內現階段的情形，有如兵法所云：知己知彼者，方能百戰百勝。

法國這一國家，自第四共和(Quatrième République)以來(註一)，係由多黨執政，不但各黨有各黨不同的政綱，而且每黨有他一套不同的作風。原因法國人民，無論老幼，對政治均極感興趣，茶餘酒後三五為朋，對某一國際問題，或對新內閣施政方針，互相爭辯得面紅耳赤是常事。如法國較大黨派像戴高樂派社會黨等，內部均先後發生過分裂，分裂份子又另起爐灶。如近二年來，一般小商人因抗議政府課稅過重，無形中結為一社團，今年大選時以抗稅黨為名參加競選，竟獲得大多數同情，在國會中另豎一幟。由此觀之，法國人對政治之酷愛，大有人皆可為堯舜之心理。假如有人想一鳴驚人，像孟德斯法郎士之流的野心政客，隨和一部分前進與潮，是會要出新穎花樣來的。

記得法國於我大陸變色那年，一部分現實份子即想要求政府與英帝國採取同一步驟，當時執政黨則未敢貿然從事。自此以後，報章雜誌，凡涉及中國問題的，多多少少要攻擊政府措施之不當。而最近兩年來法國之所以又有承認中共之醞釀，實因受國內各方面壓力及興潮促使所然，茲略述於後：

二　商人的見解

過去兩年中，法國對承認問題吵得最兇的要算進出口商人，欲替法國出產品尋找新市場。因為幾年來，法國在國外的舊有市場，幾頻於癱瘓，例如㈠歐洲方面：西德就是她的一個最大勁敵，北歐各國一向是德商市場，東歐鐵幕國家，又限於禁運一策莫展；㈡亞洲方面：馬來、香港、日本等地沒有她立足之地，只有越南三邦為主要市場。但自越南割分後，北越人口較南越多，日常消耗當然也比南越大，法國貨則無法再暢銷到北越去。而南越獨立後，一部分物資尚須仰給美國及其他國家，以至貨物在越銷路銳減，幾將在越近百年經營的心血付諸流水；㈢北非方面：摩洛哥及突尼西亞已於三月間先後與法簽訂議定書宣布獨立，阿爾及利問題仍未解決，獨立運動漫延了全北非，北非人仇法的心理日深一日。法國在北非之一切經營，雖相當浩大，亦出入不能相抵。北非國民又普遍赤貧，購買力弱，其銷路如何自不待言了；㈣國內方面：一九五三年，畢奈內閣實施新經濟政策後，使法郎價值漸漸穩定，一般店家，為鼓勵買主，硬着頭皮採取分期收欵的辦法招來，然因銀行利息過高，亦不見景氣。因此大資本商們，不得不動腦勁在國外另覓新市場了。而這些人心目中認為最理想的新市場，莫過於號稱有六萬萬人口的中國大陸。他們以為大陸人口眾多，消耗量大，需要量也大，況中共正鼓吹五年計劃，進行大規模建設，蘇俄與其附庸國家，絕對滿足不了他的味口。中共近來緩和世局，即表明他須要與西方國家交換物資。故這般商人一面要求政府趕快承認中共好作生意，一面私下組織商務考察團前往北平活動。今年一月十七日法國廠商聯合組織的工商業考察團，於二月十九日在北平與中共貿易部簽訂了一總值法幣三十八億法郎(約合美金一千一百萬元)的支付議定書，該議定書內容大致如下：(甲)法國准允將中共在法所有結存貨欵，隨時折滙歐洲其他國家之貨幣，俾便利向其他國家購買物資；(乙)中共允許將法售物品交運後，立即先行付清貨欵，無需等到貨抵目的地或驗收後再付。

法商雖與中共簽妥了商約，困難問題却因之而起；如想大規模與中共暢然交易，則非先將中間最大障礙「自由世界對共產集團禁運限制」取消或放寬不可。關於這點，法國國會一部分與工商界有關係之議員，極表贊成，法官方出版之經濟刊物亦曾為文支持。

最近報載外國通訊社因鑒於法國與中共已簽訂商約，謠傳法國與中共繼續在談判交換商務代表之說，本月十三日，法外部發言人答記者問時就表示法國商人與中共所訂商約，純應雙方貿易需要，政府當局從未參與其事，對交換所謂「代表」一節，係屬不確，法政府絕無意接受中共派員常川駐在法國，但可能僅派一技術人員留在北平研究商務進展，惟亦非正式官方性質。故交換代表之說，顯係法政府為敷衍這批商人糾纏，對外發布消息，為外界誤解。

三　議員的論調

法國有些偏左議員，或自命為遠東問題專家者，不時對外發表談話及在刊物中著文慫恿政府承認中共。尤以社會黨議員最為激烈，該黨國會議員於英帝國承認中共時就領頭叫囂要政府承認了。此後中間溫和派執政時，正值安南戰事進展到白熱化，很少涉及此項問題。

當孟德斯法郎士及傅爾先後執政期間，朝野上下謠傳百出，報紙社評對我很少主持正義，可以說為此問題之高潮時期。一般以為政府不該抹殺事實，一味彳亍於別人之後不採取主動，至少亦應為自己利益盤算。前者固未正式承認，而首創准許中共在法國境內各處活動，事實上已等於承認其存在，僅缺少一紙正式宣布外交承認而已；後者對外言論發表談話及訪問加拿大時在渥太瓦回答記者問，措辭內容均非常模稜。近報載傳爾將應蘇俄邀請前往莫斯科訪問，後經由中國大陸返法，來一次政治性的旅行。

去年十月十八日，社會黨前任書記長（一九四三——四六年），即第二屆衆議院外交委員會主席馬業（Daniel Mayer）與激進社會黨議員該會副主席福爾（Maurice Faure），親自率領一批前進議員，以向中共交涉釋放一九五一年在越南邊境被俘的三個法國士兵為藉口，前往大陸作為期半月之觀光。彼等返法後，即向國會報告此次交涉成功之經過，及中共予以參觀之「人民共和國」進步成績，並向外發表彼等半月來大陸之觀感記。

馬業此人，平素對我態度即不佳，常在報紙上著文斷章取義曲解事實，為中共張目，是主張法政府承認中共最力的一個。此次大選後，彼仍主持國會外交委員會事宜，對將來法國是否會承認中共而言，雖不見能起偌大作用，至少是中法友誼前途一絆脚石。

該委員會副主席福爾的見解，可由他回來後答記者問及所撰大陸觀感一文中看出，他含蓄地說：中國共產黨的一貫作風，固不能使自由世界人士滿意，法國不能因此即拖延不作決定，不能因此即泯沒一事實政權的存在；倘使承認了中共，是不是問題就可以解決了呢？誠如我們知道共產黨的最後目的在消滅整個自由世界……。此人從大陸回來後即被邀入新閣任外交部政務委員之職（相當於政務次長），專司外交事宜。接任至今，尚未見發表任何有關承認之談話或文章。其他同赴大陸之議員，除無黨派極媚共之參議員哈蒙（LéoHamon）極力主張承認外（報載此次在南斯拉夫召開之國會聯合會，哈蒙為法議員代表之一，將又予彼發表謬論之機會），未去之前，到有所謬論，返法後反而沉默無言了。由於這點，可知事實雄於宣傳的誘惑。故近來報界將「赴大陸」幽默為「摩登的旅行」（Voyage A La Mode）。

四　報界的一致行動

本年一月間，巴黎世界晚報與費加樂朝報，同時各以一全頁之篇幅，登載二幅巨大的廣告。廣告內容僅寥寥數行大字，前者登着於一月十七日至廿七日旬日間，將刊載該報名記者遠東問題專家吉南氏（Robert Guillain）從匪區歸來之報導：「在中共控制下的六萬萬中國人」（600 Millions de Chinise Dans L'Engrénage Communiste）；後者亦於一月十七日至廿七日止登載最近脫離虎口之法商方洛（Pierre Fano）口述由該報記者費福赫（G. Le Févre）紀錄之「共區七年記」（Sept Ans en Chine Communiste）。

我們先看世界報的報導，吉南說：①中國這一民族，向來喜歡喧鬧的，自中共控制中國以後，所有老百姓好比蟻螻社會中之工蟻，只知埋頭工作，變成沉默無言了。主要原因，因中共之警察工作極為嚴密，控制了整個人民的思想，凡居民有所行動，須先向街坊區公所登記報告，與德國納粹特務比較，只有過之無不及。氏並幽默云：中國婦女小脚是解放了，但中國人的頭腦却被纒起來；②中共對外最自誇的為東北工業建設，而東北所有興建的工廠，技術方面均由蘇俄老大哥以最現代化之技術全力協助，但其出產品尚不能稱為現代化，人民生活則因之更加艱苦；③中共已將中國傳說之倫理綱常，摧殘無存，使父子、夫婦間發生隔閡，造成互不信任的相對地位；④中共最初以土地改革者姿態出現於農村，使農民受其愚惑，初步目的達到後，繼利用清算鬭爭手法，將恬靜可愛的農莊，攪成一片焦土。富農清算完了，佃農亦跟着跳下了火坑，好人則以善覇名義處以極刑，地痞流氓反而變成了功臣；⑤最後吉南氏指責外交委員會主席馬業不明中共眞情實象，以短短半月內見聞，竟替中共作義務宣傳。

費加樂報之報導，係敍述口述者本身在匪區七年所遭受之經歷，大意如下：①方洛係法國商人，大陸變色後，受中共宣傳之誘惑，不願離上海。後來鑒於中共三反五反慘無人道之獸行，恐殃及自身，遂申請離境，豈知五年後始獲批准；②彼曾申請赴鄉村小住，藉明瞭農村鬭爭情形，未獲得允許；③彼曾赴東北各省參觀，認為東北一切已經俄化，成了俄人的天下；④目睹中共排斥宗教摧殘教會及逼害外籍教士的慘情，至使他感覺到上海已成為人間地獄，昔日的繁華已不復存在；⑤最後彼警告法人說：英國承認中共，對於他們在大陸之利益，未能有絲毫保障，反對自己政府蹈英人之復轍，主張法國在欲承認中共之前，應對中共了解清楚，萬不能草率從事，將後悔無及。

此兩大報以整頁篇幅介紹匪區實情與印象，尤以世界報最為難得。該報立場中立，對我素無好感，此次竟替我作了一次最有效之義務宣傳。兩篇報導又以世界報為最佳，實前所未聞絕無僅有之大事。其間有些前進雜誌，亦著文指責中共之獸行，致使法國共產黨極感不安，於是二月二日晚，由中法友誼協會出面，在該會舉行記者招待會。出席者有曾赴匪區觀光之記者，一九五三年赴北平之法工商訪問團團長及左傾女議員等各色人物。當時該會發布之消息：①世界報與費加樂報之二篇報導，係揑造之反共宣傳，完全與事實不符合；②對世界報記者吉南文內指責別人，認為係小心眼人所作之事；③世界報一文作者因眷念「舊中國」，不了解新中國之故；④各報同時發表攻擊中共之報導，旨在阻止法國承認中共。

五　現政府施政趨向

這次社會黨莫來（Guy Mollet）組織的政府，連各部正副政務委員，共三十八人，其中該黨閣員正好佔去半數。我們知道該黨議員或閣員，多數主張承認中共僞權的。但莫來此人，雖身為社會黨書記長，其平日言行却與該黨要員逈異。下列二點可以證實：①莫氏過去對外談話及著論中對中共並無甚好感；②當他受組閣後，首先向外宣布拒絕接受法共所有支持票（因法共在此次大選前曾多方拉攏社會黨，共創一人民陣線，後莫氏出來組閣，法共更宣稱將全力予以支持，企圖此一人民陣線成功），避免形成所謂「人民陣線」的趨勢。

此間華僑及學生甚至我政府官員，對莫氏新閣上臺，均懷有「此人登臺第一件事當爲承認中共」之想法。迨至一月三十日莫氏向國會提出他今後施政方針，對內：①主張修改現行憲法及選舉法；②和平處理北非問題；③在不增加稅收之原則下，盡可能改善工人生活；對外：①在有效之監視制度下，實施普遍裁軍；②主張加强北大西洋公約國家團結一致；③贊成東西德統一完整；④建立歐洲統一市場。宣言中絕未有將承認中共之字樣，總稍爲澄清這一惟恐之揣測。

自莫氏正式視事以來，其首要急務，爲最近法外長與摩洛哥及突尼西亞簽訂了議定書，予摩、突正式獨立，和平解決了這二個問題。當莫氏組閣初期，外長一職，以孟德斯法郎士呼聲最高，詎知莫氏竟屬意該黨衆議員畢駱(Pineau)。畢氏前任國會法美友好協會主席，接任後對外談話表示對我友好，不擬承認中共。三月二日，畢氏以外長身分發表其首次演說，內容除以北非問題英美最近意見似已與法分歧，甚而有某列强，竟想誘惑如北非脫離法郎區，即予種種方便，欲在北非取法國地位以代之，旋即引起英美二方極度不安外，亦未有任何涉及或接近承認中共字眼。即三月十一日艾登邀莫氏赴英倫表白英國立場之經過及三月廿日美駐法大使狄容(Douglas Dillon)藉出席外交新聞晏會時代表美政府發表鄭重聲明中，亦均僅爲强調英美法此後之共同策略將謀如何一致。

三月廿五日，英倫星期日時報(Sunday Times)，刋登了一篇專論，認爲莫氏政府登臺以後所採取之外交政策，例如對於蘇俄及近東各問題，已與英美意見日趨分歧，似已逐漸傾向「人民陣線」一途，因此倫敦及華盛頓方面深感不安。最後指責法國現正運用一切力量，使西方國家對共產主義能採取共存政策。據筆者拙見，此報作此評論，並非裝空誣造，無所依據，當以下到各項事實爲推斷之根據：①最近畢駱外長答記者問時，對裁軍問題隱示願與蘇俄作個別談判；②畢駱外長曾發表聲明願對生產落後國家予以經濟援助，此問題極盼蘇俄能與西方國家合作商討一共同策略；③莫來總理曾一再表示反對英國一手造成的巴格達公約，主張今夏召開國際會議討論近東問題；④此次莫氏政府因阿爾及利內患問題，向國會請求授予特權，俾用重兵制止，法共全體議員竟寧可犧牲自已本身立場，一律投票贊助。故此文登出後，法國輿論大爲驚異，畢外長即於翌日下午召時報駐巴黎記者談話，對該報所載之專論，加以否認謂：①法政府對任何問題均可採取主動，但不能因此認爲法國已與盟邦政策分道揚鑣了；②關於裁軍問題，三月廿一日由法代表在裁軍會議上，提出英法共同建議之裁軍計劃(註二)，法國是否想與蘇俄個別談判之說，當不攻自敗；③至於以經濟援助生產落後國家，係社會黨之一貫政策，亦不能因此强指法國對東西集團另有企圖；④該報所用「人民陣線」一語，亦係一國家內政問題，不能與外交政策並論；⑤最後畢氏聲明保證社會黨決無意參加任何「人民陣線」。

六　最後的可能性

去年法國大選時，法共奉主子命倡導的「人民陣線」口號，即冀謀與社會黨合作，而社會黨上臺施政則儘量避免向這一方向接近，並屢暗示不擬承認中共，仍本過去法國政策加强與盟邦合作。現政府之作風，我們可從其上臺後，各項措施看出。是故對於法國將承認中共這一問題，在目前來說，已成爲過去。如再將以上各節所述法國近情，大概加以分析：①一般商人唯利之見，以政府既不擬承認中共，何不先與中共私下簽訂商約，在禁運未取消或放寬之前，先偷偷交易起來，只要能有利可圖，承認與否當可不談。就是將來禁運取消或設若自由世界承認中共，法國已與訂約在先，不致被其他國家捷足先登；②參衆兩院前進議員，紛紛前往大陸考察活動，一旦發覺實情與中共宣傳不符，亦難對國人自圓其說，此間報界已無情予以諷刺；③最近巴黎各大報相繼登載大陸實情與印象，不無原因在，蓋大選期間，政治紊亂，工商界不安，金融上漲，加之法共號召成立人民陣線之故，乃一致行動，暗予將上臺之政府以警惕；④現政府施政趨向，偏重於北非問題的解決及强調與盟邦政策採同一步驟。以筆者拙見，至少在今年聯合國大會召開前，各界對此問題不會再提。三月間艾莫英倫會談，據公報透露，艾登表示英國本年在聯大之立場仍舊，當無意助中共入聯合國，法國亦不致例外。但此問題仍有最後之可能性，即視聯合國盟邦會員國中，如某國主張承認中共而承認了中共——如加拿大，法國見有例可援，則有步其後之可能。除非眞如上月間外報謠傳法國將脫離盟邦集團唱中立，否則絕難說現政府於現階段之下，有意要承認中共。惟有一點值得吾人注意的，即此後法國一面與中共繼續經濟文化交換，一方面與我維持現狀之趨勢，恐難避免。

（註一）一七九二年法國大革命後稱第一共和；一八〇四年拿破崙一世稱帝，至一八三〇年菲利普一世，即一八四八年起稱第二共和；一八五二年拿破崙第三復辟後自一八七〇年始稱第三共和；二次大戰後戴高樂組織共和政府，制訂新憲法，自一九四七年稱第四共和。

（註二）英法共同建議之裁軍計劃，各方甚爲重視，因此建議頗爲具體，共分三期實施，第一期：①各國應聲明，除抵抗侵略戰外，放棄一切原子武器之使用；②各國應即刻凍結現有典型武器及既有兵額；③實施艾森豪之空中互相視察制度，及布加寧之地面據點相互視察制度；④除五强外其他國家兵額亦應加以限制；⑤在第一期實施時五列强（包括中共）即應開始裁減兵額；⑥在第一期實施時應成立監察機構，俾使制止原子武器之試驗；第二期：①五强即應裁減典型武器及兵額至百分之五十；②其他締約國亦應開始裁減其武器與兵額；③監察機構即加强權限，監視各國不准再製造原子武器；第三期：①禁絕製造原子武器；②五列强即應裁減典型武器及兵額至百分之七十五；③禁絕原子武器之使用（但已製成之原子武器可暫保存）；④其他國家開始第二期裁減兵額與武器，最後五列强應按照條約規定裁減兵額與武器至百分之百爲止；⑤上述條件具備後，即召開國際科學會議討論廢棄前暫保存之一切原子武器。

落月（九續）

彭歌

十

正如在漫長的冬夜裏，巴望着黎明；八年抗戰期間的中國老百姓，誰不是在虔誠地祈禱着，期盼着勝利的早日來臨呵。每一個人都忍受着說不完的痛苦，在不同的困境中做着相同的夢，「要是勝利了，那就——」

余心梅在後方的那幾年，也是這樣過的。她自從離開上海到了自由區之後，因爲手邊既有一些積蓄，衣食無慮，所以就不再做登臺的打算。而且她最初經過的一些小城鎮，實在也沒有人能來欣賞她，就是在西安、寶鷄、成都一直到重慶這些大地方，爲了人情面子推脫不過，偶而露一露面，也總是感覺到不甚稱心如意。到處的觀衆都是一樣的熱情，但她因而更覺得不該這樣馬馬虎虎地敷衍人家。「每一個買票進場的，都是咱們的衣食父母。」這觀念仍深植於她的心底。沒有好場地、沒有好配角、沒有一套看得過去的形頭箱，沒有一堂中規中矩的佈景，總而言之是甚麽也不湊手，而尤其重要的，是她自己已經失去了以前那種兢兢業業、精益求精的耐心了。演戲如果全然祇是一種掙飯吃的方法，那麽在不愁沒有飯吃的景況下，當然也就不必太認眞了。

但是，這也並不是說她就這麽消沉下去了；她心中惟餘的一個憧憬，是在勝利之後。她希望能够在北平的第一流的大戲院，像新新和長安，自己重整旗鼓，挑大樑組班子，好好唱上幾年。「富貴不歸故鄉，如衣錦夜行。」雖然她眼前還談不上富貴，但總也算混得小有名氣，可以在那「平劇王國」裏爭一席地位了。再一個希望，那就是能回去看看她的那幾個患難中的朋友；范庚、林卓如，還有那個小王，他們現在怎麽樣了？「祇要大家都好好的，我願意再回到天津天華景去唱一個月，戲碼兒由着范庚去點。我得讓大夥兒全都高興高興。」

可是，當她費盡心機買到了飛機票回到北平之後，她覺得一切都跟她想像之中的大不相同了。劫後餘生，這古城籠罩上了一層風塵之色，連前門樓子好像都蒼老得有些駝背了似的。她找到了康老師，找到了莫師叔，找到了姜若寒，還有別的一些舊日的親友，他們的臉上所展佈的歡迎的笑容後面，似乎隱藏着一種難以形容的羞愧之色。八年，眞也太長久了，像一道鴻溝，彼此都在觀望着，難以越過。

而范庚他們幾個的下落，始終也沒有打聽出來。因爲他們既然幹的是那種充滿了危險的事業，一切行蹤都極其秘密，究竟他們後來是看到平津風聲太緊，和心梅一樣地轉移陣地了呢？還是潛伏了起來？或者更嚴重一點，是被捕起來了呢？

任憑余心梅的交游廣闊，但因爲那一時期的寃獄和血案太多，查問不出頭緒來。後來還是從好幾個機關的敵僞檔卷中清理出來的案子裏，有些已經處置了而又沒有「苦主」追查的，其中有幾個人似乎與范庚他們這一夥有關係。因爲范庚他們並不隸屬於任何機關，所以也沒有人出面來爲他們的功績申請褒卹，經余心梅多方的查對，才證明了范庚是在勝利前半年，因爲要加强一點準備工作，急於要回後方去，不幸從太原南下時，一到運城就被日方發覺，扣押回平，以後就無聲無息地遇害了。

在勝利的狂潮中，范庚和小王他們，都像泡沫一樣地被湮滅無踪了。

心梅知道：死者都已瞑目——他們按照着他們自己的心願去生、去死，他們不再有任何的遺憾。他們不需要任何的報酬，因爲世間實在也沒有甚麽東西够得上報酬他們的。

但是，心梅却由此而更深刻地認識了人生，瞭解了人生。「人生原來就是一幅不甚合理的七巧板哪！」拼拼湊湊的，它有許多形狀，而完全都是由許多偶然聯合起來而組成的。心梅爲此喟嘆——「我們也就不必再埋怨人生的不公平、人生的殘酷和人生的矛盾重重了。」

心梅覺得自己彷彿一下子蒼老了下來；她從內心的感情體驗到人生的最結晶的部份，而在這最結晶的部份中，虛僞的成分都比眞實的成分要多得多。

於是，她像一個勘破塵緣的佛門居士一樣，有了那種息影林泉的心情。她有了一點錢，就用這一點錢來購買未來幾年的閒暇。這樣自自然然地安享了幾年淸福，余心梅的大名幾乎要被人淡忘了。

但是，個人總離不開整個的世界顚簸的影響。她似乎沒有想到——正如許多人都沒有想到，卅八年，北平天津相繼淪陷了。而她是茫茫然地離開了那個「家」，孤獨的但却值得懷戀的家。她先到了上海，又來到臺灣。

在心梅的善良性格中，她有一種對弱者的同情心，她在那時候並不淸楚誰才是弱者——政府嗎？國軍嗎？還是那些悽悽惶惶的老百姓們？她說不出來。但她不相信當時一般那種發牢騷的自怨自艾的說法，乃至於少數「有心之人」故意散播着的所謂「變天思想」。心梅也和許多老百姓一樣，對於現實抱着甚深的不滿；但她也很懷疑對於政府所作的過分苛刻的和近於誹謗的責難。她不滿於現實，但在現實中她還能活得下去；可是到了這個「現實」不能繼續存在的時候，她也和別的平平常常的人一樣，感到一種莫明的恐怖——比現實更沉重的壓迫。

於是，她來到了臺灣。

而環境更漸漸地敎育了她，使她從那幾年的冬眠的生活中甦醒過來。「我仍然能够爲社會做一點事情。」她對自己說。當康老師找到她要她重整旗鼓組個班子時，她一口就答應下來了。「一來爲了戲劇；再說也爲了咱們流落在臺灣的同行。」至於說戲劇中敎忠說孝，對於社會上所能引起的敎育意義，心梅倒覺得不必自己去强調。「戲，必需演得好，才能有那種效果。」

環境眞能轉移人，想不到「余心梅」這名字在臺灣居然又大紅特紅起來了。在舞臺的燈光之下，蒼老的痕跡與心情都慢慢褪去，一種要求她去爲別人做點甚麼事情的本能——睡眠了那麼長久時間以後，現在又在催促她鼓舞她了。

因此，在紀錄臺灣生活的照片之中，大部份都是戲裝的留影。除了演戲，她沒有私生活。她對於人生沒有更多的幻想，演戲也是一種工作，一種義務，一種責任。而她必得做一個盡責任的人。

戲是唱得好的，觀衆的彩聲是響亮的；但她的心境仍然是蒼涼的。這些已經不足以安慰她了，她不再那麼簡單了。

在那照片本子上，最令她不能去懷的，不是某一張照片，而是那本子上空白的一頁。那上面本來貼着兩張她自己的「木蘭從軍」的戲照；這是她平常不輕易演的戲。這兩張照片還是她初次在臺北登臺時用鎂光燈在前臺照的，當然並不十分滿意。可是，那兩張照片被人要去了，那是一個她並不認識的青年人；她知道，他會永久永久保存着它們。這是極微薄的禮物，但却代表着無上懇摯的意義。

那一年快要過年的時候，心梅率領着她的劇團到前線的一個島上去勞軍。他們浩浩蕩蕩而來，是這個荒島上一件空前的盛事。島上軍民都爲這件事歡喜若狂。能看到臺北來的大戲班子，這眞是想都沒想過的事；戲，也許他們並不能全懂，但它所代表着的溫情——從遙遠的地方帶到這荒涼小島上來，他們都已感受到了。

戲臺搭在島中央的一塊平原上，四圍繞着參差不等的樹木，西邊是巉岈的高山，山的那一邊，隔着海，就是大陸。觀衆就都帶着自備的小板櫈，一排排坐下來。那戲臺本來是平常開會時，官長訓話的講壇，當然不够演戲用的。臨時發動了戰士們，把它加强擴大。戰士們在北風呼嘯中揮舞着圓鍬和丁字鎬，很快地就築成一座戲臺的雛型；再搭上架子，鋪上木板，掛起帘幕，幾盞汽燈也點起來，居然也很有一番氣象；等到鑼鼓一敲響，戰地上便傳遍了這種殺伐之聲以外的令人鼓舞的聲音。

戲一開場，場裏已經擠滿了人，島上駐軍官兵，是排好了日程，輪流從不同陣地上趕來的；另外便是附近聞風而至的農民、漁民和他們的眷屬。

從第一齣戲開始，演員們都比平常不止加了一倍的賣力。每一齣戲都受人喝采，每一個演員都受人讚揚。觀衆們歡呼拍手的巨響，和遠處海潮奔騰的聲音應和着，雖然是在這其大無比的曠野中，滙合起來的人聲仍然有着出乎想像的驚人威力，使演員們受寵若驚。他們覺得眼前的人們，是從來沒有遇到過的最容易滿足的觀衆；但也惟其如此，才更不得不盡最大的努力去滿足他們。天雖然一直是陰沉沉的，間或還飄着細碎如雪花似的冰霰，但沒有一個人覺得冷。大家雖然都因爲在臺灣住了好幾年，一直沒有經過冰霜；可是一旦身上感受到了那種久別的酷寒，心裏反而覺得興奮——幾年來都沒有這麼熱過。

心梅自己覺得，這時候的心情，倒很像十來年前在天津參加救國工作時候一樣，她又能「做一點事情」了。

賣命一樣的演戲，給那些隨時準備拼命的人看；雖然僅僅不過是一場戲，但它的意義已不祇限於一種消遣，一種游戲；這似乎是莊重嚴肅的工作——在人與人之間建築起感情的橋樑，讓崇高的友愛得以交流。

戰士們所需要的，不祇是娛樂，他們是需要在嚴格單調的生活裏，調合上一些不同的顏色，不同的聲音。當那些嘹亮悠揚的音符飄盪空際的時候，戰士們的心也隨之飛揚。那些聲音還包容着許許多多別的東西，遠比那聲音本身複雜得多；那聲音喚醒了他們的回憶，拓展了他們的想像。悠悠的鄉思，溶化在堅強的心靈裏。沉重的感情得到了發洩與昇華。

而且，他們由此更瞭解到，在這孤島上餐風飲露種種辛苦，是爲了保衞一些多麼可愛而可貴的東西——自由康樂的生活。他們自己所受的一切的苦，都是有代價的，因爲惟有這樣才能保護大多數的人安居樂業。他們爲此而自豪。這是每一個犧牲自我而幫助了別人的人都會有的情緒，——超越乎悲壯的情緒。

這一次的勞軍，雖然祇有短短幾天，但對於心梅，都是印象最深刻而又最覺得滿意的演出。那土臺、那廣場、那木葉飄零的老樹、那如醉如狂的人羣，還有那柔和而又雄渾的海潮之聲……甚至於在幾年之後，想起來都會使她感受到一種催眠似的力量，不由得不爲之神往。

尤其使她不能忘的，是當她回到臺北不久，接到了那個島上寄來的一封信。

那是一個陌生人寫來的，他自稱爲一個「平劇的愛好者」，他的信寫得謙遜而親切，字又那麼工整，使人一看就發生好感——好像這已足可代表了寫信的人，誠懇坦率而又彬彬有禮。

這是一封很長的信，由此可見寫信的人必是一個入世未深的青年人，他的信有些地方像獨白，像自傳，且帶點兒文藝作家們的感傷調調兒，但却並不讓人討厭。心梅讀信的時候，那個遙遠的海島的景象又一一浮現在眼前，做了這封信的背景；這便使得它讀起來更動人了。

一開始，信上寫了許多感謝和讚美的話，「您在這風雪交加的嚴冬裏，長途跋涉，來到我們這個小島上，爲我們表演，弟兄們——包括我在內，無有不萬分感激的。雖然您在這兒只有短短的三四天逗留，但是您的聲音，您的笑貌，將永遠爲我們所牢記。」

接着，爲了解釋「平劇的愛好者」這幾個字，他夾敍夾議的寫了很多他過去聽戲的經歷。看他所寫出來的話，雖然有些地方不免有青年人的偏執之處，不過，確實可以證明他具備了將近於「內行」的欣賞力。因此，他對於心梅演出的批評，比若干所謂專家的意見要中肯得多。

然後，這個陌生人說到他自己：他是個剛剛走出學校大門的學生，「一個二十三歲的人，總常常懷有一種奇譎而雄壯的夢想。受時代的感召，志願地來到軍中，並且到了這最前哨的島嶼上來。」而他現在的職務是連指導員；「這是一種很卑微，很繁瑣而且需要很大的耐力方能够勝任的工作，我起初很懷疑自己是不是搞得下去，可是在差不多一年的時間裏，軍隊教育了我，鍛鍊了我，賦予我能力和信心，我悶聲不響地做着別人不大容易看得出成績的工作。我很愉快地做，因爲我知道我的工作，對弟兄們是很重要的。」

這個署名徐剛的青年人說，他自己是生長在一個北方的小康之家。父親是個標準戲迷，所以他從四五歲的時候已經成天在戲園子裏跑來跑去，七八歲時就能够跟着胡琴清唱一段空城計的西皮正板。「聽戲的時候，我就囘想到童年時候的幸福日子。」他的父母很早就去世，只靠了一個舅父收養了他，十多歲時，流浪在外面做「流亡學生」，但仍然不放棄能够聽戲的機會。「有一次在南京，爲了聽××× 的四進士，我和一個同學兩人拼湊了半個月的伙食費，還當了一床棉被，才買到手一張黑市票，結果兩個人輪流着入場，一個進去看一會兒，另一個就在門外站着等。而那天晚上偏偏又很冷，囘到宿舍裏兩人只好擠在一床被裏過夜。天快亮時，兩人全凍醒來抖個不停。可是我們仍覺得很滿足。我們彼此述說着自己所聽到的那一段，以便和對方所看到的互相補充，互相討論。這是我生平聽戲的一次最艱苦的經歷。」

這些話，使心梅不禁作會心的微笑，因爲她自己小時候也有過類似的想法。

徐剛的信也談到了心梅這一次的演出。

「自從在報上看到您要來勞軍的消息，我的心就一直緊張地盼望您來，好像等候一個老朋友。

「您來的那一天，連天空上的飛機聲音都使我心跳。我是多麼羨慕那些個能够跑到機場去歡迎您的人們吶。軍營裏到處傳揚着『余心梅來了』的好消息。以前聽過您戲的人，無不眉飛色舞地把您的好處大談特談。

「我等候着，等候着上級指派各部隊輪流看戲的次序。您知道，軍隊就像是一部大機器，它的每一個運轉都是控制在嚴格的規律之下，每一份子必須依從這個規律，沒有人能够規避它。做軍人做久了，這便成了一種自發的習慣，無論是衝鋒陷陣還是去看戲，我們都沒有按照自己好惡去選擇的權力。第一天晚上沒有我的份兒，我十分失望。正如同在一次出擊之中我沒有入選參加一樣的失望。

「第二天竟居然就輪到我們了，我是多麼高興呵！您也許還記得，那一天的風那麼大，我一直就心着您也許會因爲變天而輟演。我恨不得天快一點黑下來，好在天還沒有變得更壞之前看到您的戲。

「部隊裏的晚飯是吃的很早的；吃罷了飯，我的弟兄們就排隊出發了，我們駐防的地方距離您要演戲的所在有十多里路，在我們跑慣了路的人，不到一小時就可以趕到，連開場的三通鑼鼓也決不會誤了的。但是，我自己却不能走，您大約想像不出一個做我這份工作的人，每天有多少意外的事情要處理。等我把事情料理完畢，我想戲大概也早已開演了。」

接着他詳細描寫那一晚上的遭遇——假使說，他的目的是在博取心梅的同情的話，那他是完全做到了。單只是這一段的敍述，心梅不知道讀了多少次，每一次都是那麼樣的被感動着。

「天已經黑了，營房內外都是靜悄悄地。我運用最高的智慧和記憶力，想走一條最近的路。我捨棄了公路，走過崎嶇的小徑；爲了抄近，我還徒步涉過一條小河。靠近兩岸的水已結了一層薄冰，渡河之後，我的綁腿和半長統皮靴全都浸滿了冰和水，每一步踏下去，脚上就吧嘰吧嘰地響。

「夜是黑茫茫的，我甚麼也看不見，可是我準知道方向一點也沒有錯。漸漸地，我可以聽見遠遠的鑼鼓和胡琴聲了；由飄渺而宏亮，震人心弦，使我有久別重逢之感，是快樂還是憂傷，自己也分辨不出來了。

「我終於看見了戲臺上刺眼的燈光，也聽到了演員們的聲音。呵，這就是我懷念了這麼久的事情嗎？眞有些像夢，使人不敢相信。

「我來得這樣遲，所以只好坐在後面。儘管我已坐下來，但心反而跳得更急促。過了好幾分鐘，我才看清楚臺上演的是『三娘敎子』，而那穿着黑衣，抖着長長的水袖的，不就是大名鼎鼎的余心梅嗎？這使我突然覺得咽喉裏好像被甚麼東西哽住，連喘氣都不舒服。我是這樣專心地望着臺上，以至於鄰座一位軍官喊了三聲『喂』我才轉過頭來，原來我把人家的衣角坐住了。

「我知道我來得太遲，『三娘敎子』已經將近尾聲，王春娥大段的唱工都已過去，幸而我坐下來的時候，這齣戲正演到我所最喜歡而又最怕聽的那一段：老薛保在敎導小東人薛倚哥頂着「家法」向他的庶母去討饒。扮薛倚哥的小孩子，演得非常老到，當他說：『……現有『家法』在此，望母親高高舉起，輕輕打下，打兒一下，猶如十下，打兒十下，猶如百下；打在兒身，痛在娘心。母親呀，您就饒了孩兒這一遭吧……』每次一聽到這一段，不知怎麼的，我的眼潮潤起來了。那天晚上，我好像特別容易動感情似的，心裏特別覺得酸楚——我又想起了我自己早已去世的母親；也想起了我自己小時候調皮搗蛋被責罰時的情景。

「沒有好大一會兒，大家夥兒都站起來了，蜂擁着往臺前走去；原來已經散場。這就是那天晚上我跋涉了十多里夜路之後所看到的戲。

「雖然，第三天您還有一天的公演，可是由於被慰勞的人有這麼多，看來我大約不會再有機會來了。但我已儘可能地利用了我這幾分鐘時間，我看到了您——當代最優秀的演員，而且是最勇敢最富愛國心的藝人。我以虔誠的情緒望着您，向您默默地致敬——當然，您是不會覺察到的，我離開您這麼遙遠，而又是這麼渺小的一個人物，與我那千千萬萬的同伴們毫無分別的一個人。

「我疲乏地跟着隊伍回去，一路上沉默着，沒有參加同伴們的議論，我的耳邊和心上，仍然飄盪着您的聲音，浮動着您的影子。而我是一步一步地離開您，越來越遠了。

「做了軍人就是這個樣子的；愛國的觀念和對於自己職責的敬重，超越了一切，它好比一塊大磁石，把我們做爲『人』的屬性完全吸去了。我們所需要愛的，已經太多，因此就不得不捨棄了一些別的更多可愛的東西。」

每一次讀到這兒的時候，心梅總是不住感到空漠而蒼涼，好像人孤另另地站在高山之巔，大海之涯時所產生的低首膜拜的心情。

徐剛最後還提出了兩個請求：

「第一，我希望您能代爲接洽，把您在臺北演戲的錄音片寄成套到前方來。其次，我希望能保存一張您的戲裝照片，作爲紀念。也許今後我不再有機會看到您了，但我將永遠地感謝着您。您給予我們這些生活在前方的人們的已經太多，雖然我自己所享受的是這麼少，可是，在短短的十來分鐘的表演中，您已經安慰了一個異鄉人寂寞的心靈，給了我所想望已久的東西，我這一生一世都記得您，好像您在別的地方所遇到的最熱烈的觀衆一樣。」

最後是一個恭筆的簽名，日期和通訊的信箱號碼，結束了這封洋洋灑灑的信。

心梅還記得淸淸楚楚，接到那封信以後不久，她就託人設法送了一套「荀灌娘」和一套「鳳還巢」的錄音片去。至於照片，她本來想特別去照幾張，可是，一回來就忙得忘記了。最後只好順手把照片本子上那兩張照得並不太好的「木蘭從軍」的照片寄去，了結一樁心事。

照片寄去之後，久久沒有回信；忽然有一天心梅接到一封從那個島上寄來的信，但那筆蹟好像不是徐剛的。奇怪！

這是徐剛來的信，但這是他口述而由他的同僚替他執筆的。他自己正躺在醫院裏。

「……最近，我參加了一次突擊戰，這是那種小型的攻勢之中的一種。報紙上也常有報導的。我們只出動很少數的人，乘着機帆船，在深夜漲潮的時候，登陸匪軍所盤踞的一個島。我們打得很好，這樣出奇制勝的攻擊，不但這島上的匪軍力量被我們摧毀，就是所有前列各島甚至於大陸對岸的匪軍們，也都爲之膽寒。

「這一次我受了傷，傷在右肩胛上，假使再歪一點，打在肺葉上，那就回不來了。醫生說不要緊，我也希望不要緊才好。我不是怕死，是覺得我做的事還太少。

「您的照片寄到時，我正躺在病榻上，準備去動手術。我說不出來地感激您，您對我太好了。而且，您使我覺得生命是多麼値得寶貴，活着又是多麼好；我希望快點好起來，更希望有機會能回臺北去看您表演——呃，不，我希望我們打回大陸去的時候，在慶功大會上看到您演木蘭從軍——在觀衆羣中有一個渺小的兵士，您的老朋友，他曾經替國家流過光榮的血。」

心梅隨即滙了一點錢到那個軍醫院去，並且寫了一封短短的慰問信，好像她也覺得他是她的老朋友了。

又過了大約二十多天，回信來了，仍然是上次寫信的那個人的筆蹟，但不再是徐剛的口氣。

「我不得不報告您一個壞消息——徐剛同志在昨天半夜裏逝世了。他是我生平的好友，我們部隊中最受敬重的一個青年軍官，他也是在一次對敵突擊唯一掛彩成仁的英雄。

「他負傷的經過，上次已告訴您了。他實在是我所見到的最勇敢的一個人。他的死，使我非常難過，但同時又感到光榮。

「我得替他感謝您寫給他的信，還有錢；我曾把信讀給他聽，那錢是依照他的意思，買了吃的東西，分送給住院的戰士們。那時候，他剛剛第二次開刀，說話很困難，我一直想等他好起來時再給您寫信，不料他竟這樣子去了。

「您寄給他的照片，他一直視如拱璧，到他最後嚥氣的時候，手裏還揑着它。他彌留的最後幾小時，神智稍微淸醒，還一邊注視着您的照片一邊說：『打回去，打回去……』我們爲了安慰他，在他死後做了一件也許您會不高興的事情，我們把您那兩張照片和他的遺體同時焚化了，將來都要葬在烈士公墓裏。這一點，得請求你的原諒；這在您不算甚麼損失，但對死者和他的朋友，却略可使人平息悲哀。現在，讓我爲此向您致誠懇的歉意吧！」

照片本子上的那一頁因爲拿掉了兩張照片，黑色的卡紙上還留着兩塊痕跡，但心梅後來再也沒有另外加別的照片上去。她要永久保留着這一頁空白——一頁寶貴的記憶。

說到徐剛，這名字對於她祇不過是一個空洞的符號，一個名詞。它所代表的那個人究竟是高的矮的胖的瘦的，她一點印象都沒有；而且永遠不會認識他了。但在她內心裏，却不把他當作一個從未謀過面的陌生人。她常常回想起那幾天在前線的演出，在那成千成萬的穿着制服的沉默而又專注的軍人之中，便有一個青年，是他；那樣爲她而嚮往。

心梅對於這個不幸犧牲的人，心中除了敬意之外，還有一種神秘的情緒，那好像是比老朋友之間更親切的感情。徐剛，這個名字，代替着一個既空洞而又充實，既短暫而又永恆的生命。

一個英雄的靈光，閃耀過了一個演員的絢爛的藝術生活裏，心梅從此更深刻地認識了藝術的偉大。（待續）

讀者投書

(一)新官僚政治文獻的代表作

荊凡

自由中國編輯先生公鑒：

五月四日臺北各報，同時登出一條字句完全相同的『本報訊』，其內容，係工業委員會對於報載『華麗轎車』新聞的『實情』之『說明』。我們拜讀之餘，覺得這又是一篇新官僚政治文獻的代表作。

這一篇『本報訊』的目的何在？假如只是爲了辯解『華麗轎車』四個字所可能引起的誤會和刺激，那麼，只要簡單兩句話，聲明所要買的一百部都是『新型價廉而節油的四座小車』，並無『華麗』情事；這已經很夠了。老實說，像『華麗轎車』這樣的一條新聞，在一般老百姓們看來，根本不值得大驚小怪。他們從來沒有坐過『小車』，他們也並不會擁有一部『簡陋』的『小車』而要對『華麗轎車』吃醋。況且，『由於各機關及公營事業之公務』，都是替老百姓們造福的，其所用之車，必須『新型』甚至必須『華麗』，當屬天經地義。區區數十萬美金，『沒有什麼了不起』。誠然，自『華麗轎車』新聞揭載後，這些時報紙上，也有過三兩段期期以爲不可的短文章，那也不過是『小方塊作家』們在受了公共汽車的『氣』之後，借題湊字，說過就算。此中是非得失，還得『留待歷史判斷』。所以，就事論事，這本來是毋庸『說明』的。

然而，工業委員會還是要『說明』了。全文三大段，中一段又分五要點，首尾照應，極盡起承轉合之能事。不過，經這麼一『說明』之後，倒把我們越說越胡塗了。

據『說明』：『由於各機關及公營事業之公務小汽車，……使用效率極低，管理有欠嚴密，……經監察院交通委員會調查……決議通過糾正案，由監察院移送行政院辦理』；這就是『改善各機關公務小汽車使用計劃』的『緣起』。

我們不甚明瞭工業委員會的地位職掌及其與行政院的關係；但我們甚爲明瞭行政院的組織法。照我們的看法，監察院移送行政院辦理的那一個糾正案，如果認定問題是政策性的，應屬交通部主管；如果僅作事務性的處理，則可交院秘書處擬辦；無論如何，不會也不該落到工業委員會頭上。工業委員會的『說明』，對此點頗爲含混，只是在『由監察院移送行政院辦理』這一句底下，憑空接上『工業委員會參照監察院提出之糾正案…………』云云。我們要問：是誰叫工業委員會來參照的；拿什麼東西和監察院的糾正案來『參照』？又，據『說明』：這『改善各機關公務小汽車使用計劃』，最後是要提請『經濟安定委員會』來核定，這豈止是文不對題；簡直是牛頭錯上馬嘴了。數十萬美金事小；行政系統行政權責事大。針對着這一點，行政院和交通部，也都應該有所『說明』的。

其次，據『說明』，工業委員會這計劃是『依循監察院之建議而研擬』。如前所述，監察院移送行政院的是『糾正案』而並非『建議案』。我們知道，『糾正』與『建議』這兩者是大有區別的。凡云『建議』，只供對方採擇。而『糾正』則是憲法賦予監察院的大權，被糾正者必須接受或提出答辯。豈可舞文弄墨，以兩種字樣交錯使用；混淆視聽？退一步說，假如監察院原糾正案，也附有建議性的意見，我們想那應該是着重於公務小汽車的管理，而決不會提出『購進』百部小車之類的願望。因爲，據『說明』：『監察院交通委員會調查，認爲因無統一限制使用辦法，乃造成不合理現象』。依此認識，應該首先在統一限制使用方面來計劃，才是正辦。決不能說，買了一百部新車，就可以治好『不合理』之病，不買一百部新車，就無法『統一限制使用』。所以，工業委員會所謂『依循』，實際上只是『附會』，這也是要不得的。

我們這樣說，絕對不是咬文嚼字，我們所要指出的，正是工業委員會在那裏咬文嚼字，所以這『說明』把我們越說越胡塗。從前的官們，舉措不恤人言，所謂好官自爲，由他笑罵；這畢竟已經落伍了。現在的官，則知道注意新聞，會幫忙記者先生撰寫『本報訊』，此即新官僚政治的文獻，而工業委員會的『說明』，堪推爲代表傑作。

我們聽到一種說法：前此報端的『華麗轎車』新聞，採訪並無失實。只因弄得人言嘖嘖，工業委員會才要『說明實情』。所謂『計劃緣起』，不過是把監察院糾正案拉出來擋箭而已。我們不欲研判此種說法是否正確；亦不擬就此加以深論。但我們要向行政院提出如下的幾點『建議』：

①行政院對監察院移送到院的糾正案，應按其內容性質，依據組織法交由主管部負責辦理；不可以隨便讓其他『有關』機構越俎代庖。以免滋生紊亂行政系統和侵權諉責的流弊。

②非特別複雜的問題，不可以隨便成立專案小組，以免權責分散。如有必須，專案小組也應以法定主管爲召集人；不准喧賓奪主。

③要用錢辦理的事，應依國家預算，循一定的財政系統，指揮撥欵。『財務調度』的單位，不能因爲用錢比較方便，就萬事一把抓。

本投書，請貴刊發表爲荷！

荊凡　四十五年五月六日於中和鄉

(二) 由「中醫學校」想起

龍遠銘

自從立法院通過籌設中醫學校案之後，整個自由中國之內，除了貴刊在第十四卷第八九兩期，發表了一篇社論和一篇毛子水先生的文章，表示嚴正的反對意見之外，其餘盡是那些「保存國粹」派的高論。在這二十世紀六十年代的當中，人家正在研究原子能，而我們還自己陶醉在這套「三指禪」與「本草歌訣」的醫術當中，自以為獨得之秘，眞令人有不知今是何世之感。貴刊的這兩篇文章，正如在鴉鳴雀噪之時，忽聞晴空鶴唳；而毛子水先生那篇文章，我讀過之後，尤覺得它含蓄着無限的力量，表面上看來是蜻蜓點水，實際上却是入木三分。我和朋友們談及，曾為它下了「勁氣內斂」的四字評語，不知毛先生是否許為知言。

所謂中西醫的爭辯，我以為這是一個根本不值得爭辯的問題，凡是一個略具現代知識的人，都應該絕對的相信科學，而科學是沒有中西之分的。如果說醫學是應該屬於科學的範圍以內，則凡那些不合於科學條件的診斷方法和其所謂理論，均無值得保留的餘地，更不應再加提倡。更明顯一點說，醫學是根據生理學來的，生理學即是科學，試問世界上還有中國生理學，美國生理學，英國生理學的區別嗎？我們只能說我們有比人家更久遠的文化歷史，我們的開化比人家為早，但是我們不能說我們的科學發明，也比人家早若干年。誠然，我們曾經在最早的時候，就發明了指南針，印刷術和火藥，這是小學生們都能在低年級的課本上可以得到的知識，但是以今天西方國家的科學進步的情形來看，我們還能以那些發明自豪嗎？我們還能拿指南針、印刷術和火藥，來與人家的雷達，高速度的印刷機和原子彈相比嗎？我們還能自信「公輸子作木鳶，飛天三日不下」的傳說是噴氣機的開始發明者嗎？這些道理原已淺近得不需要說明，然而今天却還有人認為中醫之醫理高於西醫，說甚麼西醫只知血，不知氣；說甚麼西醫只解剖過死人，沒有解剖活人。甚至我們神聖莊嚴的最高立法機關，還會通過籌設中醫學校案，你說能不使人啼笑皆非嗎？

前面說過，我認為所謂中西醫的爭辯，是不值得爭辯的問題，因而我不希望在今天還會展開這類爭辯，更不願意參加這類爭辯；不過，由此一事，不禁使我聯想到目前我們自由中國社會上一派復古、開倒車的現象。「五四」紀念日剛剛過去不久，今天有許多的事實表現，似乎又已經回復到「五四」以前的情形，「五四」當年的鬪士，今天健在者尚有多人，撫今追昔，豈能無「枉負當年一片心」之感？

「五四」運動的兩個主要口號是：民主與科學。從民國八年到今天，雖為時已隔三十七年之久，然而這兩個口號仍然成為我們應該繼續努力的方向，因為直到現在，我們的民主政治尚未完全建立，我們還是一個科學落後的國家。但是，事實上，在此時此地，一方面有不少的人非難「五四」運動的精神，認為那是造成中國思想界混亂的根源，甚至說是為共產做了鋪路的工作；另一方面，因為要對抗共產黨摧毀中國固有文化，於是把自己先鑽進牛角尖，形成一種固步自封、開倒車、反科學的傾向。籌設中醫學校只是此種傾向中的一個代表作而已。再如「五四」運動所倡導的新文化運動，今天也似乎更加沉寂下來。「讀經救國」的呼聲，重復興起。新文藝的潮流，敵不過吟詩作對的風氣。文藝協會沒有能力出版一本像樣的定期刊物，而報章雜誌却競相刊載那些五古七律之類的詩篇，還有定期的專載此類詩詞的刊物，有詩人大會，舉行修禊登高的雅事，據說這就是民族文化的寄託，是「中興鼓吹」。許多過去參加「五四」運動的人，居然也背棄了當年的主張，來附庸風雅，跟着起鬨，實在是太可悲了！

我絕無意反對作舊詩，甚至並不贊成新詩可以代替舊詩的說法。我認為這類抒情的文學作品，用任何形式出之都可以，只要有好的意境，美的詞句，都是值得欣賞頌讚的。但是，像這樣風起雲湧，政府大員也跟着來大事提倡的作法，則實在不敢輕於贊同。而且居然還有甚麼左詞宗、右詞宗、狀元、榜眼、探花等類的名詞，出現於今日，大家都聚在一處哼哼唧唧，濡筆揮毫。讀者們，請試閉目想像一下，那究竟是一種甚麼現象？你能相信你是存在於民國四十五年的時代中嗎？遍考古籍，我們也無從發現有過這麼多規模宏大的詩人大會。這樣偉大的「鼓吹」，我們的國家如果還不能「中興」，那也就只好歸之於「氣數」了。

由於讀了貴刊刊載的兩篇關於「籌設中醫學校」的文章，引起了我們內心的共鳴，因而頗為拉雜的寫出上述的一點感想。今天我們唯一的希望是要反攻復國，而支持這一艱鉅的工作與保證其成功的，乃是需要一種蓬勃的朝氣與努力向上的精神。我們要對抗共產黨對中國固有文化的摧殘；但決不能盲目的將祖先留下來的文化遺產捧來當寶貝，便認為是最好的辦法。共產黨以所謂「前進份子」來誘騙許多人跟着他走；但我們決不能眞的自居於「落伍份子」，以為用「復古」的手段可以打擊他們的所謂「前進」。檢視當前的情形，似乎正是犯了這些毛病，復古、開倒車的空氣，在社會上逐漸瀰漫，從讀經救國到中醫學校，都是同一個方向的發展。在這種氣氛之下，請問又如何能培養出蓬勃的朝氣與努力向上的精神？因此，我深深的感覺，今日實有重建「五四」精神的必要，這個復發的舊病，仍須就診於「德先生」和「賽先生」。非强化民主政治的基礎，堅定相信科學的態度，實不足以言復國與建國。貴刊夙持此種主張，而過去的主持人胡適之先生，又是當年「五四」運動的主導人物，所以我願在此向貴刊和愛護貴刊的讀者們，提出這個呼籲：重整「五四」精神，我相信與我具有同感的，必不乏人。

給讀者的報告

在目前反對國際共產主義擴張的鬥爭中，美國每年以大批款項、物質、技術援助自由國家，這在世界歷史中還是一個創舉，姑無論其最終目的如何，美國此一外交措施總是值得我們讚揚的。但是，美國不但沒有贏得所有被援自由國家的人心，反而在某些地區招致了不滿和怨恨，譬如本期刊載的「在十字路口的高棉王國」，即此一例。這是什麼道理呢？在本期社論㈠中，我們特別强調一點：「施與的方式比施與物還重要。」這句話，是值得我們美國朋友三思的。而且當美國給予軍經援的時候，不但要注意被援國家的政府，還得注意被援國的人民的情緒。

半年以來，臺灣物價普遍上漲，人民購買力越來越低，而公教人員的待遇仍維持四十二年的水準，生活苦不堪言，這是我們當前一個十分嚴重的問題。公教人員爲社會的骨幹，公教人員的生活首先不能安定，我們還談得上反攻復國嗎？因此，在本期社論㈡裏，我們特別提出公教人員待遇調整的問題，並主張由改善稅收，來增加財源，以改善公教人員的生活。現在正是立法院審議中央政府總預算案的時候，我們對公教人員的待遇問題深表關切，特提出促請立委諸公注意。

自從赫魯雪夫及蘇俄其他高級領袖淸算史達林事件發生後，各方面對此事件的推測與解釋各有不同。王新衡先生爲蘇俄問題專家(現任立法委員)，他在「我對淸算史達林的看法」一文裏認爲赫魯雪夫淸算史達林是爲了積極準備戰爭。這也代表關於此問題的一個看法，今特登出，以供對此問題有興趣的讀者作爲參考。此外，另有一種看法，也可以提出供大家參考的。中央社駐西德記者史徵之(Leonard J. Schweitzer)先生認爲，赫魯雪夫淸算史達林，是因爲當今參與蘇俄權力鬥爭的一批人對於以往克里姆林宮權力鬥爭那種可怕的屠殺情形，仍心有餘悸，現在乃用一種比較有「紳士」風度的方式來進行他們的鬥爭，不使克里姆林宮有流血的事發生(見四月六日中央日報)。我們當然知道得很清楚，這對於我們自由世界也不會有什麼好處。

「論覆議權的行使程式」一文乃從覆議權的淵源，覆議權的演變，而論及我們的覆議權究應採取何種程式。民主政治的根本精神是法治，在我們倡導民主政治的今日，此一問題是值得討論的。孟浩先生對這方面的問題素有研究。

在我們這個世界上，有許多人不能忘情於「權」「利」，整日拼命追逐「權」「利」。那麼，「權」「利」對人究竟怎樣呢？徐傳禮先生在『「權」「利」的發展與歸着』一文裏告訴我們，「權」「利」的本身並不是壞事，政治不患有權力，而在「權」的運用形式。徐先生並告訴我們如何才能消滅「權」「利」的弊害。這篇文字如一江春水，眞情感人，以輕鬆的筆調而論及了問題的核心。

「人權與聯合國憲章之修訂」一文乃分析人權的各種類型，並敍述過去及現在致力促進尊重人權的歷史，最後得一結論：聯合國在促進尊重人權保障這方面，必須注重充分的世界公意和適當的國家政策，才能有眞正的進步。

「法國最近會承認中共嗎？」凡是注意國際大局的人對此問題都十分關心。田雨耕先生在這篇通訊中，由法國國內現階段的情形來推測，法國在今年聯合國大會召開以前，不致考慮承認中共此一問題。

本期兩篇讀者投書都是很精闢的文字，荊凡先生在「新官僚政治文獻的代表作」這一篇投書中向行政院所提的幾點建議，是值得我們當局考慮的。龍遠銘先生在『由「中醫學校」想起』這篇投書中特別强調，必須重振五四精神，才足以復國建國。

自由中國 半月刊 第十四卷第十期 總第一五七號

中華民國四十五年五月十六日出版

發行人兼主編：『自由中國』編輯委員會

出版者：自由中國社

社址：臺北市和平東路二段十八巷一號

電話：二 八 五 七 〇

航空版

香港：友聯書報發行公司 Union Press Circulation Company, No. 26-A, Des Voeux Rd. C., 1st Fl. Hong Kong

總經銷

臺灣：自由中國社發行部

美國：自由中國日報 Free China Daily 719 Sacramento St., San Francisco 8, Calif. U. S. A.

經售者

日本：東京僑豐企業公司

韓國：漢城裕昌德號

馬尼剌：大中華日報社

印尼：椰嘉達天聲日報、新疆書店、泗水文光圖書公司

越南：西貢中原文化印刷公司

緬甸：仰光振成書報店

印度：加爾各答塔梅學校

澳洲：雪梨瑞田公司

北婆羅洲：西利亞拔靑年書店

新加坡：檳榔嶼、吉打邦均有出售

印刷者：精華印書館

廠址：臺北市長沙街二段六〇號

電話：二 三 四 二 九 號

自由中國　第十四卷　第十期　內政部雜誌登記證內警臺誌字第三八一號　臺灣省雜誌事業協會會員　三三八

本刊經中華郵政登記認為第一類新聞紙類　臺灣郵政管理局新聞紙類登記執照第五九七號　臺灣郵政劃撥儲金帳戶第八一三九號

FREE CHINA

第十四卷 第十一期

要目

中華民國四十五年六月一日出版

社址:臺北市和平東路二段十八巷一號

半月大事記

五月十日（星期四）

杜勒斯出席美衆院外交委員會，力促美國會通過全部援外欵項；並警告美國會，俄長期戰略未改變。

北大西洋公約組織盟軍最高統帥葛倫瑟將軍嚴正警告蘇俄，俄如侵略西歐盟國，將遭原子武器反擊。

反史運動引起不良後果，俄共領導階層已形成混亂。

塞島英當局處決兩希臘人，雅典會發生激烈反英暴動。

聯合國秘書長哈瑪紹報告安理會，以阿停火協議，顯示着趨向和平的可能性，要求支持獲致具體方案。

美衆院對於艾森豪總統所提新的國防預算，略加修改，予以通過。

五月十一日（星期五）

希總理卡拉曼理斯指責英政府，不能再予諒解，希北部兩市將抵制英貨。

塞島局勢益趨惡劣，解決糾紛更感困難，美官方對該地區發展表示憂慮，第六艦隊決取消訪問克里特島。

泰國總理鑾披汶辟明，不承認匪幫。

美國衆院調查非美活動委員會宣佈它已發現蘇俄大使館書記米希夫向美國公務人員索求軍事或技術資料，俄使館竟將它隱藏起來。

美開始生產超音速噴射練習機。

五月十二日（星期六）

美國駐聯合國首席代表洛奇告美國議員，匪決難混入聯合國。

東南亞理事會代表已在曼谷結束其爲時三日，增進該組織建設性工作的會議。

西藏民衆抗暴怒潮洶湧，已擴大爲游擊戰，參加戰士多逾四萬人。

美正從事設計試驗飛彈：裝置氫彈彈頭；美國海軍航空母艦上的飛機亦可發射氫彈，攻擊敵人目標。

五月十三日（星期日）

白宮發言人哈格泰公開表示，俄酋始終言行不符，拒絕其赴美訪問。

五月十四日（星期一）

威爾森、雷德福在美參院作證，促勿削減軍援計劃。

奧地利選舉揭曉，保守人民黨獲勝利。

五月十五日（星期二）

美國防部次長羅勃森來華訪問。

韓國今舉行大選，選舉第三屆大總統。

俄又施展誘惑伎倆，揚言裁軍一百廿萬人。杜勒斯指出，俄裁軍無損其實力，目的在轉移人力，製造核子武器。

日俄漁業協定已簽字。

星加坡獨立談判破裂，首席部長馬紹爾已提出辭職。

美將在全國各地區，建立原子動力工廠。

五月十六日（星期三）

法國總理莫勒與俄酋布加寧開裁軍談判。

法總理莫勒在俄評俄裁軍無大重要性。

五月十七日（星期四）

英竟採單獨行動，放寬對匪禁運。

埃及承認匪政權，我政府採取斷然措置，與埃斷絕外交關係。

安理會將召開會議，討論哈瑪紹的中東和平報告。

韓大選揭曉，李承晚獲連任，共獲得四百九十五萬票。

美太平洋艦隊司令史敦普上將在美參院外委會作證，支持四十九億美元援外方案。

盟國拒絕匪建議召開會議商韓國統一與解除武裝。

五月十八日（星期五）

美國家安全會集會，研討埃及附俄行動。

美國防部副部長羅勃森離臺飛港，臨行盛讚國軍强大。

美衆院外委會決議，禁止援助對鐵幕國家供應戰略物資的任何盟國。

俄法會議今已告結束，主要問題均未協議。莫勒强調法與西方盟國團結。

美空軍公開展覽長程電導飛彈。

美英重申立場，繼續拒匪入聯合國。

美衆院外委會，改變原有立場，打消禁援資共國家案。

五月十九日（星期六）

威爾森在軍人節宴會發表演說，美國將於若干年內，繼續維持現有軍力，決以最新武器加强裝備。

張勉當選韓國副總統，獲四百零一萬二千七百六十四票。

美國衆院非美活動委員會發表一册名爲「絕大的僞裝」的論文集，指出俄未放棄征服世界計劃，反史乃係絕大的僞裝。

五月二十日（星期日）

法俄發表會談公報，主要問題均未獲協議。兩國將商訂貿易與文化協定。

俄以支持日本加入聯合國爲餌，誘日建立邦交。

莫斯科宣稱已在亞洲成立所謂「亞洲國家團結委員會」，誘使亞洲國家「和平共存」。

五月二十一日（星期一）

美在比基尼島北部首次試驗空投氫彈。

美層牛士電導飛彈首次公開發射。

五月二十二日（星期二）

我內政部發表聲明，申明南沙群島爲我國領土。

俄難民不願回鐵幕，美決維護使不受威脅。

五月二十三日（星期三）

艾森豪闡明裁軍態度；不論俄帝行動如何，美將自行決定政策，並認爲埃及承認共匪是一項錯誤。

伊拉克外長聲明，決不承認匪僞。

美衆院外交委員會減削十億軍援欵項，經援額亦削去一億餘元。

美「勝利女神」飛彈發射成功。

五月二十四日（星期四）

美參院安全小組會要求驅逐蘇俄駐聯合國代表團團長索布列夫。

美正發展新式坦克，可射原子炮彈。「勝利女神」飛彈可裝原子彈頭，足可對付敵人的噴射襲擊機。

美衆院外交委員會通過援外法案，削減了十一億又九百萬美元。

白宮聲明決維護原則，對共黨誘使難民返國，正採取行動加以防止。

五月二十五日（星期五）

艾森豪發表演說，斥共產主義，認其本質上爲一失敗。

「自由中國」的宗旨

第一、我們要向全國國民宣傳自由與民主的真實價值，並且要督促政府(各級的政府)，切實改革政治經濟，努力建立自由民主的社會。

第二、我們要支持並督促政府用種種力量抵抗共產黨鐵幕之下剝奪一切自由的極權政治，不讓他擴張他的勢力範圍。

第三、我們要盡我們的努力，援助淪陷區域的同胞，幫助他們早日恢復自由。

第四、我們的最後目標是要使整個中華民國成為自由的中國。

社論

(一)

檢討外交的時候！

——從埃及承認匪共說起

埃及承認匪共，中東的情勢與自由世界的關係，無論從那一種角度看，是加倍的緊張。我們的國策不變，我們的基本信念不變。但是，在這個時機，爲了加速我們的成功，痛創我們的敵人，更爲了配合軍事，振奮人心，我們的外交——外交政策，外交行政，外交人事以及外交作風，應該是到了積極而澈底檢討的時候了。

八月十六日埃及共和國納瑟政權宣佈承認匪共。中華民國於當日宣佈與埃及斷絕邦交，並撤銷駐開羅大使館，召回我駐埃大使。

自由中國人士，聽着這一個消息，是十分悲憤的。他們所以悲憤，因爲今天國際上的許多動態，既然離開了是非與公道，也離開了恩怨。在是非與公道上講，埃及今天無論如何，不應該再投入莫斯科的圈子，更不應在此時承認匪共。埃及立國之道，無論從民族主義或回教主義上講，埃及是無法與共匪接近的。其次論恩怨。國際與個人的行動，有時同樣離不了恩怨。可是埃及與中華民國，多年來並無恩怨可言。尤其前幾年納瑟推翻王政後，中華民國因基於國父民族自決的遺教，在精神上十分同情埃及爲自主而努力。在行動上我們在聯合國會經首先主張應承認政變後埃及的新政權。今天埃及承認匪幫的行動，不僅離開了是非與公道，並且離開了恩怨的感情。我們眼見中東這一個新與的民主國家，在外交上那樣盲目瞎撞，而其後果是爲人類造成惡劣的影響，這是爲着本國的外交與世界前途，不勝其殷憂而悲憤的一點。

聽到埃及承認匪幫的消息，有一部份人，包括我們外交當局在內，有一種解說；同時也有一種自慰。說埃及這次行動，其目的並不是針對中華民國，她行動的目標是西方國家，尤其是英美兩國。中華民國不過不幸成了此種行動的犧牲品罷了。這一解說，聽來言之成理，持之有故。但是我們不能完全接受。尤其官方不能把這一套話來安慰自己與推卸責任。今天國際上的一切行動，當然因果十分錯綜複雜。任何一個國際行動，其動機與原因，不是單純。何況像埃及這類新與國家，因爲歷史環境的因素，其心理本不正常。其政治領袖初露頭角，根底淺薄，他們行動之無可捉摸，越出常軌，原是意料中事。但是一國的外交，尤其是弱國的外交，最要的一着，便要避免做無辜的犧牲品。弱國外交的成敗，首先在消極方面要避免做國際上的犧牲品。其次方講到利用國際的矛盾，使本國轉敗爲勝，由辱求榮。兩百年來世界外交史上這種成例，實不勝枚舉。中華民國今天的憑藉，雖仍十分薄弱，但比較三四年前則有若干進步。如果像埃及這次承認匪幫的突變，而我們外交當局，一切諉之於國際環境，自己承認爲國際上之犧牲品。這不啻把數年來外交當局所自負自詡的成功，完全一筆勾銷。

當然，我們充分承認今天國家辦理外交的困難。因爲我們各種客觀條件實在太不够了。但正因這種環境，我們在外交上還要盡我們最大的努力，萬不可委心任運。稍遇順境，便自我陶醉；遭遇突變，便曲解以自慰。現在國內輿論，多數責備外交當局尤其駐埃大使，爲什麼事前毫無情報，更無準備。這許多責備，在責任政治的觀點上，政府原不能辭其應負之責任。但是今天時勢至此，與其追求過去，不如預策將來。照我們的看法，今天對埃及承認匪共政府單是對埃斷絕國交及撤銷使館，這種消極的行動只能算是例行的公事，不是對策。我們十分重視接着這事件以後的對策，我們認爲今天自由世界對中東、或甚至對於亞洲，外交政策的運用，應該是物質與精神雙方並重的。暫就埃及而講，埃及幾年來面臨的問題，一方面是擺脫舊日英國的羈絆，獲得國家民族的獨立與自主。另一方面是經濟與貿易。自由國家要拉住中東國家甚至全亞洲各國，都要在上述的兩方面，同時同樣與以滿足。譬如埃及這幾年的棉花市場，就是一個顯例。自由世界要滿足埃及，最現實的辦法，必須設法解決其棉花的出口。同時再滿足其獨立自主的願望。所以我們對中東及亞洲的外交政策，最急要的，要向這個方向邁進。因爲我們今天偏處臺灣，我們的經濟力量實在差得太遠。但是我們可要求或者强調建議於美國，在她援外欵項內，特別撥出的欵，專門準備這種用度。譬如埃及的棉花，錫蘭的橡膠，泰國的米，以及日本的工業品，都應當運用這筆的欵來購進。尤其希望美國政府，對這筆欵子的運用不必太講生意經，只能在政治性中稍講生意經。這是眞正的經援。眞正經援運用得宜，眞能在搖動的地帶發生旋乾轉坤的作用。我們並願借此機會向美國政府大聲疾呼：你們的援助政策，非大大改變方針與辦法不可。你們對付新與國家，在心理及手段方面，應該多和別的國家商量，尤其像自由中國。我們數十年來內外的動亂，處變的經驗比較豐富。

其次，在精神方面，我們建議政府，在今天的中東及亞洲各地，應該積極多派各種訪問團接二連三去訪問。譬如立監兩院聯合組織的國會訪問團；文化或工商界的訪問團；宗教及學術的訪問團。應該精選與各該地區有關的人士去參加。更應在國家可能的經費範圍內，使各種訪問團能充分發揮其作用。一國的外交，並不是外交部一個部門的事務。外交是全國總力量的表現。總攬全國行政的行政院，在今天對外交的推行，尤當以整個國家的立場，決定重大的原則，以幫助外交政策的順利推行。

今外交部長葉公超氏受命於危難之際，數年以來，在外交上苦心奮鬪，曾爲國內多數人士所讚許。但嚴格而論，數年來我們外交方面的成功，究竟安在？外交當局積極之功勳又安在？遠者不論，即以近頃外交人事之陣容而論，其差强人意之處，實令人難於指陳。外交行政之效率與風紀，數年來外交當局屢次宣揚自負。但按之實際，如最近東京使館之高級職員鬪毆，巴拿馬使館大使毆傷參事，並未聞外部有何公正嚴明斷然整飭之處置。駐埃大使何鳳山，外部於宣佈中埃絕交之日，電令即日下旗歸國，而該大使接着請假四月，藉詞去美治療，外部遽予照准。此種風氣，在今日猶復蔓延於外交部門，則外交當局平昔所自負之果斷與剛勁作風，又何以自解？說到這裏，我們也得强調責任內閣制的精神非嚴格保持不可。舉凡外交政策、行政與人事等等，外交當局有權有責作主動。最高當局如有何意見，必須經由行政院長而外交部長。萬不能對駐外使節有何直接指示。這種精神保持住，我們才可以對外交當局責備求全而無愧於心。

最後，我們對於此次埃及之突然承認匪共，雖然悲憤，但是我們對國家前途決不因此悲觀。這種歷史上的小插曲，與時代進化的大潮流是毫無妨碍的。遠者不論，即在我們抗戰期中，承認僞滿洲國的投機政府，何止一個！這種魔障，到歷史大轉扭時，經不起時代巨流的一衝。我們今天鑒於環境之變化，更當堅定信心，抱定國策，向着反共復國的大道邁進。勝利光榮，一定是屬於我們！

社論

(二) 有感於韓國大選

大韓民國第三屆總統選擧，經過些頗爲熱烈緊張的場面，李承晚終以四百九十五萬餘的多數票獲得連任；而反對黨的副總統候選人張勉，却又以四百零一萬二千七百六十四票擊敗了李承晚的伙伴李起鵬，攫取了副元首的寶座。在此次選擧中，同時還有一個稀見的插曲，即是在快臨選期突然逝世的民主黨總統候選人申翼熙，竟仍獲得一百八十餘萬選票，較之改進黨總統候選人曹奉岩不過落後三十餘萬票。由此一現象，足以證明韓國選民對申翼熙擁戴之誠，追念之深，如果申氏幸而不死，在這次競選之中，李承晚是否能予以擊敗，恐怕還成問題。

李承晚是一個堅決反共的人物，爲他的國家建有不可磨滅的功勛，在韓國國民的心目中，當然保有他的威望和重要性，因之，無論是基於亞洲國家共同反共的觀點上，或是爲韓國前途打算，對於李氏之仍獲當選，究竟是一件値得欣慰的事。他之所以能獲得多數票當選連任，也並不是偶然的。不過，從此次韓國選擧所表現的一些情形看，我們感覺到，有許多事實，在我們建立民主政治的過程中，頗含有敎育的意義，値得加以體味。

首先，我們覺得韓國此次選擧，因爲是普選方式，由有選擧權的公民直接投票，所以選擧結果，選票顯得不甚集中，而且發現有一百餘萬張選票因投擧死人而作廢，擧動近乎玩笑；然而這是非常確實的表現了民主精神，是人民意志的自由發揮，任何一個候選人，都無法憑藉政治壓力來影響選民。這種情勢的造成，我們以爲應該歸功於韓國政府，過去對言論自由的保障。據我們所知，在韓國言論自由的尺度是非常寬濶的，許多報刊可以盡量的批評政府，而政府當局也有容忍的雅量。由此而養成人民一種與聞政治、參加政治活動的情趣，願意毫無保留的發揮他們自己的主張。這一次大選投票，百餘萬選民投死人票的滑稽劇，不客氣的說，這顯然是對李承晚總統及改進黨候選人曹奉岩的一種諷刺，但是我們可以相信李氏會決不以爲侮；同時他更不會認爲他本人所得到的四百餘萬票是一個不够理想的數目，不能表示韓國全國人民的一致擁護他而感到一點遺憾。因爲一個有民主素養的人，他會知道民主政治是尊重少數而服從多數的道理。在一個選擧的競爭中，多一票而獲選，仍然是光榮的。非要取得絕大多數才算够面子，那是一種不健全的心理。

其次，此次韓國大選結果，當選的副總統張勉竟與當選的總統不屬於同一黨派，這確是一個稀有的情形，尤其是在總統制的政體中。以美國來說，在歷史上，只有林肯與約翰遜的那一個同樣的例子，而且那是在一種頗爲特殊的政治情況中才產生的。至於總統與副總統之間相處不甚愉快，則是數見不鮮之事，如威爾遜總統之與副總統馬歇爾，哈定之與柯立芝，柯立芝之與道斯，胡佛之與寇蒂斯，都是不很融洽的。不過，他們仍是同屬於一個黨籍，私人間情感與見解的偶然不能協調，並不致影響到政策上的根本對立。假如總統與副總統是分屬於不同的黨籍，那情形當然又大不相同了。儘管美國人稱副總統爲「備用的輪胎」，然而如果一輛車子配上一個根本不同型式的備用輪胎，則到了必要使用的時候，卽難免發生困難。卽以前述林肯與約翰遜之例來說，林肯被刺之後，約翰遜行使總統職權，卽因不能獲得國會的多數支持，感到狼狽，終至發生總統被彈劾的那一種在美國歷史極不愉快的事件，這便是很好的證明。今天韓國的這種形勢既已造成，當茲大敵當前，國土未復，我們站在一個友邦人士的立場，實不能不希望李張兩氏之能以國家人民爲重，拋開黨派的成見，精誠合作，庶不致予敵人以乘暇抵隙、挑撥離間的機會，更不致使這一個剛從艱苦奮鬪中復興的國家遭受不必要的挫折。在其他的政黨與全國人民方面，也應該隨時加以督促，使總統與副總統間的情感融和，合作無間。

最後，關於李氏連任第三屆總統一事，事實上，雖然今天的大韓民國確還需要李承晚總統的繼續領導，他在本次大選中，仍能獲得四百餘萬選票的多數擁護，卽足以證明他是較其他的幾位候選人，在選民中具有更多的威望；但是在民主政治的基本觀念上來看，我們對於李氏之修改憲法的總統任期，以達到其連任三屆的作法，則殊不敢苟同。在此次大選中，其所以會發生爲數近二百萬的選民投擧已故候選人申翼熙的票，以及反對黨的張勉竟可擊敗李總統的伙伴李起鵬的這類不常有的現象，這顯然是選民對李總統的一種抗議，而這種抗議的動機，與其說是對李氏個人持有不友好的感情，無寧說是對李氏修改憲法一事表示不同意的意見。因爲儘管李氏之修改憲法的總統任期，其動機是良善的，然而修改國家的基本大法以遷就現實，究竟難以獲得全國人民的諒解。我們總以爲重視人的因素而輕視法的觀念，終於是一種不甚適宜的作法。今人之好輕言修改憲法者，這次韓國的大選，也正是一個足供參考的例子。

世界上任何一個國家的憲法，沒有那一部是十全十美的，也沒有那一部永遠與現實需要能完全配合。但非至最必要的時候，是沒有人敢輕言修改的。美國的憲法，是號稱爲剛性的憲法，三權鼎立的制度，其所發生的制衡作用，不能不說使總統的職權有過多的約束。但是在歷屆總統的靈活運用之下，它依然可以很自如的適合其需要，達成其任務。一九三三年，佛蘭克林、羅斯福就任第一次總統，正當美國遭遇極度的經濟恐慌，又值世界風雲緊急的非常時期，而他並不曾感覺到憲法不足以應付非常的局勢，他說：「我們的憲法，是如此簡單與切合實際，我們能改變其內容與重點的安排，以適應非常需要，而又不失去其重要的形體。」這幾句話，不僅表現出羅斯福個人的智慧，而且指示出一個如何靈活的去運用憲法的原則。

再說到關於總統任期一點。在美國的憲法中原來是根本沒有規定任期的。這並不是他們事先沒有顧慮到，而是當最初制憲的時候，所有參加制憲的人，都一致以總統一職屬望於華盛頓；而且在國家締造之初，需要較長期的安定，他們不願以任期來限制華盛頓，甚至希望他能終身任此職務，所以不肯將連任的限度，載諸明文。但是當時的華盛頓，以其在全國人民中的威望，以及國家人民對他的需要，儘管他可以繼續連任下去，不會遭遇任何反對，然而他仍於連任第二屆之後，決不肯再連任第三屆。其原因，就是他要造成一個良好的先例，用這個優良的傳統來補救憲法上的這個缺點。直到佛蘭克林羅斯福，雖然他曾打破了這個傳統，居然連任四屆。可是等到杜魯門執政，立卽由國會在憲法中增訂了總統任期限制的一條，這對於佛蘭克林羅斯福之打破美國傳統連任四屆之擧，是一次不愉快的糾正。美國人民和其他國家人民一樣，非常尊重國家元首的地位，然而他們却並不以爲在某一時期，就非某人不可，他們覺得在他們當中，有若干人都是够做總統的才能，而總統並不眞是出類拔萃，有甚麼天縱之資。這確是一個健全的民主觀念，與那些極權國家故意將領袖人物的人格神化的作法，完全不同。艾森豪也曾告訴美國人民，不要將國家的希望寄托在某一個人的身上，那是很危險的想法。因爲這種想法，正等於賭博場上的孤注，錢財可以孤注一擲，國家的命運是不容許這樣打算的。因此，我們對此次韓國大選，李承晚總統修憲以達成其連任三屆之願望，總覺得是不甚明智之擧。

如上云云，只是申述我們對韓國大選這一次事件所連帶發生的感想，而不是對李承晚總統個人有所非議之處。因爲在我們這個正在學習民主、建立民主制度的國家中，對於某些有關民主政治的問題與實例，都值得我們關心和探討。

社論

(三) 美援急須擴及文化部門

反共鬪爭，本質上是個文化鬪爭。第二次大戰以來的國際局勢，有很多人稱之爲美蘇對立或美蘇鬪爭的局勢。這種看法，是表面的，膚淺的。其實，我們現在所面臨的時代問題，不是國與國之間的鬪爭，更不是兩個國家之間的鬪爭，而是兩種「文化」的鬪爭。美蘇兩國不過是兩個代表而已。前者代表民主、自由；後者代表極權、奴役。在這種文化鬪爭的過程中，儘管軍事上有時偃旗息鼓，外交上有時握手碰杯，但是，如果文化上任何一方都不發生變質作用，則這一鬪爭場面，終究是外弛而內張的。

目前的世局，正是這樣一個外弛而內張的鬪爭場面。外弛的方面，表現於蘇俄的和平論調，表現於布加寧、赫魯雪夫的親駕外交，最近幾天，還有蘇俄邀請美國參謀首長訪俄的醞釀。從這方面看，好像多年來無法解決的問題，現在都有在談笑間和平解決的希望。可是另一方面，亞洲及中東若干國家在偏狹的民族情感激動之下，近年來多傾向於緬甸人所常說的「寧可和認識的魔鬼結交」。這是世局內張的一方面。最近埃及的承認中共，更使這內張的程度爲之大增。從這方面看，我們很同意西德總理愛德諾上月二十四日在科倫發表的談話：「七年來的世界政局，從來沒有像今天所表現的這般困難、這般混亂、和這般不安。」

從外弛的一面看，好像是我們反共的這一邊佔着上風，但從內張的一面看，形勢顯然是不利於我們的。不利的理由，不只一二，但我們在這裏的觀點是專注在文化方面。

反共鬪爭，本質上是個文化鬪爭。在這一深度的理解下，我們所應特別關心的，倒不在乎親共國家的數量，而在乎那些親共國家的文化程度或文化類型。英國是很早就承認中共的，近來又與蘇俄大打交道。但是，由於民主自由的文化在英國有深厚的根基，我們並不耽心英國變成蘇俄的附庸；相反地，我們深信在這一文化鬪爭中，如果到了緊要關頭，英國是會對共產集團作殊死戰的。至於亞洲和中東若干國家以及埃及等國之傾向於親共，其危險性則遠比英國近年來外交態度所可引致的危險性要嚴重得多。因爲這些地區的國家，不但沒有根深蒂固的民主自由文化，而且在她們的傳統文化中，尚留有許多成分是可以與共黨的那一套一拍卽合的。莫說她們今天是在與魔鬼結交，卽令她們今天是在與魔鬼打架，到了明天，也難保她們本身不也變成魔鬼。

講到這裏，我們就要向反共陣營中居於領導地位的美國作一個十分重要的提示，卽：國際上反共的文化工作，縱不比軍事更重要，也得與軍事等量齊觀，尤其是在今天。

我們知道國際上反共的文化工作，美國並不是完全未做。但做得不够分量，太不够分量。就遠東來說，美國在星加坡、在馬尼剌、在香港，也用了些錢在文化方面，但其數量如與軍援經援比起來，則微乎其微。臺灣是自由中國的基地，也可說是自由中國的一個輻射中心。但美國用在臺灣的文化經費還比不上在香港所用的！這種現象，顯然地表明美國在反共鬪爭中忽視了文化這一部門。也許可以說，美國政府還沒有深刻地認識到反共鬪爭是個文化鬪爭，儘管從他們的官員口中也有時溜出文化鬪爭或類似文化鬪爭的那些論調。

上月初旬，在美國馬里蘭大學與華美協進會聯合主辦的中美文化關係週末圓桌討論會中，清華大學校長梅貽琦先生曾提議敦促美國對我國的援助計劃由軍援經援擴大到教育援助。我們現在正好藉這個機會，鄭重指出反共鬪爭本質上是個文化鬪爭，因而把梅先生提議的「教育援助」，擴大爲包括教育的文化援助。同時我們也不僅僅爲我們自由中國要求文化援助，而且要爲亞洲乃至中東文化落後地區的所有反共國家要求文化援助。

關於文化援助的具體計劃，我們還沒有周詳考慮到；但有兩個要點是可以在這裏說說的。

第一、文化援助，在消極方面有兩個目標：一是揭發共黨那一套符咒似的文化教育之荒謬，一是對被援地區傳統文化中可與共黨一拍卽合的那些成分，加以洗滌。在積極方面則是宣揚民主自由的眞實價值，從而促進那些被援國實實在在地走上民主自由之路。如此，我們才可希望在反共鬪爭中挽回現已顯露的逆勢而漸漸佔着上風。因爲只有民主自由的文化擴展其範圍，才可確切保證反極權反奴役的最後勝利。

第二、文化援助，在運用的技術上，不同於軍援。軍援非援之於被援國的政府不可。文化援助則不必然。我們主張，文化援助的運用機構，應由受援國文化教育界富有聲譽而又爲自由主義的人士組織之，受援國的政府似可不必參與其事。

我們現在所能提出的，只此兩個要點。詳細計劃，是可以從長研討的。我們希望美國政府面對當前國際局勢的動態，鄭重地來考慮我們在這裏所講的觀感和期望。

韓國選民已奠定了光明的民主前途

蔣匀田

民主政治最重要的基礎，是人民願爲民主奮鬬的精神和犧牲的勇氣。有了這種精神與勇氣，就是民主政治有了光明前途的保障力。縱使一時領導階層的自私與武斷，終必屈服於民意之前，或摧毀於民力之下。因爲政權的維持，不外兩條路：一爲人民的選票；一爲武力的鎮壓。倘使由第一條路，祇要領導階層的政見和利益與人民相左，一經選舉，必立刻垮臺，此爲英、美等已上軌道國家的政象，無須多舉。倘使由第二條路，民意的向背，在短暫的時間內，當然不能影響政權；可是武力的建構，第一需要人民的人力，第二需要人民的物力，因此，失去民心的政權，無法深得軍心。試請檢閱中外的歷史，所有革命的力量，沒有不是政府所豢養以鎮壓反對的武力佔其主要的成份者。明白一點說，到了需要濫用權力，以鎮壓反對的力量，而維持統治階層的利益時，則那個統治階層，已變成多數人民革命的對象了。變成了多數人民革命對象之後，不要說所豢養的武力，都是革自己命的動力，就是自己向人民或政敵所要的示威手段，都可更增加人民革命的信心與勇氣。當年秦始皇耀武揚威出遊的時候，劉邦就說『大丈夫當如此也』；項羽則說『彼可取而代也』；而張良更乘機享之以鐵鎚。這些歷史的記載，都反映出當時秦始皇已成了人民革命的對象，儘管防民之口，甚爲嚴厲，就是今日所謂不許批評政府，不許新聞自由的辦法，以至『偶語者棄世』，然仍能挽回已失的人心。我嘗設想，秦始皇執行『偶語棄世』的方法，恐怕就是今日所謂的特務密佈，與警察梭戶的辦法。以吞滅六國之武力，以秘密特務的組織，對付統治區域內的人民，不出十五年，被政敵揭竿一呼，即告土崩瓦解。在那個時候，人民尚無民主的自覺，特務武力，已不是保持政權有效的方法了；何況近百餘年來，世界的人類，普遍的有了民主自由的認識，任何人倘敢違背世界文化的潮流，神器自私，以政權的保持爲決定國事的先決條件，必隨法國的拿破侖第一、第三，中國的袁世凱而後，速就滅亡，此可斷言。就是法西斯式的專政如希特勒與墨索里尼，一時維持政權於擴疆拓土的虛榮上，縱不摧毀於民主聯軍的炮火，亦無法久容於民主自由的自覺力量。史達林假階級專政的招牌，獨掌政權三十年，生殺予奪，悉聽所爲，然方告瞑目，平素出入宮廷之愛子，即告失踪；政權兩轉，一手所培植之信徒，又宣佈其罪狀，而毫無愛惜。家遭傾覆之患，自貽鞭尸之羞，所謂『怨毒之於人也甚矣哉』，史達林今日有之矣。我之所以援古說今，不憚煩瑣，伸論了這一大段，目的即在說明：武力、特務，不是保持政權有效的力量，更不是措國家於長治久安之常軌。妄想以武力、特務保持政權，祇有速國家之滅亡，陷人民於水火。史實皆然，於今尤甚。武力、特務，既不足恃，則惟有訴諸於人民的選票了。所以近代國家，皆以選舉方式，以定政權之誰屬。甚至解決國際間的領土糾紛，亦出之於人民選舉的方法。

選舉固爲進退政權的唯一適當的方法，然眞欲達到選舉的目的，必先具備選舉的充足條件。根據英、美民主國家選舉的經驗，選舉必備的條件爲：(一)強大反對黨的存在；(二)反對黨領袖有充份選舉行動與批評執政黨領袖的自由；(三)新聞採訪和發表的自由；(四)人民有判定是非利害的自由與勇氣；(五)法院要嚴格超然黨派的關係，公平的處理選舉訴訟。茲試分節論之。

一、選舉的意義有二：一、由人民檢訂適時的政策；二、由人民遴選優秀的人才，以執行適時的政策。但是林林總總的羣衆，動有千萬億萬，如何集中意見，以製訂適時的政策；又如何於稠人廣衆之中，選出優秀的人才，以執行適時的政策；更如何本於經驗與知識，專伺政府之旁，代替天南地北、各忙生活的人民，詳察政府行政之得失，而公諸於全國人民，因而不能不有政黨的組織。蒲萊士爵士 (Lord Bryce) 在其近代民主政治裏說：『政黨乃於民主政治的附產物』。換言之，有民主政治，就必得有政黨。沒有政黨，民主政治必無法運用。我現在更可進一步說，沒有兩個以上勢均力敵、互相對立的政黨，民主政治也就沒法運用。所以一黨專政的國家，儘管專政的黨，有其政綱政策，懸諸國門；有時也假選舉之名，公佈一大批名單，經過人民投票，然這祇是玩弄手法，絕對不是民主政治。共產黨的蘇俄，納粹的德國，法西斯的義大利，訓政時的中國，都是這樣。

孟子說：『外無敵國，內無法家拂士者，國恒亡』。法家拂士的作用，即在諫諍君主的過失，使他能知過改過，不至狃於積習，腐敗到底，以至亡國。然法家拂士以個人臣民的身份，急諍切諫，不能保證君主必從，不是防止政治腐化最有效的辦法。反對黨的存在，形勢則完全不同了。它不是諫之於君；而是訴之於民，讓人民明瞭政府的失政，用選舉的方法，更替政權。這是最有效的政治防腐劑。英國的反對黨領袖，雖然在野，而支領與首相同樣的薪金。這說明反對黨的領袖，對國家的貢獻，等於在朝黨的領袖。而反對黨領袖的貢獻，不是在正的方面，而是在反的方面，即天天在那裏注意在朝黨的政治弱點，公開批評，而批評的程度祇有言過其實，不會含蓄保留。在朝黨對其施政弱點，惟有接受在野黨的批評，立予更張，方可保持政權。若拒絕更改，一意孤行，迨全國與論相繼支持在野黨，則在朝黨經過民意的判斷，必立垮矣。在野黨的批評，與論的支援，選民的判斷，三種力量，聯合起來，任何頑強的在朝黨，皆不能不俯首就範。美國總統傑佛遜曾說政黨對立，正好使其互相監督，把對方的措施，明白宣告於人民」。這種明白宣告的方式，在平時可爲政治防腐的良劑，到了選舉之年，即成爲人民判斷去留的有力參考材料。

我所以提出在野黨的批評，與論的支援，選民的判斷，三者聯合起來的意思，不是在行文技術上想勾起以下幾個選舉的條件；而是體會到沒有判斷是非的人民，縱有高强的在野黨領袖，犧牲一身的安全，冒險犯難，批評時政，攻擊執政者，然一般人皆趨炎赴勢，利害計較之心太甚，無衞是徇道的精神，則在野黨便不能壯大起來，以與久掌政權，六轡在握，軍警環拱的在朝黨對抗。同時直接或間接御用的報紙，號稱代表輿論，對在野黨領袖，妄加罪名，肆意攻訐，在野黨雖欲還擊，苦無宣傳工具，又如何能够伸是張非屈直於民間呢？在這種情況之下，縱有選舉，亦必成爲具文，執政者反可用爲工具，以獎勵其所認爲忠貞的黨徒，與選賢與能的目標，乃背道而馳。我所以標舉强大在野黨的存在，爲選舉第一個必備條件者，就是這個道理。

二、黨與黨間的競選，不僅是政策政綱的宣傳比賽，也是在野黨領袖人物與在朝黨領袖人物對人民的信用比賽。公平的競選，在野黨領袖對於交通工具，與宣傳工具的使用，應與在朝黨領袖有同等的方便。假使在朝黨憑藉政府的力量，在交通與宣傳上有特殊方便，而使在野黨領袖的行動，處處感覺不便，雖然不用特務警察直接公開來干涉，而在野黨領袖受到交通與宣傳的限制，使其競選行動，不能充份獲得自由，到處與人民親身晤談，以獲取人民的信任，其結果與受特務警察的干涉是一樣的不利。這樣不公平的選舉，在朝黨雖勝不武。換言之，即是這樣選舉的結果，不能眞正的代表民意。

上段已經說過，競選也是朝野領袖人物對人民信用的互賽，則公平的競選，不但是讓在野領袖得以公開批評在朝黨，更重要的是讓在野黨領袖得以公開批評在朝黨領袖。假使競選的演詞，祇能籠統的批評在朝黨，不能觸及在朝黨領袖個人，萬一觸及在朝黨領袖個人，必須要歌功頌德，若據實批評幾句，則視同違犯專制王朝的聖諱，乃大逆不道，必羣起而攻，這樣根本不配談選舉。

民主國家，身負國家重責，沒有不能批評的人物；倘有人焉，身負國家公器，而欲置身反對黨批評之外，則祇有效法英國的女皇與今日日本的天皇，置身於黨派之外，雖居國家元首地位，而實等政制上之裝飾品，實權皆操諸國會多數黨的領袖。負過有人，自然可以免却批評，此內閣制精神之所在。故法國今日之總統，雖高居國家元首地位，而不負實際責任；雖亦偶有黨籍，膺選總統之後，即超然政黨關係。使反對黨無可批評之事實，此爲避免批評唯一有效之法。在野黨取得政權之法，積極方面，固須求本黨的政策，合於人民的要求，本黨的領袖人物，獲得人民的信托；而消極方面必須指摘在朝黨的行政失敗，與在朝黨領袖個人之缺點，使人民不但否定在朝黨的政策，更重要的是明瞭在朝黨的領袖，不宜再委以國家重任。然後政權之更替，始可由民意之向背而決定。如此朝野兩黨，輪流依民意而進退，在朝時感受在野黨監督之嚴，不敢絲毫怠忽；在野時則嚴密注視在朝黨的失政，隨時宣諸於國人，以培植重行柄政之信托。無論在朝在野，皆隨時以國富民利爲目的。此民主政治之特點，惟有藉選舉以表達之。不然，選舉不能公平，强大的在野黨無法養成，在朝黨久握政柄，無法不去民日遠，而流於官僚腐化。此歷史上所以無不亡朝之帝政，而民主國中，亦無不落選之政黨也。一九四五年秋，邱吉爾挾戰勝希特勒之功勳，工黨雖退出戰時內閣，而保守黨仍在國會內保有多數議席，可以對日作戰爲理由，繼續執政。然邱翁以久負重任之身，願接受反對黨之挑戰，宣佈改選，請教於民。此舉雖讓工黨獲勝而柄政，而邱翁之暫退，以培養黨的生機，正所以發揮民主政治之妙用。故公平之選舉，不僅予敵黨以嘗試之機會；亦所以長保本黨之生機也。

三、假使上兩節所說的選舉條件都存在了，則必須有新聞自由，始能使反對黨領袖的競選演詞，廣播於衆民。讓選民平心靜氣，評斷在野黨的政策，是否合於其要求；偵察在野黨攻擊在朝黨的短處，是否正確；甚至在朝黨有些政治過失，以秘密隱瞞的手段，未爲人民所未察及，經在野黨的揭發，賴新聞自由的報道，始爲人民所洞悉。選民有了這些朝野對辯的材料，始能憑其公平客觀的裁判，以決定選舉何黨。假使新聞不能自由；或所有宣傳工具，如報紙、電播、透視，盡掌握於在朝黨之手，在野黨競選之言論，報紙不予登載，電播拒予宣揚；而在朝黨之宣傳文字，則累牘連篇，廣介於衆，似此優劣之勢，在野黨如何能與在朝黨競選呢？此新聞自由對於選舉之重要，絕對不在强大在野黨的存在之下。還可以說：强大在野黨之長成，須賴新聞自由之扶助。五十年前英國的蒲萊士爵士 (Lord Bryce) 在其名著近代民主一書裏，討論了每一個國家的政治之後，必附一章，專論該國的新聞自由情形，以定該國政治民主化的程度。我讀那部巨著時，年僅二十三歲，總覺蒲老過於重視新聞事業。今日積二十五年辛酸的在野黨經驗，體會出沒有新聞自由，就沒有民主政治的道理，始深佩蒲老之卓見。

四、新聞有了自由，運用自由新聞機構所報導的資料，經過公平客觀的審察，以定投票的態度者，是賴富有獨立判斷的選民了。政黨欲奪得政權，必千方百計，勸說選民，投本黨候選人之票；而初行民主的國家，在朝黨更可利用政權之便，威迫利誘，强逼選民投政府黨的候選人，甚至不惜出動憲兵、警察，威脅在野黨的候選人，阻擾選民投政府黨以外候選人的票。在這種情形之下，惟有獨立自主的選民，不怕任何威脅，挺身與惡勢力奮鬪；甚至不惜流血捨生，以保護憲法所賦予的自由選舉權利。有了這樣堅强獨立判斷的選民，民主政治可說奠定了光明的基礎了。

一九四八年，我在美國遊歷，適逢共和黨的總統候選人杜威，與當時的總統民主黨的候選人杜魯門競爭白宮的寶座。因爲杜威競選演說，明白主張援助中華民國，所以我內心希望杜威當選。到處請美國朋友預測選舉的結果，假使我是蓋洛普，當時我測驗的結果，有百分之八十預測杜威將獲白宮寶座。有一次我在美國朋友的筵席上，遇見一位心理學老教授，他問我到美國有何公幹？我答以來此看看美國的大選。他又問我說：你看何人可以當選？我說才到美國不足兩月的外國人，如何能答覆這個問題呢？不過若根據報紙、雜誌的報導，似乎杜威較有希望。他肯定的對我說：『美國的人民，是有獨立判斷的能力的，報紙、雜誌的言論，對美國選民的態度，影響力甚小』。我當時對於他的話，有點懷疑。選舉的結果，杜威失敗了，證明這位教授的話不錯。選民的獨立判斷力，能不受報紙、雜誌的影響，當然更能保證選舉的公正。美國共和黨黨員，多半係工商界鉅子，所以共和黨的所有的報紙、雜誌，較民主黨為多。當時從宣傳的聲勢上，共和黨實大於在朝的民主黨。從這一點看，在朝的政黨不能假政權的方便以壓制反對黨；富裕的政黨也不能借金錢的力量以影響選民。這兩個優點，都起緣於人民有獨立判斷的能力。人民有此能力，自然會有強大的在野黨；自然會保證在野黨領袖競選行動與批評政府的自由；也自然可以保證新聞自由。祇有人民有堅強不可侵犯的力量，才是民主政治的安全基石。

五、司法機關的超然於黨派之外，以公平守法的精神，處理選舉訴訟案件，乃消極保證公平選舉之法。在英、美等民主國家，選舉訴訟，已屬罕見。然在初辦選舉的國家，或在一黨專政甚久的國家，執政黨每假政權的方便，以壟斷選舉，能有獨立於黨派關係以外的司法機關，公平的處理選舉訴訟，對於在野黨的候選人，未始非最後一層的保障。所以我國憲法規定，法官須超然於黨派關係，實有深意。不過經過黨化的國家，司法鮮能獨立於黨派之外，選舉訴訟，每保徒然。而使選舉最後一層保障，變成具文。

以上所述的五個條件，假使能一一實現，則選舉之可以公平，民主之得以樹立，可說毫無問題。而五者之中，尤以選民之能獨立判斷為契機。因近代的民主制度，實緣於洛克的獨立人權學說，祇要人權能張，則民主政治之基礎定矣。以上所論述之條件，窺測韓國此次大選之現象，在野黨之堅強奮鬥，選民之獨立投票精神，新聞報道之相當自由，令吾人不禁嚮往之忱，而肯定韓國的民主政治，必有光明燦爛的前途矣。

韓國總統的任期，憲法定為四年。同時憲法上更有一條規定，卽韓國的總統連選僅能連任一次。憲法既有此規定，李承晚總統已經連任一次，無法再競選第三任。李氏盡畢生之力，為韓國獨立民主，履險犯難，奮鬥不懈。第二次大戰的結果，日本投降，韓國乃獲獨立。所謂『蒼天不負苦心人』，李氏晚年，終得兩任大韓民國的總統，遂行初志。光復舊業，創建民主，縱使阻於共產侵略，未能一統，然李氏在韓國歷史上的地位，亦可說前無古人。為李氏計，憲法上卽無競選第三任總統的限制，亦當效法華盛頓之所為，毅然謝絕提名，為世界憲政史再創一格。乃李氏所領導的自由黨，恃其在國會多數的力量，竟修改憲法限制總統任期的條文。不啻明告世人，李氏必然競選第三任總統，使世人看李氏之為人，個人權力的慾望，還大於尊重憲法尊嚴的理智。乃韓國自由黨既提名李氏為該黨的總統候選人，而李氏又拒絕提名，必待民衆之請願，然後受之。此一舉動，不能解脫李氏為權力而修憲的責任；從壞的方面解釋，卽李氏尚未脫東方人的習氣，故為謙讓之態，實係違心之論；從好的方面解釋，李氏蓋知韓國人民之不可輕侮，必先偵知民意的向背，以定是否接受自由黨的提名。李氏有尊重民意之一念，已於韓國此次大選的現象中充分表現了。

一、兩月前在日本召開的國際新聞會議，總幹事羅斯硬說自由中國與大韓民國無新聞自由，無資格參加他們的會議。兩國新聞界例有抗議，均無結果。現在據來自韓國的朋友說：韓國此次大選，新聞報道是相當自由，也相當公平。政府黨所掌握的報紙、雜誌，對於反對黨領袖競選的演講詞，亦能登載。而反對黨自己所辦的報紙與雜誌，對於執政者的行為，與政府的行政，更能暢所欲言；而發行亦無困難。是大韓民國新聞不自由之罪名，已以實際行動，證明其無；卽使從前有之，今已能改之矣。新聞既能自由，近代選舉的重要條件，韓國已備其一矣。

二、韓國民主黨的領袖申翼熙先生，任韓國議會的議長有年。一九五一年夏，我遇見申氏於左營，結伴遊玩兩日，遂訂書函來往之交誼。當時申氏雖承認中、韓兩國在同受共黨侵略之下，民主前途岌岌可危，在野黨處境益加艱困；然他確肯定：『祇有中、韓兩國切實的走上民主自由的道途，反共始能成功。而實踐民主的力量，不能專靠執政黨，多半要靠在野黨的奮鬥』。申氏領導韓國的民主黨，為韓國民主政治奮鬥，幾年來絲毫未懈，終使其所領導的民主黨，變成強大的在野黨，不能不欽佩他的毅力。此次韓國大選，申氏被民主黨提名為總統候選人，以與執政黨領袖李承晚氏對抗，奔走演說，足跡遍南韓，已十足表現如西方大政家的風度了。不幸積勞成病，突然逝世！不僅是韓國民主前途的損失，亦是東方民主政治的損失。申氏雖突然逝世，惹起謠諑，然我不相信申氏之死，別有原因。至於民主黨幹部，驚聞申氏的噩耗，有示威暴動之舉，恐係激於一時悲憤情不自禁之羣衆行動；然亦足以證明申氏之深得幹部愛戴矣。設使申氏健在，競選到底，則韓國的總統寶座，究竟鹿死誰手，誠難逆料。申氏雖逝，然其所培植的民主黨，已蔚成大力，是申氏所云『實踐民主的力量，不能專靠執政黨，多半要靠在野黨奮鬥』的期許，已實現了。

三、此次韓國大選，在東方民主史上，開創了兩個先例：一是民主黨已故的總統候選人，竟然獲得近二百萬的選票；二是民主黨已故總統候選人的選伴張勉氏竟能擊敗當選總統李承晚的選伴，而當選為韓國的副總統。這兩件事實，很足以說明韓國的選民，不但有獨立判斷的能力；而且有寧願失敗，不肯妥協的精神。有如此獨立自主的人民，所以能有強大的在野黨；所以能支援在野黨領袖為民主奮鬥，鞠躬盡瘁，死而後已。韓國選民有這樣堅強不拔的精

（下轉第20頁）

玄奘留學時之印度與西方關於玄奘著作目錄

張君勱

(一) 印度缺少歷史書

吾嘗疑問大藏經中既列有佛國記西域記等有關地理之書，何以高僧譯經之餘，不留一部印度歷史於藏經之中，敍述古代印度？近年遊印與讀西人治印史之文，於是知印度典籍中向少歷史書，即令有之，亦類似莊周寓言，顚倒事實，且雜之以神怪。

昔年印度爲大英帝國之一部，英人之治印史者，曾編有劍橋印度史，可謂爲印度史之完整者，以此書爲始。西人勤於搜集印度史料，乃覺法顯玄奘等本所目擊之記載，實爲最可信之史料，於是法顯玄奘之印度遊記，成爲印史之標準尺度，希臘人關於印度之敍述，亦視之爲同一性質。於是法顯玄奘之印度記，不僅爲吾國博聞廣見之書，實已成爲各國學者治印史之第一等資料矣！謂予不信，請讀大美百科全書中所估計此二書價值之言：

「玄奘，法顯，西行求法之僧墨格司塔納 (Megasthenes)(希臘人) 與其他希臘旅行家之記載，乃有極大之重要性，(前段更有一語云：玄奘記罕爾夏王時代之印度，其價值不可勝記。) 良以梵文書中絕少印度史乘一類之書故也。印度之其他零星銘記，年代表，半歷史性之小說、戲曲、詩史等，皆參之以浪漫性之文，不成其爲史，惟其詼奇譎怪之小說，雖欲於其中尋求其歷史之殘骨，而亦不可得。然偶有外國旅行家注意史實之記載可供參考者，可助吾人重建其若干時代之歷史骨架。反之，其爲印度人者，豈無旅行於埃及、中國、及遠東之人，然彼輩對於此等地，絕不留下記載之文。」

此段文字末句語氣之中，豈不含有責印度高僧不留下一部中國記載之意乎？

印度自身既少印度史之作品，其國家之上下古今與朝代年月，無法考證。近年西方人憑藉印度外之典籍，古代錢幣，與夫金石刋文，乃略得其朝代先後之次序。佛經中曾記印度古代分爲十六小國之說，究竟其國之名號與王之名姓不可知矣。其惟一可靠之年月，爲亞歷山大王於紀元前三二三年死於巴比侖，此乃印度信史開宗明義之第一章也。其在亞歷山大後之各朝代，按其可考之年月，略列之如下：

第一、孔雀王朝。(322-184 B.C.)

此時期中之名王爲羌特拉哥泊太 (Chandragupta)，其登極之日約爲紀元前三二二或三二五年，其輔佐之者爲哥底里耶氏 (Kantilya)，留有治世經 (Arthasastra) 一書，說明當時所以治人世之方針。阿育王爲羌特拉哥泊太之子孫，其在位時代爲紀元前二七三至二三二年，此王朝至紀元前一八四年告終。

第二、熏伽 (Sunga) 王朝。(184-72 B.C.)

第三、康伐 (Kanva) 王朝。(72-27 B.C.)

此二朝因少記載之文，無可考。僅知熏伽朝之創始者爲富寄蜜多羅 (Pushyamitra)。印度文法學大家百代傑里氏 ((Pantojali) 與之同時。

阿育王之後，印度西北陷於外族之手，或爲希臘人，或爲薩卡人，或爲月氏人。薩卡人爲來自中亞之遊牧部落，素稱强悍，奪希臘人所建之巴克脫里國 (Baktria) 而代之。其後月氏人受匈奴排擯西去，乃征服巴克脫里，且攻入印度，因建貴霜(Kusan)王朝。其王迦膩色伽(Kanishka)統治卡步爾 (Kabul)，迦濕彌羅 (Kashmir)，與印度西北部。迦膩色伽王亦如阿育王皈依佛敎，曾召集結集佛經會議。馬鳴與龍樹兩菩薩受其供養，提倡大乘敎義。

第四、笈多王朝。(375-470 A.D.)

此王朝之創造者爲羌特拉哥泊太第一，(與孔雀朝之王名同而朝代異)其子繼位，名薩姆特拉哥泊太 (Samudragupta)，其第三世名羌特拉哥泊太二世，其在位年月約自紀元後三七五年至四一三年。法顯於紀元三九九年入印度，其所居之地，即爲羌特拉哥泊太二世之境內。法顯稱其國內治安，政刑寬厚。其王信奉印度敎，然亦許佛敎推行。其第四代王名鳩摩哥泊太，因北方自匈奴之侵入，而笈多朝於四七〇年告終。

第五、曷利沙王朝。(606-647 A.D.)

創此王朝者爲戒日王，六〇六年執政。歿於六四七年。旋其大臣篡位，戒日王室即沒落。

八世紀以至十二世紀之間，北方印度歸於拉桀埠各部，其人原爲外族，始雜居，繼同化於印度人，又據西北部而有之。與吾國五胡亂後而有五胡十六國相類似。

第六、中世紀印度。(1193-1526)

第七、蒙厄爾帝國。(1526-1761)

第八、東印度公司時代之印度。(1761-1858)

第九、大英帝國之印度(1858-1947)

自中世紀之印度迄於英帝國治下之印度，均與佛敎關係渺不相涉，故僅舉其年代而已！

(二) 玄奘留學時之印度與其生時之中印概況

玄奘抵印之日，當戒日王全盛之世。戒日王又名泰納薩之王，於六〇六至六一二之六年間，統一北部印度，東起阿薩姆與鉢高爾，西至蘇拉希脫拉(Surashtra)與哥極拉 (Gujarat)，無不入於其掌握，惟北緯二十二度之南如那拔代(Narbada)不與焉。戒日王歿於六四七年，距玄奘離印以後二載而已。

戒日王之父名波羅羯羅伐彈那，正征討印度西北之日，携其長子多遏羅闍伐彈那，次子名戒日與俱。其父患熱病垂危，戒日適返自戰地，大臣中有謀立幼子之意者，因長子返國卽位而罷。遏羅闍伐彈那鬩其姊在戰地被殺之耗，率騎兵萬人爲之復仇，而以象兵委之其弟。不料殺姊之馬拉華王雖敗，然其同盟之中鉢高爾室商佉設賞迦王誘致伐彈那與之會議，而伐彈那竟遭毒死。於是曷利沙卽於六〇六年執政，登極之禮，緩至六一二年正式擧行。

曷利沙王所率領，始有象兵五千，騎兵二萬，步兵五萬人，橫行印度北部。玄奘稱之爲算略宏遠，德動天地，義感人神，威風所及，禮敎所霑，無不歸德。六載之間，印度西北，與鉢高爾大部，悉入掌握之中，戰象乃增爲六萬，騎兵擴至十萬。三十五年之間，號稱天下太平。惟六二〇年與南方之查羅迦耶王名泊拉克辛戰，大遭挫折，乃依拔代爲界線焉。

曷利沙好周遊，以爲監視其境內之計，不輕信其臣下。除雨季不出巡外，無時不注意於其部下之或背或服，其巡遊時居宿之所爲蓬帳，至蒙厄王朝與英國官員時代猶沿用之。其隨從中有鼓手數百人，每步則一鼓。

曷利沙王治理其國，輕徭薄賦，財源出之王田之地租，約爲收入六分之一，租稅輕，工役者例有以酬之。犯大罪者不多，然道路上治安難保，因此玄奘曾數遇盜。監禁爲常刑，囚人時死獄中，國中人之善行惡行或災害吉祥，皆有記載。當時文敎發達，婆羅門與佛僧皆從事於學問，王尤好文墨，有梵文戲劇三種，相傳爲王之著作。王之左右有拔納氏著曷沙利行讚一書。曷利沙晚年尤好仁慈，似信佛敎，印人稱爲阿育王之繼起者，其王族中之信奉宗敎各隨所好，其遠祖婆休阿蒲地奉印度敎之雪伐，其父拜太陽，其兄與姊奉佛敎，王則併雪伐，太陽，佛敎三者而兼之。曷利沙頗能兼聽，傾向於玄奘大乘敎之義。關於玄奘生時之中印情況，茲擧七世紀半期以內兩國大事如下：

紀元六〇〇年玄奘生。
同六〇五年遏羅闍伐彈那王卽位。
同六〇六年戒日王執政。
同六一二年戒日王行加冕禮。
同六一八年唐高祖卽位。
同六二〇年戒日王爲南方之查羅迦耶國王泊拉克辛所敗。
同六二七年唐太宗卽位。
同六二九年玄奘西行。
同六三〇年西藏宗克巴稱藏王。
同六四一年曷利沙遣使入唐。文成公主嫁於西藏宗克巴。
同六四三年玄奘唔罕爾夏王。王玄策使印。玄奘自印返。
同六四五年玄奘入玉門關。
同六四六年王玄策第二次去印。
同六四七年曷利沙逝。
同六四七年篡曷利沙王朝之阿勇達爲王玄策所敗。玄奘西域記刊行。
同六四九年唐太宗逝世，高宗卽位。
同六五七年王玄策第三次使印。
同六六四年玄奘圓寂。

但就印度大乘佛敎情況言之，時那爛陀寺講學之風猶盛，號爲四千弟子，然印度敎駸駸已呈復活之象。其後回敎侵入印度，殺戮僧人，焚燒寺廟，而後佛敎徒紛紛逃至北印。梵文藏經之藏於尼泊爾廟中，由此來也。

（三）西方關於玄奘著作目錄

西方各國若德、若法、若俄、若英，自發見玄奘西域記一書後，研究之者自十九世紀上半迄於今日之一百餘年，曾未稍息，謂吾國人物，爲西方人所注意者，以玄奘爲第一人可焉。茲就法人高第爾氏中國著作目錄中關於玄奘者擧其重要作品五十九項，譯而出之如下：

(一)德人克拉泊羅司氏 (J. Klaproth) 玄奘在中亞與印度之旅行。
一八三四年十一月十五日柏林地理學會演講。

(二)英國安特遜少校 (Major W. Anderson) 玄奘旅行記中若干地名考正之嘗試。
一八四七年十二月鉢高爾亞洲協會雜誌第十六期。

(三)英國克寧漢上尉 (Captain A. Cunningham) 關於玄奘旅行伊朗印度與安特遜少校現代地名之考證。
一八四八年六月鉢高爾亞洲協會雜誌第十七期。

(四)英克寧上尉七世紀上半期玄奘旅行亞富汗印度日記考證。
一八四八年七月同雜誌。

(五)中國之印度地圖
一八四八年同雜誌第十七期第二部

(六)法國學士院學士儒立恩氏 (Stanislas Julien) 著玄奘傳記，與其自六二九年至六四五年之印度旅行。
一八五一年出版。

(七)俄國克拉索夫司奇氏 (Klassooski) 譯玄奘傳記。(自法文儒立恩本譯爲俄文)
一八六二年俄國地理學會出版。

(八)法國儒立恩譯「慧立彥悰玄奘傳與其自六二九至六四五年印度旅行」。
一八五三年法國國家印刷廠出版。

(九)德國司比格爾氏 (FY. Spiegel)「儒立恩氏玄奘傳記書評」。
一八五三年十月科學文學月刊。

(十)法國儒立恩氏譯玄奘所記之礫迦國 (Tse-Kia or Takka) 王國。

一八五六年東方與亞爾奇雜誌。

(十一)儒立恩氏譯「玄奘著大唐西域記」。
一八五七至五八年出第一卷至八卷，一八五八年出第九卷至第十二卷。

(十二)法國維維恩聖馬丁氏著「按西域記製成之中亞印度地圖之說明，與西曆初一二世紀時中國對外關係以簽釋玄奘七世紀上半期之印度旅行。」
一八五八年法國國家印刷廠出版。

(十三)威爾遜著 (Professor H. H. Wilson) 西域記與聖馬丁氏說明之玄奘遊記之摘要。
一八六〇年亞洲協會雜誌第十七期。

(十四)威烈氏 (A. Wylie) 著關於女直語之銘記。
一八六〇年亞洲協會雜誌第十七期。

(十五)克寧漢少將印度古代地圖，佛教時代包括亞歷山大戰爭，與玄奘旅行。
一八七一年倫敦出版

(十六)英國上校游爾氏 (Colonel H. Yule) 著玄奘所記覩貨刺各國中古地名新證。
一八七三年亞洲協會雜誌新卷第六期。

(十七)英國詹姆福開森氏 (James Fergusson) 著玄奘自伯脫那 (Patna) 至拔拉皮 (Ballabhi) 之旅行。
一八七三年亞洲協會雜誌。

(十八)英國上校游爾氏 (Colonel H. Yule) 著玄奘。
大英百科全書十二版。

(十九)英國勞勃斯威爾 (Robert Sewell) 著玄奘遊記中之馱那羯磔迦國 (Dhanakacheka)。

(二十)英國威廉辛博森氏著 Nagarahara 地名考並參照玄奘遊記。
一八八〇年正月亞洲協會雜誌新卷第十二冊第三篇。

(二十一)英國山姆皮爾氏 (Rev. Samual Beal) 著玄奘西域記第十卷兩個地名考。
一八八一年四月亞洲協會雜誌新卷第十三冊第七篇。

(二十二)英國山姆皮爾氏著西域記中其他考證。
一八八三年七月亞洲協會雜誌新卷第十五冊第三部。

(二十三)英國山姆皮爾氏譯玄奘西域記兩冊。
一八八四年四月亞洲協會雜誌新卷第十六冊第二部。
一八八四年倫敦出版。

(二十四)英國山姆皮爾氏前書新版兩冊。
一九〇六年出版。

(二十五)英國山姆皮爾氏譯慧立彥悰玄奘傳。(序文中附記義淨著作目錄)。
一八八八年倫敦出版。

(二十六)英國華德司 (T. Watters) 氏著「大唐西域記譯義商榷」。
中國雜誌 (China Review) 第十八卷，第十九卷，第二十卷。

(二十七)英國華德司氏著「玄奘西域記譯文商榷」。(華氏逝世後由李司臺維氏與蒲許爾氏編輯者。)
一九〇四年至一九〇五年倫敦亞洲協會出版。

(二十八)法人拉哥泊利 (Lacouparie) 教授著玄奘名拼音以 Hiuen-Tsang 代 Yuan Chwang 及北京音避免之必要。
英吉利阿爾蘭亞洲協會雜誌。

(二十九)牛津大學教授詹姆蘭格氏 (James Legge) 著西域記序文中之某句。
一八八六年遠東日本協會小冊。

(三十)英國戴勒氏 (Gi Taylor) 著玄奘譜系。
一八八九年中國雜誌第十七冊第五篇。

(三十一)比國格樓氏 (Gueluy) 著關於序文一篇，評十七世紀中國佛教。
一八九四年十一月法國博物院記摘要。

(三十二)荷蘭拉衣特大學漢文教授許蘭格爾氏 (Schlagel) 著關於西域記儒立恩譯文之辯護，並反對格樓氏之新譯文。
一八九六年拉衣特出版。

(三十三)比國格樓氏著「佛教與漢文——西域記序文駢體文之辭不達意，並反對許蘭格爾氏。」
一八九六年比國羅文 (Lou Vain) 出版。

(三十四)德國齋霍氏 (Von Zach) 著「再論許蘭格爾正確估計駢文」。
一九〇二年北京出版。

(三十五)德國齋霍氏著「略評許蘭格爾氏中國駢體文文法見解。」
一九〇二年北京出版。

(三十六)德國華德爾氏 (L. A. Waddel) 著蒙奇爾 (Mungir or Monghyr) 區烏倫山 (Mount Uren) 上佛骨之發見。
一八九二年鉢高爾亞洲協會雜誌第六十一冊第一部。

(三十七)英國第恩氏 (H. A. Deane) 著「關於烏仗那 (Udyana) 與犍馱羅 (Gan Dhara)」。
一八九六年十月亞洲協會雜誌。

(三十八)法國福隊氏 (M. A. Faucher) 著「玄奘遊記中犍馱羅 (Gan-hara) 古地名註釋」。
一九〇一年十月法國遠東學校刊第一卷第四篇。

(三十九)斯坦因氏 (M. A. Stein) 著「第恩少校所發見之銘記」。
一八九八年鉢高爾亞洲協會雜誌第六十七卷第一部第一篇。

(四十)斯坦因氏「迦濕彌羅 (Kashmir) 古地理在地圖上之記載」。
一八九九年第六十八卷第一部號外第二種。
(四十一)斯坦因氏著玄奘所記之媲摩 (Pi-Mo) 與馬可孛羅所記之 Pein。
一九〇六年十月法國出版之通報。
(四十二)斯坦因氏一九〇四年正月二日至一九〇五年三月三十一日印度西北省與卑路齊司坦之考古工作報告。
一九〇五年印度泊許華省政府出版所。
(四十三)英國少校浮司脫 (Major W. Vost) 著「憍賞彌 (Kansambi) 地名考」。
一九〇四年四月亞洲協會雜誌。
(四十四)英國少校浮司脫著 Saketa, Sha Chi or Pi-Sokia。
一九〇五年七月亞洲協會雜誌。
(四十五)英國少校浮司脫著劫毗羅伐窣堵 (Kapilavastu)——即迦毗羅衞淨飯王之都城——區之地名考證。
一九〇六年正月亞洲協會雜誌。
(四十六)法國格里爾孫氏著玄奘遊記中之摩臘婆考。
一九〇六年正月亞洲協會雜誌。
(四十七)英國斯密氏 (V. A. Smith) 著「阿育王石柱」。年月未詳。德國朝地(東方)雜誌第六十五卷第二冊。
(四十八)同人著「玄奘所記阿育王石柱考」。
一九〇九年同雜誌第六十三卷第二冊。
(四十九)德國佛蘭克 (A. H. Franke) 關於婆羅吸摩補羅 Bramapura, Po-Lo-Lih-Mo-Pu-Lo 與 Suvarnagotra, Na-Chu-Ta-Lo.
一九一〇年四月皇家亞洲協會雜誌。
(五十)京都帝國大學文科關於大唐西域記。
一九一〇年東京出版。
(五十一)山姆皮爾譯慧立玄奘傳。
一九一一年倫敦新版。
(五十二)山姆皮爾譯慧立玄奘傳。
一九一四年倫敦通俗版。
(五十三)唐太宗聖敎序。
一九一七年皇家亞洲協會雜誌第四十八冊。
(五十四)斯太因氏著「玄奘跋涉沙漠」。
一九一九年十一月地理雜誌。
(五十五)斯太因氏著「玄奘跋涉沙漠」。
一九二〇年十二月至一九二一年通報。
(五十六)印度敎授維帝亞維諾 (Vidyavinod) 著三摩呾吒國 Samatata 以東玄奘記而未遊之六國。
一九二〇年正月皇家亞洲協會雜誌。
(五十七)費諾氏 (L. Finot) 著「玄奘與遠東」。
一九二〇年十月皇家亞洲協會雜誌。
(五十八)斯坦霍爾斯坦因 (A. Von Stael-Holstein) 著「玄奘與現代研究」
一九二三年北支那皇家亞洲協會雜誌第五十四冊。
(五十九)唯識二十頌美國哈密爾頓譯。
一九三八年美國東方協會出版。

上列目錄，至一九三八年爲止，其後迄今之十餘年間，關於玄奘之著作，聞有人承高第爾氏之後，在繼續編輯之中，俟之異日，再爲補充。若僅就以上五十九項言之，其主要爲西域記與玄奘傳之翻譯，以及關於歷史的地理學之考究，至玄奘之法相，因明，與其敎理，可謂爲尙未窺見門牆，更遑論入其堂奧矣！

一九三九年我再度遊安南之河內，遇東方學院之某君專以研究玄奘爲其一生事業。嘗出示其所藏玄奘相片四五張，又知有法之浦桑氏譯「入阿毗達磨論」，此爲西方人窺見玄奘敎理之第一書。更聞印之卡爾卡太大學達德敎授云：「印西北，近年有一塔倒塌，中多藏梵文大藏經。旋該地分歸巴基斯坦。尼赫魯令其乘飛機往載藏經返印」。達德氏正編著此項新發見之藏經目錄，名曰「寄爾奇藏經抄本」Gilgit Manuscript，且以治毗婆沙爲事，其將於玄奘敎理大有所發明歟？

結論

昔司馬遷氏之贊孔子曰：「高山仰止，景行行之，雖不能至，心嚮往之。」我之於玄奘法師，有同感矣！吾所以五體投地之故有三：

第一　玄奘在國內，旣以治攝論，毘曇與俱舍論爲事，及其入那爛陀寺，亦以聽瑜伽，順正理論，因明，聲明，集量爲事，其自哲理爲下手法門，顯然少見。然其返國後又譯大般若婆羅蜜多心經六百卷之多，足以見其由精微以入於廣大之智慧。其譯異部宗輪等，不因其非正敎而排斥之。此可以見其有萬物並育之心量。

第二　其行於沙漠之中，嘗自語其跋涉曰：「上無飛鳥，下無走獸，是時顧影唯一。」又曰：「四顧茫然，夜則妖魑擧火，爛若繁星，晝則驚風擁沙，散如時雨，雖遇如是，心所無懼。」其在印度渡恒河之日，爲羣盜所執，將殺之以祭突伽天，然坦然處之，而卒免於難。此可以見其不變不懼之仁勇。

第三　其在印度，逗留十六七年之久，所經歷百有餘國，返國後十餘年間，譯經七十四部凡千三百三十五卷，此可以見立身行己之精勤。其遇太宗之日，太宗識爲奇才，時有伐高麗之擧，命之同行。此即玄奘傳中所謂上即事戎旃，問罪遼左，明旦將發，下敕同行之謂。然玄奘不以帝王之禮賢下士爲榮，此可見其超絕人世之高潔。

嗚呼！時之相隔，千三百年矣，然其人之可爲萬世師表，非在此宗敎學術繽紛錯綜之日，益形顯著矣乎？

一九五六年二月。

立法委員的「民主風度」觀

雷　震

立法院在這一會期中，因爲教育改革方案問題，在我國憲政史留下了不光榮的記錄。其經過在本刊前幾期已有若干篇報導與評論的文字。前幾天讀到中央日報四十五年五月十四日第三版立法委員馬濟霖先生一篇斥責立委胡秋原先生的文章，題曰「追求民主與自由之途徑」，使我懷疑馬委員所說的知識份子的「知識水準」。立法委員本是社會之縮影，社會上有各種階層，立法院就有各行代表，故立委不必樣樣都懂，更毋須樣樣精通。不懂不通，千萬不可假充內行。國家大事，繁複錯綜，決不是立委人人可以普遍了解的。遇到自己不懂的問題，自己可以緘默不言，讓那些懂的人去說去講就是了。立法委員本是集體的行動，其中總有飽學之士和內行角色，自己很可以沉默藏拙。如要公開講話或寫文章向社會大衆講話，甚至要斥責人家，那就不能說外行話了，尤其不能說些半吊子的話。

馬委員是贊成打銷胡案的，這是馬委員的個人自由，我們不願置一詞，但馬委員責備胡委員不該於立法院表決後對中國郵報發表談話的主張以及所作的結論，鄙人却不敢苟同。這是有關民主政治的基本原則，失之毫釐，差之千里，我不能不爲文糾正，以免淆惑聽聞。因爲馬委員所說一些「似是而非」的一番話，很可能給對這個問題研究不深的人們以錯誤的認識，這比糊裏糊塗的否決胡委員的提案還爲重要。茲將馬委員文章的結論錄在下面，請大家看看就可明白：

「據此，不惟我爲知識份子，不能接受胡先生之呼籲，所有知識份子均無接受胡先生呼籲之必要。胡先生所追求的是民主與自由，民主政治是以少數服從多數，服從表決之多數爲基則。胡先生參與立法院表決之後，應該服從表決，退無閒言，才是民主風度。

「胡先生是執政黨之黨員，現對事先黨內之勸導，未予接納，而於事後又對外激忿執政黨以壓力打銷其提案。須知民主政治，即是政黨政治。政黨政治的常軌，是政黨約束其黨員。在美、在英各民主國家之議會，莫不如是。從未有黨員不受政黨約束而自由發表談話者。」

馬委員說：「胡先生追求的是民主與自由。民主政治是以少數服從多數，服從表決之多數爲基則。胡先生參與立法院表決之後，應該服從表決『退無閒言』，才是民主風度」。馬委員認爲胡先生於表決失敗之後，一聲不響，「退無閒言」，才是民主風度。這就是說胡先生應該承認失敗到底，對於此事永不再講話，才是民主風度，如果還要提出來再說，甚至還要對新聞記者發表談話，那就是不民主之至了。馬委員這一責備眞是大錯而特錯了。須知少數服從多數，係服從多數的決議，指對這事件所引起之「行爲」而言，而不是要少數派放棄自己的「意見」。故少數派有時可要求在議事紀錄上記載少數派的意見，就是這個道理。民主政治要有容忍的精神，就是要多數能夠容忍少數的意見，也就是這個意思。民主政治要尊重少數意見，也就是這個緣故。因爲今日之少數，異日可以變爲多數也。各國議會對於這類情形太多了，讀過近代政治史的人都會知道。

×　×　×　×

茲舉例以明之。如果胡委員不贊成高中畢業生會考之舉，而立法院若通過此案，則胡委員的兒子在高中畢業時仍須參加會考，胡委員不得反抗，但胡委員不贊成高中畢業生會考之意見，還可作公開講演或爲文抨擊，以訴之於民衆之智慧，以喚起與論之支持，俾他日可以達成廢止高中畢業生會考之舉。至對新聞記者說話，那更用不說了。這眞是民主風度之至。民主風度是對「直接行動」而言。就是說，有民主風度的人，決不以直接行動來反對多數決定。一切問題只訴之於口而不訴之於手。俗語叫作「講道理」。

再舉一個淺近的例子。如胡委員不贊成既苛且雜之「戶稅」，假定立法院通過此稅，當稅務人員向胡委員徵收此稅時，胡委員只有繳納，除對數目多寡上可以持異議外，對戶稅不得抗繳。但胡委員在文字上或口頭上仍可以反對戶稅，謂其如何不合理，如何苛雜，如何類似人頭稅，政府應該廢止，而代以他種稅目如所得稅等。在立法院下次會期開會時（依照各國議會慣例，一個議案被否決了，同一會期不得再提出），胡委員還可提出廢止戶稅的法案。如在立委選舉的時候，胡委員還可以此爲競選政綱，求獲選民之支持。何以要胡委員「退無閒言」，才是民主風度呢！我眞不解之至。從這一點來看，馬委員對於民主政治多是「一知半解」，所論乃是隔靴抓癢，未悟其中三昧。

在民主政治的社會，胡委員不僅不應「退無閒言」，還要「大聲疾呼」的發表言論，以求其主張之早日得以貫澈。如在極權政治的社會，胡委員則會遭受斥責了。

×　×　×　×

美國第七任總統傑克遜(Andrew Jackson)於一八二四年競選總統，得票最多(九九票)，惟因未得到法定的過半數，依照憲法須由衆議院就得票最多之前五名復選決定，爲當時的衆議院議長克萊(Henry Clay)所操縱，衆議院竟選舉只得八四票的次多數之奎西亞當士(John Quincy Adams)爲總統。這在美國憲法上是合法的，依照馬委員的邏輯，傑克遜應該「退無閒言」，才是民主風度。可是，傑克遜偏偏不肯罷休，他乃公開攻擊這一次選舉爲「買賣與腐敗」的行爲。亞當士上臺之後，又任命克萊爲國務卿，他更振振有詞，繼續不斷的在各地發表演講，以爭取人民之擁護。果然四年之後，傑克遜當選爲總統，而且連任一次，做了許多有益於平民的改革，如主張低關稅政策，保護農民及勞工的權益；取銷聯邦銀行，反對經濟壟斷；運用總統的職權，打擊金融資本的勢力。爲美國有名總統之一。美國政治在一八二八年以前，都是以貴族階級的紳士們做總統，傑克遜是第一任平民總統。以後有許多平民總統如林肯等。如果傑克遜在第一次失敗之後，「退無閒言」，那麼，美國的歷史可能不是今天這個樣子。

× × × ×

其次，馬委員說：「須知民主政治即是政黨政治。政黨政治的常軌，是政黨約束其黨員，在美、在英各民主國家之議會，莫不如是。『從未有黨員不受政黨約束而自由發表談話者』」。這一段話在極權國家可能是對的，在民主國家「從未有黨員不受政黨約束而自由發表談話者」，那是不對之至。在美、在英，馬委員所說的「反對例子」太多了，可云俯拾即是，此其所以爲民主國家也。

在民主國家，英國工黨是紀律最嚴的政黨，在艾德禮做黨魁的時代，不是有工黨議員投反對票麼？比萬一派不是常常要鬧蹩扭麼？美國共和黨的諾蘭不是常和杜威不能一致麼？日本過去自由黨中，不是常有衝突之事發生麼？這都是在自由中國報紙上可以看到的，用不着我多舉例了。前面所舉的傑克遜的例子，他與亞當士、克萊等都是同一政黨啊！當傑克遜怒吼狂奔誓與惡魔奮鬥到底的時候，他黨中同志絕沒有人勸他「退無閒言」而要保持「民主風度」！啊！須知政黨已到腐敗與惡化的階段，黨內必定有人出來呼號改革的。美國兩黨的改造就是在傑克遜時代奠定的。如總統提名全國代表大會制度之建立（以前總統候選人，由兩黨國會議員包辦，舉行秘密會提名，黨內毫無民主可言，傑克遜反對這種辦法，稱之爲「秘密魔王」），如各州總統選舉人不由州議會間接選舉、而由人民直接選舉等等。

民主國家的好處，就是個人的意見，儘管一度失敗，只要有道理，總有一天可以伸張的。因爲個人在失敗之後，還可以用各種方法，如講演，如廣播，如寫文章，如發表談話，以闡釋自己之主張，使社會逐漸明瞭。因此，失敗者也不必鋌而走險，更用不着搞甚麼革命陰謀，政權可以在不流血之中交替的。

民主國家的政黨，不是不講紀律，只有對於重大問題，經黨內決定之後，令黨員一致去投票，平素對於黨員之言論並不加以約束的。黨員可能投了贊成票而事後發表反對言論的。有時他眞正不贊成黨內決定，他仍然可投反對票的。

總之，馬委員這一譴責，不僅責不到胡委員，只有暴露自己的弱點，而損害了立法院的尊嚴耳。立法委員在院內的言論，對院外可以不負責任，如果在院外發表言論或爲文批評，當和老百姓一樣是要負責的。

最近中東情勢之分析

開羅航訊・五月八日

施　仁

一　阿拉伯的團結問題

如果我們從國際的觀點，來看埃及新憲法的特徵，可以立刻看到，在憲法上寫明着「埃及是一個阿拉伯國家。」嚴格的說來，埃及當然不是一個阿拉伯國家，打開埃及古代史，我們知道不但她自己未自視爲阿拉伯國家，即連毗隣的阿拉伯人，亦未把埃及視爲阿拉伯國。

在阿拉伯人由阿拉伯半島出師埃及之前，埃及已有了數千年的固有文明，埃及對此文明，始終引爲無上之光榮，事實上，如果她眞正是一個阿拉伯國家的話，又何必明文規定於憲法條欵上呢？從這一條條欵上，我們不難看出埃及當前外交政策與埃及强人納塞野心之關係。納塞不但是一個極有才具的軍人，而且是一個極有機智的大政客。他雖然出身農家，但很有頭腦。今年他不過三十八歲，然而他是埃及二千年來眞正統治埃及的埃及人。

納塞憧憬着要恢復埃及阿拉伯聯邦的古代光榮，同時又要使埃及不僅成爲中東國家而且是其他阿拉伯新與國家所奉爲領導者的强國。

由於這種關係，在今天的埃及便產生了「新阿拉伯主義」：埃及干預北非動亂，向中非廣播，以及她成爲每一個反殖民鬪爭的地方的反殖民地戰士(包括塞波羅斯島)，也便是因爲這種關係，埃及憎恨巴格達公約，且處處提防它，於是隨之而來者，埃及決心要將英國勢力趕出中東。埃及最憎恨巴格達公約的原因，便是在該公約之下，伊拉克可以與埃及一爭盟主的地位。

埃及爲了要抵制巴格達公約下的伊拉克，最後造成捷克軍火源源運入埃及，蘇俄的經濟挑逗，也在開羅發生了效力。

在目前情勢發展之下，有一種趨勢，頗利於納塞之計劃。因爲在現代歷史上，巴勒斯坦問題(Palestine)，第一次成爲促成阿拉伯團結的一個大焦點。這種團結力量之强大，足以使所有阿拉伯國家，捐棄過去傳統上的有關於政治、個人及王室間的敵對，而建立起一道阿拉伯共同陣線，而以納塞爲該陣線之當然領袖。

在阿拉伯世界中，甚至在不喜歡埃及的約旦國中，都認爲納塞是衆望所歸的一位領袖。他被視爲偉大人物，他儼然是阿拉伯自由的保護人，凡是在阿拉伯陣線下面任何一地自由受到威脅，他必挺身而出，他是反對以色列的正義戰爭的統師，他是把大英帝國主義趕出埃及，推翻荒淫貪汚埃及王朝的强人。他與蘇俄做了一次大膽且又狡黠的買賣，而挫折了西方國家繼續奴役阿拉伯的計劃，他是今日阿拉伯，反對西方殖民地主義的總發言人。

事實上，他就是今日中東叱咤風雲的人物。但上述種種不過是一幅外表的敍述，內中還有陰影，我最近硏究埃及動態，並與許多中東地區的回民討論，知道埃及領導的阿拉伯聯邦計劃，基礎並不穩固。許多回民認爲他的計劃是築在沙漠上，指出阿拉伯世界的團結，一如可蘭經內的神話。眞正使阿拉伯國家結合的因素，就是他們大家都恨以色列，而且也都提防以色列。然而在這種團結的背後，却有着一種最常見的離心動向。例如民族的猜忌與野心，王室的敵對與仇恨……不但未有消除，而且繼續不斷的滋長着。因此，我們可以看出這種結合，完全是利害相共的結合，並非道義的結合。

我們可以再進一步證明，共和政體的，進步的埃及與君主立憲的，反動的沙地阿拉伯，究有什麽共同之點？沙地阿拉伯王國難道就會忘記與約旦王國的世仇嗎？敍利亞與約旦之間，敍利亞與伊拉克之間，伊拉克與埃及之間的互相猜忌，豈能這樣了事嗎？埃及與蘇丹，都得賴尼羅河生存，兩國難道可以長此相安無事嗎？

敍利亞的政府已瀕於崩潰的邊緣，埃及深恐伊拉克與土耳其會陰謀瓜分敍利亞。在約旦，國王是生存在寬容上的，約旦國王胡仙的日子，幾乎也很有限了。

第二、納塞發現了中國成語所謂「騎虎難下」這句話，他顯然已成爲自己政策的俘虜了。以一個軍人，政治領袖，他充份瞭解戰爭必無好結果，即使把以色列打得落花流水。

納塞是不想戰爭的，他寧可希望在外交上取勝。但是他並沒有多大的運用自如的自由，他祇登上了反以色列戰爭的領袖地位，他當然不能超出某一種界限，因爲超出那種界限，他不但會犧牲個人及埃及的威信，而且還得將當今的領袖地位交還給阿拉伯國家。

然而假如以色列把納塞逼得太緊，他也會狗急跳牆，不惜一戰的。這並不是他自己好戰，而是他要維護既得的一切，不得不戰。在這裏納塞的政策已把自己的行動，約束在一個狹窄的小圈子內。

同時，開羅方面的靈通界意見，認爲納塞總理將樂於緩和反英運動，並且認爲納塞根本不是急於與英絕交，來疏遠對平衡蘇俄勢力派有用的西方友誼。然而他目前不能稍有後退的表示，他不但要與民意採取同一步伐，且還得領導民意。這個民意是强烈反西方，反英國的。

最後，由於捷克軍火買賣的結果，納塞覺得他本人與蘇俄的關係，已比他原來估計的進一步。這宗買賣在眼前看來，是一種非常成功的行動，是使埃及的軍隊，非常歡欣，並且加強軍隊對埃及強人的支持，它使埃及軍隊在阿拉伯同盟中，軍力最雄，結果大大地增强了埃及軍隊對阿拉伯同盟友誼之支持。但埃及在技術人員，彈藥，零件——必須依賴蘇俄和蘇俄之衞星國，這也限止了納塞運用自如的自由。

在另一方面，埃及與共黨國家的貿易經濟協定，當然也是這樣，雖然協定的條件對埃及非常有利。

二　蘇聯在埃及所玩的那一套

在開羅有一個現代化的基詩拉體育會(Gezira Sporting Club)的游泳池，在二次大戰時，是美國官員常到的所在，而今是俄國人光降消閒的地方。在任何一週內，如果你去那裏納涼，你會發現他們總在那裏——六個穿着整齊西裝的俄人，一面飲茶，一面却目不轉睛的欣賞那許多出水「芙蓉」。他們的態度似乎很安閒，也似乎十分友善。談起天來，不是哈哈天氣好，便是金字塔工程眞偉大。這些俄國人都是大使館裏的參贊，一等秘書——總而言之，都是蘇俄駐開羅大使館裏的外交人員。

不久以前赤色中國的紅旗和埃及的綠旗並列，那紅旗便是中共的五星旗，是爲了歡迎中共文化代表團，訪問開羅而懸掛的。人們隨時可以看見一小批一小批死板板「黨人黨相」的中共共產黨人，當他們仰望着埃及的城堡的大獄時，是否會想起因納塞下令拘捕，而身陷囹圄的四十二位埃及共黨同志？當然他們不會想起的，他們又何必要想呢？今天的埃及，全國也有不少秘密警察，他們不斷跟着俄共與中共，一如他們跟着其他的外國記者。我從最高當局探悉，這些秘密警察根本沒有東西向上報告。俄共與中共在行爲上都十分檢點，從不使人懷疑。但他們另一方面完成了他們的任務。

在埃及最無憂無慮的人該是蘇俄大使，他審查部下的工作，覺得還不錯，因爲埃及至少已決定了中心政策，這個中心政策便是蘇俄外交政策上在這個地區的主要目標。

埃及的報紙，不看則已，一看會發見每天盡在攻擊英國，這是巧合蘇俄胃口的。在另一方面埃及不斷地向蘇俄尋求貿易上的利益。埃及的陸空兩軍依賴蘇俄供給技術人員，同時埃及的軍官也被派至波蘭受俄式軍訓。這個受訓的地點是叫吉尼立(Gdynia)。

整個中東是處於緊張與不安定的狀態中。開羅方面的外交家說：蘇俄正用最精密的手法來玩這場橋牌，他們沒有向埃及政府施行壓力之企圖，也沒有做出一些使埃及人懷疑了立刻翻臉的事，蘇俄人像攜着禮物的希臘人到埃及來，實行大贈送。他們提供貿易，不是援助。這對敏感且極富民族主義的埃及人，大爲欣賞。這一套玩出來的辦法，西方國家無論如何玩不出來。

西方國家也看準了蘇俄人玩的那一套，所以眞是十分擔心。蘇俄可以購買埃及的棉花，西方因爲自己棉花過剩，無力購買；蘇俄可以購買埃及的白米，西方又因爲白米過剩，也無法購買。蘇俄可以供給埃及無限量的各級軍火，但西方又不肯供給，怕引起中東的軍備競爭。

一位有經驗的西方外交家向我道：「棉花之於埃及，好似羊毛之於澳洲，棉花是埃及政策的鎖匙，而棉花却是蘇俄的秘密武器。我們是拿不出辦法來的。」事實上，西方有什麼辦法來應付蘇俄的挑戰？資助埃及建築阿斯王(Aswan)水壩，使埃及耕地增加百份之三十，但光是這件事是不夠的。那末還有其他事可做嗎？這答案似乎是這樣的，除了警告埃及謹防與蘇俄貿易的危險外，另無其他辦法。但納塞會把這些警告，看作耳邊風，因爲他自己認爲比蘇俄更要聰敏。

造成西方的任務更困難的另一因素，就是美英對中東政策缺乏合作，這個影響極大，削弱西方勢力也極慘。美國決心不惜任何代價避免得罪埃及與沙地阿拉伯。使英國在中東的外交處處受制肘。這情形好似英國不肯積極支持美國對於臺灣海峽的行動及東南亞公防之加強，而使美國在遠東的外交無法抬頭，地區雖異，情勢則一。此外，法國在中東的單獨行動，也是因素之一。埃及興高彩烈的把握了西方的矛盾，展開了惡毒的反英宣傳，一面則讚揚美國之拒絕參加「不正義的商旅」(Caravan of injustice)。

三　埃及鄉村中潛伏的革命運動

埃及人民對於埃及政治的不上軌道，貪污的行爲，總認爲毫無希望。我遇見許多埃及人，他們都是這樣悲觀着。有一位埃及小學教員向我道：「埃及愈腐敗，官兒們威風更大，位置愈穩。」但是我個人的觀察，情形並不盡然，今天埃及確是有了改變。人口二千二百萬的埃及，確在那兒變。雖然仍有行賄，仍有貪污。但是貪污行爲已經不公開了，在法魯克時代，貪污是公然無恥的。今天埃及政府內的青年人，是眞正在努力企圖樹立一個乾乾淨淨的政府。賄賂如經發現，必定受到嚴重的刑典。全國各學校，促醒人民愛國。這完全是納塞一個人擬定出來的計劃，今天他在埃及的地位，儼然是一個大獨裁者，他手下的部長們完全聽命於他。他的權柄一如古代的法老。

埃及的軍人革命委員會(The Revolutionary Council of Officers)現在已經沒有多大作用了，因爲過去十二個月只開會過一次。

納塞本人是一個有野心的政治家，他眞是愛國的，他確是以全力希望把落後封建的埃及王國進而改變爲現代的社會主義國家。這份差使不是容易當的，因爲埃及人的傳統，證明他們是非常個人主義的，不能忍耐的，而且不喜歡法律之約束。

今天替納塞推動政策的人，多是

一些男女青年們。有兩件事情，舊政府官員辦不到，而今天他們能辦到，不能不算是一個奇蹟。第一、部長階級的年薪不足五百鎊（按英鎊每鎊約合港幣十六元）。第二、女子參政者特別的多，他們對於政行改革，都非常熱心。他們的行爲是革命性的，過去開羅非常的汚濁，今天清潔工作，做得非常有效。街上看不見死老鼠、娼妓和乞丐。

納塞常常向人民說：他要使開羅成爲一個世界名城。今天不但開闢了許多新型廣場，而且有許多公園建設起來。新屋幢幢如雨後春筍。今天開羅新建之房屋已經超過巴格達。在尼羅河的兩岸，開闢了新的公路。氣象爲之一新。

但是這革命的朝氣，眞正的出發點還是在鄕村中。土改便是這革命眞正的力量。大地主的土地完全分了。現在一個最多不得擁有二百英畝的地，自耕農分到地後，還組有農業合作社，配以良種及機械。過去數千年來農村很少有乾淨的飲水，今天水管接到農村，人人有清水吃。而且許多現在遵照政府的辦法成立「聯合單位」(The Combined Unit)，以人口一萬五千人算一個單位，每一個單位設立一所醫院，一個學校，一間技術訓練所及家畜改良所。醫院中有醫生、看護及現代的醫藥設備。

我在開羅附近所看到的農家茅屋，不但乾淨，而且井井有條。膚色黑黑的村婦都在學習衞生工作。男子則在學習改良種籽。增加牛奶，提高果類之品質等。小學學生過去視爲農家的勞動力，現在安心上課。但他們似乎營養還不足，因爲每個小孩臉色都不好看，現在政府第一件事便是如何改善鄕村兒童的營養。

目前埃及最可怕的問題乃是人口之激增，增加的速度，每年要多出五十萬小孩，但土地不够分配，同時也沒有這許多工作。農村人口的剩餘，已超五百萬人之數，而每年仍不斷在增加中，因此，如何開闢沙漠中的土地，如何去尋找綠洲，便成爲一大問題。阿斯王大水閘計劃可以增加二百萬英畝的土地，因此增加了現有耕地之百份之三十。現在在沙漠中掘到了許多水井和灌溉的方法，於是另外成立了一個新的省份，名叫「解放省」。但是這個辦法雖然在進行，埃及人識爲即使再隔十年，頂多也僅僅使生出來的人口，可以勉强維持過去，要談發展仍是不可能的。人民生活情形，仍是一幅貧困的遠景。

四　塞島與中東的關係

在塞波羅斯島上的五份之四的希籍塞人，是否願意一致投票歸併希臘，現在尙難斷言。但英國人是很清楚這種趨勢日後必然會形成事實。但英國爲什麼一定要死守住塞島，這不但違反了她戰後殖民政策的傳統，而且又開罪了希臘和東地中海的許多北大西洋公約機構中的國家。在塞島的一位高級英軍參謀向記者道：「如果英國退出塞島，那末英國的勢力也等於退出了中東。」

也有人在爭辯，必須在塞島駐留有形的英國武力，否則不足以影響中東，也更不足以保障這個地區的英國利益。也有人認爲塞島歸併給希臘，一旦大戰，仍准英國使用這基地，而且大家可以相信希臘不會赤化，也不致於「中立」。但今天問題並不在此。

問題不在戰時而在平時，因平時英國與希臘對中東的政策是不一致的。希臘站在地中海貿易的立場上，是不願開罪阿拉伯國家的。希臘的不管部部長現在曾在開羅，而埃及的强人納塞又公開支持希臘對塞島的申明。

這到底是什麼原因？英國人自己會回答這個問題。因爲埃及深知如果塞島合併於希臘版圖，英國在中東的政策即將癱瘓，英國的空軍可以從塞島飛出保護英國的利益，特別許多供給汽油的許多綠洲地帶，如阿丹、巴林、馬斯卡、波萊米綠洲 (The Buraimi Oasis) 和其他許多有問題的地方。但是埃及能影響希臘，沙地阿拉伯又能影響埃及。因此，英國人說：如果希臘控制了塞島，一旦阿拉伯國家有問題，希臘一定會想出種種麻煩阻撓英國利用塞島的許多基地。

這位高級的英軍參謀，又進一步提出兩點：㈠英軍勢力之能存在於塞島，足以增强巴格德公約國家之信心，特別是土耳其和伊拉克，並且使他們相信一旦有事，英軍會立刻支援他們。這種壯大了他們的膽量。反之，如果英軍不能留在塞島，這種信仰，或安全感會立刻消失。第二、如果一旦巴勒斯坦戰事發生，英國可以立刻自塞島基地出動，空軍爲時不足二小時，捨此基地，無法得逞。

簡單的說，英國認爲塞島是撲滅中東任何一個地區最近最有效的救火站。一個步兵旅和一個降落傘部隊經常是在等待命令，可以立刻出發，趕至出事地點作戰的。因爲今天中東情勢緊急，過去軍力只有五千人，現在已增至一萬八千人，在列瑪索爾 (Limassol) 附近的阿克羅蒂里 (Akrotiri) 現在正在建築一個大規模的軍用機場。英駐中東之軍事總部是在尼哥西尼 (Nicosia)。南海岸建立了一個大規模的軍營，建築費便花了一千八百萬鎊。

由於約旦阿拉伯兵團的參謀長爲胡仙王罷免（這個兵團在戰略上本來可以立刻開出支持伊拉克的），現在力量最大的要算是駐在黎比亞的第十裝甲師。該師之駐防，由突尼西亞邊境直至阿卡巴 (Akaba)。

英國在中東的軍事計劃是：經常在塞島駐留一旅之衆，可以立刻調至伊拉克或土耳其或任何出事地區。塞島的空軍，可以迎頭追上，炸毀敵人的交通與軍事設備。英國可以用大飛機，每架運一百人，增援塞島。再由塞島把他們調出去，另一方面增强蘇彝斯運河的力量。

據軍事專家估計，這樣一個計劃，至少可以使伊拉克、土耳其、塞島站穩，使敵人無法侵入。希望在蘇彝斯地區來一個持久戰。英國人決不想在戰時以塞島來代替蘇彝斯基地。英國在中東的戰略是一旦戰事發生，英軍立刻進入運河區，保護土耳其及其他阿拉伯國家。因於英埃協定，規定英軍在戰事時，可以重駐於蘇彝斯。這個立場，英國人是無論如何不肯放棄的。

星加坡航訊，五月十九日

星加坡獨立談判之分析

荀　詩

一　談判失敗的原因

這一次星加坡獨立代表團，包括了勞工陣線，人民行動黨，及自由社會黨三黨代表與無黨派人士十三人，由首席部長馬紹爾率領前往倫敦會談，自四月廿三日起至五月十六日止，先後會談十一次，終因內部治安行政委員會主席人選問題觸礁，宣告失敗。馬紹爾定於五月廿一日飛返星加坡，再作他圖。

此次倫敦舉行獨立會談，失敗的原因，我們可以分三大因素述之。(一)英國方面。(二)星加坡方面。(三)國際方面。

(一)英國方面──①法律觀點，在第一天會議時英殖相波德指出星加坡之獨立與馬來亞不同。星加坡之主權乃由英人萊佛士爵士在一百多年前花了若干萬英鎊自馬來亞柔佛州蘇丹手中買來的，而馬來亞的主權原是屬於各州蘇丹，現在英國履行諾言，把政權交還馬來蘇丹。②事實觀點，英國在星加坡的海軍軍港自戰前迄今至少花了七億鎊。在星加坡的各種建設也投下了不少金錢。英國明白控制了星加坡，便支持了香港掌握着整個遠東的貿易，如果一旦戰事發生，星加坡的戰略地位等於中東的塞波羅斯島。

(二)星加坡方面。這一次去倫敦的十三名代表，代表了三個政黨，這許多代表幾乎每人有一條心，在沒有出發之前，大家意見既未一致。出發以後，又是同床異夢。自由社會黨原是由過去的民主黨及進步黨合併的，進步黨這一批議員，乃是吃了英國人的奶長大的，有奶便是娘，他們自然是標準的親英派。在談判之時，三個黨派尤其是自由社會黨，意見不一，步伐不齊，也是造成談判僵局的主要原因之一。

(三)國際方面。a錫蘭這一次大選以後，把英國在錫蘭的海空基地，完全肅清，一定要英軍撤出。這使英國對於星加坡的獨立，十分小心。英國深怕星加坡獨立以後也學錫蘭這一着。所以在談判條件上步步不放鬆。b澳紐的牽制：星加坡對澳紐兩國來說，在戰略上是他們的門戶。這一次會談，澳紐二國駐英之高級專員幕後參加活動。澳洲外長在十七日坎貝拉國會中宣稱：「此次星加坡獨立談判失敗，倫敦的政策始終獲得澳洲的支持。威靈頓方面也同樣有這種論見。c東南亞聯防公約的義務。目下東南亞聯防公約的總部雖然在曼谷，但是萬一大戰發生，這個總部可以立刻遷至星加坡。這是英國在東南亞聯防公約上的一個不可推諉的責任。

因爲具有以上這三個重大的因素使星加坡獨立談判，不及馬來亞之獨立，容易進行。他如，星加坡的十三名代表不但學識趕不上英國的談判對手，即以政治經驗來說，一個方才學會走路的小孩子，一個是老奸巨滑的「京油子」，談判上距離眞是不可以道里計矣。

二　談判的經過

這一次談判的程序。乃是(一)公民權問題。(二)公務人員馬來亞化(在此項政策規定英籍人員在四年之內全部停止任用)。(三)擴大立法議會之席次，由現有之廿五名立法議員增爲五十名。(四)實行全面民選。(五)廢除總督之官委議員席次。(六)同意英國有權在星加坡駐軍。(七)設大總督一人，由英女王任命任何一名星加坡公民出任之。英國方面復派最高專員一人。(八)設立內部治安行政委員會。(九)國防外交英國處理。(十)商業貿易之權星加坡收回。這十大項目，除了第八項觸礁外，其他各項已幾已先後獲得協議。這第八項是談判失敗的近因。

由於星加坡是一個戰略據點，關係於自由世界太大了。因此英國在這個問題上不但不肯放寬，而且態度十分强硬。這個問題的解釋，吾人必須先清楚該委員會之組織。英國方面解釋，該委員會以七人組成之，委員六人英星雙方各佔其半，上置主席一人。委員人選，英方以駐遠東之海、陸、空三軍司令爲委員；星方以首席部長，反對黨領袖及民選議員中推擧一人充任之。在投票付表決時，如遇到三票對三票時，主席有權在雙方中任選一方投票表決。

英方對於主席的解釋；(一)主席必需由英國委派之高級專員(英人)充任之，任期四年。(二)如果遇到星加坡內部發生混亂，而警察不能控制治安、維持秩序時，主席有權調動軍隊，開進市區平定動亂。(三)有權制定法令及修訂緊急條例。

關於這兩個解釋，馬紹爾代表星加坡堅持；(一)主席人選，應由聯合邦委派一名馬來亞人充任之。(二)如遇星加坡內部發生混亂，而警察不能控制治安維持秩序時，首席部長可以向英國駐星之高級專員請求，調用英軍協助平亂。

星加坡這個反建議，英國不能放心，自然不肯接納。殖相波德仍堅持他的解釋──委員會主席必須以英人充任──但他退讓把原有任期四年之規定修正爲任期二年。這個建議也遭到星加坡方面拒絕，十三人表決，九票主張談判破裂，四票棄權。

在這個問題上面，人民行動黨始終與勞工陣線採同一步伐，但自由社會黨則有異議。自由社會黨主席林春茂說：「我們不是反對聯合邦派一馬來亞人充任內部治安行政委員會的主席，我們主張由英國委派一名星加坡公民出任之」。但談判宣告失敗了。

三　失敗以後的馬紹爾的努力

談判失敗以後，消息傳至星加坡，各政黨人士，均紛紛表示失望，但在失望之餘，各政黨仍一致向社會呼籲，希望人民鎭定，意思恐怕有暴動或罷工事件之發生。在倫敦的各代表，紛紛作歸計，至少是人民行動黨及自由社會黨內心都希望馬紹爾政府全體總辭職，再來大選。然而馬紹爾心還不死，在倫敦一度與工黨人士交換意見。於是再密函殖相企圖重開談判。

馬紹爾在致殖相之密函中，曾提出三個建議。但他向記者表示，這完全是他個人的意見，絲毫未受工黨之影響。實際上，下院工黨的議員們是支持這個建議的。

這三個建議是：(一)英政府在其建議成立(內部治安行政委員會，所欲制定法律之特權及訂制緊急條例權，應獲得英下院之核准一此項批准不論以前或以後視情形而定)。(二)星加坡邦與英聯合王國間之關係不應屬於殖民部範圍內，應隸屬於任何其他適當之部內。(三)英女王應有一代表駐星加坡，作爲該邦之元首。此一代表應爲一馬來亞人(即星加坡人)，完全與英女王駐星之政治代表不同。

這個建議，據星加坡公報馬紹爾與殖相波德非正式交換意見，波德表示談判之門仍是大開。但他說：由於許多代表已離英國，是否彼等支持不得而知，如彼等同意則仍願重開談判。

於是馬紹爾決定五月廿一日飛返，定廿四日下午抵星。他回來後政局必有開展。

四　今後星加坡新政局之動向

根據此間政治觀察家之分析，今後星加坡的政局，可能有三條出路。(有人慮及會造成政治眞空，這是不可能的)(一)馬紹爾返星後，各黨派不同意他的新建議，於是被迫提出內閣總辭職，由總督另一任命其他黨出而組閣。(二)召開立法議會動議辯論譴英政府(指殖民部)及要求總督解散議會，或要求總督設一過渡時期的臨時內閣，一面籌備大選。(三)馬紹爾爲遵守黨的規定，不提出辭職，繼續領導勞工陣線聯合政府，再赴倫敦爭取獨立。

這三個動向，都有其可能性之存在。(一)如馬紹爾及其內閣迫而下臺，而由總督要求另一政黨組織政府，則自由社會黨希望甚大，因該黨是標準的親英派。如該黨登臺，它有利的條件是：(a)在立法議會中佔有之席次僅次於勞工陣線。現有議員七人。這時總督可以命令官委議員四人及官任部長三人與之合作，如此則自由社會黨在議會中已佔十四席，(按總共廿五席)如再能拉三位民選議員，組閣輕而易舉，因有許多勞工陣線及華巫聯盟之議員，都想脫黨，加入自由社會黨。該黨財力雄厚，且多爲星加坡中外大商人支持(如李光前陳六使等人皆在背後支持該黨)。(二)要求解散議會，再來一次大選，此爲人民行動黨的主張。人民行動黨登臺的可能性亦極大，該黨左傾，擁有工人及學生之選票。但該黨公開主張當選後要步錫蘭之後塵。所以當選後，不易組閣，因該黨人才太少，更短於部長之人選。可能會選了就流産。第一、英國官方不支持他，他決得不到四名官委議員及三名官任部長之合作。第二、與勞工陣線水火不相容。第三、與自由社會黨之主張，完全背道而馳。所以這個動向，存在的成份雖有，但阻碍太多。

(三)馬紹爾雖非親英派人物，但他是堅決反共。可能他與他的內閣在一般人民要求下，繼續領導人民再與英國談判爭取獨立。因馬紹爾此次赴英談判，十項談判中已有九項成就，所以一般人對他印象甚好。在衆望之下，他可能不會倒下去的。

(上接第9頁)

神，不要說飽受西方教育的李承晚氏，不得不尊重民意，宣佈承認副總統選舉失敗的結果；就是希特勒、墨索里尼重生於韓國，也惟有俯首就範於民意之前。所以我說韓國的選民已奠定了光明燦爛的民主前途了。

最後我願代李承晚總統借著以籌。任何政黨，無論其領袖如何偉大，如何公忠體國，執政太久，必趨腐化。偉大的英雄，祇可爲民主創善例，不可爲黨員謀權位。假使黨中人才輩出，不待前輩之謀，亦必能相繼柄政，爲國家創造光榮的史頁，永保黨的生機。一時退位在野，可使黨員深入民間，重新改造，以培生機。同時政黨偉大領袖之養成，往往係在野艱困之時，證諸英、美兩個政黨的歷史，參諸李氏個人成功之往事，都足以證明吾言之不誣。一個政黨執政太久了，一般黨員覺得他們的富貴功名，都靠上層的賞識，必趨於鑽營，而忘却黨的基礎在民間，就是這個黨腐化的時候了。到這個時候，賢明的領袖，應趕快退居於野，讓黨員重行回到民間，受人民的改造，才能養出新人才，使人民與政府永遠不會隔閡，這是民主政治精義的所在。

前聆李承晚總統恨韓國不能統一，欲以身殉之豪語，對李氏滅共之信念，謀國之忠藎，曾表示無限欽佩之忱。然今日共產國家，實係一整個戰國，勢不許李氏獨力謀求統一，必待整個解決。整個解決之期，李氏已屆八二高齡，是否可以及身親見，祇有上帝知之。假使李氏滅共之心，不起於個人政權之慾；而起於民主自由的信仰，則爲李氏計，今日重獲韓國人民之托，再行柄政，四年，惟有努力於韓國民主自由制度之建立；祇要民主自由的制度，根深蒂固於韓國，使爲不可搖撼的力量，我敢斷言，北韓的共產黨，終必崩潰於民主自由的高潮之前。

土耳其開國的元勳凱穆爾晚年深信民主政治，有賴於兩大黨更替柄政，故銳意扶植反對黨，乃奠定了土耳其今日兩黨輪流柄政的基礎。現在李承晚的副總統張勉氏，就是反對黨的領袖，李承晚總統居今日之勢，最好效法華盛頓晚年，捨棄一黨領袖之身份，而就全國領袖的高位；然後以全國領袖的身份與反對黨的領袖副總統張勉氏相處，力謀化敵爲友，扶植在野黨強大，爲世界憲政史開一善例，勿讓華盛頓、凱穆爾專美於前，此我所深望於李承晚總統者。

一九五六、五、二一。

葛藤（一）

聶華苓

鳥又叫了！我和白綾，曾經在水塘邊，在山上小樹林中，一同聽過鳥叫。一片鳥聲，隨着情感的氾濫，在我們心中流瀉。但今天的鳥叫，却像我的熱淚，連續着，洒不盡。淚光中，我好像又看見了她耳墜的閃光和輕柔的髮影……

一

四十三年夏天，我由臺中來臺北一個中學敎書。來臺北不久，就租到了一間又便宜又明亮的小屋。我一眼就看中了那靜美的環境。一個院子裏，一連三棟小木房子，院子是由籬笆圍成的，上面攀滿了紫藤，沿着籬笆種有一排芙蓉，風過處，紫藤在樹枝間飄曳，地上就洒滿了夢影一般的淡紫小花。那小院正對着一個廣場，再過去就是一條大水溝，附近的孩子們愛在那廣場上玩，或蹲在溝邊看鴨子游水，將紙做的小船放在溝裏划。水溝的那邊，有一個新建的敎堂，白色的塔尖，在陽光下閃灼着莊嚴而靜謐的光輝。屋子後面是一大片綠油油的田野，可通往一個荒涼的水塘，水塘邊有一棵孤獨的大樹。

我很愛那間簡陋的小屋：一堆破舊的書本，一盞舊檯燈，一支齒痕斑斑的烟斗，還有一扇明亮的窗，這就是我全部的生活。每天我起身後的第一個動作就是把窗大打開，讓朝陽和晨風湧進窗來，看窗外的白芙蓉花是否已變成淡紅了！學校工作的餘暇，我就讀書和寫作。那時，我的小說「卑微的人」剛問世不久，這本書裏沒有傳奇式的浪漫故事，只是刻畫一羣卑微的人，靠着愛的力量，追求一種平凡而快樂的「人」的生活，但是，甚至於這個最低的願望都不可得。從發行數字看，這本書並不爲一般讀者所接受，但也許有少數人是喜歡它的，這對於我便足够了。我既已愛上了文學，既已選擇了這條寂寞的路，我便要勇敢而沉默的去摸索。

我在臺北安定下來之後，我的妻素芳並沒有馬上搬來臺北，仍舊帶着孩子住在臺中她母親家裏，等待我敎書的那個學校分配房子。一家三口，若擠在一個『火柴盒』裏，我什麼事也不能做了。

我得承認，素芳確是一個很賢淑的妻子，一切好惡莫不以我爲依歸。但她對我的愛總不能貼慰到靈魂深處。記得我們初相見時，我正爲失戀所苦，又加之以連年顚沛流離，對生命正感到十分厭倦，剛好碰着了素芳。她雖不是一個動人的女子，但她誠實而善良。一天，當她將另一男友追求她的信給我看時，我知道是時候了，乃向她求婚。我正需要一個家，而愛情，在那時的我看來，只不過是人生的一點小點綴，只不過是生命之樹上的一朶小紅花，一剎那就凋萎了，我要追求永恆的東西。自從我踏着結婚進行曲，挽着我身邊的那個女子緩步進入禮堂那個時候起，我就決定設法去愛我身邊的那個人，我是她的丈夫，有愛她的義務。直到現在我才明白：愛，要是滲入了其他任何因素和理由，就不是愛了！

我的房東是一位張老太太，她女兒新近結了婚，才把多餘的一間房租給了我。她經常住在女兒家裏，但有時也嘟噥着「金窠、銀窠，趕不上自己的窮窠」，提着一個包袱回來住兩三天，不過當我在那兒住的期間，她大約只回來過三四次，大部份的時間，那棟房子無異是屬於我一個人的。其餘兩棟房子，一棟住着陶耀中夫婦，另一棟就住着白綾和她的孩子小茜。我搬去的第一天，張老太太就告訴我：

「她男的關在牢裏，這還不是守活寡？那女人一看就是一副薄命像，走路輕飄飄的，說話一點尾音也沒有。」

我漫不經心的問道：

「她姓什麼？」

「姓晏！」

她很少出門，有時提着瓶瓶罐罐之類的東西，牽着孩子出去了，大概是去看她獄中的丈夫。她的窗帷永遠是垂着的，她的眼睛好像永遠沒睡醒一樣，罩着一層夢樣的雲翳。一天，我在院子裏，替那一叢剛移植來的玫瑰花澆水，身後有綷縩綷縩的聲音，我轉過頭去——是她！她輕逸的從我身邊閃過，半闔着眼，嘴角含着笑意。我們似笑非笑的點點頭。又有一次，我正準備出去，她帶着孩子從外面回來，我們在院子裏相遇，她手裏拿着一本金邊小聖經，孩子拿着一張聖嬰像，嚷着要媽媽講給她聽。我問道：

「您做禮拜去了？」

她微微一笑，沒有答話。當我走到大門口時，我們不約而同都回過頭去，同時微笑着招了招手，像熟朋友告別一樣。

由她那半開半掩的門帷縫中，我常看見她嬾嬾的躺在室內一張長沙發上，薄薄的綢衣，好像永遠有微風吹着似的，拿着一把白鵝毛扇，那把扇子，與其說爲的是扇風，到不如說爲的是扇動她身上淡淡的香氣，爲的是陪襯她那雙纖美的手，杏仁形的指尖，蒼白而光潤。有時她也拿着一本書，但她好像從未翻過一頁，將書擱在膝上，任微風吹起它的書頁，一雙手柔柔的搭在胸前，眼簾輕啓，彷彿沉酣於一個遙遠的夢中。有一次，我從她門前經過，她膝上的書本正滑落在地上，那是一本「卑微的人」。

那時候天氣還十分燠熱，但我並沒有納涼的習慣，每天傍晚散步歸來，便蜷伏在那小屋中，讀我由友人處借來的一本「狒拉西」，我要看魏璵麗亞．渥爾芙夫人如何從一條小狗的眼中，反映出十九世紀英國兩大詩人勃朗寧先生與勃朗寧夫人的戀愛故事，如何描寫勃朗寧夫人的小狗狒拉西的愛與恨。一個傍晚我散步歸來，暮雲、紫藤、淡紅的芙蓉、再加上靜穆的白色的禮拜堂塔尖，我不禁在院子裏一塊石頭上坐下了。在滿院暮色中，我的心感到無比的恬靜。但不一會，陶耀中夫婦也到院子裏來了。張老太太也告訴過我，陶耀中年青時立志做外交官，但因「時運不佳」，只在一個商行裏當英文秘書，他是一個離不了聽衆的人，他到了院子裏，就滔滔不絕的談論着國際大勢，和他的見聞；陶太太則時而嬌嗔，時而指使丈夫進房去爲她拿一件披肩。他們一出來，我的安靜便被破壞了。陶耀中說話的聲音泛成一片嗡嗡聲，使我昏昏欲睡，我起身準備進房，但一個輕盈的身影忽然由我身後閃了出來；那是白綾。我不由自主的又坐下了。她說孩子太吵人，拉着她要到院子裏來。她坐在院中的水槽邊上。天快要暗下來了，半空裏廻盪着禮拜堂晚禱的歌聲。不知道爲什麼，我忽然說：

「這個小院子多好，以前我們爲什麼沒想到來這裏乘涼？」

陶耀中搶着回答：

「眞是，這樣一個好院子也糟踏了」，到這裏來聊天也是好的。不過，這院子太小，我要是得了二十萬特獎，不，還是買香港的馬票好，一得就是七十萬港幣，一輩子就解決了。這次我托香港的朋友買了五張，我要是得了，去他媽的，才不替人幹活了……」

「那你就帶着太太環遊世界。」我接下去說。陶太太對我笑了笑，十分感激的笑，好像她馬上就要啓程一樣。

「對，帶着太太環遊世界。」陶先生拍了拍他肥胖的大腿。

「耀中，我們一定去瑞士，我讀外國地理時，就最喜歡那塊綠色的小地方。」陶太太斜睨着她的丈夫說。

「好，一定。不過——，還是得有一個頭銜，到一個地方才叫得響，我還是先讀個博士再說吧！」

「我看你還是先塞飽肚子再說吧！別做夢了！」陶太太一面拉起她的白披肩，一面咯咯的笑。

「唉，老孫，還是你們寫文章的人好！」陶先生對我說。

「有什麼好的？」

「你們寫一天——就算三千字吧，一個月就有九萬字，一千字多少錢？四十？還是五十？就算四十，好，算三十吧，一個月也二千七了，我們整天累得要死，一個月也不過千把多塊錢……」

「但你可以去瑞士。」我打斷了他的話。

大家哄然大笑。出我意外的，坐在水槽邊上的那個人也笑了，她一直在看着一隻小貓在咬着尾巴玩，我以爲她並沒有聽我們談話。孩子手裏玩着一個皮球，掉在地下滾開了，小貓放棄了自己的尾巴，跑去追皮球，孩子追着貓。皮球滾向我這邊低地，我雙手擱住了球。孩子高興的拿着皮球跑回媽媽身邊，她抱着孩子吻了一下。

「小茜，你怎麼不謝謝孫伯伯？」

我稱讚她的孩子眼睛很美，差一點脫口而出：「很像你！」但我却問道：

「小茜，你上那個幼稚園？」

孩子沒有回答，但媽媽回答了：

「就在附近那個新光幼稚園。」

「上午班還是下午班？」

「去整天。她在家裏太吵人。」

「小茜，來，我給你講故事，好不好？」

媽媽輕輕推她，她手一擺，撅着嘴，向媽媽靠的更緊。媽媽說：

「這孩子有時眞彆扭！」

我看得出那孩子眼中疑懼、倔強的神色。我一向不大喜歡孩子，對於我自己的孩子，我也從來不知道如何才能逗他開心。但這時不知那兒來的智慧，我做着鬼臉，學着狗叫、羊叫，好像自己一下也變成了一個天眞的孩子。她開始對我發生了興趣，向我身邊走來。我漸漸扯到了「兒童樂園」的故事上去，這是我在家時聽見素芳對孩子講過的。小茜眼中敵視的眼光消失了，充滿了驚奇，昂着小頭問道：

「這是我書上的故事，你怎麼知道的？」

當我講完了一個，她就拉着我的手，要求我再繼續講下去。她媽媽說：

「小茜，不可以這樣，孫伯伯太累了！」

「沒關係，我喜歡小孩子！」

我和她談着她的書，她的小朋友，她告訴我她有一個小鋼琴，由屋內搬了出來，我彈着「蝴蝶飛」、「小農夫」的歌曲，這都是由我自己的孩子那兒聽來的。小茜終於自動爬到我膝上，摟着我的頸子，擰我的耳朵和鼻子，大聲的笑着。我伏在地上，做「小公主」的馬，馱着她去參加王子的舞會。我摘了一朵半開的紅玫瑰對小茜說道：

「拿去送給媽媽！」

媽媽接過花，輕輕的聞着，然後微笑着綴在襟邊。陶太太看了她丈夫一眼，轉身進房去了；陶耀中失去了聽衆，太太在屋內一喚，也進去了。小茜困了，偎在媽媽懷中。媽媽眼中充滿了感激的眼光，對我說道：

「想不到你這樣會逗孩子！」

「在孩子面前，只有使他感覺你不是一個成人，而也是一個孩子時，他對你就不戒備了！」

她沒有再說話，我也不知說什麼是好。夜涼如水，草間傳來了清亮的蟲鳴，疏朗的樹枝間有微風飄動。我說：

「天涼了！」

「天涼了！」她這樣回應着，眼睛轉向了天邊，好久她才轉過頭來看看懷中睡着了的孩子，然後站起身來。我走近她說道：

「我替您抱孩子！」

「不，謝謝您！」

我佇立着目送她走進房去，才轉過身來，我的脚碰着了剛坐過的那塊石頭，幾乎摔了一交。

此後，我每日等待傍晚那幸福的一刻。我縮短了晚飯後散步的時間，散步不再令我感與趣了，却愛坐在院中看芙蓉樹間那綺麗的晚霞。我常背門而坐，但我可以分辨出她在房中細碎的脚步聲，可以感覺到她的存在，只要她在門口一站，我的心就忐忑跳起來，臉只發熱，血液加速的流動，額頭冒着汗。她每天坐在那個老地方，坐在那個水槽邊上，就在我的側邊，離我如此近，又如此遠。我們很少說話，都是陶耀中專心的聽衆。有一天，陶耀中吃了經理的酒席回來，特別高興，提議週末去遊草山。

「晏太太也去，好嗎？」陶耀中問道。

「好吧，我還沒去過草山。」她答話的時候望了我一眼。

陶太太睜大了眼睛問：

「草山都沒去過!?那你每天幹些什麼?」

「什麼也不幹。」她的聲音是低微的。

去草山那天，起初天氣十分好，天勻靜得像要變成藍汁滴下來似的。陽光下，一根野草，一朵小花，都閃耀着生命的喜悅。我感到健康而快樂。陶氏夫婦一直忙於照像，陶太太擺出各種姿勢，但面部的表情永遠是一樣的：頭微微低着，眼向上看，嘴邊挂着笑。小茜那天穿的一件淺藍小舞衣，蹦蹦跳跳的摘野花。白綾默默不語，坐在山岩邊一棵大樹下，山谷的霧，由脚下昇起，在她周圍繚繞，迷迷濛濛的，柔和的光，在她踏着的草上流，一陣風過，飄過一陣幽香，不知是由山谷裏飄來的，還是由白綾的身上飄來的，令人心醉。我迸口而出：

「陶先生，像機給我，讓我將這個鏡頭照下來！」我沒說爲誰而照，好像只是爲了那整個自然畫面。

我對準了鏡頭，調整着距離。在鏡中，我看見白綾兩眼斜睨，一邊的嘴角微翹起，有一種奇妙的撩人心魂的美。她那天穿一件黑色的衣服，一付珍珠耳墜在耳下婀娜的搖擺，濃密的樹葉，像一把翠傘，在她頭頂展開，襯托出她一種吸人的風韻，那風韻，只有豐滿而成熟的靈魂才會有的。當我爲她照完了像，我的臉紅了！

我們坐在靠近噴水泉的草地上，小茜在花叢間捉蝴蝶。我不敢看白綾，但我知道她正在微笑。遠處樹叢裏響起一陣悠揚的蟬鳴，我假裝尋找蟬鳴的方向，側過頭去，看了她一眼，她的眼睛正轉向水泉，我再轉過頭來時，她才轉過來，但她臉上的微笑沒有了，她低下了頭。我躺在草地上，柔和的風，吹過了水泉邊的花朵，吹拂着她，又吹拂着我，我閉上了眼，深深吸了一口，多香的風啊！

當我恢復自我的時候，陶耀中正在說：

「喂，老孫，你聽見我說的沒有?」

「什麼?」

我坐了起來，掏出了煙盒，爲陶耀中和我自己各燃了一支煙，煙霧遮住了我的臉。

「我問你的書銷路如何?」

我搖搖頭說：

「不行。」

「那又何必寫呢?」

「因爲我心裏所藏的東西要流出來，我才寫。」

「哈，哈，要流出來。」陶耀中仰天大笑。

陶太太拍了一下她丈夫的肩：

「你看你這付樣子，」然後又轉向我：「孫先生，你的小說完全是眞的嗎?啊，耀中，我眼裏吹進了一顆砂，快替我吹吹。」

陶太太似乎並不怎麼注意我的回答，我也本來最不願意在人家面前談論自己的作品，但白綾正望着我，我怕她的眼睛離開了，不得不像學究似的笨拙的說下去：

「這很難說，小說不會純是事實，也不會純是幻想，而是事實與幻想鬪爭之後的東西。任何藝術創作不是模擬自然，而是超越於自然之上，比自然更高一層，更進一步。」

「我不懂你這些道理，我只知道我愛看那些有刺激性、情節曲折的東西，最好是像電影裏面的那種故事。老實說，像你寫的東西，我總覺得晦澀，咱們這個木腦袋瓜子懂不了！」陶耀中敲了敲他那冒油的大腦袋。

我們都笑了，趁着笑聲還未消下去的當兒，我看了看白綾，她一直沒有說話，但她那看着我的眼色，比任何語言還要流利。

陶太太嬌媚的推了她丈夫一下：

「你這個人呀，總喜歡胡說。」然後轉過頭來對我說道：「孫先生，我看小說呀，不喜歡那種悲慘的，看小說原是爲的消遣，那種東西，哭哭啼啼的，何苦來!晏太太，你呢?」

「我麼，我不懂！」白綾淡然一笑。

「你不看小說嗎?」

「也看的，但是我看得很少。」

「你到底對什麼感與趣呢?」陶太太的聲音中已帶有一點鄙夷的味道。

「什麼都不感與趣，我覺得什麼與我都不相干。」

海島的氣候變化莫測，當我們談話的時候，天慢慢地陰沉下來，隨後，大塊的烏雲向我們頭頂壓來，樹梢的風聲，像浪潮一樣，由遠而近。不知是留戀那即將逝去的幸福時刻，還是由於我對天氣敏感的氣質，我的心也一下子陰沉了。

「糟了，暴風雨要來了！走吧！」陶耀中一隻手使勁在空中一揮，一面由地上跳起。這時候我的臉上已經滴上一大顆雨。

一條碎石小徑通往花園盡頭的一個扶梯，我們由那兒走上旅館的陽台，向侍者要了幾杯檸檬汁，陶氏夫婦便去洗溫泉浴，小茜聽侍者說樓下大廳有金魚，也不怕生人了，跟着侍者看金魚去了。陽台上只剩下白綾和我。那陽台成半圓形，向前突出，空懸在花園之上。薄薄的霧由脚下冉冉昇起，我們好像坐在一隻船的甲板上，在海上飄浮。天色越來

落月（續完）

彭歌

十一

英雄，從來都是寂寞的。這種心情，余心梅早已領略過了，但却從來沒有到臺灣以來這幾年所感受的這麼深切。靜下來的時候，她偶而也檢討自己是否有甚麼做人不周到的地方；她覺得自己並沒有甚麼改變，而是周遭的人變了。不要說班子裏那些小角色，全把她看成大老闆似的，就是閆老師，莫七叔，甚至於姜若寒，也全都多少有一點把她看得高高在上。每天每天，她說的話做的事，好像全都不是她想要說，想要做的。當她想要找個人說幾句知心話——其實有時也止不過是發抒一點內心的零星感觸的時候，她總是找不到那麼一個可以坐下來靜靜地聽她講話的人。所有圍繞着她的人，都各懷着他們自己的企圖；他們把她看成了一株花樹，一口清泉，甚至於一座金鑛；他們接近她，恭維她，諂諛她，不是為了她而是為他們自己。

所以，心梅常自覺這是她最富有也最貧窮的時候，富有的是有形的財富，貧窮的是無形的感情。財富可以增加財富，但財富却是買不來眞正的感情的。

難怪那天她接到那個電話時會那麼高興，那麼激動。

那是個十分陌生的聲音，但它喚起了心梅的回憶。那聲音從似乎是很遙遠的地方，喚起了她遙遠的回憶。

「妳是余心梅余——老板嗎？」

「是的。」她低聲回答，十分詫異這個人的無禮。

「呵，我總算又找到妳了，」聽筒裏傳達過來對方笑逐顏開的臉色，「我可以來看妳嗎？馬上？」

「對不起，你還沒說清楚，你是誰？」

「哦，對了，我還沒告訴妳我是誰，我是——」他沉吟了一下，「猜猜看，看妳能不能猜到我是誰。」

心梅不耐煩地嘆了一口氣。她所認識的人，所記得的聲音，如果分類編號起來，恐怕要有電話簿子那麼厚。她想，這不像一個熟人的聲音，而又不像一個新朋友的口吻，她想要一聲不響把它掛斷，這一定是那種帶點兒衝動的半吊子觀衆。

「怎麼樣，妳眞的想不起來了？」那個人笑着說：「咱們是老朋友呀，記不得了，嗯？」

「呵，對不起，眞的——」心梅遲疑着，她不相信那個人說的是眞話。

「也難怪，實在是年月太久了，想想看，在天津的時候，我最後看到妳是在——」

「呵，在天津的時候？」心梅突然像在黑暗中看到了一星火花迸出來，是的，在天津的時候，年月太久了。她首先想到的是范庚，可是他早已死了；接着她想到天津時代的別的一夥子人，她覺得慚愧，她簡直一點也記不清他們的聲音和容貌來了。

「妳不記得咱們合夥開銀行的事了嗎？我是——」

「慢點，慢點，」心梅叫了起來，好像一個快要猜中謎底的人生怕對方會先揭穿，「我猜到了。」可是她沒有立刻說出來，但她已經有相當把握了，剛才「咱們」那兩個字，北方字音裏露出了南方口音，使她確定了對方是甚麼人。「您是林先生吧？」

「對了，林卓如。難得您還沒有完全忘記我。」電話筒裏傳來一陣爽朗的笑聲，「我能不能來看妳

越暗，雨點打在鐵欄杆上的聲音越來越密了。一切都震懾於大自然的威力之下，鴉雀無聲，旅館的音樂也停止了。宇宙好似已經昏懨，只剩下我們倆人還是淸醒的，沉默而嚴肅的坐着，啜着那又甜、又酸、又苦的檸檬汁。濕潤的風，夾着園裏的花香，撲鼻而來。

「喜歡吃檸檬嗎？」我看白綾正吮着一小片檸檬。

她點點頭。

「這味兒雖有點澀，但過後在口中的餘味却很淸香。」

她並沒看我，繼續吮着那一小片檸檬。她鬢角的一綹頭髮隨風飄起。我很尷尬，不知說什麼好。

「喜歡吃檸檬的人倒不多呢！」

她笑了笑。

「人都是喜歡吃甜菓子的，但一個人一生中碰到的可不全是甜菓子！」

她說話的當兒，她身後的天際，閃過一道利刃似的電光，我還未來得及說話，便轟隆一聲霹靂，好像整個宇宙要炸裂開了。她不覺向我這邊一靠，驚惶的望着我，她一隻手正搭在椅子的扶手上，我的手按上了那隻手，輕輕的。天宇越壓越低，彷彿要把我們倆個人壓成一個個體似的。風雨瘋狂的咆哮着，接着又是一聲霹靂。

「怕嗎？」

她搖搖頭，但靠我更近了。

「我的孩子！我的孩子！」她絮絮的說。

「他們會送她上來的。」我一面說，一面握住了她的手，她抬頭看了看我，並沒有把手收回去。

自然將我們與人類完全隔絕了，那時我只希望風雨永不要停止，讓我永遠握着那隻手，那隻微溫的、柔輭的、有點兒顫慄的手！雨已開始打在我們身上，我的衣袖已經潮濕，像一貼膏藥似的貼在臂上，冰涼的。白綾赤裸的手臂滴着大顆雨滴，但我們並沒移動，像兩尊石像，手握着手，沒有表情，沒有感覺。

「媽媽，你衣服都淋濕了。」那是小茜的聲音。

我們被驚醒了，這才發覺倆個人的半邊身子都爲雨水浸透了。

當我站起來時，我打了一個寒噤！（待續）

，馬上？我是昨兒晚上才從東京回來的，一半天我大概又得走。」

「好，那麼請過來談談吧；今兒晚上正好我沒戲，我請您吃個便飯，又算接風又算洗塵，好不好？」

「可是，」那邊沉吟了一會兒，好像在跟自己商量甚麼似的，「那麼我們到外邊坐坐好嗎？沒甚麼不方便吧？」他似乎不等着回答，又連忙說：「我開車子來接妳，見了面再談吧！」

結果，那天晚上他們消磨在陽明山的一座別墅裏；那是卓如的一個朋友的房子，卓如剛回來，借住在那裏。

這房子靠近後山，四圍都是綠悠悠的老樹和竹林，房子的外形雖非甚麼最新式的洋房，但格局却十分精巧，內部的陳設尤其雅緻，尤其是那間舖着很厚的地毯的客廳裏，四邊都是用大石塊砌起來的，有一座牆壁彷彿是一個大書架，從房頂到地面一層層全是書。另一座牆壁上砌了許多凹進去的圖形，這些錯落參差的圖形中，安排着各式各樣的小擺設——花盆、小盆景、畫、照片，而最使心梅覺得有趣的是那嵌在牆壁裏的熱帶魚箱，幾條鮮紅色的和翠藍色的魚，浮遊在澄明的清水和淡綠的荇藻之間。這使得人和魚都有了一種忘我的恬靜之感，彷彿是卜居在一千尺以下的水底。

房裏似乎沒有燈，但却亮得可以看書，原來霓虹燈管是裝在窗臺下面的；因而那光芒就不像一家新開張的拍賣行那麼刺眼，那麼浮囂。

卓如在那備而不用的壁爐旁按了一下開關，對面的牆壁自己便打開了一道小門——裏邊是酒櫥，還有落地式的兩用收音機。

他們喝了酒，聽唱片——心梅自己的聲音。

「我們都有了不少的改變了。」卓如無限感慨地說。於是他先講他自己的故事。他怎樣離開北平，又怎樣逃到洛陽、西安、重慶、昆明那些地方去。後來他就到了國外去，在倫敦和紐約住了些時候；中間曾經一度回到過上海，「那時候妳在北平，已經是地地道道的京朝大角了。」他解釋着因為太忙的緣故，他沒有機會到北方去。後來就到了臺灣，「原來在上海的幾個朋友，要搞一個營造公司，他們拖了我來幫忙。我反正閒着也是閒着，就接受了。可是我一做起來才知道趕情主持一件事情是這麼麻煩，厭得不得了。前年公司有一筆結餘，撥給我叫我到美國去考察，本來計劃只住半年的，不想到了那邊害了一場大病，好容易把病治好，原來安排好的許多節目全都耽擱下來了。後來因為公司也有許多業務事情，那邊需要一個人料理一下，我也就樂得在外頭跑跑。現在呢，我是倦鳥歸故巢，想要回來安頓安頓了。」

一個跑過許多地方的人，胸襟眼界都不同於常人，尤其像卓如這樣曾閱盡滄桑而自己又對人生有一套看法的人，他的遊歷增長了並且輝煌了他的學識與才智，他的談吐，即使毫不加文飾和炫耀，也能使人聽得津津有味。

他一會兒談人生，一會兒談哲學，也談談藝術、音樂、戲劇；他本行的建築和商業上的事情，以及並非他本行的甚麼政治，軍事和天下大事。在心梅的心目中，這個人似乎有了太多的變化——不僅是外形的，而且是氣質的。他從一個沉思寡言的人，變成一個娓娓健談的人了。他似乎並沒有說多少話，可是事實是他一直沒有住嘴；你心中也想跟他說甚麼，但你總是找不到適當的機會插口，而且，你那種要說話的欲望，絕沒有你要聽他發言的欲望，來得那末強烈。

他幾乎甚麼都談到了，祇是不談愛情和金錢——心梅最討厭的兩個題目。

但在此刻，心梅毋寧倒是希望扯到一些關於這種比較實際的話題了。卓如很有錢，而有錢的人往往是不願意提到錢的；然而，他對於愛情也已經不感匱乏了嗎？心梅於是想到了多年之前與他告別的一幕。她心裏想，男人總是這樣健忘的。

然而，當夜深時候，他們乘着滿山月色驅車進城時卓如有一個機會證明他自己並非一個健忘的人。他一邊操縱着駕駛盤一邊說：「因為要開車子，我剛才沒有盡量；等會兒送妳回去以後，我一定要痛醉一番。」

「為甚麼？」

他扭回頭來，無限撫愛似地望着她：「慶祝我們的重逢——兩個歷盡患難的老朋友，」他把車子慢下來，嘆着氣說：「我想像着這一天的到來，太久了；妳不會相信的。」

心梅突然感到一種說不出來的強力的激動。多少年來沒有人敢也沒有人配跟她說這種話了；而她自己也多少年沒有這樣地激動過了。這幾乎是一種連她自己也覺得驚奇的陌生的經驗；使人鬆弛，使人安靜，似乎是夢遊，又像是大夢初醒——而她是在他的身邊。

她默無一語，她害怕要是吐露出一句不相宜的話，就會破壞了眼前的和諧氣氛，正如對着澄明如鏡的一池秋水，人就不忍心拋下一塊石頭去。豈止石頭？就連一片無心飄落的敗葉，全是多餘的。

「而且，」卓如略帶酒意的臉上，霎時間忽然變得嚴肅起來。「我不久又要走了，我是特為回來辦辦交待，辭去職務，準備四海遨遊一番的。」

「為甚麼？」心梅關切地問：「你又不是七老八十，現在不正是你幹一番事業的時候嗎？」

他笑笑，不說話。過了好半晌，才嘆着氣說：「在這麼美的夜晚，還是不要去辯論那些傷腦筋的問題吧。我知道我這種消極的想頭是要不得的，可是我自己也沒辦法。一個人要是像我一樣受過那麼多的挫折打擊，還要能鼓得起勁來，那除非是神蹟才可以。」

「你這話我一點也不懂。」

「我原也不希望妳能懂，老實說，連我自己也不能算是真懂。人生一世，如果事事都看得太明白，懂得太透澈，那就更活不下去了。」

「這才是鬼話。」

可是，儘管心梅說這是「鬼話」，她內心却不禁對這鬼話抱着莫明其妙的同情。因為，這些年來，她自己也懂得人生並不是有了金錢、地位、名譽之類的身外之物就可以美滿起來的。她從卓如的如有所失的憂悒的臉色中，看出了他是缺乏了比那些東西更嚴重的生命的動力。

下山車子跑得快，轉過幾道坡路，遠遠地一片迷離的燈火已經在望了。

「現在，又回到人間來了。」卓如的話，心梅正抱有同感；要回家了，可是，回家却使她微感茫然。當他一直把車子開到她的家門口，握手道別的那一刹那，她竟覺得這別離是一件很難忍受的事了。

她從來不會發覺夜晚竟有這麼長，可以做這麼許多斷斷續續的夢，可以回憶起那麼多褪了色的往事，可以幻想着迢遠的未來日子裏不相連繫不着邊際的事情。

人生是充滿着多少不可知的矛盾呵。

她特別回想到那年她初識卓如他們幾個人，大家舉杯慶飲，共矢忠誠，爲了救國大業而結盟的情景；她又想到剛才那幕景象，祇有兩個人，隔了這麼許多年，再來乾一杯酒，靜靜地。他說：「我想像着這一天的到來，太久了；妳不會相信的。」這會是眞的嗎？

跳出了日常生活的常規，再來冷眼觀察自己的生活，人就會不期然發現許多問題。爲甚麼是如此而不如彼呢？眞的，心梅也發覺如卓如所說的，「連自己也不能算是眞懂了。」

第二天，不知爲甚麼她總覺得卓如一定會再來，也許祇是她自己希望他來；可是，他竟一點也沒有消息。

想不到在她下了戲以後，他忽然出現在後臺裏。

「心梅，妳眞是了不起；這麼些年來，我就沒有聽到過這麼好的『御碑亭』」

「眞的嗎？」

「別的人我可以亂吹，跟妳，當然全是眞話。」

「翻來覆去唱了這麼多年嘍，」她捧着小茶壺在品茶，「一個人做一件事，祇有是不丟下手，也許總會弄出一點眉目來的吧！」

卓如不接這個碴兒，祇說：「昨兒晚上回去以後，一個人望着月亮——這是我不久就要離開的祖國的月亮呵，心裏頭說不出來的不舒服。後來竟連喝酒也鼓不起勁來了。」

「又沒有人逼着你走……」

「可是，也沒有人留我呀！」

那晚上，心梅眞的沒有說一句留他的話；可是，他們訂下了第二天的可以留人的約會。

約會「派生」了新的約會，在默默相許的人之間，約會像是會滋長的東西。漸漸地，卓如不再提起「走」的話了。

這是很難解釋的事，這兩個經歷了那麼複雜的人生之後的人，却屈服於一種簡單的情感之下，完完全全的屈服。

不到兩個月的時間，他們沉溺在愛河的洄瀾之中；當心梅毅然決定捨棄了舞臺生活下嫁給林卓如的時候，社會上確實會引起了不少的騷動。誰也不相信這麼樣的一個人——單在臺北也許能找出幾百個比他强的人來——竟會使得一個盛名滿天下的名伶傾心如此！人們爲了滿足自己，就造出了種種似乎是可信而又不可信的話來：有人說林卓如在甚麼地方開山開到了一座金鑛，也有人說他去年在美國中的彩票。「要不是有那麼多的錢，你想想看余心梅會看得上他嗎？」

有些比較知道內情的人，尤其爲心梅叫屈：「林卓如是有了家室的人哪！」

其實，卓如早把這些事情告訴心梅了：他的岳父是抗戰時西南的富豪之一。他的妻子是成都華西壩上甚麼大學的校花；他們的婚姻屬於世人看起來都認爲很美滿而實際却並不美滿的那一種。卓如曾經幻想過自己能够幹出一番事業來的。也許就因爲太操切的緣故，他接受了岳父的接濟，不幸那爲數甚鉅的資本在戰後惡性通貨膨脹的情況下，很快就蝕光了。他在金錢上對他的岳父負了幾乎是還不淸的債，同時在情感上也對他的妻子負了還不淸的債。這兩重債務永遠使他抬不起頭來。

大陸淪陷的時候，他的岳父透過幾個靠攏軍閥的關係，做了一個落水的「民族資本家」；可是，爲了國外的資產，他把女兒送到了香港觀望風色。卓如和他的妻存在着一種微妙的關係，他們是名義上的夫婦，但他們既不住在一起，也並沒有住在一起的意願。

可是，在「五反」之後「民族資本家」們統統都被整得皮開肉綻了；但是，卓如的岳父因爲是出名的富豪，不被吸盡搾乾，是不會讓他舒舒服服就那麼了結一條性命的。於是，卓如夫婦倆祇好負起這個擔子來，調度海外的財產，匯回大陸去給老人做「續命湯。」

林卓如從理智上着想，他明白這樣做並沒有多大好處，祇是爲了一個「人質」而不得不受敲詐；從情感上講，他有着種說不出來的矛盾：他早已不愛他的妻子，甚至於對他的岳父也沒有甚麼感激，所餘者義務與責任而已。但這種義務與責任，無論是否能完全盡到，結果總不過是一場虛空。他的心情像是在「還債」，每籌措到一筆錢，交由他的妻子輾轉弄回大陸去，他覺得在道義上自己減輕了一部份責任。

而事實是，做爲人質的他的岳父似乎永也不會得到自由，不要說偷偷離開大陸，連想要離開他所居住的城市都不可能；因而，這個吸血管永遠杜絕不了，一筆一筆的甚麼稅，甚麼捐，甚麼公債，總也弄不清；更殘酷的一點是，卓如聽到說他的妻子在香港過得很荒唐。她做投機，她參加豪賭，可是，她是個聰明無比的人，在這些事情上不但不吃虧反而沾了甜頭；她的錢似乎越來越多，可是她並不放鬆對卓如的要索，她太淸楚卓如的弱點了；而且對別人她總是說：「現在他有錢了，當然應該……。」

最巧妙的是，她能說服卓如到美國去料理那邊的產業，調動那邊的欵項；她知道如果那筆財產再過久了也許會出問題的，她寫信給卓如說：「就算我們祇不過是朋友，你也何妨幫我這樣一個忙？祇要把那些房產和股票脫了手，讓我再多想點辦法，無論如何把老爺子接出來，也算盡了我們做兒女的一番心意。這筆財物再鼓搗空了，我們甚麼都沒有了，也就可以死心了，我也不會再來麻煩你了。」

卓如懂得她的暗示，那是說她將同意他以前的要求，離婚。

他是懷着這種心情到美國去的；可是，當他把事情辦妥之後，香港的回話却是，「我說不出如何的感激你，我希望你能到香港來。」

他知道枝節又多了，那女人又大大地玩弄了他一次。他不懂她的心理，爲甚麼既不愛他（她從來不懂得尊敬他，不承認他有任何的可愛之點），可是却又不肯放棄他。她不是騎馬找馬，而是牽着馬找馬。

在置身事外的人看來，這都是很小的事情，至少用不着像卓如那樣煩惱；這正像一塊瘡痂，一種病痛，不生在誰身上誰就不會知道到底有多麼的痛苦。

卓如自己也沒有想到他會和心梅結婚。眞的，他以前確實對她念念不忘，但那與其說是愛一個人，毋寧說是愛一段往事，愛一個觀念，甚至於說愛一個夢吧了。那彷彿是一點都不可能的事，而那居然竟可能了。

卓如決心留在臺灣；他不但沒有辭職，而且準備大張旗鼓，好好地幹一番。他相信他已經從過去的桎梏中解脫出來了。正在建設中的臺灣，土木工程方面最需要像卓如這樣有學識有經驗的幹才，他對於自己也很有信心，他好像是一個死去的軀殼受到了神泉的滋潤，又重新獲得了生命。

心梅呢，她從舞臺上退隱；她把這行動當做一種最隆重的愛的誓言；她愛舞臺，但她把愛情看得比舞臺生命更高。

兩年，短暫而又漫長的兩年間，充滿着多少溫馨甜美的回憶呀！小梅生下來了，在他們這三個人組織的小天地之間，更增加了多少的歡聲和笑影呵！

可是，心梅覺察到卓如近來似乎總是藏着甚麼事情那樣的神不守舍；她像世間的好妻子們一樣，既想要知道而又不敢問他。

結果還是他自己說出來了：「香港那邊出了事情。」

出了甚麼事情？脫不過又是錢，錢，錢。

卓如自己第一次吐露出來兩年來的一筆賬，他已經盡了最大的力量去應付；他要用金錢去「買」安靜。而這筆花費之龐大遠超過了心梅的想像。

婚姻被認爲是一種神聖的關係；但卓如却是這種神聖關係之下的一個受難者，他因了這種「名分」而不得不時時爲自己「贖罪」。

心梅無論怎樣的不情願，還是得裝做若無其事的去安慰卓如：「無論出了甚麼事情，我們總得盡力而爲就是了。」她忍着滿腔的委屈，免得他在夾縫裏爲難。

「不，這一回她要從香港來了。」

「哦，」心梅祇是隨聲應了一句。

「她這回說是要跟我法律解決，嘿，法律？我又不欠她甚麼！」

「你反正知道她是怎麼一個人就算了，也不必爲這件事生氣。」

「她的辦法還不祇這麼一套呢，她說要是打官司我還不就範的話，她就——」

「她怎麼樣？」

「她就要回大陸去了。」

「那是人各有志，你有甚麼辦法？」

「不，她這是要脅，她說她要把國基也帶回去。」卓如低沉着的頭，猛一抬起來，心梅好像突然間發現他的一雙眼窩深陷去了許多，空空洞洞的眼睛裏裝滿了淚；「我想不到她會想出這種絕情的辦法來。」

心梅知道，國基是卓如和他的妻子惟一的孩子，已經快滿十歲了；卓如十分鍾愛那個孩子，可是，他母親總不肯放開他，不讓他們父子在一起。

「也許，」心梅勉强鼓着勁說：「她這樣說祇是希望你能跟她破鏡重圓？」

卓如一怔，「妳怎麼還說這種話？唉，其實，我都明白，她就是見不得我能快快活活地過日子，出人頭地地幹事業。她就恨不得我一輩子匍匐在她脚底下，求她賞飯吃，她才覺得過癮。」

「你這話太刻毒了。」

「不，是她對我太刻毒了。」

卓如這回下了最大的決心，她要打官司就打官司，她要回大陸就讓她回大陸，反正就是不屈服。

可是，那天晚上，他抱着小梅玩的時候，忽然側過頭去；惹得孩子奇怪地叫起來：「羞羞，爸也哭臉了，羞羞，我告訴媽媽，爸不乖。」

「怎麼啦？」心梅已想到是怎麼回事。

「沒甚麼，砂子，哦，也許是小梅的頭髮，落到我眼睛裏了。」他說着把小梅放下來，找手巾去揩。當他似乎是很不好意思地揩眼睛的時候，心梅一直在望着他的背影，和他的每一個細微的動作；她無心中注意到他鬢角和額角上已有不少的銀絲樣的白髮了。

心梅終於忍不住說出了那句不願意說的話：「卓如，你還是到香港去一趟吧。」

卓如彷彿一震，他奇怪自己究竟甚麼地方露了破綻。

「把國基接來，我會好好地看顧他的；跟小梅一樣，他們都是你的骨肉。」

卓如站起來，一把抱住了她；他感激她的體貼和仁慈，他曾這樣想過，但他總遲疑着無法說出口來。心梅使他安心了。

在分別的時候，他說，也許祇有三五天就可以回來。他讓她安心地等待他。

她確實安心地等待他，不止是三五天，而是三五個月了。她小小心心地保持着心境的安謐，她害怕自己會失望，失望是一開了頭就無法挽救的。而且，她也安慰自己，她沒有甚麼理由失望的，卓如

給在日本的梅蘭芳一封公開信

周棄子

畹華閣下：

這裏是中華民國中央政府的行在所——臺灣省臺北市。我；一個也算與你曾經有一日之雅的人。現在以萬分悲憫的心情，給你寫這一封信。預計發表這封信的刊物在日本發行的時候，可能你還有機會看得到。我希望能够激發你的良知和智慧，使你扭斷枷鎖，獲得新生。

你不會記得起我是什麼人，本來我也沒有重談天寶的興緻。不過，這幾年來，你在大陸鐵幕中，看慣了聽慣了共產黨那一套。你也許以爲，凡是這種公開信之類的文字，發表的動機都是有政治作用的。爲了你可能被這樣的有色眼鏡蒙住了眼，所以有略加解說的必要。二十年前，我以一個新聞記者的身份參加了一次盛會：你還記得你與漢劇名伶余洪元君的初次會見嗎？你還記得漢口漢潤里的宴會嗎？你爲我畫的扇面和那次宴會的照片，早已一並化爲劫灰。而你酒後淸唱的法曲仙音，到如今還縈繞在我的耳畔。滄桑萬變，眞是不堪回首了！自從你被關進鐵幕之後，這幾年，我偶而想起，誠然也不無惆悵。但這只是一種對古典藝術珍重的心理，惋惜你戲劇方面無比的天才與成就，竟然這樣毀滅在殺人放火的暴徒的陷阱中。除此以外，我從來不以爲像你這種「普天下服伺看官」的人；會起得了什麼政治作用。假如寫政治性的文字而以你作題目，我覺得未免浪費筆墨。我寫這封信的用意，只是希望你趁此稍縱卽逝的機會，作一個破籠之鳥，衝網之魚，爭取你最後片刻的自由生存與呼吸。這一點萍水故人的微意，我要想辦法表達給你。我們這裏不禁止「溫情主義」；我們有通訊自由。但我這封信不能直接寄給你，因爲你現在雖然是到了日本，而共產黨必定是派得有人跟隨着「照顧」你，我這封「有毒」的信，不願意落入殷洪喬之手；所以要公開發表。我希望我們旅日僑胞中的熱心人士，能設法把這本刊物直接交給你。以下是我要對你說的話——

首先，我不想從氣節方面來譴責你。自從你做了共產黨的所謂「人民代表」和什麼「院長」以後，依法律觀點，你已犯了附匪叛國之罪。固然，盡人皆知，你一切都是被共產黨所脅迫，身不由己，應該在哀矜勿喜之列。但多數人的看法，則是卽令如此，也爲你表示遺憾。因爲你是名滿天下的藝人，假使能够臨危不奪，豈不更顯示了你的人格尊嚴？我覺得這種看法，不惟陳義太高；而對你也失之苛刻。我記得，對日抗戰期間，你長期居留在敵僞竊據下的上海，始終沒有登臺表演過一次，並且留起鬍鬚以示決心。因此，抗戰勝利以後，報章雜誌紛紛贊美，一時把你渲染成正氣所鍾的忠義之士。當時我復員到南京，對這種現象就很不以爲然。因爲我比較了解內情，你的拒絕登臺，只是爲了你的「好友」馮某的事情跟敵僞當局鬬氣；而不是爲了愛國。否則，你本來已經到了香港的，何以不前往重慶而折回上海呢？當然，人生感激以酬知己，這也是一種可貴的「溫情」，但不必亂扯到春秋夷夏的大義上。「唯名與器，不可以假人」。像「忠義」這類指稱，隨便濫用，結果會變得毫無意義。我當年對你既不以忠義相推許，今日對你自然更不屑提出氣節的要求。你看到這幾句，不必罵我是「封建頭腦」，以爲「倡優隸卒」就不配談氣節。我的意思是，一種高貴的品德，要從適當的知識教養生活

是不會變的。

起初是國基生了病——蹊蹺的小兒痲痺症。醫生說，最好是在香港療養；守着海，有比較完備的醫療設備。

後來是談判到錢財的問題，開始是一種斤斤較量的像做生意一樣的談判。卓如表示了願意不惜一切代價「贖」回自己的兒子。

這種曠日持久的談判，頻繁的接觸，漸漸地改變了卓如的看法：他開始體識到他的妻子那種近乎無理取鬧的要脅，未嘗不是因爲她生命的空虛。她是既不想回大陸，也不想放棄她的孩子，更不願意離婚的。

卓如有一次打算甚麼都不管，甩手一走回臺灣去了；却不料那女人竟把飛機票搶去，扯得粉碎了。這種强悍野蠻的舉動，第一次暴露了她內心的屈服。她沒有哀求，但她的舉動實在比哀求更明確地表示出她乞求憐憫的意向。

於是，卓如轉念想把她們母子，一齊接回臺灣來。「我們就算祇是朋友一樣地過活吧；彼此照顧，彼此尊敬，但無需乎再接近；妳知道，我現在的生活中是容不得下妳的。」

他的妻子祇是笑笑；卓如還不知道她這幾個月已經早有一番佈署了。她暗中和卓如在臺灣的親友通訊，說他們夫婦合好如初了；在離婚手續沒有辦淸楚以前，法律和人情無疑都是站在她這一邊的。

卓如和他的妻子到了臺灣之後，風波日多；心梅不願再去回想那些傷心的事情了——總之，結果是她決心主動地離開他，她自己對自己說全心全意去愛一個曾經有家室有事業的男人，太危險了。她再要愛的話，也要愛一個從來沒有愛過別人而又從沒有被別人愛過的人。

爲了種種的不愉快，她和卓如鬧了許多彆扭；她留下了最大的一個「彆扭」還沒有使出來——

環境培育出來；世間沒有「無根」的氣節。你之與氣節無緣，不是你的過錯，而應該由時代負責。從「戲無益」的時代演進到對「藝人」尊重的時代；那你是已經到了中年以後。在這以前，你只是「燕蘭小影」「金臺殘淚記」裏的人物。那樣的時代背景和那樣的教養生活，氣節不會發出芽來；而這本來不能算是你一人的恥辱。何況，這一次大陸淪陷，像我們這些「士君子」乃至「文武柱石」之流，都有大批的飛蛾撲火去向馬列「？」毛賣身投靠，眞是出盡了我們這些「讀聖賢書」者的醜，我何忍拿道德的境界來苛求你！

不過，道德境界可以有高下，而爭取自由却是做一個人的基本條件。人之所以異於禽獸，就是賦有與生俱來的人權。各條目的人權，都以自由爲其基礎。現在我要問你，你在共產黨鐵幕裏有自由嗎？你也許會答復說：有的。你可能憑你學戲的天才，也會唱了幾句「人民作主」的調子給我聽。我從來不相信共產黨的「理論」會在「人」的心裏站得穩，它只是靠刺刀把它扎在人的心上，一旦暴力消亡，也卽是人心復還本體的時候。所以，我不認爲你已經沒有了激發良知的可能。也許，你這幾年被「豢養」的情形是稍爲優待，但毛澤東的「恩澤，較比張宗昌王克敏厚薄如何？憑你的良知；敢作正面的答案嗎？所謂「人民作主」，就是共產黨作你的主。要想再留鬍鬚也不行了吧；「人民」畢竟不是「皇軍」了。不是嗎？你現在就在「人民作主」之下，到了你對之「忠義不屈」的「皇軍」之國了。

你從鐵幕到日本的消息，曾經引起這裏若干人的注意，有的人希望把你爭取回到自由世界裏來，我覺得這是無可無不可，但不值得太費力氣去作。當然，你如果迷途知返，我們不會離開與人爲善的立場。但我始終不認爲你的向背從違，對我們有什麼了不起的政治作用。我們現在並且要持久從事的，是以自由民主反極權奴役的鬬爭，這是艱難嚴肅的工作，我們並不迫切需要點綴昇平的清歌妙舞。固然你的戲劇藝術是值得珍重的，但比起整個在被毀滅中的幾千年歷史文化；你那又算得什麼呢？不過，就你自己來說，你現在應該已經覺悟到一點：藝術和自由是相依存的，沒有自由也就沒有藝術。請憑你的良知自問，你藝術上的成就，是在那一種天地那一種空氣裏培養出來的？作爲一個卓越藝人的梅蘭芳，曾否受自由之賜？從「人民作主」以後，共產黨的「藝術」是些什麼樣的東西？從鐵幕裏推出藝術來希圖擾亂我們自由世界的視聽，這本也是共產黨一種心勞日絀的無聊舉動。但儘管無聊，還是要利用你百花亭裏的楊貴妃；爲什麼不敢拿出「白毛女」呢？那種東西如何能見得自由世界的陽光？藝術不是「翻身」可以「翻」得出來的，也無法在「領導」「統制」中創造；藝術本來就和極權奴役絕對的不相容啊！所以，你如果不能重獲自由，不惟你這個人已經是行屍走肉；卽你的藝術也只能算沒有了生命的化石。可悲哀的不是我們而是你自己！我也知道，「從古艱難惟一死」你現在只是忍辱的偷生。但你不看看蘇俄「作家協會」頭目法捷耶夫的榜樣嗎？長期的「待詔」「供奉」生涯，以「頌聖」爲唯一的工作，到頭來還是不免於「自殺」。你現在也是六十多歲的人了，卽令免於「自殺」。你又能夠再偷生幾年？

問題在於你將如何爭取自由。我想你此次到了日本；眞是畢生難遇的良機。只要有勇氣，有決心，一定可以發揮你的智慧，扭斷你身心上的枷鎖。你如果願意回來，你可以投奔我們的使領館。我們政府和僑胞絕對有力量支持你維護你。你如果不願意長期居留在臺灣，我保證你有任意遨游自由世界的自由。

一切自決於你的良知，我寫這封信不是爲了要「說服」你。你能爲你自己爭此「人禽」一關嗎？那末這封信權充我對你「復活」的禱歌。不然呢；也不必爲你另寫葬曲了。

中華民國四十五年五月二十三日

她要回到舞臺上去了。

愛一個人，他會離開你；愛一個事業，這才是眞正永久的東西。惟有藝術生命才是可以永恆不朽的——她現在才算懂得，而她化費了多少代價呵。

今夜，她翻到了照片本子的最後的一頁，是卓如去香港之前在自家庭園裏照的像，高高的額頭，寬寬的嘴角，掛着一絲孤傲的笑容，望着她。他是多麼值得懷戀——而又多麼怯懦，善良的人吶！

她並不恨他，而對於以往的日子也不再悔恨；人生太複雜了，支付出的感情，永遠也不會收回來了。但她也從他身上汲取了不少——那種寬諒的、悲憫的、自我犧牲的愚蠢呵，一個多麼愚蠢的人。

她把它舉起來，無限的柔情擁到心上唇邊，鼓起無比的勇氣，她閉上眼睛，熱烈地吻着它——那一張薄而又硬的無情的紙。

窗外，綠芭蕉的舒展的肥大手掌上，托着那將要下落的初弦月、皎潔的、纖秀的，好像也帶着幾分傷心的病容。它慢步踱向天邊，像是要從芭蕉的手上滑下去了。天變得更黑更藍，而星星更顯得璀璨了。

月亮落下去，明夜又將昇起來。人是經不得幾次浮沉的。

但是，她，一個弱女子，却仍然有着一顆堅强的心靈，時間會醫療那深刻的傷痕。她有這個信心，她會再爬起來的，像明夜的月亮一樣。

夜，很深，很濃，也很涼了；心梅覺得，這種涼的感覺也是一種挑戰——考驗她是不是還有勇氣。

她闔上照相本子，把它謹愼地收藏起來。然後，關上燈，小立窗前，遙望着天邊，她默默地和那落下去的月亮告別，她想，過去的日子應該隨着那月亮一齊落下去了。

現在，她以激奮的心情，守候着那嶄新的明朝。

——完——

讀者投書

(一) 准假四月與另有任用

袁世駿

編者先生：

埃及承認匪共而中埃斷絕邦交。誠如一般人所共信，這與我們在聯合國的地位，不會受到根本的打擊。對我們反共抗俄的大業，不會有重大的影響。但是，在現階段及未來的外交。實在不由我們不爲之憂心如焚，我們對於今天外交的作風，實在太擔憂了！現在舉幾件迫切的事就教於國人：

第一、埃及承認匪共，我政府立刻宣佈對埃斷絕邦交，同時訓令駐埃大使，下旗歸國。全國軍民，對這件事的悲憤是十分深刻的，政府與人民同樣感到此時此地，我們的外交，尤其對中東及亞洲的外交，應立刻有一個澈底的檢討。而這個檢討的材料，我駐埃大使應是第一個應該報告與供給的。今天稍知愛國或稍懷忠藎者，碰到這種事端，目擊親嘗這種橫逆，應如何兼程歸國，將親見親聞之事，報告國內上下，作爲我國外交上之借鑑。但報上陸續登載，該駐埃大使何鳳山，一則託詞須到美治療，再則託詞須到美探視兒女。請假一請四月然後可繞道歸國。反視外交部對於該使的請求，一方面去電慰勞，一方面對請假四月歸國，准如所請。如此大使，如此外交部長，實在使老百姓太痛心了。何鳳山究患何不治之症，有病診治，必須繞道美國？難道臺灣竟無一醫生或醫院可治何大使之病？何大使於國家外交上親逢這樣重大的打擊，不兼程馳歸報告其政府與人民，而於此緊急之時機，要繞道探視兒女，該大使之知有身家，不知有國家，於此可見！該外交部之不識大體，徇私縱容部屬，又於此可見！嘗憶對日抗戰期間，政府遷都重慶，當時爲德義等國家承認僞滿，我政府宣佈與各該政府斷絕邦交，撤回使節，屢見不一，當時各該駐使未聞抗命，在國外徜徉稽延不歸。可知今天外交上作風，何故退步至此！而這種作風，但在外交當局一念之轉，便可旋移，我們今天不責我駐埃大使對埃及政府事前如何疎於防範，而僅就其在絕交後個人之行徑，與外交部應付之策，便知我國外交人事行政的作風，非大大改革不可。

第二、駐巴拿馬大使之更迭，已由行政院會議通過發表，但數月以來，各方傳聞，此次駐巴拿馬大使將該館參事毆傷，該參事斯頌熙曾到巴城法院驗傷，分別向國內控告，巴拿馬僑民團體，更在當地僑報宣言，對該大使于望德驅逐。全美各地僑團，紛紛響應者，不止一處。這種事態，在外交史上確是破天荒的荒唐與笑談。我們在人民的立場，要求外交部對此事應有明白的宣佈。如果該大使于望德在駐使任內，並無如傳聞之事實，便不應把他「另有任用」。如果該大使確曾做出這種事端，這在官紀官規再加上刑法民法上的規定，亦決不是「另有任用」所可完事。外交部葉部長平素似乎尙能不畏强暴，好像敢作敢爲，這次對駐巴大使于望德的措置，實在使百姓大惑不解。更使我們惶惑的，我們的立監兩院對此種重大事態，亦似乎充耳不聞，這還成何國家！此外我國的報紙，對此事一字不提，你們還侈談新聞自由，簡直是有虧職守。

第三、國步艱難到了今天，外交上用人，需要動員全國人才，適當分配，去應付這種空前的局面。自由中國儘管人才不多，然假使虛心訪求，十步之內必有芳草，何致偏促寒傖到今天的現象。葉部長公超平素言論好像是大刀濶斧，敢作敢爲，但綜計他任內的用人，除了罷黜顧維鈞，重用董顯光以外，我們看不出他任何的偉蹟。

我們爲着愛國家，所以冒死貢獻上述一點意見，「自由中國」記者愛國愛民，具有同心，請你們發表意見！

四五、五、二七。

（二）僞藥與車禍

楊誠

編輯先生：

前幾天臺北市爲了刀割幼童的傳說，滿城風雨，後來水落石出，才知道是出於誤會或謊報。其實還有兩件事比這個刀割幼童更可怕、更嚴重的，與論界應該積極督促政府採取有效的措施。

（一）僞藥問題：前些時南部發現以獸醫針劑改裝作爲人用針劑出售。本月五日新生報第三版載有：「販賣僞製『士儅素』西藥商人王春生等六人經警局查獲，送臺北地檢處，業經檢察官偵查終結：依妨害農工商罪嫌提起公訴。」衞生院前天發表查獲僞藥名單，其中竟有僞藥强心針！

人人皆有患病可能，尤其患急症的要服抗生素特效藥或打强心針來救命，如果是僞造的針劑，後果自不堪想像。自從這一聯串僞藥出售，我想不知有多少病人被這些傷天害理的西藥奸商糊理糊塗送入枉死城中。他們的罪行豈止是妨害農工商？他們簡直是變相殺人兇手！因爲他們的動機雖然是爲獲取暴利，而他們明知道他們僞製藥劑，輕則延誤治療時機，重則致人於死，豈非企圖戕害人命而何！

我要大聲疾呼：這些犧牲別人生命以謀利的僞藥商，絕不可以等閒的妨害農工商罪罰之。

第一　社會人士應羣起以與論力量，制裁此輩西藥奸商。

第二　法院應對此輩戕害人命兇手，從重判刑。

第三　有關機關應將出售僞藥的店鋪弔銷營業執照。

第四　各治安機關應經常不斷偵察。

（二）車禍問題：車禍，在現代的大都市中是難免的，但臺灣近年來的車禍，則是既多而又離奇。人口多的地方如臺北、基隆時有車禍猶可說，僻靜處如淡水、楊梅也有市虎傷人。市虎在市上傷人猶可說，閉門家中坐者，也有時給市虎吃掉。

前些時交通當局爲消弭車禍曾召集有關機關開會商討對策，其對策是加緊宣傳。在今日要防止愈演愈烈的車禍，豈是僅僅宣傳可以奏效？

闖禍最多的車輛是軍車。軍車易於出事的原因如下：

1.司機駕駛技術太差，因爲訓練時間短促。

2.司機好勝逞强，喜開快車，喜超車。

3.逾齡軍車常常由於機件失靈而不易控制。

爲針對以上三個缺點，故擬有事先預防與事後處理兩項：

甲、事先預防，即加强管理：

1.凡在市區公路行駛之軍車應與一般車輛相同，按時到公路局監理處檢查機件，合格方能行駛。

2.凡在市區公路行駛之軍車司機，不得例外應參加公路局監理處司機考試，取得合格司機執照方能駕車行駛。

3.警察局應組織交通糾察隊，隨時隨地突擊檢查車輛(包括軍車)機件與司機執照。不合規定者嚴重處分。

乙、事後之處理：

1.凡軍車司機由於過失或疏忽闖禍者，從重處罰，不得只禁閉三數月後假釋，仍讓其重行開車。

2.軍車傷人毀物，如咎在司機過失或機件失靈，車主或機關應負賠償責任，如無錢賠償則沒收車輛，拍賣賠償。

讀者　楊誠上　五、八

（三）水泥的配售與價管

王大川

本省水泥無論過去公營及現在民營都實行配售和價格管制。作者住臺中市，願將中市的水泥配售和價管情形概述於後：

臺中市設有水泥管制委員會由臺灣省物資局臺中辦事處及市建設局等機構所組成。負兩項任務：一爲配售，即審議公私機關及公敎人員申請官價水泥，及將水泥配售於建築材料商店。另一爲價格管制，配給及配售之水泥均爲三十元一包，商人售價定爲三十三元一包。有三元的好處。自本年四月起商人售價改爲三十八元一包，而好處亦由三元增至八元。

本省近年來人口激增，更迅速的向都市集中，各地都有房荒現象發生，凡百建築材料如鋼筋、木材、玻璃、磚瓦等均比二年前漲價一至三倍不等，河裏邊的沙子亦一車十四元漲至三十元。水泥用途較廣，其需要的程度比之鐵，木磚瓦等更爲迫切。然以配售與價管，不能隨意漲價，因之發生黑市。前二年官價三十三元黑市四十元上下，去年下半年起黑市價格急劇高漲，年底到了六十元上下，本年四月竟超過七十元大關。公開市場上概無存貨。市民購買水泥須託建築師水泥工人及與商人相識者方能到手。多半不開統一發票，如開則一包開兩包者。

任何商品只要有黑市，公開市場即無存貨，而價格管制亦同時失去效力。水泥的配售與價管不知當局用意何在？如係以供不應求，須價管以保護消費者的利益，然水泥的主要消費者是社會大衆不是公私機關及公敎人員。在配售與價管之下，後者少數人固不增加負擔，而前者之絕大多數却蒙受重大損失。如係以水生產者利潤太高，以價管予以限制，但本省水泥供求相差甚鉅，正需以高利刺激生產。如撤消配售與價管，現有的水泥工廠，當可增加設備，新工廠亦可相繼設立，互相競爭，利潤率降低，價格亦可跌落。現在的辦法實無異一面以價管限制生產，另一面由黑市增加消費者負擔。從任何角度看都違反經濟法則。至於因不開統一發票致稅收減少，尤其餘事了。

最後，水泥這樣的配售與價管，究竟便宜了什麼人，作者不願深論。總之，此一辦法是有百弊而無一利的經濟措施。

讀者　王大川上　五、八。

自由中國　第十四卷　第十一期　內政部雜誌登記證內警臺誌字第三八二號　臺灣省雜誌事業協會會員　三七〇

給讀者的報告

最近埃及宣佈承認匪共。埃及此一盲目行動對於世界前途將引起的惡劣影響，實令人殷憂而悲憤。而悲憤之餘，我們必須採取積極的對策，因此，我們在社論(一)裏建議自由世界，在對中東以及亞洲外交政策的運用上，應該是物質與精神並重的，而對於埃及，必須設法解決其棉花的出口，同時滿足其獨立自主的願望。其次，我們建議我政府組織各種訪問團，去中東及亞洲各地。由於埃及承認匪共，我們覺得在目前有檢討我外交的必要，因此，除了在社論(一)中申述我們對於我外交政策、外交行政、外交人事、以及外交作風的意見外，另登出一篇讀者投書「准假四月與另有任用」，舉出我外交行政上的幾件迫切的事，希望我外交當局予以公明嚴正的處置。

本期社論(二)是我們對於韓國本屆總統選擧中所發生的幾個特殊情形有所感而寫。民主黨的總統候選人申翼熙在選期前突然逝世，但他仍獲得一百八十餘萬選票，我們認爲這充分的表現了民主的精神。而這種情勢的造成，應該歸功於韓國政府過去對言論自由的保障。其次，我們認爲李承晚總統修改憲法的總統任期，是一種不甚適當的作法。在這裏，我們要特別强調的是，不要將國家的希望寄託在某一個人的身上；只有極權國家才故意將領袖人物的人格神化。

上期本刊有篇社論「美援與友誼」，就美援的運用方式對於我們美國友邦有所建議。本期我們在社論(三)裏，又提醒美國，目前的反共鬪爭，本質上是個文化鬪爭，美國不但要軍經援自由地區的落後國家，並必須予以文化援助，使被援地區的人民明瞭匪共的文化教育的荒謬，和民主自由的眞實價値。

蔣勻田先生在「韓國選民已奠定了光明的民主前途」一文中，認爲選擧必備的條件有五：(一)强大反對黨的存在；(二)反對黨領袖有充份選擧與批評執政黨領袖的自由；(三)新聞採訪和發表的自由；(四)人民有判定是非利害的自由與勇氣；(五)法院要嚴格以超然黨派的關係，公平的處理選擧訴訟。蔣先生在此特別强調申氏之言「實踐民主的力量，不能專靠執政黨，多半要靠在野黨奮鬪」。蔣先生過去在反對黨中曾有過許多痛苦的經驗。因此蔣先生這篇文字特別深刻感人。

「玄奘留學時之印度與西方關於玄奘著作目錄」爲一篇有學術價値的論著，本刊特刊出，以饗對於此學有興趣的讀者。

「立法委員的『民主風度』觀」是由立委馬濟霖先生斥責立委胡秋原先生的一篇文章「追求民主與自由之途徑」，而談到有關民主政治的幾個基本觀念：民主政府必須有容忍的精神；在民主國家中，個人有發表意見的自由；民主政治就是政黨政治，而民主國家的政黨對於黨員的言論並不加以約束。

「最近中東情勢之分析」這篇通訊，是埃及承認匪共以前收到的，但因其對於埃及分析甚詳，殊有參考價値，故特登出。對於中東問題，本刊以後將陸續有專文討論，特此預告。

本刊文藝欄，從本期起連載一個中篇小說「葛藤」，是描寫一個悲劇的愛情故事。「那層層的葛藤就像我們與生俱來的、擺也擺不脫的種種束縛」。這篇小說的主題乃在此。

周棄之先生給梅蘭芳的一封公開信，是一篇語重心長的文字，應該可以激發一個藝人的良知，使他認識自由的可貴。

自由中國 半月刊　總第一五八號　第十四卷第十一期
中華民國四十五年六月一日出版

發行人兼主編　『自由中國』編輯委員會
出版者　自由中國社
社址：臺北市和平東路二段十八巷一號
電話：二八五七〇

航空版
香港　友聯書報發行公司 Union Press Circulation Company, No. 26-A, Des Voeux Rd. C., 1st Fl. Hong Kong

總經銷
臺灣　自由中國社發行部
美國　自由中國日報 Free China Daily 719 Sacramento St., San Francisco 8, Calif. U. S. A.

經售者
日本　東京僑豐企業公司
韓國　漢城裕昌德號
馬尼剌　大中華日報社
印尼　新疆書店 椰嘉達天聲日報 泗水文光圖書公司
越南　西貢中原文化印刷公司
緬甸　仰光振成書報店
印度　加爾各答塔梅學校
澳洲　雪梨瑞田公司
北婆羅洲　西利亞坡青年書店
新加坡　檳榔嶼、吉打邦均有出售

印刷者　精華印書館
廠址：臺北市長沙街二段六〇號
電話：二三四二九號

本刊經中華郵政登記認爲第一類新聞紙類　臺灣郵政管理局新聞紙類登記執照第五九七號　臺灣郵政劃撥儲美金帳戶第八一三九號
（每份臺幣四元，美金三角）

FREE CHINA

第十四卷 第十二期

要目

中華民國四十五年六月十六日出版
社址：臺北市和平東路二段十八巷一號

半月大事記

五月二十六日（星期六）

美國務卿杜勒斯表示，美國冷戰政策不變，仍認俄爲和平威脅。

李承晚聲明，不可能和平統一韓國全境，表示願與中越締結軍事聯盟。

五月二十七日（星期日）

美衆院外委會發表援外法案報告書，責歐洲盟邦防務鬆懈，促將部份對歐軍援轉撥亞洲國家。

匪幫向美要求釋放在美犯罪的中國人。

五月二十八日（星期一）

北大西洋公約秘書長伊斯邁稱，俄帝一旦發動突擊，歐洲盟國可迅速採取行動，不必等十五公約國政府一致同意。

法國與摩洛哥簽訂外交協定，兩國同意在外交上密切合作。

葉外長面告菲大使，南沙羣島主權屬我。

五月二十九日（星期二）

中日新貿易協定舉行簽字儀式。

中華民國四十五年度中央政府總預算案，立法院完成立法程序。

安理會舉行會議，聽取中東停戰報告。

俄國阿塞爾拜然境內四共黨官員被處決，罪名爲叛國與從事反革命活動。

五月三十日（星期三）

安理會開會討論哈瑪紹報告，美英法支持哈氏對中東和平之努力。

葉外長再告菲大使，南沙羣島主權不容侵犯。

五月三十一日（星期四）

共黨破壞韓境停戰協定，聯軍總部宣佈停止監督委會活動。

安理會繼續開會，力謀促進中東和平，我對英建議進一步促進中東和平，原則表贊同。

法議會開始辯論北非政策。

六月一日（星期五）

我立法院對修正所得稅率條例，完成立法程序。

美助理國務卿勞勃森指控越共破壞停戰協定。

安理會繼續辯論英建議，阿拉伯國主張修改。

敘利亞與約旦締結軍事同盟。

俄共清算史魔黨羽，莫洛托夫被擠下臺，由赫魯雪夫心腹謝彼洛夫繼任外長。

六月二日（星期六）

葉外長三度約見菲大使，重申南沙羣島主權，外部發言人亦發表聲明，駁斥越對南威島及西沙羣島主張。

美國對於越南追求統一願望，正式表示支持。

安理會討論英建議爭執未決，今已休會。

反對尼赫魯劃分省區，孟買五萬人大暴動。

六月三日（星期日）

我國向美表明關切在美華僑權益立場，堅決反對美迫使華僑前往匪區。

蘇俄建議與西方三國共同向安理會提出中東建議，爲西方所拒絕。

日參議院，在警察嚴密保護之下，通過新教育局法案。

沙地阿拉伯聲明，否認與匪建交。

六月四日（星期一）

葉外長再約見美大使藍欽，對美準備釋放華籍監犯前往大陸，重申堅決反對立場。

聯軍拒絕韓共抗議，堅持令視察小組離南韓。

孟買暴動在持續中。

韓參謀長丁一權宣稱，共黨將對南韓發動新攻擊。

美國務院發表赫魯雪夫在俄共大會上攻擊史魔的演說全文。

安理會通過英修正案，請哈瑪紹繼續調解以阿紛爭。

「自由中國」的宗旨

第一、我們要向全國國民宣傳自由與民主的真實價值，並且要督促政府（各級的政府），切實改革政治經濟，努力建立自由民主的社會。

第二、我們要支持並督促政府用種種力量抵抗共產黨鐵幕之下剝奪一切自由的極權政治，不讓他擴張他的勢力範圍。

第三、我們要盡我們的努力，援助淪陷區域的同胞，幫助他們早日恢復自由。

第四、我們的最後目標是要使整個中華民國成爲自由的中國。

六月五日（星期二）

英准戰略物品資匪，激起美國反對浪潮。

葉外長第四次約晤菲駐華大使，重申我對南沙羣島主權之堅定立場。

法德總理會談結束，對薩爾問題獲致協議。

美總統艾森豪邀衆院兩黨領袖集會，要求如數通過四十九億援外案。

六月六日（星期三）

法國總理莫勒獲得衆院信任。

美加州民主黨總統候選人初選，史蒂文生獲得勝利。

我駐美大使呈遞國書，艾森豪重申中美誠摯關係。

六月七日（星期四）

驅逐視察小組離南韓，聯軍決貫澈原計劃。

匪要星馬僑胞入僞國籍，華僑表憤慨，決激烈反對。

美對南斯拉夫政策，考慮重新檢討。

美國白宮發表聲明，補充艾森豪談話，重申集體安全原則。

六月八日（星期五）

美衆院初步通過美卅八億援外法案，對艾森豪總統所提出的四十九億元原案，削減十一億元又九百萬元。

烏克蘭發生反俄新事件，運兵火車曾告出軌。

艾森豪總統的裁軍特別助理史塔生在美參院小組作證稱，俄須接受空中視察，裁軍始可達成協議。

六月九日（星期六）

美國務卿杜勒斯發表演說，斥中立爲陳腐觀念，唯有集體安全制度下的軍事聯盟，始能保證自由世界免遭共黨統治。

蘇俄總理布加寧於其致美總統艾森豪的一封信函中，要求西方三國共同裁減駐德部隊，並再宣傳俄裁軍一百二十萬計劃。

美軍在硫磺島今演習原子戰。

蘇俄副總理卡岡諾維區今已辭去蘇俄勞工與資委員會主任委員要職。

社論

(一)

從華盛頓椅背上的太陽說起

——論美國政府處置華籍囚犯事件——

以三權分立的憲法作爲立國基礎的美國，在其制憲史上有這樣一個故事：一七八七年五月二十五日開幕的斐勒德爾斐亞制憲會議，在議長華盛頓主持之下，經過四個月熱烈的爭辯，其間有幾度幾乎破裂。但終於九月十七日大功告成，制就了憲法的最後草案。當議長與各方代表先後在這部偉大文獻上簽字以後，那位年高八十一歲，舉世聞名的老政治家、科學家、兼哲學家富蘭克林，眼巴巴地望着議長椅背上繪畫的太陽圖形，很感慨地說：「在會議過程中，我的心情常在希望與恐懼之間打轉。那時，我總是注視議長椅背上的太陽，我不知道這個太陽是上昇的朝暉，還是下沉的夕照。現在，我很愉快地知道了它是朝陽，而不是落日。」

這個一百六十多年以前的故事，是富有深長意義的，尤其是對於美國政治圈內的人物。可是，不幸得很，今天的艾森豪政府似乎把這個故事忘得一乾二淨，反而要我們這羣外國朋友爲他們提及！

據本月二日華盛頓美聯社電訊：「目前在美國監獄服刑期的華僑，如有願意回到共黨中國的，據說，美國政府決定釋放他們，讓他們回去。美政府之所以有這一決定，是由於中共(現尚扣留十三名美僑)曾宣稱美國把願回中國大陸的華僑拘留在監獄裏。」

美聯社又報導，美政府並不認爲此類華僑的釋放，是爲交換扣在匪區的十三名美僑。因爲華僑囚犯(三十至四十名之間)都是普通刑事犯——包括販毒、兇殺等罪行；而十三名扣在匪區的美僑，則是以政治罪名被扣的。彼此的性質不同，說不上交換。但該電訊又說，美政府的立場是在以此項機會給予這類華僑，藉以消除中共所稱的釋放美僑的障碍。

接着這個消息，中央社又轉來華盛頓三日合衆社電報導，「美國外交官員稱，國務院四天前曾以販毒及其他罪名在美國聯邦、州、市監獄中服刑的中國犯人，統計一份送交印度。……美國傳已告知印度，現被囚於美國獄中的任何中國人，如果他們要返中國大陸，他們將獲釋回去。……目前的假定是：……將由印度與那些想要考慮這個建議的中國人舉行談話，此舉將使中共提出那些犯人係違反他們的意志而遭監禁的指責，不攻自破。」

自這些消息傳出以後，我外交當局已經由各種方式向美政府表示抗議。惟截至本文屬稿時，這件事似乎還沒有什麼新的發展。

美政府爲甚麼要作這樣一個決定的？很簡單，爲的是十三名美僑的釋放。儘管不說是「交換」而說是「消除障碍」，反正都是爲的釋放美僑。

一般地說，一個政府爲其人民的重獲自由而多方努力，這是應該的。但是，我們說它「應該」，是含有一個潛在的前題的，即手段不能與目的衝突。但就美政府這一決定來講，它違背了這個前題。因而我們不僅不能贊同，相反地，我們要反對它，駁斥它，以期打消它。

我們看，美政府這一決定，手段與目的是如何地衝突：

在現代國家中，政府用以保障人民自由的是什麼？大家都知道，是司法精神的獨立。在三權分立的美國，司法獨立這個名詞的內涵，就是司法部門超然於立法、行政部門之外，而其判決則一以憲法精神及依憲制定的法律爲準。立法部門制定的違憲的法律，它可宣判無效；行政部門頒布的違法的命令，它也可宣判無效。同時，在司法權行使的全部過程中——偵察、審訊、宣判、執行，絕不容外界的任何權力加以干擾。這是司法獨立的實際內容。有了這樣獨立精神的司法，則人民的諸自由才有切實保障。換句話說，要切實保障人民的諸自由，就得嚴格尊重司法精神的獨立。這是個原則性的問題，絲毫含糊不得。現在美國政府爲打破日內瓦釋僑談判的僵局，或者說爲消除釋放美僑的障碍，竟可讓所謂「中間人」去調查在獄華僑的志願，因而可以變更刑期，提前釋放。這是以外交的考慮，政治的理由，干擾到司法權的行使。司法獨立的精神因此受到破壞，三權分立的憲法基礎，因此也發生動搖。

再就目的與手段來講，三權分立下的司法獨立，正所以保障人民的諸自由，現在爲着十三名美僑的重獲自由，而破壞了保障人民諸自由的司法獨立，這不是手段與目的衝突嗎？

政治民主、司法獨立，是現代國家的兩大支柱。簡言之，民主與法治是相輔相成的，二者缺一，就不成其爲現代國家。美國的政治民主，從某方面看，也許還有些待改進的地方。但其司法精神的獨立，就我們所知，是很少受到訾議的。現在艾森豪政府在這件事上破壞了司法獨立精神，動搖了三權分立的憲法基礎。這個問題，確太嚴重了！

我們不必諱言，在反共的自由世界中，美國的聲望近年來實有日形低落之勢。這其間值得美國政府自我檢討的地方很多，但主要的原因，似乎是在反共的策略中美政府沒有把握住一個堅定不移的原則。就處置華籍囚犯這件事講，也正是不講原則的一個顯例。我們爲甚麼反共？終極的目的是在維護人權與自由，直接的目的是在維護民主與法治的政治制度。在反共過程中我們可以因時因地、或因勢而變更策略，但千變萬變必有一個原則不變，即任何策略、任何措施、任何國際承諾，都不能與反共的目的稍一牴觸。這個原則必須堅持，必須把握，否則即是自毀立場。作爲自由世界中反共的領導國家，怎能以自毀立場的作法來保持領導國應有的聲望呢？今日美國，在自由世界中是朝陽還是落日，我們想，美國人應該比我們更關切些吧！

社論

（二）

刷新外交的三大前題

——人事、經費與權責——

在上一期的社論(一)中，我們曾就埃及承認匪共一事，談到我國外交問題，申述了我們對外交政策、外交行政、外交人事及外交作風的意見。當茲俄帝到處施展笑臉攻勢與進行滲透戰術之際，使自由世界中許多認識不清與過於重視現實利害的國家，都沉浸於「中立主義」與「和平共存」的幻夢之中，國際情勢愈趨混沌，因而我們自由中國的處境也愈形惡劣。在此惡劣的環境中，今後我們應如何強化外交陣容，運用外交手腕，爭取與國，增進邦交，化阻力爲助力，轉劣勢爲優勢，實爲刻不容緩之圖，所以我們在上期的社論中以「檢討外交的時候」爲題，對政府當局作緊急的呼籲。我們敢說這是每一個關切國家前途的人共同的要求，同時我們也相信這是今天外交負責當局所同樣感到的苦惱；因爲在人事糾纏、經費不够、權責不明的許多形格勢禁的情形之下，雖明知其應如何做才是最適宜的，但仍無法做到。這種情形如不從速改善，依然像以往一樣因循下去，則我們的所謂「外交戰」，恐將永難有操勝算之可能，像埃及這樣「化友爲敵」的例子，也就難免不再重演。在此，我們願本心所謂危，不敢不言之義，再就當前外交工作上幾個實際問題，略陳所見，以促起政府當局的注意。

根據這次我們在對埃及外交上敗仗的痛苦經驗，我們認定今天我駐外各使領館的人事安排，實有加以調整的必要了。如果說外交眞是有如作戰一般，那麼我們的方面統帥倘使多不够健全，這個仗又如何能打好？更如何能望其克敵制勝？卽以何鳳山使埃一事爲例，埃及之承認匪共，自非瞬息間突變之事，何以事先未聞任何報告？事後復諉稱醫病，請假漫遊美國，其顢頇無能與毫無責任感，卽此可以概見。如果眞的是作爲一個帶兵官，在前方打了敗仗，還不回返陣地報告敵情，竟爾若無事然，逗留在外，則按律當斬。今天我們外交當局公然准許何鳳山這樣做，這是出乎常情以外。據我們推測，如果不是外交當局對何鳳山曲意維護，或認爲他確有必需趕赴美醫療的急病，便是因某些人事關係，對何鳳山本人有莫可奈何之感，二者必居其一。但無論是屬於那個原因，我們終不能不爲我外交陣容之如此疲弱散漫，而感到沉重的悲哀。

無可諱言，我們今天的國際地位是早已從二次戰後的五强之一的地位降落下來；尤其是某些專重現實利害的國家，他們每每可以犧牲道義與政治立場，於是我們在外交上也就不時遇到難以避免的困擾。在這類情形之下，如何去運用外交手腕，或於事前予以消弭，或於事後予以補救，悉賴我駐外使節之能於平日樹立其在國際間的信譽，臨事發揮其聰明才智，使他個人的言行能激起國際間及駐在國國民的同情與支助。換言之，卽是要以各駐外使節本身的健全，改善外人對我們國家與政府的觀感，然後才能談到外交政策運用的技術問題。例如我們在聯合國與俄帝集團的幾次交手，終於未吃敗仗，固由於我政府決策的正確，友邦的支助；然而蔣廷黻代表個人在國際壇坫上的聲譽，以及其臨機應變的才智，不能不說是重要的因素。返觀我在其他各國的駐外使節，如蔣廷黻者能有幾人？如何鳳山者又有多少？有些人似乎總以爲能通駐在國的語言，能懂外交上的禮節，便算是上乘的使節人選，而對於其學識、聲譽以及其能否在駐在國的政治上、社會上發生良好的影響，則不加重視。試問在今天這種緊張激烈的戰鬪中，這些庸碌之輩，又如何能使其達到外交上的任務？至於使領館內的重要職員，連上述的起碼條件都不具備，居然濫竽充數者，更不乏人。這種例子，眞可說是俯拾卽是，用不着在此列舉。我們也曾不時聽到各方面對某些使節不滿的指摘，也曾不時聽到某些使節與使領館人員失職的事實，我們更不相信我外交當局會滿意他所領導的這個陣容，會不思有以振刷；然而事實的表現，卻連失職犯過的人都不能予以懲處撤換，這其中究竟有一個甚麼不可克服的困難存在？實非我們局外人所能了解。站在國民的立場，我們除要請求外交當局給我們以明確的答覆之外，並希望其能衝破一切人事上的糾纏，大刀濶斧來加以調整刷新，撤換一切不稱職的人員，以人地適宜與資望足够爲新任人選的標準。陣容健全了，然後才能談得到外交上的運用。

其次關於經費問題，這當然也是我們各項外交工作不能展開的一個重大原因。連使領館的經常費有時都有難以爲繼之感，則其他用費當然更爲困難。我們曾經聽見這樣一個故事，說有一個我們的使館高級職員，去參加駐在國官員的酒會，當其被主人送出來的時候，客人紛紛登車他因爲沒有代步的車輛，頗感狼狽，臨時鑽進一個相熟的外國使館友人的車子，才算免於當場出醜。試想這是如何樣的寒傖？當然我們並不是說我們使領人員，今天還應擺出一等國家的排場；但是如果連起碼的場面都不能維持，又更何以與其他國家在交際聯絡的外交工作上爭一日之短長？再如國民外交的活動，這也是需要相當數額的經

(下轉第18頁)

從周恩來口中看美國的外交

蔣匀田

一九四九年四月中國共產黨以武力突破長江防線；遂於四月二十二日武裝佔據中華民國首都——南京。美國當時駐華大使司徒雷登先生，雖於事前接受我外交部通知；但他本人並未隨我政府撤退至廣州，僅派大使館公使克拉克及一等秘書司壯到廣州。其後我政府播遷至重慶與成都，克拉克且早返美，僅司壯一人隨我政府播遷。其後並隨我政府來臺，爲美國駐中華民國之代辦。司徒雷登則始終留在南京。直至中共搜索其住宅，然後始撤退返美。

我追溯這一段往事，意在表明當中共席捲中國大陸之初，美國政府抱一種觀望態度，並無不承認中共政權的表示。後來美國與中共政權的關係所以鬧到那樣惡劣，原因在中共頭目毛澤東要向蘇一面倒，所以對西方强國，表演出極惡劣的態度。礮擊英艦黑天鵝於長江；搜查美國駐華大使的住宅；沒收美國在華的財產；以間諜的罪名，濫捕留在共區的西方人。中共政權，這一連串的行動，在我們看來，對美國固然太不客氣，對英國亦未必算有禮貌。然英國仍即片面的承認中共政權，派代辦身份的使節駐在北平。美國當時對於英國承認中共政權之舉動，絲毫未加非議。似可間接印證當時的謠言：美國政府曾默認英國工黨政府先行承認中共政權，美國將有繼續承認的可能。這個謠言的眞實程度，究有幾分，我不願再作事後的推測了。這個謠言可能性的熄滅，實自中共大規模的參加韓戰而確定的。所以我說中共政權與美國關係惡劣的原因，實由於中共向蘇俄一面倒的政策；而不是美國有個先在的反對中共政權的政策；至少，當時的美國政府是如此。

年來我們政府黨的宣傳政策，喜歡轉載美國對我們好聽的話與有利的事；美國人批評我們的話與不利於我們的行動，則一字不願報導。養成上下一種宴安自欺的心理，害事誤政，莫此爲甚。我說：「不是美國有個先在的反對中共政權的政策；至少，當時的美國政府是如此」，可能爲執政黨所不樂聞；甚或引起一般人的誤解。然這句話所代表的心理，極關重要，不容許眞正愛國的人，不瞭解這樣微妙的外交關係。

我嘗說：年來我們外交的成就，基於三個原因；一係我們本身的努力；二係友邦的援助；三係敵人錯誤行爲所引致的幫忙。敵人幫忙之最大者莫過於大規模的參加韓戰。

稍有理智的人，稍有利害計較的人，當時都不會判斷中共政權可以大規模的參加韓戰。所以麥克阿塞元帥對杜魯門總統的報告說：中共不會參加韓戰，這句話後來雖與事實相左；然按諸當時的情況，與考諸過去初得政權者的歷史，不能說麥帥這項判斷離譜。然畢竟離了譜了，這個道理，現在從赫魯雪夫清算史達林口裏始露出端倪。赫魯雪夫報告史達林當時對狄托那種自滿神化的蠻勁說：「一揮小手指，則狄托即倒了」。這句話證明史達林到二次大戰後，自視太高，已神化到了瘋狂的境地。唆使北韓共酋金日成侵犯南韓，惹起十六國聯軍干涉，打得金日成潰不成軍，幾於全軍覆沒。在此情況之下，史達林的神化瘋狂必然加到毛澤東頭上，逼使毛澤東參加韓戰。沒有赫魯雪夫的報告，透不出史達林的瘋狂，從中共政權本身的利害着眼，實在無法理解中共當時參加韓戰的動機。

現在對於中共當時受逼參加韓戰，更有新的證明。一九五六年六月一日路透社北平電：周恩來向路透社記者大衞芝甫的談話中曾說：「中共要和平，不獨因爲是愛好和平，而且因爲中共最低限度需要十二年，然後可以成爲工業化，和若干年才能趕上或超越高度工業化的國家，例如美國等。」從周恩來的話裏我們知道共產黨雖然否定傳統的文化；可是他們還懂得沒有和平，不能建設工業的道理。我想周恩來懂得這個道理，不是受了參加韓戰的教訓，然後才懂得的；即在沒有參加韓戰以前，也應當懂得這個淺顯的道理；既然懂得，爲什麼又要參加韓戰呢？祇有從史達林瘋狂病裏尋其解釋了。

假使杜魯門當年深識史達林瘋狂之病，用麥帥的戰略，打進東北去，當時中共政權所收編的國軍力量甚大，可能引起大陸上武裝反共的應聲，則中共政權可能像其所崇拜的李自成一樣，曇花一現就垮臺了，亦未可知。假使即照杜魯門的限制戰爭 (Contained war) 繼續打下去，誠如艾契遜所云：將是拖垮中共政權最有效的辦法。艾契遜這種看法，一時名將如艾森豪總統，豈有不明白的道理？然艾森豪深知美國人民厭戰心理，爲爭取選票，喊出當選後，將到韓國前線去，尋覓停戰之法。後來就任總統，竟在杜魯門所不願接受的條款下，而停止了韓戰。不然，以中國大陸的民窮財困，萬無支持中共百萬大軍長期作戰之理。以血肉之軀，構成人海戰術，以對抗聯軍的火海戰術，亦萬不可能長期維持如此殘酷的戰鬪，而不激起兵變的道理。這些道理，艾森豪必皆明白；然終不願繼續作戰，而必求和者，一則爲向美國選民實踐諾言；一則艾森豪之所尋求者爲美國人民的利益。當時艾氏若從遠處探看美國人民的利益，情況可以使美國的安全與韓國的統一，自由中國之打回大陸互相配合。但是當時艾氏祇從近處探看美國人的利益，韓戰停了，至少當時即可不再在韓國的戰場上，繼續犧牲美國的青年了。所以我們不能僅站在我們的立場上，判斷艾森豪停止韓爭的價值。可是我們必須明白，美國的外交政策，始終是代表美國人所認爲有利的。其所認爲有利的事，與我們的利益可能有某種程度上的一致；但是無必然一致的關係。

據我個人的認識，我們今日的處境，與美國迥然不同；文化的傳統也兩樣；立國的精神更有別，當然無法使我們的利害，與美國的利害有完全必然的一致關係。所以兩國的利害，能有某種程度的一致，在我們受援的立場說，不應成爲問題。但是基於國際常變的關係，我們須要深一層的追問：所謂某種程度的一致，建立在什麼基礎上？

共產集團的國家，雖以蘇俄爲主，我們向稱蘇俄以外的共產國家爲俄帝的附庸；然他們之間，却有個意的牢結(ideology)共同基礎，即是理念的共同認識，那就是共產主義。這是我們反共的人所不能否認；也不應該否認的事實。他們有此共同理念基礎，利害易於一致，結合較爲堅固。縱有暫時人爲的情感誤會，祇要彼此意的牢結不變，湊合亦較方便。當狄托與史達林分家後，西方民主國家如英、美等國，爭與狄托言歡，想永久使狄托與西方國家爲友。因此，軍援與經援滾滾送入南斯拉夫。我曾先後在自由中國與聯合日報發表兩篇關於狄托主義的文章。在這兩篇文章裏，我强調民主國家與共產主義的南斯拉夫，沒有意的牢結基礎，在理念各異的基礎上，建立友誼關係，其難等於在沙灘上建立岑樓大厦。狄托雖與史達林反目，祇要狄托還是馬克斯的信徒，將來由時間淘汰了人爲的障碍，則南蘇的復合，並不是難事。今日狄托正在暢遊蘇俄，蘇俄朝野予以熱烈的歡迎。狄托得意洋洋的發表聲明：斷定以後社會主義的國家，不會再鬧過去的誤會了。因爲托狄此類言行，逼得艾森豪總統最近在其招待新聞記者席上，不得不說：關於援助南斯拉夫的立場，須要重行考慮了。三年前我的話，不曾有人重視。今日的事實，證明我的話不錯。我並非預言家，我何以能預斷未來的事呢？因緣是我確信意的牢結作用。信仰了某種意的牢結，確能啓發人的殉道精神。有了這種殉道精神，是一種不可侮的力量；也是一種不可破的關係。邱吉爾與艾森豪雖然都是曠代的英雄，却不甚了悟意的牢結作用。不能乘狄托受史達林威逼，幾於無法容身，不得不依靠英、美以自重時，以援助其生存爲條件，誘使狄托改變信仰，從基本政治制度上，摧毁南、蘇復合的關係，可說未善用政治戰的時機。及乎史達林病故，則澈底改變南國政治制度的機會已失，南斯拉夫與蘇俄復合，殆成必然。因爲神化瘋狂的史達林既死，一時感情和利害的衝突，不能成爲分化同一信仰的吸引力量。而英美與狄托之相互利用，純粹基於暫時的形勢，毫無信仰上相同的內在關係。外在形勢一變，互相利用之必要即不存在，所以國與國間某種程度的一致關係，倘能建築在內在的信仰基礎上，即使有某種程度的不同，尙不失爲穩固的基礎。假使某程度的一致，僅係外在形勢，外在形勢一變，共同之點即不存在，此爲最不可靠之外交關係。

我們與美國今日某種程度的一致基礎是什麼？此應爲吾人所急須切實研究的問題。

一九四九年，我們在大陸失敗，撤守臺灣以後，即中美的普通外交關係，亦到微妙的形態。上文已述及之。一九五〇年六月韓戰發生，杜魯門始以保護韓國戰場右翼爲理由，命令第七艦隊巡守臺灣海峽；同時又以閃電的方式，援用上項理由，通知我外交當局。由這個形勢的發展，而有今日的中美軍事共同協防條約。

共同協防的對象，當然係盤據中國大陸的共產黨，了無疑意。但中美兩國，是共同協防共產主義必然侵略性呢？抑僅係協防共產黨的武裝侵略呢？再明白一點設問：美國的協防臺灣海峽，是與自由中國軍略上一致利害所使然呢？還是基於自由民主的信仰，不能再讓共產主義侵犯自由民主的文化呢？

杜勒斯國務卿兩度來臺，所發表的談話，都係以維護自由民主的文化爲詞；而今年三月間，我國駐聯合國代表蔣廷黻博士回國述職，到處講演，則要求內政上須强化自由民主的制度，爭取美國知識界對我們的同情。一方積極肯定共同維護自由民主文化；一方則埋怨中國政府在民主文化制度上，不能與美國相配。雖有正反的不同，然仍都認定今日的中美關係是以政治共同理念爲基礎的。但是杜魯門的協防臺灣海峽的命令，純然以軍事爲理由；艾森豪最近的援外法案，遭衆議院削減十一億，艾森豪約請兩黨領袖於白宮會談，亦僅以影響美國的安全爲理由。像威爾遜在第一次戰後巴黎和平會議時所提的十四條欵，與羅斯福在第二次大戰中所提的四大自由，皆充滿了基本人權氣味，而艾氏的言論則稍遜一籌。是艾氏今日的援外法案仍以軍略爲主，而政治原則顯受忽視。惹得國會若干議員，擬於援外法案內，寫入條文，限制援助印度、埃及、南斯拉夫等國。照今日的軍略形勢言，印度、埃及、南斯拉夫等國似有爭取的價值；但從政治信仰言，尤其對狄托所領導的南斯拉夫，根本不應列入民主集團，而予以援助。美國議員們既作如此鬬爭，則艾森豪對於受援國家之政治信仰，不甚重視，事屬顯然。換句話說，美國政府與其所援國家的關係，以軍事形勢爲基礎；而不是以政治的共同理念爲基礎的。明白這個道理，始能曉然於美國駐捷克大使强生與中共代表王炳南在日內瓦長期會談的理由。强生大使與王炳南的會談，我外交當爲迭向美國政府詢問，會談的理由何在，據傳美國總是以釋放留在中國大陸的美僑爲詞。現在從中共頭目周恩來口中，我們纔看出長期會談的原因。

茲再引證路透社記者大衛芝甫所報導周恩來的談話如下：「美國利用此等談判，藉建議雙方發表聯合聲明保證臺灣現狀，以期使美國佔領臺灣成爲合法舉動。」

周恩來又說：「中共永不同意此種行動，但準備發表聯合聲明，表示兩國願意運用和平手段，以解決糾紛，並爲根據此種願望，兩國準備尋求實現此種願望的方法，包括舉行外長會談在內。」

周恩來又說：日內瓦會談拖延，是美國的過失。美國阻碍華人返中共區的行動，違反共諾言，以致談判發生困難。」

周恩來又說：「對於被囚美國獄裏華人有多少，和他們被囚原因，中共都得不到情報，被囚中共區內美國人，其所受待遇與其他美國人無異，如果行爲良好，在刑期屆滿之前，可獲釋放。」

在未看見周恩來的談話以前，我們也意識到美國強生大使與中共代表王炳南在日內瓦長期會談，絕不止於美國政府所說的：釋放中共扣留的十餘位美國人問題。我們也意識到必涉及如周恩來說出的「和平解決臺灣問題」。現在根據周恩來的談話，證明了強生與王炳南長期會談的重點，不是釋放被扣的美國人問題；而是美國要與中共政權發表聯合聲明，」以和平方法解決臺灣地位的問題。」

周恩來片面的談話，眞實性如何，應當多方設法求證。茲從美國與自由中國兩方面所傳的消息，以考驗周恩來的談話：

六月二日，華盛頓合衆社報導：據報美國政府於星期六(卽六月二日)已經決定在美國受刑事處分的中國人，假若願意回到共產中國去，他們可以被釋讓其回去。這個決定的由來，係受中共的請求說：美國拘留的中國人，願回中共所據的大陸，同時中共尙拘留有十三個美國人。美國所拘的中國人都屬刑事犯包括販毒、犯法與謀殺。而十三個被中共拘留的美國人，則係政治原因。

六月四日，英文中國郵報亦有如下一段的報導：外交部長葉公超於六月三日午時告知美國駐華大使藍欽說：中國政府堅決反對美國政府的安排，逼迫在美的中國人返回中國大陸去。同時葉公超部長電知中國駐美大使董顯光：向美國國務院重申中國政府一貫的立場，對於美國將留美中國人遣回中共所控制的大陸異常關懷云云。

從以上兩段消息中，我們看出周恩來對於釋放美國人的說法，則爲「如果行爲良好，在刑期屆滿之前，可獲釋放。」而美國的釋放理由，則爲「願意回到共產中國去，他們可以被釋，讓其回去。」措辭雖有巧拙之不同，然能證明周恩來對路透社談話的眞實性則一樣。再加以葉部長與藍欽大使的會談消息，更可證明路透社所報導周恩來談話的第二點，關於美國遣送留美的中國人至共區一點完全不虛了。至於在同一新聞報導中，周恩來談話的第一點，關於「美國與中共發表聯合聲明：用和平方式解決臺灣問題」一點，爲愼重計，不宜以類推方法，證明其眞實性。然周恩來之談話已發表一週了，未聞美國國務院有何否認消息；且周恩來第一點談話的語意，最爲肯定與具體，根據這兩種理由，似亦可信。

說明了路透社消息之可靠以後，我對於美國政府對中共政權長期交涉的結果，不能不有懷疑。我願仍從已經證實的互相遣犯說起。共產黨不知何爲法律，共產國度中的犯人，根本不分法律犯與政治犯。一黨專政的國家，政治犯卽是最嚴重的法律犯。美國政府聲辯十三個美國人的被扣，係政治原因，實在等於白說。儘管共產黨並不守法，而周恩來尙巧於舞文弄墨，說什麼「如果行爲良好，在刑期屆滿前可以釋放。」而美國政府既說明其所拘的中國人都係刑事犯；在刑期未滿以前，何以犯人願意回中共所控制的大陸，卽可釋放讓其回去呢？如此作法，豈不是破壞了美國法律的尊嚴嗎？美國係民主法治的國家，如何能因爲十三個人的釋放，而摧毀法制呢？此是我懷疑的第一點。

美國政府不是一再聲明不承認中共政權嗎？不是一再聲明祇承認現在臺灣的中華民國爲惟一的中國合法政府嗎？既承認在臺的中華民國政府爲惟一的中國合法政府，假使留美的某一個中國人犯法受刑，或須遞解回國，也祇應送到臺灣來，不應遣送至中共所控制的大陸去。現在美國政府遽然決定將留美的中國人，遣送至其所不承認的共產政權轄境；就這一問題說，則美國政府對於承認與不承認，有何區別？此是我懷疑的第二點。

說完了兩點懷疑，我必須籲請美國朋友注意的，卽周恩來的談話已說出他不知多少人在美國被扣了。這不僅是外交詞令，這也是外交戰的伏筆。根據這一伏筆，可以牽掣美國政府遣送任何留美的中國人至共區。不知美國政府已注意及此否？

關於周恩來所說的：「準備發表聯合聲明，表示兩國願意運用和平手段，以解決糾紛，並爲根據此種願望，兩國準備尋求實現此種願望的方法，包括舉行外長會談在內」云云。在美國對此談話，未發表其他不同的聲明以前，我祇有根據周恩來片面的談話，提出我的設問：

美國政府既一再聲明不承認中共政權，不知以什麼立場與中共政權發表聯合聲明，以處理其所承認惟一合法的中國政府所在地的臺灣？這個如周恩來所說的聯合聲明方式，一旦發表了，其嚴重性實等於事實與法理雙重承認中共政權。不知美國國務院注意及之否？

美國政府既一再聲明承認在臺的中華民國政府爲中國惟一的合法政府，無論從國際法與國際道義的觀點說，都不應與同盟國的敵人商談如何處理同盟國的領土。

國際關係上所以互相約定爲同盟國者，就是因爲有共同敵人。對於共同敵人的侵略意向，祇有共同防範。對於共同敵人的侵略行動，祇有共同向之打擊。今美國一方面與中華民國締爲軍事協防同盟國；一方面又與共產中國商談緣於共產侵略糾紛的和平方法，我實在不敢佩服美國這樣的外交形態。假使美國政府眞與中共政權發表如周恩來所說的聯合聲明，實卽等於美國片面取消了中美協防條約。在與共產集團國家冷戰期間，美國以領導民主集團的地位，對國際條約義務，若如此輕易解釋，難免影響美國領導的威望與信譽。不知美國的外交當局注意及此否？

中美兩國所訂的軍事協防條約，並無時間的限制。任何一造在一年前通知對方，卽可使該約無效。美國大使強生費近一年之時間，與中共代表王炳南交涉，重點卽在聯合聲明：「以和平方式解決臺灣問題」，美國是否以爲聯合聲明發出，卽可消弭共產黨的侵略行爲；甚至視中美軍事協防條約，亦在不必要之列，或接受中共政權之要求廢止之；或竟自動廢止之，我面對美國政府現在的外交布置，不能不有此疑懼。因此，我願籲請美國政府，回憶韓戰如何發生的原因，及美國所付的血價。

周恩來所說的：「兩國準備尋求實現此種願望的方法，包括舉行外長會談在內」云云。在中共政權不敢以武力侵犯臺灣時，樂得有此聯合聲明。等到可以力取之時，共產黨可以隨時借口侵犯。然在美國接受這樣聯合聲明的責任，則將是很沉重的袍袱。因爲美國既承認與中共「同尋實現此願望的方法」，即等於承認中共有權過問的身份了。中共政權在美國國際責任上取得此種身份後，必天天提出「實現此種願望的方法」，以阻碍美國對自由中國的援助；甚至假手美國政府，以與自由中國爲難。藉此方法，中共可盡力暴露美國對國際義務的虧欠。亞洲國家如自由中國、如南韓、如越南，均係受援國家，對美國無可如何；同時更有蘇俄所卵翼的對立政權，蘇俄亦不會爭取這三個國家，美國可以對此三國硬繃道義，但是泰國日本的形情便不同了。印度、緬甸、印尼、錫蘭等國與蘇俄、中共已有頻繁的交往；中東的阿拉伯集團，尤爲今日蘇俄、中共所爭取。這些國家目覩美國對同盟的自由中國如是，儘管這些國家可能對自由中國有不同情者，但不能不借鏡自由中國最後的遭遇，而衡量美國的反共意識，與美國援助其盟邦的眞誠。這樣衡量的結果，對美國領導民主集團與共產集團冷戰的誠信，必有不良的影響。不知美國國務院亦曾考慮及之否？

我以爲美國既與自由中國訂有軍事協防同盟條約，祇有遵照條約的義務，在敵人未發動侵略前，則小心防守。自由中國亦不便超越條約的義務，要求美國軍事援助反攻。敵人若發動侵略，則共同迎擊。此種嚴肅堅定的立場，應爲今日美國所採取。這樣態度，不單是對自由中國所應然，亦所以向其他國家表示反共堅定的態度。

我對於美國苦苦要與中共政權發表個聯合聲明，「以和平方法解決臺灣的糾紛」，實在看不出它的價值在那裏？有人說：美國要中共政權一個和平諾言，內可以昭告選民，美國已在臺灣海峽求得和平了。此與當年艾森豪向選民言，停止韓戰的昭示一樣，可以贏得若干怕戰人的選票；外可以中共和平的諾言，牽入英國的力量，共同對中共的和平諾言作聯合保證。萬一中共對臺灣海峽用兵，則美國亦可科英國以共同抵抗的義務了。第二點設想，主體是英國，在本文討論範圍以外，我不願多說。不過我可斷言，今後美國無論在何地區與共產國家發生戰爭，不許英國袖手旁觀，其參加不過是時間遲早的問題罷了。兩次在歐洲起的戰火，開始英國都係主角，美國皆未參與，且曾聲明中立於前，結果美國無一次倖免。此爲英美不能分離的證明。第一設想近似，然由戰場上撕殺而停戰罷兵，成千成萬的美國壯兒，自戰場返回家鄉，與中共政權的一句諾言，其形勢與內容都相去甚遠。美國選民的判斷力甚銳，不會隨便卽受政府的影響的。假使眞是如此，則這祇說明了美國之所以反共，與所以求和，皆祇在爭取選票而已。豈不更爲可憐！我殊不信。

我對於美國如此外交上的遠景之看法，美國所以要與中共政權發表聯合聲明，其內在的意願還是當年留司徒雷登大使於共區意願的延續。揭穿了說：就是開廓轉化毛澤東爲狄托的障碍之意願。從前是中共不願與美國來往，現在可就與美國來往了。並且此次美國與中共在日內瓦的會談，係由英印兩國的媒介。轉化毛澤東爲東方狄托，英國雖政府幾更，而這個念頭始終未曾放棄。我從前在自由中國八卷八期（民國四十二年四月十六日）曾發表一篇文章，題目是「馬林可夫政權與狄托主義。」我在這篇文章裏曾問邱吉爾說「狄托與史達林反目，邱吉爾作了什麼工作？」照現在赫魯雪夫清算史達林的演詞，狄托之與史達林反目，純粹由神化瘋狂的史達林逼出來的。現在逼成狄托的人死了，已成狄托的人，且被蘇俄新頭子赫魯雪夫拉回去了，還能再有東方狄托嗎？狄托在與史達林破裂後，曾說南共與中共是自己打出來的，已代毛澤東抬高聲價了。他現在既已與俄酋們和好如故，當然更不會使毛澤東再被逼成狄托。周恩來已經說明了：中共須要十二年和平建設，在建設時期，蘇俄的援助，在中共看來，絕不會在英美可能的援助之下，毛澤東如何能與蘇俄反目呢？美國現在隨英國之後如此作法，縱使變毛澤東爲狄托，也不過替國際關係多添些複雜而已，絲毫不能解決共產主義的威脅。

我這個設想，我不敢武斷斷定是對的，美國可能並無變毛澤東爲狄托的念頭。但是從周恩來口中，我可以看穿了美國的外交路線，是反共而不基於自由民主的觀念，乃因爲共產黨的侵略威脅，無可如何的消極抵抗，離開主動的態勢甚遠。援助盟國不重在政治的共同意的牢結，而是重在地緣的戰略關係。所以在所領導的陣營內，既有佛朗哥的西班牙；又可容狄托的南斯拉夫。一方面援助反共的國家；一方面又能與共產國家從專權力外交。美國這一種不基於共同政治理想的領導方式，難免自亂步式，與共產集團鬪爭，曠日持久，前途殊難樂觀。

我願誠懇的向美國政府建議：在蘇俄與中共都高喊和平之時，美國應有個建設性的大膽嘗試，將反共的國家，不分東西，集合起來，商訂個政治上共同理念。根據這個商訂的共同理念，糾正各國現行的制度。並且共同組織考察團，輪流到各國視察。考核各國的實際政治，是否合於共同的政治理念。倘陣營內任何國家的實際政治，去商訂的共同政治理念甚遠，則該考察團可以派員長期駐留，協助該國政府改良其政治。借共同政治理念的建立，以堅强所有陣營內的人民之反共意識，此乃防止滲透最有效辦法，亦爲與共產主義思想戰的必要措施。陣營內各國人民的交往，應力求簡便，以收互相觀摩之效，養成民間四海一家的氣慨，與自發自勵向上的能力。倘反共陣營內國家，有不願如此作法者，祇有暫置一旁，不必遷就。如此反共陣營，在自由選擇的原則下，可以趨於內外協和的一致，可以與共產集團長期冷戰，而無所畏忌。不然，政治上無共同信仰，絕無法在戰略上保持協和一致。第二次大戰後期蘇俄所加於英美之困難，記憶猶新，不應忽忘。共同政治理念，既由自由參加商訂，考察團員，由各國共同參與，當無所謂干涉內政之嫌。對裁軍會議，艾森豪總統曾建議公開天空考察。軍事設備，既可公開考察，盟國間的政治設施，當更可互相考察糾正矣。甚盼此一建議，能變成美國今後領導民主國家的途徑。是反共成功之路。

一九五六、六、八。

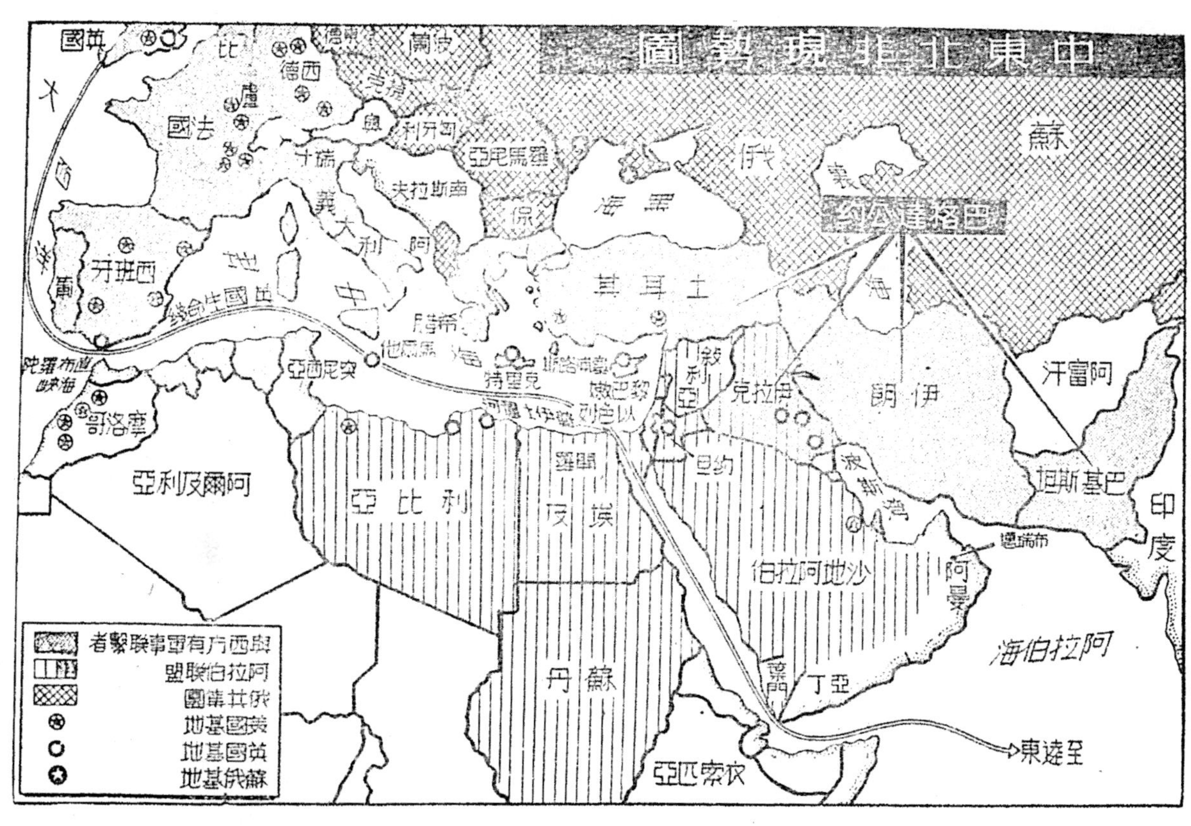

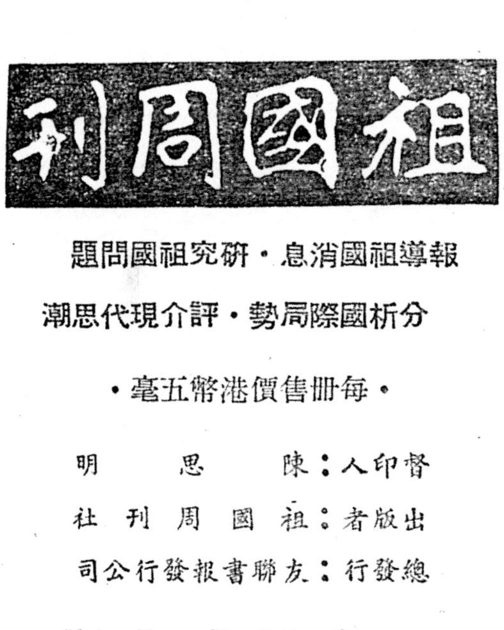

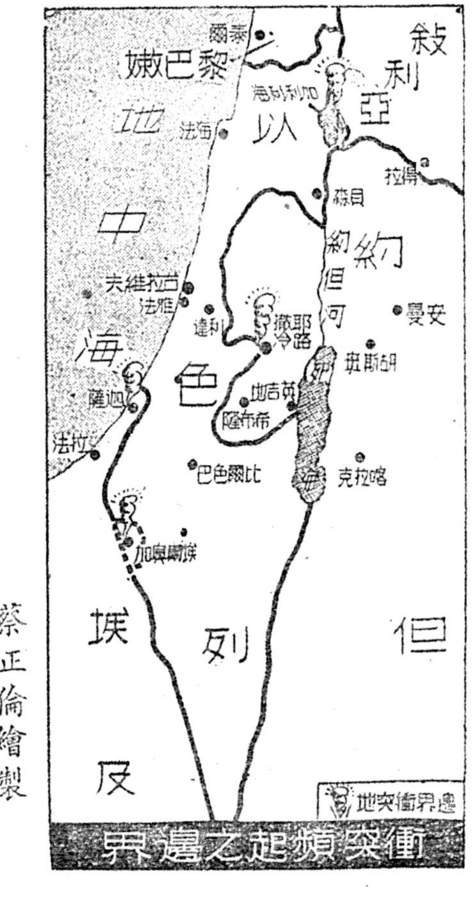

衝突頻起之邊界

蔡正倫繪製

阿拉伯聯盟之組織及其背景

維　諒

一　阿盟公約之簽訂

一九四五年三月廿二日，七個阿拉伯國家(埃及、沙地阿拉伯、伊拉克、敍利亞、黎巴嫩、葉門及(外)約旦）之代表聚集開羅簽訂一項公約，正式成立阿拉伯聯盟(簡稱阿盟)。一九五三年利比亞于獲得獨立後卽加入阿盟，爲其第八個會員國。本年(一九五六)元月蘇丹獨立，亦加入阿盟，爲其第九個會員國。

阿盟原以七個阿拉伯國家組成。今已擴充至九個國家。嗣後阿拉伯獨立之國家亦可援例加入。

阿盟之組織，根原于一九四五年七個會員國所簽訂之「阿盟公約」(Pact of Arab League)。該公約之序文曾詳述爲何阿拉伯國家必須組織阿盟，其目的爲加强阿拉伯各國間之密切關係，增進其聯繫，互相尊重各會員國家之獨立與主權，共同努力實現阿拉伯民族之願望，以及爲各阿拉伯國家之人民謀福利等。

阿盟公約共十九條。茲將其摘譯於下：

第一條：阿盟由在本公約簽字之阿拉伯獨立國家組織之。並規定今後獨立之阿拉伯國家均有權請求加入。其手續爲先向秘書處塡呈申請入會書，後由秘書處轉呈「阿盟理事會」(Council of Arab League) 核准之。

第二條：阿盟組織之目的係以增進會員國家間之關係。關于一般對外之政治活動取得密切之聯繫，保障會員國家之自由、獨立、與主權，並商討有關會員國家利益之各種問題，以求獲得同意與協助。

(1)有關經濟與財政問題者：包括貿易、關稅、幣制及農工業等。
(2)有關交通事項者：包括鐵道、公路、航空、水運及電訊郵政等。
(3)有關文化事項者：包括古本之保存，教授學生及刋物之交換暨阿拉伯民族史及運動史之研究等。
(4)有關國籍護照簽證，法庭判決案之實行及政治犯之引渡等。
(5)有關社會福利事項。
(6)有關衞生事項。

第三條：阿盟理事會以會員國家之代表組織之。每一會員國僅有一投票權。(理事會之任務爲實現阿盟之目的——督導實踐會員國家間所訂有協定中之規定，並決定與其他國際組織取得聯繫之方法，以資保障阿盟區域之和平與安全，及促進經濟與社會關係之發展)

第四條：本條對于第二條內附列各事項應設之特別委員會有所規定……關于討論此類問題，非會員國之阿拉伯國家亦可派代表出席有關之特別委員會，參加討論。

第五條：規定會員國家間如發生爭端，當事國不應以武力謀取解決。凡不牽涉會員國家之獨立、領土完整或主權之糾紛而已提請理事會調解者，則理事會之決定應被認爲有效，當事國應予以遵守。

關于有能引起戰爭之爭端，阿盟理事會應出面調解。其調解及仲裁之決定，則須以多數通過。

第六條：如一會員國遭受他國之侵略攻擊，或感受侵略與攻擊之威脅時，則該會員國可請求理事會召集緊急會議，以討論應付之法。所採取之決定，以全體同意通過之。如侵略國家係一會員國，則該國之投票，不影響全體之同意。

第七條規定：凡經全體同意通過之決議案，每一會員國應予以遵守。凡經多數通過之決議案，則遵守之義務，僅限于投票贊成之國家。

第八條：每一會員國應尊重其他會員國中所採行之政體，並承認該會員國有保持該種政體之權，且不得採取行動，以促其改變政體。

第九條：阿盟會員國家間可簽訂各種協定，藉以增强彼此間之密切關係與合作。至于某一會員國與非會員國家所結締之條約或簽訂之協定，其履行之義務與其他會員國無關。

第十條：阿盟之常設秘書處設在開羅，但阿盟之理事會會議可在他處舉行之。

第十一條：理事會，平常每年在三月及十月兩個月中集會兩次。非常理事會會議，則可以兩會員國之書面請求召集之。

第十二條：阿盟常設秘書處設秘書長一人，副秘書長若干，及需用之辦事職員。

(秘書長以理事會三分之二的多數票任命。副秘書長及其他職員由秘書長保擧，由理事會任命。並規定：秘書長之官級等如大使，副秘書長之官級等如公使。)

第十三條：規定秘書長之任務……

第十四條：阿盟理事會各會員國家之代表及附設各委員會之代表均享有外交團員之待遇。阿盟之各種機關及房屋不可被當地政府侵犯。

第十五條：規定理事會之首次會議以埃及元首之名義召集之，以後則由秘書長召集之。其主席則由會員國輪流擔任。

第十六條：除有特別條文規定之事件外，下列各事，均得以多數通過之。
(甲)關于秘書處職員之任免事項。
(乙)關于預算之核定事項。

(丙)關于理事會各委員會，以及秘書處內部之組織事項。

(丁)關于會期之決定。

第十七條：會員國家應以與任何一國(包括與會員國及非會員國)所簽訂條約或協定之副本呈交秘書處登記備案。

第十八條：會員國中，如欲有退出阿盟之組織者，須在一年以前將其意願通知理事會。

(未有履行阿盟公約義務之會員國，理事會可考慮取消其會員之資格。)

第十九條：本公約條文得以三分之二之票數修改之。

(凡不贊成修改之會員國，則可退出阿盟。)

二　阿盟內部之組織

根據上述公約條欵之規定，阿盟內部之組織於下：

(1)阿盟理事會以會員國家之總理或其所派定之代表組織之。每年開會兩次，其任務爲處理阿盟公約範圍內之各種問題。其所有之決議，除有關特殊問題者外，均應以全體同意通過之。

與理事會同等之機構有：

(2)經濟理事會：以會員國之經濟部長組織之。其任務爲協商、及推進會員國間之經濟合作。每年九月集會一次。其所有決議得以多數通過之。

(3)共同聯防理事會：以會員國之外長、及國防部長組織之。其任務爲負責阿盟區域之集體安全。所有決議以三分之二之票數通過之。

聯防理事會下附設軍事諮議室、經常軍事委員會及秘書處等。

阿盟理事會下附設政治委員會，以外交部長組織之。其下附設之機關有法律、社會、衛生、經濟、交通、文敎及巴勒斯坦事務等委員會。

至于阿盟秘書處之組織，則設秘書長一人(首任秘書長爲 Abdur Rahman Azzam (埃及人)，而現任秘書長爲 Abdul Khaliq Hasouna，(埃及人)。副秘書長二人，另大小職員近八十人，由各會國選任之。秘書處設政治、法律、文敎、新聞與宣傳，社會、行政、財政及巴勒斯坦事務等司。此外尙有難民事務所，阿盟駐紐約辦事處及阿拉伯研究院等。

三　阿盟之共同防禦協定

一九五〇年六月阿盟會員國家間爲增强彼此間之軍事聯繫及集體安全起見，曾簽訂一共同防禦及經濟合作協定。協定全文共十二條：

第一條：規定以和平方式解決會員國家間之政治糾紛。

第二條說明：任何一會員國遭受外力侵略或攻擊時，簽約國家可單獨或集體出力救助被侵略之國家並得將案件通知聯合國。

第三條：任何一會員國之獨立或領土感受威脅時，簽約國家應集會商討對付方針。如遇有國際戰爭之危險時，簽約國家應卽統一政策，並採取自衛之步驟。

第四條規定集中資源，加强軍事合作，以求有效的抵制外患。

第五條關于組織一常務軍事委員會有所規定。

第六條說明：在阿盟之督導下，組織一共同聯防委會，以求貫澈實施有關聯防之措施。

第七條說明：會員國家間之經濟建設應配合國防之需要，並求民生自給，社會安定、後防充實。

第八條說明：爲達成第七條中所規定之任務及推進阿盟公約中第四條所述之經濟合作起見，會員國家間需要一經濟理事會之組織。

第九條：所有附文，均屬本協定之部份。

第十條：禁止會員國與第三國簽訂有與本協定目的衝突之條約或協定。

第十一條聲明：本協定之內容符合聯合國憲章之精神與規定。

第十二條：凡欲退出本共同防禦協定者，可在滿十年前十二個月向秘書處申請，以便由秘書處通知其他會員國。

四　阿盟之背景

在明瞭阿盟之組織及其有關組織之各種規定後，茲再就其背景，分述於次：

阿盟產生于一九四五年，係藉兩種力量之推動而促成：

(1)各阿拉伯國家謀求內部一致團結。(2)英國之鼓勵。

(一)在第一次世界大戰前阿拉伯半島均在奥托曼(土耳其)帝國之統治下。埃及蘇丹爲英國之軍事佔領地。北非阿拉伯人民所居之地區亦成爲法國之殖民地。第一次世界大戰期中(一九一五年)，麥加總管胡賽 (Hussein, Sharif of Mecca)被英方策動擧旗反土，意在于戰後得英方之助，建立一阿拉伯聯邦，爲久處土耳其人統治下之阿拉伯民族在國際上獲一適當之地位。胡賽當時理想中之阿拉伯聯邦，包括巴勒斯坦，「新月形」地帶，卽現敍利亞與黎巴嫩地區，以及伊拉克與漢志 (Hedjaz) 等地。但英國因被當時之戰爭局勢所限制，一方面與法國結締一秘密協定，卽聞名世界之 Sykes-picot 協定，將現時敍利亞及黎巴嫩之地區分讓與法，英方所保留者僅伊拉克及巴勒斯坦。一方面又允許猶太人(一九一七年)在巴勒斯坦建國。故大戰後，阿拉伯聯邦未能如願實現：(1)因法國不能將敍黎兩地讓出。(2)因猶太人反對巴勒斯坦列入計劃中之阿拉伯聯邦。(3)阿拉伯半島腹地之內志 (Nejd) 酋長伊平沙烏德 (Ibn Saud，卽沙地阿拉伯之建國元勳)，雄心勃勃，深恐胡賽稱「阿拉伯王」，將其統管地區捲入其勢力範圍。因之擧旗興兵，攻胡賽所統治之「漢志國」，竟佔有其他，將胡賽及其子阿佈篤拉 Abdullah 及斐賽爾 Faisel 等逐出境外，建立沙地阿拉伯國。

後藉英方之助，胡賽之第二子阿佈篤拉被立爲(外)約旦邦主，其第三子斐賽爾被立爲伊拉克國王。伊拉克之政治在英輔導之下，進步甚速，致一九三〇年脫離托管地位，獲得獨立與英成立條約關係，且于一九三二年加入國際聯盟。而(外)約旦亦亦于一九四八年獲得獨立，成立約旦國。

第一次大戰以後，阿拉伯民族大有醒覺。埃及有強烈之民族獨立運動，沙地阿拉伯亦努力圖強，敍利亞與黎巴嫩對于法國之托管政權殊表不滿。北非諸地亦有反法運動。甚至伊拉克在托管初期，亦曾有強烈之反英運動。一九三〇年之英伊條約成立後，伊拉克人民對英仍常有不滿之表示。加之「巴勒斯坦」之阿猶糾紛，自一九三〇年以來，日趨極烈。爲援助巴勒斯坦之阿拉伯同胞計，及爲整個阿拉伯民族之前途計，各阿拉伯國家，在第二次大戰之前夕，均感有一種「阿拉伯團結」The Arab Unity 之必要。以歷史背景論，以宗教思想，社會習慣及文字論，自波斯灣至摩洛哥之阿拉伯人種族實無重大分別。但其政治生活，因其地區被帝國主義者之宰割及殖民主義者統治之影響，各國之間，大有懸殊。故在第二次世界大戰期中，一方面因阿拉伯民族自己之醒覺，同時受軸心國家宣傳之刺激。復感國小、民貧、力弱、不團結，無從獲取眞正民族之獨立及在國際間之地位。阿拉伯各國之主要政治領袖均自動開始商討應如何促現阿拉伯之團結。此係阿拉伯國家締結同盟之一大主因。

(二)查英國在其殖民地施行之傳統政策本基于「分而治之」Divide and Rule 之原則。若謂英國鼓勵阿拉伯人團結似與上述原則並不相符，而實有其本身之矛盾。此項矛盾，可在下文解釋之。

英國在中東所施各種政策之主要目的係在阻止第三勢力之伸入其間，以保持本身在該地區所佔有之優勢。例如在第一次大戰前，英之聯與托曼帝國以抗俄。在第一次大戰期間，助阿拉伯人反土，其意在助其建立一較有規模之阿拉伯國，藉以抵制德國勢力之伸入中東。此一計劃，當時雖因種種原因未能實現，但其原則未被放棄。至第二次大戰初期，中東地區在戰略、行軍、供應及交通各方面又趨重要，但因國家甚多，較大者人口不越二千萬，其小者尙不足一百萬。其政體復不一致，有礙軍事計劃之推進。故英國之中東專家們研究控制中東之計劃。獲得兩點結論：①如何控制中東之局勢。②如何保持其在中東之優勢。

在戰爭期中，英國爲使供應便利起見，藉埃及之協助，曾在開羅設立一中東供應中心 MESC (Middle East Supply Centre)。其所採取之原則，即鼓勵增加中東地區之農業與工業生產，以求地方足以自給，而免阻撓軍事運輸。此一政策，曾達成功，而獲實際之效果。

在政治方面，英國採取兩大步驟：①借用美國之力以抵抗第三勢力插足其間。②促使阿拉伯各國組織一統一機構，藉以間接控制戰後之中東局勢。因此英外相艾登於一九四一年五月廿九日發表一項聲明。暗示英國決支持阿拉伯人之團結運動：

「阿拉伯世界自第一次世界大戰以來，已獲有相當之進步。致若干思想家，爲阿拉伯人民希望有一較大之團結實現。爲達成此項目的，彼等甚盼我國之支持。英國友邦之此種渴望當不致落空。本人認此爲一自然及正確之傾向，且足以加强我與阿拉伯國家間之文化與經濟關係。英國政府必盡力支助一項能獲大體上同意之統一計劃。」

一九四一年英國能發表上項聲明者，其原因有二：①軸心國家，尤以德義兩國早已開始向阿拉伯國家作同情之宣傳，對其民族願望盡量表示維護與支持。英國爲對付軸心之陰謀，對于阿拉伯民族之願望，不得不有同情之表示。②是年英國軍力已將在敍利亞黎巴嫩兩地與軸心合作之 Vichy 勢力征服、且將亞、黎巴嫩以及伊拉克等地，實際上均已在英軍控制之下。因之，英方認該二地暫時予以軍事佔領。中東各重要阿拉伯國家，如埃及，(外)約旦，敍利鼓勵阿拉伯團結之時機業已成熟。若該項團結能如英方之意旨完成，則以後英阿間之關係必異常親善，對于保持其在中東之優勢必大有所補益。

英方之原計乃在策動伊拉克出面倡導阿拉伯國家之團結。因之，一九四二年伊拉克首相路里賽伊德 Nuri As-said 曾發表綠皮書，申述阿拉伯團結之初步計劃。擬先就巴勒斯坦、(外)約旦、敍利亞、黎巴嫩及伊拉克組織一聯邦(此計劃與前述麥加總管胡賽所提倡者相似)。然後方將該計劃擴充至埃及與沙地阿拉伯諸國。對于路里賽伊德之計劃，英方表示歡迎。故一九四三年二月廿九日艾登復發表聲明，重申前項支持。但埃及因不願其東北有一較強之政治機構產生，首先表示反對。沙地阿拉伯亦不贊成伊拉克首相之建議。

一九四三年四月初，埃及採取行動。埃及首相奈哈斯巴夏 Nahhas Pasha 向國會提出組織一阿拉伯聯盟之議案。其目的有三：①以其抵銷伊拉克首相之提議。②爲埃及爭取領導阿拉伯民族之地位。③在埃及控制下之阿盟，對于實現埃及人民之願望必大有裨益。

嗣後奈哈斯巴夏不斷向訪問開羅各阿拉伯國家之政要，就此一項問題作私人之探討。初沙地阿拉伯及黎巴嫩均持保留態度，旋經英國戰時駐中東專使 Lord Moyne 之勸解，方允接受。

至一九四四年十月七日，七個阿拉伯國家(埃及，伊拉克，沙烏地阿拉伯敍利亞，黎巴嫩，(外)約旦及葉門)在埃及亞歷山大簽訂一草約，根據參加國家共同接受之原則，以組織阿拉伯聯盟。該草約中有兩項規定，殊爲重要：①會員國不得實施有妨害阿盟之政策。②會員國家不得干涉其他會員國家之內政。第一項規定之用意在阻止敍利亞黎巴嫩與法國簽訂特別條約以危害他國之利益。第二項規定之用意，在防止哈什米王室(卽現伊拉克與約旦兩王室)併吞敍利亞之計謀。此外，對于黎巴嫩之獨立主權亦予以保障。

經過上述若干週折後阿盟于一九四五年三月廿二日在開羅正式成立，至今已十有一年矣。其對中近東局勢影響至鉅，惟以非本文範圍，故未論列。

巴格達公約之組成及其現狀

孫至厚

一 阿拉伯聯盟分裂促成巴格達公約之簽訂

阿拉伯聯盟成立於一九四五年三月二十二日，參加聯盟之國家爲埃及、伊拉克、敍利亞、黎巴嫩、沙地阿拉伯、約旦、葉門等。其成立之動機，爲利用各國間共同之宗教信仰，展開對以色列之鬬爭。十年來，由於各國所處之環境不同，對外態度分歧，遂使阿盟集團有日趨瓦解之勢。

查阿盟之產生，係由伊拉克之主動，埃及之贊成，英國之協助而組成。英人協助之目的，乃在利用該項區域組織作爲控制整個中東局勢之工具，埃及則用以鞏固其國際地位以進行反英。伊拉克則藉以抬高其在阿拉伯國家中之聲望。

一九五一年十月十三日美英法土四國聯名致函埃及政府邀請參加中東聯防組織，十一月九日又分函阿盟各國，由於埃及不願與西方國家合作，事遂擱淺。至一九五四年十月間，阿盟集會於開羅，對於外交政策討論頗久，各國意見紛歧。敍利亞主張阿盟集團完全中立；埃及主張以阿盟集體安全公約（一九五〇年阿盟第十二屆理事會決定產生於一九五二年八月二十三日生效）與共同防禦條約爲基礎，由阿盟本身負中東防禦責任，並獲得沙地阿拉伯及葉門之贊成；伊拉克主張以阿盟集體安全公約爲基礎，但由於本身條件不足，必須參加土巴同盟，俾獲得外國之援助。惟黎巴嫩因與西方關係密切，未曾發表任何意見，但對於埃及與伊拉克之各走極端，則採取中立姿態與調停地位。

上述爭執發生後，由于伊拉克反共政策之堅定，及直接感受蘇俄之威脅，甚望參加西方民主陣線，從速促成中東聯防工作，以確保世界和平。而埃及則認爲阿盟各國倘能同力共濟，加强集體安全公約，加强經濟軍事合作，足可自力更生，負起中東防禦責任，阿盟不需參加西方陣線，西方也不需參加阿盟組織，且於必要時可以採取中立政策，以應付國際緊張局勢。阿盟各國意見，遂行分裂。此土伊巴格達條約之終于簽訂，而阿盟集體組織之所以漸趨瓦解。阿盟既名存實亡，故埃及總理納瑟之走尼赫魯中立陣線，殆爲不可避免之趨勢。

二 土巴合作條約之締訂

自第二次世界大戰結束後，蘇俄侵略世界之野心，暴露無遺，因有北大西洋防禦公約，由十四個國家（美、英、法、加、義、丹、挪、荷、比、盧、葡、冰、土、希、）組織聯盟，以防止赤禍之西侵。其後北韓侵略事件發生，曾由十六個國家（美、英、法、加、土、紐、澳、荷、比、盧、希、泰、菲、哥倫比亞、南非聯邦、阿比西尼亞、）出兵援助南韓，以防止赤禍之東侵。同時，美菲協定、美澳紐安全公約、美日安全協定，東南亞集體防禦條約（美、英、法、菲、泰、澳、紐、巴、）及土希南友好合作條約（規定三國在軍事、經濟、技術、文化方面合作，對於共同問題舉行協商。該約係一九五三年二月廿八日所簽訂，後於一九五四年八月九日又締訂軍事同盟條約。）相繼成立，而土耳其與巴基斯坦之聯防條約，亦應運而締訂。當土巴合作條約談判之初，係在喀拉齊進行。由於巴基斯坦之主動，與美駐巴大使之鼓勵，談判頗爲順利。一九五四年二月廿九日雙方發表共同公告後，土外長曾發表談話，說明土巴提携之意義，係共求方法以鞏固和平、保障安全，與促進締約國間之繁榮進步及相互了解，並歡迎有關及愛好和平之國家參加。蘇俄爲此一問題，曾於三月十八日向土耳其提出抗議，並經照會伊拉克政府勿參加土巴同盟，但該約終於四月二日在巴基斯坦首都喀拉齊簽字，六月十日巴總理阿里 Mohammed Ali 率隨員飛土京（安戈拉）與土耳其政府首長舉行重要會議。會後發表聯合公報稱：雙方代表曾對世界一般局勢及有關兩國共同利益各問題交換意見，決定對世界和平工作繼續努力。對新近簽訂之合作條約如何實施之方法，以及如何擴大其範圍亦經詳加商討。在公報中兩國總理並表示共同希望在同區域內之國家能及時參加土巴條約。十二日在安戈拉雙方互換批准書。從此巴基斯坦放棄其泛伊斯蘭宗教主義之號召，而致力在政治、經濟、軍事諸方面，建立中東聯防體制，並促成巴格達條約之簽訂。

三 巴格達條約與土耳其

一九五四年七月間，土耳其政府召集該國駐中東各國使節開會，除檢討中東一般局勢及對土關係外，並對中東防禦問題交換意見。自土巴同盟條約簽訂後，雙方政府均盼阿拉伯國家參加，以期共同合作。十月間，適伊拉克總理魯易，薩依德 Nuri Said 於九日由英倫回國，特繞道土耳其訪問，盤桓數日，曾與土總理阿德那·曼德斯 Adnan Menderes，就兩國關係中東問題及世界局勢作詳細之檢討。土耳其希望通過伊拉克改善其對阿拉伯諸國之關係，從而建立共同陣線。伊總理表示阿拉伯集團與西方合作之可能性，並認伊拉克之存在與安全繫於土耳其與伊朗之存在與安全。雙方意見融洽，於十八日發表聯合宣言，聲明土伊兩國之政治家聯合實現兩國在各方面之密切合作。兩國政治家經同意迅速在中東地區根據完全平等原則，建立一共同安全陣線。

一九五五年一月六日，土耳其總理飛伊拉克報聘，作爲期八日之訪問，並於十二日聯合發表聲明：土伊兩國政府在原則上決定締結土伊共同防禦條約，並稱：兩國政府在正式簽約前，願與抱同樣宗旨之國家密切協商。土伊兩國閣揆作此聲明之本意，原爲顧全阿拉伯其他國家之感情，並希望其一致贊成共同簽訂一多邊共同防禦條約。惟該項聲明發表後，埃及深表憤慨，緣埃及向來反對與西方國家共同組織中東防禦，亦不願阿拉伯國家與西方國家或阿盟以外之國家簽訂防禦性之條約。鑑於土耳其不先與埃及洽商而逕與伊拉克作訂約之決定，有損埃及在阿拉伯集團之領袖地位與聲望。乃發動全國輿論，大加攻擊，指責伊拉克不遵守阿盟義務先與其他阿拉伯國家商取同意，竟單獨與一外國政府締約，實屬破壞阿拉伯同盟組織，因此土埃和伊埃之邦交，遂陷於惡化狀態。

埃及於憤慨之餘，決定於一九五五年一月廿二日邀請阿盟中之沙地阿拉伯、敍利亞、黎巴嫩、約旦等四國政府領袖到開羅舉行緊急會議，伊拉克總理雖被邀但稱病拒不出席，當經到會代表一致催請，伊政府始於一月廿六日派前總理賈瑪利 Fadhil Jamali 任首席代表率代表團赴會。葉門，利比亞（非阿盟簽字國係於一九五三年加入），亦曾派有代表列席會議。會議開幕時（時伊拉克代表尙未到），埃總理納瑟 Gamal Abdel Nasser 致詞，認爲土伊締約對於伊拉克毫無益處，倘伊拉克遭受外來侵略，土耳其能否派軍救助鄰邦，殊爲疑問？並提議譴責伊拉克與土訂約。當被敍利亞、黎巴嫩、約旦等以伊拉克在無代表出席發表意見前不宜作此決定爲理由表示反對。一月廿六日，開羅官方傳出消息，與會之五國總理決定不參加土伊條約，亦不擬與其他外國政府簽訂防禦條約，同時埃及建議設立一中東防禦統一指揮部，將阿拉伯各國武裝部隊置於該統一指揮部之下，以與土伊防禦條約相對抗。

土耳其總理因爲此一問題，曾在開羅會議前發表一項談話，說明土耳其年來與阿拉伯各國洽商中東團結安全之經過，及邀請埃及參加行將簽訂之土伊條約，並表示願與埃及閣揆在其指定之任何地點時間晤談。但爲埃及政府婉詞謝絕。而土伊條約終於一九五五年二月廿四日締訂。即所謂之巴格達條約。

四　巴格達條約與伊拉克

伊拉克爲中東反對共產主義最力之國家，因伊拉克在地理上與戰略上之地位，直接受蘇俄之威脅，故一向主張阿盟各國應與西方國家合作，增强國防力量，共同抗俄。並曾於一九五一年在阿盟會議中提出『中立政策無力實施，親蘇政策根本不可能，唯一途徑，即與西方國家合作，加强中東防禦，抵抗外患』之原則，當時曾獲得阿盟各國之同意，並經決定於「英埃糾紛」與「巴勒斯坦問題」解決之後，再行實施。但「英埃糾紛」解決後，而埃及仍表示中立態度，迫使伊拉克不得不採取斷然之處置。因一面與美國商談，要求美國給予伊拉克經濟與軍事之援助，經獲得圓滿之結果：一面與蘇俄停止外交關係（一九五五年一月三日），撤消其駐蘇使館，召回其駐蘇使節：同時與英國密商於中東聯防問題成功後，修改一九三〇年條約（第一次世界大戰後，伊拉克爲英之保護國，一九三〇年英伊締約，伊取得獨立，英保留在伊之軍事經濟特權。第二次世界大戰後，伊人羣起要求修改一九三〇年的條約，取消英國一切特權。故伊總理 Nuri Said 特於一九五四年十月間正式訪土，商討土伊條約，作爲中東聯防之前奏。同年十二月間，埃及政策部長 Salah Salem 訪問伊拉克商談政治問題時，伊總理曾提出「伊拉克與其他各阿盟國家所處之地位與環境不同，爲保衞伊拉克之國防計，伊拉克認爲①阿拉伯各國應與西方國家合作，促成中東聯防；②伊拉克爲加强其本身國防計，由于與土耳其比鄰，勢須與該國建立軍事協定」。埃方表示阿盟各國與西方建立中東聯防，事實上甚難取得各國之同意，因各國人民反對西方國家之情緒，尙未消除，須有長時間以緩和此種空氣，至於伊拉克單獨與土耳其訂立協定，此乃關係伊拉克本身問題。及土伊聯合發表聲明。伊拉克雖在阿盟中備受埃及與沙地阿拉伯之攻擊，但在西方國家中，伊國之聲譽日隆，因而促成土伊條約之簽訂。

土伊巴格達條約簽訂後，一九五五年三月三十日，伊政府正式宣佈中止英伊一九三〇年條約，而代之以英伊新協定。新協定有效期間與土伊條約同。英伊新協定於四月四日簽字，五日在伊京巴格達互換批准書。伊總理在國會宣稱：美國亦將加入土伊條約。至於法國因對中東事件生疏，且與阿盟諸國頗欠友善，尙無參加之跡象。

五　埃及之反對巴格達公約

關於土伊防禦條約問題，自土伊發表共同宣言後，引起埃及官方與輿論之反對，在一九五五年一月廿二日所召開之阿盟總理會議失敗未久，特派政策部部長薩立木於三月二日前往敍利亞商討簽訂埃敍同盟條約，該約草案於三月六日發表，其內容如下：①不參加土伊條約，並禁止參與土伊條約之任何阿拉伯國家加入該同盟，以及加入該同盟之任何國家不得與西方締約。②兩國發動阿拉伯同盟新組織，建立同盟軍隊，設置指揮部，同盟國沒有同盟組織的同意，不能和其他國家簽訂經濟軍事條約。③經濟合作的方式，創設阿拉伯銀行，成立阿拉伯合作基金，設立阿拉伯經濟委員會。三月七日，沙烏地阿拉伯政府聲明加入。三月十日，葉門政府聲明加入。至於黎巴嫩與約旦，迄未表明態度。同時埃及與敍利亞政府聯合聲明，盟軍指揮部將設於敍京大馬士革。

三月十四日，敍外長 Sayid Khalid Adhm 率領代表團訪問伊拉克，與伊總理談判五日之久，於三月十九日飛返敍京。據各方之報導，已廓淸以前之若干誤解。原定於三月二十日在開羅召開之埃、敍、沙三國總理會議，遂因此而延期，足徵敍方對於埃敍同盟條約草案，將作重大之考慮。然由於埃及之讓步，埃敍沙三國軍事同盟條約終於一九五六年三月十二日簽訂。繼之埃及於同年四月二十一日又與沙地阿拉伯及葉門簽訂埃沙葉三國軍事同盟條約。

六　伊朗之參加與蘇俄之反對

伊朗外長兼代總理恩太孜木於一九五五年五月一日發表談話稱：伊朗正密切注意伊拉克、土耳其、巴基斯坦，關於中東防禦條約談判之發展。同年十月十二日伊朗總理阿拉 ALA 將伊朗準備參加巴格達公約之建議案送請上議院批准。蘇俄外交部長莫洛托夫於十月十三日以抗議伊朗參加巴格達公約威脅蘇俄邊境安全及違反一九二一年之蘇伊條約為理由之照會面交伊朗駐蘇代辦後，當時莫斯科電臺及報紙對伊朗均大肆攻擊，惟伊拉克、土耳其、巴基斯坦與英國，則均致電慶賀。伊朗外交部於十月十五日照復蘇方略謂：伊朗有權參加區域性聯防之事實，經已數度口頭及書面通知蘇俄駐伊朗大使拉烏倫太夫，伊朗此舉係根據聯合國憲章且為自然之步驟云云。十月十九日伊朗上議院通過政府參加巴格達公約之建議案，二十三日下議院亦無異議通過。十一月二十六日蘇俄再提抗議。伊方於十二月六日由伊朗外交部婉詞答復，再度說明伊朗參加巴格達公約係根據聯合國憲章，其性質為防禦其本身之安全，並不威脅任何國家，亦不違反伊蘇條約，而伊蘇友誼關係自將繼續保持等語。爾後蘇俄對伊朗參加巴格達公約雖繼續反對，但因無正當理由而終止其叫囂。

七　巴格達公約國理事會第一次第二次會議的經過

根據巴格達公約第六條之規定，該公約於到達四個會員國時，即可成立常設理事會。旋因巴基斯坦於一九五五年九月二十三日加入，伊朗於同年十月二十三日加入，至此該公約已有五個國家參加，遂決定於同年十一月二十一日至二十三日兩天在巴格達召開第一次常設理事會。因伊拉克為巴格達公約之發起人，故為存放該公約之國家。

美國雖非巴格達公約之會員國，仍以其駐伊拉克大使威德瑪爾·噶爾曼，以觀察員身分列席。其原任東非及東地中海區之美軍總司令阿德米拉·凱賽賓，亦參加旁聽。

大會由伊拉克總理魯易·薩依德以發起人及地主身分任主席，各國代表團團長均發表演說，強調盟約以自衛與合作為目的，並申述軍事與經濟並重之意義。

第二次會議之經過

巴格達公約國理事會第二次會議於一九五六年四月十六日至十九日在德黑蘭舉行。出席之首席代表有：伊朗總理艾拉，伊拉克總理魯易·薩依德，土耳其總理阿德那·昌又德來斯，巴基斯坦總理阿里，英國陸相孟克頓，及各該國代表團團員等。美國副國務卿韓德森仍以觀察員名義列席。

此次會議公告之要點如次：

巴格達公約國理事會第二次會議之公告，除重申該公約係遵照聯合國憲章之精神，維護國際和平與安全，及該約純為防禦性質與堅決抵抗侵略外，並一再强調開發經濟。但對軍事委員會則一字未提。對中近東國際問題，則以相互諒解之精神，充分交換意見，希望巴勒斯坦問題，克什米爾問題，能獲早日解決。惟對巴林島問題（巴林島，位于波斯灣附近，盛產石油，曾屬于伊朗，現為英保護地。伊政府曾迭次向英提出主權要求），則未提及。

第三次理事會定於一九五七年一月間在巴基斯坦之喀拉齊舉行。

八　結論

巴格達公約原為英美所策動，用為防禦蘇俄勢力侵略中東之組織，並填補北大西洋公約與東南亞集體防禦條約間之缺口。自蘇俄問鼎埃及後，中東局勢日趨緊張，於是英埃蘇彝士問題，英伊(朗)石油問題及巴林島問題，英沙(沙地阿拉伯）普拉密問題（註：普拉密為阿拉伯沙漠中之一小綠洲，為英保護地，亦因盛產石油，雙方發生主權爭執)。英葉(葉門)邊界問題，英希賽普路斯問題，相繼發生，使英國在中東之殖民政策着着失敗，經濟勢力為之縮減，軍事部署亦為之棘手，因而擬將中東防禦責任加諸美國身上。但由於英美在此一地區在經濟方面爭取市場與原料之關係，美國恒遭英國各報之抨擊，甚至指責美國損害英國在中東石油區之權益。因而影響美國對巴格達公約之參加。

近年以來，美國在中東之經濟勢力，雖已有漸取英國之地位而代之之勢。但美國鑒於阿猶糾紛曠日持久，無法解決，既不敢結怨於以色列，復不願開罪於埃及，故對於巴格達公約組織，僅參與其所屬之經濟委員會及保防委員會，而不加入其軍事委員會，此即艾森豪總統所謂「在應付中東問題技術上，英美尚有若干歧見」者也。

伊朗與蘇俄之關係

孟　平

一　伊朗簡介

伊朗為一君主立憲國，北接裏海南岸、高加索及土爾克曼而與蘇俄接壤，東與阿富汗及巴基斯坦相鄰，南頻波斯灣及阿拉伯海，西接伊拉克與土耳其。其行政區分，分為十省：

1.贊占 (Zanjan)
2.德黑蘭 (Tehran)
3.阿塞爾拜然 (Azerbaijan)
4.列則黑 (Rezaich)
5.庫狄斯坦 (Kurdistan)
6.庫濟斯坦 (Kuzistan)
7.法爾斯 (Fars)
8.克爾曼 (Kerman)
9.柯拉山 (Khorassan)
10依斯法罕 (Isfahan)

根據歷史傳說，雅利安 (Aryan) 人於六千年以前自北歐流徙伊朗，因而定居伊朗。故伊朗之人種，實為雅利安族。紀元前五五〇年朱里士 (Cyrus) 首建波斯國，領有波斯全境。紀元前三三〇年為馬其頓 (Macedonia) 之亞歷山大大帝所滅。迄紀元前二二六年帕提亞 (Parthians) 王崛起，驅希臘人出波斯，而領有波斯。迄紀元六四〇年阿拉伯人佔領波斯，而回教亦隨而進入波斯。紀元一四九九年回教之什葉派領袖 Safavids 始重建波斯人之王朝。紀元一七三六年為 Afshars 王朝，一七五〇年為 Zandi 王朝，一七七九年為 Qajars 王朝。一九二五年為現在之 Pahlavi 王朝。

伊朗地處高原，全境面積一百六十四萬三千平方公里，人口約二千萬。可耕地僅佔全面積百分之三，且多集中於西北之阿塞爾拜然 (Azerbaijan) 省，南部盛產石油，儲藏量在一百億桶以上。其他如地毯、麥、米、棉花、烟草、棗子、葡萄等，均為伊朗外銷之主要產品。

一九〇六年八月十五日伊朗舉行制憲大會，同年十二月憲法宣告施行。根據伊朗憲法，國會分為上下兩院。上院計有議員六十人，其中三十人由伊王選派，其餘三十人，十五人由京城德黑蘭選出，十五人由各省選出。下院議員一百三十六人，由各省按人口比例選出。

伊朗政府採責任內閣制，內閣總理由伊王任命，但必須兩院同意。總理以下，計有：外交、內政、財政、司法、勞工、經濟、農業、交通、郵電、教育、國防、衛生等十二部。其軍制，仿效美國，國防部之外，另設聯合參謀總長，陸海空軍各設參謀長。現有陸軍十師，計十二萬人，海空軍無實力可言，僅有少數舊式飛機及若干巡邏艇。

伊朗為一農業國，人民之生活水準甚低，資金集中於都市，而以京城德黑蘭為最。現有之工業，除石油係由美、英、法、荷之八大公司與伊朗國營石油公司合營外，其餘計有紡織、地毯、製糖、烟草、水泥、蔴袋、絲織品等工業。

伊朗與各國之貿易關係，在二次大戰前，原以德國居第一位。二次大戰以後，美國已躍居第一位，英國次之，蘇俄又次之。年來日本亦積極開闢伊朗市場，其紡織品與兒童玩具等，均已充斥德黑蘭之商店。西德之商品，兩年前即已重返伊朗。蓋伊朗為一自由市場，並不限制商品之輸入，而一般有財富者，復盡情享受，此類富人多集中德黑蘭，故德黑蘭實形成一種畸形之繁榮。

伊朗為一回教國，其所崇奉者為回教之什葉(Shi'a)派，而非散那 (Sunni 即正統派) 派。阿拉伯聯盟各國多崇奉散那派。（按什葉派係摩罕默德傳至第四代，其婿 Ali 為教主，自認為回教之正統派，與散那派頗不相容。）

二　帝俄對伊朗之侵略

帝俄與伊朗之關係，遠自彼得大帝 (Peter the Great) 即已開始。一七二四年彼得大帝曾侵入伊朗北部，短期內佔領幾蘭 (Gilan) 省。迄加賽林大帝 (Catherine the Great) 時，帝俄對伊朗之侵略，漸次擴大。其首次對伊朗之侵略戰爭，發生於一七九六年，第二次發生於一八一二迄一八一三年。第二次戰爭由俄伊雙方簽訂一谷立斯坦 (Gulistan) 條約而結束。根據此一條約，伊朗割讓德爾班特 (Derbent)，巴庫(Baku)，施爾萬(Shirvan)，沙基(Shaki)卡拉巴赫 (Karabagh) 及塔里施 (Talish) 一部份與帝俄，並同意在裏海上不設置海軍。

一八二六迄一八二八年間俄皇尼古拉 (Nicholas) 又發動一對伊朗之侵略戰爭。其間伊軍在初期曾獲若干勝利，但最後終遭失敗。俄軍進入伊境，佔領大不里士 (Tabriz) 城。伊朗政府於一八二八年與帝俄簽訂土庫曼徹 (Turkomanchai) 條約，將富庶之耳里萬 (Erivan) 及納克希其萬 (Nakhichevan) 兩省割讓與帝俄。並賠償一千三百萬盧布，約合三百萬英磅。而阿拉斯 (Aras) 河以北之土地全部併入帝俄。

土庫曼徹條約為帝俄對伊朗擴張政策之第一階段，其次一階段則為向裏海東部擴張。一八三七年帝俄佔領裏海東南部阿斯塔阿巴德（Astarabad）灣之阿碩爾阿大（Ashar Ada）島。一八六九年俄軍又佔領裏海東岸之克拉斯諾渥得斯克（Krasnovodsk）城，此城向為伊朗之藩屬，當時伊朗政府曾向帝俄提出抗議，但無任何結果。

一八七三年俄軍又遠征克希瓦（Khiva）及布克哈拉（Bukhara），結果屬於伊朗領土之土爾克曼（Turkoman）草原在俄軍三面包圍中。一八八一年土爾克曼部落英勇抗拒俄軍之侵略，但終為俄軍所壓服。同年帝俄與伊朗簽訂條約，以阿特列克（Atrek）河為兩國國界，從此帝俄獲得一通往印度之軍略要道。

其時，帝俄之政治與經濟勢力紛紛湧入伊朗。不僅支配鄰近其邊境之伊朗北部五省，且貸與伊朗國王以大批借欵，供其私人享用。俄軍由是得以駐屯伊境若干地區，一伊朗之哥薩克旅團亦由俄人代為統率。

同時，英國在伊朗南部亦正從事擴張勢力。一九〇一年英人獲得伊朗石油開採權，僅北部之阿塞爾拜然，幾蘭，馬則得蘭（Mazanderan），阿斯塔阿巴得，科拉山（Khorassan）等五省不在其列。於是，帝俄與英國在伊朗之勢力已漸次發生接觸。俄英兩國為避免發生衝突並阻止第三國勢力進入伊朗，於一九〇七年獲得協議，劃分兩國在伊朗之勢力範圍。

三　蘇俄繼續覬覦伊朗

一九一七年俄羅斯爆發革命，建立蘇維埃聯邦。列寧為鞏固其新得之政權，宣佈所謂「睦鄰」之「糖衣政策」。其對伊朗，並採取同一政策。蘇俄外交人民委員會副委員長加拉罕於一九一九年六月二十五日照會伊朗，表示放棄帝俄在伊朗所取得之權利，一九二一年更與伊朗訂立條約。但其實際行動，為一九二〇年蘇軍假追逐譚尼金將軍（General Denikin）之軍隊為名進入伊朗之阿塞爾拜然，由拉斯柯也尼可夫（Raskolnikov）率領之紅海軍於一九二〇年五月十八日在伊朗港口恩則里（Enzeli 現名巴哈拉徵 Pahlavi）登陸，並佔領裏海西南之幾蘭省，於同年六月四日組成所謂「蘇維埃幾蘭共和國」。迄一九二一年九月八日蘇軍始自伊境撤退，同年十月間「蘇維埃幾蘭共和國」亦被伊朗政府軍剿平。

一九二一年二月二十六日蘇俄與伊朗簽訂一項條約，表面上對伊朗表示友好，但此一條約之第六條規定『如第三國派遣軍隊進入伊朗或用伊朗之領土為軍事基地反對蘇俄，蘇俄政府在通知後有權派遣軍隊進入伊朗，從事必須之軍事活動，以防衞其本身。』第二次大戰期間，蘇俄即根據此一規定，派遣軍隊進駐伊朗北部。連年來，蘇俄如有不滿伊朗之處，即根據此條以派兵進入伊朗相威脅。

自一九二四年列寧逝世以後，史達林與托洛斯基從事掌握政權之爭奪甚烈。史達林獲勝，倡導所謂「社會主義在一國之勝利」。一時對伊朗無暇從事政治與軍事之侵略，而積極加强經濟侵略。當時蘇俄貨物在伊朗市場佔重要位置，從一九二六——一九二七年間之百分之二十三，提高至一九二八——一九二九年間之百分之三十八。

一九三二年伊朗與英國由於南部石油開採之利潤問題發生爭端，蘇俄促使伊朗共產黨利用此一機會展開反英及反伊朗政府之活動，企圖奪取政權。蘇俄不僅支助伊共從事顛覆政府之活動，其本身亦直接參加伊朗內部之擾亂工作。蘇俄駐伊朗之使領人員，為公開之特務份子，其邊境之土爾克曼，阿塞爾拜然，阿爾美尼亞等地之青年共產黨員，則利用民族關係（上述三地區之小民族半居伊朗境內，半居蘇俄境內。）派赴伊朗從事秘密活動。

第二次大戰爆發，蘇俄因伊朗與德國之關係較為密切，於一九四一年九月根據一九二一年伊蘇條約進軍伊朗北部，英軍則進駐南部，使伊朗成為一被瓜分之局勢。伊朗前王李查（Reza Shah）亦被英蘇雙方逼迫退位。

當蘇軍佔領伊朗期間，掠奪伊朗糧倉——阿塞爾拜然——之糧食，非法開採石油，强征土地設立農場。成立伊蘇文化協會，吸收伊朗青年學生與知識份子以加强伊共之外圍組織。

一九五四年二次大戰結束，蘇軍已再無留駐伊朗之藉口，理應自伊境撤退。然而蘇俄政府不但拒絕撤軍，且在伊朗之阿塞爾拜然省製造一「自治共和國」，企圖以此一「共和國」為基礎，赤化伊朗全境。最後由於國際環境之不許可，蘇軍不得不於一九四六年五月九日自伊境撤退，然而當時情況之惡劣，幾使伊朗全部淪入鐵幕。

蘇軍雖撤，但伊共仍迫使德黑蘭中央政府組成所謂聯合政府，建設、教育、勞工、衞生四部部長由伊共黨員擔任，一如一九四四至一九四八年間東歐各國之形勢，幸伊朗政府處置適當，致政權未淪入伊共之手。蘇俄允自伊朗撤軍，開採伊朗北部石油為其交換條件之一。伊朗政府為求促成蘇軍之撤退，同意此項苛刻條件，但須待伊朗國會通過，以取得合法手續。國會反對派領袖莫沙德（Mossadeq）即利用此一機會反對政府與蘇俄所簽訂之石油開採協定。並由國會通過一項不承認上述協定之決議案。莫沙德之政治地位，由是而獲得無比之聲望。

一九五〇年六月莫沙德倡導伊朗石油國有化運動，激起伊朗人民反殖民主義之民族運動。一九五一年三月二十日伊朗上院通過石油國有化法案。同年四月二十五日下院亦予通過。莫沙德且因而出任總理。同年七月底阿巴丹（Abadan）煉油廠關閉，伊朗之經濟情況，頓呈混亂狀態。莫沙德堅決反對與英人妥協，亦不接受美方之調解，但財政危機無法衝破。上下兩院大部份議員以及政府中之親英份子形成一反莫之龐大力量。莫沙德實處於極端之困境中。

一九五二年六月伊朗第十七屆議會產生，七月五日莫氏內閣循例辭職。新下院仍推薦莫氏重組新閣，上院初則不予支持，繼雖接受伊王之勸告，勉强通過莫氏組閣。莫氏鑑於政治環境於彼不利，乃要求特權及兼任國防部長，否則辭職。伊王以其違反伊朗憲法之傳統，且侵及王權，乃憤而准莫氏辭職，另派卡萬 (Qavam) 繼任總理。其時杜德黨(伊共——意為人民黨) 以莫氏為反英健將，莫氏之執政已使伊朗社會秩序造成混亂，頗符合蘇俄與杜德黨之革命要求，乃全力支助莫氏，不斷發動示威遊行，爆發所謂「七月政變」，使已辭職之莫氏，復得重握政權。但杜德黨之活動，漸呈猖狂之勢。一九五三年七月間杜德黨以公開信致送莫氏，要求驅走美國勢力，要求其與蘇俄及「人民民主國家」合作。而蘇俄亦利用更換駐伊朗大使之機會，表示願與伊朗商談解決伊蘇懸案。莫氏對外均無法打開僵局，乃甘心處於杜德黨與蘇俄之包圍中。

伊王鑑於國內形勢嚴重，有隨時淪入鐵幕之可能，乃一面出走，一面派查赫地將軍 (General Zahedi) 組閣，乃爆發一九五三年八月政變。莫氏倒臺，查赫地政府乃以反杜德黨之姿態出現，伊朗得以於即將淪入鐵幕之邊緣獲得拯救，誠屬大幸。

伊朗新政府不僅積極反共，且與西方國家密切合作。英伊石油糾紛獲得解決之後，即準備參加中近東地區之防衛聯盟。蘇俄為阻止伊朗參加此項聯盟，不惜退還第二次大戰期間所掠自伊朗之十一噸黃金，且願重勘伊蘇邊境。迄伊朗於去秋表示有參加防衛聯盟之決心後，蘇俄乃搬出一九二一年伊蘇條約，以進軍伊朗相威脅。但伊朗終究參加巴格達公約，蘇俄雖痛恨，然亦無計可施。

四　結　語

本文之作，所以簡介伊朗，所以對伊朗與蘇俄之關係，作概括之描述。由是可以獲一概念，蘇俄對伊朗之侵略陰謀，一如其侵略我國。而自帝俄迄於今日，其侵略擴張計劃，實有其一貫之傳統。當茲蘇俄之「笑臉外交」「和平共存」之陰謀花樣百出之際，重溫伊蘇關係之一段史實，以之促醒自由世界之警惕，明瞭蘇俄笑臉後之猙獰面目，「和平共存」幕後之世界革命藍圖，要亦有其重要之意義存焉。

(上接第4頁)

費，政府亦宜負責供應，因為這類活動所發生的功效，有時會比之官方的外交尤有力量。今天匪共對自由世界未承認偽政權的許多國家，都是以極積極的手段進行國民外交的活動，而我們則因限於經費，無法作廣泛的展開。當然在對方國民的心目中難以產生深刻的印象，而在兩相對比之下，也更不免相形見絀之感。匪共此次派梅蘭芳劇團訪日，其目的並非為着賺錢，這是人所盡知的情形。在我們方面，莫說這類自動的訪問不容易辦到，即是許多國際交往的場合，被邀參加，亦每因節省經費而婉詞謝絕。匪共是唯恐沒有讓它參與的機會，而我們則有了機會還輕易放棄，這又談甚麼外交作戰，談甚麼與匪共鬪爭？

誠然，以目前政府財政情形來說，我們承認其確是相當困難；但是如果能善為挹注，却並不是沒有辦法可想。軍費不可省，外交費用也同樣的不可省，然據我們一般的了解，政府每年所支出款項，可省者尚多，如能將可省的移作必要的使用，則外交經費問題自可獲得相當的解決。舉例來說，政府每年支付的各項短期訓練的費用，即已為數不貲。如國民黨所主辦的許多訓練機構，救國團所主辦的經常工作及暑期學生戰鬪訓練之類，儘管在政府預算書中，並沒有列成項目，然其是由政府歲入中支付，則屬毫無問題。這類短期訓練，在國民黨本身來講，認為那是訓練革命幹部，而我們以常識來推斷，實無法相信三兩個月的訓練，會使一個已成年的人，其思想行為有所改變。用這樣許多有用的財力，消耗在毫無效用的事情上，總不能不說是一種浪費。再如學生暑期活動，儘可以在學校經費內支付，或由學生自行負擔，更用不着政府花費大量的費用去辦這類的事。關於上述這些不必要的經費，每年總計不下數千萬元，如果節省下來，移作外交方面之用，其所收到的效用，決非今天所謂訓練工作所能比擬。不過這是一個觀念改變的問題，如果始終有人認定訓練重於一切，那我們的建議也就難以期其實現。然而，人之好善，誰不如我，我們仍願以殷切的心情，期望我政府當局能多從有益於國家的方面去着想。

末了，關於權責問題，在本刊上期社論中，亦曾提及。我們希望政府今天對外交負責當局，無論在人事上行政上，均必須授以全權，使之能主動的負起責任，不要像過去一樣，遇事請示，使一個政務官變成了一個技術人員。任何一個有能力的人，他必須有權有責，才能發揮其能力，尤其是國際情勢變化莫測，外交工作適應機宜，一如應戰。如果身為主帥的人，事事均須請示，不能自作決定，而對外又復指揮不靈，這個仗是決沒有把握可以打得好的。今天在我們的政府中，這種情形甚為普遍，雖曾力倡「分層負責」之說，而事實上始終未能做到，於是聰明才智之士，亦不免於唯諾依附之習，事成則多人皆可以居功，事敗則責任無從追究，這是行政效率無法增進的一個最大原因，固不獨在外交一方面為然。我們因論外交權責，而泛論及此，希望政府當局能力矯前失，在組織體系上要尊重制度，在執行業務上要分清權責，意見既不容越級上陳，命令也不可越級下達。如此，則責有攸歸，人人思奮，政府這一部整個的機器才能不致於癱瘓失靈。

俄帝對中近東的威脅

慰　慈

一

當中近東問題被全世界人注目的今天，大家都不免要問，究竟蘇聯的政策和帝俄的政策有何區別？如果我們研究歷史，便可以知道，今天克里姆林宮的主人對中近東感興趣並不是新鮮的事。

遠在兩百多年以前，帝俄沙皇便已採取各種步驟，試圖通過舊時屬於土耳其的範圍，而把她的勢力向南伸展。

在帝俄的時候，他們所用的工具是民族和宗教，民族的運用是所謂大斯拉夫主義。俄國人把保加利亞、捷克和波蘭這些東歐國家，都牽扯入大斯拉夫主義系統。他們以『老大哥』自居，想把這些小國納入自己的勢力範圍以內。

第二個辦法，便是以宗教為工具，俄國自稱為君士坦丁希臘正教的精神繼承人——莫斯科是第三羅馬。由于以俄國作後臺的正教和以法國為後臺的天主教衝突，因而牽涉英國在內，構成極端緊張的國際局勢。

從彼得大帝時開始，帝俄便曾準備由歐洲大陸西進，出地中海；及南下中亞，君臨波斯灣。一六九五和一六九六年，大彼得曾先後兩次進攻土爾其，但因阿托曼帝國頑抗于達達尼爾海峽，未克成功。一七二二年，乃集中兵力向波斯挑衅，奪得世界著名的巴庫油田和裏海西岸地方。

女帝卡得琳娜仍繼承大彼得的覇圖，以爭奪出海口為主要國策。曾于一七六八年與一七八二年，兩次對土宣戰，因而取得黑海北岸，亞速海沿岸包括克里米和布格河畔一帶地方。從彼時起，帝俄由于對土戰爭的勝利，得以進出黑海，等于在俄羅斯的南面，開闢了一個窗戶。

俄皇尼古拉一世，也是彼得大帝的崇拜者。一八二六年到一八二八年數年間，他發動了波斯戰爭，割得亞美尼亞的一部份土地。並因對阿富汗的進軍，引起和英國勢力的衝突。乃繼于一八二八年和一八五四年，兩次發動對土戰爭。

第一次對土戰爭，曾取得黑海東岸地方。第二次對土戰爭，便是上文所引述的以宗教作藉口，構成緊張局勢而最後俄國失敗的戰爭，也就是著名的克里米之役。

克里米戰爭的失敗，因使英國獨覇黑海，沙皇退出達達尼爾海峽。而同時也因俄國西進和南下都告失敗，此後遠東遂無寧日。

第二次大戰後，俄國控制了若干東歐國家，過去除南斯拉夫外，對彼得大帝遺策，可算都如願以償。在宗教方面，却因為布爾塞維克黨無神論的本質，這個武器似已失掉。但在第二次大戰進行中，蘇俄又恢復宗教的活動。莫斯科對宗教的假仁假義，一方面是為欺騙羅斯福，取得美援，同時更有野心重返中東。克里姆林宮的主人，曾于二次戰後要求過回教國家——敍利亞、黎巴嫩和巴勒斯坦等正教教會財產的權力。這些權力，過去是屬於沙皇的。

蘇俄藉金錢補助來作實行侵略的工具，使得這些在回教國家內貧窮得無以自存的正教教會，因為得到津貼，而改採親蘇路線。

可是大多數的正教神父，都拒絕俄共這種偽善的假面具。他們認為希臘才是正教的祖國，而否認了莫斯科是羅馬第三的說法。

以上這兩個工具，都是沙皇遺留下來的老藥方。但傳到共黨手裏，更變本加厲，採取許多新的辦法。他們一面侈言蘇俄是工人的天堂，而以中亞細亞五「共和國」的假樣本作誘惑的工具。同時經濟的騙局，特務的滲透，和武力的恫嚇，也都分別進行，有時更三管齊下，配合得非常巧妙。去秋莫斯科的主人經由捷共出售軍火給埃及，由中共價購埃棉，並由蘇俄供給原子能設備等，即是一個別開生面的作法。

現在再讓我們來看一看俄帝對中近東政策的演變：

一九一七年，列寧在其「告蘇俄及東方全體回教工人書」中，曾鼓勵波斯人、土爾其人、印度人及阿拉伯人『不要失掉時機去推翻奴役他們國家的資本家』，鼓勵他們要做『自己國家的主人』。列寧稱，東方的工人和農民在實行民族解放鬥爭時，不能和世界工人解放戰爭以及無產階級革命相分離。

蘇俄政府對與其相鄰近的國家——波斯、土爾其及阿富汗——的解放戰爭，採取了不同的計畫。經在莫斯科成立了一個名叫『回教徒中央委員會』的總部。嗣于一九一八年十二月，于召開回教國家代表大會後，組織了『東方解放聯盟』。

一九二〇年，東方人民會議在巴庫召開。與會代表一千八百九十一名。但，會議結果，並未顧及共黨領袖的意志，反而在民族主義大纛的號召下，經決議整個東方人民決不能接受共黨組織所操縱指使的社會革命。因此，俄共領袖乃不能不改變戰術，研求施展勢力的新辦法。

自一九一八至一九二〇年間，共黨曾用掉鉅額金錢，在伊朗、土爾其、阿富汗、敍利亞、黎巴嫩及其他中近東回教國家，建立其細胞組織。惟結果共黨的宣傳，在每一個國家，均遭到反對。這種反對，不僅來自各該國的政府，且也來自宗教界，共黨因被迫轉入地下活動。

這種反對，引起了共黨戰術的改變。一九三五年共黨國際大會，主張殖民地及半殖民地國家共產黨應參加民族改革者所領導的羣衆反帝運動，以建立人民陣線。

迄至二次大戰末期，在伊朗及其他阿拉伯國家，曾出現過許多劇烈性的破壞行動。同時蘇俄政府，並曾企圖以改變方式兼併伊朗的阿塞爾拜然；又以外交壓力，迫使土爾其割讓卡爾、阿達干及阿特文三省，並要求在達達尼爾海峽建立軍事基地。甚至對前義大利的非洲殖民地，也提出要求。但在西方列強支持下，這些要求均被拒絕，所有叛亂亦經予以敉定。

一九五五年四月在萬隆所召開之亞非會議，國際共黨戰術在和平共存、中立主義的掩飾下，再度作明顯的轉變。萬隆會議以後，一方面是各該國原有的共黨組織，多經銷聲匿跡，轉入地下工作；而另一方面，共黨政府的活動，却以執政當局及工商、宗教領袖爲對象，給予無條件的軍經援，及貿易文化誘惑。至于共產帝國的眞正目標，却絕口不提。下文我們便敍述克里姆林宮給予軍經援的情形，並分析共產帝國在陰謀下達到其眞正目標的企圖和手段。

二

俄共第二十屆代表大會，是蘇俄內政外交政策的里程碑。在外交方面，曾特別抨擊莫洛托夫時代的硬性措施。而對于一年來的新貌外交，大加讚揚。在諸酋的外交政策演說中，特別提到所謂「和平地區」的若干國家。除去印、緬、阿三國之外，更提埃敍二國，由十月來的跡象看，顯然地，克里姆林宮目前外交戰略重點，主要在埃及，次爲敍利亞。

以色列從成立之日起，即與阿盟諸國不相融洽，而在阿盟諸國之中，與埃及、敍利亞，尤爲水火。至西方政策，則一貫在維持雙方勢力之均衡。

由于巴格達公約之成立，使阿盟國家趨于分裂，北部國家以伊拉克爲代表，參加西方國家之防共戰線；南部國家，以埃及爲首，主張中立。兩國政策不同，且互爭該盟之雄長。

克里姆林宮把握現階段中近東之複雜關係，更利用阿盟諸邦畏懼殖民政策之微妙心理，乃抓住要點，向埃敍兩國展開外交攻勢。其目的在(一)打破阿猶武裝均勢；(二)破壞巴格達公約；及(三)挑撥阿盟國家反西方情緒。

先是，以阿衝突中埃及居于下風時，曾迭次請求向美國購械而乏具體結果，蘇俄乃乘此時機，向埃及提出。其所售之武器，不僅開價比美國爲低，且數量亦較美國爲大，同時條件亦比美國爲優厚。(共產集團售埃武器，開價僅爲美方五分之一，至十分之一。數量則爲美允售二千萬，蘇捷允售八千萬(美金)，實際已在此項數字以上。條件則鐵幕國家允以滯銷埃棉及少量大米償還)。

上述之武器，包括俄式米格機兩百架，轟炸機五十架，重型坦克二百輛，潛水艇及魚雷艇六艘。以上各項，在本年七月杪前，即可全數運到。此外並向東德購買武器工廠一所。埃及得此項武器及設備後，一方面在五月十日的共和報上，著文嚴厲抨擊美國援助以色列的政策；同時納瑟總理于回教開齋節，赴各地視察，發表激烈演詞。侈言不管西方陰謀如何，埃軍終將成爲中近東最强大之武力。

此一億美圓之埃棉，鐵幕國家如何可以消納，勢非向其他國家轉售不可。近西德方面已發現捷克所標售之埃棉，叫價較開羅尤低。由于大量購買武器之結果，埃及一九五五年出入超逆差數字，已遠較一九五四年爲鉅。而共產集團傾銷埃棉結果，埃及自先蒙其害。結果埃及對外貿易，勢力必逐漸受莫斯科所操縱與控制。惟就目前而言，滯銷之棉花得售，解決一大問題而博得國內及其他阿拉伯國家之讚揚。

埃及尼羅河上游之阿斯環水壩建築計劃，爲現代最大之水利工程，估計程費爲四億四千六百萬鎊，埃及政府曾向國際銀行商借，因種種條件，久無結果。蘇俄爲打擊西方爭取埃及計，曾與匈牙利及東德共同向埃建議，助其興建此壩。國際銀行方面，由于英美之努力，已于一九五六年二月十日，允貸欵埃及。而莫斯科亦于納瑟總理宣布貸欵之二十四小時以內，由塔斯社發表『蘇俄將予埃及以科學及技術之援助，並爲埃及在開羅建築核子物理實驗所一處。並由蘇派專家赴埃，從事設計與修建工作，同時歡迎埃及派專家赴俄學習』之消息。此外，莫斯科並同時宣布供給埃及以地質調查所之機器與設備。又因購買上述軍火，埃及曾于合同簽訂後派三百人赴捷，學習各種武器之使用方法。

由于埃及購買共產集團軍火，已增中近東問題之嚴重性，埃及採取此項措施之原因，據一般觀察家認爲：(一)爲報復美國支持以色列而忽視阿拉伯整個民族願望之政策；(二)爲對付增加伊拉克聲望與地位之巴格達公約，及(三)爲抵抗在經濟人口暨軍事諸方面使阿盟諸國受威脅的以色列。

俄帝以軍經援誘惑一部份阿拉伯國家，並不自一九五五年之對埃售賣武器始。一九五四年六月聯合國成立十週年紀念時，蘇外長莫洛托夫即曾向敍利亞外長阿德赫穆建議，蘇俄願意以武器交換敍國之棉花。其後蘇駐敍公使曾迭次與敍經濟部長法克汗繼續討論兩國之「易貨」問題。

一九五五年十月，捷克駐敍公使曾與敍總理談售械事。半月後，敍獲得沙地阿拉伯一千萬美元之貸欵，因與捷訂該項購械合約，半月後，武器開始到達，敍方同時以棉花及小麥償付。本年二月，經由敍方報紙首次證實此項消息。此項武器，已于本年五月運達。其中包括坦克及裝甲車各一百輛，米格機二十五架，機關鎗一萬隻等。

敍利亞因地理鄰近產油之伊拉克及沙地阿拉伯兩國關係，每年可以購入約一百二十萬噸之原油，蘇俄駐敍大使，曾允代敍建築該項煉油廠。嗣于本年二月，由捷克投標承建。此外捷政府亦向敍方提議，洽爲該國在大馬士革建築一飛機場。在煉油廠招標中，同時參加的英、法、西德均被擊敗。因而敍公共工程部長說，捷克的標價，爲『令人難以置信的慷慨』。

至鄰近蘇俄之阿富汗，一九五五年布加寧、赫魯雪夫訪阿時，曾利用阿國與巴基斯坦之普什實尼斯坦糾紛，允阿購自外國貨物，得經蘇俄領土敖得薩轉入阿境，以打破巴國之封鎖。蘇俄政府並以一億美元作爲對阿貸欵，其中一部，指定作爲修建四個飛機場、公路、水電廠及汽車修理廠之用。捷克亦與此事互相呼應，允供給阿國軍火，以壯大其對巴基斯坦聲勢。

蘇俄此項經濟攻勢，不僅對標榜中之埃及。敍利亞及阿富汗諸國，即對于明顯反共的伊朗、土爾其與巴基斯坦，亦在其攻勢範圍之內。(對以色列亦曾提議出售軍火)。

伊朗加入巴格達公約，蘇俄政府雖曾于一九五五年十月、十一月兩度向德黑蘭提出嚴重抗議，但仍給予經援，並于去秋將二次大戰期中在德黑蘭所提取之黃金十一噸還伊朗政府。曁邀請伊王及議會代表等，赴蘇訪問。

巴基斯坦及土爾其均爲巴格達公約國，蘇俄對普什突尼斯坦問題既宣佈其祖阿之立場，宜對巴國深懷嫉恨。惟莫斯科「新時代」週刊曾于本年元月十二日發表論文，布加寧亦于二月七日發表談話，對巴大肆拉攏。最近曾宣佈將與巴締貿易協定，而以鋼鐵及重型機器交換巴方之棉蔴。並提供技術援助，與供給和平使用原子能之技術與知識。

眞理報並同時于上述之二月七日，發表論文，要求恢復兩國之善鄰友好關係。在此以前，蘇俄駐安哥拉大使，曾迭次向土當局表示，願意給予土爾其以經濟援助，並重申其一九五三年五月三十日蘇俄照會土政府放棄領土要求之事。

克里姆林宮並非完全不分敵友一律採笑臉外交，在必要時，第五縱隊立被派任適當之用場，例如本年一月爲反對約旦參加巴格達公約，其首都安曼及敍利亞首都大馬士革曾發生大規模之流血暴動，而達到其目的，即爲一例。

三

一九五五年七月，莫斯科眞理報主筆謝彼洛夫離開開羅不久，蘇埃軍火協定便馬上簽字。而這一位以軍火買賣得一大功(只一大功爲勸服狄托)而輕取外長寶座的謝彼洛夫，最近又將分訪敍利亞、沙地阿拉伯和埃及。而將軍火單向敍沙兩國兜售，當爲謝氏此行的主要任務之一。

事實上謝彼洛夫參加蘇俄外交的秘密，是早在就任外長的一年之前，去年十一月美新聞週刊便曾透露消息，謂在萬隆會議後克里姆林宮曾擬定一計劃，煽動非洲暴亂，其詳細內容業經一投向自由人員予以透露稱：

一、爲非洲土著設立特殊共黨訓練學校。

二、由歐洲各附庸國尤其是捷克派遣代表團前往非洲執行各種文化商務使命。

三、建立共黨突擊部隊的核心組織。

四、滲透非洲各宗教文化團體。

——此項計劃之負責人爲聯共國際局長蘇斯羅夫（中央主席團委員兼書記處書記）。此外尚有謝彼洛夫，塞羅夫等。謝在任外長之前，即實際爲俄共幕後策劃在非洲活動之智囊團人物。塞羅夫爲部長會議下國家安全委員會之首領。非洲煽動份子之受訓場所，則設在捷京布拉格。

上項陰謀所花之代價，無人能予以估計。至以公開形式在一九五五年一年中所給予之俄式「援助」，有如下列之數字：

埃及——一億六千五百萬元；

阿富汗——一億一千五百萬元；

敍利亞——八百萬元；

黎巴嫩——估計爲二百萬元；

土爾其——四百萬元；

伊朗——三百萬元。

(以上資料，係根據美聯社所發表之數字。其一年中對十二個國家之貸款，估計達五億零六百萬元)。

此種俄式「援助」的性質，誠如英國主管外交國務大臣訥亭所說的，『所謂競爭與共存，即蘇俄企圖保持他們既得的一切，再盡量獲得他們所能得到的一切』。他又說：『西方與俄式援助實大異其趣，西方的目標是注入，而俄式的則在搾取』。他舉例稱：

『在蘇俄邊境的中亞地區，其政治經濟皆被殖民化。每年稅收的三分之二，必須繳納莫斯科政府。各共和國的經濟大權均操于俄國人之手。而其他東歐附庸國的經濟，最先是造成彼等的依賴，然後納入蘇俄的整個體系中。此外，民主生活方式更被剝奪無遺，一切言論、行動及貿易自由，一切個人人權以及代議政體形式，均絲毫無存』。

美喬治參議員也對俄式援助批評道：『蘇俄在將金錢貸予中立國家時，不提條件，及至對方接受之後，便可派遣工程師及技術人員前往。這便是他們從內部着手的新策略』。

美聯社記者亦曾爲俄共此項新外交動向，予以分析稱：『俄國對于願意接受援助的國家予以若干承諾後，便採取各種途徑，加緊進行政治宣傳。其課題諸如殖民主義，種族歧視以及其他性質的衝突(例如阿猶之爭)』。

上文曾提出若干事實，說明克里姆林宮目前對中近東外交政策重心，係置諸埃及和敍利亞兩國之上。但對其他新興國家，亦正加緊其陰謀活動。

蘇俄首任駐利比亞大使傑尼拉羅夫，實爲蘇俄一分布甚廣的情報網中心之領導人物。傑尼拉羅夫到利首都的利玻里就任後，立刻進行與新成立的共和國——蘇丹建交的工作。另一黑人共和國賴比瑞亞(即利比里亞)，亦在俄最高蘇維埃聯邦院主席沃爾科夫參加總統就職典禮時，雙方同意交換使節。今後克里姆林宮即將在開羅與大馬士革之外，在新成立的國家首都——的利玻里(利首都)，卡土穆(蘇丹首都)，及蒙羅維亞(賴首都)三地，與此等國家的回教及黑人領袖作廣汎的接觸，並提供種種諾言，以陰謀在防務鬆弛的非洲大陸上，獲取戰略性之據點。

目前中近東問題，除共產、民主兩大集團之爭外，尚有美英法意見之不能一致，阿猶雙方的先天性矛盾，以及阿拉伯集團本身的歧見等。此種治絲愈紛的形勢，誠如美國的中近東問題專家哈維茲 J.C. Hurewitz 所說的：

『我只能指出各種矛盾的現象及問題的癥結，而不能提出解決問題的方案。祇有時間老人，始能對此複雜而微妙的局勢，作最後裁奪。』

北非與北非問題焦點——阿爾及尼亞

廖　勤

一位英籍的法國通威特氏 Alexander Wath 新近出版了一本研究法國近代史的書『一九四○至一九五五年的法蘭西』，書中有這樣一句話：「今後數年北非問題將成爲法國的第一個問題」。這話到現在已不太適合實際，因爲現在的北非問題不僅使法國窮于應付，而是國際政治的主要課題之一，在整個國際政治的比重上，却已超過了單純民族獨立運動的範疇。

處于多事之秋的第四共和始終未曾有過安逸的日子。連續八年的印支戰爭，拖跨了帝國的臂膀和元氣，終於由孟德法朗士以壯士斷腕的決心割斷了這塊帝國的雞肋。這原是早在人意料之中的事，不足爲奇；奇的是自印支撤退後，摩突兩國的獨立運動很快地發展到迫使法國作根本讓步的地步。人們已經料到法蘭西帝國之不易維繫，但却未料到其崩潰快到如此程度。印支的獨立是八年流血的結果，而北非的摩洛哥與突尼斯却在印支戰爭結束後，不到兩年的短暫時間過程中，便迫使法國不得不承認其獨立。現在摩突兩國留待與法國解決的，僅是些技術上與法國合作共存的問題 (Inter dépendance)。

摩洛哥北濱地中海，西臨大西洋、西南方及南方鄰撒哈拉大沙漠，東北方毗連阿爾及尼亞，居民約近千萬，而歐洲人不到百萬。其餘大多爲土著人民Berberes 族，阿拉伯人及猶太人等。

摩洛哥最初爲迦太基人所征服，以後經羅馬人、阿拉伯人先後統治多年。西班牙得地利之便，在摩洛哥也有很久的潛勢力。法國取得摩洛哥的保護權，爲時並不太久。一九○六年，德、西、英等國會在西班牙南端 Algéliros 城召開國際會議，商討分割摩洛哥問題。一九一二年，法國的軍隊掃蕩了摩洛哥人的抵抗後，才與摩王室簽訂保護條約。摩洛哥並不完全屬法國保護，北摩洛哥瀕地中海區域是屬於西班牙保護。因爲這地區與西班牙關係太密切(對面就是西班牙)，所以西班牙無論如何不肯放棄，又加以英國的壓迫，法國才未將整個摩洛哥置於其保護之下。此外北部位於地中海與大西洋兩岸之但及爾 Tanger，由於地勢重要，列強不得不相互讓步，獲致一項妥協方案：承認該地爲自由市。

突尼斯位於北非東部。其東部及北部濱地中海，西接阿爾及尼亞，南鄰利比亞。最初爲腓尼基人所征服，嗣即爲羅馬人及阿刺伯人所統治。一五七四年敗於土耳其人，爲與托曼帝國之一行省。一八八一年，法國與突尼斯王簽訂 Bardo 條約，置突尼斯於法國保護之下。

摩洛哥獲得獨立後，與法國關係相當友好。摩洛哥外交部長 Balafrej 已一再表示願與法國長期合作，在原則上說，雙方已承認合作共存政策對兩國都爲有利。但近來事實的演變，似乎表示雙方的連繫，前途荆棘尙多。

摩洛哥境內現仍有解放軍。他們雖然已經宣佈承認現在的政府是唯一代表摩洛哥的政府，但在他們佔領地區仍未放下武器，最近且時有出擊法軍行動。因而成爲法國人引爲延緩撤兵的藉口。鄰近阿爾及尼亞地界，摩洛哥解放軍又時常予該地解放軍以不可忽視的精神與物質的援助。

摩洛哥政府與法國合作的另一暗礁，是法國在阿爾及尼亞的殖民政策。誠如外交部長Balafrej說的：「摩洛哥的立國基本是反對任何殖民政策」。

突尼斯也同樣反對法國在阿爾及尼亞的各項措施。在外交方面，突尼斯對法的態度較摩洛哥强硬得多，其中原因爲突尼斯與阿刺伯國家接近，易於接受援助，所以她對法國談判時，要比摩洛哥的聲勢大得多。五月廿九日突尼斯立憲國會成立時，內閣總理Bourguiba一再表示突尼斯雖不欲與法國完全脫離關係，但法國必須承認突尼斯的全部主權。所謂合作共存云者必須以法國承認突尼斯在外交上的完全主權爲先決條件。

不管摩洛哥與突尼斯與法國的關係怎樣演變，至少目前兩國已經獨立。兩國在國際冷戰中，尙無明顯趨象，但由於以埃及爲首的阿刺伯國家的媚共態度，對這兩個新興的國家的外交政策多少有些影響。

× × ×

目前在北非的問題中，摩洛哥與突尼斯的問題已接近尾聲，北非問題的焦點已集中到阿爾及尼亞的問題。

法國於第二次世界大戰時，得力於阿爾及尼亞不少。阿爾及尼亞不但貢獻了她在地理上的各種優良條件，也貢獻了她的子弟難以數計的鮮血和頭臚。法國對於阿爾及尼亞也是愛護得無微不至，將她視爲法蘭西的一個行省。一百廿餘年來在阿爾及尼亞存在的歷史，證明法阿人民間並無深仇宿恨，即令有些仇恨也不致於演變到現在不可解的地步。今日在這塊一向平靜的土地上，遍地發生着發洩人類原始野性的暴行。筆者並無意追敍這些血淋淋的史實，因爲已是衆所週知的事。謹願就現在的資料，將這個問題的本質予以概略的介紹並進而作一簡單的分析。

本年三月九日法國社會黨內閣鑒於事態的嚴重，要求國會通過緊急授權法案，由駐阿爾及尼亞總督拉考斯特氏 Lacoste 負清剿全責。清剿軍事並未順利發展，拉氏也深知阿爾及尼亞問題並非單純的軍事問題。但鑒於雙方軍事實力的懸殊，仍認爲軍事的進展將有助於問題的解決。五月上旬拉氏曾宣稱：「余不願宣佈余將有何奇蹟出現，但余有一合理的希望，即本年夏季終了，吾人將有具體的成就，可以奉告於國民：法律將再度君臨阿爾及尼亞」。

原來法國參謀總部正進行着一項大規模軍事計

劃，於本年六月上旬進行全面清剿，此所以拉氏開出「夏季終了」的支票。五月下旬阿爾及尼亞解放軍（Armée de Libération Nationale; A. L. N.）對此項軍事計劃曾提出嚴重警告：萬一法人屆時施行此一計劃，勢必遭到解放軍強有力的反擊，而其結果將必使事態演變爲不可收拾的局面。

在未進行這個大規模軍事計劃之先，法國內閣方面除了應該考慮這計劃能否成功外，還要考慮到這計劃即令成功，是否能够解決問題。誠如法內政事務國務員 Champeix 所言：「吾人在阿爾及尼亞並非在從事戰爭，因爲若單是作戰，則可望於一個月後獲得勝利。但吾人所欲贏得者並非戰爭而爲一個民族的向心問題。」

僅就軍事方面來說，阿爾及尼亞根本就不會成爲問題，更不應成爲一個難予解決的問題。曾任內閣總理雷諾氏（Reynoud）提出了一個基本問題：未來阿爾及尼亞地位應以什麼爲基礎？法蘭西現在所必需解決而又難於解決的便是地位（Statut）問題。

× × ×

法國執政的社會黨內閣曾一再說明，當前的急務是恢復安定與秩序，然後再在安定和秩序中與阿爾及尼亞的人民代表開始談判。（吾人須記憶此問題發生的初期，法人是不主張談判的，因爲他們認爲在阿爾及尼亞問題上並無談判的對象。他們不承認該地是一個存在主體，當然無法找到談判對象。現在承認談判與談判對象的存在，已經是作了一個很大的原則性讓步）。除了技術上的問題不談外（諸如當地法阿人民雜處選票的分配問題，人民智識落後是否能充分運用選權的問題等），即令有舉行談判的一天，問題也不簡單：果眞阿爾及尼亞的人民代表與法國方面召開圓桌會議共商該地政治制度的時候，法人實無把握確定這些阿方代表不直接了當地公開要求承認阿爾及尼亞的國格存在；彼時法方又將如何應付。因爲顯然地，武力淸剿的結果，無法使阿人心服。

也有人研究一項以經緯度作標準劃分法人區域與阿人區域（即法阿分治）的方案。這在事實上也是無法做到，因爲好的地方尤其是濱海地區都是法人建築與開發，所有公路、鐵路、港口、工場、良田和美地等百分之九十以上都是屬法方所有。若以現在所有者即將來的所有者，阿方必不肯接受，若犧牲現在所有者的權利，則何人又肯承擔這犧牲，同時又犧牲到何種田地方可滿足阿人的慾望。若結果是犧牲現在所有者全體的話，那現在又何必進行淸剿，花去許多軍費枉流如許鮮血。

也有人異想天開：在阿爾及尼亞成立一個法阿共和國，採取最大限度的地方分權制度，其主政者當然的爲法國內閣閣員。如此既符合法阿兩國人民共同生活在阿爾及尼亞的事實，也不致使該地失去與法國的聯繫。也有人更進一步地採取瑞士的聯邦制，先將阿爾及尼亞劃分很多的小邦，按照地理條件、經濟狀況和居民分佈等爲標準，儘量劃成爲獨立的小邦，劃分的小邦越多越好，然後使這些小邦共同組織一個聯邦，再使這一個聯邦與法蘭西合組成爲一個大的聯邦。

這些想法，眞可說無微不至，若在流血的事情未發生以前提出這些方案，或許還有討論的價值。但法人一直認爲阿爾及尼亞是法國的一個行省，根本就未想到這些問題。現在鎗砲聲已經響了，牠驚醒大法蘭西的美夢，却也遮沒了一切理性的呼聲。——假若上面所說的各種解決方案確實是合理的而並無陰謀存在，也抵擋不住强烈的鎗砲聲。

× × ×

話雖如此，但人類畢竟是有理智的，法蘭西人與阿爾及尼亞人當不能成爲例外。本年五月廿一日聯合社開羅消息稱：根據頗爲確實的資料，法國代表曾與阿方代表在開羅談到阿爾及尼亞的問題；談判的時間是本年四月上旬開始，談判大約兩星期左右，法方派遣的是外交部主管北非事務司的 Joseph Begarat 及近東問題專家 Geoges Gorce，兩人都爲社會黨員。談判是在極度秘密中進行，阿方曾要求法方確定其對阿爾及尼亞未來究作何項承諾，法方則表示願給予該地在行政上的獨立。但阿方表示，縱令法國不願現在就「獨立」予以承諾，但至少應在原則上承認阿爾及尼亞爲一個具有獨立的主體，一切問題則留待以後再作商討。——這當然是法國代表無權就地答復的事。

不久後法外交部發表了一簡單聲明，堅決否認這次秘密談判。理由是不願因談判而影響前線作戰的士氣。另方面也許是因爲双方的距離太遠，無法達到協議，既如此當然還是予以否認的好。至於這否認究具何種程度的正確性，我們實不免深表懷疑，根據過去印支事件的經驗，我們當能記憶在當時也曾發生過不少談判的消息，也同樣地予以否認，但事後却發現確實談判過。

阿方解放軍在埃及的發言人之一El Madoni於五月廿六日招待新聞記者時也同樣對此項秘密談判予以堅決的否認，理由當也不外乎是士氣與双方立場的距離。

自以中間路線領導人自居的尼赫魯，對於法阿衝突也不願失去調停的機會。本年五月廿二日尼氏曾提出五項解決方案：一、製造和平氣氛，二、法國基於自由原則承認阿爾及尼亞整體及國格的存在，三、阿爾及尼亞所有居民一律平等待遇，四、阿方承認所有在阿爾及尼亞居住的人民不分種族均以阿爾及尼亞爲彼等之國家，五、根據上述各項考慮並符合聯合國憲章上所規定的原則從事談判。

法國世界日報的反應是尼氏的建議，含義不太明顯，但並未說明法政府不予考慮。不過認爲尼氏曾提到法國承認阿爾及尼亞的整體及國格存在，亦即承認獨立的原則，法國方面認爲這一點不易做到，雖則承認獨立原則並非立刻獨立的意思，有如人民有離婚的權利並非即指馬上或將來必定離婚的意思。但由於摩洛哥及突尼斯的成例，使法國不願在這方面作原則性的承認。因爲必然地此原則上的承認不久即將成爲事實。官方對尼氏的建議尚未作具體的答復，原因還是：影響士氣。

阿爾及尼亞軍方發言人也同樣認爲尼氏的建議並不具體，不過表示阿方願予以考慮。原因是：尼氏建議有利於阿方，當然樂予考慮。

五月廿五日法新社伯爾格萊德消息，北非解放委員會駐美代表 El Abed Bouhafa 已抵達伯爾格萊德，攜有阿爾及尼亞和平方案，請南斯拉夫(現任安理會主席)與另一歐洲法國盟邦(大約係指義大利)及另一阿剌伯集團所選定的國家，共同組織一委員會，執行停火方案並進而監督自由選擧。五月卅一日羅馬又傳出消息 Bouhafa 氏已抵達羅馬，攜有和平方案。此前後兩次報導，證實阿爾及尼亞方面已有人在爲和平而努力。

但 Bouhafa 氏的和平努力並不爲其他阿爾及尼亞人所同意。Bouhafa 是阿爾及尼亞民族運動 Movement National Algérien 領袖 Mehali Hadj 的代表，而Hadj 本人在阿爾及尼亞解放陣線(F. L.N. Front de Libération Nationale) 看來是一個反革命份子。在埃及的 F. L. N. 發言人說明 Hadj 已與阿爾及尼亞解放陣線及解放軍脫離，否認 Hadj 氏及其黨徒所從事的解放運動，認爲與阿爾及尼亞人民毫無關連。他所做的以及他的代表(與尼斯籍的 Bouhafa)所作的只與他們自己有關，阿爾及尼亞人民不承認他們的任何作爲有拘束力。阿爾及尼亞解放陣線似乎已決定問題的解決必須以法國承認她的國格存在爲先決條件，否則問題的解決便只好付託於解放軍的不可摧撼的戰鬬力。

法國也不肯示弱，拉考斯特總督一再宣稱：談判必須來自阿方，而不應由法國採取主動，因爲遲早阿方將知道他們已無法在戰場上達到他們的目的，而不得不以談判來解決問題。

就表面上看，似乎双方都不贊同和平解決方案，但根本的問題是：和平談判是否能達到双方所希望的目的。目前困難在双方距離太遠無法談得攏。這裏涉及一個原則上的不同觀點：在阿爾及尼亞居住的九個居民當中有八個是阿爾及尼亞人，一個是法蘭西人。這八與一的比例，他們之間的權利應該怎樣才能有一個公平而合理的分配？以數量言，當然是阿爾及尼亞人應多享權利，這才合乎人人生而平等的原則，這才是以博愛、平等、自由爲立國根本的法蘭西共和國所承認的千古不變的大原則。但何以此原則在阿爾及尼便成爲一例外？這是阿爾及尼亞方面的基本觀點。但法國方面則認爲雖則人人生而平等是基本人權，但人人也應該是各取所值，這樣才是眞正的平等。法蘭西人雖佔少數，但今日的少數却正是阿爾及尼亞的主要支柱，無此少數的辛勤工作，則今日阿爾及尼亞仍舊是百年前的阿爾及尼亞。何況百年前的阿爾及尼亞原是一塊無主的土地。若謂阿爾及尼亞的居民對該地應該主張權利，則法蘭西人在實的方面言，亦應該是與阿爾及尼亞人處於同等地位，至少亦不應被視爲少數民族而受品質低劣的阿爾及尼亞人所統治。双方各有一個武器：一個把握了數量的多數，一個把握了質的優勢。

基於這種立場，任何一方均不到精疲力竭，不會讓步。

× × ×

就目前的形勢推測，最先讓步的似將爲法蘭西。近來法國政局已呈波動，此波動經孟德法朗士的辭職而成爲表面化。孟德法朗士於五月廿四日致書莫萊總理，表示莫氏「淸剿第一」的政策並不能爲他自己所心悅誠服地接受。淸剿則可，淸剿第一則不可，與淸剿相輔並行的應該是更爲寬大的政策。他並就此提出了他的具體方案：一、釋放政治犯，二、除宣傳仇恨外所有阿爾及尼亞報紙均應賦以言論自由權，三、所有對阿爾及尼亞曾採取或現在仍在採取高壓手段的官吏應一律解職；四、所有鎭壓性的機關一律解散；五、土地改革，重行劃分大地主的土地，使耕者有其田；六、低利農貸免使農民受高利貸的剝削；七、提高薪資等。

上述各項方案原本是合理而應該實行的，與社會主義的政綱原本相符，更何況莫萊本人又是社會主義的主要領袖，原不應與孟德法朗士發生政見上的衝突。時論每以爲這些方案不爲法國右派接受，同時莫萊本人又多少受到右翼的壓力。實則問題並不在於這些方案應不應該實施，而是果眞實施是否能換到阿爾及尼亞解放陣線的諒解而放下武器。大多數法國人心目中，認爲阿爾及尼亞解放陣線已採取了一項基本不變立場：達到全部要求或達不到全部要求。換言之，即寧爲玉碎不爲瓦全。既如此，則在淸剿軍事還未獲得決定性的成果時，便採取這些措施，無異是暴露法蘭西的弱點，助長迷信武力的解放軍的氣燄。

經濟方面，由於阿剌伯集團抵制法貨運動，使法國遭受到不少的困難。財政方面，由於戰火的蔓延，戰區的擴大，使法國內閣不得不向國會提出新的補充預算。目前阿爾及尼亞的預算項目，已將近超過，嗣後則必定超過，自不得不另求新的收入來源。錢的問題將是法國應付阿爾及尼亞問題的指南針。

除此以外法國還要面對着一個傳統的內部敵人：國際共產黨法國支部。他們到處發動和平運動，組織羣衆示威反對軍隊開往阿爾及尼亞。法蘭西帝國實已成爲反殖民地主義與國際共產主義滙合的洪流所沖壞的第一個犧牲者。在印支如此，在北非亦如此。

任何獨立運動都脫離不了外在的因素，阿爾及尼亞的獨立運動尤導源於外在的因素。否則的話，法國政府於第二次大戰流亡北非的時候便應發生獨立運動了。阿爾及尼亞所靠的外力最主要而又最表面的當然是阿拉伯集團；扶植獨立運動的中心地，當在開羅。但最潛伏而最不可忽視的因素仍是國際共產黨。此所以莫萊與畢諾訪問莫斯科時，特別將法國在阿爾及尼亞不得已的苦衷，儘情地向克林姆宮傾訴，但並未獲得一個明確的答復。根據畢諾氏所說，蘇俄已承認法蘭西在阿爾及尼亞的存在，但仍然對反殖民地的獨立奮鬬寄予最大的同情。意即蘇俄並未放棄阿爾及尼亞的解放軍，雖則此解放軍並非一定就是「人民解放軍」。

阿爾及尼亞問題極錯綜複雜，大有「剪不斷、理還亂」的情形。問題的裏層存在着各種利益的衝突：資本家與勞動者，殖民地主義與民族自決，大阿剌伯主義與法蘭西帝國等等利益的衝突。這洶濤何日始能平伏，如何平伏，這不僅是法阿兩方面的問題，也是新近及最近將來影響國際政局的一大問題。

中近東問題座談會

本社

時間：中華民國四十五年五月三十一日　地點：南陽街一號二樓

出席者　蔡以典　丁慰慈　劉博崑　夏濤聲　杜衡之　趙宋岑　胡秋原　包華國　毛子水　雷　震　夏道平　齊世英　蔣匀田　王師曾　王世憲（依坐位順序）

主　席　毛子水　紀錄　連青暉　楊欣泉

雷震先生報告：

中近東及北非已成爲今日冷戰之重要戰場。蔣廷黻博士說：中近東可能爲三次大戰之導火線。可見中近東問題之嚴重。此次埃及承認中共，更增加民主國家尤其是我國之困難。惟國人對於中近東及北非問題非常隔膜，本社茲應讀者之建議，出一中近東問題專號。今日特約請對於國際問題素有研究之諸位先生，舉行座談會，務使這個問題更加明白。並請外交部亞西司蔡丁二先生先就中近東及北非現勢作一報告，然後請各位依坐位順序發言。本社所擬之座談題目，僅供各位先生之參考耳。

座談題目：

東西兩方對中近東之爭奪

一　阿拉伯聯盟

二　巴格達公約

三　阿猶之爭

四　北非之爭

五　埃及承認中共後對我國之影響

蔡以典先生：

平常我們所稱之「中東」「近東」，包括阿富汗、伊朗、土耳其、伊拉克、約旦、敍利亞、黎巴嫩、以色列，沙地阿拉伯、葉門、埃及，不過因爲一談到這些國家的問題時，就一定要扯到北非，所以一談到中近東問題，在習慣上總把北非幾個國家包括在內，如摩洛哥、突尼西亞、利比亞、阿爾及尼亞、蘇丹等均包括在中近東區域內。這些國家裏邊，有一個特殊的組織，就是所謂阿拉伯聯盟。所謂阿拉伯聯盟，是聯合阿拉伯民族(國家)，說阿拉伯語言的一個組織，包括伊拉克、敍利亞、黎巴嫩、沙地阿拉伯、約旦、葉門、埃及，後來又加入北非的利比亞和蘇丹。這個組織最初係由伊拉克發起成立阿拉伯聯邦，他所以要發起這個組織，係受英國人的嗾使。英國感到對這一帶地區在第二次世界大戰以後恐難以控制，因此嗾使伊拉克組織阿拉伯聯邦，想利用來保全英國的勢力不至於從這個地方撤退。但埃及反對而組成了阿拉伯聯盟，成爲阿拉伯集團反英的根據。英國人非常失望，他感到自己在這個地方將難於立足，於是又嗾使伊拉克同土耳其簽訂軍事聯防協定，英國自己也參加在內，以後巴基斯坦與伊朗亦相繼參加，卽所謂巴格達公約。英國想提高伊拉克的地位，藉以對抗以埃及爲首的反英勢力。但因此更使埃及增加對英國人的仇恨，於是埃及又與敍利亞、沙地阿拉伯簽訂軍事同盟協定，以相對抗。

談到這個地區，情況相當複雜，如外約旦（Trans Jordan），原爲英國代管地，於一九四六年始獨立，一九四九年改名約旦；敍利亞原來也是法國的代管地，於一九四四年始獨立；黎巴嫩原來亦爲法國代管地，於一九四四年獨立；以色列是在第二次世界大戰後猶太復國運動成功了，才於一九四八年成立這個國家。我們知道這件事美國人費了很大的力量，才成立以色列國家，但以色列的成立，是阿拉伯國家最痛恨的一件事。卽以伊朗而論，伊朗並不是阿拉伯集團國家，但他本身是回敎國。所以還是支持阿拉伯集團反對以色列。

在這個地區所發生的有幾個問題，値得我們重視。第一、這個地區之所以複雜，主要是因爲他本身也有問題，再加上東西兩大集團(侵略與反侵略集團)在這個地區時相衝突，因爲他有戰略地位以及他擁有戰略資源。這一地區石油儲藏量極豐富，佔全世界總儲藏量百分之五十。此實爲兩大集團衝突的重要因素。第二、因爲反侵略集團本身並不堅強，發生了一些裂痕，導致侵略集團有機會滲透到這個地區。分析反侵略集團發生裂痕的原因，約有幾點。(一)英、法兩國尙未在這個區域放棄其殖民地主義，他們侵略的作風仍繼續存在，像塞浦路斯、亞丁科威特、阿曼、巴林島、喀他等地都是英國人的保護地，在北非的突尼西亞，摩洛哥原爲法國殖民地，突尼西亞到今年(一九五六)三月二十日才獨立，摩洛哥亦於今年三月二日始行獨立，這兩國經過了無數次的鬬爭，才獲得獨立。此外，法國同阿爾及尼亞也發生了問題，該地有九百萬人口，法國人只有一百萬，直到今天爲止，還沒有達到獨立的目的。(二)阿拉伯人與以色列(猶太)人之爭。因這個問題，才導致俄國人的滲透。有些人說，以色列是俄國支持他立國的。蘇聯在黑河附近設有一個猶太區域，但俄國人並不希望猶太人復國，他只是想藉此運動，製造紛亂而已。故猶太人之復國運動，並不爲蘇俄人所滿意。自猶太人恢復他的主權，成立以色列國以後，流亡在蘇俄的猶太人想回到以色列去，引起騷動，當時蘇俄屠殺了許多猶太人。所以蘇俄希望這個地區製造紛亂，可以讓他利用。靠近蘇俄邊境的有阿富汗、伊朗、土耳其等，現在阿富汗差不多已投入蘇俄懷抱，因為地區關係，故阿富汗和西方國家相當隔絕。我在伊朗時，蘇俄派了許多技術人員幫助阿富汗建設。原來阿富汗京城沒有電燈，馬路很壞，都由蘇俄幫助他建設好了。同時阿富汗與蘇俄在貿易上也保持着密切的關係。

以上是對這個地區的情況，作一個簡單的報告。

我們再看蘇俄對這些國家有些什麼行動。第一、關於阿拉伯同以色列之爭。我們曉得一九五一年，以色列想在安理會通過不必獲得敍利亞同意，可在胡拉湖(Lake Hulah)附近建築水壩工程之決議案，結果為蘇俄所否決，這就是證明蘇俄對阿拉伯聯盟的幫助。第二、在一九五四年，蘇俄在安理會又否決飭令埃及開放對經由蘇彝士運河開往以色列船隻所施各種限制之決議案。同時蘇俄又於一九五五年九月與埃及簽訂軍火協定，供給埃及軍火。於一九五五年十月底，捷克與敍利亞又簽訂軍火協定。並且蘇俄又向埃及致意，願意幫助埃及修建尼羅河上游之 Aswan 水壩。因為在這個時候，埃及曾向美國借款，以修建此一水壩，但因雙方談判條件不合，結果沒有成功，蘇俄即利用這個機會向埃及建議，願意幫助埃及修建這個水壩。雖然到現在還沒有談判成功，但納瑟已明白表示，西方既然不幫助他，他願意接受蘇俄的幫助。最近蘇俄曾建議為敍利亞設立煉油廠。這也是對阿拉伯集團表示好感。本年二月，蘇俄訪問黎巴嫩的八個工程師，表示願意協助黎巴嫩發展公路及農業經濟等。此外蘇俄的附庸國也配合他的主子做拉攏這些國家的工作。本人在德黑蘭時，就知道捷克去年曾在這一帶作工業展覽，匪偽方面也經常派訪問團或商務代表團到這一帶去訪問。而在我們這方面，因為西方國家對於這一帶地區的政策不切實際，結果弄成阿拉伯國家不向這邊表示友好，而回過頭去向蘇俄集團表示友好。今年三月六日，埃及、沙地阿拉伯、敍利亞三國在開羅舉行會議六天，決議三國為保衞阿拉伯民族利益而共同奮鬥，並支持萬隆會議。此外，本年三月一日及十一日英法兩國外長先後訪問埃及，但並無任何結果。又今年四月廿一日，沙地阿拉伯、埃及、葉門三國元首在吉達舉行會議，發表公報表示政治合作與軍事互助。凡此種種，均係阿拉伯集團對付西方國家所採取的措施。

丁慰慈先生：

我所要報告的是俄國在中近東勢力膨脹的概略經過。

俄國與土耳其是世敵。十八、十九兩世紀，帝俄就曾與土耳其（奧土曼帝國）作過若干次戰爭，想取得地中海和波斯灣的出海口，這兩處都是在土耳其控制之下的。今日中近東大多數地區即原奧土曼帝國領土。在第一大戰後分由英法諸國治理。

十月革命，蘇維埃政權成立，對帝俄在地理上所決定政策的因素，仍然沒有變更；並且在這個政策之下，加上馬列共產主義，強調東方弱小民族問題配合西方的階級鬭爭。而這一點也正是所謂列寧主義的特點。

一九二〇年，蘇俄召開巴庫會議，邀集若干回教國家，大談反帝論調，支持蘇維埃政權，企圖使回教國家成為蘇俄的外圍。可是當時大會閉幕宣言所強調的是民族主義，而非共產主義。這次會議，蘇俄並未達其目的。

巴庫會議之後，蘇俄致力於中央亞細亞的建設，圖以中央亞細亞五共和(回教)國家之經濟政治，影響中近東回教國家，並訓練中央亞細亞五共和國之特務，向中近東回教國家活動。

蘇俄的政治滲透與軍事威脅向來是相輔相成的。第一次大戰後，蘇俄曾在阿富汗發動政變並在伊朗北部樹立傀儡政權，但均未成功；阿富汗和伊朗之門于是關閉。二次大戰結束後，蘇俄違反德黑蘭三巨頭協定，不願撤退伊朗北部阿色爾拜然駐軍，美英法支持伊朗向聯合國安理會提出控訴，英國且準備出兵南部，支援伊朗，使蘇俄不得不撤兵。在此前後，蘇俄另曾向土耳其提出要求：共管達達尼爾海峽和土割讓三省與蘇俄。在英美撐腰之下，土耳其學生發動大示威，使蘇俄的無理要求，寂然而終。同時，在希臘培養的游擊隊，遭希政府消滅，蘇俄又是一次失敗。

蘇俄所成功的是東歐附庸國的赤化，中國大陸的赤化，但以韓戰越戰的相繼發生，使蘇俄無暇以主力向中近東活動，這種情況一直維持至一九五四年。

一九五四年，蘇俄曾趁敍利亞在一九四四年脫離法國獨立後的政治社會的岌岌不安，由其駐聯合國之代表與敍利亞駐聯合國代表接洽，誘惑敍國向蘇購買軍火；次年又與埃及接洽。蘇俄出售給他們的軍火數額既大，價格更格外便宜，付款辦法也于埃及有利。當時，英國想鞏固其中近東的勢力，組成阿剌伯同盟，詎知阿剌伯同盟後來反而成了阿剌伯國家反英的組織，英國遂退而再組織巴格達公約，阿剌伯同盟乃分裂為南北兩大集團，北部以伊拉克為首，南部以埃及為首，兩國互爭雄長。埃及於接受美援之餘，不惜又挾蘇俄自重，以增高其身價。一九五五年六月狄托訪問埃及後，納塞狄托即發表聯合公報，呼應尼赫魯的中立路線。公報發表不久，蘇俄便派眞理報主筆謝波洛夫赴埃簽訂投桃報李式的軍火協定，種下今日世局緊張的根源。是時，四國首長正歡聚一堂舉行會議。

蘇俄目前在中近東之活動已遍及社會各階層，要以廣汎的社會各階層的力量影響政府首長的決策。使各回教國在美蘇鬭爭時不知不覺中發揮共黨外圍作用。蘇俄在中近東的陰謀是：㊀中立各回教國，進而予以赤化。㊁進而由赤化的回教影響印度，使印度完全投入蘇俄懷抱。

今日中近東形勢非常複雜，其複雜形勢是以下因素所造成：㊀英美法中近東政策同床異夢，互相矛盾。㊁以列色與阿剌伯國家的矛盾。㊂阿剌伯同盟本身的矛盾。

雷震先生：

蔡丁兩位先生已報告完畢，現在開始座談，請各位發表高見。

劉博崑先生：

英國工黨比萬去年訪問日本時，說過這樣的話：「只要有殖民主義或殖民地存在，便無法避免國際戰爭。只要有貧困在國內存在，便無法避免國內戰爭。」這話的意義，我覺得很新鮮。中近東問題的複雜，歸根到底還是殖民主義殖民地所造成；英美法間的矛盾，阿剌伯國家的矛盾，都是殖民主義殖民地在作祟！

埃及承認匪共，好像很突然，實際上並不足爲奇，所造成的局面並不嚴重。十月革命以後，土耳其曾接受過蘇俄的赤化，當時情況異常嚴重，結果，蘇俄並沒有達到赤化土耳其的目的。一九二四年，中國國共合作，國民黨被共產黨所滲透，當時情況何嘗不嚴重？然而，共產黨並沒有滲透成功。土耳其和中國何以有這段的歷史，也就是殖民主義殖民地在作祟，飽受殖民地半殖民地之苦的，幾近乎是饑不擇食的求擺脫。從上述歷史看，不要以爲埃及投靠蘇俄，蘇俄便可以把埃及吞了，事實上，不過是納塞掌握政權後所玩的手法而已。

以蘇俄來說，現在中近東的行動，也僅是防守性的。中近東等於蘇俄的大門口，由中近東進攻蘇俄是條捷徑，由北大西洋公約以至巴格達公約，爲自由國家的一道封鎖線包圍了蘇俄，蘇俄遂亟于要掌握埃及。不過，巴格達公約之存在，已使埃及不能有所作爲；另一方面，單就以色列和埃及的糾紛，就够使埃及忙于應付，埃及曾被以色列吃癟過。所以西方國家也樂得讓蘇俄這樣去做；只要拿住了蘇彝士運河。

現在的局面固令人煩惱，然以爲這樣一來蘇俄就可以吞了阿剌伯國家，那還遠得很；納塞有無膽量放這把火，還屬疑問！

夏濤聲先生：

近年來東西冷戰有幾個重點：一個是歐洲的西德，一個是中近東，一個是遠東的日本。目前冷戰的結果，西德方面是蘇俄失敗，艾德諾爭取了西德獨立，與民主國家關係密切。中近東盛產石油兼以戰略地位之衝要，戰前戰後都是在英法控制之下的；自英伊石油糾紛，西方國家威望日見低落，蘇俄之力量則日益增加；今日中近東的形勢，蘇俄固不見得是百分之百的成功，但西方國家的失敗則屬顯然！將來的演變如何，因問題太複雜，我們此刻還看不十分清楚；可以預料的是西方國家決不肯放棄中近東。歐洲國家所需石油百分之九十靠中近東供應，放棄中近東，石油來源便非仰賴美國不可，其運輸固然可觀，而美國本身尙感石油產量不敷應用哩。以戰略價值言，在二次大戰已充份顯著，有人說，苟非英國控制住蘇彝士運河，戰爭形勢必然改觀。可見中近東戰略地位之重要，西方國家是決不肯放棄的。現在蘇俄冷戰的箭頭又指向遠東的日本，一方面擾亂中近東，一方面擾亂遠東，這兩處冷戰的變化，將影響今後世界形勢，故雙方均用盡一切方法在這兩處互作冷戰。在日本，美國如不能妥善應付，鳩山可能追踪尼赫魯、納塞之後，他與重光葵之爭，派河野赴莫斯科簽訂漁業協定，安知不是一個開端？

杜衡之先生：

埃及承認中共僞政權，在我看來，是必然的。埃及與中共早就發生了貿易關係，事實上已承認了中共僞政權，現在的聲明，則屬法理的承認。事實的承認與法理的承認，兩者比較，還是事實的承認重要，法理的承認祇是表面文章。我自由中國與埃及的貿易數額甚少，在開羅的大使館，也僅是象徵性而已。所以，埃及承認中共僞政權對我國並沒有甚麼大的影響。

不過，主持國際宣傳的却發表談話說，國際局勢嚴重了。我實在想不出，國際局勢嚴重與埃及承認中共僞政權有甚麼關係？是不是埃及不承認中共僞政權，國際局勢便不嚴重？這未免有點阿Q精神，反顯出我們內心的恐慌。中東的形勢非常複雜，埃及承認中共僞政權，在中東複雜的形勢中，所佔的成份極少；也許因埃及之承認中共僞政權，使阿剌伯國家背離我們，使我們在國際上更孤立，甚或會影響我國在聯合國的地位；如果有這種可能，我們不妨坦白承認，用不着繞大圈子。

阿猶之爭的巴勒斯坦共有人口二百四十萬人，三分之二是猶太人，三分之一是阿剌伯人，猶太人成立以色列後，將八十萬阿剌伯人予以驅逐，他們的景況比我們從大陸撤退來臺時更慘。他們現在完全靠國際救濟維持，他們天天想重回家園，在這種情形之下，要他們不打仗，維持和平是不公平的。等于不讓我們反攻大陸一樣；這種和平是假和平。

巴勒斯坦的糾紛由來已久，聯合國屢次調停均未能成功，猶太人不顧調停而成立了以色列國，並驅逐阿剌伯人，五個阿剌伯國與之作戰，都告失敗；國際上反而承認了以色列的地位，聯合國對之無可奈何，祇好維持現狀。

從阿猶之爭中，我們得到了兩個教訓：㊀我們要復國不一定懼怕國際的牽制。㊁我們不必害怕國際上會給我們戴上破壞和平的帽子，我們所需要的是眞和平，而非假和平。

趙宋岑先生：

我想從邊界糾紛方面來分析中近東問題的複雜。

在巴基斯坦與阿富汗交界處有一塊地方名叫「巴基士共斯坦」，原是阿富汗領土，英國佔領印度，連帶將該地納入印度版圖。印度獨立後，分裂成了兩國，巴基士共斯坦劃分與巴基斯坦，阿富汗支持巴基士共斯坦的巴山族與巴基斯坦抗爭，影響了巴基斯坦與阿富汗的邦交。阿富汗爲增强力量，遂向蘇俄靠攏。

「伯雷曼」是阿曼與沙地阿剌伯交界的地方，發現了石油，阿曼與沙地阿剌伯互爭油權，阿曼是英屬地，油權掌握在英人手裏，進而引起了沙地阿剌伯與英國的爭執；而沙地阿剌伯的油權則掌握在美國人手裏，無形中又成了英美之爭。

英國曾擬將阿曼亞丁組成聯邦，亞丁在葉門的支持下表示反對，因爲亞丁最早屬于沙剌蘇丹，追溯歷史，葉門認爲有權管理亞丁這一地區，因此，葉門參加了埃及領導的反英集團。

我的看法，短期內，中近東無打仗的可能。

一九四七年聯合國決議調停巴勒斯坦紛爭時，猶太人是支持的，阿剌伯人不贊成；英國軍隊撤出巴勒斯坦後，猶太地下部隊便與阿剌伯人打了起來，雙方各動員三、四萬部隊，阿剌伯出兵較多的是埃及與約旦，益以英國人領導的阿剌伯兵團戰鬪力略强，仍抵抗不過猶太軍。猶太人佔領巴勒斯坦後，猶太軍幾乎攻入埃及境內，可見埃及是經不起打的。

現在的情況，埃及人是吵得厲害，要打仗則毫無把握。以色列的人口雖祇一百六十萬，但有常備兵五萬，戰時可動員十五萬人，埃及等九個國家的總兵力也不過二十萬人。埃及所以吵得厲害完全是納塞鼓動起來的，納塞要藉此促起回敎國家的團結而取得領導權。但如果眞正打起來，納塞首先要考慮到他自己在國內的地位能否穩固。萬一埃及勝了以色列，美國也不會袖手旁觀的。

中近東問題之所以複雜不易解決，乃是：㈠回敎的宗敎狂熱不容妥協。㈡納塞在製造高潮。

胡秋原先生：

百年前俄帝重創於克里米。一二兩次大戰後欲出黑海，皆立被阻止，今竟伸手于埃及，似極大膽，然我不信俄帝已敢在此一戰。他目前目標，在對消迂迴巴格達公約，在爲第三次大戰佈置棋子，而最現實之目標，仍在擾亂此一區域。使自由世界自行困擾於中近東，無法對俄；然後設法「剝削」其中利益。

俄帝所以能如此者，自因此處有多種矛盾。阿猶種族之爭，一也。以色列立國，始於英而成於美。美固有其遠謀，然此中得失，美國亦有人疑問。殖民主義與民族主義之爭，二也。尤以法國對北非之患得患失，加上對德國復興之恐懼，其趨向有足爲俄人利用者。中近東各新國間之爭執亦甚複雜，三也。如阿富汗與巴基斯坦之邊境糾紛，如伊拉克，約旦與沙地阿拉伯之王統糾紛。伊拉克與埃及領袖地位之爭等等。美國迄未加入巴格達公約，則英美間不無問題可知，四也。此處社會問題，素甚嚴重，而因石油開發，益使暴發統治者與窮極的人民之間，形成絕對貧富對照，五也。此中近東的問題之有易燃性，有如石油。

凡此皆可謂「歷史之懲罰」！而此種懲罰，主由殖民主義而來，即阿拉伯民族之內部糾紛，亦多爲「分而治之」之產物。殖民地區，今日都經歷一種情勢：一、殖民主義之遺物因民族主義之興而生種種矛盾；二、俄帝欲以新殖民主義代舊殖民主義；三、美國方力圖阻止新殖民主義，或代英法而承擔各種新的責任。在此意義，中近東之多事，不足爲奇。

然此外尙有更深刻根本之問題，即所謂「落後地區」，今日正經歷一種文化上之過渡時代。凡落後地區一遇資本主義文明，即發生軍人政治，洋場經濟，由此產生一種摩登酋長、王子、貴族之專制，豪奢與腐敗。其次，其固有文明，因工業文明之衝擊，發生新的知識份子，以及國粹主義與西化運動之爭。於是婦女蒙面之地，王子甚喜娶明星。於是有浮動知識份子提倡一種似是而非的民族主義社會主義，極易受俄帝利用。而新軍人政權如納瑟之流，其敎養不能與凱末爾相比，並無治國經驗，只好以對外强硬，得浮動者之喝采，爲鞏固政權之法門。加上尼赫魯、狄托投機成功之榜樣與招搖，造成今日埃及之趨向。在中近東的諸國獲得文化的成熟之前，恐無法眞正安定。

俄帝海軍方在增長，如近東變亂擴大，使俄帝能在三次大戰中利用埃及地中海一帶爲跳板，則問題誠甚嚴重。但我不以爲中近東問題，目前已嚴重到可以形成大戰。由地中海攻俄，是可致俄死命的。俄之海軍或潛艇尙不足在此應戰。回敎主義大體還是反共的。納塞等之政權，實不穩固，未敢眞正冒險。埃及承認中共，不足在聯合國中形成承認中共之多數，只要無多數，我們代表權尙無問題。

中近東亦打不得。我祈禱其無事。蓋中近東究爲非共世界。所謂打不得，是指自己打不得，非打不得蘇俄。由地中海打俄帝，是最好戰略。但最近要打，是中近東自己打（如阿猶之戰）。如是英美力量將吸收在非共世界之內鬪中，那將中俄帝之計。故中近東應以力謀安定爲上策，必須除掉非共世界的矛盾而一致對俄，才是上策。我們如能爲力，應促中近東安定，我們對阿猶不可左右袒。

所以我希望美英能合作安定此一區域，解消此一地區之矛盾，而此須針對其近因遠因。除哈瑪紹之努力外，無論是法國與北非之矛盾，以及阿盟各國間之矛盾，乃至希土矛盾，都當盡力使其和緩。要緊的是，對酋長們要敷衍，但對人民生活亦必設法改善，美國過去對後者實未曾充分注意。這要多花點錢。美國尤應扶助和鼓勵良好傾向，即反共而又民主的傾向。土耳其應當扶助，伊朗及敍利亞亦有民主的份子。其次，必須下大決心，通過聯合國嚴禁俄帝軍火輸入中近東。最重要的是文化思想之合作。美國人老抱住什麼「西方」「東方」觀念。而未充分發揮「一個世界」觀念，實爲錯誤。消極的應注意避免刺激回敎對若干美式文化之反感(如最近美國對外交人員之訓令，當有感於此)，積極的尤當與回教中開明而有學問的人合作。沒有優秀的回教知識份子之勢力，是不能領導及安定中近東人民之精神的。

就自由中國而言，吾人應作短期長期兩種打算。今日國際形勢實甚緊張。最近美空軍負責人有謂俄帝三年後力能摧毀美國者，此言意不尋常。然僵局亦可能延長。三年左右世界無大事，則僵局延長十年以至十年以上之久，亦未可知。埃及承認中共之事，雖不足深憂，但是，我國外交地位之日益低落，而且是在亞洲地位之日益低落，則大須儆惕。埃及之事，自非外交之力所能阻止，然如謂我們根本無法做得更好一點，則爲自暴自棄之言。我想二事應當注意。根本上總要提高自己信譽，使人對我們懷抱希望心。須知我們的實力有限之至。然一人無錢無勢，其人格學問便更重要。國亦如是。政府與社會表現道義與才智，生氣和規矩，有新氣象和新作風，外交上才有安全與出路可談。如自己不像樣，自己不存向上之心，而且不斷出毛病，鬧笑話，則恐最支持我們的朋友也會失望，那就危險極了。其次，使節代表國家，人選是重要的。如當年佛蘭克林之在法國，今日我國蔣廷黻先生之在聯合國皆可見之。又民國六年，我國對德宣戰前，德使活動阻止到最後一分鐘。此其公忠毅力，吾人代表國家者皆能有之乎。倘使節之人品學問知識爲人所輕視，實比沒有更壞。一般說來，各國當局總是首先由你的使節來衡量你的國家之重量與命運的。政府與外交部總要在自己圈子中選擇第一流人才才是道理。

包華國先生：

我很同意秋原兄那個歷史的觀察，就是蘇俄假若想征服世界，時間一到，一定要到中東。不僅爲了爭取戰略地帶，蘇俄要插脚中東非洲，就是爲了其他資源及油田，蘇俄是勢必問鼎中東。所以我認爲蘇俄的力量達到中東，戰爭就快爆發了。所謂第三次世界大戰爆發的可能，在目前看來，好像是微少得很。有人甚至說遙遙無期。現在科學雖然甚爲發達，美國如能在科學發明上阻止襲擊，大戰或者可能避免，惟到目前爲止，美國仍然最怕的還是蘇俄的襲擊。在這種彼此懷疑畏懼的情況下，長期和平共存既然是絕不可能，就歷史的事例看來，戰爭恐怕是必然的過程。因此雙方現在都在積極準備，這是無可諱言的。除非科學的進展可以防止襲擊或使任何國家都不敢發動戰爭，這一情況是很難改變。剛才秋原兄說此次蘇俄伸展魔爪於中近東，是爲未來戰爭佈置一只閒棋，我認爲決不是一只閒棋，而是有計劃的很重要的一只棋子，但這不是說大戰馬上就要發生，而我認爲是國際的大勢向大戰的方向更邁進一步。雖然我也和大家一樣認爲現在還打不起來，但我心裏有這樣進一步的想法，特提供出來就教於諸位。假定我這個解釋可以考慮的話，就要談到另外一個問題，卽目前中東的演變與遠東的關係。我們在二次大戰以後的歷史上，可以看得很清楚，就是蘇俄在西方加緊侵略的時候，就將遠東放鬆，遠東情勢緊急，歐洲局勢必然緩和下來，這是蘇俄一貫的作法。本來中東不是冷戰的戰場，現在竟成爲戰場了。可以說目前世界上已有三國冷戰的戰場——中東、遠東、歐洲。現在的情形是遠東緊張，歐洲和緩，自柏林事件以後，歐洲一直是比較安定。遠東則一直緊張，繼中國大陸淪陷後，接着而有南北韓，南北越等問題的發生。現在共產集團的魔掌又伸向中東，我的看法，今後共產集團可能放鬆歐洲同遠東。假若如此，則是我們的危機。這話怎樣說呢？就是今天我們要瞭解我們都希望王炳南同強生的談判能卽時斷絕，但一直不能斷絕。我懷疑假若共匪放盤，局勢會不會急轉直下，馬上會有更高級的談判發生。三年前蔣廷黻先生說得好，這幾年我們在國際上很有進步，當然是由於我們有若干方面的進步，但主要還是由於敵人的錯誤。今天假如敵人不再錯誤，我們的處境必然增添困難。假若蘇俄在中東方面謀發展而在遠東方面放鬆，竟唆使中共在遠東鬆手或甚至對臺澎問題暫時放盤，將使荒謬絕倫的「兩國中國」以至託管等論調甚囂塵上，如果這樣，對我們當然甚爲不利。好在戰爭卽迫在眉睫，這對中華民國而言，未始不是好的，因爲中東問題的緊張不僅使世界的危機加深，也使戰爭發生的時間提前。還有一點好處，我們知道民主集團內，雖然美國是領導者，其他民主國家對共產集團的意見則是不盡相同，以關係最密切的英美兩國而言，就帶有不同的意見。但是中東一帶關係英國利害甚大，蘇俄集團的力量伸入這一地帶，必然會使英美兩國加強團結與合作。

其次，談到埃及承認中共，對我們有無影響，我認爲絕對是有影響的。如果說沒有影響，那是自己騙自己。剛才有人談到埃及承認中共後將影響我們在聯合國內的席位，我想這是必然會有的影響，因爲繼埃及以後，看情勢沙地阿拉伯、黎巴嫩、敍利亞都將要承認中共。在這個情況之下，我想美國人比我們還要着急。不過說是本年內我們就會在聯合國大會內發生問題，我是不相信的，美國今年大選，非努力支持我們不可，英法兩國已直接表示過，今年聯大內絕不會對我們的席位引起問題。但以後的趨向如何？則我們實不敢樂觀。我們須得警惕，須得加倍努力。一相情願的看法是要不得的。雖然今天我們的國際地位是非常低落，秋原兄說得很對，一個窮光蛋，只要人格健全，力量就大，今天我們有很多地方，還不够健全，需要改進之處甚多，望大家加倍努力！

齊世英先生：

中近東現在發生的麻煩，當然是由於殖民主義同帝國主義在作祟，蘇俄就利用大家這個情緒來製造麻煩和混亂，不過蘇俄現在中近東還不會發生很大的作用，因爲共產黨在中近東還沒有很大的基礎。他今天只是想利用這些政府，而這些政府本身大概都是反共的，祇爲討厭殖民主義、帝國主義，這些政府也想利用蘇俄來對付殖民主義與帝國主義國家，所以這是彼此互相利用的一個局面。一旦達到了他們自己的目的，他們還是各做各的事，這是我對他們一個根本的看法。

英國人已一步步的從遠東、印度往後退，現在已退到中東同近東，將來還要退，他在蘇彝士運河的權益已感覺到有點靠不住了，所以把塞浦羅斯島當作一回事的來爭。法國也是一步步退，過去對越南不肯放鬆，現在已沒有辦法，只有放手，對北非也不得不一步步放手。換言之，殖民主義已在一天天沒落中。蘇俄匪共在這些地方只想利用這些國家，事實上打算錯了，雖然殖民主義國家一步步往後退却，但美國人一定還要負起這個責任，不會輕易的讓這些國家投入蘇俄的懷抱。所以我看中近東沒有很大危險，我認爲如果眞的一旦大戰爆發，第一戰場是在歐洲，第二戰場在遠東，第三戰場才在中近東。美國現在在北非中近東建立了許多空軍基地，還佈置了强大的地中海艦隊，這當然是對俄國一個很大的威脅。這個地方，根本是落後地區，毫無工業基礎，僅出產一些石油，我看美國人的需要，只想把中近東成爲一個前進基地，將來一旦戰爭發生，使進攻俄國可以方便，能到這樣一個程度也就够了。至於現在俄國以軍火供給中近東國家，我認爲這一點不必顧慮。說到軍火競爭，總還是美國的力量大，美國生產量大，若是眞正競爭起來，美國人一定佔上風。所以我認爲今天俄國在中近東整個的戰略是想擴大影響範圍，以空間換取時間，而不想在那裏進攻，當然他的最終目的是想把整個世界共產化，但現在他還不能達到這個目的。他的生產力以及國內的情形，事實上是比不上自由世界的。

將來整個的問題還在西歐，我們看俄帝對西歐是否有力量？我認爲也大有問題。我們知道西德的態度已很明顯，故看情形俄帝在西歐也還得一步步退却。再看遠東方面，日本現在態度儘管不大明顯，但結果還是要走到對抗蘇俄這一條路上去的。

至於埃及承認中共後對我們的影響，當然很有影響，尤其在聯合國方面，對於我們的代表權可能發生不良的變化。至於將來我們對埃及以及若干阿拉伯國家是否放棄，我以爲儘管沒有外交關係，還是不能放棄。現在中近東還派有外交使節的國家，希望他們能努力做下去。此外對於國民外交，應積極發展，希望國內的政治家和各界人士，能到中近東去走一走，光靠外交官的努力是不够的（因爲外交官講話比較客氣，還多少帶一點外交辭令，而從事國民外交，可以很坦白的，開門見山的講出來）。中國過去受帝國主義的蹂躪，曾借重俄國人的力量，即國民黨所謂「聯俄容共」，把這中間的利弊得失，坦白的告訴他們，很可以供他們參考。我想這些阿拉伯國家一定會相信的。因爲他們在本質上也是反共的。這些事情都是我們今後所應該做的，這樣也許可以將局面慢慢轉變過來，至少可以使少幾個國家承認共匪，我們在聯合國的地位也可穩固一點。

蔣勻田先生：

我認爲埃及承認中共，對我們在聯合國的席次有影響，而且可能很快的就有影響，不過我覺得就是把我們驅出聯合國也沒有什麼大關係，並非阿Q精神，因爲現在聯合國內共產集團的勢力日張，我們已沒有辦法在聯合國裏求達復國的目的，聯合國也不能給我們以復國的機會。假使我們長期不能復國，我們在聯合國的地位，無法永久保持下去，就是埃及不承認中共，我們也不能保持。

再一點，我不是爲外交部解釋，埃及承認中共政權，外交部無法挽回這個局面，老實講，今天外交使節對外的活動條件太有限了。就是我們對美國的外交成就，多半是人家要這樣做，不管我們派任何外交使節，人家還是要這樣做，所以這些錢都可以不必花。

我們看這一百年來的埃及，無時不在受英國法國土耳其的侵略。這種仇恨，不要說在回教國家（因回教國家有特別的文化），就是任何國家也無法忘掉的。今天美國對於法國，也無法勸法國趕快解決阿爾及尼亞的問題，更無法勸英國放棄中近東的權益及保護地。美國不但不能仗義執言，而且他自己對這個地帶的軍事戰略也無法放手，何況該地又產石油，美國石油不够，當然不能讓石油於敵人。所以今天的美國對於埃及的關係，等於他把英法侵略的責任背在自己肩上。再加上猶太人復國的問題，你想埃及對美國還會有好感嗎？在這一百年中，蘇俄並沒有侵犯到這些國家，除了受過蘇俄毒害的國家知道蘇俄可怕外，回教國家並不感覺到蘇俄如何猙獰可怕。所以從歷史上來說，我認爲在這個地帶，民主國家如與蘇俄作冷戰，那民主國家必然要失敗。假定在這個時候打起熱戰來，我認爲對民主國家不會失敗，在這個地帶發生戰端，可能逼出俄國參戰，假定能逼出俄國參戰，這就是民主國家在政策上的一大勝利，是否能逼得出來，當然很難判斷。剛才齊先生說歐洲是第一戰場，遠東是第二戰場。在我看來，假定在遠東發生戰爭，蘇俄不會參戰（過去的韓戰與越戰即爲一例）假定在中近東或西歐發生戰爭，他就可能參戰，假定中近東發生戰爭，俄國不參戰，拿英美以聯合國的力量可以很快的解決這個問題，這種解決當然脫不了殖民地高壓政策的性質。假使英美有決心，表示以後再不作殖民打算，要以政治方法把這些國家在幾十年中扶上民主道路，這到是解決中東問題一勞永逸的辦法，假定能這樣做，這條路是走得通的。

但這些僅是我們的解釋，只能當作一種天方夜譚。

不過有一點，我們絕不要忽略，就是回教的文化和共產黨的文化，在本質上，形式雖異，然不無可通之點。前幾年有很多人說，宗教——尤其是回教

——是共產黨的障碍。我記得看過一本羅素的「自由與組織」，他說天主教的組織與共產黨的組織相等，可是天主教在當時，儘管想以教統一宇宙，可是他有一種崇高的理想，也可說是有一種出世的精神。但回教則不然，回教的祖師就是穆罕默德，他從前曾經對羅馬皇帝說過，服從我的人可以叫他生存，反對我的人，就叫他滅亡，所以有左手執刀右手執經的說法。他這種教，是控制思想，所以他能以宗教爲基礎，成立回教帝國。從這些地方看，回教的思想不自由是毫無疑義的，他的文化都含有一種精神上的神秘性，民主的成份很少，這合於共產黨的滲透。因爲他與共產黨在本質上有相同之點，缺乏民主自由的成份。所以我的意思，假定阿剌伯國家讓蘇俄慢慢進去發展，幾年以後，熱戰再發生，則民主國家就無辦法了。因此我希望在這個地帶所發生的問題，民主國家不可因循。

王師曾先生：

「東西兩方對中近東之爭奪」，也就是英美與蘇俄在中近東的爭奪。以過去的歷史說，雙方在中近東的爭奪，是英美勝利，蘇俄失敗。目前，英美與蘇俄在中近東的爭奪是主力的；中近東複雜的情勢，利于蘇俄的滲透。埃及承認匪共，有人說是爭奪的結果，有人又說是爭奪的開端。

中近東的形勢會不會引起大戰呢？如果爭奪到英美非作戰便在中近東站不住脚非退出不可時，即可能會引起大戰，但蘇俄爲其侵略的全盤計劃打算，必暫停其横衝直撞，略作退却，因此，冷戰必繼續擾攘下去，而不致有太劇烈的變化。

民主國家與蘇俄，無論講攻勢防禦或純粹防禦，中近東都是必爭之地。蘇俄現以烏拉山一帶爲工業中心，爲減少歐俄失守後引起的嚴重威脅，對中近東特別重視，以防民主國家從中近東攻擊蘇俄心臟，但蘇俄也要顧慮因爭中近東而冒大戰的危險，萬一大戰發生，歐俄不守，蘇俄的國力雖然仍然可以支持得住，但影響國內人心的崩潰，問題就很嚴重了。

埃及承認匪共後，對我國之影響當然是壞的，惟基本問題，在我政府有無良好的作法？在反共抗俄國策下，政府所號召的與一般情勢，顯然有兩個立場：一是站在人民的立場，掀起革命運動，推翻共匪統治。一是站在政府的立場，討伐叛逆，抵抗侵略。這兩個立場，各有作法，各有號召，如何擴大號召，發生革命作用，應該兩者兼顧，密切配合。目前我們的力量建築在我們本身的站得住，贏得國際的信用和包括大陸的全國人民的擁戴。政府的作法如能合適這種要求，則今日中近東形勢的轉變與我們可以說是無關，否則，國際局勢縱然轉好，對我們亦無幫助：今後國際局勢必日趨惡劣，如何應付？全在于我國朝野上下的作法，在外交方面尤應注意破格用人破格用錢，用第一流人才，爲復國建國的根本所在。

王世憲先生：

埃及承認匪共後，對我國的影響不能說是不大。不管第三次大戰爆發的時間近不近，不管中近東的問題如何複雜，我們原就是天天處于警覺之中，埃及承認匪共後，我們自然更加要警覺。

天下原無不可爲之事，況我們中國人還有一種更積極「知其不可爲而爲」的哲學。我們處于現在的環境中，應該本着這種精神，以求打開出路。

在此長期冷戰期中，我們受打擊的機會隨時有，而且情形不一定會一樣，埃及承認匪共是英美法與我們同受打擊，美國迅即發表聲明，次日第三日英法繼之發表同樣聲明，在過去的國際局勢變化中，這三個國家接連發表同樣聲明，尚未曾有過，我們應在這夾縫中去努力，使在現階段中三國更接近，我們應在其中尋找「可爲」。

談到我國的國際宣傳，蔣廷黻博士回國述職時曾特別提到，現在當局應更加注意。我贊成胡秋原先生的話，我們應有以全人類爲對象的宣傳，這是配合冷戰受人歡迎的作法。我個人建議設全球冷戰參謀部已有多年，聞最近美杜勒斯國務卿已提及此，希望我們在國際宣傳上多努力于貢獻長期冷戰全球性的戰略與戰術。

在「不可爲而爲」的積極哲學裏，我們自己應有一種有決心的打算，當我們撤退來臺灣的第一天起，便負有復國的責任，進行復國的工作積極的消極的都要顧到。在這長期冷戰期中，尤其要注意培育復國的種子，作長期打算。

美國對于冷戰的技術，正一步一步地研究，因之，我們的許多經驗教訓，美國朋友都願意聽，願意接受，這正是我們「可爲」處。現在我們要緊的是與美國朋友研究如何有效地密切配合，這是我們實在要特別注意的。

主　席：

今天很感謝蔡丁兩先生給我們許多事實上的報告，同時還感謝各位先生給我們許多很有價値的意見。我對外交的確完全外行，不過今天綜合大家的意見，知道今天我們的外交歸根結蒂還是在本身，由這件事，我想到在十幾年前，抗戰勝利以後，我生平做了一篇大捧國民黨的文章，我說國民黨有個長處不可埋沒，就是他一切跟着民主國家走，那時，我講這話的意思，就是希望能跟着民主國家走得更近一點。

講到外交種種問題，大家都知道得很詳細，譬如埃及承認中共問題，不要說什麼人，就是最理想的外交人才，也無法挽回。不過一個國家的外交人員的確關係很大，自從國民政府成立以來，許多派出去的外交大官，的確不乏貽笑大方之流，不要說被人家的政府官吏看不起，連人家的警察也看不起，不過這僅僅是少數人，而且也不能說是外交部的過失，也許在用人時，格於情面關係，其實在這個時候，我們再不要顧到情面了。

最後我想代表自由中國社謝謝諸位的光臨指教。

自由中國　第十四卷　第十二期　內政部雜誌登記證內警臺誌字第三八二號　臺灣省雜誌事業協會會員　四〇二

給讀者的報告

最近報載美國決定釋放拘留在美的刑事犯華僑，以交換被中共扣留的十三名美國政治犯。美國此一決定不但破壞了美國的司法獨立，並且違反了國際道義，令我們十分憤慨。因此，本期雖爲一中近東問題專號，仍爲文論此一問題。在社論(一)中，我們提醒美國政府：在反共過程中，我們可以因時因地或因勢而變更策略，但必須堅持一個原則，就是任何策略，任何措施，任何國際承諾，都不能與反共的目的稍有牴觸。除社論(一)外，我們又登出蔣勻田先生的大文「從周恩來口中看美國的外交」，此文乃強調我們在社論(一)中所申述的意見，美國在領導自由世界對抗國際共產主義的鬪爭中，必須要堅守一個原則——就是維護以共同的政治理念爲基礎的自由民主的文化，只有堅守此原則，才能走上反共成功之路。

社論(二)是我們由於埃及承認中共，而想到當前外交工作上的幾個實際問題。我們認爲刷新外交必須有三大前題：首先必須健全我外交陣容，對於人事作大刀濶斧的調整和刷新；其次必須有充足的經費，才能展開我外交工作；最後，希望我政府對外交負責當局，無論在人事上行政上，均必須授以全權。

近年來，中近東問題日形複雜，乃爲世人所關注。自埃及承認中共政權後，中近東局勢更形混亂，正如我駐聯合國代表蔣廷黻博士今春在臺所說的：中近東可能成爲大戰的導火線。茲應各方讀者的要求，本刊曾於最近開一座談會討論中近東問題，並於本期出一專號，希望我國人對此問題多所瞭解。

「阿拉伯聯盟之組織及其背景」及「巴格達公約之組成及其現狀」兩文，乃敍述阿拉伯聯盟及巴格達公約之淵源、阿拉伯諸國之間及諸國與西方和蘇俄之間錯綜復雜的關係，讀此兩文後，對於阿拉伯國家的歷史背景和現狀當可知一梗概。

當中近東問題爲世人囑目的今天，高唱「和平共存」的蘇俄對中近東的態度是怎樣的呢？「伊朗與蘇俄之關係」和「俄帝對中近東的威脅」兩文，乃敍述自彼得大帝以迄今日克里姆林宮對於中近東的陰謀與手段，利用中近東的複雜關係，和阿盟諸國厭惡殖民政策的微妙心理，而擴張其勢力範圍。尤其是伊朗，現雖成爲巴格達公約國之一，但因與蘇俄接壤，仍爲蘇俄所覬覦。

我們若要研究中近東問題，還必須了解北非問題，因爲北非與阿拉伯集團的關係至爲密切，對於今後的國際政治影響頗大。因此，我們登出「北非與北非問題的焦點——阿爾及尼亞」一文，對於北非問題的本質，予以概略的介紹與分析。

本期的通訊欄、文藝欄、讀者投書欄都暫停一期，下期恢復。

上期本刊曾刊登「玄奘留學時之印度與西方關於玄奘著作目錄」一文，此稿送來甚久，因稿擠稍爲延擱，不意登出後才發現該文已在大陸雜誌發表。本刊一貫的原則是一文不兩登，謹向讀者致歉。

此外，上期本刊社論(一)中有一句話：「八月十六日埃及共和國納瑟政權宣佈承認匪共」，「八」字乃「五」字之誤，敬此更正。

自由中國 半月刊　總第一五九號　第十四卷第十二期

中華民國四十五年六月十六日出版

發行人兼主編　『自由中國』編輯委員會

出版者　自由中國社

社址：臺北市和平東路二段十八巷一號

電話：二　八　五　七　〇

航空版

香港　友聯書報發行公司　Union Press Circulation Company, No. 26-A, Des Voeux Rd. C., 1st Fl. Hong Kong

總經銷

臺灣　自由中國社發行部

美國　自由中國日報　Free China Daily 719 Sacramento St., San Francisco 8, Calif. U. S. A.

經售者

日本　東京僑豐企業公司

韓國　漢城裕昌德號

馬尼剌　大中華日報社

印尼　新疆書店　椰嘉達天聲日報

越南　泗水文光圖書公司

緬甸　西貢中原文化印刷公司

印度　仰光振成書報店

澳洲　加爾各答塔梅學校

北婆羅洲　雪梨瑞田公司

新加坡　西利亞坡青年書店

檳榔嶼、吉打邦均有出售

印刷者　精華印書館

廠址：臺北市長沙街二段六〇號

電話：二　三　四　二　九　號

本刊經中華郵政登記認爲第一類新聞紙類　臺灣郵政管理局新聞紙類登記執照第五九七號　臺灣郵政劃撥儲金帳戶第八一三九號

(每份臺幣四元，美金三角)

自由中國
第十三集

第十四卷第一期至第十四卷第十二期
1956.01-1956.06

數位重製・印刷　秀威資訊科技股份有限公司
http://www.showwe.com.tw
114 台北市內湖區瑞光路 76 巷 65 號 1 樓
電話：+886-2-2796-3638
傳真：+886-2-2796-1377
劃　撥　帳　號　19563868　戶名：秀威資訊科技股份有限公司
讀者服務信箱：service@showwe.com.tw
網　路　訂　購　秀威網路書店：https://store.showwe.tw
網路訂購：order@showwe.com.tw

2013 年 9 月
全套精裝印製工本費：新台幣 50,000 元（不分售）

Printed in Taiwan